국내 유일한 ADP 필기 수험서

ADP 필기 데이터 분석 전문가

올패키지

저자 윤종식

최신 개정판

410문제 모의고사 및 기출문제

506개 단원별 예상문제

191개 QR로 보는 문제풀이 무료 동영상

제 1 권
- 1과목 데이터의 이해
- 2과목 데이터 처리 기술 이해
- 3과목 데이터 분석 기획

ADP 파랭이 책을 모바일로 자유롭게

데이터 전문가 수험서의 Noblesse

| ADP 필기 기출문제 기반 완벽 최신 경향 반영
| 총 916문항(예상문제+모의고사+기출변형)수록
| 합격마법노트로 최종 개념 정리

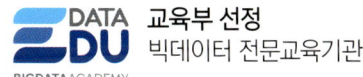

교육부 선정
빅데이터 전문교육기관

출간 도서

데이터분석 준전문가 2025

10년 연속 베스트셀러!
최신 기출 경향 파악!
데이터에듀PT 문제풀이앱 제공!

실전 모의고사수록 및
비기봇의 자세한 해설 제공

경영정보시각화능력 필기   경영정보시각화능력 실기 Tableau   텐서플로우 딥러닝

  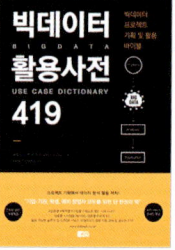

빅데이터 분석기사 필기 2023   빅데이터 분석기사 실기 with Python   빅데이터 활용사전 419

데이터에듀 공식 네이버카페 오픈
https://cafe.naver.com/dataedubooks

인터넷 강의 / 정오표 확인
www.dataedu.kr

도서 유통 문의
02) 556-3166

빅데이터 프로젝트 관련
특강 / 컨설팅 / 기획 / 협업 문의
051) 523 - 4566

통계분석, DataScience, ADsP, R, 논문통계, 하둡,
빅데이터활용 시장조사, 창업강좌 등

손은 가볍게! 머리는 가득차게!
데이터에듀PT로 ADP 필기 완성

데이터에듀PT?
자격증 공부를 위한 개인 맞춤형 모바일 학습 솔루션

Practice Test — 예상문제 모의고사, 기출문제로 실제 유형 연습

Picking Training — 핵심 이론만 골라듣는 빠른 개념 학습

Personal Training — 리포트 결과로 내게 부족한 유형 개선

Perfect Training — 즐겨찾기와 오답노트로 실수 없는 완벽한 시험 대비

더 쉽고 편하게 공부하고 싶다면? **데이터에듀PT!**

문제풀이
최신 파랭이책 문제 수록

비기봇(BIGI BOT) 해설
문제의 보기 별 상세한 해설 제공
* 비기봇 : 데이터에듀에서 개발한 생성형 AI 챗봇

성적 리포트
성적변화 그래프 과목별 맞춤 코멘트, 시험풀이내역 부족한 파트 관리기능

DATAEDU PT

자격증 공부를 위한 개인 맞춤형 학습 솔루션

다운로드

문제 추천 서비스 출시!
개인 맞춤화 본격 시작

나의 합격을 위한 맞춤 문제 추천

나의 레벨과 문제 풀이 과정을 통해 맞춤 문제를 추천해 드립니다.

2가지 문제 추천 방식

 로드맵형
- 한 문제, 한 문제 풀이 결과에 따른 맞춤 문제 제공!
- 하나부터 열까지 꼼꼼하게 공부하고 싶을 때!

 실전 트레이닝
- 시험 제출 결과에 따른 맞춤 시험지 제공!
- 시험 직전 매번 새로운 시험지를 풀어보고 싶을 때!

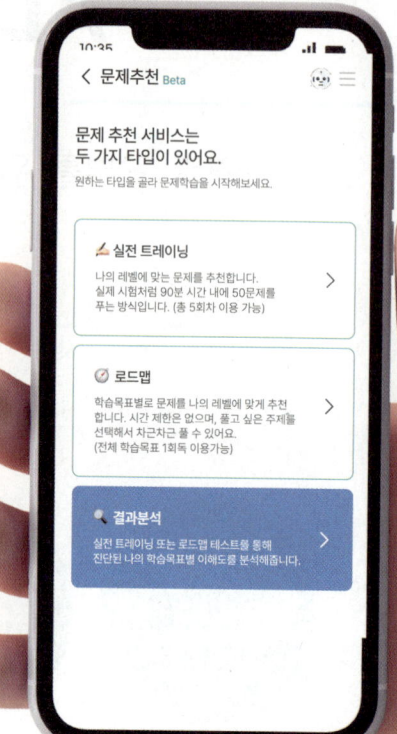

모바일로 편하게!

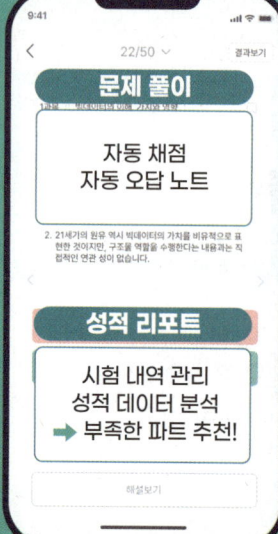

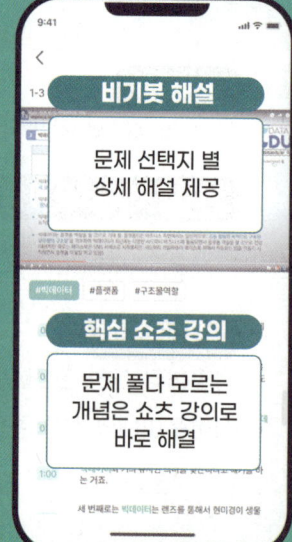

eBook으로 더 편하게!

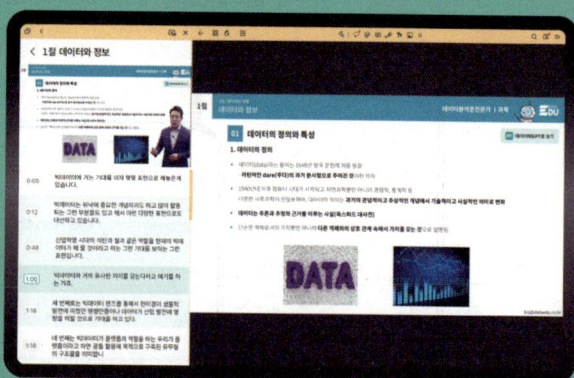

DATAEDU PT With SCONN 북카페

- 데이터에듀PT와 eBook이 만났습니다!
- 문제 풀다 이론이 궁금할 때! 강의 듣다 책이랑 같이 보고 싶을 때!
- 태블릿 하나로 SIMPLE하게!

• 해당 기능 및 교육 콘텐츠는 자격증에 따라 제공 범위가 다를 수 있습니다.

CODELEARNING

자격증 공부를 위한 온라인 코딩 학습 솔루션

ADsP, ADP, 빅분기 실기 완벽 대비!
R & Python 프로그래밍 본격 출시

환경 설정, 패키지 버전 오류 없는 코딩 학습 환경!
PC에서 발생할 수 있는 오류를 방지합니다.

코드러닝의 2가지 특징

① 자동 채점
- 시험 채점 기준에 따른 자동 채점
- 빠르고 쉬운 결과 확인으로 정확한 실습 대비!

② 실기 콘텐츠
- 데이터에듀 실기 문제 및 실습 예제 모두 지원
- R과 Python 모두 지원!

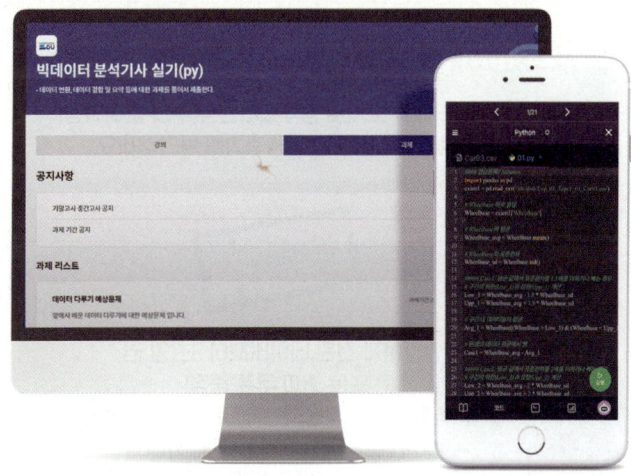

어떤 기기로도 편하게!

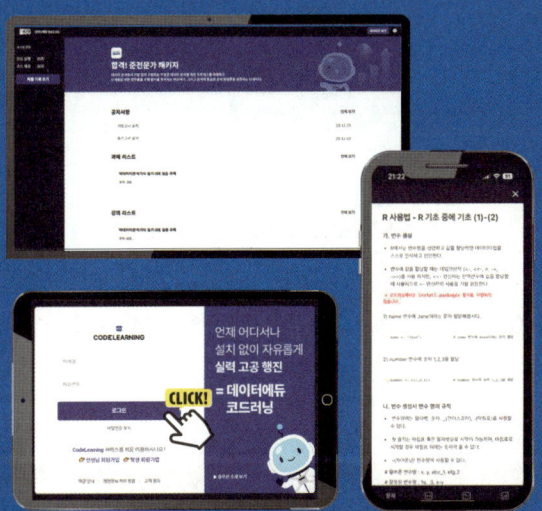

- PC, 태블릿, 모바일에서도 편하게
- 설치도 필요 없이 쉽게

강사도 편리하게!

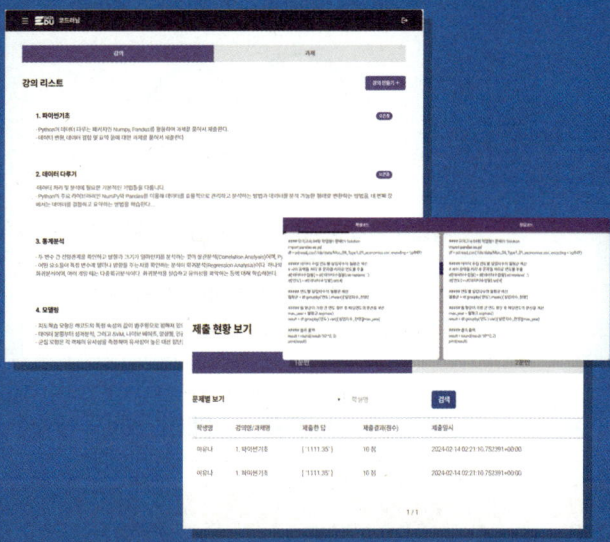

- 클릭으로 간편한 강의 개설
- 학생들의 실시간 제출 현황 제공!

※ 해당 기능 및 교육 콘텐츠는 자격증에 따라 제공 범위가 다를 수 있습니다.

- 베스트셀러 **1위**
- 소비자 만족지수 **1위**
- 빅데이터 교육 **NO.1**

데이터에듀 카페 운영!

질문답변 / 정보공유
시험후기 / 자격증 정보

데이터에듀 카페 바로가기

카페 가입하고 다양한 혜택을 받아보세요!

합격후기 이벤트

데이터에듀 도서로 공부했다면 누구나 참여가능!
여러분의 소중한 합격후기를 들려주세요.

참여자 전원 네이버페이 3천원 권
또는 커피 쿠폰 증정!
우수 합격후기 작성자는 네이버페이 1만원권!
이벤트 공지는 데이터에듀 카페와
데이터에듀PT 커뮤니티에서 공지합니다.

오공완 캐시백 이벤트

파랭이책으로 도서로 공부하고
네이버카페에 인증해 주세요.
네이버페이 증정!

파랭이책으로 공부하고 카페에 공부한 사진
올리고 인증하면 네이버페이를 증정합니다!
오공완 캐시백 이벤트는
데이터에듀 카페에서 공지합니다.

1:1 질문답변

노베이스 수험생도, 시간부족 직장인도
합격할 수 밖에 없는 1:1 맞춤 학습관리

학습하면서 궁금한 점은 언제든 질문해주시면
1:1 맞춤 답변해드립니다.
현재 실력, 학습환경, 학습성향에 맞는
학습컨설팅과 학습가이드를 제공해 드립니다.

서평단 체험단

데이터에듀 도서와 에듀테크 서비스를
무료로 받아보고 체험해 보세요!

도서가 출간되면 가장 먼저 도서를
무료로 받아보고 공부하는 서평단!
데이터에듀 에듀테크 서비스를 가장 먼저
무료로 체험해볼 수 있는 체험단!
데이터에듀 카페에서 서평단과 체험단을 신청하세요.

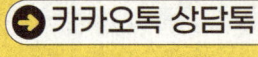 데이터에듀 카페 🔍

데이터에듀 카카오 플러스채널 친구 추가 혜택

TALK ➡ 카카오톡 상담톡
사이트 이용, 도서인증 등
궁금한 모든 것을 문의해 주세요.

 도서 5% 추가 할인 쿠폰 제공
 데이터에듀 이벤트
 신간 출간 정보 제공

 카카오톡 상담 바로가기

국내 유일한 ADP 필기 수험서

ADP 필기 데이터 분석 전문가

올패키지

저자 **윤종식**

제 1 권

1과목 데이터의 이해
2과목 데이터 처리 기술 이해
3과목 데이터 분석 기획

들어가기전에,
머리말

2014년 4월 처음으로 한국데이터베이스진흥원에서 데이터 분석 (준)전문가 자격증 시험을 실시하면서 데이터 분석에 관심이 있던 많은 예비 전문가들은 어떻게 공부해야 할지에 대해 고민 하였습니다. 특히 저자가 강의하는 대학의 학생들도 관련 분야의 자격증이 생겨 그 기대가 높았지만 자격증 시험의 목표와 문제의 난이도, 관련 프로그램에 대한 지식의 깊이와 프로그래밍 능력 면에서 방향을 잡지 못해 힘들어했습니다. 그래서 저자는 빅데이터에 관심이 많은 데이터 분석 예비 전문가들에게 자격증을 통해 빅데이터와 데이터분석이라는 주제에 한발 더 가까워 질 수 있는 기회를 함께 하고자 본서를 출간하게 되었습니다.

저자는 대학에서 통계학을 전공하고 2000년도에 대학원에서 처음으로 데이터마이닝을 공부하기 시작하면서 대용량 데이터의 분석과 모델링의 매력에 빠졌습니다. (주)나이스디앤비라는 신용평가회사에서 다양한 분야의 기업들을 대상으로 통계컨설팅과 데이터마이닝 컨설팅을 수행하였으며, 특히 신한은행, 외환은행, 현대캐피탈 등 금융권에서 신용평가모형 개발과 조기경보시스템의 모형 개발 컨설팅을 수행하였습니다. 이러한 과정에서 기업의 업종과 환경에 따른 데이터 분석 및 모델링의 차이를 경험할 수 있었습니다.

데이터분석에 관심이 있는 예비 전문가들이 가지는 데이터 분석의 보이지 않는 높은 벽은 실제 기업에서 기획, 마케팅, 연구분석 등 다양한 분야의 담당자들이 해오고

모쪼록 많은 분들이 본서를 통하여
합격의 기쁨을 누리게 되기를 진심으로 바라며
수험생 여러분들의 건투를 빕니다!

있는 데이터 분석을 한걸음만 뒤에서 큰 그림으로 바라보면 쉽게 이해할 수 있을 것입니다. 그리고 여러분들이 다루고자 하는 데이터분석 도구들에 대한 관심과 노력만 있다면 여러분들은 예비전문가에서 전문가가 될 수 있을 것입니다.

본서는 한국데이터베이스진흥원에서 출간한 『데이터 분석 (준)전문가 가이드』를 중심으로 중요한 내용들을 요약하고 필요한 부분을 추가해서 구성하였습니다. 본서는 각 장마다 학습 로드맵과 학습목표를 제시하여 시험공부를 위한 방향을 보여드립니다. 그리고 학습할 내용에 대해서 시험공부 전에 알아두어야 할 기초 내용을 쉽게 설명하고 있습니다. 또한 학습한 내용을 전체적으로 정리할 수 있도록 기존에 출제된 기출문제와 출제포인트의 QR코드를 통해 문제풀이 동영상을 제공하고 있습니다.

실제 시험문제가 어떻게 출제되는지를 제시하기 위해 2회의 기출 복원문제를 수록하였으며 시험을 최종적으로 대비할 수 있도록 3회의 모의고사를 준비하였습니다. 또한 모든 수험생이 마지막에 시험장에서 내용을 정리할 수 있도록 시험대비 합격마법노트를 수록했습니다.

이 책을 집필하면서 많은 부분을 같이 해준 데이터에듀 교육컨텐츠연구소 팀원들에게 감사의 말을 전합니다. 그리고 항상 부족한 아들의 조그만 자랑거리를 과장해 주시는 부모님 사랑합니다.

YouTube

데이터에듀 공식 유튜브 채널 OPEN!

01 유튜브에서 '데이터에듀'를 검색 (www.youtube.com/c/데이터에듀)

02 과목별 핵심요약 동영상 무료 제공

03 QR코드 촬영 필요없이 편리한 영상 재생

Ch | 데이터에듀 +

데이터에듀 카카오톡 채널 OPEN!

01 카카오톡 검색창에 '데이터에듀' 입력 후, 채널 추가하기

02 빅데이터 전문가 실시간 1:1 답변 가능

03 데이터에듀의 다양한 소식와 이벤트 제공

ADP 필기 한 방에 합격하러 가자!

무료동영상을 볼 수 있는 두 가지 방법

방법 1
두런에서 보는 방법

- 교재 내 모든 QR영상을 두런에서 한 번에 확인하세요.
- 회원가입 없이, 인증없이 곧바로 시청이 가능합니다.
- 영상 별 AI 기반 자막과 내용 검색 기능은 가입이 필요합니다.

방법 2
데이터에듀에서 보는 방법

STEP 1

도서 인증 후
교재 내 QR코드 스캔

STEP 2

인식 완료 시 뜨는
팝업창을 터치하여
아이디 입력

STEP 3

무료 동영상
강의 수강

혜택 안내

도서구매인증 하고 혜택 받자!

01 QR코드를 이용한
무료 영상 제공
모바일 전용 강의

02 데이터에듀
온라인 단과 강의 할인
* 패키지 제외

● 도서구매인증 받기 ●

데이터에듀 가입
(www.dataedu.kr) > 이메일 인증 진행 > 도서구매인증

사이트 우측 [도서인증] 클릭 후,
도서인증번호 입력

 도서 구매 인증하고, **QR영상 무료 시청**

도서인증번호

AH25T852XB015C

DATAEDU

본문 구성

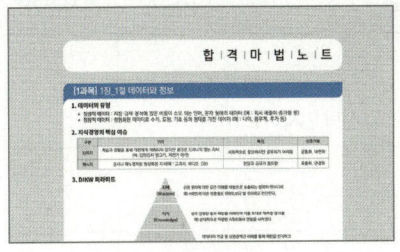

1) 합격 마법노트 ★★★★

시험에 자주 출제되는 내용을 위주로 핵심만을 정리하여
시험 전 최종 정리에 활용 가능하도록 구성했다.

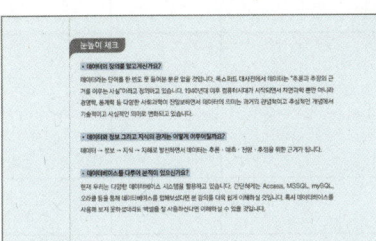

2) 눈높이 체크 ★

각 단원별로 학습 전에 알아두면 좋은 기초지식을
눈높이체크를 통해 제공한다.

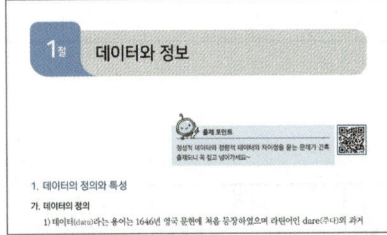

3) 출제 포인트 ★★★

개념별 주요 기출 내용을 콕콕 집어주는 출제포인트를
제시하여 더욱 효율적인 학습이 가능하도록 돕는다.

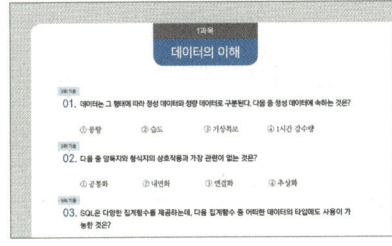

4) 예상 문제 ★★★★

기출문제 유형에 따라 제작된 예상문제를 통해
단원별 학습 내용을 점검할 수 있다.

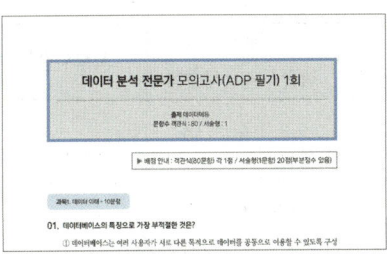

5) 모의고사 및 기출 문제 ★★★★★

최신 기출 경향을 완벽 반영한
총 3회의 모의고사, 2회의 기출문제를 수록하여
시험 전 최종 점검을 통해 합격에 더욱 가까워 질 수 있다.
또한 실제 시험지와 동일한 디자인으로 복원된 기출문제를
제공함으로써 실전 감각을 익힐 수 있도록 한다.

데이터 분석 전문가·준전문가 자격검정 안내

과목 개요

구 분	시험과목	과목별 세부 항목	전문가	준전문가
1과목	데이터의 이해	1. 데이터의 이해 2. 데이터의 가치와 미래 3. 가치 창조를 위한 데이터 사이언스와 전략 인사이트	○	○
2과목	데이터 처리 기술 이해	1. 데이터 처리 프로세스 2. 데이터 처리 기술	○	×
3과목	데이터 분석 기획	1. 데이터 분석 기획의 이해 2. 분석 마스터 플랜	○	○
4과목	데이터 분석	1. 데이터 분석 개요 2. 데이터 마트 3. 통계분석 4. 정형 데이터 마이닝	○	○
4과목	데이터 분석	5. 비정형 데이터 마이닝	○	×
5과목	데이터 시각화	1. 시각화 인사이트 프로세스 2. 시각화 디자인 3. 시각화 구현	○	×

출제 문항 수 및 배정

- 데이터 분석 전문가 필기/실기 시험

구 분	시험과목	문항수 객관식	문항수 서술형	배점 객관식	배점 서술형	시험시간
필기	1. 데이터 이해	10				
필기	2. 데이터 처리 기술 이해	10		80 (각 1점)	20	180분
필기	3. 데이터 분석 기획	10	1			
필기	4. 데이터 분석	40				
필기	5. 데이터 시각화	10				
필기	계	80	1	100		
실기	데이터 분석 실무			100		240분

- 데이터 분석 준전문가 필기시험(실기 미포함)

구 분	시험과목	문항수 객관식	문항수 서술형	배점 객관식	배점 서술형	시험시간
필기	1. 데이터 이해	8				
필기	3. 데이터 분석 기획	8	10	80 (각 2점)	20 (각 2점)	90분 (1시간 30분)
필기	4. 데이터 분석	24				
필기	계	40	10	100		

합격 기준

구 분		합격기준	과락기준
전문가	필기시험 합격	총점 100점 기준 70점 이상 취득	과목별 40% 미만 취득
	실기시험 합격	총점 100점 기준 75점 이상 취득	과락기준 없음
	최종 합격	응시자격심의 서류 통과자	과락기준 없음
준전문가	필기시험 합격	총점 60점 이상 취득	과목별 40% 미만 취득

취득절차

1단계	→	2단계	→	3단계	→	4단계	→	5단계
수험원서 접수		수험표 발급		검정시험 응시		검정시험 합격여부 확인		최종합격자 공고 및 확인

시험 일정

시험명	원서접수	수험표발급	시험일	결과발표
제34회 데이터분석 전문가 자격검정(필기)시험	2025.01.20 ~ 2025.01.24	2025.02.07	2025.02.22(토)	2025.03.21
제34회 데이터분석 전문가 자격검정(실기)시험	2025.03.24 ~ 2025.03.28	2025.04.11	2025.04.26(토)	2025.05.23
제35회 데이터분석 전문가 자격검정(필기)시험	2025.07.07 ~ 2025.07.11	2025.07.25	2025.08.09(토)	2025.09.05
제35회 데이터분석 전문가 자격검정(실기)시험	2025.09.15 ~ 2025.09.19	2025.10.02	2025.10.18(토)	2025.11.14

※ 상기 일정은 변경될 수 있으니 정확한 시험 일정은 데이터자격시험(www.dataq.or.kr)에서 확인바랍니다.
2024년부터 데이터 분석 전문가 필기는 년 2회로 시험 횟수가 조정됩니다.

응시료

구 분		응시료
데이터 분석 전문가	필기	80,000원
	실기	70,000원
데이터 분석 준전문가	필기	50,000원

데이터 분석 전문가
ADP 필기

CONTENTS

※ 정오표는 데이터에듀 홈페이지(dataedu.kr)의 [커뮤니티-정오표] 메뉴에서 확인하실 수 있습니다.

제1권

0 합격마법노트
합격마법노트 13

1 데이터 이해

제1장 데이터의 이해
- 제1절 데이터와 정보 66
- 제2절 데이터베이스 정의와 특징 69
- 제3절 데이터베이스 활용 72

제2장 데이터의 가치와 미래
- 제1절 빅데이터의 이해 78
- 제2절 빅데이터의 가치와 영향 82
- 제3절 비즈니스 모델 84
- 제4절 위기 요인과 통제 방안 86
- 제5절 미래의 빅데이터 88

제3장 가치 창조를 위한 데이터 사이언스와 전략 인사이트
- 제1절 빅데이터 분석과 전략 인사이트 90
- 제2절 전략 인사이트 도출을 위한 필요 역량 95
- 제3절 빅데이터 그리고 데이터 사이언스의 미래 98

기타/최신 빅데이터 상식 100
예상문제 108

2 데이터 처리 기술 이해

제1장 데이터 처리 프로세스
- 제1절 ETL(Extraction, Trans formation and Load) 128
- 제2절 CDC(Change Data Capture) 137
- 제3절 EAI(Enterprise Appli cation Integration) 139
- 제4절 데이터 통합 및 연계 기법 142
- 제5절 대용량의 비정형 데이터 처리방법 145

예상문제 153

제2장 데이터 처리 기술
- 제1절 분산 데이터 저장 기술 164
- 제2절 분산 컴퓨팅 기술 184
- 제3절 클라우드 인프라 기술 199

예상문제 214

3 데이터 분석 기획

제1장 데이터 분석 기획의 이해
제1절 분석 기획 방향성 도출 ... 228
제2절 분석 방법론 ... 232
제3절 분석 과제 발굴 ... 246
제4절 분석 프로젝트 관리 방안 ... 260

제2장 분석 마스터 플랜
제1절 마스터 플랜 수립 프레임 워크 ... 266
제2절 분석 거버넌스 체계 수립 ... 273

예상문제 ... 286

제 2 권

4 데이터 분석

제1장 데이터 분석 개요
제1절 데이터 분석 기법의 이해 ... 06

예상문제 ... 10

제2장 R 프로그래밍 기초
제1절 R 소개 ... 15
제2절 R 기초 ... 19
제3절 입력과 출력 ... 29
제4절 데이터 구조와 데이터 프레임 ... 33
제5절 데이터 변형 ... 44

예상문제 ... 48

제3장 데이터 마트
제1절 데이터 변경 및 요약 ... 60
제2절 데이터 가공 ... 68
제3절 기초 분석 및 데이터 관리 ... 73

예상문제 ... 78

제4장 통계분석
제1절 통계분석의 이해 ... 88
제2절 기초 통계분석 ... 108
제3절 통계분석 방법론 ... 120
제4절 회귀분석 ... 143
제5절 고급회귀분석 ... 164
제6절 시계열 분석 ... 170
제7절 다차원 척도법 ... 183
제8절 주성분 분석 ... 189

예상문제 ... 196

제5장 데이터 마이닝
제1절 데이터 마이닝의 개요 ... 232
제2절 분류분석 ... 247
제3절 앙상블 분석 ... 271

제4절 인공신경망 분석 278
제5절 군집분석 285
제6절 연관분석 303

예상문제 310

제6장 비정형 데이터 마이닝
제1절 텍스트마이닝 342
제2절 사회연결망 분석 354

예상문제 360

제7장 서술형 문제
제1절 통계분석 371
제2절 정형 데이터 마이닝 388

최근 기출 문제 416

제3권

5 데이터 시각화

제1장 시각화 인사이트 프로세스
제1절 시각화 인사이트 프로세스의 의미 06
제2절 탐색(1단계) 10
제3절 분석(2단계) 19
제4절 활용(3단계) 23

예상문제 28

제2장 시각화 디자인
제1절 시각화의 정의 36
제2절 시각화 프로세스 46
제3절 시각화 방법 57
제4절 빅데이터와 시각화 디자인 96

예상문제 102

제3장 시각화 구현
제1절 시각화 구현 개요 118
제2절 분석 도구를 이용한 시각화 구현 : R 121
제3절 라이브러리 기반의 시각화 구현 : D3.js 181

예상문제 199

6 모의고사

1회 모의고사 208
2회 모의고사 238
3회 모의고사 268

7 기출문제

제30회 데이터 분석 전문가 자격검정(필기) 시험문제 301
제31회 데이터 분석 전문가 자격검정(필기) 시험문제 327

합격마법노트

[1과목] 1장_1절 데이터와 정보

1. 데이터의 유형
- **정성적 데이터** : 저장·검색·분석에 많은 비용이 소모 되는 언어, 문자 형태의 데이터(예 : 회사 매출이 증가함 등)
- **정량적 데이터** : 정형화된 데이터로 수치, 도형, 기호 등의 형태를 가진 데이터(예 : 나이, 몸무게, 주가 등)

2. 지식경영의 핵심 이슈

구분	의미	특징	상호작용
암묵지	학습과 경험을 통해 개인에게 체화되어 있지만 겉으로 드러나지 않는 지식 (예 : 김장김치 담그기, 자전거 타기)	사회적으로 중요하지만 공유되기 어려움	공통화, 내면화
형식지	문서나 매뉴얼처럼 형상화된 지식(예 : 교과서, 비디오, DB)	전달과 공유가 용이함	표출화, 연결화

3. DIKW 피라미드

- **지혜(Wisdom)**: 근본 원리에 대한 깊은 이해를 바탕으로 도출되는 창의적 아이디어
  예) A마트의 다른 상품들도 B마트보다 쌀 것이라고 판단한다.
- **지식(Knowledge)**: 상호 연결된 정보 패턴을 이해하여 이를 토대로 예측한 결과물
  예) 상대적으로 저렴한 A마트에서 연필을 사야겠다
- **정보(Information)**: 데이터의 가공 및 상관관계간 이해를 통해 패턴을 인식하고 그 의미를 부여한 데이터
  예) A마트의 연필이 더 싸다.
- **데이터(Data)**: 존재형식을 불문하고, 타 데이터와의 상관관계가 없는 가공하기 전의 순수한 수치나 기호를 의미
  예) A마트는 100원에, B마트는 200원에 연필을 판매한다.

[1과목] 1장_2절 데이터베이스 정의와 특징

1. 데이터베이스 정의

EU	체계적이거나 조직적으로 정리되고 전자식 또는 기타 수단으로 개별적으로 접근할 수 있는 독립된 저작물, 데이터 또는 기타 소재의 수집물
국내 저작권법	소재를 체계적으로 배열 또는 구성한 편집물로 개별적으로 그 소재에 접근하거나 그 소재를 검색할 수 있도록 한 것
국내 컴퓨터용어사전	동시의 복수의 적용 업무를 지원할 수 있도록 복수 이용자의 요구에 대응해서 데이터를 받아들이고 저장, 공급하기 위하여 일정한 구조에 따라서 편성된 데이터의 집합

2. 데이터베이스 특징

통합된 데이터 (Integrated Data)	동일한 내용의 데이터가 중복되어 있지 않다는 것을 의미 데이터 중복은 관리상의 복잡한 부작용을 초래
저장된 데이터 (Stored Data)	자기 디스크나 자기 테이프 등과 같이 컴퓨터가 접근할 수 있는 저장 매체에 저장되는 것을 의미 데이터베이스는 기본적으로 컴퓨터 기술을 바탕으로 한 것
공용 데이터 (Shared Data)	여러 사용자가 서로 다른 목적으로 데이터를 공동 이용한다는 것을 의미 대용량화되고 구조가 복잡한 것이 보통
변화되는 데이터 (Changeable Data)	데이터베이스에 저장된 내용은 곧 데이터베이스의 현 시점에서의 상태를 나타냄 다만 이 상태는 새로운 데이터의 삽입, 기존 데이터의 삭제, 갱신으로 항상 변화하면서도 항상 현재의 정확한 데이터를 유지해야 함

핵심 포인트를 정리한

[1과목] 2장_1절 빅데이터의 이해

1. 빅데이터의 정의

1) 관점에 따른 정의

Mckinsey(2011)	IDC(2011)	가트너 그룹(Gartner Group) 더그 래니(Doug Laney)의 3V
일반적인 데이터베이스 소프트웨어로 저장, 관리, 분석할 수 있는 범위를 초과하는 규모의 데이터	다양한 종류의 대규모 데이터로부터 저렴한 비용으로 가치를 추출하고, 데이터의 초고속 수집·발굴·분석을 지원하도록 고안된 차세대 기술 및 아키텍처	• Volume : 데이터의 규모 측면 • Variety : 데이터의 유형과 소스 측면 • Velocity : 데이터의 수집과 처리 측면
데이터 규모에 중점을 둔 정의	분석 비용 및 기술에 초점을 둔 정의	

2) 빅데이터 정의의 범주 및 효과

데이터 변화	→	기술 변화	→	인재, 조직 변화
• 규모 (Volume) • 형태 (Variety) • 속도 (Velocity)		• 데이터 처리, 저장, 분석기술 및 아키텍처 • 클라우드 컴퓨팅 활용		• Data Scientist같은 새로운 인재 필요 • 데이터 중심 조직

"기존 방식으로는 얻을 수 없는 통찰 및 가치 창출. 사업방식, 시장, 사회, 정부 등에서 변화와 혁신 주도."

2. 출현 배경과 변화
- 산업계의 출현배경 : 고객 데이터 축적, 보유를 통해 데이터에 숨어있는 가치를 발굴
- 학계의 출현배경 : 거대 데이터를 다루는 학문 분야가 늘어나면서 필요한 기술 아키텍처 및 통계 도구의 발전
- 기술발전으로 인한 출현 배경 : 관련기술(저장 기술, 인터넷 보급, 클라우드 컴퓨팅, 모바일 혁명)의 발달

3. 빅데이터에 거는 기대의 비유적 표현
- 산업혁명의 석탄과 철, 21세기의 원유, 렌즈, 플랫폼

4. 빅데이터가 만들어 내는 본질적인 변화
- 사전처리 → 사후처리, 표본조사 → 전수조사, 질 → 양, 인과관계 → 상관관계

[1과목] 2장_2절 빅데이터의 가치와 영향

1. 빅데이터의 가치 산정이 어려운 이유
- 데이터 활용방식
- 새로운 가치 창출
- 분석기술 발전

2. 빅데이터의 영향

빅데이터가 미치는 영향

분야	영향		내용
기업	혁신, 경쟁력제고, 생산성향상	⇒	빅데이터를 활용해 소비자의 행동을 분석하고 시장 변동을 예측해 비즈니스 모델을 혁신하거나 신사업을 발굴한다.
정부	환경 탐색, 상황분석, 미래대응	⇒	기상, 인구이동, 각종 통계, 법제 데이터 등을 수집해 사회 변화를 추정, 정보를 추출한다.
개인	목적에 따른 활용	⇒	개인은 빅데이터를 서비스하는 기업의 출현으로 비용이 지속적으로 하락하여 정치인이나 대중 가수 등이 인지도 향상에 빅데이터를 활용 한다.

↓

생활 전반의 스마트화

합격마법노트

[1과목] 2장_3절 비즈니스 모델 / 4절 위기 요인과 통제 방안 / 5절 미래의 빅데이터

1. 빅데이터 활용사례
1) 관점에 따른 정의
   - 구글 : 사용자의 로그 데이터를 활용한 검색엔진 개발, 기존 페이지랭크 알고리즘 혁신
   - 월마트 : 고객의 구매패턴을 분석해 상품 진열에 활용
2) 정부
   - 실시간 교통정보 수집, 기후 정보, 소방 서비스 등을 위해 실시간 모니터링을 실시하여 국가 안전 확보에 활용
3) 개인
   - 정치인 : 선거 승리를 위해 사회관계망 분석을 활용해 유세 지역 선거
   - 가수 : 팬들의 음악 청취 기록을 분석해 공연 시 노래 순서 선정

2. 빅데이터 활용 기본 테크닉
- 연관 규칙 학습, 군집분석, 유전 알고리즘, 기계학습, 회귀분석, 감정분석, 소셜네트워크분석(=사회관계망분석)

4절 위기 요인과 통제 방안

1. 위기 요인에 따른 통제 방안
- 사생활 침해 → 동의에서 책임으로
- 책임 원칙 훼손 → 결과 기반 책임 원칙 고수
- 데이터 오용 → 알고리즘 접근 허용

5절 미래의 빅데이터

1. 빅데이터 활용의 3요소
- 데이터 : 모든 것의 데이터화(Datafication)
- 기 술 : 진화하는 알고리즘, 인공지능
- 인 력 : 데이터 사이언티스트, 알고리즈미스트

[1과목] 3장_1절 빅데이터 분석과 전략 인사이트

1. 빅데이터 회의론의 원인
- 부정적 학습효과 → 과거의 고객관계관리(CRM) : 공포 마케팅, 투자대비 효과 미흡
- 부적절한 성공사례 → 빅데이터가 필요 없는 분석사례, 기존 CRM의 분석 성과를 빅데이터 분석 성과로 과대 포장
  ⇒ 단순히 빅데이터에 포커스를 두지 말고, 분석을 통해 가치를 만드는 것에 집중해야 함

2. 일차원적인 분석 vs 전략 도출을 위한 가치 기반 분석
1) 산업별 분석 애플리케이션

산업	일차원적 분석 애플리케이션
금융 서비스	신용점수 산정, 사기 탐지, 가격 책정, 프로그램 트레이딩, 클레임 분석, 고객 수익성분석
병원	가격 책정, 고객 로열티, 수익 관리
에너지	트레이딩, 공급, 수요 예측
정부	사기 탐지, 사례관리, 범죄 방지, 수익 최적화

2) 전략 도출 가치 기반 분석
   - 전략적 통찰력의 창출에 포커스 → 해당 사업에 중요한 기회를 발굴, 주요 경영진의 지원을 얻게 됨
   - 분석의 활용 범위를 더 넓고 전략적으로 변화 시키고, 전략적 인사이트를 주는 가치 기반의 분석 단계로 나아가야 함

핵심 포인트를 정리한

[1과목] 3장_2절 전략 인사이트 도출을 위한 필요 역량

1. 데이터 사이언스의 의미
- 데이터 사이언스란 데이터 공학, 수학, 통계학, 컴퓨터공학, 시각화, 해커의 사고방식, 해당 분야의 전문 지식을 종합한 학문

2. 데이터 사이언스의 구성요소
1) 데이터 사이언스의 영역
2) 데이터 사이언티스트의 요구 역량

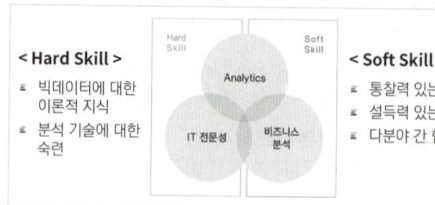

< Hard Skill >
- 빅데이터에 대한 이론적 지식
- 분석 기술에 대한 숙련

< Soft Skill >
- 통찰력 있는 분석
- 설득력 있는 전달
- 다분야 간 협력

3. 데이터 사이언스 : 과학과 인문의 교차로
- 분석 기술보다 더 중요한 것은 소프트 스킬로 전략적 통찰을 주는 분석은 단순 통계 및 데이터 처리 능력보다 스토리텔링, 커뮤니케이션, 창의력, 열정, 직관력, 비판적 시각, 대화 능력 등의 인문학적 요소가 필요함

4. 전략적 통찰력과 인문학의 부활

외부 환경적 측면에서 본 인문학 열풍의 이유		
외부환경의 변화	내용	예시
컨버전스 → 디버전스	단순 세계화에서 복잡한 세계화로의 변화	규모의 경제, 세계화, 표준화, 이성화 → 복잡한 세계, 다양성, 관계, 연결성, 창조성
생산 → 서비스	비즈니스 중심이 제품생산에서 서비스로 이동	고장 나지 않는 제품의 생산 → 뛰어난 서비스로 응대
생산 → 시장창조	공급자 중심의 기술경쟁에서 무형자산의 경쟁으로 변화	생산에 관련된 기술 중심, 기술 중심의 대규모 투자 → 현재 패러다임에 근거한 시장 창조 현지 사회와 문화에 관한 지식

[1과목] 3장_3절 빅데이터 그리고 데이터 사이언스의 미래

1. 빅데이터의 시대
- 빅데이터 분석은 선거결과에 결정적인 영향을 미칠 수도 있고, 기업들에게 비용절감, 시간 절약, 매출증대, 고객서비스 향상, 신규 비즈니스 창출, 내부 의사결정 지원 등에 있어 상당한 가치를 발휘하고 있음

2. 빅데이터 회의론을 넘어 가치 패러다임의 변화

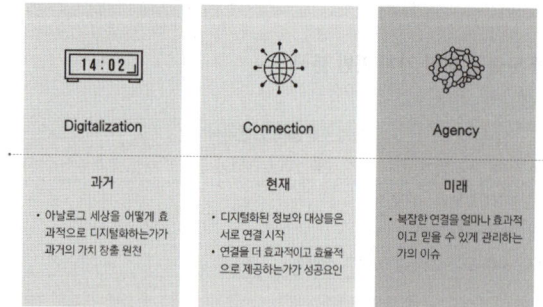

Digitalization	Connection	Agency
과거	현재	미래
• 아날로그 세상을 어떻게 효과적으로 디지털화하는가가 과거의 가치 창출 원천	• 디지털화된 정보와 대상은 서로 연결 시작 • 연결을 더 효과적이고 효율적으로 제공하는가가 성공요인	• 복잡한 연결을 얼마나 효과적이고 믿을 수 있게 관리하는가의 이슈

3. 데이터 사이언스의 한계와 인문학
1) 데이터 사이언스의 한계
   - 분석과정에서는 가정 등 인간의 해석이 개입되는 단계를 반드시 거침
   - 분석결과가 의미하는 바는 사람에 따라 전혀 다른 해석과 결론을 내릴 수 있음
   - **아무리 정량적인 분석이라도 모든 분석은 가정에 근거함**

2) 데이터 사이언스와 인문학
   - 인문학을 이용하여 빅데이터와 데이터 사이언스가 데이터에 묻혀 있는 잠재력을 풀어냄
   - 새로운 기회를 찾고, 누구도 보지 못한 창조의 밑그림을 그릴 수 있는 힘을 발휘하게 될 것

합 | 격 | 마 | 법 | 노 | 트

[3과목] 1장_1절 분석 기획 방향성 도출

1. 분석 기획의 특징
1) **분석 기획** : 실제 분석을 수행하기에 앞서 분석을 수행할 과제를 정의하고, 의도했던 결과를 도출할 수 있도록 이를 적절하게 관리할 수 있는 방안을 사전에 계획하는 일련의 작업
2) **데이터 사이언티스트의 역량** : 수학/통계학적 지식, 정보기술(IT기술, 해킹 기술, 통신기술 등), 비즈니스에 대한 이해와 전문성

2. 분석 대상과 방법
분석은 분석의 대상(What)과 분석의 방법(How)에 따라서 4가지로 분류할 수 있음

분석 주제 유형		분석의 대상(What)	
		Known	Un-Known
분석의 방법 (How)	Known	Optimization	Insight
	Un-Known	Solution	Discovery

3. 목표 시점별 분석 기획 방안

4. 분석 기획 시 고려사항
- 분석의 기본인 가용 데이터(Available Data)에 대한 고려가 필요
- 분석을 통해 가치가 창출될 수 있는 적절한 활용방안과 유즈케이스(Proper Business Use Case) 탐색이 필요
- 분석 수행시 발생하는 장애요소들에 대한 사전계획 수립이 필요(Low Barrier Of Execution)

[3과목] 1장_2절 분석 방법론 1

1. 분석 방법론 개요
1) **기업의 합리적 의사결정을 가로막는 장애요소**
   - 고정 관념(Stereotype), 편향된 생각(Bias), 프레이밍 효과(Framing Effect)
2) **방법론의 적용 업무의 특성에 따른 모델**
   - 폭포수 모델(Waterfall Model)
   - 프로토타입 모델(Prototype Model)
   - 나선형 모델(Spiral Model)

2. KDD 분석 방법론
- 데이터셋 선택(Selection)
- 데이터 전처리(Preprocessing)
- 데이터 변환(Transformation)
- 데이터 마이닝(Data Mining)
- 결과 평가(Interpretation/Evaluation)

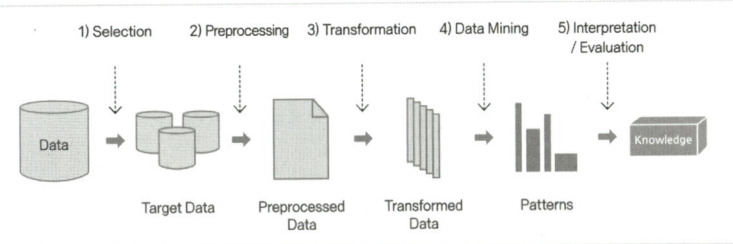

핵심 포인트를 정리한

[3과목] 1장_2절 분석 방법론 2

3. CRISP-DM 분석 방법론
- 업무 이해(Business Understanding)
- 데이터 이해(Data Understanding)
- 데이터 준비(Data Preparation)
- 모델링(Modeling)
- 평가(Evaluation)
- 전개(Deployment)

4. 빅데이터 분석 방법론

1) 빅데이터 분석의 계층적 프로세스

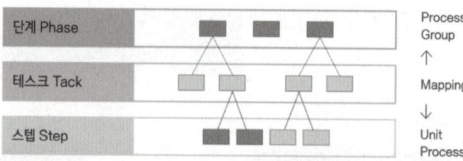

2) 빅데이터 분석 방법론의 5단계

분석 기획	데이터 준비	데이터 분석	시스템 구현	평가 및 전개
• 비지니스 이해 및 범위 설정 • 프로젝트 정의 및 계획 수립 • 프로젝트 위험계획 수립	• 필요 데이터 정의 • 데이터 스토어 설계 • 데이터 수집 및 정합성 점검	• 분석용 데이터 준비 • 텍스트 분석 • 탐색적 분석 • 모델링 • 모델 평가 및 검증 • 모델 적용 및 운영방안 수립	• 설계 및 구현 • 시스템 테스트 및 운영	• 모델 발전계획 수립 • 프로젝트 평가 및 보고

[3과목] 1장_3절 분석 과제 발굴 1

1. 분석과제 발굴 방법론

하향식 접근 방식 (Top Down Approach)	분석 과제가 주어지고 이에 대한 해법을 찾기 위하여 각 과정이 체계적으로 단계화되어 수행하는 방식
상향식 접근 방식 (Bottom Up Approach)	문제의 정의 자체가 어려운 경우 데이터를 기반으로 문제의 지속적으로 개선하는 방식

2. 하향식 접근 방식(Top Down Approach)
- 하향식 접근법은 문제 탐색(Problem Discovery) → 문제 정의(Problem Definition)
  → 해결방안 탐색(Solution Search) → 타당성 검토(Feasibility Study)의 과정으로 이루어짐.

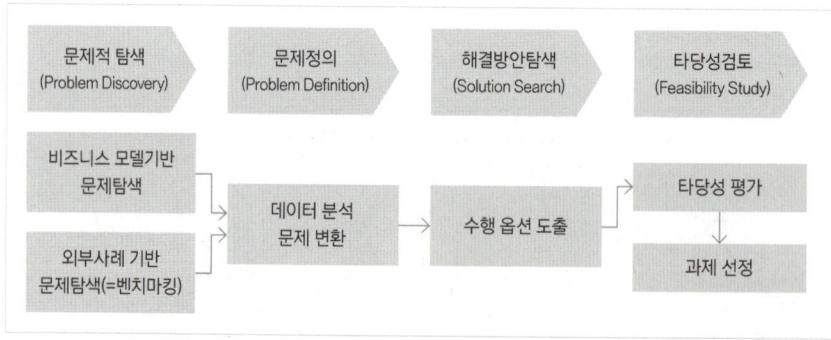

[3과목] 1장_3절 분석 과제 발굴 2

3. 하향식 접근 방식(Top Down Approach)의 과정

1) 문제 탐색(Problem Discovery)
   - 비즈니스 모델 기반 문제 탐색: 업무(Operation), 제품(Product), 고객(Customer), 규제와 감사(Regulation & Audit), 지원 인프라(IT & Human Resource) 등 5가지 영역으로 기업의 비즈니스를 분석
   - 분석 기회 발굴의 범위 확장

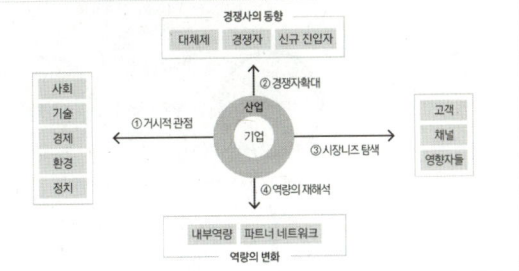

   - 외부 참조 모델 기반의 문제 탐색 : 유사, 동종 사례를 벤치마킹을 통해 분석 기회를 발굴
   - 분석 유즈 케이스(Analytics Use Case) 정의

2) 문제 정의(Problem Definition) : 비즈니스 문제를 데이터의 문제로 변환하여 정의하는 단계
3) 해결방안 탐색(Solution Search) : 분석역량(Who), 분석기법 및 시스템(How)으로 해결 방안 탐색
4) 타당성 검토(Feasibility Study) : 경제적 타당성, 데이터 및 기술적 타당성 검토 : 분석역량

[3과목] 1장_3절 분석 과제 발굴 3

4. 상향식 접근 방식(Bottom Up Approach)

1) 정의
   - 기업이 보유하고 있는 다양한 원천 데이터로부터 분석을 통하여 통찰력과 지식을 얻는 접근방법
   - 다양한 원천 데이터를 대상으로 분석을 수행하여 가치 있는 모든 문제를 도출하는 일련의 과정

2) 상향식 접근법의 특징
   - 하향식 접근법은 논리적 단계별 접근법으로 최근의 복잡하고 다양한 환경에서 발생하는 문제를 해결하기 어렵기 때문에 **디자인적 사고(Design Thinking) 접근법**을 통해 WHY→ WHAT 관점으로 존재하는 데이터 **그 자체를 객관적으로 관찰**하여 문제를 해결하려는 접근법을 사용
   - 상향식 접근법은 **비지도 학습 방법**으로 수행되며, 데이터 자체의 결합, 연관성, 유사성을 중심으로 접근
   - 시행착오를 통한 문제 해결 : **프로토타이핑 접근법**

5. 분석과제 정의
   - 분석 과제 정의서를 통해 분석별 필요 소스 데이터, 분석 방법, 데이터 입수 및 분석의 난이도, 분석 수행주기, 검증 오너십, 상세 분석 과정 등을 정의

핵심 포인트를 정리한

[3과목] 1장_4절 분석 프로젝트 관리 방안

1. 분석과제 관리를 위한 5가지 주요 영역
- 분석프로젝트는 범위, 일정, 품질, 리스크, 의사소통 등 영역별 관리가 수행되어야 할 뿐 아니라 데이터에 기반한 분석 기법을 적용한다는 특성 때문에 아래와 같은 **5가지 주요 속성**을 고려하여 추가적인 관리가 필요

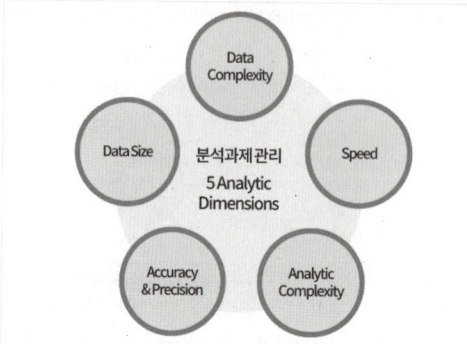

2. 분석 프로젝트의 특성
- **분석가의 목표** : 개별적인 분석업무 수행 뿐만 아니라 전반적인 프로젝트 관리 또한 중요
- **분석가의 입장** : 데이터 영역과 비즈니스 영역의 현황을 이해하고, 프로젝트의 목표인 분석의 정확도 달성과 결과에 대한 가치 이해를 전달하는 조정자로서의 분석가 역할이 중요
- 분석 프로젝트는 도출된 결과의 재해석을 통한 지속적인 반복 및 정교화가 수행되는 경우가 대부분이므로 프로토타이핑 방식의 애자일(Agile) 프로젝트 관리방식에 대한 고려도 필요

[3과목] 2장_1절 마스터 플랜 수립 프레임워크

1. 마스터 플랜 수립 프레임 워크
- 분석 과제를 대상으로 다양한 기준을 고려해 적용 우선순위를 설정하고, 데이터 분석 구현을 위한 로드맵을 수립

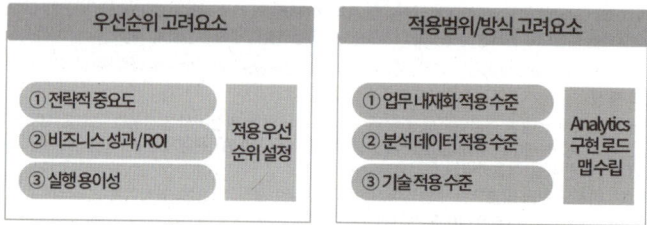

2. 우선순위 평가에 활용하기 위한 ROI 관점에서 빅데이터의 핵심 특징

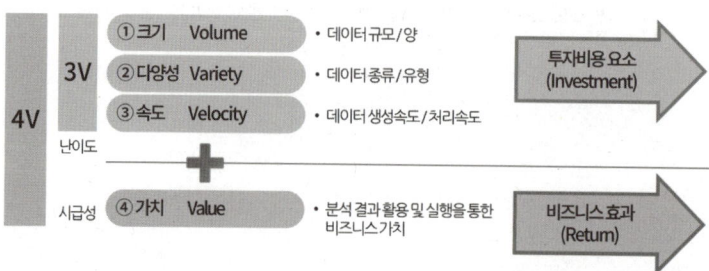

[1과목] 2장_2절 분석 거버넌스 체계 수립 1

1. 분석 거버넌스 체계 구성요소

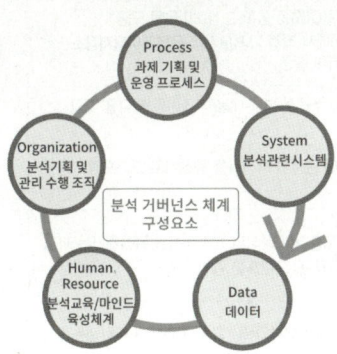

2. 데이터 분석 수준진단

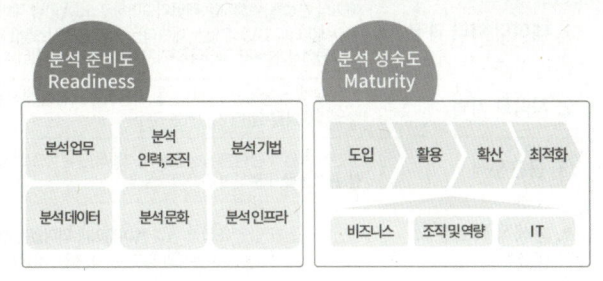

- 조직의 성숙도 평가도구 : **CMMI**(Capability Maturity Model Integration)
- 분석 수준 진단 결과 : **정착형, 확산형, 준비형, 도입형**

3. 데이터 거버넌스 체계 수립

1) 데이터 거버넌스 개요
- 전사 차원의 모든 데이터에 대하여 정책 및 지침, 표준화, 운영조직 및 책임 등의 표준화 된 관리 체계를 수립하고 운영을 위한 프레임워크(Framework) 및 저장소(Repository)를 구축하는 것을 말함
- 마스터 데이터(Master Data), 메타 데이터(Meta Data), 데이터 사전(Data Dictionary)은 데이터 거버넌스의 중요한 관리 대상

[3과목] 2장_2절 분석 거버넌스 체계 수립 2

2) 데이터 거버넌스 구성요소
- 원칙(Principle), 조직(Organization), 프로세스(Process)

3) 데이터 거버넌스 체계
- 데이터 표준화, 데이터 관리 체계, 데이터 저장소 관리(Repository), 표준화 활동

4. 데이터 분석을 위한 3가지 조직 구조 : 집중구조, 기능구조, 분산구조

5. 분석과제 관리 프로세스

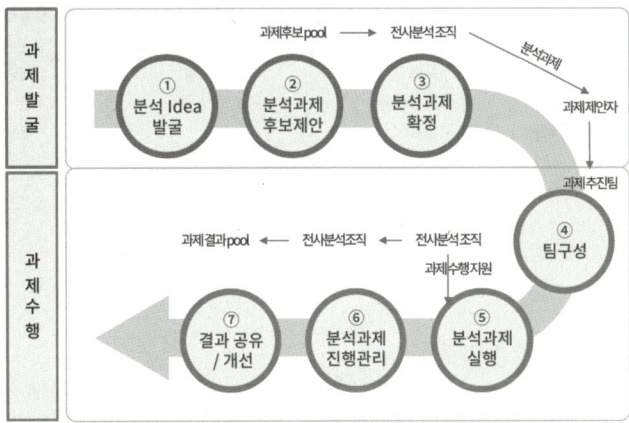

핵심 포인트를 정리한

[4과목] 1장_1절 데이터 분석 기법의 이해

1. 데이터 처리 과정	• 데이터 분석을 위해서는 데이터웨어하우스(DW)나 데이터마트(DM)를 통해 분석데이터를 구성 • 신규데이터나 DW에 없는 데이터는 **기존 운영시스템(Legacy)**에서 직접 가져오거나 **운영데이터저장소(ODS)**에서 정제된 데이터를 가져와서 DW의 데이터와 결합하여 활용
2. 시각화 기법	• 가장 낮은 수준의 분석이지만 잘 사용하면 복잡한 분석보다 더 효율적이며, 대용량 데이터를 다룰 때와 탐색적 분석을 할 때 시각화는 필수
3. 공간분석	• 공간적 차원과 관련된 속성들을 시각화하는 분석으로 **지도 위에 관련된 속성들을 생성하고 크기모양, 선 굵기 등을 구분**하여 인사이트를 얻음
4. 탐색적 자료분석 (EDA)	• 다양한 차원과 값을 조합해 가며 **특이점이나 의미있는 사실을 도출**하고 분석의 최종목적을 달성해가는 과정 • EDA의 4가지 주제 : 저항성의 강조, 잔차 계산, 자료변수의 재표현, 그래프를 통한 현시성
5. 통계분석	• 어떤 현상을 종합적으로 한눈에 알아보기 쉽게 일정한 체계에 따라 숫자와 표, 그림의 형태로 나타내는 것
6. 데이터 마이닝	• **대용량의 자료**로부터 정보를 요약하고 미래에 대한 예측을 목표로 자료에 존재하는 **관계, 패턴, 규칙 등**을 탐색하고 이를 모형화함으로써 이전에 알지 못한 **유용한 지식을 추출**하는 분석 방법 • 방법론 : 기계학습(인공신경망, 의사결정나무, 클러스터링, SVM, 패턴인식(연관규칙, 장바구니분석) 등

[4과목] 2장_1절 R 소개

1. R의 탄생
- R은 오픈소스 프로그램으로 통계·데이터마이닝과 그래프를 위한 언어이다.
- 다양한 최신 통계분석과 마이닝 기능을 제공하며, 5,000개에 이르는 패키지가 수시로 업데이트 된다.

2. 통계분석 도구의 비교

구분	SAS	SPSS	오픈소스 R
프로그램 비용	유료, 고가	유료, 고가	오픈소스
설치용량	대용량	대용량	모듈화로 간단
다양한 모듈 지원 및 비용	별도구매	별도구매	오픈소스
최근 알고리즘 및 기술반영	느림	다소 느림	매우 빠름
학습자료 입수의 편의성	유료 도서 위주	유료 도서 위주	공개 논문 및 자료 많음
질의를 위한 공개 커뮤니티	없음	없음	매우 활발

3. R의 특징
- 오픈소스 프로그램
- 뛰어난 그래픽 및 성능
- 시스템 데이터 저장 방식
- 모든 운영체제에서 사용 가능(윈도우, 맥, 리눅스)
- 표준 플랫폼(S 언어 기반)
- 객체 지향언어이면서 함수형 언어

[4과목] 2장_2절 R 기초 1

1. 편리한 기능
- R의 작업환경 설정 : R 단축아이콘 우측클릭 → 속성 → 바로가기 → 시작위치에 현재 작업위치를 입력 → 저장
- 프로그램에서 작업환경 설정 : setwd("작업디렉토리")
- 도움말 : help(함수), ?함수, RSiteSearch("함수명")
- 히스토리 : history( ), savehistory(file="파일명"), loadhistory(file="파일명")
- 콘솔 청소 : Ctrl + L

2. 스크립트 사용하기
- 한줄 실행 : Ctrl + R
- 여러줄 실행 : 드래그 후 Ctrl + R
- 주석처리 : #

3. 패키지
- 패키지 : R 함수, 데이터 및 컴파일 코드의 모임
- 패키지 자동설치 : install.packages("패키지명")
- 패키지 수동설치 : install.packages("패키지명", "패키지 위치")

4. 배치 실행
- 매일 실행 되어야하는 프로그램을 시스템에서 프로세스에서 자동으로 구동하는 작업
- 배치파일 실행 명령 : 윈도우 창에서 batch.R 실행파일이 있는 위치에서 R CMD BATCH batch.R
- Path 지정 : 내컴퓨터에 오른쪽 마우스를 클릭 → 속성 → 고급시스템 설정 → 환경변수 클릭 → 변수명이 path를 클릭 → R프로그램의 실행파일의 위치를 찾아서 추가 → 저장

[4과목] 2장_2절 R 기초 2

5. 변수 다루기
- R에서는 변수명만 선언하고 값을 할당하면 자료형태를 스스로 인식하고 선언함
- 화면에 프린트하고자 할 때, print( )를 사용해도 되지만 변수 값만 표현해도 내용을 출력함
- 변수에 값을 할당할 때는 대입연산자(<-, <<-, =, ->, ->>)를 사용할 수 있으나 <-를 추천함
- 메모리에 불필요한 변수가 있는지 확인하기 위해서는 ls( )를 활용하고 삭제는 rm( )을 활용함

6. 기본적인 통계량 계산

기능	함수	기능	함수
평균	mean( )	중앙값	median( )
표준편차	sd( )	분산	var( )
공분산	cov( )	상관계수	cor( )

7. 함수의 생성 및 활용
- R은 함수형 언어이기 때문에 프로그래머가 직접 활용 가능한 함수를 생성하여 활용할 수 있음
- 함수는 function(매개변수1, 매개변수2, …) 선언하고 표현식이 2줄 이상인 경우는 { }로 묶어서 함수의 범위를 설정함
- 표현식은 변수 할당, 조건문(if문)과 반복문(for문, while문, repeat문) 그리고 전달값(return)으로 구성됨

핵심 포인트를 정리한

[4과목] 2장_2절 R 기초 3

8. 연산자 우선순위

연산자 우선순위	뜻	사용 예시
[[[	인덱스	a[1]
$	요소 뽑아내기, 슬롯 뽑아내기	a$coef
^	지수	5^2
- +	단항 마이너스와 플러스 부호	-3, +5
:	수열 생성	1:10
%any%	특수 연산자	%/% 나눗셈 몫, %% 나눗셈 나머지, %*% 행렬의 곱
* /	곱하기, 나누기	3*5
+ -	더하기, 빼기	3+5
== != <> <= >=	비교	3==5
!	논리 부정	
&	논리 "and", 단축(short-circuit) "and"	TRUE & TRUE
|	논리 "or", 단축(short-circuit) "or"	TRUE | TRUE
~	식(formula)	lm(log(brain)~log(body),data=Animals)
-> ->>	대입(왼쪽을 오른쪽으로)	3->a
=	대입(오른쪽을 왼쪽으로)	a=3
<- <<-	대입(오른쪽을 왼쪽으로)	a<-3
?	도움말	?lm

[4과목] 2장_3절 입력과 출력

1. 데이터 입력과 출력

- R에서는 텍스트 데이터 뿐만 아니라 데이터베이스와 다양한 통계프로그램에서 작성된 데이터를 불러들여서 적절한 데이터 분석을 수행할 수 있음
- R에서는 부동소수점 표현시 7자리 수를 기본으로 셋팅되어 있으며, option()함수, digit="숫자"를 지정해서 자릿수를 변경할 수 있음
- 문자열을 파일로 저장하고자 할 때 : cat("저장할 문자열", file="파일명")
- R에서는 역슬래쉬(\)를 인식하지 못하므로 슬래쉬(/) 또는 이중 역슬래쉬 (\\)로 파일의 경로를 지정

2. 외부 파일 입력과 출력

고정자리 변수 파일	read.fwf("파일명", width=c(w1,w2,…))
구분자 변수 파일	read.table("파일명", sep="구분자")
csv 파일 읽기	read.csv("파일명", header=T) # 1행이 변수인 경우 : header=T
csv 파일 출력	write.csv(데이터 프레임, "파일명")

3. 웹 페이지(Web Page)에서 데이터 읽어 오기

파일 다운로드	read.csv("http://www.example.com/download/data.csv")
ftp에서 파일 다운로드	read.csv("ftp://ftp.example.com/download/data.csv")
html에서 테이블	readHTMLTable("url")

[4과목] 2장_4절 데이터 구조와 데이터 프레임

1. 데이터 구조의 정의

특징	벡터	리스트	데이터 프레임
원소 자료형	동질적	이질적	이질적
원소를 위치로 인덱싱	가능	가능	가능
인덱싱으로 여러 개 원소로 구성된 하위 데이터 생성	가능	가능	가능
원소들에 이름 부여	가능	가능	가능

단일값(Scalar)	원소가 하나인 벡터로 인식/처리
행렬(Matrix)	원소가 하나인 벡터로 인식/처리
배열(Array)	3원소가 하나인 벡터로 인식/처리
요인(Factor)	유일값이 요인의 수준(Level)으로 구성된 벡터 (범주형 변수, 집단 분류)

2. 리스트 다루기
- 리스트 원소 선택 : L[[n]], L[["name"]], L$name

3. 행렬 다루기
- 행렬 설정 : dim(vec) <- c(2, 3)
- 행과 열 이름 붙이기 : rownames(mtrx) <- c("lowname1", "lowname2", …)
  colnames(mtrx) <- c("colname1", "colname2", …)

[4과목] 2장_5절 데이터 변형 1

1. 데이터 구조 변환

변환	방법	변환	방법
벡터 → 리스트	as.list(vec)	행렬 → 벡터	as.vector(mat)
벡터 → 행렬	1열짜리 행렬 : cbind(vec)또는 as.matrix(vec) 1행짜리 행렬 : rbind(vec) n x m 행렬 : matrix(vec, n, m)	행렬 → 리스트	as.list(mat)
벡터 → 데이터 프레임	1열짜리 데이터프레임: as.data.frame(vec) 1행짜리 데이터프레임: as.data.frame(rbind(vec))	행렬 → 데이터 프레임	as.data.frame(mat)
리스트 → 벡터	unlist(lst)	데이터 프레임 → 벡터	1열짜리 데이터 프레임 : dfm[[1]] or fm[,1] 1행짜리 데이터 프레임 : dfm[1,]
리스트 → 행렬	1열짜리 행렬 : as.matrix(lst) 1행짜리 행렬 : as.matrix(rbind(lst)) n x m 행렬 : matrix(lst, n, m)	데이터 프레임 → 리스트	as.list(dfm)
리스트 → 데이터 프레임	목록 원소들이 데이터의 열이면: as.data.frame(lst) 리스트 원소들이 데이터의 행이면: rbind(obs[[1]], obs[[2]])	데이터 프레임 → 행렬	as.matrix(dfm)

핵심 포인트를 정리한

[4과목] 2장_5절 데이터 변형 2

1. 집단으로 분할하기
- 벡터 : split(vec, fac) – 벡터값과 팩터값의 길이가 같아야 함
- 데이터프레임 : split(dfm, fac)

2. 함수 적용하기
- 벡터 : 행렬 : apply(mtr, 1, func), apply(mtr,2,func)
- 리스트 : lapply(lst,func), sapply(lst,func)
- 데이터프레임 : lapply(dfm,func), sapply(dfm,func), apply(dfm,1or2, func)

3. 집단별로 함수 적용하기
- tapply(vec, fac, func)
- by(dfm, fac, func)

4. 병렬 벡터들과 리스트들에 함수 적용하기
- 벡터 : mapply(func, vec1, vec2, vec3,…)
- 리스트 : mapply(func, lst1, lst2, lst3,…)

[4과목] 2장_5절 데이터 변형 3

5. 문자열 다루기

문자열 길이	nchar("문자열")
벡터의 길이	length(vec)
문자열 연결하기	paste("단어", "문장", scalar)
하위 문자열 추출하기	substr("문자열", 시작번호, 끝번호)
구분자로 문자열 추출하기	strsplit("문자열", 구분자)
문자열 대체하기	sub("대상문자열", "변경문자열", s), gsub("대상문자열", "변경문자열", s)

6. 날짜 다루기
- 문자열 → 날짜 : as.Date("2014-12-25")
  as.Date("12/25/2014", format="%m/%d/%Y")
- 날짜 → 문자열 : format(Sys.Date( ), format ="%m/%d/%Y")
- format 인자값

R 표현	표시 형태	R 표현	표시 형태
%b	축약된 월 이름("Jan")	%B	전체 월 이름("January")
%d	두 자리 숫자로 된 일("31")	%m	두 자리 숫자로 된 월("12")
%y	두 자리 숫자로 된 년("14")	%Y	네 자리 숫자로 된 년("2014")

[4과목] 3장_1절 데이터 변경 및 요약 1

1. 데이터 마트
- 데이터 웨어하우스와 사용자 사이의 중간층에 위치한 것으로, 하나의 주제 또는 하나의 부서 중심의 데이터 웨어하우스라고 할 수 있음

2. 요약변수와 파생변수

	요약변수	파생변수
정의	- 수집된 정보를 분석에 맞게 종합한 변수로 데이터 마트에서 가장 기본적인 변수 - 많은 모델이 공통으로 사용할 수 있어 **재활용성 높음**	- 사용자(분석가)가 특정 조건을 만족하거나 특정 함수에 의해 값을 만들어 의미를 부여한 변수 - 매우 주관적일 수 있으므로 논리적 타당성을 갖출 필요가 있음
예시	- 기간별 구매 금액, 횟수, 여부 / 위클리 쇼퍼 / 상품별 구매 금액, 횟수, 여부 / 상품별 구매 순서 / 유통 채널별 구매 금액 / 단어 빈도 / 초기 행동변수 / 트랜드 변수 / 결측값과 이상값 처리 / 연속형 변수의 구간화	근무시간 구매지수 / 주 구매 매장 변수 / 주 활동 지역 변수 / 주 구매 상품 변수 / 구매상품 다양성 변수 / 선호하는 가격대 변수 / 시즌 선호 고객 변수 / 라이프 스테이지 변수 / 라이프스타일 변수 / 휴면가망 변수 / 최대가치 변수 / 최적 통화시간 등

[4과목] 3장_1절 데이터 변경 및 요약 2

3. reshape 패키지
- 2개의 핵심적인 함수로 구성

melt()	쉬운 casting을 위해 데이터를 적당한 형태로 만들어주는 함수
cast()	데이터를 원하는 형태로 계산 또는 변형시켜주는 함수

- 변수를 조합해 변수명을 만들고 변수들을 시간, 상품 등의 차원에 결합해 다양한 요약변수와 파생변수를 쉽게 생성하여 데이터 마트를 구성할 수 있게 해주는 패키지임

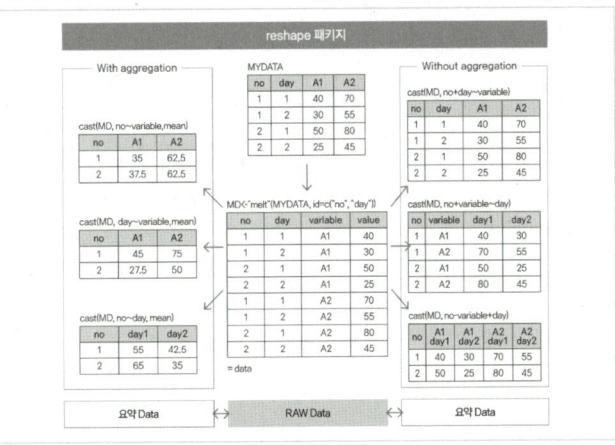

핵심 포인트를 정리한

[4과목] 3장_1절 데이터 변경 및 요약 3

4. sqldf 패키지
- R에서 sql 명령어를 사용 가능하게 해주는 패키지로 SAS의 proc sql 과 같은 기능
- head([df]) → sqldf("select * from [df] limit 6")
- subset([df], [col] %in% c("BF", "HF")) → sqldf("select * from [df] where [col] in('BF', 'HF')")
- merge([df1], [df2]) → sqldf("select * from [df1], [df2]")

5. plyr 패키지
- apply 함수를 기반으로 데이터와 출력변수를 동시에 배열로 치환하여 처리하는 패키지
- split-apply-combine 방식으로 데이터를 분리하고 처리한 다음, 다시 결합하는 등 필수적인 데이터 처리 기능 제공

	array	data frame	list	nothing
array	aaply	adply	alply	a_ply
data frame	daply	ddply	dlply	d_ply
list	laply	ldply	llply	l_ply
n replicates	raply	rdply	rlply	r_ply
function arguments	maply	mdply	mlply	m_ply

6. data.table
- R에서 가장 많이 사용하는 데이터 핸들링 패키지 중 하나로 대용량 데이터의 탐색, 연산, 병합에 유용
- **기존 data.frame 방식보다 월등히 빠른 속도**
- 특정 column을 key 값으로 색인을 지정한 후 데이터를 처리
- 빠른 grouping과 ordering, 짧은 문장 지원 측면에서 데이터프레임 보다 유용함

[4과목] 3장_2절 데이터 가공 / 3절 기초 분석 및 데이터 관리 1

1. 변수의 구간화
- 신용평가모형, 고객 세분화 등의 시스템으로 모형을 적용하기 위해서 각 변수들을 **구간화하여 점수를 적용하는 방식**이 활용
- 변수의 구간화를 위한 rule이 존재함
  (※ 10진수 단위로 구간화하고, 구간을 5개로 나누는 것이 보통이며, 7개 이상의 구간을 잘 만들지 않음)

2. 변수 구간화의 방법

Binning	연속형 변수를 범주형 변수로 변환하기 위해 50개 이하의 구간에 동일한 수의 데이터를 할당하여 의미를 파악하면서 구간을 축소하는 방법
의사결정나무	모형을 통해 연속형 변수를 범주형 변수로 변환하는 방법

3절 기초 분석 및 데이터 관리

1. 결측값 처리
1) 변수에 데이터가 비어 있는 경우 : NA, ., 99999999, Unknown, Not Answer 등으로 표현
2) 단순 대치법 (Single Imputation)
   가) Completes Analysis : 결측값의 레코드를 삭제
   나) 평균대치법 : 관측 및 실험을 통해 얻어진 데이터의 평균으로 대치
      - 비조건부 평균 대치법 : 관측 데이터의 평균으로 대치
      - 조건부 평균 대치법 : 회귀분석을 통해 데이터를 대치
   다) 단순 확률 대치법 : 평균대치법에서 추정량 표준 오차의 과소 추정문제를 보완한 방법으로 Hot-Deck 방법, Nearest Neighbor 방법이 있음
3) 다중 대치법 (Multiple Imputation) : 단순 대치법을 m번 실시하여, m개의 가상적 자료를 만들어 대치하는 방법

합격마법노트

[4과목] 3장_3절 기초 분석 및 데이터 관리 2

2. R의 결측값 처리 관련 함수

complete.cases( )	데이터 내 레코드에 결측값이 있으면 FALSE, 없으면 TRUE 반환
is.na( )	결측값이 NA인지의 여부를 TRUE/FALSE로 반환
DMwR 패키지 : centralImputation( )	NA 값을 가운데 값(Central Value)으로 대치 (숫자- 중위수, Factor -최빈값)
DMwR 패키지 : knnImputation( )	NA 값을 k최근 이웃 분류 알고리즘을 사용하여 대치 (k개 주변 이웃까지의 거리를 고려하여 가중 평균한 값을 사용)
Amelia 패키지 : amelia( )	time-series-cross-sectional data set(여러 국가에서 매년 측정된 자료) 에서 활용

3. 이상값 처리

1) 이상값
- 의도하지 않은 현상으로 입력된 값 or 의도된 극단값 → 활용할 수 있음
- 잘못 입력된 값 or 의도하지 않은 현상으로 입력된 값이지만 분석 목적에 부합되지 않는 값 → Bad Data이므로 제거

2) 이상값의 인식
- ESD(Extreme Studentized Deviation) : 평균으로부터 3표준편차 떨어진 값
- 기하평균 − 2.5×표준편차 〈 data 〈 기하평균 + 2.5×표준편차
- Q1 − 1.5×IQR 〈 data 〈 Q3 + 1.5 × IQR을 벗어나는 데이터(IQR = Q3 − Q1)

3) 이상값의 처리
- 절단(Trimming) : 이상값이 포함된 레코드를 삭제
- 조정(Winsorizing) : 이상값을 상한 또는 하한 값으로 조정

[4과목] 4장_1절 통계분석의 이해 1

1. 통계

통계	특정집단을 대상으로 수행한 조사나 실험을 통해 나온 결과에 대한 요약된 형태의 표현
통계자료의 획득 방법	총 조사(Census)와 표본조사(Sampling)
표본 추출 방법	단순랜덤추출(Simple Random Sampling), 계통추출법(Systematic Sampling) 집락추출법(Cluster Sampling), 층화추출법(Stratified Random Sampling)
자료의 측정 방법	명목척도, 순서척도, 구간척도, 비율척도

2. 통계분석

기술통계 (Descriptive Statistic)	평균, 표준편차, 중위수, 최빈값, 그래프
통계적 추론 (Statistical Inference)	모수추정, 가설검정, 예측

3. 확률 및 확률 분포

확률변수 (Random Variable)	특정 값이 나타날 가능성이 확률적으로 주어지는 변수
이산형 확률분포 (Discrete Distribution)	베르누이분포, 이항분포, 기하분포, 다항분포, 포아송분포
연속형 확률분포 (Continuous Distribution)	균일분포, 정규분포, 지수분포, t분포, F분포, χ^2분포

4. 추정 및 가설검정

추정	표본으로부터 미지의 모수를 추측하는 것
점추정 (Point Estimation)	'모수가 특정한 값일 것'이라고 추정하는 것, 평균, 표준편차, 중앙값 등을 추정 점추정 조건 : 불편성(Unbiasedness), 효율성(Efficiency), 일치성(Consistency), 충족성(Sufficient)
구간추정 (Interval Estimation)	점추정을 보완하기 위해 모수가 특정 구간에 있을 것이라고 추정하는 것. 모분산을 알거나 대표본의 경우 표준정규분포 활용, 모분산을 모르거나 소표본의 경우 t분포 활용

핵심 포인트를 정리한

[4과목] 4장_1절 통계분석의 이해 2

4. 추정 및 가설검정

- 가설검정 : 모집단에 대한 가설을 설정한 뒤, 그 가설을 채택여부를 결정하는 방법
  - 귀무가설(Null Hypothesis, H_0) vs 대립가설(Alternative Hypothesis, H_1)
  - 1종 오류(Type Ⅰ Error) : 귀무가설 H_0가 옳은데도 귀무가설을 기각하게 되는 오류
  - 2종 오류(Type Ⅱ Error) : 귀무가설 H_0가 옳지 않은데도 귀무가설을 채택하게 되는 오류

가설검정결과 정확한 사실	H_0가 사실이라고 판정	H_0가 사실이 아니라고 판정
H_0가 사실임	옳은 결정	제 1종 오류(α)
H_0가 사실이 아님	제 2종 오류(β)	옳은 결정

- 1종 오류의 크기를 0.1, 0.05, 0.01로 고정시키고 2종 오류가 최소가 되도록 기각역을 설정

5. 비모수 검정

- 비모수 검정 : 모집단의 분포에 대한 아무 제약을 가하지 않고 검정을 실시
- 가설 설정 방법 : '분포의 형태가 동일하다', '분포의 형태가 동일하지 않다' 라는 식으로 가설을 설정
- 검정 방법 : 순위나 두 관측값 차이의 부호를 이용해 검정
  - 예 : 부호검정(Sign Test), 윌콕슨의 순위합 검정(Wilcoxon's Rank Sum Test), 윌콕슨의 부호 순위 검정(Wilcoxon's Signed Rank Test), 맨-휘트니의 U검정(Mann-Whitney U test), 런 검정(Run Test), 스피어만의 순위상관계수(Spearman's rank correlation analysis)

[4과목] 4장_2절 기초 통계분석 1

1. 기술 통계

- 기술 통계(Descriptive Statistic) : 자료의 특성을 표, 그림, 통계량 등을 사용해 쉽게 파악할 수 있도록 정리/요약하는 것

1) 통계량에 의한 자료 정리

- 중심 위치의 측도 : 평균, 중앙값, 최빈값
- 산포의 측도 : 분산, 표준편차, 범위, 사분위수범위, 변동계수, 표준오차
- 분포의 형태 : 왜도, 첨도

2) 그래프를 통한 자료 정리

- 범주형 자료 : 막대그래프, 파이차트, 모자이크 플랏 등
- 연속형 자료 : 히스토그램, 줄기-잎 그림, 상자그림 등

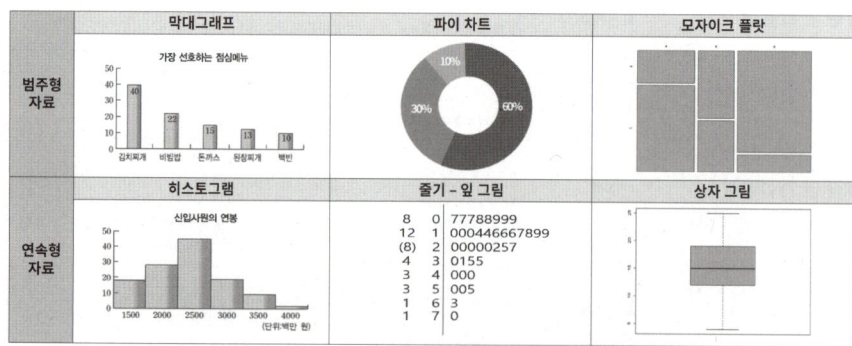

합|격|마|법|노|트

[4과목] 4장_2절 기초 통계분석 2

2. 인과관계의 이해
1) 용어
- 종속변수(반응변수, y), 독립변수(설명변수, x), 산점도(Scatter Plot)
- 산점도에서 확인 확인할 수 있는 것
  - 두 변수 사이의 선형관계가 성립하는가?
  - 두 변수 사이의 함수관계가 성립하는가?
  - 이상값의 존재 여부와 몇 개의 집단으로 구분되는지를 확인

2) 공분산(Covariance)
- 두 변수간의 상관 정도를 상관계수를 통해 확인할 수 있음
- $Cov(X,Y) = E[(X - \mu_x)(Y - \mu_y)]$

3. 상관분석(Correlation Analysis)
1) 정의와 특성
- 상관분석 : 두 변수 간의 관계를 상관계수를 이용하여 알아보는 분석 방법
- 상관계수가 1에 가까울수록 강한 양의 상관관계, 상관계수가 -1에 가까울수록 강한 음의 상관관계를 가짐
- 상관계수가 0인 경우 데이터 간의 상관이 없음

2) 유형

구분	피어슨	스피어만
개념	등간척도 이상으로 측정된 두 변수의 상관관계 측정	순서, 서열 척도인 두 변수들 간의 상관관계를 측정
특징	연속형 변수, 정규성 가정	순서형 변수, 비모수적 방법
상관계수	피어슨 γ(적률상관계수)	순위상관계수 ρ(로우)
R 코드	cor(x, y, method=c("pearson", "kendall", "spearman"))	

[4과목] 4장_3절 회귀분석 1

1. 회귀분석의 개요
1) 정의
- 하나 또는 그 이상의 독립변수들이 종속변수에 미치는 영향을 추정할 수 있는 통계 기법
- $y_i = \beta_0 + \beta_i x_i + \epsilon_i, i = 1, 2, ..., n, \epsilon_i \sim N(0, \sigma^2)$, y : 종속변수, x : 독립변수
- 독립 변수가 1개 : 단순선형회귀분석, 독립 변수가 2개 이상 : 다중선형회귀분석
- 최소제곱법 : 측정값을 기초로 제곱합을 만들고 그것의 최소인 값을 구하여 처리하는 방법, 잔차제곱합이 가장 작은 선을 선택

2) 회귀분석의 검정
- 회귀식(모형)에 대한 검증 : F-검정
- 회귀계수들에 대한 검증 : t-검정
- 모형의 설명력은 결정계수(R^2)으로 알 수 있으며 구하는 식은 $R^2 = \frac{회귀제곱합}{전체제곱합} = \frac{SSR}{SST}, 0 \leq R^2 \leq 1$
- 단순회귀분석의 결정계수는 상관계수 값의 제곱과 같음

3) 선형회귀분석
- 가정

선형성	입력변수와 출력변수의 관계가 선형
독립성	잔차와 독립변인은 관련이 없음
등분산성	독립변인의 모든 값에 대한 오차들의 분산이 일정
비상관성	관측치들의 잔차들끼리 상관이 없어야 함
정상성(정규성)	잔차항이 정규분포를 이뤄야 함

- 다중선형회귀분석의 **다중공선성(Multicollinearity)**
  • 다중회귀분석에서 설명변수들 사이에 강한 선형관계가 존재하면 회귀계수의 정확한 추정이 곤란
- 다중공선성 검사 방법
  • 분산팽창요인(VIF) : 10보다 크면 심각한 문제
  • 상태지수 : 10이상이면 문제가 있다고 보고, 30보다 크면 심각, 선형관계가 강한 변수는 제거

핵심 포인트를 정리한

[4과목] 4장_3절 회귀분석 2

4) 회귀분석의 종류

종류	모형	비고
단순회귀	$Y = \beta_0 + \beta_1 X_1 + \epsilon$	
다중회귀	$Y = \beta_0 + \beta_1 X_1 + \beta_2 X_2 + \cdots + \beta_k X_k + \epsilon$	
로지스틱회귀	$\log \frac{\pi}{1-\pi} = \beta_0 + \beta_1 X_1 + \beta_2 X_2 + \cdots + \beta_k X_k$	$\pi = P[Y=1]$
다항회귀	$Y = \beta_0 + \beta_1 X_1 + \beta_2 X_2 + \beta_{11} X_1^2 + \beta_{22} X_2^2 + \beta_{12} X_1 X_2 + \epsilon$	k=2, 이차 함수
곡선회귀	$Y = \beta_0 + \beta_1 X + \beta_2 X^2 + \epsilon$	2차 곡선
비선형회귀	$Y = \alpha e^{-\beta X} + \epsilon$	

5) 변수선택법(Variable Selection)

- 모든 가능한 조합 : 모든 가능한 독립변수들의 조합에 대한 회귀모형을 분석해 가장 적합한 모형 선택

전진선택법 (Forward Selection)	■ 절편만 있는 상수모형으로부터 시작해 중요하다고 생각되는 설명변수부터 차례로 모형에 추가 → 이해 쉬움, 많은 변수에서 활용 가능, 변수 값의 작은 변동에 결과가 달라져 안정성이 부족
후진소거법 (Backward Selection)	■ 독립변수 후보 모두를 포함한 모형에서 가장 적은 영향을 주는 변수부터 하나씩 제거 → 전체 변수들의 정보를 이용 가능, 변수가 많은 경우 활용이 어려움, 안정성 부족
단계별 방법 (Stepwise Method)	■ 전진선택법에 의해 변수를 추가하면서 새롭게 추가된 변수에 기인해 기존 변수가 그 중요도가 약화되면 해당 변수를 제거하는 등 단계별로 추가 또는 삭제되는 변수를 검토해 더 이상 없을 때 중단

[4과목] 4장_4절 시계열 분석

1. 시계열 자료

1) 개요
- 시계열 자료(Time Series) : 시간의 흐름에 따라 관찰된 값들
- 시계열 데이터의 분석 목적 : 미래의 값을 예측, 특성 파악(경향, 주기, 계절성, 불규칙성 등)

2) 정상성 (3가지를 모두 만족)
- 평균이 일정(모든 시점에서 일정한 평균을 가짐)
- 분산도 일정
- 공분산도 특정시점에서 t, s에 의존하지 않고 일정

3) 시계열 모형
- 자기회귀모형(AR, Autoregressive Model) : p 시점 전의 자료가 현재 자료에 영향을 주는 모형
- $Z_t = \Phi_1 Z_{t-1} + \Phi_2 Z_{t-2} + \cdots + \Phi_p Z_{t-p} + \alpha_t$
  - ACF는 빠르게 감소, PACF는 절단점이 존재 → AR(절단점 -1)로 계산
- 이동평균모형(MA, Moving Average Model) : 같은 시점의 백색잡음과 바로 전 시점의 백색잡음의 결합으로 이뤄진 모형
- $Z_t = \alpha_t - \theta_1 \alpha_{t-1} - \theta_2 \alpha_{t-2} - \cdots - \theta_p \alpha_{t-p}$
  - ACF는 절단점이 존재, PACF는 빠르게 감소
- 자기회귀누적이동평균모형(ARIMA(p,d,q))
- $Z_t = \alpha_1 - \theta_1 \alpha_{t-1} - \theta_2 \alpha_{t-2}$
  - d(차분) =0 이면 정상성 만족, p=0이면 d번 차분한 MA(q) 모델, q=0이면 d번 차분한 AR(p)모델

4) 분해 시계열
- 시계열에 영향을 주는 일반적인 요인을 시계열에서 분리해 분석하는 방법

추세요인 (Trend Factor)	형태가 오르거나 또는 내리는 추세, 선형, 이차식, 지수형태
계절요인 (Seasonal Factor)	요일, 월, 사분기 별로 변화하여 고정된 주기에 따라 자료가 변화
순환요인 (Cyclical Factor)	명백한 경제적, 자연적 이유없이 알려지지 않은 주기로 자료가 변화
불규칙요인 (Irregular Factor)	위 세 가지의 요인으로 설명할 수 없는 회귀분석에서 오차에 해당하는 요인

합격마법노트

[4과목] 4장_5절 다차원 척도법과 주성분 분석 1

1. 다차원 척도법

1) 정의 및 목적
- 군집분석과 같이 개체들을 대상으로 변수들을 측정한 후, 개체들 사이의 유사성/비유사성을 측정하여 개체들을 2차원 또는 3차원 공간 상에서 점으로 표현하는 분석방법
- 목적 : 개체들의 비유사성을 이용하여 2차원 공간상에 점으로 표시하고 개체들 사이의 집단화를 시각적으로 표현

2) 방법
- 개체들의 거리 계산은 **유클리드 거리행렬**을 활용

$$d(x, y) = \sqrt{(x_1 - y_1)^2 + (x_1 - y_1)^2 + \cdots + (x_p - y_p)^2}$$

- STRESS : 개체들을 공간상에 표현하기 위한 방법으로 STRESS나 S-STRESS를 부적합도 기준으로 사용
  - 최적모형의 적합은 부적합도를 최소로 하는 방법으로 일정 수준 이하로 될 때까지 반복해서 수행

3) 종류

계량적 MDS (Metric MDS)	• 데이터가 구간척도나 비율척도인 경우 활용(전통적인 다차원척도법) • N개의 케이스에 대해 p개의 특성변수가 있는 경우, 각 개체들 간의 유클리드 거리행렬을 계산하고 개체들 간의 비유사성 S(거리제곱 행렬의 선형함수)를 공간상에 표현
비계량적 MDS (Nonmetric MDS)	• 데이터가 순서척도인 경우 활용, 개체들 간의 거리가 순서로 주어진 경우에는 순서척도를 거리의 속성과 같도록 변환(Monotone Transformation)하여 거리를 생성한 후 적용

[4과목] 4장_5절 다차원 척도법과 주성분 분석 2

2. 주성분분석

1) 정의 및 목적
- 상관관계가 있는 변수들을 결합해 상관관계가 없는 변수로 분산을 극대화하는 변수로, 선형결합으로 변수를 축약, 축소하는 기법
- 목적 : 여러 변수들을 소수의 주성분으로 축소하여 데이터를 쉽게 이해하고 관리
  주성분분석을 통해 차원을 축소하여 군집분석에서 군집화 결과와 연산 속도 개선, 회귀분석에서 다중공선성 최소화

2) 주성분분석 vs 요인분석
- 요인분석(Factor Analysis) : 등간척도(혹은 비율척도)로 두 개 이상의 변수들을 잠재되어 있는 공통 인자를 찾아내는 기법
- 공통점 : 모두 데이터를 축소하는데 활용, 몇 개의 새로운 변수들로 축소

차이점	생성된 변수의 수와 이름	생성된 변수들 간의 관계	목표변수와의 관계
요인분석	몇 개로 지정할 수 없으나, 이름을 붙일 수 있음	생성된 변수들이 기본적으로 대등한 관계	목표변수를 고려하지 않고 주어진 변수들 간 비슷한 성격들을 묶음
주성분분석	제1주성분, 제2주성분…을 생성(보통 2개), 이름은 제1주성분과 같이 정해짐	제1주성분, 제2주성분 순으로 중요함	목표변수를 고려하여 주성분 변수 생성

3) 주성분의 선택법
- **누적기여율**(Cumulative Proportion)이 85%이상이면 주성분의 수로 결정할 수 있음

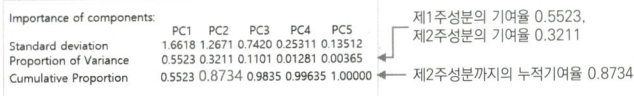
제1주성분의 기여율 0.5523, 제2주성분의 기여율 0.3211
제2주성분까지의 누적기여율 0.8734

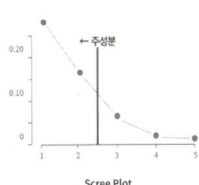
Scree Plot

- Scree Plot에서 고윳값(Eigen Value)이 수평을 유지하기 전 단계로 주성분의 수를 선택

핵심 포인트를 정리한

[4과목] 5장_1절 데이터 마이닝의 개요 1

1. 데이터 마이닝

1) 개요
- **정의**: 대용량 데이터에서 의미 있는 패턴을 파악하거나 예측하여 의사결정에 활용하는 방법
- **통계분석과 차이점**: 가설이나 가정에 따른 분석, 검증을 하는 통계분석과 달리 데이터마이닝은 다양한 수리 알고리즘을 이용해 데이터베이스의 데이터로부터 의미있는 정보를 추출
- **활용 분야**: 분류, 예측, 군집화, 시각화 등
- **방법론**: 의사결정나무, 로지스틱 회귀분석, 최근접 이웃법, 군집분석, 연관규칙분석 등

2) 분석 방법

Supervised Learning	Unsupervised Learning
의사결정나무(Decision Tree)	OLAP(On-Line Analytic Processing)
인공신경망(Artificial Neural Network)	연관 규칙 분석(Association Rule Analysis)
로지스틱 회귀분석(Logistic Regression)	군집분석(k-Means Clustering)
최근접 이웃법(k-Nearest Neighbor)	SOM(Self Organizing Map)
사례기본 추론(Case-Based Reasoning)	

3) 데이터 마이닝 추진단계

① 목적설정	데이터 마이닝을 위한 명확한 목적 설정
② 데이터 준비	모델링을 위한 다양한 데이터를 준비, 데이터 정제를 통해 품질을 보장
③ 데이터 가공	목적변수 정의, 모델링을 위한 데이터 형식으로 가공
④ 기법 적용	데이터 마이닝 기법을 적용하여 정보를 추출
⑤ 검증	마이닝으로 추출한 결과를 검정하고 업무에 적용해 기대효과를 전파

[4과목] 5장_1절 데이터 마이닝의 개요 2

4) 데이터 분할

구축용(Training Data)	50%의 데이터를 모델링을 위한 훈련용으로 활용
검증용(Validation Data)	30%의 데이터를 구축된 모형의 과대/과소 추정의 판정 목적으로 활용
시험용(Test Data)	20%의 데이터를 테스트데이터나 과거 데이터를 활용하여 모델의 성능 평가에 활용

5) 모델의 성능 평가
- 은행의 대출 문제로 본다면 연이율이 20%라고 가정하고 100만원을 100명에게 대출한다고 할 때

실제 분류

① 모형	우량	불량
우량	65	10
불량	5	20

② 모형	우량	불량
우량	75	0
불량	15	10

- **기대수익**
  ① 모형 기대수익 = (65명*20만원) − (10명*100만원) = 300만원
  ② 모형 기대수익 = (75명*20만원) = 1,500만원
- **기대손실비용**
  ① 모형 기대손실수익 = (5명*20만원) + (10명*100만원) = 1,100만원
  ② 모형 기대손실수익 = (15명*20만원) = 300만원
- **결과**: 기대 수익과 기대 손실비용 면에서 볼 때 ②모형이 우수함

합격마법노트

[4과목] 5장_2절 분류분석 1

1. 분류분석과 예측분석

1) 개요

공통점	레코드의 특정 속성의 값을 미리 알아 맞히는 것	
차이점	분류는 레코드(튜플)의 범주형 속성의 값을 알아 맞히는 것 예측은 레코드(튜플)의 연속형 속성의 값을 알아 맞히는 것	
분류의 예	학생들의 국어, 영어 등 점수를 통해 내신등급을 예측 카드회사에서 회원들의 가입 정보를 통해 1년 후 신용등급을 예측	
예측의 예	학생들의 여러 가지 정보를 입력해 수능점수를 예측 카드회사에서 회원들의 가입정보를 통해 연 매출액을 예측	
분류 모델링	신용평가모형, 사기방지모형, 이탈모형, 고객세분화	
분류 기법	로지스틱 회귀분석(Logistic Regression) 의사결정나무(Decision Tree), CART(Classification and Regression Tree), C5.0 나이브 베이즈 분류(Naïve Bayes Classification) 인공신경망(Artificial Neural Network, ANN) 서포트 벡터 머신(Support Vector Machine, SVM) K 최근접 이웃(K-Nearest Neighborhood, K-NN) 규칙기반의 분류와 사례기반추론(Case-Based Reasoning)	

2. 의사결정나무

1) 정의와 특징

- 분류 함수를 의사결정 규칙으로 이뤄진 나무 모양으로 그리는 방법으로, 의사결정 문제를 시각화해 의사결정이 이뤄지는 시점과 성과를 한눈에 볼 수 있게 함
- 주어진 입력값에 대해 출력값을 예측하는 모형으로 분류나무와 회귀나무 모형이 있음
- 특징 : ① 계산 결과가 의사결정나무에 직접 나타나게 돼 분석이 간편함
  ② 분류 정확도가 좋음
  ③ 계산이 복잡하지 않아 대용량 데이터에서도 빠르게 만들 수 있음
  ④ 비정상 잡음 데이터에 대해서도 민감함 없이 분류
  ⑤ 한 변수와 상관성이 높은 다른 불필요한 변수가 있어도 크게 영향 받지 않음

[4과목] 5장_2절 분류분석 2

2) 활용

세분화(Segmentation)	데이터를 비슷한 특성을 갖는 몇 개의 그룹으로 분할해 그룹별 특성을 발견
분류(Classification)	관측개체를 여러 예측변수들에 근거해 목표변수의 범주를 몇 개의 등급으로 분류하고자 하는 경우
예측(Prediction)	자료에서 규칙을 찾아내고 이를 이용해 미래의 사건을 예측하고자 하는 경우
차원축소 및 변수선택 (Reduction, Variable Selection)	매우 많은 수의 예측변수 중 목표변수에 영향을 미치는 변수들을 골라내고자 하는 경우
교호작용효과의 파악 (Interaction Effect Identification)	여러 개의 예측변수들을 결합해 목표 변수에 작용하여 파악하고자 하는 경우
범주의 병합 또는 연속형 변수의 이산화 (Binning)	범주형 목표변수의 범주를 소수의 몇 개로 병합하거나 연속형 목표변수를 몇 개의 등급으로 이산화 하고자 하는 경우

3) 의사결정나무의 분석 과정

- 분석 단계 : ① 성장 → ② 가지치기 → ③ 타당성 평가 → ④ 해석 및 예측
- 가지치기(Pruning) : 너무 큰 나무 모형은 자료를 과대적합하고 너무 작은 나무 모형은 과소적합할 위험이 있어 마디에 속한 자료가 일정 수 이하일 경우, 분할을 정지하고 가지치기 실시
- 불순도에 따른 분할 측도 : 카이제곱 통계량
  지니지수
  엔트로피 지수

4) 의사결정나무 분석의 종류

CART (Classification and Regression Tree)	• 목적변수가 범주형인 경우 지니지수, 연속형인 경우 분산을 이용해 이진분리를 사용 • 개별 입력변수 뿐만 아니라 입력변수들의 선형결합들 중 최적의 분리를 찾을 수 있음
C4.5와 C5.0	• 다지분리(Multiple Split)가 가능하고 범주형 입력 변수의 범주 수만큼 분리 가능 • 불순도의 측도로 엔트로피 지수 사용
CHAID (CHi-Squared Automatic Interaction Detection)	• 가지치기를 하지 않고 적당한 크기에서 나무모형의 성장을 중지하며 입력변수가 반드시 범주형 변수여야 함 • 불순도의 측도로 카이제곱 통계량 사용

핵심 포인트를 정리한

[4과목] 5장_3절 앙상블 분석 1

3. 앙상블 기법

1) 개요
- 주어진 자료로부터 여러 개의 예측모형들을 만든 후 조합하여 하나의 최종예측모형을 만드는 방법
- 다중 모델 조합(Combining Multiple Models), Classifier Combination 방법이 있음
- 학습 방법의 불안전성을 해결하기 위해 고안된 기법
- 가장 불안정성을 가지는 기법은 의사결정나무, 가장 안전성을 가지는 기법은 1-Nearest Neighbor

2) 기법의 종류

배깅 (Bagging : Bootstrap Aggregating)	• 여러 개의 붓스트랩 자료를 생성하고 각 붓스트랩 자료의 예측모형 결과를 결합하여 결과를 선정 • 배깅은 훈련자료를 모집단으로 생각하고 평균 예측모형을 구한 것과 같아 분산을 줄이고 예측력을 향상시킬 수 있음
부스팅 (Boosting)	• 예측력이 약한 모형(Weak Learner)들을 결합하여 강한 예측모형을 만드는 방법 • 훈련오차를 빨리 그리고 쉽게 줄일 수 있고, 예측오차의 향상으로 배깅에 비해 뛰어난 예측력을 보임
랜덤 포레스트 (Random Forest)	• 의사결정나무의 특징인 분산이 크다는 점을 고려하여 배깅과 부스팅보다 더 많은 무작위성을 주어 약한 학습기들을 생성한 후 이를 선형 결합하여 최종 학습기를 만드는 방법 • 이론적 설명이나 해석이 어렵다는 단점이 있지만 예측력이 매우 높은 장점이 있음 • 입력변수가 많은 경우 더 좋은 예측력을 보임

[4과목] 5장_3절 앙상블 분석 2

4. 성과분석

1) 오분류표를 통한 모델 평가

		Patients with bowel cancer (as confirmed on endoscopy)		
		Condition Positive	Condition Negative	
Fecal Occult Blood Screen Test Outcome	Test Outcome Positive	True Positive (TP) = 20	False Positive (FP) = 180	Positive predictive value = TP / (TP + FP) = 20 / (20 + 180) = 10%
	Test Outcome Negative	False Negative (FN) = 10	True Negative (TN) = 1820	Negative predictive value = TN / (FN + TN) = 1820 / (10 + 1820) ≈ 99.5%
		Sensitivity = TP / (TP + FN) = 20 / (20 + 10) = 67%	Specificity = TN / (FP + TN) = 1820 / (180 + 1820) = 91%	

2) ROC(Receiver Operation Characteristic)
- 민감도와 1-특이도를 활용하여 모형을 평가
- AUROC(ROC 커브 밑부분의 넓이)
  - AUROC = (AR+1)/2

AUROC	등급
0.9 ~ 1.0	Excellent
0.8 ~ 0.9	Good
0.7 ~ 0.8	Fair

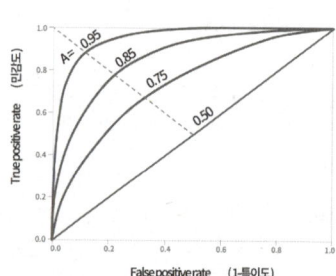

[4과목] 5장_4절 인공신경망 분석 1

5. 인공신경망

1) 신경망의 연구
- 인공신경망은 뇌를 기반으로 한 추론 모델
- 1943년 매컬럭(McCulloch)과 피츠(Pitts) : 인간의 뇌를 수많은 신경세포가 연결된 하나의 디지털 네트워크 모형으로 간주하고 신경세포의 신호처리 과정을 모형화 하여 단순 패턴분류 모형을 개발
- 헵(Hebb) : 신경세포(뉴런) 사이의 연결강도(Weight)를 조정하여 학습규칙 개발
- 로젠블럿(Rosenblatt, 1955) : **퍼셉트론(Perceptron)**이라는 인공 세포 개발, 비선형성의 한계점 발생 - XOR(Exclusive OR) 문제
- 홉필드(Hopfild), 러멜하트(Rumelhart), 맥클랜드(McClelland) : **역전파 알고리즘(Backpropagation)**을 활용하여 비선형성을 극복한 다계층 퍼셉트론으로 새로운 인공신경망 모형 등장

2) 뉴런
- 인공신경망은 뉴런이라는 아주 단순하지만 복잡하게 연결된 프로세스로 이루어져 있음
- 뉴런은 가중치가 있는 링크들로 연결되어 있으며, 뉴런은 여러 개의 입력신호를 받아 하나의 출력신호를 생성
- 뉴런은 전이함수, 즉 활성화함수(Activation Function)을 사용
  - 뉴런은 입력 신호의 가중치 합을 계산하여 임계값과 비교
  - 가중치 합이 임계값보다 작으면 뉴런의 출력은 -1, 같거나 크면 +1을 출력함

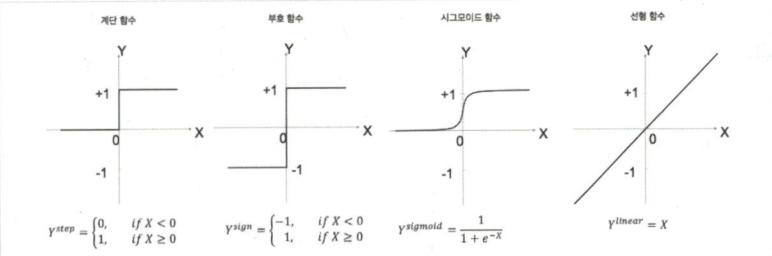

[4과목] 5장_4절 인공신경망 분석 2

3) 신경망모형 구축 시 고려사항

입력변수	• 신경망 모형은 복잡성으로 인해 입력자료의 선택에 매우 민감 • **범주형 변수** (각 범주의 빈도가 일정수준 이상이고 각 범주의 빈도가 일정할 때 활용) ex) 가변수화하여 적용(성별[남,여] → 남성[1,0], 여성[1,0]) • **연속형 변수** (입력 값의 범위가 변수들간에 큰 차이가 없을 때 활용, 분포가 대칭이 아니면 좋지 않은 결과 도출, 변환 또는 범주화 활용)
가중치 초기값	• 역전파 알고리즘의 경우, 초기값에 따라 결과가 많이 달라져 초기값 선택이 매우 중요 • 가중치가 0이면 시그모이드 함수는 선형이 되고 신경망 모형도 선형모형이 됨 • 초기값은 0 근처의 랜덤 값으로 선정하고 초기에는 선형모형에서 가중치가 증가하면서 비선형으로 변경됨
예측값 선정	• 비용함수 $R(\theta)$는 비볼록함수이고 여러 개의 국소 최소값들(Local Minima)을 가짐 • 랜덤하게 선택된 여러 개의 초기값에 대한 신경망을 적합한 후 얻은 해들을 비교하여 가장 오차가 작은 것을 선택 하여 최종 예측값을 얻거나 평균(또는 최빈값)을 구하여 최종 예측값으로 선정 • 훈련자료에 대하여 배깅(Bagging)을 적용하여 최종 예측치를 선정
학습률	• 상수값을 사용하며, 처음에는 큰 값으로 정하고 반복이 진행되어 해가 가까울수록 0에 수렴
은닉층(Hidden Layer), 은닉 노드(Hidden Node)의 수	• 은닉층과 은닉노드가 많으면 – 가중치가 많아져서 과대 적합 문제 발생 • 은닉층과 은닉노드가 적으면 – 과소적합 문제 발생 • 은닉층 수 결정 : 은닉층이 하나인 신경망은 범용 근사자(Universal Approximator)이므로 가급적이면 하나로 선정 • 은닉노드 수 결정 : 적절히 큰 값으로 결정하고 가중치를 감소하면서 모수에 대한 벌점화 적용
과대 적합 문제	• 신경망은 많은 가중치를 추정해야 하므로 과대적합 문제가 빈번 • 해결방법 : 조기종료(모형이 적합하는 과정에서 검증오차가 증가하기 시작하면 반복을 중지) 선형모형의 능형회귀와 유사한 가중치 감소라는 벌점화 기법 활용

[4과목] 5장_4절 인공신경망 분석 3

6. 로지스틱 회귀분석

1) 개요
- 반응변수가 범주형인 경우에 적용되는 회귀분석모형
- 새로운 설명변수(또는 예측변수)가 주어질 때 반응변수의 각 범주(또는 집단)에 속할 확률이 얼마인지를 추정(예측모형)하여, 추정 확률을 기준치에 따라 분류하는 목적(분류모형)으로 활용
- 이때 모형의 적합을 통해 추정된 확률을 사후확률(Posterior Probability)이라고 함

$$\log\left(\frac{\pi(x)}{1-\pi(x)}\right) = \alpha + \beta_1 x_1 + \cdots + \beta_k x_k$$
$$\pi(x) = P(Y=1|x), \qquad x = (x_1, \cdots, x_k)$$

- $\exp(\beta_1)$의 의미는 나머지 변수$(x_1, \ldots, x_k)$가 주어질 때, x_1이 한 단위 증가할 때마다 성공(Y=1)의 오즈가 몇 배 증가하는지를 나타내는 값
- glm( ) 함수를 활용하여 로지스틱 회귀분석을 실행함
  - 표현: glm(종속변수 ~ 독립변수1+···+ 독립변수k, family=binomial, data=데이터셋명)
- 로지스틱 회귀분석의 결과, β의 추정값이 5.14이면, 독립변수의 단위가 증가함에 따라 종속변수가 0에서 1로 바뀔 오즈(Odds)가 exp(5.140)≈170배 증가한다는 의미임(β가 음수이면 감소를 의미)

[4과목] 5장_5절 군집분석 1

1. 군집분석

1) 개요
- 각 객체(대상)의 유사성을 측정하여 유사성이 높은 대상 집단을 분류하고, 군집에 속한 객체들의 유사성과 서로 다른 군집에 속한 객체간의 상이성을 규명하는 분석 방법
- 특성에 따라 고객을 여러 개의 배타적인 집단으로 나누는 것으로 군집의 개수, 구조에 대한 가정 없이 데이터로부터 거리 기준으로 군집화 유도

2) 특징
- 비지도학습법(Unsupervised Learning)에 해당하여 타겟변수(종속변수)의 정의가 없이 학습이 가능
- 데이터를 분석의 목적에 따라 적절한 군집으로 분석자가 정의 가능
- 요인분석과의 차이 : 유사한 변수를 함께 묶어주는 목적이 아니라 각 데이터(객체)를 묶어 줌
- 판별분석과의 차이 : 판별 분석은 사전에 집단이 나누어져 있어야 하지만 군집분석은 집단이 없는 상태에서 집단을 구분

3) 거리 측정 방법
- 연속형 변수 : 유클리드 거리, 표준화 거리, 마할라노비스 거리, 체비셔프 거리, 맨하탄 거리, 캔버라 거리, 민코우스키 거리 등
- 범주형 변수 : 자카드 거리 등

4) 계층적 군집분석
- n개의 군집으로 시작해 점차 군집의 개수를 줄여나가는 방법

최단연결법 (Single Linkage)	• n*n 거리행렬에서 거리가 가장 가까운 데이터를 묶어서 군집을 형성 • 군집과 군집 또는 데이터와의 거리를 계산시 최단거리(Min)를 거리로 계산하여 거리행렬 수정 • 수정된 거리행렬에서 거리가 가까운 데이터 또는 군집을 새로운 군집으로 형성
최장연결법 (Complete Linkage)	• 군집과 군집 또는 데이터와의 거래를 계산시 최장거리(Max)를 거리로 계산하여 거리행렬 수정
평균연결법 (Average Linkage)	• 군집과 군집 또는 데이터와의 거래를 계산시 평균거리(Mean)를 거리로 계산하여 거리행렬 수정
와드연결법 (Ward Linkage)	• 군집 내 편차들의 제곱합을 고려한 방법으로 군집 간 정보의 손실을 최소화하기 위해 군집화를 진행

[4과목] 5장_3절 군집분석 2

5) 비계층적 군집분석
- n개의 개체를 k개의 군집으로 나눌 수 있는 모든 가능한 방법을 점검해 최적화한 군집을 형성하는 것
- **K-평균 군집분석** (k-Means Clustering)
  프로세스 : ① 원하는 군집의 개수와 초기 값(seed)들을 정해 seed 중심으로 군집을 형성
  ② 각 데이터를 거리가 가장 가까운 seed가 있는 군집으로 분류
  ③ 각 군집의 seed 값을 다시 계산
  ④ 모든 개체가 군집으로 할당될 때까지 위 과정들을 반복
- 장점과 단점

장점	단점
주어진 데이터의 내부구조에 대한 사전정보 없이 의미 있는 자료구조를 찾을 수 있음	가중치와 거리 정의가 어려움
다양한 형태의 데이터에 적용이 가능	초기 군집 수를 결정하기 어려움
분석방법 적용이 용이함	사전에 주어진 목적이 없으므로 결과 해석이 어려움

6) 혼합 분포 군집 (Mixture Distribution Clustering)
- 모형 기반(Model-Based)의 군집 방법이며, 데이터가 k개의 모수적 모형(흔히 정규분포 또는 다변량 정규분포를 가정함)의 가중합으로 표현되는 모집단 모형으로부터 나왔다는 가정하에서 모수와 함께 가중치를 자료로부터 추정하는 방법을 사용
- k개의 각 모형은 군집을 의미하며, 각 데이터는 추정된 k개의 모형 중 어느 모형으로부터 나왔을 확률이 높은지에 따라 군집의 분류가 이루어짐
- 흔히 혼합모형에서의 모수와 가중치의 추정(최대가능도추정)에는 EM 알고리즘이 사용
- 혼합분포군집모형의 특징
  - K-평균 군집의 절차와 유사하지만 확률분포를 도입하여 군집을 수행
  - 군집을 몇 개의 모수로 표현할 수 있으며, 서로 다른 크기나 모양의 군집을 찾을 수 있음
  - EM 알고리즘을 이용한 모수 추정에서 데이터가 커지면 수렴에 시간이 걸림
  - 군집의 크기가 너무 작으면 추정의 정도가 떨어지거나 어려움
  - K-평균 군집과 같이 이상치 자료에 민감하므로 사전에 조치가 필요

[4과목] 5장_3절 군집분석 3

7) SOM(Self-Organizing Map)
- SOM(자가조직화지도) 알고리즘은 코호넨(Kohonen)에 의해 제시, 개발되었으며 코호넨 맵(Kohonen Maps)이라고도 알려져 있음
- SOM은 비지도 신경망으로 고차원의 데이터를 이해하기 쉬운 저차원의 뉴런으로 정렬하여 지도의 형태로 형상화, 이러한 형상화는 입력 변수의 위치 관계를 그대로 보존한다는 특징이 있음. 다시 말해 실제 공간의 입력 변수가 가까이 있으면, 지도 상에도 가까운 위치에 있게 됨
- SOM 의 특징
  - 고차원의 데이터를 저차원의 지도 형태로 형상화하기 때문에 시각적으로 이해가 쉬움
  - 입력 변수의 위치 관계를 그대로 보존하기 때문에 실제 데이터가 유사하면 지도상에서 가깝게 표현되며, 이런 특징 때문에 패턴 발견, 이미지 분석 등에서 뛰어난 성능을 보임
  - 역전파(Back Propagation) 알고리즘 등을 이용하는 인공신경망과 달리 단 하나의 전방 패스(Feed-Forward Flow)를 사용함으로써 속도가 매우 빠르므로 실시간 학습처리를 할 수 있는 모형임

[4과목] 5장_6절 연관분석 1

1. 연관분석

1) 개요
- 기업의 데이터베이스에서 상품의 구매, 서비스 등 일련의 거래 또는 사건들 간의 규칙을 발견하기 위한 분석
  흔히 장바구니 분석(Market Basket Analysis), 순차분석(Sequence Analysis) 등이 있음
- **장바구니 분석** : 장바구니에 무엇이 같이 들어 있는지에 대해 분석
  ex) 주말을 위해 목요일에 기저귀를 사러 온 30대 직장인 고객은 맥주도 함께 사감
- **순차분석** : 구매 이력을 분석해서 A 품목을 산 후 추가 B품목을 사는지를 분석
  ex) 휴대폰을 새로 구매한 고객은 한달 내에 휴대폰 케이스를 구매

2) 형태
- 조건과 반응의 형태(if - then)

  (item set A) → (item set B)
  If A then B : 만일 A가 일어나면 B 가 일어난다

3) 측도

지지도 (Support)	전체 거래 중 항목 A와 항목 B를 동시에 포함하는 거래의 비율로 정의 $$지지도 = P(A \cap B) = \frac{A와 \, B가 \, 동시에 \, 포함된 \, 거래수}{전체거래수}$$
신뢰도 (Confidence)	항목 A를 포함한 거래 중에서 항목 A와 항목 B가 같이 포함될 확률. 연관성의 정도를 파악할 수 있음 $$신뢰도 = \frac{P(A \cap B)}{P(A)} = \frac{A와 \, B가 \, 동시에 \, 포함된 \, 거래수}{A를 \, 포함하는 \, 거래수}$$
향상도 (Lift)	A가 주어지지 않았을 때의 품목 B의 확률에 비해 A가 주어졌을 때의 품목 B의 확률의 증가 비율 연관규칙 A→B는 품목 A와 품목 B의 구매가 서로 관련이 없는 경우에 향상도가 1이 됨 $$향상도 = \frac{P(B|A)}{P(B)} = \frac{P(A \cap B)}{P(A)P(B)} = \frac{A와 \, B가 \, 동시에 \, 포함된 \, 거래수}{A를 \, 포함하는 \, 거래수 \times B를 \, 포함하는 \, 거래수}$$

[4과목] 5장_6절 연관분석 2

4) 특징
- 절차
  ① 최소 지지도 선정 (보통 5%)
  ② 최소 지지도를 넘는 품목 분류
  ③ 2가지 품목 집합 생성
  ④ 반복 수행으로 빈발품목 집합 선정

- 장점과 단점

장점	단점
탐색적인 기법 조건 반응으로 표현되는 연관성분석 결과를 쉽게 이해할 수 있음	**상당한 수의 계산과정** 품목 수가 증가하면 분석에 필요한 계산은 기하급수적으로 늘어남
강력한 비목적성 분석기법 분석 방향이나 목적이 특별히 없는 경우 목적변수가 없으므로 유용하게 활용 됨	**적절한 품목의 결정** 너무 세분화한 품목을 갖고 연관성 규칙을 찾으면 수많은 연관성 규칙들이 발견되겠지만, 실제로 발생 비율 면에서 의미 없는 분석이 될 수도 있음
사용이 편리한 분석 데이터의 형태 거래 내용에 대한 데이터를 변환 없이 그 자체로 이용	**품목의 비율차이** 사용될 모든 품목들이 자체가 전체자료에서 동일한 빈도를 갖는 경우, 연관성 분석은 가장 좋은 결과를 얻음. 그러나 거래량이 적은 품목은 당연히 포함된 거래 수가 적을 것이고 규칙 발견 과정 중에서 제외되기 쉬움
계산의 용이성 분석을 위한 계산이 상당히 간단	

합격마법노트

[4과목] 5장_6절 연관분석 3

5) 평가기준 적용 시 주의점
- 두 항목의 신뢰도가 높다고 해서 꼭 두 항목이 높은 연관관계가 있는 것은 아님(지지도를 함께 고려)
  - 만일 두 항목의 신뢰도가 높게 나왔어도 전체 항목 중 두 항목의 동시구매율인 지지도가 낮게 나온다면 두 항목간 연관성을 신뢰하기에는 부족한 점이 있음
  - 즉, 구매율 자체가 낮은 항목이기에 일반적인 상관관계로 보기엔 어려움
- 지지도와 신뢰도가 모두 높게 나왔더라도 꼭 두 항목이 높은 연관관계가 있는 것은 아님(향상도를 함께 고려)
  - 일반적으로 빈번하게 구매되는 항목들에 대해서는 지지도와 신뢰도가 높게 나올 수 있음
- A,B 두 항목의 신뢰도(Confidence(A→B))가 높게 나왔을 때, 전체거래에서 B의 자체 구매율 보다 A자체 구매율이 더 높아야 의미 있는 정보임

6) Apriori 알고리즘
- 어떤 항목 집합이 빈발한다면, 그 항목 집합의 모든 부분 집합도 빈발

> ex) {우유, 빵, 과자}가 빈발 항목집합이면, 부분집합인 {우유, 빵}{우유, 과자}{빵,과자}도 빈발항목집합 지지도의 Anti-Monotone 성질 : 어떤 항목집합의 지지도는 그 부분집합들의 지지도를 넘을 수 없음

[4과목] 6장_1절 텍스트 마이닝 1

1. 텍스트 마이닝(Text Mining)
- 텍스트로부터 고품질의 정보를 도출하는 분석방법으로, 입력된 텍스트를 구조화 해서 그 데이터에서 패턴을 도출한 후 결과를 평가 및 해석하는 일련의 과정
- 다양한 형태의 문서로부터 텍스트를 획득한 후 단어의 행렬을 만들어 추가적 분석을 수행하거나 데이터마이닝 기법을 적용하여 통찰(Insight)을 발견하고 의사결정을 지원하는 방법
- **감성분석, 워드 클라우드, 문서의 요약, 분류, 군집화, 특성 추출 등에 활용**

2. 정보 검색의 적절성

정확도(precision)	정답(참)이라고 예측한 결과 중에서 실제로 정답(참)인 것의 비율
재현율(recall)	실제로 정답(참)인 것들 중 정답(참)이라고 올바르게 분석한 결과의 비율

3. Corpus
- 데이터마이닝의 절차 중 데이터의 정제, 통합, 선택, 변환의 과정을 거친 구조화된 단계
- R의 텍스트마이닝 패키지인 'tm'에서 문서를 관리하는 기본 구조이며, 텍스트 문서들의 집합을 의미

VCorpus( )	문서를 Corpus class로 만들어 주는 함수
PCorpus( )	문서를 Corpus class로 만들어 R 외부의 DB나 파일로 관리되게 하는 함수

핵심 포인트를 정리한

[4과목] 6장_1절 텍스트 마이닝 2

4. R을 이용한 텍스트 마이닝
- 'tm' 패키지의 문서 전처리를 위한 함수

함수	설명
tm_map(data, as.PlainTextDocument)	XML 문서를 text로 전환
tm_map(data, stripWhitespace)	Space 제거
tm_map(data, tolower)	대문자를 소문자로 변환
tm_map(data, removewords, stopwords("english"))	띄어쓰기, 시제 표준화
DocumentTermMatrix( )	Corpus로부터 문서별 특정 문자의 빈도표 생성
TermDocumentMatrix( )	Corpus로부터 단어별 문서의 빈도표 생성

- 한글 텍스트 마이닝 패키지 'KoNLP' : 전희원씨가 개발하였으며, 한글을 통한 텍스트 마이닝이 가능

5. 감성분석
- 문장에서 사용된 단어의 긍정과 부정 여부에 따라 긍정적인 단어가 얼마나 많은지를 파악하여 전체 문장의 긍정/부정 여부를 평가한다.

6. 워드 클라우드
- 문서에 포함된 단어의 사용 빈도를 효과적으로 보여주기 위해 단어들의 크기, 색 등을 각각 다르게 하여 구름 등과 같은 형태로 시각화하는 기법
- 워드 클라우드 생성을 위한 R 패키지 : wordcloud

[4과목] 6장_2절 사회연결망 분석 1

1. 사회연결망 분석(Social Network Analysis)
- 개인과 집단들 간의 관계를 노드와 링크로 모델링하여 그것의 위상구조와 확산 및 진화 과정을 계량적으로 분석하는 방법론
- 개인의 인간관계가 인터넷으로 확대된 사람 사이의 네트워크
- 사회연결망의 개념은 제이콥 마리노(Jacob Mareno)가 처음 발표하였으나, 바르네스(Barnes)가 1954년 처음으로 '사회연결망' 이라는 용어를 사용

2. 사회연결망의 분석 방식
- 집합론적 방법 : 객체들 간의 관계를 쌍(Pairs of Elements)으로 표현
- 그래프 이론을 이용한 방법 : 객체를 점(노드 or 꼭지점)으로 표현하고, 두 객체 간의 연결은 선으로 표현
- 행렬을 이용한 방법 : 각 객체를 행렬의 행과 열에 대칭적으로 배치하고, i번째 객체와 j번째 객체간의 관계가(연결이) 존재하면 (i, j)번째 칸에 1로 표현하고, 관계가 존재하지 않으면 0으로 표현

3. 네트워크 구조를 파악하기 위한 기법

기법	설명
연결정도 중심성 (Degree Centrality)	한 점에 직접적으로 연결된 점들의 합
근접 중심성 (Closeness Centrality)	한 노드로부터 다른 노드에 도달하기까지 필요한 최소 단계의 합
매개 중심성 (Betweenness Centrality)	네트워크 내에서 한 점이 담당하는 매개자 혹은 중재자 역할의 정도
위세 중심성 (Eigenvector Centrality)	자신의 연결정도 중심성으로부터 발생하는 영향력과 자신과 연결된 타인의 영향력을 합하여 결정

[4과목] 6장_2절 사회연결망 분석 2

4. 네트워크 레벨 통계량
- degree, shortest paths, reachability, density, reciprocity, transitivity, triad census 등

5. 커뮤니티의 수를 측정하는 방법(community detection)
1) **WALKTRAP 알고리즘**
   - 일련의 random walk 과정을 통해 커뮤니티를 발견
   - 각 버텍스(vertex, 그래프의 꼭지점)를 하나의 커뮤니티로 취급해 점차 더 큰 그룹을 병합하면서 클러스터링 한다.
2) **Edge Betweenness method**
   - 그래프에 존재하는 최단거리(Shortest Path) 중 몇 개가 그 Edge(연결, 즉 Link)를 거쳐가는 지를 이용해 Edge-Betweenness 점수를 측정
   - 높은 Edge-Betweenness 점수를 갖는 Edge가 클러스터를 분리하는 속성을 가진다고 가정

6. SNA 활용방안
- 소셜 네트워크 분석은 데이터가 몇 개의 집단으로 구성되는지, 집단 간의 특징은 무엇이고, 해당 집단에서 영향력 있는 고객은 누구인지, 시간의 흐름과 고객 상태의 변화에 따라 다음에 누가 영향을 받을지를 기반으로 서비스 이탈 행동 예측(Churn Prediction), Acquisition Prediction, Product Recommendation (상품 추천) 등에 활용

[2과목] 1장_1절 ETL 1

1. ETL (Extraction, Transformation and Load)
1) **ETL의 개념**
   - ETL(Extraction, Transformation and Load)은 **데이터의 이동 및 변환 절차와 관련된 업계 표준 용어**
   - 다양한 데이터 원천으로부터 **데이터를 추출 및 변환**하여 운영 데이터 스토어(ODS, Operational Data Store), 데이터 웨어하우스(DW, Data Warehouse), 데이터 마트(DM, Data Mart)등에 데이터를 적재하는 작업의 핵심 구성요소

2) **ETL의 기능**

Extraction(추출)	하나 또는 그 이상의 데이터 원천(Source)들로부터 데이터 획득
Transformation(변형)	데이터 클렌징·형식 변환·표준화, 통합 또는 다수 애플리케이션에 내장된 비즈니스 룰 적용 등
Loading(적재)	변형 단계의 처리가 완료된 데이터를 특정 목표 시스템에 적재

3) **ETL 작업 단계**

핵심 포인트를 정리한

[2과목] 1장_1절 ETL 2

2. ODS (Extraction, Transformation and Load)
1) ODS의 개념
   - ODS(Operational Data Store)는 데이터에 대한 추가 작업을 위해 다양한 데이터 원천(Source)들로부터 데이터를 추출·통합한 데이터베이스임
   - ODS는 **일반적으로 실시간(Real Time) 또는 실시간 근접(Near Real Time)** 트랜잭션 데이터 혹은 가격 등의 원자성(개별성)을 지닌 하위 수준 데이터들을 저장하기 위해 설계됨

2) ODS 구성 단계

인터페이스	데이터 스테이징	데이터 프로파일링	데이터 클렌징	데이터 인티그레이션	익스포트
다양한 데이터 원천(Source)으로부터 데이터를 획득하는 단계	트랜잭션 데이터들이 하나 또는 그 이상의 스테이징 테이블들에 저장	범위·도메인·유일성 확보 등의 규칙을 기준으로 데이터 품질 점검	프로파일링 단계에서 식별된 오류 데이터들을 수정	수정 완료한 데이터를 ODS 내의 단일 통합 테이블에 적재	익스포트·보안 규칙을 반영한 익스포트 ETL 기능을 수행해 익스포트 테이블을 생성

[2과목] 1장_1절 ETL 3

3. 데이터 웨어하우스
1) 데이터 웨어하우스란?
   - ODS를 통해 정제 및 통합된 데이터가 데이터 분석과 보고서 생성을 위해 적재되는 데이터 저장소

2) 데이터 웨어하우스의 특징
   - 주제 중심성 (Subject Oriented), 영속성·비휘발성 (Non Volatile), 통합성 (Integrated), 시계열성(Time Variant)

3) 테이블 모델링 기법

구분	스타 스키마	스노우 플레이크 스키마
특징	• 조인 스키마(Join schema)라고도 하며, 데이터 웨어하우스의 스키마 중 **가장 단순** • 사실 테이블(Fact Table)은 제 3정규형으로 모델링하며, 차원테이블(Dimensional Table)들은 제 2정규형으로 모델링	• 스타 스키마의 차원 테이블을 **제 3정규형**으로 정규화한 형태
장점	• 복잡도가 낮아서 이해하기 쉽고, 쿼리 작성이 용이하며 **조인 테이블 개수가 적음**	• 데이터의 **중복이 제거**돼 데이터 적재 시 시간이 단축
단점	• 데이터 중복으로 인해 데이터를 적재할 때 상대적으로 많은 시간이 소요	• **복잡성이 증가**하므로 조인 테이블의 개수가 증가하고 쿼리작성의 난이도가 상승

[2과목] 1장_2절 CDC

1. CDC (Change Data Capture)

1) CDC의 개념과 특징
- 데이터베이스 내 데이터에 대한 변경을 식별해 필요한 후속 처리(데이터 전송/공유 등)를 자동화하는 기술 또는 설계 기법이자 구조임
- 실시간 또는 근접 실시간 데이터 통합을 기반으로 하는 데이터 웨어하우스 및 기타 데이터 저장소 구축에 폭 넓게 활용됨

2) CDC의 구현 기법
- Time Stamp on Rows
- Version Numbers on Rows
- Status on Rows
- Time/Version/Status on Rows
- Triggers on Tables
- Event Programming
- Log Scanner on Database

3) CDC 구현 방식

구분	설명
푸시(PUSH) 방식	데이터 원천(Source)에서 변경을 식별하고 대상 시스템(Target)에 변경 데이터를 적재해 주는 방식
풀(PULL) 방식	대상 시스템(Target)에서 데이터 원천(Source)을 정기적으로 살펴보아 필요 시 데이터를 다운로드 하는 방식

[2과목] 1장_3절 EAI

1. EAI (Enterprise Application Integration)

1) EAI의 개념과 특징
- 기업 정보 시스템들의 데이터를 연계·통합하는 소프트웨어 및 정보 시스템 아키텍처 프레임워크
- 비즈니스 프로세스를 중심으로 기업 내 각종 어플리케이션간의 상호 연동이 가능하도록 통합하는 솔루션
- ETL은 배치 프로세스 중심이며, **EAI는 실시간 혹은 근접 실시간 처리 중심**

2) EAI의 데이터 연계 방식 : Hub and Spoke
- 가운데 지점에 허브 역할을 하는 브로커를 두고, 연결 대상 노드들의 데이터 연계 요구를 중계해줌으로써 노드 간 연결 개수 및 구조를 단순화하는 방식
- 각 연결의 대상이 되는 노드들은 스포크에 해당

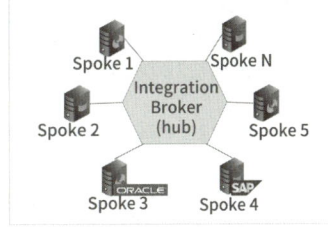

3) EAI와 ESB의 비교

구분	EAI(Enterprise Application Integration)	ESB(Enterprise Service Bus)
기능	미들웨어(Hub)를 이용하여 비즈니스 로직을 중심으로 Application을 통합·연계	미들웨어(Bus)를 이용하여 서비스 중심으로 시스템을 유기적으로 연계
통합관점	Application	Process
로직연동	개별 Application에서 수행	ESB에서 수행
아키텍처	단일 접점인 허브시스템을 이용한 중앙집중식 연결구조	버스(Bus) 형태의 느슨하고 유연한 연결구조

핵심 포인트를 정리한

[2과목] 1장_4절 대용량 비정형 데이터 처리방법

1. 대용량 로그 데이터 수집
- 로그(log)는 기업에서 발생하는 대표적인 비정형 데이터로, 용량이 방대하기 때문에 이를 분석하기 위해서는 고성능과 확장성을 가진 시스템이 필요함
- 로그 데이터 수집 시스템의 예 : 아파치 Flume-NG, 페이스북 Scribe, 아파치 Chukwa 등

2. 하둡(Hadoop)의 특징
- 하둡 : 대규모 분산 병렬 처리의 업계 표준인 맵리듀스(MapReduce)시스템과 분산 파일시스템인 HDFS를 핵심 구성요소로 가지는 플랫폼 기술

■ 하둡의 특징
- 선형적인 성능과 용량확장
- 고장감내성: 데이터를 HDFS에 3중 복제
- 핵심 비즈니스 로직에 집중 가능
- 풍부한 에코시스템

■ 하둡 에코시스템의 구성

구분	주요 기술	구분	주요 기술
데이터 수집	Flume-NG, kafka	대용량 SQL 질의	Hive, Pig
데이터 연동	Sqoop	실시간 SQL 질의	Impala, Tajo
분산 데이터베이스	Hbase	워크플로 관리	Oozie, Azkaban

3. 데이터 연동 기술 : 스쿱(Sqoop)
- 스쿱은 하둡 분산 파일시스템(HDFS)과 데이터베이스간의 데이터 연동 솔루션으로 오라클, MySQL, PostgreSQL, 사이베이스 등 JDBC를 지원하는 대부분의 관계형 데이터베이스와의 연동을 지원

4. 대용량 질의 기술
- 아파치 드릴(Drill), 아파치 스팅거(Stinger), 샤크(Shark), 아파치 타조(Tajo), 임팔라(Impala), 호크(HAWQ), 프레스토

[2과목] 2장_1절 분산 데이터 저장 기술 1

1. 분산 파일 시스템

1) 분산 파일 시스템 개요
- 분산된 수많은 서버들로 구성된 대규모 클러스터 시스템 플랫폼은 대용량의 저장 공간, 빠른 처리 성능, 확장성, 신뢰성, 가용성 등을 보장해야 함

2) 구글 파일 시스템 (GFS, Google File System)
- GFS는 구글의 대규모 클러스터 서비스 플랫폼의 기반이 되는 파일 시스템
- 파일을 고정된 크기의 청크(chunk)들로 나누고, 각 chunk에 대한 여러 개의 복제본과 chunk를 청크서버에 분산·저장함
- GFS의 구성요소 : 여러 개의 클라이언트, 하나의 마스터, 여러 개의 청크서버

3) 하둡 분산 파일시스템 (HDFS, Hadoop Distributed File System)
- 파일 데이터는 블록(또는 청크) 단위로 나뉘어 여러 데이터노드에 분산·복제·저장됨
- 낮은 데이터 접근 지연 시간보다는 높은 데이터 처리량에 중점을 두고 있음

합격마법노트

[2과목] 2장_1절 분산 데이터 저장 기술 2

3) 하둡 분산 파일시스템 (HDFS, Hadoop Distributed File System)

- HDFS의 구성요소 : 하나의 네임노드(GFS의 마스터와 유사), 보조 네임노드, 다수의 데이터노드(GFS의 청크서버와 유사)

구분	설명
네임노드 (NameNode)	• 파일 시스템의 이름 공간(Name Space) 등 HDFS 상의 모든 **메타데이터를 관리**하며, 마스터/슬레이브 구조에서 **마스터의 역할**을 함 • 파일이 어떤 형태의 블록 단위로 나누어져 있고, 어떤 노드에 특정 블록이 있는지 등 시스템 전반의 상태를 모니터링
데이터노드 (DataNode)	• HDFS의 **슬레이브 노드**로, 클라이언트로부터의 데이터 입출력 요청을 처리 • 데이터의 유실을 방지하기 위해 블록을 **3중 복제하여 저장**
보조네임노드	• HDFS 상태 모니터링을 보조 • 주기적으로 네임 노드의 파일 시스템 이미지를 스냅샷해 생성

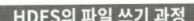
HDFS의 파일 쓰기 과정

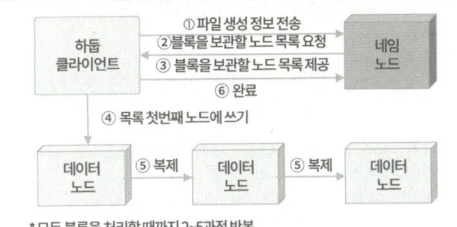

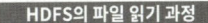
HDFS의 파일 읽기 과정

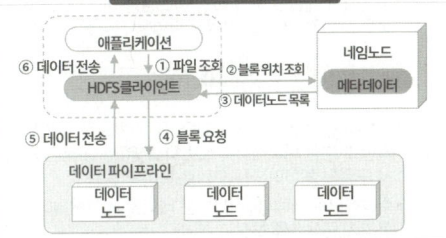

[2과목] 2장_1절 분산 데이터 저장 기술 3

2. 데이터베이스 클러스터

1) 개념
- 하나의 데이터베이스를 여러 개의 서버(또는 가상 서버) 상에 구축하는 것을 의미
- 데이터를 통합할 때, 성능과 가용성의 향상을 위해 데이터베이스 차원의 파티셔닝 또는 클러스터링을 이용

2) 데이터베이스 파티셔닝 구현의 효과
- 병렬처리, 고가용성(특정 파티션에서 장애가 발생해도 서비스가 중단되지 않음), 성능향상

3) 데이터베이스 클러스터의 구분

구분	무공유 디스크	공유 디스크
특징	• 각 인스턴스나 노드는 완전히 분리된 데이터의 서브 집합에 대한 소유권을 가지고 있으며, 각 데이터는 소유권을 갖고 있는 인스턴스가 처리	• 모든 데이터베이스 인스턴스 노드들은 데이터 파일을 논리적으로 공유하며, 각 인스턴스는 모든 데이터에 접근할 수 있음 • Oracle RAC(Real Application Cluster)는 대표적인 공유 디스크 방식
장점	• 노드 확장에 제한이 없음	• 높은 수준의 폴트톨러런스(Fault-Tolerance)를 제공
단점	• 장애 발생을 대비해 별도의 폴트톨러런스(Fault-Tolerance)를 구성해야 함	• 클러스터가 커지면 디스크 영역에서 병목현상이 발생

핵심 포인트를 정리한

[2과목] 2장_1절 분산 데이터 저장 기술 4

3. NoSQL
1) 개념 및 특징
- NoSQL은 비관계형 데이터베이스 관리시스템으로, SQL 계열 쿼리 언어를 사용할 수 있으며 확장성, 가용성, 높은 성능을 제공
- NoSQL은 저장되는 데이터의 구조에 따라 Key-Value 모델, Document 모델(JASON 혹은 XML 데이터 구조 채택), Graph 모델, Column 모델로 구분됨

2) NoSQL의 종류

구글 빅테이블	아마존 SimpleDB
• 구글이 대용량 데이터 저장을 위해 개발한 분산 데이터 관리 저장소 • 공유 디스크(Shared Disk)방식이며, 구글에서 개발된 분산 파일 시스템을 이용하고 있어 모든 노드가 데이터, 인덱스 파일을 공유함	• 아마존(Amazon)의 데이터 서비스 플랫폼으로, 웹 애플리케이션에서 사용하는 데이터의 실시간 처리를 지원 • SimpleDB의 데이터 모델은 Domain, Item, Attribute, Value로 구성되며, 각각 관계형 데이터베이스의 테이블, 레코드(Record), 칼럼(Column)과 동일한 개념
HBase	**마이크로소프트 SSDS**
• 하둡 분산 파일 시스템(HDFS)를 기반으로 구현된 칼럼 기반의 분산 데이터베이스로 파워셋(Powerset)회사에서 구글의 빅테이블을 모델로 하여 만듦 • 수평적으로 확장성이 있어 큰 테이블에 적합하며, 단일 행의 트랜잭션을 보장	• 마이크로소프트에서 2008년 4월에 베타서비스를 실시한 데이터 서비스로 고가용성을 보장 • 데이터 모델은 컨테이너, 앤티티로 구성돼 있음

[2과목] 2장_2절 분산 컴퓨팅 기술 1

1. MapReduce
1) 개념 및 특징
- 구글에서 분산 병렬 컴퓨팅을 이용하여 대용량 데이터를 처리하기 위한 목적으로 제작한 소프트웨어 프레임워크
- 분할정복 방식으로 **대용량 데이터를 병렬로 처리**할 수 있는 프로그래밍 모델

2) 구글 MapReduce
- Map과 Reduce라는 2개의 단계로 구분
- 구글에서 대용량 처리에 대한 복잡성을 추상화 시켜서 오직 핵심 기능 구현에만 집중하도록 하기 위해 제작

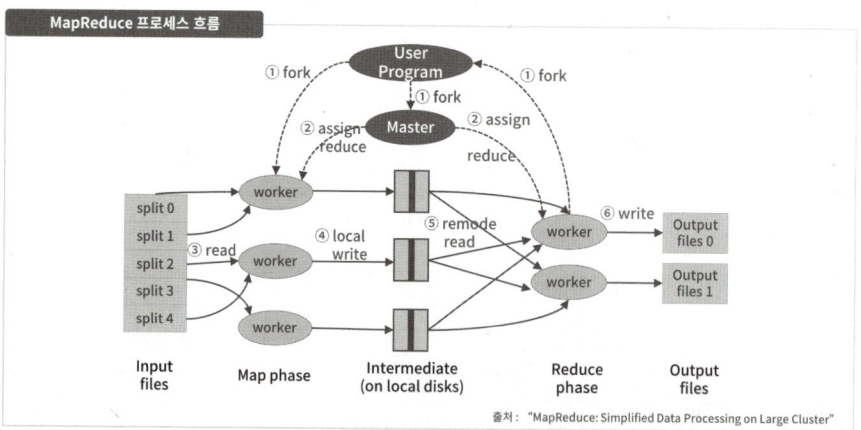

출처: "MapReduce: Simplified Data Processing on Large Cluster"

[2과목] 2장_2절 분산 컴퓨팅 기술 2

3) Hadoop MapReduce
- 아파치 오픈소스 프로젝트로 구글의 논문을 바탕으로 하여 자바(Java) 언어로 구현된 시스템
- MapReduce는 **스플릿(Split)- 맵(Map)- 컴바인(Combine)- 셔플(Shuffle)-정렬(sort)-리듀스(Reduce)**의 단계로 실행

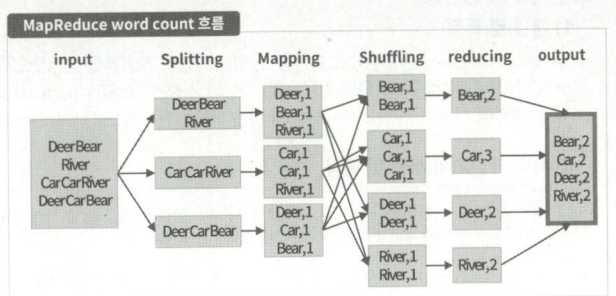

MapReduce word count 흐름

2. 병렬 쿼리 시스템
1) 개요
- 직접 코딩을 해야한다는 구글 및 하둡 MapReduce의 한계를 보완하기 위해 개발된 시스템으로 사용자에게 친숙한 쿼리 인터페이스를 통해 병렬 처리를 가능하게 함

2) 종류

구글 Sawzall	아파치 Pig	아파치 Hive
• 맵리듀스를 추상화한 최초의 스크립트 형태 병렬 쿼리 언어 • 사용자가 이해하기 쉬운 인터페이스를 제공	• 야후에서 개발한 오픈소스 프로젝트로, 하둡 맵리듀스 위에서 동작하는 추상화된 병렬 처리 언어 • 맵리듀스로 작업할 때와 비교하여 코드 길이는 1/20이하, 개발 시간은 1/10로 감소	• 페이스북(Facebook)에서 개발한 데이터 웨어하우징 인프라로 맵리듀스의 모든 기능을 지원 • 하둡 플랫폼 위에서 동작하며, 사용자가 쉽게 사용할 수 있도록 SQL 기반의 쿼리 언어와 JDBC를 지원

[2과목] 2장_2절 분산 컴퓨팅 기술 3

3. SQL on 하둡
1) 개념
- 하둡에 저장된 대용량 데이터를 대화 형식의 SQL 질의를 통해서 처리하고 분석하는 기술
- 실시간 처리라는 측면에서 하둡의 제약사항을 극복하기 위한 시도

2) 임팔라
- SQL on 하둡 기술 중 먼저 대중에게 공개된 기술로, 분석과 트랜잭션 처리를 모두 지원하는 것을 목표로 만들어진 SQL 질의 엔진
- C++언어를 사용하였으며, 맵리듀스를 사용하지 않고 실행 중에 최적화된 코드를 생성해 데이터를 처리
- 임팔라의 구성요소 : 클라이언트, 메타스토어, 임팔라 데몬, 스테이트 스토어, 스토리지

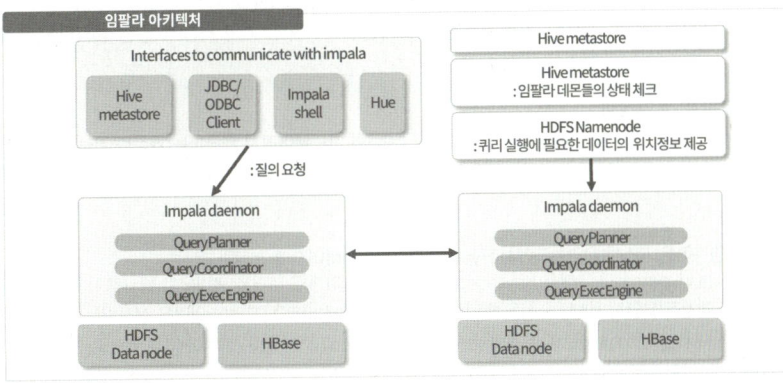

핵심 포인트를 정리한

[2과목] 2장_3절 클라우드 인프라 기술 1

1. 클라우드 컴퓨팅

1) 개념 및 특징
- 클라우드 컴퓨팅은 동적으로 확장할 수 있는 가상화 자원들을 인터넷으로 서비스하는 기술을 의미
- VMware, Xen, KVM 등과 같은 서버 가상화 기술은 IaaS(Infrastructure as a Service)에 주로 활용
- 아마존의 EMR(Electric MapReduce)은 하둡을 온디맨드(On-Demand)로 이용할 수 있는 클라우드 서비스

2) 서버 가상화의 개념 및 특징

개념	• 물리적인 서버와 운영체제 사이에 적절한 계층을 추가해 서버를 사용하는 사용자에게 물리적인 자원은 숨기고 논리적인 자원만을 보여주는 기술
특징	• 서버 가상화는 하나의 서버에서 여러 개의 애플리케이션, 미들웨어, 운영체제들이 서로 영향을 미치지 않으면서 동시에 사용할 수 있도록 해줌 • 서버 가상화를 가능하게 하는 기술은 아주 다양하며 메인프레임, 유닉스 서버, x86 서버 등에 따라 서로 다른 기술이나 분류체계가 사용

3) 서버 가상화의 효과
- 가상머신 사이의 데이터 보호
- 예측하지 못한 애플리케이션, 운영체제의 장애로부터 보호
- 공유 자원에 대한 강제 사용의 거부
- 서버 통합 : 동일한 데이터센터의 물리적 자원(공간, 전원 등)을 이용하면서 더 많은 서버를 운영 가능
- 자원 할당에 대한 증가된 유연성
- 테스팅 : 새로운 서버를 추가하지 않아도 테스트 환경을 구성 가능
- 정확하고 안전한 서버 사이징 : 필요한 자원만큼만 가상머신을 할당 가능
- 시스템 관리 : 하드웨어 장애 관리, 로드 밸런싱, 업그레이드가 용이

[2과목] 2장_3절 클라우드 인프라 기술 2

2. CPU 가상화

1) 하이퍼바이저(Hypervisor)
- 호스트 컴퓨터에서 다수의 운영 체제를 동시에 실행하도록 하기 위한 논리적인 플랫폼(Platform)을 의미
- 하이퍼바이저를 통해 사용자는 추가 하드웨어 구입 없이 새로운 운영체제의 설치, 애플리케이션의 테스팅 및 업그레이드를 동일한 물리적 서버에서 동시에 수행할 수 있음

2) 완전 가상화
- 하이퍼바이저보다 우선순위가 낮은 가상머신에서는 실행되지 않는 Privileged 명령어에 대해서 Trap을 발생시켜 하이퍼바이저에서 실행하는 방식
- VMware ESX Server, MS Virtual Server 등의 제품이 완전 가상화 기반 솔루션
- 장점 : CPU뿐만 아니라 메모리, 네트워크 장치 등 모든 자원을 하이퍼바이저가 직접 제어·관리하기 때문에 어떤 운영체제라도 수정하지 않고 설치가 가능

3) 하드웨어 지원 완전 가상화
- 최근에는 완전 가상화 방식에서 Intel VT-x, AMD-V CPU의 하드웨어에서 제공하는 가상화 기능을 이용하고 있음
- 가상머신에서 메모리와 CPU 등의 하드웨어에 명령을 내릴 수 있는 반가상화 수준의 성능을 발휘하도록 개선하고 있음

4) 반가상화
- Privileged 명령어를 게스트 운영체제에서 Hypercall로 하이퍼바이저에 전달하고, 하이퍼바이저는 Hypercall에 대해서 Privileged 레벨에 상관없이 하드웨어로 명령을 수행시킴
- Hypercall은 게스트 운영체제에서 요청을 하면 하이퍼바이저에서 바로 하드웨어 명령을 실행하는 call을 말함
- 반가상화 기반에서는 CPU와 메모리 자원의 동적 변경이 서비스의 중단 없이 이루어질 수 있으며, 완전 가상화에 비해 성능이 뛰어남

[2과목] 2장_3절 클라우드 인프라 기술 3

3. 메모리 가상화 : Vmware 기법

1) 특징
- VMware 하이퍼바이저의 핵심 모듈은 **VMkernel**이며, VMkernel은 Service Console, 디바이스 드라이버들의 메모리 영역을 제외한 나머지 전체 메모리 영역을 모두 관리하면서 가상머신에 메모리를 할당함
- VMware는 하이퍼바이저 내에 Shadow Page Table을 별도로 두어 가상 메모리 주소와 물리 메모리 주소의 중간 변환 과정을 가로챔

2) 메모리 할당 문제의 해결 방법

Memory ballooning	예약된 메모리보다 더 많은 메모리를 사용하는 가상머신의 메모리 영역을 빈 값으로 강제로 채워 가상머신 운영체제가 자체적으로 Swapping하도록 함
Transparent page sharing	각 가상머신에 할당된 메모리 중 동일한 내용을 담고 있는 페이지는 물리적인 메모리 영역에 하나만 존재시키고 모든 가상머신이 공유하도록 함
Memory Overcommitment	2GB 메모리를 가진 물리적 장비에 512MB를 Minimum Reserved를 가질 수 있는 가상머신 5개를 수행할 수 있으나, 성능저하를 유발할 수 있으므로 권장되지 않음

[2과목] 2장_3절 클라우드 인프라 기술 4

4. I/O 가상화
- 가상머신 실행 시 가장 문제가 되는 것은 I/O에서의 병목현상이므로, I/O 자원의 공유 및 파티셔닝이 필요

가상 이더넷	• 물리적으로 존재하지 않는 자원을 만들어 내는 에뮬레이션(Emulation) 기능을 이용 • 별도의 물리적 어댑터와 케이블을 사용하지 않고도 네트워크 이중화, 네트워크 안전성 단절 등의 효과를 얻을 수 있음
공유 이더넷 어댑터	• 여러 개의 가상머신이 물리적인 네트워크 카드를 공유할 수 있게 하며, 공유된 물리적 카드를 통해서 외부 네트워크와 통신이 가능
가상 디스크 어댑터	• 가상화된 환경에서 가상 디스크를 이용해 가상머신이 디스크 자원을 획득하는 방법에는 내장 디스크, 외장 디스크의 두 가지가 있음

핵심 포인트를 정리한

[5과목] 1장_1절 시각화 인사이트 프로세스의 의미

1. 인사이트란 무엇인가
1) '인사이트'의 사전적 정의
   - 예리한 관찰력으로 사물을 꿰뚫어 봄
   - 새로운 사태에 직면하여 장면의 의미를 재조직화함으로써 문제를 해결하는 것 또는 그런 과정

2) 데이터, 정보, 지식, 지혜의 관계
   - DIKW 피라미드는 데이터(Data), 정보(Information), 지식(Knowledge), 지혜(Wisdom) 사이의 계층적 관계를 시각적으로 표현한 것
   - 지식의 단계에서는 인류가 그동안 축적한 총체적인 정보가 조직적으로 재구성되어 새로운 의미가 도출
   - **지혜는 개인화한 지식으로 볼 수 있음**

2. 시각화와 인사이트
1) 삼찰 : 관찰, 성찰, 통찰
   - 관찰 : 외부 세계의 온갖 대상과 그 대상들 사이의 상호작용을 관찰하면서 의미있는 관계를 찾아내는 것
   - 성찰 : 자신의 내면 세계를 깊이 살펴보는 것
   - 통찰 : 관찰과 성찰을 기반으로, 내부와 외부 요인들 간의 관계를 통해 살펴보는 것
   - 삼찰을 바탕으로 대상과 대상들 사이의 숨겨진 관계를 찾아냄으로써 인사이트를 얻을 수 있음

시각화 인사이트 프로세스 (Visual Insight Process)

단계	대상 (Input)	목표 (Output)	시각화 형태
탐색	자료 (데이터,정보,지식,지혜)	자료 사이에 존재하는 관계	패턴 파악
분석	자료 사이의 관계	관계의 구체적인 형태 자료의 상위/확장 개념 (정보,지식,지혜→통찰)	그래프 분석
활용	자료의 상위/확장 개념 (정보,지식,지혜→통찰)	내부에서의 작용 외부에 대한 설명, 설득 통찰의 검증과 정교화	인포그래픽

[5과목] 1장_2절 탐색(1단계) 1

1. 사용 가능한 데이터 확인
1) 데이터 명세화 : 차원과 측정값
   - 모든 데이터는 기본적으로 하나 이상의 측정값과 하나 이상의 차원을 가짐
   - 차원은 값이 측정된 기준을 의미하며, 측정값을 분류할 수 있는 모든 것이 차원이 될 수 있음

2) 데이터 구성 원리 1 : 이벤트 기록으로서의 접근
   - 원 데이터(Raw Data, Log Data)는 특정 이벤트(Event)가 발생했을 때 생성됨

3) 데이터 구성 원리 2 : 객체지향 관점에서의 접근
   - 데이터의 구성과 생성 배경에 대해 고민함으로써 답을 찾아갈 수 있음
   - 데이터의 구조 자체를 설계·생성해 이를 토대로 통찰을 뽑아볼 수 있음
   - **객체지향 관점(Object Oriented)** : 모든 객체들은 행위와 고유 속성값을 지니고 있다는 관점
   - 대상(Object), 여러가지 행위(Method), 기본적인 구조 자체(Class)

2. 연결 고리의 확인
1) 공통 요소 찾기
   - 공통 요소 : 서로 다른 데이터의 명세서에 있는 항목들 중에서 공통으로 들어있는 항목
   - 이름은 달라도 같은 데이터형으로 되어있고, 데이터가 기록된 규칙이 같다면 명확하게 공통 요소임

2) 공통 요소로 변환하기
   - **데이터형이 다르더라도 공통 요소로 만들어낼 수 있는 경우가 있음**
   - 계층 관계를 갖는 데이터나 어떤 기준으로 묶인 데이터의 대부분은 형태를 변환해 공통의 연결고리를 찾아낼 수 있음
   - 원하는 영역만 바꾸기 위해서는 스프레드시트에서 제공하는 lookup, vlookup 함수를 이용해 변환하면 됨
   - **지오코딩(Geocoding)** : 좌표계를 주소 및 행정 구역으로 변환해주거나 그 반대로 변환해 주는 것

[5과목] 1장_2절 탐색(1단계) 2

3) 탐색 범위의 설정
- 처음에는 측정값에 하나의 차원만 연결해 탐색하고, 단계적으로 연결된 차원을 늘려가며 살펴봄
- 같은 데이터 안에서 **차원과 측정값을 서로 맞바꾸면** 다른 통찰을 찾아낼 가능성이 있음

3. 관계의 탐색

1) 이상값 처리
- 이상값은 다른 관측값들과 동떨어진 값을 의미
- 발생 이유 : ①측정 과정에서 오류 발생
  ②데이터가 기록·관리되는 과정에서 오류 발생
  ③**원가 의미있는 이유의 영향**

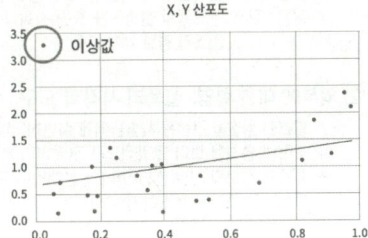

2) 차원과 측정값 유형에 따른 관계 파악 시각화
- 패턴 및 패턴의 변화를 살펴보는 것이 효과적인 경우가 많음
- **모션차트**(Motion Chart) : **시간의 흐름에 따라** 시간 외의 다른 측정값들이 어떻게 변화하는 지를 보여주는 시각화 도구
- 텍스트와 같은 비정형 데이터 측정값에서 관계를 탐색해야하는 경우도 있음
- **워들**(Wordle) : **빈도에 따라** 색상이나 크기 결정, 형태소 단위를 추출하는 것은 NLP 관점에서 접근

(워들)

[5과목] 1장_3절 분석(2단계)

분석 목표	분석 기법	분석 목표	분석 기법
평균에 대한 추정과 검정	T검정	비율에 대한 추정과 검정	직접확률계산법, F분포법
변수들간의 상관관계 강도 도출	상관분석	시간의 흐름에 따라 변하는 데이터 분석	시계열분석
분할표의 검정	카이제곱검정, 잔차분석, Fisher, 맥네마	변수들간의 선형/비선형 인과관계의 형태와 강도 추출	선형/다중/로지스틱 회귀분석, 판별분석
어떤 결과에 영향을 미치는 요인들 사이의 관계와 핵심 요인들 선별	요인분석, 주성분분석	대상들을 여러 기준값에 따라 분류하고 다차원 공간에 배치	군집분석, 다차원척도법
차원들의 패턴이 비슷한 측정값과 그렇지 않은 측정값을 분류			대응분석

핵심 포인트를 정리한

[5과목] 1장_4절 활용(3단계) 1

1. 내부에서 적용
- 통찰은 여러가지 형태로 활용할 수 있으며, 활용하는 과정에서 새로운 통찰을 찾거나 기존 통찰을 보완할 수 있음
- 통찰은 어떤 식으로든 내부에 적용할 수 있음
- 적용 방법 : ①기존 문제 해결 방식·설명 모델 수정 ②새로운 문제 해결 방식 도입 ③새로운 가능성에 대한 구체적인 탐색
- 적용 예시 : ①모델의 설명력을 훨씬 강화하는 변인 추가/상수값 보정 ②서비스 개선 요소 및 신규 모델 발굴
  ③조기 경보 체계 구축

2. 외부에 대한 설명·설득과 시각화 도구
- **발견한 통찰을 관련된 사람들에게 설명하거나 설득하는 과정**은 항상 필요
- 찾아낸 통찰을 보다 효과적으로 전달하기 위해서 시각화한 그림이나 그래프를 활용
- 설득은 정보의 전달 뿐만 아니라 상대방이 공감하고 행동하도록 해야 하기 때문에, 좀 더 강력한 상호작용이 필요
- 감성적인 측면에 호소하기 위해서는 사람의 마음을 움직이는 디자인(Design)이 시각화 도구로서 중요한 역할을 함

[5과목] 1장_4절 활용(3단계) 2

3. 인사이트의 발전과 확장

1) 탑다운 vs 보텀업
- 새로운 대상에 대해 처음으로 살펴볼 때는 **보텀업 방식**을 택하는 것이 적절
- 보텀업 방식(Bottom Up) : 아무 것도 모르는 것을 전제로, 밑바닥에서부터 다양한 가능성들을 찾아보는 방식

2) 2차 잘라보기·달리보기·내려다보기·올려다보기
- 중심적으로 체크해야 할 것은 기존에 통찰을 도출한 데이터의 현실성 및 분석에서 활용한 모델들의 적정성임

3) 실시간 vs 비실시간
- 데이터가 크면 클수록 실시간으로 살펴보는 것은 어려워 짐
- 데이터가 많아질수록 실시간으로 처리할 수 있는 탐색과 분석의 수준은 낮아짐
- 변화의 경향을 주기적으로 살펴보는 것이라면, 굳이 실시간으로 처리하는 환경을 구축할 필요는 없음

4) 지표에서의 운영
- 환산된 값을 중심으로 보다 보니 정작 어떤 변화요인이 발생해 지표 흐름에 영향을 미쳤는지 찾아내기가 어려워짐

5) 시각화의 오류
- 시각화 과정에서는 오류가 발생할 여지가 크기 때문에 여러 관점에서 신중하게 고려해야 함

6) 사람의 문제
- 인사이트와 관련된 작업을 하는 주체 자체가 기계가 아닌 사람
- 세부적인 방식과 도출된 결과물의 질과 방향 등에 있어서 개인차가 발생할 수 밖에 없는 것이 통찰의 영역임

합격마법노트

[5과목] 2장_1절 시각화의 정의 1

1. 데이터 시각화의 중요성
1) 데이터 시각화의 의미
- 데이터 시각화(Data Visualization) : 매우 광범위하게 분산된 방대한 양의 자료를 분석하여 한 눈에 볼 수 있도록 도표나 차트 등으로 정리하는 것
- 데이터 시각화는 보통 **데이터 분석**과 **의사소통**이라는 두 가지 목적을 갖음

2. 시각 이해와 시각화
1) 시각 이해의 위계
- 데이비드 맥캔들레스(David McCandless)가 그린 '**시각적 이해의 위계**(Hierarchy Of Visual Understanding)'

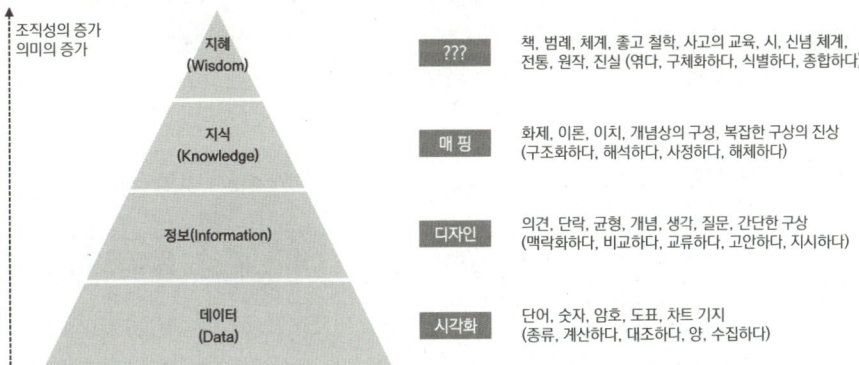

[5과목] 2장_1절 시각화의 정의 2

2) 시각화 위계 요소

위계 요소	특징
데이터	연구나 조사·발견·수집의 결과인 일종의 기초 자료, 정보를 만들기 위한 원재료와 같은 것
정보	생산자와 사용자의 관점에 따라 다르게 전달, 나름대로의 형태와 형식을 갖음
지식	다른 영역의 정보가 자기 조직화해 획득할 수 있는 것
지혜	자기 내면화한 지식, 명시적인 언어로 상대방에게 전달하기 어려움

3. 시각화 분류와 구분
1) 데이터 시각화
- 데이터의 시각적 표현의 연구 영역을 의미
- 주요 목적은 그래픽 의미를 이용해 명확하고 효과적으로 커뮤니케이션하기 위함

2) 정보 시각화
- 보통 대규모 비수량 정보를 시각적으로 표현하는 것을 의미

3) 정보 디자인
- 사람이 사용할 수 있는 효과적인 정보와 복잡하고 구조적이지 않은 기술 데이터를 시각적으로 표현하는 방법을 의미

4) 인포그래픽
- 중요한 정보를 한 장의 그래픽으로 표현해 이를 보는 사람들이 손쉽게 해당 정보를 이해할 수 있도록 만드는 그래픽 메시지를 의미
- 정보 사용의 목적과 관점에 따라 전달하고자 하는 메시지는 '**정보형 메시지**'와 '**설득형 메시지**'의 두 가지 유형으로 나뉨

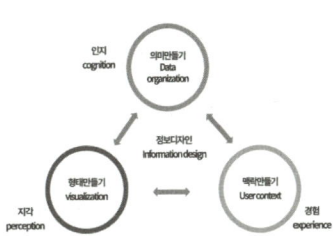

(정보 디자인의 개념도)

핵심 포인트를 정리한

[5과목] 2장_1절 시각화의 정의 3 / 2절 시각화 프로세스

4. 빅데이터 시각화 영역

- 정보 디자인은 인포그래픽을 포함하여, 데이터의 디테일을 나타내기보다는 그래픽을 적극적으로 이용해 시각 스토리텔링 형식의 설득형 메시지를 전달하는 것에 초점을 두고 있음
- 빅데이터 시각화의 경우에는 데이터를 기반으로 **객관적 표현**에 더 초점을 맞추는 경우가 많음
- 데이터를 직접적으로 전달하는 기능성에 초점을 맞춘 정보형 메시지를 전달하기 위한 데이터 시각화 작업을 하는 경향이 강함
- 데이터 자체보다는 데이터를 기초로 해석된 의미의 설득형 메시지를 전달하기 위한 경우에는 인포그래픽에 해당하는 결과물이 도출됨

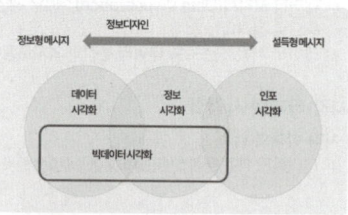

(정보 디자인에서의 빅데이터 시각화의 영역)

2절 시각화 프로세스

1. 정보 디자인 프로세스

- Step 01. 데이터 수집
- Step 02. 모든 것을 읽기
- Step 03. 내러티브 찾기
- Step 04. 문제의 정의
- Step 05. 계층 구조 만들기
- Step 06. 와이어프레임 그리기
- Step 07. 포맷 선택하기
- **Step 08. 시각 접근 방법 결정하기**
- Step 09. 정제와 테스트
- Step 10. 세상에 선보이기

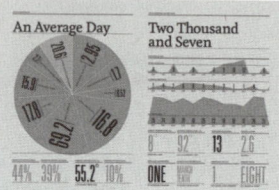

(8단계 예시 : 펠톤 2007년 연차보고서)

[5과목] 2장_2절 시각화 프로세스

2. 빅데이터 시각화 프로세스

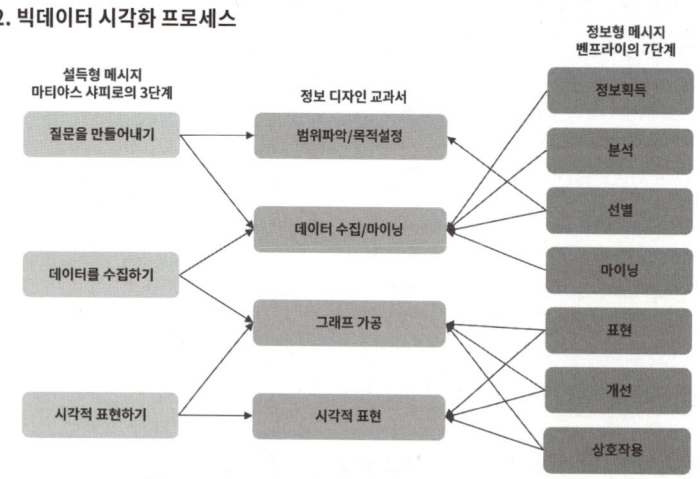

단계	단계 설명
1단계 : 정보 구조화	데이터를 수집하고 정제하는 과정, 데이터세트를 만들기 위한 분석 도구 필요
2단계 : 정보 시각화	주로 분석 도구에서 제공하는 그래프나 분석 도구의 특성에 따른 시각화
3단계 : 정보 시각표현	시각화의 의도를 강화해 전달하기 위해 분석 도구에서 만든 결과물에 별도 그래픽요소를 추가해 완성

합격마법노트

[5과목] 2장_3절 시각화 방법 1

1. 시각화 방법의 개념
- 빅데이터 시각화는 정보 구조화, 정보 시각화, 정보 시각표현의 3단계로 진행

단계	단계 설명
정보 구조화	정보를 분류, 조직화, 재배열하는 기본 원리를 익히는 것이 중요
정보 시각화	각종 시각화 툴에서 일반적으로 제공하는 그래프 스타일의 원리와 쓰임새를 아는 것이 중요
정보 시각표현	기초 조형과 그리드, 타이포그래피, 색상 등의 원리를 이해하여 그래픽적 완성도를 높이는 것이 중요

2. 정보 구조화
1) 정보의 조직화

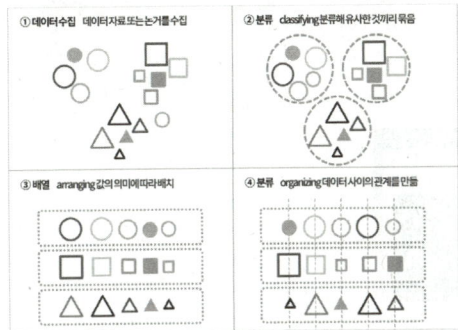

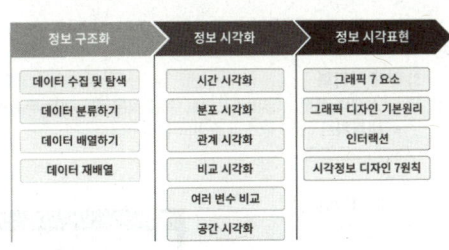

(시각화 방법)

[5과목] 2장_3절 시각화 방법 2

2) 데이터 분류

구분 텍스트	줄 바꿈으로 행을, 구분자로 열을 구분하는 텍스트 데이터 구분자는 공백(Space), 세미콜론(;), 콜론(:), 슬래시(/), 어떤 것이라도 가능
JSON	자바스크립트 객체 형식(Javascript Object Notation)으로 표현된 데이터를 한 함수에서 다른 함수로, 또는 비동기식 애플리케이션은 웹 클라이언트 측에서 서버 측 프로그램으로 쉽게 전달 할 수 있는 스트링으로 변형 가능
XML	확장 마크업 언어(Extensible Markup Language)은 마크업 언어의 일종 문서를 사람과 기계 모두가 읽을 수 있는 형식으로 부호화하는 규칙의 집합을 정의

3) 배열
- 정보의 조직화를 위한 **래치(LATCH)**방법
- 위치(Location), 알파벳(Alphabet), 시간(Time), 카테고리(Category), 위계(Hierarchy)가 기준이 됨

3. 정보 시각화

시간 시각화	분포 시각화	관계 시각화	비교 시각화	공간 시각화
막대그래프 누적 막대그래프 점그래프	파이차트 도넛차트 트리맵 누적 연속그래프	스캐터 플롯 버블차트 히스토그램	히트맵 체르노프 페이스 스타차트 평행 좌표계 다차원 척도법	지도 매핑

핵심 포인트를 정리한

[5과목] 2장_3절 시각화 방법 3

1) 시간 시각화
- 막대그래프
- 누적 막대그래프
- 점그래프 : 더 적은 공간에 제작 가능, 점의 집중도와 배치도에 따라 흐름 파악하기 쉬움, 변수간의 연관관계

2) 분포 시각화
- 파이차트 : 서로 인접하지 않은 조각 비교 어려움, 모든 조각의 합은 전체 100%, 값=면적, 수치=각도
- 도넛차트 : 수치=도넛 조각의 길이
- 트리맵
- 누적 연속그래프

3) 관계 시각화
- 스캐터 플롯 : 데이터 포인트 수가 적은 경우에는 유용하지 않음
- 버블차트 : ex) 한스 로슬링의 갭마인더
- 히스토그램

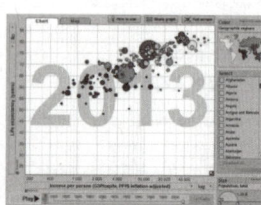
(갭마인더)

4) 비교 시각화
- 히트맵
- 체르노프 페이스
- 스타차트
- 평행 좌표계
- 다차원척도법

(감정 히트맵)

5) 공간 시각화
- 지도 매핑

[5과목] 2장_3절 시각화 방법 4

4. 정보 시각표현

1) 정보 표현을 위한 그래픽 요소
- 자크 베르탱의 그래픽 7요소 : 위치(Position), 크기(Size), 모양(Shape), 색(Color), 명도(Value), 기울기(Orientation), 질감(Texture)

2) 시각화를 위한 그래픽 디자인 기본 원리

타이포그래피	- 서체 : 돌기O-세리프, 돌기X-산세리프 - 무게 : 굵기, 획의 두께 - 크기: 실제 크기가 아닌 금속 활자판의 높이 - 스타일 : 기울기, 장평 등 - 색채 - 간격
색상	- 구분 표현 - 순서 표현 - 비율 표현 - 색체 사용과 인지
그리드	- 하나의 화면을 읽는 방식 : 좌측 상단 → 우측 하단 - 정보의 역 피라미드 : 중요도가 높을수록 상단에 배치(일반적인 정보일수록 하단에 배치) - 망그리드 : 수평선과 수직선의 연속이 개체를 배치하는 지침 - 일관성, 정확성 - 3등분 법칙 : 한 화면에 3X3 그리드를 포개서 교차 지점 적극적 핫스팟으로 활용 - 역동성
아이소타이프	- 문자와 숫자 대신 상징적 도형이나 정해진 기호를 조합해 시각적이고 직접적으로 나타내는 방식 - 단순히 우리 눈에 익숙한 픽토그램을 뜻하는 것은 아님 - 하나의 기호가 일정한 수량을 대표한다는 것이 중요 - 아이소타이프 도표의 기호들은 시공간을 초월해 읽혀야 함

[5과목] 2장_3절 시각화 방법

3) 인터랙션
- 인터랙션 위에 구현된 정보 디자인은 **비선형적 구조**
- 정보 제시 순서가 고정되어 있지 않고 **사용자가 정보에 임의로 접근하고 선택적으로 탐색**
- 강조하고 디테일을 보여주는 방식 / 여러가지 방법으로 데이터 보여주기
- **사용자가 콘텐츠를 선택하는 방식** : 데이터 변환 컨트롤을 이용해 다른 구조의 비슷한 데이터세트를 불러오는 템플릿 위에 자신이 필요한 데이터만을 취사선택해 볼 수 있음
- **사용자 지정으로 시각 맵핑 변화** : 시각 데이터 재 매핑을 지원하며, 시각화 크기를 극대화 – 사용자가 시각화 유형을 지정
- **사용자의 관점과 의견이 반영되는 형태** : 주제를 표현하는 사용자 반응 프로세스의 가장 중요한 부분

4) 시각 정보 디자인 7원칙

시각적 비교를 강화	시간순이 아닌 공간순으로 나열
인과관계를 제시	다중변수를 표시
텍스트, 그래픽, 데이터를 한 화면에 조화롭게 배치	정량적 자료의 정량성을 제거하지 말 것
콘텐츠의 질과 연관성, 진실성을 분명히 할 것	

[5과목] 2장_4절 빅데이터와 시각화 디자인

1. 빅데이터와 시각화 디자인의 방향
- 개인의 능력을 통해 최신의 기술과 도구를 사용해 정보를 제시하고 분석해야 함
- 데이터 시각화 기술이 아니라 비주얼 인식의 심리적인 부분을 아는 것으로, 특정 시각화 기술이 줄 수 있는 한계에 대해서도 충분히 이해해야 함
- 해당 데이터를 다루는 능력 말고도 궁극적으로는 정보 디자인의 의도와 방향이 목적과 어긋나지 않도록 하는 것이 중요함
- 정보 디자인을 위해서는 데이터의 범주 안에서 정보를 보고, 사용자를 위한 시각화 목적을 설정하고 이를 끝까지 고수해야 함
- 적합한 데이터의 수집과 가공, 그래프 처리 과정이 연결·진행돼야 하고, 이에 대한 전문성이 단절되거나 결여되어서는 안됨
- 시각화에서 **정보성(Informative)이 결여된다면 효율성(Efficient)과 참신성(Novel)이 떨어지는 문제**가 발생할 수 있음

핵심 포인트를 정리한

[5과목] 3장_1절 시각화 구현 개요

1. 빅데이터 시각화 구현 개요
- 주로 비즈니스 인텔리전스(Business Intelligence) 분야에서 활용된다.
- 전문 시각화 플랫폼은 사용자가 다양한 관점에서 인사이트를 얻을 수 있도록 '지식 시각화' 관점에서 시각화 기능을 지원
- 시각화 기술은 주로 소스를 모두 공개하는 프로젝트 또는 라이브러리 형태로 배포되는 경우도 있음
- 대표적인 시각화 방법은 아래와 같음

분류	도구 리스트	적용 방법
시각화 플랫폼	Cognos Insight, Information Builders, PowerPivot, PowerView, Visual Insight, QliKView, Visual Intelligence, Tibco Spotfire Analytics, SAS Enterprise Business Intelligence, Tableau, R, WolframAlpha, Better World Flux, Dipity, Many Eyes, Excel, CartoDB, Weka, Gephi	플랫폼의 설치·구축 필요, 플랫폼에서 제공하는 기능·명령어를 실행해 시각화
시각화 라이브러리	Flot, Rapha 1, Modest Maps, Leaflet, Timeline, Exhibit, jQuery Visualize, jqPlot, D3.js, JavaScript InfoVis Toolkit, jpGraph, Highcharts, Google Charts, Crossfilter, Tangle, Polymaps, OpenLayers, Kartograph, Processing, NodeBox	라이브러리 설치 필요, 라이브러리가 제공하는 API 코드를 작성해 시각화
인포그래픽스	iCharts, Visualize Free, Visual.ly	웹서비스 형태로 제공되며 회원가입 필요, 제공되는 템플릿으로 인포그래픽스 구현

[5과목] 3장_2절 분석 도구를 이용한 시각화 구현 : R

1. 시각화 구현 — (R) → ggplot2 이용

1) XY그래프
- 전체적인 내용을 파악할 수 있지만, 수 많은 데이터가 있을 때에는 그 의미를 파악하기 어려움

2) 히스토그램
- 분포가 연속적인 값이고 선으로 되어있어서 내용을 파악하기 어렵거나 분류 유형이 많을 경우 사용할 수 있음

3) 막대그래프
- fill : 내부 색상을 바꾸고 싶을 때 사용 / colour : 테두리 색상을 바꾸고 싶을 때 사용   ex) c+geom_bar(fill="white", colour="red")

4) 선그래프
- 캐럿(carat)에 따른 질량을 그래프화할 때, 히스토그램으로 커트(cut) 등급별로 캐럿을 나타내기 위한 방법은 아래와 같음
  ```
  k<-ggplot(diamonds, aes(carat, ..density..))+geom_histogram(binwidth=0.2)
  k + facet_grid(.~cut)
  ```
  → carot의 종류는 위에 표시됨

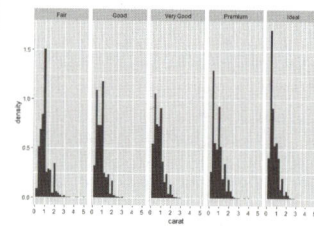

5) 그 외 다양한 그래프
- aplpack 패키지 : 줄기-잎 그림, 얼굴 그림, 스타차트를 사용하기 위해 설치해야하는 패키지

6) 모자이크 플롯
- 복수의 categorical variable 분포 파악에 도움이 되는 시각화 방법

합|격|마|법|노|트

[5과목] 3장_3절 라이브러리 기반의 시각화 구현 : D3.js 1

1. 시각화 구현 - D3.js

1) D3.js 개요
- 자바스크립트 기반의 데이터 시각화 라이브러리
- 오픈 소스 프로젝트로 개발되어 **무료로 사용**할 수 있음
- 파이어폭스, 크롬, 사파리(WebKit), 오페라, IE9에서 모두 테스트되어, 해당 브라우저들을 사용하는 한 동일한 코드에 대해 일관적인 결과를 얻을 수 있음
- D3.js를 활용한 시각화 구현 절차는 아래와 같음

  데이터획득 → 데이터파싱 → 데이터필터링 → 데이터표현 → 상호작용추가

- 데이터 표현 단계에서 **가장 중요한 사항은 매핑의 스케일**
- D3.js의 모든 시각화 요소들은 HTML 문서의 **SVG 객체로 표현**되며, 자바스크립트를 통해 이 객체를 생성·조작할 수 있음
- **CSS를 통해 객체의 레이아웃과 속성을 변경**해 디자인적 요소를 조작할 수 있음

2) 막대 차트로 시간 시각화 구현
- scale함수는 각기 다른 데이터 정보에 따라 SVG로 구현한 시각화 그림들이 화면에 출력되는 과정에서 다소 부자연스럽게 표현되는 것을 방지하기 위해 사용되는 것
- 스케일링한다는 것은 읽어온 데이터 값을 건드리지 않고, 각 데이터 값에 맞는 크기와 컬러 범위를 출력 장치에 맞도록 시각화하는 것, 즉 '**시각화의 최적화**'를 의미
- **domain과 range를 지정하는 것으로 정의**
- translate : 시각화 요소의 위치 또는 방향을 변경하는 함수
  - translate(a, b) : a – x축 방향, a만큼 오른쪽으로 이동, –a는 왼쪽으로 이동,
    b – y축 방향, b만큼 아래쪽으로 이동, –b는 위쪽으로 이동
- rotate : D3.js에서 시각화 요소의 회전
  - rotate(c) : c만큼 시계 방향으로 회전, –c는 반시계 방향으로 회전

[5과목] 3장_3절 라이브러리 기반의 시각화 구현 : D3.js 2

3) 스캐터 플롯으로 관계 시각화 구현
- 데이터 간의 관계를 시각화하기 위해 자주 사용
- 그 과정에서 사용될 수 있는 코드는 아래와 같음

  ```
  d3.select("body").append("svg")  → 여백 생성
  d3.scale.linear()                → 축을 위한 선 생성
  d3.svg.axis()                    → 축 자체를 생성
  ```

- 포인트 생성은 각 데이터별로 circle 객체를 생성하여 구현할 수 있음

4) 히트맵으로 비교 시각화 구현
- 히트맵을 구현하기 위해서는 **canvas 객체가 필요함**
- SVG 객체와 canvas 객체는 모두 시각화를 구현하기 위해 사용되지만, 아래와 같은 큰 차이점이 있기 때문에 구현할 시각화에 맞게 잘 선택해야 함

	SVG	canvas
용도	시각화를 구현하기 위해 사용	
객체에 정보 저장	O	X
다시 그리기	유리하다	불리하다
성능	낮다	높다

PART 01 데이터 이해

- 1장 • 데이터의 이해
- 2장 • 데이터의 가치와 미래
- 3장 • 가치창조를 위한 데이터 사이언스와 전략 인사이트

▶ **1장 데이터의 이해**
데이터 정보, 데이터베이스 정의와 특징, 데이터베이스 활용에 대해 살펴본다.

▶ **2장 데이터의 가치와 미래**
빅데이터의 이해와 가치 그리고 그 영향, 그리고 빅데이터가 활용되는 비즈니스 모델과 미래의 빅데이터에 대해 살펴본다.

▶ **3장 가치창조를 위한 데이터 사이언스와 전략 인사이트**
빅데이터 분석이 사회와 기업에 미치는 영향, 빅데이터를 통한 기업의 전략적 인사이트의 이해 그리고 빅데이터의 발전 방향에 대해 살펴본다.

Learning Map

어떤 것을 학습하게 될지 살펴보자!

 **1장** 데이터의 이해

 **2장** 데이터의 가치와 미래

 **3장** 가치창조를 위한 데이터 사이언스와 전략 인사이트

- 데이터와 정보
- 데이터베이스 정의와 특징
- 데이터베이스 활용

- 빅데이터의 이해
- 빅데이터의 가치와 영향
- 비즈니스 모델
- 위기요인과 통제방안
- 미래의 빅데이터

- 빅데이터 분석과 전략 인사이트
- 전략 인사이트 도출을 위한 필요 역량
- 빅데이터 그리고 데이터 사이언스의 미래

1장 데이터의 이해

 출제 포인트
제1장은 데이터 분석 전문가가 알아야하는 기본 소양에 대한 내용입니다! 중요한 용어의 의미와 쓰임에 대해 이해해야 하는 것이 포인트!

학습목표

- 데이터 정의에 대해 이해한다.
- 데이터베이스 정의와 특징을 이해한다.
- 데이터베이스 활용에 대해 이해한다.

눈높이 체크

- **데이터의 정의를 알고계신가요?**

데이터라는 단어를 한 번도 못 들어본 분은 없을 것입니다. 옥스퍼드 대사전에서 데이터는 "추론과 추정의 근거를 이루는 사실"이라고 정의하고 있습니다. 1940년대 이후 컴퓨터시대가 시작되면서 자연과학 뿐만 아니라 경영학, 통계학 등 다양한 사회과학이 진일보하면서 데이터의 의미는 과거의 관념적이고 추상적인 개념에서 기술적이고 사실적인 의미로 변화되고 있습니다.

- **데이터와 정보 그리고 지식의 관계는 어떻게 이루어질까요?**

데이터 → 정보 → 지식 → 지혜로 발전하면서 데이터는 추론·예측·전망·추정을 위한 근거가 됩니다.

- **데이터베이스를 다루어 본 적이 있으신가요?**

현재 우리는 다양한 데이터베이스 시스템을 활용하고 있습니다. 예를 들어 Access, MSSQL, MySQL, Oracle 등의 데이터베이스를 사용해 본 경험이 있다면 본 강의를 보다 쉽게 이해하실 수 있을 것입니다. 만약 데이터베이스를 사용해 본 경험이 없더라도, 엑셀을 능숙하게 다루실 수 있다면 충분히 따라오실 수 있습니다.

1절 데이터와 정보

 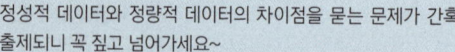 

출제 포인트
정성적 데이터와 정량적 데이터의 차이점을 묻는 문제가 간혹 출제되니 꼭 짚고 넘어가세요~

1. 데이터의 정의와 특성

가. 데이터의 정의

1) 데이터(Data)라는 용어는 1646년 영국 문헌에 처음 등장하였으며 라틴어인 Dare(주다)의 과거 분사형으로 '주어진 것'이란 의미로 사용되었다.
2) 1940년대 이후 컴퓨터 시대 시작과 함께 자연과학뿐만 아니라 경영학, 통계학 등 다양한 사회 과학이 진일보하며, 데이터의 의미는 과거의 관념적이고 추상적인 개념에서 기술적이고 사실적인 의미로 변화되었다.
3) 데이터는 추론과 추정의 근거를 이루는 사실이다.(옥스퍼드 대사전)
4) 데이터는 단순한 객체로서의 가치뿐만 아니라 다른 객체와의 상호관계 속에서 가치를 갖는 것으로 설명되고 있다.

나. 데이터의 특성

구 분	특 성
존재적 특성	객관적 사실(Fact, Raw Material)
당위적 특성	추론·예측·전망·추정을 위한 근거(Basis)

 예시
수요조사나 실험, 검사, 측정 등을 통해 데이터를 수집, 축적하고 다양한 방법으로 분석하여 간단한 마케팅 리포트부터 심도있는 논문, 미래 예측을 위한 경영전략 또는 정책을 수립하는 일련의 가치 창출과정에서 가장 기초를 이루는 것을 데이터라 한다.

2. 데이터의 유형

구 분	형 태	예	특 징
정성적 데이터 (Qualitative Data)	언어, 문자 등	회사 매출이 증가함 등	저장·검색·분석에 많은 비용이 소모 됨
정량적 데이터 (Quantitative Data)	수치, 도형, 기호 등	나이, 몸무게, 주가 등	정형화가 된 데이터로 비용 소모가 적음

정성적 데이터
비정형 데이터
주관적 내용
통계분석이 어려움

↔

정량적 데이터
정형 데이터
객관적 내용
통계분석이 용이함

3. 지식경영의 핵심 이슈

- 데이터는 지식경영의 핵심 이슈인 암묵지(暗默知, Tacit Knowledge)와 형식지(型式知, Explicit Knowledge)의 상호작용에 있어 중요한 역할을 한다.(Polany, 1966)

구 분	의 미	예	특 징	상호작용
암묵지	학습과 경험을 통해 개인에게 체화되어 있지만 겉으로 드러나지 않는 지식	김장김치 담그기, 자전거 타기	사회적으로 중요하지만 다른 사람에게 공유되기 어려움	공통화, 내면화
형식지	문서나 매뉴얼처럼 형상화된 지식	교과서, 비디오, DB	전달과 공유가 용이함	표출화, 연결화

> **참고**
> · **암묵지** : 개인에게 축적된 내면화(Internalization)된 지식 → 조직의 지식으로 공통화(Socialization)
> · **형식지** : 언어, 기호, 숫자로 표출화(Externalization)된 지식 → 개인의 지식으로 연결화(Combination)

4. 데이터와 정보의 관계

가. DIKW의 정의

구분	내용
데이터(Data)	개별 데이터 자체로는 의미가 중요하지 않은 객관적인 사실
정보(Information)	데이터의 가공, 처리와 데이터간 연관관계 속에서 의미가 도출된 것
지식(Knowledge)	데이터를 통해 도출된 다양한 정보를 구조화하여 유의미한 정보를 분류하고 개인적인 경험을 결합시켜 고유의 지식으로 내재화된 것
지혜(Wisdom)	지식의 축적과 아이디어가 결합된 창의적인 산물

나. DIKW 피라미드

- DIKW 피라미드에서는 데이터, 정보, 지식을 통해 최종적으로 지혜를 얻어내는 과정을 계층구조로 설명하고 있다.

출제 포인트

DIKW 각각의 정의를 묻는 문제, 예시에 대한 문제가 자주 출제되니 꼼꼼히 체크합시다.

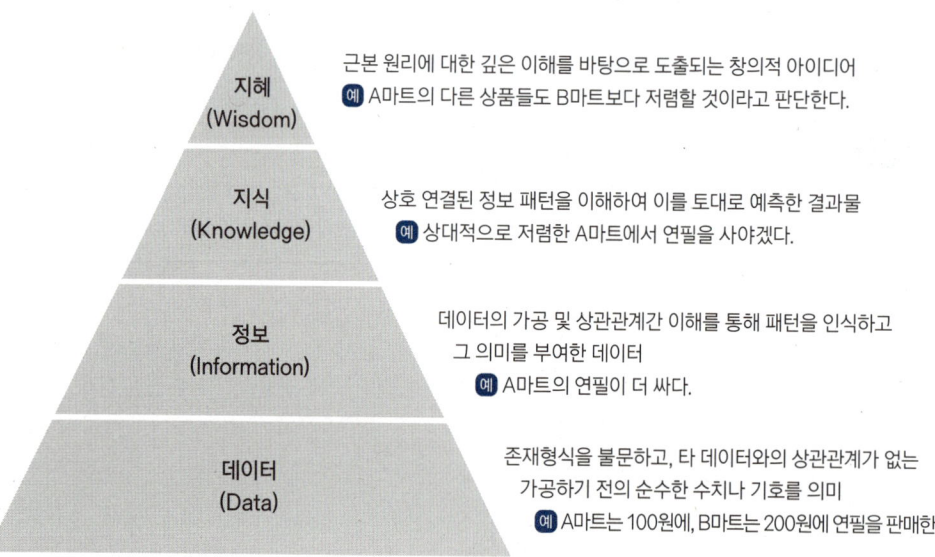

2절 데이터베이스 정의와 특징

1. 용어의 연혁

출처	내용
1950년대	미국에서 군대의 군비상황을 집중 관리하기 위하여 컴퓨터 도서관을 설립하면서 데이터(Data)의 기지(Base)라는 뜻의 데이터베이스가 탄생
1963년 6월	미국 'SDC'가 개최한 심포지엄에서 데이터베이스라는 용어 공식사용 데이터베이스 초기 개념인 '대량의 데이터를 축적하는 기지'
1963년	GE의 C.바크만은 데이터베이스 관리 시스템인 IDS 개발
1965년	2차 심포지엄에서 시스템을 통한 체계적 관리와 저장 등의 의미를 담은 '데이터베이스 시스템'이라는 용어 등장
1970년대 초반	유럽에서 '데이터베이스'라는 단일어가 일반화 됨
1975년	미국의 CAC가 KORSTIC을 통해 서비스되면서 우리나라에서 데이터베이스 이용이 이루어짐
1980년	KORSTIC이 해외 전문 데이터베이스를 확충하여 'TECHNOLINE'이라는 온라인 정보검색 서비스를 개시하여 본격적인 데이터베이스 서비스 시대를 맞이함.
1980년대 중반	국내의 데이터베이스 관련 기술의 연구, 개발

출제 포인트
용어와 연결하여 내용을 굳이 다 외울 필요는 없습니다. 데이터베이스가 어떻게 정의 되는지 흐름을 파악하는 것이 중요합니다.

2. 데이터베이스의 정의

	출처	내용
1차 개념확대 정형데이터 관리	EU 〈데이터베이스의 법적 보호에 관한 지침〉	체계적이거나 조직적으로 정리되고 전자식 또는 기타 수단으로 개별적으로 접근할 수 있는 독립된 저작물, 데이터 또는 기타 소재의 수집물
	국내 '저작권법'	소재를 체계적으로 배열 또는 구성한 편집물로서 개별적으로 그 소재에 접근하거나 그 소재를 검색할 수 있도록 한 것
2차 개념확대 빅데이터의 출현으로 비정형데이터 포함	국내 '컴퓨터 용어사전'	동시에 복수의 적용 업무를 지원할 수 있도록 복수 이용자의 요구에 대응해서 데이터를 받아들이고 저장, 공급하기 위하여 일정한 구조에 따라서 편성된 데이터의 집합
	국내 'Wikipedia'	관련된 레코드의 집합, 소프트웨어로는 데이터베이스관리시스템(DBMS)을 의미
	국내 '데이터분석 전문가 가이드'	문자, 기호, 음성, 화상, 영상 등 상호 관련된 다수의 콘텐츠를 정보 처리 및 정보통신 기기에 의하여 체계적으로 수집·축적하여 다양한 용도와 방법으로 이용할 수 있도록 정리한 정보의 집합체

출제 포인트
데이터베이스의 일반적인 특징은 자주 출제가 되는 부분이니 반드시 체크해두세요. (특징 중 맞거나 틀린 것을 선택하는 문항)

3. 데이터베이스의 특징

가. 데이터베이스의 일반적인 특징

데이터베이스 특징	설명
통합된 데이터 Integrated Data	동일한 내용의 데이터가 중복되어 있지 않다는 것을 의미. 데이터 중복은 관리상의 복잡한 부작용을 초래
저장된 데이터 Stored Data	자기 디스크나 자기 테이프 등과 같이 컴퓨터가 접근할 수 있는 저장 매체에 저장되는 것을 의미. 데이터베이스는 기본적으로 컴퓨터 기술을 바탕으로 한 것
공용 데이터 Shared Data	여러 사용자가 서로 다른 목적으로 데이터를 공동으로 이용한다는 것을 의미. 대용량화되고 구조가 복잡한 것이 보통
변화되는 데이터 Changeable Data	데이터베이스에 저장된 내용은 곧 데이터베이스의 현 시점에서의 상태를 나타냄. 다만 이 상태는 새로운 데이터의 삽입, 기존 데이터의 삭제, 갱신으로 항상 변화하면서도 항상 현재의 정확한 데이터를 유지해야 함

나. 데이터베이스의 다양한 측면에서의 특징

측 면	특 성
정보의 축적 및 전달 측면	• 기계 가독성 : 일정한 형식에 따라 컴퓨터 등의 정보처리기기가 읽고 쓸 수 있음 • 검색 가독성 : 다양한 방법으로 필요한 정보를 검색 • 원격 조작성 : 정보통신망을 통하여 원거리에서도 즉시 온라인을 이용
정보 이용 측면	• 이용자의 정보 요구에 따라 다양한 정보를 신속하게 획득 • 원하는 정보를 정확하고 경제적으로 찾아낼 수 있다는 특성
정보 관리 측면	• 정보를 일정한 질서와 구조에 따라 정리, 저장, 검색, 관리 할 수 있도록 하여 방대한 양의 정보를 체계적으로 축적하고 새로운 내용의 추가나 갱신이 용이
정보기술 발전 측면	• 데이터베이스는 정보처리, 검색·관리 소프트웨어, 관련 하드웨어, 정보 전송을 위한 네트워크 기술의 발전을 견인할 수 있음
경제·산업 측면	• 다양한 정보를 필요에 따라 신속하게 제공·이용할 수 있는 인프라로서 특성을 가지고 있어 경제, 산업, 사회 활동의 효율성을 제고하고 국민의 편의를 증진하는 수단으로서 의미를 가짐

MEMO

3절 데이터베이스의 활용

출제 포인트
약어의 의미를 잘못 설명한 보기를 찾는 문제가 출제되니 기본적인 내용은 넘어가시기 바랍니다.

1. 기업내부 데이터베이스

정보통신망 구축이 가속화되면서 1990년대의 기업내부 데이터베이스는 기업 경영 전반에 관한 인사, 조직, 생산, 영업 활동 등을 포함한 모든 자료를 연계하여 일관된 체계로 구축, 운영하는 경영 활동의 기반이 되는 전사 시스템으로 확대되었다.

가. 1980년대 기업내부 데이터베이스

- OLTP(On-Line Transaction Processing) : 호스트 컴퓨터와 온라인으로 접속된 여러 단말 간의 처리 형태의 하나이다. 여러 단말에서 보내온 메시지에 따라 **호스트 컴퓨터가 데이터베이스를 액세스하고, 바로 처리 결과를 돌려보내는 형태**를 말한다. 즉, 데이터베이스의 데이터를 수시로 갱신하는 프로세싱을 의미한다. 주문입력시스템, 재고관리시스템 등 현업의 거의 모든 업무는 이와 같은 성격을 띠고 있다. 〈참조 : (컴퓨터인터넷IT용어대사전, 2011.1.20, 일진사)〉

- OLAP(On-Line Analytical Processing) : 정보 위주의 분석 처리를 의미하며, **다양한 비즈니스 관점에서 쉽고 빠르게 다차원적인 데이터에 접근하여 의사 결정에 활용할 수 있는 정보를 얻을 수 있게 해주는 기술**이다. OLTP에서 처리된 트랜잭션 데이터를 분석해 제품의 판매 추이, 구매 성향 파악, 재무 회계 분석 등을 프로세싱하는 것을 의미한다. OLTP가 데이터 갱신 위주라면, OLAP는 데이터 조회 위주라고 할 수 있다. 〈참조 : (컴퓨터인터넷IT용어대사전, 2011.1.20, 일진사)〉

출제 포인트
데이터 분석 전문가 과정에서는 비교하는 부분도 출제될 수 있으니 꼭 이해하고 넘어가세요.

OLTP와 OLAP의 비교		
구 분	OLTP	OLAP
데이터 구조	복잡	단순
데이터 갱신	동적으로 순간적	정적으로 주기적
응답 시간	수 초 이내	수 초에서 몇 분 사이
데이터 범위	수 십일 전후	오랜 기간 저장
데이터 성격	정규적인 핵심 데이터	비정규적인 읽기 전용 데이터
데이터 크기	수 기가 바이트	수 테라 바이트
데이터 내용	현재 데이터	요약된 데이터
데이터 특성	트랜잭션 중심	주제 중심
데이터 엑세스 빈도	높음	보통
질의 결과 예측	주기적이며 예측 가능	예측하기가 어렵다

※ 참조 : 소설처럼 읽는 DB 모델링 이야기(영진닷컴)

나. 2000년대 기업내부 데이터베이스

- **CRM**(Customer Relationship Management) : '고객관계관리'라고 하며, 기업이 고객과 관련된 내·외부 자료를 분석·통합해 고객 중심 자원을 극대화하고, 이를 토대로 고객특성에 맞게 마케팅 활동을 계획·지원·평가하는 과정이다.

  CRM은 최근에 등장한 데이터베이스 마케팅(DB marketing)의 일대일 마케팅(One-to-One marketing), 관계 마케팅(Relationship marketing)에서 진화한 요소들을 기반으로 등장하게 되었다. 고객데이터의 세분화를 실시하여 신규고객획득, 우수고객 유지, 고객가치증진, 잠재고객 활성화, 평생고객화와 같은 사이클을 통하여 고객을 적극적으로 관리하고 유도한다. 기존 마케팅이 단발적인 마케팅 전술이라면 CRM은 고객과의 지속적인 관계를 유지하면서 '한 번 고객은 평생고객'이 될 수 있는 기회를 만들며, 평생고객화를 통해 고객의 가치를 극대화하는 것이다. CRM은 고객의 정보, 즉 데이터베이스를 기초로 고객을 세부적으로 분류하여 효과적이고 효율적인 마케팅 전략을 개발하는 경영전반에 걸친 관리체계이며, 이에 정보기술이 밑받침되어 구성된다. 〈참조 : CRM (시사상식사전, 박문각)〉

- SCM(Supply Chain Management) : '공급망 관리'를 뜻하는 말로, 기업에서 원재료의 생산·유통 등 모든 공급망 단계를 최적화해 수요자가 원하는 제품을 원하는 시간과 장소에 제공하는 것이다. SCM은 부품 공급업체와 생산업체 그리고 고객에 이르기까지 거래관계에 있는 기업들 간 IT를 이용한 실시간 정보공유를 통해 시장이나 수요자들의 요구에 기민하게 대응토록 지원하는 것이다. 세계적으로 선도적 위치에 있는 제조업체, 물류업체, 유통업체들은 SCM을 통해 거래선들과 긴밀하게 협력함으로써 그 이익을 훨씬 더 극대화하고 있다. <참고 : SCM [supply chain management] (시사상식사전, (박문각)>

다. 각 분야별 내부 데이터베이스

1) 분야별 데이터베이스 개념

가) 제조부문
- 제조업의 데이터베이스 기술 적용은 2000년을 기점으로 전환되었다.
- 클라이언트/서버 기반의 내부 정보시스템에서 웹기반의 데이터베이스로 전환되고 있다.
- 대기업을 위주로 ERP에서 CRM으로 발전하고 있다.
- 대기업은 중소기업과의 협업으로 인해 중소기업에 투자를 확대할 필요성을 인지하고 있으며 RTE를 통한 협업적 IT화의 비중을 확대하고 있다.

나) 금융부문
- 1998년 IMF 이후, 금융부문은 업무 프로세스 효율화나 통합시스템 구축으로 확산되었다.
- 2000년대 초반, EAI, ERP, e-CRM을 통한 정보 공유 및 통합, 그리고 고객 정보의 전략적 활용이 시작되었다.
- 2000년대 중반, DW(Data Warehouse) 도입을 통한 DB활용 마케팅이 강화되었고, DW를 위한 최적화와 BI 기반의 시스템 구축이 급속도로 퍼지게 되었다.
- 바젤2 등의 대형 프로젝트가 마무리 되면서 향후 EDW(Enterprise Data Warehouse)의 확장이 DB 시장 확장에 기여하고 있다.

다) 유통부문
- 2000년 이후, IT 환경 변화에 따라 CRM과 SCM의 구축이 활발하게 진행되고 있다.
- 상거래를 위한 인프라와 KMS를 위한 백업시스템 구축도 함께 진행되었다.
- RFID의 등장으로 유비쿼터스 시대를 준비하고 있다.

2) 분야별 데이터베이스 소개

분야	내용
제조분야	• ERP(Enterprise Resource Planning) : 인사·재무·생산 등 기업의 전 부문에 걸쳐 독립적으로 운영되던 각종 관리 시스템의 **경영자원을 하나의 통합 시스템으로 재구축**함으로써 생산성을 극대화하려는 경영혁신기법을 의미한다. • BI(Business Intelligence) : 비즈니스 인텔리전스(Business Intelligence, BI)란 기업이 보유하고 있는 수많은 데이터를 정리하고 분석해 기업의 **의사결정에 활용하는 일련의 프로세스**를 말한다. • CRM(Customer Relationship Management) : '고객관계관리'라고 한다. 기업이 고객과 관련된 내외부 자료를 분석·통합해 **고객 중심 자원을 극대화**하고 이를 토대로 고객특성에 맞게 마케팅 활동을 계획·지원·평가하는 과정이다. • RTE(Real-Time Enterprise) : 회사의 주요 경영정보를 통합관리하는 실시간 기업의 새로운 기업경영시스템이다. 전사적 자원관리(ERP), 판매망관리(SCM), 고객관리(CRM) 등 부문별 전산화에서 한발 나아가 **회사 전 부문의 정보를 하나로 통합**함으로써 경영자의 빠른 의사결정을 이끌어 내려는 목적에서 만들어졌으며 기업활동이 글로벌화되고 기술의 발전으로 제품 수명이 짧아지는 현실에 대응되고 있다.
금융부문	• EAI(Enterprise Application Integration) : 기업 내 상호 연관된 모든 애플리케이션을 유기적으로 연동하여 필요한 **정보를 중앙 집중적으로 통합, 관리, 사용**할 수 있는 환경을 구현하는 것으로 e-비즈니스를 위한 기본 인프라이다. • EDW(Enterprise Data Warehouse) : 기존 DW(Data Warehouse)를 전사적으로 확장한 모델로 BPR과 CRM, BSC 같은 다양한 분석 애플리케이션들을 위한 원천이 된다. 따라서 EDW를 구축하는 것은 단순히 정보를 빠르게 전달하는 대형 시스템을 도입한다는 의미가 아니라 기업 리소스의 유기적 통합, 다원화된 관리 체계 정비, 데이터의 중복 방지 등을 위해 시스템을 재설계 하는 것을 나타낸다.
유통부문	• KMS(Knowledge Management System) : **지식관리시스템**을 의미하며, 기업의 환경이 물품을 주로 생산하던 산업사회에서 지적 재산의 중요성이 커지는 지식사회로 급격히 이동함에 따라, 기업 경영을 지식이라는 관점에서 새롭게 조명하는 접근방식이다. • RFID(Radio Frequency, RF) : **주파수를 이용해 ID를 식별하는 System**으로 일명 전자태그로 불린다. 전파를 이용해 먼 거리에서 정보를 인식하는 기술로 적용대상에 RFID 칩을 부착한 후 리더기를 통해 정보를 인식한다.

라. 사회기반구조로서의 데이터베이스

1) 개념

- 1990년대 **사회 각 부문의 정보화**가 본격화되면서 데이터베이스 구축이 활발하게 추진되었다. 정부를 중심으로 무역, 통관, 물류, 조세, 국세, 조달 등 사회간접자본(SOC) 차원에서 EDI를 활용하여 부가가치통신망(VAN)을 통해 정보망이 구축되기 시작하였다. 1990년대 후반에는 지리, 교통부문의 데이터베이스가 구축되기 시작했고, 2000년대 들어서 더욱 고도화 되어 일반 국민들도 가정에서 손쉽게 생활에 필요한 정보를 습득하고 있다.

2) 종류

가) **EDI**(Electronic Data Interchange) : 주문서, 납품서, 청구서 등 무역에 필요한 각종 서류를 **표준화된 양식**을 통해 전자적 신호로 바꿔 컴퓨터통신망을 이용하여, 거래처에 전송하는 시스템이다.

나) **VAN**(Value Added Network) : 부가가치통신망, 공중 전기통신사업자(예컨대 한국전기통신공사)로부터 통신회선을 차용하여 독자적인 네트워크를 형성하는 것이다. 독자적인 네트워크로 각종 정보를 부호, 영상, 음성 등으로 교환하거나 정보를 축적하거나 또는 복수로 해서 전송하는 등 단순한 통신이 아니라 부가가치가 높은 서비스를 하는 것이다.

다) **CALS**(Commerce At Light Speed) : 전자상거래 구축을 위해 기업 내에서 비용 절감과 생산성 향상을 추구할 목적으로 시작된, 제품의 설계·개발·생산에서 유통·폐기에 이르기까지 제품의 라이프 사이클(Life Cycle) 전반에 관련된 데이터를 통합하고 공유·교환할 수 있도록 한 경영통합정보시스템을 말한다. 1980년대 초, 미 국방성 제품의 전 생산·유통 과정에서 컴퓨터를 활용한 자동화시스템을 구축해 효율적인 군수 조달하기 위한 목적으로 개발된 시스템이다.

3) 분야별 사회기반 구조의 데이터베이스

분야	솔루션
물류부문	• CVO(Commercial Vehicle Operation System, 화물운송정보) • PORT-MIS(항만운영정보시스템) • KROIS(철도운영정보시스템)
지리/교통부문	• GIS(Geographic Information System, 지리정보시스템) • RS(Remote Sensing, 원격탐사) • GPS(Global Positioning System, 범지구위치결정시스템) • ITS(Intelligent Transport System, 지능형교통시스템) • LBS(Location Based Service, 위치기반서비스) • SIM(Spatial Information Management, 공간정보관리)
의료부문	• PACS(Picture Archiving and Communications System) • U헬스(Ubiquitous-Health)
교육부문	• NEIS(National Education Information System, 교육행정정보시스템)

2장 데이터의 가치와 미래

학습목표

- 빅데이터의 정의와 출현배경을 이해한다.
- 빅데이터의 기능과 빅데이터가 만들어 내는 본질적인 변화를 이해한다.
- 빅데이터의 가치와 영향을 이해한다.
- 빅데이터를 통한 위기 요인과 통제 방안을 이해한다.
- 빅데이터의 미래를 예상할 수 있다.

눈높이 체크

- **빅데이터의 정의를 알고계신가요?**

빅데이터는 말 그대로 큰 데이터를 의미합니다. 단순히 용량만 방대한 것이 아니라 복잡성도 증가해서 기존의 데이터 처리 툴로 다루기 어려운 데이터 셋을 지칭하기도 합니다. 이번 강의에서는 빅데이터의 정확한 정의와 출현배경, 기능에 대해 알아보고 빅데이터가 만들어 내는 본질적인 변화를 학습해 보도록 하겠습니다.

- **빅데이터가 우리 생활을 어떻게 바꾸어 가는지 알고 계신가요?**

2012년 미국의 44대 대통령 선거에 당선된 오바마의 빅데이터를 통한 선거운동, 2013년 서울의 심야버스인 올빼미 버스의 빅데이터를 통한 노선변경 등 우리 생활에 빅데이터를 통한 적용사례는 점점 많아지고 있습니다. 빅데이터의 가치와 영향을 학습하도록 하겠습니다.

- **빅데이터가 발전함에 따라 위기 요인은 어떤 것들이 있을까요?**

빅데이터의 활용을 통해 우리의 생활이 편리해지고 있지만 그와 반대로 사생활 침해 등의 문제도 증가함으로 인해 우리의 개인적인 삶이 노출되어 범죄에 악용될 수도 있습니다. 또한 범죄를 미리 예측해서 관리하고자 할 때 자칫 책임원칙 주의가 훼손될 수 있습니다. 더불어 데이터의 오남용으로 잘못된 미래 예측이 더 큰 피해를 불러올 수도 있습니다.

- **빅데이터 시대가 진행되면서 부각되는 어두운 면은 어떤 것이 있을까요?**

빅데이터로 인해 부각되는 사생활 침해, 책임원칙 훼손, 데이터 오용 등은 빅데이터 시대의 부작용이라고 할 수 있습니다. 이러한 부작용을 자세히 학습하고 위기를 통제할 수 있는 방안을 살펴보도록 하겠습니다.

- **미래의 빅데이터 시대는 어떻게 변할까요? 또 무엇을 준비해야 할까요?**

초고속 인터넷 시대에서 모바일 광대역 네트워크시대를 살고 있는 지금 모든 물건에 센서를 연결하는 사물인터넷(IoT)시대가 도래하고 있습니다. 또 스마트폰 시장은 웨어러블 단말 시장으로 변하고 있습니다. 이러한 기술의 발전은 더욱 더 많은 데이터를 생산할 것이고 이러한 정형/비정형 데이터들을 활용한 빅데이터를 통해 우리의 삶은 더욱 편리하고 빠른 의사결정을 할 수 있도록 변화할 것입니다. 이런 미래의 빅데이터 시대에 요구되는 데이터, 기술, 인력에 대해 학습해 보도록 하겠습니다.

1절 빅데이터의 이해

1. 빅데이터의 이해

가. 빅데이터의 정의

1) 관점에 따른 정의

- 빅데이터의 정의는 빅데이터를 보는 **관점에 따라 3가지**로 정의한다.

  첫째, 3V로 요약되는 데이터 자체의 특성 변화에 초점을 맞춘 **좁은 범위의 정의**가 있다.

  둘째, 데이터 자체뿐 아니라 처리, 분석 기술적 변화까지 포함되는 **중간 범위의 정의**가 있다.

  셋째, 인재, 조직 변화까지 포함한 **넓은 관점에서의 빅데이터에 대한 정의**가 있다.

출제 포인트
3V의 용어와 정의를 정확히 이해하고 넘어가셔야 합니다.

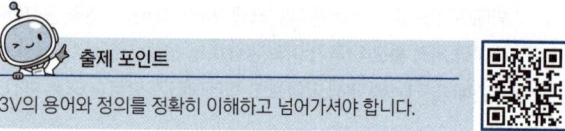

[가트너 그룹(Gartner Group)의 더그 래니(Doug Laney)의 3V]

3V				4V
양(Volume)	다양성(Variety)	속도(Velocity)	+	가치(Value) 진실성(Veracity) 정확성(Validity) 휘발성(Volatility)
↓	↓	↓		
데이터의 규모 측면	데이터의 유형과 소스 측면	데이터의 수집과 처리 측면		
센싱데이터, 비정형데이터	정형, 비정형데이터 (영상, 사진)	원하는 데이터의 추출 및 분석속도		

※ 3V에 가치를 추가하면 4V, 진실성, 정확성, 휘발성을 추가하면 7V의 개념이 생성되고 있음.

참고

- **맥킨지, 2011** : 빅데이터는 일반적인 데이터베이스 소프트웨어로 저장, 관리, 분석할 수 있는 범위를 초과하는 규모의 데이터를 의미한다. → **데이터 규모에 중점을 둔 정의**
- **IDC, 2011** : 빅데이터는 다양한 종류의 대규모 데이터로부터 저렴한 비용으로 가치를 추출하고 데이터의 초고속 수집·발굴·분석을 지원하도록 고안된 차세대 기술 및 아키텍처이다. → **분석 비용 및 기술에 초점을 맞춘 정의**
- **메이어-쇤베르거와쿠키어, 2013** : 빅데이터란 대용량 데이터를 활용해 작은 용량에서는 얻을 수 없었던 새로운 통찰이나 가치를 추출해내는 일이다. 나아가 이를 활용해 시장, 기업 및 시민과 정부의 관계 등 많은 분야에 변화를 가져오는 일이다.

출제 포인트

빅데이터의 범주가 '데이터의 변화 → 기술변화 → 인재, 조직의 변화'로 점점 확대되고 있음을 알고 그 내용이 무엇인지 알아야 합니다. 객관식뿐만 아니라 주관식으로도 출제될 수 있으니 정확히 숙지합시다.

2) 빅데이터 정의의 범주 및 효과

데이터 변화	기술 변화	인재, 조직 변화
• 규모(Volume) • 형태(Variety) • 속도(Velocity)	• 데이터 처리, 저장, 분석 기술 및 아키텍쳐 • 클라우드 컴퓨팅 활용	• Data Scientist 같은 새로운 인재 필요 • 데이터 중심 조직

* 기존 방식으로는 얻을 수 없는 통찰 및 가치 창출
* 사업방식, 시장, 사회, 정부 등에서 변화와 혁신 주도

2. 출현 배경과 변화

가. 출현 배경

- 빅데이터 현상은 없었던 것이 새로 등장한 것이 아니라 기존의 데이터, 처리방식, 다루는 사람과 조직 차원에서 일어나는 '변화'를 말한다.

1) 3가지 출현 배경

	출현배경	내용
산업계	고객 데이터 축적	고객 데이터를 축적하여 보유함으로써 **데이터에 숨어있는 가치를 발굴**해 새로운 성장동력원으로의 기술 확보
학 계	거대 데이터 활용, 과학 확산	거대 데이터를 다루는 학문 분야가 늘어나면서 필요한 기술 **아키텍처 및 통계 도구들이 발전**
기술발전	관련기술의 발달	디지털화, 저장 기술의 발달, 인터넷 보급, 모바일 혁명, 클라우드 컴퓨팅

예시

산업계	미국 테스코의 경우 매달 15억 건 이상의 고객데이터를 수집하고 있으며, 액시엄의 경우 전세계 5억명, 미국인 96%에 관련된 데이터를 보관하고 있다.
학 계	인간 게놈프로젝트를 통해 인간 유전자 정보를 해석, NASA의 기후 예측 시뮬레이션 센터에서는 약 32페타바이트의 기후관찰 정보를 활용하고 있다.
기술발전	아날로그의 디지털화는 데이터의 생산·유통·저장의 편리성을 개선하였으며, 저장 기술의 발달로 비용절감, 인터넷, 모바일의 발달을 통해 기술이 발전하고 있다.

2) ICT의 발전과 빅데이터의 출현

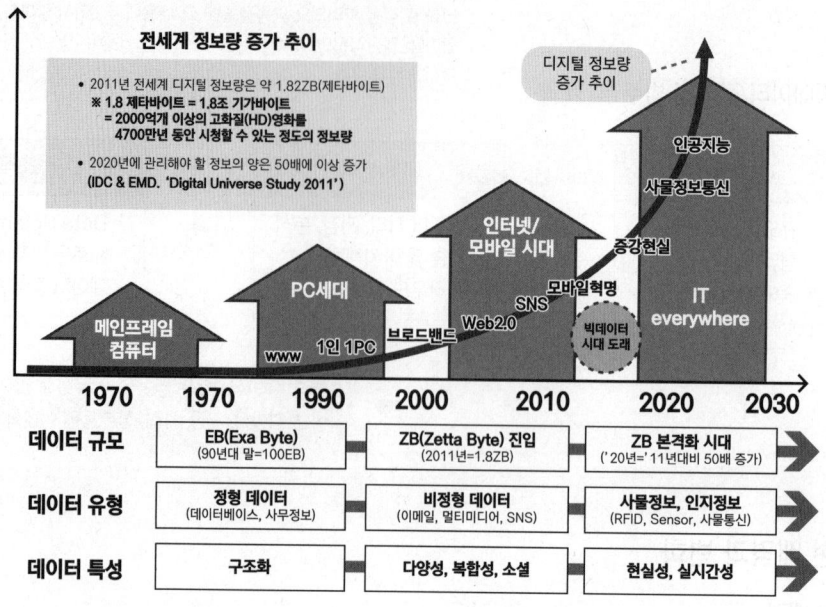

〈출처 : NIA(한국지능정보사회진흥원) - 새로운 미래를 여는 빅데이터 시대(2013)〉

 출제 포인트

빅데이터의 비유 및 기능을 묻는 문제가 출제되고 있음으로 각 비유별 내용을 숙지해야 합니다.

3. 빅데이터의 기능

가. 빅데이터에 거는 기대를 표현한 비유

산업혁명의 석탄, 철	제조업 뿐만 아니라 서비스 분야의 생산성을 획기적으로 끌어올려 사회·경제·문화·생활 전반에 혁명적 변화를 가져올 것으로 기대됨
21세기의 원유	경제 성장에 필요한 정보를 제공함으로써 산업 전반의 생산성을 한 단계 향상시키고, 기존에 없던 새로운 범주의 산업을 만들어낼 것으로 전망됨
렌즈	렌즈를 통해 현미경이 생물학 발전에 미쳤던 영향만큼이나 데이터가 산업 발전에 영향을 미칠 것으로 기대됨 예) Ngram Viewer
플랫폼	'공동 활용의 목적으로 구축된 유무형의 구조물'로써의 다양한 서드 파티 비즈니스에 활용되면서 플랫폼 역할을 할 것으로 전망됨 예) 카카오톡, 페이스북 등

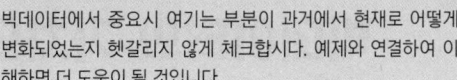

> **출제 포인트**
> 빅데이터에서 중요시 여기는 부분이 과거에서 현재로 어떻게 변화되었는지 헷갈리지 않게 체크합시다. 예제와 연결하여 이해하면 더 도움이 될 것입니다.

4. 빅데이터가 만들어 내는 본질적인 변화

가. 과거에서 현재로의 변화

사전처리 ▶ 사후처리 =	필요한 정보만 수집하고 필요하지 않은 정보를 버리는 시스템에서 가능한 한 많은 데이터를 모으고 그 데이터를 다양한 방식으로 조합해 숨은 정보를 찾아낸다.
표본조사 ▶ 전수조사 =	데이터 수집 비용의 감소와 클라우드 컴퓨팅 기술의 발전으로 데이터 처리비용이 감소하게 되었다. 이로 인해 표본을 조사하는 기존의 지식발견 방식에서 전수조사를 통해 샘플링이 주지 못하는 패턴이나 정보를 발견하는 방식으로 데이터 활용방법이 변화되었다.
질 ▶ 양 =	데이터가 지속적으로 추가될 경우 양질의 정보가 오류 정보보다 많아 전체적으로 좋은 결과 산출에 긍정적인 영향을 미친다는 추론에 바탕을 둔 변화가 나타나고 있다.
인과관계 ▶ 상관관계 =	상관관계를 통해 특정 현상의 발생 가능성이 포착되고, 그에 상응하는 행동을 하도록 추천되는 일이 점점 늘어나고 있다. 이처럼 데이터 기반의 상관관계 분석이 주는 인사이트가 인과관계에 의한 미래 예측을 점점 더 압도해 가는 시대가 도래하게 될 것으로 전망된다.

2절 빅데이터의 가치와 영향

1. 빅데이터의 가치

가. 빅데이터 가치 산정이 어려운 이유
- 여러 가지 변수로 인해 빅데이터 시대에서는 가치를 측정하는 것이 쉽지 않다.

빅데이터 가치 산정이 어려운 이유	
데이터 활용방식 →	데이터 활용 방식에서는 재사용이나 재조합, 다목적용 데이터 개발 등이 일반화되면서 특정 데이터를 언제·어디서·누가 활용할지 알 수 없게 되었다. 따라서 가치를 산정하는 것도 어려워졌다.
새로운 가치 창출 →	빅데이터 시대에는 데이터가 '기존에 없던 가치'를 창출함에 따라 그 가치를 측정하기가 어려워졌다.
분석 기술 발전 →	현재는 가치가 없는 데이터일지라도, 추후에 새로운 분석 기법이 등장한다면 거대한 가치를 지닌 데이터가 될 수도 있다.

2. 빅데이터의 영향

- 다양한 시장 주체들이 빅데이터를 활용함에 따라 소비자이면서 국민인 일반인들은 맞춤형 서비스를 저렴한 비용으로 이용하게 되고, 적시에 필요한 정보를 얻음으로써 다양한 형태로 기회비용을 절약할 수 있어 사람들의 생활이 점점 스마트해지고 있다.

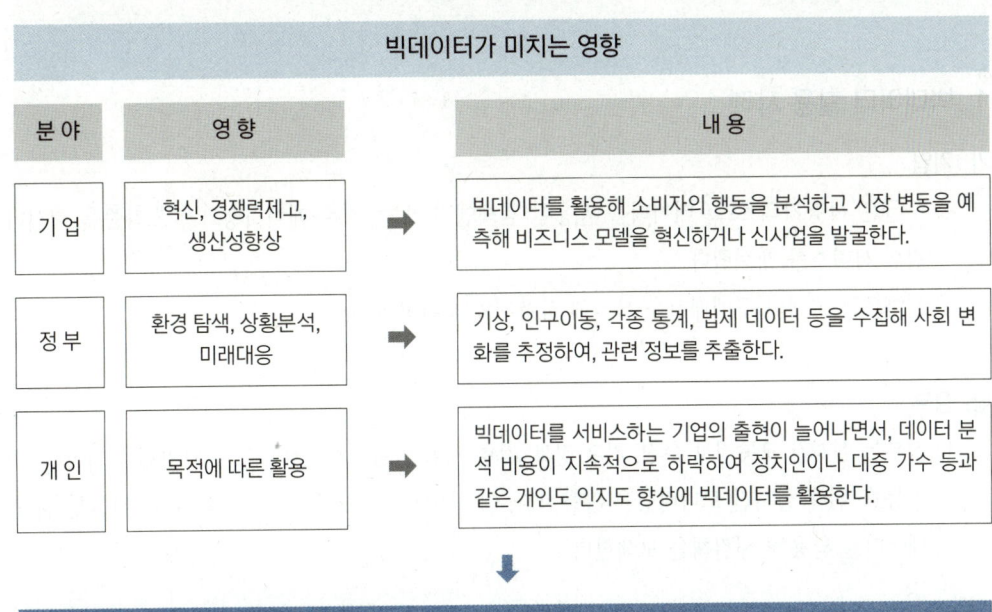

> **참고**
>
> 맥킨지가 언급한 빅데이터가 가치를 만들어 내는 다섯가지 방식
>
> ① 투명성 제고로 연구개발 및 관리 효율성 제고
> ② 시뮬레이션을 통한 수요 포착 및 주요 변수 탐색으로 경쟁력 강화
> ③ 고객 세분화 및 맞춤 서비스 제공
> ④ 알고리즘을 활용한 의사결정 보조 혹은 대체
> ⑤ 비즈니스 모델과 제품, 서비스의 혁신

3절 비즈니스 모델

1. 빅데이터 활용 사례

가. 기업
1) 구글은 사용자의 로그 데이터를 활용한 검색엔진 개발, 기존 페이지랭크 알고리즘을 혁신하여 검색 서비스를 개선했다.
2) 월마트는 고객의 구매패턴을 분석해 상품진열에 활용했다.

나. 정부
1) 정부는 실시간 교통정보 수집, 기후 정보, 각종 지질 활동, 소방 서비스 등 다양한 국가 안전 확보 활동을 위해 실시간 모니터링을 활용한다. 이 밖에도 미래 의제인 의료와 교육 개선을 위해 빅데이터를 활용해 해결책을 모색한다.

다. 개인
1) 정치인은 선거 승리를 위해 사회관계망 분석을 통해 유세 지역을 선정하고, 해당 지역의 유권자에게 영향을 줄 수 있는 내용을 선정해 효과적인 선거 활동을 펼친다.
2) 가수는 팬들의 음악 청취 기록 분석을 통해 실제 공연에서 부를 노래 순서를 짜는데 활용한다.

2. 빅데이터 활용 기본 테크닉

가. 빅데이터를 활용한 기본 테크닉

 출제 포인트
빅데이터 활용 기본 테크닉 7가지를 달달 외울 필요는 없지만 각각의 테크닉이 어떤 기술인지, 어떻게 활용되고 있는지는 반드시 숙지해야 합니다.

테크닉	내용	예시
연관규칙학습	변인들 간에 주목할 만한 상관관계가 있는지를 찾아내는 방법	커피를 구매하는 사람이 탄산음료를 더 많이 사는가?
유형분석	문서를 분류하거나 조직을 그룹으로 나눌 때, 또는 온라인 수강생들을 특성에 따라 분류할 때 사용	이 사용자는 어떤 특성을 가진 집단에 속하는가?
유전자 알고리즘	최적화가 필요한 문제의 해결책을 자연선택, 돌연변이 등과 같은 메커니즘을 통해 점진적으로 진화(evolve)시켜 나가는 방법	최대의 시청률을 얻으려면 어떤 프로그램을 어떤 시간대에 방송해야 하는가?
기계학습	훈련 데이터로부터 학습한 알려진 특성을 활용해 예측하는 방법	기존의 시청 기록을 바탕으로 시청자가 현재 보유한 영화 중에서 어떤 것을 가장 보고 싶어할까?
회귀분석	독립변수를 조작함에 따라, 종속변수가 어떻게 변하는지를 보면서 두 변인의 관계를 파악할 때 사용	구매자의 나이가 구매 차량의 타입에 어떤 영향을 미치는가?
감정분석	특정 주제에 대해 말하거나 글을 쓴 사람의 감정을 분석	새로운 환불 정책에 대한 고객의 평가는 어떤가?
소셜네트워크분석 (=사회관계망분석)	특정인과 다른 사람이 몇 촌 정도의 관계인가를 파악할 때 사용하고, 영향력있는 사람을 찾아낼 때 사용	고객들 간 관계망은 어떻게 구성되어 있나?

 출제 포인트
빅데이터가 등장하기 이전엔 정형데이터를 주로 이용했습니다. (연관규칙학습, 유형분석, 유전자 알고리즘, 기계학습, 회귀분석) 하지만 최근 SNS가 발달함에 따라 비정형화된 데이터를 많이 이용하고 있습니다.(감정분석) 뒤에서 더 자세히 학습합시다.

4절 위기 요인과 통제 방안

 출제 포인트
빅데이터 시대의 위기 요인과 예시, 그리고 통제 방안에 대해서 시험이 자주 출제되므로 정확히 숙지하셔야 합니다.

1. 빅데이터 시대의 위기 요인

가. 사생활 침해

내용	개인정보가 포함된 데이터를 목적 외에 활용할 경우 사생활 침해를 넘어 사회·경제적 위협으로 변형될 수 있다.
예시	여행 사실을 트위트 한 사람의 집을 강도가 노리는 고전적 사례 발생 → 익명화(Anonymization) 기술 발전이 필요하다.

나. 책임 원칙 훼손

내용	빅데이터 기본분석과 예측기술이 발전하면서 정확도가 증가한 만큼, 분석대상이 되는 사람들은 예측 알고리즘의 희생양이 될 가능성도 증가한다. 민주주의 국가에서는 잠재적 위협이 아닌 명확한 결과에 대한 책임을 묻고 있어 이에 따른 원리를 훼손할 가능성이 있다.
예시	영화 "마이너리티 리포트"에 나오는 것처럼 범죄 예측 프로그램에 의해 범행을 저지르기 전에 체포, 자신의 신용도와 무관하게 부당하게 대출이 거절되었다. → 민주주의 국가의 형사 처벌은 잠재적 위협이 아닌 명확하게 행동한 결과에 대해 책임을 묻고 있다.

다. 데이터 오용

내용	빅데이터는 일어난 일에 대한 데이터에 의존하기 때문에 이를 바탕으로 미래를 예측하는 것은 적지 않은 정확도를 가질 수 있지만 항상 맞을 수는 없다. 또한 잘못된 지표를 사용하는 것도 빅데이터의 폐해가 될 수 있다.
예시	베트남 전쟁 때, 맥나마라 장군은 적군 사망자 수를 전쟁의 진척상황을 나타내는 지표로 활용했고 그 결과 적군 사망자 수는 과장돼 보고되는 경향을 보여 결과적으로 전쟁 상황을 오보하는 결과를 일으켰다.

2. 위기 요인에 따른 통제 방안

가. 동의에서 책임으로

내 용	빅데이터에 의한 사생활침해 문제를 해결하기에는 부족한 측면이 많고 매번 개인정보 제공 동의를 하는 비효율적인 단계를 줄이고자 개인정보를 사용하는 사용자의 '책임'으로 해결하는 방안을 제시하였다. ('개인정보 제공자의 동의' → '개인정보 사용자의 책임')
기대효과	개인정보 유출 및 사용으로 발생하는 피해에 대해 사용자가 책임을 지게됨으로 사용주체의 적극적인 보호장치를 강구할 수 있다.

> **참고**
>
> **소비자 프라이버시 보호 3대 권고사항**
> ① 기업은 상품 개발 단계에서부터 소비자 프라이버시 보호 방안을 적용하라.
> ② 기업은 소비자에게 공유정보 선택 옵션을 제공하라.
> ③ 소비자에게 수집된 정보 내용 공개 및 접근권을 부여하라.

나. 결과 기반 책임 원칙 고수

내 용	책임원칙 훼손 위기요인에 대한 통제 방안으로 기존의 원칙을 좀 더 보강하고 강화할 필요가 있으며, 예측 자료에 의한 불이익을 당할 가능성을 최소화하는 장치를 마련하는 것이 필요하다.
기대효과	잘못된 예측 알고리즘을 통한 판단을 근거로 불이익을 줄 수 없으며, 이에 따른 피해 최소화 장치를 마련해야 한다.

다. 알고리즘 접근 허용

내 용	데이터 오용의 위기요소에 대한 대응책으로 '알고리즘에 대한 접근권'을 제공하여 예측 알고리즘의 부당함을 반증할 수 있는 방법을 명시해 공개할 것을 주문한다.
기대효과	불이익을 당한 사람들을 대변할 전문가(알고리즈미스트)가 필요하게 되었다.

5절 미래의 빅데이터

1. 빅데이터 활용의 3요소

가. 기본 3요소

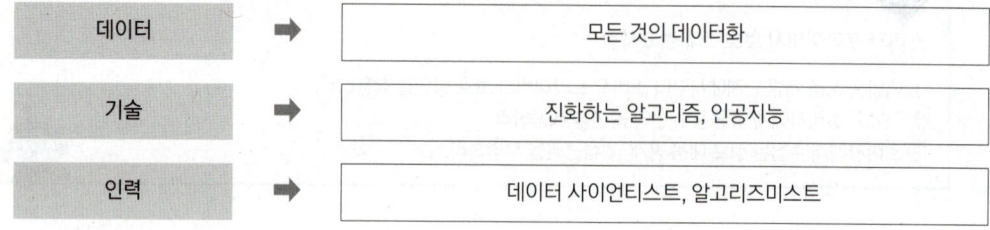

1) 데이터
- 모든 것을 데이터화(Datafication) 하는 현 추세로 특정 목적없이 축적된 데이터를 통한 창의적인 분석이 가능해져, 새로운 가치로 부상하고 있다.

2) 기술
- 대용량의 데이터를 빠르게 처리하기 위한 알고리즘의 진화와 함께 스스로 학습하고 데이터를 처리할 수 있는 인공지능 기술이 출현하였다.

3) 인력
- 빅데이터를 처리하기 위한 데이터 사이언티스트와 알고리즈미스트의 역할을 통해 빅데이터의 다각적 분석을 통한 인사이트 도출이 중요해지고 있다.

> **참고**
> - **데이터 사이언티스트 :**
>   빅데이터에 대한 이론적 지식과 숙련된 분석 기술을 바탕으로 통찰력, 전달력, 협업 능력을 두루 갖춘 전문인력으로써 빅데이터의 다각적 분석을 통해 인사이트를 도출하고 이를 조직의 전략 방향제시에 활용할 줄 아는 기획자
> - **알고리즈미스트 :**
>   데이터 사이언티스트가 한 일로 인해 부당하게 피해가 발생하는 것을 막는 역할을 하며 알고리즘 코딩 해석을 통해 빅데이터 알고리즘에 의해 부당하게 피해를 입은 사람을 구제하는 전문인력

가치 창조를 위한 데이터 사이언스와 전략 인사이트

학습목표

- 빅데이터 회의론의 원인과 해소 방안을 이해한다.
- 일차원적 분석과 전략도출을 위한 가치 기반 분석의 차이를 이해한다.
- 데이터 사이언스와 데이터 사이언티스트를 이해한다.
- 빅데이터 시대의 가치 패러다임의 변화를 이해한다.

눈높이 체크

- **빅데이터의 회의론과 우려의 목소리를 들어보셨나요?**

최근 빅데이터에 관한 회의론과 우려의 목소리가 나오고 있습니다. 과거의 CRM과 같은 경영시스템을 도입하기 위해 하드웨어와 소프트웨어를 도입하고도 성과를 충분히 내지 못했던 기업들이 많았습니다. 이런 기업들의 실패 경험들이 빅데이터 시스템의 도입도 머뭇거리고 있습니다. 기업들의 우려 섞인 목소리의 원인과 이러한 의구심을 불식시키기 위한 전략적 발전 방향을 살펴보도록 합시다.

- **데이터 사이언스와 데이터 사이언티스트에 대해 들어 보셨나요?**

빅데이터 시대를 이끌어 나가기 위해서는 데이터 사이언스라는 융합 학문이 필요합니다. 기존의 통계학과 컴퓨터공학, 그리고 경영학과 인문학을 아우르는 학문적 소양을 배우고 빅데이터 시대를 이끌어 나갈 데이터 사이언티스트를 양산함으로써 기업과 우리 생활을 변화시킬 수 있는 전략적 가치를 만들 수 있습니다.

1절 빅데이터 분석과 전략 인사이트

1. 빅데이터 열풍과 회의론

빅데이터의 열풍은 '빨리 끓어 오른 냄비가 빨리 식는다'는 일종의 거품현상을 우려하는 시선도 없지 않다. 이러한 이유로 벌써부터 빅데이터에 대한 회의적인 시각이 곳곳에서 제기되고 있다. 문제는, 이러한 회의론이 자칫 우리가 빅데이터 분석을 통해 발견할 수 있는 다양한 가치를 충분히 탐색해보기도 전에, 그 활용 가능성 자체를 가로막을 수 있다는 점이다.

2. 빅데이터 회의론의 원인 및 진단

가. **투자효과를 거두지 못했던 부정적 학습효과 → 과거의 고객관계관리(CRM)**
- 과거 CRM의 **부정적 학습효과**
  - → 공포 마케팅이 잘 통하는 영역 : 도입만 하면 **모든 문제를 한번에 해소할 것처럼** 강조
  - → 막상 거액을 투자하여 하드웨어와 솔루션을 도입해도 **어떻게 활용하고 어떻게 가치를 뽑아 내야 할지 난감**해함

나. **빅데이터 성공사례가 기존 분석 프로젝트를 포함해 놓은 것이 많다.**
- 굳이 빅데이터가 필요 없는 경우(우수고객, 이탈예측, 구매패턴 분석 등)
- 국내 빅데이터 업체들이 CRM 분석 성과를 빅데이터 분석으로 과대포장

빅데이터 분석도 기존의 분석과 마찬가지로, 데이터에서 가치, 즉 통찰을 끌어내 성과를 창출하는 것이 관건이며, 단순히 빅데이터에 포커스를 두지 말고 **분석을 통해 가치를 만드는 것에 집중**해야 한다.

3. 빅데이터 분석, 'Big'이 핵심 아니다.

왜 싸이월드는 페이스북이 되지 못했나.

■ 싸이월드
- 2004년 경 세계 최대의 소셜 네트워크 서비스(SNS)

■ 싸이월드 퇴보 원인
- OLAP과 같은 분석 인프라가 존재하였으나 중요한 의사결정이 데이터 분석에 기초하지 못했다.
- '웹로그 분석을 통한 일차원적 분석 ⇒ 사업 상황 확인'을 위한 협소한 문제에 집중되었다.
- 2004년 당시 비즈니스의 핵심 가치와 관련된 어떤 심도있는 분석도 수행되지 않았다.
- 소셜 네트워킹 서비스지만 회원들의 소셜 네트워킹 활동 특성과 관련된 분석을 위한 프레임워크나 평가 지표조차 없었다.
- 트렌드 변화가 사업모델에 미치는 영향을 적시에 알아차리지 못했다.

■ 전략적 분석을 통해 놀라운 성과를 올린 하라스엔터테인먼트의 회장 러브먼이 언급한 분석 기반 경영이 도입되지 못하는 이유
- 기존 관행을 그냥 따를 뿐 중요한 시도를 하지 않는다.
- 경영진의 의사결정이 정확성이나 공정한 분석을 필요로 하지 않으며, 오히려 정반대로 직관적 결정을 귀한 재능으로 칭송받는 경향이 있다.
- 분석적 실험을 갈망하거나 능숙하게 해내는 사람이 거의 없어, 적절한 방법조차 제대로 익히지 못한 사람들에게 분석 업무가 주어진다.
- 사람들은 아이디어 자체보다는 아이디어를 낸 사람이 누구인지 관심을 두는 경향이 있다.

■ 전략적 분석은 치열한 시장에서 기업 생존을 좌우할 정도로 중요할 수 있다.

가. 빅데이터에 대한 관심 증대
- 데이터 기반의 통찰의 중요성에 대한 공감대 상승과 동시에 긍정적 효과를 기대한다.

나. 빅데이터 프로젝트에 거는 기대
- 기존 프로세스의 자동화를 우선 시행한 후 점차적으로 거시적이고, 전략적인 가치를 이끌어 낼 수 있을 것으로 기대한다.

다. 빅데이터 분석의 가치
- 데이터는 크기의 이슈가 아니라, 거기에서 어떤 시각과 통찰을 얻을 수 있느냐의 문제가 중요하다. 무작정 '빅'한 데이터를 찾을 것이 아니라, 비즈니스의 핵심에 대해 보다 객관적이고 종합적인 통찰을 줄 수 있는 데이터를 찾는 것이 그 무엇보다 중요하다.
- 전략과 비즈니스의 핵심 가치에 집중하고 이와 관련된 분석 평가지표를 개발하고 이를 통해 효

과적으로 시장과 고객 변화에 대응할 수 있을 때 빅데이터 분석은 가치를 줄 수 있다.

> **참고**
> - 조슈아 보거 박사는 "직관에 기초한 의사결정보다 데이터에 기초한 의사결정이 그만큼 중요하다"고 말했으며 이는 데이터 자체의 중요성을 강조한 것이다.
> - **빅데이터 프로젝트 초기 단계에 자주 나오는 질문**
>   " 빅데이터를 가장 효과적으로 소비하는 것은 인간인가 기계인가? "
>   " 고객 데이터와 운영 데이터 중 어느 것이 더 중요한가? "
>   " 새로운 데이터가 새로운 인사이트 도출을 촉진하는가, 아니면 단순히 기존 가설을 입증할 뿐인가? "

4. 전략적 통찰이 없는 분석의 함정

- 단순히 분석을 많이 사용하는 것이 곧바로 경쟁우위를 가져다 주지는 않는다.
- 분석이 경쟁의 본질을 제대로 바라보지 못할 때에는 쓸모없는 분석 결과들만 잔뜩 쏟아내게 된다. 이를 예방하기 위해서는 전략적인 통찰력을 가지고 분석하고 핵심적인 비즈니스 이슈에 집중하여 데이터를 분석하고 차별적인 전략으로 기업을 운영하여야 한다.

5. 일차원적인 분석 vs 전략도출 위한 가치기반 분석

> **참고**
>
> | 아메리칸항공 | 사우스웨스트항공 |
> |---|---|
> | 수익관리, 가격 최적화의 분석접근법 적용
→ 3년만에 14억 달러 수익 | 단순 최적화 모델을 통해 가격 책정과 운영 |
> | 비행경로와 승무원들의 일정을 최적화
→ 12기종, 250개 목적지, 매일 3,400회 비행
⬇
타 경쟁사들이 비슷한 분석 역량과
수익관리 능력을 갖춤으로써 경쟁우위 하락
→ 수익 절감 | 한가지 기종의 비행기로 단순화
⬇
단순 최적화 모델로 좌석 가격 책정 및 운영 결과
경쟁우위 상승
→ 36년 연속 흑자, 미국 항공사들의 시장가치를
합친 것 보다 높은 시장가치 확보 |
>
> - 위의 결과를 통해 분석을 보다 전략적으로 사용하기 위해 노력하지 않으면 차별화가 어려움을 판단할 수 있으며 비즈니스 모델을 뒷받침하는 분석의 한계를 아메리칸항공이 나타내고 있다.

출제 포인트
분석 애플리케이션이 어느 산업에서 활용되는 애플리케이션인지에 대해 자주 시험문제가 출제되므로 꼭 숙지하고 넘어가세요.

가. 산업별 분석 애플리케이션

산업	일차원적 분석 애플리케이션
금융 서비스	신용점수 산정, 사기 탐지, 가격 책정, 프로그램트레이딩, 클레임분석, 고객 수익성분석
소매업	판촉, 매대 관리, 수요 예측, 재고 보충, 가격 및 제조 최적화
제조업	공급사슬 최적화, 수요예측, 재고 보충, 보증서 분석, 맞춤형 상품 개발, 신상품 개발
운송업	일정 관리, 노선 배정, 수익 관리
헬스케어	약품 거래, 예비 진단, 질병 관리
병원	가격 책정, 고객 로열티, 수익 관리
에너지	트레이딩, 공급/수요 예측
커뮤니케이션	가격 계획 최적화, 고객 보유, 수요 예측, 생산능력 계획, 네트워크 최적화, 고객 수익성 관리
서비스	콜센터 직원관리, 서비스-수익 사슬 관리
정부	사기 탐지, 사례 관리, 범죄 방지, 수익 최적화
온라인	웹 매트릭스, 사이트 설계, 고객 추천
모든사업	성과관리

출제 포인트
일차적인 분석과 전략도출 가치기반과 관련하여 잘못된 설명을 묻는 문항이 출제되고 있으니 숙지하고 넘어가시기 바랍니다.

나. 일차적인 분석의 문제점

- 일차적인 분석을 통해서도 해당 부서나 업무 영역에서는 상당한 효과를 얻을 수 있지만 일차적인 분석만으로는 환경변화와 같은 큰 변화에 제대로 대응하거나 고객 환경의 변화를 파악하고 **새로운 기회를 포착하기 어렵다.** 특히, 급변하는 환경에서는 분석을 일차적 차원에서 점증적, 전술적으로 사용하면 성과는 미미할 수 있다.

다. 전략도출 가치기반 분석

- 전략적인 통찰력 창출에 포커스를 뒀을 때, 분석은 **해당 사업에 중요한 기회를** 발굴하고, 주요 **경영진의 지원**을 얻어낼 수 있으며, 이를 통해 강력한 모멘텀을 만들어 낼 수 있다.
- 최고가 되기 위해서는 일차원적인 분석을 통해 점점 분석 경험을 쌓아야하고 작은 성공을 거두면 분석의 **활용 범위를 더 넓고 전략적으로 변화**시켜야 한다.
- 사업성과를 견인하는 요소들과 차별화를 꾀할 기회에 대해 **전략적 인사이트를 주는 가치기반 분석단계**로 나아가야 한다.

2절 전략 인사이트 도출을 위한 필요 역량

1. 데이터 사이언스의 의미와 역할

 출제 포인트
데이터 사이언스에 대해 묻는 문제가 출제될 수 있으니 꼭 숙지하고 넘어가세요.

가. 의미
- 데이터 사이언스란 데이터 공학, 수학, 통계학, 컴퓨터공학, 시각화, 해커의 사고방식, 해당 분야의 전문지식을 종합한 학문이다. 데이터로부터 의미있는 정보를 추출해내는 학문으로 정형 또는 비정형을 막론하고 인터넷, 휴대전화, 감시용 카메라 등에서 생성되는 숫자와 문자, 영상 정보 등 다양한 유형의 데이터를 대상으로 분석 뿐만 아니라 이를 효과적으로 구현하고 전달하는 과정까지를 포함한 포괄적 개념이다.

나. 역할
- 데이터 사이언티스트는 비즈니스의 성과를 좌우하는 핵심이슈에 답을 하고, 사업의 성과를 견인해 나갈 수 있어야 한다. 이는 데이터 사이언스의 중요한 역량 중 하나인 소통력이 필요한 이유이다.

> **참고**
> - 링크드인(LinkdIn) : 비즈니스 네트워킹 서비스
> - 골드만(스탠퍼드 물리학 박사 출신의 데이터 사이언티스트)
>   → 당신이 알 수도 있는 사람들(People You May Know) 이라는 배너를 추가해 백만 개의 새로운 뷰를 창출

2. 데이터 사이언스의 구성요소

가. 데이터 사이언스의 영역

출제 포인트

데이터 사이언스의 구성요소와 그 내용에 대한 객관식 문제가 출제될 가능성이 있으니 확실히 정확히 숙지하시기 바랍니다.

- IT컨설팅
- 전략 컨설턴트

분석적 영역 ─ 수학, 확률모델, 머신러닝, 분석학, 패턴 인식과 학습, 불확실성 모델링 등

시그널 프로세싱, 프로그래밍, 데이터 엔지니어링, 데이터 웨어하우스, 고성능 컴퓨팅 — 데이터 처리와 관련된 IT영역

비즈니스 컨설팅 영역 ─ 커뮤니케이션, 프레젠테이션, 스토리텔링, 시각화 등

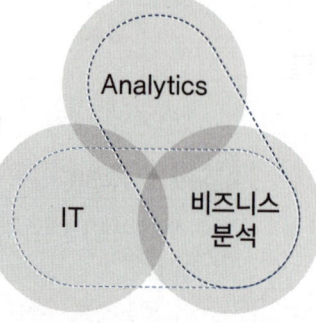

나. 데이터 사이언티스트의 역할

- 데이터 사이언티스트는 데이터 홍수 속에서 헤엄을 치고, 데이터 소스를 찾고, 복잡한 대용량 데이터를 구조화, 불완전한 데이터를 서로 연결해야 한다.
- 데이터 사이언티스트가 갖춰야 할 역량 중 한 가지는 '강력한 호기심'이다. 호기심이란 문제의 이면을 파고들고, 질문들을 찾고, 검증 가능한 가설을 세우는 능력을 의미한다.
- 데이터 사이언티스트는 **스토리텔링, 커뮤니케이션, 창의력, 열정, 직관력, 비판적 시각, 글쓰기 능력, 대화능력** 등을 갖춰야 한다.

출제 포인트

데이터 사이언티스트에 요구되는 Hard skill과 Soft skill의 내용에 대해 해당하거나 해당하지 않는 것들을 고르는 문제가 자주 출제되니 이해하고 넘어갑시다.

3. 데이터 사이언티스트의 요구 역량

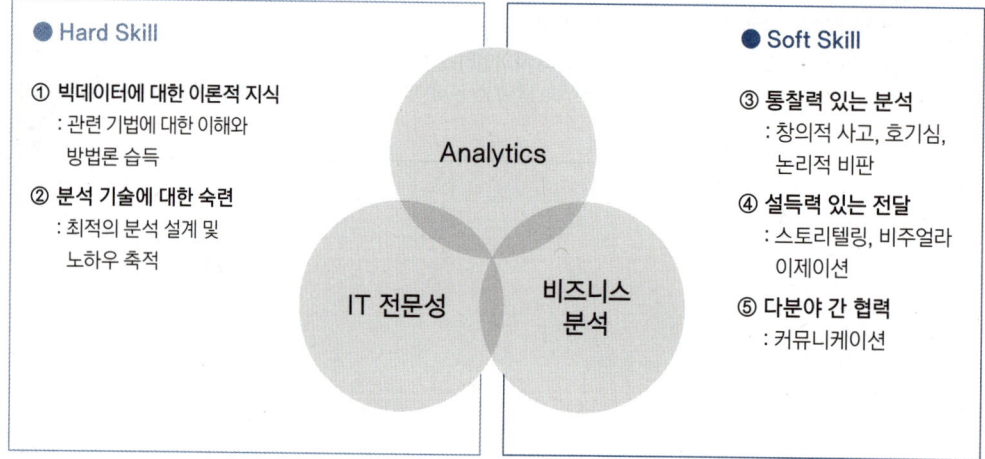

4. 데이터 사이언스 : 과학과 인문의 교차로

- 분석기술보다 더 중요한 것은 소프트 스킬로 전략적 통찰을 주는 분석은 단순 통계나 데이터 처리와 관련된 지식 외에도 **스토리텔링, 커뮤니케이션, 창의력, 열정, 직관력, 비판적 시각, 대화능력** 등 인문학적 요소가 필요하다.

5. 전략적 통찰력과 인문학의 부활

가. 통찰력있는 분석

- 직관과 전략, 경영 프레임워크 경험의 혼합을 통해 통찰력있는 분석을 수행할 수 있어야 한다.
- 본인 회사 뿐 아니라 전체 업계의 방향과 고객이 무엇을 중시하는지에 대한 이해가 필요하다.
- 좁은 시각으로 나무만 보는 것이 아니라 넓은 시각으로 숲을 볼 수 있어야 한다.

나. 인문학의 열풍

- 우리는 지금 기존 사고의 틀을 벗어나 문제를 바라보고 해결하는 능력, 비즈니스의 핵심가치를 이해하고 고객의 내면적 요구를 이해하는 능력 등 인문학에서 배울 수 있는 역량이 점점 더 절실히 요구되는 시대를 맞이하고 있다.

외부 환경적 측면에서 본 인문학 열풍의 이유

외부환경의 변화	내 용	예 시
컨버전스 → 디버전스	단순세계화에서 복잡한 세계화로의 변화	규모의 경제, 세계화, 표준화, 이성화 → 복잡한 세계, 다양성, 관계, 연결성, 창조성
생산 → 서비스	비즈니스 중심이 제품생산에서 서비스로 이동	고장나지 않는 제품의 생산 → 뛰어난 서비스로 응대
생산 → 시장창조	공급자 중심의 기술경쟁에서 무형자산의 경쟁으로 변화	생산에 관련된 기술 중심, 기술 중심의 대규모 투자 → 현재 패러다임에 근거한 시장창조 현지 사회와 문화에 관한 지식

3절 빅데이터 그리고 데이터 사이언스의 미래

1. 빅데이터의 시대

- 디지털 환경의 진전과 더불어 실로 엄청난 '빅' 데이터가 생성되고 있다.(2011년 전 세계에서 생성되는 디지털 정보량은 1.8 제타바이트)
- 빅데이터 분석은 선거결과에 결정적인 영향을 미칠 수도 있다. 기업의 측면에서는 비용 절감, 시간 절약, 매출 증대, 고객서비스 향상, 신규 비즈니스 창출, 내부 의사결정 지원 등에 있어 상당한 가치를 발휘하고 있다.

2. 빅데이터 회의론을 넘어 가치 패러다임의 변화

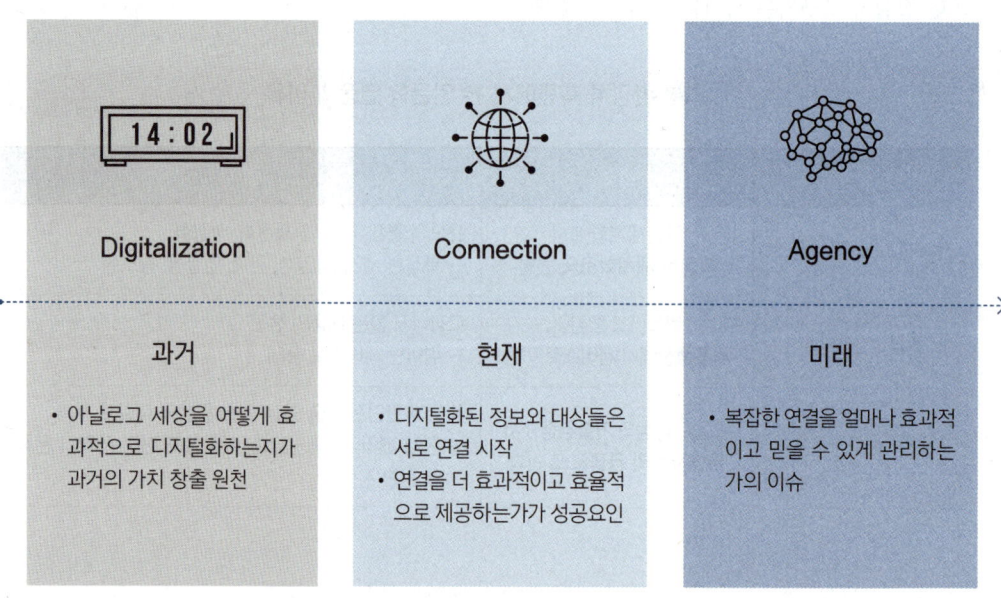

3. 데이터 사이언스의 한계와 인문학

가. 데이터 사이언스의 한계
- 분석과정에서는 가정 등 인간의 해석이 개입되는 단계를 반드시 거친다.
- 분석결과가 의미하는 바는 사람에 따라 전혀 다른 해석과 결론을 내릴 수 있다.
- 아무리 정량적인 분석이라도 모든 분석은 가정에 근거한다는 사실이다.

나. 데이터 사이언스와 인문학
- 인문학을 이용하여 빅데이터와 데이터 사이언스가 데이터에 묻혀 있는 잠재력을 풀어내고, 새로운 기회를 찾고, 누구도 보지 못한 창조의 밑그림을 그릴 수 있는 힘을 발휘하게 될 것이다.

기 타
최신 빅데이터 상식

1. DBMS와 SQL

가. DBMS

1) DBMS란 무엇인가
   - DBMS는 Data Base Management System의 약자로서 데이터베이스를 관리하여 응용 프로그램들이 데이터베이스를 공유하며 사용할 수 있는 환경을 제공하는 소프트웨어다.
   - 데이터베이스를 구축하는 틀을 제공하며, 효율적인 데이터 검색, 저장 기능 등을 제공한다.
   - 대표적인 데이터베이스 관리시스템에는 오라클, 인포믹스, 액세스 등이 있다.

2) 데이터베이스 관리시스템 종류

   가) 관계형 DBMS
   - 이 모델은 데이터를 컬럼(Column)과 로우(Row)를 이루는 하나 이상의 테이블(또는 관계)로 정리하며, 고유키(Primary Key)가 각 로우를 식별한다. 로우는 레코드나 튜플로 부르며, 일반적으로 각 테이블은 하나의 엔티티 타입(고객이나 제품과 같은)을 대표한다. 로우는 그 엔티티 종류의 인스턴스(예 : "Lee" 등)를 대표하며 컬럼은 그 인스턴스의 속성이 되는 값들(예 : 주소나 가격)을 대표한다.

   나) 객체지향 DBMS
   - 객체지향 DB는 일반적으로 사용되는 테이블 기반의 관계형 DB와 다르게 정보를 '객체' 형태로 표현하는 데이터베이스 모델이다.

   다) 네트워크 DBMS
   - 레코드들이 노드로, 레코드들 사이의 관계가 간선으로 표현되는 그래프를 기반으로 하는 데이터베이스 모델이다.

   라) 계층형 DBMS
   - 트리 구조를 기반으로 하는 계층 데이터베이스 모델이다.

3) 데이터베이스의 설계절차
   - 요구사항 분석 → 개념적 설계 → 논리적 설계 → 물리적 설계 → 구현

4) Relationship
- 관계(Relationship)란 관리하고자 하는 업무 영역 내의 특정한 두 개의 엔티티 사이에 존재하는 많은 관계 중 특별히 관리하고자 하는 직접적인 관계(업무적 연관성)를 의미한다.
- 관계의 형태는 크게 1:1, m:1, m:n의 세 가지로 나눌 수 있다.

가) 1:1 관계
- 어느 쪽 당사자의 입장에서 상대를 보더라도 반드시 단 하나씩과 관계를 가지는 것을 말한다.
- 현실에서 매우 드물게 나타나며, 업무의 흐름에 따라 데이터가 설계된 형태에서 많이 나타난다.

나) m:1 관계
- 가장 흔하게 나타나는 매우 일반적인 형태이며, 한쪽은 m(many)이고 다른 한쪽은 1(one)인 것을 말한다. 부모와 자식 관계라고 생각하면 부모는 자식을 1명 이상 낳을 수 있지만, 자식은 부모를 하나만 가질 수 있다.

다) m:n 관계
- 서로가 서로를 1:N관계로 보는 것으로 쇼핑몰에서 회원과 상품이 관계를 생각해보면, 한 회원은 쇼핑몰의 여러 상품들을 가질 수 있으며, 반대로 한 티셔츠도 여러 회원들을 가질 수 있다.

5) 데이터 웨어하우스와 ETL
- 데이터 웨어하우스(Data Warehouse) : 방대한 조직 내에서 분산 운영되는 각각의 데이터 베이스 관리 시스템들을 효율적으로 통합하여 조정·관리하는 역할을 하여 효율적인 의사 결정 시스템을 위한 기초를 제공하는 실무적인 활용 방법론이 제공되고 있다.
- 특징은 아래와 같다.

특징	설명
주제지향성(Subject Oriented)	업무 중심이 아닌 주제 중심
통합성(Integrated)	혼재한 DB로부터의 데이터 통합
시계열성(Time Variant)	시간에 따른 변경 정보를 나타냄
비휘발성(Non-Volatile)	데이터 변경 없이 리포팅을 위한 read only 사용

- ETL(Extract, Transform, Load)이란 데이터 웨어하우스 구축 시 데이터를 운영 시스템에서 추출하여 가공(변환, 정제)한 후 데이터 웨어하우스(DW)에 적재하는 과정을 말한다.

6) NoSQL
- 데이터의 폭발적인 증가에 대응하기 위해 빅데이터 분산처리 및 저장기술과 함께 발달된 분산 데이터베이스 기술로 확장성, 가용성 높은 성능을 제공한다. 비관계형 데이터베이스 관리 시스템으로, SQL 계열 쿼리 언어를 사용할 수 있다는 사실을 강조한다는 면에서 'Not only SQL'로 불리기도 한다.
- Key와 Value의 형태로 자료를 저장하고, 대용량 데이터 처리와 대규모의 수평적 확장성을 제공한다. 대부분 오픈소스이며, MongoDB, Hbase, Redis, Cassandra 등이 있다.

나. SQL

1) SQL이란 무엇인가?
- SQL은 Structured Query Language의 약자로, 데이터베이스를 사용할 때 데이터베이스에 접근할 수 있는 **데이터베이스의 하부 언어**로, 단순한 질의 기능 뿐만 아니라 완전한 데이터의 정의와 조작 기능을 갖추고 있다.
- 테이블을 단위로 연산을 수행하며, **영어 문장과 비슷한 구문**으로 초보자들도 비교적 쉽게 사용할 수 있다.

2) SQL 분류

가) DDL(Data Definition Language, 데이터 정의어)
- 데이터베이스를 정의하는 언어를 말하며, 데이터를 생성, 수정, 삭제 등 데이터의 전체 골격을 결정하는 역할의 언어이다. CREATE, ALTER, DROP, TRUNCATE가 있다.

나) DML(Data Manipulation Language, 데이터 조작어)
- 정의된 데이터베이스에 입력된 레코드를 조회, 수정, 삭제하는 등 역할을 하는 언어이다. SELECT, INSERT, UPDATE, DELETE가 있다.

다) DCL(Data Control Language, 데이터 제어어)
- 데이터베이스에 접근하거나 객체에 권한을 주는 등의 역학을 하는 언어이다. 데이터의 보안, 무결성, 회복 등을 정의하는데 사용한다. GRANT, REVOKE, COMMIT, ROLLBACK가 있다.

3) SQL 집계함수

함수명	설 명	유형별 가능 여부
AVG	지정한 열의 평균 값을 반환	수치형
COUNT	테이블의 특정 조건이 맞는 것의 개수를 반환	수치형, 문자형
SUM	지정한 열의 총합을 반환	수치형
STDDEV	지정한 열의 분산을 반환	수치형
MIN	지정한 열의 가장 작은 값을 반환	수치형
MAX	지정한 열의 가장 큰 값을 반환	수치형

- AVG, SUM, STDDEV는 각 열은 수치 데이터만 포함이 가능하고, COUNT는 어떠한 데이터 타입에서도 사용 가능하다.

4) SQL 주요 구문

쿼리명	설 명
WHERE	• SELECT, UPDATE, DELETE문 등에서 특정 레코드에 대한 조건을 설정할 때 사용되는 구문
ORDER BY	• 데이터를 지정된 컬럼으로 정렬하기 위한 구문으로 기본적으로 오름차순으로 정렬하며, desc는 내림차순 정렬을 의미함
GROUP BY	• 데이터를 그룹별로 나눠 합계, 평균 등의 연산을 할 경우 사용하는 구문
HAVING	• GROUP BY를 통해 그룹별 연산 함수들의 결과값에 조건식을 달기위해 사용하는 구문. 독립적으로 사용될 수 있지만, GROUP BY와 함께 사용되는 경우가 많음 • 연산 함수들의 결과값은 직접 WHERE절에서 조건식으로 사용될 수 없으며, WHERE은 ROW 레벨 필터링을 제공하는 반면, HAVING은 GROUP 레벨 필터링을 제공

5) 간단한 SQL 문장 해석

```
SELECT NAME, GENDER, SALARY
FROM CUSTOMERS
WHERE AGE BETWEEN 20 AND 39
```

- 첫 번째 줄의 SELECT는 하나 또는 그 이상의 테이블에서 데이터를 추출하는 명령어이다. NAME, GENDER, SALARY는 추출하고자하는 데이터명이다.
- FROM은 테이블을 지정해주는 명령어로서 CUSTOMERS라는 테이블을 지정하고 있다.
- WHERE는 데이터를 추출하는 선택 조건식을 지정하는 명령어이다. AGE가 20과 39 사이의 데이터를 추출하는 것을 뜻한다.

```
SELECT CUSTOMER_NAME, 고객명, CUSTOMER_ENAME, 고객영문명
FROM CUSTOMER
WHERE CUSTOMER_ENAME LIKE '_A%'
```

- 위의 예제와 동일한 형태의 SELECT, FROM, WHERE구문이 활용되었으며, 새로 등장한 LIKE 구문에 대해 확인해보자.
- LIKE 연산자는 문자열의 패턴을 검색하는데 사용하며, %는 모든 문자, _는 한 글자를 의미한다. '_A%'는 맨 앞에 한 글자 뒤에 'A' 글자가 있는 ROW를 출력한다.

2. Data에 관련한 기술

가. 개인정보 비식별 기술

- 비식별 기술이란 데이터 셋에서 개인을 식별할 수 있는 요소를 전부 또는 일부를 삭제하거나 다른 값으로 대체하는 등의 방법으로 개인을 알아볼 수 없도록 하는 기술을 일컫는다.

비식별 기술의 종류와 예

비식별 기술	내용	예 시
데이터 마스킹	데이터의 길이, 유형, 형식과 같은 속성을 유지한 채, 새롭고 읽기 쉬운 데이터를 익명으로 생성하는 기술	홍길동, 35세, 서울 거주, 한국대 재학 → 홍**, 35세, 서울 거주, **대학 재학
가명처리	개인정보 주체의 이름을 다른 이름으로 변경하는 기술, 다른 값으로 대체할 시 일정한 규칙이 노출되지 않도록 주의해야 함	홍길동, 35세, 서울거주, 한국대 재학 → 임꺽정, 30대, 서울거주, 국내대 재학
총계처리	데이터의 총합 값을 보임으로서 개별 데이터의 값을 보이지 않도록 함. 단, 특정 속성을 지닌 개인으로 구성된 단체의 속성 정보를 공개하는 것은 개인 정보를 공개하는 것과 마찬가지의 결과임으로 주의해야 함	임꺽정 180cm, 홍길동 170cm, 이콩쥐 160cm, 김팥쥐 150cm → 물리학과 학생 키 합 : 660cm, 평균키 165cm
데이터값 삭제	데이터 공유, 개방 목적에 따라 데이터 셋에 구성된 값 중에 필요 없는 값 또는 개인식별에 중요한 값을 삭제. 개인과 관련된 날짜 정보(자격취득일자, 합격일 등)은 연단위로 처리	홍길동, 35세, 서울 거주, 한국대 졸업 → 35세, 서울 거주 주민등록번호 901206 -1234567 → 90년대 생, 남자
데이터 범주화	데이터의 값을 범주의 값으로 변환하여 값을 숨김	홍길동, 35세 → 홍씨, 30~40세

나. 무결성과 레이크

1) 데이터 무결성(Data Integrity)
- 데이터베이스 내의 데이터에 대한 정확한 일관성, 유효성, 신뢰성을 보장하기 위해 데이터 변경/수정 시 여러 가지 제한을 두어 데이터의 정확성을 보증하는 것을 말한다. 무결성제한의 유형은 개체 무결성(Entity Integrity), 참조 무결성(Referential Integrity), 범위 무결성(Domain Integrity)이 있다.

2) 데이터 레이크(Data Lake)
- 수 많은 정보 속에서 의미있는 내용을 찾기 위해 방식에 상관없이 데이터를 저장하는 시스템으로, 대용량의 정형 및 비정형 데이터를 저장할 뿐만 아니라 접근도 쉽게 할 수 있는 대규모의 저장소를 의미한다. Apache Hadoop, Teradata Integrated Big Data Platform 1700 등과 같은 플랫폼으로 구성된 솔루션을 제공하고 있다.

3. 빅데이터 분석 기술

가. 하둡(Hadoop)
- 하둡은 여러 개의 컴퓨터를 하나인 것처럼 묶어 대용량 데이터를 처리하는 기술이다. 분산파일 시스템(HDFS)을 통해 수 천대의 장비에 대용량 파일을 저장할 수 있는 기능을 제공하고 맵리듀스(Map Reduce)로 HDFS에 저장된 대용량의 데이터들을 대상으로 SQL을 이용해 사용자의 질의를 실시간으로 처리하는 기술로 이루어져 있다.
- 하둡의 부족한 기능을 서로 보완하는 '하둡 에코시스템'이 등장하여 다양한 솔루션을 제공한다.

나. Apache Spark
- 실시간 분산형 컴퓨팅 플랫폼으로써 스칼라로 작성이 되어 있지만 스칼라, 자바, R, 파이썬, API를 지원한다. In-Memory 방식으로 처리를 하기 때문에 하둡에 비해 처리속도가 빠른 것이 특징이다.

다. Smart Factory
- 공장 내 설비와 기계에 사물인터넷(IoT)이 설치되어, 공정 데이터가 실시간으로 수집되고 데이터에 기반한 의사결정이 이뤄짐으로써 생산성을 극대화할 수 있는 기술이다.

라. Machine Learning & Deep Learning
- 머신 러닝은 인공지능의 연구 분야 중 하나로, 인간의 학습 능력과 같은 기능을 컴퓨터에서 실현하고자하는 기술 및 기법이다.

- 딥 러닝은 컴퓨터가 많은 데이터를 이용해 사람처럼 스스로 학습할 수 있게 하기 위하여 인공신경망(Artificial Neural Network, ANN) 등의 기술을 기반하여 구축한 기계 학습 기술 중 하나이다.
- 대표적인 딥러닝 기법으로는 DNN, CNN, RNN, LSTM, Autoencoder, RBM 등이 있으며, 음성, 영상인식, 자연어처리 등의 여러 분야에서 활용되고 있다.
- 이러한 딥러닝을 구현하기 위한 소프트웨어 라이브러리로는 Tensorflow, Caffe, Torch, Theano, Gensim 등이 있다.

4. 기타

가. 데이터양의 단위

단위	데이터량
바이트(B)	1byte, 2^0B
킬로바이트(KB)	1024B, 2^{10}B
메가바이트(MB)	1024KB, 2^{20}B
기가바이트(GB)	1024MB, 2^{30}B
테라바이트(TB)	1024GB, 2^{40}B
페타바이트(PB)	1024TB, 2^{50}B
엑사바이트(EB)	1024PB, 2^{60}B
제타바이트(ZB)	1024EB, 2^{70}B
요타바이트(YB)	1024ZB, 2^{80}B

나. B2B와 B2C

1) B2B
- 기업과 기업 사이의 거래를 기반으로 한 비즈니스 모델을 의미하며, 기업이 필요로 하는 장비, 재료나 공사입찰 등이 있다.

2) B2C
- 기업과 고객 사이의 거래를 기반으로 한 비즈니스 모델을 의미하며, 이동통신사, 여행회사, 신용카드회사, 옥션, 지마켓 등이 있다.

다. 블록체인
- 블록체인(Block Chain) : 거래정보를 하나의 덩어리로 보고 이를 차례로 연결한 거래장부다.

- 기존 금융회사의 경우 중앙 집중형 서버에 거래 기록을 보관하는 반면, 블록체인은 거래에 참여하는 모든 사용자에게 거래 내역을 보내 주며 거래 때마다 이를 대조해 데이터 위조를 막는 방식을 사용한다.

라. 데이터의 유형

유 형	내 용	예 시
정형데이터	• 형태(고정된 필드)가 있으며, 연산이 가능함. 주로 관계형 데이터베이스(RDBMS)에 저장됨 • 데이터 수집 난이도가 낮고 형식이 정해져 있어 처리가 쉬운 편	관계형 데이터베이스, 스프레드시트, CSV 등
반정형데이터	• 형태(스키마, 메타데이터)가 있으며, 연산이 불가능. 주로 파일로 저장됨 • 데이터 수집 난이도가 중간. 보통 API 형태로 제공되기 때문에 데이터 처리 기술(파싱)이 요구됨	XML, HTML, JSON, 로그형태(웹로그, 센서 데이터) 등
비정형데이터	• 형태가 없으며, 연산이 불가능. 주로 NoSQL에 저장됨 • 데이터 수집 난이도가 높으며 텍스트 마이닝 혹은 파일일 경우 파일을 데이터 형태로 파싱해야 하기 때문에 수집 데이터 처리가 어려움	소셜데이터(트위터, 페이스북), 영상, 이미지, 음성, 텍스트(word, PDF 등) 등

※ XML 이란?
- Extensible Markup Language의 약자로 다목적 마크업 언어(태그를 이용한 언어)이다.
- 인터넷에 연결된 시스템끼리 데이터를 쉽게 주고받을 수 있게 하여 HTML의 한계를 극복할 목적으로 만들어졌다.
- XML 기반 언어는 XHTML, SVG 등이 있다.

예상문제 1과목
데이터의 이해

01. 데이터는 그 형태에 따라 정성 데이터와 정량 데이터로 구분된다. 다음 중 정성 데이터에 속하는 것은?

① 풍향 ② 습도 ③ 기상특보 ④ 1시간 강수량

02. 다음 중 암묵지와 형식지의 상호작용과 가장 관련이 없는 것은?

① 공통화 ② 내면화 ③ 연결화 ④ 추상화

03. SQL은 다양한 집계함수를 제공하는데, 다음 집계함수 중 어떠한 데이터의 타입에도 사용이 가능한 것은?

① AVG ② COUNT ③ SUM ④ STDDEV

04. 다음 중 개인정보 비식별화 기법을 설명한 것으로 가장 부적절한 것은?

① 총계처리 - 데이터의 총합 값을 보임으로써 개별 데이터의 값을 보이지 않도록 함
② 데이터 마스킹 - 개인 식별에 중요한 데이터 값을 삭제
③ 가명처리 – 개인 식별에 중요한 데이터를 식별 할 수 없는 다른 값으로 변경
④ 범주화 - 데이터의 값을 범주의 값으로 변환하여 값을 감춤

05. 다음 중 데이터에 대한 설명으로 가장 적절하지 않은 것은 무엇인가?

① 양질의 데이터를 확보하지 못하면 잘못된 분석 결과를 얻음
② 창의적인 데이터 매시업(Mashup)은 기존에 풀기 어려웠던 문제 해결에 도움
③ 비정형 데이터는 데이터 내부에 메타 데이터를 갖고 있으며 일반적으로 파일 형태로 저장
④ 공공부문에서 개방하고 있는 대표적인 데이터는 교통 데이터, 물가 데이터, 의료 데이터이다.

06. 개인에게 내재된 경험을 객관적인 데이터로 문서나 매체에 저장, 가공, 분석하는 과정은?

① 연결화 ② 내면화 ③ 표출화 ④ 공통화

07. 다음 중 그 자체로는 의미가 중요하지 않은 객관적인 사실인 데이터를 가공, 처리하여 얻을 수 없는 것은?

① 지혜(Wisdom) ② 정보(Information)
③ 기호(Sign) ④ 지식(Knowledge)

08. 다음 중 지식(Knowledge)에 대한 예시로 가장 적절한 것은?

① A사이트보다 B사이트가 다른 물건도 비싸게 팔 것이다.
② B사이트보다 가격이 상대적으로 저렴한 A사이트에서 USB를 사야겠다.
③ A사이트는 10,000원에, B사이트는 15,000원에 USB를 팔고 있다.
④ B사이트의 USB 판매가격이 A사이트보다 더 비싸다.

09. 다음 중 글로벌 기업의 빅데이터 활용사례로 그 연결이 부적절한 것은?

① 구글 - 실시간 자동 번역시스템을 통한 의사소통의 불편해소
② 라쿠텐 - 이용자의 콘텐츠 기호를 파악하여 새로운 영화를 추천해주는 Cinematch 시스템 운영
③ 월마트 - 소셜 미디어를 통해 고객 소비 패턴을 분석하는 월마트랩(Wallmart Labs) 운영
④ 자라 - 일일 판매량을 실시간 데이터 분석으로 상품 수요를 예측

10. 다음은 데이터베이스의 구성요소들을 설명한 것이다. 각 설명에 해당하는 구성요소를 가장 적절하게 나열한 것은?

> (A) 데이터에 관한 구조화된 데이터로, 다른 데이터를 설명해 주는 데이터
> (B) 데이터베이스 내의 데이터를 신속하게 정렬하고 탐색하게 해주는 구조

① (A) - 메타데이터, (B) - 인덱스
② (A) - 데이터모델, (B) - 트리거
③ (A) - 백업데이터, (B) - 저장된 절차
④ (A) - 스키마구조, (B) - 데이터 마트

11. 다음 중 데이터에 관한 구조화된 데이터로서 다른 데이터를 설명해 주는 데이터로 정의되는 것은?

① 데이터모델　　② 메타데이터　　③ 백업데이터　　④ 데이터마트

12. 다음 중 주요 데이터 분석 기술에 대한 설명으로 가장 부적절한 것은?

① OLAP - 다차원의 데이터를 대화식으로 분석하기 위한 기술
② Business Intelligence - 데이터 기반 의사결정을 지원하기 위한 리포트 중심의 도구
③ Business Analytics - 의사결정을 위한 통계적이고 수학적인 분석에 초점을 둔 기법
④ Deep Learning - 대용량 데이터에서 의미있는 정보를 추출하여 의사결정에 활용하는 기술

13. 아래는 특정산업의 일차원적 분석 사례를 나열한 것이다. 다음 중 특정산업으로 적절한 것은?

트레이딩, 공급, 수요예측

① 소매업　　② 에너지　　③ 운송업　　④ 금융서비스

14. 다음 중 기업내부 데이터베이스인 고객관계관리(CRM)에 대한 설명으로 적절한 것은 무엇인가?

① 부품의 설계, 제조, 유통 등의 공정 포함
② 외부 공급업체와의 정보시스템 통합으로 시간과 비용 최적화
③ 기업의 내부 고객들만을 대상으로 한 정보시스템
④ 단순한 정보의 수집에서 탈피, 분석 중심의 시스템 구축 지향

15. 아래는 데이터베이스를 기반으로 기업 내 구축되는 주요 정보시스템 중 하나를 설명한 것이다. 보기에서 가장 적합한 것을 고르시오.

기업 전체를 경영자원의 효과적 이용이라는 관점에서 통합적으로 관리하고 경영의 효율화를 기하기 위한 시스템

① ERP　　② CRM　　③ SCM　　④ KMS

16. 다음 중 사회기반 구조로서의 데이터베이스에 대한 설명으로 가장 부적절한 것은?

① 물류, 무역, 조세 등 사회간접자본 차원에서 정보망을 통해 유통, 이용된 정보가 데이터베이스로 구축
② 지리, 교통 부문에서 데이터베이스가 보다 고도화되어 데이터베이스를 구축
③ 인터넷의 보편화로 데이터베이스가 사회 전반의 인프라로 자리매김
④ 의료, 교육, 행정 부문에서는 데이터베이스 구축과 활용이 활성화되지 못함

17. 러셀 L. 액오프가 1989년에 이야기한 DIKW Hierarchy는 데이터가 어떻게 진화하는지를 단계적으로 설명하였다. 다음 DIKW 단계를 설명하는 것 중 다른 하나는 무엇인가?

① 지난 1년 매출액의 50%는 8월에 집중되어 있다.
② 지난 1년 매출은 1월에서 8월까지 증가하였고, 12월까지 다시 증가하였다.
③ 날씨가 따뜻해지고, 지점을 확장하여 올 8월 매출액은 3000만원으로 예상한다.
④ 8월 A상품 구매 고객의 80%가 40대 여성 고객으로 대부분 회사원이다.

18. 다음 중 빅데이터에 대한 정의를 설명한 것으로 가장 부적절한 것은?

① 대규모 데이터에서 저비용으로 가치를 추출, 초고속으로 수집 및 분석하기 위한 아키텍처이다.
② 용량은 방대하지만 구조가 단순한 데이터세트의 집합이다.
③ 일반적인 데이터베이스 소프트웨어로 저장, 분석할 수 있는 범위를 초과하는 규모를 빅데이터라 정의한다.
④ 데이터의 양, 수집, 처리 속도가 급격히 증가하면서 나타난 현상이다.

19. 빅데이터 활용에 필요한 기본적인 3요소로 가장 적절한 것은?

① 데이터, 기술, 인력
② 데이터, 기술, 프로세스
③ 기술, 인력, 프로세스
④ 데이터, 인력, 프로세스

20. 다음 중 빅데이터 출현 배경에 관한 설명으로 부적절한 것은?

① 개별 기업의 데이터 축적 및 데이터 활용에 대한 니즈 증가
② 데이터 저장 기술의 발전과 저장 비용 감소
③ 인터넷, SNS와 사물네트워크의 확산으로 데이터 생산량 증가
④ 수집 관리 및 분석에 용이한 형태로 데이터 구조의 정형화

21. 다음 중 빅데이터의 수집, 구축, 분석의 최종 목적으로 가장 적절한 것은?

① 새로운 통찰과 가치를 창출
② 데이터 중심 조직 구성
③ 초고속 데이터 처리 기술 개발
④ 데이터 관리 비용 절감

22. 빅데이터의 기능 중 '공동 활용의 목적으로 구축된 유, 무형의 구조물 역할을 수행한다.'라는 것에 해당하는 내용은 무엇인가?

① 산업혁명 시대의 석탄, 철
② 21세기의 원유
③ 렌즈
④ 플랫폼

23. 다음 중 빅데이터가 만들어 내는 변화로 가장 부적절한 것은?

① 사전처리에서 사후처리 시대로의 변화
② 대면조사에서 표본조사로의 변화
③ 데이터의 질보다 양의 중요도 증가
④ 인과관계에서 상관관계의 중요도 증가

24. 빅데이터가 만들어 내는 본질적인 변화에 대한 설명이 부적절한 것은 무엇인가?

① 질 → 양
② 인과관계 → 상관관계
③ 사전처리 → 사후처리
④ 표본조사 → 인과관계

25. 다음 중 데이터의 가치 측정이 어려운 이유로 적절하지 않은 것은 무엇인가?

① 데이터 재사용의 일반화로 특정 데이터를 언제 누가 사용했는지 알기 힘들기 때문이다.
② 빅데이터 전문 인력의 증가로 다양한 곳에서 빅데이터가 활용되고 있기 때문이다.
③ 분석기술의 발전으로 과거에 분석이 불가능했던 데이터를 분석할 수 있게 되었기 때문이다.
④ 빅데이터는 기존에 존재하지 않던 새로운 가치를 창출하기 때문이다.

26. 다음 중 사생활 침해를 막기 위해 개인정보를 무작위 처리하는 등 데이터가 본래 목적 외에 가공되고 처리되는 것을 방지하는 기술은 무엇인가?

① 정규화　　② 난수화　　③ 익명화　　④ 일반화

27. 다음 중 감성 분석(Sentimental Analysis)에 대한 설명으로 가장 부적절한 것은?

① 특정 주제에 대한 사용자의 긍정·부정 의견을 분석한다.
② 주로 온라인 쇼핑몰에서 사용자의 상품평에 대한 분석이 대표적 사례이다.
③ 사용자간의 소셜 관계를 알아내고자 할 때 이용한다.
④ 사용자가 사용한 문장이나 단어가 분석 대상이 된다.

28. 아래와 같은 비즈니스 문제가 있다면, 각 문제를 해결하기 위해 주로 사용되는 기법과 연결이 적절하지 않은 것은?

① 맥주를 사는 사람은 콜라도 같이 구매하는 경우가 많다 - 연관규칙학습
② 고객의 만족도가 충성도에 어떤 영향을 미치는가? - 회귀분석
③ 친분관계가 승진에 어떤 영향을 미치는가? - 소셜 네트워크 분석
④ 택배차량을 어떻게 배치하는 것이 비용측면에서 가장 효율적인가? - 유형분석

29. 아래 빅데이터 활용을 위한 기본 테크닉 중 어떤 사례에 해당하는가?

> A 마트는 금요일 저녁에 맥주를 사는 사람은 기저귀도 함께 구매했다는 사실을 발견하고, 두가지 상품을 가까운 곳에 진열하기로 결정했다.

① 회귀분석　　　　　　　② 연관성분석
③ 유형분석　　　　　　　④ 구문분석

30. 다음 핀테크 분야에서 빅데이터 활용이 가장 핵심적인 분야인 것은?

① 크라우드 펀딩(Crowd Funding)
② 신용평가(Credit Rating)
③ 간편결제(Simple Payment)
④ 블록체인(Block Chain)

31. 다음 중 딥러닝(Deep Learning)과 가장 관련 없는 분석 기법은?

① LSTM(Long Short-Term Memory)
② Autoencoder
③ K-NN(K Nearest Neighborhood)
④ RNN(Recurrent Neural Network)

32. 최근에 딥러닝(Deep Learning)에 대한 관심이 전 세계적으로 높아지고 있다. 딥러닝을 활용하기 위해 다양한 오픈소스가 개발되어 제공되고 있다. 다음 중 이와 가장 관련이 없는 것은?

① Caffe　　　　　　　　② Tensorflow
③ Anaconda　　　　　　④ Theano

33. 다음 중 빅데이터 시대에 발생할 수 있는 위기 요인으로 가장 부적절한 것은?

① 재산권 침해　　　　　② 데이터 오용
③ 책임원칙 훼손　　　　④ 사생활 침해

34. 다음 중 빅데이터 시대 위기 요인 중 사생활 침해 문제를 해결하기 위해 개인 정보를 사용하는 자가 적극적인 보호 장치를 강구하게 하는 방법으로 가장 적절한 것은?

① 알고리즘에 대한 접근을 허용해 부당함을 반증할 방법을 명시해 공개할 것을 주문
② 개인정보 제공자가 허락하는 동의제의 도입
③ 개인정보를 사용하는 사람이 직접 책임지는 책임제의 도입
④ 정보 사용자에게 수집된 내용을 공개하고 접근하는 권리 부여

35. 빅데이터 시대가 도래하면서 발생할 수 있는 부정적인 측면의 하나로 '책임 원칙의 훼손'을 들 수 있다. 다음 중 이에 대한 사례로 가장 적절한 것은?

① 범죄 예측 프로그램에 의해 범행 전에 체포
② 빅브라더가 출현하여 개인의 일상행활 전반을 감시
③ 여행 사실을 SNS에 올린 사람의 집에 강도가 침입
④ 검색엔진의 차별적인 누락에 의한 매출액 감소

36. 다음 중 데이터화(datafication) 현상에 큰 영향을 미치는 기술로 적절한 것은?

① 사물인터넷(Internet of Things)
② 인공지능(Artificial Intelligence)
③ 가상현실(Virtual Reality)
④ 3D 프린팅(3D-Printing)

37. 다음 중 사용자 정의 데이터 및 멀티미디어 데이터 등 복잡한 데이터 구조를 표현, 관리할 수 있는 데이터베이스 관리 시스템은 무엇인가?

① 관계형 DBMS
② 객체지향 DBMS
③ 네트워크 DBMS
④ 계층형 DBMS

38. 데이터 사이언스는 데이터 처리와 관련된 IT 영역, 분석적 영역, 그리고 비즈니스 컨설팅 영역을 포괄하고 있다. 다음 중 세 개의 영역과 다른 영역에 속하는 하나는?

   ① 데이터 시각화
   ② 데이터 웨어하우징
   ③ 분산 컴퓨팅
   ④ 파이썬 프로그래밍

39. 데이터 사이언스에서 인문학적 사고는 반드시 필요한 요소이다. 다음 중 인문학 열풍을 가져오게 한 외부 환경 요소로 가장 부적절한 것은?

   ① 디버전스 동역학이 작용하는 복잡한 세계화
   ② 비즈니스 중심이 제품생산에서 체험 경제를 기초로 한 서비스로 이동
   ③ 경제의 논리가 생산에서 최근 패러다임인 시장 창조로 변화
   ④ 빅데이터 분석 기법의 이해와 분석 방법론 확대

40. 다음 중 데이터 사이언티스트의 필요 역량으로 가장 부적절한 것은?

   ① 설득력있는 스토리텔링
   ② 통찰력있는 분석
   ③ 네트워크 최적화
   ④ 다분야 간 협력을 위한 커뮤니케이션

41. 데이터 사이언스에 대한 설명으로 가장 부적절한 것은?

   ① 데이터 사이언스는 데이터로부터 의미있는 정보를 추출하는 학문이다.
   ② 주로 분석의 정확성에 초점을 두고 진행한다.
   ③ 정형데이터 뿐만 아니라 다양한 데이터를 대상으로 한다.
   ④ 기존의 통계학과는 달리 총체적 접근법을 사용한다.

단답형 문제로 복습하기!

> 단답형은 앞의 개념을 복습하기 위한 문제들로 시험에서는 단답형이 출제되지 않으니 참고하시기 바랍니다.

01. 고객테이블(CUSTOMERS)로부터 나이(AGE)가 20~30대인 고객정보(NAME, GENDER, SALARY)를 추출하기 위해 아래와 같은 SQL문을 작성하려고 한다. 다음 (가) 안에 들어갈 적절한 구문을 채워 쓰시오.

```
SELECT NAME, GENDER, SALARY
FROM CUSTOMERS
WHERE AGE  ( 가 )  20 AND 39
```

(   )

02. 아래에서 설명하고 있는 (가)와 (나)적절한 용어를 쓰시오.

데이터 사이언티스트가 갖춰야 할 역량은 빅데이터의 처리 및 분석에 필요한 이론적 지식과 기술적 숙련에 관련된 능력인 (가) skill과 데이터 속에 숨겨진 가치를 발견하고 새로운 발전 기회를 만들어 내기 위한 능력인 (나) skill로 나누어진다.

(   )

03. 아래 (가) 안에 들어갈 용어를 기입하시오.

(가)는 데이터의 가공 및 상관관계 간 이해를 통해 패턴을 인식하고 그 의미를 부여한 것이며, 지식을 도출하기 위한 재료가 된다.

(   )

04. 아래 데이터 분석과 관련된 기술을 설명한 것이다. (가) 에 들어갈 용어를 기입하시오.

기업의 의사결정 과정을 지원하기 위한 주제 중심적으로 통합적이며 시간성을 가지는 비휘발성 데이터의 집합을 (가)라고 한다.

(   )

05. 아래에서 설명하고 있는 (㉠)은 무엇인가?

> 지난 몇 년간 여러 사일로(Silo) 대신 하나의 데이터 소스를 추구하는 경향이 생겼다. 전사적으로 쉽게 인사이트를 공유하는 데 도움이 되기 때문이다. 다시 말해 별도로 정제되지 않은 자연스러운 상태의 아주 큰 데이터 세트인 (㉠)을/를 기업들이 구현하는 것은 2017년 새롭게 등장한 트랜드가 아니다. 그러나 2017년은 이를 적절히 관리해 운영하는 첫해가 될 전망이다.

(   )

06. 아래는 특정 데이터의 유형을 설명한 것이다. 데이터 (가)는 무엇인가?

> (가) 데이터는 지역별 매출액, 영업이익률, 판매량과 같이 수치로 명확하게 표현되는 데이터로, 그 양이 크게 증가하더라도 이를 DBMS에 저장, 검색, 분석하여 활용하기가 용이하다.

(   )

07. 아래는 기업 내부에서 활용되는 데이터베이스의 활용에 대한 설명이다. (가)에 들어갈 말로 적절한 것은 무엇인가?

> (가)은 기업이 외부 공급업체 또는 제휴업체와 통합된 정보시스템으로 연계하여 시간과 비용을 최적화시키기 위한 것으로, 자재 구매, 생산, 재고, 유통, 판매, 고객 데이터로 구성된다.

(   )

08. 아래에서 빈칸에 공통적으로 들어갈 용어는?

> 가) 페이스북은 2006년 F8 행사를 기점으로 자신들의 소셜 그래프 자산을 외부 개발자들에게 공개하고 서드파티 개발자들이 페이스북 위에서 작동하는 앱을 만들기 시작하면서 (   ) 역할을 하기 시작했다.
> 나) 하둡은 대규모 분산 병렬 처리의 업계 표준으로 맵리듀스 시스템과 분산 파일 시스템인 HDFS로 구성된 (   ) 기술이며, 선형적인 성능과 용량 확장성, 고장 감내성을 가지고 있다.
> 다) 아마존(Amazon)은 S3와 EC2 환경을 제공함으로써 (   )을(를) 위한 클라우드 서비스를 최초로 실현하였다.

(   )

09. 아래에서 설명하고 있는 빅데이터 활용 기본 테크닉은 무엇인가?

> 가) 생명의 진화를 모방하여 최적해(Optimal Solution)를 구하는 알고리즘으로 존 홀랜드(John Holland)가 1975년에 개발하였다.
> 나) '최대의 시청률을 얻으려면 어떤 시간대에 방송해야 하는가?'와 같은 문제를 해결할 때 사용된다.
> 다) 어떤 미지의 함수 $Y=f(x)$를 최적화하는 해 x를 찾기 위해, 진화를 모방한(Simulated evolution) 탐색 알고리즘이라고 말할 수 있다.

(   )

정답 및 해설

【단답형】

01	③	11	②	21	①	31	③	41	②
02	④	12	④	22	④	32	③		
03	②	13	②	23	②	33	①		
04	②	14	④	24	④	34	③		
05	③	15	①	25	②	35	①		
06	③	16	④	26	②	36	①		
07	③	17	③	27	③	37	②		
08	②	18	②	28	④	38	①		
09	②	19	①	29	②	39	④		
10	①	20	④	30	②	40	③		

01	BETWEEN
02	가:하드, 나:소프트
03	정보
04	데이터 웨어하우스(Data Warehouse)
05	데이터 레이크(Data Lake)
06	정량적 데이터
07	SCM(Supply Chain Management)
08	플랫폼(Platform)
09	유전자 알고리즘(Genetic Algorithms)

01. 정량적 데이터의 형태는 수치, 도형, 기호 등으로 기술이 되며, 정성 데이터의 형태는 언어, 문자 등으로 기술된다. (정답 : ③)

02. 암묵지와 상호작용은 공통화, 내면화이고 형식지와 상호작용은 표출화, 연결화이다. (정답 : ④)

03. 보기의 SQL 집계함수를 정리하면 아래와 같다. (정답 : ②)

함수명	설 명	유형별 가능 여부
AVG	지정한 열의 평균 값을 반환	수치형
COUNT	테이블의 특정 조건이 맞는 것의 개수를 반환	수치형, 문자형
SUM	지정한 열의 총합을 반환	수치형
STDDEV	지정한 열의 분산을 반환	수치형
MIN	지정한 열의 가장 작은 값을 반환	수치형
MAX	지정한 열의 가장 큰 값을 반환	수치형

04. 데이터 마스킹이란 데이터의 길이, 유형, 형식과 같은 속성을 유지한 채, 새롭고 읽기 쉬운 데이터를 익명으로 생성하는 기술이다. (정답 : ②)

05. 데이터 내부에 메타 데이터를 갖고 있으며 일반적으로 파일형태로 저장되는 것은 반정형 데이터이다. (정답 : ③)

06. 표출화는 형식지 요소 중 하나로 개인에게 내재된 경험을 객관적인 데이터로 문서나 매체에 저장, 가공, 분석하는 과정이다. (정답 : ③)

07. 데이터를 가공, 처리하여 얻을 수 있는 것은 데이터(Data), 정보(Information), 지식(Knowledge), 지혜(Wisdom)이다. 또한 이들은 계층적 구조로서 DIKW 피라미드를 형성한다. (정답 : ③)

08. 지식은 상호 연결된 정보 패턴을 이해하여 이를 토대로 예측한 결과물이다. (정답 : ②)

09. Cinematch 시스템은 넷플릭스(Netflix)에서 개발한 영화 추천 알고리즘이다. (정답 : ②)

10. 메타데이터는 데이터에 대한 데이터로써 하위레벨의 데이터를 설명/기술하려는 것이며, 인덱스는 데이터베이스의 테이블에서 고속의 검색동작뿐만 아니라 레코드 접근과 관련 효율적인 순서 매김 동작에 대한 기초를 제공한다. (정답 : ①)

11. 메타데이터는 데이터에 관한 구조화된 데이터로 다른 데이터를 설명한다. 즉, 구조화된 정보를 분석, 분류하고 부가적 정보를 추가하기 위해 그 데이터 뒤에 함께 따라가는 정보를 말한다. (정답 : ②)

12. 데이터 마이닝(Data Mining)은 대용량 데이터에서 의미있는 정보를 추출하여 의사결정에 활용하는 기술이다. 딥 러닝(Deep Learning)은 다층구조 형태의 신경망을 바탕으로 하는 머신 러닝의 한 분야이다. (정답 : ④)

13. 산업별 분석 애플리케이션에서 분석 사례 중 에너지는 트레이딩, 공급/수요 예측 등이 있다. (정답 : ②)

14. CRM은 데이터베이스를 기초로 고객을 세부적으로 분류하여 효과적이고 효율적인 마케팅 전략을 개발한다. (정답 : ④)

15. ERP(Enterprise Resource Planning)는 인사·재무·생산 등 기업의 전 부문에 걸쳐 독립적으로 운영되던 각종 관리 시스템의 경영자원을 하나의 통합 시스템으로 재구축함으로써 생산성을 극대화하려는 경영혁신기법을 의미한다. (정답 : ①)

16. 사회기반 구조로서의 데이터베이스는 물류, 지리/교통, 의료, 교육 등 부문에서 구축되었으며 활용이 되고 있다. (정답 : ④)

17. ③은 지식에 해당하며 나머지 항목들은 정보에 해당하는 내용이다. (정답 : ③)

18. 빅데이터는 다양한 종류의 데이터가 있으며 구조가 단순한 것부터 복잡한 것까지 다양하다. (정답 : ②)

19. 빅데이터 활용의 기본 3요소는 데이터, 기술, 인력이다. (정답 : ①)

20. 데이터 구조의 정형화는 빅데이터 출현 배경에 관한 설명으로 부적절하다. 사진, 영상, 음성 등과 같이 특정한 처리 프로세스를 거쳐 분석데이터로 변경 후 분석해야하는 비정형 데이터의 등장으로 빅데이터가 출현하였다. (정답 : ④)

21. 빅데이터의 수집, 구축, 분석의 최종 목적은 기존 방식으로는 얻을 수 없었던 통찰 및 가치 창출, 사업방식, 시장, 사회, 정부 등에서 변화와 혁신 주도이다. (정답 : ①)

22. 플랫폼이란 비즈니스 측면에서는 일반적으로 '공동 활용의 목적으로 구축된 유무형의 구조물'을 의미하며 빅데이터가 최근에는 다양한 서드파티 비즈니스에 활용되면서 플랫폼 역할을 할 것으로 전망된다. (정답 : ④)

23. 빅데이터가 만들어내는 본질적인 변화는 사전처리에서 사후처리, 표본조사에서 전수조사, 질보다 양, 인과관계에서 상관관계로 변화했다. (정답 : ②)

24. 데이터 처리비용의 감소로 표본을 조사하는 기존의 지식발견 방식에서 전수조사를 통해 샘플링이 주지 못하는 패턴이나 정보를 발견하는 방식으로 데이터 활용방법이 변화되었다. (정답 : ④)

25. 데이터의 가치를 측정하기 어려운 이유는 다음과 같다. (정답 : ②)
    - 데이터 활용 방식 : 재사용, 재조합(mashup), 다목적용 개발
    - 새로운 가치 창출
    - 분석 기술 발전

26. 데이터 난수화를 사용하면 고객의 과거 구매기록이나 나이, 수입, 건강정보와 같은 데이터가 해독이 불가능한 난수화를 통해 변경된 채로 기업에 전송된다. (정답 : ②)

27. 사용자간의 소셜 관계를 알아내고자 할 때 이용하는 분석은 소셜 네트워크 분석(Social Network Analysis)이다. (정답 : ③)

28. 유형분석은 문서를 분류하거나 조직을 그룹으로 나눌 때, 혹은 온라인 수강생들을 특성에 따라 분류할 때 사용한다. 예 '이 사용자는 어떤 특성을 가진 집단에 속하는가?' (정답 : ④)

29. 연관성분석은 기업의 데이터베이스에서 상품의 구매, 서비스 등 일련의 거래 또는 사건들 간의 규칙을 발견하기 위한 분석으로 흔히 장바구니 분석 등이 있다. (정답 : ②)

30. 신용평가(Credit Rating)은 투자자 보호를 위하여 금융상품 및 신용공여 등에 대하여 그 원리금이 상환될 가능성과 기업·법인 및 간접투자기구 등의 신용도를 평가하는 행위이며 핀테크 분야에서 빅데이터 활용이 활발하게 이루어지고 있다. (정답 : ②)

31. K-NN(K Nearest Neighbor)은 학습 데이터 중 가장 유사한 k개의 데이터를 이용해서 값을 예측하는 방법으로 딥러닝(Deep Learning)과 관련 없는 분석 기법이다. (정답 : ③)

32. Anaconda는 데이터 과학과 머신러닝에 필요한 다양한 패키지 (라이브러리)를 포함한 Python 배포판이다.Caffe, Tensorflow, Theano는 딥러닝 모델을 설계하고 학습시키는 데 사용되는 대표적인 딥러닝 프레임워크이다. (정답 : ③)

33. 빅데이터 시대에 발생할 수 있는 위기 요인은 사생활 침해, 책임 원칙 훼손, 데이터 오용이 있다. (정답 : ①)

34. 빅데이터의 통제 방안은 1. 동의에서 책임으로, 2. 결과 기반 책임 원칙을 고수, 3. 알고리즘의 접근을 허용이다. (정답 : ③)

35. 책임 원칙 훼손은 빅데이터 기본분석과 예측기술이 발전하면서 정확도가 증가한 만큼, 분석대상이 되는 사람들은 예측 알고리즘의 희생양이 될 가능성도 증가한다. 민주주의 국가에서는 잠재적 위협이 아닌 명확한 결과에 대한 책임을 묻고 있어 이에 따른 원리를 훼손할 가능성이 있다. 예를 들어 영화 "마이너리티 리포트"에 나오는 것처럼 범죄 예측 프로그램에 의해 범행을 저지르기 전에 체포, 자신의 신용도와 무관하게 부당하게 대출이 거절되었다와 같은 예시를 들 수 있다. (정답 : ①)

36. 사물인터넷(Internet of Things)는 인터넷을 기반으로 모든 사물을 연결해 사람과 사물, 사물과 사물 간의 정보를 상호 소통하는 지능형 기술 및 서비스이며, 사물에서 생성되는 Data를 활용한 분석을 통해 마케팅 등에 활용할 수 있다. (정답 : ①)

37. 객체지향 DB는 일반적으로 사용되는 테이블 기반의 관계형 DB와 다르게 정보를 '객체' 형태로 표현하는 데이터베이스 모델로 멀티미디어 등 복잡한 데이터 구조를 관리하는 DBMS이다. (정답 : ②)

38. 데이터시각화는 비즈니스 컨설팅 영역이며 나머지 3개는 데이터처리와 관련된 IT 영역이다. (정답 : ①)

39. 컨버전스에서 디버전스로의 변화, 생산에서 서비스로의 변화, 생산에서 시장창조로의 변화가 인문학 열풍을 가져오게 한 외부환경 요소이다. (정답 : ④)

40. 데이터 사이언티스트의 필요 역량은 하드 스킬과 소프트 스킬이 있으며, 소프트 스킬 중 통찰력 있는 분석, 설득력 있는 전달, 다분야 간 협력이 있다. (정답 : ③)

41. 데이터 사이언스는 통찰력 있는 분석에 초점을 두고 진행한다. (정답 : ②)

데이터 처리 기술 이해

1장 • 데이터 처리 프로세스
2장 • 데이터 처리 기술

▶ 1장 데이터 처리 프로세스
조직 내의 정형 데이터 통합 및 연계를 위한 기술(ETL, CDC, EAI)에 대해 알아본 뒤, 빅데이터와의 비교 분석을 통해 그 개요를 이해한다. 이어서 최근 중요성이 강조되고 있는 대용량 비정형 데이터 처리에 대해 살펴본다.

▶ 2장 데이터 처리 기술
세 개의 절을 통해 데이터 처리 기술을 3가지 측면에서 학습해본다. 먼저 1절에서는 분산 파일 시스템, 공유 스토리지, 데이터베이스 클러스터와 같은 분산 데이터 저장 기술에 대해 살펴본다. 2절에서는 맵리듀스와 같은 분산 병렬 처리 기술, 3절에서는 XEN, VMWare와 같은 서버 가상화 기술 등에 대해 학습한다.

Learning Map

어떤 것을 학습하게 될지 살펴보자!

1장 데이터 처리 프로세스

- ETL(Extraction, Transformation and Load)
- CDC(Change Data Capture)
- EAI(Enterprise Application Integration)
- 데이터 통합 및 연계 기법
- 대용량의 비정형 데이터 처리방법

2장 데이터 처리 기술

- 분산 데이터 저장 기술
- 분산 컴퓨팅 기술
- 클라우드 인프라 기술

1장 데이터 처리 프로세스

학습목표

- ETL, ODS 구성, 데이터 웨어하우스를 이해한다.
- CDC, EAI에 대해 이해한다.
- 데이터 연계 및 통계 기법을 분류하고 각 용도를 이해한다.
- 데이터 통합 및 연계 기법과 빅데이터 처리 기법을 비교한다.
- 대용량의 비정형 데이터 처리방법에 대해 이해한다

눈높이 체크

- **데이터 추출 및 적재작업은 어떻게 이루어질까요?**

기업에서 발생하여 운영 데이터 스토어 혹은 다양한 데이터베이스에 존재하는 데이터를 추출(Extraction), 변형(Transformation), 적재(Loading)하는 과정을 ETL이라고 합니다. 이번 장을 통해 ETL의 과정을 자세히 알아봅시다.

- **기업의 데이터 통합과 연계를 위한 기술에 대해 들어보셨나요?**

ETL은 대용량 데이터에 대한 일괄 작업을 통해 정형 데이터를 통합합니다. 그렇다면 정형 데이터의 실시간 혹은 근접 실시간 처리와 통합에 관한 기술은 무엇일까요? 본문을 통해 이 기술에 해당하는 CDC와 EAI에 대해 더 학습해 봅시다.

- **전통적 데이터 처리 기법과 빅데이터 처리 기법의 차이를 알고 있나요?**

데이터 통합 및 연계 기법과 빅데이터 처리 기법에는 어떤 차이가 있을까요? 본문의 내용을 통해 두 기법간의 데이터 저장 인프라스트럭처 및 조회 기법 등에 존재하는 차이점을 살펴봅시다.

- **대표적인 비정형 데이터인 '로그 데이터'의 수집방법을 알고 있나요?**

형태가 정해져 있고, 관계형 데이터베이스에 저장되는 정형 데이터와는 달리 비정형 데이터는 텍스트, 이미지, 비디오, 센서 데이터 등의 다양한 형태를 지닙니다. 그 중에서도 기업에서 발생하는 대표적인 비정형 데이터인 로그 데이터는 Flume-NG, 페이스북 Scribe, 아파치 Chukwa 등을 통해 수집 됩니다.

1절 ETL(Extraction, Transformation and Load)

> **출제 포인트**
> ETL의 특징, 3가지 기능에 대한 문제가 출제될 수 있으므로 잘 이해하고 있어야 합니다. 또한 ETL 개념도 속의 용어를 잘 기억하고 있어야 합니다.

1. ETL 개요

가. ETL의 개념 및 특징

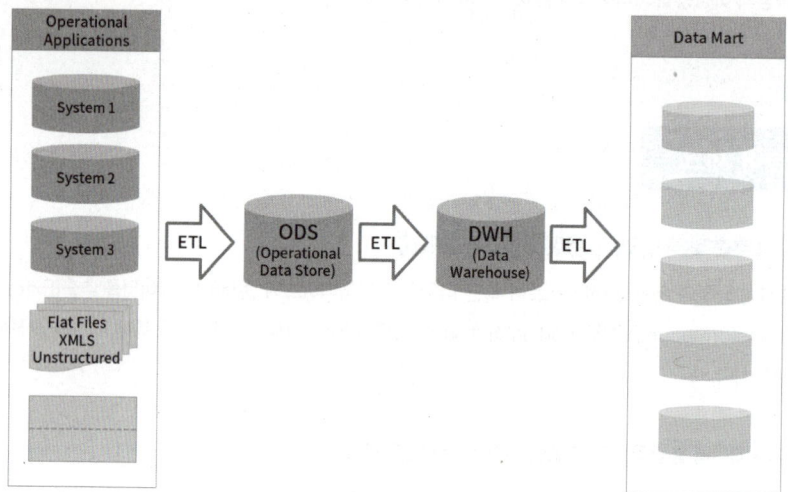

〈ETL 개념도〉

- ETL(Extraction, Transformation and Load)은 **데이터의 이동 및 변환** 절차와 관련된 업계 표준 용어이다.
- 다양한 데이터 원천으로부터 데이터를 추출 및 변환하여 운영 데이터 스토어(ODS, Operational Data Store), 데이터 웨어하우스(DW, Data Warehouse), 데이터 마트(DM, Data Mart)등에 **데이터를 적재**하는 작업의 핵심 구성요소이다.
- 데이터 통합(Data Integration), 데이터 이동(Data Migration), 마스터 데이터 관리(MDM, Master Data Management)에 걸쳐 폭넓게 활용되며 데이터 이동과 변환을 주목적으로 한다.
- 정기적인 실행 일정을 조정할 수 있도록 재사용이 가능한 컴포넌트들로, 대용량 데이터를 처리하기 위한 MPP(Massively Parallel Processing)를 지원할 수 있다.

- 다수 시스템들 간의 대용량 데이터 교환 또는 복잡도가 높은 비즈니스 룰 적용이 필요한 데이터 교환에 활용된다.
- ETL 구현을 위한 여러 상용 소프트웨어들이 있으며, Batch(일괄) ETL, Real Time(실시간) ETL로 구분된다.

> **용어**
> MPP(Massively Parallel Processing) : 프로그램을 여러 부분으로 나누어 여러 프로세서가 각 부분을 동시에 수행시키는 것으로 대규모 병렬 처리를 의미한다.

나. ETL의 기능

Extraction(추출)	하나 또는 그 이상의 데이터 원천(Source)들로부터 데이터 획득
Transformation(변형)	데이터 클렌징·형식 변환·표준화, 통합 또는 다수 애플리케이션에 내장된 비즈니스 룰 적용 등
Load(적재)	변형 단계의 처리가 완료된 데이터를 특정 목표 시스템에 적재

다. ETL의 작업 단계

> **출제 포인트**
> ETL 작업 단계의 순서와 내용을 묻는 문제가 출제된 적이 있으므로 잘 숙지해야 합니다.

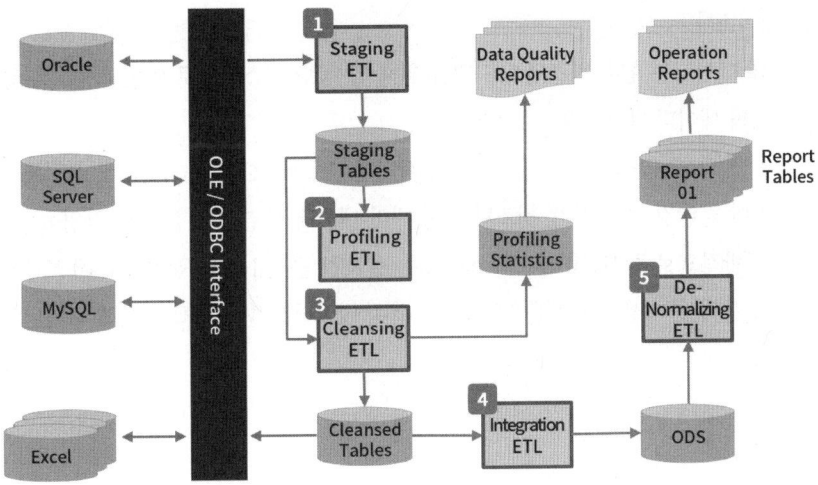

출처 : Connecting the Data

〈ODC와 데이터 웨어하우스 개념도〉

Step 0 Interface	다양한 이기종 DBMS 및 스프레드시트 등 데이터 원천(Source)으로부터 데이터를 획득하기 위한 인터페이스 메커니즘 구현
Step 1 Staging ETL	수립된 일정에 따라 데이터 원천(Source)으로부터 트랜잭션 데이터 획득 작업 수행 후, 획득된 데이터를 스테이징 테이블에 저장
Step 2 Profiling ETL	스테이징 테이블에서 데이터 특성을 식별하고 품질을 측정
Step 3 Cleansing ETL	다양한 규칙들을 활용해 프로파일링된 데이터의 보정 작업을 수행
Step 4 Integration ETL	(이름, 값, 구조) 데이터 충돌을 해소하고, 클렌징된 데이터를 통합
Step 5 Denormalizing ETL	운영 보고서 생성 및 데이터 웨어하우스 또는 데이터 마트에 대한 데이터 적재를 위해 데이터 비정규화 수행

2. ODS 구성

가. ODS의 개념 및 특징

출제 포인트

ODS는 현재 혹은 비교적 최근의 데이터를 저장하기 위해 설계된다는 것을 기억해야 합니다. 또한 ODS 구성을 위한 ETL 작업 단계에 대한 문제가 출제될 수 있으므로, 각 단계의 순서와 내용을 이해하고 있어야 합니다.

- ODS(Operational Data Store)는
데이터에 대한 추가 작업을 위해 다양한 데이터 원천(Source)들로부터 데이터를 추출·통합한 데이터베이스다.
- ODS 내의 데이터는 향후 비즈니스 지원을 위해 타 정보 시스템으로 이관되거나, 다양한 보고서 생성을 위해 데이터 웨어하우스로 이관된다.
- 다양한 원천(Source)들로부터 데이터가 구성되기 때문에, ODS를 위한 데이터 통합은 일반적으로 데이터 클렌징, 중복제거, 비즈니스 룰 대비 데이터 무결성 점검 등의 작업들을 포함한다.
- ODS는 일반적으로 **실시간(Real Time)** 또는 **실시간 근접(Near Real Time)** 트랜잭션 데이터 혹은 가격 등의 원자성(개별성)을 지닌 하위 수준 데이터들을 저장하기 위해 설계된다.

나. ODS 구성 단계

- ODS 구성을 위한 일괄 작업 ETL은 아래와 같은 단계(Layer)로 구성될 수 있으며, 각 단계에 대한 설명은 아래와 같다.

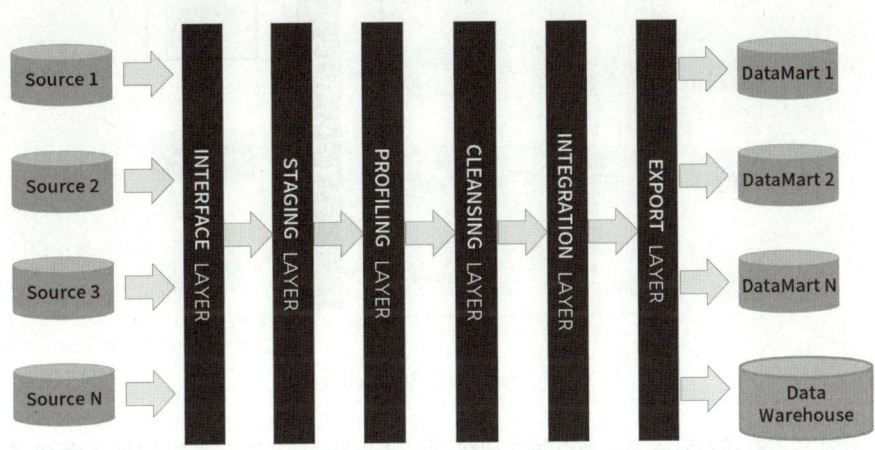

<Layered ODC Architecture(계층화된 ODS 아키텍처)>

1) 인터페이스 단계

- 다양한 데이터 원천(Source)으로부터 **데이터를 획득**하는 단계이다.
- 데이터를 획득하기 위한 프로토콜로는 OLEDB(Object Linking and Embedding Database), ODBC(Object Data Base Connectivity), FTP(File Transfer Protocol) 등이 사용된다.
- 데이터 웨어하우스에 대한 실시간(Real Time) 또는 근접 실시간(Near Real Time) OLAP(On-line Analytical Processing) 질의를 지원하기 위해 실시간 데이터 복제 인터페이스 기술들이 함께 활용된다.

> **용어**
> OLAP(Online Analytical Processing) : 데이터 웨어하우스 상의 데이터에 대해 다양한 방식으로 다차원 분석을 진행하는 것을 의미한다.

2) 데이터 스테이징 단계

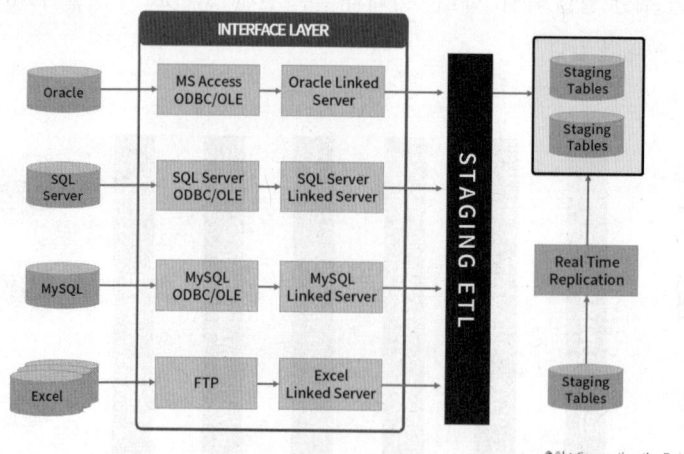

〈Interface & Staging Layer〉

- 작업 일정이 통제되는 프로세스들에 의해 데이터 원천들로부터 트랜잭션 **데이터들이 추출**되어 하나 또는 그 이상의 **스테이징 테이블들에 저장**되는 단계이다.
- 이 테이블들은 정규화가 배제되며, 테이블의 스키마는 데이터 원천의 구조에 의존적이다.
- 데이터 원천과 스테이징 테이블과의 데이터 매핑은 **일대일 또는 일대다**로 구성될 수 있다.
- 데이터가 스테이징 테이블에 적재되는 시점에 적재 타임스탬프, 데이터 값에 대한 체크 섬 등의 통제(Control) 정보들이 추가된다.
- 관계형 DB, 스프레드시트, 웹 서비스, XML 문서, 트랜잭션 데이터 저장소와 같은 다양한 이기종 데이터 원천으로부터 데이터를 획득해 스테이징 테이블에 적재하며, 이 때 일괄(Batch) 작업 형태인 정기적인 ETL과 실시간 ETL을 혼용할 수 있다.

3) 데이터 프로파일링 단계

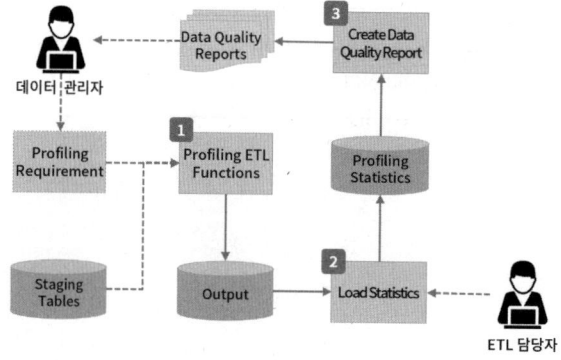

〈Data Profilling Layer〉

- 범위·도메인·유일성 확보 등의 규칙을 기준으로 **데이터 품질 점검**을 하는 단계이다.
- 선행 자료 또는 조건 : 데이터 프로파일링 요건
- [스테이징 테이블의 데이터에 대한 데이터 프로파일링 수행 → 데이터 프로파일링 결과 통계 처리→ 데이터 품질 보고서 생성 및 공유]의 절차를 거친다.

4) 데이터 클렌징 단계

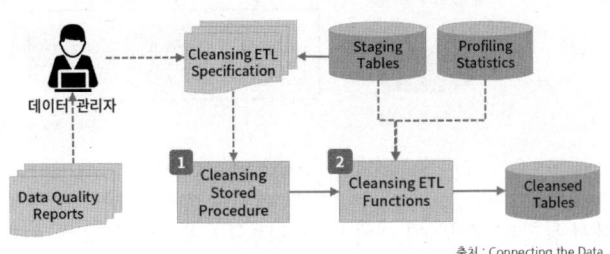

〈Data Cleansing Layer〉

- 클렌징 ETL 프로세스(도구)들로 데이터 프로파일링 단계에서 식별된 **오류 데이터들을 수정**하는 단계이다.
- 선행 자료 또는 조건 : 데이터 품질 보고서, 데이터 클렌징 요건
- [클렌징 스토어드 프로시저 실행(예비작업) → 클렌징 ETL 도구 실행]의 절차를 거친다.

5) 데이터 인티그레이션 단계

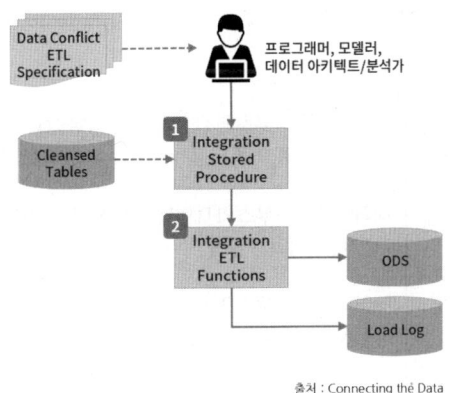

〈Data Integration Layer〉

- 수정 완료한 데이터를 ODS 내의 **단일 통합 테이블에 적재**하는 단계이다.
- 선행 자료 또는 조건 : 데이터 클렌징 테이블, 데이터 충돌 판단 요건
- [통합 스토어드 프로시저 실행(예비 작업) → 통합 ETL 도구 실행]의 절차를 거친다.

6) 익스포트 단계

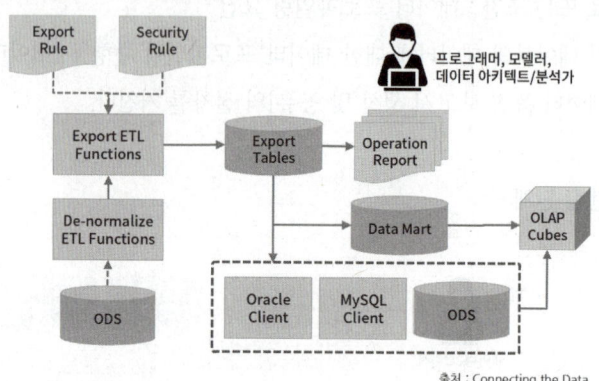

〈Export Layer〉

- 앞 단계에서 통합된 데이터에 대해 익스포트 규칙과 보안 규칙을 반영한 익스포트 ETL 기능을 수행해 익스포트 테이블을 생성한다. 그 후 다양한 DBMS 클라이언트 또는 데이터 마트, 데이터 웨어하우스에 익스포트 테이블을 적재하는 단계이다.
- 해당 데이터는 OLAP(Online Analytical Processing) 비정형 질의에 활용될 수 있다.

3. 데이터 웨어하우스

 출제 포인트
데이터 웨어하우스의 특징과 관련된 문제가 출제된 적이 있으므로 잘 숙지해 둡시다.

가. 데이터 웨어하우스란?
- ODS를 통해 정제 및 통합된 데이터가 데이터 분석과 보고서 생성을 위해 적재되는 데이터 저장소

나. 데이터 웨어하우스의 특징

주제 중심성 (Subject Oriented)	데이터 웨어하우스의 데이터는 실 업무 상황의 특정 이벤트나 업무 항목을 기준으로 구조화되므로, 최종사용자(end user)도 이해하기 쉬운 형태를 지님
영속성·비휘발성 (Non Volatile)	데이터 웨어하우스의 데이터는 최초 저장 이후에는 **읽기 전용(Read Only)**의 속성을 가지며, **삭제되지 않음**
통합성 (Integrated)	데이터 웨어하우스의 데이터는 기관·조직이 보유한 대부분의 운영 시스템들에 의해 생성된 데이터들의 통합본
시계열성 (Time Variant)	운영 시스템들은 최신 데이터를 보유하고 있지만, 데이터 웨어하우스는 시간 순에 의한 이력 데이터를 보유

다. 데이터 웨어하우스의 테이블 모델링 기법

1) 스타 스키마

- 조인 스키마(Join Schema)라고도 하며, 데이터 웨어하우스의 스키마 중 **가장 단순**하다.

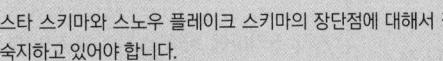

출제 포인트
스타 스키마와 스노우 플레이크 스키마의 장단점에 대해서 잘 숙지하고 있어야 합니다.

- 단일 사실 테이블(Fact Table)을 중심으로 한 다수의 차원 테이블(Dimensional Table)들로 구성된다.
- 전통적인 관계형 데이터베이스를 통해 다차원 데이터베이스(Multi-Dimensional Database) 기능을 구현할 수 있다.
- 스타 스키마의 사실 테이블(Fact Table)은 보통 **제 3정규형**으로 모델링하며, **차원 테이블**(Dimensional Table)들은 보통 비정규화된 **제 2정규형**으로 모델링하는 것이 일반적이다.

장점	스노우 플레이크 스키마에 비해 복잡도가 낮아서 **이해하기 쉽고**, 쿼리 작성이 용이하고 조인 테이블 개수가 적음
단점	차원 테이블(Dimensional Tables)들의 비정규화에 따른 **데이터 중복**으로 인해 테이블로 데이터를 적재할 때 상대적으로 많은 시간이 소요됨

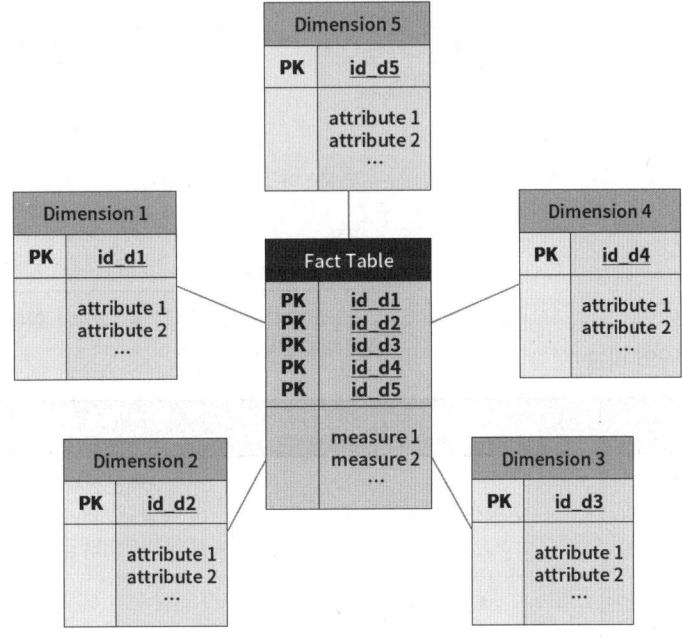

출처 : http://datawarehouse4u.info/

〈스타 스키마 사례〉

2) 스노우 플레이크 스키마
- 스타 스키마의 차원 테이블을 제 3정규형으로 정규화한 형태이다.

장 점	데이터의 **중복이 제거돼** 데이터 적재 시 시간이 단축됨
단 점	스타 스키마에 비해 스키마 구조의 복잡성이 증가하므로 **조인 테이블의 개수가 증가**하고 쿼리 작성의 난이도가 상승

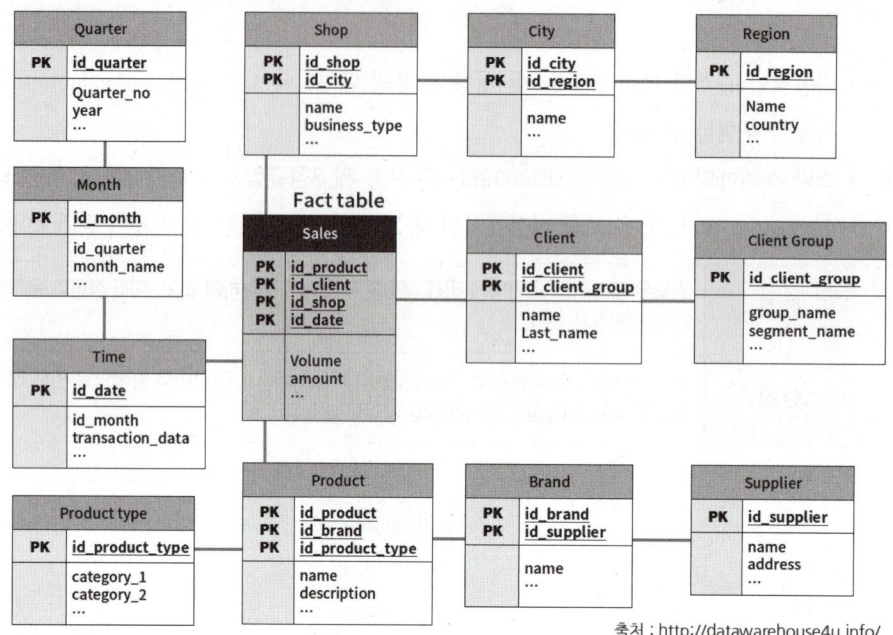

출처 : http://datawarehouse4u.info/

〈스노우 플레이크 스키마 사례〉

 출제 포인트

ODS와 DW의 차이점을 비교하는 문제가 출제될 수 있으니 정확히 이해하셔야 합니다.

라. ODS와 DW의 비교

구 분	ODS(Operatinal Data Store)	DW(Data Warehouse)
데이터의 내용	현재 또는 비교적 최신 데이터	오래된 상세 데이터, 현재 상세 데이터, 요약 데이터, 2차로 가공된 고도로 요약된 데이터 등 다양한 구조의 데이터
데이터의 양	비교적 소규모 데이터	대규모 데이터
데이터의 갱신	지속적으로 갱신되어 현재의 DB 상태를 반영(Volatile)	데이터 축적 보관(Non-Volatile)
기술적 요소	데이터베이스 처리의 모든 기능을 사용하도록 설계됨	단순한 적재(Load)와 접근(Access) 중심

2절 CDC(Change Data Capture)

출제 포인트

CDC의 개념 및 특징과 구현 기법, 구현 방식에 대해 정확하게 숙지하고 있어야 합니다! 특히 CDC는 실시간 또는 근접 실시간 데이터 통합을 기반으로 한다는 점을 알고 있어야 합니다.

1. CDC의 개념 및 특징

- **CDC(Change Data Capture)**는 데이터베이스 내 데이터에 대한 **변경을 식별**해 필요한 **후속처리**(데이터 전송/공유 등)를 **자동화**하는 기술 또는 설계 기법이자 구조이다.
- **실시간 또는 근접 실시간** 데이터 통합을 기반으로 하는 데이터 웨어하우스 및 기타 데이터 저장소 구축에 폭 넓게 활용된다.
- 스토리지 하드웨어 계층에서부터 애플리케이션 계층에 이르기까지 **다양한 계층**에서 다양한 기술을 통해 구현될 수 있다.
- 단일 정보 시스템 내 다수의 CDC 메커니즘이 구현돼 동작될 수 있다.

2. CDC 구현 기법

가. Time Stamp on Rows
- 변경이 반드시 인지되어야 하는 테이블 내 마지막 변경 시점을 기록하는 **타임스탬프 칼럼**을 두고, 마지막 변경 타임스탬프 값보다 더 최근의 타임스탬프 값을 갖는 레코드를 변경된 것으로 식별하는 기법이다.

나. Version Numbers on Rows
- 변경이 반드시 인지되어야 하는 테이블 해당 레코드의 **버전을 기록하는 칼럼**을 두고, 기 식별된 레코드 버전보다 더 높은 버전을 보유한 레코드를 변경된 것으로 식별하는 기법이다.
- 레코드들의 최신 버전을 기록·관리하는 '참조 테이블'을 함께 운영하는 것이 일반적이다.

다. Status on Rows
- **타임 스탬프 및 버전 넘버 기법에 대한 보완 용도**로 활용되며, 데이터 변경의 여부를 True/False의 불린(Boolean) 값으로 저장하는 칼럼의 상태 값을 기반으로 변경 여부를 판단하는 기법이다.

- 더 높은 버전 넘버 또는 더 최근의 갱신 타임스탬프를 보유한 레코드에 대한 변경 여부 판단을 사람이 직접 결정할 수 있도록 유보하는 등의 업무 규칙을 적용할 수 있다.

라. Time/Version/Status on Rows
- **타임스탬프, 버전 넘버, 상태 값의 세 가지 특성을 모두 활용**하는 기법이다.
- '특정 시간대의 버전 넘버 a.aa를 보유했으며 변경 상태 값이 True인 모든 레코드를 추출'과 같은 정교한 쿼리 생성에 활용해 개발에 유연성을 제공할 수 있다.

마. Triggers on Tables
- 데이터베이스 트리거를 활용해 사전에 등록(Subscribe)된 다수 대상 시스템(Target)에 변경 데이터를 배포(Publish)하는 형태로 CDC를 구현하는 기법이다.
- 데이터베이스 트리거는 시스템 관리 복잡도 증가, 변경 관리의 어려움, 확장성의 감소를 유발하는 등 전반적인 시스템 유지보수성을 저하시키는 특성이 있어 사용에 주의를 요한다.

바. Event Programming
- 데이터 변경 식별 기능을 애플리케이션에 구현하며, 애플리케이션 개발 부담과 복잡도를 증가시키나, 다양한 조건에 의한 CDC 메커니즘을 구현할 수 있는 기법이다.

사. Log Scanner on Database
- 대부분의 데이터베이스 관리 시스템(DBMS)에서 제공하는 트랜잭션 로그에 대한 스캐닝 및 변경 내역에 대한 해석을 통해 CDC 메커니즘을 구현하는 기법이다.
- 각 데이터베이스 관리 시스템에 따라 트랜잭션 로그 관리 메커니즘이 상이해 다수의 이기종 데이터베이스를 사용하는 환경에서 적용 시 작업 규모가 증가될 수 있으니 주의가 필요하다.
- 장점 : 데이터베이스와 사용 애플리케이션에 대한 영향도 최소화, 변경 식별 지연시간 최소화, 트랜잭션 무결성에 대한 영향도 최소화, 데이터베이스 스키마 변경 불필요

3. CDC 구현 방식

푸시 방식	데이터 원천(Source)에서 변경을 식별하고 대상 시스템(Target)에 변경 데이터를 적재해 주는 방식
풀 방식	대상 시스템(Target)에서 데이터 원천(Source)을 정기적으로 살펴보고, 필요 시 데이터를 다운로드 하는 방식

3절 EAI (Enterprise Application Integration)

출제 포인트

기업 정보 시스템들의 데이터를 연계·통합하는 소프트웨어 및 정보 시스템 아키텍처 프레임워크인 EAI의 개념과 특징을 잘 숙지하고 있어야 합니다. 또한 EAI는 Hub and Spoke 방식으로 데이터를 연계한다는 점을 기억해야 합니다.

1. EAI의 개념 및 특징

- EAI(Enterprise Application Integration)는 **비즈니스 프로세스**를 중심으로 기업 내 각종 애플리케이션간의 상호 연동이 가능하도록 통합하는 솔루션이다.
- 기업 내 또는 기업 간 상호 이질적 정보 시스템들의 **데이터를 연계**함으로써 상호 융화 내지 동기화돼 동작하도록 하는 것이다.
- Front-Office 시스템, 기존의 레거시 시스템, 패키지 애플리케이션 등의 형태로 산재되어 있는 **애플리케이션을 프로세스 및 메시지(Message) 차원**에서 통합 및 관리한다.
- EAI를 통해 비즈니스 프로세스를 자동화하고 실시간으로 통합 연계할 수 있다.
- ETL은 배치 프로세스 중심이며, EAI는 **실시간 혹은 근접 실시간** 처리 중심이다.

2. 데이터 연계 방식

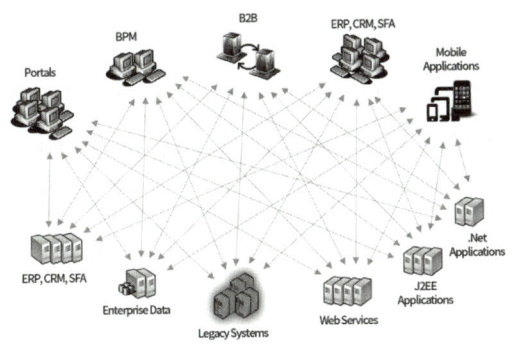

〈포인트 투 포인트 데이터 연계 방식의 문제점〉

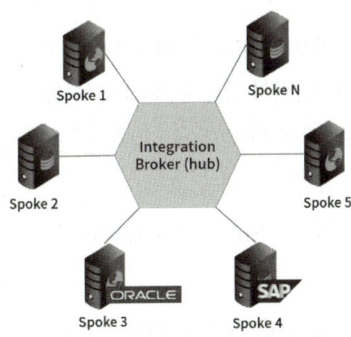

〈허브 앤 스포크 아키텍처〉

가. 기존의 데이터 연계 방식 : Point to Point
- 기존 단위 업무 위주의 정보 시스템 개발 시, 필요에 따라 정보 시스템들 간의 데이터를 '포인트 투 포인트' 방식으로 연계함으로써 앞장의 왼쪽 그림과 같은 복잡성이 발생한다.
- 기준 마스터 데이터의 통합과 표준화가 불가능하며, 복잡한 데이터 연계 경로 발생으로 인해 유지 보수성이 극도로 저하되고 관리 비용이 상승한다.
- N개의 연결 대상 노드들이 존재할 경우, 연결은 N(N-1)/2개가 발생된다.

나. EAI의 데이터 연계 방식 : Hub and Spoke
- 가운데 지점에 허브 역할을 하는 브로커를 두고, 연결 대상 노드들의 데이터 연계 요구를 중계해줌으로써 노드 간 연결 개수 및 구조를 단순화하는 방식이다.
- ETL/CDC는 운영 데이터와 분석을 위한 데이터베이스가 구분되지만, **EAI는 다수 정보 시스템의 데이터를 중앙의 Hub가 연계하고 통합하는 기법**이다.
- **각 연결의 대상이 되는 노드들은 Spoke에 해당**한다.

3. EAI 구성요소

- 어댑터(Adapter) : 각 정보 시스템과 EAI 허브(Engine) 간의 연결성을 확보
- 버스(BUS) : 어댑터를 매개로 연결된 각 정보 시스템들 간의 데이터 연동 경로
- 브로커(Broker) : 데이터 연동 규칙을 통제
- 트랜스포머(Transformer) : 데이터 형식 변환을 담당

4. EAI 구현 유형

가. Mediation(Intra-Communication)
- EAI 엔진이 중개자(Broker)로 동작하며, 특정 정보 시스템 내의 데이터 신규 생성 및 갱신, 신규 트랜잭션 완료(Commit) 등 이벤트 발생을 식별하여 미리 약속된 정보 시스템에 해당 내용(데이터)을 전달한다.
- Publish / Subscribe Model이라고 부른다.

나. Federation(Inter-Communication)
- EAI 엔진이 외부 정보 시스템으로부터 데이터 요청들을 일괄적으로 수령해 필요한 데이터를 전달한다.
- Request / Reply Model이라고 부른다.

5. EAI의 활용 효과

출제 포인트
EAI의 활용 효과에 관한 문제가 출제될 수 있으므로 잘 알아 둡시다.

- 정보 시스템 개발 및 유지 보수비용 절감
- 기업 정보 시스템의 지속적 발전 기반 확보
- 협력사·파트너·고객과의 상호 협력 프로세스 연계
- 웹 서비스 등 인터넷 비즈니스를 위한 기본 토대 확립
- 지역적으로 분리되어 있는 정보 시스템들 간의 데이터 동기화, 그룹 및 지주 회사 계열사들 간 상호 관련 데이터 동기화 등을 위한 데이터 표준화 기반 제공

6. EAI와 ESB의 비교

출제 포인트
EAI과 ESB와의 차이점에 대해 묻는 문제가 출제될 수 있습니다.

구분	EAI (Enterprise Application Integration)	ESB (Enterprise Service Bus)
기능	미들웨어(Hub)를 이용하여 비즈니스 로직을 중심으로 Application을 통합·연계	미들웨어(Bus)를 이용하여 서비스 중심으로 시스템을 유기적으로 연계
통합관점	Application	Process
로직연동	개별 Application에서 수행	ESB에서 수행
아키텍처	단일 접점인 허브시스템을 이용한 중앙집중식 연결구조	버스(Bus) 형태의 느슨하고 유연한 연결구조

4절 데이터 통합 및 연계 기법

출제 포인트

해당 절의 내용은 최근 시험에서 거의 출제되지 않았으나, 언제 출제될지 모르니 기본적인 내용을 익혀두고 넘어갑시다. 특히 빅데이터 처리 기법에 관한 문제가 출제될 수 있음을 염두에 두고 학습합시다.

1. 데이터 연계 및 통합 유형(동기화 기준)

- 데이터 연계 및 통합 시 일괄(Batch) 작업 또는 비동기식 근접 실시간(Near Real Time) 또는 동기식 실시간(Real Time) 방식이 혼용·사용될 수 있다.
- **실시간 통합** 시에는 관심 대상 영역 상태에 대한 **빠른 파악 및 대응이 가능**하다는 장점이 있다.
- **일괄 작업**의 사례로는 ETL 기능을 통해 운영 시스템으로부터 **정기적·반복적으로 대량의 데이터를 획득**해 ODS를 구성하고, 이후 데이터 웨어하우스나 데이터 마트를 구성한 뒤 OLAP 정형/비정형 질의를 통해 경영 분석을 수행하는 작업을 들 수 있다.
- 동기식 실시간 데이터 통합의 사례로는 컨테이너 터미널, 공장 등의 생산 및 운송 장비(시설)에 설치된 각종 센서들로부터 데이터를 실시간으로 획득해 운영 상태를 모니터링하고 필요한 경우 작업을 통제하는 사례를 들 수 있다. 이는 Complex Event Processing이라는 SW 및 데이터 아키텍처를 통해 구현할 수 있다.
- 최근 데이터 중복을 허용하는 분산저장 환경구성을 통한 높은 확장성을 확보하는 빅데이터 저장 인프라스트럭처의 활용과 병행 설계되는 사례도 등장하고 있다.

〈데이터 연계 및 통합 아키텍처 비교〉

일괄(Batch) 통합	비동기식 실시간 통합	동기식 실시간 통합
- 비실시간 데이터 통합 - 대용량 데이터 대상 - 높은 데이터 조작 복잡성 - 데이터 추출 - 데이터 변형 - 데이터 적재 - CDC(Change Data Capture) - 감사 증적 - 웹 서비스/SOA - 교차 참조 - 데이터 재처리 허용 - 점대점 데이터 연계 - 자동화 도구 및 자체 개발 SW 혼용	- 근접 실시간 데이터 통합 - 중간 용량 데이터 - 중간 데이터 조작 복잡성 - 데이터 추출 - 데이터 변형 - 데이터 적재 - CDC(Change Data Capture) - Data pooling and DB Streams - 웹서비스/SOA - 감사 증적 - 교차 참조 - 다수 데이터 원천 및 목표 시스템 - 데이터 재처리 허용 - 자동화 도구 및 자체 개발 SW 혼용	- 실시간 데이터 통합 - 목표 시스템 데이터 처리 가능시에만 원천 데이터 획득 - 데이터 추출 - 데이터 변형 - 데이터 적재 - 웹서비스/SOA - Single transaction integration - 단일 트랜잭션 단위 데이터 통합 - 데이터 재처리 불가 - 단일 또는 다수 데이터 원천 - 감사 증적

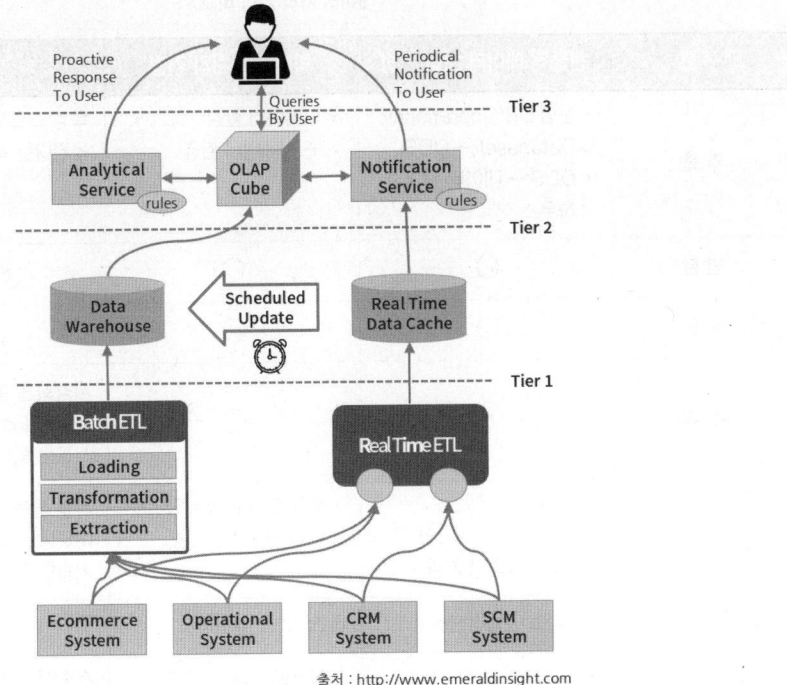

〈데이터 연계 및 통합 아키텍처 종합〉

- 전통적인 ETL 기술은 데이터 웨어하우스 구성만을 주목적으로 하였으나, 최근 들어 ODS와 BI 플랫폼, MDM 허브, 하둡, 클라우드 환경 등 다양한 데이터 통합 메커니즘들을 지원하는 것으로 그 영역을 확장하고 있다.
- 특별히 최근의 ETL 솔루션들은 빅데이터 환경과 전통적 데이터 환경(RDBMS 기반) 간 빅데이터 추출·변형·적재를 지원하고 있다.
- 최근 기업 의사결정 지원을 위해 전자메일, 각종 문서파일 등에 보관되는 비정형 또는 반정형(Semi-Structured) 데이터의 중요성이 부각되고 있다. **비정형 또는 반정형 데이터에서 정형 데이터로의 변환(Transformation)은 빅데이터의 주요한 기술적 특성**이다.
- MapReduce 등 빅데이터 기술을 활용하지 않을 경우에는 정형 데이터로 변환하기 위한 많은 추가 개발이 요청된다. 특히 빅데이터 기술을 이용하지 않고 정형 데이터로 변환하는 접근은 향후 시스템 확장성과 유연성을 확보하기 어렵게 하고, 기업 IT 투자를 중장기적으로 보호할 수 없게 한다.
- 기존 ETL 솔루션들도 이러한 상황에 대응하기 위해 비정형 또는 반정형 데이터의 정형 데이터로의 변형 작업을 표준화하기 위한 시도들을 하고 있다.

〈데이터 처리 기법 비교〉

구 분	전통적 데이터 처리 기법	빅데이터 처리 기법	비 고
추 출	• 운영 DB(Operational Database) → ODS • ODS → 데이터 웨어하우스	• 빅데이터 환경 → 빅데이터 환경	특정 소스에서 타깃으로 데이터를 옮긴다는 측면은 동일
변 환	○	○	
로 딩	○	○	
시각화	×	○	**시각화**를 통해 대용량 데이터에서 통찰력(Insight)을 획득하고자 하는 시도는 빅데이터의 고유한 특성임
분 석	• OLAP • 통계(Statistics)와 데이터마이닝 기술	• 통계(Statistics)와 데이터마이닝 기술	각종 통계 도구·기법과 데이터마이닝의 분석 모델 설계·운영·개선 기법의 적용은 유사함
리포팅	비즈니스 인텔리전스	비즈니스 인텔리전스	
인프라스트럭처	• SQL • 전통적 RDBS 인스턴스 (HA 포함)	• NoSQL 등 • 초대형 분산(Redundant) 데이터 스토리지	전통적 데이터 저장 메커니즘 대비 **다수의 노드에 중복을 허용**하는 방식으로 데이터를 저장하는 것은 빅데이터의 고유한 특성임

5절 대용량의 비정형 데이터 처리방법

출제 포인트
로그 데이터 수집 시스템의 예와 대용량 비정형 데이터 수집 시스템의 특징을 기억하고 있어야 합니다.

1. 대용량 로그 데이터 수집

가. 로그(Log)
- 로그(Log)는 기업에서 발생하는 대표적인 **비정형** 데이터로, 과거에는 문제 상황 보존을 위해 사용됐고, 최근에는 마케팅/영업 전략 수립을 위한 사용자의 행태 분석 등에 사용된다.
- 용량이 방대하기 때문에 이를 분석하기 위해서는 고성능과 확장성을 가진 시스템이 필요하다.
- 로그 데이터 수집 시스템의 예 : **아파치 Flume-NG, 페이스북 Scribe, 아파치 Chukwa 등**

> **용어**
> **비정형 데이터** : 그림, 영상, 문서와 같이 일정한 규격이나 형태가 없는 구조화되지 않은 데이터로 책, 이메일, 트위터, 블로그 등이 해당한다.

나. 대용량 비정형 데이터 수집 시스템의 특징

1) 초고속 수집 성능과 확장성
- 수많은 서비스와 시스템에서 실시간으로 발생하는 대용량 데이터를 놓치지 않고 수집할 수 있어야 하며, 수집 대상 서버가 증가하면 증가한 서버 수만큼 에이전트의 수를 늘리는 방식으로 **쉽게 확장할 수 있는 구조**를 가진다.

2) 데이터 전송 보장 메커니즘
- 수집된 데이터는 처리 및 분석을 위한 저장소인 분산 파일시스템, DB, NoSQL 등에 저장되며, 이때 데이터의 종류에 따라 데이터 전송 안정성 수준을 제어할 수 있다.
- 데이터가 여러 단계를 거쳐 저장소에 도착할 수 있는데, 단계별로 혹은 인접한 단계끼리 신호를 주고받아 이벤트의 유실을 방지하는 방식으로 전송을 보장할 수 있다.
- 각 방식은 성능과 안정성이라는 트레이드 오프(Trade-Off)가 존재하므로 비즈니스의 특성을 고려해 선택해야 한다.

3) 다양한 수집과 저장 플러그인
- 로그뿐만 아니라 성능 모니터링 데이터, 트위터와 같은 소셜 서비스 데이터 등의 다양한 비정형 데이터를 몇 가지 설정만으로도 수집이 가능하도록 내장 플러그인을 제공해야한다.
- 데이터 저장소의 경우 하둡 저장 기능, NoSQL을 포함한 다양한 데이터베이스 저장 플러그인들을 제공하는 추세이다.

4) 인터페이스 상속을 통한 애플리케이션 기능 확장
- 업무 특성상 수집 시스템에서 제공하는 기능 중 일부를 수정해야 하는 경우, 인터페이스를 확장해 원하는 부분만 비즈니스 용도에 맞게 수정할 수 있어야 한다.

2. 대규모 분산 병렬 처리

가. 하둡(Hadoop)
- 대규모 분산 병렬 처리의 업계 표준인 **맵리듀스(MapReduce)시스템과 분산 파일시스템인 HDFS를 핵심 구성요소로 가지는 플랫폼 기술**이다.
- 여러 대의 컴퓨터를 마치 하나의 시스템인 것처럼 묶어 분산 환경에서 빅데이터를 저장 및 처리할 수 있도록 하는 자바 기반의 오픈소스 프레임워크이다.
- 한 번에 처리해야할 데이터가 수십 GB에서 수십 TB에 이르거나 대규모의 컴퓨팅 및 연산 작업이 필요하다면 하둡의 사용을 적극적으로 검토해야 한다.
- 하둡은 아파치 검색엔진 프로젝트인 루씬(Lucene)의 서브 프로젝트로 시작되었으며, 각종 개발자 커뮤니티에서 활발하게 참여하면서 크게 개선됐다.
- 하둡은 **비공유 분산 아키텍처**를 사용한다.

나. 하둡(Hadoop)의 특징

 출제 포인트

대규모 분산병렬처리 플랫폼인 하둡(Hadoop)의 특징에 대해 잘 학습해 두어야 합니다.

1) 선형적인 성능과 용량 확장
- 여러 대의 서버로 클러스터를 만들어 하둡을 구축할 때 이론적으로 클러스터를 구성할 수 있는 서버의 대수에는 **제한이 없고**, 통상적으로 최소 클러스터 대수는 5대 정도이다.
- 하둡은 **비공유(Shared Nothing) 분산 아키텍처 시스템**이기 때문에 서버를 추가하면 연산 기능과 저장 기능이 **서버의 대수에 비례해 증가**한다.

2) 고장 감내성
- HDFS에 저장되는 데이터는 **3중복제**가 되어 서로 다른 물리서버에 저장되므로 서버에서 장애가 발생하더라도 데이터 유실을 방지할 수 있다.
- 맵리듀스 작업 수행 중 특정 태스크에서 장애가 생기면, 시스템이 자동으로 감지해 **장애가 발생한 특정 태스크만 다른 서버에서 재실행**할 수 있다.

3) 핵심 비즈니스 로직에 집중
- 하둡의 **맵리듀스는 맵과 리듀스라는 2개의 함수만 구현**하면서 동작하는 시스템
- 알고리즘 및 비즈니스 로직 개발자는 맵리듀스라는 데이터 처리·분석 방식만 이해하고 비즈니스 목적에 맞게 간단한 코드만 작성하면, 데이터가 크고 작음에 신경 쓰지 않아도 된다.
- 오직 비즈니스 로직에만 집중할 수 있도록 시스템 수준에서 발생하는 장애에 대해 자동 복구(Failover)를 제공하고, 확장성 및 성능 등의 이슈도 하둡이 내부적으로 최적화해 처리한다.

4) 하둡 에코 시스템 (Hadoop Ecosystem)

> **출제 포인트**
> 하둡 에코시스템에서 데이터 수집, 연동, 질의 등에 쓰이는 각각의 기술들이 무엇인지를 묻는 문제가 출제될 수 있으므로 잘 기억하도록 합시다.

- 하둡 프레임워크를 이루고 있는 다양한 서브 프로젝트들의 집합으로, 수집, 저장, 처리기술과 분석, 실시간 SQL 질의 기술로 구분한다.
- 하둡 에코시스템 기술로는 비정형 데이터 수집, 정형 데이터 수집, 분산 데이터 저장, 분산 데이터베이스, 분산 데이터 처리, 리소스 관리, 인메모리 처리, 데이터 가공, 데이터 마이닝, 실시간 SQL 질의, 워크플로우 관리, 분산 코디네이션 등이 있다.

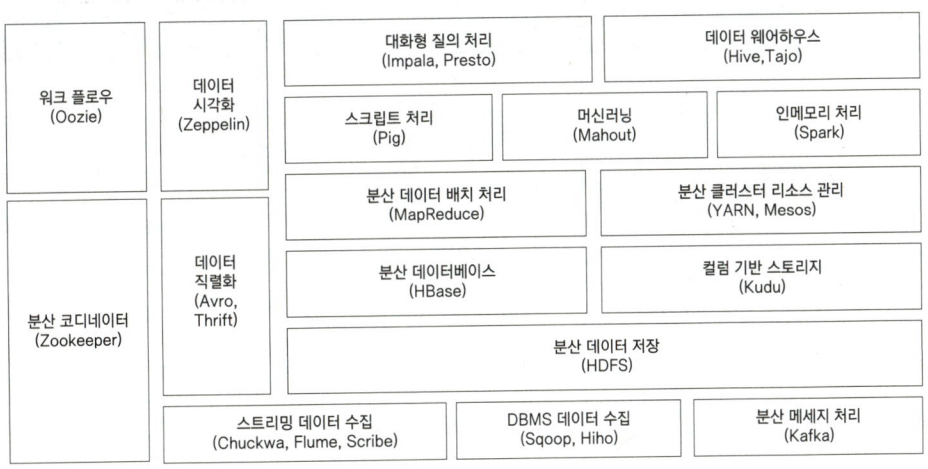

〈하둡 에코 시스템〉

가) 비정형 데이터 수집
- **척와(Chuckwa)** : 분산된 각 서버에서 에이전트를 실행하고, 컬렉터가 에이전트로부터 데이터를 받아 HDFS에 저장하는 기술이다.
- **플럼(Flume)** : 많은 양의 로그 데이터를 효율적으로 수집, 집계, 이동하기 위해 이벤트와 에이전트를 활용하는 기술이다.
- **스크라이브(Scribe)** : 다수의 서버로부터 실시간으로 스트리밍되는 로그 데이터를 수집하여 분산 시스템에 데이터를 저장하는 대용량 실시간 로그 수집 기술이며, 최종 데이터는 HDFS 외에 다양한 저장소를 활용한다.

나) 정형 데이터 수집
- **스쿱(Sqoop)** : 대용량 데이터 전송 솔루션으로 커넥터를 사용하여 관계형 데이터베이스 시스템(RDBMS)에서 하둡 파일 시스템(HDFS)으로 데이터를 수집하거나, 하둡 파일 시스템에서 관계형 데이터베이스로 데이터를 보내는 기술이다.
- **히호(Hiho)** : 스쿱과 같은 대용량 데이터 전송 솔루션이며, 하둡에서 데이터를 가져오기 위한 SQL을 지정할 수 있으며, JDBC 인터페이스를 지원한다.

다) 분산 데이터 저장
- **HDFS** : 대용량 파일을 분산된 서버에 저장하고, 그 저장된 데이터를 빠르게 처리할 수 있게 하는 하둡 분산 파일 시스템으로 범용 하드웨어 기반 클러스터에서 실행되고 데이터 접근 패턴을 스트리밍 방식으로 지원하며, 다중 복제, 대량 파일 저장, 온라인 변경, 범용 서버 기반, 자동복구 특징이 있다.

구성	특징
네임노드	• 마스터 역할 • 모든 메타데이터 관리 • 데이터노드들로부터 하트비트를 받아 상태 체크
보조 네임노드	• 상태 모니터링을 보조함
데이터노드	• 슬레이브 역할 • 데이터 입출력 요청 • 데이터 유실방지를 위해 블록을 3중 복제

〈HDFS 구성 요소〉

라) 분산 데이터베이스
- **HBase** : HDFS를 기반으로 구현된 컬럼 기반의 분산 데이터베이스로 실시간 랜덤 조회 및 업데이트를 할 수 있으며, 각각의 프로세스는 개인의 데이터를 비동기적으로 업데이트할 수 있다.

마) 분산 데이터 처리
- **맵리듀스** : 대용량 데이터 세트를 분산 병렬 컴퓨팅에서 처리하거나 생성하기 위한 목적으로 만들어진 소프트웨어 프레임워크로 모든 데이터를 키-값(Key-Value) 쌍으로 구성된다.

구 성	특 징
맵	Key-Value 형태로 데이터를 취합
셔플	데이터를 통합하여 처리
리듀스	맵 처리된 데이터를 정리

〈맵리듀스 구성 요소〉

바) 리소스 관리
- **얀(YARN)** : 하둡의 맵리듀스 처리 부분을 새롭게 만든 자원 관리 플랫폼으로, 리소스 매니저와 노드 매니저로 구성된다.

구 성	특 징
리소스 매니저	스케줄러 역할을 수행하고, 클러스터 이용률 최적화를 수행
노드 매니저	노드 내의 자원을 관리하고, 리소스 매니저에게 전달 수행 및 컨테이너를 관리
애플리케이션 마스터	리소스 매니저와 자원의 교섭을 책임지고, 컨테이너를 실행
컨테이너	프로그램 구동을 위한 격리 환경을 지원하는 가상화 자원

〈YARN 구성 요소〉

사) 인메모리 처리
- **아파치 스파크(Apache Spark)** : 하둡 기반 대규모 데이터 분산처리시스템으로 스트리밍 데이터, 온라인 머신러닝 등 실시간으로 데이터를 처리한다.

아) 데이터 가공
- **피그(Pig)** : 대용량 데이터 집합을 분석하기 위한 플랫폼으로 하둡을 이용하여 맵리듀스를 사용하기 위한 높은 수준의 스크립트 언어인 피그 라틴이라는 자체 언어를 제공한다.
- **하이브(Hive)** : 하둡 기반 DW 솔루션으로 SQL과 매우 유사한 HiveQL이라는 쿼리를 제공한다.

자) 데이터 마이닝
- **머하웃(Mahout)** : 하둡 기반으로 데이터 마이닝 알고리즘을 구현한 오픈소스로 분류, 클러스터링, 추천 및 협업 필터링, 패턴 마이닝, 회귀 분석, 진화 알고리즘 등 주요 알고리즘을 지원한다.

차) 실시간 SQL 질의
- **임팔라(Impala)** : 하둡 기반의 실시간 SQL 질의 시스템으로 데이터 조회를 위한 인터페이스로 HiveQL을 사용하며, 수초 내에 SQL 질의 결과를 확인할 수 있으며, HBase와 연동이 가능하다.
- **타조(Tajo)** : 다양한 데이터 소스를 위한 하둡 기반의 ETL 기술을 이용해서 데이터 웨어하우스에 적재하는 시스템이다.

카) 워크플로우 관리
- **우지(Oozie)** : 하둡 작업을 관리하는 워크플로우 및 코디네이터 시스템이다.

타) 분산 코디네이션
- **주키퍼(Zookeeper)** : 분산 환경에서 서버들 간에 상호 조정이 필요한 다양한 서비스를 제공하는 기술로 하나의 서버에서만 서비스가 집중되지 않도록 서비스를 알맞게 분산하여 동시에 처리한다.

3. 데이터 연동

가. 데이터 연동의 개요

- 비정형 데이터로 분석을 수행하기 위해서는 기업 내의 정형 데이터와 분석하고자 하는 비정형 데이터를 연동하는 것이 필요하다.
- 하지만 데이터베이스를 대상으로 맵리듀스와 같은 대규모 분산 병렬 처리를 하는 것은 심한 부하를 야기하므로, 데이터베이스의 데이터를 하둡으로 복사한 후 하둡에서 대규모 분산 처리를 수행하게 된다.
- 그 결과로 생성된 작은 요약 데이터셋을 다시 데이터베이스에 기록하는 방식으로 작업을 수행하는데, 이때 데이터 연동 기능을 수행하는 대표적인 오픈 소스 솔루션이 스쿱(Sqoop)이다.

나. 스쿱(Sqoop)

- 하둡과 데이터베이스간의 **데이터 연동 솔루션**인 **스쿱**은 오라클, MySQL, PostgreSQL, 사이베이스 등 JDBC를 지원하는 대부분의 관계형 데이터베이스와의 연동을 지원한다.

 출제 포인트: 데이터 연동 기술인 스쿱(Sqoop)에 관한 문제가 출제된 적이 있으므로, 그 특징을 잘 이해하고 있어야 합니다.

- Hbase와 같은 일부 NoSQL 데이터베이스와도 연동이 가능하다.
- 스쿱은 하둡에서 제공하는 맵 인풋 포맷터를 사용하며, SQL을 통해 테이블에서 데이터를 추출한다.
- 스쿱은 데이터의 이동을 맵리듀스를 통해 처리하여 장애 허용 능력과 병렬 처리 기능을 제공한다.
- 스쿱 스크립트의 **Import 명령어를 이용하여 RDBMS의 데이터를 HDFS로 옮기고, Export 명령어를 이용하여 HDFS의 데이터를 RDBMS로 옮길 수 있다.**
- 스쿱을 통해 관계형 DB에서 하둡으로 데이터를 전송하는 스크립트는 다음 표와 같으며, 비슷한 스크립트 문법을 이용하여 하둡의 결과 데이터를 다시 관계형 DB로 적재할 수 있다.

〈스쿱 스크립트〉

스쿱 스크립트	설명
sqoop import	
(1) --connect jdbc:mysql://192.168.10.100:3306/sakila --username Hadoop --password hadoop00	• 데이터를 가져올 데이터베이스 정보를 입력
(2) --query 'select * from city where city like 'k%''	• 가져올 데이터에 대한 SQL문을 입력 (city테이블에서 city칼럼의 값이 k로 시작하는 행에 대한 모든 열을 출력)
(3) --m 2	• 동시에 몇 개의 프로세스를 실행하여 데이터를 가져올지를 지정한다. 프로세스를 많이 지정하면 데이터 전송의 속도는 빠르지만 부하가 발생할 수 있으므로 적절한 개수를 지정
(4) --split-by city_id	• 데이터베이스의 키 칼럼을 입력
(5) --target-dir /user/hadoop	• 가져온 데이터를 저장할 하둡상의 경로를 지정

4. 대용량 질의 기술

가. 대용량 질의 기술의 개요

 출제 포인트

하이브(Hive)가 무엇인지 알고 있어야 하며, 실시간 SQL 질의 분석 기술인 'SQL on 하둡'에는 어떤 것들이 있는지 정확하게 숙지하고 있어야 합니다.

- 하둡은 저비용으로 대용량 데이터를 저장하고 신속하게 처리할 수 있는 시스템으로 이전에 비해 단순해졌지만 여전히 코딩이 필요하기 때문에 분석가에게는 어려움이 존재한다.
- 이러한 이유로 사용자에게 친숙한 SQL이라는 질의 기술을 이용하여 하둡에 저장된 데이터를 쉽게 처리하고 분석할 수 있도록 해주는 '**하이브(Hive)**'가 등장해 널리 사용되고 있다.
- 하둡과 하이브는 대용량 데이터를 **배치 처리**하는데 최적화 되어 있지만, 실제 업무에서는 데이터를 실시간으로 조회하거나 처리해야 하는 요구사항이 많다.
- 실시간 조회 및 처리에 대한 제약을 극복하기 위해 **실시간 SQL 질의 분석 기술**인 SQL on 하둡이 등장하였다.

나. SQL on 하둡 기술

- **아파치 드릴(Drill)** : 하둡 전문 회사인 맵알(MapR)이 주축인 프로젝트로 드레멜의 아키텍처와 기능을 동일하게 구현한 오픈 소스 버전의 드레멜
- **아파치 스팅거(Stinger)** : 하둡 전문 회사인 호튼웍스에서 개발을 주도하고 있으며 기존의 하이브 코드를 최대한 이용하여 성능을 개선하는 식으로 개발이 진행되고 있음.
- **샤크(Shark)** : 인메모리 기반의 대용량 데이터 웨어하우스 시스템이며, 하이브와 호환되기 때문에 하이브 SQL 질의와 사용자 정의 함수를 사용할 수 있음.
- **아파치 타조(Tajo)** : 고려대 대학원에서 시작된 프로젝트로 국내 빅데이터 전문회사인 그루터(Gruter)가 합류하여 개발을 진행하고 있고, 아파치 인큐베이션 프로젝트로 등록되어 있음.
- **임팔라(Impala)** : 하둡 전문 회사인 클라우데라(Cloudera)에서 개발을 주도하고 있음.
- **호크(HAWQ)** : EMC에서 분사한 하둡 전문 회사인 피보탈(Pivotal)에서 개발한 프로젝트로 상용과 커뮤니티의 2가지 버전을 제공
- **프레스토** : 페이스북에서 자체적으로 개발하여 사용하고 있는 하둡 기반의 데이터 웨어하우징 엔진이며, 아파치 라이선스로 공개됨.

예상문제

2과목 / 1장
데이터 처리 프로세스

01. 다음 중 CDC(Change Data Capture) 기술에 대한 설명 중 옳은 것은?

① 변경된 데이터를 실시간으로 감지하지 못하고, 주기적으로 일정 시간마다 업데이트 한다.
② CDC는 데이터에 변경이 생겼다는 것을 식별하고, 변경된 데이터는 캡처할 수 없다.
③ 데이터베이스 내 데이터에 대한 변경을 식별해 필요한 후속 처리를 자동화하는 기술이다.
④ 데이터 웨어하우스 구축에는 사용할 수 있으나, ODS 구축에는 사용할 수 없다.

02. 다음 중 EAI(Enterprise Application Integration)의 활용 효과로 옳지 않은 것은?

① 향후 정보 시스템 개발 및 유지 보수비용 절감 도모
② 다양한 조건에 의한 CDC 매커니즘을 구현 가능
③ 협력사·파트너·고객과의 상호 협력 프로세스 연계 발전 기반 확보
④ 그룹 및 지주 회사 계열사들 간 상호 관련 데이터 동기화 등을 위한 데이터 표준화 기반 확보

03. 다음 중 빅데이터가 가지고 있는 특징에 대한 설명으로 가장 적절하지 않은 것은?

① 과거와 현재의 데이터를 수집·분석하여 새로운 정보를 발굴하고, 가까운 미래를 예측할 수 있다.
② 일반적으로 OLAP(다차원 분석)을 위주로 한다.
③ 시각화를 통해 데이터에서 통찰력(insight)을 획득하고자 하는 시도는 빅데이터의 고유한 특징이다.
④ 비정형 또는 준정형 데이터를 정형 데이터로 변환(transformation)하는 것은 빅데이터의 주요한 기술적 특성이다.

04. 다음 중 SQL on 하둡 기술에 해당하지 않는 것은?

① 샤크(Shark) ② 스파크(Spark)
③ 아파치 드릴(Drill) ④ 호크(HAWQ)

05. 다음 중 ODS(Operational Data Store)를 구성하기 위한 일괄 작업 ETL의 작업 단계(Layer) 순서로 적절한 것은?

① Interface Layer - Cleansing Layer - Staging Layer - Integration Layer - Profiling Layer - Export Layer
② Staging Layer - Profiling Layer - Interface Layer - Integration Layer - Cleansing Layer - Export Layer
③ Interface Layer - Profiling Layer - Cleansing Layer - Integration Layer - Staging Layer - Export Layer
④ Interface Layer - Staging Layer - Profiling Layer - Cleansing Layer - Integration Layer - Export Layer

06. 다음 중 하둡에 대한 설명 중 옳지 않은 것은?

① 하둡(Hadoop)은 하둡 분산 파일시스템(HDFS)과 MapReduce를 핵심 구성요소로 가진다.
② HDFS에 저장되는 데이터는 3중복제가 되어 서로 다른 물리서버에 저장되므로 서버에서 장애가 발생하더라도 데이터 유실을 방지할 수 있다.
③ 하둡은 공유형 분산 아키텍처 시스템에 해당한다.
④ 맵리듀스는 하둡에서 제공하는 대규모 분산 병렬 처리 기술로 구글이 처음 고안해 상용화한 기술이다.

07. 다음 중 데이터 적재 작업의 핵심구성요소인 ETL에 관한 설명으로 가장 적절한 것은?

① 추출 : 처리가 완료된 데이터를 특정 목표 시스템에 저장
② 변환 : 데이터 클린징, 형식변환, 표준화, 통합 또는 다수 애플리케이션에 내장된 비즈니스 룰 적용
③ 작업 단위 : 획득한 데이터를 목표 시스템에 적재하는 하나의 작업
④ 적재 : 하나 또는 그 이상의 데이터 원천들로부터 데이터 획득

08. CDC(Change Data Capture) 구현 방식에 대한 설명으로 가장 옳지 않은 것은?

① Status on Rows는 타임 스탬프 및 버전 넘버 기법에 대한 보완 용도로 활용될 수는 없다.
② Event Programming는 애플리케이션 개발 부담과 복잡도를 증가시키나, 다양한 조건에 의한 CDC 메커니즘을 구현할 수 있는 기법이다.
③ Log Scanner on Database 기법을 이용하면 트랜잭션 무결성에 대한 영향도를 최소화할 수 있다.
④ Version Numbers on Rows를 활용하면 일반적으로 레코드들의 최신 버전을 기록·관리하는 참조 테이블을 함께 운영한다.

09. 다음 중 로그 데이터 수집 시스템에 해당하지 않는 것은?

① 페이스북 프레스토
② 아파치 Flume-NG
③ 아파치 Chukwa
④ 페이스북 Scribe

10. 다음 중 EAI(Enterprise Application Integration) 설명으로 가장 옳지 않은 것은?

① EAI는 허브 역할을 하는 브로커를 가운데에 두고, 연결 대상 노드들의 데이터 연계 요구를 중계해 주는 방식으로 노드 간 연결 구조를 단순화한다.
② EAI를 활용하면 웹 서비스 등 인터넷 비즈니스를 위한 기본 토대를 확립할 수 있다.
③ EAI의 아키텍처는 단일 접점인 허브시스템을 이용한 중앙집중식 연결구조이다.
④ EAI의 구현 유형 중 Mediation(intra-communication)은 EAI 엔진이 외부 정보 시스템으로부터 데이터 요청들을 일괄적으로 수령해 필요한 데이터를 전달한다.

11. 데이터 웨어하우스의 테이블 모델링 기법인 스타스키마에 대한 설명으로 옳은 것은?

① 조인 스키마(Join schema)라고도 하며, 데이터 웨어하우스 스키마 중 가장 복잡하다.
② 스타 스키마는 이해하기 어렵다는 것이 단점이다.
③ 스타 스키마는 쿼리 작성이 복잡하고 조인 테이블 개수가 많다.
④ 단일 사실 테이블(Fact Table)을 중심으로 다수의 차원 테이블(Dimensional Table)들로 구성된다.

12. 다음 중 비정형 데이터 처리 기술에 대한 설명으로 가장 부적절한 것은?

① 데이터 연동에 있어서 관계형 DB에서 하둡으로 데이터를 옮기는 것은 가능하지만 하둡에서 관계형 DB로 데이터를 옮기는 것은 불가능하다.
② YARN은 맵리듀스의 단점을 극복하기 위해 시작되었고, 분산 애플리케이션을 구현하기 위한 자원 관리 프레임워크를 지원한다.
③ 워크플로 관리에는 Oozie, Azkaban 등의 기술이 사용된다.
④ Flume-NG, Kafka 등은 대표적인 비정형 데이터 수집 기술이다.

13. CDC(Change Data Capture)의 구현 기법 중 Log Scanner on Database 방식의 특징 중 옳지 않은 것은?

① 트랜잭션 로그만 읽기 때문에 데이터베이스 성능에 거의 영향을 주지 않는다.
② 변경 데이터를 거의 실시간으로 감지할 수 있어 지연 시간이 매우 짧다.
③ 데이터 변경을 추적하기 위해 테이블에 트리거를 추가해야 한다.
④ 테이블 구조나 스키마 변경 없이도 구현이 가능하다.

14. 다음은 ODS(Operational Data Storage)와 DW(Data Warehouse)를 비교한 내용의 보기들이다. 이 중 가장 적절한 것은?

① 데이터의 내용 관점에서 보면 DW는 현재 또는 비교적 최신의 데이터를 저장하고, ODS는 오래된 상세 데이터 및 2차 가공된 고도로 요약된 데이터를 저장한다.
② 과거에 ODS는 DW와 구분되는 명확한 특징을 지닌 분석영역이었지만 현재, 운영환경의 통합이 상당수 진행된 상황에서는 단순히 DW를 구축하기 위한 1차 데이터 수집공간의 의미로 설계하는 경우도 있다.
③ ODS는 단순한 적재(Load)와 접근(Access)기능 중심이지만, DW는 데이터의 업데이트 저장 환경으로 데이터베이스에서의 데이터 처리의 모든 기능을 사용하도록 설계되어 있다.
④ DW가 비교적 소규모 데이터를 저장하는데 비해 ODS는 대규모 데이터를 저장하는데 사용된다.

15. 다음 중 EAI의 활용이 기업에 가져올 수 있는 효과 혹은 변화에 관한 설명으로 부적절한 것은?

① 협력사, 파트너, 고객과의 협력 프로세스를 서로 연계할 수 있다.
② 글로벌 경영 환경에 상응하는 데이터 표준화 기반을 제공한다.
③ 지역적으로 분리된 정보 시스템에 대한 데이터 표준화 기반은 제공하지 못한다.
④ 웹 서비스 등의 인터넷 비즈니스를 위한 기본 토대를 확립할 수 있게 해준다.

16. 다음 중 전통적 데이터 처리 기법과 빅데이터 처리 기법을 비교한 것으로 적절하지 않은 것은?

① 전통적 데이터 처리 기법에서는 운영 DB의 데이터를 ODS로 적재하고, 이를 다시 데이터 웨어하우스에 적재한다.
② 전통적 데이터 처리에서는 인프라스트럭처로 SQL 혹은 RDBMS를 사용하며, 빅데이터 처리에서는 NoSQL 혹은 초대형 분산 데이터 저장소를 사용한다.
③ 빅데이터 처리 기법과 전통적 데이터 처리 기법은 모두 통계와 데이터마이닝 기술을 활용한다.
④ 빅데이터 처리 기법과 전통적 데이터 처리 기법은 모두 시각화를 통해 데이터에서 인사이트를 도출한다.

17. 다음 중 하둡 에코시스템의 구성요소와 그에 해당하는 설명을 짝지은 것으로 옳지 않은 것은?

① Oozie는 하둡 작업을 관리하는 워크플로우 및 코디네이터 시스템이다.
② Hive는 하둡 기반의 데이터 웨어하우스이며, 테이블 단위의 데이터 저장과 SQL 쿼리를 지원한다.
③ Chukwa는 분산 환경에서 생성되는 데이터를 HDFS에 안정적으로 저장시키는 플랫폼이다.
④ Scribe는 Sqoop과 같은 대용량 데이터 전송 솔루션으로 하둡에서 데이터를 가져오기 위한 SQL을 지정할 수 있다.

18. 다음 중 대용량 질의 기술에 관한 설명으로 옳지 않은 것은?

① 하둡과 하이브(Hive)는 대용량 데이터를 배치 처리하는데 최적화 되어 있다.
② 아파치 타조(Tajo)는 SQL-on-Hadoop을 위한 분산 쿼리 엔진으로, PostgreSQL 기반의 자체 엔진을 사용하며 Apache에서 개발되었다.
③ 하이브(Hive)는 SQL 질의를 이용하여 하둡에 저장된 데이터를 처리하고 분석할 수 있게 해준다.
④ 하둡은 초기에는 자바 기반의 MapReduce를 사용해야 했지만, Hive, Pig 등의 고수준 언어 도입으로 SQL 기반 분석이 가능해져 코딩 부담이 줄어들었다.

19. 다음 중 기업 정보 시스템들의 데이터를 연계·통합하는 소프트웨어 및 정보 시스템 아키텍처 프레임워크인 EAI에 관한 설명으로 옳지 않은 것은?

① EAI는 미들웨어(Bus)를 이용하여 서비스 중심으로 시스템을 유기적으로 연계한다.
② EAI를 도입하면 글로벌 경영 환경에 적합한 데이터 표준화 기반을 정립할 수 있다.
③ Mediation 구현은 Publish/subscribe Model에 해당한다.
④ 다양한 형태로 산재되어 있는 애플리케이션을 프로세스 및 메시지 차원에서 통합/관리한다.

20. 다음 중 하둡 에코시스템을 구성하는 다양한 기술과 그에 해당하는 설명으로 적절하지 않은 것은?

① 스쿱(Sqoop)은 하둡과 데이터베이스 간의 데이터 연동 솔루션으로 오픈소스이다.
② Pig는 Pig Latin 언어를 제공하지만, 복잡한 MapReduce 프로그래밍을 대체하지는 못한다.
③ Flume은 로그 데이터를 수집하기 위해 소스(Source), 채널(Channel), 싱크(Sink)로 구성된 데이터 흐름 파이프라인 구조를 갖는다.
④ Mahout는 하둡 기반으로 데이터 마이닝 알고리즘을 구현한 오픈 소스 라이브러리에 해당한다.

단답형 문제로 복습하기!

> 단답형은 앞의 개념을 복습하기 위한 문제들로 시험에서는 단답형이 출제되지 않으니 참고하시기 바랍니다.

01. ETL의 주요 기능 중 하나 또는 그 이상의 데이터 원천(Source)들로부터 데이터를 획득하는 것은?

> ETL의 주요 기능 3가지 중 (가)은/는 하나 또는 그 이상의 데이터 원천(Source)들로부터 데이터를 획득하는 것이다.

( )

02. 데이터 웨어하우스의 특징 중 데이터는 최초 저장 이후에는 읽기 전용(Read Only)의 속성을 가지며, 삭제되지 않는다는 것은 무엇인가?

( )

03. 아래의 설명하는 내용은 무엇인가?

> 기업 내 또는 기업 간 상호 이질적 정보 시스템들의 데이터를 연계함으로써 상호 융화 내지 동기화돼 작동되도록 하는 것으로, 비즈니스 프로세스를 자동화하고 실시간으로 통합 연계할 수 있다.

( )

04. 아래의 설명하는 내용은 무엇인가?

> 기업에서 발생하는 대표적인 비정형 데이터로, 과거에는 문제 상황 보존을 위해 사용됐고 최근에는 마케팅/영업 전략 수립을 위한 사용자의 행태 분석 등에 사용된다. 수집 시스템의 예로는 아파치 Flume-NG, 페이스북 Scribe 등이 있다.

( )

05. 하둡 에코시스템(Hadoop Ecosystem)에서 분산 데이터를 처리하는 기술로 대용량 데이터 세트를 분산 병렬 컴퓨팅에서 처리하거나 생성하기 위한 목적으로 만들어졌으며, 소프트웨어 프레임워크로 모든 데이터를 키-값(Key-Value) 쌍으로 구성되는 것은?

( )

06. 아래의 설명하는 내용은 무엇인가?

> 데이터 연동 기능을 수행하는 대표적인 오픈 소스 솔루션으로 오라클, MySQL, 사이베이스 등 JDBC를 지원하는 대부분의 관계형 데이터베이스와의 연동을 지원한다.

( )

07. ( ) 안에 들어갈 용어는 무엇인가?

> 하둡은 저비용으로 대용량 데이터를 저장하고 신속하게 처리할 수 있는 시스템으로 이전에 비해 단순해졌지만 여전히 코딩이 필요하기 때문에 분석가에게는 어려움이 존재한다. 이러한 이유로 사용자에게 친숙한 SQL이라는 질의 기술을 이용하여 하둡에 저장된 데이터를 쉽게 처리하고 분석할 수 있도록 해주는 ( )가 등장해 널리 사용되고 있다.

( )

08. 페이스북에서 자체적으로 개발하여 사용하고 있는 하둡 기반의 데이터 웨어하우징 엔진이며, 아파치 라이선스로 공개된 기술은 무엇인가?

( )

09. 아래의 설명하는 내용은 무엇인가?

> 데이터에 대한 추가 작업을 위해 다양한 데이터 원천(Source)들로부터 데이터를 추출·통합한 데이터베이스다. 일반적으로 실시간(Real Time) 또는 실시간 근접(Near Real Time) 트랜잭션 데이터 혹은 가격 등의 원자성을 지닌 하위 수준 데이터들을 저장하기 위해 설계된다.

( )

10. 아래의 설명하는 내용은 무엇인가?

> 데이터 웨어하우스의 테이블 모델링 기법으로 스타 스키마의 차원 테이블을 제 3정규형으로 정규화한 형태이다. 데이터의 중복이 제거돼 데이터 적재 시 시간이 단축된다는 장점이 있으나 스타 스키마에 비해 스키마 구조의 복잡성이 증가하므로 조인 테이블의 개수가 증가하고 쿼리 작성의 난이도가 상승한다는 단점이 존재한다.

( )

정답 및 해설

【단답형】

번호	답	번호	답	번호	답
01	③	11	④	01	추출(Extraction)
02	②	12	①	02	영속성, 비휘발성(Non Volatile)
03	②	13	③	03	EAI
04	②	14	②	04	로그(Log)
05	④	15	③	05	맵리듀스(MapReduce)
06	③	16	④	06	스쿱(Sqoop)
07	②	17	④	07	하이브(Hive)
08	①	18	②	08	프레스토
09	①	19	①	09	ODS(Operational Data Store)
10	④	20	②	10	스노우 플레이크 스키마

01. 데이터베이스 내 데이터에 대한 변경을 식별하고, 필요한 후속 처리를 자동화하는 기술이 바로 CDC이다. 이 기술을 통해 데이터 변경 사항을 실시간으로 감지하고 처리할 수 있다. (정답 : ③)

02. CDC(Change Data Capture)는 데이터의 변경을 실시간으로 추적하는 기술이며, 이는 데이터 통합의 한 방법일 수 있지만 EAI의 핵심 목적이나 활용 효과와는 직접적인 관련이 없다. (정답 : ②)

03. 빅데이터는 일반적으로 데이터마이닝, 통계기법, 기계학습, 시각화 등의 분석 방법론을 사용한다. OLAP은 기존의 데이터 웨어하우스에서 주로 이용하는 분석법에 해당된다. (정답 : ②)

04. 스파크(Spark)는 일반적으로 데이터 처리를 위한 분산 컴퓨팅 시스템이다. Spark는 데이터 처리 및 분석을 위한 다양한 라이브러리를 제공하지만, 자체적으로는 SQL on 하둡 기술이라고 보기 어렵다. Spark에는 Spark SQL이라는 모듈이 있어 SQL 쿼리를 지원하지만, Spark 자체는 SQL on 하둡 기술에 해당하지 않는다. (정답 : ②)

05. ODS 구성을 위한 일괄 작업 ETL은 Interface Layer → Staging Layer → Profiling Layer → Cleansing Layer → Integration Layer → Export Layer의 단계로 구성될 수 있다. (정답 : ④)

06. 하둡(Hadoop)은 비공유형 분산 아키텍처(shared-nothing architecture) 기반의 시스템이다. 각 노드는 자체적인 저장소와 연산 자원을 가지며, 병목 없이 독립적으로 처리할 수 있게 설계되어 있다. (정답 : ③)

07. ETL은 데이터 웨어하우징 과정에서 데이터를 추출(Extract), 변환(Transform), 적재(Load) 하는 절차를 의미한다. 이 중 '변환' 단계는 데이터 정제와 통합, 형식 변환, 표준화 등 데이터를 목적에 맞게 가공하는 핵심 단계이다. (정답 : ②)

08. Status on Rows는 타임 스탬프 및 버전 넘버 기법과 함께 사용되어 데이터 변경 사항을 더 효과적으로 추적하고 관리할 수 있다. (정답 : ①)

09. 페이스북 프레스토는 대규모 데이터 웨어하우스에서 빠른 대화형 쿼리를 실행하기 위한 분산 SQL 쿼리 엔진이다. 로그 데이터 수집 시스템이 아니라, 분석을 위한 쿼리를 실행하는 시스템이다. (정답 : ①)

10. ④번은 EAI의 구현 유형 중 Federation(inter-communication)에 해당하는 설명이다. (정답 : ④)

11. 스타스키마는 데이터 웨어하우스 스키마 중 가장 단순하며, 이해하기 쉽다. ③번은 스노우 플레이크 스키마에 해당하는 내용이다. (정답 : ④)

12. 데이터 연동 기술인 스쿱(Sqoop)은 관계형 DB에서 하둡으로 데이터를 전송하는 과정뿐만 아니라 반대로 하둡에서 관계형 DB로 데이터를 내보내는 과정을 모두 지원한다. (정답 : ①)

13. Log Scanner on Database의 장점은 데이터베이스에 대한 영향도 최소화, 데이터베이스 사용 애플리케이션에 대한 영향도 최소화, 변경 식별 지연시간 최소화, 트랜잭션 무결성에 대한 영향도 최소화, 데이터베이스 스키마 변경 불필요가 있다. (정답 : ③)

14. ①, ③, ④번은 모두 ODS와 DW에 대해서 반대로 비교한 내용이다. (정답 : ②)

15. EAI의 활용은 지역적으로 분리되어 있는 정보 시스템들 간의 데이터 동기화, 그룹 및 지주 회사 계열사들 간 상호 관련 데이터 동기화 등을 위한 데이터 표준화 기반 제공할 수 있다. (정답 : ③)

16. 시각화를 통해 대용량 데이터에서 통찰력(Insight)을 획득하고자 하는 시도는 빅데이터의 고유한 특성이라고 할 수 있다. (정답 : ④)

17. ④번은 Hiho에 관한 설명이다. Scribe는 페이스북에서 개발된 데이터 수집 플랫폼으로 Chukwa와 달리 중앙집중 서버로 데이터를 전송한다. (정답 : ④)

18. ②번은 아파치 스팅거(Stinger)에 관한 설명이다. 아파치 타조(Tago)는 고려대 대학원에서 시작되었으며, 아파치 인큐베이션 프로젝트로 등록되어 있다. (정답 : ②)

19. ①번은 ESB(Enterprise Service Bus)에 관한 설명이다. EAI는 미들웨어(Hub)를 이용하여 비즈니스 로직을 중심으로 Application을 통합·연계한다. (정답 : ①)

20. Pig는 복잡한 MapReduce 프로그래밍을 대체할 Pig Latin 언어를 제공한다. (정답 : ②)

2장 데이터 처리 기술

학습목표

- 분산 파일 시스템, 공유 스토리지 등의 저장 기술의 종류와 기능을 이해한다.
- 분산 병렬 처리 기술에 대해 이해한다.
- 서버 가상화를 중심으로 한 클라우드 인프라 기술들을 이해한다.

눈높이 체크

- **최근의 대용량 데이터를 저장하는 기술들에 대해 알고 있나요?**

대규모 데이터를 저장하기 위해서는 네트워크상에 분산된 서버들을 클러스터링하여 대용량 저장 공간과 빠른 처리 성능을 획득하는 분산 데이터 저장 기술을 필요로 합니다. 2장 1절에서 분산 데이터 저장 기술의 다양한 종류와 특징들을 알아봅시다.

- **데이터베이스 클러스터링 혹은 파티셔닝에 대해 들어본 적이 있나요?**

데이터의 저장 용량이 커짐에 따라 전통적인 DBMS에서는 데이터 검색에 오랜 시간이 걸리는 등의 성능 저하가 발생할 수 있습니다. 이러한 성능 저하를 방지하고, 가용성을 높이기 위해 데이터베이스를 파티셔닝 혹은 클러스터링하는 기술들이 많이 활용되고 있습니다.

- **대용량 데이터를 처리하고 분석하는 기술들에 대해 알고 있습니까?**

정보의 양이 기하급수적으로 늘어남에 따라 대용량 데이터에서 양질의 정보와 지식을 추출하기 위한 기법들이 발전하고 있습니다. 대용량 데이터에 대한 다차원 분석을 가능하도록 한 구글의 '맵리듀스', 구글 맵리듀스의 오픈소스 버전인 '하둡', 하둡을 개선한 실시간 처리 기술 'SQL on 하둡' 등에 대해 알아봅시다.

- **클라우드 컴퓨팅 기술에 대해 알고 있나요?**

클라우드 컴퓨팅은 데이터 저장소, 소프트웨어, 서버, 네트워크 등의 다양한 IT 자원들을 필요한 시기에 필요한 만큼 빌려서 사용하고 요금을 지불하는 서비스입니다. 이번 장을 통해 클라우드 환경의 기반이 되는 서버 가상화 기술에 대해 살펴봅시다.

1절 분산 데이터 저장 기술

1. 분산 파일 시스템

가. 분산 파일 시스템의 개요
- 분산 데이터 저장 기술은 분산 파일시스템, 클러스터, 데이터베이스, NoSQL로 구분된다.
- 사용자 중심의 인터넷 서비스와 유비쿼터스 컴퓨팅 환경은 대규모 클러스터 시스템 플랫폼의 필요성을 부각시켰다.
- 분산된 수많은 서버들로 구성된 대규모 클러스터 시스템 플랫폼은 대용량의 저장 공간, 빠른 처리 성능, 확장성, 신뢰성, 가용성 등을 보장해야 한다.
- 이를 위해 최근에는 파일의 메타데이터를 관리하는 전용 서버를 가지고 있는 '비대칭형(asymmetric) 클러스터 파일 시스템'이 활발하게 개발되고 있다. 이 시스템은 메타데이터에 접근하는 경로와 데이터에 접근하는 경로가 분리된 구조를 가진다.

나. 구글 파일 시스템(GFS, Google File System)
1) 개념 및 특징
- GFS는 Google File System으로서, 구글이 자사 사용 목적으로 개발한 분산 파일 시스템이며 구글의 대규모 클러스터 서비스 플랫폼의 기반이 되는 시스템이다.
- 일반적 파일 시스템에서의 클러스터 및 섹터와 유사하게 고정된 크기(64MB)의 **청크(chunk)** 들로 나누고, 각 chunk에 대한 여러 개의 복제본과 chunk를 청크서버에 분산·저장한다. 청크 서버들은 데이터를 자동으로 복사하여 저장하고, 주기적으로 청크서버의 상태를 마스터에게 전달한다.
- GFS에서는 chunk의 기본 크기를 64MB로 지정하고, 트리 구조가 아닌 해시 테이블 구조 등을 사용함으로써 메모리상에서 보다 효율적인 메타데이터의 처리를 지원한다.
- chunk는 마스터에 의해 생성/삭제될 수 있으며, 유일한 식별자에 의해 구별된다.

> **용어**
>
> 청크(Chunk) : 파일이 나누어진 조각의 단위로, 구글 파일 시스템에서는 파일을 고정크기(64MB)의 청크로 나눈다.

2) GFS 설계의 가정

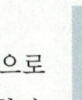

출제 포인트

분산 파일시스템의 한 종류인 구글 파일 시스템(GFS)을 설계할 때의 가정에 대한 문제가 출제될 수 있으므로 잘 알아둡시다.

- 저가형 서버로 구성된 환경으로 **서버의 고장이 빈번히 발생**할 수 있다고 가정한다.
- 대부분의 파일은 대용량이라고 가정하므로, 대용량 파일을 효과적으로 관리할 수 있는 방법이 요구된다.
- 작업 부하는 주로 연속적으로 많은 데이터를 읽는 연산이거나 임의의 영역에서 적은 데이터를 읽는 연산에서 발생한다.
- 파일에 대한 **쓰기** 연산은 주로 **순차적**으로 이루어지며, 파일에 대한 갱신은 드물게 이루어진다.
- 여러 클라이언트에서 동시에 동일한 파일에 데이터를 추가하는 환경에서 동기화 오버헤드를 최소화할 수 있는 방법이 요구된다.
- 낮은 응답 지연시간보다 **높은 처리율이 더 중요**하다.

3) GFS의 구성요소

- GFS는 여러 클라이언트들에 의해 접근되는 하나의 마스터와 청크서버들로 구성된다.

클라이언트 (Client)	• 파일에 대한 읽기/쓰기 동작을 요청하는 애플리케이션으로 POSIX(Portable Operating System Interface) 인터페이스를 지원하지 않으며, 파일 시스템 인터페이스와 유사한 자체 인터페이스를 지원 • 여러 클라이언트에서 원자적인 데이터 추가(Atomic Append) 연산을 지원하기 위한 인터페이스를 지원
마스터 (Master)	• **단일 마스터** 구조로 파일 시스템의 이름 공간(Name Space), 파일과 chunk의 매핑 정보, 각 chunk가 저장된 청크서버들의 위치 정보 등에 해당하는 **모든 메타데이터를 메모리 상에서 관리** • 주기적으로 수집되는 청크서버의 하트비트(Heartbeat) 메시지를 이용하여 chunk들의 상태에 따라 chunk를 재복제하거나 재분산하는 것과 같은 회복동작을 수행 • 하나의 chunk 서버를 Primary로 지정하여 복제본의 갱신 연산을 일관되게 처리할 수 있도록 보장 • 마스터에 대한 장애 처리와 회복을 위해 파일시스템 이름 공간과 파일의 chunk 매핑 변경 연산을 로깅하고, 마스터의 상태를 여러 섀도 마스터에 복제
청크서버 (Chunk Server)	• 로컬 디스크에 chunk를 저장·관리하면서 클라이언트로부터의 chunk 입출력 요청을 처리 • 하트비트(Heartbeat) 메시지를 통해 청크서버의 상태에 대한 정보를 주기적으로 마스터에게 전달

용어

POSIX(Portable Operating System Interface) : 이식 가능 운영 체제 인터페이스를 의미하는 것으로 상호 간에 다른 unix os의 공통 API를 정리해서 이식성이 높은 unix 응용 프로그램을 개발하기 위해 IEEE가 책정한 애플리케이션 인터페이스 규격이다.

4) GFS에서 파일을 읽어오는 과정

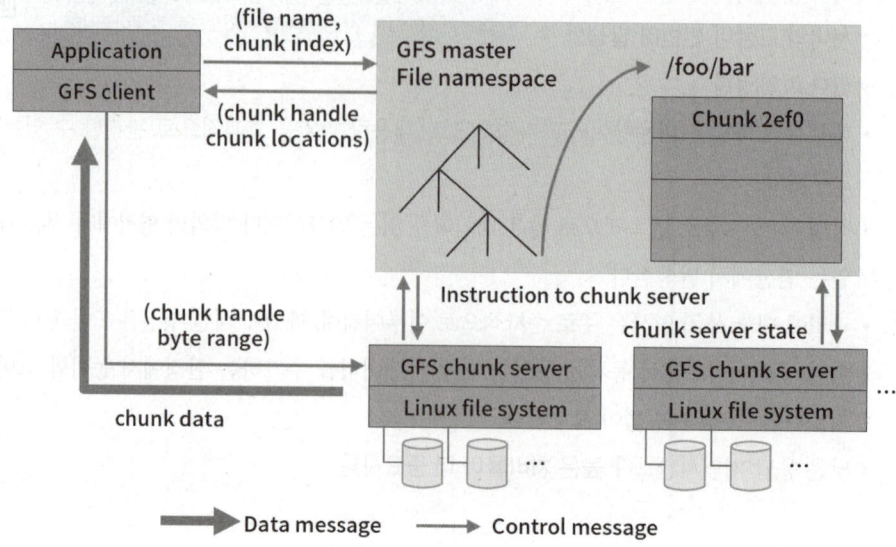

〈구글 파일 시스템 구조〉

- 클라이언트는 파일에 접근하기 위해 마스터로부터 해당 파일의 chunk가 저장된 chunk 서버의 위치와 핸들을 먼저 받아온 뒤, 직접 청크서버에게 파일 데이터를 요청한다.

다. 하둡 분산 파일 시스템(HDFS, Hadoop Distributed File System)
1) 개념 및 특징
- 아파치 너치(Apache Nutch) 웹 검색 엔진의 파일 시스템으로 개발되었으며, 구글 파일 시스템의 아키텍처와 사상을 그대로 구현한 클로닝(Cloning)프로젝트이다. 클라우드 컴퓨팅 환경을 구축하기 위해 이용하며 대용량 데이터의 분산 저장 기능을 제공하는 시스템이다.

> **출제 포인트**
> 하둡 분산 파일 시스템(HDFS)의 특징에 관한 문제가 출제된 적이 있으므로 잘 이해하고 있어야 합니다.
>

- HDFS는 GFS의 마스터와 유사한 **하나의 네임노드(NameNode)**, GFS의 청크서버와 유사한 **다수의 데이터노드(DataNode)**로 구성되며, 파일 데이터는 블록(또는 청크) 단위로 나뉘어 여러 데이터노드에 분산·복제·저장된다.
- HDFS에서 기본적으로 파일은 **한 번 쓰이면 변경되지 않는다고 가정**한다. (2.0 알파버전부터는 저장된 파일에 append가 가능하게 되었다.)
- HDFS는 **순차적 스트리밍 방식**으로 파일을 저장하거나 저장된 파일을 조회하며, **배치 작업**에 적합하도록 설계돼 있다.
- 낮은 데이터 접근 지연 시간보다는 **높은 데이터 처리량**에 중점을 두고 있다.

- 클라이언트, 네임노드, 데이터노드 간의 통신을 위하여 TCP/IP 네트워크상에서 RPC(Remote Procedure Call)를 사용한다.

2) HDFS의 구성요소

네임노드 (NameNode)	• 파일 시스템의 이름 공간(Name Space) 등 HDFS 상의 모든 **메타데이터를** 관리하며, 마스터/슬레이브 구조에서 **마스터의 역할을** 함 • 파일이 어떤 형태의 블록 단위로 나누어져 있고, 어떤 노드에 특정 블록이 있는지 등 시스템 전반의 상태를 모니터링 • 데이터를 저장하거나 애플리케이션을 실행하는 작업은 수행하지 않음 • 클라이언트로부터의 파일 접근 요청을 처리 • 데이터노드들로부터 하트비트(Heartbeat)를 받아 데이터노드들의 상태를 체크하는데, 하트비트 메시지에 포함된 블록 정보를 가지고 블록의 상태를 체크할 수 있음
데이터노드 (DataNode)	• HDFS의 **슬레이브 노드로**, 클라이언트로부터의 데이터 입출력 요청을 처리 • 데이터의 유실을 방지하기 위해 블록을 **3중 복제하여 저장** • 블록을 저장할 때, 해당 블록에 대한 파일의 체크섬(Checksum) 정보를 별도로 저장 • 주기적으로 데이터노드의 상태를 나타내는 하트비트(Heartbeat)와 자신이 관리하는 블록의 목록인 Blockreport를 네임노드에게 전송
보조네임노드	• HDFS 상태 모니터링을 보조 • 주기적으로 네임 노드의 파일 시스템 이미지를 스냅샷해 생성

3) HDFS의 파일 저장(Write) 과정

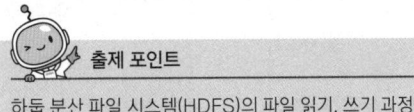

출제 포인트

하둡 분산 파일 시스템(HDFS)의 파일 읽기, 쓰기 과정에 대한 문제가 출제될 수 있으므로 각 과정을 숙지하도록 합시다.

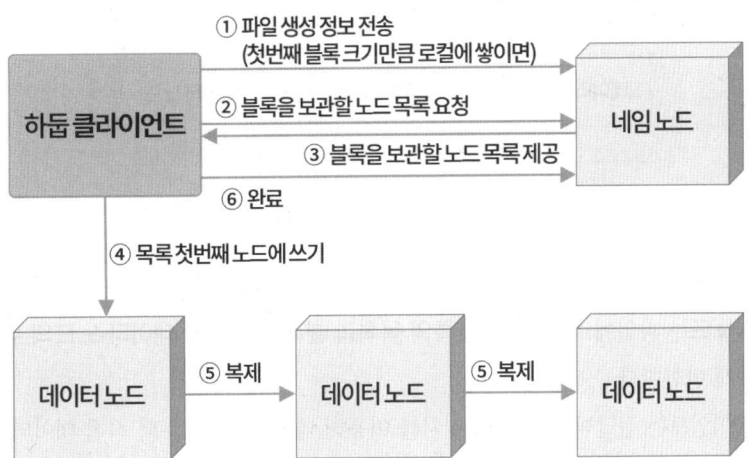

*모든 블록을 처리할 때까지 2~5과정 반복

〈HDFS의 파일 저장 과정〉

- 클라이언트는 저장할 파일을 하둡 1.0에서는 64MB, 2.0에서는 128MB 단위의 여러 블록으로 분리한 이후 네임노드로부터 블록을 저장하기 위한 데이터노드 주소를 받은 뒤, 첫 번째 데이터노드에게 데이터를 전송한다.
- 첫 번째 데이터노드는 전송받은 데이터를 저장한 후, 두 번째 데이터노드로 전달한다. 두 번째 데이터노드도 전달받은 데이터를 저장한 후, 세 번째 데이터노드로 전달한다.
- 세 번째 데이터노드까지의 데이터 저장이 완료되면, 각 데이터노드들은 순차적으로 클라이언트에게 저장이 완료되었다는 신호를 보낸다.
- 이러한 과정을 모든 블록의 저장이 완료될 때까지 반복한다.
- 모든 블록의 저장이 완료되면 네임노드는 블록들이 저장된 데이터노드의 주소, 즉 파일에 대한 메타데이터를 저장한다.

4) HDFS의 파일 읽기(read) 과정

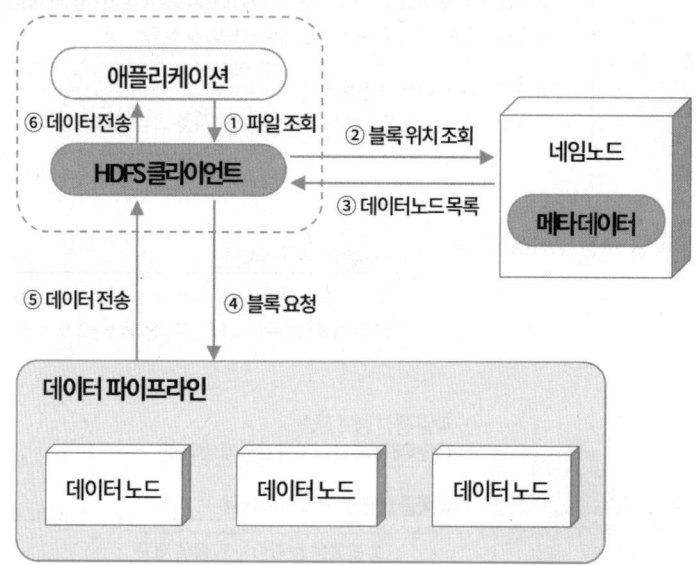

〈HDFS의 파일 읽기 과정〉

- 클라이언트는 읽고자 하는 파일에 대한 정보를 네임노드에게 요청한다.
- **네임노드**는 파일에 대한 **모든 블록의 목록과 블록이 저장된 데이터 노드의 위치**를 클라이언트에게 반환한다.
- 클라이언트는 전달받은 블록의 위치를 이용해 데이터노드로부터 직접 데이터를 읽어 들인다.

라. 러스터(Lustre)

1) 개념 및 특징

- 클러스터 파일 시스템(Cluster File Systems Inc.)에서 개발한 객체 기반의 클러스터 파일 시스템으로, 고속 네트워크로 연결된 클라이언트 파일 시스템, 메타데이터 서버, 객체 저장서버들로 구성된다.
- 계층화된 모듈 구조로 TCP/IP, 인피니밴드(Infiniband), 미리넷(Myrinet)과 같은 네트워크를 지원한다.

2) 구성요소

클라이언트 파일 시스템	• 리눅스 VFS(Virtual File System)에서 설치할 수 있는 파일 시스템 • 메타데이터 서버와 객체 저장 서버들과 통신하면서 클라이언트 응용에 파일 시스템 인터페이스를 제공
메타데이터 서버	• 파일 시스템의 이름 공간과 파일에 대한 메타데이터를 관리
객체 저장 서버	• 파일데이터를 저장하고, 클라이언트로부터의 객체 입출력 요청을 처리 • 데이터는 세그먼트라는 작은 데이터 단위로 분할해서 복수의 디스크 장치에 분산시키는 기술인 '스트라이핑 방식'으로 분산·저장된다.

3) 구동방식

- 러스터는 유닉스 시맨틱을 제공하면서 파일 메타데이터에 대해서는 라이트백 캐시(Write Back Cache)를 지원한다. 이를 위해 **클라이언트에서 메타데이터 변경에 대한 갱신 레코드를 생성**하고 나중에 메타데이터 서버에 전달한다.

> **용어**
> 라이트백 캐시(Write Back Cache) : 기본적으로 데이터를 캐시에만 저장하고, 어쩔 수 없이 캐시영역에서 밀려나는 경우에 하위저장소에 저장하는 데이터 갱신 방식이다.

- 메타데이터 서버는 전달된 갱신 레코드를 재수행하여 변경된 메타데이터를 반영한다.
- 더불어 메타데이터 서버에서는 메타데이터를 동시에 접근하는 부하에 따라 클라이언트 캐시에서 라이트백 캐시를 지원하거나 메타데이터 서버에서 메타데이터를 처리하는 방식을 적용한다.
- 러스터는 메타데이터 서버에서 처리하도록 하는 방식을 사용해 메타데이터에 대한 동시 접근이 적으면 클라이언트 캐시를 이용한 라이트백 캐시를 사용하고, 메타데이터에 대한 동시 접근이 많으면 클라이언트 캐시를 사용함으로써 발생할 수 있는 오버헤드를 줄인다.
- 러스터는 파일의 메타데이터와 파일 데이터에 대한 **동시성 제어를 위해 별도의 잠금을 사용**한다. 메타데이터에 접근하기 위해서는 메타데이터 서버의 잠금 서버로부터 잠금을 획득해야

하고, 파일 데이터에 접근하기 위해서는 해당 데이터가 저장된 객체 저장 서버의 잠금 서버로부터 잠금을 획득해야 한다.
- 러스터는 클라이언트와 메타데이터 서버 간의 네트워크 트래픽을 최소화하기 위하여 메타데이터에 대한 잠금 요청 시에 메타데이터 접근 의도를 같이 전달하는 **인텐트(Intent) 기반 잠금 프로토콜을 사용**한다. 따라서 메타데이터 서버는 메타데이터 접근 의도에 따라 해당 동작을 수행하고, 잠금을 승인하는 처리를 함께 수행함으로써 클라이언트와 메타데이터 서버 간의 네트워크 트래픽을 줄일 수 있다.

마. 파일 시스템 비교

구분	GFS	하둡 DFS	러스터
Open Source	O	O	O
Chunk based	O	O	X
Support Replication	O	O	X
Multiple metadata server supported	X	X	X
Locks used to maintain atomicity	O	O	O
Uses a DB for storing metadata	X	X	X
Adding nodes without shutting down the system	O	O	O
POSIX support	X	X	O
Supports file modification	X	X	O

2. 데이터베이스 클러스터

가. 개념

 출제 포인트

데이터베이스 클러스터의 종류와 특징을 숙지하고 있어야 합니다. 또 데이터베이스 클러스터를 구성하는 방식 중 공유 디스크와 무공유 클러스터의 특징과 장단점을 잘 이해하고 있어야 합니다.

- 데이터베이스 클러스터는 하나의 데이터베이스를 여러 개의 서버(또는 가상 서버) 상에 구축하는 것을 의미한다.
- 데이터베이스 파티셔닝은 데이터베이스를 여러 부분으로 분할하는 것을 의미하며, 분할된 각 요소는 파티션이라고 한다. 각 파티션은 여러 노드로 분할 배치되어 여러 사용자가 각 노드에서 트랜잭션을 수행할 수 있다.
- 데이터를 통합할 때, **성능과 가용성의 향상을 위해 데이터베이스 차원의 파티셔닝 또는 클러스터링을 이용**한다.

나. 데이터베이스 파티셔닝 구현의 효과

병렬처리	파티션 사이의 병렬 처리를 통한 빠른 데이터 검색 및 처리 성능을 얻을 수 있음
고가용성	특정 파티션에서 **장애가 발생**하더라도 서비스가 **중단되지 않음**
성능향상	성능의 **선형적인 증가 효과를 볼 수 있음**

다. 데이터베이스 클러스터의 구분

데이터베이스 시스템을 구성하는 형태에 따라 단일 서버 내의 파티셔닝과 다중서버 사이의 파티셔닝으로 구분할 수 있다. 또한 리소스 공유 관점에서는 다시 공유 디스크(Shared Disk)와 무공유(Shared Nothing)로 구분할 수 있다.

1) 무공유 디스크

- 무공유(Shared Nothing) 클러스터에서 각 데이터베이스 인스턴스는 자신이 관리하는 데이터 파일을 자신의 로컬 디스크에 저장하며, 이 파일들은 노드 간에 공유하지 않는다.
- 각 인스턴스나 노드는 **완전히 분리된 데이터의 서브 집합에 대한 소유권을 가지고 있으며**, 각 데이터는 소유권을 갖고 있는 인스턴스가 처리한다.
- 한 노드가 데이터 처리 요청을 받으면, 해당 노드는 처리할 데이터를 갖고 있는 노드에 신호를 보내 데이터 처리를 요청한다.
- Oracle RAC(Real Application Cluster)를 제외한 대부분의 데이터베이스 클러스터가 무**공유 방식을 채택**하고 있다.

장 점	노드 확장에 제한이 없음
단 점	각 노드에 장애가 발생할 경우를 대비해 **별도의 폴트톨러런스(fault-tolerance)를 구성해야 함**

> **용어**
> 폴트톨러런스(fault-tolerance) : 시스템에 고장이 발생하더라도 모든 기능 혹은 기능의 일부를 기존과 같이 유지하는 기술이다.

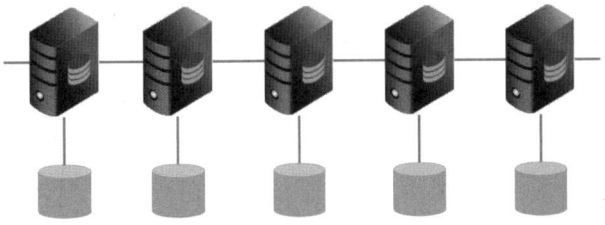

〈데이터베이스 클러스터 1〉

2) 공유 디스크
- 공유 디스크(Shared Disk) 클러스터에서 데이터 파일은 논리적으로 모든 데이터베이스 인스턴스 노드들은 데이터 파일을 논리적으로 공유하며, **각 인스턴스는 모든 데이터에 접근할 수 있다.**
- 데이터를 공유하려면 SAN(Storage Area Netwrok)과 같은 네트워크가 반드시 있어야 한다.
- **모든 노드가 데이터를 수정**할 수 있기 때문에 노드간의 동기화 작업 수행을 위한 별도의 커뮤니케이션 채널이 필요하다.

장 점	높은 수준의 **폴트 톨러런스(Fault Tolerance)**를 제공하므로 클러스터를 구성하는 노드 중 하나의 노드만 살아 있어도 서비스가 가능하다.
단 점	클러스터가 커지면 **디스크 영역**에서 **병목현상**이 발생한다.

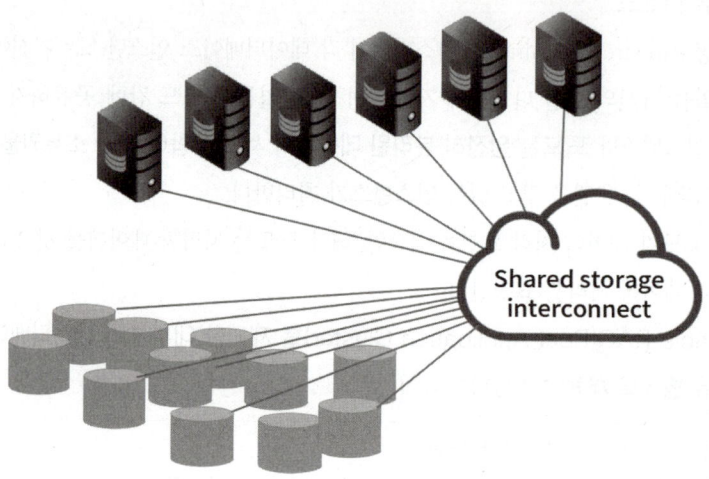

〈데이터베이스 클러스터 2〉

라. 데이터베이스 클러스터의 종류

1) Oracle RAC 데이터베이스 서버

출제 포인트

데이터베이스 클러스터의 공통적인 특징뿐만 아니라 각 종류별 특징을 숙지하고 있어야 합니다. Oracle RAC(Real Application Cluster)는 공유디스크 방식이라는 점과 MySQL의 구성요소를 잘 알아둡시다.

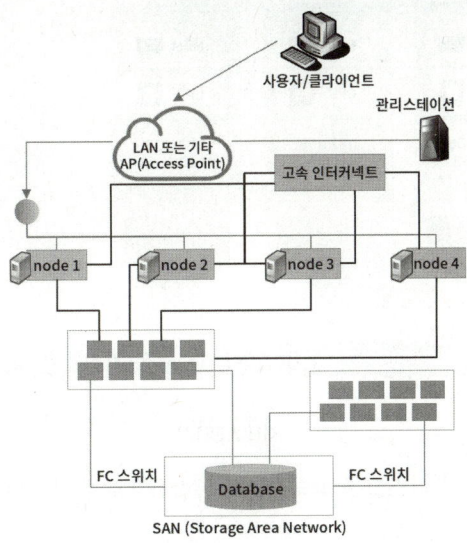

〈Oracle RAC(일반적인 4노드 RAC 구성 모델)〉

- Oracle RAC는 **공유 클러스터**에 해당되므로, 클러스터의 모든 노드에서 실행되며 데이터는 공유 스토리지에 저장된다.
- 클러스터의 모든 노드는 데이터베이스의 모든 테이블에 동등하게 액세스하며, **특정 노드가 데이터를 '소유'하는 개념이 없다.**
- 따라서 데이터를 파티셔닝할 필요가 없지만, 성능 향상을 위해 파티셔닝되는 경우가 빈번하다.
- 응용 프로그램은 클러스터의 특정 노드가 아니라 RAC 클러스터에 연결하며, RAC는 클러스터의 모든 노드에 로드를 고르게 분산한다.
- Oracle RAC 데이터베이스 서버의 장점

가용성	높은 수준의 폴트 톨러런스(Fault Tolerance)를 제공하므로 클러스터를 구성하는 노드 중 하나의 노드만 살아 있어도 서비스가 가능
확장성	추가 처리 성능이 필요하면 응용 프로그램이나 데이터베이스를 수정할 필요 없이 새 노드를 클러스터에 쉽게 추가할 수 있음. 이 때, 클러스터의 모든 노드 간에 균형이 유지되도록 로드가 다시 분산된다. Oracle 10g R2 RAC는 클러스터 내에 최대 100개의 노드를 지원
비용 절감	RAC는 표준화된 소규모(CPU 4개 미만) 저가형 상용 하드웨어의 클러스터에서도 고가의 SMP 시스템만큼 효율적으로 응용 프로그램을 실행함으로써 하드웨어 비용을 절감. 예를 들어 4CPU의 16노드 클러스터를 사용하면 동급 성능의 64CPU SMP 시스템에 비해 비용을 크게 절감할 수 있음

- 도입 비용 때문에 확장성이 중요한 데이터보다는 고가용성을 요구하는 데이터에 많이 사용된다.

2) IBM DB2 ICE(Integrated Cluster Environment)

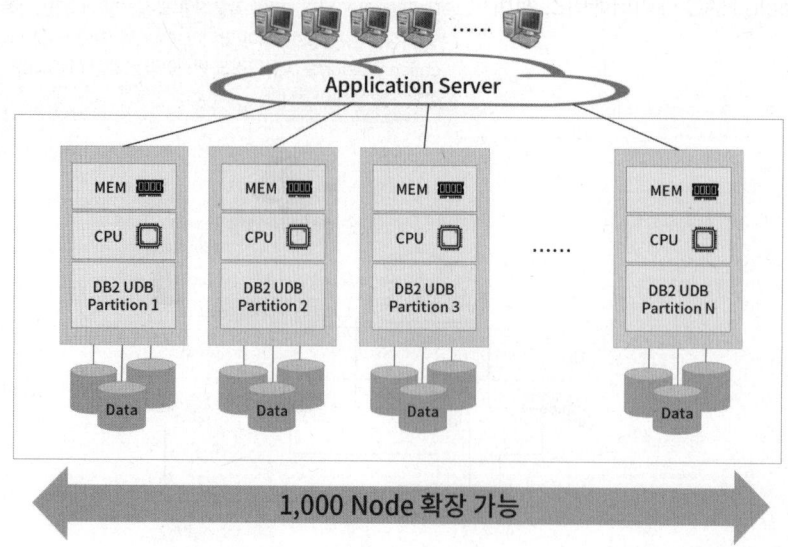

<IBM DB2>

- DB2는 CPU·메모리·디스크를 파티션별로 독립적으로 운영하는 **무공유 방식의 클러스터링**을 지원한다.
- 애플리케이션은 여러 파티션에 분산된 데이터베이스를 하나의 데이터베이스(Single View Database)로 보게 되고, 데이터가 어느 파티션에 존재하고 있는지 알 필요가 없다.
- 따라서 데이터와 사용자가 증가하면 애플리케이션의 수정없이 기존 시스템에 노드를 추가하고 데이터를 재분배함으로써 시스템의 성능과 용량을 일정하게 유지할 수 있다.
- 각 노드로 분산되는 파티셔닝을 어떻게 구성하느냐에 따라 성능의 차이가 많이 발생할 수 있다.
- 하나의 노드에 장애가 발생할 경우 해당 노드에서 서비스하는 데이터에 대한 별도의 페일오버(Failover) 메커니즘이 필요하므로, DB2를 이용하여 클러스터링을 구성할 때는 공유 디스크 방식을 사용하여 가용성을 보장한다.
- 공유 디스크에 저장된 데이터 파일에 대해 특정 시점에서는 특정 노드에 의해 서비스가 이루어지고, 장애 상황이 발생하게 되면 다른 노드가 해당 데이터에 대한 서비스를 처리하는 방식으로 가용성을 보장한다.

> **용어**
> 페일오버(Failover) : 데이터베이스의 최신 버전을 백업해두어, 1차 시스템에 장애가 발생하였을 경우 대체 시스템을 작동시켜 장애를 극복하는 기능이다.

3) 마이크로소프트 SQL Server

- SQL Server는 **연합(Federated) 데이터베이스 형태**로 여러 노드로 확장할 수 있는 기능을 제공한다.
- 연합 데이터베이스는 디스크 등을 공유하지 않는 독립된 서버에서 실행되는 서로 다른 데이터베이스들 간의 논리적인 결합이며, 네트워크를 이용하여 연결된다.

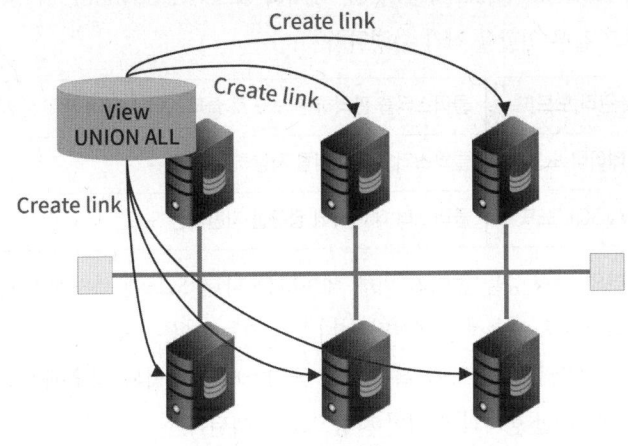

〈SQL Server 연합 데이터베이스 아키텍처〉

- 데이터는 관련된 서버들로 수평 분할되며, 테이블을 논리적으로 분리해 물리적으로는 분산된 각 노드에 생성한다.
- 각 노드의 데이터베이스 인스턴스 사이에 링크를 구성한 후 모든 파티션에 대해 UNION ALL을 이용해 논리적인 뷰(VIEW)를 구성하는 방식으로 분산된 환경의 데이터에 대한 싱글 뷰를 제공하며, SQL Server에서는 이런 뷰를 DPV(Distributed Partitioned View)라고 한다.
- 마이크로소프트 SQL Server 구성의 문제점
  ① DBA나 개발자가 파티셔닝 정책에 맞게 테이블과 뷰를 생성해야 하고, 전역 스키마(Global schema) 정보가 없기 때문에 질의 수행을 위해 모든 노드를 액세스해야 한다.
  ② 노드의 개수가 작으면 간단하게 구성할 수 있지만, 노드가 많아지거나 노드의 추가/삭제가 발생하는 경우 파티션을 새로 구성해야 한다. 또한 페일오버에 대해서는 별도로 구성해야 한다.
- SQL Server에서도 페일오버(Failover) 메커니즘을 제공하지만, Active-Active가 아닌 **Active-Standby 방법을 사용**하고 있다.

4) MySQL

　가) 개념 및 특징

- MySQL 클러스터는 **비공유형**으로서 **메모리(최근에는 디스크도 제공) 기반 데이터베이스의 클러스터링을 지원**한다.
- 특정한 하드웨어 및 소프트웨어를 요구하지 않고 병렬 서버구조로 확장이 가능하다.
- 관리 노드(Management Node), 데이터 노드(NDB Node), MySQL 노드로 구성되며, 다음과 같은 역할을 각각 수행한다.

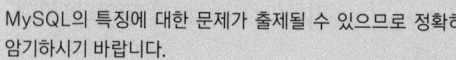

출제 포인트
MySQL의 특징에 대한 문제가 출제될 수 있으므로 정확히 암기하시기 바랍니다.

관리 노드	클러스터를 관리하는 노드로 클러스터 시작과 재구성 시에만 관여
데이터 노드	클러스터의 **데이터를 저장**하는 노드
MySQL 노드	클러스터 데이터에 **접근을 지원**하는 노드

- 데이터의 가용성을 높이기 위해 데이터를 다른 노드에 복제시키며, 특정 노드에 장애가 발생하더라도 지속적인 데이터 서비스가 가능하다.
- 장애가 발생했던 노드가 복구되어 클러스터에 투입된 경우에도 기존 데이터와 변경된 데이터에 대한 동기화 작업이 자동으로 수행된다.
- 데이터는 동기화 방식으로 복제되며, 이런 작업을 위해 일반적으로 데이터 노드 간에는 별도의 네트워크를 구성된다.
- MySQL의 최근 버전(5.1.6 이상)에서는 디스크 기반의 클러스터링을 제공한다. 디스크 기반 클러스터링에서는 인덱스가 생성된 칼럼은 기존과 동일하게 메모리에 유지되지만, 인덱스를 생성하지 않은 칼럼은 디스크에 저장된다.

　나) MySQL 클러스터를 구성을 할 경우의 제한 사항

- 파티셔닝은 LINEAR KEY 파티셔닝만 사용 가능하다.
- 클러스터에 참여하는 노드(SQL 노드, 데이터 노드, 매니저를 포함) 수는 **255로 제한**한다. **데이터 노드는 최대 48개**까지만 가능하다.
- 트랜잭션 수행 중에 롤백을 지원하지 않으므로 작업 수행 중에 문제가 발생하였다면, 전체 트랜잭션 이전으로 롤백해야 한다.
- 하나의 트랜잭션에 많은 데이터를 처리하는 경우 메모리 부족 문제가 발생할 수 있으며 여러 개의 트랜잭션으로 분리해 처리하는 것이 좋다.
- 칼럼명 길이는 31자, 데이터베이스의 테이블명 길이는 122자까지로 제한된다. 데이터베이스 테이블, 시스템 테이블, 블롭(BLOB) 인덱스를 포함한 메타데이터(속성정보)는 2만 320개까지만 가능하다.
- 클러스터에서 생성할 수 있는 테이블 수는 최대 2만 320개다. 한 로우(row)의 크기는 8KB다. (BLOB를 포함하지 않은 경우) 테이블의 키는 32개가 최대다.

- 모든 클러스터의 기종은 동일해야 한다. 기종에 따른 비트 저장방식이 다르면 문제가 발생할 수 있다.
- 운영 중에 노드를 추가/삭제할 수 없다.
- 디스크 기반 클러스터인 경우 tablespace의 개수는 2^{32}, tablespace당 데이터 파일의 개수는 2^{16}, 데이터 파일의 크기는 32GB까지 가능하다.

3. NoSQL

가. NoSQL의 개념 및 특징

출제 포인트
일반적으로 여러 대의 데이터베이스 서버를 묶어 클러스터링한 후 하나의 데이터베이스를 구성하는 NoSQL의 개념 및 특징을 이해하고 있어야 합니다.

- NoSQL은 데이터의 폭발적인 증가에 대응하기 위해 빅데이터 분산처리 및 저장기술과 함께 발달된 **분산 데이터베이스 기술**로 확장성, 가용성, 높은 성능을 제공한다.
- NoSQL은 **비관계형 데이터베이스 관리 시스템**으로, SQL 계열 쿼리 언어를 사용할 수 있다는 사실을 강조한다는 면에서 'Not only SQL'로 불리기도 한다.
- NoSQL은 저장되는 데이터의 구조에 따라 **Key-Value 모델, Document 모델(JSON 혹은 XML 데이터 구조 채택), Graph 모델, Column 모델**로 구분된다.
- NoSQL은 **Key와 Value의 형태로 자료를 저장**하고, 빠르게 조회할 수 있는 자료 구조를 제공하는 데이터 저장소이다.
- 스키마 없이 동작하며, 구조에 대한 정의 변경 없이 자유롭게 데이터베이스의 레코드에 필드를 추가할 수 있다.
- 전통적인 RDBMS의 장점이라고 할 수 있는 복잡한 Join 연산 기능은 지원하지 않지만 대용량 데이터 처리와 대규모의 수평적 확장성을 제공한다.
- NoSQL은 대부분이 오픈소스이며, **구글 빅테이블, 아파치 HBase, 아마존 SimpleDB, 마이크로소프트 SSDS 등**이 있다.

나. 구글 빅테이블

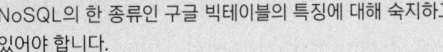

출제 포인트
NoSQL의 한 종류인 구글 빅테이블의 특징에 대해 숙지하고 있어야 합니다.

1) 개념 및 특징

- 빅테이블은 **구글**이 대용량의 데이터를 저장하기 위해 개발한 분산 데이터 관리 저장소로, 구글 클라우드 플랫폼에서 데이터 저장소로 사용된다.
- 데이터베이스 클러스터 분류로 나누자면 **공유 디스크(Shared Disk)방식**이며, 구글에서 개발된 분산 파일시스템을 이용하고 있어 모든 노드가 데이터, 인덱스 파일을 공유하고 있다.

- 실시간 서비스뿐만 아니라 주기적인 배치 작업과 대용량 데이터의 분석 처리에도 적합하도록 구성되어 있다.
- 빅테이블과 유사한 솔루션으로는 아파치 오픈소스 프로젝트인 HBase와 NHN가 개발한 Neptune이 있다.

2) 데이터 모델
- 빅테이블은 Multi-Dimension Sorted Hash Map을 파티션하여 분산 저장하는 저장소다.
- 테이블 내의 모든 데이터는 **Row-Key의 사전적 순서로 정렬·저장**된다.
- 테이블의 파티션은 Row-Key를 이용하여 이루어지고, Tablet이라고 불리는 분리된 파티션은 분산된 노드에서 서비스된다. 한 Tablet의 크기는 보통 100~200MB다.
- Row는 n개의 **Column-Family(Column의 모음)**를 가질 수 있으며 Column-Family에는 Column-Key, Value, Timestamp의 형태로 데이터를 저장한다. 하나의 Row-Key, Column-Family 내에 저장되는 데이터는 Column-Key의 사전적 순서로 정렬되어 있다.
- 동일한 Column-Key에 대해 **타임스탬프(Timestamp)가 다른 여러 버전의 값이 존재**할 수 있으며, 타임스탬프는 칼럼 값의 버전을 관리하기 위해 사용된다.
- BigTable에 저장되는 하나의 데이터(Map)의 키 값 또는 정렬 기준은 'Rowkey + Column-Key + Timestamp'(로우식별자 + 칼럼 이름 + 타임스탬프)이다.

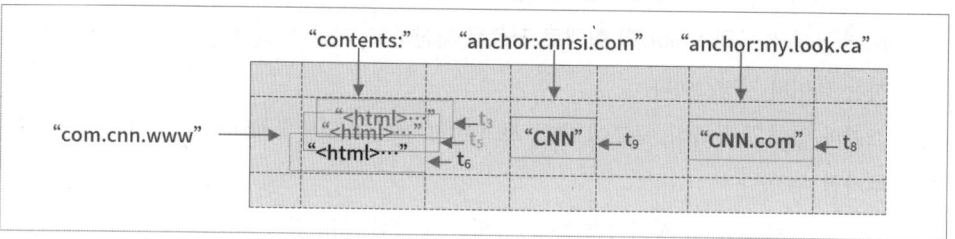

〈빅테이블 데이터 모델의 예〉

3) 페일오버(Failover)
- 특정 노드에 **장애가 발생**할 경우, 빅테이블의 마스터(Master)는 장애가 발생한 노드에서 서비스되던 **Tablet을 다른 노드로 재할당**시킨다. 재할당 받은 노드는 구글 파일 시스템(GFS)에 저장된 변경 로그 파일, 인덱스 파일, 데이터 파일 등을 이용해 데이터 서비스를 위한 초기화 작업을 수행한 후 다시 데이터 서비스를 한다.
- 빅테이블의 SPOF(Single Point Of Failure, 시스템의 구성 요소 중 동작하지 않으면 전체 시스템이 중단되는 요소)는 마스터다.
- 따라서, 분산 락(Lock) 서비스를 제공하는 Chubby를 이용해 Master를 계속 모니터링 하다가 마스터에 장애가 발생하면 가용한 노드가 마스터 역할을 수행하도록 한다.

- Chubby는 폴트톨러런스 지원 구조이기 때문에 **절대로 장애가 발생하지 않는다.**
- 아래의 그림과 같이 빅테이블은 데이터 저장소를 위해 별도의 클러스터를 구성하기보다는 파일시스템, Map&Reduce 컴퓨팅 클러스터와 동일한 클러스터 위에 구성된다.

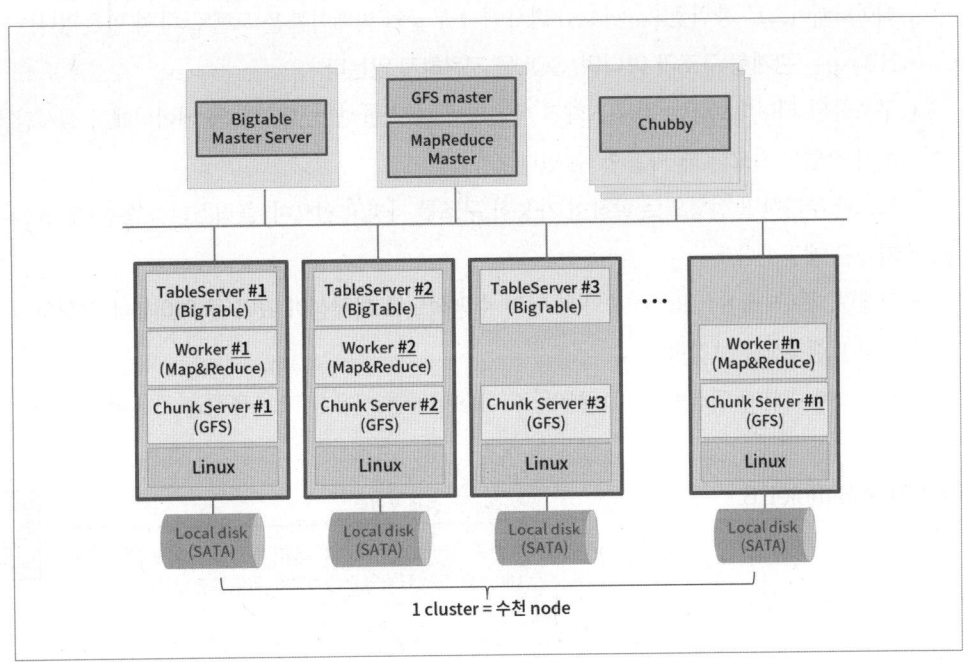

〈구글 빅테이블〉

4) AppEngine
- AppEngine은 구글 클라우드 플랫폼의 일부로 빅테이블을 사용한다.
- 사용자에게 직접 빅테이블의 API를 공개하지 않고 추상 계층을 두고 있는데, API뿐만 아니라 데이터 모델도 추상화되어 있다.
- 사용자 테이블을 생성할 경우, 빅테이블의 테이블로 생성되는 것이 아니라 빅테이블의 특정 테이블에 대한 한 영역만을 차지하게 된다.
- 빅테이블에서는 별도의 사용자 정의 인덱스를 제공하지 않는 반면, AppEngine에서는 사용자가 수행하는 쿼리(Query)를 분석하여 자동으로 인덱스(Index)를 생성해준다.
- AppEngine에서 생성한 인덱스도 빅테이블의 특정 테이블 또는 테이블 내의 컬럼(Column)으로 저장된다.

다. HBase

- 하둡 분산 파일 시스템(HDFS)를 기반으로 구현된 칼럼 기반의 분산

  출제 포인트
  Hbase에 관해 묻는 문제가 출제된 적이 있으므로 잘 익혀두고 넘어갑시다.

  데이터베이스로 파워셋(Powerset) 회사에서 구글의 빅테이블을 모델로 하여 만들었다.
- HBase는 **관계형 구조가 아니며, SQL을 지원하지 않는다.**
- 구조화된 데이터보다는 비구조화된 데이터에 더 적합하며, 대규모의 데이터에서 실시간 읽기/쓰기 작업이 필요할 때 사용할 수 있다.
- 노드만 추가하면 선형으로 확장이 가능한 구조를 가지고 있으며, 클러스터를 통한 데이터의 복제 기능을 제공한다.
- 관계형 데이터베이스(RDBMS)와는 달리 **수평적으로 확장성이 있어 큰 테이블에 적합**하며, 단일 행의 트랜잭션을 보장한다.
- 로우키에 대한 인덱싱만을 지원하며, Zookeeper를 이용한 고가용성을 보장한다.

라. 아마존 SimpleDB

출제 포인트
아마존 SimpleDB 데이터 모델의 구성요소를 관계형 데이터베이스의 구성요소와 매칭시킬 수 있어야 합니다.

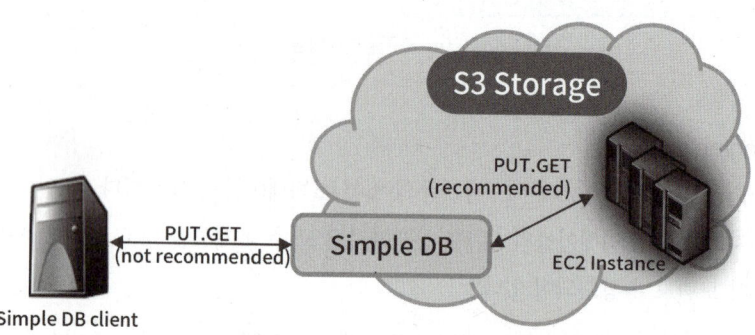

〈아마존 SimpleDB의 웹서비스〉

- SimpleDB는 아마존(Amazon)의 데이터 서비스 플랫폼으로, 웹 애플리케이션에서 사용하는 데이터의 실시간 처리를 지원한다.
- 위의 그림과 같이 SimpleDB는 주로 아마존의 다른 플랫폼 서비스와 같이 사용된다. 이는 EC2, S3등과 같은 아마존의 내부 서비스 간 네트워크 트래픽은 무료이고, 외부와의 In/Out 트래픽에는 요금을 부과하는 아마존 서비스의 가격 정책 때문이다.
- 사용자는 EC2에서 수행되는 웹 서버로 접근하고, 웹 서버에서 SimpleDB의 데이터를 조회해 적절하게 가공한 후 사용자에게 제공하는 형태로 구성된다.
- 비용을 염두에 두지 않은 경우라면 외부에서 직접 SimpleDB에 접근해 사용하는 것도 가능하다.

- SimpleDB는 하나의 데이터에 대해 여러 개의 복제본을 유지하는 방식으로 가용성을 높이며, 트랜잭션 종료 후 데이터가 모든 노드에 즉시 반영되지 않고 초 단위로 지연 동기화되는 'Eventual Consistency' 정책을 취한다.
- 관계형 데이터 모델과 표준 SQL을 지원하지 않으며, 전용 쿼리 언어를 이용하여 데이터를 조회한다.
- SimpleDB의 데이터 모델은 Domain, Item, Attribute, Value로 구성되며 스키마(Schema)가 없는 구조이다.

도메인 (Domain)	• 관계형 데이터베이스의 **테이블**과 동일한 개념 • 도메인(Domain)에는 최대 10GB의 데이터를 저장할 수 있으며, 사용자는 100개의 도메인을 가질 수 있음 • 사용자는 최대 1,000GB의 데이터를 SimpleDB에 저장 가능
Item	• 관계형 데이터베이스의 **레코드**(Record)와 동일한 개념 • Item은 독립적인 객체를 나타내며, 1개 이상 256개 이하의 Attribute를 가짐
Attribute	• 관계형 데이터베이스의 **컬럼**(Column)과 동일한 개념이지만 사용하기 전에 미리 정의할 필요가 없음 • Name, Value 쌍으로 데이터를 저장하고 저장되는 데이터의 Name은 Attribute의 이름에 해당 • Item의 **특정 Attribute**(Cell)에는 **여러 개의 값**을 저장할 수 있음

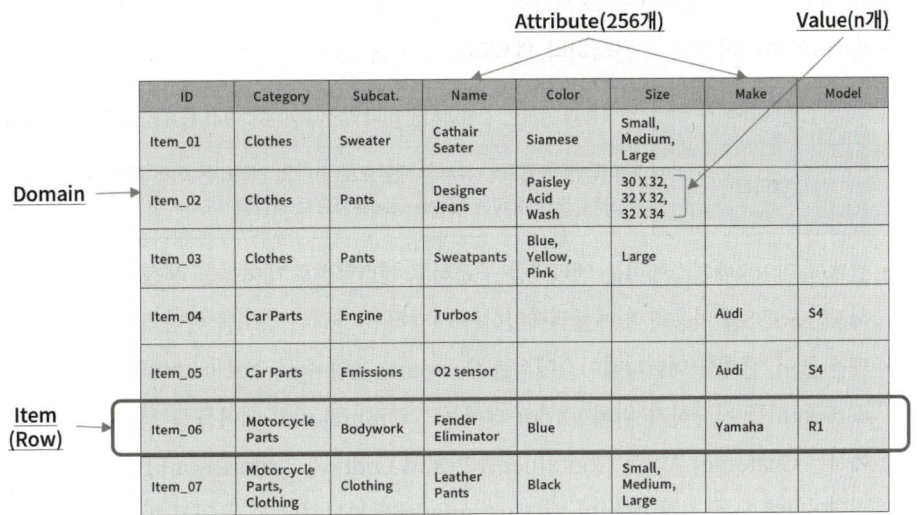

〈SimpleDB 데이터 모델〉

- 여러 도메인에 걸친 쿼리는 허용되지 않으며, 한 번에 하나의 도메인에 대해서만 쿼리를 수행해야 한다.
- 1:N(Master-Slave)관계의 데이터 모델을 갖는 두 개의 도메인으로부터 데이터를 조회할 경우 쿼리가 여러 번 수행돼야 하는 단점이 있다.

- 클라이언트는 SOAP 또는 REST 프로토콜을 이용하여 SimpleDB를 이용할 수 있으며, 다음과 같은 API를 제공한다.

구분	내용
CreateDomain	도메인을 생성
DeleteDomain	도메인을 삭제
ListDomains	모든 도메인의 목록을 가져옴
PutAttributes	Item을 생성하고 Attribute에 값을 추가
DeleteAttributes	Attribute 값을 삭제
GetAttributes	Attribute의 값을 조회
Query	쿼리를 이용하여 조건에 맞는 여러 개의 Item을 조회한다. 한 번의 쿼리는 최대 5초 이내에 수행되어야(5초가 넘으면 Timeout 발생)하며, 쿼리 결과로 받을 수 있는 최대 Item 수는 256개다.

마. 마이크로소프트 SSDS

- SSDS(SQL Server Data Service)는 마이크로소프트에서 2008년 4월에 베타서비스를 실시한 데이터 서비스로 고가용성을 보장한다.
- SSDS의 데이터 모델은 **컨테이너, 엔티티**로 구성돼 있다.

컨테이너	테이블과 유사한 개념이지만 하나의 컨테이너에 여러 종류의 엔티티를 저장할 수 있음
엔티티	엔티티는 레코드와 유사한 개념으로 하나의 엔티티는 여러 개의 property를 가질 수 있으며, property는 name-value 쌍으로 저장됨

- 관계형 데이터베이스에서는 엔티티를 구분하고 엔티티별로 테이블을 생성하는 것이 일반적이다. 하지만 SSDS를 이용하여 애플리케이션을 개발하면 관련된 정보를 하나의 컨테이너에 저장한다.
- 예를 들어, 관계형 데이터베이스에서는 Customer A의 주문 정보(Order)와 주문 상세 정보(OrderDetail)를 저장하기 위해 Order 테이블과 OrderDetail 테이블을 생성한다. 하지만 SSDS 에서는 Customer A라는 Container를 만들고 Order와 OrderDetail Entity를 Customer A 컨테이너에 모두 저장한다. 이 때, CustomerId가 파티셔닝 키가 되고 파티셔닝 대상은 컨테이너가 된다.

ID	Name	Orderid	Ordedate	Quantity	Unit Price	Productid
Customer	JUN					
Order		1	2008.01.01			
Order Detail		1		3	100	P123
Order Detail		1		5	150	P321
Order Detail		1		2	90	PA43

Property name → Ordedate, Quantity 사이
Property Value → Unit Price, Productid 사이
entity → Customer 행

〈SSDS 데이터 모델〉

- 이런 방식으로 컨테이너를 구성하면, 많은 컨테이너가 생성되는데 이들은 여러 노드에 분산·관리된다. 또한 쿼리는 하나의 컨테이너만을 대상으로 한다.
- SSDS는 컨테이너의 생성/삭제, 엔티티의 생성/삭제·조회, 쿼리 등의 API를 제공하고 SOAP/REST 기반의 프로토콜을 지원한다.

2절 분산 컴퓨팅 기술

학습목표

- MapReduce의 개념, 특징, 실행과정을 이해한다.
- 병렬 쿼리 시스템의 다양한 종류와 그 특징들을 이해한다.
- SQL on Hadoop 기술과 종류를 이해한다.

눈높이 체크

- **MapReduce에 대해 알고 있나요?**

최근의 컴퓨팅 환경에서는 저가형 서버들을 클러스터링하여 대규모 고성능 컴퓨팅 플랫폼을 구축하는 일에 많은 노력을 쏟고 있습니다. 구글의 MapReduce는 대용량 데이터를 분산 처리하기 위한 프로그래밍 모델로, 대용량 데이터를 다루는 환경에 많은 영향을 주고 있습니다. 또한 병렬 DBMS 분야에서도 분산된 DB의 다차원 데이터를 분석하기 위해 MapReduce 방식을 적극 도입하고 있습니다.

- **병렬 쿼리 시스템의 종류와 특징을 알고 있나요?**

구글이나 하둡의 MapReduce는 간단하지만 프로그래밍이 필요하다는 한계를 가지고 있습니다. 따라서 직접 코딩하지 않고도 서비스나 알고리즘을 구현할 수 있도록 사용자에게 친숙한 쿼리 인터페이스를 가진 시스템들이 개발되었습니다. 이번 절에서는 다양한 병렬 쿼리 시스템의 종류에 대해 알아봅시다.

- **SQL on Hadoop 기술은 무엇일까요?**

실시간 데이터 처리에 대한 요구사항을 충족하기 위해 개발된 SQL on Hadoop은 하둡의 대용량 데이터를 대화형식의 SQL 질의를 통해서 처리 및 분석하는 기술입니다. 1장 5절에서 학습한 적이 있지만 이번 절에서는 가장 많이 회자되고 있는 '임팔라'에 대해서 좀 더 자세히 알아봅시다.

1. MapReduce

가. MapReduce의 개념 및 특징

- MapReduce는 구글에서 **분산 병렬 컴퓨팅**을 이용하여 대용량 데이터를 처리하기 위한 목적으로 제작한 소프트웨어 프레임워크이며, 2004년에 'MapReduce : Simplified Data Processing on Large Clusters'라는 논문을 통해 공개되었다.

> **출제 포인트**
> 해당 절은 최근 시험에서 자주 출제되는 부분이니 확실하게 내용을 숙지해야 합니다. 맵리듀스의 개념과 특징을 알고 있어야 하며, 맵리듀스 작업은 맵태스크 하나가 1개의 블록을 대상으로 연산을 수행한다는 점을 숙지해야합니다.

- 분할정복 방식으로 **대용량 데이터를 병렬로 처리**할 수 있는 프로그래밍 모델이다.

> **용어**
> 분할정복(Divide and Conquer) : 해결하고자 하는 문제를 성질이 같은 여러 부분으로 나누어 해결한 뒤, 원래 문제의 해를 구하는 방식이다.

- MapReduce는 C++, 자바(Java) 등의 언어로 적용이 가능하며, 아파치 하둡에서 오픈 소스 프로젝트로 시작한 자바(Java) 기반의 'Hadoop MapReduce' 프레임워크가 동일한 기능을 지원한다.

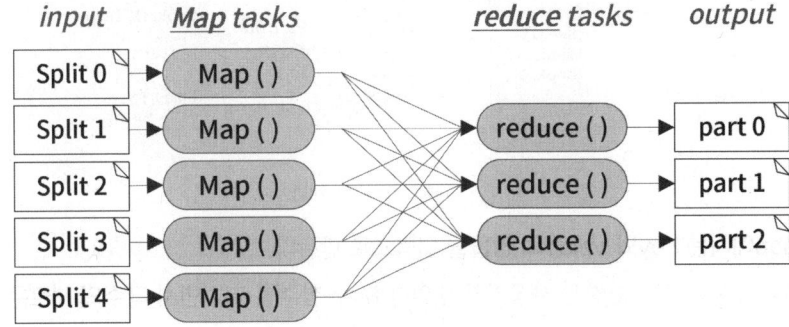

〈MapReduce의 작업 흐름〉

- 맵리듀스에서 Client의 수행 작업 단위는 맵리듀스 잡(MapReduce Job)이라고 하며, 잡(Job)은 Map Task와 Reduce Task로 나뉘어서 실행된다.
- MapReduce 작업은 특별한 옵션을 주지 않으면 **Map Task 하나가 1개의 블록(64MB)을 대상으로 연산을 수행**한다. 예를 들어 320MB의 파일을 대상으로 작업을 수행하면 위의 그림처럼 5개의 Map Task가 생성되며, Map 과정에서 생산된 중간 결과물들을 **사용자가 지정한 개수에 해당되는 Reduce Task**들이 받아와서 정렬 및 필터링 작업을 거쳐서 최종 결과물을 만들어 낸다.

나. 구글 MapReduce

1) 구글 MapReduce의 개발 배경
- 구글은 대용량 데이터를 처리하는 데에 있어서 연산의 병렬화, 장애 복구 등의 복잡성을 추상화시켜서 개발자들이 오직 핵심 기능 구현에만 집중할 수 있도록 하기 위해 MapReduce를 만들게 되었다.

2) 프로그래밍 모델 : Map과 Reduce라는 2개의 단계로 나눌 수 있음

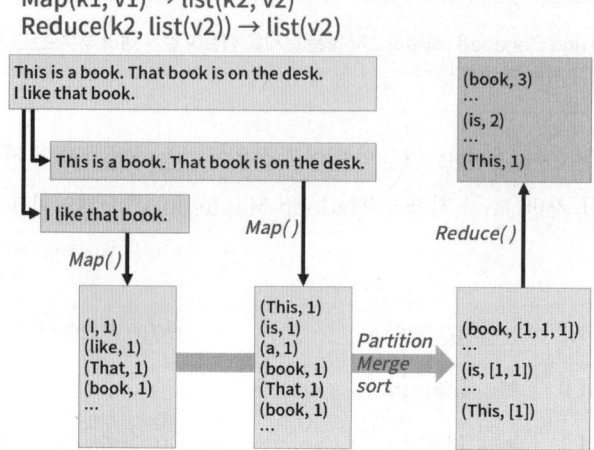

〈MapReduce 개념〉

- Map에서는 Key와 Value의 쌍들을 입력으로 받는다.
- 하나의 Key, Value쌍은 사용자가 정의한 Map 함수를 거치면서 다수의 새로운 Key, Value 쌍들로 변환되어 로컬 파일시스템에 임시 저장된다.
- 저장된 임시 파일들은 프레임워크에 의해 Reduce에게 전송된다. 이 과정에서 자동으로 Shuffling과 Group by 정렬의 과정을 거친 후 Reduce의 입력 레코드로 들어가게 되는데 형식은 Key와 Value의 리스트다.
- Reduce의 입력 레코드들은 사용자가 정의한 Reduce 함수를 통해 최종 Output으로 산출된다.
- 사용자 관점에서는 이전에 언급했던 장애 복구와 같은 세세한 이슈들은 신경 쓸 필요없이 Map과 Reduce 두 함수만 작성하는 것만으로 대규모 병렬 연산 작업을 수행할 수 있다.

3) 실행 과정

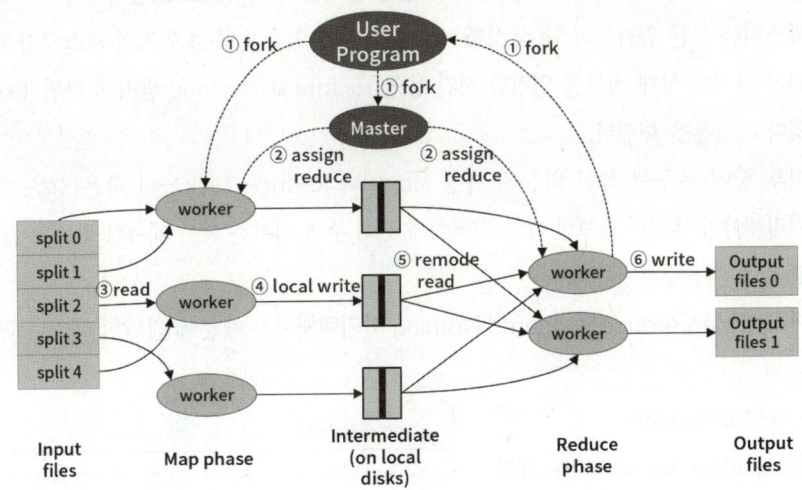

〈MapReduce 프로세스 흐름〉

- 사용자가 MapReduce 프로그램을 작성해 실행한다.
- 마스터는 사용자의 프로그램에서 지정한 입력 데이터소스를 가지고 스케줄링을 한다.
- 하나의 큰 파일은 여러 개의 파일 Split들로 나뉘며, **각 Split들이 Map 프로세스들의 할당 단위가 된다.** 보통 Split 단위는 블록 사이즈인 64MB 또는 128MB가 되며 Split 수만큼 Map Task들이 워커로부터 Fork됨과 동시에 실행돼 Output을 로컬 파일시스템에 저장한다.
- 이때, Output 값들은 **Partitioner**라는 Reduce 번호를 할당해 주는 클래스를 통해 어떤 Reduce에게 보내질지 정해진다. 특별히 정해지지 않으면 Key와 해시(Hash)값을 Reduce의 개수로 Modular 계산한 값이 부여되어 **동일한 Key들은 같은 Reduce로 배정**된다.
- Map 단계가 끝나면 **원격의 Reduce 워커들이 자기에 할당된 Map의 중간 값들을 네트워크로 가져**, 사용자의 Reduce 로직을 실행해 최종 산출물을 얻어 낸다.
- 보통 Reduce의 개수는 Map의 개수보다 적으며, 실행 흐름에서 알 수 있듯이 Map의 중간 데이터 사이즈에 따라 성능이 좌우된다.
- MapReduce 모델 적용의 적합성

적합한 경우	적합하지 않은 경우
분산 Grep이나 빈도 수 계산 등의 작업 → Map 단계를 거치면서 데이터 사이즈가 크게 줄어들고, 줄어든 크기만큼 Reduce 오버헤드도 줄어듦에 따라 성능상 이점이 많다.	정렬과 같은 작업 → 입력 데이터의 사이즈가 줄지 않고, 그대로 Reduce로 전해지므로 오버헤드에 따라 수행 성능이 저하된다.

4) 폴트톨러런스

- 각 프로세스에서는 Master에게 Task 진행 상태를 주기적으로 보낸다.
- 마스터는 모든 워커들의 Task 상태 정보를 가지고 있다가 특정 워커의 태스크가 더 이상 진행되지 않거나 상태 정보를 일정한 시간 동안(Heartbeat Timeout) 받지 못하면 Task에 문제가 있다고 결론을 내린다.
- 이후 장애 복구를 해야 하는데 특정 Map이나 Reduce Task들이 죽은 경우, 해당 Task가 처리해야할 데이터 정보만 다른 워커에게 전해 주면 워커는 받은 데이터 정보를 인자로 새로운 Task를 재실행하면 된다.
- 이처럼 MapReduce는 Shared Nothing 아키텍처이기 때문에 간단한 메커니즘을 가진다.

다. Hadoop MapReduce

1) Hadoop MapReduce의 개발 배경

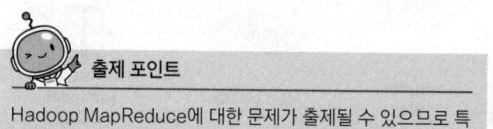

- 아파치 오픈소스 프로젝트인 하
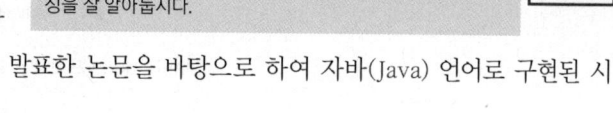
둡의 MapReduce는 구글에서 발표한 논문을 바탕으로 하여 자바(Java) 언어로 구현된 시스템이다.
- 2장 1절에서 학습한 분산 파일 시스템인 HDFS와 이번에 학습할 Hadoop MapReduce가 하둡의 핵심 구성요소라고 할 수 있다.

2) 아키텍처

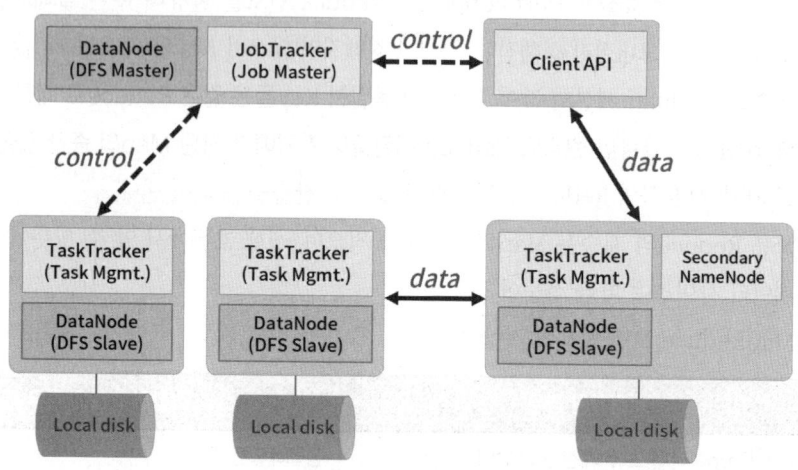

〈하둡 아키텍처〉

- 하둡은 데몬(서버의 메인메모리 상에서 백그라운드로 수행되는 프로그램)관점에서 4개의 구성요소를 가지고 있다.

구분	설명
네임노드(NameNode)	하둡을 이루는 가장 기본적이고 필수적인 데몬으로, 네임 스페이스를 관리하는 마스터 역할을 수행
데이터노드(DataNode)	분산 파일 시스템의 데몬으로 파일의 실질적인 데이터 입출력에 대한 처리를 수행
잡트래커(JobTracker)	MapReduce 시스템에서 Job이라는 작업을 관리하는 마스터에 해당 (클러스터에 1개의 잡트래커가 존재)
태스크트래커(TaskTracker)	작업을 수행하는 워커 데몬이며 슬레이브에 해당 (각 노드에 1개의 태스크 트래커가 존재)

- **클라이언트에서 잡(Job)이라고 불리는 하둡 작업을 실행**하면, 프로그램 바이너리와 입출력 디렉터리와 같은 환경 정보들이 JobTracker에게 전송된다.
- JobTracker는 작업을 다수의 Task로 쪼갠 후, 데이터 지역성을 보장하기 위해 그 Task들을 어떤 TaskTracker에게 보낼지를 감안해 내부적으로 스케줄링해 큐(Queue)에 저장한다.
  이 때, **Task는 맵퍼나 리듀서가 수행하는 단위 작업**을 의미한다.
- TaskTracker는 JobTracker에게 3초에 한 번씩 주기적으로 하트비트(Heartbeat)를 보내 살아 있다는 것을 알린다.
- TaskTracker에서 Heartbeat를 보내면 JobTracker는 먼저 해당 TaskTracker에게 할당된 Task가 있는지 큐에서 살펴본 후, Task가 있으면 하트비트의 Response 메시지에 Task 정보를 실어서 TaskTracker에게 보낸다.
- TaskTracker는 Response 메시지의 내용을 분석해 프로세스를 fork해 자기에게 할당된 Task를 처리한다.

> **출제 포인트**
> 맵리듀스의 실행절차 순서와 워드카운트(Word Count) 예제 수행 과정의 순서는 반드시 기억하고 있어야 합니다.

3) Hadoop MapReduce의 실행절차

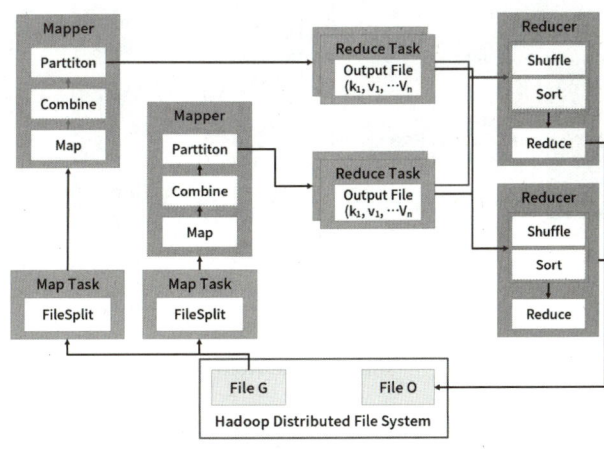

〈하둡 맵리듀스의 data flow〉

- MapReduce는 아래와 같은 단계들을 거쳐 실행된다.
  ① **스플릿(Split)** : HDFS의 대용량 입력 파일(input)을 분리(split)하여 파일스플릿(FileSplit)을 생성하고, FileSplit 하나당 맵 태스크(Map Task) 하나씩을 생성한다.
  ② **맵(Map)** : 각 split에 대해서 레코드 단위로 Map함수를 적용하여 **Key-Value 쌍을 생성**한다.
  ③ **컴바인(Combine)** : 리듀스(Reduce)와 동일한 프로그램을 적용하여, 리듀스(Reduce) 단계로 데이터를 보내기 전에 중간 결과값들을 처리하여 데이터의 크기를 줄여준다.
  ④ **파티션(Partition)** : Key를 기준으로 데이터를 디스크에 분할 저장하며, 각 파티션은 키를 기준으로 정렬이 수행된다. 또한 분할된 파일들은 각각 다른 리듀스 태스크(Reduce Task)에 저장된다.
  ⑤ **셔플(Shuffle)** : 여러 맵퍼들의 결과 파일을 각 리듀서에 할당하고, 할당된 파일을 로컬 파일 시스템으로 복사한다.
  ⑥ **정렬(Sort)** : 병합 정렬(Merge Sort)방식을 이용하여 맵퍼의 결과 파일을 key를 기준으로 정렬한다.
  ⑦ **리듀스(Reduce)** : 정렬 단계에서 생성된 파일에 대해 리듀스 함수를 적용한다.
- Hadoop Mapreduce 연산에서 기본적으로 Output format은 Key와 Value를 탭으로 구분하며, mapred.textoutputformat.separator 속성을 사용하여 구분자를 원하는 문자로 변경할 수도 있다.
- 맵리듀스 작업의 대표적인 예제인 'Word Count'(파일에 입력된 글을 문자 단위로 분리하여, 문자가 몇 번 나오는지를 세어보는 예제)의 **수행과정**은 다음의 도표와 같다.

The overall MapReduce word count process

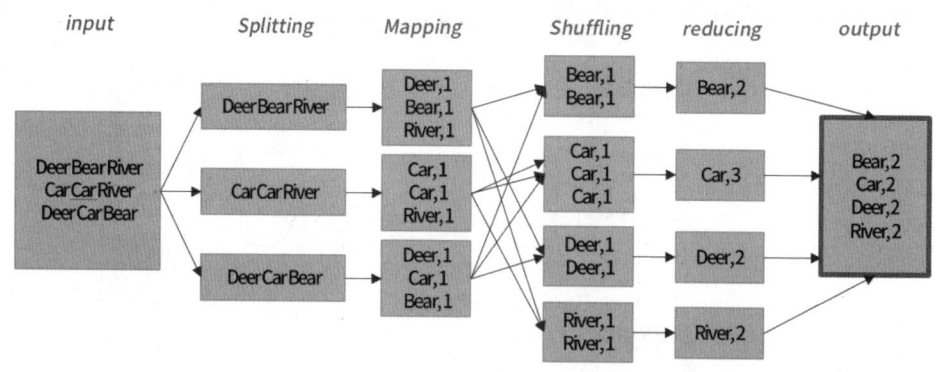

⟨MapReduce Word Count 흐름⟩

4) 하둡의 성능

- MapReduce의 Sort는 MapReduce에서 어떠한 작업을 실행하더라도 **Map에서 Reduce로 넘어가는 과정에서 항상 발생하는 내부적인 프로세스**이다.
- Sort 작업은 데이터가 커질수록 처리 시간이 **선형적으로 증가**한다.
- 클러스터 구성 서버들의 숫자를 늘림으로써 처리 시간을 줄일 수 있는 것은 아니며, 플랫폼 자체적으로 선형 확장성을 갖고 있어야 처리 시간을 줄일 수 있다.
- 이런 의미에서 Sort는 하둡 같은 분산컴퓨팅 플랫폼의 성능과 확장성을 동시에 측정할 수 있는 좋은 실험이라고 할 수 있다. Hadoop MapReduce는 개발초기인 2006년 이후 최근까지 6배 정도의 성능이 향상이 있었다.

5) 하둡 사용 현황

구분	사용 현황
야후	• 활발하게 하둡을 사용하고 있는 하둡 프로젝트의 주요 후원자 • 4만대 이상의 컴퓨터에 하둡을 설치해 사용하고 있고, 가장 큰 클러스터는 약 4,500개의 노드로 구성
야후의 WebMap	• 야후의 대표적인 그래프 기반 검색 엔진 • 알려진 웹 페이지들의 모든 Edge 및 링크 정보를 계산해 그 결과를 다양한 검색 애플리케이션에서 사용할 수 있도록 해주는 거대한 그래프 • 주기적으로 100개 이상의 MapReduce 작업들을 체인 형태로 묶어 실행시키는데, 출력 결과만 압축해서 300TB 이상이 나올 정도로 대용량 데이터를 다루고 있음
국내	• NHN과 다음 등의 인터넷 포털에서 하둡을 사용 중 • 삼성 SDS, SK 등의 IT회사에서 대용량 데이터 분석 등의 목적으로 하둡을 활용 중

2. 병렬 쿼리 시스템

가. 병렬 쿼리 시스템의 개요

출제 포인트
최근 시험에 자주 출제되지는 않았지만, 다음 시험에 출제될 수 있으므로 병렬 쿼리 시스템의 각 종류와 특징은 익히고 넘어갑시다.

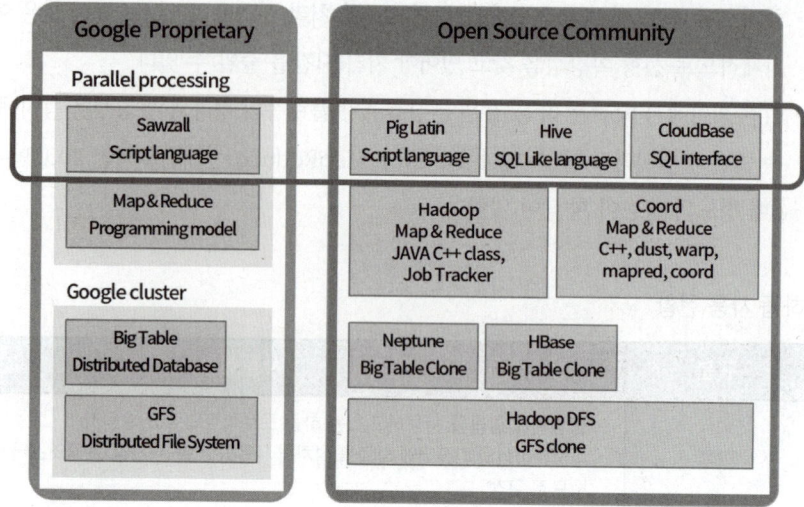

〈구글과 하둡의 쿼리 시스템〉

- 구글이나 하둡의 MapReduce는 개발자들에게 구현하려는 알고리즘에만 포커싱 할 수 있도록 간단한 프로그래밍 모델을 제공하였으나, 일부 사용자들에게는 새로운 개념이기 때문에 여전히 쉽지 않다.
- 이와 더불어, 직접 코딩하지 않고도 쉽고 빠르게 서비스 혹은 알고리즘을 구현하고 적용할 수 있는 환경에 대한 필요성이 대두되었다.
- 이러한 요구사항을 반영해서 스크립트나 사용자에게 친숙한 쿼리 인터페이스를 통해 병렬 처리를 할 수 있는 시스템들이 개발됐다. 대표적인 예로 구글의 Sawzall, 야후의 Pig 등이 있으며, 이들은 사용자가 MapReduce를 쉽게 사용할 수 있도록 새로운 쿼리 언어로 추상화된 시스템들이다.

나. 구글 Sawzall

- 구글 Sawzall는 **MapReduce를 추상화한 최초의 스크립트 형태 병렬 쿼리 언어**다.
- 사용자가 이해하기 쉬운 인터페이스를 제공하여 MapReduce 개발 생산성을 높였으며, 이로써 MapReduce에 대한 이해가 없는 사용자들도 더욱 쉽게 병렬 프로그래밍을 할 수 있게 되었다.
- 이후에 나온 오픈소스 프로젝트인 Pig나 하이브(Hive)도 개발 배경과 기본적인 개념은 Sawzall과 유사하다.

다. 아파치 Pig

1) 정의 및 특징
- **아파치 Pig는 야후에서 개발**해 오픈소스 프로젝트화한 데이터 처리를 위한 고차원 언어이다.
- Hadoop MapReduce 위에서 동작하는 추상화된 병렬 처리 언어이며, 아파치 하둡의 서브 프로젝트에 속한다.
- 2007년 개발을 시작한 이후 최근까지 2~10배 정도 성능이 개선되었으며, 네이티브 MapRe-duce와 비교한 성능은 90% 수준이다.
- 야후에서는 전체 MapReduce 작업의 약 30%에 Pig를 이용한다.

2) 개발 배경
- MapReduce는 Map과 Reduce 두 단계로만 이루어진 단순한 병렬 모델이지만 실제 대부분의 업무는 한번의 MapReduce 작업으로 끝나지 않는 경우가 많다.
- 또한 MapReduce를 이용하는 개발자들이 유사한 알고리즘들을 중복 개발하는 경우가 많았지만 코드의 특성상 의미 파악이 어려울 수 있어서 공유는 잘 이루어지지 않고 있는 실정이었다.
- 위와 같은 요구사항을 해결하기 위해 의미적으로는 SQL과 비슷하지만 새로운 언어인 Pig를 정의하게 되었다.

3) 사용 예제
- 18~25세 연령대의 사용자가 가장 많이 방문하는 사이트 5개를 찾고자 할 경우 MapReduce를 이용하면 아래의 그림과 같은 과정을 거친다.

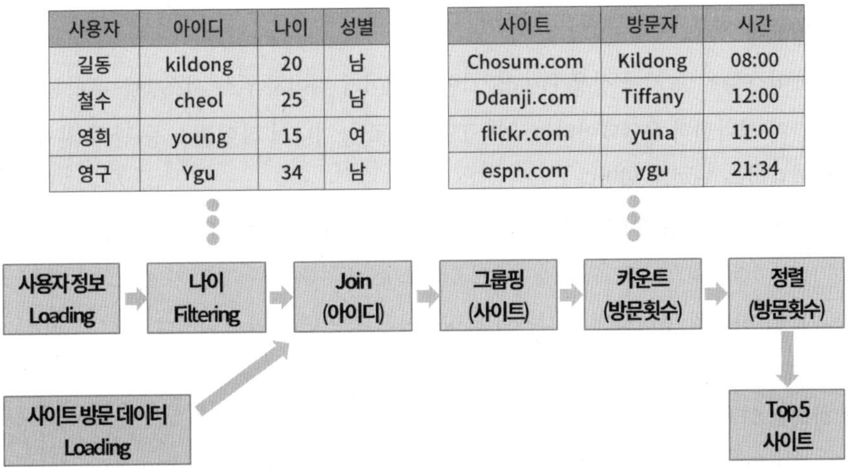

사용자	아이디	나이	성별
길동	kildong	20	남
철수	cheol	25	남
영희	young	15	여
영구	Ygu	34	남

사이트	방문자	시간
Chosum.com	Kildong	08:00
Ddanji.com	Tiffany	12:00
flickr.com	yuna	11:00
espn.com	ygu	21:34

사용자정보 Loading → 나이 Filtering → Join (아이디) → 그룹핑 (사이트) → 카운트 (방문횟수) → 정렬 (방문횟수) → Top5 사이트

사이트방문데이터 Loading

〈MapReduce 단계별 처리 과정〉

- MapReduce는 무공유(Shared Nothing) 구조이기 때문에 일반 RDB로는 쉽게 해결할 수 있는 Join 연산을 매우 복잡하게 처리하므로 위 문제를 해결하기 위해 개발자는 약 400라인에 가까운 코드를 프로그래밍해야 한다.
- 하지만 Pig를 이용하면 단 10라인의 코드로 간단히 해결이 가능하다.
- 코드 길이는 1/20 이하, 개발 시간은 1/10 이하로 감소하며 코드를 이해하는 것도 더 쉽고 직관적이어서 공유가 용이하다.

4) 사용 현황
- 야후 내부의 검색 인프라, 광고 연관성 분석, 사용자 의도 분석, 검색엔진 쿼리 분석, Hoffman's PLSI등 다양한 분야에서 사용되고 있다.

라. 아파치 하이브

1) 정의 및 특징

 **출제 포인트**
최근 시험에서 아파치 하이브의 특징에 대해서 묻는 문제가 출제되었으므로, 주의 깊게 학습하시기 바랍니다.

- 하이브는 페이스북(Facebook)에서 개발한 데이터 웨어하우징 인프라로 아파치 내의 하둡 서브 프로젝트로 등록돼 개발되고 있다.
- Pig와 마찬가지로 하둡 플랫폼 위에서 동작하며, 사용자가 쉽게 사용할 수 있도록 SQL 기반의 쿼리 언어와 JDBC를 지원한다.
- 하둡에서 가장 많이 사용되는 병렬처리 기능인 Hadoop-Streaming을 쿼리 내부에 삽입해 사용할 수 있다.
- **아파치 하이브는 맵리듀스의 모든 기능을 지원**한다.

2) 개발배경
- 페이스북은 초기에 상용 DBMS 기반의 데이터 웨어하우스 시스템을 운영하고 있었으나, 시간이 지나면서 운영데이터는 수백 TB 규모로 늘어나서 라이선스 등 관리 및 운영비용 절감의 필요성을 느끼게 되었다.
- 이에 따라 상용 DBMS를 하둡으로 교체하는 과정에서 필요한 기능들(이용자를 위한 커맨드 라인 인터페이스(CLI), 코딩 없이 애드혹(Adhoc) 질의를 할 수 있는 기능, 스키마 정보들의 관리 기능 등)을 하나씩 구현하면서 지금의 하이브라는 시스템이 만들어졌다.

3) 하이브 아키텍처
- 하이브의 구성요소 중에서 MetaStore는 Raw File들의 콘텐츠를 일종의 테이블 내 칼럼처럼 구조화된(Structured) 형태로 관리할 수 있게 해주는 스키마 저장소다.

- 별도의 DBMS를 설정하지 않으면 Embedded Derby를 기본 데이터베이스로 사용한다.
- 앞 단에는 커맨드 라인 인터페이스(CLI)가 있는데 사용자는 이 CLI를 통해 Join이나 Group by 같은 SQL 쿼리를 사용한다.
- 그러면 파서(Parser)에서 쿼리를 받아 구문 분석을 하고, MetaStore에서 테이블과 파티션 정보를 참조해 Execution Plan을 만든다.
- Execution Engine은 하둡의 JobTracker와 네임노드와 통신을 담당하는 창구 역할을 하면서 MapReduce 작업을 실행하고 파일을 관리한다.
- 아래 그림 오른쪽 하단의 SerDe라는 것은 Serializer와 Deserializer의 줄임말이며, 테이블의 로우나 칼럼의 구분자 등 저장 포맷을 정의해주는 컴포넌트다. 하둡의 InputFormat과 OutputFormat에 해당한다고 볼 수 있다.

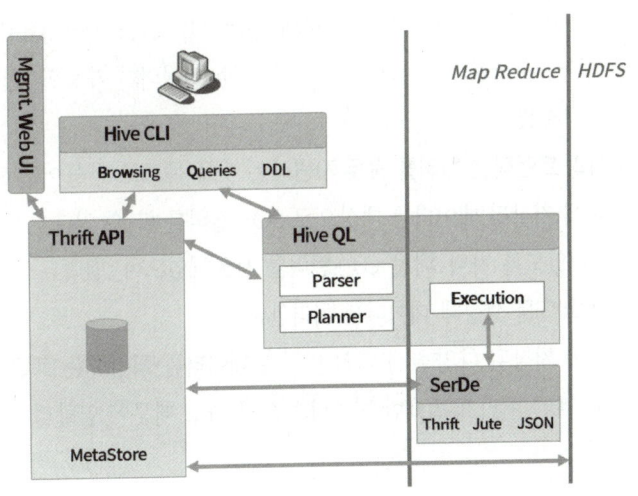

〈하이브 아키텍처〉

4) 하이브의 언어 모델

DDL (Data Definition Language)	DML (Data Manipulation Language)	Query
- 테이블 생성(Create able), 삭제(Drop Table), 변경(Rename Table) 명령 - 테이블 스키마 변경 (Alter Table, Add Column) - 테이블 조회(Show Table), 스키마 조회(Describe Table)	- 로컬에서 DFS로 데이터 로드 (LOAD DATA) - 쿼리 결과를 테이블이나 로컬 파일 시스템, DFS에 저장	- Select, Group by, Sort by, Joins, Union, Sub Queries, Sampling, Transform

3. SQL on 하둡

가. SQL on 하둡 개요

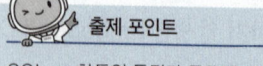

> **출제 포인트**
> SQL on 하둡의 특징과 종류에 대해 잘 숙지해야 합니다. 또한 최근 떠오르고 있는 기술인 임팔라에 대한 문제가 출제될 수 있으므로, 임팔라와 관련된 내용을 잘 학습해둡시다.

- 실시간 처리라는 측면에서 하둡의 제약사항을 극복하기 위한 시도 중 하나인 **SQL on 하둡은 실시간 SQL 질의 분석 기술**이다.
- 이 기술은 하둡에 저장된 대용량 데이터를 대화형식의 SQL 질의를 통해서 처리하고 분석하는 것이며, 앞의 2장 5절에서 간단하게 살펴보았다. 이번 절에서는 SQL on 하둡 기술 중에서도 최근 가장 많이 회자되고 있는 임팔라에 대해 학습하고자 한다.

나. 임팔라의 개념 및 특징

- SQL on 하둡 기술 중 먼저 대중에게 공개된 기술이다.
- 클라우데라(Cloudera)는 드레멜(Dremel)의 논문 「Interactive Analysis of Web-Scale Datasets」을 읽은 후 하둡에서 실시간, 애드혹(Adhoc)질의가 가능할 것 같다는 기술적 영감을 얻어서 개발을 시작했다.
- 임팔라는 **분석과 트랜잭션 처리를 모두 지원**하는 것을 목표로 만들어진 SQL 질의 엔진이다.
- 하둡과 Hbase에 저장된 데이터를 대상으로 SQL 질의를 할 수 있다.
- 고성능을 낼 수 있도록 자바 대신 **C++언어를 사용**하였으며, 맵리듀스를 사용하지 않고 실행 중에 최적화된 코드를 생성해 데이터를 처리한다.
- 하이브가 하둡에 저장된 다양한 형태의 비정형 데이터를 처리하는 표준 SQL솔루션으로 사용되고 있지만, 더 빠른 처리가 필요한 비즈니스 요구 사항 때문에 임팔라와 같은 기술이 대두되고 있다.

다. 임팔라의 구성요소

구분	설명
클라이언트	ODBC/JDBC 클라이언트, 임팔라쉘 등에 해당하며, 임팔라에 접속해서 테이블 관리, 데이터 조회 등의 작업을 수행
메타스토어	임팔라로 분석할 대상 데이터들의 정보를 관리하며, 하이브의 메타데이터를 같이 사용
임팔라 데몬	시스템에서는 ImpalaD로 표시되며, 클라이언트의 SQL 질의를 받아서 데이터 파일들의 읽기/쓰기 작업을 수행함. 임팔라 데몬은 질의 실행계획기, 질의 코디네이터, 질의 실행엔진으로 구성된다.
스테이트 스토어	임팔라 데몬들의 상태를 체크하고 건강정보를 관리해주는 데몬으로, 임팔라 데몬에 장애가 생기면 다른 데몬들에게 이 사실을 알려서 이후부터는 장애가 발생한 데몬에게는 질의 요청이 가지 않도록 한다.
스토리지	분석할 데이터의 저장소로 현재는 에이치베이스(HBase), 하둡 분산 파일 시스템(HDFS)의 두 가지를 지원

라. 임팔라 동작 방식

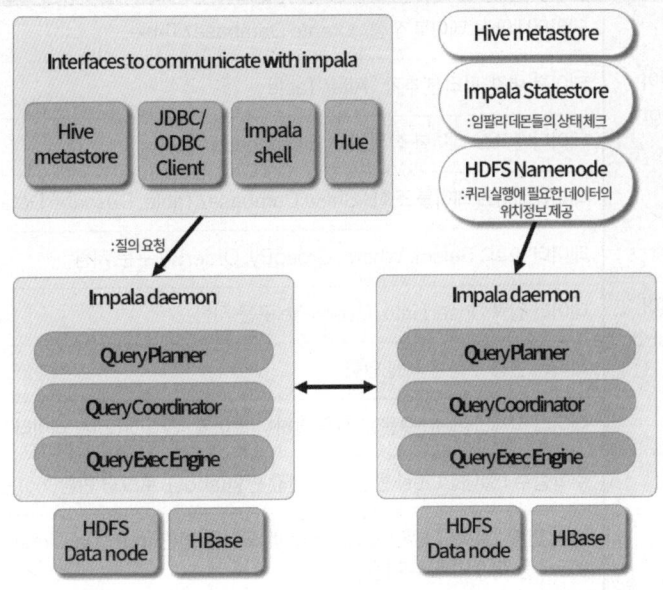

〈임팔라 아키텍처〉

- 모든 노드에 임팔라 데몬이 구동되며, 사용자는 이 데몬들이 구동된 임의의 노드에 JDBC, ODBC, 임팔라쉘을 이용하여 질의를 요청할 수 있다.
- 사용자의 질의는 데이터의 지역성을 고려해서 노드 전체로 분산되어 수행된다.
- 사용자의 질의 요청을 받은 코디네이터 데몬은 분산되어 수행된 각 임팔라 노드들의 부분 결과들을 취합한 후 결과값을 만들어서 사용자에게 제공한다.
- 실제 운영 환경에서는 **라운드 로빈 방식**으로 사용자 질의를 분산시켜서 질의에 대해 전 노드들이 코디네이터 역할을 고르게 수행할 수 있도록 해야 한다.

라운드 로빈 : 여러 프로세스들이 순서대로 돌아가면서 처리되는 스케줄링 방식이다.

마. 임팔라의 SQL 구문
- 임팔라는 기본적으로 하이브의 SQL을 이용하지만 모든 하이브 SQL문을 지원하는 것은 아니기 때문에 어떤 구문이 지원되는지 확인할 필요가 있다.
- 임팔라에서 지원하는 주요 SQL구문과 기능은 아래의 표와 같다.

항목	설 명
데이터 정의 언어 (Data Definition Language)	데이터베이스·테이블 생성 : Create Database/Table
	테이블 변경·파티션 추가 : Alter Table
	데이터베이스·테이블 삭제 : Drop Database/Table
	데이터베이스 테이블 조회 : Show Database/Table, Describe Database
데이터 조작 언어 (Data Manipulation Language)	데이터 조회 : Select, Where, GroupBy, OrderBy 구문 지원
	데이터 입력 : Insert into/Overwrite 구문 지원
	데이터 변경 구문은 지원 안함
	데이터 삭제(Delete)구문은 지원 안하나 테이블 삭제(Drop)시 데이터가 삭제됨
내장 함수 (Builtin Functions)	수학함수 : 절대값(abs) 반환, 코사인값 반환(acos), 로그값 반환(log)등의 기능 제공
	타입 변환 : 날짜값 반환(day), 유닉스에 포타임 변환(from_unixtime), 현재 시간 반환(now) 등 다수의 함수 제공
	조건문 : if문 제공, case 등 분기 기능 제공
	문자열 함수 : 아스키 코드값 변환(ascii), 문자열 병합(concat)

바. 임팔라 데이터 모델

- 임팔라는 하둡 분산 파일시스템에 데이터를 저장하며, 어떤 저장포맷을 사용하느냐에 따라 데이터 조회시 처리 성능이 달라진다.
- 저장 포맷별 특징은 아래의 표와 같다.

로우 단위로 저장	• 하둡의 기본 파일 포맷인 텍스트나 시퀀스 파일은 로우 단위의 데이터 저장 방식을 사용 • 테이블에서 하나의 칼럼을 읽든 전체 테이블을 읽든 동일한 디스크 입출력이 발생
칼럼 단위의 저장	• 읽고자하는 칼럼만큼의 디스크 입출력이 발생하기 때문에 처리 성능을 개선할 수 있음 → 물론 전체 칼럼들을 모두 조회하는 질의는 저장 포맷에 의해 성능이 영향을 받지 않음 • 로우 단위 파일 포맷을 사용했을 때보다 처리 시간이 적게 걸리므로 처리 시간의 측면에서 더 효율적임 • 다만 하둡에 저장된 파일이 처음부터 칼럼 파일 포맷을 사용하지 않았을 경우, 파일 포맷 변경 작업을 해주어야 함 • 칼럼 단위의 파일 저장 포맷인 RCFile을 사용할 경우, 데이터 처리 과정에서 발생하는 디스크 입출력 양을 현저하게 줄일 수 있음

3절 클라우드 인프라 기술

학습목표

- 서버 가상화의 개념과 그 효과를 이해한다.
- CPU 가상화 기술에 대해 이해한다.
- 메모리 가상화 기술에 대해 이해한다.

눈높이 체크

- **클라우드 서비스의 다양한 종류를 알고 있나요?**

구글은 AppEngine, Gears, Gadgets 등을 제공함으로써 명실공히 웹 기반의 소프트웨어들이 클라우드 서비스로 구체화될 수 있는지를 보여 주었습니다. 또한 아마존은 S3, EC2 환경을 통해 플랫폼을 위한 클라우드 서비스를 최초로 실현했습니다.

- **클라우드 컴퓨팅의 근간이 되는 서버 가상화 기술에 대해 알고 있습니까?**

클라우드 컴퓨팅의 인프라에서 가장 기반이 되는 기술인 서버 가상화는 물리적인 서버와 운영체제 사이에 적절한 계층을 추가해 서버를 사용하는 사용자에게 물리적인 자원은 숨기고 논리적인 자원만을 보여주는 기술을 의미합니다. 일반적으로 CPU, 메모리, 입출력 등의 다양한 서버 자원을 하나의 집합으로 통합/추상화시킨 후 사용자의 요청에 따라 자원을 자유롭게 나누어 사용합니다. 이러한 서버 가상화와 관련된 내용들을 이번 절에서 다룰 예정입니다.

1. 클라우드 컴퓨팅

 출제 포인트

클라우드 컴퓨팅에 대해 묻는 문제가 출제된 적이 있으므로 개념과 특징을 익히고 넘어가도록 합시다.

가. 클라우드 컴퓨팅의 개념 및 특징

- 클라우드 컴퓨팅은 동적으로 확장할 수 있는 가상화 자원들을 인터넷으로 서비스하는 기술을 의미한다.
- 이러한 클라우드 서비스들은 IaaS(Infrastructure as a Service), SaaS(Software as a Service), PaaS(Platform as a Service) 등 크게 3가지 유형으로 나뉜다.

> **용어**
> IaaS(Infrastructure as a Service) : 네트워크 장비, 서버와 스토리지 등과 같은 IT 인프라 자원을 빌려주는 클라우드 서비스이다.
> SaaS(Software as a Service) : 서비스로서의 소프트웨어를 의미하며, 소프트웨어를 웹에서 사용할 수 있게 해주는 서비스이다.
> PaaS(Platform as a Service) : 서비스로서의 플랫폼을 의미하며, 애플리케이션이나 소프트웨어 개발 및 구현 시 필요한 플랫폼을 제공하는 서비스이다.

- **VMware, Xen, KVM 등과 같은 서버 가상화 기술**은 데이터센터나 기업들에게 인프라스트럭처를 위한 클라우드 서비스의 가능성을 보여주며, **IaaS에 주로 활용**된다.
- 아마존은 S3(Simple Storage Service)와 EC2(Elastic Cloud Computing) 환경을 제공함으로써 플랫폼을 위한 클라우드 서비스를 최초로 실현했다. 특히 AWS(Amazon Web Service)의 **EMR(Electric MapReduce)은 하둡을 온디맨드(On-Demand)로 이용**할 수 있는 클라우드 서비스다.
- 구글은 AppEngine, Apps, Gears, Gadgets 등을 제공함으로써 웹 기반의 다양한 소프트웨어들이 클라우드 서비스로서 어떻게 구체화될 수 있는지를 보여주었다.

나. 서버 가상화의 개념 및 특징

- 인프라 기술은 클라우드 컴퓨팅의 근간이 되는 기술이며, 인프라 기술들 중에서도 가장 기반이 되는 기술은 **서버 가상화**이다.

서버 가상화	
정의	물리적인 서버와 운영체제 사이에 적절한 계층을 추가해 서버를 사용하는 사용자에게 **물리적인 자원은 숨기고 논리적인 자원만을 보여주는 기술**
특징	• 서버 가상화는 하나의 서버에서 여러 개의 애플리케이션, 미들웨어, 운영체제들이 서로 영향을 미치지 않으면서 동시에 사용할 수 있도록 해줌 • 서버 가상화를 가능하게 하는 기술은 아주 다양하며 메인프레임, 유닉스 서버, x86 서버 등에 따라 서로 다른 기술이나 분류체계를 사용

- 클라우드 컴퓨팅 환경에서 많이 사용되는 서버가 x86 계열이기 때문에 이번 절에서는 x86 서버 가상화 기술만을 다룬다. x86 계열 서버 군의 가장 큰 특징은 하드웨어, CPU, 운영체제의 공급

업체가 모두 다르다는 것이며, 이런 환경 때문에 가상화 기술도 업체에 따라 제공되는 수준이 매우 다양하다.
- 인텔, AMD 등과 같은 CPU 제공업체는 하드웨어 차원의 CPU 가상화를 주로 다루며, VMware나 마이크로소프트, 오픈소스, 커뮤니티에서는 소프트웨어 기반의 가상화 제품을 내놓고 있다. 따라서 x86 서버의 가상화 기술은 하나의 업체만으로 설명할 수 없으며, 다른 업체와의 협력 관계와 기술 조합의 안정성 등을 살펴보아야 한다.

다. 서버 가상화 기술의 효과

출제 포인트
서버 가상화 기술의 효과에는 어떤 것들이 있는지 잘 알아 두어야 합니다.

- **가상머신 사이의 데이터 보호**
  하나의 물리적 서버에서 운영 중인 서로 다른 가상머신들 사이의 접속은 정상적인 네트워크 접속만을 허용한다. 가상머신은 보안상 서로 분리되어 데이터를 보호 받을 수 있다.

- **예측하지 못한 장애로부터 보호**
  가상머신에서 수행중인 애플리케이션의 장애가 다른 가상머신에는 전혀 영향을 미치지 않으며, 애플리케이션, 운영체제의 장애로부터 보호 받을 수 있다.

- **공유 자원에 대한 강제 사용의 거부**
  하나의 가상머신은 할당된 자원 이상을 가져가는 것을 차단할 수 있다. 이런 기능을 통해 다른 가상머신에 할당된 자원의 부족 현상을 차단할 수 있다. 예를 들어, 하나의 가상머신의 I/O 병목 현상이 발생해도 다른 가상머신에서 I/O 병목 현상이 발생하지 않는다.

- **서버 통합**
  서버 가상화를 통해 얻을 수 있는 가장 일반적인 효과이다. 서비스, 데이터, 사용자 등의 증가로 더 많은 컴퓨팅 자원이 필요해졌지만 데이터 센터의 공간, 전원, 냉각장치는 제한적이다. 이런 문제를 해결하기 위해 기존 서버의 용량을 증설하고 가상머신을 추가함으로써 **동일한 데이터 센터의 물리적 자원(공간, 전원 등)을 이용하면서 더 많은 서버를 운영**할 수 있다.

- **자원 할당에 대한 증가된 유연성**
  수시로 변화하는 각 가상머신의 자원 요구량에 맞추어 전체 시스템 자원을 재배치함으로써 자원 활용도를 극대화할 수 있다.

- **테스팅**
  다양한 운영체제나 운영환경에서 테스트가 필요한 경우, 새로운 서버를 추가하지 않아도 테스트 환경을 구성할 수 있다. 부하 테스트가 필요한 경우에도 일시적으로 자원을 줄이는 방법으로 부하 상황을 만들 수 있으며, 다수의 부하 생성 역할을 수행하는 노드도 쉽게 추가할 수 있다.

- **정확하고 안전한 서버 사이징**
  필요한 자원만큼만 가상머신을 할당할 수 있으며, 사이징 예측이 불확실한 서버를 구성할 때에도 일단 확보된 리소스를 이용하여 할당한 후 쉽게 추가로 할당할 수 있다.
- **시스템 관리**
마이그레이션 기능을 이용할 경우 운영 중인 가상머신의 중지 없이 가상머신을 다른 물리적인 서버로 이동시킬 수 있다. 이런 기능을 이용하여 아래의 표 내용과 같은 업무를 쉽게 수행할 수 있다.

하드웨어 장애	서버에 물리적으로 구성된 여러 디스크 중 1개의 디스크에 장애가 발생했을 때, 장애 발생 장비에서 운영되던 가상머신을 서비스 중지 없이 다른 장비로 이동시킨다. 그리고 장애가 발생한 장비의 디스크를 교체한 후 다시 서비스에 투입할 수 있음
로드 밸런싱	특정 가상 서버나 가상 서버가 수행중인 물리적인 서버에 부하가 집중되는 경우 여유있는 서버로 가상머신을 이동시킴
업그레이드	장비의 CPU 추가나 메모리 추가, 디스크 증설 등과 같은 작업이 필요한 경우 다른 장비로 가상머신을 이동시킨 후 업그레이드 작업을 수행할 수 있음

2. CPU 가상화

가. 하이퍼바이저(Hypervisor)의 개념 및 특징

출제 포인트
하이퍼바이저(Hypervisor)의 개념과 특징에 관해 묻는 문제가 출제될 수 있으므로 잘 학습해둡시다.

- 물리적 서버 위에 존재하는 가상화 레이어를 통해 운영체제를 수행하는데 필요한 하드웨어 환경을 가상으로 만들어 준다.
- **하이퍼바이저(Hypervisor)**는 호스트 컴퓨터에서 다수의 운영 체제를 동시에 실행하도록 하기 위한 논리적인 플랫폼(Platform)을 의미한다.
- 엄격하게 구분할 경우에는 차이가 있지만 일반적으로 가상머신(Virtual Machine)을 하이퍼바이저라고 할 수 있으며, 하이퍼바이저는 VMM(Virtual Machine Monitor)이라고도 한다.
- 하이퍼바이저는 서버 가상화 기술의 핵심으로 x86 계열 서버 가상화에서는 소프트웨어 기반으로 하이퍼바이저를 구성한다.
- 하이퍼바이저를 통해 사용자는 추가 하드웨어 구입 없이 새로운 운영체제의 설치, 애플리케이션의 테스팅 및 업그레이드를 동일한 물리적 서버에서 동시에 수행할 수 있다.

나. 하이퍼바이저의 기능

- 하드웨어 환경 에뮬레이션(Emulates a complete hardware environment)
- 실행환경 격리(Isolate execution in each VM)
- 시스템 자원 할당(Allocates platform resources-processing, memory, I/O, storage)
- 소프트웨어 스택 보존(Encapsulates software stacks including the OS and state information)

다. 하이퍼바이저 관련 기술의 분류

1) 플랫폼별 분류

x86 계열	유닉스 계열	메인 프레임 계열
VMware, MS Virtual Server, Xen	IBM의 POWER Hypervisor 등	z/VM과 하드웨어 펌웨어로 분류되는 PR/SM 등

2) 하이퍼바이저의 위치와 기능에 따른 분류

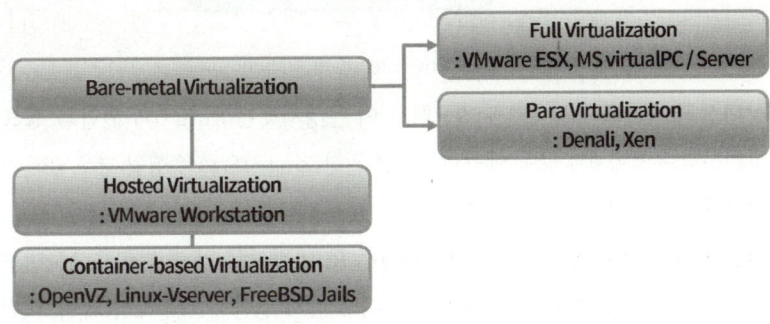

〈하이퍼바이저 기반 서버 가상화 분류〉

- 가상화를 제공하는 하이퍼바이저가 물리적인 하드웨어 또는 호스트 운영체제와의 관계에서 어디에 위치하는지에 따라 베어메탈(Bare-metal) 하이퍼바이저와 호스트 기반(Hosted) 하이퍼바이저로 나뉠 수 있다.
- 베어메탈 하이퍼바이저는 하드웨어와 호스트 운영체제 사이에 위치하며, 호스트 기반 하이퍼바이저는 호스트 운영체제와 게스트 운영체제 사이에 위치한다.
- 베어메탈 하이퍼바이저는 다시 반가상화(Para Virtualization)과 완전가상화(Full Virtualization)로 구분할 수 있다.

3) Privileged 명령어 처리 방법에 따른 분류

- 최근에는 하이퍼바이저를 제공하는 소프트웨어 벤더들이 다양한 가상화 기법을 도입하고 있으며, CPU 제조업체에서도 하드웨어에서 가상화 기술을 지원하는 등 새로운 가상화 방법이 계속 나오고 있기 때문에 서버 가상화 기술을 정확하게 분류하기는 힘들다.
- x86 계열 운영체제는 자신의 모든 하드웨어에 대한 제어 소유권을 갖고 있다는 가정 아래 하드웨어에 직접명령을 수행하는 방식으로 디자인돼 있다.
- x86 아키텍처는 아래의 그림에서처럼 하드웨어에 대한 접근 권한을 관리하기 위해 Ring 0, 1, 2, 3 등 4개의 레벨로 구성돼 있다. 일반적으로 사용자 애플리케이션 Ring 3레벨로 수행되며, 운영체제의 경우 메모리나 하드웨어에 직접 접근해야 하기 때문에 Ring 0 레벨에서 수행 된다.

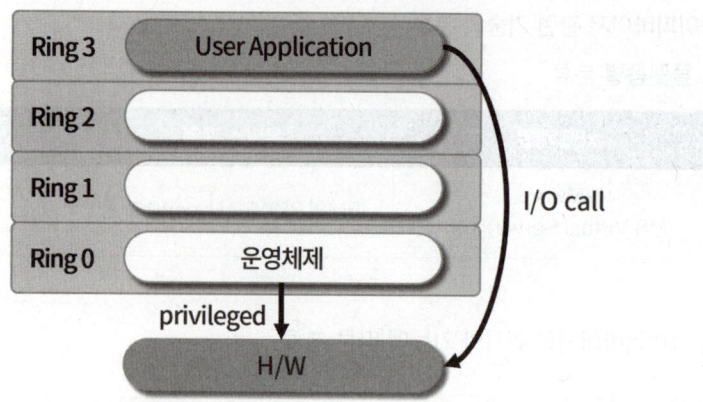

⟨x86 Privilege Level Architecture⟩

- 가상머신 내에서도 운영체제가 필요하고 이 운영체제는 Ring 0의 권한을 필요로 하게 된다. 가상머신의 운영체제가 응용 애플리케이션 권한(Ring 3)으로 수행될 경우 x86 아키텍처에서는 복잡한 문제가 발생한다.
- Ring 3에서 수행된 가상머신 운영체제에서 Ring 0 수준의 명령을 호출하면 가상화를 지원하는 계층에서 이를 Ring 0 수준의 명령어로 다시 변환해 실행해야 하며, 이를 위해 가상화 지원 계층은 반드시 Ring 0 레벨(Intel VT-x, AMD-V에서는 Ring -1)로 수행되어야 한다.
- x86 아키텍처에서 가상화 기술의 핵심은 가상머신이 요청하는 Privileged 명령어를 어떻게, 어떤 계층에서 처리 하느냐이다. **가상화의 용어 중 완전 가상화(Full Virtualization), 반가상화(Para Virtualization)라는 용어도 Privileged 명령어를 어떻게 처리하느냐를 기준으로 분류한 것이다.** 완전 가상화와 반 가상화에 관련된 개념들을 순서대로 학습해보자.

라. 가상화 방식의 분류

1) 완전 가상화

 출제 포인트
이제부터 나오는 CPU 가상화에서 사용되는 다양한 가상화 기법들의 개념 및 특징을 잘 숙지해야 합니다.

- 완전 가상화란 하이퍼바이저 보다 우선순위가 낮은 가상머신에서는 실행되지 않는 Privileged 명령어에 대해서 Trap을 발생시켜 하이퍼바이저에서 실행하는 방식이다.
- VMware ESX Server, MS Virtual Server 등의 제품이 완전 가상화 기반 솔루션이다.
- 초기 Xen에서는 완전 가상화를 지원하지 않았지만. 최근 Intel VT-x, AMD-V 환경에서 완전 가상화를 지원하고 있다.

장 점	• CPU뿐만 아니라 메모리, 네트워크 장치 등 모든 자원을 하이퍼바이저가 직접 제어·관리 하기 때문에 어떤 운영체제라도 수정하지 않고 설치가 가능 • MS 윈도우와 같은 Guest OS가 하이퍼바이저 상에서 변경되지 않은 상태로 실행될 수 있음
단 점	• 하이퍼바이저가 자원을 직접 제어하기 때문에 성능에 영향을 미침 • 자원들이 하이퍼바이저에 너무 밀접하게 연관돼있어 운영 중인 게스트 운영체제에 할당된 CPU나 메모리 등의 자원에 대한 동적변경 작업이 단일 서버 내에서는 어려움 • 자원에 대한 동적변경을 하기 위해서는 VMware의 VMotion과 같은 솔루션의 도움을 받아야 함 • Para Virtualization에 비해 속도가 느림

2) 하드웨어 지원 완전 가상화

- 최근에는 완전 가상화 방식에서 Intel VT-x, AMD-V CPU의 하드웨어에서 제공하는 가상화 기능을 이용하고 있다.
- 가상머신에서 메모리와 CPU 등의 하드웨어에 명령을 내릴 수 있는 반가상화 수준의 성능을 발휘하도록 개선하고 있다.

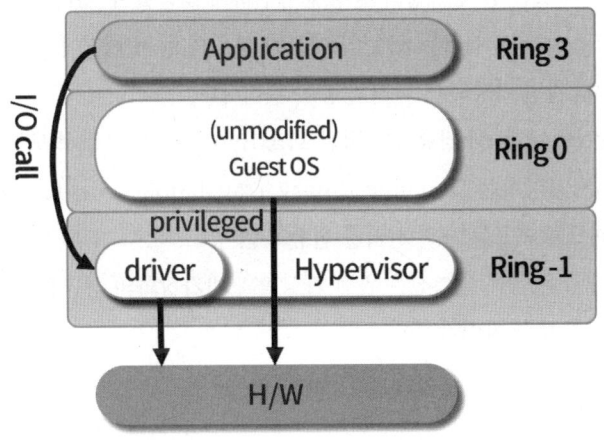

〈VMware의 하드웨어 지원 완전 가상화〉

- 위의 그림과 같이 CPU에 Ring -1 계층이 추가되었으며, 하이퍼바이저는 Ring -1에서 수행되고 가상머신의 운영체제(Guest OS)는 Ring 0에서 수행되어 Privileged 명령어에 대해 추가로 변환 과정이 필요 없다.
- 하이퍼바이저를 거쳐 바로 하드웨어로 명령이 전달돼 빠른 성능을 보장한다.
- 윈도우 2008 서버의 Hyper-V는 반드시 가상화 지원 CPU만을 사용해야 한다.
- 인텔에서 제시하는 하드웨어 지원 가상화 사용의 주의점 : "하드웨어 지원 가상화를 사용하는 경우 CPU 사용률이 높아진다. 특히 I/O나 메모리를 많이 사용하는 경우 CPU 사용률이 높아진다. 따라서 서버 통합을 목적으로 하는 경우 비효율적일 수도 있다."

- 인텔에서는 반가상화와 하드웨어 지원 완전 가상화를 모두 사용하는 하이브리드 가상화를 제시하고 있다.
- Xen을 이용한 하이브리드 가상화의 경우, 반가상화용으로 수정된 운영체제에 하드웨어 지원 완전 가상화 모듈을 탑재해 명령어의 종류에 따라 반가상화 또는 완전 가상화를 선택·사용 하도록 한다.

3) 반가상화
- Privileged 명령어를 게스트 운영체제에서 Hypercall로 하이퍼바이저에 전달하고, 하이퍼바 이저는 Hypercall에 대해서 Privileged 레벨에 상관없이 하드웨어로 명령을 수행시킨다.
- Hypercall은 게스트 운영체제에서 요청을 하면 하이퍼바이저에서 바로 하드웨어 명령을 실행 하는 Call을 말한다.
- 게스트 운영체제가 Hypercall을 요청하기 위해서는 게스트 운영체제의 일부분이 수정 되어야 하며, Xen 기반의 리눅스 운영체제의 경우 20% 정도 커널이 수정되었다고 한다.
- 수정된 게스트 운영체제는 CPU나 메모리와 같은 자원에 대한 직접적인 제어권을 가짐으로써 자원의 변화와 같은 동적 가상화 환경에 유연하게 적응할 수 있다.
- 따라서 반가상화 기반에서는 CPU와 메모리 자원의 동적 변경이 서비스의 중단 없이 이루어 질 수 있으며, 완전 가상화에 비해 성능이 뛰어나다.
- 반가상화는 Privileged 명령어를 직접 호출(Hypercall)하므로 속도는 빠르나 커널을 변경해 야하고, 완전 가상화는 Dynamic Binary Translation(Xen은 Emulation)모듈과의 통신을 통해 처리하므로 속도는 느리나 커널 변경이 없다.
- VMware와 같은 상용 솔루션은 완전 가상화와 반가상화의 장단점을 보완해 아키텍처, 기능, 성능 등에서 뚜렷한 차이가 없다.

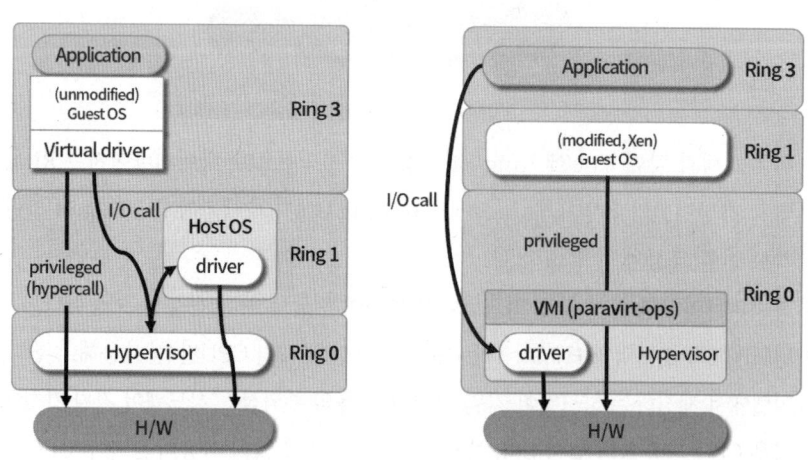

〈Xen(좌)와 VMware(우)의 반가상화〉

- VMI(Virtual Machine Interface)라는 표준 인터페이스를 제시하고, 이 인터페이스를 준수하는 모든 게스트 운영체제를 지원하는 체계로 반가상화를 지원하고 있다.
- VMI는 아직 정식 표준으로 채택되지 않았지만 리눅스 진영에서도 도입하려는 움직임이 나타나고 있다.

4) Monolithic vs Microkernel
- 하드웨어에 대한 드라이버가 어느 계층에 있느냐에 따라 Monolithic 방식과 Microkernel 방식으로 구분할 수 있다.

Monolithic 방식	Microkernel 방식
• 가상머신이 I/O를 위해 하드웨어에 접근할 때 사용하는 드라이버를 하이퍼바이저 계층에서 모두 갖고 있는 방식 • 반가상화 그림을 보면 VMware의 경우 하이퍼바이저가 드라이버를 갖고 있으며 모든 I/O 요청은 하이퍼바이저가 수행함을 알 수 있음 • 성능은 조금 향상될 수 있지만 하이퍼바이저에서 모든 드라이버를 가지고 있어야 하기 때문에 하드웨어가 추가되거나 드라이버가 업데이트 되는 경우 하이퍼바이저가 수정되어야 하고 더 많은 코드를 가지고 있기 때문에 장애가 발생할 가능성도 높음	• 가상머신이 I/O를 위해 하드웨어에 접근할 때 사용하는 드라이버를 각 가상머신에서 드라이버를 갖는 방식 • Xen에서 하이퍼바이저는 드라이버가 없으며 호스트 운영체제가 드라이버를 가지고 있고, 각 게스트 운영체제는 가상 드라이버를 가지고 있어 I/O 요청을 위해서는 호스트 운영체제를 거쳐야 함 • 게스트와 호스트 운영체제는 서로 격리되어 있기 때문에 하이퍼바이저(또는 VMBus)를 이용해 요청을 주고 받음 • 속도는 조금 느리지만 하이퍼바이저 계층이 간단하여 드라이버 업데이트나 하드웨어 추가에 따른 하이퍼바이저 변경이 필요 없으며, 장애 발생 확률이 훨씬 낮음

출제 포인트

하이퍼바이저 기반 가상화 기술을 비교한 내용에 대한 문제가 출제될 수 있으므로 잘 익혀둡시다.

〈하이퍼바이저 기반 가상화 기술비교〉

구 분	완전 가상화 (CPU 기술 이용 안함)	완전 가상화 (CPU 기술 이용)	반가상화
사용기술	바이너리 변환, Direct Execution	Privileged Instruction은 Ring -1로 처리됨	수정된 OS 사용
게스트 OS 반응/호환성	게스트 OS 변경 없음, 호환성이 뛰어남	게스트 OS 변경 필요없음, 호환성이 뛰어남 (단, CPU가 지원해야 함)	hypercall을 가능하도록 게스트 OS 변경함, 호환성이 안좋음
성능	좋음	Fair (점점 Binary Translation 방식의 성능에 근접)	특정 경우에 더 좋음

제품	VMware, Microsoft, Parllels	VMware, Microsoft, Parllels, Xen	VMware, Xen
게스트 OS가 하이퍼바이저에 독립적인가?	독립적임	독립적임	Xen Para Virtualization은 Xen 하이퍼바이저에서만 동작, VMI 규칙을 따르는 VMI-Linux는 하이퍼바이저에 독립적임

5) 호스트 기반 가상화

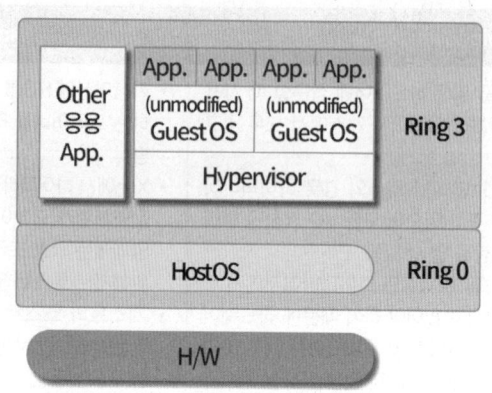

〈호스트 기반 가상화〉

- 호스트 기반 가상화는 완전한 운영체제가 설치되고, 가상화를 담당하는 하이퍼바이저가 호스트 운영체제 위에 탑재되는 방식이다.
- 이 방식은 다른 가상화 환경에 비해 성능은 물론 자원 관리 능력 측면에서도 제약 사항이 많은 편이다.
- 가장 큰 단점은 단일 운영체제의 취약성이다. 예를 들어 호스트 운영체제 레벨에서 보안 이슈가 발생할 경우 전체 게스트 운영체제의 신뢰성에도 문제가 발생할 수 있다.
- 호스트 기반가상화의 대표적 사례로는 VMware, Workstation, Microsoft Virtual PC 등이 있다.
- 주로 테스트 환경에서 많이 사용되었으며 최근에는 많이 사용하지 않는다.
- 기존 레거시 애플리케이션 중 아주 오래된 하드웨어와 그 하드웨어를 지원하는 특정 운영체제에서만 수행되어야 하는 애플리케이션을 가상화 기반에서 운영하는 경우에 사용할 수 있다.

6) 컨테이너 기반 가상화

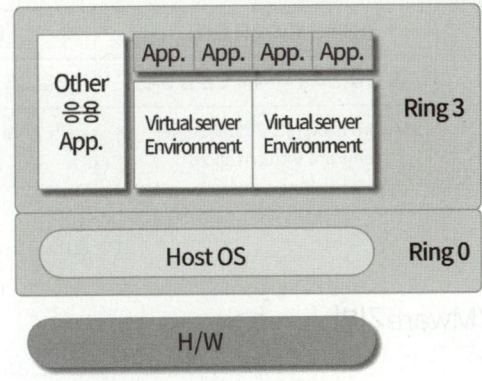

〈컨테이너 기반 가상화〉

- 컨테이너 기반 가상화는 호스트 운영체제 위에 가상의 운영체제를 구성하기 위한 운영 환경 계층을 추가하여 **운영체제만을 가상화한 방식**이다.
- 컨테이너 기반 가상화 방식에서 **가상화를 지원하는 계층**을 하이퍼바이저라고 하지 않으며, **가상 운영환경**(Virtual Server Environment)이라고 부른다.
- 컨테이너 기반 가상화에는 오픈소스 진영의 OpenVZ와, OpenVZ를 상용화한 Virtuozzo, Solaris Containers, Linux-VServer 등 여러 솔루션이 있다.

장 점	단 점
• 운영체제만을 가상화 대상으로 하므로 전체 하드웨어를 대상으로 하는 하이퍼바이저 기반 가상화 방식에 비해 훨씬 적게 가상화함 • **가상화 수준이 낮기 때문에 다른 방식에 비해서 빠른 성능을 보임** • 한 대의 서버에서 더 많은 컨테이너를 실행할 수 있음	• 자원 간 격리 수준이 낮아 하나의 가상 운영체제에서 실행되는 애플리케이션의 자원 사용에 따라 다른 가상 운영체제가 영향을 받음 • 호스트 운영체제의 보안 취약성에 의해 모든 가상 운영체제에 문제가 발생할 수 있음 • 호스트 운영체제를 공유하기 때문에 **호스트 운영체제의 문제가 전체 가상 운영체제에도 영향을 미침**

- 아래의 표는 하이퍼바이저 기반 가상화와 컨테이너 기반 가상화의 기술을 비교한 내용이다.

〈하이퍼바이저 기반 가상화와 컨테이너 기반 가상화 비교〉

구 분	하이퍼바이저 기반(Full, Para)	컨테이너 기반
하드웨어 독립성	가상머신 내에서 완전 독립	호스트 OS 사용
OS 독립성	호스트 OS와 완전 독립 (리눅스와 윈도우 머신 동시 사용)	호스트와 게스트 동일
격리 수준	높은 격리 수준	낮은 격리 수준

성능	높은 오버헤드 발생 성능 향상을 위해 HW 가상화 기술 병행	오버헤드 거의 없음, HW 자원의 대부분을 활용
관리	가상머신 별로 별도 관리	공통 SW 중앙 집중식 관리
응용분야	이기종 통합(윈도우와 리눅스 혼합 환경)	단일 OS 환경 자원 통합 대규모 호스팅 업체
대표제품	VMware ESX, MS Virtual Server Xen(Para Virtualization)	Virtuozzo(상용, OpenVZ-공개) Sun Solaris Container

3. 메모리 가상화 : VMware기법

가. 개념 및 특징

출제 포인트
메모리 가상화의 개념과 특징을 잘 학습해야 하며, 메모리 가상화에서 가상머신 메모리 할당의 문제 해결을 위한 방법들을 기억해야 합니다.

- VMware란 한 대의 컴퓨터로 마치 여러 대의 컴퓨터를 사용하는 것과 같이 가상의 공간을 만들어주는 프로그램이다.
- 운영체제는 메모리를 관리하기 위해 물리주소(Physical Address)와 가상주소(Virtual Address)를 사용하며, 물리주소와 가상주소에 대한 설명은 아래의 표와 같다.

물리주소	0부터 시작해서 실제 물리적인 메모리 크기까지를 나타냄
가상주소	하나의 프로세스가 가리킬 수 있는 최대 크기를 의미하며 32비트 운영체제에서는 4GB까지 가능

- 프로그램에서의 주소는 물리적인 메모리의 주소 값이 아닌 가상주소 값이다. 따라서 **가상주소 값의 위치**(VPN, Virtual Page Number)를 실제 **물리적인 주소 값 위치**(MPN, Machine Page Number)로 **매핑**하는 과정이 필요하며 Page Table을 이용한다.
- **매핑 연산을 하드웨어적으로 도와주는 것을** TLB(Translation Lookaside Buffer)라고 한다.
- VMware 하이퍼바이저의 핵심 모듈은 **VMkernel**이다.
- **VMkernel**은 Service Console, 디바이스 드라이버들의 메모리 영역을 제외한 나머지 전체 메모리 영역을 모두 관리하면서 가상머신에 메모리를 할당한다.
- 생성되는 가상머신은 자신에게 할당된 메모리들을 연속된 공간의 실제 물리적인 메모리로 인식하게 된다.
- VMware는 하이퍼바이저 내에 **Shadow Page Table**을 별도로 두어 가상 메모리 주소와 물리 메모리 주소의 중간 변환 과정을 가로챈다.
- 이 테이블은 마치 연속된 빈 공간의 메모리가 실제 존재하는 것처럼 게스트 운영체제에게 매핑해주는 역할을 하며, 동시에 개별적인 모든 가상머신들이 자신만의 메모리 주소 공간을 갖도록 한다.

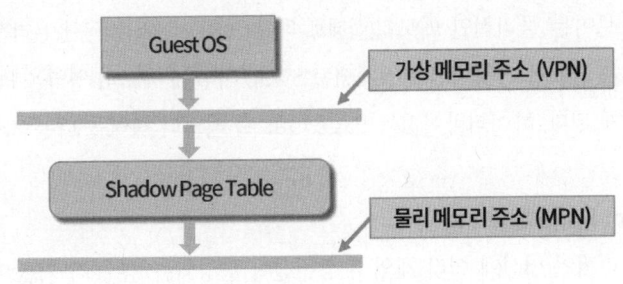

〈Shadow Page Table〉

나. 가상머신 메모리 할당

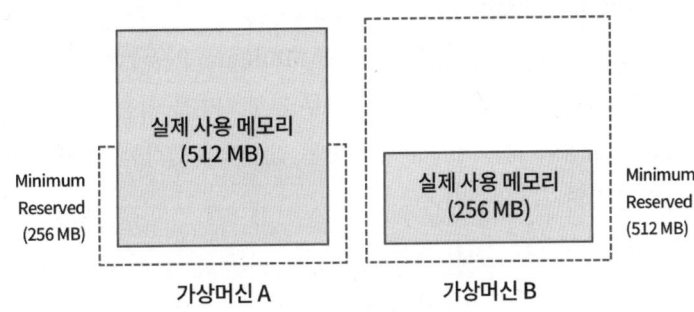

〈가상머신의 메모리 할당〉

- 예를 들어, 여러 개의 가상머신이 동시에 수행중인 경우라면 위의 그림과 같은 메모리 사용 상황이 발생할 수 있다. 예제에서는 물리적인 1GB의 메모리를 갖고 있는 1대의 물리적인 장비에 2개의 가상머신을 탑재했다. 하이퍼바이저 내에서도 일부 메모리를 사용해야하기 때문에 하이퍼바이저가 가상머신에 할당할 수 있는 메모리는 768MB이다. 가상머신-A는 Minimum Reserved로 256MB가 할당되어 있으며 실제로는 512MB를 사용하고 있다. 가상머신-B는 512MB를 Minimum Reserved로 할당되어 있지만 실제로는 256MB를 사용하고 있다.
- 이 상황에서 가상머신-B의 메모리 사용량이 늘어 256MB의 메모리를 더 필요하게 되었다. 가상머신-B의 Minimum Reserved는 512MB이기 때문에 하이퍼바이저는 가상머신에 256MB를 더 할당해야 하지만 물리적으로 남아 있는 메모리가 256MB가 되지 않기 때문에 가상머신-A에서 사용하고 있는 메모리를 반납 받아야 한다. 이런 문제를 해결하기 위해 다음과 같은 몇 가지의 방법을 사용한다.

다. 가상머신 메모리 할당의 문제 해결을 위한 방법

1) Memory Ballooning

- VMkernel은 예약된 메모리보다 더 많은 메모리를 사용하는 가상머신의 메모리 영역을 **빈 값으로 강제로 채워** 가상머신 운영체제가 자체적으로 Swapping하도록 한다. 가상머신 운영

체제에서 보이는 물리적인 메모리(실제로 하이퍼바이저에서 제공한 논리적 메모리)가 채워지고 있다는 것을 감지한 가상머신 운영체제는 Swap 파일에 메모리 영역을 Page Out 시키고 메모리를 비우게 된다. 하이퍼바이저는 Page Out 된 메모리 영역을 다른 가상 머신에 할당한다.

2) Transparent Page Sharing
- 하나의 물리적인 머신에 여러 개의 가상머신이 운영되는 경우 각 가상머신에 할당된 메모리 중 **동일한 내용을 담고 있는 페이지는 물리적인 메모리 영역에 하나만** 존재시키고 **모든 가상 머신이 공유**하도록 한다.

3) Memory Overcommitment
- 2GB 메모리를 가진 물리적 장비에 512MB를 Minimum Reserved를 가질 수 있는 가상머신 5개를 수행할 수 있다. 이것은 앞서 설명한 두 가지 기법을 이용하여 가능하지만, 모든 가상 머신이 메모리 사용이 많은 업무를 수행하는 경우라면 심각한 성능저하 현상이 발생할 수 있기 때문에 권장하지는 않는다.

4. I/O 가상화
- 하나의 물리적인 장비에 여러 개의 가상머신이 실행되고 있는 상황에서 가장 문제가 되는 것은 I/O에서의 병목현상이다.
- 따라서, CPU 자원의 파티셔닝만으로는 가상화 기술을 제대로 활용할 수 없으며, I/O 자원의 공유 및 파티셔닝이 필요하다.
- 또한 하나의 물리적 머신에서 운영되는 가상머신 간에도 통신이 이루어져야 하며, 이를 위해 가상 디스크 어댑터, 가상 이더넷 어댑터, 공유 이더넷 어댑터 등과 같은 기술들이 사용된다.

> 이더넷(Ethernet) : IEEE(미국 전기전자기술자협회)가 표준사양으로 채택한 LAN(Local Area Network, 근거리통신망)에 사용되는 네트워크의 모델로, 하나의 버스 네트워크에 최대 1,042개의 노트를 연결할 수 있는 근거리 통신망 하드웨어, 프로토콜, 케이블 표준이다.

가. 가상 이더넷
- 가상 이더넷은 대표적인 I/O 가상화 기술의 하나로 가상화 기능 중에서 **물리적으로 존재하지 않는 자원을 만들어 내는 에뮬레이션(Emulation) 기능**을 이용한다.
- 가상 이더넷을 이용할 경우 각 가상 머신들 사이에 물리적인 네트워크 어댑터 없이도 메모리 버스를 통해 고속 및 고효율 통신이 가능하다.

- 가상 이더넷은 가상 LAN 기술을 기반으로 한 네트워크 파티션도 가능하게 한다. 하나의 서버에 4개의 가상머신을 구성하는 경우 2개의 가상머신을 묶어 가상 LAN으로 구성하면, 각 가상 LAN 사이에는 통신을 할 수 없게 된다.
- 이와 같이 가상 이더넷을 통해 사용자들은 **별도의 물리적 어댑터와 케이블을 사용하지 않고도 네트워크 이중화, 네트워크의 안정적 단절 등의 효과를 얻을 수 있다.**

나. 공유 이더넷 어댑터

- 공유 이더넷 어댑터는 여러 개의 가상머신이 **물리적인 네트워크 카드를 공유**할 수 있게 하며, 공유된 물리적 카드를 통해서 **외부 네트워크와 통신이 가능**하다.
- 특히 가상 머신의 개수보다 물리적 어댑터 개수가 적은 경우 여러 가상머신들이 물리적 이더넷 어댑터를 공유할 수 있게 해 준다.
- 이 경우에도 하나의 자원을 여러 가상머신이 공유하기 때문에 발생하는 **병목현상은 피할 수 없다.**
- 최근에는 10G 환경에서 네트워크 어댑터 내에서 가상화를 지원하여 어댑터의 메모리 버퍼를 가상머신 별도 할당해 주어 마치 하나의 물리적인 어댑터를 가상머신 하나에 할당하는 것과 동일한 효과를 내는 제품도 출시되고 있다.

다. 가상 디스크 어댑터

- 한 대의 서버가 여러 개의 가상머신을 구성할 경우 가장 문제가 되는 부분이 외장 디스크를 사용할 수 있게 해주는 파이버 채널 어댑터(Fiber Channel Adapter)와 같은 I/O 어댑터의 부족이다. 이를 해결하기 위해 가상 디스크 어댑터의 개념이 필요하다.
- 가상화된 환경에서 가상 디스크를 이용해 가상머신이 디스크 자원을 획득하는 방법에는 아래와 같은 두 가지가 있다.

내장 디스크	외장 디스크
내장 디스크의 경우에 가상 I/O 레이어가 내장 디스크들을 소유하고 있고, 이 내장 디스크들을 논리적 디스크 드라이브로 나눔. 논리적으로 나누어진 드라이버는 LUN(Logical Unit Number)으로 각 파티션에 가상 디스크 어댑터를 통해 분배됨. 해당 가상머신은 이렇게 획득한 논리적 디스크 자원을 물리적 자원처럼 인식함	외장 디스크의 경우에 먼저 가상 I/O 레이어가 파이버 채널 어댑터를 통해서 외장 디스크의 LUN을 획득. 그리고 내장 디스크와는 달리 가상 I/O 레이어가 이 자원을 논리적 디스크 드라이브로 다시 나누지 않고 바로 각 가상머신에 가상 디스크 어댑터를 통해서 분배. 이처럼 가상 I/O 레이어를 통해 제공된 논리적 디스크 볼륨은 이를 이용하는 다른 가상머신에게는 SCSI 디스크로 나타냄

예상문제 2과목 / 2장
데이터 처리 기술

01. 아마존 SimpleDB의 데이터 모델용어와 관계형 데이터베이스(RDMBS)의 데이터 모델용어의 연결이 적절하지 않은 것은?

① Domain - Table
② Attribute - Column
③ Data Dictionary - schema
④ Item - Record

02. 무공유(Shared Nothing) 클러스터와 공유 디스크(Shared Disk) 클러스터를 비교한 내용 중 옳지 않은 것은?

① 무공유 클러스터에서 각 데이터베이스 인스턴스는 자신이 관리하는 데이터 파일을 자신의 로컬 디스크에 저장하며, 이 파일들은 노드 간에 공유하지 않는다.
② 공유 디스크 클러스터는 노드 확장에 제한이 없으나, 무공유 디스크는 클러스터가 커지면 디스크 영역에서 병목현상이 발생한다.
③ 공유 디스크 클러스터의 경우 높은 수준의 폴트톨러런스(fault-tolerance)를 제공하므로 클러스터를 구성하는 노드 중 하나의 노드만 살아 있어도 서비스가 가능하다.
④ Oracle RAC(Real Application Cluster)를 제외한 대부분의 데이터베이스 클러스터가 무공유 방식을 채택하고 있다.

03. 다음 중 구글 파일 시스템(GFS)을 설계할 때 세웠던 가정으로 적절하지 않은 것은?

① 높은 처리율보다 낮은 응답 지연시간이 중요하다.
② 여러 클라이언트에서 동시에 동일한 파일에 데이터를 추가하는 경우를 고려한다.
③ 파일에 대한 쓰기 연산은 주로 순차적으로 일어나고, 파일에 대한 갱신은 드물게 이루어진다.
④ 저가형 서버로 구성된 환경으로 서버의 고장이 빈번히 발생할 수 있다고 가정한다.

04. GFS(Google File System)의 구동원리 중 옳지 않은 것은?

① 청크(chunk)는 청크서버에 의해 생성/삭제 될 수 있으며, 유일한 식별자에 의해 구별된다.
② GFS는 해시 테이블 구조 등을 사용함으로써 메모리상에서 보다 효율적인 메타데이터의 처리를 지원한다.
③ GFS는 파일을 일정한 크기의 청크(chunk)들로 나누어 청크서버들에 분산·저장한다.
④ 클라이언트는 마스터로부터 읽고자 하는 파일의 청크(chunk)가 저장된 청크서버의 위치를 알아온 뒤, 직접 청크서버에 파일 데이터를 요청한다.

05. 분산 파일 시스템인 러스터(Luster)에 대한 설명 중 옳지 않은 것은?

① 클러스터 파일 시스템(Cluster File Systems Inc.)에서 개발한 객체 기반 클러스터 파일 시스템이다.
② 고속네트워크로 연결된 클라이언트 파일 시스템, 메타데이터 서버, 객체 저장서버들로 구성되어있다.
③ 러스터는 파일의 메타 데이터와 파일 데이터에 대한 동시성 제어를 위해 별도의 잠금을 사용한다.
④ 객체 저장서버는 파일 시스템의 이름 공간과 파일에 대한 메타데이터를 관리한다.

06. Oracle RAC 데이터베이스 서버에 대한 다음의 설명 중 옳지 않은 것은?

① Oracle RAC 데이터베이스 서버는 한 노드가 어떤 이유로 장애를 일으켰을 때 클러스터를 구성하는 노드 중 하나의 노드만 살아 있어도 서비스가 가능하다.
② 추가 처리 성능이 필요하면 응용 프로그램이나 데이터베이스를 수정할 필요 없이 새 노드를 클러스터에 쉽게 추가할 수 있다.
③ 클러스터의 모든 노드는 데이터베이스의 모든 테이블에 차등하여 액세스하며, 특정 노드가 데이터를 '소유'하는 개념이 존재한다.
④ RAC는 표준화된 소규모(CPU 4개 미만) 저가형 상용 하드웨어의 클러스터에서도 고가의 SMP 시스템만큼 효율적으로 응용 프로그램을 실행함으로써 하드웨어 비용을 절감한다.

07. NoSQL에 대한 다음의 설명 중 옳지 않은 것은?

① NoSQL은 Key와 Value의 형태로 자료를 저장하고, 빠르게 조회할 수 있는 자료 구조를 제공하는 저장소다.
② 전통적인 RDBMS의 장점이라고 할 수 있는 복잡한 Join 연산 기능을 지원한다.
③ 스키마 없이 동작하며, 구조에 대한 정의 변경 없이 자유롭게 데이터베이스의 레코드에 필드를 추가할 수 있다.
④ 높은 수평적 확장성, 가용성, 성능을 제공한다.

08. 구글 Sawzall에 대한 설명 중 옳은 것은?

① Sawzall은 MapReduce를 구체화한 스크립트 형태의 병렬 프로그래밍 언어다.
② Sawzall은 사용자가 이해하기 쉬운 인터페이스를 제공하며, MapReduece 개발 생산성과는 관련성이 없다.
③ 오픈소스 프로젝트인 Pig나 하이브(Hive)의 개발 배경과 기본적인 개념은 Sawzall과 유사하다.
④ MapReduce에 대한 이해가 없으면 병렬 프로그래밍에 어려움이 있다.

09. MySQL에 대한 다음의 설명 중 옳지 않은 것은?

① 특정한 하드웨어 및 소프트웨어를 요구하지 않고 병렬 서버구조로 확장이 가능하다.
② MySQL 운영 중에 노드를 추가/삭제가 가능하다.
③ MySQL 클러스터는 데이터의 가용성을 높이기 위해 데이터를 다른 노드에 복제시키며, 특정 노드에 장애가 발생하더라도 지속적인 데이터 서비스가 가능하다.
④ 클러스터에 참여하는 노드(SQL 노드, 데이터 노드, 매니저를 포함) 수는 255로 제한한다. 데이터 노드는 최대 48개까지만 가능하다.

10. MapReduce에 대한 설명 중 옳지 않은 것은?

① 분할정복 방식으로 대용량 데이터를 병렬로 처리할 수 있는 프로그래밍 모델이다.
② 맵과 리듀스라는 2개의 함수 구현으로 동작되는 시스템이다.
③ 정렬과 같은 작업은 MapReduce에서 직접 수행할 수 있으며 매우 효과적으로 수행이 가능하다.
④ map 단계에서는 kay와 value의 쌍들을 입력으로 받는다.

11. 다음 중 가상화 기술을 이용할 경우 얻을 수 있는 효과로 가장 부적절한 것은?

① 수시로 변화하는 가상머신의 자원 요구량에 맞추어 전체 시스템의 자원을 재배치함으로써 자원 할당의 유연성을 증가시킨다.
② 가상머신에서 수행중인 애플리케이션의 장애가 다른 가상머신에는 전혀 영향을 미치지 않는다.
③ 다양한 운영체제나 운영환경에서 테스트가 필요한 경우, 새로운 서버를 추가하지 않아도 테스트 환경을 구성할 수 있다.
④ 마이그레이션(migration) 기능을 이용할 경우 운영 중인 가상머신을 중지하고, 가상머신을 다른 물리적인 서버로 이동시킬 수 있다.

12. Hadoop Architecture에 대한 설명 중 옳지 않은 것은?

① JobTracker는 MapReduce 시스템의 마스터이고, TaskTracker는 워커 데몬이다.
② TaskTracker는 JobTracker에게 3초에 한 번씩 주기적으로 하트비트(Heartbeat)를 보내 살아 있다는 것을 알린다.
③ 데몬 관점에서 하둡은 2개의 구성요소를 가지고 있다.
④ 네임노드(NameNode)와 데이터노드(DataNode)는 분산 파일 시스템의 데몬들이다.

13. SQL on Hadoop 기술에 대한 설명 중 옳지 않은 것은?

① 하둡에 저장된 대용량 데이터를 대화형식의 SQL 질의를 통해서 처리하고 분석하는 기술이다.
② 임팔라는 하둡과 Hbase에 저장된 데이터를 대상으로 SQL 질의를 할 수 있다.
③ 호튼웍스에서 개발한 아파치 스팅거(Stinger)는 하이브 코드를 최대한 이용하여 성능을 개선하는 방식으로 개발되었다.
④ SQL on Hadoop 원조 기술은 구글에서 개발한 빅테이블이다.

14. 다음 중 하둡의 성능과 관련된 설명으로 옳지 않은 것은?

① 맵리듀스 작업에서 sort 작업은 데이터가 커지더라도 처리시간이 크게 증가하지 않는다.
② 하둡 클러스터를 구성하는 서버의 수를 늘림으로써 처리 시간을 줄일 수 있는 것은 아니다.
③ 플랫폼이 선형 확장성을 가지고 있다면 처리 속도를 개선할 수 있다.
④ 맵리듀스의 sort는 map에서 reduce로 넘어가는 과정에서 항상 발생하는 프로세스이다.

15. 병렬 쿼리 시스템 중 하나인 아파치 Pig에 대한 설명으로 옳은 것은?

① 야후에서 개발한 데이터 저장을 위한 언어이며, 아직 오픈소스 프로젝트화되지 않았다.
② Hadoop MapReduce 위에서 동작하는 구체화된 병렬 처리 언어이다.
③ Pig는 맵리듀스의 중복된 알고리즘 개발, 코드 공유의 어려움 등의 요구사항을 해결하기 위해 정의된 언어이다.
④ 아파치 Pig를 이용하면 MapReduce를 이용할 때 보다 프로그래밍해야 할 코드 라인의 수는 줄지 않지만 데이터 처리 속도가 매우 빨라진다.

16. 클라우드 컴퓨팅의 기반이 되는 인프라 기술인 가상화에 대한 설명 중 옳지 않은 것은?

① 최근에는 CPU 제조업체에서도 하드웨어에서 가상화 기술을 지원하는 등 새로운 가상화 방법이 계속 나오고 있기 때문에 서버 가상화 기술을 정확하게 분류하기는 힘들다.
② 컨테이너 기반 가상화 방식에서 가상화를 지원하는 계층을 하이퍼바이저라고 한다.
③ 서버 가상화는 물리적인 서버와 운영체제 사이에 적절한 계층을 추가해 서버를 사용하는 사용자에게 물리적인 자원은 숨기고 논리적인 자원만을 보여주는 기술이다.
④ 완전가상화는 어떠한 운영 체제라도 수정하지 않은 채 설치가 가능하다.

17. 하이퍼바이저 기반의 가상화와 컨테이너 기반 가상화를 비교한 다음의 내용 중 옳지 않은 것은?

① 하이퍼바이저 기반 가상화는 가상머신 내에서 완전한 하드웨어 독립성을 가지며, 컨테이너 기반 가상화는 호스트 OS를 사용한다.
② 하이퍼바이저 기반 가상화는 높은 오버헤드를 발생시키는 반면, 컨테이너 기반 가상화는 오버헤드가 거의 없다.
③ 컨테이너 기반 가상화는 공통 소프트웨어에 의한 중앙 집중식 관리 구조를 가지며, 하이퍼바이저 기반 가상화는 가상머신별로 별도로 관리되는 구조를 가진다.
④ Xen과 VMware ESX는 컨테이너 기반 가상화의 대표 제품이다.

18. 다음 중 MySQL에 관한 설명으로 옳지 않은 것은?

   ① 장애가 발생했던 노드가 복구되어 클러스터에 투입된 경우에도 기존 데이터와 변경된 데이터에 대한 동기화 작업이 자동으로 수행된다.
   ② MySQL의 구성요소 중 MySQL 노드는 클러스터를 관리하는 노드로 클러스터 시작과 재구성 시에만 관여한다.
   ③ 클러스터에 참여하는 노드(SQL 노드, 데이터 노드, 매니저를 포함) 수는 255로 제한되며, 데이터 노드는 최대 48개까지만 가능하다.
   ④ MySQL 클러스터는 비공유형으로서 메모리 기반 데이터베이스의 클러스터링을 지원한다.

19. 호스트 컴퓨터에서 다수의 운영 체제를 동시에 실행하기 위한 논리적 플랫폼인 하이퍼바이저(Hypervisor)에 대한 설명으로 옳지 않은 것은?

   ① 하이퍼바이저는 하나의 물리적 서버에서 여러 개의 가상머신을 생성하고 운영할 수 있도록 해 주는 소프트웨어 계층이다.
   ② 물리적 서버 위에 존재하는 가상화 레이어를 통해 운영체제를 수행하는데 필요한 하드웨어 환경을 가상으로 만들어 준다.
   ③ 하이퍼바이저를 통해 사용자는 추가 하드웨어 구입 없이 새로운 운영체제의 설치, 애플리케이션의 테스팅 및 업그레이드를 동일한 물리적 서버에서 동시에 수행할 수 있다.
   ④ 하이퍼바이저는 하드웨어 환경 에뮬레이션(emulation)을 수행하지만 소프트웨어 스택 보존의 기능은 수행하지 못한다.

20. 다음의 데이터베이스 클러스터에 대한 설명 중 옳지 않은 설명은 무엇인가?

   ① Oracle RAC 데이터베이스 서버는 공유 클러스터이며, 별도의 폴트톨러런스 기능은 제공하지 않는다.
   ② 데이터베이스 파티셔닝을 구현하면 성능의 선형적인 증가 효과를 볼 수 있다.
   ③ MS SQL Server는 연합 데이터베이스 형태이며, Active-Standby 방법의 페일오버(failover) 메커니즘을 제공한다.
   ④ Oracle RAC 데이터베이스 서버에서 클러스터가 커지면 디스크 영역의 병목현상이 발생할 수도 있다.

단답형 문제로 복습하기!

> 단답형은 앞의 개념을 복습하기 위한 문제들로 시험에서는 단답형이 출제되지 않으니 참고하시기 바랍니다.

01. 파일이 나누어진 조각의 단위로, 구글 파일 시스템(GFS)에서는 파일을 고정크기(64MB)로 나누어지는 것은?

( )

02. GFS의 구성요소 중 하나로 모든 메타데이터를 메모리 상에서 관리하며, 주기적으로 수집되어 청크서버의 하트비트(Heartbeat) 메시지를 이용하여 chunk들의 상태에 따라 chunk를 재복제하거나 재분산하는 것과 같은 회복 동작을 수행하는 것은 무엇인가?

( )

03. 아래의 설명하는 내용은 무엇인가?

> 대용량 데이터의 분산 저장 기능을 제공하는 시스템으로, 하나의 네임노드(NameNode)와 다수의 데이터노드(DataNode)로 구성되며, 파일 데이터는 블록(또는 청크) 단위로 나뉘어 여러 데이터노드에 분산·복제·저장된다.

( )

04. 고속 네트워크로 연결된 클라이언트 파일 시스템, 메타데이터 서버, 객체 저장서버들로 구성되며 계층화된 모듈 구조로 TCP/IP, 인피니밴드(Infiniband), 미리넷(Myrinet)과 같은 네트워크를 지원하는 것은 무엇인가?

( )

05. (가)에 들어갈 용어는 무엇인가?

> (가)는 비공유 클러스터로서 메모리(최근에는 디스크도 제공) 기반 데이터베이스의 클러스터링을 지원하며, 특정한 하드웨어 및 소프트웨어를 요구하지 않고 병렬 서버구조로 확장이 가능하다. 데이터의 가용성을 높이기 위해 데이터를 다른 노드에 복제시키며, 특정 노드에 장애가 발생하더라도 지속적인 데이터 서비스가 가능하다.

( )

06. (가)에 들어갈 용어는 무엇인가?

> 관계형 데이터베이스에서 (가)는 레코드와 유사한 개념으로 하나의 (가)는 여러 개의 property를 가질 수 있으며, property는 name-value 쌍으로 저장된다.

( )

07. 인프라 기술은 클라우드 컴퓨팅의 근간이 되는 기술로, 그 중에서도 가장 기반이 되는 기술로 물리적인 서버와 운영체제 사이에 적절한 계층을 추가해 서버를 사용하는 사용자에게 물리적인 자원은 숨기고 논리적인 자원만을 보여주는 기술은 무엇인가?

( )

08. (가)에 들어갈 용어는 무엇인가?

> (가) 기반의 가상화는 호스트 운영체제 위에 가상의 운영체제를 구성하기 위한 운영 환경 계층을 추가하여 운영체제만을 가상화한 방식으로, 가상화 수준이 낮기 때문에 다른 방식에 비해서 빠른 성능을 보인다는 장점이 있다.

( )

09. (가)에 들어갈 용어는 무엇인가?

> 하나의 물리적인 장비에 여러 개의 가상머신이 실행되고 있는 상황에서 가장 문제가 되는 것은 I/O에서의 (가)이다. 따라서, CPU 자원의 파티셔닝만으로는 가상화 기술을 제대로 활용할 수 없으며, I/O 자원의 공유 및 파티셔닝이 필요하다.

( )

10. 호스트 컴퓨터에서 다수의 운영 체제를 동시에 실행하도록 하기 위한 논리적인 플랫폼으로, 물리적 서버 위에 존재하는 가상화 레이어를 통해 운영체제를 수행하는데 필요한 하드웨어 환경을 가상으로 만들어 주는 것은 무엇인가?

( )

정답 및 해설

【단답형】

01	③	11	④
02	②	12	③
03	①	13	④
04	①	14	①
05	④	15	③
06	③	16	②
07	②	17	④
08	③	18	②
09	②	19	④
10	③	20	①

01	청크(Chunk)
02	마스터(Master)
03	하둡 분산 파일 시스템(HDFS)
04	러스터(Luster)
05	MySQL Cluster
06	튜플
07	서버 가상화
08	컨테이너
09	병목현상
10	하이퍼바이저(Hypervisor)

01. SimpleDB의 데이터 모델은 Domain, Item, Attribute, Value로 구성되며 스키마(schema)가 없는 구조이다. (정답 : ③)

02. 무공유 클러스터는 노드 확장에 제한이 없고, 무공유 디스크 클러스터는 클러스터의 규모가 커지면 디스크 영역에서 병목현상이 발생한다는 단점을 가진다. (정답 : ②)

03. GFS를 설계할 때는 낮은 응답 지연시간보다 높은 처리율이 더 중요하다. (정답 : ①)

04. GFS에서 청크는 고유한 64비트 청크 핸들로 구별됩니다. 그러나 청크의 생성과 삭제는 청크서버가 독립적으로 수행하는 것이 아니라, 마스터 서버의 지시에 따라 이루어집니다. 청크서버는 데이터를 저장하고 제공하는 역할을 주로 담당하며, 청크 관리(생성/삭제)는 마스터가 주도합니다. (정답 : ①)

05. 파일 시스템의 이름 공간과 파일에 대한 메타데이터를 관리하는 것은 메타데이터 서버이다. (정답 : ④)

06. 클러스터의 모든 노드는 데이터베이스의 모든 테이블에 동등하게 액세스하며, 특정 노드가 데이터를 '소유'하는 개념이 없다. (정답 : ③)

07. NoSQL은 전통적인 RDBMS의 장점이라고 할 수 있는 복잡한 Join 연산 기능은 지원하지 않는다. (정답 : ②)

08. Sawzall은 MapReduce를 추상화한 스크립트 형태의 병렬 프로그래밍 언어다. Sawzall은 MapReduece 개발 생산성을 높였다. MapReduce에 대한 이해가 없는 사용자들도 더욱 쉽게 병렬 프로그래밍을 할 수 있다. (정답 : ③)

09. 운영 중에 노드를 추가/삭제할 수 없다. (정답 : ②)

10. 정렬과 같은 작업은 오버헤드로 인해 수행 성능이 저하되므로 맵리듀스 모델에 적용하기에 적합하지 않다. (정답 : ③)

11. 마이그레이션 기능을 이용할 경우 운영 중인 가상머신의 중지 없이 가상머신을 다른 물리적인 서버로 이동시킬 수 있다. (정답 : ④)

12. 데몬 관점에서 하둡은 4개의 구성요소를 가지고 있다. (정답 : ③)

13. 구글의 빅테이블은 대표적인 NoSQL 기술이며, 클라우데라 임팔라가 SQL on Hadoop 기술 중 먼저 대중에게 공개된 기술이다. (정답 : ④)

14. sort 작업은 데이터가 커질수록 처리 시간이 선형적으로 증가한다. (정답 : ①)

15. 아파치 Pig는 야후에서 개발해 오픈소스 프로젝트화한 데이터 처리를 위한 고차원 언어로, Hadoop MapReduce 위에서 동작하는 추상화된 병렬 처리 언어이다. 아파치 Pig는 프로그래밍해야 할 코드 라인의 수를 획기적으로 줄여준다. (정답 : ③)

16. 컨테이너 기반 가상화 방식에서 가상화를 지원하는 계층은 가상 운영환경(Virtual server environment)이라고 부른다. (정답 : ②)

17. Xen과 VMware ESX는 하이퍼바이저 기반 가상화의 대표 제품이다. (정답 : ④)

18. ②번은 관리 노드에 해당하는 설명이며, MySQL 노드는 클러스터 데이터에 접근을 지원하는 노드이다. (정답 : ②)

19. 하이퍼바이저는 하드웨어 환경 에뮬레이션, 실행환경 격리, 시스템 자원 할당, 소프트웨어 스택 보존 등의 기능을 수행한다. (정답 : ④)

20. Oracle RAC 데이터베이스 서버는 높은 수준의 폴트톨러런스를 제공하므로 클러스터를 구성하는 노드 중 하나의 노드만 살아있어도 서비스가 가능하다. (정답 : ①)

PART 03 데이터 분석 기획

1장 • 데이터 분석 기획의 이해
2장 • 분석 마스터 플랜

▶ **1장 데이터 분석 기획의 이해**

데이터 분석을 위해서는 이해관계자들이 분석의 목표 및 과정을 잘 이해하는 것이 중요하다. 본 장에서는 데이터 분석 기획을 위해 반드시 알아야 하는 분석 방법론에 대해서 살펴본다. 그리고 다양한 방법으로 분석 기회를 발굴하여 분석 과제를 정의하는 방법을 살펴본다.

▶ **2장 분석 마스터 플랜**

분석 과제를 수행하기 위한 프로젝트 관리방안을 살펴보고 중·장기적 측면에서 분석 마스터 플랜을 수립하는 방법과 분석 거버넌스 체계를 어떻게 수립하는지 이해한다.

Learning Map

어떤 것을 학습하게 될지 살펴보자!

1장 데이터 분석 기획의 이해

- 분석 기획 방향성 도출
- 분석 방법론
- 분석 과제 발굴
- 분석 프로젝트 관리 방안

2장 분석 마스터 플랜

- 마스터 플랜 수립 프레임 워크
- 분석 거버넌스 체계 수립

1장 데이터 분석 기획의 이해

출제 포인트

2과목 데이터 분석 기획에서는 컨설팅회사나 기업에서 분석 프로젝트를 수행하기 위해 의사결정자를 설득할 때 꼭 필요한 과정을 학습하게 됩니다. 데이터를 분석하기 위해 필요한 방법론과 프로세스를 반드시 알아야 합니다. 또한 실제 비즈니스에서 분석하고자 하는 분석과제를 정의하는 방법과 마스터 플랜을 확정하는 방법을 이해해야 합니다. 대학의 어떤 학과에서도 이런 내용을 가르쳐주지 않기 때문에 용어가 낯설 것입니다. 용어를 익숙하게 하는 것이 가장 중요합니다.

학습목표

- 분석 기획 방향성 도출을 위한 분석 기획의 특징과 고려사항을 이해한다.
- 분석 방법론 중에서 KDD분석 방법론에 대해 이해한다.
- 분석 방법론 중에서 CRISP-DM 분석 방법론에 대해 이해한다.
- 빅데이터 분석 방법론을 이해하고 각 단계별 내용을 설명할 수 있다.

눈높이 체크

- **데이터 분석 방법론과 프로세스의 필요성을 이해하시나요?**
  - 최근 대용량 데이터베이스와 빅데이터를 통해 새로운 인사이트를 도출하고자 하는 시도가 증가하면서 데이터를 분석할 때, 어떤 방법론과 어떤 프로세스로 데이터를 분석하는 것이 효율적인지에 대한 관심이 증가하고 있다.
  - 빅데이터나 대용량 데이터의 경우, 분석하고자 하는 목적에 따라 가장 적절한 방법론을 찾는 것이 가장 중요하다. 또한 대용량 데이터를 분석하는 프로세스에서 중요한 과정을 생략하거나 중복할 경우 발생되는 비용은 엄청난 손실로 나타날 수 있기 때문에 효율적인 프로세스를 통해 분석 업무를 수행하는 것이 중요하다.

- **KDD, CRISP-DM, 빅데이터 분석 방법론에 대해 들어보셨나요?**
  - 대용량 데이터베이스와 빅데이터를 분석하기 위해서 어떤 프로세스로 작업을 하는 것이 가장 효율적인지에 대한 연구는 지금도 계속 진행되고 있다.
  - 대용량 데이터베이스를 통해 정형화된 데이터베이스를 분석하는 정형 데이터 마이닝 프로세스로 가장 많이 활용되고 있는 프로세스는 KDD(Knowledge Discovery in Databases) 분석 방법론과 CRISP-DM 프로세스이다.
  - 최근 빅데이터를 통해 대용량이면서 비정형 데이터를 어떤 프로세스를 통해 분석하는 것이 효과적일지를 고민하면서 빅데이터 분석 프로세스가 발전하고 있다.

1절 분석기획 방향성 도출

1. 분석기획의 특징

가. 분석기획이란?

- 실제 분석을 수행하기에 앞서 분석을 수행할 **과제를 정의**하고, 의도했던 **결과를 도출**할 수 있도록 이를 적절하게 **관리**할 수 있는 방안을 **사전에 계획**하는 일련의 작업이다.
- 분석과제 및 프로젝트를 직접 수행하는 것은 아니지만, 어떠한 목표(What)를 달성하기 위하여 (Why) 어떠한 데이터를 가지고 어떤 방식으로(How) 수행할 지에 대한 일련의 계획을 수립하는 작업이기 때문에 성공적인 분석결과를 도출하기 위한 중요한 사전 작전이다.

나. 데이터 사이언티스트의 역량

- 데이터 사이언티스트는 수학/통계학적 지식 및 정보기술(IT기술, 해킹기술, 통신기술 등) 뿐만 아니라 해당 비즈니스에 대한 이해와 전문성을 포함한 3가지 영역에 대한 고른 역량과 시각이 요구된다.

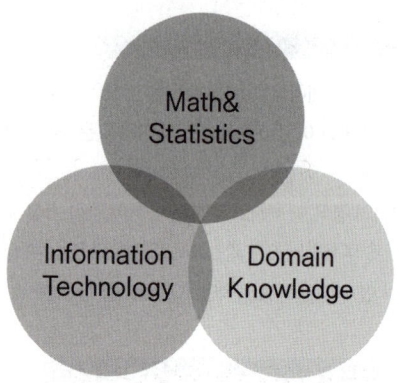

- 다시 말해, 분석을 기획한다는 것은 해당 문제 영역에 대한 전문성 역량 및 수학/통계학적 지식을 활용한 분석 역량과 분석의 도구인 데이터 및 프로그래밍 기술 역량에 대한 균형 잡힌 시각을 가지고 방향성 및 계획을 수립해야 한다는 것을 의미한다.

2. 분석 대상과 방법

- 분석은 **분석의 대상(What)**과 **분석의 방법(How)**에 따라서 4가지로 나누어진다.
- 특정한 분석 주제를 대상으로 진행할 경우에도, 분석 주제 및 기법의 특성상 이러한 4가지 유형을 넘나들면서 분석을 수행하고 결과를 도출하는 과정을 반복한다.

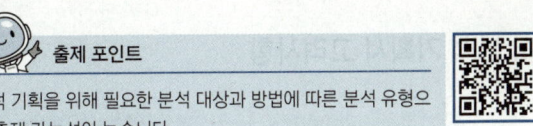

> **출제 포인트**
> 분석 기획을 위해 필요한 분석 대상과 방법에 따른 분석 유형으로 출제 가능성이 높습니다.

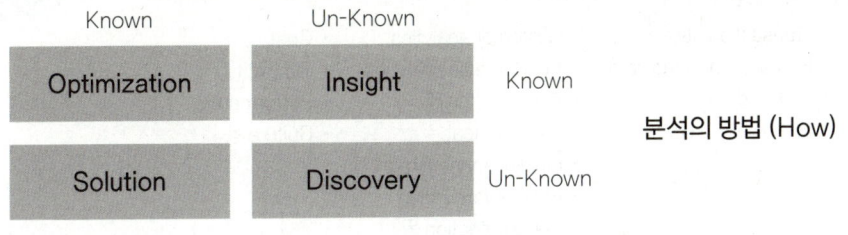

〈분석 주제의 4가지 유형〉

3. 목표 시점 별 분석 기획 방안

- 목표시점 별로는 당면한 과제를 빠르게 해결하는 **"과제 중심적인 접근 방식"**과 지속적인 분석 내재화를 위한 **"장기적인 마스터 플랜 방식"**으로 나눌 수 있다.
- 분석기획에서는 문제해결(Problem Solving)을 위한 단기적인 접근방식과 분석과제 정의(Problem Definition)를 위한 중장기적인 마스터 플랜 접근방식을 융합하여 적용하는 것이 중요하다.

> **출제 포인트**
> 목표 시점별 분석 방향, 목표, 유형, 접근 방식에 대한 특성을 묻는 문제가 출제 될 수 있습니다. 내용을 이해하시기 바랍니다.

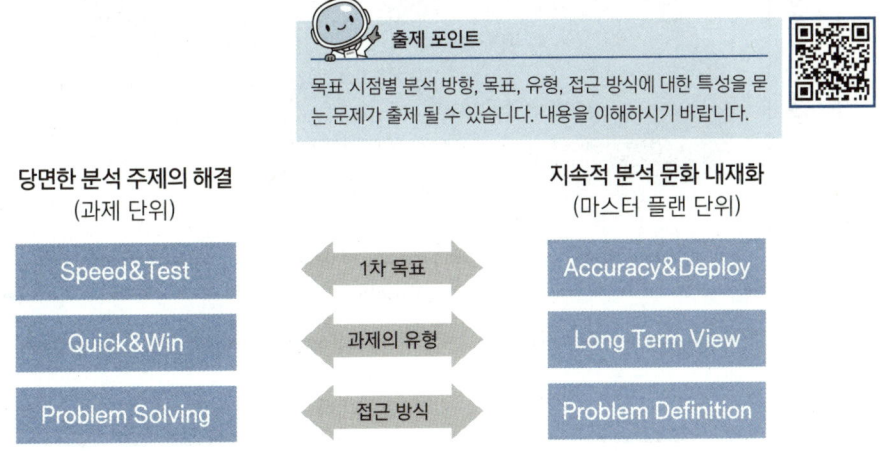

〈목표 시점별 분석 기획 방안〉

- 의미있는 분석을 위해서는 **분석 기술, IT 및 프로그래밍**, 분석 주제에 대한 **도메인 전문성, 의사소통**이 중요하고 분석대상 및 방식에 따른 다양한 분석 주제를 과제 단위 혹은 마스터 플랜 단위로 도출할 수 있어야 한다.

4. 분석 기획시 고려사항

가. Available Data → **나. Proper Business Use Case** → **다. Low Barrier of Execution** → 성공적 분석

- Transaction data
- Human-generated data
- Mobile data
- Machine and sensor data 등

- Customer analytics
- Social media analytics
- Plant and facility management
- Pipeline management
- Price optomization
- Fraud detection 등

- Cost
- Simplicity
- Performance
- Culture 등

예시

- 정형 데이터(Structured Data, DB로 정제된 데이터)
- 반정형 데이터(Semi-structured Data, 센서 중심으로 스트리밍되는 머신데이터)
- 비정형 데이터(Unstructured Data, email, 보고서, 소셜미디어 데이터)

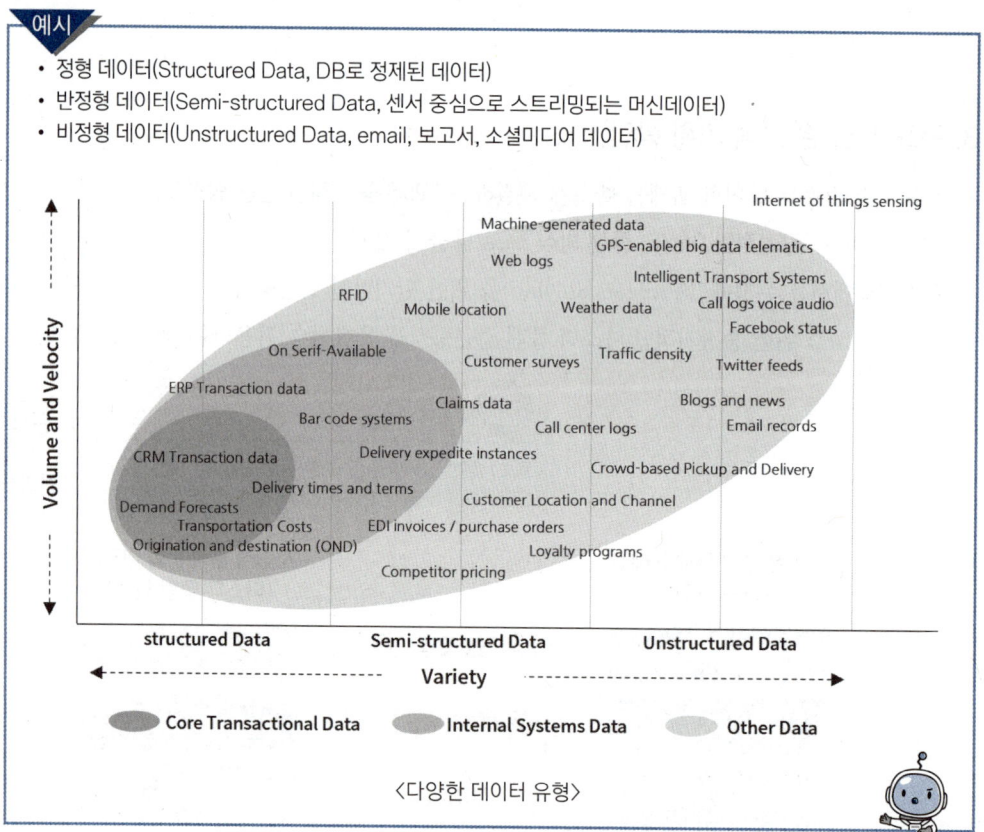

〈다양한 데이터 유형〉

가. 분석의 기본인 **가용 데이터(Available Data)**에 대한 고려가 필요하다.
- 분석을 위한 **데이터의 확보**가 우선적이며, 데이터의 **유형에 따라 적용 가능한 솔루션 및 분석 방법**이 다르기 때문에 유형에 대한 분석이 선행적으로 이루어져야 한다.

나. 분석을 통해 가치가 창출될 수 있는 **적절한 활용방안과 유즈케이스**(Proper Business Use Case) 탐색이 필요하다.
- "바퀴를 재발명하지 마라"라는 격언처럼 기존에 잘 구현되어 활용되고 있는 유사 분석 시나리오 및 솔루션을 최대한 활용하는 것이 중요하다.

다. 분석 수행시 발생하는 **장애요소들에 대한 사전계획 수립**이 필요하다.(Low Barrier Of Execution)
- 일회성 분석으로 그치지 않고 조직의 역량으로 내재화하기 위해서는 충분하고 계속적인 교육 및 활용방안 등의 변화 관리(Change Management)가 고려되어야 한다.

> **참고**
>
> | 종 류 | 정형 데이터 | 반정형 데이터 | 비정형 데이터 |
> |---|---|---|---|
> | 특 징 | ·데이터 자체로 분석 가능
·RDB구조의 데이터
·데이터베이스로 관리 | ·데이터로 분석이 가능하지만 해석이 불가능하며 메타정보를 활용해야 해석이 가능 | ·데이터 자체로 분석이 불가능
·특정한 처리 프로세스를 거쳐 분석데이터로 변경 후 분석 |
> | 유 형 | ·ERP, CRM, SCM 등 정보시스템 | ·로그데이터, 모바일데이터, 센싱데이터 | ·영상, 음성, 문자 등 |

2절 분석 방법론

출제 포인트

데이터 분석 방법론을 정의할 때 반드시 필요한 내용인 절차, 방법, 도구와 기법, 템플릿과 산출물을 기억하고 적용업무의 특성에 따른 모델들도 기억하시기 바랍니다.

1. 분석 방법론 개요

가. 개요

- 데이터 분석이 효과적으로 기업 내에 정착하기 위해서는 이를 **체계화한 절차와 방법**이 정리된 데이터 **분석 방법론의 수립**이 필수적이다.
- 프로젝트는 개인의 역량이나 조직의 우연한 성공에 기인해서는 안 되고, 일정한 수준의 품질을 갖춘 산출물과 프로젝트의 성공 가능성을 확보하고 제시할 수 있어야 한다.
- 방법론은 상세한 **절차(Procedures), 방법(Methods), 도구와 기법(Tools&Techniques), 템플릿과 산출물(Templates&Outputs)**로 구성되어 어느 정도의 지식만 있으면 활용이 가능해야 한다.

출제 포인트

데이터 기반 의사결정의 필요성에서 합리적 의사결정을 가로막는 장애요소에 대한 문제가 자주 출제되오니 기억하시기 바랍니다.

나. 데이터 기반 의사결정의 필요성

1) 경험과 감에 따른 의사결정 → 데이터 기반의 의사결정
2) 기업의 합리적 의사결정을 가로막는 장애요소 :

   고정 관념(Stereotype), 편향된 생각(Bias), 프레이밍 효과(Framing Effect : 문제의 표현 방식에 따라 동일한 사건이나 상황임에도 불구하고 개인의 판단이나 선택이 달라질 수 있는 현상) 등

다. 방법론의 생성과정

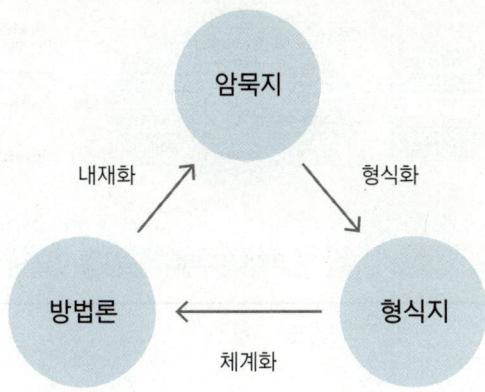

구분	의미	예	특징	상호작용
암묵지	학습과 경험을 통해 개인에게 체화되어 있지만 겉으로 드러나지 않는 지식	김치 담그기, 자전거 타기	사회적으로 중요하지만 다른 사람에게 공유되기 어려움	공통화 내면화
형식지	문서나 매뉴얼처럼 형상화된 지식	교과서, 비디오, DB	전달과 공유가 용이함	표출화 연결화

라. 방법론의 적용 업무의 특성에 따른 모델

1) 폭포수 모델(Waterfall Model)
- **단계를 순차적으로 진행하는 방법**으로, 이전 단계가 완료되어야 다음 단계로 진행될 수 있으며 문제가 발견될 시 피드백 과정이 수행된다.(기존 IT의 SW개발 방식)

2) 프로토타입 모델(Prototype Model)
- 폭포수 모델의 단점을 보완하기 위해 점진적으로 시스템을 개발해 나가는 접근 방식으로, **고객의 요구**를 완전하게 이해하고 있지 못하거나 완벽한 요구 분석의 어려움을 해결하기 위해 **일부분을 우선 개발**하여 사용자에게 제공한다. 시험 사용 후 사용자의 요구를 분석하거나 요구 정당성을 점검, 성능을 평가하여 **그 결과를 통한 개선 작업**을 시행하는 모델이다.

3) 나선형 모델(Spiral Model)
- 반복을 통해 점증적으로 개발하는 방법으로, 처음 시도하는 프로젝트에 적용이 용이하지만 관리 체계를 효과적으로 갖추지 못한 경우 복잡도가 상승하여 프로젝트 진행이 어려울 수 있다.

참고

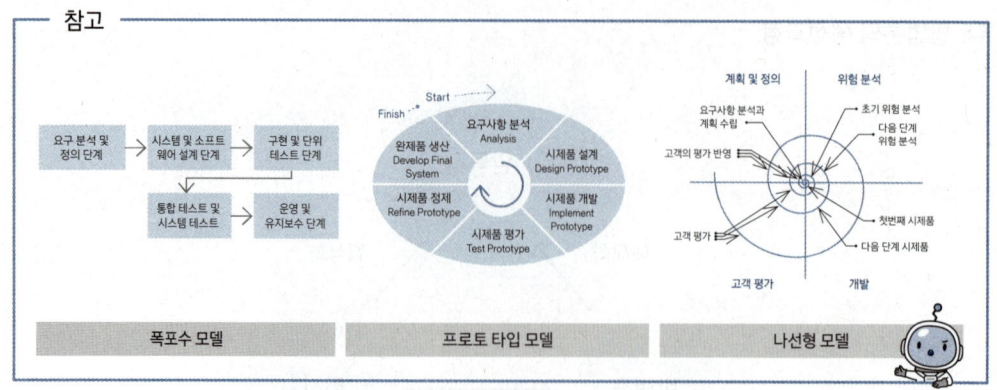

폭포수 모델 | 프로토 타입 모델 | 나선형 모델

마. 방법론의 구성

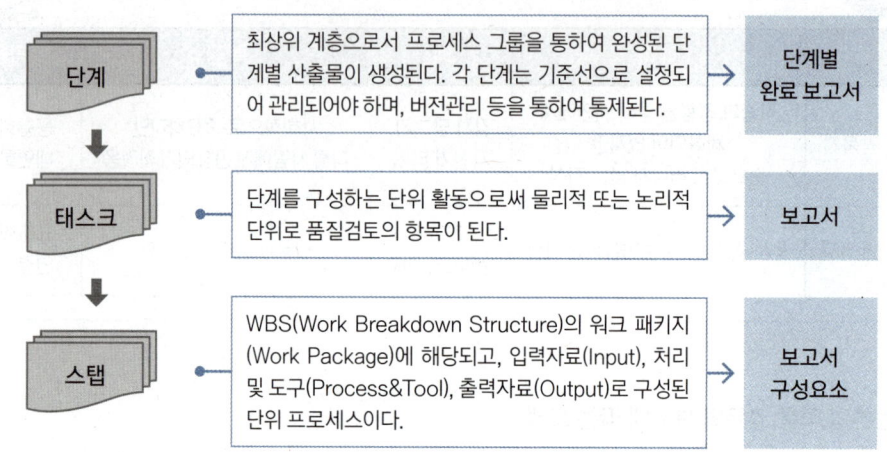

2. KDD 분석 방법론

가. 개요

- KDD(Knowledge Discovery in Databases)는 1996년 Fayyad가 프로파일링 기술을 기반으로 데이터로부터 통계적 패턴이나 지식을 찾기 위해 활용할 수 있도록 체계적으로 정리한 데이터 마이닝 프로세스이다. 데이터 마이닝, 기계학습, 인공지능, 패턴인식, 데이터 시각화 등에서 응용될 수 있는 구조를 갖고 있다.

나. KDD 분석 절차

 출제 포인트

프로세스에 해당하거나 해당하지 않는 분석절차에 대한 부분과 분석절차 설명 후 어느 단계에 대한 설명인지 맞추는 부분이 자주 출제되므로 기억하시기 바랍니다.

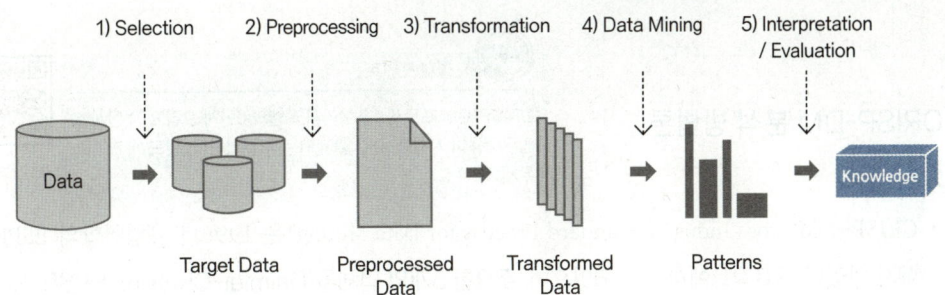

1) 데이터셋 선택(Selection)
- 데이터셋 선택에 앞서 분석 대상의 **비즈니스 도메인**에 대한 이해와 **프로젝트 목표 설정**이 필수이며 데이터베이스 또는 원시 데이터에서 분석에 필요한 데이터를 선택하는 단계이다.
- 데이터 마이닝에 필요한 **목표데이터**(Target Data)를 구성하여 분석에 활용한다.

2) 데이터 전처리(Preprocessing)
- 추출된 분석 대상용 데이터 셋에 포함되어 있는 **잡음(Noise)**과 **이상치(Outlier)**, **결측치(Missing Value)**를 식별하고 필요시 제거하거나 의미있는 데이터로 재처리하여 데이터 셋을 정제하는 단계이다.
- 데이터 전처리 단계에서 **추가로 요구되는 데이터** 셋이 필요한 경우 데이터 선택 프로세스를 재실행한다.

3) 데이터 변환(Transformation)
- 데이터 전처리 과정을 통해 정제된 데이터에 분석 목적에 맞게 변수를 생성, 선택하고 **데이터의 차원을 축소**하여 효율적으로 데이터 마이닝을 할 수 있도록 데이터에 변경하는 단계이다.
- 데이터 마이닝 프로세스를 진행하기 위해 **학습용 데이터(Training Data)**와 **시험용 데이터(Test Data)**로 데이터를 분리하는 단계이다.

4) 데이터 마이닝(Data Mining)
- 학습용 데이터를 이용하여 분석목적에 맞는 **데이터 마이닝 기법을 선택**하고, 적절한 알고리즘을 적용하여 데이터 마이닝 작업을 실행하는 단계이다.
- 필요에 따라 데이터 **전처리**와 데이터 **변환** 프로세스를 추가로 실행하여 최적의 결과를 산출한다.

5) 데이터 마이닝 결과 평가(Interpretation/Evaluation)

- 데이터 마이닝 **결과에 대한 해석과 평가**, 그리고 **분석 목적과의 일치성**을 확인한다.
- 데이터 마이닝을 통해 발견한 **지식을 업무에 활용**하기 위한 방안 마련의 단계이다.
- 필요에 따라 데이터 선택 프로세스에서 데이터 마이닝 프로세스를 반복 수행한다.

3. CRISP-DM 분석 방법론

> **출제 포인트**
> CRISP-DM 프로세스의 4가지 레벨과 6단계 그리고 각 단계별 업무내용이 시험에 자주 출제되는 부분입니다. 반드시 기억해 두세요.

가. 개요

- CRISP-DM(Cross Industry Standard Process for Data Mining)은 1996년 유럽연합의 ESPRIT에서 있었던 프로젝트에서 시작되었으며, **주요한 5개의 업체들**(Daimler-Chrysler, SPSS, NCR, Teradata, OHRA)이 주도하였다. CRISP-DM은 **계층적 프로세스 모델**로써 4개 레벨로 구성된다.

나. CRISP-DM의 4레벨 구조

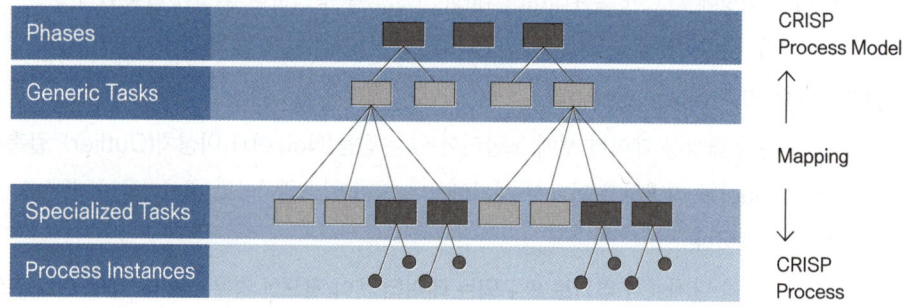

- 최상위 레벨은 여러 개의 단계(Phases)로 구성되고 각 단계는 일반화 태스크(Generic Tasks)를 포함한다. 일반화 태스크는 데이터 마이닝의 단일 프로세스를 완전하게 수행하는 단위이며, 이는 다시 구체적인 수행 레벨인 세분화 태스크(Specialized Tasks)로 구성된다.
- 예를 들어 데이터 정제(Data Cleansing)라는 일반화 태스크는 범주형 데이터 정제와 연속형 데이터 정제와 같은 세분화 태스크로 구성된다.
- 마지막 레벨인 프로세스 실행(Process Instances)은 데이터 마이닝을 위한 구체적인 실행을 포함한다.

다. CRISP-DM의 프로세스

- CRISP-DM 프로세스는 6단계로 구성되어 있으며, 각 단계는 단방향으로 구성되어 있지 않고 **단계 간 피드백**을 통하여 단계별 완성도를 높이게 되어 있다.

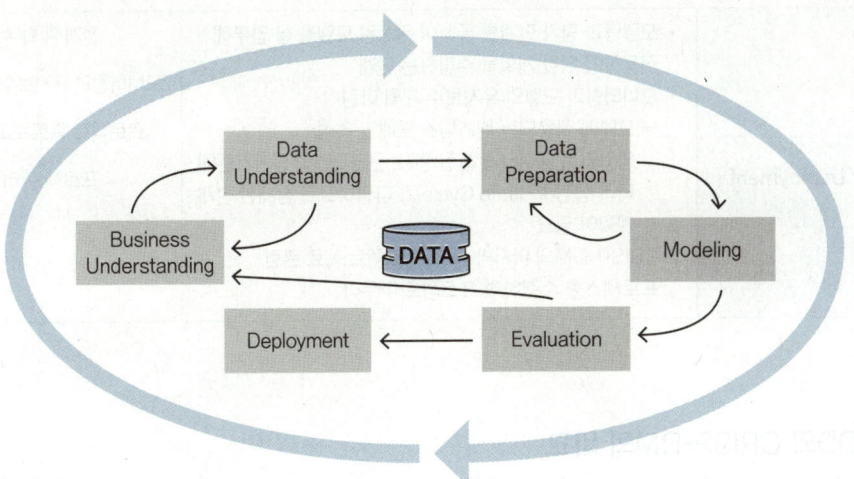

단계	내용	수행업무
업무이해 Business Understanding	• 비즈니스 관점에서 프로젝트의 **목적**과 **요구사항을 이해**하기 위한 단계 • 도메인 지식을 데이터 분석을 위한 **문제정의로 변경**하고 초기 프로젝트 계획을 수립하는 단계	업무 목적 파악 ↓ 상황 파악 ↓ 데이터 마이닝 목표 설정 ↓ 프로젝트 계획 수립
데이터 이해 Data Understanding	• 분석을 위한 **데이터를 수집**하고 데이터 **속성을 이해**하기 위한 단계 • 데이터 품질에 대한 문제점을 식별하고 숨겨져 있는 **인사이트를 발견**하는 단계	초기 데이터 수집 ↓ 데이터 기술 분석 ↓ 데이터 탐색 ↓ 데이터 품질 확인
데이터 준비 Data Preparation	• 분석을 위하여 수집된 데이터에서 분석기법에 적합한 데이터를 편성하는 단계(많은 시간이 소요 될 수 있음)	분석용 데이터 셋 선택 ↓ 데이터 정제 ↓ 분석용 데이터 셋 편성 ↓ 데이터 통합 ↓ 데이터 포맷팅
모델링 Modeling	• 다양한 **모델링 기법과 알고리즘을 선택**하고 모델링 과정에서 사용되는 파라미터를 **최적화**해 나가는 단계 • 모델링 과정에서 데이터 셋이 추가로 필요한 경우 데이터 준비 단계를 반복 수행할 수 있으며, 모델링 결과를 테스트용 데이터 셋으로 평가하여 모델의 **과적합(Overfitting) 문제를 확인**	모델링 기법 선택 ↓ 모델 테스트 계획 설계, ↓ 모델 작성 ↓ 모델 평가
평가 Evaluation	• 모델링 결과가 **프로젝트 목적에 부합하는지 평가**하는 단계로 데이터 마이닝 결과를 최종적으로 수용 할 것인지 판단	분석결과 평가 ↓ 모델링 과정 ↓ 평가 ↓ 모델 적용성 평가

전개 Deployment	• 모델링과 평가 단계를 통하여 완성된 모델을 실 업무에 적용하기 위한 계획을 수립하는 단계 • 모니터링과 모델의 유지보수 계획 마련 → 모델에 적용되는 비즈니스 도메인 특성, 입력되는 데이터의 품질 편차, 운영모델의 평가기준에 따라 생명주기(Life Cycle)가 다양하므로 상세한 전개 계획이 필요 • CRISP-DM의 마지막 단계, 프로젝트 종료 관련 프로세스를 수행하여 프로젝트 마무리	전개 계획 수립 ↓ 모니터링과 유지보수 계획 수립 ↓ 프로젝트 종료보고서 작성 ↓ 프로젝트 리뷰

4. KDD와 CRISP-DM의 비교

KDD	CRISP-DM
분석대상 비즈니스 이해	업무 이해(Business Understanding)
데이터셋 선택(Data Selection)	데이터의 이해(Data Understanding)
데이터 전처리(Preprocessing)	
데이터 변환(Transformation)	데이터 준비(Data Preparation)
데이터 마이닝(Data Mining)	모델링(Modeling)
데이터 마이닝 결과 평가(Interpretation/Evaluation)	평가(Evaluation)
데이터 마이닝 활용	전개(Deployment)

5. 빅데이터 분석 방법론

가. 빅데이터 분석의 계층적 프로세스

  출제 포인트
빅데이터 분석을 위한 3개의 계층과 내용이 시험에 자주 출제됩니다.

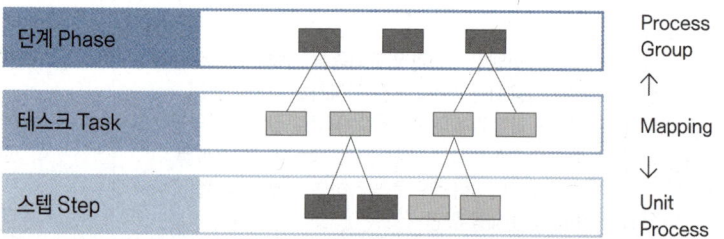

1) 단계(Phase) : 프로세스 그룹(Process Group)을 통하여 완성된 단계별 산출물이 생성된다. 각 단계는 기준선(Baseline)으로 설정되어 관리되어야 하며, 버전관리(Configuration Management) 등을 통하여 통제가 이루어져야 한다.

2) 태스크(Task) : 각 단계는 여러 개의 태스크(Task)로 구성된다. 각 태스크는 단계를 구성하는 단위 활동이며, 물리적 또는 논리적 단위로 품질 검토의 항목이 될 수 있다.

3) 스텝(Step) : WBS(Work Breakdown Structure)의 워크 패키지(Work Package)에 해당되고 입력자료(Input), 처리 및 도구(Process&Tool), 출력자료(Output)로 구성된 단위 프로세스(Unit Process)이다.

나. 빅데이터 분석 방법론 - 5단계

출제 포인트
빅데이터 분석 방법론의 5단계와 각 단계별 주요 업무는 이 장에서 가장 중요하고 시험에도 자주 나오는 부분입니다. 아래 그림을 반드시 기억하셔야 합니다.

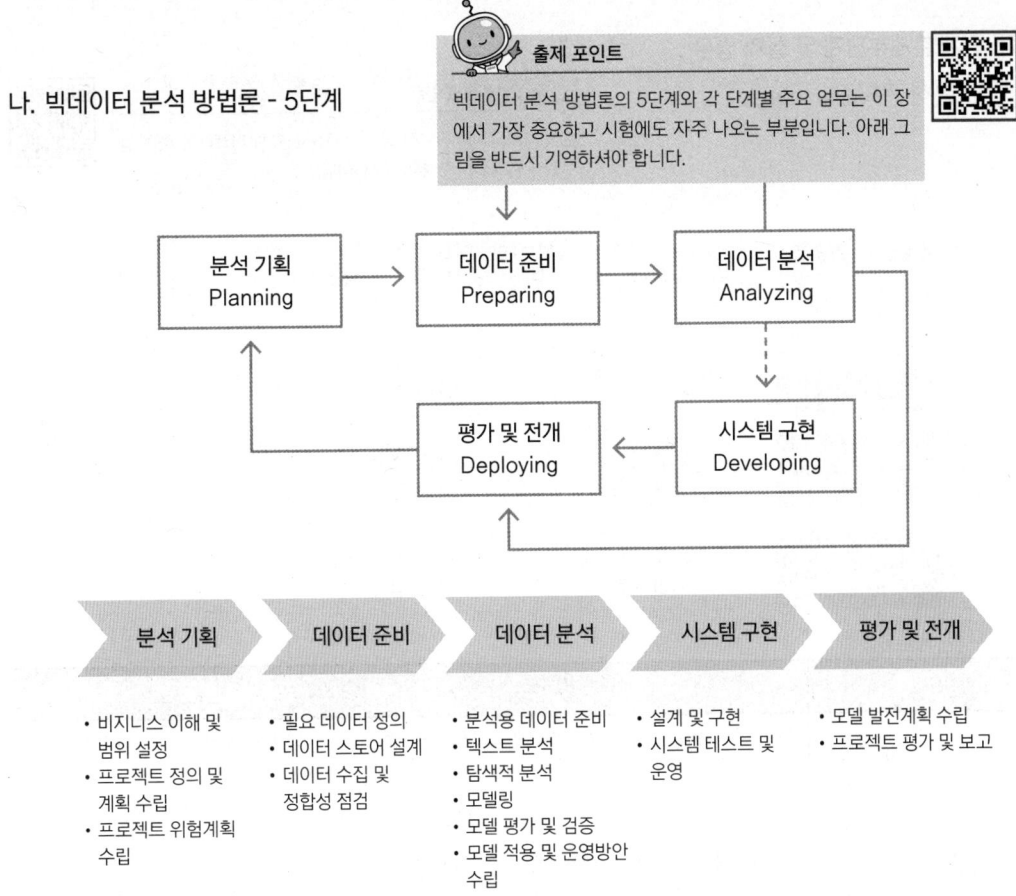

1) 분석기획(Planning) : 비즈니스 도메인과 문제점을 인식하고 분석 계획 및 프로젝트 수행계획을 수립하는 단계이다.

2) 데이터 준비(Preparing) : 비즈니스 요구사항과 데이터 분석에 필요한 원천 데이터를 정의하고 준비하는 단계이다.

3) 데이터 분석(Analyzing) : 원천 데이터를 분석용 데이터 셋으로 편성하고 다양한 분석 기법과 알고리즘을 이용하여 데이터를 분석하는 단계이다. 분석 단계를 수행하는 과정에서 추가적인 데이터 확보가 필요한 경우 데이터 준비 단계로 피드백(Feedback)하여 두 단계를 반복하여 진행한다.

4) 시스템 구현(Developing) : 분석 기획에 맞는 모델을 도출하고 이를 운영중인 가동 시스템에 적용하거나 시스템 개발을 위한 사전 검증으로 프로토타입 시스템을 구현한다.
5) 평가 및 전개(Deploying) : 데이터 분석 및 시스템 구현 단계를 수행한 후, 프로젝트의 성과를 평가하고 정리(Deploying)하거나 모델의 발전 계획을 수립하여 차기 분석 기획으로 전달하고 프로젝트를 종료하는 단계이다.

다. 단계별 세부단계 및 실제 업무

1) 분석 기획(Planning)

출제 포인트
분석 기획의 세부단계와 실제 업무를 정확히 이해해야 하며 업무별 출력자료를 기억하셔야 합니다.

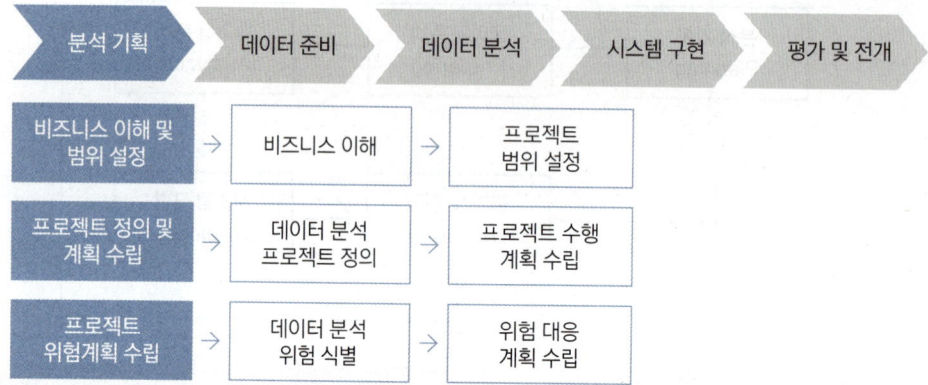

단계		내용	입력자료	프로세스 및 도구	출력자료
비즈니스 이해 및 범위설정	비즈니스 이해	내부 업무 매뉴얼과 관련자료, 외부의 관련 비즈니스 자료를 조사하고 향후 프로젝트 진행을 위한 방향을 설정한다.	- 업무 매뉴얼 - 전문가 지식 - 빅데이터 분석 대상 도메인의 관련자료	자료 수집 및 비즈니스 이해	비즈니스 이해 및 도메인 문제점
	프로젝트 범위 설정	빅데이터 분석 프로젝트의 대상인 비즈니스에 대한 이해와 프로젝트 목적에 부합하는 범위를 설정하고 프로젝트 범위 정의서인 SOW(Statement Of Work)를 작성한다.	- 중장기 계획서 - 빅데이터 분석 프로젝트 지시서 - 비즈니스 이해 및 도메인 문제점	- 자료 수집 및 비즈니스 이해 - 프로젝트 범위 정의서 작성 절차	프로젝트 범위 정의서 (SOW)
프로젝트 정의 및 계획수립	데이터 분석 프로젝트 정의	프로젝트의 목표 및 KPI, 목표 수준 등을 구체화하여 상세 프로젝트 정의서를 작성하고 프로젝트 목표를 명확화하기 위한 모델 운영 이미지 및 평가 기준을 설정한다.	- 프로젝트 범위 정의서(SOW) - 빅데이터 분석 프로젝트 지시서	- 프로젝트 목표 구체화 - 모델 운영 이미지 설계	- 프로젝트 정의서 - 모델 운영 이미지 설계서 - 모델 평가 기준
	프로젝트 수행 계획수립	프로젝트의 목적 및 배경, 기대효과, 수행방법, 일정 및 추진조직, 프로젝트 관리방안을 작성하고 WBS는 프로젝트 산출물 위주로 작성되어 프로젝트의 범위를 명확하게 한다.	- 프로젝트 범위 정의서(SOW) - 모델 운영 이미지 설계서 - 모델 평가 기준	- 프로젝트 범위정의서 (SOW) - WBS 작성	- 프로젝트 수행계획서 - WBS

프로젝트 위험계획 수립	데이터 분석 위험 식별	앞서 진행된 프로젝트 산출물과 정리 자료를 참조하고 전문가의 판단을 활용해 프로젝트를 진행하며 발생 가능한 위험을 식별한다. 식별된 위험은 위험의 영향도와 빈도, 발생가능성에 따라 위험의 우선순위를 설정한다.	- 프로젝트 범위 정의서(SOW) - 프로젝트 수행 계획서 - 선행 프로젝트 산출물 및 정리자료	- 위험 식별 절차 - 위험 영향도 및 발생 가능성 분석 - 위험 우선순위 판단	식별된 위험 목록
	위험 대응 계획 수립	식별된 위험은 상세한 정량적, 정성적 분석을 통해 위험 대응방안을 수립한다. 예상되는 위험에 대해 회피(Avoid), 전이(Transfer), 완화(Mitigate), 수용(Accept)으로 구분하여 위험관리 계획서를 작성한다.	- 식별된 위험 목록 - 프로젝트 범위 정의서(SOW) - 프로젝트 수행 계획서	- 위험 정량적 분석 - 위험 정성적 분석	위험관리 계획서

2) 데이터 준비(Preparing)

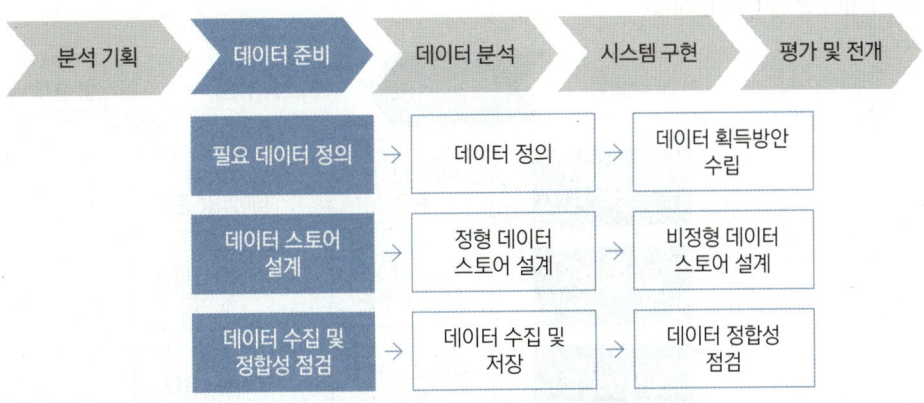

단계		내용	입력자료	프로세스 및 도구	출력자료
필요 데이터 정의	데이터 정의	시스템, 데이터베이스, 파일, 문서 등의 다양한 내·외부 원천 데이터 소스(Raw Data Source)로부터 분석에 필요한 데이터를 정의한다.	- 프로젝트 수행 계획서 - 시스템 설계서 - ERD - 메타데이터 정의서 - 문서 자료	- 내·외부 데이터 정의 - 정형·비정형·반정형 데이터 정의	데이터 정의서
	데이터 획득방안 수립	- 내·외부의 다양한 데이터 소스로부터 정형·비정형·반정형 데이터를 수집하기 위한 구체적인 방안을 수립한다. - 내부 데이터 획득에는 부서 간 업무협조와 개인정보보호 및 정보 보안과 관련한 문제점을 사전에 점검한다. 외부 데이터의 획득은 다양한 인터페이스 및 법적인 문제점을 고려하여 상세한 데이터 획득 계획을 수립한다.	- 데이터 정의서 - 시스템 설계서 - ERD - 메타데이터 정의서 - 문서 자료 - 데이터 구입	데이터 획득 방안 수립	데이터 획득 계획서
데이터 스토어 설계	정형 데이터 스토어 설계	정형 데이터는 일반적으로 관계형 데이터베이스인 RDBMS(Relational Data Base Management System)를 사용하고 데이터의 효율적인 저장과 활용을 위하여 데이터스토어의 논리적, 물리적 설계를 구분하여 설계한다.	- 데이터 정의서 - 데이터 획득 계획서	- 데이터베이스 논리, 물리 설계 - 데이터 매핑	- 정형 데이터 스토어 설계서 - 데이터 매핑 정의서

1장 데이터 분석 기획의 이해 241

데이터
스토어
설계
	비정형
	데이터
	스토어
	설계
		하둡, NoSQL 등을 이용하여 비정형 또는 반정형 데이터를 저장하기 위한 **논리적, 물리적 데이터 스토어**를 설계한다.	- 데이터 정의서
			- 데이터 획득 계획서
				비정형·반정형
				데이터 논리,
				물리 설계
					- 비정형 데이터
					  스토어 설계서
					- 데이터 매핑
					  정의서

데이터
수집 및
정합성
점검
	데이터
	수집 및
	저장
		크롤링 등 데이터 수집을 위한 ETL 등과 같은 다양한 도구와 API, 스크립트(Script) 프로그램 등을 이용하여 데이터를 수집하고, 수집된 데이터를 설계된 데이터 스토어에 저장한다.	- 데이터 정의서
			- 데이터 획득 계획서
			- 데이터 스토어 설계서
				- 데이터 크롤링
				  도구
				- ETL 도구
				- 데이터 수집
				  스크립트
					수집된 분석용
					데이터

	데이터 정합성 점검	데이터 스토어의 품질 점검을 통하여 데이터의 정합성을 확보하고 데이터 품질 개선이 필요한 부분에 대하여 **보완 작업**을 한다.	수집된 분석용 데이터	- 데이터 품질 확인 - 정합성 점검 리스트	정합성 점검 보고서

3) 데이터 분석(Analyzing)

단계		내용	입력자료	프로세스 및 도구	출력자료

분석용
데이터
준비
	비즈니스
	룰 확인
		- 비즈니스 이해, 도메인 문제점 인식, 프로젝트 정의 등을 이용하여 **프로젝트의 목표를 정확하게 인식**한다.
		- 세부적인 비즈니스 룰을 파악하고 분석에 필요한 **데이터의 범위**를 확인한다.
			- 프로젝트 정의서
			- 프로젝트 수행 계획서
			- 데이터 정의서
			- 데이터 스토어
				- 프로젝트 목표
				  확인
				- 비즈니스 룰 확인
					- 비즈니스 룰
					- 분석에 필요한
					  데이터 범위

	분석용 데이터 셋 준비	- 데이터 스토어로부터 분석에 필요한 **정형·비정형 데이터를 추출**한다. 필요 시 적절한 가공을 통하여 분석도구 입력 자료로 사용될 수 있도록 편성한다. - 추출된 데이터는 데이터베이스나 구조화된 형태로 구성하고 필요시 분석을 위한 작업 공간(Play Ground, Sand box 등)과 전사 차원의 데이터 스토어로 분리할 수도 있다.	- 데이터 정의서 - 데이터 스토어	- 데이터 선정 - 데이터 변환 - ETL 도구	분석용 데이터 셋

구분	세부	설명	입력자료	도구 및 기법	산출물
텍스트 분석	텍스트 데이터 확인 및 추출	데이터 스토어(Data Store)에서 필요한 **텍스트 데이터**를 추출한다.	비정형 데이터 스토어	- 분석용 텍스트 데이터 확인 - 텍스트 데이터 추출	분석용 텍스트 데이터
텍스트 분석	텍스트 데이터 분석	- 추출된 텍스트 데이터를 분석 도구로 적재하여 다양한 기법을 분석하고 모델을 구축한다. - 텍스트 분석을 위해 **용어사전**을 사전에 확보하고 업무 도메인에 맞도록 작성해야 한다. - 구축된 모델은 **시각화 도구**를 이용하여 모델의 의미전달을 명확하게 한다.	- 분석용 텍스트 데이터 - 용어사전(유의어 사전, 불용어 사전 등)	- 분류체계 설계 - 형태소분석 - 키워드 도출 - 토픽분석 - 감성분석, 의견분석 - 네트워크 분석	텍스트 분석 보고서
탐색적 분석	탐색적 데이터 분석	다양한 관점 별로 **기초 통계량** (평균, 분산, 표준편차, 최대값, 최소값)을 산출하고, 데이터의 분포와 변수간의 관계 등 데이터 자체의 특성 및 데이터의 **통계적 특성을 이해**하고 모델링을 위한 기초자료로 활용한다.	분석용 데이터 셋	- EDA도구 - 통계분석 - 연관성 분석 - 데이터 분포 확인	데이터 탐색 보고서
탐색적 분석	데이터 시각화	- 탐색적 데이터 분석을 위한 **도구로 활용**한다. 그러나 모델의 시스템화를 위한 시각화를 목적으로 활용할 경우 시각화 기획, 시각화 설계, 시각화 구현 등의 별도의 프로세스를 따라 진행되어야 한다. - 탐색적 데이터 분석을 진행하면 수행된 데이터 시각화는 모델링 또는 향후 시스템 구현을 위한 사용자 인터페이스 또는 **프로토타입**(Prototype)으로 활용될 수도 있다.	분석용 데이터 셋	- 시각화 도구 - 시각화 패키지 - 인포그래픽 - 시각화 방법론	데이터 시각화 보고서
모델링	데이터 분할	**모델의 과적합과 일반화**를 위하여 분석용 데이터 셋을 모델 개발을 위한 훈련용 데이터와 모델의 검증력을 테스트하기 위한 테스트용 데이터로 분할한다. 모델에 적용하는 기법에 따라 **데이터 분할** 또는 **검증 횟수, 생성 모델 개수** 등을 설정한다.	분석용 데이터 셋	데이터 분할 패키지	- 훈련용 데이터 - 테스트용 데이터
모델링	데이터 모델링	기계학습 등을 이용한 데이터 모델링은 훈련용 데이터를 활용하여 **분류, 예측, 군집** 등의 모델을 만들어 가동중인 운영 시스템에 적용한다. 필요시 비정형 데이터 분석결과를 통합적으로 활용하여 **프로젝트 목적**에 맞는 통합 모델을 수행한다.	분석용 데이터 셋	- 통계 모델링 기법 - 기계학습 - 모델 테스트	모델링 결과 보고서
모델링	모델 적용 및 운영 방안	모델을 가동중인 운영시스템에 적용하기 위해서는 모델에 대한 상세한 **알고리즘 설명서 작성**이 필요하다. 알고리즘 설명서는 시스템 구현 단계에서 중요한 입력 자료로 활용되므로 필요시 의사코드 수준의 상세한 작성이 필요하다. 또한 모델의 안정적 운영을 **모니터링**하는 방안도 수립한다.	모델링 결과 보고서	- 모니터링 방안 수립 - 알고리즘 설명서 작성	- 알고리즘 설명서 - 모니터링 방안

단계		내용	입력자료	프로세스 및 도구	출력자료
모델 평가 및 검증	모델 평가	프로젝트 정의서의 모델 평가 기준에 따라 모델을 객관적으로 평가하고 품질관리 차원에서 모델 평가 프로세스를 진행한다. 모델 평가를 위해 모델 결과 보고서 내의 **알고리즘**을 파악하고 테스트용 데이터나 필요시 **모델 검증**을 위한 별도의 데이터를 활용한다.	- 모델링 결과 보고서 - 평가용 데이터	- 모델평가 - 모델 품질관리 - 모델 개선작업	모델 평가 보고서
	모델 검증	**모델의 실적용성을 검증**하기 위해 검증용 데이터를 이용해 모델 검증 작업을 실시하고 **모델링 검증 보고서**를 작성한다. 검증용 데이터는 모델 개발 및 평가에 활용된 훈련용이나 테스트용 데이터가 아닌 실 운영용 데이터를 확보하여 **모델의 품질을 최종 검증**한다.	- 모델링 결과 보고서 - 모델 평가 보고서 - 검증용 데이터	모델 검증	모델 검증 보고서

4) 시스템 구현(Developing)

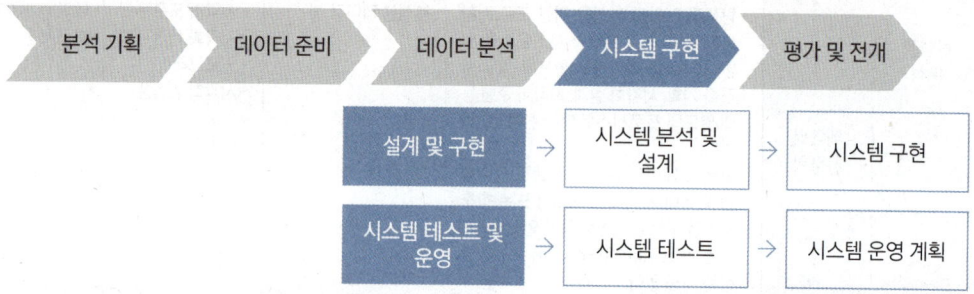

단계		내용	입력자료	프로세스 및 도구	출력자료
설계 및 구현	시스템 분석 및 설계	가동중인 시스템을 분석하고 알고리즘 설명서에 근거하여 **응용시스템 구축** 설계 프로세스를 진행한다. 시스템 분석과 설계는 사용 중인 정보시스템 개발 방법론을 커스터마이징하여 적용할 수 있다.	- 알고리즘 설명서 - 운영중인 시스템 설계서	정보시스템 개발 방법론	시스템 분석 및 설계서
	시스템 구현	시스템 분석 및 설계서에 따라 BI 패키지를 활용하거나 새롭게 시스템을 구축하거나 가동중인 운영 시스템의 커스터마이징 등을 통해 **설계된 모델을 구현**한다.	- 시스템 분석 및 설계서 - 알고리즘 설명서	- 시스템 통합 개발 도구(IDE) - 프로그램 언어 - 패키지	구현 시스템
시스템 테스트 및 운영	시스템 테스트	**구축된 시스템의 검증**을 위하여 단위 테스트, 통합 테스트, 시스템 테스트 등을 실시한다. 시스템 테스트는 품질 관리 차원에서 진행함으로써 적용된 시스템의 객관성과 완전성을 확보한다.	- 구현 시스템 - 시스템 테스트 계획서	품질관리 활동	시스템 테스트 결과보고서
	시스템 운영 계획	구현된 시스템을 지속적으로 활용하기 위해 시스템 운영자, 사용자를 대상으로 필요한 **교육을 실시**하고 **시스템 운영계획을 수립**한다.	- 시스템 분석 및 설계서 - 구현 시스템	- 운영계획 수립 - 운영자 및 사용자교육	- 운영자 매뉴얼 - 사용자 매뉴얼 - 시스템 운영 계획서

5) 평가 및 전개(Deploying)

분석 기획 → 데이터 준비 → 데이터 분석 → 시스템 구현 → **평가 및 전개**

- 모델 발전 계획 수립 → 모델 발전 계획
- 프로젝트 평가 및 보고 → 프로젝트 성과 평가 → 프로젝트 종료

단계		내용	입력자료	프로세스 및 도구	출력자료
모델 발전 계획 수립	모델 발전 계획	개발된 모델의 지속적인 운영과 기능 향상을 위한 **발전계획을 상세하게 수립**하여 모델의 계속성을 확보한다.	- 구현 시스템 - 프로젝트 산출물	모델 발전 계획 수립	모델 발전 계획서
프로젝트 평가 및 보고	프로젝트 성과평가	프로젝트의 정량적 성과와 정성적 성과로 나누어 **성과 평가서를 작성**한다.	- 프로젝트 산출물 - 품질관리 산출물 - 프로젝트 정의서 - 프로젝트 수행 계획서	- 프로젝트 평가기준 - 프로젝트 정량적 평가 - 프로젝트 정성적 평가	프로젝트 성과 평가서
	프로젝트 종료	프로젝트 진행과정의 모든 산출물 및 프로세스를 **지식 자산화**하고 최종 보고서를 작성하여 의사소통 절차에 따라 보고하고 종료한다.	- 프로젝트 산출물 - 품질관리 산출물 - 프로젝트 정의서 - 프로젝트 수행 계획서 - 프로젝트 성과 평가서	- 프로젝트 지식자산화 작업 - 프로젝트 종료	프로젝트 최종 보고서

3절. 분석 과제 발굴

출제 포인트
분석 과제 발굴은 비즈니스 상에서 필요한 데이터 분석 과제를 발굴하는 방법론을 설명하고 있습니다. 분석 대상과 방법을 활용한 분석 방법론은 시험에 자주 나오는 부분입니다. 꼭 기억하세요.

1. 분석과제 발굴 방법론

가. 개요

- 분석 과제는 풀어야 할 다양한 문제를 데이터 분석 문제로 변환한 후 관계자들이 이해하고 프로젝트로 수행할 수 있는 **과제 정의서 형태로 도출**된다.
- 분석과제를 도출하기 위한 방식으로는 크게 **하향식 접근 방법**(Top Down Approach)과 **상향식 접근 방법**(Bottom Up Approach)이 있다.

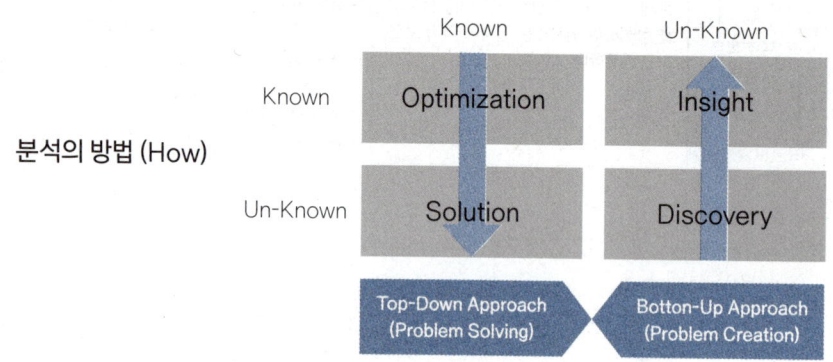

〈분석 과제 도출의 2가지 유형〉

- 문제가 주어져 있는 상태에서 답을 구하는 하향식 접근 방식이 전통적으로 수행되었던 분석 과제 발굴 방식이다. 그러나 대규모의 다양한 데이터를 생성하고 빠르게 변하는 기업 환경에서는 문제 자체의 변화가 심해 정확하게 문제를 사전에 정의하는 것이 어려워지고 있다.
- 분석 과제 발굴을 두가지 방식으로 나누었지만, 실제 새로운 상품 개발이나 전략 수립 등 중요한 의사결정을 할 때 하향식 접근 방법과 상향식 접근 방법이 혼용되어 사용되며, 분석의 가치를 높일 수 있는 **최적의 의사결정**은 두 접근 방식이 **상호 보완 관계**에 있을 때 가능하다.

> **참고**
> - 디자인 사고(Design Thinking) :
>   상향식 접근 방식의 발산 단계와 하향식 접근 방식의 수렴단계를 반복적으로 수행하는 식의 상호 보완적인 동적 환경을 통해 분석의 가치를 높일 수 있는 최적의 의사결정 방식

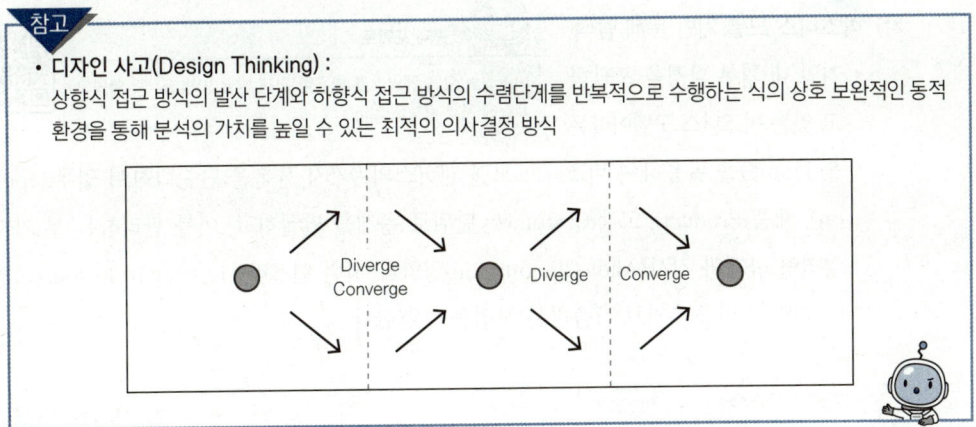

나. 하향식 접근법(Top Down Approach)

- 하향식 분석 접근법은 현황 분석을 통해 기회나 문제를 탐색(Problem Discovery)하고, 해당 문제를 정의(Problem Definition), 해결방안을 탐색(Solution Search)한다. 그리고 데이터 분석의 타당성 평가(Feasibility Study)를 거쳐 **분석 과제를 도출**하는 과정으로 구성된다.

> **출제 포인트**
> 하향식 접근방식의 정의와 프로세스는 시험에 자주 나오는 부분입니다. 특히 문제 탐색 단계는 반드시 기억하세요.

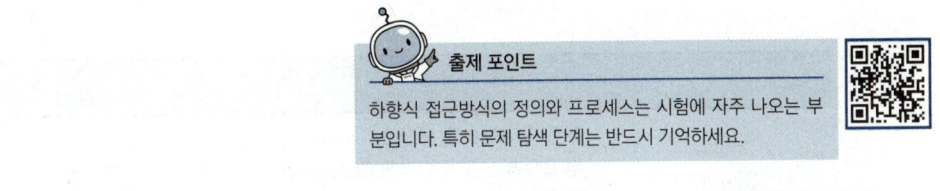

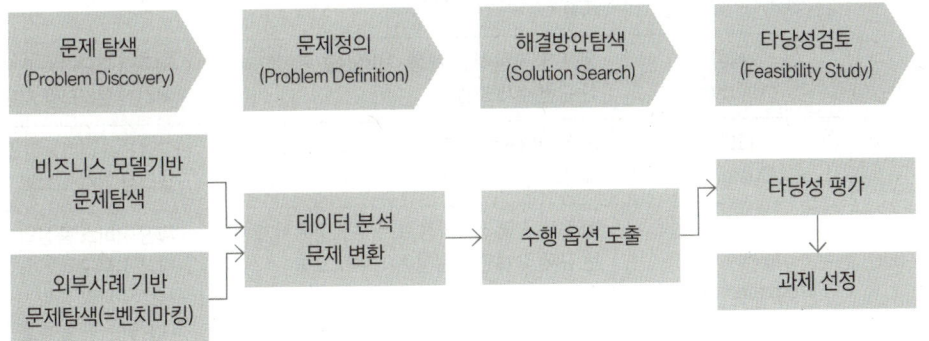

〈데이터 분석 기획 단계(하향식 접근법)〉

1) 문제 탐색(Problem Discovery)단계 - 하향식 접근법 1단계

- 전체적인 관점의 기준 모델을 활용하여 빠짐없이 문제를 도출하고 식별하는 것이 중요하다.
- 전체적인 관점의 기준 모델로는 기업 내·외부 환경을 포괄하는 비즈니스 모델과 외부 참조 모델이 존재한다.
- 과제 발굴 단계에서는 세부적인 구현 및 솔루션에 초점을 맞추는게 아니라, **문제를 해결**함으로써 **발생하는 가치에 중점**을 두는 것이 중요하다.

1장 데이터 분석 기획의 이해 247

가) 비즈니스 모델 기반 문제 탐색

- 기업 내·외부 환경을 포괄하고 있는 비즈니스 모델이라는

출제 포인트
비즈니스 모델 캔버스를 활용한 과제 발굴 방법 5가지 영역이 시험에 자주 출제됩니다.

틀(Frame)을 활용하여 비즈니스 모델 캔버스의 9가지 블록을 단순화하여 업무(Operation), 제품(Product), 고객(Customer) 단위로 문제를 발굴하고, 이를 관리하는 두 가지의 영역인 규제와 감사(Audit&Regulation)영역과 지원 인프라(IT&Human Resource)영역에 대한 기회를 추가로 도출하는 작업을 수행한다.

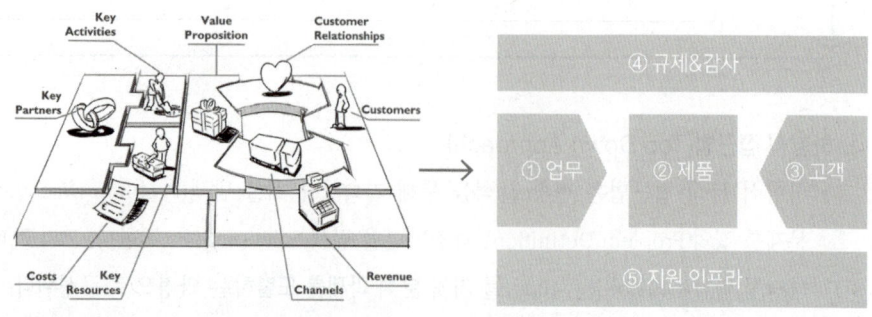

과제발굴방법	내 용	예
업무 Operation	제품 및 서비스를 생산하기 위해서 운영하는 **내부 프로세스 및 주요자원(Resource) 관련 주제** 도출	- 생산 공정 최적화 - 재고량 최소화
제품 Product	생산 및 제공하는 **제품·서비스를 개선하기** 위한 관련 주제 도출	- 제품의 주요기능 개선 - 서비스 모니터링 지표도출
고객 Customer	제품·서비스를 제공받는 사용자 및 고객, 이를 **제공하는 채널의 관점**에서 관련 주제 도출	- 고객 Call 대기 시간 최소화 - 영업점 위치 최적화
규제와 감사 Regualtion&Audit	제품 생산 및 전달과정 프로세스 중에서 발생하는 **규제 및 보안의 관점**에서 주제 도출	- 제공 서비스 품질의 이상 징후 관리 - 새로운 환경 규제 시 예상되는 제품 추출 등
지원 인프라 IT&Human Resource	분석을 수행하는 시스템 영역 및 이를 운영·관리하는 **인력의 관점**에서 주제 도출	- EDW 최적화 - 적정 운영 인력 도출 등

- 현재 사업을 영위하고 있는 환경, 경쟁자, 보유하고 있는 역량, 제공하고 있는 시장을 넘어서 거시적 관점의 요인, 경쟁자의 동향, 시장의 니즈 변화, 역량의 재해석 등 새로운 관점의 접근을 통해 **새로운 유형의 분석 기회 및 주제 발굴**을 수행해야 한다.

나) 분석 기회 발굴의 범위 확장

출제 포인트
분석 기회 발굴의 범위 확장시 내용에서 4가지 관점과 내용이 시험에 자주 출제됩니다.

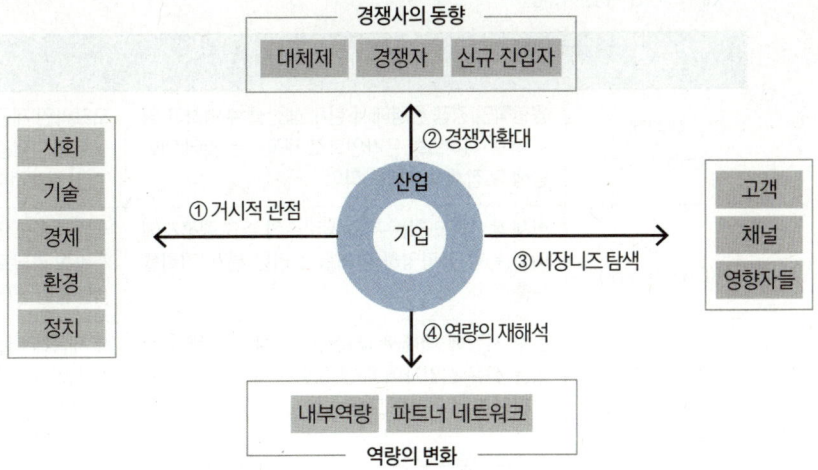

① 거시적 관점의 메가트랜드
- 조직 및 해당 산업에 폭넓게 영향을 미치는 사회·경제적 요인을 STEEP으로 요약되는 Social(사회), Technological(기술), Economic(경제), Environmental(환경), Political(정치) 영역으로 폭넓게 나눈다.

영역	내용	예
Social (사회)	비즈니스 모델의 고객(Customer) 영역에 존재하는 현재 고객을 확장하여 전체 시장을 대상으로 **사회적, 문화적, 구조적 트렌드 변화에 기반한 분석 기회를 도출**	- 노령화 - 밀레니엄 세대 등장 - 저출산에 따른 사업모델 변화
Technological (기술)	과학, 기술, 의학 등 최신 기술의 등장 및 **변화에 따른 역량 내 재화와 제품·서비스 개발**에 대한 분석 기회를 도출	- 나노 기술 - IT 융합 기술 - 로봇 기술의 고도화로 인한 제품의 Smart화
Economic (경제)	**산업과 금융 전반의 변동성 및 경제 구조 변화 동향**에 따른 시장의 흐름을 파악하고, 이에 대한 분석 기회를 도출	원자재 가격, 환율, 금리 변동에 따른 구매전략의 변화 등
Environmental (환경)	환경과 관련된 정부, 사회단체, 시민사회의 **관심과 규제 동향**을 파악하고 이에 대한 분석 기회를 도출	탄소 배출 규제 및 거래 시장 등장에 따른 원가 절감 및 정보 가시화 등
Political (정치)	**주요 정책방향, 정세, 지정학적 동향** 등의 거시적인 흐름을 토대로 한 분석 기회를 도출	대북관계 동향에 따른 원자재 구매 거래선의 다변화 등

② 경쟁자 확대 관점
- 현재 수행하고 있는 사업 영역의 직접 경쟁사 및 제품·서비스뿐만 아니라 대체재와 신규 진입자 등으로 관점을 확대하여 위협이 될 수 있는 상황에 대한 분석 기회 발굴의 폭을 넓혀서 탐색한다.

영역	내용	예
대체재 (Substitute)	융합적인 경쟁 환경에서 현재 생산을 수행하고 있는 제품·서비스를 온라인으로 제공하는 것에 대한 탐색 및 잠재적 위험을 파악	오프라인 제공 서비스 → 온라인제공에 대한 탐색 및 잠재적 위협 파악
경쟁자 (Competitor)	현재 생산하고 있는 제품·서비스의 주요 경쟁자에 대한 동향을 파악하여 이를 고려한 분석 기회를 도출	식별된 주요 경쟁사의 제품·서비스 카탈로그 및 전략 분석을 통한 잠재적 위협 파악
신규 진입자 (New Entrant)	향후 시장에 대해서 파괴적인 역할을 수행할 수 있는 신규 진입자에 대한 동향을 파악하여 이를 고려한 분석 기회를 도출	새 제품에 대한 클라우드 소싱 서비스인 킥 스타터의 유사 제품을 분석하고 잠재적 위협 파악

③ 시장의 니즈 탐색 관점
- 현재 수행하고 있는 사업에서의 직접 고객뿐만 아니라 고객과 접촉하는 역할을 수행하는 채널(Channel) 및 고객의 구매와 의사결정에 영향을 미치는 영향자들(Influencer)에 대한 폭넓은 관점을 바탕으로 분석 기회를 탐색한다.

영역	내용	예
고객 (Customer)	고객의 구매 동향 및 고객의 컨텍스트를 더욱 깊게 이해하여 제품·서비스의 개선에 필요한 분석 기회를 도출	철강 기업의 경우 조선 산업과 자동차 산업의 동향 및 주요 거래선의 경영 현황 등을 파악하고 분석 기회 도출
채널 (Channel)	영업사원, 직판 대리점, 홈페이지 등의 자체적으로 운영하는 채널뿐만 아니라 최종 고객에게 상품·서비스를 전달하는 것에 가능한 경로를 파악하여 해당 경로에 존재하는 채널별로 분석 기회를 확대하여 탐색	은행의 경우 인터넷 전문은행 등 온라인 채널의 등장에 따른 변화에 대한 전략 분석 기회 도출
영향자 (Influencer)	기업 의사결정에 영향을 미치는 주주·투자자·협회 및 기타 이해 관계자의 주요 관심사항에 대해서 파악하고 분석기회를 탐색	M&A 시장 확대에 따른 유사 업종의 신규기업 인수 기회 탐색

④ 역량의 재해석 관점
- 현재 해당 조직 및 기업이 보유한 역량뿐만 아니라 해당 조직의 비즈니스에 영향을 끼치는 파트너 네트워크를 포함한 활용 가능한 역량을 토대로 폭넓은 분석 기회를 탐색한다.

영역	내용	예
내부 역량 (Competency)	지적 재산권, 기술력 등 기본적인 것 뿐만 아니라 중요하면서도 자칫 간과하기 쉬운 지식, 기술, 스킬 등의 노하우와 인프라인 유형 자산에 대해서 재해석하고 해당영역에서 분석 기회를 탐색	자사 소유 부동산을 활용한 부가 가치 창출 기회 발굴
파트너와 네트워크 (Partners& Network)	자사가 직접 보유하고 있지는 않지만 밀접한 관계를 유지하고 있는 관계사와 공급사 등의 역량을 활용해 수행할 수 있는 기능을 파악해보고 이에 대한 분석 기회를 추가적으로 도출	수출입·통관·노하우를 활용한 추가 사업기회 탐색

다) 외부참조 모델기반 문제탐색
- 유사·동종 사례 벤치마킹을 통한 분석기회 발굴은 제공되는 산업별, 업무 서비스별 분석 테마 후보 그룹(Pool)을 통해 "Quick&Easy" 방식으로 필요한 분석기회가 무엇인지에 대한 아이디어를 얻고, 기업에 적용할 분석테마 후보 목록을 워크숍 형태의 브레인스토밍(Brain storming)을 통해 빠르게 도출하는 방법이다.

| 교통 | 안전 | 행정 | 보건 | 복지 | 교통 | 도시 | 병역 | 일자리 | 정책 | 정치 | 환경 | 기타 |

교통	교통사고 감소를 위한 빅데이터 예보 서비스	빅데이터를 활용한 보다 안전한 도로관리	국민 참여형 어린이 안전 및 교통사고 원인 분석	사고 행동을 분석하여 적극적인 예방을 계획
	빅데이터로 전기차 충전 인프라 설치 입지 선정	서울시 심야버스 노선 확정을 위한 빅데이터 분석	지능형 교통안내 시스템 위한 센서데이터 분석	포트홀 사고 방지를 위한 스마트폰의 GPS 정보 분석
	대중교통 서비스 개선을 위한 택시 및 전차시간 실시간 분석	서울시민의 대중교통 이용 실태분석을 위한 KCB 융합데이터 분석	빅데이터로 위험한 도로를 피하자	빅데이터를 이용한 교통 및 범죄정보 관리
안전	골든 타임 확보로 응급환자 생존률 향상	빅데이터 기반 지능형 전기 화재 예방플랫폼 구축	빅데이터 기반 지능형 도시가스 배관 위험 예측	빅데이터로 산불 피해 최소화
	동물 및 인간 감염병 확산 대응 지원 체계 구축	질병도 이젠 빅데이터로 예측하고 예방	상수도 누수지역 탐지	

행정	빅데이터로 행정 부서간 갈등전 예방	공동주택 부조리 분석 시스템 개발	체납액 회수도 과학적인 방법으로	근로감독 사업장 선정 과학화
	실업급여 부정수급 악용 빅데이터로 뿌리 뽑기	빅데이터를 통한 고용취약자 파악	사회 취약계층 선제적 발견	

- 현재 환경에서는 데이터를 활용하지 않은 업종 및 업무 서비스가 사실상 존재하지 않기 때문에 데이터 분석을 통한 인사이트(Insight)를 도출하고 업무에 활용하는 사례들을 발굴하고, 자사의 업종 및 업무서비스에 적용하며 평상시 지속적인 조사와 데이터 분석을 통한 가치 발굴 사례를 정리하여 풀(Pool)로 만들어 둔다면 과제 발굴 및 탐색시 빠르고 의미있는 분석 기회도출이 가능하다.

금융	농축수산	문화관광	에너지	유통	의료	제조	IT	기타

의료	인공지능 기반 약효 예측 모델 개발	국민건강주의예보 서비스 제공을 위한 빅데이터 분석		유통	빅데이터를 활용한 종합식품업체의 성장	프로세스 체질 개선을 위한 빅데이터 활용
농축수산	농산물 수급조절의 효율성 제고	참치·넙치 스마트 양식하는 청색혁명 온다.		문화관광	빅데이터와 함께 안전한 여행	연예인 마케팅에도 필요한 빅데이터

금융	보험	고객 위치에 따른 보험 정보 제공을 위한 고객 위치 분석	보험사기 방지를 위한 보험사고 데이터 분석	자동차 보험료 선정 및 손실률 축소를 위한 자동차 센서 정보(운행기록장치) 분석	콜센터직원 배분을 위한 고객 데이터 분석
	은행	고객의 금융 습관 개선을 위한 고객행동패턴 분석	금융사기 관리를 위한 빅데이터 분석	기업 이미지 관리를 위한 평판 분석	빅데이터에 의한 경기지표 산출을 통한 경기 현황 분석
		신규 금융 서비스 기회 발전을 위한 고객정보 분석	신용 위험도 파악을 위한 고객생활패턴 분석	신용평가 모델 수립을 위한 대출 신청자 행동패턴 분석	최적의 투자 상품 추천을 위한 고객 경험 분석

〈분석 주제 풀(POOL) 예시〉

라) 분석 유즈 케이스(Analytics Use Case)
- 현재의 비즈니스 모델 및 유사·동종사례 탐색을 통해서 빠짐없이 도출한 분석 기회들을 구체적인 과제로 만들기 전에 분석 유즈 케이스로 표기하는 것이 필요하다. 분석 유즈 케이스는 풀어야 할 문제에 대한 상세한 설명 및 해당 문제를 해결했을 때 발생하는 효과를 명시함으로써 향후 데이터 분석 문제로의 전환 및 적합성 평가에 활용하도록 한다.

업무	분석 유즈 케이스	설명	효과
재무	자금 시재 예측	일별로 예정된 자금 지출과 입금을 추정	• 자금 과부족 현상 예방 • 자금 운용 효율화
재무	구매 최적화	구매 유형과 구매자별로 과거 실적과 구매 조건을 비교 분석하여 구매 방안 도출	• 구매 비용 절감
고객	서비스 수준 유지	서비스별로 달성 수준을 측정하고 평가한 뒤 목표 수준을 벗어나면 경보발생	• 품질수준 재고 • 고객만족 재고
고객	고객 만족 달성	고객 세그먼트별로 만족 수준을 측정하고 이상이 있으면 원인을 분석하여 대책 강구	• 고객만족 재고 • 고객유지 향상
판매	파이프라인 최적화	파이프라인 단계별로 고객 상태를 파악하고 수주 규모를 예상하고 필요한 고객 기회를 추정하여 영업 촉진	• 목표 매출 달성 • 고객반응률 향상
판매	영업성과 분석	영업 직원별 사용 원가(급여 포함)와 실적을 분석하고 부진한 영업 직원 세그먼트를 식별하여 영업 정책에 반영	• 영업 수율 향상 • 영업 직원 생산성 제고

2) 문제 정의(Problem Definition) 단계
   - 하향식 접근법 2단계

 출제 포인트
문제 정의 단계의 목적과 표현 방식이 출제됩니다.

- 식별된 **비즈니스 문제를 데이터의 문제로** 변환하여 정의 하는 단계이며, 앞서 수행한 문제 탐색의 단계가 무엇을(What) 어떤 목적으로(Why) 수행해야 하는지에 대한 관점이었다면, 본 단계에서는 이를 달성하기 위해서 필요한 데이터 및 기법(How)을 정의하기 위한 데이터 분석의 문제로의 변환을 수행하게 된다.

> 예시
> '고객 이탈의 증대'라는 비즈니스 문제는 '고객 이탈에 영향을 미치는 요인을 식별하고 이탈 가능성을 예측'하는 데이터 분석 문제로 변환 될 수 있다.

- **데이터 분석 문제의 정의 및 요구사항** : 분석을 수행하는 당사자뿐만 아니라 해당 문제가 해결되었을 때 효용을 얻을 수 있는 최종사용자(End User) 관점에서 이루어져야 한다.
- 데이터 분석 문제가 잘 정의되었을 때 필요한 데이터의 정의 및 기법 발굴이 용이하기 때문에 가능한 **정확하게 분석의 관점으로 문제를 재정의** 할 필요가 있다.

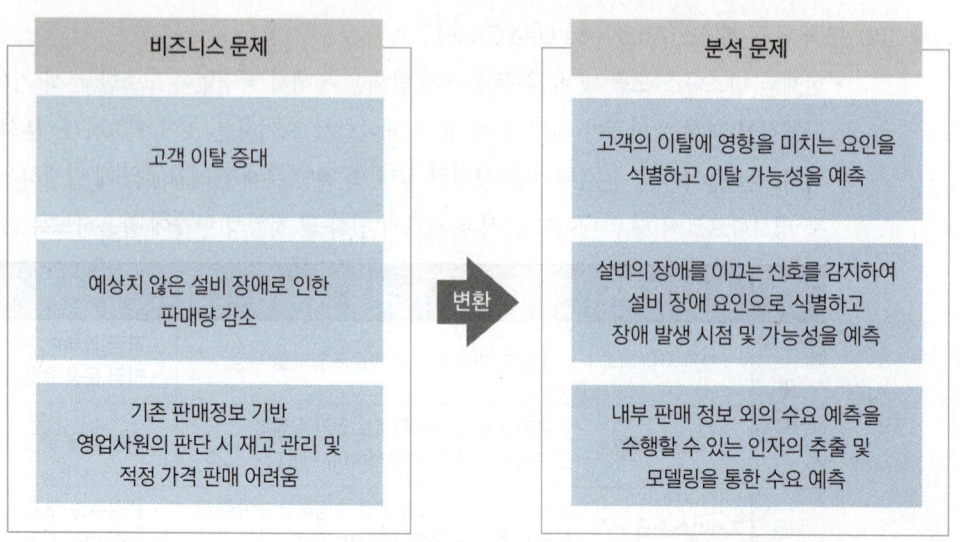

〈비즈니스 문제를 분석 문제로 변환〉

3) 해결방안 탐색(Solution Search) 단계 - 하향식 접근법 3단계
- 이 단계에서는 정의된 **데이터 분석 문제를 해결**하기 위한 다양한 방안이 모색된다.
  가) 기존 정보시스템의 단순한 보완으로 분석이 가능한지 고려
  나) 엑셀 등의 간단한 도구로 분석이 가능한지 고려
  다) 하둡 등 분산병렬처리를 활용한 빅데이터 분석 도구를 통해 보다 체계적이고 심도있는 방안 고려

	분석역량(Who)	
	확보	미확보
기존 시스템	기존 시스템 개선 활용	교육 및 채용을 통한 역량확보
신규 도입	시스템 고도화	전문업체 Sourcing

분석 기법 및 시스템(How)

〈해결 방안 탐색 영역〉

- 분석역량을 기존에 가지고 있는 지의 여부를 파악하여 보유하고 있지 않은 경우에는 교육이나 전문인력 채용을 통한 역량을 확보하거나 분석 전문업체를 활용하여 **과제를 해결하는 방안**에 대해 **사전 검토**를 수행한다.

4) 타당성 검토(Feasibility Study)
- 하향식 접근법 4단계

출제 포인트
타당성 검토 단계에서 검토 대상 3개(경제성, 데이터, 기술)와 관련 내용이 출제됩니다.

- 도출된 분석 문제나 가설에 대한 대안을 과제화하기 위해서는 다음과 같은 다각적인 타당성 분석이 수행되어야 한다.

가) 경제적 타당성
- **비용대비 편익 분석 관점의 접근**이 필요하다. 비용 항목은 데이터, 시스템, 인력, 유지보수 등과 같은 분석 비용으로 구성되고, 편익으로는 분석 결과를 적용함으로써 추정되는 실질적 비용 절감, 추가적 매출과 수익 등과 같은 경제적 가치로 산출된다.

나) 데이터 및 기술적 타당성
- 데이터 분석에는 데이터 존재 여부, 분석 시스템 환경 그리고 분석 역량이 필요하다. 특히, 분석 역량의 경우 실제 프로젝트 수행시 걸림돌이 되는 경우가 많기 때문에 기술적 타당성 분석시 역량 확보 방안을 사전에 수립하고 이를 효과적으로 평가하기 위해서는 비즈니스 지식과 기술적 지식이 요구된다.
- 위의 타당성 검토를 통해 도출된 대안을 통해
  ① 평가 과정을 거쳐 가장 우월한 대안을 선택한다.
  ② 도출한 데이터 분석 문제 및 선정된 솔루션 방안을 포함한다.
  ③ 분석과제 정의서의 형태로 명시하는 후속작업을 시행한다.
  ④ 프로젝트 계획의 입력물로 활용한다.

다. 상향식 접근법
(Bottom-Up Approach)

 **출제 포인트**
상향식 접근법의 특징을 하향식 접근법에 비교하는 문제가 자주 출제될 수 있으니 살펴보시기 바랍니다.

1) 정의
- 한 의약제조사는 특허기간이 만료된 의약품 약 2천 종류의 데이터를 분석, 상호 결합하여 새로운 의약품을 개발하려고 시도했다.
- 의약품 집합으로부터 두 개의 조합을 선택할 수 있는 방법은 백만 개 이상이기 때문에 이 회사는 새로운 결합의 효과성을 검증하기 위해 다양한 기법을 적용하여 데이터를 분석했다.
- 여기에서는 전통적인 하향식 문제 해결방식과 대비하여 기업에서 보유하고 있는 다양한 원천 데이터로부터의 분석을 통하여 통찰력과 지식을 얻는 상향식 접근방법을 기술한다. 상향식 접근방법은 아래 그림처럼 다양한 원천 데이터를 대상으로 분석을 수행하여 가치있는 모든 문제를 도출하는 일련의 과정이다.

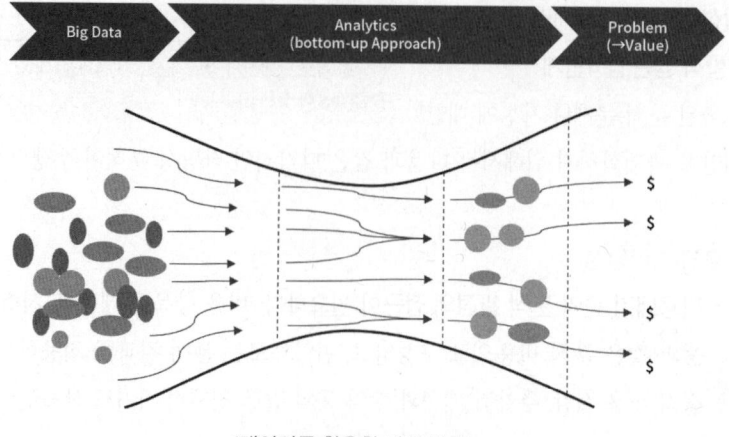

〈데이터를 활용한 과제 발굴〉

2) 기존 하향식 접근법의 한계를 극복하기 위한 분석 방법론

- 기존 접근방법인 논리적인 단계별 접근법은 문제의 구조가 분명하고 문제를 해결하고 해결책을 도출하기 위한 데이터 분석가 및 의사결정자에게 주어져 있음을 가정하고 있기 때문에 솔루션 도출에는 유효하지만 새로운 문제의 탐색에는 한계가 있다.
- 따라서 기존의 논리적인 단계별 접근법 기반의 문제해결 방식은 최근 복잡하고 다양한 환경에서 발생하는 문제에는 적합하지 않을 수 있다.
- 이를 해결하기 위해서 스탠포드 대학의 d. school(Institute of Design at Stanford)은 디자인 사고(Design Thinking) 접근법을 통해서 전통적인 분석적 사고를 극복하려고 한다.
- 통상적인 관점에서는 분석적으로 사물을 인식하려는 'Why'를 강조하지만, 이는 우리가 알고 있다고 가정하는 것이기 때문에 문제와 맞지 않는 솔루션인 경우 오류가 발생할 소지가 있다. 그렇기 때문에, 답을 미리 내는 것이 아니라 사물을 있는 그대로 인식하는 'What' 관점에서 보아야 한다는 것이다.
- 객관적으로 존재하는 데이터 그 자체를 관찰하고 실제적으로 행동에 옮김으로써 대상을 좀 더 잘 이해하는 방식으로의 접근을 수행하는 것이다.
- 이와 같은 점을 고려하여 d. school에서는 첫 단계로 감정이입(Empathize)을 특히 강조하고 있다.

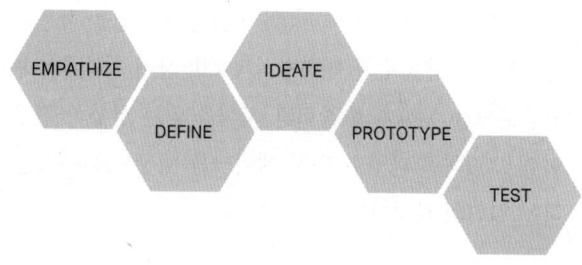

〈디자인 사고(Design Thinking)의 프로세스〉

3) 비지도 학습과 지도 학습

  가) 비지도 학습(Unsupervised Learning)
   - 일반적으로 **상향식 접근방식의 데이터 분석**은 비지도 학습(Unsupervised Learning) 방법에 의해 수행된다.
   - 비지도 학습은 데이터 분석의 목적이 명확히 정의된 형태의 특정 필드의 값을 구하는 것이 아니라 데이터 자체의 결합, 연관성, 유사성 등을 중심으로 데이터의 상태를 표현하는 것이다.
   - 비지도 학습의 데이터 마이닝 기법의 예 – 장바구니 분석, 군집 분석, 기술 통계 및 프로파일링 등

  나) 지도 학습(Supervised Learning)
   - **명확한 목적 하에 데이터분석을 실시하는 것**은 지도학습(Supervised Learning)이라고 하며 분류, 추측, 예측, 최적화를 통해 사용자의 주도하에 분석을 실시하고 지식을 도출하는 것이 목적이다.

   > **예시**
   > - **지도학습**과 **비지도학습**의 비교 그림에서 o와 x를 구분 짓게 하는 분류(Classification)는 지도학습에 해당되고, 인자들 간의 유사성을 바탕으로 수행하는 군집화(Clustering)는 비지도 학습에 해당한다.
   >   → 지도학습의 경우 결과로 **도출되는 값**에 대하여 사전에 인지하고 어떠한 데이터를 넣었을 때 어떠한 결과가 나올지를 예측하는 것이다.
   >   → 비지도학습의 경우 목표 값을 사전에 정의하지 않고 데이터 자체만을 가지고 그룹들을 도출함으로써 해석이 용이하지는 않지만 새로운 유형의 인사이트를 도출하기에 유용한 방식으로 활용할 수 있다.

   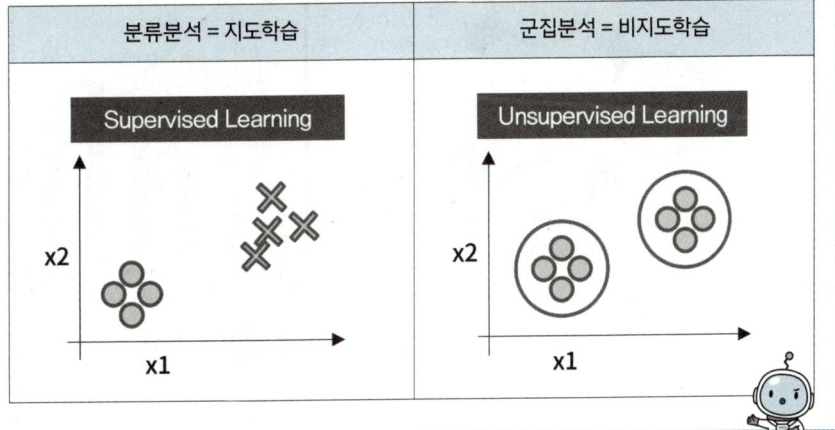

   - **통계적 분석**에서는 인과관계 분석을 위해 **가설을 설정하고 이를 검정**하기 위해 모집단으로 부터 표본을 추출하고 그 표본을 이용한 가설 검정을 실시하는 방식으로 문제를 해결하였다. 그러나 **빅데이터 환경**에서는 이와 같은 논리적인 인과관계 분석뿐만 아니라 **상관관계 분석 또는 연관 분석**을 통하여 다양한 문제 해결에 도움을 받을 수 있다.

인과관계로부터 상관관계 분석으로의 이동이 빅데이터 분석에서의 주요 변화라고 할 수 있다. 다량의 데이터 분석을 통해서 "왜" 그러한 일이 발생하는지 역으로 추적하면서 문제를 도출하거나 재정의 할 수 있는 것이 상향식 접근법이다.

4) 시행착오를 통한 문제 해결
가) 정의

> **출제 포인트**
> 프로토타이핑 접근법의 방법론과 특징은 자주 출제되므로 꼭 기억해 주세요.

- **프로토타이핑 접근법**은 사용자가 요구사항이나 데이터를 정확히 규정하기 어렵고 데이터소스도 명확히 파악하기 어려운 상황에서 일단 분석을 시도해 보고 그 결과를 확인해 가면서 **반복적으로 개선해 나가는 방법**을 말한다.
- 하향식 접근방식은 문제가 정형화되어 있고 문제해결을 위한 데이터가 완벽하게 조직에 존재할 경우에 효과적이다.
- 이에 반하여 프로토타이핑 방법론은 비록 완전하지는 못하다 해도 신속하게 해결책이나 모형을 제시함으로써, 이를 바탕으로 문제를 좀 더 명확하게 인식하고 필요한 데이터를 식별하여 구체화할 수 있게 하는 유용한 상향식 접근 방식이다.
- 프로토타이핑 접근법의 기본적인 프로세스는 가설의 생성, 디자인에 대한 실험, 실제 환경에서의 테스트, 테스트 결과에서의 통찰도출 및 가설 확인으로 구성된다.

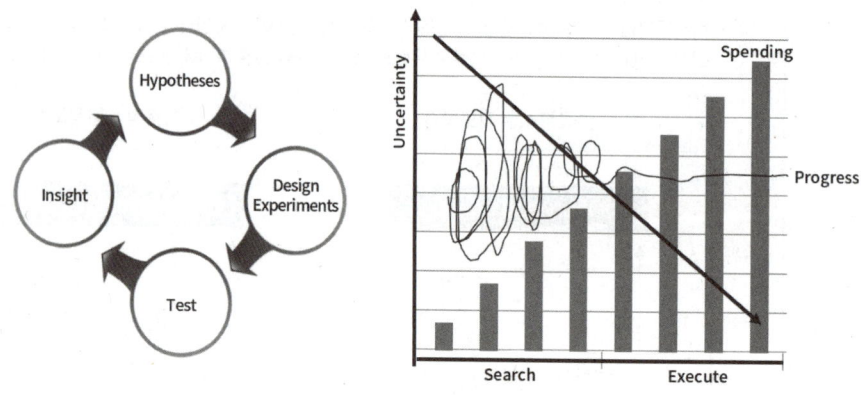

〈프로토타이핑을 통한 개선〉

나) 빅데이터 분석 환경에서 프로토타이핑의 필요성
① 문제에 대한 인식 수준
- **문제 정의가 불명확**하거나 이전에 접해보지 못한 새로운 문제일 경우 사용자 및 이해관계자는 프로토타입을 이용하여 **문제를 이해**하고, 이를 바탕으로 **구체화**하는데 도움을 받을 수 있다.

② 필요 데이터 존재 여부의 불확실성
- 문제해결을 위해 필요한 데이터의 집합이 모두 존재하지 않을 경우, 그 데이터의 수집을 어떻게 할 것인지 또는 그 데이터를 다른 데이터로 대체할 것인지 등에 대한 **사용자와 분석가간의 반복적이고 순환적인 협의 과정**이 필요하다. 대체 불가능한 데이터가 존재하는지 사전에 확인한다면 불가능한 프로젝트를 수행하는 리스크를 사전에 방지할 수 있다.

③ 데이터 사용 목적의 가변성
- 데이터의 가치는 사전에 정해진 수집목적에 따라 확정되는 것이 아니고, 그 가치가 지속적으로 변화할 수 있다. 따라서 조직에서 보유 중인 데이터라 하더라도 **기존의 데이터 정의를 재검토**하여 **데이터의 사용 목적과 범위를 확대**할 수 있을 것이다.

> 예시
> 이동통신사에서 수집하는 사용자의 위치 데이터는 사용자의 호출을 효율적으로 처리하기 위한 원래의 목적 뿐만 아니라, 사용자들이 특정시간에 많이 모이는 장소가 어디인가를 분석하는 정보로도 활용이 가능하다.

라. 분석과제 정의

- 분석과제 정의서를 통해 분석별로 필요한 소스 데이터, 분석방법, 데이터 입수 및 분석의 난이도, 분석 수행주기, 분석결과에 대한 검증 오너십, 상세 분석 과정 등을 정의한다. 분석 데이터 소스는 내·외부의 비구조적인 데이터와 소셜 미디어 및 오픈 데이터까지 범위를 확장하여 고려하고 분석방법 또한 상세하게 정의한다.

> 예시
>
> **분석과제 정의서**
>
> | 분석명 | 분석정의 |
> |---|---|
> | 해지상담 접촉패턴 분석 | 기 해지 계약건 발생 고객의 해지 시점 상담정보 분석을 통해 해지 고객의 상담 특성을 발굴하는 분석 |
>
> | 소스데이터 | 데이터 입수 난이도 | 분석방법 |
> |---|---|---|
> | 접촉채널, 건수, 접촉 평균 시간, 최종 접촉 이후 해지까지 시간, 상담인력 업무 능숙도 | 서비스 수준 유지 | 해지로 이어지는 해지 상담의 유의미한 속성을 요인분석을 통해 발굴하고, 클러스터링 분석을 통해 영향요인을 그룹핑하고, 그룹핑된 요인그룹이 해지에 미치는 영향도를 회귀분석함 |
> | | 데이터 입수 사유 | |
> | | N/A | |
>
> | 분석적용 난이도 | 분석적용 난이 사유 | 분석 주기 | 분석결과 검증 Owner |
> |---|---|---|---|
> | 중 | 접촉 로그 등의 비구조적 데이터 분석 필요 | 월별 업데이터 | 해지방어팀 |

4절 분석 프로젝트 관리 방안

1. 분석과제 관리를 위한 5가지 주요 영역

- 과제 형태로 도출된 분석기회는 프로젝트를 통해서 그 가치를 증명하고 목표를 달성해야한다. 분석 프로젝트는 다른 프로젝트 유형처럼 **범위, 일정, 품질, 리스크, 의사소통** 등 영역별 관리가 수행되어야 할 뿐 아니라 다양한 데이터에 기반한 분석기법을 적용하는 특성 때문에 5가지의 주요 속성을 고려한 추가적인 관리가 필요하다.

 출제 포인트
분석 프로젝트 관리를 위한 5가지 주요 속성법의 방법론과 특징은 자주 출제되므로 꼭 기억하세요.

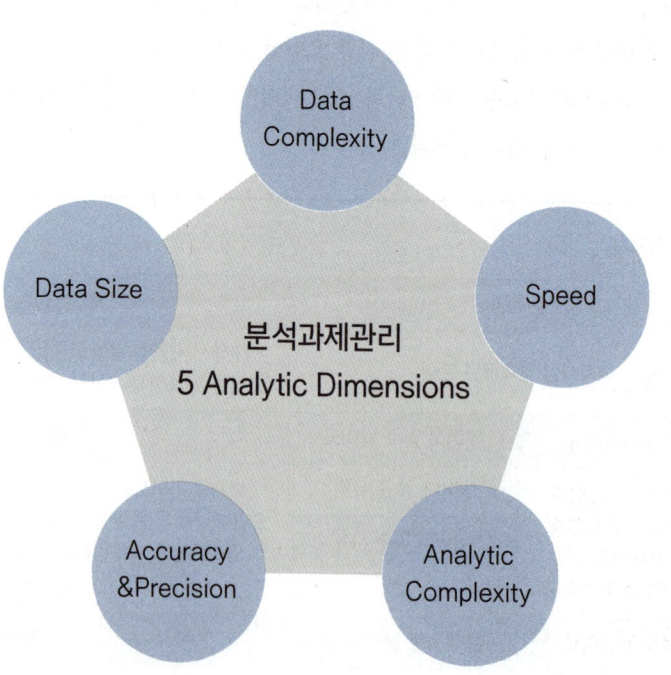

〈분석과제 관리를 위한 5가지 영역〉

영역	내용
Data Size	**분석하고자 하는 데이터의 양**을 고려한 관리 방안 수립이 필요하다. 하둡 환경에서의 엄청난 데이터양을 기반으로 분석하는 것과 기존 정형 데이터베이스에 있는 시간당 생성되는 데이터를 분석할 때의 관리 방식은 차이가 날 수밖에 없다.
Data Complexity	BI(Business Intelligence) 프로젝트처럼 정형 데이터가 분석 마트로 구성되어 있는 상태에서 분석을 하는 것과 달리 텍스트, 오디오, 비디오 등의 비정형 데이터 및 다양한 시스템에 산재되어 있는 원천 데이터들을 통합해서 분석 프로젝트를 진행할 때는, 초기 데이터의 확보와 통합뿐 아니라 해당 데이터에 **잘 적용될 수 있는 분석 모델의 선정** 등에 대한 사전 고려가 필요하다.
Speed	분석 결과가 도출되었을 때 이를 활용하는 **시나리오 측면에서의 속도**를 고려해야 한다. 일 단위, 주 단위 실적의 경우에는 배치(Batch) 형태로 작업되어도 무방하지만 실시간으로 사기(Fraud)를 탐지하거나 고객에게 개인화된 상품·서비스를 추천하는 경우에는 분석 모델의 적용 및 계산이 실시간으로 수행되어야 하기 때문에 프로젝트 수행 시 **분석 모델의 성능 및 속도를 고려한 개발 및 테스트**가 수행되어야 한다.
Analytic Complexity	분석 모델의 정확도와 복잡도는 트레이드오프(Trade off) 관계가 존재한다. 분석 모델이 복잡할수록 정확도는 올라가지만 해석이 어려워지는 단점이 존재하므로 이에 대한 기준점을 사전에 정의해 두어야 한다. 고객의 신용을 평가하는 마케팅 시나리오에서 분석 모델을 활용하여 신용점수가 낮게 나올 때 어떠한 변수에 기인했는지를 모델에서 설명해 줄 수 없으면 영업·마케팅 직원 입장에서는 해당 고객과의 소통이 어려워지는 단점이 존재하므로, **해석이 가능하면서도 정확도를 올릴 수 있는 최적 모델**을 찾는 방안을 사전에 모색해야 한다.
Accuracy & Precision	Accuracy는 모델과 실제 값 사이의 차이가 적다는 **정확도**를 의미하고 Precision은 모델을 지속적으로 반복했을 때의 편차의 수준으로써 **일관적으로 동일한 결과를 제시한다는 것**을 의미한다. 분석의 활용적인 측면에서는 Accuracy가 중요하며, 안정성 측면에서는 Precision이 중요하다. 그러나 Accuracy와 Precision은 트레이드오프가 되는 경우가 많기 때문에 모델의 해석 및 적용 시 사전에 고려해야 한다.

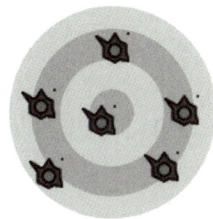
Low accuracy
Low precision

Low accuracy
High **precision**

High **accuracy**
Low precision

High **accuracy**
High **precision**

〈Accuracy와 Precision의 관계〉

2. 분석 프로젝트의 특성

가. 개요

- **분석가의 목표** : 분석의 정확도를 높이는 것이지만 프로젝트의 관점에서는 도출된 분석 과제를 잘 구현하여 원하는 결과를 얻고 사용자가 원활하게 활용할 수 있도록 전체적인 과정을 고려해야하기 때문에 개별적인 분석 업무 수행뿐만 아니라 전반적인 프로젝트 관리 또한 중요하다.
- **분석가의 입장** : 데이터의 원천을 다루는 **데이터 영역**과 **결과를 활용할 비즈니스 영역**의 중간에서 **분석 모델을 통한 조율을 수행하는 조정자의 역할**이 핵심이 된다. 특히 분석 프로젝트에서는 데이터 영역과 비즈니스 영역의 현황을 이해하고 프로젝트의 목표인 분석의 정확도 달성과 결과에 대한 가치 이해를 전달하는 조정자로서의 분석가의 역할이 중요하다. 조정자로서의 분석가가 해당 프로젝트의 관리자까지 겸임하게 되는 경우가 대부분이므로, 프로젝트 관리방안에 대한 이해와 주요 관리 포인트를 사전에 숙지하는 것이 필수적이다.
- 분석 프로젝트는 도출된 결과의 재해석을 통한 지속적인 반복 및 정교화가 수행되는 경우가 대부분이므로, 프로토타이핑 방식의 애자일(Agile) 프로젝트 관리방식에 대한 고려도 필요하다. 데이터 분석의 지속적인 반복 및 개선을 통하여 의도했던 결과에 더욱 가까워지는 형태로 프로젝트가 진행될 수 있도록 적절한 관리 방안 수립이 사전에 필요하다.

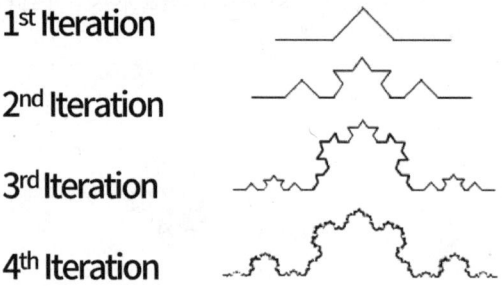

〈분석 프로젝트의 반복적 개선 특성〉

- 분석 프로젝트는 데이터 영역과 비즈니스 영역에 대한 이해뿐만 아니라 지속적인 반복이 요구되는 분석 프로세스의 특성을 이해한 프로젝트 관리방안을 수립하는 것이 중요하다.
- 분석 과제정의서를 기반으로 프로젝트를 시작하되 지속적인 개선 및 변경을 염두에 두고 기간 내에 가능한 최선의 결과를 도출할 수 있도록 프로젝트 구성원들과 협업하는 것이 분석 프로젝트의 특징이다.

3. 분석 프로젝트의 관리방안

- 분석 프로젝트의 영역별 주요 관리 항목과 내용은 아래와 같다.

주제 그룹	개념 및 관련 프로세스
범위 (Scope)	• 분석 기획단계의 프로젝트 범위가 분석을 진행하면서 데이터의 형태와 양 또는 적용되는 모델의 알고리즘에 따라 범위가 빈번하게 변경됨 • 분석의 최종 결과물이 분석 보고서 형태인지 시스템인지에 따라서 투입되는 자원 및 범위 또한 크게 변경되므로 사전에 충분한 고려가 필요함
시간 (Time)	• 데이터 분석 프로젝트는 초기에 의도했던 결과(모델)가 나오기 쉽지 않기 때문에 지속적으로 반복되어 많은 시간이 소요될 수 있음 • 분석 결과에 대한 품질이 보장된다는 전제로 Time Boxing 기법으로 일정관리를 진행하는 것이 필요함
원가 (Cost)	• 외부 데이터를 활용한 데이터 분석인 경우 고가의 비용이 소요될 수 있으므로 사전에 충분한 조사가 필요함 • 오픈 소스 도구(Tool) 외에 프로젝트 수행 시 의도했던 결과를 달성하기 위하여 상용 버전의 도구(Tool)가 필요할 수 있음 ex) 가시화를 위한 BI 솔루션, 지리정보 표기를 위한 GIS 솔루션 등
품질 (Quality)	• 분석 프로젝트를 수행한 결과에 대한 품질 목표를 사전에 수립하여 확정해야 함 • 프로젝트 품질은 품질 통제(Quality Control)와 품질 보증(Quality Assurance)으로 나누어 수행되어야 함
통합 (Integration)	• 프로젝트 관리 프로세스들이 통합적으로 운영될 수 있도록 관리해야 함
조달 (Procurement)	• 프로젝트 목적성에 맞는 외부 소싱을 적절하게 운영할 필요가 있음 • PoC(Proof of Concept) 형태의 프로젝트는 인프라 구매가 아닌 클라우드 등의 다양한 방안을 검토할 필요가 있음
자원 (Resource)	• 고급 분석 및 빅데이터 아키텍쳐링을 수행할 수 있는 인력의 공급이 부족하므로 프로젝트 수행 전 전문가 확보에 대한 검토가 필요함
리스크 (Risk)	• 분석에 필요한 데이터 미확보로 분석 프로젝트 진행이 어려울 수 있으므로 관련 위험을 식별하고 대응방안을 사전에 수립해야 함 • 데이터 및 분석 알고리즘의 한계로 품질 목표를 달성하기 어려울 수 있어 그에 따른 대응 방안을 수립할 필요가 있음
의사소통 (Communication)	• 전문성이 요구되는 데이터 분석의 결과를 모든 프로젝트 이해관계자가 공유할 수 있도록 해야 함 • 프로젝트의 원활한 진행을 위한 다양한 의사소통체계 마련이 필요함
이해관계자 (Stakeholder)	• 데이터 분석 프로젝트는 데이터 전문가, 비즈니스 전문가, 분석 전문가, 시스템 전문가 등 다양한 전문가가 참여하므로 이해관계자의 식별과 관리가 필요함

〈분석 프로젝트 영역별 주요 관리 항목〉

- 분석가가 분석 프로젝트에서 프로젝트 관리자의 역할을 수행하는 경우가 대부분이기 때문에 프로젝트 관리 영역에 대한 주요한 사항들을 체크포인트 형태로 관리해서 발생할 수 있는 이슈와 리스크를 숙지하고 미연에 방지할 필요가 있다.

> **참고**
>
> **프로젝트관리 지침의 프로젝트 관리 체계**
>
> 통합(Integration), 이해관계자(Stakeholder), 범위(Scope), 자원(Resource), 시간(Time), 원가(Cost), 리스크(Risk), 품질(Quality), 조달(Procurement), 의사소통(Communication)의 10개의 주제 그룹으로 구성되어 있다. (KSA ISO 21500의 프로젝트 관리 주제 그룹)

2장 분석 마스터 플랜

 출제 포인트

분석 마스터 플랜에서는 분석 과제들의 우선순위 기준, 우선순위 평가 기준, 우선순위 설정 방법, 이행 계획 수립 방법이 중요합니다.

학습목표

- 데이터 분석을 위한 마스터 플랜 수립을 이해한다.
- 분석 과제의 시급성과 난이도에 따른 분석 과제 우선순위를 선정할 수 있다.
- 데이터 분석 거버넌스 체계를 이해한다.
- 데이터 분석 조직구조와 교육내용을 이해한다.

눈높이 체크

- **데이터 분석을 위한 마스터 플랜 수립이 필요한 이유를 알고 있으신가요?**

데이터 분석을 구현하기 위한 다양한 기준들을 통해 데이터 분석을 위한 로드맵을 수립합니다.

- **분석 과제의 우선순위를 선정할 수 있으신가요?**

비즈니스 관점에서 도출된 다양한 분석 과제들을 기업에 적용시키기 위해서는 적용 우선순위를 평가해야 합니다.

- **데이터 분석 거버넌스 체계가 필요한 이유를 알고 있으신가요?**

분석 거버넌스 체계를 통하여 기업의 현 분석 수준을 정확히 진단하고, 분석 조직 및 분석 전문 인력 배치, 분석 관련 프로세스 및 분석 교육 등의 관점에서 정의할 수 있습니다.

- **데이터 분석 조직구조와 교육내용을 이해하고 있으신가요?**

데이터 분석 조직은 기업의 경쟁력 확보를 위해 필요하며, 데이터 분석을 통해 의미있는 인사이트를 찾아 실행하는 역할을 수행할 수 있어야 합니다. 데이터 분석 교육을 통해 조직원의 분석 역량 향상을 도모할 수 있습니다.

1절 마스터 플랜 수립 프레임 워크

> **출제 포인트**
> 우리는 앞 장에서 기업의 여러 가지 환경들을 분석해 분석 기회를 도출하고 분석 과제를 정의했습니다. 제1절을 통해 정의된 업무별 분석 과제들의 우선순위를 평가하는 방법과 그 기준을 알아봅시다. 우선순위 평가 후 단계적인 구현 로드맵과 전체적인 분석 마스터 플랜을 수립하는 방법에 대해 알아봅시다.

1. 분석 마스터 플랜 수립 프레임 워크

가. 마스터 플랜 수립 개요

- 데이터 기반 구축을 위해서 분석 과제를 대상으로 전략적 중요도, 비즈니스 성과 및 ROI, 분석 과제의 실행 용이성 등 다양한 기준을 고려해 **적용 우선순위를 설정**한다.
- 업무내재화 적용 수준, 분석데이터 적용 수준, 기술적용 수준 등 분석 적용 범위 및 방식에 대해서 종합적으로 고려하여 데이터 분석 구현을 위한 로드맵을 수립해야 한다.

우선순위 고려요소
- ① 전략적 중요도
- ② 비즈니스 성과/ROI
- ③ 실행 용이성

→ 적용 우선순위 설정

적용범위 / 방식 고려요소
- ① 업무 내재화 적용 수준
- ② 분석 데이터 적용 수준
- ③ 기술 적용 수준

→ Analytics 구현 로드맵 수립

> **참고**
> 기업 및 공공기관에서는 시스템의 중장기 로드맵을 정의하기 위한 정보전략계획인 ISP를 수행한다.
> ※ **ISP(Information Strategy Planning)** : 정보기술 또는 정보시스템을 전략적으로 활용하기 위하여 조직 내·외부 환경을 분석하여 기회나 문제점을 도출하고 사용자의 요구사항을 분석하여 **시스템 구축 우선순위를 결정**하는 등 중장기 마스터 플랜을 수립하는 절차이다.
> ※ **분석 마스터 플랜** : 일반적인 ISP **방법론을 활용**하되 데이터 분석 기획의 특성을 고려하여 수행하고 기업에서 필요한 데이터 분석 과제를 빠짐없이 도출한 후 과제의 우선순위를 결정하고 단기 및 중·장기로 나누어 계획을 수립한다.

나. 수행 과제 도출 및 우선순위 평가

1) 우선순위 평가 방법 및 절차

- 우선순위 평가의 경우 정의된 데이터 과제에 대한 실행 순서를 정하는 것이다.

> **출제 포인트**
> 분석 과제들의 우선순위를 평가하는 기준들이 어떻게 되어 있는지, 분석 과제들을 평가하는 평가기준이 어떻게 만들어졌는지 흐름을 이해하고 그 평가 기준에 대해 숙지합시다.

- 업무별 도출된 분석 과제를 우선순위 평가 기준에 따라 평가한 뒤, 과제 수행의 선·후행 관계를 고려하여 적용순위를 조정해 최종 확정한다.

분석 과제 도출 → 우선순위 평가 → 우선순위 정련

- 과제우선순위 기준 수립
- 분석 과제 수행의 선후 관계 분석을 통해 순위조정

2) 일반적인 IT프로젝트의 우선순위 평가 예시

- 정보전략계획(ISP)과 같은 일반적인 IT프로젝트 과제의 우선순위 평가를 위해 전략적 중요도, 실행 용이성 등 기업에서 고려하는 중요 가치기준에 따라 다양한 관점에서의 우선순위 기준을 수립하여 평가한다.

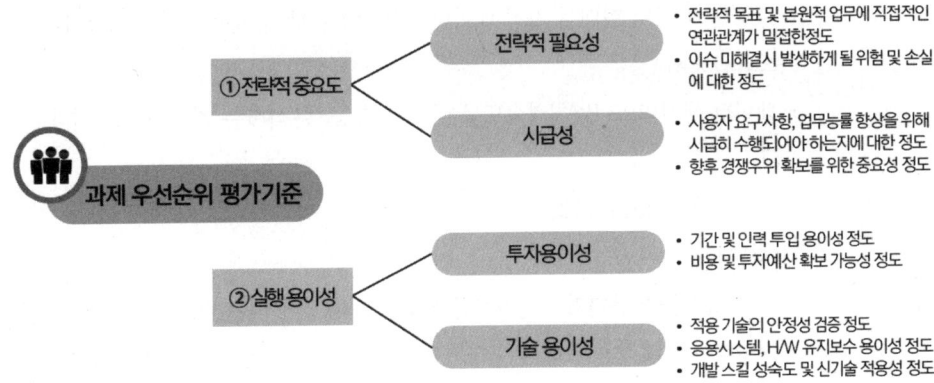

과제 우선순위 평가기준

① 전략적 중요도
- 전략적 필요성
  - 전략적 목표 및 본원적 업무에 직접적인 연관관계가 밀접한정도
  - 이슈 미해결시 발생하게 될 위험 및 손실에 대한 정도
- 시급성
  - 사용자 요구사항, 업무능률 향상을 위해 시급히 수행되어야 하는지에 대한 정도
  - 향후 경쟁우위 확보를 위한 중요성 정도

② 실행 용이성
- 투자용이성
  - 기간 및 인력 투입 용이성 정도
  - 비용 및 투자예산 확보 가능성 정도
- 기술 용이성
  - 적용 기술의 안정성 검증 정도
  - 응용시스템, H/W 유지보수 용이성 정도
  - 개발 스킬 성숙도 및 신기술 적용성 정도

3) ROI 관점에서 빅데이터의 핵심 특징

출제 포인트

빅데이터의 특징이 분석 ROI 요소로 어떻게 매칭이 되는지 알아야 합니다. 3V는 얼마나 많은 데이터를 가지고 어떠한 데이터를 구성해서 얼마나 빨리 처리하여 결과를 도출하는지에 초점을 둔 것이기 때문에 투자비용 요소에 해당됩니다. 4V는 가치를 창출한다는 의미를 가지고 있으므로 비즈니스 효과에 해당합니다.

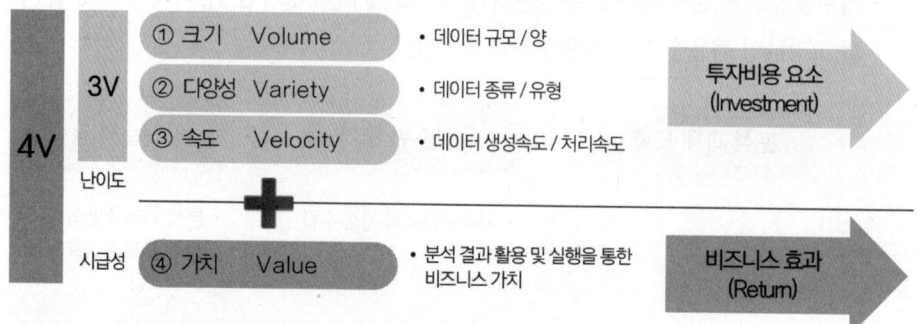

가) 투자비용(Investment) 요소

① 크기(Volume)
- 데이터의 규모 및 양을 의미, 대용량 데이터를 저장·처리하고 관리하기 위해서는 새로운 투자가 필요하다.

② 다양성(Variety)
- 다양한 종류와 형태를 가진 데이터를 입수하는데에 있어 투자가 필요하다.

③ 속도(Velocity)
- 데이터 생성 속도 및 처리속도를 빠르게 가공·분석하는 기술이 요구된다.

나) 비즈니스 효과(Return) 요소

④ 가치(Value)
- 분석 결과를 활용하거나 실질적인 실행을 통해 얻게 되는 비즈니스 효과 측면의 요소로, 기업데이터 분석을 통해 추구하거나 달성하고자 하는 목표 가치를 의미한다.

4) 데이터 분석 과제 추진 시 고려해야 하는 우선순위 평가 기준

가) 시급성
- 전략적 중요도와 목표가치에 부합하는지에 따른 시급성이 가장 중요한 기준이다.

시급성의 판단 기준은 전략

출제 포인트

난이도는 해당 기업의 현 상황에 따라 조율할 수 있습니다. 뒤의 제3절 '분석 거버넌스 체계'에서 제시하는 분석 준비도 및 성숙도 진단 결과에 따라 해당 기업의 분석 수준을 파악하고, 이를 토대로 분석 적용 범위 및 방법에 따라 난이도를 조정할 수 있습니다.

적 중요도가 **핵심**이며, 이는 현재의 관점에서 전략적 가치를 둘 것인지, 미래의 중장기적 관점에 전략적인 가치를 둘 것인지를 고려하고, 분석 과제의 목표가치(KPI)를 함께 고려하여 시급성 여부를 판단할 수 있다.

나) 난이도
- 데이터를 생성, 저장, 가공, 분석하는 비용과 현재 기업의 분석 수준을 고려한 난이도 역시 중요한 기준이다. 난이도는 현 시점에서 과제를 추진하는 것이 적용 비용 측면과 범위 측면에서 바로 적용하기 쉬운 것인지 또는 어려운 것인지에 대한 판단 기준으로서, 데이터 분석의 적합성 여부를 본다.

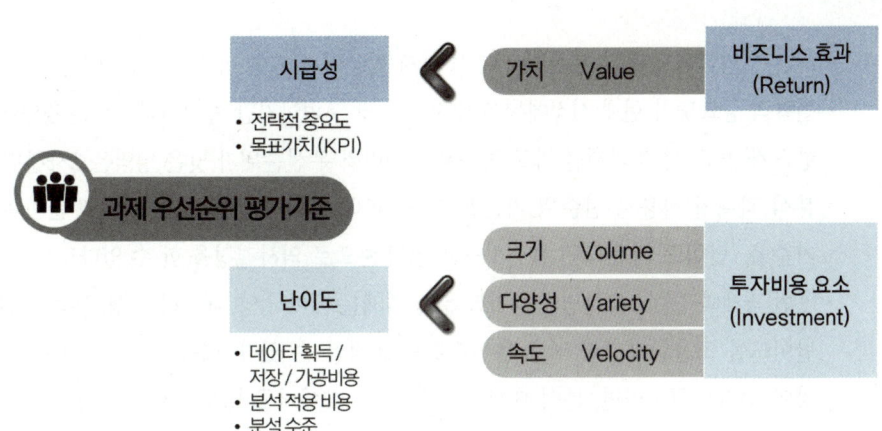

5) 포트폴리오 사분면 분석을 통한 과제 우선순위 선정
- 우선순위 선정 기준을 토대로 난이도 또는 시급성을 고려하여 분석 과제를 4가지 유형으로 구분하여 분석 과제의 적용 우선순위를 결정한다.

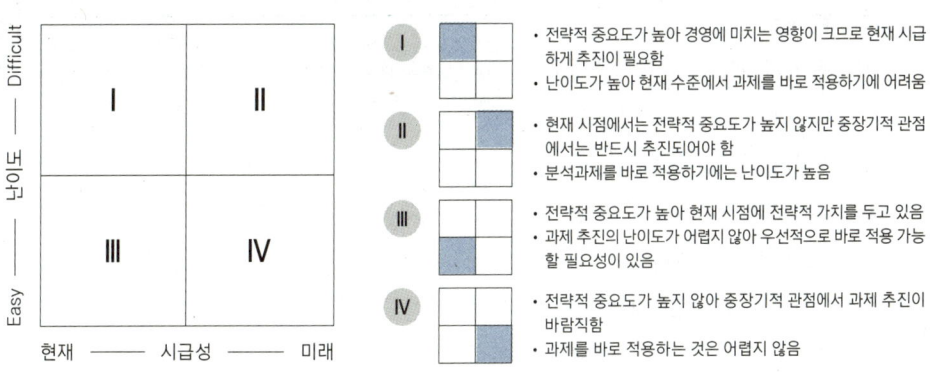

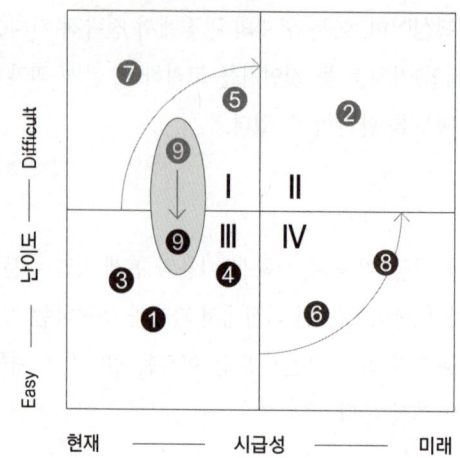

- 사분면 영역에서 가장 우선적인 분석 과제 적용이 필요한 영역은 3사분면이다.
- 전략적 중요도가 현재 시점에는 상대적으로 낮은 편이지만 중장기적으로는 경영에 미치는 영향도가 높고, 분석 과제를 바로 적용하기 어려워 우선순위가 낮은 영역은 2사분면이다.
- 분석 과제의 적용 우선순위 기준을 '시급성'에 둔다면 Ⅲ→Ⅳ→Ⅱ 영역 순이며, 우선순위 기준을 '난이도'에 둔다면 Ⅲ→Ⅰ→Ⅱ 영역 순으로 의사결정을 할 수 있다.
- ⑨번 과제와 같이 1사분면에 위치한 분석 과제는 데이터 양, 데이터 특성, 분석 범위 등에 따라 난이도를 조율함으로써 적용 우선순위를 조정할 수 있다. 예를 들어 분석에 필요한 데이터 양이 수 TB 규모라면, 분석 대상이 되는 소스 데이터를 내부 데이터 관점에서 우선 분석할 수 있도록 데이터의 양을 줄여 난이도를 낮출 수 있다. 이를 통해 궁극적으로는 1사분면(Ⅰ영역)에서 3사분면(Ⅲ영역)으로 분석 적용의 우선순위를 조정하여 추진할 수 있다.

다. 이행계획 수립

1) 로드맵 수립

> **출제 포인트**
> 단계적 구현 로드맵은 3가지의 추진 단계로 구성되어 있으며 각 단계마다 어떤 목표와 추진 과제를 가지고 있는지 숙지해야 합니다. 보기 중 잘못 연결되어 있는 것을 체크할 수 있어야 합니다.

　가) 분석 과제에 대한 포트폴리오 사분면(Quadrant) 분석을 통해 과제의 1차적 우선순위를 결정한다.

　나) 분석 과제별 적용범위 및 방식을 고려하여 최종적인 실행 우선순위를 결정한 후 단계적 구현 로드맵을 수립한다.

　다) 단계별로 추진하고자 하는 목표를 정의한다.

　라) 추진 과제별 선·후행 관계를 고려하여 단계별 추진 내용을 정렬한다.

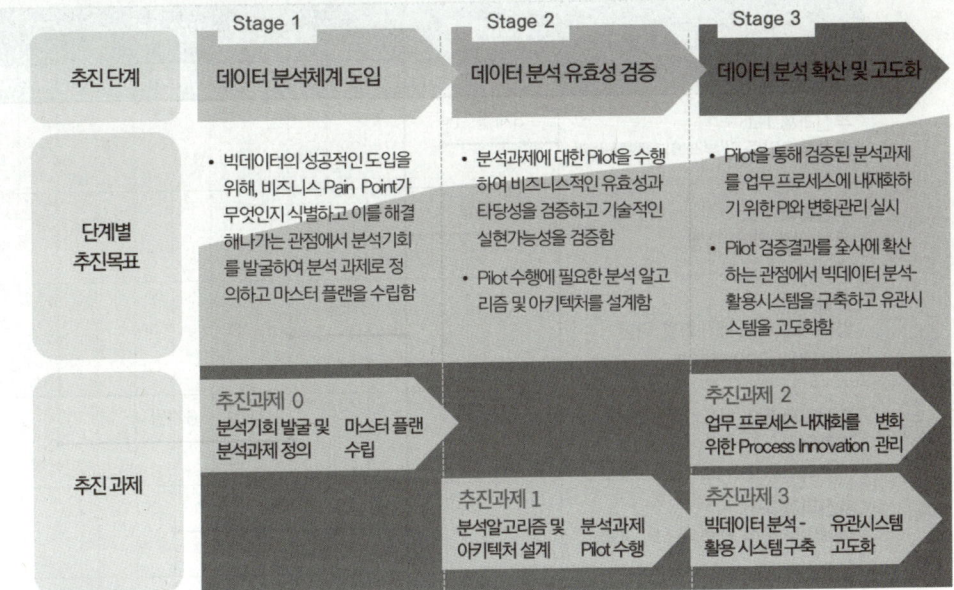

> **참고**
> 폭포수 모델(Water-Fall) : 순차적인 소프트웨어 개발 프로세스로 개발의 흐름이 마치 폭포수처럼 지속적으로 아래로 향하는 것처럼 보인다는 것에서 이름이 붙여졌다. 예를 들어 소프트웨어 요구사항 기술, 소프트웨어 설계, 소프트웨어 구현, 통합 시험과 디버깅 설치, 소프트 웨어 유지보수의 단계로 프로세스가 이루어지는 경우가 이에 해당한다.

2) 세부 이행계획 수립
- 데이터 분석체계는 고전적인 폭포수(Water-Fall) 방식도 있으나 반복적인 정련 과정을 통하여 프로젝트의 완성도를 높이는 방식을 주로 사용한다.
- 반복적인 분석체계는 모든 단계를 반복하기보다 데이터 수집 및 확보와 분석 데이터를 준비하는 단계를 순차적으로 진행하고, 모델링 단계는 반복적으로 수행하는 혼합형을 많이 적용하며, 이러한 특성을 고려하여 세부적인 일정 계획도 수립해야 한다.

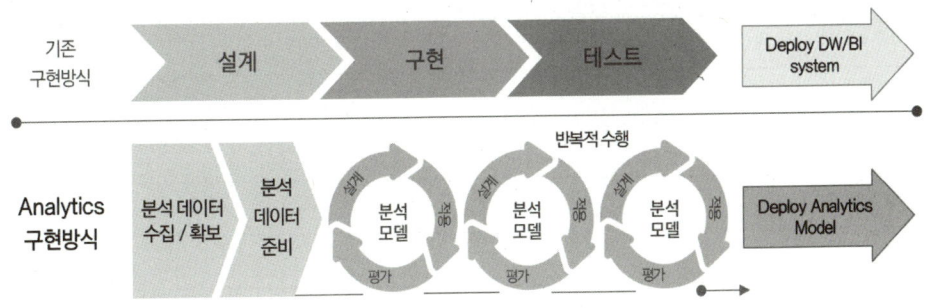

향후 추진과제 \ 추진기간	2013년				2014년											
	M1	M2	M3	M4	M5	M6	M7	M8	M9	M10	M11	M12	M13	M14	M15	M16
추진과제 1-1. 분석 알고리즘 및 분석 아키텍처 설계	●—3개월—●															
추진과제 1-2. 분석 과제 Pilot 수행		●—4개월—————●														
추진과제 2-1. 업무 프로세스 내재화를 위한 Process Innovation						●—3개월—●										
추진과제 2-2. 변화관리									●—6개월————————●							
추진과제 3-1. 빅데이터 분석 활용 시스템 구축						●—6개월————————●										
추진과제 3-2. 유관시스템 고도화										●—4개월——————●						

〈세부 추진 일정 계획의 예시〉

2절 분석 거버넌스 체계 수립

출제 포인트

분석 거버넌스 체계를 수립하기 위해선 기업 내의 전체적인 분석 기준들과 환경들을 분석하여 우리가 가지고 있는 현재 자원이 타 경쟁사와 유사 업종과 비교해서 어느 정도의 수준에 있는지 평가를 해야 합니다. 또한 분석을 할 수 있는 분석 조직, 분석 인력에 대한 교육을 통해 분석 거버넌스를 수립하는 것이 중요합니다.

1. 거버넌스 체계

가. 개요

- 기업에서 데이터를 이용한 의사결정이 강조될수록 데이터 분석과 활용을 위한 체계적인 관리가 중요해진다. 단순히 대용량 데이터를 수집·축적하는 것보다는 어떤 목적으로 어떤 데이터를 어떻게 분석에 활용할 것인가가 더욱 중요하기 때문이다. 그리고 조직 내 분석 관리체계를 수립해야 하는 이유는 데이터 분석을 기업의 문화로 정착하고 데이터 분석 업무를 지속적으로 고도화하기 위해서이다.

나. 구성요소

- 마스터 플랜 수립 시점에서 데이터 분석의 지속적인 적용과 확산을 위한 거버넌스 체계는 **분석 기획 및 관리를 수행하는 조직**(Organization), **과제 기획 및 운영 프로세스**(Process), **분석 관련 시스템**(System), **데이터**(Data), **분석 관련 교육 및 마인드 육성 체계**(Human Resource)로 구성된다.

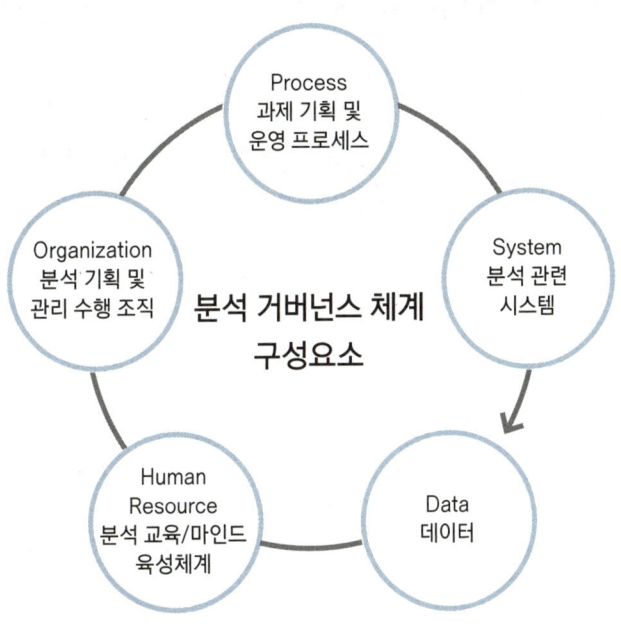

2. 데이터 분석 수준진단

가. 개요

출제 포인트

분석 거버넌스 체계를 수립하기 위해 가장 먼저 선행되어야 하는 부분은 데이터 분석 수준을 진단하는 것입니다. 분석 준비도와 분석 성숙도를 통해 기업의 분석 수준을 진단할 수 있습니다. 주관식으로 출제될 수 있으니 꼭 기억합시다.

- 기업들은 데이터 분석의 도입 여부와 활용에 명확한 분석 수준을 점검할 필요가 있다.
데이터 분석의 수준진단을 통해 데이터 분석 기반을 구현하기 위해서는 무엇을 준비하고 보완해야 하는지 등 분석의 유형 및 분석의 방향성을 결정할 수 있다.
- 데이터 분석 수준 진단을 위한 **분석 준비도(Readiness)**와 **분석 성숙도(Maturity)**의 구성은 아래와 같다.

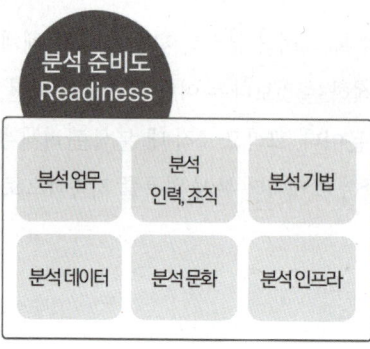
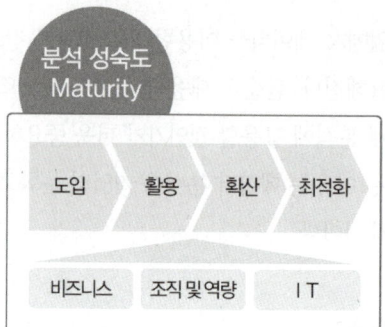

나. 수준 진단 목표 2가지

1) 정의

- 기업의 현재 분석 수준을 명확히 이해하고, 수준 진단 결과를 토대로 미래의 목표 수준을 정의한다.
- 데이터 분석을 위한 기반 또는 환경이 유사업종 또는 타 경쟁사에 비해 어느 정도 수준이고, 데이터를 활용한 분석의 경쟁력 확보를 위해 어떠한 영역에 선택과 집중을 해야 하는지, 어떤 관점을 보완해야 하는지 등 개선방안을 도출한다.

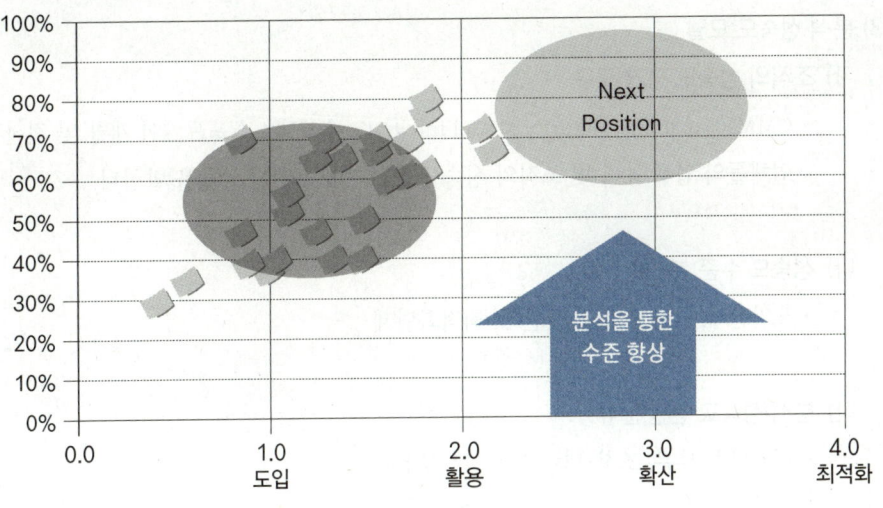

<분석 목표 수준 정의>

2) 분석 준비도

  가) 목표 : 기업의 데이터 분석 도입의 수준을 파악하기 위한 진단 방법

  나) 구성 : 총 6가지(분석 업무 파악, 인력 및 조직, 분석 기법, 분석 데이터, 분석 문화, IT 인프라)

  다) 진단 과정

    ① 영역별로 세부 항목에 대한 수준파악

    ② 진단결과 전체 요건 중 일정 수준이상 충족하면 분석업무 도입

    ③ 충족하지 못할 시 분석 환경 조성

 출제 포인트

Q. 분석 업무를 파악하고 인력·조직에 대해 평가하고 분석 기법, 분석 데이터, 분석 문화, IT 인프라를 평가함으로써 기업의 분석 수준이 어느 정도이고 목표를 어떻게 세울 것인지에 대한 분석 거버넌스 체계를 수립하는데 활용되는 방법론은 무엇일까?
A. 분석 준비도.

분석 업무 파악	인력 및 조직	분석 기법
• 발생한 사실 분석 업무 • 예측 분석업무 • 시뮬레이션 분석 업무 • 최적화 분석 업무 • 분석 업무 정기적 개선	• 분석 전문가 직무 존재 • 분석 전문가 교육 훈련 프로그램 • 관리자들의 기본적 분석 능력 • 전사 분석 업무 총괄 조직 존재 • 경영진의 분석 업무 이해 능력	• 업무별 적합한 분석기법 사용 • 분석 업무 도입 방법론 • 분석 기법 라이브러리 • 분석 기법 효과성 평가 • 분석 기법 정기적 개선
분석 데이터	분석 문화	IT 인프라
• 분석 업무를 위한 데이터 충분성 • 분석 업무를 위한 데이터 신뢰성 • 분석 업무를 위한 데이터 적시성 • 비구조적 데이터 관리 • 외부 데이터 활용 체계 • 기준 데이터 관리(MDM)	• 사실에 근거한 의사결정 • 관리자의 데이터 중시 정도 • 회의 등에서 데이터 활용 상황 • 경영진의 직관 vs 데이터 기반의 의사 결정 • 데이터 공유 및 협업 문화	• 운영시스템 데이터 통합 • EAI, ETL 등 데이터 유통 체계 • 분석 전용 서버 및 스토리지 • 빅데이터 분석 환경 • 통계 분석 환경 • 비쥬얼 분석 환경

3) 분석 성숙도 모델
    가) 조직의 성숙도 평가 도구
        - CMMI(Capability Maturity Model Integration) 모델 : 소프트웨어 개발 및 전산장비 운영 업체들의 업무 능력 및 조직의 성숙도를 평가하기 위한 모델을 말한다.

    나) 성숙도 수준 분류
        - 도입단계, 활용단계, 확산단계, 최적화단계

    다) 분석 성숙도 진단 분류
        - 비즈니스 부문, 조직·역량 부문, IT 부문

출제 포인트
목표 시점별 분석 방향, 목표, 유형, 접근 방식에 대한 특성을 묻는 문제가 출제될 수 있습니다. 내용을 이해하시기 바랍니다.

단계	도입단계	활용단계	확산단계	최적화단계
설명	분석을 시작하여 환경과 시스템을 구축	분석 결과를 실제 업무에 적용	전사 차원에서 분석을 관리하고 공유	분석을 진화시켜서 혁신 및 성과 향상에 기여
비즈니스 부문	• 실적분석 및 통계 • 정기보고 수행 • 운영 데이터 기반	• 미래 결과 예측 • 시뮬레이션 • 운영 데이터 기반	• 전사 성과 실시간 분석 • 프로세스 혁신 3.0 • 분석규칙 관리 • 이벤트 관리	• 외부 환경분석 활용 • 최적화 업무 적용 • 실시간 분석 • 비즈니스 모델 진화
조직역량 부문	• 일부 부서에서 수행 • 담당자 역량에 의존	• 전문 담당부서에서 수행 • 분석 기법 도입 • 관리자가 분석 수행	• 전사 모든 부서 수행 • 분석 COE 조직 운영 • 데이터 사이언티스트 확보	• 데이터 사이언스 그룹 • 경영진 분석 활용 • 전략 연계
IT 부문	• 데이터 웨어하우스 • 데이터 마트 • ETL/EAI • OLAP	• 실시간 대시보드 • 통계분석 환경	• 빅데이터 관리 환경 • 시뮬레이션·최적화 • 비주얼 분석 • 분석 전용 서버	• 분석 협업환경 • 분석 Sandbox • 프로세스 내재화 • 빅데이터 분석

〈분석 성숙도 모델〉

4) 분석 수준 진단 결과
    - 기업의 현재 분석 수준을 객관적으로 파악
    - 경쟁사의 분석 수준과 비교하여 분석 경쟁력 확보 및 강화를 위한 목표 수준 설정 가능

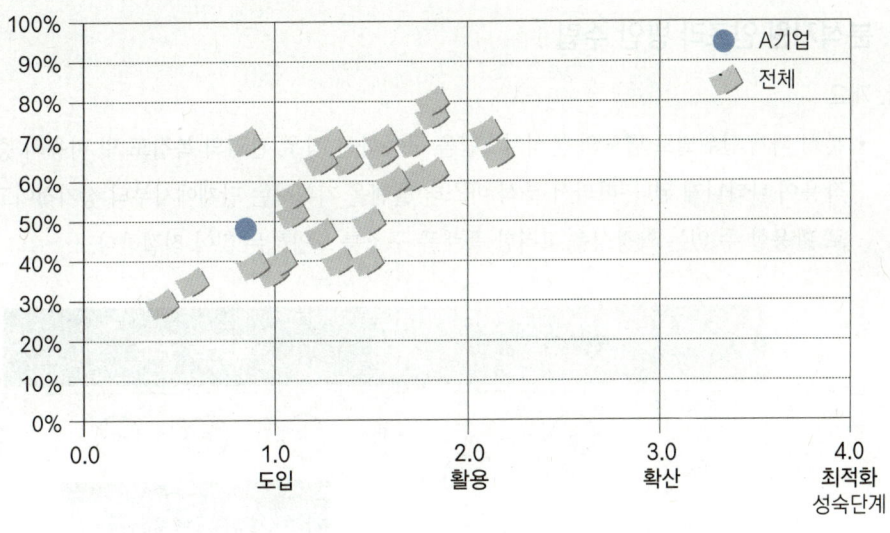

〈분석 준비도 및 성숙도 진단 결과〉

가) 분석 관점에서의 사분면 분석
- 분석 수준 진단결과를 구분
- 데이터 분석 수준에 대한 목표 방향을 정의
- 유형별 특성에 따른 개선방안 수립

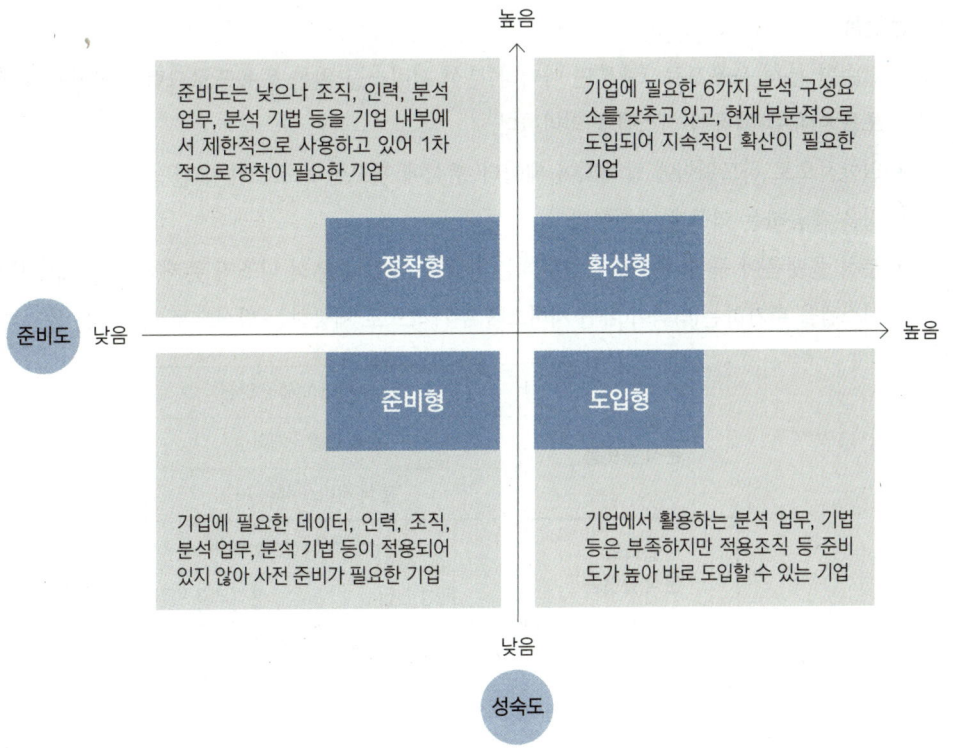

〈사분면 분석(Analysis Quadrant)〉

2장 분석 마스터 플랜　277

3. 분석지원 인프라 방안 수립

가. 개요

- 분석 과제 단위별로 별도의 분석시스템을 구축하는 경우, 관리의 복잡도 및 비용의 증대라는 부작용이 나타나게 된다. 따라서 분석 마스터 플랜을 기획하는 단계에서부터 장기적이고 안정적으로 활용할 수 있는 확장성을 고려한 플랫폼 구조를 도입하는 것이 적절하다.

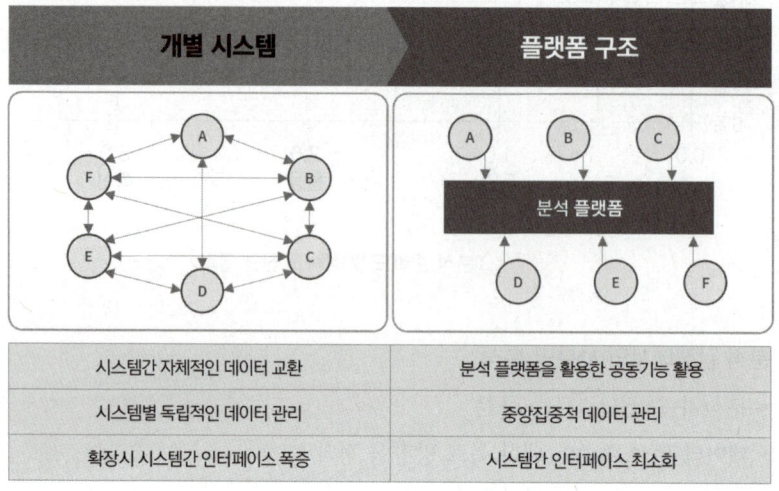

나. 플랫폼

- 단순한 분석 응용프로그램뿐만 아니라 분석 서비스를 위한 응용프로그램이 실행될 수 있는 기초를 이루는 컴퓨터 시스템을 의미한다.
- 일반적으로 하드웨어에 탑재되어 데이터 분석에 필요한 프로그래밍 환경과 실행 및 서비스 환경을 제공하는 역할을 수행한다.
- 분석 플랫폼이 구성되어 있는 경우에는 새로운 데이터 분석 니즈가 존재할 경우 개별적인 분석 시스템을 추가하는 방식이 아닌 서비스를 추가적으로 제공하는 방식으로 확장성을 높일 수 있다.

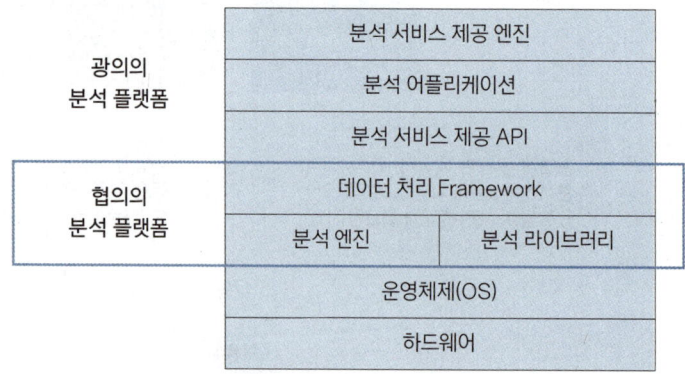

〈분석 플랫폼 구성 요소〉

4. 데이터 거버넌스 체계 수립

> **출제 포인트**
> 데이터 거버넌스 체계와 관련된 단답형 문제가 자주 출제되오니 숙지하시기 바랍니다.

가. 데이터 거버넌스의 개요

1) 전사 차원의 모든 데이터에 대하여
   정책 및 지침, 표준화, 운영조직 및 책임 등의 표준화된 관리체계를 수립하고 운영을 위한 프레임워크(Framework) 및 저장소(Repository)를 구축하는 것을 말한다.
2) 마스터 데이터(Master Data), 메타 데이터(Meta Data), 데이터 사전(Data Dictionary)은 데이터 거버넌스의 중요한 관리 대상이다.
   - 기업은 데이터 거버넌스 체계를 구축함으로써 데이터의 가용성, 유용성, 통합성, 보안성, 안전성을 확보할 수 있다.
   - 데이터 거버넌스는 독자적으로 수행될 수도 있지만 전사 차원의 IT 거버넌스나 EA(Enterprise Architecture)의 구성요소로써 구축되는 경우도 있다.
   - 빅데이터 거버넌스는 이러한 데이터 거버넌스의 체계에 대하여 빅데이터의 효율적인 관리, 다양한 데이터의 관리체계, 데이터 최적화, 정보보호, 데이터 생명주기 관리, 데이터 카테고리별 관리 책임자(Data Steward) 지정 등을 포함한다.

나. 데이터 거버넌스 구성요소

1) 개요
   - 구성요소인 **원칙(Principle), 조직(Organization), 프로세스(Process)**는 유기적으로 조합하고 효과적으로 관리하여, 데이터를 비즈니스 목적에 부합하도록 하고 최적의 정보 서비스를 제공할 수 있도록 한다.

2) 구성 3요소

   가) 원칙(Principle)
   - 데이터를 유지·관리하기 위한 지침과 가이드
   - 보안, 품질 기준, 변경 관리

   나) 조직(Organization)
   - 데이터를 관리할 조직의 역할과 책임
   - 데이터 관리자, 데이터베이스 관리자, 데이터 아키텍트(Data Architect)

   다) 프로세스(Process)
   - 데이터 관리를 위한 활동과 체계
   - 작업 절차, 모니터링 활동, 측정 활동

다. 데이터 거버넌스 체계

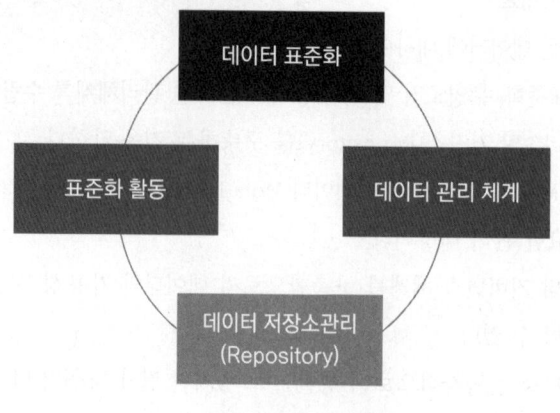

〈데이터 거버넌스 체계〉

1) 데이터 표준화
   - 데이터 표준화는 데이터 표준 용어 설정, 명명 규칙(Name Rule) 수립, 메타 데이터(Meta Data) 구축, 데이터 사전(Data Dictionary) 구축 등의 업무로 구성된다.
   - 데이터 표준용어는 표준 단어사전, 표준 도메인사전, 표준 코드 등으로 구성되며 사전간 상호 검증이 가능하도록 점검 프로세스를 포함해야 한다.
   - 명명 규칙은 필요시 언어별(한글, 영어 등)로 작성되어 매핑 상태를 유지해야 한다.

2) 데이터 관리 체계
   - 데이터 정합성 및 활용의 효율성을 위하여 표준 데이터를 포함한 메타 데이터(Meta Data)와 데이터 사전(Data Dictionary)의 관리 원칙을 수립한다.
   - 수립된 원칙에 근거하여 항목별 상세한 프로세스를 만들고 관리와 운영을 위한 담당자 및 조직별 역할과 책임을 상세하게 준비한다.
   - 빅데이터의 경우 데이터양의 급증으로 데이터의 생명 주기 관리방안(Data Life Cycle Management)을 수립하지 않으면 데이터 가용성 및 관리 비용 증대 문제에 직면하게 될 수 있다.

3) 데이터 저장소 관리(Repository)
   - 메타 데이터 및 표준 데이터를 관리하기 위한 전사 차원의 저장소를 구성한다.
   - 저장소는 데이터 관리 체계 지원을 위한 워크플로우(Workflow) 및 관리용 응용 소프트웨어 (Application)를 지원하고 관리 대상 시스템과의 인터페이스를 통한 통제가 이루어져야 한다.
   - 데이터 구조 변경에 따른 사전 영향 평가도 수행되어야 효율적인 활용이 가능하다.

4) 표준화 활동

- 데이터 거버넌스 체계를 구축한 후 표준 준수 여부를 주기적으로 점검하고 모니터링을 실시한다.
- 거버넌스의 조직 내 안정적 정착을 위한 계속적인 변화 관리 및 주기적인 교육을 진행한다.
- 지속적인 데이터 표준화 개선 활동을 통하여 실용성을 높여야 한다.

5. 데이터 조직 및 인력방안 수립

가. 현황

- 빅데이터 등장에 따라 기업의 비즈니스도 많은 변화를 겪고 있는데, 이러한 비즈니스 변화를 인식하고 기업의 차별화된 경쟁력을 확보하는 수단으로서 데이터 과제 발굴, 기술 검토 및 전사 업무 적용계획 수립 등 데이터를 효과적으로 분석·활용하기 위해 기획, 운영 및 관리를 전담할 수 있는 전문 분석조직의 필요성이 제기되고 있다.

나. 분석 조직의 개요

- 데이터 분석 조직은 기업의 경쟁력 확보를 위해 데이터 분석의 가치를 발견하고, 이를 활용하여 비즈니스를 최적화하는 목표를 갖고 구성되어야 한다. 이를 위해 기업의 업무 전반에 걸쳐 다양한 분석 과제를 발굴해 정의하고, 데이터 분석을 통해 의미있는 인사이트를 찾아 실행하는 역할을 수행할 수 있어야 한다. 다양한 분야의 지식과 경험을 가진 인력과 업무 담당자 등으로 구성된 전사 또는 부서 내 조직으로 구성할 수 있다.

목표	기업의 경쟁력 확보를 위하여 비즈니스 질문(Question)과 이에 부합하는 가치(Value)를 찾고 비즈니스를 최적화(Optimization)하는 것
역할	전자 및 부서의 분석 업무를 발굴하고 전문적 기법과 분석 도구를 활용하여 기업 내 존재하는 빅데이터 속에서 Insight를 전파하고 이를 Action화 하는 것
구성	기초통계학 및 분석 방법에 대한 지식과 분석 경험을 가지고 있는 인력으로 전사 또는 부서 내 조직으로 구성하여 운영

〈분석 조직의 개요〉

다. 조직 및 인력 구성 시 고려사항

1) 주요 고려사항

구분	주요 고려사항
조직 구조	• 비즈니스 질문(Question)을 선제적으로 찾아 낼 수 있는 구조인가? • 분석 전담조직과 타 부서간 유기적인 협조와 지원이 원활한 구조인가? • 효율적인 분석 업무를 수행하기 위한 분석 조직의 내부 조직구조는? • 전사 및 단위부서가 필요 시 접촉하며 지원할 수 있는 구조인가? • 어떤 형태의 조직(중앙집중형, 분산형)으로 구성하는 것이 효율적인가?
인력 구성	• 비즈니스 및 IT 전문가의 조합으로 구성되어야 하는가? • 어떤 경험과 어떤 스킬을 갖춘 사람으로 구성해야 하는가? • 통계적 기법 및 분석 모델링 전문 인력을 별도로 구성해야 하는가? • 전사 비즈니스를 커버하는 인력이 없다. 그렇다면? • 전사 분석 업무에 대한 적합한 인력 규모는 어느 정도인가?

2) 분석을 위한 3가지 조직 구조

출제 포인트
특정 구조에 대한 설명을 주고 어떤 구조에 대한 설명인지 고르는 문제가 출제될 수 있습니다. 또는 그림을 제시하고 일어나는 현상 중 틀린 것을 고르게 하는 문제가 나올 수 있으니 본 내용을 반드시 숙지하시기 바랍니다.

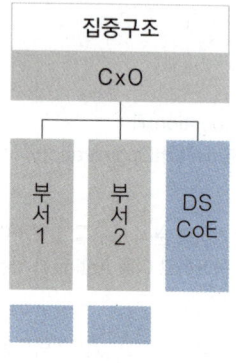

분석업무

- 전사 분석업무를 별도의 분석전담 조직에서 담당
- 전략적 중요도에 따라 분석조직이 우선순위를 정해서 진행 가능
- 현업 업무부서의 분석업무와 이중화/이원화 가능성 높음

- 일반적인 분석 수행 구조
- 별도 분석조직이 없고 해당 업무 부서에서 분석 수행
- 전사적 핵심분석이 어려우며, 부서 현황 및 실적 통계 등 과거 실적에 국한된 분석 수행 가능성 높음

- 분석조직 인력들을 현업부서로 직접 배치하여 분석업무 수행
- 전사차원의 우선순위 수행
- 분석결과에 따른 신속한 Action 가능
- 베스트 프랙티스 공유 가능
- 부서 분석업무와 역할 분담 명확히 해야함(→업무과다 이원화 가능성)

※ DSCoE : Data Science Center of Excellence

⟨분석 조직 구조⟩

3) 분석 조직의 인력구성
- 전문역량을 갖춘 각 분야의 인재들을 모아 조직을 구성하여 분석 조직의 경쟁력을 극대화할 수 있다.

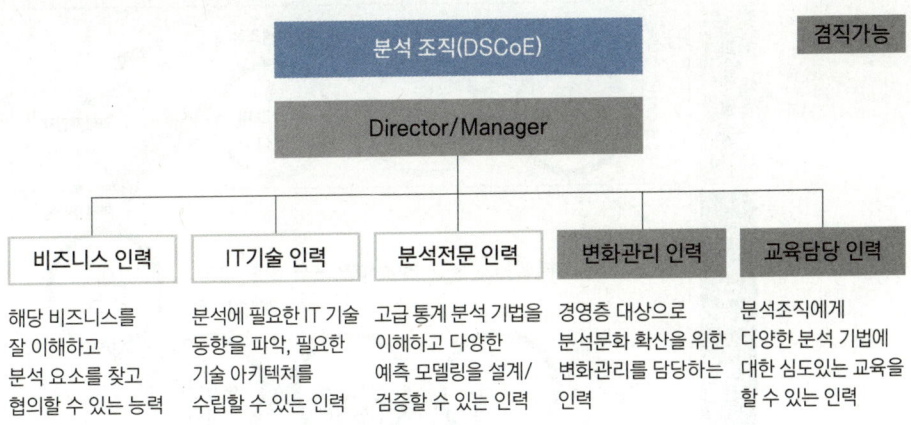

〈분석 조직의 인력 구성 예시〉

6. 분석 과제 관리 프로세스 수립

가. 현황
- 분석 마스터 플랜이 수립되고 초기 데이터 분석 과제가 성공적으로 수행되는 경우, 지속적인 분석니즈 및 기회가 분석 과제 형태로 도출될 수 있다. 이런 과정에서 분석 조직이 수행할 주요한 역할 중의 하나가 분석 과제의 기획 및 운영이므로 이를 체계적으로 관리하기 위한 프로세스를 수립해야 한다.

나. 과제 관리 프로세스

1) 과제 발굴
- 개별 조직이나 개인이 도출한 분석 아이디어를 발굴하고 이를 과제화하여 분석 과제 풀(Pool)로 관리하면서 분석 프로젝트를 선정하는 작업을 수행한다.

2) 과제 수행
- 분석을 수행할 팀을 구성하고 분석 과제 실행 시 지속적인 모니터링과 과제결과를 공유하고 개선하는 절차를 수행한다.

> **출제 포인트**
> 분석 과제 관리 프로세스에 대한 잘못된 것을 선택하는 문제가 자주 출제되니 숙지할 수 있도록 합시다.

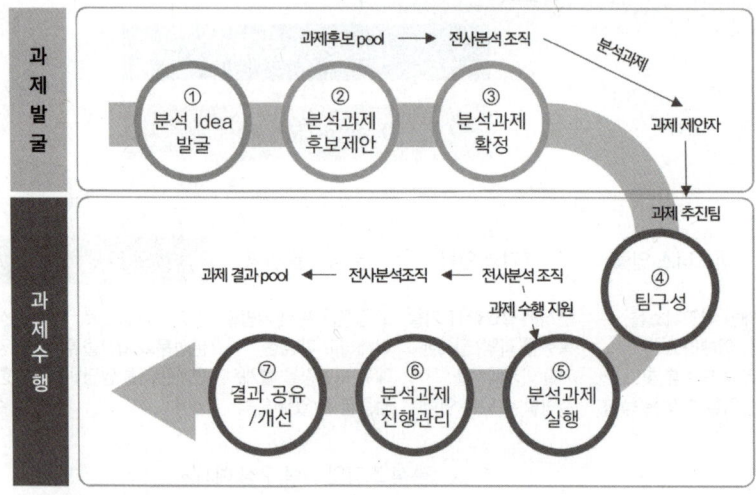

〈분석 과제 관리 프로세스〉

- 분석 조직이 지속적이고 체계적인 분석 관리 프로세스를 수행함으로써 조직 내 분석 문화 내재화 및 경쟁력을 확보할 수 있다.
- 해당 과제를 진행하면서 만들어진 시사점(Lesson Learned)을 포함한 결과물을 풀(Pool)에 잘 축적하고 관리함으로써 향후 유사한 분석과제 수행 시 시행착오를 최소화하고 프로젝트를 효율적으로 진행할 수 있다.

7. 분석 교육 및 변화관리

가. 개요

- 빅데이터의 등장으로 많은 비즈니스 영역에서 변화를 가져왔다. 이러한 변화에 보다 적극적으로 대응하기 위해서는 기업에 맞는 적합한 분석 업무를 도출하고, 가치를 높여줄 수 있도록 분석 조직 및 인력에 대한 지속적인 교육과 훈련을 실시하여야 한다. 또한 경영층이 사실 기반(Fact Based) 의사결정을 할 수 있는 문화를 정착시키는 등 지속적인 변화관리를 계획하고 수행하여야 한다.
- 새로운 체계의 도입시에는 저항 및 기존 행태로 되돌아가는 관성이 존재하기 때문에 분석의 가치를 극대화하고 내재화하는 안정적인 추진기로 접어들기 위해서는 분석에 관련된 교육 및 마인드 육성을 위한 적극적인 변화 관리가 필요하다.

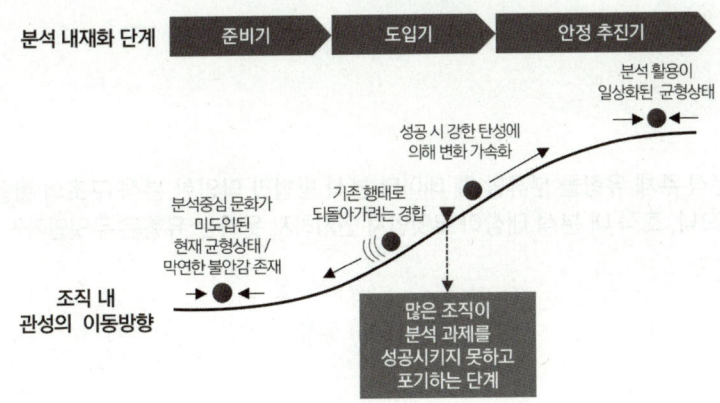

〈분석 도입에 대한 문화적 대응〉

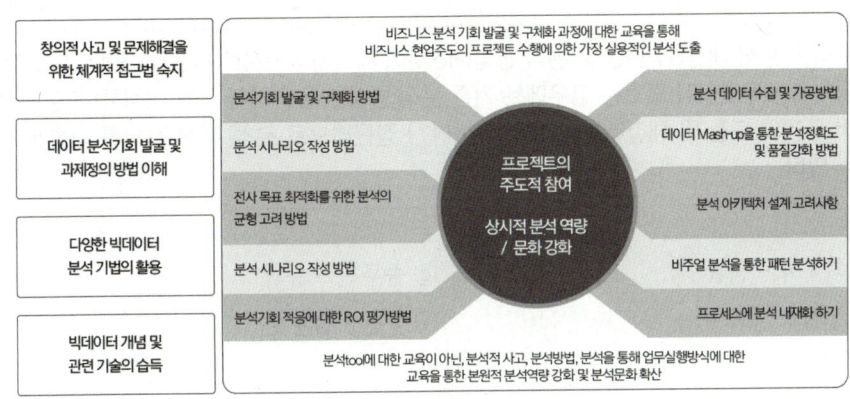

〈데이터 분석 방법 및 분석적 사고 교육〉

나. 분석 교육의 목표

- 단순한 툴 교육이 아닌 분석역량을 확보하고 강화하는 것에 초점을 맞추어 진행되어야 한다.

> **참고**
> ① 분석 기획자 : 데이터 분석 큐레이션 교육   ② 분석 실무자 : 데이터 분석 기법 및 툴에 대한 교육
> ③ 업무 수행자 : 분석기회 발굴, 구체화, 시나리오 작성법 등

- 분석적인 사고를 업무에 적용할 수 있도록 다양한 교육을 통해 조직 구성원 모두에게 분석 기반의 업무를 정착시키고 이를 통해 데이터를 바라보는 관점, 데이터 분석과 활용 등이 기업 문화로 자연스럽게 확대되어야 한다.

> **참고**
> 빅데이터 시대의 변화에 적극적인 대응방법
> ① 기업에 맞는 적합한 분석업무의 수행   ② 분석 조직 및 인력에 대한 지속적인 교육과 훈련 실시
> ③ 경영층이 사실기반(Fact Based)의사결정을 할 수 있는 문화 정착
> ④ 지속적인 변화관리를 계획하고 수행·업무 수행자에 대한 분석기회 발굴, 구체화, 시나리오 작성법 등

예상문제 3과목
데이터 분석 기획

01. 다음 중 분석 주체 유형을 분류할 때 데이터 분석 방법과 다양한 분석 구조의 활용은 충분히 이해하고 있으나, 조직 내 분석 대상이 무엇인지 인지하지 못하는 유형은 무엇인가?

① 최적화　　　　　　　　　② 솔루션
③ 발견　　　　　　　　　　④ 통찰

02. 아래 (가)와 (나)에 순서대로 들어갈 내용으로 적절한 것은?

> 분석은 분석 대상(What) 및 분석 방법(How)에 따라서 4가지로 나눌 수 있다. 분석 대상이 명확하게 무엇인지 모르는 경우에는 기존 분석 방식을 활용하여 (가)을(를) 도출해냄으로써 문제의 도출 및 해결에 기여하거나 (나) 접근법으로 분석 대상 자체를 새롭게 도출할 수 있다.

① 최적화 - 통찰　　　　　　② 솔루션 - 통찰
③ 통찰 - 발견　　　　　　　④ 발견 - 솔루션

03. 분석 기획 시 고려사항 중 장애요소에 대한 설명으로 부적절한 것은?

① 비용대비 효과의 적정한 비용
② 분석 모형의 안정적 성능 확보
③ 이해도 높은 모형보다는 복잡하고 정교한 모형
④ 조직 역량으로 내재화를 위한 변화 관리

04. 다음 중 성공적인 분석을 위해서 고려해야 할 요소로 가장 부적절한 것은?

① 관련 데이터의 파악
② 원점에서 솔루션 탐색
③ 비즈니스 케이스 확보
④ 이행 저해 요소 관리

05. 다양한 데이터 유형 중 정형 데이터 - 반정형 데이터 - 비정형데이터 순서로 가장 적절한 것은?

① Demand Forecasts - Web logs - Email records
② Facebook status - Weather data - Web logs
③ RFID - Internet of things sensing - Loyalty program
④ CRM Transaction data - Twitter feed - Mobile location

06. 다음 분석 방법론 중 순차적으로 진행되면서 이전 단계가 완료된 후 다음 단계로 진행하는 하향식(Top Down)으로 진행되는 특징을 가지고 있는 모델은?

① 프로토타입(Prototype) 모델
② 폭포수(Waterfull) 모델
③ 나선형(Spiral) 모델
④ 애자일(Agile) 모델

07. 다음 중 CRISP-DM 방법론의 모델링 단계에서 수행하는 테스크(task)로 적절하지 않은 것은 무엇인가?

① 모델 테스트 계획 설계
② 모델 평가
③ 모델링 기법 선택
④ 모델 적용성 평가

08. 빅데이터 분석 방법론의 분석기획 단계 순서가 바르게 연결된 것은?

① 프로젝트 범위 설정 – 데이터 분석 프로젝트 정의 – 프로젝트 수행계획 수립 – 데이터 분석 위험 식별
② 프로젝트 범위 설정 – 데이터 분석 프로젝트 정의 – 데이터 분석 위험 식별 – 프로젝트 수행계획 수립
③ 데이터 분석 위험 식별 – 프로젝트 범위 설정 – 프로젝트 수행계획 수립 – 데이터 분석 프로젝트 정의
④ 데이터 분석 위험 식별 – 프로젝트 범위 설정 – 데이터 분석 프로젝트 정의 – 프로젝트 수행계획 수립

09. 다음 중 빅데이터 분석 방법론에서 단계 간 피드백이 반복적으로 많이 발생할 수 있는 단계는?

① 분석 기획 단계 → 데이터 준비 단계
② 데이터 준비 단계 → 데이터 분석 단계
③ 데이터 분석 단계 → 시스템 구현 단계
④ 시스템 구현 단계 → 평가와 전개 단계

10. 다음 중 기업에서 데이터에 기반한 의사결정을 방해하는 요소들로 구성된 것은?

① 바이어스, 비편향적 사고
② 프레이밍 효과, 고정관념
③ 프레이밍 효과, 직관력
④ 직관력, 비편향적 사고

11. 비즈니스 모델 캔버스의 채널(Channels)에 대한 기능으로 가장 부적절한 것은?

① 해당고객에게 접근하는 유통 채널을 공급한다.
② 고객에게 밸류 프로포지션을 전달한다.
③ 구매 고객에 대한 애프터서비스(A/S)를 제공한다.
④ 기업이 제공하는 상품이나 서비스에 대한 고객의 이해를 높여준다.

12. 비즈니스 모델 캔버스는 문제 탐색단계에서 사용하는 도구이다. 이를 구성하는 단위로 적절한 것은?

① 영업-고객-제도-업무-IT 인프라
② 업무-제품-고객-규제와 감사-지원 인프라
③ 프로세스-제품-고객-영업-IT 인프라
④ 비용-수입-고객-상품-감사

13. 데이터 분석에서는 하향식 접근 방식과 상향식 접근 방식으로 분석 과제를 발굴하게 되는데, 다음 중 하향식 접근 방식의 단계에서 타당성 평가에 대한 설명으로 가장 부적절한 것은?

① 도출된 분석 문제에 대한 대안을 과제화하기 위해서는 다각적 타당성 검토가 필요하다.
② 경제적 타당성은 비용대비 효익의 관점에서 평가한다.
③ 데이터 타당성 확보를 위하여 문제발생 포인트에 대한 데이터 확보가 중요하다.
④ 기술적 타당성 분석 시 적용 가능한 요소기술 확보 방안에 대한 사전 고려가 필요하다.

14. 하향식 데이터 분석 기획에서 문제 탐색 단계에 대한 설명으로 가장 부적절한 것은?

① 빠짐없이 문제를 도출하고 식별하는 것이 중요
② 문제를 해결함으로써 발생하는 가치에 중점을 두는 것이 중요
③ 비즈니스 모델 캔버스는 문제 탐색 도구로 활용
④ 문제 탐색은 유스케이스 활용보다는 새로운 이슈탐색이 우선

15. 다음 중 '분석과제 정의서'에 대한 설명으로 가장 적절한 것은?

① '분석과제 정의서'에는 소스 데이터, 데이터 입수 및 분석의 난이도, 분석방법 등에 대한 항목이 포함되어야 한다.
② '분석과제 정의서'는 프로젝트를 수행하는 이해관계자가 프로젝트의 방향을 설정하고 성공 여부를 판별할 수 없는 자료이다.
③ '분석과제 정의서'에는 분석모델에 적용될 알고리즘과 분석모델의 기반이 되는 Feature가 포함되어야 한다.
④ '분석과제 정의서'는 프로젝트 계획서를 작성하기 위한 중간 결과로써 구성 항목(Configuration Item)으로 도출할 필요는 없다.

16. 다음 중 분석 마스터 플랜의 세부 이행계획 수립 시 고려해야 할 데이터 분석체계(분석 방법론)에 대한 설명으로 가장 적절한 것은?

① 데이터 분석 체계는 이해도가 높은 폭포수 모델이 가장 적정하다.
② 반복적 정련 방식은 데이터 수집 및 확보 단계를 반복적으로 수행한다.
③ 프로토타입(Prototype) 모델은 데이터 분석체계로는 적절하지 못하다.
④ 프로젝트의 세부 일정계획도 데이터 분석체계를 고려하여 작성한다.

17. 다음 중 분석 프로젝트 관리에 대한 설명으로 가장 부적절한 것은?

① 데이터 분석 모델의 품질을 평가하기 위해서 SPICE를 활용할 수 있다.
② 분석 프로젝트 관리는 KSA ISO 21500:2013를 가이드로 활용할 수 있다.
③ 분석 프로젝트의 일정계획 수립 시 데이터 수집에 대한 철저한 통제와 관리가 필요하다.
④ 분석 프로젝트의 최종 산출물이 보고서인지 또는 시스템인지에 따라 프로젝트 관리에 차이가 있다.

18. 다음 중 데이터 분석 과제에서 프로젝트 관리에 대한 설명으로 가장 부적절한 것은?

① 분석 과제는 분석 전문가의 상상력을 요구하므로 일정을 제한하는 일정계획은 적절하지 못하다.
② 분석 과제에는 많은 위험이 있어 사전에 위험을 식별하고 대응방안을 수립해야 한다.
③ 분석 과제는 적용되는 알고리즘에 따라 범위가 변할 수 있어 범위관리가 중요하다.
④ 분석 과제에서 다양한 데이터를 확보하는 경우가 있어 조달관리 또한 중요하다.

19. 다음 중 데이터 분석을 위한 수준진단에서 '분석 준비도'의 분석 데이터의 진단 항목으로 가장 부적절한 것은?

① 분석 업무를 위한 데이터 충실성, 신뢰성, 적시성
② 내부데이터 집중 활용 체계
③ 기준데이터 관리(MDM)
④ 비구조적 데이터 관리

20. 다음 중 빅데이터 특징 4V를 고려한 분석 ROI에서 비즈니스 효과에 해당되는 것은?

① Volume   ② Variety   ③ Velocity   ④ Value

21. 다음 중 난이도와 시급성을 고려하였을 때 우선적으로 추진해야 하는 분석 과제로 적절한 것은?

① 난이도 : 쉬움(Easy), 시급성 : 현재
② 난이도 : 어려움(Difficult), 시급성 : 미래
③ 난이도 : 쉬움(Easy), 시급성 : 미래
④ 난이도 : 어려움(Difficult), 시급성 : 현재

22. 지속적인 분석 내재화를 위한 "장기적인 마스터 플랜 방식"에 비하여 "과제 중심적인 접근 방식"의 특징으로 가장 적절하지 못한 것은?

① Quick-Win
② Accuracy & Deploy
③ Problem Solving
④ Speed & Test

23. 기업의 데이터 분석 과제 수행을 위한 수준을 평가하기 위하여 분석 준비도(Readiness)를 파악해야 한다. 다음 중 데이터 분석 준비도 프레임워크에서 분석 업무 파악 영역으로 가장 부적절한 것은?

① 최적의 분석 업무
② 업무별 적합한 분석 기법
③ 예측 분석 업무
④ 발생한 사실 분석 업무

24. 아래에서 설명하는 데이터 거버넌스 체계 항목은 무엇인가?

> 데이터 표준 용어 설정, 명명 규칙 수립, 메타 데이터 구축, 데이터 사전 구축 등의 업무로 구성된 데이터 거버넌스 체계

① 데이터 표준화
② 데이터 관리 체계
③ 데이터 저장소 관리
④ 표준화 활동

25. 데이터 분석을 위한 조직 구조 중 아래 보기에 해당하는 것은?

> - 전사 분석업무를 별도의 분석 전담 조직에서 담당
> - 전략적 중요도에 따라 분석조직이 우선순위를 정해서 진행 가능
> - 현업 업무부서의 분석업무와 이중화/이원화 가능성 높음

① 집중구조
② 기능구조
③ 분산구조
④ 복합구조

26. 분석 마스터 플랜 수립에서 과제 우선순위 결정과 관련한 내용으로 부적절한 것은?

① 가치는 투자비용 요소이다.
② 전략적 중요도, ROI, 실행 용이성은 분석 과제 우선순위 결정에 고려할 사항이다.
③ 시급성과 전략적 필요성은 전략적 중요도의 평가 요소이다.
④ 적용 기술의 안전성 검증은 기술 용이성의 평가 요소이다.

27. 분석 마스터 플랜에 대한 설명으로 가장 부적절한 것은?

① 과제 우선순위 평가는 비즈니스 효과인 시급성과 투자비용 요소인 난이도에 근거하여 결정된다.
② 분석 마스터 플랜은 분석 과제 도출, 우선순위 결정, 중장기 마스터 플랜 수립과제 도출 순으로 진행한다.
③ 과제별 데이터 분석 체계는 폭포수 방식도 있으나 반복적인 정련과정을 통하여 과제의 완성도를 높이는 방식으로 많이 사용한다.
④ 분석 과제 로드맵은 과제의 우선순위를 고려하여 작성하되 과제별 선후관계를 감안하여 반복이 없는 계획을 작성한다.

28. 데이터 분석 조직 구조의 설명으로 가장 부적절한 것은?

① 집중형 조직 구조는 조직 내 별도의 분석 전담조직을 독립적으로 구성하는 것으로서 분석 업무의 중복 또는 이원화의 이슈가 있다.
② 기능 중심의 조직 구조는 별도의 분석 전담 조직을 구성하지 않고 해당 부처에서 직접 분석을 수행함으로써 국한된 분석 수행 이슈가 존재한다.
③ 분산 구조는 분석 조직의 인력을 현업부서에 배치하여 분석 업무를 수행함으로써 분석이 집중되지 못해 신속한 실무적용이 어렵다.
④ 분석 조직은 분석 전문 인력뿐만 아니라 도메인 전문가, IT 인력, 변화관리 및 교육담당 인력으로 구성되어야 효율적인 운영이 가능하다.

29. 아래의 내용 중 빅데이터 거버넌스에 대한 설명으로 가장 적절한 것은?

> ㉠ 빅데이터 분석은 다양한 데이터를 활용하기 위하여 회사 내 모든 데이터를 활용해야 한다.
> ㉡ ERD는 운영 중인 데이터베이스와 일치하기 위하여 철저한 변경관리가 필요하다.
> ㉢ 빅데이터 거버넌스는 산업분야별, 데이터 유형별, 정보 거버넌스 요소별로 구분하여 작성한다.
> ㉣ 빅데이터 분석은 고품질의 데이터 확보가 필요하므로 데이터 수명 주기 관리보다는 품질관리가 중요하다.

① ㉠, ㉡   ② ㉢, ㉣   ③ ㉡, ㉢   ④ ㉠, ㉣

30. 빅데이터를 활용한 비즈니스는 기업에 많은 변화를 가져오고 있다. 다음 중 기업에서 이러한 변화를 수용하기 위한 중장기적 대응 방안으로 가장 거리가 먼 것은?

① 분석 조직 및 인력에 대한 교육과 훈련
② 데이터 기반의 의사결정문화 정착
③ 데이터 분석 도구 기반의 교육
④ 분석 역량 강화를 위한 체계적인 계획 및 시행

31. 다음 중 분석 과제 관리 프로세스에 대한 설명으로 가장 부적절한 것은?

① 과제 발굴 단계에는 분석 아이디어 발굴, 분석 과제 후보 제안, 분석 과제 확정 프로세스가 있다.
② 분석 과제로 확정된 분석과제를 풀(Pool)로 관리한다.
③ 분석 과제 중에 발생된 시사점과 분석 결과물은 풀(Pool)로 관리하고 공유된다.
④ 과제 수행 단계에서는 팀 구성, 분석 과제 실행, 분석 과제 진행 관리, 결과 공유 프로세스가 있다.

32. 다음 중 기존에 행해졌던 데이터 분석과 비교한 빅데이터 분석의 특징으로 적절한 것은?

> (ㄱ) 분석대상 데이터를 모든 형태 및 내외부 데이터로 확대한다.
> (ㄴ) 데이터의 생산 시점에서부터 실시간에 가까운 분석이 가능하다.
> (ㄷ) 데이터 마트에 정형 데이터를 적재하고 데이터 분석을 통하여 모델을 만들 수 있다.
> (ㄹ) 고급 분석기법을 활용할 수 있다.

① (ㄱ), (ㄴ), (ㄷ)
② (ㄱ), (ㄴ), (ㄹ)
③ (ㄴ), (ㄷ), (ㄹ)
④ (ㄱ), (ㄴ), (ㄷ), (ㄹ)

33. 다음 중 빅데이터 분석에서 Self Service Analytics에 대한 설명으로 가장 부적절한 것은?

① Self Service Analytics에 포함되어야 하는 주요 기능은 BI 도구, Ad hoc Report, OLAP, Visual Discovery, MachineLearning 등이다.
② Self Service Analytics의 성공적인 적용을 위해서는 Reference Method의 작성 및 공유, 표준 데이터의 활용, 데이터 거버넌스, 도구 사용에 대한 지속적인 교육이 필요하다.
③ Self Service Analytics를 수행하기 위해서는 R, Python 등의 데이터 분석 언어와 많은 통계적 지식을 필요로 한다.
④ Self Service Analytics는 상업용뿐만 아니라 OSS(Open Service Software)로도 구현되고, 분석의 성능 향상을 위하여 분산처리도 지원하고 있다.

34. 4차 산업혁명은 기존 산업을 초월하는 Mass Production, Mass Customization, Servitization을 구현하게 되는데, 다음 중 Servitization에 대한 설명으로 가장 부적절한 것은?

① Service Science의 하나로 제품과 서비스의 결합을 통한 기업의 새로운 비즈니스 모델
② 제품의 서비스화와 서비스의 상품화를 모두 포함하는 결합 비즈니스 모델
③ 파이프 라인 비즈니스를 넘어 플랫폼 비즈니스를 위한 모델
④ 생산된 제품의 특화를 통한 경쟁우위 확보 모델

35. 다음 중 아래의 데이터 거버넌스 체계가 설명하는 항목은?

> 메타데이터 관리, 데이터 사전관리, 데이터 생명주기 관리

① 데이터 표준화
② 데이터 관리 체계
③ 데이터 저장소 관리
④ 표준화 활동

36. 프로토타이핑(Prototyping) 접근법에 대한 설명으로 가장 적절한 것은?

① 문제가 정형화되어 있고 문제해결을 위한 데이터가 완벽하게 조직에 존재하는 경우 효과적이다.
② 신속하게 해결책이나 모형을 제시함으로써 이를 바탕으로 문제를 좀 더 명확하게 인식하고 필요한 데이터를 식별하여 구체화할 수 있게 하는 유용한 상향식 접근 방법이다.
③ 문제가 주어지고 이에 대한 해법을 찾기 위하여 각 과정이 체계적으로 단계화되어 수행하는 방식이다.
④ 문제 정의가 불명확하거나 이전에 접하지 못한 새로운 문제일 경우에는 적용하기 어렵다.

단답형 문제로 복습하기!

> 단답형은 앞의 개념을 복습하기 위한 문제들로 시험에서는 단답형이 출제되지 않으니 참고하시기 바랍니다.

01. 아래 (가) 안에 들어갈 용어를 기입하시오.

> 분석 방법론의 "시스템 구현" 단계에서 시스템으로 구현된 모델은 검증(Verification&Validation)을 위하여 단위 테스트, 통합 테스트, 시스템 테스트 등을 실시한다. 이 중 (가) 테스트는 품질관리 차원에서 진행함으로써 적용된 시스템의 객관성과 안정성을 확보한다.

(   )

02. 아래 (가)에 들어갈 용어를 기입하시오.

> 데이터 거버넌스 체계에서 데이터 저장소(Repository) 관리란 메타 데이터 및 표준 데이터를 관리하기 위한 전사 차원의 저장소로 구성된다. 저장소는 데이터 관리 체계 지원을 위한 워크 플로우 및 관리용 응용소프트웨어를 지원하고 관리 대상 시스템과의 인터페이스를 통한 통제가 이루어져야 한다. 또한 데이터 구조 변경에 따른 (가)도 수행되어야 효율적인 활용이 가능하다.

(   )

03. 아래 (가) 안에 들어갈 용어를 기입하시오.

> 문제 탐색을 통해서 식별된 비즈니스 문제를 변환하는 단계로써, 문제 탐색 단계가 무엇을 어떤 목적으로 수행해야 하는가에 대한 관점이었다면, (가)단계는 이를 달성하기 위해서 필요한 데이터 및 기법(How)을 도출하기 위한 데이터 분석의 문제로의 변환을 수행하게 된다.

(   )

04. 아래 (가)에 들어갈 용어를 기입하시오.

> 분석 모델을 가동 중인 운영 시스템에 적용하기 위해서는 모델에 대한 상세한 "알고리즘 설명서" 작성이 필요하다. "알고리즘 설명서"는 "시스템 구현" 단계에서 중요한 입력 자료로 활용되므로 필요시 (가) 수준의 상세한 작성이 필요하다.

(   )

05. 아래 (㉠) 안에 들어갈 정확한 용어를 기입하시오.

> 분석 과제 관리 프로세스는 크게 과제 발굴과 (㉠)으로 나누어진다. 조직이나 개인이 도출한 분석 아이디어를 발굴하고 이를 과제화하여 분석 과제 풀(Pool)로 관리하면서 분석 과제가 확정되는 분석 과제 실행, 분석 과제 진행 관리, 분석 과제 결과 공유/개선의 분석관계 관리 프로세스를 수행하게 된다.

( )

06. 아래 (㉠), (㉡) 안에 들어갈 정확한 용어를 기입하시오.

> 데이터 거버넌스 체계는 데이터 저장소(Repository)는 메타 데이터 및 표준 데이터를 관리하기 위한 전사 차원의 저장소로 구성된다. 저장소는 데이터 관리 체계 지원을 위한 (㉠) 및 관리용 응용소프트웨어를 지원하고 관리 대상 시스템과의 인터페이스를 통한 통제가 이루어져야 한다. 또한 데이터 구조 변경에 따른 (㉡)도 수행되어야 효율적인 활용이 가능하다.

( )

07. 아래 (ㄱ), (ㄴ), (ㄷ) 안에 들어갈 용어를 순서대로 기입하시오.

> 비즈니스 모델 캔버스는 9가지 블록을 단순화하여 (ㄱ), (ㄴ), 고객단위로 문제를 발굴하고 이를 관리하는 규제와 감사, (ㄷ) 영역으로 나눠 분석 기회를 도출한다.

(, ,)

08. KDD 분석 방법론에서 잡음, 이상치, 결측치를 식별하여 분석용 데이터셋을 선택하고 분석에 필요한 변수 등을 선정하는 단계와 유사한 CRISP-DM 방법 방법론은 단계는?

( )

09. 합리적 의사결정을 방해하는 요소로써 표현방식 및 발표자에 따라 동일한 사실에도 판단을 달리하는 현상을 무엇이라 하는가?

( )

10. 문제가 주어지고 이에 대한 해법을 찾기 위하여 각 과정이 체계적으로 단계화되어 수행하는 분석 과제 발굴 방식을 무엇이라고 하는가?

(   )

11. 아래는 빅데이터 분석 프로세스에서 데이터 분석 단계 중 어떤 것에 대한 설명인가?

> 분석용 데이터를 이용한 가설 설정을 통하여 통계모델을 만들거나 기계학습을 이용한 데이터의 분류, 예측, 군집 등의 기능을 수행하는 모델을 만드는 과정

(,   ,   )

12. 아래는 여러 분석 방법론 중 하나에 대한 설명이다. (   ) 안에 적절한 용어는?

> (   )모델은 반복을 통하여 점증적으로 개발하는 방법으로 처음 시도하는 프로젝트에 적용이 용이하지만, 반복에 대한 관리 체계를 효과적으로 갖추지 못한 경우 복잡도가 상승하여 프로젝트 진행이 어려울 수 있다.

(   )

13. 소프트웨어와 시스템공학의 역량 숙성도를 측정하기 위한 모델로 소프트웨어 품질보증과 시스템 엔지니어링 분야의 품질보증 기술을 통합하여 개발된 평가모델로 1~5단계로 구성된 성숙도 모델은?

(   )

14. 아래 (   ) 안에 공통적으로 들어갈 용어는?

> 기업 및 공공기관에서는 시스템의 중장기 로드맵을 정의하기 위한 (   )을(를) 수행한다. (   )은(는) 정보기술 또는 정보시스템을 전략적으로 활용하기 위하여 조직 내·외부 환경을 분석하여 기회나 문제점을 도출하고 사용자의 요구사항을 분석하여 시스템 구축 우선순위를 결정하는 등 중장기 마스터 플랜을 수립하는 절차이다.

(   )

정답 및 해설

【단답형】

01	④	21	①
02	③	22	②
03	③	23	②
04	②	24	①
05	①	25	①
06	②	26	①
07	④	27	④
08	①	28	③
09	②	29	③
10	②	30	③
11	①	31	②
12	②	32	①
13	③	33	③
14	④	34	④
15	①	35	②
16	④	36	②
17	③		
18	①		
19	②		
20	④		

01	시스템
02	사전 영향 평가
03	문제 정의
04	의사 코드
05	과제 수행
06	ㄱ : 워크플로우, ㄴ : 사전영향 평가
07	ㄱ : 업무, ㄴ : 제품, ㄷ : 지원 인프라
08	데이터 준비
09	프레이밍 효과
10	하향식 접근 방식
11	모델링
12	나선형 모델
13	능력 성숙도 통합모델 (Capability Maturity Model Integration, CMMI)
14	ISP(Information Strategy Planning)

01. 통찰(Insight)은 데이터 분석 방법(How)은 충분히 이해하고 있으나, 분석 대상(what)이 무엇인지 인지하지 못하는 유형이다. (정답 : ④)

02. 분석 대상이 명확하게 무엇인지 모르는 경우에는 기존분석 방식을 활용하여 통찰을 도출 해냄으로써 문제의 도출 및 해결에 기여하거나 발견 접근법으로 분석 대상 자체를 새롭게 도출할 수 있다. (정답 : ③)

03. 복잡하고 정교한 모형은 분석 기획 고려사항 중 장애요소에 해당하지 않는다. (정답 : ③)

04. 분석 기획시 고려사항은 다음과 같다.
    (1) 분석의 기본이 되는 데이터에 대한 고려가 필요하다.
    (2) 분석을 통해서 가치가 창출될 수 있는 적절한 활용방안과 활용 가능한 유즈케이스의 탐색이 필요하다.
    (3) 분석을 수행함에 있어서 발생하는 장애요소들에 대한 사전 계획 수립이 필요하다.
    (정답 : ②)

05. 정형 데이터의 유형은 ERP, CRM, SCM 등 정보시스템이며 반정형 데이터의 유형은 로그 데이터, 모바일 데이터, 센싱 데이터이다. 비정형 데이터의 유형은 영상, 음성 문자 등이다. (정답 : ①)

06. 폭포수 모델(Waterfall Model)은 단계를 순차적으로 진행하는 방법으로, 이전 단계가 완료 되어야 다음 단계로 진행될 수 있으며 문제가 발견되며 피드백 과정이 수행되기도 한다. (정답 : ②)

07. CRISP-DM 방법론의 모델링 단계에서 수행하는 태스크(task)는 모델링 기법 선택, 모델 테스트 계획 설계, 모델 작성, 모델 평가가 있다. (정답 : ④)

08. 빅데이터 분석 방법론의 분석 기획 단계는 '프로젝트 범위 설정 → 데이터 분석 프로젝트 정의 → 프로젝트 수행 계획 수립 → 데이터 분석 위험 식별' 순서이다. (정답 : ①)

09. 데이터 분석 단계를 수행하는 과정에서 추가적인 데이터 확보가 필요한 경우 데이터 준비 단계로 피드백하여 단계를 반복하여 진행한다. (정답 : ②)

10. 기업에서 데이터에 기반한 의사결정을 방해하는 요소는 고정 관념, 편향된 생각, 프레이밍 효과이다. (정답 : ②)

11. 채널은 기업이 고객 세그먼트에게 가치를 제안하기 위해 커뮤니케이션을 하고 상품이나 서비스를 전달하는 방법을 의미한다. 커뮤니케이션, 물류, 판매채널 등 기업과 고객의 인터페이스 전반이 바로 채널이다. 유통 채널을 공급하는 것은 채널 영역이 아니다.(정답 : ①)

12. 비즈니스 모델 캔버스를 활용한 과제 발굴 방법의 5가지 영역으로 '업무 - 제품 - 고객 - 규제와 감사 - IT 인프라'가 있다.
    (정답 : ②)

13. 데이터 타당성에 대해서는 데이터 존재 여부, 분석 시스템 환경, 분석 역량에 대한 검토가 필요하다. 문제발생 포인트에 대한 확보는 중요하지 않다. (정답 : ③)

14. 문제 탐색 단계에서 현재의 비즈니스 모델 및 유사·동종사례 탐색을 통해서 도출한 분석 기회들을 구체적인 과제로 만들기 전에 분석 유즈케이스로 표기하는 것이 필요하다. (정답 : ④)

15. 분석과제 정의서는 분석별로 필요한 소스 데이터, 분석방법, 데이터 입수 및 분석의 난이도, 분석 수행주기, 분석결과에 대한 검증 오너십, 상세 분석 과정 등을 정의한다. (정답 : ①)

16. 세부이행 계획수립에서 '데이터 분석체계의 특성을 고려하여 세부적인 일정계획을 수립해야한다.'의 내용처럼 프로젝트의 세부 일정계획도 데이터 분석 체계를 고려하여 작성해야한다. (정답 : ④)

17. 데이터 분석 프로젝트에서는 분석 범위가 빈번하게 변경되므로 분석 프로젝트 관리에서의 일정계획보다 더 많은 시간이 소요될 수 있다. 따라서 Time Boxing 기법과 같은 방법으로 일정관리를 진행하는 것이 필요하다. (정답 : ③)

18. 분석 프로젝트 관리방안에서 시간관리는 프로젝트의 활동 일정을 수립하고 일정 통제의 진척상황을 관찰하는데 요구되는 프로세스이다. (정답 : ①)

19. '분석 준비도'의 분석 데이터의 진단 항목은 분석을 위한 데이터 충분성, 신뢰성, 적시성, 비구조적 데이터 관리, 외부 데이터 활용 체계, 기준 데이터 관리(MDM)가 있다. (정답 : ②)

20. ROI 관점에서 빅데이터의 핵심 특징에서 투자비용 요소에는 크기(Volume), 다양성(Variety), 속도(Velocity)가 해당하며, 비즈니스 효과에는 가치(Value)가 해당된다. (정답 : ④)

21. 사분면 영역에서 난이도와 시급성을 모두 고려할 때 가장 우선적인 분석 과제 적용이 필요한 영역은 난이도 : 쉬움, 시급성 : 현재를 나타내는 3사분면이다. (정답 : ①)

22. 과제 중심적인 접근 방식의 특징에는 Speed&Test, Quick-Win, Problem Solving이 해당하며 Accuracy&Deploy는 장기적인 마스터 플랜 방식에 해당하는 내용이다. (정답 : ②)

23. 데이터 분석 준비 프레임워크에서 분석 업무 파악 영역에는 발생한 사실 분석 업무, 예측 분석 업무, 시뮬레이션 분석 업무, 최적화 분석 업무, 분석 업무 정기적 개선이 있다. (정답 : ②)

24. 데이터 표준화는 데이터 표준 용어 설정, 명명 규칙 수립, 메타 데이터 구축, 데이터 사전 구축 등의 업무로 구성된다. (정답 : ①)

25. 집중 구조는 전사 분석 업무를 별도의 분석 전담 조직에서 담당하며 전략적 중요도에 따라 분석 조직이 우선순위를 정해서 진행 가능하기 때문에 현업 업무부서의 분석 업무와 이중화/이원화 가능성이 높다. (정답 : ①)

26. 가치는 비즈니스 효과에 해당하며 크기, 다양성, 속도가 투자비용요소에 해당한다. (정답 : ①)

27. 분석 과제 로드맵은 과제의 우선순위를 고려하여 작성하되 과제별 선후관계를 감안하여 단계별 추진 내용을 정렬한다. (정답 : ④)

28. 분산구조는 분석 조직의 인력을 현업부서에 배치하여 분석 업무를 수행함으로써 분석결과에 따른 신속한 실무적용이 가능하다. (정답 : ③)

29. 단순히 대용량데이터를 수집, 축적하는 것보다는 어떤 목적으로 어떤 데이터를 어떻게 분석에 활용할 것인가가 더욱 중요하다. 빅데이터 분석에서 품질관리도 중요하지만, 데이터 수명주기 관리방안을 수립하지 않으면 데이터 가용성 및 관리비용 증대 문제에 직면하게 될 수 있다. (정답 : ③)

30. 빅데이터 등장으로 비즈니스 영역에서는 분석 조직 및 인력에 대한 지속적인 교육과 훈련을 실시하고 사실 기반(Fact-Based) 의사결정을 할 수 있는 문화를 정착시키고자 했다. 또, 분석 교육의 목표는 단순한 툴 교육이 아닌 분석역량을 확보하고 강화하는 것에 초점을 맞추어 진행되어야 한다. (정답 : ③)

31. 분석과제 중에 발생된 시사점과 분석 결과물이 풀(pool)로 관리하고 공유된다. 확정된 분석 과제는 풀(pool)로 관리하지 않는다. (정답 : ②)

32. 고급분석 기법은 기존에 행해졌던 데이터 분석에서도 활용되었다. (정답 : ①)

33. Self Service Analytics는 일반 사용자도 쉽게 데이터를 분석할 수 있도록 도구와 인터페이스를 제공하는 것을 목표로 하여 사용자가 R, Python과 같은 데이터 분석 언어나 깊은 통계적 지식을 필요로 하지 않도록 설계되어 있다. 이는 일반 사용자들이 분석 작업을 수행할 수 있도록 하기 위한 접근 방식이다.(정답 : ③)

34. Servitization은 제품과 서비스의 결합(Product Servitization), 서비스의 상품화(Service Productization), 그리고 기존 서비스와 신규 서비스의 결합 현상을 포괄하는 개념이다. ④번은 Servitization의 설명이 아니다. (정답 : ④)

35. 데이터 거버넌스 체계 중 데이터 관리 체계는 데이터 정합성 및 활용의 효율성을 위하여 표준데이터를 포함한 메타 데이터와 데이터 사전의 관리 원칙을 수립한다. 빅데이터의 경우 데이터 양의 급증으로 데이터의 생명 주기 관리방안을 수립하지 않으면 데이터 가용성 및 관리비용 증대 문제에 직면하게 될 수 있다. (정답 : ②)

36. 프로토타이핑 접근법은 신속하게 해결책이나 모형을 제시함으로써 문제를 좀 더 명확하게 인식하고 필요한 데이터를 식별하여 구체화할 수 있게 하는 유용한 상향식 접근 방법이다. 나머지 항목은 하향식 접근 방법에 해당하는 내용이다. (정답 : ②)

2026 ADP 필기 데이터 분석 전문가 : 올패키지

초판 1쇄 발행 2020년 02월 21일
3판 1쇄 발행 2025년 07월 15일

발행인 윤종식
저자 윤종식
편집디자인 SPRING PAGE, 트인글터 (김정숙), 윤보라
펴낸곳 (주)데이터에듀
출판등록번호 제2020-000003호
주소 부산시 해운대구 센텀북대로 60, 1807호
대표전화 051-523-4566 | **도서유통** 02-556-3166 | **팩스** 0303-0955-4566
이메일 books@dataedu.co.kr | **홈페이지** www.dataedu.kr

- 잘못된 책은 구입한 서점에서 바꿔 드립니다.
- 이 책은 저작권법에 의해 보호를 받는 저작물로 저작권자나 (주)데이터에듀의 사전 승인 없이 본문의 일부 또는 전부를 무단으로 복제하거나 다른 매체에 기록할 수 없습니다.
- 정오표는 데이터에듀 홈페이지에서 보실 수 있습니다.

ISBN 979-11-93672-29-7 (세트)
ISBN 979-11-93672-30-3 (1권)
가격 53,000원

자격증 합격부터 데이터 전문가 양성까지 완벽 대비!
데이터에듀 인강 시리즈

01. 데이터분석 준전문가 준비를 위한 강의

ADsP 합격패키지

- 데이터에듀 가장 많은 수강생이 수강하는 BEST 1위 강의
  비전공자도 쉽게 합격하는 출제포인트 제공

- 이론 + 예상문제 + 핵심요약 강의 + 기출해설강의
  전 범위 최신 기출 경향 분석을 통한 완벽한 합격전략 제시

- 상세한 개념 설명과 예시로 누구나 이해할 수 있는 강의!
  어려운 3과목도 자세한 설명과 예시로 완벽 대비

ADsP 합격패키지 1
- 범위 : 1과목/2과목/3과목 4장, 5장
- 핵심 과목만 중점 학습

ADsP 합격패키지 2
- 범위 : 3과목 1장 ~ 5장
- 데이터분석 파트 집중 학습

ADsP 합격패키지 3
- 범위 : 1과목 ~ 3과목(전과목)
- 비전공자 추천 / 전범위 집중 학습

비전공자 단기 합격 로드맵 제공
빅분기 필기 3주 합격패키지

- 비전공자도 단기 합격 가능한 3주 학습 로드맵 제공 & 저자와 통계 전문가 과목별 2인 체제

- 눈높이 체크부터 실전 문제풀이까지 5단계 합격 커리큘럼 구성

- 최신 기출 경향 분석을 통한 완벽한 과목별 학습 전략 제시

일주일만에 합격하는
SQLD 합격패키지

- 2024 NEW 교육과정 반영은 기본! 국립금오공대 교수 직강

- 사례를 통한 이론과 코드 설명으로 초단기 합격 완성!

- 기출 분석을 통해 엄선된 문제풀이로 높은 적중률

02. 데이터분석 초보자/입문자 추천 강의

비전공자 눈높이의 데이터 분석 강의
가장 쉬운 데이터분석 입문

온라인 사수가 알려주는 SQL&Python 스킬
도전! 실전 데이터분석 (SQL&Python)

투자 공부의 진짜 시작
금융데이터 분석

데이터에듀
오프라인 교육

10년 연속 컴퓨터/IT 분야 수험서 1위를 차지한 빅데이터 교육 콘텐츠 기업, 10년 이상의 온/오프라인 교육 노하우로 기업의 DT 전환에 기여합니다.

자격증 강의
데이터분석 전문가 ADP, 데이터분석 준전문가 ADsP, 빅데이터 분석기사, 경영정보시각화능력, SQL 개발자 SQLD

빅데이터, AI 강의
생성형 AI / chat-gpt, AI 데이터 라벨링, 머신러닝 및 딥러닝, 데이터분석기획, 마케팅 전략 수립 강의

오프라인 교육 이력

자격증 강의

- **기업 강의**
  삼성전자, 삼성 SDS, LG CNS, 이니스프리, 포스코건설, 현대홈쇼핑 등
- **공공기관 강의**
  한국표준협회, 중소기업진흥공단, 세종테크노파크 등
- **대학 강의**
  연세대학교, 동국대학교, 건국대학교, 성균관대학교, 부산대학교, 동아대학교 등

빅데이터, AI 강의

- **생성형 AI / chat-gpt**
  동의대, 밀양시청, 한국해양수산데이터산업협회, (사)한국융합인재교육협회, 김포새로일하기센터
- **AI 데이터 라벨링**
  부산과학기술대학, 구미여성인력개발센터 등
- **머신러닝 및 딥러닝**
  삼성SDS, LG CNS, 중소기업진흥공단, KOSTA 등
- **데이터분석기획**
  LG 이노텍, LG CNS, 부산대학교 등
- **마케팅 전략 수립**
  경제진흥원, 동아대학교 산학협력단, 여성인력개발센터 등

기업교육 문의
www.dataedu.kr | ebiz@dataedu.co.kr | 070-4193-0607

손은 가볍게! 머리는 가득차게!
데이터에듀PT로 ADP 필기 완성

데이터에듀PT?
자격증 공부를 위한 개인 맞춤형 모바일 학습 솔루션

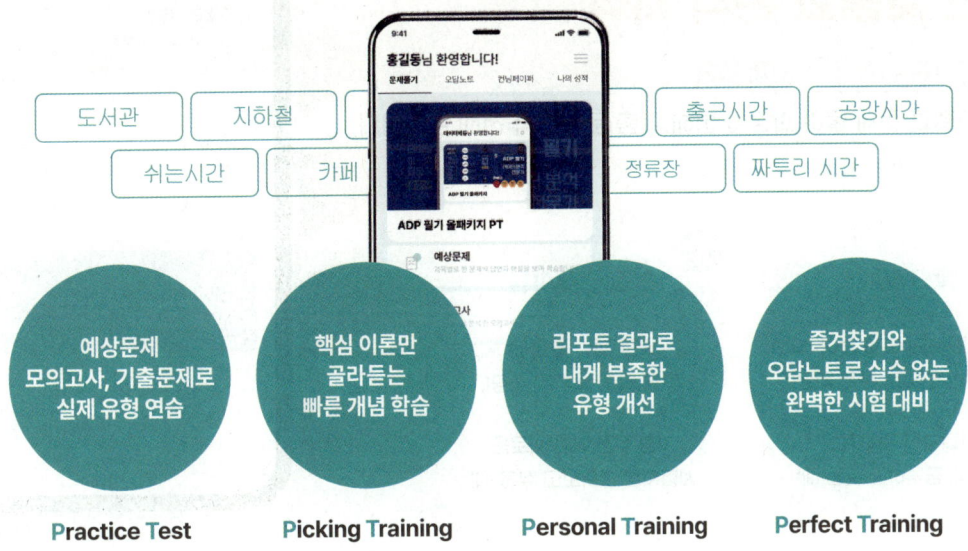

Practice Test — 예상문제 모의고사, 기출문제로 실제 유형 연습

Picking Training — 핵심 이론만 골라듣는 빠른 개념 학습

Personal Training — 리포트 결과로 내게 부족한 유형 개선

Perfect Training — 즐겨찾기와 오답노트로 실수 없는 완벽한 시험 대비

더 쉽고 편하게 공부하고 싶다면? **데이터에듀PT!** 🤗

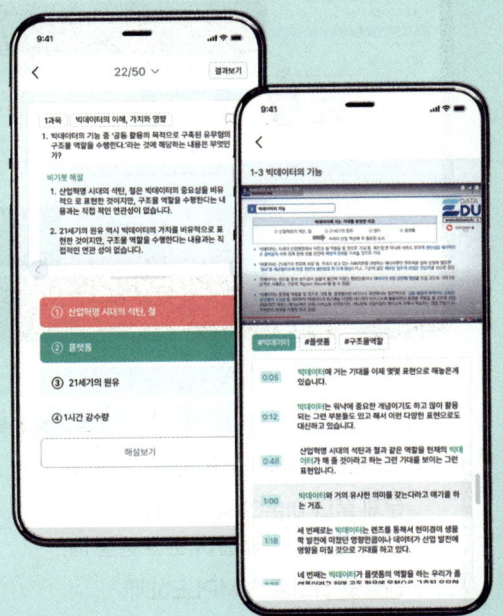

문제풀이
최신 파랭이책 문제 수록

비기봇(BIGI BOT) 해설
문제의 보기 별 상세한 해설 제공
* 비기봇 : 데이터에듀에서 개발한 생성형 AI 챗봇

성적 리포트
성적변화 그래프 과목별 맞춤 코멘트, 시험풀이내역 부족한 파트 관리기능

DATAEDU PT

자격증 공부를 위한 개인 맞춤형 학습 솔루션

다운로드

문제 추천 서비스 출시!
개인 맞춤화 본격 시작

나의 합격을 위한 맞춤 문제 추천

나의 레벨과 문제 풀이 과정을 통해 맞춤 문제를 추천해 드립니다.

2가지 문제 추천 방식

① 로드맵형
한 문제, 한 문제 풀이 결과에 따른 맞춤 문제 제공!
―
하나부터 열까지 꼼꼼하게 공부하고 싶을 때!

② 실전 트레이닝
시험 제출 결과에 따른 맞춤 시험지 제공!
―
시험 직전 매번 새로운 시험지를 풀어보고 싶을 때!

모바일로 편하게!

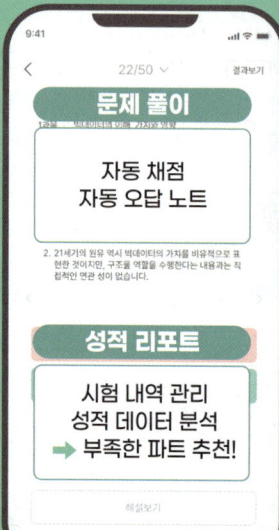

문제 풀이
자동 채점
자동 오답 노트

성적 리포트
시험 내역 관리
성적 데이터 분석
→ 부족한 파트 추천!

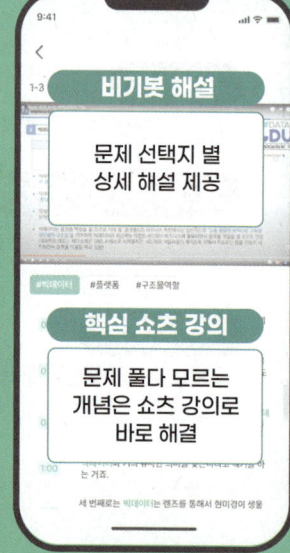

비기봇 해설
문제 선택지 별 상세 해설 제공

핵심 쇼츠 강의
문제 풀다 모르는 개념은 쇼츠 강의로 바로 해결

eBook으로 더 편하게!

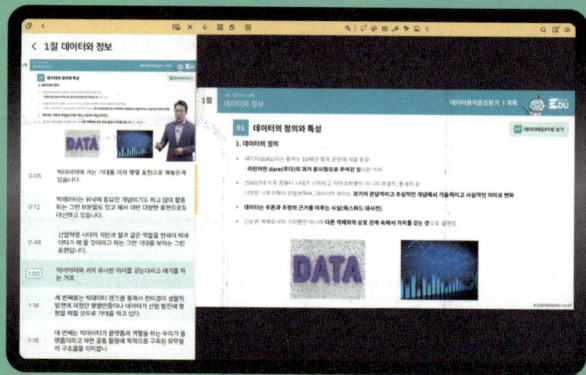

DATAEDU PT With SCONN 북카페

- 데이터에듀PT와 eBook이 만났습니다!
- 문제 풀다 이론이 궁금할 때! 강의 듣다 책이랑 같이 보고 싶을 때!
- 태블릿 하나로 SIMPLE하게!

• 해당 기능 및 교육 콘텐츠는 자격증에 따라 제공 범위가 다를 수 있습니다.

CODE LEARNING
자격증 공부를 위한 온라인 코딩 학습 솔루션

ADsP, ADP, 빅분기 실기 완벽 대비!
R & Python 프로그래밍 본격 출시

환경 설정, 패키지 버전 오류 없는 코딩 학습 환경!
PC에서 발생할 수 있는 오류를 방지합니다.

코드러닝의 2가지 특징

1. 자동 채점
- 시험 채점 기준에 따른 자동 채점
- 빠르고 쉬운 결과 확인으로 정확한 실습 대비!

2. 실기 콘텐츠
- 데이터에듀 실기 문제 및 실습 예제 모두 지원
- R과 Python 모두 지원!

어떤 기기로도 편하게!

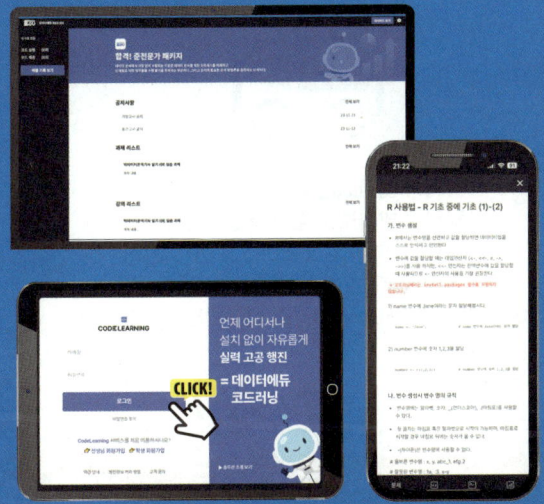

- PC, 태블릿, 모바일에서도 편하게
- 설치도 필요 없이 쉽게

강사도 편리하게!

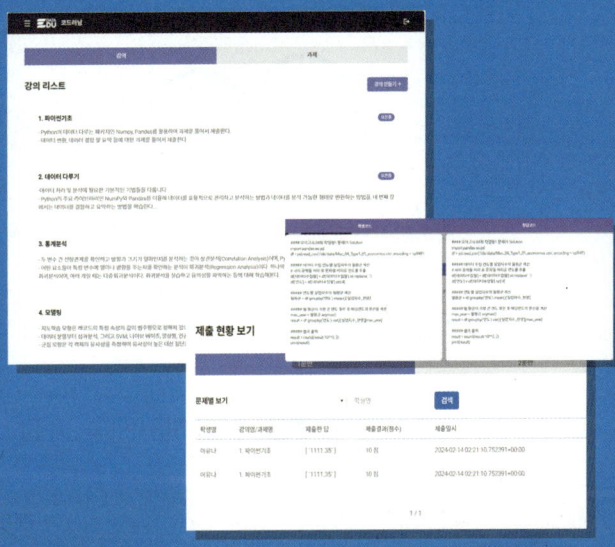

- 클릭으로 간편한 강의 개설
- 학생들의 실시간 제출 현황 제공!

● 해당 기능 및 교육 콘텐츠는 자격증에 따라 제공 범위가 다를 수 있습니다.

● 베스트셀러 **1위**
● 소비자 만족지수 **1위**
● 빅데이터 교육 **NO.1**

데이터에듀 카페 운영!

질문답변 / 정보공유
시험후기 / 자격증 정보

데이터에듀 카페 바로가기

카페 가입하고 다양한 혜택을 받아보세요!

합격후기 이벤트

데이터에듀 도서로 공부했다면 누구나 참여가능!
여러분의 소중한 합격후기를 들려주세요.

참여자 전원 네이버페이 3천원 권
또는 커피 쿠폰 증정!
우수 합격후기 작성자는 네이버페이 1만원권!
이벤트 공지는 데이터에듀 카페와
데이터에듀PT 커뮤니티에서 공지합니다.

오공완 캐시백 이벤트

파랭이책으로 도서로 공부하고
네이버카페에 인증해 주세요.
네이버페이 증정!

파랭이책으로 공부하고 카페에 공부한 사진
올리고 인증하면 네이버페이를 증정합니다!
오공완 캐시백 이벤트는
데이터에듀 카페에서 공지합니다.

1:1 질문답변

노베이스 수험생도, 시간부족 직장인도
합격할 수 밖에 없는 1:1 맞춤 학습관리

학습하면서 궁금한 점은 언제든 질문해주시면
1:1 맞춤 답변해드립니다.
현재 실력, 학습환경, 학습성향에 맞는
학습컨설팅과 학습가이드를 제공해 드립니다.

서평단 체험단

데이터에듀 도서와 에듀테크 서비스를
무료로 받아보고 체험해 보세요!

도서가 출간되면 가장 먼저 도서를
무료로 받아보고 공부하는 서평단!
데이터에듀 에듀테크 서비스를 가장 먼저
무료로 체험해볼 수 있는 체험단!
데이터에듀 카페에서 서평단과 체험단을 신청하세요.

N 데이터에듀 카페 🔍

➡ **카카오톡 상담톡**

사이트 이용, 도서인증 등
궁금한 모든 것을 문의해 주세요.

데이터에듀 카카오 플러스채널 친구 추가 혜택

도서 5% 추가
할인 쿠폰 제공

데이터에듀
이벤트

신간 출간 정보
제공

카카오톡 상담
바로가기

국내 유일한 ADP 필기 수험서

ADP 필기 데이터 분석 전문가

올패키지

저자 윤종식

제 2 권
4과목 데이터 분석

PART 04 데이터 분석

1장 • 데이터 분석 개요
2장 • R 프로그래밍 기초
3장 • 데이터 마트
4장 • 통계분석
5장 • 정형 데이터 마이닝
6장 • 비정형 데이터 마이닝
7장 • 서술형 문제

본 과목은 데이터 분석에 대한 기본적인 이해를 할 수 있도록 데이터 분석에 대한 개념과 다양한 분석 기법에 대해 소개한다. 데이터 분석 도구인 R 프로그램의 기초 문법에 대해서 학습하고 데이터 마트를 설계하기 위한 R 패키지를 이해한다. 데이터 분석을 위한 통계분석, 정형 데이터 마이닝 그리고 비정형 데이터 마이닝 방법론의 개념과 특성을 학습하고 R 프로그램으로 활용할 수 있는 패키지와 결과를 해석할 수 있는 능력을 키운다.

Learning Map
어떤 것을 학습하게 될지 살펴보자!

1장 - 데이터 분석 개요
- 데이터 분석 기법의 이해

2장 - R 프로그래밍 기초
- R 소개
- R 기초
- 입력과 출력
- 데이터 구조와 데이터 프레임
- 데이터 변형

3장 - 데이터 마트
- 데이터 변경 및 요약
- 데이터 가공
- 기초 분석 및 데이터 관리

4장 - 통계 분석
- 통계분석의 이해
- 기초 통계분석
- 통계분석 방법론
- 회귀분석
- 고급 회귀분석
- 시계열 분석
- 다차원 척도법
- 주성분 분석

7장 - 서술형 문제
- 통계분석
- 정형 데이터 마이닝

6장 - 비정형 데이터 마이닝
- 텍스트 마이닝
- 사회연결망 분석

5장 - 정형 데이터 마이닝
- 데이터 마이닝의 개요
- 분류분석
- 군집분석
- 연관분석

1장 데이터 분석 개요

출제 포인트

데이터 분석 set을 만들기 위해 어떤 데이터를 활용할 것인지, 어떻게 하면 더 효과적으로 정제되고 안정적인 데이터 set을 가져와서 데이터 마트를 구성할 수 있을지 그림을 통해 이해하도록 합니다. 또한 시각화, 공간 분석, 탐색적 자료 분석, 데이터 마이닝, 텍스트 마이닝의 개념과 특성을 알아야 합니다.
본 절에서 2문제 이상의 객관식 및 주관식 문제가 출제될 수 있으니 반드시 외우도록 합시다~

학습목표

- 데이터 처리 프로세스를 이해한다.
- 데이터 분석 기법 중 시각화를 이해한다.
- 데이터 분석 기법 중 공간분석을 이해한다.
- 데이터 분석 기법 중 탐색적 자료 분석을 이해한다..

눈높이 체크

• **데이터 분석을 위해 데이터 마트를 어떻게 만들까요?**

대기업에서는 데이터 분석을 위해 데이터 웨어하우스(DW)나 데이터 마트(DM)에서 데이터를 추출해 옵니다. 또한 운영시스템에서 데이터를 추출하여 분석용 데이터를 구성하게 됩니다. 데이터를 추출 가능한 기업 내 여러 시스템의 명칭과 프로세스를 이해하면 보다 효과적으로 데이터 마트를 구성할 수 있게 됩니다.

• **데이터 분석 방법 중 시각화를 들어보셨나요?**

데이터 시각화는 데이터를 도표나 그림으로 한눈에 분석내용을 인지할 수 있는 데이터 분석기법으로 가장 낮은 수준의 분석이지만 복잡한 분석보다 더 효율적으로 인사이트를 얻을 수 있습니다. 그래서 빅데이터 분석에서는 필수적인 분석 방법으로 활용되고 있습니다.

• **데이터 분석 방법 중 공간분석을 들어보셨나요?**

공간분석은 공간적 차원과 관련된 속성을 지도 위에 시각화하여 인사이트를 얻는 방법으로 여러 분야에서 활용되고 있습니다.

• **데이터 분석 방법 중 탐색적 자료분석을 들어보셨나요?**

탐색적 자료분석은 다양한 차원과 값을 조합해 특이한 점이나 의미있는 사실을 도출하는 분석으로 변수의 특징과 변수들 간의 관계를 탐색하는 분석 방법입니다.

1절 데이터 분석 기법의 이해

1. 데이터 처리

가. 개요

- 데이터 분석은 통계에 기반을 두고 있지만, 통계지식과 복잡한 가정이 상대적으로 적은 실용적인 분야이다.

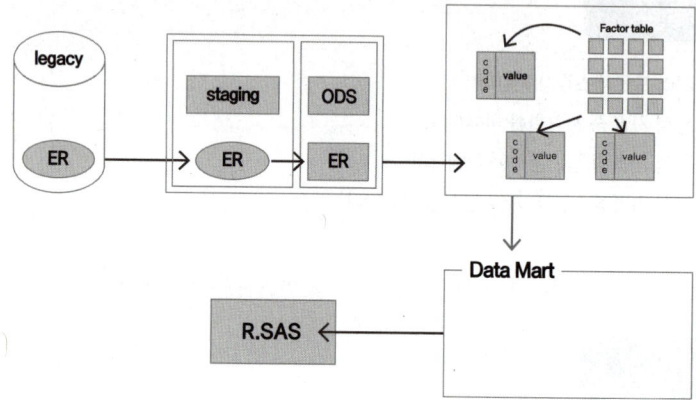

나. 활용

- 대기업은 데이터 웨어하우스(DW)와 데이터 마트(DM)를 통해 분석 데이터를 가져와서 사용한다.
- 신규 시스템이나 DW에 포함되지 못한 자료의 경우, **기존 운영시스템(Legacy)**이나 **스테이징 영역(Staging Area)**과 **ODS(Operational Data Store)**에서 데이터를 가져와서 DW에서 가져온 내용과 결합하여 활용할 수 있다.
- 하지만 운영시스템에 직접 접근해 데이터를 활용하는 것은 매우 위험한 일이므로 거의 이루어지지 않고 있으며, 스테이징 영역(Staging Area)의 데이터는 운영시스템에서 임시로 저장된 데이터이기 때문에 가급적이면 클렌징 영역인 ODS에서 데이터의 전처리를 해서 DW나 DM과 결합하여 활용하는 것이 가장 이상적이다.

다. 최종 데이터 구조로 가공
  1) 데이터 마이닝 분류
    - 분류값과 입력변수들을 연관시켜 인구통계, 요약변수, 파생변수 등을 산출한다.

  2) 정형화된 패턴 처리
    - 비정형 데이터나 소셜 데이터는 정형화한 패턴으로 처리해야 한다.

    가) 비정형 데이터
      - 비정형 데이터는 텍스트 마이닝 등의 분석을 통해 구조화된 데이터로 변환된 후, 데이터 마트에 통합된다.ww

    나) 관계형 데이터
      - 비정형 데이터는 텍스트 마이닝 등의 분석을 통해 구조화된 데이터로 변환된 후, 데이터 마트에 통합된다.

2. 시각화(시각화 그래프)
- 시각화는 가장 낮은 수준의 분석이지만 잘 사용하면 **복잡한 분석보다도 더 효율적**이다.
- 대용량 데이터를 다루는 빅데이터 분석에서 **시각화는 필수**이다.
- 탐색적 분석을 할 때 시각화는 필수이다.
- SNA 분석(사회연결망 분석)을 할 때 자주 활용된다.

3. 공간분석(Spatial Analysis)
- 공간분석(Spatial Analysis)은 공간적 차원과 관련된 **속성들을 시각화**하는 분석이다.
- 지도 위에 관련 속성들을 생성하고 **크기, 모양, 선 굵기** 등으로 **구분**하여 인사이트를 얻는다.

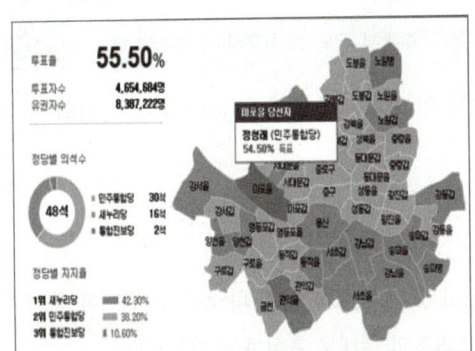

〈출처 : http://media.daum.net/2012g_election/district/11/〉

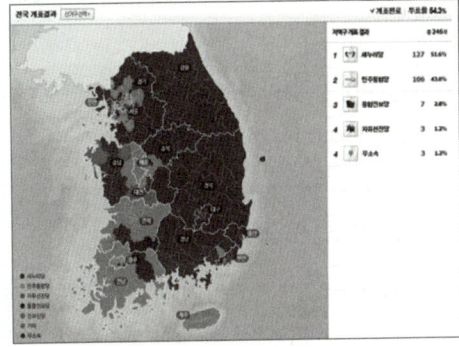

〈출처 : 네이버 19대 총선 페이지〉

4. 탐색적 자료 분석(EDA)

가. 개요
- 탐색적 분석은 다양한 차원과 값을 조합해가며 **특이한 점이나 의미 있는 사실**을 도출하고 분석**의 최종 목적을 달성해가는 과정**으로 데이터의 특징과 내재하는 **구조적 관계**를 알아내기 위한 기법들의 통칭이다. 프린스톤 대학의 튜키교수가 1977년 저서를 발표함으로 EDA가 등장한다.

나. EDA의 4가지 주제
- 저항성의 강조, 잔차 계산, 자료변수의 재표현, 그래프를 통한 현시성

다. 탐색적 분석의 효율 예
- 2과목 모형개발 프로세스(KDD, CRISP-DM 등)에서 언급한 바와 같이 데이터이해 단계(변수의 분포와 특성 파악)와 변수생성 단계(분석목적에 맞는 주요한 요약 및 파생변수 생성) 그리고 변수선택 단계(목적변수에 의미있는 후보 변수 선택)에서 활용되고 있다.

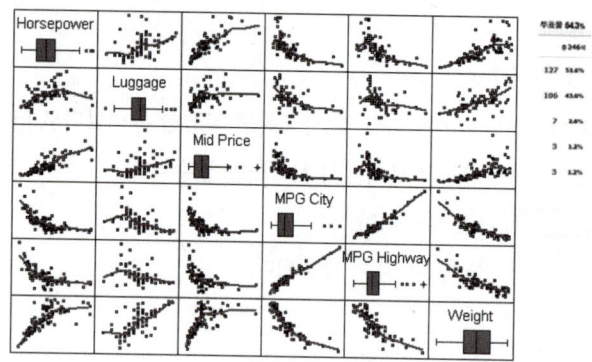

(참조 : http://www.statgraphics.com/eda.htm)

5. 통계분석

 **출제 포인트**

3장에서 다시 다룰 예정이므로 간단히 이해하고 넘어갑시다.

가. 통계
- 어떤 현상을 종합적으로 한눈에 알아보기 쉽게 일정한 체계에 따라 숫자와 표, 그림의 형태로 나타내는 것이다.

나. 기술통계 (Descriptive Statistics)
- 모집단으로부터 표본을 추출하고 **표본이 가지고 있는 정보를 쉽게 파악**할 수 있도록 데이터를 정리하거나 요약하기 위해 하나의 숫자 또는 그래프의 형태로 표현하는 절차이다.

다. 추측(추론)통계(Inferential Statistics)
- 모집단으로부터 추출된 **표본의 표본 통계량**으로부터 모집단의 특성인 모수에 관해 통계적으로 **추론**하는 절차이다.

라. 활용분야
- 정부의 경제정책 수립과 평가의 근거자료로 활용(통계청의 실업률, 고용률, 물가지수)
- 농업(가뭄, 수해 또는 병충해 등에 강한 품종의 개발 및 개량)
- 의학(의학적 치료 방법의 효과나 신약 개발을 위한 임상실험의 결과 분석)
- 경영(제품 개발, 품질관리, 시장조사, 영업관리 등에 활용)
- 스포츠(선수들의 체질향상 및 개선, 경기 분석과 전략분석, 선수평가와 기용 등)

6. 데이터 마이닝

가. 개요
- 대표적인 고급 데이터 분석법으로 **대용량의 자료**로부터 정보를 요약하고 미래에 대한 예측을 목표로 자료에 존재하는 **관계, 패턴, 규칙 등을 탐색**하고 이를 모형화함으로써 이전에 알려지지 않은 **유용한 지식을 추출**하는 분석 방법이다.

나. 방법론
- **데이터베이스**에서의 지식탐색 : 데이터 웨어하우스에서 데이터 마트를 생성하면서 각 데이터들의 속성을 사전분석을 통해 지식을 얻는 방법이다.
- **기계학습**(Machine Learning) : 인공지능의 한 분야로, 컴퓨터가 학습할 수 있도록 알고리즘과 기술을 개발하는 분야로 **인공신경망, 의사결정나무, 클러스터링, 베이지안 분류, SVM 등**이 있다.
- **패턴인식**(Pattern Recognition) : 원자료를 이용해서 사전지식과 패턴에서 추출된 통계 정보를 기반으로 자료 또는 패턴을 분류하는 방법으로 **장바구니분석, 연관규칙 등**이 있다.

다. 활용분야
- 데이터베이스 마케팅(방대한 고객의 행동정보를 활용해 목표 마케팅, 고객세분화, 장바구니 분석, 추천 시스템 등)
- 신용평가 및 조기경보시스템(금융기관에서 신용카드 발급, 보험, 대출 발생시 업무에 적용)
- 생물정보학(세포의 수많은 유전자를 분석하여 질병의 진단과 치료법 또는 신약 개발)
- 텍스트 마이닝(전자우편, SNS 등 디지털 텍스트 정보를 통해 고객성향분석, 감성분석, 사회관계망분석 등)

데이터 분석 개요

4과목 / 1장

01. 데이터가 가지고 있는 특성을 파악하기 위해 해당 변수의 분포 등을 시각화하여 분석하는 분석 방식은 무엇인가?

① 전처리분석
② 탐색적 자료 분석(EDA)
③ 공간분석
④ 다변량분석

02. 데이터 마이닝의 모델링에 대한 설명이다. 설명이 가장 잘못된 것은?

① 데이터 마이닝 모델링은 통계적 모델링이 아니므로 지나치게 통계적 가설이나 유의성에 집착하지 말아야 한다.
② 모델링에는 다양한 방법이 존재하므로, 최고의 성과를 얻기 위해 반드시 여러 옵션을 고려하여 모델링을 수행하는 것이 바람직하다.
③ 분석 데이터는 학습용과 테스트용으로 나누며, 이때 6:4, 7:3, 8:2 등 해당 상황에 가장 적절한 비율을 선택하여 사용한다.
④ 성능에 집착하면 분석 모델링의 주목적인 실무 적용에 반하여 시간을 낭비할 수 있으므로 훈련 및 테스트 성능에 큰 편차가 없고 예상 성능을 만족하면 중단한다.

03. 모델링 성능을 평가함에 있어, 데이터 마이닝에서 활용하는 평가 기준이 아닌 것은?

① 정확도(Accuracy)
② 리프트(Lift)
③ 디텍트 레이트(Detect Rate)
④ Throughput

04. 탐색적 데이터 분석의 목적은 데이터를 이해하는 것이다. 다음 중 이에 대한 설명으로 가장 부적절한 것은?

① 데이터에 대한 전반적인 이해를 통해 분석 가능한 데이터인지 확인하는 단계이다.
② 탐색적 데이터 분석 과정은 데이터에 포함된 변수의 유형이 어떻게 되는지를 찾아가는 과정이다.
③ 데이터를 시각화하는 것만으로는 이상점(Outlier) 식별이 잘되지 않는다.
④ 알고리즘이 학습을 얼마나 잘 하느냐 하는 것은 전적으로 데이터의 품질과 데이터에 담긴 정보량에 달려 있다.

05. 아래의 그림은 데이터 처리 구조를 나타내고 있다. 그림에 대한 설명으로 잘못된 것은?

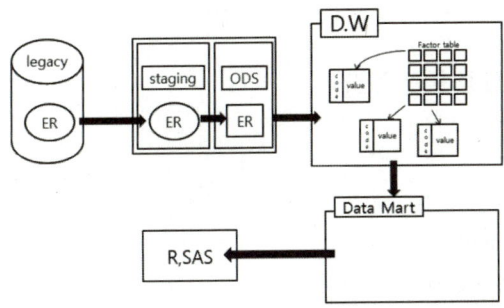

① 데이터를 분석에 활용하기 위해 데이터 웨어하우스와 데이터 마트에서 데이터를 가져온다.
② 신규 시스템이나 DW에 포함되지 않은 데이터는 기존 운영시스템(legacy)에서 직접 데이터를 DW와 전처리 없이 바로 결합하면 된다.
③ ODS는 운영데이터저장소로 기존 운영시스템의 데이터가 정제된 데이터이므로 DW나 DM과 결합하여 분석에 활용할 수 있다.
④ 스테이지 영역에서 가져온 데이터는 정제되어 있지 않기 때문에 데이터의 전처리를 해서 DW나 DM과 결합하여 사용한다.

06. 최근 시각화 기법의 활용이 높아지면서 데이터의 특성을 파악하는데 많은 기여를 하고 있다. 다음 중 최근의 시각화의 발전된 형태가 아닌 것은?

① 텍스트 마이닝에서의 워드 클라우드를 통한 그래프화
② SNA(Social Network Analysis)에서 집단의 특성과 관계를 그래프화
③ 통계 소프트웨어의 기초통계정보를 엑셀에서 그래프화
④ Polygon, Heatmap, Mosaic Graph 등의 그래프 작업

07. 대표적인 고급분석으로 데이터에 있는 패턴을 파악해 예측하는 분석으로 데이터가 크고 정보가 다양할수록 보다 활용하기 유리한 분석은 무엇인가?

① 시뮬레이션
② 통계분석
③ 데이터 마이닝
④ 시각화

08. 모집단으로부터 추출된 표본의 표본통계량으로부터 모집단의 특성인 모수에 관해 통계적으로 추론하는 통계를 무엇이라고 하는가?

① 가공 통계　　② 기술 통계　　③ 통계분석　　④ 추론 통계

09. EDA의 4가지 주제 중 틀린 것은?

① 종속변수 계산
② 저항성의 강조
③ 자료변수의 재표현
④ 그래프를 통한 현시성

단답형 문제로 복습하기!

> 단답형은 앞의 개념을 복습하기 위한 문제들로 시험에서는 단답형이 출제되지 않으니 참고하시기 바랍니다.

01. 공간적 차원과 관련된 속성들을 시각화에 추가하여 지도 위에 관련 속성들을 생성하고 크기, 모양, 선 굵기 등으로 구분하여 인사이트를 얻는 분석방법은 무엇인가?

(　　　　　　　　)

정답 및 해설

【단답형】

01	②
02	②
03	④
04	③
05	②
06	③
07	③
08	④
09	①

01	공간분석(Spatial analysis)

01. EDA(탐색적 자료 분석)는 다양한 차원과 값을 조합해가며 특이한 점이나 의미있는 사실을 도출하고 분석의 최종목적을 달성해가는 과정이다. (**정답** : ②)

02. 반드시 다양한 옵션을 모두 시도해야 하는 것은 아니며, 충분한 시간이 있을 경우 다양한 옵션을 실험해볼 수 있다. 일정 수준 이상의 성과가 도출되면, 해석 및 활용 단계로 넘어갈지 여부를 판단하여 의사결정을 내리는 것이 중요하다.
(**정답** : ②)

03. 데이터 마이닝에서는 정확도, 정밀도, 디텍트 레이트, 리프트 등의 값으로 판단하고 시뮬레이션에서는 Throughput, Average Waiting Time, Average Queue Length, Time in System 등의 지표가 활용된다. (**정답** : ④)

04. 상자그림(Box Plot) 등을 그리면 이상치를 식별하기 쉽다. (**정답** : ③)

05. 신규 시스템이나 스테이징 영역의 데이터는 정제되지 않았기 때문에 정제하고 DW나 DM과 결합해야 한다. (**정답** : ②)

06. 엑셀의 그래프는 최근 시각화 기술의 발전된 형태가 아니라 기존에 기술이다. (**정답** : ③)

07. 대용량 데이터에서 패턴을 파악해서 예측하는 분석 방법은 데이터 마이닝 방법이다. (**정답** : ③)

08. 추론(추측)통계는 모집단으로부터 추출된 표본의 표본통계량으로부터 모집단의 특성인 모수에 관한 통계적으로 추론하는 절차이다. (**정답** : ④)

09. EDA의 4가지 주제는 저항성의 강조, 잔차 계산, 자료변수의 재표현, 그래프를 통한 현시성이다. (**정답** : ①)

2장 R 프로그래밍 기초

학습목표

- 데이터 분석 환경을 이해한다.
- 데이터 분석 도구 R의 특성을 이해한다.
- R을 설치하고 GUI를 이해한다.
- R Studio를 설치하고 GUI를 이해한다.

눈높이 체크

- **데이터 분석을 위해 활용되고 있는 분석 도구에는 어떤 것이 있을까요?**

데이터 분석에 가장 많이 활용되는 분석도구는 SPSS, SAS, R, Python, Stata 등이 있습니다.

- **최근 빠른 속도로 확산되고 있는 R 언어를 아시나요?**

최근 R에 대한 관심이 커지면서 많은 분야에서 R을 이용한 실험과 프로젝트가 진행되고 있습니다.

- **R GUI 인 R Studio를 들어보셨나요?**

여러분들이 R과 R Studio에 관해 들어보셨거나 관심을 가지고 있다면 보다 좋은 학습 성과를 얻으실 수 있을 것입니다.

1절 R 소개

1. 데이터 분석 도구의 현황

가. R의 탄생
- R은 오픈소스 프로그램으로 통계·데이터 마이닝과 그래프를 위한 언어이다.
- 다양한 최신 통계분석과 마이닝 기능을 제공한다.
- 세계적으로 많은 사용자들이 다양한 예제를 공유한다.
- 다양한 기능을 지원하는 많은 패키지가 수시로 업데이트 된다.

나. 분석도구의 비교

	SAS	SPSS	오픈소스 R
프로그램 비용	유료, 고가	유료, 고가	오픈소스
설치용량	대용량	대용량	모듈화로 간단
다양한 모듈 지원 및 비용	별도구매	별도구매	오픈소스
최근 알고리즘 및 기술반영	느림	다소 느림	매우 빠름
학습자료 입수의 편의성	유료 도서 위주	유료 도서 위주	공개 논문 및 자료 많음
질의를 위한 공개 커뮤니티	없음	없음	매우 활발

다. R의 특징

1) 오픈소스 프로그램
   - 사용자 커뮤니티에 도움 요청이 쉽다.
   - 많은 패키지가 수시로 업데이트 된다.

2) 그래픽 및 성능
   - 프로그래밍이나 그래픽 측면 등 대부분의 주요 특징들에서 상용 프로그램과 대등하거나 월등하다.

3) 시스템 데이터 저장 방식
- 각 세션 사이마다 시스템에 데이터셋을 저장하므로 매번 데이터를 로딩할 필요가 없고 명령어 스토리도 저장 가능하다.

4) 모든 운영체제
- 윈도우, 맥, 리눅스 운영체제에서 사용 가능하다.

5) 표준 플랫폼
- S 통계 언어를 기반으로 구현된다.
- R/S 플랫폼은 통계전문가들의 사실상의 표준 플랫폼이다.

6) 객체 지향 언어이며 함수형 언어
- 통계 기능뿐만 아니라 일반 프로그래밍 언어처럼 자동화하거나 새로운 함수를 생성하여 사용 가능하다.

가) 객체 지향 언어의 특징
- SAS나 SPSS에서 회귀분석을 수행하면 결과가 매우 방대하게 출력되며, 이를 실제로 활용하기 위해서는 추가적인 프로그래밍이나 별도의 후처리 작업이 필요하다.
- R은 추정계수, 표준오차, 잔차 등 결과값을 객체(object)에 SAS나 SPSS에서 회귀분석을 수행하면 결과가 매우 방대하게 출력되며, 이를 실제로 활용하기 위해서는 추가적인 프로그래밍이나 별도의 후처리 작업이 필요하다.

나) 함수형 언어의 특징
- 더욱 깔끔하고 단축된 코드
- 매우 빠른 코드 수행 속도
- 단순한 코드로 디버깅 노력 감소
- 병렬 프로그래밍으로의 전환이 더욱 용이

예시

- 객체 지향 언어의 설명

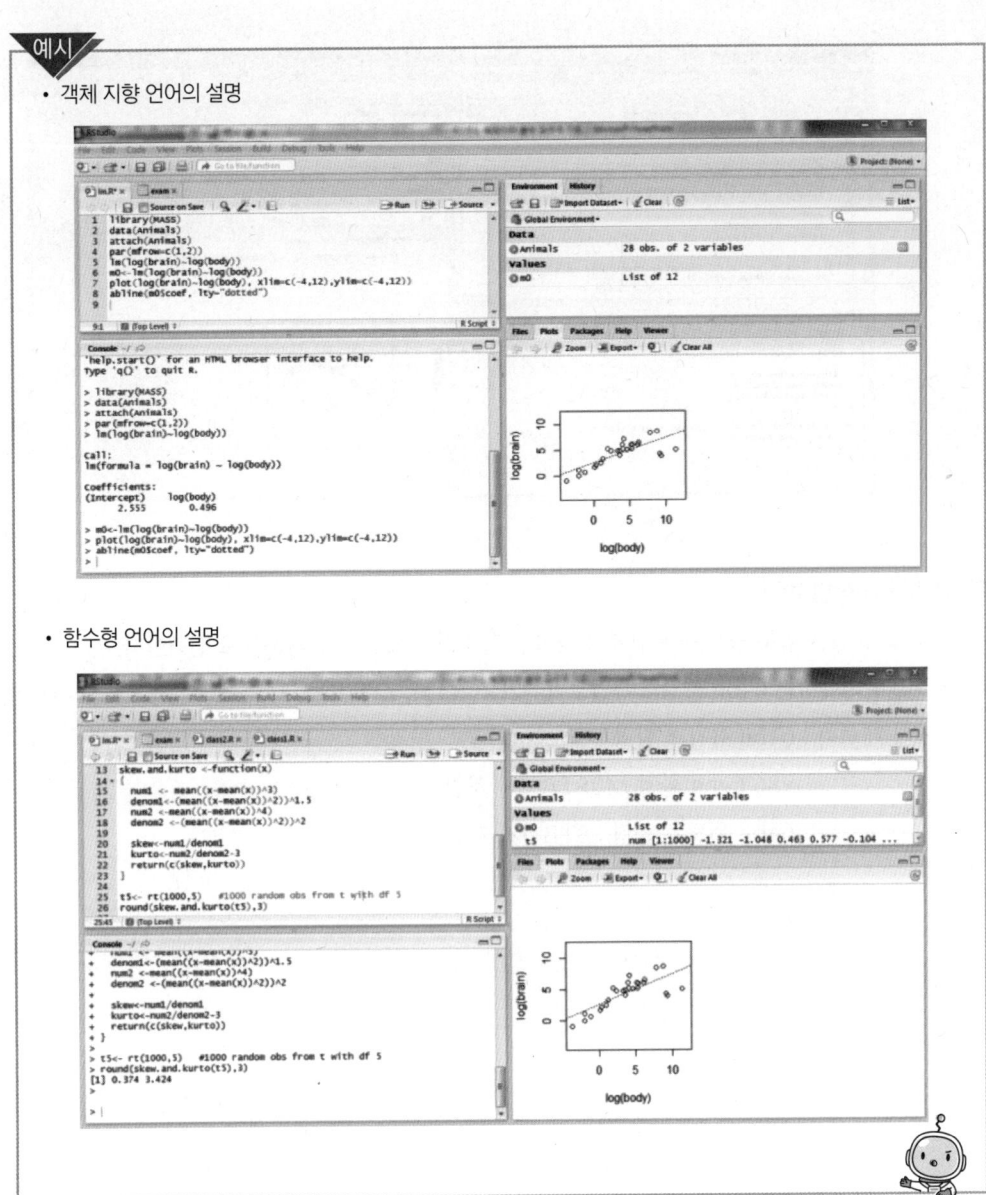

- 함수형 언어의 설명

라. R Studio

- 오픈소스이며 다양한 운영체계를 지원한다.
- R Studio는 메모리에 변수가 어떻게 되어 있는지와 타입이 무엇인지를 볼 수 있고, 스크립트 관리와 도큐먼테이션이 편리하다.
- 코딩을 해야하는 부담이 있으나 스크립트용 프로그래밍으로 어렵지 않게 자동화가 가능하다.
- **래틀(Rattle)**은 GUI가 패키지와 긴밀하게 결합되어 있어, 정해진 기능만 사용할 수 있다는 제한이 있다. 따라서 업그레이드가 제대로 이루어지지 않을 경우, 통합성에 문제가 발생할 수 있다.

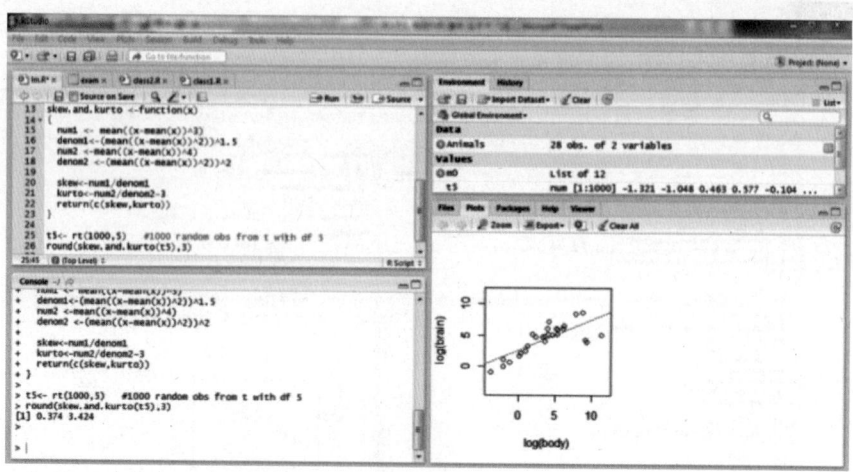

마. R 기반의 작업 환경

- 작업 환경은 업무 규모와 본인에게 익숙한 환경이 무엇인지를 기준으로 선택한다.
- 기업환경에서는 64bit 환경의 듀얼코어, 32GB RAM, 2TB 디스크, 리눅스 운영체제를 추천한다.
- R의 메모리 : 64bit 유닉스 환경 : 메모리 무제한

  x86 64bit 환경 : 128TB까지 지원

  64bit 윈도우 환경 : 8TB까지 지원

2절 R 기초 - 1

학습목표

- R GUI를 실행하여 프로그래밍을 할 수 있다.
- R GUI의 환경설정을 조정하고 편리한 기능들을 숙지한다.
- R 패키지를 이해하고 CRAN을 통해 다운로드하고 실행할 수 있다.
- R 파일을 실행하고 배치작업을 할 수 있다.

눈높이 체크

- **R GUI와 R Studio를 통해 R 프로그래밍을 구동해 보신 적이 있습니까?**

R 프로그램을 활용하기 위한 GUI는 상당히 많이 있습니다. 그 중 가장 많이 사용하는 것이 R Studio입니다. 그렇지만 R 프로그래밍의 기본인 R GUI를 통해 프로그래밍할 수 있어야 합니다.

- **R GUI의 환경을 설정해 보신 적이 있습니까?**

이번 강의에서는 R GUI를 통해 프로그래밍을 편리하게 사용하기 위한 환경설정을 직접 실습하고 프로그래밍을 위해 반드시 알아야 하는 내용들을 실습해 보도록 하겠습니다.

- **R 패키지를 다운받고 실행할 수 있습니까?**

R의 가장 큰 장점은 여러 사용자가 개발한 패키지를 활용해 쉽게 데이터 분석을 할 수 있다는 것입니다. 패키지를 다운받고 실행하는 방법을 학습하고 실행함으로써 R 프로그램을 익히도록 하겠습니다.

- **R로 만들어진 프로그램을 실행하고 배치 작업을 경험해 보았습니까?**

R 프로그램으로 만들어진 파일들을 실행하는 방법을 이해함으로써 반복적인 배치작업을 할 수 있는 방법을 이해할 수 있습니다.

PART 04

1. 통계 패키지 R

가. R Studio 구성화면

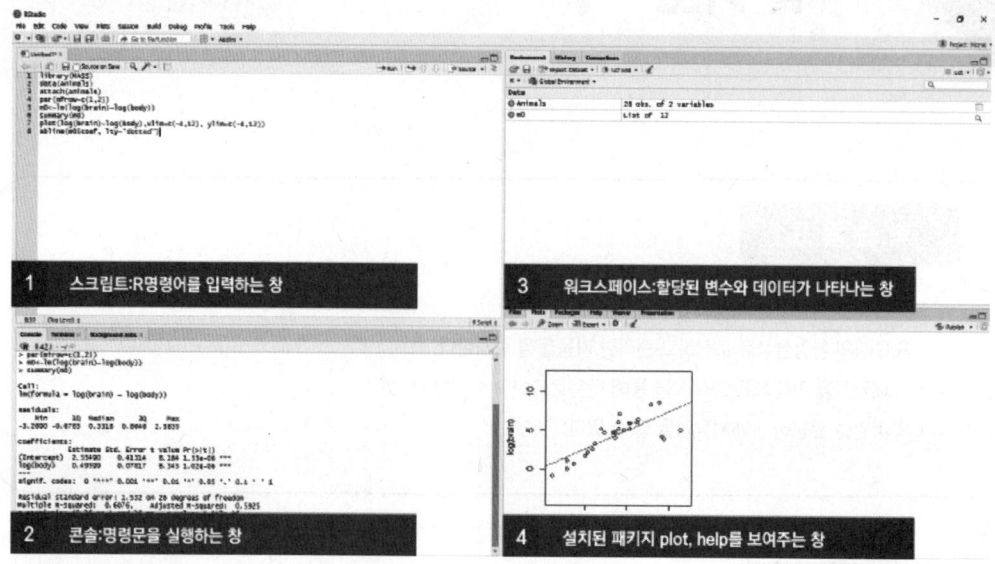

나. R GUI의 화면 구성

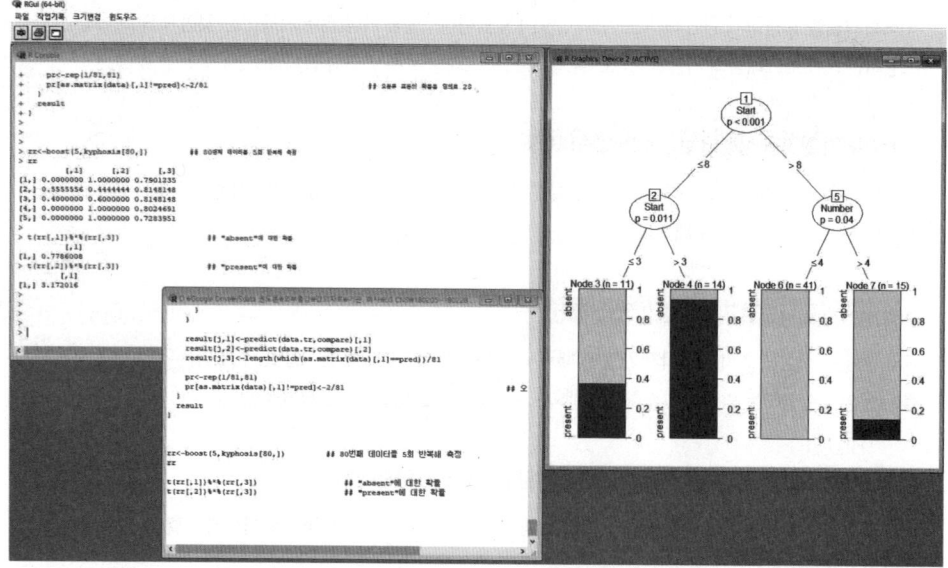

1) 패키지(Package)

   가) 패키지란

   - R 함수와 데이터 및 컴파일된 코드의 모임

     (C: ₩Program Files₩R₩R-3.1.1₩library)

나) 패키지 불러들이기

① 하드디스크
- R을 설치한 후, 필요한 패키지는 CRAN에서 인터넷을 통해 다운로드하거나 로컬에 저장된 파일로 설치 가능

② 웹
- CRAN에는 19,000개 이상의 유용한 패키지가 있으며, install.packages("AID") 명령어로 설치 가능
- install. packages("AID")
  수동설치 : https://cran.r-project.org/web/packages/AID/index.html -> 'Downloads:' 에서 파일 다운로드
  '.zip' 파일로 패키지를 받은 경우 : install.packages("C:/path/to/package.zip", repos = NULL, type = "win.binary")
  '.tar.gz' 파일로 받은 경우 (리눅스, macOS) : install.packages("path/to/package.tar.gz", repos = NULL, type = "source")

③ 패키지 도움말
- library(help = AID) 또는 help(package = AID): 설치된 AID 패키지의 도움말 항목(목차)을 보여준다.

2) 프로그램 파일 실행

기능	R 코드	비 고
스크립트로 프로그래밍 된 파일 실행하기	source("파일명")	오른쪽 방향키
프로그램 파일	sink(file, append, split) 함수 : R 코드 실행 결과를 특정 파일에서 출력	file : 출력할 파일명(디렉토리 포함 또는 디폴트 디렉토리) append : 파일에 결과를 덮어쓰거나 추가해서 출력 (디폴트 값(FALSE)은 덮어쓰기) split : 출력파일에만 출력하거나 콘솔창에 출력 (디폴트 값(FALSE)은 파일에만 실행 결과 출력) 예시 : sink("a_out.pdf"), sink("d:₩dataedu₩R₩a_out.pdf")
	pdf( )함수 : 그래픽 출력을 pdf 파일로 지정	예시 : pdf("a_out.pdf"), pdf("d:₩dataedu₩R₩a_out.pdf")
	dev.off( )로 파일 닫기	

3) 배치모드 기능

가) 배치모드

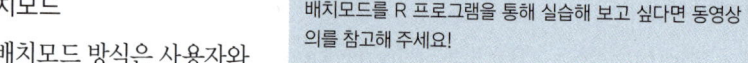

- 배치모드 방식은 사용자와 인터렉션이 필요하지 않는 방식으로 매일 돌아가야 하는 시스템에서 프로세스를 자동화 할 때 유용하다.

나) 배치파일 실행 명령

- $R CMD BATCH batch.R이라고 윈도우 도스창에서 실행한다.

다) Path 지정

- '내컴퓨터'에 오른쪽 마우스를 클릭 → 속성 → 고급시스템 설정 → 환경변수 클릭 → 변수명 path를 클릭 → R프로그램의 실행파일의 위치를 찾아서 추가 → 저장

라) 배치파일 실행

- 윈도우 창의 batch.R 실행파일이 있는 위치에서 "R CMD BATCH batch.R" 실행한다.

2. 변수와 벡터 생성

- R 데이터 유형과 객체

유 형	모 드
숫자(Number)	integer, double
논리값(Logical)	True(T), False(F)
문자(Character)	"a", "abc"

2절 R 기초 - 2

학습목표

- 변수에 값을 할당하고 변수를 삭제할 수 있다.
- 기본적인 통계량을 계산할 수 있다.
- R에서의 연산자를 확인하고 우선순위를 이해할 수 있다.
- 함수의 생성 방법을 이해하고 활용할 수 있다.

눈높이 체크

- **통계분석을 위해 변수들을 생성하고 삭제할 수 있습니까?**

통계분석의 대상은 변수입니다. 통계분석을 하기 위해서는 변수를 생성하고 수정하고 삭제하는 것을 기본적으로 알고 계셔야 합니다. 이번 절에서는 R에서 변수를 다루는 방법을 학습합니다.

- **기본적으로 통계분석에서 활용되는 통계량과 계산 방법을 알고 계십니까?**

데이터를 분석할 때 가장 기본적으로 활용되는 통계량은 평균, 중앙값, 분산, 표준편차, 공분산, 상관계수 등이 있습니다.

- **R 프로그램의 대입연산자, 사칙연산자, 비교연산자를 이해하십니까?**

일반적인 프로그래밍에서 연산을 위해서는 값을 할당하는 대입연산자와 계산에 필요한 사칙연산자, 그리고 값을 비교해서 조건문을 만들기 위한 비교연산자가 있습니다.

- **R 프로그램에서 함수를 직접 생성하고 활용할 수 있다는 것을 이해하십니까?**

R 프로그램은 함수형 언어로써 프로그래머가 함수를 직접 생성해서 보다 쉽고 간단하게 데이터를 분석할 수 있도록 되어 있습니다. 함수는 입력/연산/출력으로 구성되어 있습니다.

1. R 기초 중에 기초

기능	R 코드	비고
출력하기	print( ) : 출력형식을 지정할 필요 없음, 한번에 하나의 객체만 출력 cat( ) : 여러 항목을 묶어서 연결된 결과로 출력, 복합적 데이터 구조(행렬, list 등)를 출력할 수 없음	커맨드 프롬프트에 변수나 표현식을 입력 예시) print(a), cat("a","b","c")
변수에 값 할당하기 (대입 연산자)	<-, <<-, =, ->	
변수 목록보기	ls( ), ls.str( )	
변수 삭제하기	rm( )	rm(list=ls( )) : 모든 변수를 삭제할 때 사용
벡터 생성하기	c( )	벡터의 원소 중 하나라도 문자가 있으면 전체 벡터가 문자형으로 자동 변환됨
R 함수 정의하기	function(매개변수1,매개변수2,,,,,매개변수n) {expr 1,expr 2,.., expr m}	<expr의 특징> 지역변수 : 단순히 값을 대입하기만 하면 지역변수로 생성되고, 함수가 종료되면 지역변수는 삭제 됨 조건부 실행 : if문 반복 실행 : for문, while 문, repeat 문 전역변수 : <<- 를 사용하여 전역변수로 지정할 수 있지만 추천하지 않음

2. R 프로그램 소개

기능	R 코드	비고
데이터 할당	a<-1, a=1	
화면 프린트	a, print(a)	print 함수
결합	x<-c(1,2,3,4) x<-c(6.25, 3.14, 5.18) x<-c("fee","fie","fun") x<-c(x, y, z)	C함수는 문자, 숫자, 논리값, 변수를 모두 결합 가능하며 벡터와 데이터셋을 생성 가능
수열	1:5 9:-2 seq(from=0, to=20, by=2) seq(from=0, to=20, length.out=5)	콜론(:), seq 함수를 사용하여 시작값에서 최종값까지의 연속적인 숫자 생성, seq함수는 간격과 결과값의 길이를 제한 가능

반복	rep(1,time=5) rep(1:4, each=2), rep(c,each=2)	rep 함수는 숫자나 변수의 값들을 time 인자에 지정한 횟수만큼 반복
문자 붙이기	A<-paste("a","b","c", sep="-") paste(A, c("e","f")), paste(A,10, sep="")	paste 함수는 문자열을 seq 인자에 지정한 구분자로 연결시켜 줌
문자열 추출	substr("Bigdataanalysis",1,4)	substr(문자열, 시작점, 끝점) 함수는 문자열의 특정부분을 추출 가능
논리값	a<-TRUE, a<-T, b<-FALSE, b<-	T도 TRUE로 인식
논리 연산자	같다 == 같지 않다 != 작다, 작거나 같다 <, <= 크다, 크거나 같다 >, >=	
벡터의 원소 선택하기	V[n] : 선택하고자 하는 인덱스 V[-n] : 제외하고자 하는 인덱스	n은 원소의 인덱스, V는 벡터의 이름

3. 벡터의 연산

연산자 우선순위	뜻	표현방법
[[[	인덱스	a[1]
$	요소 뽑아내기, 슬롯 뽑아내기	a$coef
^	지수	5^2
- +	단항 마이너스와 플러스 부호	-3, +5
:	수열 생성	1:10
%any%	특수 연산자	%/% 나눗셈 몫, %% 나눗셈 나머지, %*% 행렬의 곱
* /	곱하기, 나누기	3*5, 3/5
+ -	더하기, 빼기	3+5
== != <> <= >=	비교	3==5
!	논리 부정	!(3==5)
&	논리 "and", 단축(short-circuit) "and"	TRUE&TRUE

| ||		| : 벡터화된 OR 연산 || : 단축 평가 OR 연산 (short-circuit)	TRUE | TRUE
~		수식(formula) 정의에 사용. 예: y ~ x1 + x2	lm(log(brain)~log(body),data=Animals)
-> ->>		대입(왼쪽을 오른쪽으로)	3->a
=		대입(오른쪽을 왼쪽으로)	a=3
<- <<-		대입(오른쪽을 왼쪽으로)	a<-3
?		도움말	?lm

 출제 포인트

기초통계 부분을 R 프로그램을 통해 실행해봅시다.

4. 벡터의 기초통계

기능	R 코드	비 고
평균	mean(변수)	변수의 평균 산출
합계	sum(변수)	변수의 합계 산출
중앙값	median(변수)	변수의 중앙값 산출
로그	log(변수)	변수의 로그값 산출
표준편차	sd(변수)	변수의 표준편차 산술
분산	var(변수)	변수의 분산 산출
공분산	cov(변수1, 변수2)	변수간 공분산 산출
상관계수	cor(변수1, 변수2)	변수간 상관계수 산출
변수의 길이 값	length(변수)	변수간 길이를 값으로 출력

5. R 프로그래밍시 자주하는 실수

기능	R 코드	비 고
함수를 불러오고 괄호닫기	function 함수에서의 {, }, 함수의 (,)	

윈도우 파일 경로에서 역슬래시를 두 번씩 쓰기	f: ₩dataedu ₩r ₩test.csv (f: dataedurtest.csv로 인식)	\(역슬래시, ₩)를 2번 쓰거나, /(슬래시)를 1번 써야함
<-사이를 붙여쓰기	x< -pi	Error : object "x" not found의 오류메시지
여러줄을 넘어서 식을 계속 이어갈 때	> sum<-1+2+3 > +4+5 [1] 9 >sum [1] 6	
==대신 =를 사용하지 말 것		== : 비교 연산자 = : 대입 연산자
1:(n+1)대신 1:n+1로 쓰지 말 것	> n<-5; > 1:n+1; [1] 2 3 4 5 6 > 1:(n+1); [1] 1 2 3 4 5 6	
패키지를 불러오고 library()나 require()를 수행할 것		
2번 써야할 것과 1번 써야할 것을 혼동하지 말 것	aList[[a]] vs aList[a] , && vs &, ‖ vs ǀ 등	
인자의 개수를 정확히 사용할 것	mean(9,10,11)	

3절 입력과 출력

학습목표

- R에서의 다양한 입력(Import)과 출력(Export) 방식을 이해한다.
- 다양한 구조(고정자리수, 구분자)와 형식(txt, csv 등)의 외부데이터를 읽어 들일 수 있다.
- 웹(web)에서 데이터 테이블의 데이터를 읽어 들일 수 있다.
- 복잡한 구조의 데이터 파일을 읽어 들일 수 있다.

눈높이 체크

- **데이터 입력과 출력이 가능한 외부 데이터에 대해 알고 계신가요?**

R에서는 데이터 분석을 위해 외부에서 데이터를 불러오고 분석 결과를 외부로 데이터를 출력하게 됩니다.
R은 데이터베이스 뿐만 아니라 다양한 통계분석 툴의 데이터 등 다양한 데이터를 읽어오고 출력할 수 있습니다.

- **데이터의 구조와 형태가 어떤 것이 있는지 알고 계십니까?**

데이터는 구조(고정자리수, 구분자) 또는 형식(txt, csv, dat 등)으로 구분되어 있어 R로 데이터를 불러오기 위해 포맷에 따라 다양한 함수를 활용해야 합니다.

- **웹에서 테이블 형태의 데이터, 복잡한 구조의 데이터도 R에서 불러들일 수 있을까요?**

R에서는 웹에 있는 테이블 형태의 데이터와 데이터 구조가 아주 복잡한 데이터도 불러들여 분석할 수 있습니다. 이러한 함수들은 많은 R 사용자들이 패키지를 직접 만들어 공유할 수 있기 때문에 더욱더 발전하고 있습니다. 이것은 R의 또 다른 강력한 특성 중 하나입니다.

1. 데이터 분석 과정

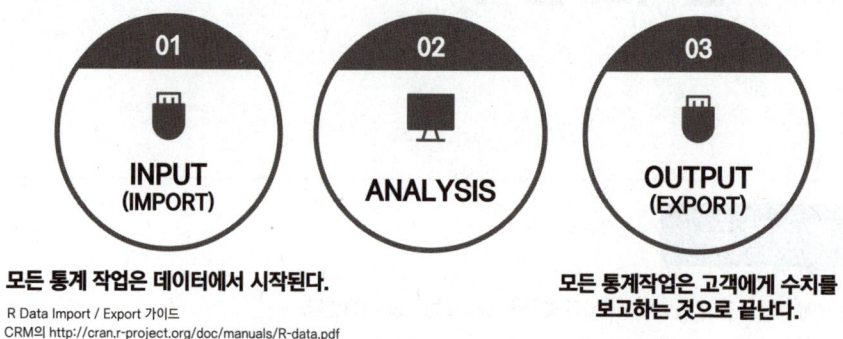

- 분석자가 분석 목적에 맞는 적절한 분석 방법론을 선택해서 정확한 분석을 통해 얻은 결과를 통찰력을 가지고 해석함으로써 분석 과정을 마치게 된다.
- 이렇게 데이터를 분석하기 위해서는 분석자가 분석을 위해 설계된 방향으로 데이터를 정확하게 입력받는 것에서부터 시작될 수 있다.
- 그리고 입력된 데이터는 다양한 전처리 작업을 거쳐 분석이 가능한 형태로 재정리되는데, 이를 데이터 핸들링이라고도 한다.
- 또한 분석된 결과를 이해하기 쉽고 잘 해석할 수 있도록 생산하는 부분을 데이터 출력이라고 할 수 있다. 출력된 결과는 보고서의 형태로 정리되어 최종 의사결정자와 고객에게 전달되게 됨으로써 통계분석 과정은 종료된다고 할 수 있다.

2. R에서의 데이터 입력과 출력

- R에서 처리할 수 있는 데이터 타입은 아래와 같다.

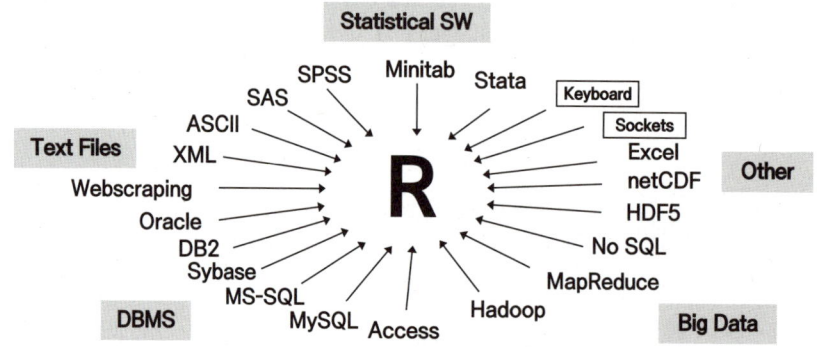

R에서 다룰 수 있는 파일 타입

Tab-delimited text, Comma-separated text, Excel file, JSON file, HTML/XML file, Database, (Other) Statistical SW's file

기능	R 코드	비고
키보드로 데이터를 입력	1) 데이터 양이 적어 직접 입력 - c( ) : combine 함수 2) 데이터 편집기를 활용하기 : 빈 데이터 프레임을 생성 → 편집기를 불러와서 편집하고 데이터 프레임에 덮어 씌우기	
출력할 내용의 자리수 정의	R의 부동소수점 표현 : 7자리로 표시 print(pi, digits=num) cat(format(pi,digits=num), "\n") options(digits=num)	예) 3.141593, 314.1593
파일에 출력하기	cat("출력할 내용", 변수, "\n", file="파일이름", append=T) sink("파일이름") … 출력할 내용 … sink()	
파일 목록 보기	list.files(), list.files(recursive=T, all.files=T)	
Cannot Open File (파일을 열 수 없음) 해결하기	파일 위치 : c:\data\sample.txt R에서는 c: datasample.txt로 인식	역슬래쉬를 슬래쉬로 바꾼다 c:/data/sample.txt 역슬래쉬를 쌍으로 표현한다 c:\\data\\sample.txt
고정자리수 데이터 파일 (fixed-width file) 읽기	read.fwf ("파일이름", widths=c(w1, w2, …, wn))	
테이블로 된 데이터 파일 읽기 (변수 구분자 포함)	read.table ("파일이름", sep="구분자")	(주의 1) 주소, 이름, 성 등의 텍스트를 요인으로 인식함 (해결 1) read.table("파일이름", sep="구분자", stringsASFactor=F) (주의 2) 결측치를 NA가 아닌 다른 문자열로 표현할 때 (해결 2) read.table("파일이름", sep="구분자", na.strings=".") (주의 3) 파일의 첫 행을 변수명으로 인식하고자 할 때 (해결 3) read.table("파일이름", sep="구분자", header=T)

기능	R 코드	비고
CSV 데이터 파일 읽기 (변수 구분자는 쉼표)	read.csv ("파일이름", header=T)	(주의 1) 주소, 이름, 성 등의 텍스트를 요인으로 인식함 (해결 1) read.csv("파일이름", header=T, as.is=T)
CSV 데이터 파일로 출력 (변수 구분자는 쉼표)	write.csv (행렬 또는 데이터프레임, "파일이름", row.names=F)	(주의 1) 1행이 변수명으로 자동 인식하지만 변수명이 아닐 경우 (해결 1) write.csv(dfm, "파일이름", col.names=F) (주의 2) 1열에 레코드 번호를 자동 생성하지만 레코드 번호를 생성하지 않을 경우 (해결 2) write.csv(dfm, "파일이름", row.names=F)
웹에서 데이터 파일을 읽어 올 때 (변수 구분자는 쉼표)	read.csv ("http://www.example.com/download/data.csv") read.table("http://www.example.com/download/data.txt")	what=numeric(0) 토큰을 숫자로 해석 what=integer(0) 토큰을 정수로 해석 what=complex(0) 토큰을 복소수로 해석 what=character(0) 토큰을 문자로 해석 what=logical(0) 토큰을 논리값으로
html에서 테이블 읽어 올 때	library(XML) url<-'http://www.example.com/data/table.html' t<-readHTMLTable(url)	
복잡한 구조의 파일 (웹 테이블) 읽기	lines<-readLines("a.txt", n=num) token<-scan("a.txt", what=numeric(0)) token<-scan("a.txt", what=list (v1=character(0), v2=numeric(0))) token<-scan("a.txt", what=list (v1=character(0), v2=numeric(0), n=num, nlines=num, skip=num, na.strings=list))	

4절 데이터 구조와 데이터 프레임 - 1

학습목표

- 데이터 구조 중 벡터와 리스트 구조의 차이를 구분할 수 있다.
- 데이터 구조 중 데이터 프레임 구조를 이해한다.
- 그 밖의 R에서 활용 가능한 데이터 구조를 이해한다.
- 벡터/리스트/행렬 구조의 데이터를 다룰 수 있다.

눈높이 체크

- **데이터 구조 중 벡터와 리스트를 알고 계신가요?**

데이터 분석의 가장 기본적인 데이터 구조는 벡터입니다. 물리학에서 벡터는 힘과 방향을 나타내지만 데이터 분석에서 벡터는 여러 개의 원소를 가지는 하나의 변수라고 생각하면 됩니다.
리스트는 다른 프로그래밍 언어에서 사용되는 사전(Dictionary)이나 해시(Hash), 또는 탐색표(Lookup Table)와 유사합니다만, R에서는 위치로 리스트를 인덱싱 할 수 있는 장점이 있습니다.

- **엑셀의 시트와 SAS의 데이터셋을 다루어 보셨나요?**

엑셀의 시트와 SAS의 데이터셋을 사용해본 분들은 R에서 데이터 프레임의 구조와 역할을 이해하기 쉬울 것 입니다. R에서는 외부데이터셋이나 대용량 데이터를 불러들일 때 데이터 프레임 구조로 불러와서 데이터 분석을 실행하게 됩니다.

- **벡터, 스칼라, 행렬, 요인의 정의를 이해하고 계신가요?**

R에서는 간단한 데이터들의 분석이 가능하도록 벡터, 스칼라, 행렬, 배열 구조의 데이터와 팩터 형의 자료들도 활용하여 분석할 수 있습니다.

1. 벡터(Vector)

가. 벡터들은 동질적이다.
- 한 벡터의 모든 원소는 같은 자료형 또는 같은 모드(mode)를 가진다.

나. 벡터는 위치로 인덱스된다.
- V[2]는 v벡터의 2번째 원소이다.

다. 벡터는 인덱스를 통해 여러 개의 원소로 구성된 하위 벡터를 반환할 수 있다.
- V[c(2,3)]은 v벡터의 2번째, 3번째 원소로 구성된 하위벡터이다.

라. 벡터 원소들은 이름을 가질 수 있다.
- V<-c(10,20,30); names(v)<-c("Moe", "Larry", "Curly")
  V["Larry"]
  Larry
  20

2. 리스트(List)

가. 리스트는 이질적이다.
- 여러 자료형의 원소들이 포함될 수 있다.

나. 리스트는 위치로 인덱스된다.
- L[[2]]는 L 리스트의 2번째 원소이다.

다. 리스트에서 하위 리스트를 추출할 수 있다.
- L[c(2,3)]은 L 리스트의 2번째, 3번째 원소로 이루어진 하위 리스트이다.

라. 리스트의 원소들은 이름을 가질 수 있다.
- L[["Moe"]]와 L$Moe는 둘다 "Moe"라는 이름의 원소를 지칭 한다.

3. R에서의 자료형태(모드, MODE)

객체	예시	모드(mode)
숫자	3.1415	수치형(numeric)
숫자 벡터	c(2,3,4,5.5)	수치형(numeric)
문자열	"Tom"	문자형(character)
문자열 벡터	c("Tom","Yoon","Kim")	문자형(character)
요인	factor(c("A","B","C"))	수치형(numeric)
리스트	list("Tom","Yoon","Kim")	리스트(list)
데이터 프레임	data.frame(x=1:3,y=c("Tom","Yoon","Kim"))	리스트(list)
함수	print	함수(function)

4. 데이터 프레임(Data Frame)

출제 포인트

데이터 프레임은 데이터 구조가 행과 열로 이루어지지만 행렬이라기보다는 리스트라고 볼 수 있습니다. 데이터 프레임은 엑셀의 시트와 같은 역할을 합니다. 다만 엑셀 시트에서는 열에 대한 자료형태를 각각 구분해 주어야 하는 번거로움이 있지만 R의 데이터 프레임에서는 각각의 열에 대해 문자형인지 수치형인지 자동적으로 구분되어 편리합니다. 데이터 프레임은 메모리상에서 구동이 된다는 것, 각 변수(열)마다 다른 자료형태로 구분되어있다는 것을 기억하시길 바랍니다.

가. 특징

- 데이터 프레임은 강력하고 유연한 구조. SAS의 데이터셋을 모방해서 만들어진다.
- 데이터 프레임의 리스트의 원소는 벡터 또는 요인이다.
- 그 벡터와 요인은 데이터 프레임의 열이다.
- 벡터와 요인들은 동일한 길이이다.
- 데이터 프레임은 표 형태의 데이터 구조이며, 각 열은 서로 다른 데이터 형식을 가질 수 있다.
- 열에는 이름이 있어야 한다.

나. 데이터 프레임의 원소에 대한 접근방법

```
b[1] ; b["empno"]
  b[[i]] ; b[["empno"]]
  b$empno
```

5. 그 밖의 데이터 구조들

가. 단일값(Scalar)

 출제 포인트

R 프로그램을 통해 실습해 보고 싶다면 동영상 강의를 참고해 주세요!

- R에서는 원소가 하나인 벡터로 인식/처리

```
>pi
[1] 3.1415
>length(pi)
[1] 1
```

나. 행렬(Matrix)

- R에서는 차원을 가진 벡터로 인식

```
>a<-1:9
>dim(a) <-c(3,3)
>a
        [,1]    [,2]    [, 3]
 [1,  ]   1       4       7
 [2,  ]   2       5       8
 [3,  ]   3       6       9
```

다. 배열(Array)

- 행렬에 3차원 또는 n차원까지 확장된 형태
- 주어진 벡터에 더 많은 차원을 부여하여 배열을 생성

```
>b<-1:12
 >dim(b)<-c(2,3,2)
```

라. 요인(Factor)

- 벡터처럼 생겼지만, R에서는 벡터에 있는 유일값(Unique Value)의 정보를 얻어내는데, 이 고유값들을 요인의 수준(level)이라고 한다.
- 요인의 두 가지 주된 사용처로 범주형 변수, 집단분류가 있다.

6. 벡터, 리스트, 행렬 다루기

- 행렬(Matrix)는 R에서 차원을 가진 벡터이며, 텍스트 마이닝과 소셜네트워크 분석 등에 활용한다.
- 재활용 규칙(Recycling Rule) : 길이가 서로 다른 두 벡터에 대해 연산을 할 때, R은 짧은 벡터의 처음으로 돌아가 연산이 끝날 때까지 원소들을 재활용한다.

a <- seq(1,6)	b <- seq(7,9)	a+b	cbind(a,b)	
1	7	8	1	7
2	8	10	2	8
3	9	12	3	9
4		11	4	7
5		13	5	8
6		15	6	9

 출제 포인트

본래 빈칸이었던 부분이 재활용 규칙에 의해 차례로 7, 8, 9가 적용됩니다. 그래서 왼쪽표와 같은 결과가 나오게 되죠. 재활용 규칙은 벡터의 연산에 큰 영향을 미치므로 잘 알아두는게 좋습니다.

기능	R 코드	비고
벡터에 데이터 추가	v<-c(v, newItems) v[length(v)+1]<-newItem	
벡터에 데이터 삽입	append(vec, newvalues, after=n)	
요인 생성	f<-factor(v), v : 문자열 또는 정수 벡터 f<-factor(v, levels)	
여러 벡터를 합쳐 하나의 벡터와 요인으로 만들기	comb<- stack(list(v1=v1,v2=v2,v3=v3))	
벡터 내 값 조회	벡터[c(1,3,5,7)] 벡터[-c(2,4)]	벡터 내 1, 3, 5, 7번째 값 조회 벡터 내 2, 4번째 값을 제외하고 조회
리스트	list(숫자, 문자, 함수)	list 함수의 인자로는 숫자, 문자, 함수가 포함
리스트 생성하기	L<-list(x,y,z) L<-list(valuename1=data, valuename2 =data, valuename3=data) L<-list(valuename1=vec, valuename2 =vec, valuename3=vec)	
리스트 원소 선택	L[[n]] : n번째 원소, L[c(n1,n2,n3,…,nk)] : 목록	
이름으로 리스트 원소 선택	L[["name"]], L$name	
리스트에서 원소 제거	L[["name"]]<-NULL	

기능	R 코드	비고
NULL 원소를 리스트에서 제거	L[sapply(L, is.null)]<-NULL, 　L[L==o]<-NULL, L[is.na(L)]<-NULL	
행렬	matrix(data, 행수, 열수), a<-matrix(data,2,3), d<-matrix(0,4,5) e<-matrix(1:20,4,5)	data 대신 숫자를 입력하면 행렬의 값이 동일한 수치값 부여
차원	dim(행렬), dim(a)	a 행렬의 차원은 2행 3열
대각(diagonal)	diag(행렬), diag(b)	b 행렬의 대각선의 값 반환
전치(transpose)	t(행렬), t(a)	a 행렬의 전치행렬을 반환
역	solve(matrix)	
행렬의 곱	행렬 %*% t(행렬), a %*% t(a)	행렬의 곱
행 이름 부여	rownames(a)<-c("행이름1", "행이름2", "행이름3")	행의 이름 할당
열 이름 부여	colnames(a)<-c("열이름1", "열이름2")	열의 이름 할당
행렬의 연산 +, -	f+f, f-f, f+1, f-1	행렬 간의 덧셈, 뺄셈 행렬 상수 간 덧셈, 뺄셈
행렬의 연산 *	f%*%f f*3	행렬 간의 곱 행렬 상수 간 곱
행렬에서 행, 열 선택하기	vec<-matrix[1,] vec<-matrix[, 3]	

4절 데이터 구조와 데이터 프레임 - 2

학습목표

- 데이터 프레임의 구조를 이해한다.
- 데이터 프레임에서 열과 행 데이터를 추출/제거/변경할 수 있다.
- 여러 데이터 프레임을 분할/결합/재생산할 수 있다.
- 모든 데이터 구조를 변경하여 활용할 수 있다.

눈높이 체크

- **데이터 프레임의 구조와 정의를 이해 하시나요?**

데이터 프레임은 다변량 데이터 분석을 위해 가장 많이 활용되는 데이터 구조입니다. 여러 변수들을 활용하여 소기의 목적에 맞는 데이터 분석을 하기 위해서는 데이터 프레임의 구조와 정의를 잘 이해해야 합니다.

- **데이터 셋에서 특정 변수 또는 특정 행들을 추출/제거/수정 하고 분석해 보셨나요?**

데이터 프레임의 행과 열을 추출/제거/수정함으로써 데이터를 분석할 수 있는 최적의 상태로 자료를 유지해야 하며 이러한 과정은 데이터 전처리와 데이터 클렌징에서 가장 많이 활용됩니다.

- **여러 데이터 셋들을 결합/분할/추출하여 통계분석을 해본 경험이 있으신가요?**

분석하고자 하는 대상 데이터를 여러 데이터셋에서 결합/분할/추출하여 분석을 위한 Training Set과 Validation Set 등을 분할하여 최적의 결과를 얻을 수 있는 분석적 구조를 마련하는 것이 중요합니다.

1. 데이터 프레임

- 데이터에서 각각의 변수에 해당하는 열들의 모음으로 R에서 활용하는 코드들은 아래와 같다.

기능	R 코드	비고
데이터 프레임	data.frame(벡터,벡터,벡터)	벡터들로 데이터셋 생성
레코드 생성	new<-data.frame(a=1,b=2,c=3,d="a")	레코드 생성 시 숫자, 문자를 함께 사용 가능
열 데이터(변수)로 데이터 프레임 만들기	dfm<-data.frame(v1,v2,v3,f1,f2) dfm<-as.data.frame(list.of.vectors)	
데이터셋 행 결합	rbind(dfrm1, dfrm2) newdata<-rbind(newdata,new)	두 데이터 프레임을 행으로 결합
데이터셋 열 결합	cbind(dfrm1, dfrm2) cbind(newdata,newcol) #newcol=1:150	두 데이터 프레임을 열로 결합
데이터 프레임 할당	N=1,000,000 dtfm<-data.frame(dosage=numeric(N), lab=character(N), response=numeric(N))	
데이터 프레임 조회1	dfrm[dfrm$gender="m"]	데이터셋 내 성별이 남성만 조회
데이터 프레임 조회2	dfrm[dfrm$변수1>4 & dfrm$변수2>5, c("변수3", "변수4")]	데이터셋의 변수1과 변수2의 조건에 만족하는 레코드의 변수 3과 변수4만을 조회
데이터 프레임 조회3	dfrm[grep("문자", dfrm$변수1, ignore.case=T), c("변수2", "변수3")]	데이터셋의 변수1 내 "문자"가 들어 있는 케이스들의 변수2, 변수3 값을 조회
데이터셋 조회	subset(dfrm, select=변수, subset=변수>조건)	데이터셋의 특정변수의 값이 조건에 맞는 변수셋 조회, subset은 벡터와 리스트에서 도 선택 가능
데이터 선택	lst1[[2]], lst1[2] lst1[["name"]], lst1$name, lst1[c("name1", "name2",…."name k")]	
데이터 병합	merge(df1,df2, by= "df1과 df2의 공통 열 이름")	공통변수로 데이터셋 병합
열 네임 조회	colnames(변수)	변수의 속성들을 조회

기능	R 코드	
행, 열 선택	subset(dfm, select=열 이름) subset(dfm, select=c(열 이름1, 열 이름2, …, 열 이름n)) subset(dfm, select=열 이름, subset=(조건))	열 이름에 " " 표시 안함, 조건에 맞는 행의 열 자료만 선택
이름으로 열 제거	subset(dfm, select=-"열 이름")	
열 이름 바꾸기	colnames(dfm) <- newnames	
NA 있는 행 삭제	NA_cleaning <- na.omit(dfm)	
데이터 프레임 두 개 합치기	열 : cbind_dfm <- cbind(dfm1,dfm2) 행 : rbind_dfm <- rbind(dfm1,dfm2)	(유의사항1) cbind는 행의 개수가 동일해야 함 -recycling rule (유의사항2) rbind는 열의 개수와 열의 이름이 동일해야 함
두 개의 데이터 프레임을 동일한 변수 기준으로 합치기	merge(dfm1,dfm2, by="T_name") merge(dfm1,dfm2, by="T_name",all=T)	

2. 자료형 데이터 구조 변환

기능	R 코드
데이터 프레임의 내용에 쉽게 접근하기	with(dfm, expr) attach(dfm) detach(dfm)
자료형 변환하기	as.character() as.complex() as.numeric() 또는 as.double() as.integer() as.logical()
데이터 구조 변환하기	as.data.frame() as.list() as.matrix() as.vector()

3. 데이터 구조 변경

벡터 → 리스트	as.list(vec)	행렬 → 벡터	as.vector(mat)
벡터 → 행렬	1열짜리 행렬 : cbind(vec)또는 as.matrix(vec) 1행짜리 행렬 : rbind(vec) n x m 행렬 : matrix(vec,n,m)	행렬 → 리스트	as.list(mat)
벡터 → 데이터 프레임	1열짜리 데이터 프레임 : as.data.frame(vec) 1행짜리 데이터 프레임 : as.data.frame(rbind(vec))	행렬 → 데이터 프레임	as.data.frame(mat)
리스트 → 벡터	unlist(lst)	데이터 프레임 → 벡터	1열짜리 데이터 프레임 : dfm[[1]] or dfm[,1] 1행짜리 데이터 프레임 : as.vector(unlist(dfm[1,])) or unlist(dfm[1,])
리스트 → 행렬	1열짜리 행렬 : as.matrix(lst) 1행짜리 행렬 : as.matrix(rbind(lst)) n x m 행렬 : matrix(lst,n,m)	데이터 프레임 → 리스트	as.list(dfm)
리스트 → 데이터 프레임	목록 원소들이 데이터의 열이면 : as.data.frame(lst) 리스트 원소들이 데이터의 행이면 : rbind(obs[[1]],obs[[2]])	데이터 프레임 → 행렬	as.matrix(dfm)

4. 벡터의 기본 연산

기능	R 코드	비고
벡터 연산	벡터1 + 벡터2 벡터1 - 벡터2 벡터1 * 벡터2 벡터1 ^ 벡터2	덧셈 연산 뺄셈 연산 곱셈 연산 승수 연산
함수 적용	sapply(변수, 연산함수) sapply(a,log)	연산 및 적용 함수를 통해 변수에 적용
파일 저장1	write.csv(변수이름, "파일이름.csv") write.csv(a,"test.csv")	파일로 저장
파일 저장2	save(변수이름, file="파일이름.Rdata") save(a, file="a.Rdata")	R파일로 저장

파일 읽기	read.csv("파일이름.csv") read.csv("a.csv")	파일 읽기
파일 불러오기	load("파일.R") load("a.R") source("a.R")	R파일 불러오기
데이터 삭제	rm(변수) rm(list=ls(all=TRUE))	변수를 메모리에서 삭제 모든 변수를 메모리에서 삭제

5. 그 외에 간단한 함수

기능	R 코드	비고
데이터 불러오기	data( ) data(데이터셋)	R에 내장된 데이터셋 리스트를 보여줌 데이터셋을 불러들임
데이터셋 요약	summary(데이터셋)	데이터셋 변수 내용을 요약
데이터셋 조회	head(데이터셋)	6개 레코드까지 데이터 조회
패키지 설치	install.packages("패키지 명")	패키지를 설치
패키지 불러오기	library("패키지 명")	패키지를 불러들임
작업 종료	q( )	작업을 종료
워킹 디렉토리 지정	setwd("~/")	R데이터, 파일을 로드하거나 저장할 때 워킹 디렉토리를 지정

5절 데이터 변형

1. 주요 코드

기능	R 코드	비 고
요인으로 집단 정의	v<-c(24,23,52,46,75,25) w<-c(87,86,92,84,77,68) f<-factor(c("A","A","B","B","C","A"))	
벡터를 여러 집단으로 분할 (벡터의 길이만 같으면 됨)	groups<-split(v,f) groups<-split(w,f) groups<-unstack(data.frame(v,f))	두 함수 모두 벡터로 된 리스트를 반환
데이터 프레임을 여러 집단으로 분할	MASS 패키지, Cars93 데이터 셋 활용 library(MASS) sp<-split(Cars93$MPG.city, Cars93$Origin) median(sp[[1]])	
리스트의 각 원소에 함수 적용	lapply(결과를 리스트 형태로 반환) list<-lapply(l,func) sapply(결과를 벡터 또는 행렬로 반환) vec<-sapply(l,func)	
행렬에 함수 적용	m<-apply(mat, 1, func) m<-apply(mat, 2, func)	
데이터 프레임에 함수 적용	dfm<-lapply(dfm, func) dfm<-sapply(dfm, func) dfm<-apply(dfm, func) : 데이터 프레임이 동질적인 경우만(모두 문자, 숫자) 활용가능 데이터 프레임을 행렬로 변환 후 함수 적용	

대용량 데이터의
함수 적용
	<sapply를 통한 간단한 R코딩>
	cors<-sapply(dfm,cor,y=targetVariabele)
	mask<-(rank(-abs(cors))<=10)
	best.pred<-dfm[,mask]
	lm(targetVariabele~bes.pred)
		많은 변수가 있는
		데이터에서의 다중회귀분석
		1. 데이터 프레임에서 타겟
		   변수를 정함
		2. 타겟변수와 상관계수를
		   구함
		3. 상관계수가 높은 상위 10개의
		   변수를 입력변수로 선정
		4. 타겟변수와 입력변수로
		   다중회귀분석을 실시

기능	R 코드	비고
집단별 함수 적용	tapply(vec, factor, func)	데이터가 집단(factors)에 속해있을 때 합계/평균 구하기
행집단 함수 적용	by(drm,factor,func) 요인별 선형회귀선 구하기 model(dfm, factor, function(df) lm(종속변수~독립변수1+독립변수2+⋯+독립변수k, data=df))	
병력 벡터, 리스트들 함수 적용	mapply(factor, vec1, vec2, vec3, ⋯, vec k) mapply(factor, list1, list2, list3, ⋯, list k)	

2. 문자열, 날짜 다루기

기능	R 코드	비고
문자열 길이	nchar("단어")	단어나 문장 또는 벡터내 원소의 문자열 길이를 반환 [주의] length(vec) 문자열의 길이가 아닌 벡터의 길이를 반환
문자열 연결	paste("단어1", "단어2", sep="-") paste("the pi is approximately", pi) paste(vec, "loves me", collapse=", and")	
하위 문자열 추출	substr("statistics",1,4)	문자열의 1자리에서 4자리까지 추출
구분자로 문자열 추출	strsplit(문자열, 구분자)	
하위 문자열 대체	sub(old, new, string) gsub(old, new, string)	
쌍별 조합	mat<-outer(문자열1, 문자열2, paste, sep="")	
날짜 변환1	Sys.Date() as.Date()	현재 날짜를 반환 날짜 객체로 반환
날짜 변환2	format(Sys.date(), format=%m/%d/%y)	
날짜 조회	format(Sys.Date(), '%a') format(Sys.Date(), '%b') format(Sys.Date(), '%B') format(Sys.Date(), '%d') format(Sys.Date(), '%m') format(Sys.Date(), '%y') format(Sys.Date(), '%Y')	요일 조회 축약된 월이름 조회 전체 월이름 조회 두자리 숫자의 일 조회 두자리 숫자의 월 조회 두자리 숫자의 연도 조회 네자리 숫자의 연도 조회

날짜 일부 추출	d<-as.Date("2014-12-25") p<-as.POSIXlt(d) p$yday start<-as.Date("2014-12-01") end<-as.Date("2014-12-25") seq(from=start, to=end, by=1)

MEMO

예상문제

4과목 / 2장

R 프로그래밍 기초

01. 다음 중 R의 데이터 구조 중 벡터에 대한 설명으로 적절한 것은?

① 벡터는 행과 열을 갖는 m×n 형태의 직사각형에 데이터를 나열한 데이터 구조이다.
② 벡터는 하나의 스칼라 값 또는 하나 이상의 스칼라 원소들을 갖는 단순한 형태의 집합이다.
③ 벡터는 행렬과 유사한 2차원 목록 데이터 구조이다.
④ 벡터는 숫자로만 구성되어야 한다.

02. R의 장점으로 옳지 않은 것을 고르시오.

① 오픈소스이므로 사용자들이 만든 다양한 패키지들을 공유하여 사용 가능하므로 최신 알고리즘을 패키지를 통해 활용하기 쉽다.
② R은 사용자들이 많기 때문에 문제가 발생할 경우, 다양한 사용자들을 통해 문제를 해결하므로 다른 통계패키지에 비해 유지보수가 신속하게 이루어진다.
③ 함수형 언어이기 때문에 다양한 프로그램을 통해 자동화 할 수 있다.
④ 무료로 이용할 수 있다.

03. 다음 중 연속형 변수의 경우 4분위수, 최솟값, 최댓값, 중앙값, 평균 등을 출력하고 범주형 변수의 경우 각 범주에 대한 빈도수를 출력하여 데이터의 분포를 파악할 수 있게 하는 함수로 적절한 것은?

① summary 함수
② ddply 함수
③ cast 함수
④ aggregate 함수

04. 다음 중 나머지 세 개의 명령과 결과가 다른 것은?

① z=c(1:3, NA)
　is.na(z)
② z<-c(1:3, NA)
　is.na(z)
③ z= c(1:3, NA)
　z==NA
④ c(1,1,1,2) ==2

05. 아래의 R 프로그래밍을 통해 객체 a에 할당되는 모드가 다른 것을 고르시오.

① a<-c("Tom", "Yoon", "Kim")
② a<-c(pi, "pi", 3.14)
③ a<-c(3.14, pi, TRUE)
④ a<-c("A","B","A","A","B")

06. 다음 중 결과가 다른 R코드는?

① a<-seq(1,10,1)
② b<-c(1,10)
③ c<-1:10
④ d<-seq(10,100,10)/10

07. 다음 중 아래의 R코드를 수행한 결과에 대한 설명으로 옳은 것은?

> c(2, 4, 6, 8) + c(1, 3, 5, 7, 9)

① 경고 메시지와 함께 결과가 출력된다.
② 4개의 숫자로 이루어진 벡터가 출력된다.
③ 9개의 숫자로 이루어진 벡터가 출력된다.
④ 에러 메시지가 출력되고, 명령 수행이 중단된다.

08. R의 데이터 구조와 저장형식에 관한 설명으로 가장 부적절한 것은?

① as.numeric 함수에 논리형 벡터를 입력하면 TRUE에 대응하는 원소는 1, FALSE에 대응하는 원소는 0인 숫자형 벡터로 변형된다.
② 숫자형 행렬에서 원소 중 하나를 문자형으로 변경하게 되면 해당 행력의 모든 원소가 문자형으로 변경된다.
③ 데이터 프레임은 각 열 별로 서로 다른 데이터 타입을 가질 수 있다.
④ 행렬을 as.vector 함수에 입력하면 행 방향으로 1행부터 차례로 원소를 나열하는 벡터가 생성된다.

09. R의 데이터 구조 중 2차원 목록 데이터 구조이면서 각 열이 서로 다른 데이터 타입을 가질 수 있는 데이터 구조로 적절한 것은?

① 벡터
② 행렬
③ 배열
④ 데이터 프레임

10. 아래의 R코드가 의미하는 것은?

```
> mean(x, na.rm=T)
```

① 이상값을 제외한 X의 평균
② 결측값을 제외한 X의 평균
③ 이상값을 포함한 X의 평균
④ 결측값을 포함한 X의 평균

11. R에서 제공하는 데이터 가공, 처리를 위한 패키지의 설명으로 가장 부적절한 것은?

① data.table 패키지는 데이터 프레임 처리함수인 ddply 함수를 제공한다.
② reshape 패키지는 melt와 cast를 이용하여 데이터를 재구성할 수 있다.
③ sqldf 패키지는 R에서 표준 SQL 명령을 실행하고 결과를 가져올 수 있다.
④ plyr 패키지는 데이터의 분리, 결합 등 필수적인 데이터 처리 기능을 제공한다.

12. 아래 R코드를 수행한 결과로 적절한 것은?

```
> "+"(2,3)
```

① 에러 메시지가 출력된다.
② 경고 메시지가 출력된다.
③ 숫자 5가 출력된다.
④ 두 개의 원소로 이루어진 벡터가 출력된다.

13. R에서 y=c(1,2,3,NA)일 때 3*y의 실행 결과는?

① 에러가 발생하고 결과가 출력되지 않는다.
② 3 6 9 0
③ 3 6 9 3
④ 3 6 9 NA

14. R에서 결측값을 가르키는 것으로 가장 적절한 것은?

① Inf   ② NaN   ③ NA   ④ dim

15. Carseats 데이터 프레임은 400개 상점에서 판매 중인 유아용 카시트의 재료이고, Sales 변수는 해당 상점에서 판매된 카시트의 수를 나타낸다. 다음 중 R 패키지에서 Sales 변수의 표준편차를 계산하기 위한 식으로 가장 부적절한 것은?

① stdev(Carseats$Sales)
② sd(Carseats$Sales)
③ sqrt(var(Carseats$Sales))
④ var(Carseats$Sales)^(1/2)

16. 다음 중 아래 R 코드의 결과로 적절한 것은?

```
> s<-c("Monday", "Tuesday", "Wednesday")
> substr(s,1,2)
```

① "Mo", "Tu", "We"
② "Monday" "Tuesday"
③ "Mo" "Tu"
④ "Monday"

17. 아래 그림과 같이 두개의 데이터 프레임 dfm1, dfm2를 T_name이라는 변수로 결합하고자 할 때, 사용되는 함수는 어느 것인가?

T_name	x	y
T1	1.4	3.2
T2	1.8	3.4
T3	1.5	3.9
T4	1.4	3.2
T5	1.6	3.4
T6	1.5	3.9

＋

T_name	z
T1	5.7
T3	5.8
T5	6.9

＝

T_name	x	y	z
T1	1.4	3.2	5.7
T3	1.5	3.9	5.8
T5	1.6	3.4	6.9

① cbind(dfm1, dfm2, by="T_name")
② rbind(dfm1, dfm2, by="T_name")
③ merge(dfm1, dfm2, by="T_name")
④ subset(dfm1, dfm2, by ="T_name")

18. 아래 프로그램의 실행 결과로 다음 중 적절한 것은 무엇인가?

```
calculate<-function(a) {
  y=1
  for(i in 1:a) {
    y=y*i
  }
  print(y)
}

calculate(4)
```

① 24   ② 20   ③ 12   ④ 6

19. 아래 프로그램을 통해 생성된 xy에 대한 설명으로 부적절한 것은?

```
> x<-c(1:5)
> y<-seq(10,50,10)
> xy<-rbind(x,y)
```

① 2×5 행렬이다.
② xy[1,]은 x와 동일하다.
③ xy[,1]은 y와 동일하다.
④ Matrix 타입의 개체이다.

20. 아래와 같은 행렬이 있을 때, 모든 행에 합을 구하기 위한 R 프로그램 중 적절한 것은?

```
> dim(m1)<-c(4,5)
> m1
     [,1] [,2] [,3] [,4] [,5]
[1,] 82.5 79.2 89.5 85.6 80.9
[2,] 89.9 88.2 81.5 91.5 87.2
[3,] 81.9 70.3 89.2 83.2 78.9
[4,] 88.2 83.5 79.8 87.5 82.5
```

① apply(m1, 1, sum)
② apply(m1, 2, sum)
③ lapply(m1, sum)
④ sapply(m2,sum)

21. Cars93이라는 데이터 프레임에 MPG.city(도심에서의 연비)라는 변수와 Origin(생산지)이라는 변수가 있다고 할 때, 생산지별로 MPG.city의 평균을 구하고자 한다. R 프로그램으로 적절한 것은?

① apply(Cars93$MPG.city, Cars93%Origin, mean)
② lapply(Cars93, Cars93%Origin, mean)
③ sapply(Cars93, Cars93%Origin, mean)
④ tapply(Cars93$MPG.city, Cars93%Origin, mean)

22. 단어나 문장에 포함되어 있는 문자열의 길이를 구하고자 할 때, R 프로그램으로 적절한 것은?

① nchar("statistics")

② length("statistics")

③ substr("statistics")

④ paste ("statistics")

23. 아래는 R의 내장 데이터인 cars에 대한 각 변수별 기술통계량을 도출한 것이다. 아래 설명 중 가장 부적절한 것은?

```
> summary(cars)
     speed           dist
 Min.   : 4.0   Min.   :  2.00
 1st Qu.:12.0   1st Qu.: 26.00
 Median :15.0   Median : 36.00
 Mean   :15.4   Mean   : 42.98
 3rd Qu.:19.0   3rd Qu.: 56.00
 Max.   :25.0   Max.   :120.00
```

① cars 자료는 두 개의 숫자형 변수로 구성되어 있다.

② speed 변수의 평균은 중앙값보다 크다.

③ cars 자료는 결측값이 포함되지 않은 자료이다.

④ speed 변수의 75% 백분위수는 이 자료에서 알 수 없다.

24. R에서 새로운 패키지를 설치 및 사용하고자 할 때 명령어와 순서로 적절한 것은?

① install.packages("패키지명") → library(패키지명)

② install.packages(패키지명) → library("패키지명")

③ library("패키지명") → install.packages("패키지명")

④ library(패키지명) → install.packages("패키지명")

단답형 문제로 복습하기!

> 단답형은 앞의 개념을 복습하기 위한 문제들로 시험에서는 단답형이 출제되지 않으니 참고하시기 바랍니다.

01. 아래 R 코드의 출력 결과는?

```
> f <- function(x,a) return((x-a)^2)
> f(1:2,3)
```

(   )

02. R에서 다음의 명령을 수행했을 때 출력되는 결과는?

```
x<-c(1,2,3,NA)
mean(x)
```

(   )

03. R에서 다음의 명령을 수행했을 때 출력되는 결과는?

```
x<-1:100
sum(x>50)
```

(   )

04. A반과 B반 학생들이 동일한 과목을 들었다고 하자. A반과 B반 학생 모두를 대상으로 과목별 성적의 평균을 구하려고 할 때, A반 학생 데이터와 B반 학생 데이터를 class라는 변수를 기준으로 합치려고 한다. R로 프로그래밍 하시오.

(   )

05. 아래의 표와 같이 여러 학과 학생들의 과목별 성적을 데이터 프레임으로 구성하였다. 데이터 프레임명은 Test라고 할 때, 경영학과 학생들의 데이터만 조회하고자 한다. R로 프로그래밍 하시오.

학과	학년	성별	이름	실용컴퓨터	영어회화	한문	총점
경영학과	1	여	김지영	85	75	86	246
경영학과	1	여	이소연	75	65	78	218
경영학과	1	남	이진혁	96	77	67	240
데이터정보학과	3	남	김영수	45	78	56	179
데이터정보학과	1	남	김민수	86	87	84	257
데이터정보학과	1	여	박미혜	100	92	96	288
데이터정보학과	1	남	최성호	87	95	92	274
영문학과	4	여	김동수	68	75	78	221
영문학과	2	남	이민지	99	86	86	271

( )

06. SQL을 활용하거나 SAS에서 porc sql로 작업하던 사용자들에게 R 프로그램에서 지원해 주는 패키지는 무엇인가?

( )

정답 및 해설

【단답형】

01	②	11	①	21	④
02	②	12	③	22	①
03	①	13	④	23	④
04	③	14	③	24	①
05	③	15	①		
06	②	16	①		
07	①	17	③		
08	④	18	①		
09	④	19	③		
10	②	20	①		

01	4 1
02	NA
03	50
04	merge(A,B,by="class")
05	subset(test, 학과=="경영학과")
06	sqldf()

01. 벡터는 하나의 스칼라 값 또는 하나 이상의 스칼라 원소들을 갖는 단순한 형태의 집합으로 한 벡터의 모든 원소는 같은 자료형(숫자 또는 문자)로 구성된다. 벡터는 행렬 구조로 나타나지 않는다. (정답 : ②)

02. R은 사용자들이 많기 때문에 문제가 발생할 경우, 다양한 사용자들을 통해 다양한 의견들을 들을 수 있으나 적절한 해결책을 찾기 위해서는 시간과 노력이 필요하다. SAS나 SPSS와 같은 솔루션의 경우, 문제가 발생할 경우 해당 업체를 통해 유지보수가 신속하게 이루어진다. (정답 : ②)

03. R에서의 summary 함수는 수치형 변수의 경우 최댓값, 최솟값, 평균, 1사분위수, 2사분위수(중앙값), 3사분위수를 출력하며, 명목형 변수의 경우 명목값, 데이터의 개수를 출력하는 함수이다. (정답 : ①)

04. ①, ②, ④의 결과는 모두 FALSE FALSE FALSE TRUE이지만, ③의 경우에는 NA NA NA NA가 나타난다. (정답 : ③)

05. ①, ②, ④의 결과는 모두 character이지만, ③의 경우에는 numeric이다. (정답 : ③)

06. ①, ③, ④의 결과는 모두 1 2 3 4 5 6 7 8 9 10이지만, ②의 경우에는 1 10이다. (정답 : ②)

07. 아래의 R 코드를 실행시키면 '두 객체의 길이가 서로 배수관계에 있지 않습니다'라는 경고 메시지가 뜨고 결과도 출력된다. (정답 : ①)

08. 행렬을 as.vector 함수에 입력하면 열방향으로 1열부터 차례로 원소를 나열하는 벡터가 생성된다. (정답 : ④)

09. 데이터 프레임은 표 형태의 데이터 구조이며, 각 열은 서로 다른 데이터 형식을 가질 수 있다. (정답 : ④)

10. 해당 R 코드 중 na.rm은 결측치를 제외하느냐에 대한 물음이며, T는 TRUE로서 결측치를 제외하겠다는 의미이다.
(정답 : ②)

11. data.table 패키지는 큰 데이터를 탐색, 연산, 병합하는데 아주 유용하다. ddply는 plyr 패키지에서 지원한다.
(정답 : ①)

12. 아래의 코드를 실행하면 숫자 5가 출력된다. (정답 : ③)

13. 각 값에 3이 곱해져 3 6 9 NA가 출력된다. (정답 : ④)

14. Inf는 무한대, NaN은 Not a Number, dim은 행렬의 차원을 나타낸다. (정답 : ③)

15. R에서 표준편차를 계산하기 위해 사용하는 함수가 아닌 것은 stdev() 함수이다. (정답 : ①)

16. 아래의 코드를 실행하면 "Mo", "Tu", "We"가 나타난다. (정답 : ①)

17. 두 개의 테이블을 하나로 변경할 때 merge 함수를 사용한다. (정답 : ③)

18. Calculate(4)를 실행 했을 때, (1). y=1, i=1 → y=1, (2). y=1, i=2 → y=2, (3). y=2, i=3 → y=6, (4). y=6, i=4 → y=24
이므로 24가 출력된다. (정답 : ①)

19. y는 10 20 30 40 50이라는 값이 출력되지만 xy[,1]을 실행하면 x와 y 각각 1 10이라는 값이 출력된다. (정답 : ③)

20. apply 함수에서 두 번째 인자가 1이면 행, 2이면 열의 자료를 적용한다. (정답 : ①)

21. tapply 함수에서 인자에는 정확한 위치의 변수명을 지정하고 적용할 함수를 할당해야 한다. (정답 : ④)

22. 단어나 문장에 포함되어 있는 문자열의 길이를 구하고자 할 때는 nchar 함수를 사용한다. (정답 : ①)

23. speed 변수의 75% 백분위수는 19.0이다. (정답 : ④)

24. install.packages("패키지명")로 패키지를 설치하고 library(패키지명)로 패키지를 불러와 사용할 수 있다. (정답 : ①)

3장 데이터 마트

출제 포인트

최소한 2문제 이상 출제됩니다. 요약변수와 파생변수에 대한 내용이 보기를 통해 나올 수 있고, reshape나 다른 R 패키지를 활용하여 데이터 마트를 어떻게 구성할 수 있는지 묻기도 합니다. 이번 장에서 등장하는 용어의 정의와 R 프로그램에서 사용할 여러 함수에 관해 알아두도록 합시다.

학습목표

- 데이터 마트를 구성하는 요약변수와 파생변수를 구분할 수 있다.
- reshape 패키지를 활용하여 데이터 마트를 생성할 수 있다.
- sqldf 패키지와 plyr 패키지를 활용하여 데이터를 핸들링할 수 있다.
- data.table 패키지를 이해하고 활용할 수 있다.

눈높이 체크

- **요약변수와 파생변수에 대해 알고 계신가요?**

데이터 마트를 구성할 때 가장 중요한 부분 중 하나가 요약변수와 파생변수를 생성하는 부분입니다. 모형을 개발할 때 문제를 가장 잘 해석할 수 있는 변수를 찾는 것은 모형 개발에서 가장 중요한 핵심 단계입니다. 그래서 데이터를 특정 기준에 따라 사칙연산을 통해 만들어 낸 변수가 요약변수이고 사용자의 노하우를 기반으로 새롭게 만들어 낸 변수가 파생변수입니다.

- **R 프로그램에서 reshape 패키지를 들어 보셨나요?**

reshape 패키지는 데이터 마트를 생성할 수 있도록 데이터를 녹이고(melt) 다시 형상화(cast)할 수 있는 R 패키지로 분석용 마트 설계에서 잘 활용됩니다.

- **R 프로그램에서 SQL은 어떻게 활용할 수 있을까요?**

SAS에서 SQL을 활용할 수 있듯이 R 프로그램에서도 SQL을 사용하기 위해 sqldf라는 패키지를 통해 SQL을 활용할 수 있습니다. sqldf 함수를 사용하면 모든 SQL 문장을 거의 똑같은 형식으로 사용할 수 있게 됩니다.

- **data.table 패키지를 들어보셨나요?**

data.table 패키지는 dataframe과 같은 구조를 가지고 있으나 key를 활용해서 훨씬 빠른 연산이 가능하게 만든 패키지입니다.

1절 데이터 변경 및 요약

1. R reshape를 이용한 데이터 마트 개발

가. 데이터 마트

- 데이터 웨어하우스와 사용자 사이의 중간층에 위치한 것으로, 하나의 주제 또는 하나의 부서 중심의 데이터 웨어하우스라고 할 수 있다.
- 데이터 마트 내 대부분의 데이터는 데이터 웨어하우스로부터 복제되지만, 자체적으로 수집될 수도 있으며, 관계형 데이터베이스나 다차원 데이터베이스를 이용하여 구축한다.

  〈출처 : 컴퓨터 인터넷IT용어대사전〉

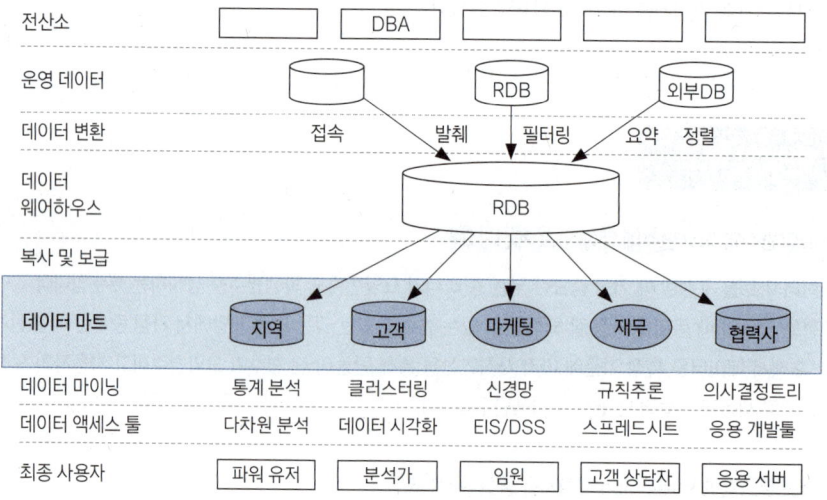

- CRM(Customer Relationship Management) 관련 업무 중에서 핵심 – 고객 데이터 마트 구축
- 동일한 데이터 셋을 활용할 경우, 최신 분석기법들을 이용하면 분석가의 역량에서는 분석 효과가 크게 차이가 나지 않기 때문에 데이터 마트를 어떻게 구축하느냐에 따라 분석 효과는 크게 차이난다.

나. 요약변수

- 수집된 정보를 분석에 맞게 종합한 변수이다.
- 데이터 마트에서 가장 기본적인 변수로 총 구매 금액, 금액, 횟수, 구매 여부 등 데이터 분석을 위해 만들어지는 변수이다.
- 많은 모델에 공통으로 사용될 수 있어 재활용성이 높다.
- 합계, 횟수와 같이 간단한 구조이므로 자동화하여 상황에 맞게 또는 일반적인 자동화 프로그램으로 구축 가능하다.
- 요약변수의 단점은 얼마 이상이면 구매하더라도 기준값의 의미 해석이 애매할 수 있다. 이러한 경우, 연속형 변수를 그룹핑해 사용하는 것이 좋다.

출제 포인트
데이터 마트를 만들 때 가장 중요한 데이터들은 데이터 웨어하우스로부터 받아오는 데이터입니다. 받아온 데이터를 처리과정을 통해 분석에 적절하게 활용할 수 있는 자료로 변환을 해야 합니다. 이렇게 만들어진 변수는 요약변수와 파생변수로 나뉩니다. 요약변수와 파생변수의 정의와 예시에 대해 알아야 합니다. 요약변수와 파생변수에 대한 내용을 섞어 문제가 출제되는 경향이 높기 때문입니다. 두 변수가 어떠한 차이가 있는지 체크합시다.

출제 포인트
요약변수를 잘 만든다면 분석의 중요한 변수로 활용이 가능합니다. 요약변수를 잘 만드는 것이 가장 중요하다고 할 수 있죠.

출제 포인트
예시를 공부할 때 요약변수의 예시를 완벽히 숙지한 후 나머지는 파생변수라고 생각하면 더 쉬울 것입니다.

예시

기간별 구매 금액, 횟수 여부	고객의 구매 패턴을 볼 수 있는 변수
위클리 쇼퍼	구매 시기를 통해 고객의 특성을 추정하는데 활용 가능
상품별 구매 금액, 회수 여부	고객의 라이프 스테이지와 라이프 스타일 등을 이해하는데 크게 도움이 됨
상품별 구매 순서	고객에 대한 이해와 해석력을 높일 수 있음
유통 채널별 구매 금액	온라인과 오프라인 사용 고객에게 모두 사용하도록 유도하는데 활용
단어 빈도	텍스트 자료에서 단어들의 출현 빈도를 데이터화하여 사용
초기 행동변수	고객 가입 또는 첫 거래 초기 1개월 간 거래 패턴에 대한 변수로 1년 후에 어떤 행동을 보일지를 평가하는 지표로 활용
트렌드 변수	추이값을 나타내는 변수
결측값과 이상값 처리	결측값과 이상값은 무리해서 처리하려고 하면 시간과 위험이 커질 수 있으므로 데이터의 내용을 파악하여 처리해야 함
연속형 변수의 구간화	분석후 적용 단계를 고려한 데이터 분석을 위해 연령이나 비용 등 연속형 변수를 구간화하는 것이 필요. 반드시 10, 100, 1000 단위로 구간화하지 말고 의미있는 구간으로 구간화 함

다. 파생변수

- 사용자(분석자)가 **특정 조건**을 만족하거나 **특정 함수**에 의해 값을 만들어 의미를 부여한 변수이다.
- 매우 **주관적**일 수 있으므로 논리적 타당성을 갖추어 **개발**해야 한다.
- **세분화, 고객 행동 예측, 캠페인 반응 예측**에 매우 잘 활용된다.
- 파생변수는 상황에 따라 특정 상황에만 유의미하지 않게 대표성을 나타나게 할 필요가 있다.

예시

근무시간 구매지수	근무시간대에 거래가 발생하는 비율을 산출하여 활용
주 구매 매장 변수	고객의 주거래 매장을 예측하여 적절한 분석에 활용
주 활동 지역 변수	고객의 정보나 거래내용을 통해 주 활동지역을 예측하여 분석에 활용
주 구매상품 변수	상품을 추천하는데 활용 (1순위 상품을 구매하고 2순위 상품을 구매하지 않은 고객에게 추천)
구매상품 다양성 변수	고객이 다양한 상품이나 같은 브랜드 등을 구매하는 성향을 파악하여 분석에 필요한 변수로 변환
선호하는 가격대 변수	각자의 취향, 소득, 서비스 등에 따라 많이 투자하는 상품군이 있는데 주로 패션 분야에 중요하게 적용
시즌 선호고객 변수	각자 의미 있게 생각하는 날 소비가 많이 이루어지기 때문에 패턴을 파악하여 분석에 활용(주로 유통업)
라이프 스테이지 변수	고객이 속한 라이프 스테이지를 예측하여 행동을 이해하고 그들의 니즈와 가치를 파악하는데 활용
라이프스타일 변수	고객의 라이프스타일을 보고 상품구매를 유도하는데 활용
행사민감 변수	같은 상품도 행사를 할 때 구매하는 사람이 있고 행사와 관련 없이 구매하는 사람이 있는데 이런 행동 패턴을 파악하여 활용
휴면가망 변수	고객은 늘 구매하지 않기 때문에 고객의 취향이나 관심사가 변해 구매하지 않거나 경쟁사의 상품을 선호하게 되는 경우가 있는데 이를 파악하여 사전 대응에 활용
최대가치 변수	고객의 가치를 판단하여 어느 정도를 판매할 수 있는지를 예측하는데 활용
최적 통화 시간	콜센터에 걸려온 시간으로 고객의 직업 등을 고려한 통화시간을 예측하여 통화를 시도

라. reshape의 활용

- reshape 패키지에는 **melt( )**와 **cast( )**라는 2개의 핵심 함수가 있다.(철을 녹이고 다시 틀에 넣어 모양을 만드는 과정에 비유하여, **녹이는 함수를 melt( ), 모양을 만드는 함수를 cast( )**로 사용한다.)
- 다음의 예시는 reshape 패키지의 주요 기능인 melt를 이용해 airquality 데이터의 Month, id를 기준으로 모든 데이터를 표준형식으로 변환한다.
- 변수를 조합해 변수명을 만들고 변수들을 시간, 상품 등의 차원에 결합해 다양한 요약변수와 파생변수를 쉽게 생성하여 데이터 마트를 구성할 수 있게 한다.

출제 포인트

reshape에 활용되는 cast와 melt 함수의 R코딩 방식은 시험에 자주 나오니 반드시 학습하세요~

reshape 패키지

With aggregation

cast(MD, no~variable, mean)

no	A1	A2
1	35	62.5
2	37.5	62.5

cast(MD, day~variable, mean)

day	A1	A2
1	45	75
2	27.5	50

cast(MD, no~day, mean)

no	day1	day2
1	55	42.5
2	65	35

MYDATA

no	day	A1	A2
1	1	40	70
1	2	30	55
2	1	50	80
2	2	25	45

MD<-melt(MYDATA, id=c("no", "day"))

no	day	variable	value
1	1	A1	40
1	2	A1	30
2	1	A1	50
2	2	A1	25
1	1	A2	70
1	2	A2	55
2	1	A2	80
2	2	A2	45

Without aggregation

cast(MD, no+day~variable)

no	day	A1	A2
1	1	40	70
1	2	30	55
2	1	50	80
2	2	25	45

cast(MD, no+variable~day)

no	variable	day1	day2
1	A1	40	30
1	A2	70	55
2	A1	50	25
2	A2	80	45

cast(MD, no~variable+day)

no	A1 day1	A1 day2	A2 day1	A2 day2
1	40	30	70	55
2	50	25	80	45

요약 Data ↔ RAW Data ↔ 요약 Data

- melt() : 원데이터 형태로 만드는 함수
- cast() : 요약 형태로 만드는 함수

예시

- airquality data
  6개 변수 ("Ozone" "Solar.R" "Wind" "Temp" "Month" "Day"), 153개 자료

```
> head(airquality)
  Ozone Solar.R Wind Temp Month Day
1    41     190  7.4   67     5   1
2    36     118  8.0   72     5   2
3    12     149 12.6   74     5   3
4    18     313 11.5   62     5   4
5    NA      NA 14.3   56     5   5
6    28      NA 14.9   66     5   6
...
```

- melt 함수
  melt( ) : 쉬운 casting을 위해 적당한 형태로 만들어주는 함수
  melt(data, id = ...)

```
> melt(airquality, id=c("Month", "Day"), na.rm=T)
Month Day variable value
1   5   1  Ozone    41
2   5   2  Ozone    36
3   5   3  Ozone    12
4   5   4  Ozone    18
5   5   6  Ozone    28
6   5   7  Ozone    23
...
117 5   1  Solar.R  190
118 5   2  Solar.R  118
119 5   3  Solar.R  149
...
```

- cast 함수
  cast( ) : 데이터를 원하는 형태로 계산 또는 변형 시켜주는 함수
  cast(data, formula = ... ~ variable, fun)

```
> cast(aqm, Day ~ Month ~ variable)
, , variable = Ozone
       Month
Day   5   6    7   8   9
1    41  NA  135  39  96
2    36  NA   49   9  78
3    12  NA   32  16  73
4    18  NA   NA  78  91
...
, , variable = Solar.R
       Month
Day   5    6    7    8    9
1   190  286  269   83  167
2   118  287  248   24  197
3   149  242  236   77  183
4   313  186  101   NA  189
...
, , variable = Temp
       Month
Day   5   6   7   8   9
1    67  78  84  81  91
2    72  74  85  81  92
3    74  67  81  82  93
4    62  84  84  86  93
...
```

2. sqldf를 이용한 데이터 분석

 출제 포인트
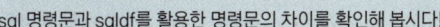
sql 명령문과 sqldf를 활용한 명령문의 차이를 확인해 봅시다!

- sqldf는 R에서 sql의 명령어를 사용 가능하게 해주는 패키지이다.
- SAS에서의 proc sql과 같은 역할을 하는 패키지다.

> **예시**
>
> - sql에서 사용하는 명령어 : select * from [data frame]
>   → R에서 사용하는 명령어 : sqldf("select * from [data frame]")
> - sql에서 사용하는 명령어 : select * from [data frame] numrows 10
>   → R에서 사용하는 명령어 : sqldf("select * from [data frame] limit 10")
> - sql에서 사용하는 명령어 : select * from [data frame] where [col] = 'char%'
>   → R에서 사용하는 명령어 : sqldf("select * from [data frame] where [col] like 'char%'")
>
> ---
>
> - head([df]) : sqldf("select * from [df] limit 6")
> - subset([df], grepl("qn%", [col])) : sqldf("select * from [df] where [col] like 'qn%'")
> - subset([df], [col] %in% c("BF", "HF") : sqldf("select * from [df] where [col] in('BF', 'HF')")
> - rbind([df1], [df2]) : sqldf("select * from [df1] union all select * from [df2]")
> - merge([df1], [df2]) : sqldf("select * from [df1], [df2]")
> - df[order([df]$[col], decreasing=T),] : sqldf("select*from [df] order by [col] desc")

- iris 데이터를 활용한 예시

```
> sqldf("select * from iris")
Loading required package: tcltk
Sepal_Length Sepal_Width Petal_Length Petal_Width Species
1 5.1 3.5 1.4 0.2 setosa
2 4.9 3.0 1.4 0.2 setosa
3 4.7 3.2 1.3 0.2 setosa
4 4.6 3.1 1.5 0.2 setosa
5 5.0 3.6 1.4 0.2 setosa
...
```

3. plyr을 이용한 데이터 분석

 출제 포인트
plyr 패키지의 활용방식과 R코딩을 확인하세요~

- plyr은 apply 함수에 기반해 데이터와 출력변수를 동시에 배열로 치환하여 처리하는 패키지이다.
- split-apply-combine : 데이터를 분리하고 처리한 다음, 다시 결합하는 등 필수적인 데이터 처리 기능을 제공한다.

	array	data frame	list	nothing
array	aaply	adply	alply	a_ply
data frame	daply	**ddply**	dlply	d_ply
list	laply	ldply	llply	l_ply
n replicates	raply	rdply	rlply	r_ply
function arguments	maply	mdply	mlply	m_ply

예시

- test data 불러오기

```
> test.data
  year value
1 2011 31
2 2011 84
3 2011 66
 . . .
9  2012 95
10 2012 83
11 2013 91
 . . .
```

- test.data를 이용하여 sd와 mean의 비율인 변동계수 CV(Coefficient of Variation)를 산출

```
> dd.test <- ddply(test.data, "year", function(x) {
+ m.value <- mean(x$value)
+ sd.value <- sd(x$value)
+ cv <- round(sd.value/m.value, 4)
+ data.frame(cv.value=cv)
+ })
> dd.test
  year cv.value
1 2011 0.4396
2 2012 0.3716
3 2013 0.6599
4 2014 0.6760
```

4. 데이터 테이블

- data.table 패키지는 R에서 **가장 많이 사용하는 데이터 핸들링 패키지** 중 하나이다.
- data.table은 큰 데이터를 **탐색, 연산, 병합**하는데 아주 유용하다.

출제 포인트

데이터 테이블과 데이터 프레임을 비교하여 묻는 문제가 출제될 수 있습니다. 데이터 테이블의 특징을 꼭 기억하도록 합시다.

- 기존 data.frame 방식보다 **월등히 빠른 속도**이다.
- 특정 Column을 key 값으로 색인을 지정한 후 데이터를 처리한다.
- **빠른 그루핑과 Ordering, 짧은 문장 지원** 측면에서 데이터 프레임보다 유용하다(속도차 큼).

예시

```
> install.packages("data.table")
> library(data.table)
> DF <- data.frame(x = runif(2.6e+07), y = rep(LETTERS, each = 10000))
> df <- data.frame(x = runif(2.6e+07), y = rep(letters, each = 10000))
> system.time(x <- DF[DF$y == "C", ])
   사용자 시스템 elapsed
   1.88 0.40 2.30
> DT <- as.data.table(DF)
> setkey(DT, y)
> system.time(x <- DT[J("C"), ])
   사용자 시스템 elapsed
   0.03 0.00 0.03
```

2절 데이터 가공

1. Data Exploration

가. 개요
- 데이터 분석을 위해 구성된 데이터의 변수들의 상태를 파악한다.

나. 종류
1) head(데이터셋), tail(데이터셋)
    - 시작 또는 마지막 6개 record만 조회하는 함수

2) summary(데이터셋)
    가) 수치형 변수 : 최댓값, 최솟값, 평균, 1사분위수, 2사분위수(중앙값), 3사분위수
    나) 명목형 변수 : 명목값, 데이터 개수

 출제 포인트

head(), summary() 함수는 시험에 자주 출제되니 내용을 파악하세요.

예시
- R의 diamonds data를 이용한 예시(head 함수)

```
> require(ggplot2)
> data(diamonds)
> dia.data <- diamonds
> head(dia.data)
  carat     cut color clarity depth table price    x    y    z
1  0.23   Ideal     E     SI2  61.5    55   326 3.95 3.98 2.43
2  0.21 Premium     E     SI1  59.8    61   326 3.89 3.84 2.31
3  0.23    Good     E     VS1  56.9    65   327 4.05 4.07 2.31
4  0.29 Premium     I     VS2  62.4    58   334 4.20 4.23 2.63
```

- R의 diamonds data를 이용한 예시(summary 함수)

```
> summary(dia.data)
    carat            cut           color        clarity          depth
 Min.   :0.2000   Fair  : 1610   D: 6775   SI1    :13065   Min.   :43.00
 1st Qu.:0.4000   Good  : 4906   E: 9797   VS2    :12258   1st Qu.:61.00
 Median :0.7000   Very Good:12082 F: 9542  SI2    : 9194   Median :61.80
 Mean   :0.7979   Premium :13791  G:11292  VS1    : 8171   Mean   :61.75
 3rd Qu.:1.0400   Ideal :21551   H: 8304   VVS2   : 5066   3rd Qu.:62.50
 Max.   :5.0100                  I: 5422   VVS1   : 3655   Max.   :79.00
                                 J: 2808   (Other): 2531
    table           price            x               y               z
 Min.   :43.00   Min.   :  326   Min.   : 0.000  Min.   : 0.000  Min.   : 0.000
 1st Qu.:56.00   1st Qu.:  950   1st Qu.: 4.710  1st Qu.: 4.720  1st Qu.: 2.910
 Median :57.00   Median : 2401   Median : 5.700  Median : 5.710  Median : 3.530
 Mean   :57.46   Mean   : 3933   Mean   : 5.731  Mean   : 5.735  Mean   : 3.539
 3rd Qu.:59.00   3rd Qu.: 5324   3rd Qu.: 6.540  3rd Qu.: 6.540  3rd Qu.: 4.040
 Max.   :95.00   Max.   :18823   Max.   :10.740  Max.   :58.900  Max.   :31.800
```

※ Min : 최솟값, 1st Qu : 1사분위수, Median : 중위수, Mean : 평균, 3st Qu : 3사분위수, Max : 최댓값

2. 변수 중요도

가. 개요

- 변수 선택법과 유사한 개념으로 모형을 생성하여 사용된 변수의 중요도를 살피는 과정이다.

나. 종류

1) klaR 패키지
    - 특정 변수가 주어졌을 때 클래스가 어떻게 분류되는지에 대한 에러율을 계산해주고, 그래픽으로 결과를 보여주는 기능을 한다.
    - greedy.wilks( ) : 세분화를 위한 stepwise forward 변수선택을 위한 패키지, 종속변수에 가장 영향력을 미치는 변수를 wilks lambda를 활용하여 변수의 중요도를 정리

    (Wilk's Lambda = 집단내분산/총분산)

예시
- plineplot()을 이용한 iris데이터 예제

```
> iris2 <- iris[,c(1,3,5)]
> plineplot(Species ~., data=iris2, method="lda",x=iris[,4], xlab="Petal.Width")
[1] 0.03333333
```

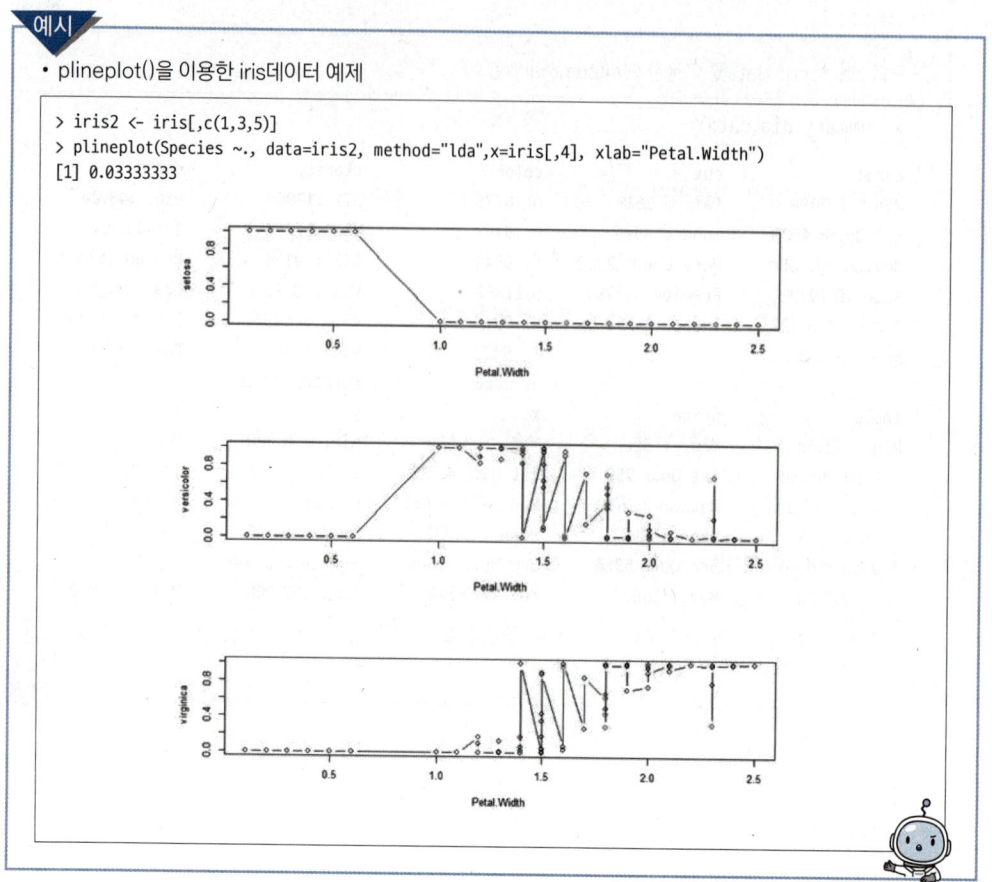

3. 변수의 구간화

 출제 포인트
변수의 구간화에서 자주 활용되는 방식에는 Binning과 의사결정나무가 있습니다.

가. 개요

- **연속형** 변수를 분석 목적에 맞게 활용하기 위해 구간화하여 모델링에 적용한다.

  ※ 일반적으로 10진수 단위로 구간화하지만, 구간을 5개로 나누는 것이 보통이며, 7개 이상의 구간을 잘 만들지 않는다.

예시

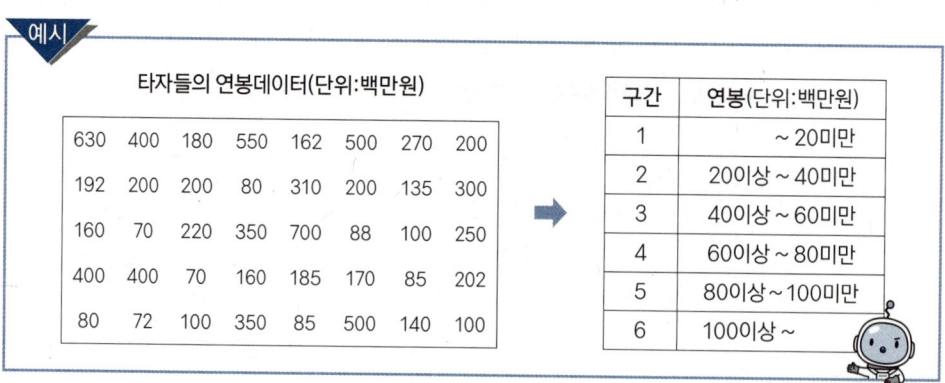

- 신용평가모형, 고객 세분화와 같은 시스템에서 모형에 활용하는 각 변수들을 구간화해서 구간 별로 점수를 적용하는 스코어링 방식으로 많이 활용되고 있다.

나. 구간화 방법

1) Binning
   - 신용평가모형의 개발에서 연속형 변수(부채비율 등)를 범주형 변수로 구간화 하는데 자주 활용되고 있는 방법이다.

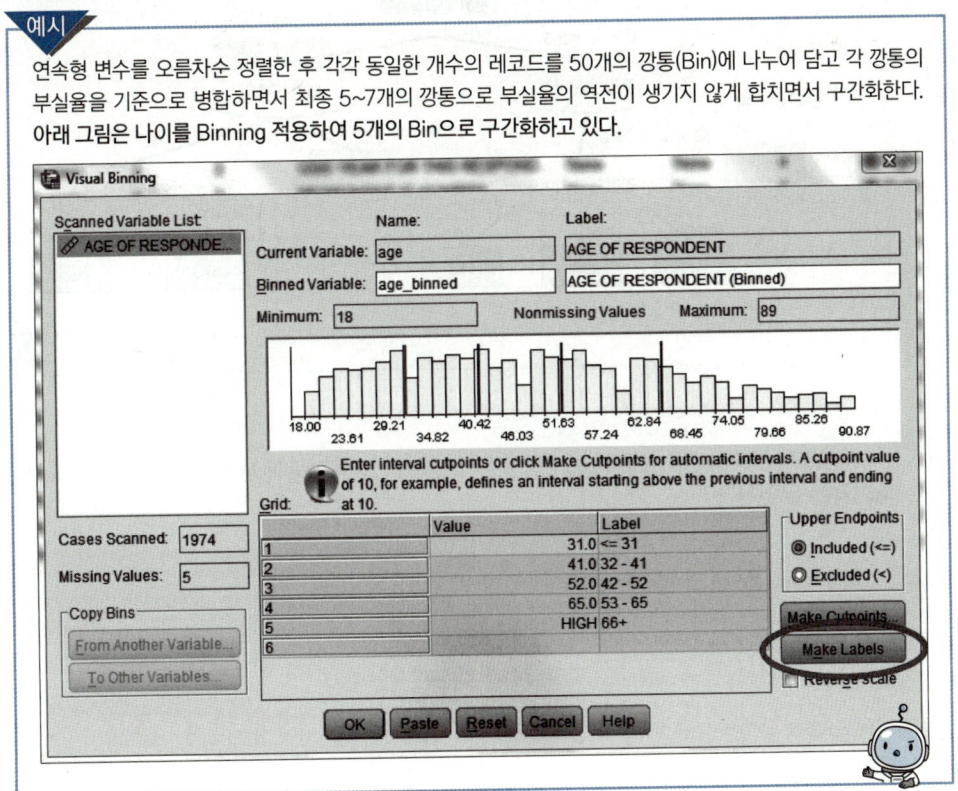

예시
연속형 변수를 오름차순 정렬한 후 각각 동일한 개수의 레코드를 50개의 깡통(Bin)에 나누어 담고 각 깡통의 부실율을 기준으로 병합하면서 최종 5~7개의 깡통으로 부실율의 역전이 생기지 않게 합치면서 구간화한다. 아래 그림은 나이를 Binning 적용하여 5개의 Bin으로 구간화하고 있다.

2) 의사결정나무
   - 세분화 또는 예측에 활용되는 의사결정나무 모형을 사용하여 입력변수들을 구간화할 수 있다. 의사결정나무에서는 동일한 변수를 여러 번의 분리기준으로 사용이 가능하기 때문에 연속 변수가 반복적으로 선택될 경우, 각각의 분리 기준값으로 연속형 변수를 구간화할 수 있다.

> **예시**
>
> 아래 그림은 올해 임금상승률을 예측하는 의사결정나무이며, 이 모형에서 중복으로 사용된 "첫해 임금상승률" 변수의 경우, 2.5%이하, 2.5%초과~4%이하, 4%초과~99.9%이하, 99.9%초과로 구간화 할 수 있다.
>
>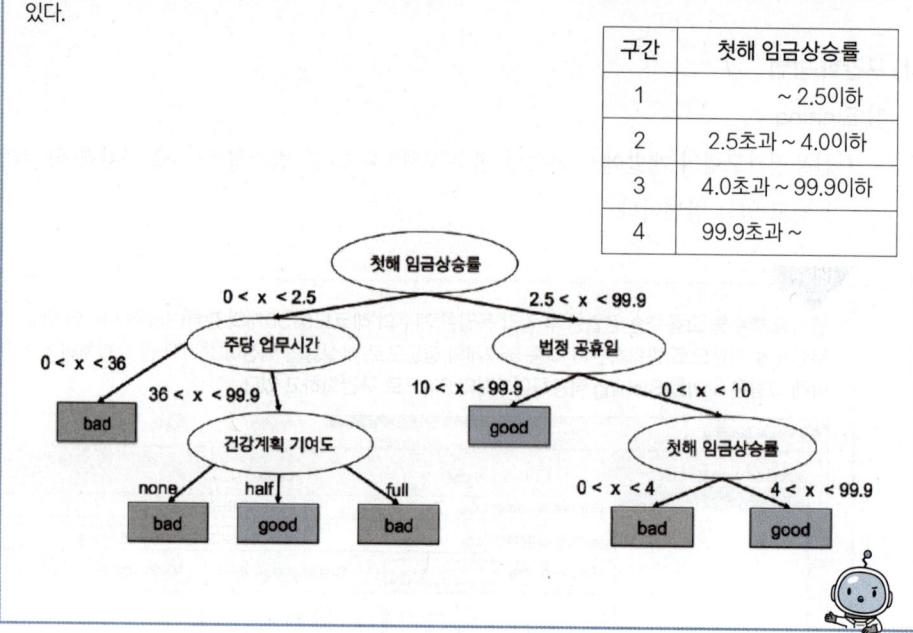

3절 기초 분석 및 데이터 관리

1. 데이터 EDA(탐색적 자료 분석)

- 데이터의 분석에 앞서 전체적으로 데이터의 특징을 파악하고 데이터를 다양한 각도로 접근한다.
- summary()를 이용하여 데이터의 기초통계량을 확인한다.

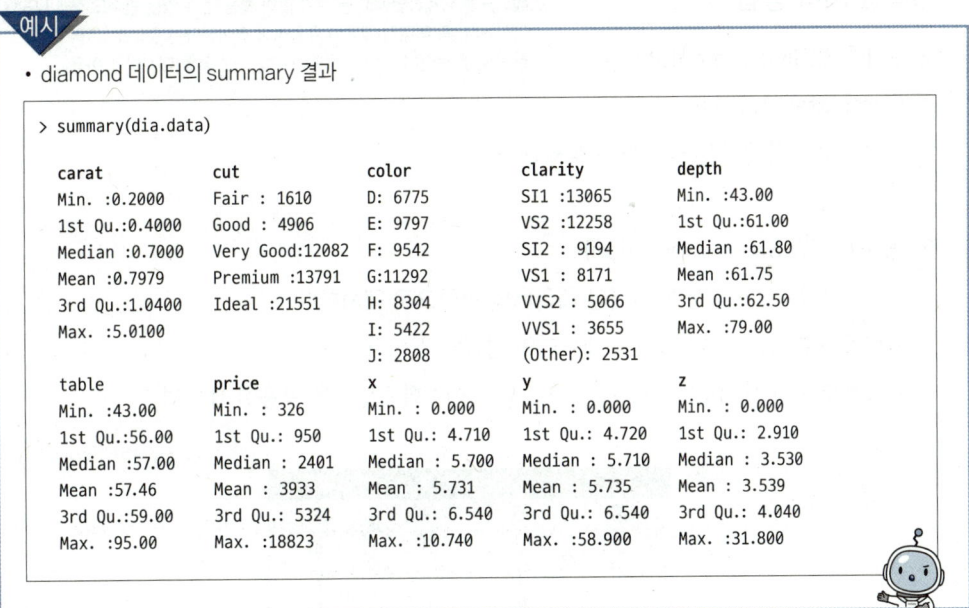

2. 결측값 인식

- 결측값은 NA, 99999999, ' '(공백), Unknown, Not Answer 등으로 표현되는 것으로 결측값을 처리하기 위해서 시간을 많이 사용하는 것은 비효율적이다.
- 결측값 자체의 의미가 있는 경우도 있는데 예를 들면 쇼핑몰 가입자 중 특정 거래 자체가 존재하지 않는 경우와 인구통계학적 데이터(Demographic Data)에서 아주 부자이거나 아주 가난한 경우 자산 정보를 잘 채워 넣지 않기 때문에 가입자의 특성을 유추하여 활용할 수 있다.
- 결측값 처리는 전체 작업속도에 많은 영향을 준다.

> **예시**
> - 결측값이 있는 자료의 평균 구하기
> ```
> >x<-c( 1, 2, 3, NA)
> > mean(x)
> [1] NA
> > mean( x, na.rm=T)
> [1] 2
> ```
> - na.rm을 이용해 NA를 제거한 후 평균을 구할 수 있다.

3. 결측값 처리 방법

가. 단순 대치법(Single Imputation)

1) Completes Analysis
- 결측값이 존재하는 레코드를 **삭제**한다.

 출제 포인트

레코드를 삭제하면 데이터 수가 줄어 활용할 수 있는 변수도 작아집니다. 즉 데이터 활용의 효율성이 떨어진다는 것이죠. 이러한 단점을 보완하기 위해 평균대치법, 단순확률 대치법을 이용합니다.

2) 평균 대치법(Mean Imputation)
- 관측 또는 실험을 통해 얻어진 **데이터의 평균으로 대치**한다.
- **비조건부** 평균 대치법 : 관측데이터의 평균으로 대치
- **조건부** 평균 대치법(Regression Imputation) : 회귀분석을 활용한 대치법

Y_1	Y_2	Y_3	$\hat{Y}_3$
10	15	20	20
12	25	30	30
15	35	40	40
25	49	57	57
30	49	59	59
35	55	65	65
37	47	70	70
40	60	$?_1$	76.89
42	65	$?_2$	81.67
50	70	$?_3$	92.39

$\hat{Y}_3 = \beta_0 + \beta_1 y_1 + \beta_2 y_2 + \varepsilon \quad i=1,2,...,7$
$\beta_0 = 3.69, \beta_1 = 0.099, \beta_2 = 0.56$
$?_1 = 3.69 + 0.099 \times 40 + 0.56 \times 60 = 76.89$

3) 단순확률 대치법(Single Stochastic Imputation)
- 평균 대치법에서 추정량 표준 오차의 과소 추정문제를 보완하고자 고안된 방법으로 Hot-deck 방법, **Nearest Neighbor 방법** 등이 있다.

나. 다중 대치법(Multiple Imputation)

- 단순 대치법을 한 번만 하지 않고 m번의 대치를 통해 m개의 가상적 완전 자료를 만드는 방법이다.
- 1단계 : 대치(Imputation Step), 2단계 : 분석(Analysis Step), 3단계 : 결합(Combination Step)
- Amelia-time series cross sectional data set(여러 국가에서 매년 측정된 자료)에서 bootstrapping based algorithm을 활용한 다중 대치법이다.

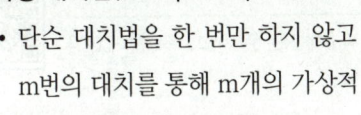

출제 포인트
R 프로그램에서 결측값의 확인 및 처리방식을 기억합시다.

4. R에서 결측값 처리

가. 관련 함수

함수	내용
complete.cases( )	데이터내 레코드에 **결측값이 있으면 FALSE, 없으면 TRUE**로 반환
is.na( )	결측값을 NA로 인식하여 **결측값이 있으면 TRUE, 없으면 FALSE**로 반환
DMwR 패키지의 centralImputation( )	NA 값에 가운데 값(Central Value)으로 대치, 숫자는 중위수, 요인(Factor)은 최빈값으로 대치
DMwR 패키지의 knnImputation( )	NA 값을 k최근 이웃 분류 알고리즘을 사용하여 대치하는 것으로, k개 주변 이웃까지의 거리를 고려하여 가중 평균한 값을 사용
Amelia 패키지의 amelia( )	• time-series-cross-sectional data set(여러 국가에서 매년 측정된 자료)에서 활용 ※ 랜덤포레스트(Random Forest)모델은 결측값이 존재할 경우, 바로 에러가 발생 • RandomForest 패키지의 rfImpute( ) 함수를 활용하여 NA 결측값을 대치한 후 알고리즘에 적용

5. 이상값(Outlier) 인식과 처리

출제 포인트
Bad Data로 판명된 데이터는 삭제하는 것이 바람직합니다.

가. 이상값이란?

- 의도하지 않게 잘못 입력한 경우(Bad Data)
- 의도하지 않게 입력되었으나 분석 목적에 부합되지 않아 제거해야 하는 경우(Bad data)
- 의도하지 않은 현상이지만 분석에 포함해야 하는 경우
- 의도된 이상값(Fraud, 불량)인 경우
- 이상값을 꼭 제거해야 하는 것은 아니기 때문에 분석의 목적이나 종류에 따라 적절한 판단이 필요하다.

나. 이상값의 인식 방법

1) ESD(Extreme Studentized Deviation)
   - 평균으로부터 3 표준편차 떨어진 값(각 0.15%)

출제 포인트
ESD는 단답형으로 자주 출제 되는 문제이므로 숙지하시고 넘어가시기 바랍니다.

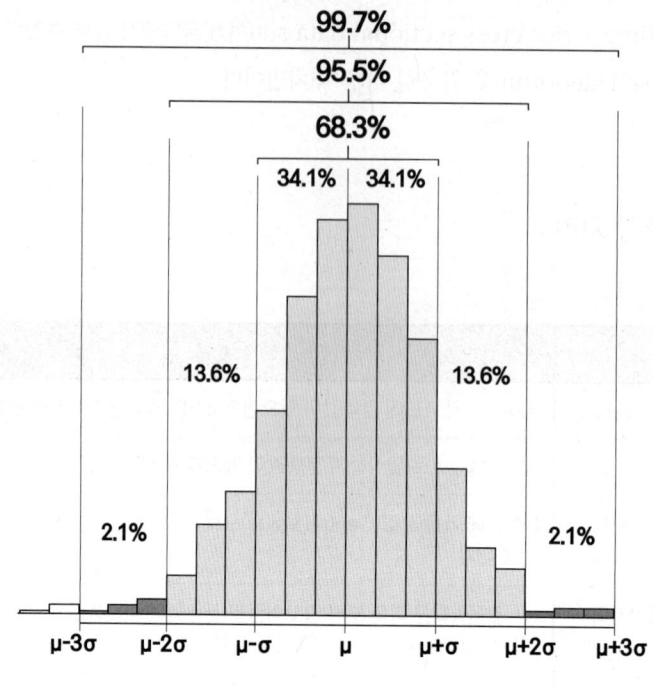

〈출처 : 위키피디아〉

2) 기하평균-2.5×표준편차 < data < 기하평균 +2.5×표준편차

3) 사분위수 이용하여 제거하기(상자 그림의 outer fence 밖에 있는 값 제거)
   이상값 정의 : Q1-1.5(Q3-Q1)< data< Q3+1.5(Q3-Q1)를 벗어나는 데이터

다. 극단값 절단(Trimming) 방법

1) 기하평균을 이용한 제거
   - geo_mean

출제 포인트
극단값 절단 방법을 활용해 데이터를 제거하는 것보다는 극단값 조정 방법을 이용하는 것이 데이터 손실율도 적고, 설명력도 높아집니다.

2) 하단, 상단 % 이용한 제거
   - 10% 절단(상하위 5%에 해당되는 데이터 제거)

라. 극단값 조정(Winsorizing) 방법

- 상한값과 하한값을 벗어나는 값들을 하한, 상한값으로 바꾸어 활용하는 방법이다.

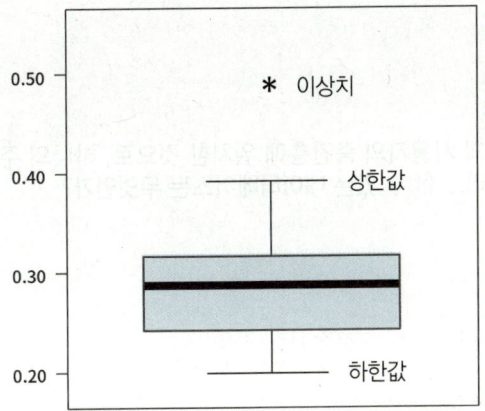

> **예시**
>
> - 상자수염그림(Box Plot을 통한 예시)
>
>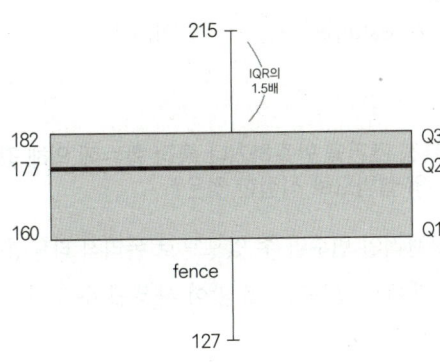
>
> - 이상치를 구하기 위해 3Q에서 1Q를 뺀 Inter Quartile Range(IQR)을 구한 결과 22로 나타났다. (182-160=22)
> - IQR의 약 1.5배(33)이 최소, 최댓값에서 벗어날 경우 이상점으로 구분한다.

예상문제

4과목 / 3장

데이터 마트

01. 데이터 웨어하우스와 사용자의 중간층에 위치한 것으로, 하나의 주제 또는 하나의 부서 중심의 데이터 웨어하우스라고 할 수 있는 데이터베이스는 무엇인가?

① 데이터마트
② 모델링
③ 관계형 데이터베이스
④ 빅데이터

02. 변수를 조합해 변수명을 만들고 변수들을 시간, 상품 등의 차원에 결합해 다양한 요약 변수와 파생변수를 쉽게 생성하여 데이터 마트를 구성할 수 있는 패키지는 무엇인가?

① ETL   ② reshape   ③ OLAP   ④ rattle

03. 파생변수는 사용자가 특정 조건을 만족하거나 특정 함수에 의해 값을 만들어 의미를 부여한 변수이다. 다음 중 파생변수의 설명으로 적절한 것은?

① 파생변수는 매우 주관적인 변수일 수 있으므로 논리적 타당성을 갖춰야 한다.
② 파생변수는 많은 모델에서 공통적으로 많이 사용될 수 있다.
③ 파생변수는 재활용성이 높다.
④ 파생변수는 다양한 모델을 개발해야 하는 경우, 효율적으로 사용할 수 있다.

04. 많은 기업에서 평균거래주기를 3~4배 이상 초과하거나 다음 달에 거래가 없을 것으로 예상되는 고객을 (㉠)으로 정의하고 있다. 다음 중 (㉠)에 가장 적절한 것은?

① 신규고객   ② 우량고객   ③ 가망고객   ④ 휴면고객

05. 아래 표는 데이터의 변경을 통해 새로운 구조의 데이터셋을 구성하고자 할때 사용하는 R 프로그램 중 melt 함수와 cast 함수의 예시이다. 데이터셋 MD를 새로운 데이터 형태로 변경하기 위한 cast 함수를 활용한 R 프로그램 중 옳은 것은?

<DATA 명 : MD>

ID	Time	Variable	Value
1	1	X1	5
1	2	X1	3
2	1	X1	6
2	2	X1	2
1	1	X2	6
1	2	X2	5
2	1	X2	1
2	2	X2	4

<새로운 데이터>

ID	Variable	Time1	Time2
1	X1	5	3
1	X2	6	5
2	X1	6	2
2	X2	1	4

① cast(md, id~variable +time)

② cast(md, id+variable~time)

③ cast(md, id+time~variable)

④ cast(md, id~variable, mean)

06. 아래의 정의가 가리키는 데이터 마트의 구성요소로 가장 적절한 것은?

> 특정한 의미를 갖는 작위적 정의에 의한 변수로, 사용자가 특정 조건을 만족하거나 특정 함수에 의해 값을 만들어 의미를 부여한 변수

① 반응변수   ② 파생변수   ③ 설명변수   ④ 요약변수

07. 아래의 왼쪽 자료를 오른쪽의 형태로 변환하기 위한 명령어로 적절한 것은?

① aqm<-melt(airquality, id=c("Month","Day"), na.rm=TRUE)

② aqm<-melt(airquality, id=c("Month","Day"))

③ aqm<-melt(airquality, id=c("Ozone","Solar.R","Wind","Temp"), na.rm=TRUE)

④ aqm<-melt(airquality, id=c("Ozone","Solar.R","Wind","Temp"))

08. "iris"라는 데이터셋에서 데이터의 내용을 조회할 때, R 프로그램으로 적절한 것은?

① plyr("select*from iris") ② sql("select*from iris")
③ mysql("select*from iris") ④ sqldf("select*from iris")

09. chickwts 데이터 프레임은 여섯가지 종류의 닭 사료 첨가물(feed)과 각 사료를 먹인 닭의 무게 (weight)를 변수로 가진다. 아래의 (1)의 기초통계량과 각 feed별 weight의 평균을 계산하여, 아래 (2)와 같은 결과물을 만들기 위한 코드로 다음 중 가장 적절한 것은?

```
(1)                                    (2)
> head(chickwts)                               feed groupmean
  weight    feed                       1     casein  323.5833
1    179  horsebean                    2  horsebean  160.2000
2    160  horsebean                    3    linseed  218.7500
3    136  horsebean                    4   meatmeal  276.9091
4    227  horsebean                    5    soybean  246.4286
5    217  horsebean                    6  sunflower  328.9167
6    168  horsebean
> summary(chickwts)
    weight              feed
 Min.   :108.0   casein   :12
 1st Qu.:204.5   horsebean:10
 Median :258.0   linseed  :12
 Mean   :261.3   meatmeal :11
 3rd Qu.:323.5   soybean  :14
 Max.   :423.0   sunflower:12
```

① ddply(chickwts, ~feed, groupmean=mean(weight))
② ddply(chickwts, weight~feed, summarize, groupmean=mean(weight))
③ ddply(chickwts, ~feed, summarize, groupmean=mean(weight))
④ ddply(chickwts, weight~feed, groupmean=mean(weight))

10. 다음 중 결측치에 대한 설명으로 가장 부적절한 것은?

① 해당 칸이 비어있는 경우 결측치 여부는 알기 쉽다.
② 관측치가 있지만 실상은 default 값이 기록된 경우에도 결측치로 처리해야 하는 것이 바람직하다.
③ 결측치가 있는 경우 다양한 대치(Imputation)방법을 사용하여 완전한 자료로 만든 후 분석을 진행할 수 있다.
④ 결측치가 20% 이상인 경우에는 해당 변수를 제거하고 분석해야 한다.

11. 다음은 결측값을 확인하고 결측값을 대치하는데 활용되는 R 함수들이다. 설명이 잘못된 것을 고르시오.

   ① complete.cases( ) : 데이터 내 레코드에 결측값이 있으면 TRUE, 없으면 FALSE를 반환하는 함수
   ② is.na( ) : 결측값이 NA인지 여부를 판단하여 반환하는 함수
   ③ knnImputation( ) : NA 값을 k 최근 이웃 분류 알고리즘을 사용하여 대치하는 함수로 k개 주변 이웃까지의 거리를 고려하여 가중 평균한 값을 대치해 주는 함수
   ④ rfImpute( ) : 랜덤포레스트 모형의 경우, 결측값이 있으면 에러를 발생하기 때문에 랜덤포레스트 패키지에서 NA 결측값을 대치하도록 하는 함수

12. 결측값은 관측되어 얻어지는 실험 자료에서 종종 나타나는 현상이다. 결측값을 분석할 수 있는 통계분석 방법론으로 대치법이 있다. 다음 중 결측값을 처리하는 방법에 대한 설명 중 부적절한 것은?

   ① complete Analysis는 불완전 자료를 모두 삭제하고 완전한 관측치만으로 자료를 분석하는 방법이다. 그러나 부분적 관측자료를 사용하므로 통계적 추론의 타당성 문제가 있다.
   ② 평균 대치법은 자료의 평균값으로 결측값을 대치하여 불완전한 자료를 완전한 자료로 만들어 분석하는 방법이다.
   ③ 단순확률 대치법은 평균 대치법에서 추정량 표준오차의 과소 추정문제를 보완하고자 고안된 방법이다.
   ④ 다중 대치법은 단순 대치법을 한번하지 않고 m번 대치를 통해 m개의 가상적 완전 자료를 만들어서 분석하는 방법으로 순서는 1단계인 대치(imputation step), 2단계인 결합(combination step), 3단계인 분석(Analysis step)이다.

13. 이상치를 찾는 것은 데이터 분석에서 데이터 전처리를 어떻게 할지 검정할 때 사용할 수 있다. 다음 중 상자그림을 이용하여 이상치를 판정하는 방법에 대한 설명으로 가장 부적절한 것은?

   ① IQR=Q3-Q1이라고 할 때, Q1-1.5*IQR<x<Q3+1.5*IQR을 벗어나는 x를 이상치라고 규정한다.
   ② 평균으로부터 3*표준편차 벗어나는 것들을 비정상이라 규정하고 제거한다.
   ③ 이상치는 변수의 분포에서 벗어난 값으로 상자 그림을 통해 확인할 수 있다.
   ④ 이상치는 분포를 왜곡할 수 있으나 실제 오류인자에 대해서는 통계적으로 실행하지 못하기 때문에 제거여부는 실무자들을 통해서 결정하는 것이 바람직하다.

14. 다음 중 이상값 검색을 활용한 응용시스템으로 가장 적절한 것은?

① 장바구니분석 시스템
② 데이터 마트
③ 교차판매 시스템
④ 부정사용방지 시스템

15. 이상치에 대한 설명으로 가장 부적절한 것은?

① 군집분석을 이용하여 다른 데이터들과 거리상 멀리 떨어진 데이터를 이상치로 판정한다.
② 데이터를 측정과정이나 입력하는 과정에서 잘못 포함된 이상치는 삭제한 후 분석한다.
③ 설명변수의 관측치에 비해 종속변수의 값이 상이한 값을 이상치라 한다.
④ 통상 평균으로부터 표준편차의 3배가 되는 점을 기준으로 이상치를 정의한다.

16. 다음은 이상값(outlier)에 대한 설명이다. 잘못 설명한 내용을 고르시오.

① 부정사용방지 시스템이나 부도예측 시스템에서는 이상값(outlier)이라도 의미가 있으므로 제거하지 않는다.
② 이상값 인식에 있어서 가장 많이 활용하는 방법은 ESD(Extreme Studentized Deviation)으로 평균에서 3 표준편차를 벗어나는 경우 이상값으로 인식하는 방법이다.
③ 이상값의 처리에 있어서 극단값 절단 방법과 조정 방법이 있으며 조정의 경우, 제거 방법에 비해 데이터 손실율이 높아 설명력이 낮아지는 단점이 있다.
④ 의도하지 않게 잘못 입력된 데이터인 경우 bad data에 해당되며 이러한 경우, 데이터를 제거하여 분석한다.

17. 결측치(Missing data) 핸들링은 데이터분석을 위한 전처리 작업에서 가장 중요한 단계 중에 하나이다. R 프로그램에서 결측치의 표현으로 맞는 것은?

① Missing
② 999999999
③ NaN(Not a Number)
④ NA(Not Available)

18. 데이터 전처리 단계에서 데이터의 이상치(Outlier)에 대한 설명으로 틀린 것은?

> 이상치(Outlier) 탐지의 목적은 대부분의 객체들과 다른 객체들을 찾는 것이다. 이상치 탐지는 속성값들의 일반적인 값들과 상당히 편차가 큰 값을 가지므로 편차 탐지(deviation detection)라고도 한다. 그러나 이상치는 반드시 비정상적인 객체를 의미하지는 않는다.

① 최댓값과 최솟값
② 데이터 입력 시 오타로 인해 잘못 입력된 경우
③ 분석 목적에 부합되지 않아 제거해야 하는 경우
④ 부정사용방지 시스템에서 의도된 이상 값

19. 아래는 이상치(Outlier) 탐지에 대한 설명이다. 다음 중 이상치를 유용하게 사용하는 분야의 예로 부적절한 것은?

① 사기탐지 – 도난당한 신용카드의 구매 행위는 원 소유자의 행위와 다를 수 있다.
  평상시의 행위와 다른 구매패턴을 조사하여 사기를 탐지할 수 있다.
② 환경파괴 – 자연 세계에서는 환경에 중요한 영향을 줄 수 있는 홍수, 가뭄 같은 사건들이 있다.
  그러나 이러한 사건은 정상적인 환경에서 발생하는 사건으로 해석할 수 있다.
③ 의료 – 특정 환자에게 보이는 예외적인 증세나 검사 결과는 잠재적인 건강 문제를 나타낸다.
④ 침입탐지 – 컴퓨터 네트워크에 대한 공격은 보편화되었다.
  침입의 다수는 네트워크에 대한 예외적인 행위를 감시하는 경우에 탐지할 수 있다.

단답형 문제로 복습하기!

> 단답형은 앞의 개념을 복습하기 위한 문제들로 시험에서는 단답형이 출제되지 않으니 참고하시기 바랍니다.

01. R에서 데이터 프레임과 유사하지만 보다 빠른 grouping과 ordering, 그리고 짧은 문장을 지원하여 데이터 프레임보다 효율적인 데이터 구조는?

( )

02. 아래의 설명하는 내용은 무엇인가?

> 연속형 변수를 범주형 변수로 구간화하는데 자주 활용하는 방법으로 깡통(Bin)에 나누어 담고 깡통의 병합해가며 구간화하는 방법

( )

03. (가) 안에 들어갈 용어는 무엇인가?

> (가)는 특정한 의미를 갖는 작위적 정의에 의한 변수로, 사용자가 특정 조건을 만족하거나 특정 함수에 의해 값을 만들어 의미를 부여한 변수이다.

( )

04. 데이터의 한 부분으로 특정 사용자가 관심을 갖고 있는 데이터를 담은 비교적 작은 규모의 데이터 웨어하우스는 무엇인가?

( )

정답 및 해설

【단답형】

01	데이터 테이블(data.table)
02	비닝(Binning)
03	파생변수
04	데이터 마트

01	①	11	①
02	②	12	④
03	①	13	②
04	④	14	④
05	②	15	③
06	②	16	③
07	①	17	④
08	④	18	①
09	③	19	②
10	④		

01. 데이터 웨어하우스와 사용자 사이의 중간층에 위치한 것으로, 하나의 주제 또는 하나의 부서중심의 데이터 웨어하우스라고 할 수 있다. 데이터 마트 내 대부분의 데이터는 데이터 웨어하우스로부터 복제되지만, 자체적으로 수집될 수도 있으며, 관계형 데이터베이스나 다차원 데이터베이스를 이용하여 구축한다. (정답 : ①)

02. reshape 패키지는 데이터를 원하는 형태로 바꿔주는 melt 함수와 원하는 부분만을 선택하는 cast 함수로 구성되어 있다. (정답 : ②)

03. 파생변수는 사용자가 특정 조건을 만족하거나 특정 함수에 의해 값을 만들어 의미를 부여한 변수로서, 매우 주관적일 수 있으므로 논리적 타당성을 갖추어 개발해야 한다. (정답 : ①)

04. (정답 : ④)

05. csat 함수는 모양을 만드는 함수로서 오른쪽의 각 ID와 Variable에 대해 Time의 Value를 확인하는 것이므로 cast(md, id+variable~time)이 정답이다. (정답 : ②)

06. 아래의 정의는 파생변수에 대한 설명이다. (정답 : ②)

07. melt 함수는 데이터를 재구성하기 위한 함수로서 id는 month와 day이고 각 variable별로 value 값을 나타내고 NA값은 na.rm=TRUE로 제외했음을 알 수 있다. (정답 : ①)

08. sqldf 패키지는 R에서 sql의 명령어를 사용가능하게 해주는 패키지이다. (정답 : ④)

09. 각 feed별 weight의 평균을 계산하기 위해서는 ~feed, summarize, mean이라는 명령어가 있는 것이 정답이다.
   (정답 : ③)

10. 결측률이 높더라도, 해당 변수가 중요한 경우 대치(imputation) 후 사용하는 것이 바람직할 수 있다. 결측치 비율만으로 무조건 제거를 결정하는 것은 잘못된 접근이며, 결측의 원인(MCAR, MAR, MNAR) 및 변수의 중요도를 고려해 판단해야 한다. (정답 : ④)

11. complete.cases 함수는 레코드에 결측값이 없으면 TRUE, 있으면 FALSE 를 반환하는 함수이다. (정답 : ①)

12. 다중 대치법의 순서는 1단계인 대치(Imputation step), 2단계인 분석(Analysis step), 결합(Combination step)이다.
   (정답 : ④)

13. '이상치'라고 규정한 자료는 분석에서 제외를 할 수 있지만 무조건적으로 제거할 수는 없다. (정답 : ②)

14. 이상값을 검색하여 한 집단에서 매우 크거나, 매우 작으면 의심되는 대상이므로 부정사용방지 시스템에 활용이 가능하다.
   (정답 : ④)

15. 이상치는 일반적으로 데이터셋 내에서 다른 데이터와 비교해 비정상적으로 큰 차이를 보이는 값을 의미한다. 설명변수(독립변수)와 종속변수의 관계에서 "상이한 값"이라는 표현은 모호하며, 이상치의 정의로 적합하지 않다. 이 설명은 이상치(outlier)가 아니라, 영향치(influential point) 또는 레버리지(Leverage) 점에 더 가까운 개념이다. (정답: ③)

16. 이상치를 절단이나 조정하는 경우 제거방법에 비해 데이터의 손실율이 낮아지기 때문에 설명력이 높아지는 장점이 생긴다.
   (정답 : ③)

17. R에서는 결측값을 NA(not available)로 처리한다. (정답 : ④)

18. 최댓값과 최솟값은 이상치(Outlier)로 볼 수 없다. (정답 : ①)

19. 이상치 탐지에 활용할 수 있는 분야는 사기탐지, 의료, 침입탐지 등에 활용이 가능하지 환경 파괴에는 적용하기 어렵다.
   (정답 : ②)

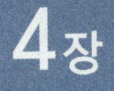 통계 분석

학습목표

- 통계의 정의와 자료 획득 방법을 이해한다.
- 통계분석과 통계분석 방법을 이해한다.
- 확률 및 확률분포를 이해한다.
- 추정과 가설검정을 이해한다.

눈높이 체크

• 통계의 정의와 통계자료의 획득 방법을 알고 계시나요?

여러분은 아마도 일상에서 통계라는 단어를 많이 접하시고 계실 것입니다. 통계는 간단한 테이블과 그래프에서 아주 복잡한 분석 결과에 이르기까지 그 형태는 다양합니다. 그리고 통계를 만들기 위해 필요한 통계자료를 획득하는 방법으로 총조사와 샘플링 조사가 있습니다.

• 통계분석의 방법에 대해 알고 계신가요?

통계자료를 획득한 후 통계분석을 하게 되는데 분석 방법에는 크게 기술통계와 통계적 추론으로 구분됩니다.

• 확률에 대해 이해하고 계신가요?

확률이 복잡하고 머리 아픈 학문이지만 여러분도 일상생활에서 많이 활용하고 있습니다. 스포츠 경기에서 이길 팀을 예측할 때나 누군가를 위한 깜짝 선물을 고를 때도 나도 모르게 확률을 활용하고 있습니다.

• 추정과 가설검정에 대해 들어 보셨나요?

추정은 표본으로부터 모집단이 가지는 특성(모수)을 추측하는 것입니다. 그리고 자신이 가지는 이론적 대안이 통계적으로 의미가 있는지를 확인하는 것이 가설검정이라 할 수 있겠습니다.

1절 통계분석의 이해

1. 통계

- 특정집단을 대상으로 수행한 조사나 실험을 통해 나온 결과에 대한 요약된 형태의 표현이다.
  - 예 일기예보, 물가/실업률/GNP, 정당 지지도, 의식조사와 사회조사 분석 통계, 임상실험 등의 실험결과 분석 통계
- 조사 또는 실험을 통해 데이터를 확보, 조사대상에 따라 총조사(Census)와 표본조사로 구분한다.

2. 통계자료의 획득 방법

가. 총조사/전수 조사(Census)
- 대상 집단 모두를 조사하는데 많은 비용과 시간이 소요되므로 특별한 경우를 제외하고는 사용되지 않는다. (ex. 인구주택 총조사)

나. 표본조사
- 대부분의 설문조사가 표본조사로 진행되며 모집단에서 샘플을 추출하여 진행하는 조사이다.
- **모집단(Population)** : 조사하고자 하는 **대상 집단 전체**
- **원소(Element)** : 모집단을 **구성**하는 개체
- **표본(Sample)** : 조사하기 위해 **추출한 모집단의 일부 원소**
- **모수(Parameter)** : 표본 관측에 의해 구하고자 하는 **모집단에 대한 정보**
- 모집단의 정의, 표본의 크기, 조사방법, 조사기간, 표본추출방법을 정확히 명시해야 한다.

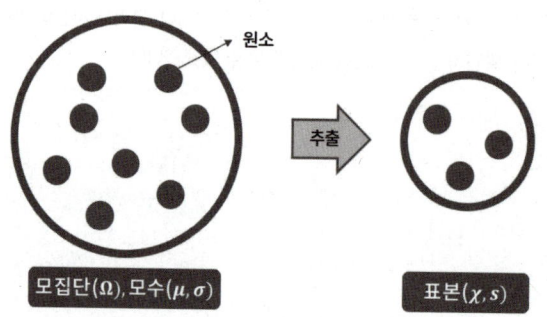

다. 표본 추출 방법

- 표본조사의 중요한 점은 모집단을 대표할 수 있는 표본 추출이므로 표본 추출 방법에 따라 분석결과의 해석은 큰 차이가 발생한다.

 출제 포인트

표본 추출 방법 4가지를 헷갈리지 않게 꼭 암기하도록 합시다. 한글뿐만 아니라 영어로 된 용어도 알도록 합시다. 한글과 영어가 혼용되어 출제될 수 있기 때문입니다. 이 표에 나오는 용어뿐 아니라 본 장에서 나오는 영어로 된 용어를 알아두도록 합니다.

(N개의 모집단에서 n개의 표본을 추출하는 경우)

1) 단순랜덤추출법(Simple Random Sampling)
   - 각 샘플에 번호를 부여하여 임의의 n개를 추출하는 방법으로 각 샘플은 선택될 확률이 동일하다.(비복원, 복원(추출한 element를 다시 집어넣어 추출하는 경우) 추출)

2) 계통추출법(Systematic Sampling)
   - 단순랜덤추출법의 변형된 방식으로 번호를 부여한 샘플을 나열하여 K개씩 (K=N/n) n개의 구간으로 나누고 첫 구간(1, 2, ⋯ , K)에서 하나를 임의로 선택한 후에 K개씩 띄어서 n개의 표본을 선택한다. 즉, 임의 위치에서 매 k번째 항목을 추출하는 방법이다.

"5개 마다 조사"

예 15개 중 3개의 샘플 추출

3) 집락추출법(Cluster Random Sampling)
   - 군집을 구분하고 군집별로 단순랜덤추출법을 수행한 후, 모든 자료를 활용하거나 샘플링하는 방법이다. (지역표본추출, 다단계표본추출)

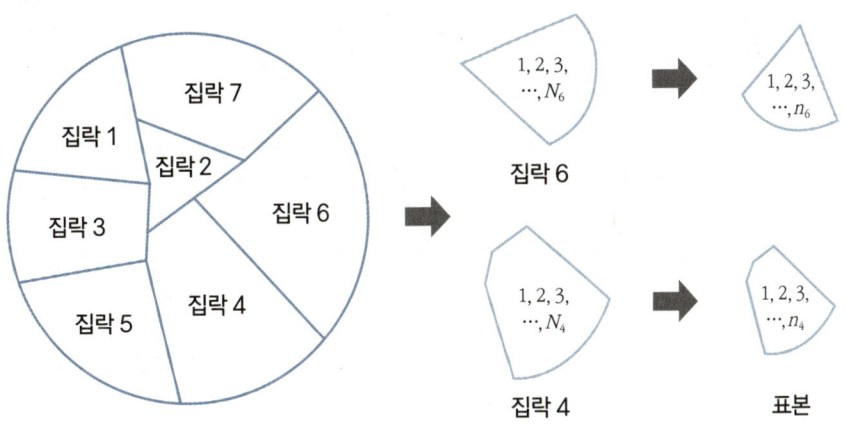

4) 층화추출법(Stratified Random Sampling)

- 이질적인 원소들로 구성된 모집단에서 각 계층을 고루 대표할 수 있도록 표본을 추출하는 방법으로, 유사한 원소끼리 몇 개의 층(Stratum)으로 나누어 각 층에서 랜덤 추출하는 방법이다. (비례층화추출법, 불비례층화추출법)

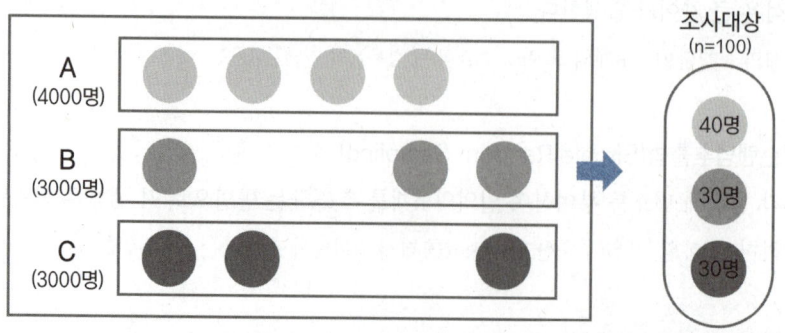

※ 실험 : 특정 목적 하에서 실험 대상에게 처리를 가한 후에 그 결과를 관측해 자료를 수집하는 방법이다.

라. 측정(Measurement)

1) 개요

 출제 포인트

★2회에 1번꼴로 출제되는 부분입니다.
각 척도의 정의와 예시를 반드시 숙지하도록 합시다.

- 표본조사나 실험을 실시하는 과정에서 추출된 원소들이나 실험 단위로부터 주어진 목적에 적합하도록 관측해 자료를 얻는 것이다.

2) 측정방법

명목척도	측정 대상이 어느 **집단**에 속하는지 분류할 때 사용(성별, 출생지 구분)	질적척도 (범주형 자료, 숫자들의 크기 차이가 계산되지 않는 척도)
순서척도	측정 대상의 **서열관계**를 관측하는 척도(만족도, 선호도, 학년, 신용등급)	
구간척도 (등간척도)	측정 대상이 갖고 있는 **속성의 양**을 측정하는 것으로 구간이나 구간 사이의 간격이 의미가 있는 자료(온도, 지수)	양적척도 (수치형 자료, 숫자들의 크기 차이를 계산할 수 있는 척도)
비율척도	간격(차이)에 대한 비율이 의미를 가지는 자료, **절대적 기준인 0이 존재하고 사칙연산이 가능**하며 제일 많은 정보를 가지는 척도(무게, 나이, 시간, 거리)	

- 서열척도는 명목척도와 달리 매겨진 숫자의 크기를 의미있게 활용할 수 있다.
  (예 : 1등이 2등보다는 성적이 높다.)
- 구간척도는 절대적 크기는 측정할 수 없기 때문에 사칙연산 중 더하기와 빼기는 가능하지만 비율처럼 곱하거나 나누는 것은 불가능하다.

3. 통계분석

가. 정의
- 특정한 집단이나 **불확실한 현상**을 대상으로 자료를 수집해 대상 집단에 대한 정보를 구하고, **적절한 통계분석 방법을 이용해 의사결정을 하는 과정**이다.

나. 기술통계(Descriptive Statistic)
- 주어진 자료로부터 어떠한 판단이나 예측과 같은 주관이 섞일 수 있는 과정을 배제하여 통계집단들의 여러 특성을 수량화하여 객관적인 데이터로 나타내는 통계분석 방법론이다.
- Sample에 대한 특성인 평균, 표준편차, 중위수, 최빈값, 그래프, 왜도, 첨도 등을 구하는 것을 의미한다.

다. 통계적 추론(추측통계, Inference Statistics)
- 수집된 자료를 이용해 대상 집단(모집단)에 대한 의사결정을 하는 것으로 Sample을 통해 모집단을 추정하는 것을 의미한다.

1) 모수추정
- 표본집단으로부터 **모집단의 특성인 모수(평균, 분산 등)를** 분석하여 모집단을 추론한다.

2) 가설검정
- 대상집단에 대해 특정한 가설을 설정한 후에 그 가설이 **옳은지 그른지에 대한 채택여부를 결정**하는 방법론이다.

3) 예측
- 미래의 **불확실성을 해결해 효율적인 의사결정**을 하기 위해 활용한다.
  (예: 회귀분석, 시계열분석 등의 방법이 있다.)

4. 확률 및 확률분포

가. 확률
- 표본공간 S에 부분집합인 각 사상에 대해 실수값을 가지는 함수의 확률값이 0과 1사이에 있고, 전체 확률의 합이 1인 것을 의미한다. 표본공간 Ω의 부분집합인 사건 E의 확률은 표본공간의 원소의 개수에 대한 사건 E의 개수의 비율로 확률을 P(E)라고 할 때, 다음과 같이 정의한다.

$$P(E) = \frac{n(E)}{n(\Omega)}$$

1) **표본공간**(Sample Space, Ω)
   - 어떤 실험을 실시할 때 나타날 수 있는 **모든 결과들의 집합**이다.

2) 사건(Event)
   - 관찰자가 관심이 있는 사건으로 표본공간의 부분집합이다.

3) 원소(Element)
   - 나타날 수 있는 개별의 결과들을 의미한다.

4) 확률변수(Random Variable)
   - 특정값이 나타날 가능성이 확률적으로 주어지는 변수이다.
   - **정의역**(Domain)**이 표본공간, 치역**(Range)**이 실수값**인 함수이다.
   - 0이 아닌 확률을 갖는 실수값의 형태에 따라 이산형 확률변수(Discrete Random Variable)와 연속형 확률변수(Continuous Random Variable)로 구분된다.
   - 확률변수의 기대값

   확률변수 X의 기대값(Expectation, Expected Value)은 다음과 같이 정의한다.

   $$E(X) = \begin{cases} \sum x_i f(x_i) \\ \int x f(x) dx \quad : 연속형\ 변수인\ 경우 \end{cases}$$

   일반적으로 확률변수 X의 k차 적률(k-th Moment)

   $$E(X^k) = \begin{cases} \sum x_i^k f(x_i) : 이산형\ 변수인\ 경우 \\ \int x^k f(x) dx : 연속형\ 변수인\ 경우 \end{cases}$$

   확률변수 X의 k차 중심적률(k-th Cental Moment)

   $$E[(X-\mu)^k] = \begin{cases} \sum (x_i - \mu)^k f(x_i) : 이산형\ 변수인\ 경우 \\ \int (x-\mu)^k f(x) dx \quad : 연속형\ 변수인\ 경우 \end{cases}$$

   특히, 2차중심적률 $E[(X-\mu)^2] = \sigma^2$: 모분산(population variance)
   기대값의 선형성을 이용하면

   $$\begin{aligned} \sigma^2 &= E[(X-\mu)^2] \\ &= E[(X^2 - 2\mu X + \mu^2)] \\ &= E(X^2) - 2\mu E(X) + \mu^2 \\ &= E(X^2) - \mu^2 \end{aligned}$$

즉, 모분산 = 2차 적률 – 1차 적률² 로 해석 가능

$$E(aX+b) = \sum(ax+b)P(X=x)$$
$$= \sum(axP(X=x)+bP(X=x))$$
$$= a\sum xP(X=x)+b\sum P(X=x)$$
$$= aE(X)+b(1) = aE(X)+b$$

$$Var(aX+b)$$
$$= E[(aX+b-a\mu-b)^2]$$
$$= E[a^2(X-\mu)^2]$$
$$= a^2E[(X-\mu)^2] = a^2Var(X)$$

> **참고**
>
> - 동전 2개를 던져서 앞/뒷면이 나오는 경우의 수(H:앞, T:뒤)
>
> | 확률분포표 | | | | | |
> |---|---|---|---|---|---|
> | 표본공간(Ω) | HH(사건) | HT | TH | TT | 합계 |
> | P(x) | 1/4(원소) | 1/4 | 1/4 | 1/4 | 1 |

- **덧셈정리**(배반이 아닐 때) : 사건 A와 사건 B가 **동시에 일어날 수 있을 때**(교집합이 성립할 때), 일어날 확률 P(A 또는 B)는 P(A∪B)=P(A)+P(B)-P(A∩B)로 표현된다. 사건 B가 주어졌을 때 사건 A의 조건부 확률은 P(A|B)=P(A∩B)/P(B)로 표현된다.
- **덧셈정리**(배반사건일 때) : 사건 A와 사건 B가 동시에 일어나지 않을 때, 즉 사건 A 또는 사건 B 중 어느 한 쪽만 일어날 확률은 P(A∪B)=P(A)+P(B)로 표현된다.
- **곱셈정리** : 사건 A와 B가 서로 무관계하게 나타날 때, 즉 **독립사건**(獨立事件)일 때 A와 B가 동시에 나타날 확률 P(A와 B)는 P(A∩B)=P(A)×P(B)로 표현되고, 사건 B가 주어졌을 때 사건 A의 조건부 확률은 P(A|B)=P(A)로 표현된다.

나. 확률분포

 **출제 포인트**
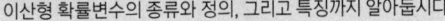
이산형 확률변수의 종류와 정의, 그리고 특징까지 알아둡시다.

1) 이산형 확률변수

- **이산점**(discrete points)에서 0이 아닌 확률값을 가지는 확률변수이다.
- **이산형 확률변수의 확률**은 $P(X=x_i)=P_i$, $i=1, 2, ..., n$으로 표현한다.
- 각 이산점에 있어서 확률의 크기를 표현하는 함수를 **확률질량함수**(Probability Mass Function, PMF)라 한다.
- 예를 들어, 두 개의 주사위를 던지는 실험에서 확률변수 X를 'X ≡ 두 주사위 눈금의 합'이라고 정의하면 X의 이산형 확률분포는 다음과 같다.

	2	3	4	5	6	7	8	9	10	11	12	합
확률	1/36	2/36	3/36	4/36	5/36	6/36	5/36	4/36	3/36	2/36	1/36	1

- 이산형 확률변수의 확률조건은 다음과 같다.
  ① $0 \leq P_i \leq 1, (i=1,2,...,n)$ 즉, 각 x_i가 나타날 확률은 0과 1 사이의 값을 갖는다.
  ② $\sum_{i=1}^{n} P_i = 1$ 즉, 모든 가능한 경우의 확률의 합은 1이다.

2) 이산형 확률분포 종류

가) 베르누이 확률분포(Bernoulli distribution)

- 결과가 2개만 나오는 경우 (예시 : 동전 던지기, 시험의 합격/불합격 등)
  $P(X=x) = p^x \cdot (1-p)^{1-x}$ ($x=1$ or 0)
  $E(X) = p$, $Var(X) = p(1-p)$

  예 메이저리거인 추신수 선수가 안타를 칠 확률은 베르누이 분포를 따른다.
  (안타를 치는 사건을 $x=1$이라고 할 때 안타를 칠 확률은 타율로 적용 가능)

나) 이항분포(Binomial distribution)

- 베르누이 시행을 n번 반복했을 때 k번 성공할 확률
  $P(X=k) = {}_nC_k P^k (1-p)^{n-k}$, ${}_nC_k = \dfrac{n!}{k!(n-k)!}$
  $X \sim B(n,p)$, $E(X) = np$, $Var(X) = np(1-p)$

  예 메이저리거인 추신수 선수가 오늘 경기에서 5번 타석에 들어와서 3번 안타를 칠 확률은 이항분포를 따른다. ($n=5$, $k=3$, 안타를 칠 확률 $P(x)=$타율로 적용 가능)

- 성공할 확률 p가 0이나 1에 가깝지 않고 n이 충분히 크면 이항분포는 정규분포에 가까워진다. 성공할 확률 p가 1/2에 가까우면 종모양이 된다.

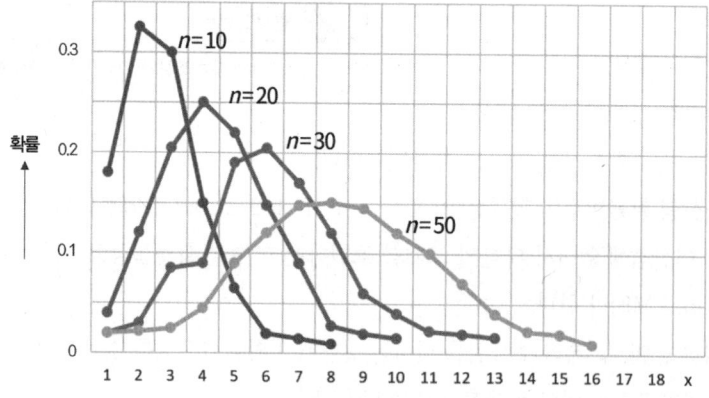

1의 주사위를 10회, 20회, 30회, 50회 던졌을 때, 그 눈이 x회 나올 확률을 그래프로 나타낸 것

다) 기하분포(Geometric distribution)
- 성공확률이 p인 베르누이 시행에서 첫번째 성공이 있기까지 x번 실패할 확률

  [예] 메이저리거인 추신수 선수가 오늘 경기에서 5번 타석에 들어와서 3번째 타석에서 안타 칠 확률은 기하분포를 따른다.

라) 다항분포(Multinomial distribution)
- 이항분포를 확장한 것으로 세 가지 이상의 결과를 가지는 반복 시행에서 발생하는 확률 분포

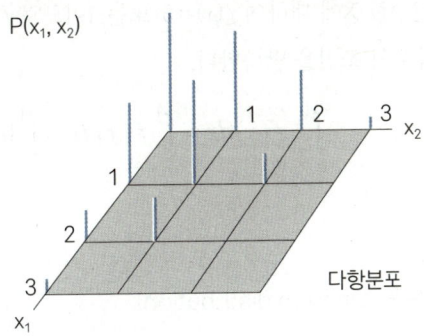

다항분포

마) 포아송분포(Poisson distribution)
- 시간과 공간 내에서 발생하는 사건의 발생횟수에 대한 확률분포

  (예시 : 책에 오타가 5page 당 10개씩 나온다고 할 때, 한 페이지에 오타가 3개 나올 확률)

- λ=정해진 시간 안에 어떤 사건이 일어날 횟수에 대한 기댓값, y=사건이 일어난 수

$$p(y) = \lim_{n \to \infty} \begin{bmatrix} n \\ y \end{bmatrix} p^y (1-p)^{n-y} = \frac{\lambda^y}{y!} e^{-\lambda}$$

  [예] 메이저리거인 추신수 선수가 최근 5경기에서 10개의 홈런을 때렸다고 할 때, 오늘 경기에서 홈런을 못 칠 확률은 포아송분포를 따른다.

3) 연속형 확률변수
- 특정 **실수 구간**에서 0이 아닌 확률을 갖는 확률변수이다.
- 연속형 확률변수는 **특정한 실수구간 내에서 0이 아닌 확률**을 가지므로 이 구간에 대한 확률은 함수의 형태로 표현한다.
- 연속형 확률변수 X의 확률함수를 $f(x)$라고 할 때, $f(x)$는 **확률밀도함수**(Probability Density Function, PDF)라고 부르며 다음 조건을 만족한다.
  ① 모든 X 값에 대하여 $f(x) \geq 0$이다.

  즉, X의 모든 실수 값에 대하여 확률밀도함수는 0 이상이다.
  ② X의 모든 가능한 값의 확률은 적분 $\int_{-\infty}^{\infty} f(x)dx$로 구하며 이 값은 항상 1이다.

③ 구간(a, b)의 확률은 $\Pr[a < X < b] = \int_a^b f(x)dx$이다.

즉, 구간 (a, b)에 대한 X의 확률은 그 구간에 있어 확률밀도함수 $f(x)$로 만들어지는 면적의 크기이다.

- 예를 들어, 확률변수 X가 0와 1 사이에서 균등한 분포를 가진다면 X의 확률밀도함수는 다음과 같이 표현한다.

$$f(x) = \begin{cases} 1, 0 \leq x \leq 1 \\ 0, \text{otherwise} \end{cases}$$

여기에서 모든 실수값 X에 대하여 $f(x)=0$ 또는 1이므로 $f(x) \geq 0$의 조건을 만족하며, 아래와 같이 확률밀도함수의 조건을 만족한다.

$$\int_{-\infty}^{\infty} f(x)dx = \int_0^1 f(x)dx = \int_0^1 1dx = 1$$

4) 연속형 확률분포 종류

가) 균일분포(일양분포, Uniform distribution)
- 모든 확률변수 X가 균일한 확률을 가지는 확률분포 (다트의 확률분포)

$$E(X) = \frac{a+b}{2} \quad Var(X) = \frac{(b-a)^2}{12}$$

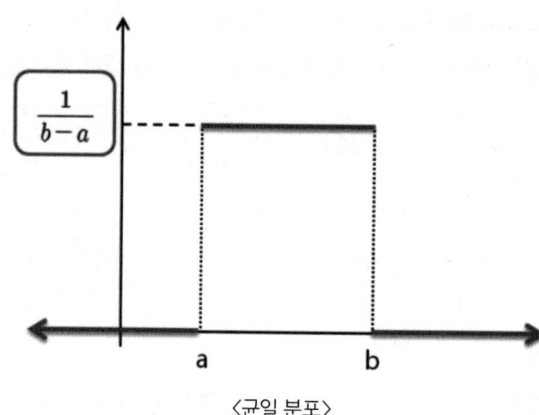

〈균일 분포〉

나) 정규분포(Normal distribution)
- 평균이 μ이고, 표준편차가 σ인 X의 확률밀도함수
- 표준편차가 클 경우 퍼져보이는 그래프가 나타난다.

$$f(x) = \frac{1}{\sqrt{2\pi}\sigma} e^{-\frac{(x-\mu)^2}{2\sigma^2}}, \quad -\infty < x < \infty$$

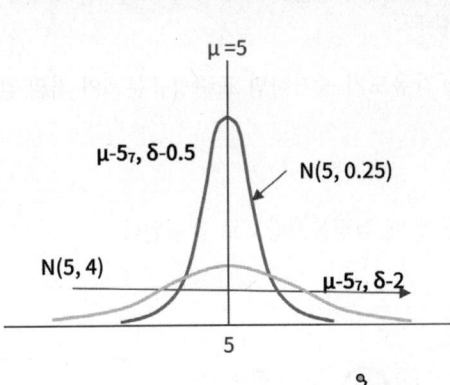
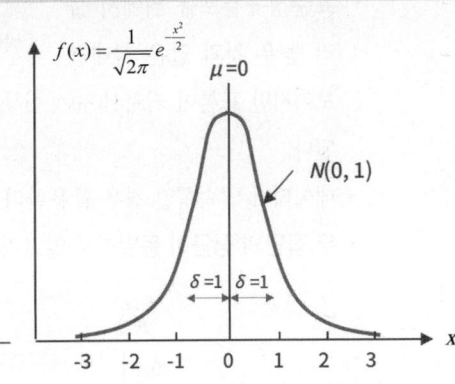

표준정규분포의 누적분포함수

출제 포인트
표준정규분포는 평균이 0이고 표준편차가 1인 정규분포입니다. 정규분포를 표준정규분포로 만들기 위해선 $Z = \dfrac{X - \mu}{\sigma}$ 식을 이용합니다.

다) 지수분포(Exponential distribution)
- 어떤 사건이 발생할 때까지 경과 시간에 대한 연속확률분포이다.
- X~exp(λ)일 때 지수분포의 확률밀도함수 (여기서 λ : 발생률)

$$f(x) = \lambda e^{-\lambda x}, (x>0)$$

[예] 전자레인지의 수명시간, 콜센터에 전화가 걸려올 때까지의 시간, 은행에 고객이 내방하는데 걸리는 시간, 정류소에서 버스가 올 때까지의 시간

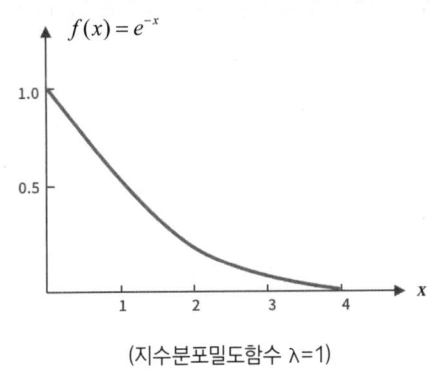
(지수분포밀도함수 $\lambda=1$)

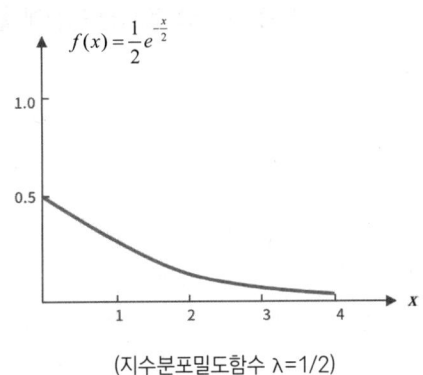
(지수분포밀도함수 $\lambda=1/2$)

라) t-분포(t-distribution)
- 표준정규분포와 같이 평균이 0을 중심으로 좌우가 동일한 분포를 따른다.

출제 포인트
가설검정 시 많이 활용되는 분포가 t-분포, 카이제곱분포, F분포입니다. 이 세 분포의 특징에 대해 정확히 기억합시다.

- 표본의 크기가 적을때는 표준정규분포를 위에서 눌러 높은 것과 같은 형태를  **출제 포인트**
  정규분포보다 더 퍼져있고 자유도가 커질수록 정규분포에 가까워집니다.
  보이지만 표본이 커져서(30개 이상) 자유도가 증가하면 표준정규분포와 거의 같은 분포가 된다.
- 데이터가 연속형일 경우 활용한다.
- **두 집단의 평균이 동일**한지 알고자 할 때 검정통계량으로 활용된다.

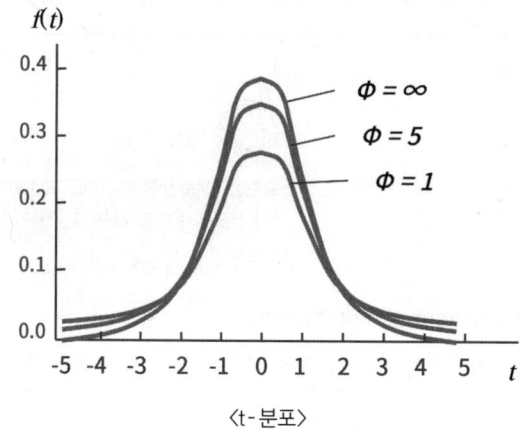

⟨t-분포⟩

마) x^2-분포(Chi-Square distribution)
- 모평균과 모분산이 알려지지 않은 모집단의 모분산에 대한 가설 검정에 사용되는 분포이다.
- **두 집단 간의 동질성 검정에 활용**된다. (범주형 자료에 대해 얻어진 관측값과 기대값의 차이를 보는 적합성 검정에 활용)

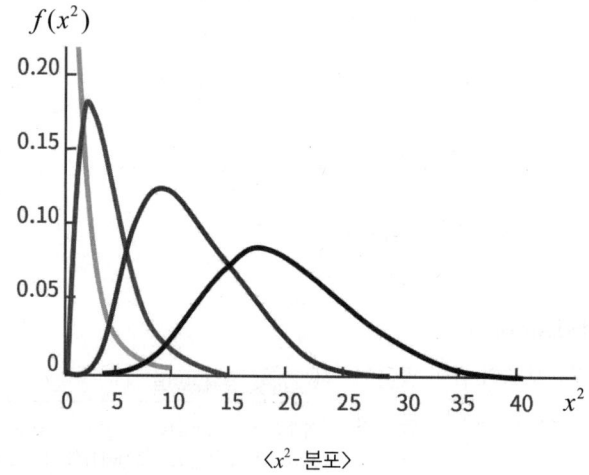

⟨x^2-분포⟩

바) F-분포(F-distribution)
- **두 집단간 분산의 동일성 검정**에 사용되는 검정 통계량의 분포이다.
- 확률변수는 항상 양의 값만을 갖고 x^2분포와 달리 자유도를 2개 가지고 있으며 자유도가 커질수록 정규분포에 가까워진다.

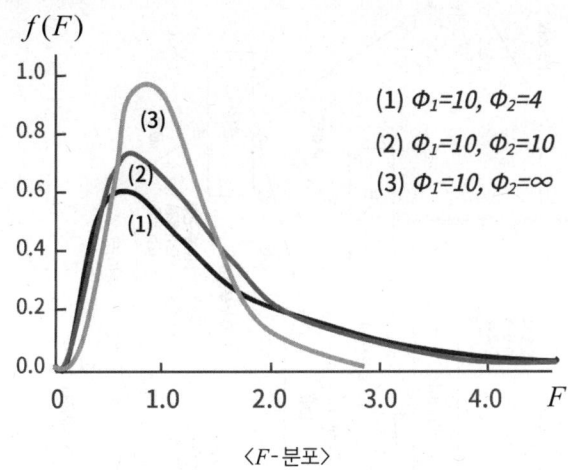

⟨F-분포⟩

5) 누적 분포 함수(Cumulative Distribution Function, CDF)
- 누적 분포 함수는 특정 값 a에 대하여 확률변수 X가 X≤a인 모든 경우의 확률의 합으로 다음과 같이 표현한다.
$$F_X(a) = \Pr(X \leq a)$$
- 이산형 확률변수는 $F_X(a) = \sum_{a \text{ 이하인 모든 } x_i} P(X = x_i)$, 연속형 확률변수는 $F_X(a) = \int_{-\infty}^{a} f(x)dx$
- 또한 누적분포함수는 증가 함수이고 우측 연속 함수이며, 0과 1사이의 값을 가진다.
- **확률분포와의 관계** : **확률변수의 누적분포 함수는 그 확률 분포를 유일하게 결정**한다.
구간 (a, b)에 대한 X의 확률은 $\Pr(a < x \leq b) = F_x(b) - F_x(a)$이다.

> **참고**
>
> 그림으로 요약하는 확률분포

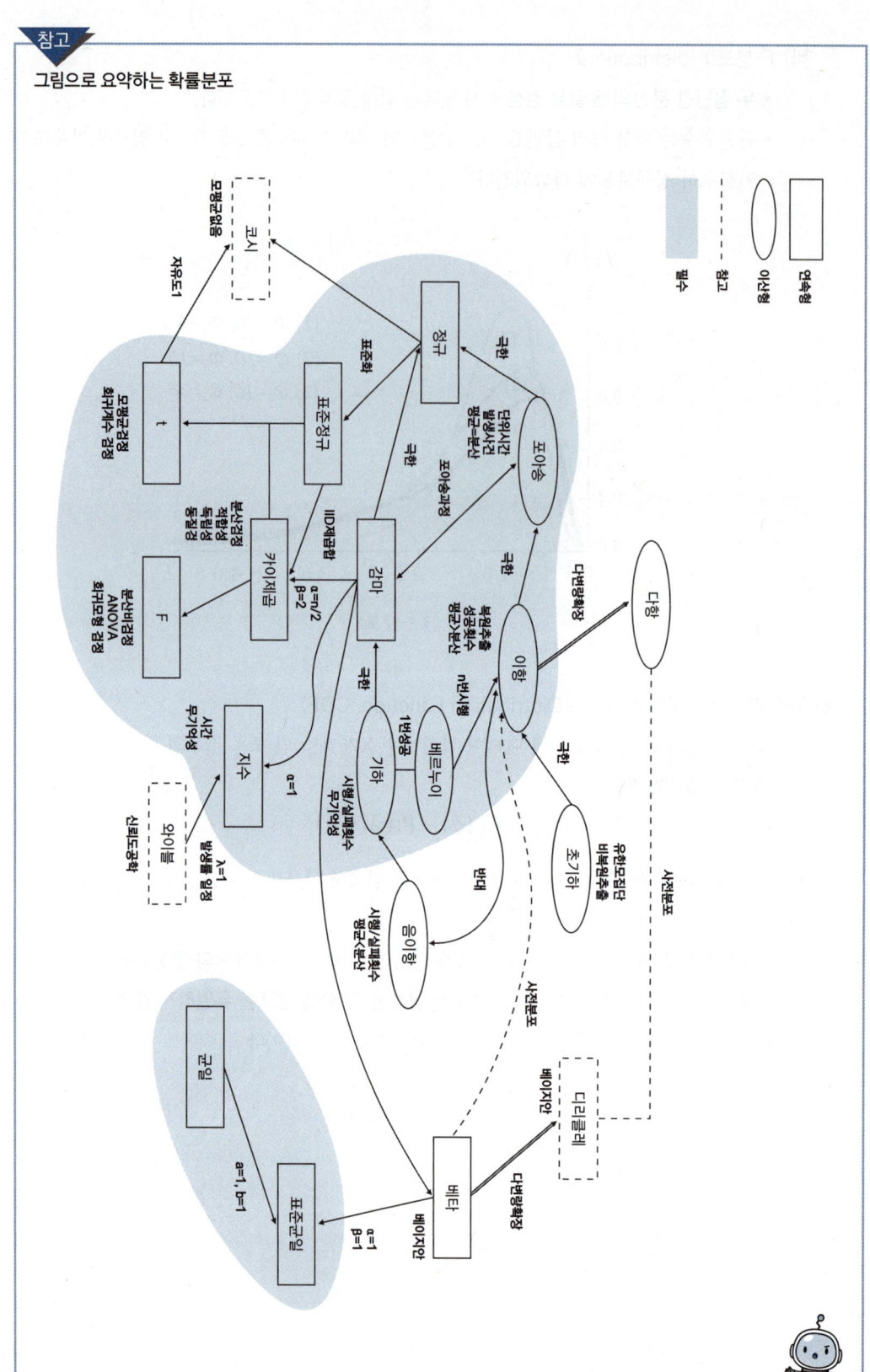

5. 추정과 가설검정

가. 추정의 개요

1) 확률표본(Random Sample)
- 확률분포는 분포를 결정하는 평균, 분산 등의 모수(Parameter)를 가지고 있다.
- 특정한 확률분포로부터 독립적으로 반복해 표본을 추출하는 것이다.
- 각 관찰값들은 서로 독립적이며 동일한 분포를 갖는다. 이를 i.i.d(independent identically distributed)라고도 표기한다.

2) 추정
- 표본으로부터 미지의 모수를 추측하는 것이다.
- 추정은 점추정(Point Estimation)과 구간추정(Interval Estimation)으로 구분된다.

가) 점추정(Point Estimation)
- **'모수가 특정한 값일 것'**이라고 추정하는 것이다.
- 표본의 평균, 중위수, 최빈값 등을 사용한다.

> **참고**
>
> **점추정량의 조건, 표본평균, 분산**
> - 불편성(Unbiasedness) : 모든 가능한 표본에서 얻은 추정량의 **기댓값**은 모집단의 모수와 편의(차이)가 없다.
> - 효율성(Efficiency) : 추정량의 분산이 작을수록 좋다.
> - 일치성(Consistency) : 표본의 크기가 아주 커지면, 추정량이 모수와 거의 같아진다.
> - 충족성(Sufficient) : 추정량은 모수에 대하여 모든 정보를 제공한다.
> - 표본평균(Sample Mean) : 모집단의 평균(모평균)을 추정하기 위한 추정량. 확률표본의 평균값.
> $$\overline{X} = \frac{1}{n}\sum_{i=1}^{n} X_i$$
> - 표본분산(Sample Variance) : 모집단의 분산(모분산)을 추정하기 위한 추정량
> $$s^2 = \frac{1}{n-1}\sum_{i=1}^{n}(X_i - \overline{X})^2$$

나) 구간추정(Interval Estimation)
- 점추정의 정확성을 보완하기 위해 확률로 표현된 믿음의 정도 하에서 **모수가 특정한 구간에 있을 것이라고 선언**하는 것이다.
- 항상 추정량의 분포에 대한 전제가 주어져야 하고, 구해진 구간 안에 모수가 있을 가능성의 크기(신뢰수준(Confidence Interval))가 주어져야 한다.

나. 가설검정

1) 정의

- 모집단에 대한 어떤 가설을 설정한 뒤에 표본관찰을 통해 그 가설의 채택여부를 결정하는 분석방법이다.
- 표본 관찰 또는 실험을 통해 귀무가설과 대립가설 중에서 하나를 선택하는 과정이다.
- 귀무가설이 옳다는 전제하에 검정통계량 값을 구한 후에 이 값이 나타날 가능성의 크기에 의해 귀무가설의 채택여부를 결정한다.

가) 귀무가설(Null Hypothesis, H_0)
- '비교하는 값과 차이가 없다, 동일하다'를 기본개념으로 하는 가설

나) 대립가설(Alternative Hypothesis, H_1)
- 뚜렷한 증거가 있을 때 주장하는 가설

다) 검정통계량(Test Statistic)
- 관찰된 표본으로부터 구하는 통계량, 검정 시 가설의 진위를 판단하는 기준

라) 유의수준(Significance Level, α)
- 귀무가설을 기각하게 되는 확률의 크기로 '귀무가설이 옳은데도 이를 기각하는 확률의 크기'

마) 기각역(Critical Region, C)
- 귀무가설이 옳다는 전제 하에서 구한 검정통계량의 분포에서 확률이 유의수준 α인 부분
  (반대는 채택역(Acceptance Region))

바) 대립가설 H_1과 기각역 C
- 검정통계량의 분포에서 유의수준 α에 의해 기각역 C의 크기가 결정되며 기각역의 위치는 대립가설 H_1의 형태에 의해 분포의 양쪽 끝(양측검정) 또는 한 쪽 끝(단측검정)으로 나뉘어지고 오른쪽 끝에 위치하면 오른쪽 단측검정, 왼쪽 끝으로 위치하면 왼쪽 단측검정으로 분류된다.

- 귀무가설이 "모수가 특정값(μ_0)이다"라고 할 때 (여기서 특정값을 μ_0라고 하면)

귀무가설	대립가설		
	양측검정 (모수가 특정값이 아니다)	왼쪽 단측검정 (모수가 특정값보다 작다)	오른쪽 단측검정 (모수가 특정값보다 크다)
$H_0 : \mu = \mu_0$	$H_1 : \mu \neq \mu_0$ 0.025 0.025 −1.96 1.96 기각역 기각역	$H_1 : \mu < \mu_0$ 0.05 −1.645 기각역	$H_1 : \mu > \mu_0$ 0.05 1.645 기각역

출제 포인트
모분산을 알 때는 분자에 σ를 넣고, 모분산을 모를 때는 분자에 S를 넣는다는 것을 기억합시다.

참고
하나의 모수에 대한 신뢰구간

구분		모평균	모분산
모수		μ	σ^2
점추정량		$\overline{X}$	S^2
표본분포		$\overline{X} \sim N(\mu, \dfrac{\sigma^2}{n})$	$\dfrac{(n-1)S^2}{\sigma^2} \sim \chi^2_{(n-1)}$
(1-α)×100% 신뢰구간	σ^2을 알고있음	$\overline{X} \pm z_{\alpha/2} \dfrac{\sigma}{\sqrt{n}}$	$(\dfrac{(n-1)S^2}{\chi^2_{\alpha/2}}, \dfrac{(n-1)S^2}{\chi^2_{1-\alpha/2}})$
	σ^2을 모르고 $n > 30$인 경우	$\overline{X} \pm z_{\alpha/2} \dfrac{S}{\sqrt{n}} $	
	σ^2을 모르고 $n \leq 30$인 경우	$\overline{X} \pm t_{\alpha/2} \dfrac{S}{\sqrt{n}}$	

- $z_{\alpha/2}$는 $N(0,1)$에서 $\Pr[Z > z^*] = \alpha/2$를 만족하는 z^*값(임계값)으로 예를 들어, $\alpha = 0.05$(95% 신뢰구간)이면, $z^* = 1.96$이다.
- $t_{\alpha/2}$는 자유도가 $n-1$인 t-분포에서 $\Pr[T > t^*] = \alpha/2$를 만족하는 t^*값(임계값)으로 예를 들어, $\alpha = 0.05$ (95% 신뢰구간)이면, $t^* = 2.093$이다($n = 20$).
- $\chi^2_{\alpha/2}$는 자유도가 $n-1$인 카이제곱분포에서 $\Pr[x^2 > x^*] = \alpha/2$를 만족하는 x^*값(임계값), $\chi^2_{(1-\alpha/2)}$는 $\Pr[x^2 < x^*] = \alpha/2$를 만족하는 x^*값(임계값)을 의미한다.

사) 가설검정 단계

- 가설검정 과정을 단계적으로 설명하면 다음과 같다.
  ① 검정하고자 하는 목적에 따라서 귀무가설(H_0)와 대립가설(H_1)을 설정한다.
  ② 검정통계량 $T(X)$을 구하고 그 분포를 구한다.
  ③ 유의수준 α을 결정하고 검정통계량 $T(X)$의 분포에서 대립가설의 형태에 따라 유의수준 α에 해당하는 기각역 C를 설정한다.
  ④ 귀무가설(H_0)이 옳다는 전제 하에서 표본관찰에 의한 검정통계량 $T(X)$의 값을 구한다.
  ⑤ $T(X)$의 값이 기각역 C에 속하는가를 판단하여 기각역에 속하면 귀무가설(H_0)을 기각하고 기각역에 속하지 않으면 귀무가설(H_0)을 채택한다.

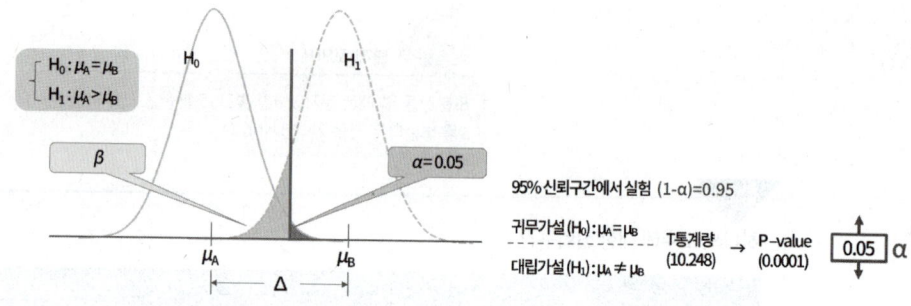

 출제 포인트

α의 크기를 0.05로 설정했다가 0.01로 줄인 경우 β값은 어떻게 될까요? 데이터마다 증가폭이 다르지만 일반적으로 증가합니다. 그래서 α값과 β값은 상충관계가 있다고 한 것 입니다.

참고

제1종오류와 제2종오류, 기각역

가설검정결과 정확한사실	H0가 사실이라고 판정	H0가 사실이 아니라고 판정
H_0가 사실임	옳은 결정	제1종 오류(α)
H_0가 사실이 아님	제2종 오류(β)	옳은 결정

- 제1종 오류(Type I error) : 귀무가설 H_0가 옳은데도 귀무가설을 기각하게 되는 오류
- 제2종 오류(Type II error) : 귀무가설 H_0가 옳지 않은데도 귀무가설을 채택하게 되는 오류
- 두 가지 오류는 서로 상충관계가 있어서 일반적으로 가설검정에서는 제1종 오류 α의 크기를 0.1, 0.05, 0.01 등으로 고정시킨 뒤 제2종 오류 β가 최소가 되도록 기각역을 설정
- 검정력(Power) : 대립가설이 사실일 때, 이를 사실로 결정한 옳은 결정의 확률

예시

"데이터에듀 남자 사원의 평균 키(182cm)는 대한민국 남성 평균 키(172cm)보다 크다"에 대한 가설검정을 하고자 한다. 귀무가설 $H_0 : \mu = 172$, 대립가설 $H_1 : \mu > 172$을 세운 뒤, 모집단은 표준편차가 5인 정규분포를 따른다고 가정하였다. 데이터에듀 남자 사원의 평균 키(μ)는 182일 때, 유의수준 0.05에서의 임계값은 N(172,5)인 정규분포를 표준정규분포 Z로 변환하여 95%에 해당하는 값이므로 180.2로 계산된다. 데이터에듀 남자 사원의 평균 키인 182cm는 유의수준 0.05에서의 임계값인 180.2보다 큰 값이므로, 귀무가설 H_0는 기각 된다. 따라서 "데이터에듀 남자 사원의 평균 키는 우리나라 남자 평균키보다 크다"고 할 수 있다.

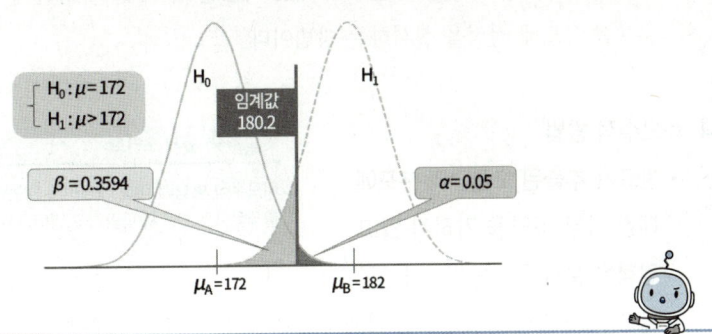

참고

그림으로 요약하는 가설 검정

```
                    가설검정
        평균검정  /        \  분산검정
       /        |          |         \
   t-검정    분산분석   카이제곱    F-검정
            모집단 2개 이상  (X²)검정    모집단 2개
                         모집단 1개
   /    |    \
단일표본 독립표본 대응표본
t-검정  t-검정  t-검정
모집단 1개 모집단 2개 모집단 전후
```

▲ 가설검정의 종류 / t-검정 / 분산분석 / 카이제곱검정 / F-검정

단일표본 t-검정 : 하나의 모집단에 대한 가설검정
독립표본 t-검정 : 두 집단이 서로 독립적일 때 두 집단간 평균차이 검정
대응표본 t-검정 : 동일한 모집단에 변수를 노출시키기 전과 후의 평균값 비교검정
     (쌍체비교/전후비교)

6. 비모수 검정

통계적 검정에서 모집단의 모수에 대한 검정은 모수적 검정과 비모수적 검정으로 구분한다.

가. 모수적 방법

- 검정하고자 하는 **모집단의 분포에 대한 가정**을 하고, 그 가정하에서 검정통계량과 검정통계량의 분포를 유도해 검정을 실시하는 방법이다.

나. 비모수적 방법

- 자료가 **추출된 모집단의 분포에 대한 아무 제약을 가하지 않고 검정을 실시**하는 방법이다.

출제 포인트
비모수적 방법에 대해 해당하지 않는 것에 대한 내용의 문제가 출제됨으로 반드시 파악하고 넘어가시기 바랍니다.

- 관측된 자료가 특정분포를 따른다고 가정할 수 없는 경우에 이용한다.
- 관측된 **자료의 수가 많지 않거나**(30개 미만) 자료가 개체간의 **서열관계를 나타내는 경우**에 이용한다.

다. 모수적 검정과 비모수 검정의 차이점

1) 가설의 설정

   가) 모수적 검정
   - 가정된 분포의 모수에 대해 가설을 설정한다.

   나) 비모수 검정
   - **가정된 분포가 없으므로** 가설은 단지 '분포의 형태가 동일하다' 또는 '분포의 형태가 동일하지 않다'와 같이 **분포의 형태에 대해 설정**한다.

2) 검정 방법

   가) 모수적 검정
   - 관측된 자료를 이용해 구한 **표본평균, 표본분산** 등을 이용해 검정을 실시한다.

   나) 비모수 검정
   - 관측값의 절대적인 크기에 의존하지 않는 **관측값들의 순위(Rank)나 두 관측값 차이의 부호** 등을 이용해 검정한다.

라. 비모수 검정의 예

- 부호검정(Sign Test), 윌콕슨의 순위합 검정(Wilcoxon's Rank Sum Test), 윌콕슨의 부호 순위 검정(Wilcoxon's Signed Rank Test), 맨-휘트니의 U검정(Mann-Whitney U Test), 크루스칼-왈리스 H 검정(Kruskal-Wallis H Test), 런 검정(Run Test), 스피어만의 순위상관계수(Spearman's Rank Correlation Analysis)

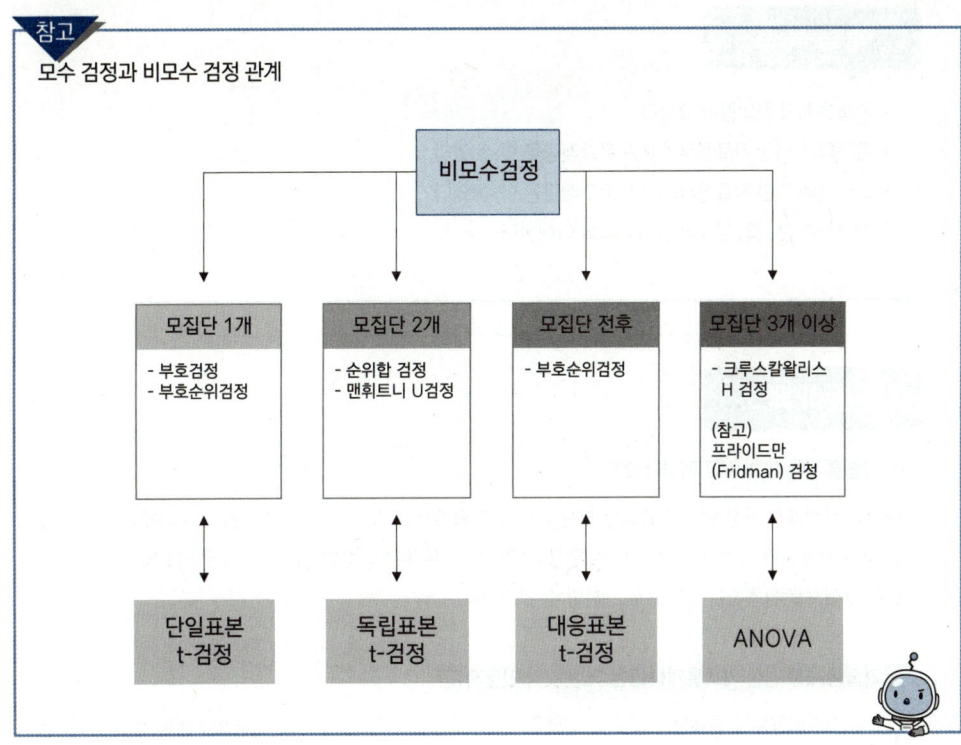

2절 기초 통계분석

학습목표

- 기술통계의 정의를 이해한다.
- 통계량에 의한 자료정리와 R 프로그래밍을 할 수 있다.
- 그래프에 의한 자료정리와 R 프로그래밍을 할 수 있다.
- 상관관계 분석의 정의와 활용방법을 이해한다.

눈높이 체크

• 기술통계에 대해 알고 계시나요?

데이터 분석에서 가장 먼저 수행되는 부문이 바로 기술통계입니다. 기술통계는 자료의 특성을 표, 그림 통계량 등을 사용하여 쉽게 파악할 수 있도록 정리/요약하는 통계분석 방법론입니다. 크게 기초통계량을 통한 방법과 그래프를 활용하는 방법으로 구분할 수 있습니다.

• 기술통계를 위한 기초통계량들은 어떤 것이 있을까요?

기술통계에 활용되는 통계량은 최솟값, 최댓값, 평균, 표준편차, 분산, 중앙값, 사분위수범위, 왜도, 첨도 등이 있습니다.

• 그래프를 활용한 기술통계방법에는 어떤 것이 있을까요?

그래프를 활용한 기술통계방법에는 막대그래프, 히스토그램, 줄기잎그림, 상자그림, 꺾은선그래프 등 다양한 그래프가 있습니다.

• 상관분석에 대해 알고 계신가요?

두 변수 간의 관계를 분석하기 위해서 공분산과 상관계수를 활용할 수 있습니다. 한 변수의 값이 증가할 때 상대변수의 값이 증가하면 양의 상관, 상대변수의 값이 감소하면 음의 상관이 있다고 해석하고 상관계수를 통해 상관성의 정도를 설명할 수 있습니다.

1. 기술통계(Descriptive Statistics)

가. 기술통계의 정의

- 자료의 특성을 표, 그림, 통계량 등을 사용하여 쉽게 파악할 수 있도록 정리/요약하는 것이다.
- 자료를 요약하는 기초적 통계를 의미한다.
- 데이터 분석에 앞서 데이터의 대략적인 통계적 수치를 계산해봄으로써 데이터에 대한 대략적인 이해와 앞으로 분석에 대한 통찰력을 얻기에 유리하다.

	N	최소값	최대값	평균	표준편차	분산
성별	100	1	2	1.49	0.52	0.27
혈액형	100	1	4	2.22	0.93	0.86
연령	100	19	26	22.9	2.43	5.90
학년	100	1	4	2.57	1.14	1.30
전공	100	1	5	1.89	0.86	0.74
교제기간	100	1	60	13.3	13.52	182.79
유효수(목록별)	100					

〈기술 통계를 위한 기초 통계량(예시)〉

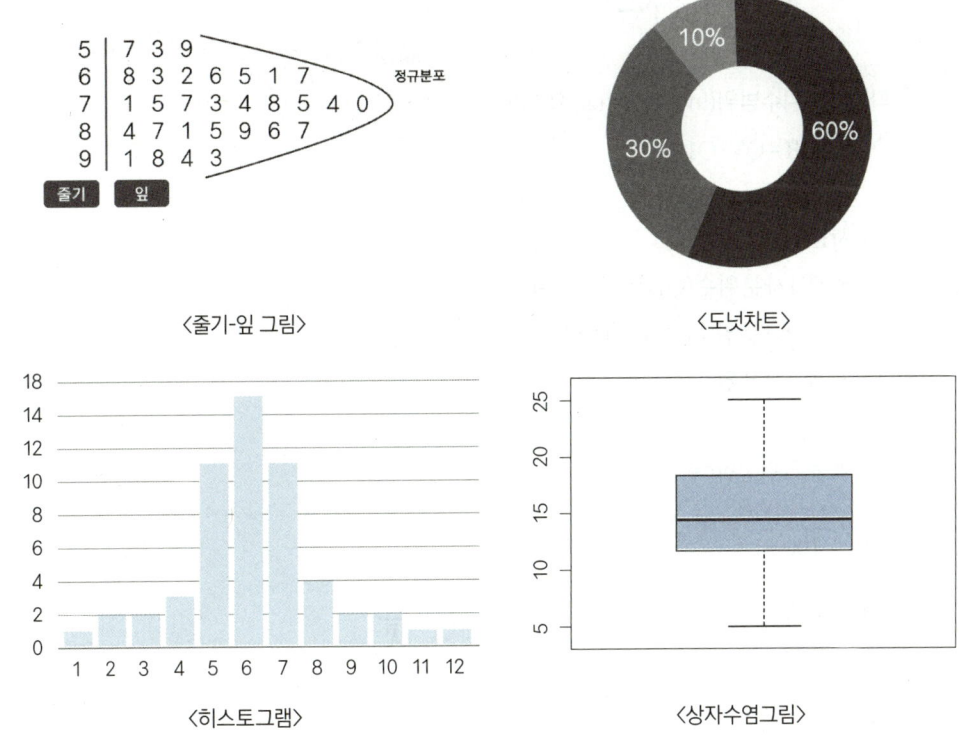

〈줄기-잎 그림〉 〈도넛차트〉

〈히스토그램〉 〈상자수염그림〉

나. 통계량에 의한 자료 정리

1) 중심위치의 측도

   가) 자료(데이터) : $X_1, X_2, \cdots, X_n$

   나) 표본평균(Sample Mean) : $\bar{X} = \frac{1}{n}(X_1 + X_2 + \cdots + X_n) = \sum_{i=1}^{n} \frac{X_i}{n}$

   다) 중앙값(Median) : 자료를 크기순으로 나열할 때 중앙에 위치하는 자료값이다.

   (중앙값의 순위는 $\frac{(n+1)}{2}$)

   - n이 홀수인 경우 $\frac{(n+1)}{2}$
   - n이 짝수인 경우 $\frac{n}{2}$ 번째값과 $\frac{n}{2}+1$ 번째 값의 평균

2) 산포의 측도

   - 대표적인 산포도(Dispersion)는 분산, 표준편차, 범위 및 사분위수범위

   가) 분산

   $$S^2 = \frac{1}{n-1}\sum_{i=1}^{n}(X_i - \bar{X})^2 = \frac{1}{n-1}(\sum_{i=1}^{n} X_i^2 - n\bar{X}^2)$$

   나) 표준편차

   $$S = \sqrt{S^2} = \sqrt{\frac{1}{n-1}\sum_{i=1}^{n}(X_i - \bar{X})^2}$$

   다) 사분위수범위(Interquartile Range)
   - IQR = Q3 − Q1

   라) 사분위수
   - 제 1사분위수(Q1) = 25백분위수
   - 제 2사분위수(Q2) = 50백분위수
   - 제 3사분위수(Q3) = 75백분위수

   마) 백분위수(Percentile)
   - $\frac{(n-1)p}{100+1}$ 번째 값

   바) 변동계수(Coefficient of Variation) $CV = \frac{S}{\bar{X}}$

   사) 평균의 표준오차 $SE(\bar{X}) = \frac{S}{\sqrt{n}}$

- 풀이

출근에 소요되는 시간(단위 : 분)

직원	1	2	3	4	5	6	7	8	9	10	11	12	13	14	15
시간	62	55	32	42	55	35	110	64	54	66	58	62	58	26	15

- 표본평균 : (62+55+31+……+15)/15 = 795/15 = 53
- 중앙값 : n이 홀수이므로 (n+1)/2인 8번째 값 55이다.

  15 26 32 35 42 54 55 ㊿ 58 58 62 62 64 66 110

- 분산 : $(15-53)^2 + (26-53)^2 + …… + (110-53)^2 / 14 = 6870/14 = 487$
- 표준편차 : Sqrt(487) = 22.07
- 범위 : 최대값 - 최소값, 110 - 15 = 95
- 사분위수범위 : 62 - 35 = 27
- 사분위수 : Q1 = 35, Q2 = 55, Q3 = 62
- 변동계수 : 22.07/53 = 0.416
- 평균의 표준오차 : 22.07/√15

3) 분포의 형태에 관한 측도

　가) 왜도

　　• 분포의 비대칭정도를 나타내는 측도이다.

출제 포인트

식까지 외울 필요는 없지만 왜도값이 주어졌을 때 어떻게 해석하는지 알아야 합니다. 왜도가 양수인 경우엔 왼쪽으로 밀집되어 있고 오른쪽으로 긴 꼬리를 갖는 분포를 띄게 됩니다. 왜도가 음수인 경우는 오른쪽으로 밀집되어 있고 왼쪽에 긴꼬리를 갖게 됩니다. 왜도가 0일 경우 좌우대칭의 분포를 띄게 됩니다.

출제 포인트

왜도의 크기에 따라 평균값(Mean)과 중앙값(Median), 최빈값(Mode)이 변화가 있습니다. 왜도가 양수인 경우 최빈값<중앙값<평균 순으로 위치합니다. 왜도가 음수인 경우, 0인 경우도 체크하고 넘어갑시다!

$$m_3 = E\left[\left(\frac{X-\mu}{\sigma}\right)^3\right] = \frac{\mu_3}{\sigma^3}$$

- $m_3 > 0$
  오른쪽으로 긴 꼬리를 갖는 분포

- $m_3 = 0$
  좌우가 대칭인 분포

- $m_3 < 0$
  왼쪽으로 긴 꼬리를 갖는 분포
  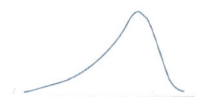

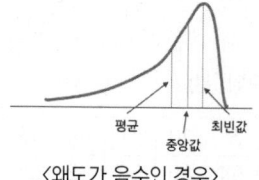
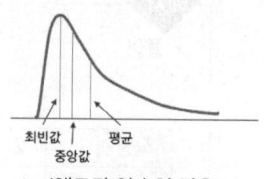

〈왜도가 음수인 경우〉　〈왜도가 0인 경우〉　〈왜도가 양수인 경우〉

나) 첨도
- 분포의 중심에서 뾰족한 정도를 나타내는 측도이다.

> **출제 포인트**
> 첨도값을 보고 우리는 그 분포가 표준정규분포보다 더 뾰족한지 덜 뾰족한지 알 수 있습니다.

$$m_4 = E\left[\left(\frac{X-\mu}{\sigma}\right)^4\right] - 3 = \frac{\mu_4}{\sigma^4} - 3$$

- $m_4 > 0$
  표준정규분포보다 더 뾰족함
  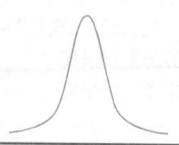

- $m_4 < 0$
  표준정규분포보다 덜 뾰족함

- $m_4 = 0$
  표준정규분포와 유사한 뾰족함
  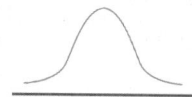

다. 그래프를 이용한 자료 정리

1) 히스토그램
   - 표로 되어 있는 도수 분포를 그림으로 나타낸 것으로, 도수분포표를 그래프로 나타낸 것이다.

2) 막대그래프와 히스토그램의 비교

   가) 막대그래프
   - **범주(Category)형**으로 구분된 데이터(예:직업, 종교, 음식 등)를 표현하며 범주의 순서를 의도에 따라 바꿀 수 있다.

   나) 히스토그램
   - 히스토그램은 **연속(Continuous)형**으로 표시된 데이터(예:몸무게, 성적, 연봉 등)를 표현하며 임의로 순서를 바꿀 수 없고 막대의 간격이 없다.

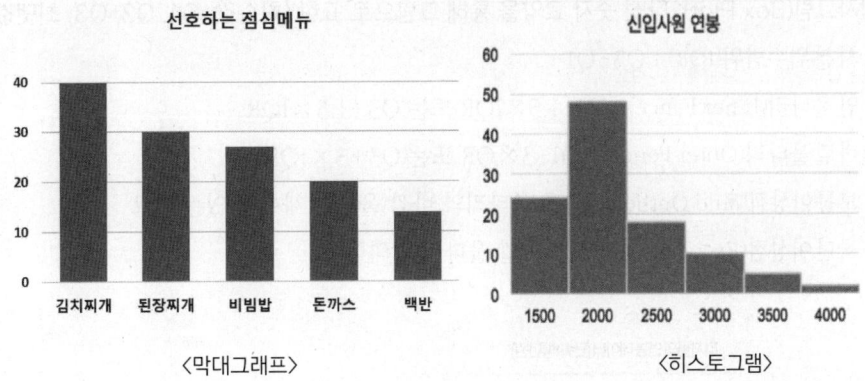

3) 히스토그램의 생성
- 데이터의 수를 활용해서 계급의 수와 계급간격을 계산하여 도수분포표를 만들고 히스토그램을 생성한다.
- 계급의 수는 $2^k \geq n$ 을 만족하는 최소의 정수 $\log_2 n = k$ 에서 최소의 정수이다.
  (k는 계급 수, n은 데이터 수)
- 계급의 간격은 (최대값 - 최소값)/계급수로 파악할 수 있다.
- 계급의 수와 간격이 변하면 히스토그램의 모양이 변한다.

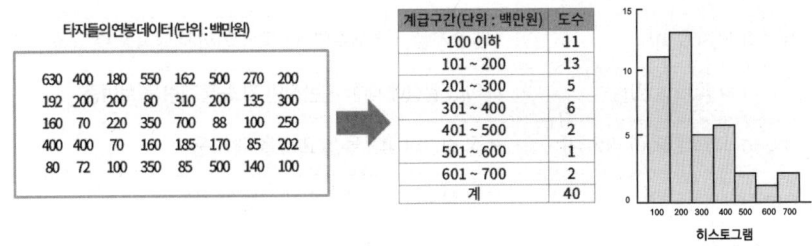

4) 줄기-잎 그림(Stem-and Leaf Plot) : 데이터를 줄기와 잎의 모양으로 그린 그림

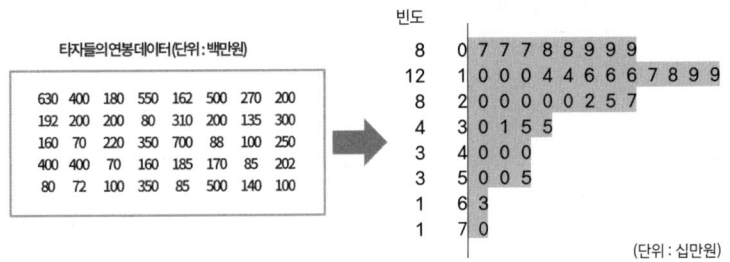

5) 상자그림(Box Plot): 다섯 숫자 요약을 통해 그림으로 표현 (최솟값, Q1, Q2, Q3, 최댓값)
- 사분위수범위(IQR) : Q3 - Q1
- 안울타리(Inner Fence) : Q1 - 1.5 × IQR 또는 Q3 + 1.5 × IQR
- 바깥울타리(Outer Fence) : Q1 - 3 × QR 또는 Q3 + 3 × IQR
- 보통이상점(Mild Outlier) : 안쪽 울타리와 바깥 울타리 사이에 있는 자료
- 극단이상점(Extreme Outlier) : 바깥 울타리 밖의 자료

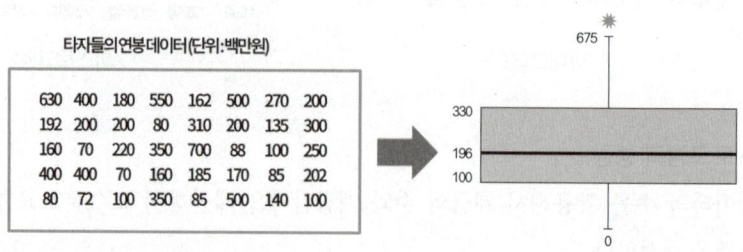

> **참고**
>
> R에서 활용되는 대표적 기술통계
>
> | R code | 설 명 |
> | --- | --- |
> | head(data명) | 데이터를 기본 6줄 보여주어 데이터가 성공적으로 import되었는지 살펴볼 수 있음 |
> | head(data명, n) | n에 숫자를 지정해주면 n번째 라인까지 살펴볼 수 있음 |
> | summary(data명) | 데이터 컬럼에 대한 전반적인 기초 통계량을 보여줌 |
> | mean(data명$column명) | 특정 컬럼의 평균을 알고 싶을 때 사용 |
> | median(data명$coulmn명) | 특정 컬럼의 중앙값을 알고 싶을 때 사용 |
> | sd(data명$coulmn명) | 특정 컬럼의 표준편차를 알고 싶을 때 사용 |
> | var(data명$coulmn명) | 특정 컬럼의 분산을 알고 싶을 때 사용 |
> | quantile(data명$coulmn명) | 특정 컬럼의 분위수를 알고 싶을 때 사용 |

2. 인과관계의 이해

가. 용어

1) 종속변수(반응변수, y)
   - 다른 변수의 영향을 받는 변수

2) 독립변수(설명변수, x)
- 영향을 주는 변수

출제 포인트
산점도에서 확인할 수 있는 사항에 대한 문제가 자주 출제되오니 꼭 기억하도록 합시다.

3) 산점도(Scatter Plot)
- 좌표평면 위에 점들로 표현한 그래프

> **참고**
>
> **산점도에서 확인할 사항**
> - 두 변수 사이의 선형관계(직선관계)가 성립하는가?
> - 두 변수 사이의 함수관계(직선관계 또는 곡선관계)가 성립하는가?
> - 이상값이 존재하는가?
> - 몇 개의 집단으로 구분(층별)되는가?
>
>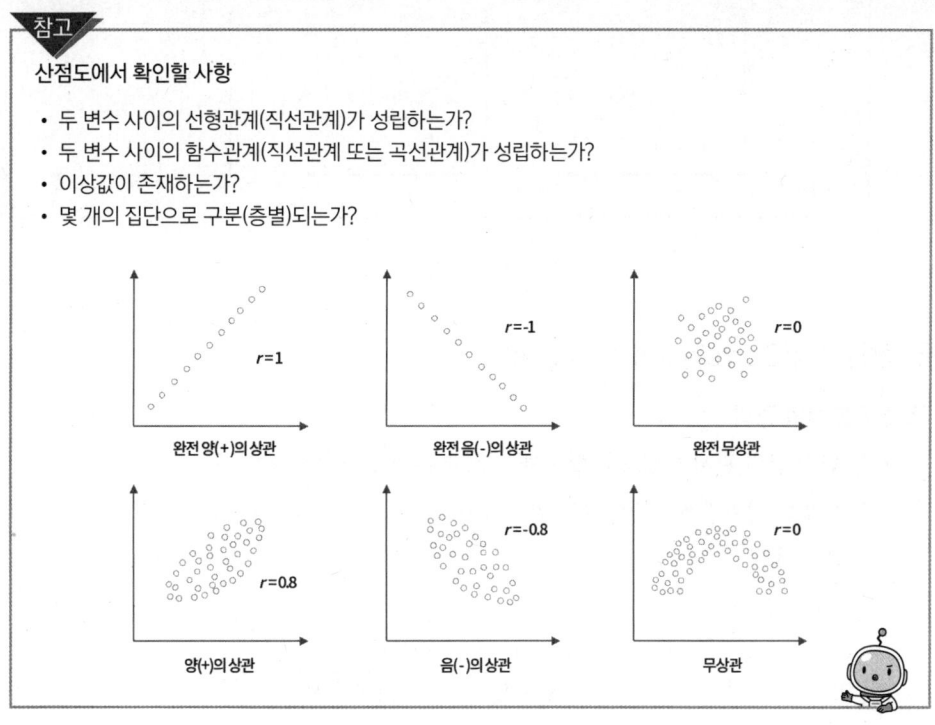

나. 공분산(Covariance)

- 두 확률변수 X, Y의 방향의 조합(선형성)이다.

$$Cov(X, Y) = E[(X - \mu_X)(Y - \mu_Y)]$$

- 공분산의 부호만으로 두 변수간의 방향성을 확인할 수 있다. 공분산의 부호가 +이면 두 변수는 양의 방향성, 공분산의 부호가 -이면 두 변수는 음의 방향성을 가진다.

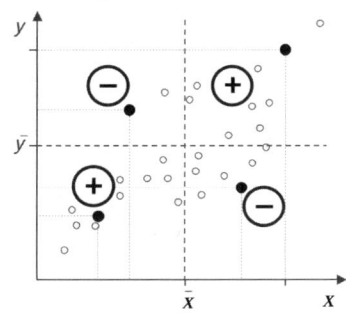

No	X	Y
1	1	2
2	3	6
3	9	17
4	2	3
.	.	.
.	.	.
.	.	.
30	7	15

- X, Y가 서로 독립이면, $Cov(X, Y) = 0$이다. (역은 성립할 수도 있고 성립하지 않을 수도 있다.)

$Cov(X, Y) = \sigma_{XY} = E[XY] - E(X)E(Y)$

> **참고**
>
> **공분산이 0인 산점도**
> - 두 변수 사이의 공분산이 0인 경우
>
>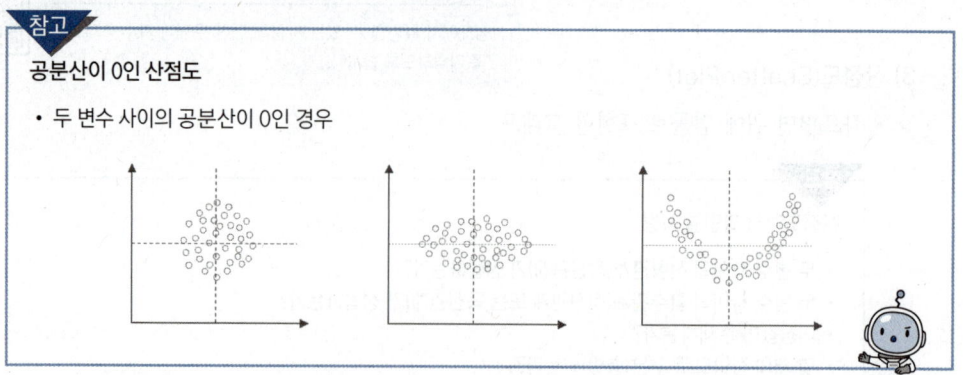

3. 상관분석(Correlation Analysis)

가. 상관분석의 정의

- 두 변수 간의 관계의 정도를 알아보기 위한 분석방법이다.
- 두 변수의 상관관계를 알아보기 위해 상관계수(Correlation Coefficient)를 이용하며, 그 공식은 아래와 같다.

$$r = \frac{\text{cov}(x, y)}{S_x \times S_y} = \frac{\sum_{i=1}^{n}[(x - \bar{x})(y - \bar{y})]}{n(S_x \times S_y)}$$

나. 상관관계의 특성

상관계수 범위	해 석
$0.7 < \gamma \leq 1$	강한 양(+)의 상관이 있다
$0.3 < \gamma \leq 0.7$	약한 양(+)의 상관이 있다
$0 < \gamma \leq 0.3$	거의 상관이 없다
$\gamma = 0$	상관관계(선형, 직선)가 존재하지 않는다
$-0.3 \leq \gamma < 0$	거의 상관이 없다
$-0.7 \leq \gamma < -0.3$	약한 음(-)의 상관이 있다
$-1 \leq \gamma < -0.7$	강한 음(-)의 상관이 있다

> **출제 포인트**
> 피어슨과 스피어만을 구분할 때 Tip!
> 스피어만, 서열척도, 순서, 순위상관계수 등의 단어는 다 "ㅅ"(시옷)으로 시작합니다!

다. 상관분석의 유형

구분	피어슨	스피어만
개념	• 등간척도 이상으로 측정된 두 변수들의 상관관계 측정 방식	• 서열척도인 두 변수들의 상관관계 측정 방식
특징	• 연속형 변수, 정규성 가정 • 대부분 많이 사용	• 순서형 변수, 비모수적 방법 • 순위를 기준으로 상관관계 측정
상관계수	• 피어슨 γ(적률상관계수)	• 순위상관계수(ρ, 로우)

> **참고**
>
> 스피어만 상관계수
> - 일반적으로 서열상관계수는 집단 내의 개별 관측치를 두 개의 서로 다른 관점이나 특성으로 평가한 순위값들을 이용해서 분석하는 경우에 사용
> - 두 변수의 순위 사이의 의존성을 측정하는 비모수 척도로 단조함수(Monotonic Function)을 통해 **두 변수의 관계가 얼마나 잘 설명될 수 있는지 판단한다.**
>   (참고) 순서 관계 ≤를 보존하거나 반전시키는 함수, $x \leq y$이면 $f(x) \leq f(y)$ 또는 $x \geq y$ 이면 $f(x) \leq f(y)$
> - 즉, 스피어만 상관계수는 두 변수 사이의 선형 관계를 평가하는 피어슨 상관계수와 달리, 선형 여부와 관계없이 두 변수가 단조적 관계가 있는지를 평가한다.
> - 중복 데이터가 없다는 가정하에 각 변수가 다른 변수의 완벽한 단조 함수일 때 +1 또는 -1의 관계가 발생한다.
>   (참고) 두 변수 간의 스피어만 상관 계수 = 두 변수의 순위 값 사이의 피어슨 상관계수
>   두 변수 사이의 선형 관계(피어슨) vs 두 변수 사이의 단조적 관계(선형여부 아님)
>
>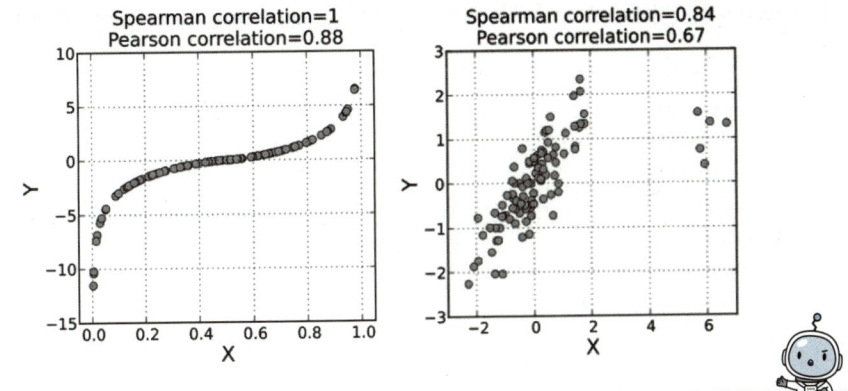

라. 상관분석을 위한 R 코드

구분	R code
분산	var(x, y = NULL, na.rm = FALSE)
공분산	cov(x, y = NULL, use = "everything", method = c("pearson", "kendall", "spearman"))
상관관계	cor(x, y = NULL, use = "everything", method = c("pearson", "kendall", "spearman")) • Hmisc 패키지의 rcorr 사용 rcorr(matrix(data명), type=c("pearson", "kendall", "spearman"))

x = 숫자형 변수
y = NULL(default) 또는 변수
na.rm = 결측값 처리

마. 상관분석의 가설 검정

- 상관계수 γ이 0이면 입력변수 x와 출력변수 y 사이에는 상관 관계가 없다.
  (귀무가설 : γ = 0, 대립가설 γ ≠ 0)
- t 검정통계량을 통해 얻은 p-value 값이 0.05이하인 경우, 대립가설을 채택하게 되어 우리가 데이터를 통해 구한 상관계수를 활용할 수 있게 된다.

바. 상관분석 예제

1) datasets 패키지의 "mtcars"라는 데이터셋의 마일(mpg), 총마력(hp)의 상관관계 분석을 실시한다.

```
─ R프로그램 ─
data(mtcars)
a <- mtcars$mpg
b <- mtcars$hp
cor(a,b)
cov(a,b)
cor.test(a, b, method="pearson")
```

2) 결과 및 해석

```
> data(mtcars)
> a <- mtcars$mpg
> b <- mtcars$hp
> cov(a,b)
[1] -320.7321
```

```
> cor(a,b)
[1] -0.7761684
> cor.test(a, b, method="pearson")

        Pearson's product-moment correlation

data:  a and b
t = -6.7424, df = 30, p-value = 1.788e-07
alternative hypothesis: true correlation is not equal to 0
95 percent confidence interval:
 -0.8852686 -0.5860994
sample estimates:
       cor
-0.7761684
```

- mtcars 데이터셋의 mpg와 hp를 각각 a, b에 저장하여 mpg와 hp의 공분산, 상관계수를 구한 결과, 공분산은 -320.7321, 상관계수는 -0.7761684로 나타났다. 따라서, mpg와 hp는 공분산으로 음의 방향성을 가짐을 알 수 있고, 상관계수로 강한 음의 상관관계가 있음을 알 수 있다.
- cor.test를 이용해 mpg와 hp의 상관관계 분석을 실행한 결과, p-value가 <1.788e-07로 유의수준 0.05보다 작게 나타나므로 mpg와 hp가 상관관계가 있다고 할 수 있다.

3절 통계분석 방법론

학습목표

- t-검정(t-test)에 대해 이해한다.
- 분산분석(ANOVA)에 대해 이해한다.
- 교차분석을 이해한다.
- 중심극한정리를 이해한다.

눈높이 체크

• t-검정과 t-검정의 방법론에 대해 알고 있나요?

t-검정은 두 집단의 평균을 통계적으로 비교하기 위해 사용하는 검정방법입니다. 어떠한 방식으로 집단의 평균을 비교하느냐에 따라 일표본 t-검정, 독립표본 t-검정, 대응표본 t-검정으로 나누어집니다. 각 검정방법에 대한 내용들을 본문을 통해 학습해봅시다.

• 일원배치분산분석(ANOVA)에 대해 알고 있나요?

일원배치분산분석(ANOVA)는 두 개 이상 집단들의 평균 간 차이에 대한 통계적 유의성을 검증하는 방법입니다. 평균 비교로 귀무가설이 기각이 되면 사후검정을 실시합니다. 각 검정방법에 대한 내용들을 본문을 통해 학습하고 알아봅시다.

• 교차분석에 대해 알고 있나요?

교차분석은 범주형 자료인 두 변수 간의 관계를 알아보기 위해 실시하는 분석 기법입니다. 분석하는 가설에 따라 적합도, 독립성, 동일성 검정으로 나누어 사용되며 카이제곱 검정 통계량을 사용합니다. 각 검정방법에 대해 내용들을 본문을 통해 학습해 봅시다.

1. t-검정(t-test)

가. 일표본 t-검정(One Sample t-test)

> **출제 포인트**
> t-검정에는 일표본 t-검정, 독립표본 t-검정, 대응표본 t-검정이 있습니다. 각 분석에 대한 R 프로그램 결과를 해석하는 문제가 출제될 수 있으므로 정확히 숙지하시기 바랍니다.

1) 일표본 t-검정이란?

- 단일모집단에서 관심이 있는 연속형 변수의 평균(μ)값을 특정 기준값과 비교하고자 할 때 사용하는 검정방법이다.
- 예를 들어 A 과수원에서 생산되는 사과의 평균 무게가 200g이라고 알려져 있을 때, 실제로 A 과수원에서 생산되는 전체 사과의 평균 무게가 200g인지 알아보고 싶은 경우에 일표본 t-검정을 수행할 수 있다.
- 단일모집단에서 알고자하는 값이 종속변수가 되며, 설정한 기준값과 종속변수의 평균값 사이의 차이가 통계적으로 유의하다면 두 값이 다르다고 결론을 내릴 수 있다.

2) 일표본 t-검정의 가정

- 일표본 t-검정에서는 **모집단의 구성요소들이 정규분포를 이룬다는 가정** 하에 검정통계량의 값을 계산한다.
- 종속변수는 연속형 변수여야 하며, 검증하고자 하는 기준값이 있어야 한다.

3) 일표본 t-검정의 단계

1단계 : 가설 설정

- 모수 : 모평균(μ)
- 귀무가설(H_0) : 모평균(μ)의 값은 μ_0(설정한 기준값)이다. ($\mu = \mu_0$)
- 대립가설(H_1) : 모평균(μ)의 값은 μ_0(설정한 기준값)이 아니다. ($\mu \neq \mu_0$) - 양측검정
  모평균(μ)의 값은 μ_0(설정한 기준값)보다 크다. ($\mu > \mu_0$) - 단측검정
  모평균(μ)의 값은 μ_0(설정한 기준값)보다 작다. ($\mu < \mu_0$) - 단측검정

2단계 : 유의수준 설정

3단계 : 검정통계량의 값 및 유의확률 계산

- 검정통계량의 값 : $t_0 = \dfrac{\bar{x} - \mu_0}{s/\sqrt{n}} \sim t(df), \; df = n - 1$
- $\bar{x}$: 표본평균, μ_0 : 모평균 추정치, s : 표본 표준편차, n : 표본의 개수

4단계 : 기각여부 판단 및 의사결정

- 유의확률(p-value) < 유의수준(α) : 귀무가설을 기각하고, 대립가설을 채택한다.
- 유의확률(p-value) > 유의수준(α) : 귀무가설을 기각하지 않는다.

4) R을 활용한 일표본 t-검정

- 예제 : A 과수원에서 생산된 사과의 평균무게는 200g으로 알려져 있다. 실제로도 그러한지 알아보기 위해 A 과수원에서 생산되는 사과 15개를 임의로 뽑아서 무게를 측정하였다. 해당 데이터를 가지고 A 과수원에서 생산되는 **전체 사과 무게의 평균이 200g과 같다고 할 수 있는지 검정해보자.** (양측검정 수행, 유의수준 = 0.05)
- 귀무가설(H_0) : A과수원에서 생산되는 사과무게의 평균값은 200g이다.

  대립가설(H_1) : A과수원에서 생산되는 사과무게의 평균값은 200g이 아니다.
- 데이터 입력 : 15개의 관측값을 data라는 변수에 입력

```
R 코드
> data<-c(200, 210, 180, 190, 185, 170, 180,
+         180, 210, 180, 183, 191, 204, 201, 186)
```

- 표본의 크기가 충분히 크지 않기 때문에(n=15) 중심극한정리를 따른다고 보기 힘들다. (3과목 1장 1절 5. 중심극한정리 참고) 따라서 정규성을 만족하는지 확인하기 위해 정규성 검정을 실시한다. 정규성을 검정하는 여러 가지 방법(콜모고로프 스미르노프 검정, Q-Q도를 통한 확인 등) 중 샤피로-윌크 검정(Shapiro-Wilk normality test)을 수행해보자.
- 샤피로-윌크 검정의 귀무가설은 "데이터가 정규분포를 따른다."이고, 대립가설은 "데이터가 정규분포를 따르지 않는다."이다.

```
R 코드
> shapiro.test(data)

        Shapiro-Wilk normality test

data:  data
W = 0.92173, p-value = 0.2047
```

- 정규성 검정 결과 p-value가 0.2047로 유의수준 0.05보다 높으므로, 이 데이터가 정규분포를 따르고 있음을 알 수 있다. 따라서 t-test를 수행할 수 있다고 본다.
- R에서 일표본 t-검정을 수행하기 위해 사용하는 함수는 t.test이며, 문법은 아래와 같다.

t.test(x, alternative=c("two.sided", "less", "greater"), mu=0)	
x	표본으로부터 관측한 값(수치형 벡터)
alternative	양측검정시 "two.sided", 단측검정시 "less", "greater" 입력
mu	검정 시 기준이 되는 값(μ_0)

```
─ R 코드 ─────────────────────────────────
> t.test(data, alternative="two.sided", mu=200)

        One Sample t-test

data:  data
t = -3.1563, df = 14, p-value = 0.007004
alternative hypothesis: true mean is not equal to 200
95 percent confidence interval:
 183.2047 196.7953
sample estimates:
mean of x
      190
```

- 일표본 t-검정 수행 결과, **검정통계량(t값)** 은 -3.1563, **df(자유도)** 는 14, **유의확률(p-value)** 은 0.007004이다. p-value가 유의수준 0.05보다 작기 때문에 귀무가설을 기각하고, 'A 과수원에서 생산되는 사과의 평균무게는 200g이 아니다.' 라는 결론을 내릴 수 있다.

나. 대응표본 t-검정(Paired Sample t-test)

1) 대응표본 t-검정이란?

- **단일모집단에 대해 두 번의 처리를 가했을 때, 두 개의 처리에 따른 평균의 차이를 비교**하고자 할 때 사용하는 검정방법이다.
- 예를 들어 어느 기업에서 판매사원들의 역량 향상을 위해 두 가지 방법으로 직업교육을 실시하고 나서, 두 가지 교육방법에 따른 판매실적 평균에 차이가 있는지를 검정하고자 할 때 대응표본 t-검정을 사용할 수 있다. 이때 '직업교육 방법'이 독립변수, 그에 따른 '판매실적'이 종속변수가 된다.
- 하나의 모집단에서 크기가 n개인 하나의 표본을 추출한 후, **표본 내의 개체들에 대해서 두 번의 측정을 실시**한다. 따라서 관측값들은 서로 독립적이지 않고 쌍(Pair)으로 이루어져 있어 대응표본 t-검정을 **짝지어진 t-검정(Matched Pair t-test)** 이라고도 한다.
- 모집단과 표본은 하나씩이지만, 각 개체들에 대해 두 개씩의 관측값이 존재하므로 모수는 두 개이다.
- 표본 내에 있는 각 개체별로 짝지어진 관측값 사이에 차이가 있는지를 검정하므로 자료의 형태는 아래의 표와 같다.

개체	관측값1(A)	관측값2(B)	차이(A-B=D)
1	A_1	B_1	$A_1 - B_1 = D_1$
2	A_2	B_2	$A_2 - B_2 = D_2$

| ... | ... | ... | ... |
| n | A_n | B_n | $A_n - B_n = D_n$ |

2) 대응표본 t-검정의 가정
- 대응표본 t-검정에서는 **모집단의 관측값이 정규성(정규분포를 만족한다는 가정)을 만족해야** 한다. 일반적으로 표본의 크기가 충분히 클 때 중심극한정리에 따라 정규성을 만족한다고 볼 수 있다. (3과목 1장 1절 5. 중심극한정리 참고)
- 종속변수는 연속형 변수이어야 한다.

3) 대응표본 t-검정의 단계
1단계 : 가설 설정
- 모수 : 두 개의 모평균 사이의 차이(D)
- 귀무가설(H_0) : 두 개의 모평균 간에는 차이가 없다. ($\mu_x - \mu_y = D = 0$)
- 대립가설(H_1) : 두 개의 모평균 간에는 차이가 있다. ($\mu_x - \mu_y = D \neq 0$) - 양측검정
  두 개의 모평균간의 차이는 0보다 크다. ($\mu_x - \mu_y = D > 0$) - 단측검정
  두 개의 모평균간의 차이는 0보다 작다. ($\mu_x - \mu_y = D < 0$) - 단측검정

2단계 : 유의수준 설정

3단계 : 검정통계량의 값 및 유의확률 계산
- 검정통계량의 값 : $t = \dfrac{\bar{D} - (\mu_x - \mu_y)}{s_D / \sqrt{n}} \sim t(df)$, $df = n - 1$
- $\bar{D}$: 차이의 평균, μ_x : 처리 X의 평균, μ_y : 처리 Y의 평균, s_D : 차이의 표준편차, n : 표본의 개수

4단계 : 기각여부 판단 및 의사결정
- 유의확률(p-value) < 유의수준(α) : 귀무가설을 기각하고, 대립가설을 채택한다.
- 유의확률(p-value) > 유의수준(α) : 귀무가설을 기각하지 않는다.

4) R을 활용한 대응표본 t-검정
- 예제 : 10명의 환자를 대상으로 수면영양제를 복용하기 전과 후의 수면시간을 측정하여 영양제의 효과가 있는지를 판단하고자 한다. **영양제 복용 전과 후의 평균 수면시간에 차이가 있는지를 알아보는데, 단측검정을 수행하여 영양제 복용 후에 수면시간이 더 늘어났는지를 검정해보자.** (표본이 정규성을 만족한다는 가정하에 단측검정 수행, 유의수준 = 0.05)
- 귀무가설(H_0) : 수면영양제를 복용하기 전과 후의 평균 수면시간에는 차이가 없다. ($D=0$)
  대립가설(H_1) : 수면영양제를 복용하기 전과 후의 평균 수면시간 차이는 0보다 작다. ($D<0$)

- 데이터 입력 : 10명의 환자에 대해서 영양제를 복용하기 전(before)과 후(after)의 수면시간을 data라는 변수에 입력

```
─ R 코드 ─
> data <- data.frame(before = c(7, 3, 4, 5, 2, 1, 6, 6, 5, 4),
+                    after  = c(8, 4, 5, 6, 2, 3, 6, 8, 6, 5))
```

- R에서 대응표본 t-검정을 수행하기 위해 사용하는 함수는 t.test이며, 문법은 아래와 같다.

t.test(x, y, alternative=c("two.sided", "less", "greater"), paired=FALSE, m=0)	
x	처리방법이 x일 때의 관측값(수치형 벡터)
y	처리방법이 y일 때의 관측값(수치형 벡터)
alternative	양측검정시 "two.sided", 단측검정시 "less", "greater" 입력
paired	대응표본 t-검정을 수행할지에 대한 여부(인자값을 TRUE로 지정해야 한다.)
m	• 검정의 기준이 되는 값으로 기본 값은 0이다. • 대응표본 t-검정에서는 모평균의 차이가 0인지를 검정하기 때문에, m 인자는 적지 않아도 된다.

```
─ R 코드 ─
> t.test(data$before, data$after, alternative="less", paired = TRUE)

         Paired t-test

data:   data$before and data$after
t = -4.7434, df = 9, p-value = 0.0005269
alternative hypothesis: true difference in means is less than 0
95 percent confidence interval:
       -Inf -0.6135459
sample estimates:
mean of the differences
                     -1
```

- 수면영양제를 복용하기 전과 후의 평균 수면시간 차이가 비교하고자 하는 값(0)보다 작은지에 대하여 검정을 수행하기 때문에 alternative 인자에는 "less"를 입력한다.
- 대응표본 t-검정 수행 결과, **검정통계량(t값)은 -4.7434, df(자유도)는 9, 유의확률(p-value)은 0.0005269**다. p-value가 유의수준 0.05보다 작기 때문에 귀무가설을 기각하고, '수면영양제를 복용하기 전과 후의 평균 수면시간의 차이는 통계적으로 유의하며, 영양제를 복용한 후 수면시간이 늘었다.' 라는 결론을 내릴 수 있다.

다. 독립표본 t-검정(Independent Sample t-test)

1) 독립표본 t-검정이란?
- 두 개의 독립된 모집단의 평균을 비교하고자 할 때 사용하는 검정방법이다.
- 예를 들어 성별에 따라 출근 준비시간에 차이가 있는지를 통계적으로 검정하기 위해서 독립표본 t-검정을 사용할 수 있다. 이 때 그룹(집단)을 나누는 기준인 '성별'이 독립변수이고, 그에 따른 관측값인 '출근 준비시간'이 종속변수이다.
- 두 개의 모집단에서 크기가 n개인 표본을 각각 추출한 후 표본의 관측값들을 이용해 검정을 실시한다. 따라서 독립표본 t-검정에서는 모집단, 모수, 표본이 모두 두 개씩 존재한다.

2) 독립표본 t-검정의 가정
- 두 모집단은 **정규성을 만족**해야 한다. 표본의 크기가 충분히 크다면 중심극한정리에 따라 정규성을 만족한다고 볼 수 있다.
- 독립표본 t-검정에서 **두 개의 모집단은 서로 독립적**이어야 한다.
- 두 모집단의 분산이 서로 같음을 의미하는 **등분산성 가정을 만족**해야 한다. 등분산 가정은 비교하고자 하는 두 독립 집단의 모분산이 동일해야함을 의미한다. 이 가정을 확인하기 위해 독립표본 t-검정 수행 과정에서 검정통계량을 계산하기 이전에 등분산 검정을 먼저 수행한다.
- 독립변수는 범주형, 종속변수는 연속형이어야 한다.

3) 독립표본 t-검정의 단계

1단계 : 가설 설정
- 모수 : 서로 독립된 두 모집단의 평균 (μ_1, μ_2)
- 귀무가설(H_0) : 두 개의 모평균에는 차이가 없다. ($\mu_1 = \mu_2$)
- 대립가설(H_1) : 두 개의 모평균에는 차이가 있다. ($\mu_1 \neq \mu_2$) – 양측검정
  집단 1의 모평균이 집단 2의 모평균보다 크다. ($\mu_1 > \mu_2$) – 단측검정
  집단 1의 모평균이 집단 2의 모평균보다 작다. ($\mu_1 < \mu_2$) – 단측검정

2단계 : 유의수준 설정

3단계 : 등분산 검정
- 두 모집단이 등분산성을 만족하는지의 여부에 따라 유의확률과 검정통계량의 값이 다르게 계산된다. 따라서 독립표본 t-검정을 위해서는 반드시 등분산 검정이 선행되어야 한다.
- 귀무가설(H_0) : 두 집단의 분산이 동일하다. ($\sigma_1^2 = \sigma_2^2$)
- 대립가설(H_1) : 두 집단의 분산이 동일하지 않다. ($\sigma_1^2 \neq \sigma_2^2$)

4단계 : 검정통계량의 값 및 유의확률 계산(등분산성 만족할 경우)

- 검정통계량의 값 : $t = \dfrac{(\bar{X}-\bar{Y})-\delta_0}{s_P\sqrt{\dfrac{1}{n_1}+\dfrac{1}{n_2}}} \sim t(df)$, $df = n_1 + n_2 - 2$

- $\bar{X}_1$ = 표본 1의 평균
- $\bar{X}_2$ = 표본 2의 평균
- D_0 = 두 모평균의 차이값 ($\mu_1 - \mu_2$)
- n_1 = 표본 1의 크기
- n_2 = 표본 2의 크기
- $s_P\sqrt{\dfrac{1}{n_1}+\dfrac{1}{n_2}} = (\bar{X}_1 - \bar{X}_2)$의 표준오차

5단계 : 기각여부 판단 및 의사결정

- 유의확률(p-value) < 유의수준(α) : 귀무가설을 기각하고, 대립가설을 채택한다.
- 유의확률(p-value) > 유의수준(α) : 귀무가설을 기각하지 않는다.

4) R을 활용한 독립표본 t-검정

- 예제 : A, B 두 지역의 겨울 낮 최고기온에 차이가 있는지를 알아보기 위해 약 10일 동안 두 지역의 낮 최고기온을 측정한 데이터로 독립표본 t-검정을 수행해보자. (표본이 정규성을 만족한다는 가정 하에 양측검정 수행, 유의수준 = 0.05)
- 귀무가설(H_0) : A, B 두 지역에 따른 겨울 낮 최고기온은 차이가 없다. ($\mu_1 = \mu_2$)
  대립가설(H_1) : A, B 두 지역에 따른 겨울 낮 최고기온은 차이가 있다. ($\mu_1 \neq \mu_2$)
- 데이터 입력 : A, B지역에 대한 10일 동안의 겨울 낮 최고기온 데이터와 지역구분 데이터를 이용해 weather라는 데이터 프레임을 생성

```
R 코드
> group<-factor(rep(c("A","B"),each=10))    # 집단구분을 위한 변수
> A<-c(-1, 0, 3, 4, 1, 3, 3, 1, 1, 3)       # A 지역의 온도
> B<-c(6, 6, 8, 8, 11, 11, 10, 8, 8, 9)     # B 지역의 온도
> weather<-data.frame(group=group, temp=c(A,B))  # 데이터 프레임 생성
```

- 독립표본 t-검정을 하기에 앞서, 등분산 검정을 수행해야하며 이를 위한 R의 다양한 함수 중 var.test 함수를 이용해보자.

var.test(x, y, alternative) var.test(formula, data, alternative)	
x	모집단 1로부터 측정한 관측값(수치형 벡터)
y	모집단 2로부터 측정한 관측값(수치형 벡터)
formula	• 수치형 벡터(종속변수)~집단분류(독립변수) • 데이터 프레임을 var.test함수에 적용시킬 때 사용
data	등분산 검정을 수행할 데이터명
alternative	양측검정시 "two.sided", 단측검정시 "less", "greater" 입력

― R 코드 ―
```
> var.test(temp~group, data=weather, alternative="two.sided")

        F test to compare two variances

data:  temp by group
F = 0.82807, num df = 9, denom df = 9, p-value = 0.7833
alternative hypothesis: true ratio of variances is not equal to 1
95 percent confidence interval:
 0.2056809 3.3338057
sample estimates:
ratio of variances
         0.8280702
```

- 등분산 검정의 결과 **유의확률(p-value)**이 0.7833으로 유의수준 0.05보다 크기 때문에 귀무가설을 기각하지 않는다. 따라서 A, B 두 집단의 데이터는 등분산 가정을 만족한다고 볼 수 있다.
- 두 모집단이 등분산성을 만족한다는 가정 하에 t.test 함수를 이용해 독립표본 t-검정을 수행해보자. 문법은 아래와 같다.

t.test(x, y, alternative, var.equal=FALSE) t.test(formula, data, alternative, var.equal=FALSE)	
x	모집단 1로부터 측정한 관측값(수치형 벡터)
y	모집단 2로부터 측정한 관측값(수치형 벡터)
formula	• 수치형 벡터(종속변수)~집단분류(독립변수) • 데이터 프레임을 t.test 함수에 적용시킬 때 사용
data	t-검정을 수행할 데이터명
alternative	양측검정시 "two.sided", 단측검정시 "less", "greater" 입력
var.equal	등분산성을 만족하는지의 여부(TRUE 혹은 FALSE로 입력)

```
─ R 코드 ─
> t.test(temp~group, data=weather, alternative="two.sided", var.equal=TRUE)

        Two Sample t-test

data:  temp by group
t = -8.806, df = 18, p-value = 6.085e-08
alternative hypothesis: true difference in means is not equal to 0
95 percent confidence interval:
 -8.298481 -5.101519
sample estimates:
mean in group A mean in group B
            1.8             8.5
```

- 독립표본 t-검정 수행 결과, **검정통계량(t값)은 -8.806, df(자유도)는 18, 유의확률(p-value)은 6.085e-08다.** p-value가 0에 가까운 매우 작은 숫자로 유의수준 0.05보다 작기 때문에 귀무가설을 기각한다. 따라서 'A, B 두 지역의 겨울 낮 최고기온에는 통계적으로 유의한 차이가 존재한다.' 라는 결론을 내릴 수 있다.

참고
두 모평균 차이의 신뢰구간 추정(독립표본)

- 두 집단이 서로 독립이라는 전제조건 하에 두 모평균 차이에 대한 추정

모수	점 추정량		(1-α)×100% 신뢰구간
$\mu_1 - \mu_2$	$\overline{X}_1 - \overline{X}_2$	σ_1^2, σ_2^2 알고 있음	$(\overline{X}_1 - \overline{X}_2) \pm z_{\alpha/2}\sqrt{\dfrac{\sigma_1^2}{n_1} + \dfrac{\sigma_2^2}{n_2}}$
		σ_1^2, σ_2^2 모르지만 $n_1 \geq 30, n_2 \geq 30$	$(\overline{X}_1 - \overline{X}_2) \pm z_{\alpha/2}\sqrt{\dfrac{S_1^2}{n_1} + \dfrac{S_2^2}{n_2}}$
		σ_1^2, σ_2^2 모르고 n_1, n_2 중 적어도 하나가 30미만	$(\overline{X}_1 - \overline{X}_2) \pm t_{\alpha/2(n_1+n_2-2)} S_p \sqrt{\dfrac{1}{n_1} + \dfrac{1}{n_2}}$

- 여기서, $z_{\alpha/2}$는 $N(0,1)$에서 $\Pr[Z>z^*]=\alpha/2$를 만족하는 z^*값이고 $t_{\alpha/2,(n_1+n_2-2)}$는 자유도가 n_1+n_2-2인 t-분포에서 $\Pr[T>t^*]=\alpha/2$를 만족하는 t^*값
- S_p^2는 등분산($\sigma_1^2=\sigma_2^2$)을 가정한 통합 분산으로 $S_p^2=[(n_1-1)S_1^2+(n_2-1)S_2^2]/(n_1+n_2-2)$

두 모평균 차이의 신뢰구간 추정(대응표본)

- 투약 전후나 이벤트 성과 비교와 같이 짝을 이루는 각 쌍에 대한 표본을 대상으로 한 모평균의 차이 $\mu_1-\mu_2$의 신뢰구간
- 대응표본의 특징은 모집단과 표본은 하나씩이지만, 각 개체들에 대해 두 개씩의 관측값이 존재하므로 모수는 두 개이고, 표본 내에 있는 각 개체별로 짝지어진 관측값 사이의 차이를 통해 두 모 평균의 차이를 추정한다.

모수	점 추정량	표본분포	$(1-\alpha)\times100\%$ 신뢰구간
μ_D	$\overline{D}$	$\overline{D} \sim N(\mu_D, \dfrac{\sigma_D^2}{n})$	$\overline{D} \pm t_{\alpha/2}\dfrac{S_D}{\sqrt{n}}$

- 여기서 $\mu_D=\mu_1-\mu_2$, $\overline{D}$는 짝을 이룬 n개의 표본들의 차이($D_i=A_i-B_i$)들의 평균

신뢰구간과 양측검정과의 관계

- 유의수준이 α인 양측 검정에서의 귀무가설의 특정값(μ_0)가 $(1-\alpha)\times100\%$ 신뢰구간 내에 포함된다면, 대립가설(H_1)을 채택한다.
- 예를 들어 95% 신뢰구간이 [49.50, 51.5]라고 가정하면, 해당 신뢰구간이 50을 포함하므로 유의수준 5%에서 대립가설(H_1) "모평균이 50이 아니다.($\mu \neq 50$)(즉, $\mu_0=50$)"를 채택할 수 있다.

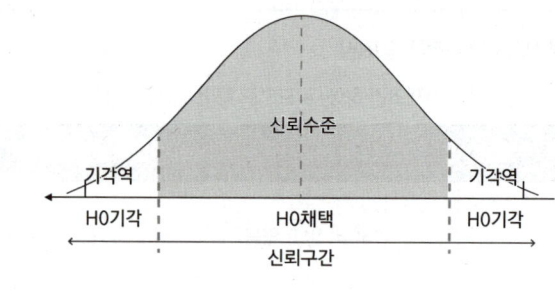

2. 분산분석(ANOVA)

가. 분산분석의 개념

출제 포인트

분산분석에는 일원배치 분산분석과, 이원배치 분산분석이 있습니다. 각 분석에 대한 R 프로그램의 해석 결과에 대한 문제가 출제될 수 있으므로 정확히 이해합시다.

- 분산분석은 두 개 이상의 집단에서 그룹 평균 간 차이를 그룹 내 변동에 비교하여 살펴보는 데이터 분석 방법이다.
- 즉, **두 개 이상 집단들의 평균 간 차이**에 대한 통계적 유의성을 검증(두 개 이상 집단들의 평균을 비교)하는 방법이다.

- 분산분석의 분류는 아래와 같다.

분석 구분	분석 명칭	독립변수 개수	종속변수 개수
단일변량 분산분석	일원배치 분산분석 (One-way ANOVA)	1개	1개
	이원배치 분산분석 (Two-way ANOVA)	2개	
	다원배치 분산분석 (Multi-way ANOVA)	3개 이상	
다변량 분산분석	MANOVA	1개 이상	2개 이상

나. 일원배치 분산분석(One-way ANOVA)

1) 특징

- 분산분석에서 반응값에 대해 **하나의 범주형 변수의 영향**을 알아보기 위해 사용되는 검증 방법이다.
- 모집단의 수에는 제한이 없으며, 각 표본의 수는 같지 않아도 된다.
- **F 검정 통계량**을 이용한다.
- 각 집단의 표본의 수가 동일한 경우의 예시 (여기서 Y_{ij}는 i번째 집단의 j번째 관측값)

번호	집단 1	집단 2	...	집단 k
1	Y_{11}	Y_{21}	...	Y_{k1}
2	Y_{12}	Y_{22}	...	Y_{k2}
⋮	⋮	⋮	⋱	⋮
m	Y_{1m}	Y_{2m}	...	Y_{km}

2) 가정

- 각 집단의 측정치는 서로 **독립적**이며, **정규분포를 따른다.** (정규성 가정)
- 각 집단 측정치의 **분산은 같다.** (등분산 가정)

3) 통계적 모형

- $y_{ij} = \mu_i + \varepsilon_{ij}$, $\varepsilon_{ij} \sim N(0, \sigma^2)$

4) 분산분석표

요 인	제곱합(SS)	자유도(df)	평균제곱합(MS)	분산비(F)
집단 간	SSB	k-1	MSB = SSB/(k-1)	F = MSB/MSW
집단 내	SSW	N-k	MSW = SSW/(N-k)	
전 체	SST	N-1		

- 집단이 아닌 'A라는 처리 효과'를 주관심으로 보면 '집단간 제곱합' 부분이 SSA(A효과 제곱합) 또는 SSTrt(처리 제곱합)으로도 표기되기도 하나 통상적으로 동일한 개념임 ('집단 내 제곱합'은 오차 제곱합 SSE로 표기)

- SSB(집단 간 변동제곱합) : $m\sum_{i=1}^{k}(\overline{Y_i} - \overline{Y})^2$
- SSW(집단 내 변동제곱합) : $\sum_{i=1}^{k}\sum_{j=1}^{m}(Y_{ij} - \overline{Y_i})^2$
- SST(전체 변동제곱합) : $\sum_{i=1}^{k}\sum_{j=1}^{m}(Y_{ij} - \overline{Y})^2$
- SST = SSB + SSW

- k : 집단의 수
- m : 집단별 관측치 수 (각 집단의 표본 수 동일 가정)
- N : 전체 관측치 수($N=mk$)
- $\overline{Y_i}$: i번째 집단의 표본 평균
- $\overline{Y}$: 모든 관측치 평균(총 평균)

5) 가설 검정
- 귀무가설(H_0) : k개의 집단 간 모평균에는 차이가 없다.($\mu_1 = \mu_2 = \cdots = \mu_k$)
- 대립가설(H_1) : k개의 집단 간 모평균이 모두 같다고 할 수 없다.(H_0 is not true)

6) 사후 검정
- 분산분석의 결과 귀무가설이 기각되어 적어도 한 집단에서 평균의 차이가 있음이 통계적으로 증명되었을 경우, 어떤 집단들에 대해서 평균의 차이가 존재하는지를 알아보기 위해 실시하는 분석이다.
- 사후분석의 종류로는 던칸(Duncan)의 MRT(Multiple Range Test) 방법, 피셔(Fisher)의 최소유의차(LSD) 방법, 튜키(Tukey)의 HSD 방법, Scheffe의 방법 등이 있다.

7) R을 활용한 일원배치 분산분석
- 예제 : R에 내장되어 있는 iris 데이터를 이용하여 종(Species)별로 꽃받침의 폭(Sepal.Width)의 평균이 같은지 혹은 차이가 있는지를 확인하기 위해 일원배치 분산분석을 수행해보자.
- 귀무가설(H_0) : 세 가지 종에 대해 Sepal.Width의 평균은 모두 같다.
  대립가설(H_1) : 적어도 하나의 종에 대한 Sepal.Width의 평균값에는 차이가 있다.

- R에서 분산분석을 수행할 때 주의해야할 점은 **그룹을 구분하는 기준이 되는 변수**(예 본 예제의 Species 변수)는 **반드시 factor형이어야 한다.** (iris 데이터의 Species 변수는 factor형이기 때문에 추가적 변환을 하지 않고 바로 분석에 사용하도록 한다.)
- R에서 분산분석을 수행하기 위해 사용하는 함수는 aov이며, 문법은 아래와 같다.

aov(formula, data)	
formula	반응변수~그룹변수
data	분석하고자 하는 데이터명

- 분산분석을 수행한 뒤 summary함수를 적용시켜주면 분산분석표를 확인할 수 있다.

```
─ R 코드 ─
> str(iris)     # iris 데이터의 구조 확인
'data.frame':   150 obs. of  5 variables:
 $ Sepal.Length: num  5.1 4.9 4.7 4.6 5 5.4 4.6 5 4.4 4.9 ...
 $ Sepal.Width : num  3.5 3 3.2 3.1 3.6 3.9 3.4 3.4 2.9 3.1 ...
 $ Petal.Length: num  1.4 1.4 1.3 1.5 1.4 1.7 1.4 1.5 1.4 1.5 ...
 $ Petal.Width : num  0.2 0.2 0.2 0.2 0.2 0.4 0.3 0.2 0.2 0.1 ...
 $ Species     : Factor w/ 3 levels "setosa","versicolor",..: 1 1 1 1 1 1 1 1 1 1 ...

> result<-aov(Sepal.Width~Species, data=iris)   # 분산분석 결과를 result 변수에 저장
> summary(result)                               # 분산분석표 확인
             Df Sum Sq Mean Sq F value Pr(>F)
Species       2  11.35   5.672   49.16 <2e-16 ***
Residuals   147  16.96   0.115
---
Signif. codes:  0 '***' 0.001 '**' 0.01 '*' 0.05 '.' 0.1 ' ' 1
```

- 분산분석표를 통해 확인한 결과, SSA의 자유도는 2(집단의 수-1=3-1), SSE의 자유도는 147(관측값의 수-집단의 수=150-3)임을 확인할 수 있다.
- 분석 결과, p-value 값($<$2e-16)이 매우 작게 나와 유의수준 0.05 하에서 귀무가설을 기각한다. 따라서 세가지 종(Species)에 따른 꽃받침 폭(Sepal.Width)이 모두 동일하지는 않다고 결론내릴 수 있다. 즉, 종(Species)별 꽃받침 폭(Sepal.Width)의 평균값들 중에서 적어도 어느 하나의 종은 통계적으로 유의한 차이가 있는 값을 가진다고 말 할 수 있다.

- 그렇다면, 세 가지 종들 중 특히나 어떠한 종들 간에 꽃받침의 폭에 차이가 있는지를 파악하기 위해 사후검정을 수행해보자. 다양한 사후검정의 방법 중 R의 TukeyHSD 함수를 이용한 Tukey의 HSD 검정법을 수행할 것이며, TukeyHSD 함수의 문법은 아래와 같다.

TukeyHSD(x, conf.level = 0.95, ...)	
x	분산분석의 결과
conf.level	신뢰수준에 해당하며, 기본값은 0.95임

R 코드

```
> TukeyHSD(aov(Sepal.Width~Species, data=iris))
  Tukey multiple comparisons of means
    95% family-wise confidence level

Fit: aov(formula = Sepal.Width ~ Species, data = iris)

$`Species`
                       diff        lwr         upr      p adj
versicolor-setosa    -0.658  -0.81885528  -0.4971447  0.0000000
virginica-setosa     -0.454  -0.61485528  -0.2931447  0.0000000
virginica-versicolor  0.204   0.04314472   0.3648553  0.0087802
```

- **사후분석**에서는 귀무가설(H_0)을 '집단들 사이의 평균은 같다.', 대립가설(H_1)을 '집단들 사이의 평균은 같지 않다.'로 두고, 모든 집단 수준에 대해서 **두 집단씩 짝을 지어 각각 다중비교를 수행**한다.
- 예제의 사후분석 결과를 보면 versicolor-setosa, virginica-setosa, virginica-versicolor의 세 가지 비교에 대해서 모두 수정된 p-value값(p adj)이 0.05보다 작으므로 각각의 비교에 대한 귀무가설을 모두 기각한다. 즉 모든 종들에 대해서 꽃받침 폭의 평균값은 각각 통계적으로 유의한 차이가 있다는 것을 알 수 있다.
- 또한 diff는 하이픈(-)의 왼쪽 집단과 오른쪽 집단 간 반응값의 차이를 나타내는데, versicolor-setosa에 대한 diff값은 음수이므로, 꽃받침의 폭은 종이 versicolor일 때보다 setosa일 때가 통계적으로 유의하게 큰 값을 가진다고 해석할 수 있다.

다. 이원배치 분산분석(Two-way ANOVA)

1) 특징

- 분산분석에서 반응값에 대해 **두 개의 범주형 변수 A, B의 영향**을 알아보기 위해 사용되는 검증 방법이다.
- 예를 들어 성별과 학년에 따른 시험점수의 차이에 대해 통계적으로 검정하기 위해 이원배치 분산분석을 사용할 수 있다.
- 두 독립변수 A, B사이에 상관관계가 있는지를 살펴보는 **교호작용(두 독립변수의 범주들의 조합으로 인해 반응변수에 미치는 특별한 영향)**에 대한 검증이 반드시 진행되어야 한다.

2) 가정
- 각 집단 측정치의 분포는 **정규분포**이어야 한다. (**정규성**)
- 집단 간 측정치의 **분산은 같다.** (**등분산성**)

3) 통계적 모형
- $y_{ijk} = \mu + \alpha_i + \beta_j + \gamma_{ij} + \varepsilon_{ijk}$

4) 주효과와 교호작용효과
- 이원배치 분산분석에서는 두 개의 독립변수값에 따르는 데이터의 주효과와 교호작용효과에 대한 검정을 수행한다.
- 주효과란 각각의 독립변수가 종속변수에 미치는 효과를 의미하며, 이를 검정하는 것을 주효과 검정이라 한다.
- 교호작용효과는 여러 독립변수들의 조합이 종속변수에 주는 영향을 의미한다. 즉 교호작용 효과 검정은 한 독립변수가 종속변수에 미치는 영향이 다른 독립변수의 수준에 따라서 달라지는지를 분석하는 것이다.
- 두 독립변수 A, B 사이에 상관관계가 존재할 경우, 교호작용이 있다는 의미이다.
- 교호작용이 없을 경우 주효과 검정을 진행한다. 반면 교호작용이 있을 경우에는 검정이 무의미하다.

5) 분산분석 표

요인	제곱합(SS)	자유도(df)	평균제곱합(MS)	분산비(F)
요인 A	SS_A	$I-1$	$MS_A = \dfrac{SSA}{I-1}$	$F_A = \dfrac{MSA}{MSE}$
요인 B	SS_B	$J-1$	$MS_B = \dfrac{SSB}{J-1}$	$F_B = \dfrac{MSB}{MSE}$
교호 작용	$SS_{A\times B}$	$(I-1)(J-1)$	$MS_{AB} = \dfrac{SSAB}{(I-1)(J-1)}$	$F_{AB} = \dfrac{MSAB}{MSE}$
오차	SSE	$IJ(n-1)$	$MSE = \dfrac{SSE}{IJ(n-1)}$	
전체	**SST**	**IJn−1**		

- SST (Sum of Squares total) : 총 제곱합
- SS_A : 요인 A 수준 평균값들 사이의 제곱합
- SS_B : 요인 B 수준 평균값들 사이의 제곱합
- SSE (Sum of Squares Error) : 오차 제곱합
- I : 요인 A의 수준의 수, J : 요인 B의 수준의 수

6) 가설 검정
- 귀무가설(H_0)
  ① H_0 : 변수에 따른 종속변수의 값(반응값)에는 차이가 없다. ($a_1 = a_2 = \cdots = a_a = 0$)
  ② H_0 : 변수에 따른 종속변수의 값(반응값)에는 차이가 없다. ($\beta_1 = \beta_2 = \cdots = \beta_b = 0$)
  ③ H_0 : α와 β 변수의 교호작용 효과가 없다. ($\gamma_{11} = \gamma_{12} = \cdots = \gamma_{ab} = 0$, γ는 교호작용에 대한 효과)
- 대립가설(H_1) : Not H_0
  ① H_1 : 변수에 따른 종속변수의 값(반응값)에는 차이가 있다. (a_i가 모두 0이라고 할 수 없다.)
  ② H_1 : 변수에 따른 종속변수의 값(반응값)에는 차이가 있다. (β_i가 모두 0이라고 할 수 없다.)
  ③ H_1 : α와 β 변수의 교호작용 효과가 있다.

라. 실험계획법(DOE, Design Of Experiment)

1) 실험 계획법의 개념
- 시스템이나 프로세스의 결과에 영향을 미치는 인자를 도출하고, 측정 데이터를 통계적으로 분석하기 위한 실험을 설계하는 방법을 의미한다.
- 실험 방식, 데이터 수집 방법, 활용 통계 기법 등 실험의 모든 과정을 설계한다.
- 최소 실험 횟수로 최대의 정보를 얻는 것을 목적으로 한다.

2) 계획 설계의 목적
- 분산분석 및 검정과 추정의 문제 : 어떠한 요인이 특성치 변화에 유의미한 영향을 주는지, 또한 해당 요인의 영향이 어느 정도인지를 파악
- 최적 반응 조건의 결정 문제 : 어떤 인자를 사용해야 가장 원하는 결과값을 얻을 수 있는지를 파악
- 오차항 추정의 문제 : 이해하기 어렵던 오차와 그 변동에 관한 정도를 파악

3) 실험계획의 원리
- **랜덤화의 원리(Randomization)** : 실험 순서를 무작위로 선택하여 실시
- **반복의 원리(Replication)** : 인자의 동일 수준 내에서 최소 두 번 이상 실험을 진행

- **블록화의 원리(Blocking)** : 실험 전체를 시간적·공간적으로 분할하여 블록으로 만듦
- **직교화의 원리(Orthogonality)** : 요인간 직교성을 갖도록 실험을 계획
- **교락의 원리(Confounding)** : 고차항의 교호효과와 블록효과를 교락시키는 방법

4) 주요 용어
- **인자(Factor)** : 실제 실험의 대상, 입력변수 X
- **특성치(Characteristic Value)** : 실험의 모든 결과값, 출력변수 Y
- **수준(Level)** : 실험하기 위한 인자의 조건, 인자의 정도나 값
- **주효과(Main Effect)** : 각 입력변수의 수준간 차이, 인자가 독립적으로 반응에 미치는 영향
- **교호효과(Interaction Effect)** : 특정한 인자 수준의 조합에서 일어나는 효과, 인자들이 혼합되어 반응에 미치는 영향
- **교락(Confounding)** : 2개 이상의 효과(주효과 또는 교호효과)를 구별할 수 없도록 계획적으로 조합하는 것
- **블록(Block)** : 실험 단위가 균일할 수 있도록 단위를 모은 것
- **반복(Replication)** : 인자들의 동일한 수준 조합에서 다회의 실험을 진행
- **중복(Repetition)** : 한 실험에서 여러 개의 대상을 측정

5) 실험 계획법의 종류

가) 요인배치법(Factorial Design)
- **모든 인자 간의 수준 조합에서 실험**이 이루어지는 완전랜덤화방법이다.
- 교호효과를 포함한 모든 요인효과를 추정할 수 있다.
- K^n형 요인실험 : 인자 수가 n이고, 각 인자의 수준 수가 k인 실험계획법이다.

나) 분할법(Split-plot Design)
- 완전랜덤화하기 힘들 경우, 몇 단계로 분할하여 각 단계별로 완전 랜덤하게 실험 순서를 결정하는 방법이다.
- 랜덤화가 가장 어려운 것을 1차 단위로, 비교적 쉬운 것을 후(後) 단위로 배치한다.

다) 교락법(Confounding method)
- **검출할 필요가 없는 교호작용을 다른 요인과 교락하도록 배치**하는 방법이다.
- 실험 횟수를 늘리지 않고 실험 전체를 몇 개의 블록으로 나누어 배치하는 방법으로, 동일 환경에서의 실험 횟수를 줄일 수 있다.
- 고차의 교호작용을 블록에 교락시키기 때문에, **주효과가 높게 추정**된다.

라) 난괴법(Randomized Block Design)
- 실험 단위를 몇 개의 반복으로 나누어 배치하는 방법이다.
- A가 모수인자이고, B가 변량인자일 때, A 인자의 수준수가 l이고, B 인자의 수준수가 m인 반복이 없는 이원배치 분산분석방법이다.
- 실험 오차를 줄일 수 있기 때문에 효율이 높고 비교적 분석이 간단하다.

3. 교차분석

가. 교차분석(검정)

출제 포인트
교차분석을 활용한 검정방법에 대한 특징을 정확히 이해하고 있어야 합니다.

1) 교차분석의 개념 및 특징
- 범주형 자료(명목/서열 수준)인 두 변수 간의 관계를 알아보기 위해 실시하는 분석 기법이다.
- **적합도 검정, 독립성 검정, 동질성 검정**에 사용된다.
- **카이제곱(x^2) 검정 통계량**을 이용한다.

2) 교차표
- 두 변수의 각 범주를 교차하여 데이터의 도수(빈도)를 표 형태로 나타내면 아래와 같다.

	r1	r2	...	rN	Total
c_1	O_{11}	O_{12}	...	O_{1N}	$T_1.$
c_2	O_{21}	O_{22}	...	O_{2N}	$T_2.$
⋮	⋮	⋮	⋱	⋮	⋮
c_M	O_{M1}	O_{M2}	...	O_{MN}	$T_M.$
Total	$T._1$	$T._2$	...	$T._N$	T

- 교차분석은 교차표에서 각 셀의 관찰빈도와 기대빈도간의 차이를 검정한다.

나. 적합도 검정

1) 적합도 검정의 의미
- 실험에서 얻어진 관측값들이 예상한 이론과 일치하는지 아닌지를 검정하는 방법이다.
- 관측값들이 어떠한 이론적 분포를 따르고 있는지를 알아볼 수 있다.
- 즉, **모집단 분포에 대한 가정이 옳게 됐는지**를 관측 자료와 비교하여 검정하는 것이다.

2) 가설 설정
- n개의 표본 자료를 k개의 범주로 분류한 뒤, 각 범주의 관측도수(O)와 주어진 확률 분포에 대해 각 범주에 속하는 기대도수(E)들이 적합하는지의 여부를 검정하는 것이다.
- 귀무가설(H_0) : 실제 분포와 이론적 분포 간에는 차이가 없다.(두 분포가 일치한다)
- 대립가설(H_1) : 실제 분포와 이론적 분포 간에는 차이가 있다.(두 분포가 일치하지 않는다)

3) 검정 통계량
- O_i : 관찰도수, E_i : 기대도수, $i = 1, 2, \cdots, k$
- $\chi^2 = \sum_{i=1}^{k} \dfrac{(O_i - E_i)^2}{E_i}$
- χ^2 통계량 값이 큰 경우 : 관찰 도수와 기대도수의 차이가 크며, 적합도가 낮다.
  즉, 일치한다고 볼 수 없다.
- χ^2 통계량 값이 작은 경우 : 관찰 도수와 기대도수의 차이가 작으며, 적합도가 높다.
  즉, 일치한다고 볼 수 있다.

4) 자유도
- $df = k - 1$ (k는 범주의 개수)

5) R을 이용한 적합도 검정
- MASS 패키지의 survey 데이터에서 W.Hnd 변수는 설문 응답자가 왼손잡이(Left) 인지 오른손잡이(Right) 인지를 나타낸다. R을 이용하여 W.Hnd 변수에 대한 분할표를 생성하고, 아래와 같은 가설에 대한 적합도 검정을 수행해보자.
- 귀무가설(H_0) : 전체 응답자 중 왼손잡이는 20%, 오른손잡이는 80%이다.
  대립가설(H_1) : 전체 응답자 중 왼손잡이의 비율이 20%, 오른손잡이의 비율이 80%라고 할 수 없다.
- 적합도 검정을 위해 chisq.test 함수를 이용하여 카이제곱 검정을 수행해보자. 함수의 사용 문법은 아래와 같다.

chisq.test(x, y, p)	
x	검정하고자 하는 데이터가 저장된 숫자 벡터 혹은 행렬
y	검정하고자 하는 데이터가 저장된 숫자 벡터 혹은 행렬 (x가 행렬일 경우 y인자는 무시된다.)
p	귀무가설을 통해 설정한 확률 값을 지정

```
─ R 코드 ─
> data(survey, package="MASS")   # MASS 패키지의 survey 데이터 불러오기
> str(survey)                    # survey 데이터의 구조 확인
'data.frame':   237 obs. of  12 variables:
 $ Sex   : Factor w/ 2 levels "Female","Male": 1 2 2 2 2 1 2 1 2 2 ...
 $ Wr.Hnd: num  18.5 19.5 18 18.8 20 18 17.7 17 20 18.5 ...
 $ NW.Hnd: num  18 20.5 13.3 18.9 20 17.7 17.7 17.3 19.5 18.5 ...
 $ W.Hnd : Factor w/ 2 levels "Left","Right": 2 1 2 2 2 2 2 2 2 2 ...
 $ Fold  : Factor w/ 3 levels "L on R","Neither",..: 3 3 1 3 2 1 1 3 3 3 ...
 $ Pulse : int  92 104 87 NA 35 64 83 74 72 90 ...
 $ Clap  : Factor w/ 3 levels "Left","Neither",..: 1 1 2 2 3 3 3 3 3 3 ...
 $ Exer  : Factor w/ 3 levels "Freq","None",..: 3 2 2 2 3 3 1 1 3 3 ...
 $ Smoke : Factor w/ 4 levels "Heavy","Never",..: 2 4 3 2 2 2 2 2 2 2 ...
 $ Height: num  173 178 NA 160 165 ...
 $ M.I   : Factor w/ 2 levels "Imperial","Metric": 2 1 NA 2 2 1 1 2 2 2 ...
 $ Age   : num  18.2 17.6 16.9 20.3 23.7 ...
> table(survey$W.Hnd)    # W.Hnd변수의 분할표 확인

Left Right
  18   218
>
> data<-table(survey$W.Hnd)    # W.Hnd변수의 분할표를 data변수에 저장
> chisq.test(data, p=c(0.2,0.8))

        Chi-squared test for given probabilities

data:  data
X-squared = 22.581, df = 1, p-value = 2.015e-06
```

- 유의확률(p-value)이 2.015e-06로 0.05보다 작으므로 '전체 응답자 중 왼손잡이는 20%, 오른손잡이는 80%이다.'라는 귀무가설을 기각한다.

다. 독립성 검정

1) 독립성 검정의 의미
   - 모집단이 두 개의 변수 A, B에 의해 범주화되었을 때, 이 **두 변수들 사이의 관계가 독립인지 아닌지**를 검정하는 것을 의미한다.
   - 검정 통계량 값을 계산할 때는 **교차표를 활용**한다.

2) 가설 설정
   - 모집단을 범주화하는 기준이 되는 두 변수 A, B가 서로 독립적으로 관측값에 영향을 미치는지의 여부를 검정하는 것이다.
   - 귀무가설(H_0) : 두 변수 사이에는 연관이 없다.(독립이다)
   - 대립가설(H_1) : 두 변수 사이에는 연관이 있다.(종속이다)

3) 검정 통계량

- n : 전체관측도수, $O_{i\cdot}$: 행의 합, $O_{\cdot j}$: 열의 합, O_{ij} : 관찰빈도
- $E_{ij} = \dfrac{O_{i\cdot} \times O_{\cdot j}}{n}$: 기대빈도
- $\chi^2 = \sum\limits_{i=1}^{r}\sum\limits_{j=1}^{c} \dfrac{(O_{ij}-E_{ij})^2}{E_{ij}}$
- χ^2 통계량 값이 큰 경우 : 두 변수 사이에는 연관이 있다.
  즉, 두 변수는 종속 관계이다.
- χ^2 통계량 값이 작은 경우 : 두 변수 사이에는 연관이 없다.
  즉, 두 변수는 독립 관계이다.

4) 자유도

- R : 행의 수, C : 열의 수
- $df = (R-1)(C-1)$

라. 동질성 검정

1) 동질성 검정의 의미

- 모집단이 임의의 변수에 따라 R개의 속성으로 범주화되었을 때, R개의 부분 모집단에서 추출한 각 표본인 C개의 범주화된 집단의 분포는 서로 동일한지 아닌지를 검정하는 것을 의미한다.
- 검정 통계량 값을 계산할 때는 **교차표를 활용**하며, 계산법과 검증법은 모두 **독립성 검정과 같은 방법**으로 진행된다.

2) 가설 설정

- $j = 1, 2, \cdots, c$ 이다.
- 귀무가설(H_0) : $P_{1j} = P_{2j} = \cdots = P_{rj}$ (모든 $P_{nj}(n=1,2,\cdots,r)$는 동일하다.)
- 대립가설(H_1) : Not H_0 ($P_{nj}(n=1,2,\cdots,r)$중 다른 값이 하나 이상 존재한다.)

3) 검정 통계량

- n : 전체관측도수, $O_{i\cdot}$: 행의 합, $O_{\cdot j}$: 열의 합, O_{ij} : 관찰빈도
- $E_{ij} = \dfrac{O_{i\cdot} \times O_{\cdot j}}{n}$: 기대빈도
- $\chi^2 = \sum\limits_{i=1}^{r}\sum\limits_{j=1}^{c} \dfrac{(O_{ij}-E_{ij})^2}{E_{ij}}$

- χ^2 통계량 값이 큰 경우 : $P_{nj}(n=1,2,\cdots,r)$ 중 다른 값이 하나 이상 존재한다.
- χ^2 통계량 값이 작은 경우 : 모든 $P_{nj}(n=1,2,\cdots,r)$는 동일하다.

4) 자유도
- R : 행의 수, C : 열의 수
- $df = (R-1)(C-1)$

4. 중심극한정리(Central Limit Theorem)

가. 개념
- 모집단의 분포가 어떤 분포를 따르는지에 관계없이 **표본의 개수 n이 커질수록 표본 평균의 분포(표집분포)가 정규분포에 가까워지는 현상**을 의미한다.
- 평균이 μ이고, 분산이 σ^2인 모집단에서 크기가 n인 확률표본을 추출했다면 그 표본에서 산출된 **표본평균($\bar{X}$)은 표본의 크기 n이 크면 근사적으로 평균이 μ이고 분산이 σ^2/n인 정규분포를 따른다.**
- 즉, 중심극한정리에서는 표본의 크기가 커질수록 표본평균은 모집단의 평균에 가까워진다는 의미를 가진다.

나. 중심극한정리
- 평균이 μ, 분산 σ^2인 임의의 모집단에서 크기가 n인 표본 $(X_1, \cdots, X_n)$의 평균 $\bar{X}$의 분포는 $n \to \infty$일 때(표본의 크기가 충분히 클 때), $N(\mu, \dfrac{\sigma^2}{n})$에 근사하고 $Z = \dfrac{\bar{X}-\mu}{\dfrac{\sigma}{\sqrt{n}}}$의 분포는 $N(0, 1^2)$에 근사한다.
- $X_1, X_2, \cdots$: 확률 표본(서로 독립이고 동일한 분포로 부터 추출된 랜덤 표본)
- 변수의 평균 : μ, 분산 : σ^2
- 아래의 그래프를 확인하면 표본의 크기 n이 커질수록 데이터의 분포가 종모양의 정규분포 형태에 가까워지는 것을 확인할 수 있다.

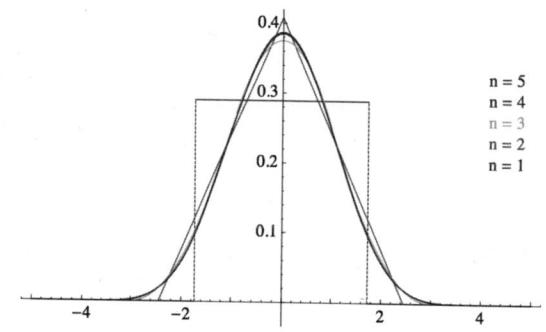

4절 회귀분석

출제 포인트
회귀분석에선 개념에 대한 문제, R 프로그램 실행 후 아웃풋을 해석하는 문제가 3~5 문제정도 출제됩니다. 내용을 반드시 숙지하도록 합시다.

학습목표

- 회귀분석의 정의와 가정을 이해한다.
- 회귀추정식의 통계적 가설 검증을 이해한다.
- R 프로그램을 통해 회귀분석을 활용하고 내용을 해석할 수 있다.
- 다중회귀분석에서 변수선택법을 이해하고 활용할 수 있다.

눈높이 체크

- **회귀분석을 들어본 적 있으신가요?**

우리 주변에서 일어나는 많은 인과현상들을 회귀분석을 통해 모형화하고 이를 활용하고 있습니다. 매출증대에 영향을 미치는 요소들, 난방비에 영향을 주는 요소들, 학습능력을 향상시키는 요소들 등 다양한 분야에서 회귀분석이 활용되고 있습니다.

- **단순회귀분석과 다중회귀분석을 이해하시나요?**

하나의 요소가 결과에 미치는 영향을 모형화하는 방법은 단순회귀분석이고 여러 개의 요소가 결과에 미치는 영향을 모형화하는 것을 다중회귀분석이라 할 수 있습니다. 일반적으로 하나의 결과에는 여러가지 요소들이 영향을 미치므로 다중회귀분석이 많이 활용되고 있습니다.

- **회귀분석을 통계패키지로 구현해 본 적이 있으신가요?**

회귀분석은 통계모델링에서 가장 많이 활용되고 있는 통계기법이기 때문에 대부분의 통계 패키지에서 회귀분석을 경험할 수 있습니다. SAS, SPSS 뿐만 아니라 R에서도 회귀분석은 쉽게 활용할 수 있습니다. 이번 강의를 통해 회귀분석을 이해하고 R을 통해 실습해 보도록 하겠습니다.

1. 회귀분석의 개요

가. 회귀분석의 정의
- 하나 혹은 그 이상의 독립변수들이 종속변수에 미치는 영향을 추정할 수 있는 통계기법이다.
- 변수들 사이의 인과관계를 밝히고 모형을 적합하여 관심있는 변수를 예측하거나 추론하기 위한 분석방법이다.
- 독립변수의 개수가 하나이면 단순선형회귀분석, 독립변수의 개수가 두 개 이상이면 다중선형회귀분석으로 분석할 수 있다.

나. 회귀분석의 변수
- 영향을 받는 변수(y) : 반응변수(Response Variable), 종속변수(Dependent Variable), 결과변수(Outcome Variable)
- 영향을 주는 변수(x) : 설명변수(Explanatory Variable), 독립변수(Independent Variable), 예측변수(Predictor Variable)

다. 선형회귀분석의 가정
- 독립변수와 종속변수 간의 선형성 : 입력변수와 출력변수의 관계가 선형이어야 한다는 가정이다. (선형회귀분석에서 가장 중요한 가정)
- 오차의 등분산성 : 오차(Error)란 종속변수의 예측값과 실제 관측값 간의 차이를 의미한다. 오차의 등분산성이란 오차의 분산은 독립변수 값과 무관하게 일정해야 한다는 가정이다. 잔차플롯(산점도)을 그렸을 때 잔차와 독립변수간 아무런 관련성이 없게 점들이 무작위적으로 고르게 분포되어야 등분산성 가정을 만족하게 된다.
- 오차의 정규성 : 오차의 분포가 정규분포를 만족해야 함을 의미한다. Q-Q plot, Kolmogorov-Smirnov 검정, Shapiro-Wilk 검정 등을 활용하여 정규성을 확인한다.
- 오차의 독립성 : 오차들은 서로 독립적이라는 가정이다. 즉 예측값의 변화에 따라 오차항이 특정한 패턴을 가져서는 안된다.

라. 그래프를 활용한 선형회귀분석의 가정 검토

1) 선형성

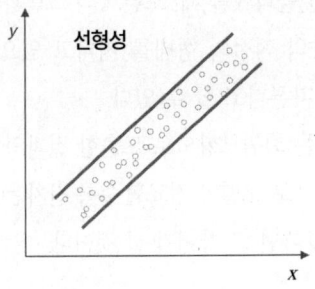

- 선형회귀모형에서는 왼쪽의 그래프와 같이 설명 변수(x)와 반응변수(y)가 선형적 관계에 있음이 전제되어야 한다.

2) 등분산성

가) 등분산성을 만족하는 경우

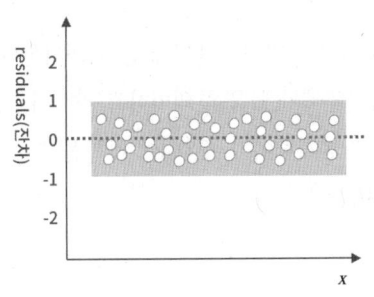

- 설명변수(x)에 대한 잔차의 산점도를 그렸을 때, 왼쪽의 그림과 같이 설명변수(x) 값에 관계없이 잔차들의 변동성(분산)이 일정한 형태를 보이면 선형회귀분석의 가정 중 등분산성을 만족한다고 볼 수 있다.

나) 등분산성을 만족하지 못하는 경우

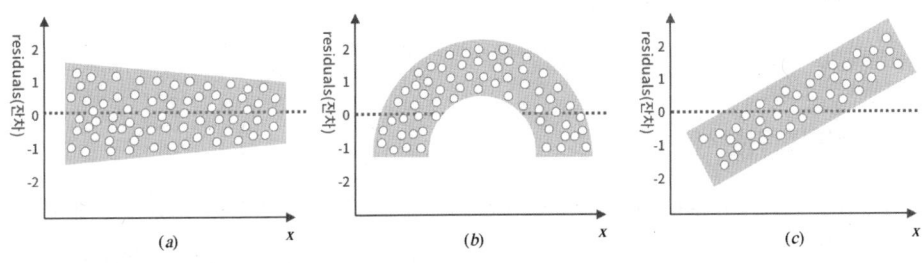

- (a) : 설명변수(x)가 커질수록 잔차의 분산이 줄어드는 이분산의 형태
- (b) : 2차항 설명변수가 필요
- (c) : 새로운 설명변수가 필요

3) 정규성

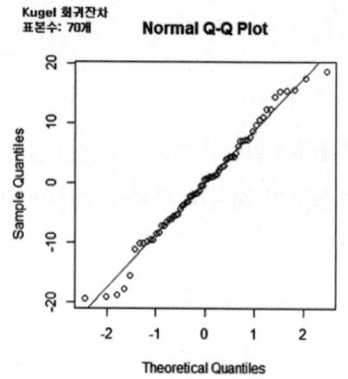

- Q-Q Plot을 출력했을 때, 오른쪽의 그림과 같이 잔차가 대각방향의 직선의 형태를 지니고 있으면 잔차는 정규분포를 따른다고 할 수 있다.
- 잔차의 분포는 회귀모형으로 도출한 결과와 실제 관측치의 차이이므로 모델이 정교할수록 잔차는 작을 것이고, 그렇지 않다면 그 차이가 클 것이다.

4) 독립성

- 회귀분석의 주요한 가정 중 오차항이 독립성을 만족하는지를 검정하기 위해서는 더빈 왓슨(Durbin Watson) 검정을 수행한다.
- 검정 결과 더빈 왓슨 통계량이 2에 가까울수록 오차항의 자기상관이 없음을 의미한다.
- 더빈 왓슨 통계량의 값이 0에 가까울수록 양의 상관관계가 있음을 의미하고, 4에 가까울수록 음의 상관관계가 있음을 의미한다. 따라서 더빈 왓슨 통계량이 0 혹은 4에 가까울 경우 잔차들 간의 상관관계가 있어서 회귀식이 부적합함을 의미한다.

마. 회귀분석의 종류에 따른 가정에 대한 검증

- 단순선형회귀분석 : 입력변수와 출력변수 간의 선형성을 점검하기 위해 산점도를 확인한다.
- 다중선형회귀분석 : 데이터가 선형회귀분석의 가정인 선형성, 등분산성, 정규성(정상성), 독립성을 모두 만족하는지 확인해야 한다.

2. 단순선형회귀분석

- 단순선형회귀는 하나의 독립변수가 종속변수에 미치는 영향을 추정할 수 있는 통계기법이다.
- 아래와 같은 식으로 표현하며 β_0는 절편, β_1은 독립변수 x_1의 계수, ϵ_i는 오차를 나타낸다.

$$Y_i = \beta_0 + \beta_1 x_1 + \varepsilon_i$$

- 회귀식에서 β_0와 β_1을 회귀계수라 부른다. 회귀분석은 회귀계수를 찾아 독립변수와 종속변수 사이의 구체적인 함수식을 생성하고, 이 회귀계수가 통계적으로 유의미한지를 파악한다. 통계적으로 유의하다고 판단되는 회귀모형을 이용해 종속변수 값을 예측할 수 있다.

가. 회귀계수의 추정 방법 (최소제곱법, 최소자승법)

- 회귀분석을 할 때는 최소제곱법(최소자승법)을 이용해 회귀계수를 추정한다. 최소제곱법이란 잔차(예측값 y와 실제 관찰값 y 사이의 차이) 제곱합을 최소로 만드는 직선을 찾는 것이다.
- 예를 들어, 실제 관찰값 Y_1, Y_2는 각각 10, 12이고 예측값 y_1, y_2는 각각 14, 16이라고 하자. 이 때 잔차 제곱합(RSS, Residual Sum of Squares)을 구하면 $RSS = (Y_1 - y_1)^2 + (Y_2 - y_2)^2 = (10-14)^2 + (12-16)^2 = 32$이다. 최소제곱법을 이용하여 잔차 제곱합(RSS)를 최소로 만드는 회귀계수를 구하는 공식은 아래와 같다.

$$\hat{\beta}_1 = \frac{\sum_{i=1}^{n}(x_i - \bar{x})(y_i - \bar{y})}{\sum_{i=1}^{n}(x_i - \bar{x})^2}$$

$$\hat{\beta}_0 = \bar{y} - \hat{\beta}_1 \bar{x}$$

$\hat{\beta}_1$	회귀 직선의 기울기(독립변수 x_1의 계수)
$\hat{\beta}_0$	회귀 직선의 y절편
x_i	i번째 독립변수 값
y_i	i번째 종속변수 값
$\bar{x}$	독립변수 관측치의 평균
$\bar{y}$	종속변수 관측치의 평균

> **예시**
>
> **회귀계수 추정**
>
> 아래에 주어진 에어컨 예약대수와 판매대수 데이터(단위:1,000대)를 이용해 단순선형회귀모형을 생성하면 아래와 같은 식이 도출된다.
>
> | 예약대수(X) | 19 | 23 | 26 | 29 | 3 | 38 | 39 | 46 | 49 |
> |---|---|---|---|---|---|---|---|---|---|
> | 판매대수(Y) | 33 | 51 | 4 | 49 | 5 | 69 | 7 | 64 | 89 |
>
> - 에어컨 판매대수에 대한 예약대수의 추정식 : 판매대수 = -0.71 + 1.39 × 예약대수

나. 단순선형회귀분석의 결과 해석

- 회귀분석을 수행할 때는 어떤 사항들을 확인하고 검정해야 할까? 아래의 내용을 통해 확인해보자.

1) 회귀모형은 통계적으로 유의한가? (F-검정)

- 회귀모형의 통계적 유의성을 검정하기 위해서는 회귀분석의 결과로 산출되는 F-통계량을 확인해야 한다. 회귀모형의 유의성 검정을 위한 가설은 다음과 같다.

> 귀무가설(H_0) : 회귀계수가 0이다.($\beta_1 = 0$)
> 대립가설(H_1) : 회귀계수가 0이 아니다.($\beta_1 \neq 0$)

- 즉, '회귀계수가 0이다.'이라는 귀무가설의 기각 여부를 검정하는 것이다. F-통계량의 p-value가 유의수준 0.05보다 작으면 귀무가설이 기각되어 '회귀계수는 0이 아니다.'라는 결론을 얻게 되고, 회귀모형이 통계적으로 유의하다고 판단할 수 있다. 만약 p-value가 0.05보다 커서 귀무가설이 기각되지 않는다면 회귀계수는 0으로 봐야한다. 따라서 해당 독립변수로 종속변수를 설명할 수 없기 때문에 회귀모형은 통계적으로 유의하다고 볼 수 없으며, 해당 회귀식은 의미가 없게 된다.
- F-통계량은 회귀모형에 대한 분산분석표를 통해 확인할 수 있다. 아래의 그림과 같이 $Y_i - \overline{Y}$ (관측값과 관측값의 차이)는 '회귀선에 의해 설명되지 않는 편차'인 $Y_i - \hat{Y}_i$와 '회귀선에 의해 설명이 가능한 편차'인 $\hat{Y}_i - \overline{Y}$의 합으로 분해될 수 있다.

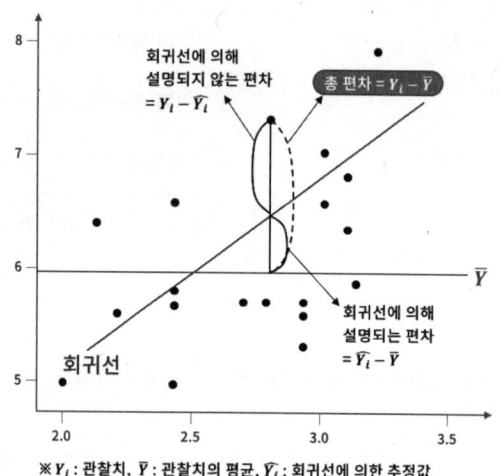

※ Y_i: 관찰치, $\overline{Y}$: 관찰치의 평균, $\hat{Y}_i$: 회귀선에 의한 추정값

- 회귀분석을 수행한 모든 관측값에 대해 아래의 식과 같이 제곱합을 계산하면 [분산분석표]가 산출된다.

$$\sum_{i=1}^{n}(Y_i - \overline{Y})^2 = \sum_{i=1}^{n}(Y_i - \hat{Y}_i)^2 + \sum_{i=1}^{n}(\hat{Y}_i - \overline{Y})^2$$

① $\sum_{i=1}^{n}(Y_i - \overline{Y})^2$: 총변동 또는 총제곱합(total Sum of Squares)으로, SST로 표기

② $\sum_{i=1}^{n}(Y_i - \hat{Y}_i)^2$: 회귀선에 의해 설명되지 않는 변동으로, 잔차제곱합(Residual Sum of Squares)이라 하며 SSE로 표기

③ $\sum_{i=1}^{n}(\hat{Y}_i - \overline{Y})^2$: 회귀선에 의해 설명되는 변동으로, 회귀제곱합(Regression Sum of Squares)이라 하며 SSR로 표기

요인	제곱합(SS)	자유도(df)	평균제곱합(MS)	분산비(F)
회귀식	SSR	1	MSR=SSR	MSR/MSE
오차	SSE	n-2	MSE=SSE/(n-2)	
계	SST	n-1		

<단순회귀분석의 분산분석표>

*n=관측값의 개수

- 분산분석표의 F-통계량은 MSR과 MSE간의 비율로써 이 값이 크다는 것은 잔차들에 의해 설명되는 변동보다 회귀선에 의해 설명되는 변동이 크기 때문에 회귀선이 독립변수(x)와 종속변수(y)와의 관계를 잘 설명한다는 의미가 된다.

2) 회귀계수는 통계적으로 유의한가? (t-검정)
- 회귀분석 수행 시 도출되는 회귀계수의 t-통계량은 해당 회귀계수가 통계적으로 얼마나 유의한지를 나타낸다. 만약 t-통계량이 유의하지 않으면 해당 회귀계수는 통계적으로 유의하지 않으므로 사실상 0으로 간주된다.
- 회귀계수의 유의성을 판단하기 위해서는 t-검정을 수행하며, 귀무가설과 대립가설은 다음과 같다.

> 귀무가설(H_0) : i번째 회귀계수가 0이다.($\beta_i = 0$)
> 대립가설(H_1) : i번째 회귀계수가 0이 아니다.($\beta_i \neq 0$)

- 회귀계수에 대한 p-value가 0.05보다 작거나 t-통계량의 절댓값이 2보다 크면 '회귀계수는 0이다.'라는 귀무가설을 기각하고, 해당 회귀계수는 통계적으로 유의하다고 판단할 수 있다.

3) 모형은 데이터를 얼마나 설명할 수 있는가? (결정계수 확인)
- 결정계수(R^2)는 회귀모형이 데이터를 얼마나 잘 설명하는지를 나타내는 척도이다. 종속변수의 전체 분산 중 회귀식(혹은 독립변수)에 의해 설명되는 비율로 아래와 같이 계산된다.

$$R^2 = \frac{회귀제곱합(SSR)}{총제곱합(SST)}$$

- 결정계수는 0~1 사이의 값을 가지며, 추정된 회귀식이 전체 데이터에서 설명할 수 있는 데이터의 비율을 의미한다. 따라서 1에 가까운 값을 가질수록 추정된 회귀식의 설명력이 높다고 할 수 있다.
- 다변량 회귀분석(다중회귀분석)에서는 독립변수의 유의성과 관계없이 독립변수의 수가 많아지면 결정계수(R^2)가 높아진다. 이러한 점을 보완하기 위해 수정된 결정계수($R_a^2 : adjusted$)를 활용하여 모형의 설명력을 판단한다.

4) 모형이 데이터를 잘 적합하고 있는가?
- 모형의 잔차를 그래프로 그리고, 회귀진단을 수행하여 판단한다.

3. 다중선형회귀분석

- 다중선형회귀분석은 두 개 이상의 독립변수가 종속변수에 미치는 영향을 추정하는 통계기법이다.
- 아래의 식과 같이 여러 독립 변수가 사용된 회귀식을 생성하며, β_0는 절편, β_i은 독립변수 x_i의 계수, ϵ는 오차를 나타낸다.

$$Y = \beta_0 + \beta_1 X_1 + \beta_2 X_2 + ... + \beta_k X_k + \varepsilon$$

- 다중선형회귀분석은 중선형회귀분석 혹은 다변량 회귀분석이라고도 한다.

가. 다중선형회귀분석 시 검토사항

1) 데이터가 전제하는 가정을 만족시키는가?
   - 회귀분석을 수행하고자 하는 데이터의 독립변수와 종속변수간 선형성, 오차의 독립성/등분산성/정규성 등을 만족하고 있는지 확인해야한다.

2) 다중공선성(Multicollinearity)
   - 다중공선성은 회귀분석에서 독립변수들 간에 강한 상관관계가 나타나는 문제이다. 이러한 다중공선성의 문제가 존재하면 정확한 회귀계수의 추정이 곤란하다. 따라서 독립변수들 간 상관관계가 있는지를 파악한 후, 다중공선성의 문제가 발생하면 문제가 있는 독립변수를 제거하거나 주성분회귀(PCA), 릿지 회귀모형(Ridge Regression)과 같은 다른 추정 방법을 이용하여 문제를 해결한다.
   - 다중공선성을 검사하는 방법은 아래와 같다.

   가) **독립변수들 간의 상관계수**를 구하여 상관성을 직접 파악
   나) **허용오차**를 구했을 때 0.1이하이면 다중공선성 문제가 심각하다고 할 수 있다.
   　　허용오차란 한 독립변수의 분산 중 다른 독립변수들에 의해서 설명되지 않는 부분을 의미하므로, 그 값이 작을수록 공선성은 높다고 볼 수 있다. 또한 허용오차는 0~1사이의 값을 가진다. (허용오차 = $(1 - R_i^2)$, R_i^2는 독립변수 x_i의 분산이 다른 독립변수들에 의해서 설명되는 정도)
   다) **분산팽창요인(VIF, Variance Inflation Factor)**은 허용오차의 역수로 그 값이 클수록 독립변수들 간의 상관성이 높다. 일반적으로 VIF가 10이상이면 공선성의 문제가 심각하다고 본다.

나. 다중선형회귀분석의 결과 해석

1) 회귀모형은 통계적으로 유의한가? (F-검정)

- 단순선형회귀분석과 마찬가지로 회귀분석의 결과로 산출되는 F-통계량의 p-value가 0.05보다 작으면 해당 회귀식은 통계적으로 유의하다고 볼 수 있다. 검정을 위한 가설은 아래와 같다. p-value가 0.05보다 작아 귀무가설이 기각될 경우, 회귀모형은 통계적으로 유의하다고 판단할 수 있다.

> 귀무가설(H_0) : 모든 회귀계수가 0이다. ($\beta_1=\beta_2=\cdots=\beta_k=0$)
> 대립가설(H_1) : 모든 β_i ($i=1, 2, \ldots, k$)가 0이 아니다.

- 다중선형회귀분석의 결과로 도출되는 분산분석표는 아래와 같다.

요인	제곱합(SS)	자유도(df)	평균제곱합(MS)	분산비(F)
회귀식	SSR	k	MSR=SSR/k	MSR/MSE
오차	SSE	n-k-1	MSE=SSE/(n-k-1)	
계	SST	n-1		

* n=관측값의 개수, k=독립변수의 개수

〈다중회귀분석의 분산분석표〉

2) 회귀계수는 통계적으로 유의한가? (t-검정)

- 회귀계수에 대한 t-검정을 확인하여 회귀계수의 유의성을 판단한다. 검정을 위한 가설은 다음과 같다.

> 귀무가설(H_0) : i번째 회귀계수가 0이다. ($\beta_i = 0$)
> 대립가설(H_1) : i번째 회귀계수가 0이 아니다. ($\beta_i \neq 0$)

- 회귀계수에 대한 p-value가 0.05보다 작거나 t-통계량의 절댓값이 2보다 크면 'i번째 회귀계수는 0이다.'라는 귀무가설을 기각하고, 산출된 회귀계수가 통계적으로 유의하다고 판단할 수 있다.
- 다중회귀분석의 경우 회귀계수의 유의성이 통계적으로 검증된 독립변수들의 조합으로 모형을 생성하여 활용할 수 있다.
- 각 독립변수의 영향력에 대한 상대적인 비교는 표준화된 회귀계수(Standaradized Regression Coefficients)를 통해 파악해야 한다. 왜냐하면 여러 독립변수들의 단위가 각각 다를 수 있으며, 비표준화된 회귀계수는 독립변수의 단위를 반영하고 있기 때문이다. 표준화된 회귀계수는 입력 데이터를 평균이 0, 표준편차가 1이 되도록 표준화시킨 데이터로 분석했을 때의 계수이며, 표준화된 회귀계수의 절댓값을 비교하여 독립변수의 영향력을 비교해야 한다.

3) 모형은 데이터를 얼마나 설명할 수 있는가? (결정계수 확인)
- 결정계수는 추정된 회귀식이 전체 데이터에서 설명할 수 있는 데이터의 비율을 의미하며, 0~1 사이의 값을 가진다. 따라서 높은 결정계수를 가질수록 추정된 회귀식의 설명력이 높다고 할 수 있다.
- 다변량 회귀분석(다중회귀분석)에서는 독립변수의 유의성과 관계없이 독립변수의 수가 많아지면 결정계수(R^2)가 높아진다. 이러한 점을 보완하기 위해 수정된 결정계수($R_a^2 : adjusted$)를 활용하여 모형의 설명력을 판단한다.

4) 모형이 데이터를 잘 적합하고 있는가?
- 모형의 잔차를 그래프로 그리고, 회귀진단을 수행하여 판단한다.

4. 회귀분석의 종류

종류	모형	
단순회귀	$Y = \beta_0 + \beta_1 X + \varepsilon$	독립변수가 1개이며 종속변수와의 관계가 직선
다중회귀	$Y = \beta_0 + \beta_1 X_1 + \beta_2 X_2 + \ldots + \beta_k X_k + \varepsilon$	독립변수가 k개이며 종속변수와의 관계가 선형(1차 함수)
로지스틱 회귀	$P(y) = \dfrac{1}{1 + \exp[-(\beta_0 + \beta_1 X_1 + \ldots + \beta_k X_k)]}$	종속변수가 범주형(2진변수)인 경우에 적용되며, 단순 로지스틱 회귀 및 다중, 다항 로지스틱 회귀로 확장할 수 있음
다항회귀	$K = 2$이고 2차 함수인 경우 $Y = \beta_0 + \beta_1 X_1 + \beta_2 X_2 + \beta_{11} X_1^2 + \beta_{22} X_2^2 + \beta_{12} X_1 X_2 + \varepsilon$	독립변수와 종속변수와의 관계가 1차 함수 이상인 관계 (단 $k=1$이면 2차 함수 이상)
곡선회귀	2차 곡선인 경우 $Y = \beta_0 + \beta_1 X + \beta_2 X^2 + \varepsilon$ 3차 곡선인 경우 $Y = \beta_0 + \beta_1 X + \beta_2 X^2 + \beta_3 X^3 + \varepsilon$	독립변수가 1개이며 종속변수와의 관계가 곡선
비선형회귀	$Y = \alpha e^{-\beta X} + \varepsilon$	회귀식의 모양이 미지의 모수들의 선형관계로 이뤄져 있지 않은 모형

5. 회귀분석 사례
가. R 프로그램을 통한 회귀분석

1) 분석내용 : MASS 패키지의 "Cars93"이라는 데이터셋의 가격(Price)를 종속변수로 선정하고 엔진크기(EngineSize), RPM, 무게(Weight)를 이용해서 다중회귀분석을 실시한다.

```
─ R 프로그램
library(MASS)
head(Cars93)
attach(Cars93)
lm(Price~EngineSize+RPM+Weight, data=Cars93)
summary(lm(Price~EngineSize+RPM+Weight, data=Cars93))
```

2) 결과 및 해석

```
> lm(Price~EngineSize+RPM+Weight, data=Cars93)
Call:
lm(formula = Price ~ EngineSize + RPM + Weight, data = Cars93)
Coefficients:
(Intercept)    EngineSize        RPM         Weight
 -51.793292      4.305387      0.007096      0.007271

> summary(lm(Price~EngineSize+RPM+Weight, data=Cars93))

Call:
lm(formula = Price ~ EngineSize + RPM + Weight, data = Cars93)
Residuals:
   Min     1Q  Median     3Q     Max
-10.511 -3.806  -0.300  1.447  35.255
Coefficients:
             Estimate Std. Error t value Pr(>|t|)
(Intercept) -51.793292   9.106309  -5.688 1.62e-07 ***
EngineSize    4.305387   1.324961   3.249  0.00163 **
RPM           0.007096   0.001363   5.208 1.22e-06 ***
Weigh         0.007271   0.002157   3.372  0.00111 **
--Signif. codes:  0 '***' 0.001 '**' 0.01 '*' 0.05 '.' 0.1 ' ' 1

Residual standard error: 6.504 on 89 degrees of freedom
Multiple R-squared:  0.5614,    Adjusted R-squared:  0.5467
F-statistic: 37.98 on 3 and 89 DF,  p-value: 6.746e-16
```

- 여기서 F-통계량은 37.98이며 유의확률 p-value 값이 6.746e-16로 유의수준 5%하에서 추정된 회귀 모형이 통계적으로 매우 유의함을 알 수 있다.
- 결정계수와 수정된 결정계수는 각각 0.5614, 0.5467로 조금 낮게 나타나 이 회귀식이 데이터를 적절하게 설명하고 있다고는 할 수 없다.

- 회귀계수들의 p-값들이 0.05보다 작으므로 회귀계수의 추정치들이 통계적으로 유의하다.
- 결정계수가 낮아 데이터의 설명력은 낮지만 회귀분석 결과에서 회귀식과 회귀계수들이 통계적으로 유의하여 자동차의 가격을 엔진의 크기와 RPM 그리고 무게로 추정할 수 있다.

나. R 프로그램을 통한 로지스틱 회귀분석의 사례

1) 데이터 설명
- 림프절이 전립선 암에 대해 양성인지 여부를 예측하는 데이터

변수명	설 명
양성여부(r)	전립선암에 대한 양성 여부
aged	환자의 연령
stage	질병 단계 : 질병이 얼마나 진행되어 있는지 나타내는 척도
grade	종양의 등급 : 진행의 정도
xray	X-선 결과
acid	특정한 부위에 종양이 전이되었을 때 상승되는 혈청의 인산염값

2) 분석 결과

```
> library(boot)
> data(nodal)
> a<-c(2,4,6,7)
> data <- nodal[,a]
> glmModel <- glm(r~., data=data, family="binomial")
> summary(glmModel)

Call: glm(formula = r ~ ., family = "binomial", data = data)
Deviance Residuals:
Min        1Q    Median       3Q       Max
-2.1231  -0.6620  -0.3039   0.4710   2.4892
Coefficients:
            Estimate Std. Error z value Pr(>|z|)
(Intercept)  -3.0518     0.8420  -3.624  0.00029 ***
stage         1.6453     0.7297   2.255  0.02414 *
xray          1.9116     0.7771   2.460  0.01390 *
acid          1.6378     0.7539   2.172  0.02983 *
--
Signif. codes:  0 '***' 0.001 '**' 0.01 '*' 0.05 '.' 0.1 ' ' 1
(Dispersion parameter for binomial family taken to be 1)
    Null deviance: 70.252  on 52  degrees of freedom
Residual deviance: 49.180  on 49  degrees of freedom
```

```
AIC: 57.18

Number of Fisher Scoring iterations: 5
```

- 2번째 변수인 양성여부를 종속변수로 두고 5개의 변수를 독립변수로 하여 로지스틱 회귀 분석을 실시한 결과 age와 grade는 유의수준 5%하에서 유의하지 않아 이를 제외한 3개 변수 stage, xray와 acid 를 활용해서 모형을 개발한다.
- stage, xray와 acid의 추정계수는 유의수준 5% 하에서 유의하게 나타나므로 p(r=1)=1/(1+e-(-3.05+1.65stage+1.91xray+1.64acid))의 선형식이 가능하다.

6. 최적회귀방정식

가. 최적회귀방정식의 선택

- 모형 내 설명변수의 수가 증가할수록 데이터 관리에는 많은 노력이 요구된다. 따라서 상황에 따라 종속변수에 영향을 미치는 유의미한 독립변수들을 선택하여 최적의 회귀방정식을 도출하는 과정이 필요하다.
- 변수를 선택할 때는 F-통계량이나 AIC와 같은 특정 기준을 근거로 변수를 제거하거나 선택한다. F-통계량의 유의확률이 유의수준보다 큰 변수는 통계적으로 유의하지 않으므로 제거해야 하고, AIC와 같은 벌점화 기준을 가장 낮게 만드는 변수 조합을 선택해야 한다. 최적의 회귀방정식을 찾기 위해 변수를 선택하기 위한 과정들을 학습해보자.

1) 단계적 변수선택(Stepwise Variable Selection)

종류	개념	장·단점	
전진 선택법 (forward selection)	절편만 있는 상수모형에서 시작하여 중요하다고 생각되는 설명변수부터 차례로 모형에 추가한다.	장점	이해하기 쉽고, 변수의 개수가 많은 경우에도 사용 가능
		단점	변수값의 작은 변동에도 결과가 크게 달라져 안정성이 부족
			한번 선택된 변수는 제거할 수 없음

 출제 포인트

전진 선택법은 이해하기 쉽고 변수의 개수가 많은 경우에도 사용 가능합니다. 하지만 변수값의 작은 변동에도 그 결과가 크게 달라져 안정성이 부족한 단점이 있죠.

종류	개념	장·단점	
후진 제거법 (backward elimination)	모든 독립변수를 포함한 모형에서 출발하여 종속변수에 가장 적은 영향을 주는 변수부터 하나씩 제거하면서 더 이상 제거할 변수가 없을 때의 모형을 선택한다.	장점	전체 변수들에 대한 정보를 이용
		단점	변수의 개수가 많은 경우 사용하기 어려움
			한번 제거된 변수는 선택할 수 없음

 출제 포인트

후진 제거법은 전체 변수들의 정보를 이용하는 장점이 있는 반면 변수의 개수가 많은 경우 사용하기 어렵습니다.

종류	개념	장·단점	
단계적 방법 (stepwise method)	전진 선택법에 의해 변수를 추가하면서 새롭게 추가된 변수에 의해 기존 변수의 중요도가 약화되면 해당변수를 제거한다. 이처럼 단계별로 변수의 추가 또는 제거를 수행하면서 기준 통계치를 가장 많이 개선시킬 때까지 반복한다. 반대로 후진 제거법과 같이 모든 변수가 포함된 모델에서 시작하여 변수의 제거 또는 추가를 반복할 수도 있다.	장점	모든 변수 조합을 고려하는 방법으로, 가장 좋은 변수 조합을 선택 가능
		단점	변수의 개수가 많을수록 검증할 회귀분석이 많아서 계산량이 늘어나고 계산시간이 길어짐

나. 벌점화된 선택기준

1) 개요
- 모형의 복잡도에 벌점을 주는 방법으로 AIC 방법과 BIC 방법이 주로 사용된다.

2) 방법
- AIC(Akaike Information Criterion)

$$AIC = -2\sum_{i=1}^{n} l(y_i, x_i^T \hat{\beta})/n + 2k/n, \ k$$

k는 모수의 개수, n은 자료의 수

- BIC(Bayesian Information Criterion)

$$BIC = -2\sum_{i=1}^{n} l(y_i, x_i^T \hat{\beta})/n + k\log(n)/n$$

k는 모수의 개수, n은 자료의 수

3) 설명

 출제 포인트

가장 최적화된 모형을 선택하기 위해서는 AIC와 BIC가 최소가 되는 모형을 선택해야 함을 잊지 마세요!

- 모든 후보 모형들에 대해 AIC 또는 BIC를 계산하고 그 값이 최소가 되는 모형을 선택한다.
- 모형선택의 일치성(Consistency Inselection) : 자료의 수가 늘어날 때 참인 모형이 주어진 모형 선택 기준의 최소값을 갖게 되는 성질이다.
- 이론적으로 AIC에 대해서 일치성이 성립하지 않지만 BIC는 주요 분포에서 이러한 성질이 성립한다.
- AIC를 활용하는 방법이 보편화된 방법이다.
- 그 밖의 벌점화 선택기준으로 RIC(Risk Inflation Criterion), CIC(Covariance Inflation Criterion), DIC(Deviation Information Criterion)가 있다.

다. 최적회귀방정식의 사례

1) 변수 선택법 예제(유의확률 기반)

- x1, x2, x3, x4를 독립변수로 가지고 y를 종속변수로 가지는 선형회귀모형을 생성한 뒤, step( ) 함수를 이용하지 않고 직접 후진 제거법을 적용하는 R코드를 작성하여 변수제거를 수행해보자.

```
> # 1) 데이터 프레임 생성
> x1 <- c(7, 1, 11, 11, 7, 11, 3, 1, 2,21, 1,11, 10)
> x2 <- c(26, 29, 56, 31, 52, 55, 71,31, 54, 47, 40, 66, 68)
> x3 <- c(6, 15, 8, 8, 6, 9, 17, 22, 18, 4, 23, 9, 8)
> x4 <- c(60, 52, 20, 47, 33, 22, 6, 44, 22, 26, 34, 12, 12)
> y <- c(78.5, 74.3, 104.3, 87.6, 95.9, 109.2, 102.7, 72.5, 93.1, 115.9, 83.8, 113.3,
109.4)
> df <- data.frame(x1, x2, x3, x4, y)
> head(df)
  x1 x2 x3 x4     y
1  7 26  6 60  78.5
2  1 29 15 52  74.3
3 11 56  8 20 104.3
4 11 31  8 47  87.6
```

```
5   7 52  6 33  95.9
6  11 55  9 22 109.2
>
> # 2) 회귀모형(a) 생성
> a <- lm(y ~ x1 + x2 + x3 + x4, data=df)
> summary(a)

Call:
lm(formula = y ~ x1 + x2 + x3 + x4, data = df)

Residuals:
    Min      1Q  Median      3Q     Max
-3.1750 -1.6709  0.2508  1.3783  3.9254

Coefficients:
            Estimate Std. Error t value Pr(>|t|)
(Intercept)  62.4054    70.0710   0.891   0.3991
x1            1.5511     0.7448   2.083   0.0708 .
x2            0.5102     0.7238   0.705   0.5009
x3            0.1019     0.7547   0.135   0.8959
x4           -0.1441     0.7091  -0.203   0.8441
---
Signif. codes:  0 '***' 0.001 '**' 0.01 '*' 0.05 '.' 0.1 ' ' 1

Residual standard error: 2.446 on 8 degrees of freedom
Multiple R-squared:  0.9824,    Adjusted R-squared:  0.9736
F-statistic: 111.5 on 4 and 8 DF,  p-value: 4.756e-07
```

- summary(a)에서 모형의 유의성을 판단하기 위해 F-통계량을 확인한 결과, 111.5로 나타났으며 유의확률이 4.756e-07임으로 통계적으로 유의하게 나타났다. 하지만 각각의 입력변수들의 통계적 유의성을 검토해 본 결과, t 통계량을 통한 유의확률이 0.05 보다 작은 변수가 하나도 존재하지 않아 모형을 활용할 수 없다고 판단되었다. 적절한 모형을 선정하기 위해 유의확률이 가장 높은 x3를 제외하고 다시 회귀모형을 생성해 보았다.

```
> # 3) 유의확률이 가장 높은 변수를 제거하고 다시 회귀모형(b)을 생성
> b <- lm(y ~ x1 + x2 + x4, data=df)
> summary(b)

Call:
lm(formula = y ~ x1 + x2 + x4, data = df)

Residuals:
    Min      1Q  Median      3Q     Max
-3.0919 -1.8016  0.2562  1.2818  3.8982

Coefficients:
```

```
              Estimate Std. Error t value Pr(>|t|)
(Intercept)   71.6483    14.1424   5.066 0.000675 ***
x1             1.4519     0.1170  12.410 5.78e-07 ***
x2             0.4161     0.1856   2.242 0.051687 .
x4            -0.2365     0.1733  -1.365 0.205395
---
Signif. codes:  0 '***' 0.001 '**' 0.01 '*' 0.05 '.' 0.1 ' ' 1

Residual standard error: 2.309 on 9 degrees of freedom
Multiple R-squared:  0.9823,	Adjusted R-squared:  0.9764
F-statistic: 166.8 on 3 and 9 DF,  p-value: 3.323e-08
```

- x3 변수를 제거한 후, 모형의 유의성을 다시 검토한 결과 F 통계량에 대한 유의확률은 통계적으로 유의하게 나타났다. 모든 변수들의 t 통계량에 대한 유의확률이 0.05보다 낮아야 하지만 x1을 제외한 2개 변수의 유의확률이 0.05보다 높게 나타나 유의하지 않은 결과를 보였다. 따라서 유의확률이 가장 높은 x4 변수를 제외하고 회귀모형을 다시 생성하였다.

```
> # 4) 유의확률이 가장 높은 변수를 제거하고 다시 회귀모형(c)을 생성
> c <- lm(y ~ x1 + x2, data=df)
> summary(c)

Call:
lm(formula = y ~ x1 + x2, data = df)

Residuals:
   Min     1Q Median     3Q    Max
-2.893 -1.574 -1.302  1.363  4.048

Coefficients:
             Estimate Std. Error t value Pr(>|t|)
(Intercept) 52.57735    2.28617   23.00 5.46e-10 ***
x1           1.46831    0.12130   12.11 2.69e-07 ***
x2           0.66225    0.04585   14.44 5.03e-08 ***
---
Signif. codes:  0 '***' 0.001 '**' 0.01 '*' 0.05 '.' 0.1 ' ' 1

Residual standard error: 2.406 on 10 degrees of freedom
Multiple R-squared:  0.9787,	Adjusted R-squared:  0.9744
F-statistic: 229.5 on 2 and 10 DF,  p-value: 4.407e-09
```

- F 통계량을 통해 유의수준 0.05 하에서 모형이 통계적으로 유의함을 확인할 수 있다.
- 다변량회귀분석에 선정된 x1, x2 변수에 대한 각각의 유의확률 값이 모두 통계적으로 유의하게 나타났다. 수정된 결정계수는 0.9744로 선정된 다변량회귀식이 전체 데이터의 97.44%를 설명하고 있는 것을 확인할 수 있었다.

- 위의 후진제거법을 통해 최종적으로 얻게 된 추정된 회귀식은 $y = 52.57735 + 1.46831x1 + 0.66225x2$이다.

2) 변수 선택법 예제(벌점화 전진선택법)
- 이번에는 step 함수를 사용하여 전진선택법을 적용하는 R코드를 작성하여 변수 제거를 수행해보자.

> **참고**
> - step(lm(출력변수~입력변수, 데이터세트), scope=list(lower=~1, upper=~입력변수), direction="변수선택방법")
> - scope - 변수선택 과정에서 설정할 수 있는 가장 큰 모형 혹은 가장 작은 모형을 설정. scope가 없을 경우 전진 선택법에서는 현재 선택한 모형을 가장 큰 모형으로, 후진 제거법에서는 상수항만 있는 모형을 가장 작은 모형으로 설정한다.
> - direction - 변수선택법(forward : 전진 선택법, backward : 후진 제거법, stepwise : 단계적 선택법)
> - k - 모형선택 기준에서 AIC, BIC와 같은 옵션을 사용 -k=2 이면 AIC, k=log(자료의 수)이면 BIC

```
> # step 함수를 이용한 전진 선택법의 적용
> step(lm(y~1, data=df), scope=list(lower=~1, upper=~x1+x2+x3+x4), direction="forward")
Start:  AIC=71.44
y ~ 1

        Df Sum of Sq     RSS    AIC
+ x4     1    1831.90  883.87 58.852
+ x2     1    1809.43  906.34 59.178
+ x1     1    1450.08 1265.69 63.519
+ x3     1     776.36 1939.40 69.067
<none>                2715.76 71.444

Step:  AIC=58.85
y ~ x4

        Df Sum of Sq     RSS    AIC
+ x1     1     809.10   74.76 28.742
+ x3     1     708.13  175.74 39.853
<none>                 883.87 58.852
+ x2     1      14.99  868.88 60.629

Step:  AIC=28.74
y ~ x4 + x1

        Df Sum of Sq     RSS    AIC
+ x2     1      26.789 47.973 24.974
+ x3     1      23.926 50.836 25.728
```

```
<none>                    74.762  28.742

Step:  AIC=24.97
y ~ x4 + x1 + x2

       Df Sum of Sq    RSS     AIC
<none>                47.973  24.974
+ x3    1    0.10909  47.864  26.944

Call:
lm(formula = y ~ x4 + x1 + x2, data = df)

Coefficients:
(Intercept)         x4          x1         x2
   71.6483      -0.2365      1.4519     0.4161
```

- 벌점화 방식을 적용한 전진 선택법을 실시한 결과, 가장 먼저 선택된 변수는 AIC값이 58.852으로 가장 낮은 x4였다. x4에 x1을 추가하였을 때 AIC 값이 28.742로 낮아지게 되었고, x2를 추가하였을 때 AIC 값이 24.974으로 최소화되어 더 이상 AIC를 낮출 수 없어 변수 선택을 종료하게 되었다.
- 최종적으로 선택된 추정된 회귀식은 $y = 71.6483 - 0.2365x4 + 1.4519x1 + 0.4161x2$이다.

3) 변수 선택법 예제(벌점화 후진 제거법)

가) 활용데이터

- 전립선암 자료(8개의 입력변수와 1개의 출력 변수로 구성)
- 마지막 열에 있는 변수는 학습자료인지 예측자료인지를 나타내는 변수로 이번 분석에서는 사용하지 않는다.

변수명	설 명
lcavol	종양 부피의 로그
lweight	전립선 무게의 로그
age	환자의 연령
lbph	양성 전립선 증식량의 로그
svi	암이 정낭을 침범할 확률
lcp	capsular penetration의 로그값
gleason	Gleason 점수

pgg45	Gleason 점수가 4 또는 5인 비율
lpsa	전립선 수치의 로그

---- R 프로그램 ----
```
> library(ElemStatLearn)
> Data = prostate
> data.use = Data[,-ncol(Data)]
> lm.full.Model = lm(lpsa~., data=data.use)
```

나) 후진 제거법에서 AIC를 이용한 변수선택

```
> backward.aic = step(lm.full.Model, lpsa~1, direction="backward")
Start:  AIC=-60.78
lpsa ~ lcavol + lweight + age + lbph + svi + lcp + gleason + pgg45

          Df Sum of Sq    RSS     AIC
- gleason  1    0.0491 43.108 -62.668
- pgg45    1    0.5102 43.569 -61.636
- lcp      1    0.6814 43.740 -61.256
<none>                 43.058 -60.779
- lbph     1    1.3646 44.423 -59.753
- age      1    1.7981 44.857 -58.810
- lweight  1    4.6907 47.749 -52.749
- svi      1    4.8803 47.939 -52.364
- lcavol   1   20.1994 63.258 -25.467

Step:  AIC=-62.67
lpsa ~ lcavol + lweight + age + lbph + svi + lcp + pgg45

          Df Sum of Sq    RSS     AIC
- lcp      1    0.6684 43.776 -63.176
<none>                 43.108 -62.668
- pgg45    1    1.1987 44.306 -62.008
- lbph     1    1.3844 44.492 -61.602
- age      1    1.7579 44.865 -60.791
- lweight  1    4.6429 47.751 -54.746
- svi      1    4.8333 47.941 -54.360
- lcavol   1   21.3191 64.427 -25.691

Step:  AIC=-63.18
lpsa ~ lcavol + lweight + age + lbph + svi + pgg45

          Df Sum of Sq    RSS     AIC
- pgg45    1    0.6607 44.437 -63.723
<none>                 43.776 -63.176
```

```
- lbph     1    1.3329 45.109 -62.266
- age      1    1.4878 45.264 -61.934
- svi      1    4.1766 47.953 -56.336
- lweight  1    4.6553 48.431 -55.373
- lcavol   1   22.7555 66.531 -24.572

Step:  AIC=-63.72
lpsa ~ lcavol + lweight + age + lbph + svi

          Df Sum of Sq    RSS     AIC
<none>                  44.437 -63.723
- age      1    1.1588 45.595 -63.226
- lbph     1    1.5087 45.945 -62.484
- lweight  1    4.3140 48.751 -56.735
- svi      1    5.8509 50.288 -53.724
- lcavol   1   25.9427 70.379 -21.119
```

- 맨 처음 AIC는 −62.67로 gleason를 제거하고 회귀분석 실시, 그 다음 차례로 lcp, pgg 45 순서로 제거되어 회귀분석이 실시된다.

5절 고급회귀분석

 **출제 포인트**

정규화 선형회귀에서 릿지회귀, 라쏘회귀, 엘라스틱넷의 개념에 대해 묻는 문제가 출제될 수 있으니 정확히 숙지해야합니다.

1. 정규화 선형회귀(Regularized Linear Regression)

- 정규화 선형회귀는 **선형회귀 계수에 대한 제약 조건을 추가하여 모델이 과도하게 최적화되는 현상(과적합, Overfitting)을 막는 방법**이다.
- 오른쪽의 그림에서 (a)그래프는 모델이 학습 데이터를 매우 잘 적합하고 있지만, 미래 데이터가 조금만 바뀌어도 예측 값이 과도하게 변할 수 있다. 반면 (b) 그래프는 정규화를 수행하여, 학습데이터에 대한 설명력을 조금은 포기하는 대신 미래 데이터의 변화에 대해 상대적으로 안정된 결과를 낼 수 있다.

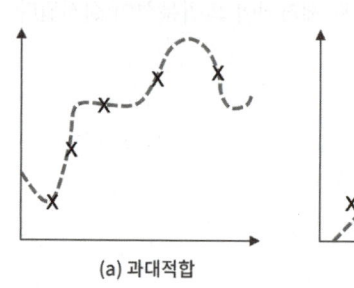 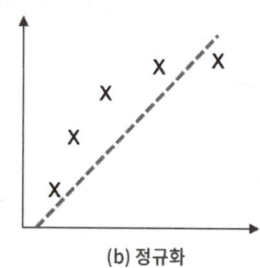

(a) 과대적합　　　(b) 정규화

- 이와 같이, 모형이 과적합되면 계수의 크기도 과도하게 증가하는 경향이 있다. 따라서 정규화 선형회귀에서는 **계수의 크기를 제한하는 방법으로 제약조건을 추가한다.**
- 정규화 선형회귀에서는 제약조건의 종류에 따라 **Ridge회귀, Lasso회귀, Elastic Net회귀모형**이 일반적으로 사용된다.

가. 릿지회귀(Ridge Regression)

- 릿지(Ridge)회귀모형은 **가중치들의 제곱합(Squared Sum of Weights)을 최소화하는 것을 제약조건으로 추가**하는 기법이다.

$$\omega = \arg\min_{\omega} \left(\sum_{i=1}^{N} e_i^2 + \lambda \sum_{j=1}^{M} \omega_j^2 \right)$$

- 릿지회귀모형에서는 가중치의 모든 원소가 0에 가까워지는 것을 원하며, 이를 위해 회귀 모델에 사용하는 규제 방식을 **L2 규제(Penalty)**라고 한다.

- λ는 기존의 잔차 제곱합과 추가적인 제약조건의 비중을 조절하기 위한 하이퍼 모수(hyper parameter)에 해당한다. λ가 커지면 가중치의 값들이 작아지며, 정규화 정도가 커진다. λ가 작아지면 정규화 정도가 작아지고, λ가 0이 되면 일반적인 선형회귀모형이 된다.

나. 라쏘회귀(Lasso Regression)

- 라쏘(Lasso, Least Absolute Shrinkage and Selection Operator)회귀모형은 **가중치 절대값의 합을 최소화하는 것을 제약조건으로 추가**하는 기법이다.
- 릿지회귀에서는 가중치가 0에 가까워질 뿐, 실제로 0이 되지는 않는다. 하지만 라쏘회귀에서 중요하지 않은 가중치는 0이 될 수도 있다.

$$\omega = \arg\min_{\omega} \left(\sum_{i=1}^{N} e_i^2 + \lambda \sum_{j=1}^{M} |\omega_j| \right)$$

- 라쏘회귀에서 사용하는 규제 방식을 **L1 규제(Penalty)**라고 한다.

다. 엘라스틱넷(Elastic Net)

- 엘라스틱넷(Elastic Net)은 릿지회귀와 라쏘회귀를 결합한 모델이다.

$$\omega = \arg\min_{\omega} \left(\sum_{i=1}^{N} e_i^2 + \lambda_1 \sum_{j=1}^{M} |\omega_j| + \lambda_2 \sum_{j=1}^{M} \omega_j^2 \right)$$

- 가중치 절댓값의 합과 제곱합을 동시에 제약조건으로 가지는 모형임으로 λ_1와 λ_2라는 두 개의 하이퍼 모수를 가진다.

2. 일반화 선형모형(GLM, Generalized Linear Model)

- 회귀분석은 연속형의 종속변수가 정규분포를 따른다는 정규성을 가정한다. 하지만, 종속변수가 범주형 자료이거나 정규성을 만족하지 못하는 경우도 있다. 이러한 경우에 **종속변수를 적절한 함수로 변화시켜 f(x)를 정의한 후, 이 f(x)와 독립변수를 선형 결합으로 모형화하는 '일반화 선형모형(glm)'**을 이용한다.
- 일반화 선형 모형은 3가지 성분에 의해서 정의된다.

랜덤성분 (Random Component)	종속변수 y의 확률분포를 규정하는 성분
체계적 성분 (Systematic Component)	y의 기댓값인 E(y)를 정의하는 설명변수들 간의 선형 결합(선형식)
연결함수 (Link Function)	랜덤성분과 체계적 성분을 연결하는 함수

- 랜덤성분, 체계적 성분, 연결함수에 따른 glm의 분석 방법은 아래와 같다.

랜덤성분 (반응변수)	연결함수	정준연결함수	체계적 성분 (설명변수)	Model (분석방법)
Normal	Identity	Identity	연속형	선형회귀모형
			범주형	분산분석 또는 선형회귀분석
			Mixed (연속+범주)	선형회귀모형
Binomial	Logistic	Logistic	Mixed	로지스틱회귀모형 또는 이항회귀모형
	Complementary log-log			이항회귀모형
	Probit			
Poisson	Log	Log	Mixed	포아송회귀모형
Gamma	Log	Inverse		감마회귀모형
	Inverse			

- 일반화 선형회귀는 선형회귀와 마찬가지로 독립변수가 종속변수에 미치는 영향의 정도를 회귀계수를 통해 설명하며, 독립변수들 간의 영향을 보정한 다변량 분석이 가능하다.

3. 회귀분석의 영향력 진단

- 영향력 진단이란 **적합된 회귀모형의 안전성을 평가하는 통계적인 방법**이다.
- 자료에서 특정 관측치가 제외됨에 따라 분석 결과의 주요 부분에 많은 변동이 있다면 안전성이 약하다고 판단한다.
- 선형회귀분석에서 **회귀직선의 기울기에 영향을 크게 주는 점을 영향점**이라고 한다.
- 영향력 진단의 방법에는 **Cook's Distance, DFBETAS, DFFITS, Leverage H** 등이 있다.

영향력 진단 방법	설 명	공식
Leverage H (지렛점, 레버리지)	레버리지는 $H = X(X^TX)^{-1}X^T$(Hat Matrix)의 i번째 대각원소로 관측치가 다른 관측치 집단으로부터 떨어진 정도를 의미하며, 2×(p+1)/n 보다 크면 영향치이거나 이상치라고 본다.	$h_{ii} = x_i^T(X^TX)^{-1}x_i$

Cook's Distance (쿡의 거리)	쿡의 거리는 Full model에서 i번째 관측치를 포함하여 계산한 적합치와 i번째 관측치를 포함하지 않고 계산한 적합치 사이의 거리이다. 쿡의 거리가 기준값인 1보다 클 경우에 영향치로 간주한다.	$C_i = \dfrac{\sum_{j=1}^{n}(\hat{Y}_j - \hat{Y}_{j(i)})^2}{(p+1)MSE}$ $\hat{Y}_{j(i)}$: i번째 관측치를 포함하지 않고 계산한 j번째 추정치
DFBETAS (Difference in Betas)	DFBETAS의 절대값이 커지면 i번째 관측치가 영향치 혹은 이상치일 가능성이 높다. 기준값은 2나 $2/\sqrt{n}$(표본을 고려한 경우)을 사용하며, DFBETAS 값이 기준값보다 클 경우 영향치로 간주한다.	$DFBETAS_{k(i)} = \dfrac{\hat{\beta}_k - \hat{\beta}_{k(i)}}{\sqrt{MSE_{(i)}h_{ii}}}$ $\hat{\beta}_{k(i)}$: i번째 관측치를 포함하지 않고 계산한 k번째 추정 회귀계수
DFFITS (Difference in Fits)	i번째 관측치 제외 시 종속변수 예측치의 변화정도를 측정한 값이다. DFFITS의 절대값이 기준값인 $2\times(p+1)/n$보다 클수록 영향치일 가능성이 높다고 본다.	$(DFFITS)_i = \dfrac{\hat{Y}_i - \hat{Y}_{i(i)}}{\sqrt{MSE_{(i)}h_{ii}}}$ $\hat{Y}_{i(i)}$: i번째 관측치를 포함하지 않고 계산한 i번째 추정값

4. 더빈 왓슨(Durbin Watson) 검정

- 회귀분석의 주요한 가정 중 **오차항이 독립성을 만족하는지를 검정**하기 위해 사용한다.
- **더빈 왓슨 통계량이 2에 가까울수록 오차항의 자기상관이 없음**을 의미한다.
- 더빈 왓슨 통계량의 값이 0에 가까울수록 양의 상관관계가 있음을 의미하고, 4에 가까울수록 음의 상관관계가 있음을 의미한다. 따라서 더빈 왓슨 통계량이 0 혹은 4에 가까울 경우 잔차들 간의 상관관계가 있어서 회귀식이 부적합함을 의미한다.

5. 벌점화된 선택기준 : 변수 선택의 기준으로 사용되는 통계량

가. 수정된 결정계수(adjusted R square, R_a^2)

- 설명변수의 개수가 증가하면 결정계수도 함께 증가하는 속성을 가진다.
- 따라서 수정된 결정계수를 이용해 이러한 단점을 보완하고 변수를 선택할 수 있다. 수정된 결정계수는 변수의 개수가 증가함에 따라 처음에는 감소하다가 점점 안정화되고 나중에는 약간 증가하는 경향을 가진다.

$$R_a^2 = 1 - \frac{SSE/(n-k-1)}{SST/(n-1)} = 1 - \frac{n-1}{n-k-1}(1-R^2)$$

- 수정된 결정계수를 이용하여 변수를 선택할 경우, MSE 값이 최소인 시점의 모형을 선택하거나 이 값의 최소와 비슷해서 더 이상 변수를 추가할 필요가 없는 시점의 모형을 선택하게 된다.

나. Mallow's Cp

- Mallow가 제안한 통계량으로 Cp값은 최소자승법(Ordinary Least Squares)을 사용하여 추정된 회귀모형의 적합성을 평가하는데 사용된다.

$$C_p = \frac{SSE_p}{MSE} + 2p - n$$

- 여기서 SSE_p는 p번째 변수를 제외함으로써 줄어드는 오차제곱합의 양
- 일반적으로 Cp값이 작고, p+상수(변수의 개수+상수)에 가까운 모형을 선택한다.

Cp값	해석
Cp값이 p(변수의 개수)와 비슷한 경우	Bias(편향)가 작고 우수한 모델을 의미
Cp값이 p(변수의 개수)보다 큰 경우	Bias(편향)가 크고 추가적인 변수가 필요한 모델을 의미
Cp값이 p(변수의 개수)보다 작은 경우	Variance(분산)의 증가폭보다 Bias(편향)의 감소폭이 더 크며, 필요 없는 변수가 모델에 있다는 것을 의미

6. 변수변환

- 회귀분석의 기본 가정인 정규성, 선형성, 등분산성 가정을 만족하지 못하는 경우, 변수를 변환함으로써 교정할 수 있다.

가. 변수변환법의 종류

- 로그변환, 제곱근변환 : 대부분이 작은 값으로 구성되어 있는 데이터를 정규화하기 위해 사용
- 지수변환, 제곱변환 : 대부분이 큰 값으로 구성되어 있는 데이터를 정규화하기 위해 사용

나. 더미변수 생성

- 회귀분석의 입력자료가 범주형 변수(ex. 성별)인 경우, 이들을 단순히 하나의 변수로 처리하는 것이 아니라 각 **범주값**(ex. 여성, 남성)이 하나의 변수를 나타내는 형태로 **더미변수(가변수)를 생성**하여 회귀분석을 진행해야 한다.
- **더미변수의 수**는 더미변수로 변환하고자 하는 변수의 **범주의 수-1**개이다.
- 예를 들어, 세 가지 범주(1학년, 2학년, 3학년)를 가지는 '학년' 변수를 더미변수로 만들면, 2개(3-1)의 더미변수가 생성된다.

- 범주 중 기준이 되는 범주값에 대해서는 더미변수에 1을 입력하고, 기준이 아닌 다른 범주를 가지는 경우에는 더미변수에 0을 입력한다. 즉, 1학년을 기준으로 할 경우, 학년이 1학년인 데이터의 더미변수 값에는 1이 입력되며, 나머지는 0이 입력된다.

학년		더미변수 1	더미변수 2
1학년	더미변수로 변환 →	1	0
2학년		0	1
3학년		0	0
1학년		1	0

〈더미변수 생성 예시〉

다. Box-Cox 변환

- 박스-콕스(Box-Cox) 변환은 변수 변환 방법 중 하나로 정규성을 가정하거나 정상성을 요구하는 분석 방법사용 시 사용된다.
- 변환을 통해 분산을 안정화하여, 데이터를 정규분포에 가깝게 만드는 방법이다.
- 람다(λ) 모수(parameter)에 따라 변환되는 함수의 형태가 다르며, 차수의 절댓값에 따라 복잡한 모형으로 변환된다.(여기서 λ=0인 경우, 즉 **로그 변환이 정규분포와 가장 가까운 형태로 변환**)

$$y_i^{(\lambda)} = \begin{cases} \dfrac{y_i^{\lambda}-1}{\lambda} & \text{if } \lambda \neq 0 \\ \ln y_i & \text{if } \lambda = 0 \end{cases}$$

Lambda	변환함수
-2	역수제곱
-1	역수
-0.5	역수제곱근
0	로그
0.5	제곱근
1	변환없음
2	제곱

6절 시계열 분석

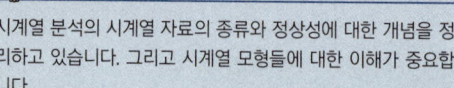
출제 포인트
시계열 분석의 시계열 자료의 종류와 정상성에 대한 개념을 정리하고 있습니다. 그리고 시계열 모형들에 대한 이해가 중요합니다.

학습목표

- 시계열 자료를 이해한다.
- 정상 시계열과 비정상 시계열을 구분할 수 있다.
- ARIMA 모형과 분해 시계열 분석을 할 수 있다.
- R 프로그램을 통해 시계열 분석과 예측을 할 수 있다.

눈높이 체크

• 시계열 자료는 어떻게 구분할까요?

시간의 흐름에 따라 관찰된 데이터를 시계열 데이터 또는 시계열 자료라고 합니다. 이러한 시계열 자료에는 주식가격 데이터, 실업률, 기후데이터 등 우리 주위에서 많이 찾아 볼 수 있습니다.

• 시계열 자료의 정상성을 구분할 수 있나요?

대부분의 시계열 자료는 비정상성 데이터입니다. 시계열 자료를 통해 미래를 예측하기 위해서는 비정상성 데이터를 정상성 데이터로 변화하여 분석모형을 설계할 수 있습니다. 그렇다면 정상성의 기준이 무엇일까요? 본문에서 자세히 확인해 보도록 하겠습니다.

• 시계열 분석에 대해 알고 계신가요?

시계열 분석은 시계열 자료를 통해 미래를 예측하거나 시계열 데이터의 특성을 파악하는 것을 의미합니다. 시계열 분석은 자기회귀모형과 이동평균모형으로 구분됩니다.

• 회귀분석을 이해하고 계신가요?

시계열 분석은 통계분석의 한 방법이지만 고급통계분석에 해당됩니다. 시계열 분석을 이해하기 위해서는 회귀분석과 상관분석에 대해 이해하고 계셔야 됩니다. 간단히 내용을 확인하고 강의에 들어가면 훨씬 쉽게 내용을 이해할 수 있을 것입니다.

1. 시계열 자료

가. 개요
- 시간의 흐름에 따라 관찰된 값들을 시계열 자료라 한다.
- 시계열 데이터의 분석을 통해 미래의 값을 예측하고 경향, 주기, 계절성 등을 파악하여 활용한다.

나. 시계열 자료의 종류

1) 비정상성 시계열 자료
- 시계열 분석을 실시할 때 다루기 어려운 자료로 대부분의 시계열자료가 이에 해당한다.

2) 정상성 시계열 자료
- 비정상 시계열을 핸들링해 다루기 쉬운 시계열 자료로 변환한 자료이다.

> **시계열 자료의 역사**
> - 17세기 태양의 흑점 자료나 밀 가격지수 변동을 나타내는 함수로 sin, cos 곡선 활용
> - Yule(1926) - ARMA 개념 제시, Walker(1937) - ARMA 모형 제시
> - Durbin(1960), Box&Jenkins(1970) - ARMA 모형에 대한 추정
> - Holt(1957) - 지수평활법(exponential smoothing) 제시
> - Winter(1960) - 계절성(seasonal) 지수평활법 제시

2. 정상성

 출제 포인트
정상성은 평균이 일정할 때, 분산이 일정할 때, 공분산도 단지 시차에만 의존하고 실제 특정 시점 t, s에는 의존하지 않을 때 만족합니다.

가. 평균이 일정할 경우
- 모든 시점에 대해 일정한 평균을 가진다.
- 평균이 일정하지 않은 시계열은 **차분(Difference)**을 통해 **정상화**할 수 있다.

나. 분산이 일정
- 분산도 시점에 의존하지 않고 일정해야 한다.
- 분산이 일정하지 않을 경우 **변환(Transformation)**을 통해 **정상화**할 수 있다.

다. 공분산도 단지 시차에만 의존, 실제 특정 시점 t, s에는 의존하지 않는다.

> **차분이란?**
> - 차분은 현시점 자료에서 전 시점 자료를 빼는 것이다.
> - 일반차분(Regular Difference) : 바로 전 시점의 자료를 빼는 방법이다.
> - 계절차분(Seasonal Difference) : 여러 시점 전의 자료를 빼는 방법, 주로 계절성을 갖는 자료를 정상화하는데 사용한다.

라. 정상 시계열의 모습

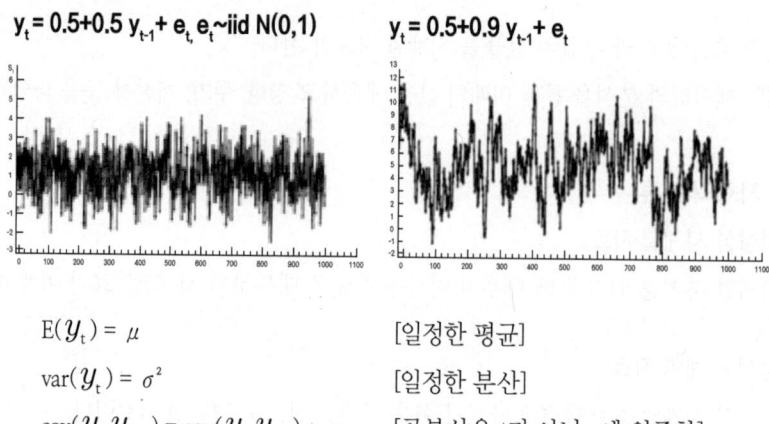

$E(y_t) = \mu$ [일정한 평균]

$var(y_t) = \sigma^2$ [일정한 분산]

$cov(y_t, y_{t+s}) = cov(y_t, y_{t-s}) = \gamma_s$ [공분산은 t가 아닌 s에 의존함]

1) 정상 시계열의 특징

- 정상 시계열은 어떤 시점에서 평균과 분산 그리고 특정한 시차의 길이를 갖는 자기공분산을 측정하더라도 동일한 값을 갖는다.
- 정상 시계열은 항상 그 평균값으로 회귀하려는 경향이 있으며, 그 평균값 주변에서의 변동은 대체로 일정한 폭을 갖는다.
- 정상 시계열이 아닌 경우 특정 기간의 시계열 자료로부터 얻은 정보를 다른 시기로 일반화 할 수 없다.

3. 시계열자료 분석방법

가. 분석방법

- 회귀분석(계량경제) 방법, Box-Jenkins 방법, 지수평활법, 시계열 분해법 등이 있다.

> - 수학적 이론모형 : 회귀분석(계량경제) 방법, Box-Jenkins 방법
> - 직관적 방법 : 지수평활법, 시계열 분해법으로 시간에 따른 변동이 느린 데이터 분석에 활용
> - 장기 예측 : 회귀분석방법 활용
> - 단기 예측 : Box-Jenkins 방법, 지수평활법, 시계열 분해법 활용

나. 자료 형태에 따른 분석방법

1) 일변량 시계열분석

- Box-Jenkins(ARMA), 지수 평활법, 시계열 분해법, 시간(t)을 설명변수로 한 회귀모형주가, 소매물가지수 등 하나의 변수에 관심을 갖는 경우의 시계열분석이다.

2) 다중 시계열분석
- 계량경제 모형, 전이함수 모형, 개입분석, 상태공간 분석, 다변량 ARIMA 등
- 여러 개의 시간(t)에 따른 변수들을 활용하는 시계열 분석

> 계량경제(Econometrics) : 시계열 데이터에 대한 회귀분석(예 : 이자율, 인플레이션이 환율에 미치는 요인)

다. 이동평균법(Moving Average Method)

1) 이동평균법의 개념
- 과거로부터 현재까지의 시계열 자료를 대상으로 일정기간별 이동평균을 계산하고, 이들의 추세를 파악하여 다음 기간을 예측하는 방법
- 시계열 자료에서 계절변동과 불규칙변동을 제거하여 추세변동과 순환변동만 가진 시계열로 변환하는 방법으로도 사용됨

$$F_{n+1} = \frac{1}{m}(Z_n + Z_{n-1} + \cdots + Z_{n-m+1}) = \frac{1}{m}\sum_{t}^{n} Z_t, \ t = n - m + 1$$

m은 이동평균한 특정 기간, Z_n은 가장 최근 시점의 데이터
- n개의 시계열 데이터를 m 기간으로 이동평균하면 $n-m+1$개의 이동평균 데이터가 생성된다.

2) 이동평균법의 특징
- 간단하고 쉽게 미래를 예측할 수 있으며, 자료의 수가 많고 안정된 패턴을 보이는 경우 예측의 품질(Quality)이 높음
- 특정 기간 안에 속하는 시계열에 대해서는 동일한 가중치를 부여함
- 일반적으로 시계열 자료에 뚜렷한 추세가 있거나 불규칙변동이 심하지 않은 경우에는 짧은 기간(m의 개수를 적음)의 평균을 사용, 반대로 불규칙변동이 심한 경우 긴 기간(m의 개수가 많음)의 평균을 사용함
- 이동평균법에서 가장 중요한 것은 적절한 기간을 사용하는 것, 즉, 적절한 m의 개수를 결정하는 것임

라. 지수평활법(Exponential Smoothing Method)

1) 지수평활법의 개념
- 일정기간의 평균을 이용하는 이동평균법과 달리 모든 시계열 자료를 사용하여 평균을 구하며, 시간의 흐름에 따라 최근 시계열에 더 많은 가중치를 부여하여 미래를 예측하는 방법

$$F_{n+1} = \alpha Z_n + (1-\alpha)F_n$$
$$= \alpha Z_n + (1-\alpha)[\alpha Z_{n-1} + (1-\alpha)F_{n-1}]$$
$$= \alpha Z_n + \alpha(1-\alpha)Z_{n-1} + (1-\alpha)^2 F_{n-1}$$
$$= \alpha Z_n + \alpha(1-\alpha)Z_{n-1} + (1-\alpha)^2[\alpha Z_{n-2} + (1-\alpha)F_{n-2}]$$
$$= \alpha Z_n + \alpha(1-\alpha)Z_{n-1} + \alpha(1-\alpha)^2 Z_{n-2} + \alpha(1-\alpha)^3 Z_{n-3} + \cdots$$

- 여기서 F_{n+1}은 n시점 다음의 예측값, α는 지수평활계수, Z_n은 n시점의 관측값이며, 지수평활계수가 과거로 갈수록 지수형태로 감소하는 형태인 것을 확인할 수 있다.

2) 지수평활법의 특징
- 단기간에 발생하는 불규칙변동을 평활하는 방법
- 자료의 수가 많고, 안정된 패턴을 보이는 경우일수록 예측 품질이 높음
- 지수평활법에서 가중치의 역할을 하는 것은 지수평활계수(α)이며, 불규칙변동이 큰 시계열의 경우 지수평활계수는 작은 값을, 불규칙변동이 작은 시계열의 경우, 큰 값의 지수평활계수를 적용함(generally, α is between 0.05 and 0.3)
- 지수평활계수는 예측오차(실제 관측치와 예측치 사이의 잔차제곱합)를 비교하여 예측오차가 가장 작은 값을 선택하는 것이 바람직함
- 지수평활계수는 과거로 갈수록 지속적으로 감소함
- 지수평활법은 불규칙변동의 영향을 제거하는 효과가 있으며, 중기 예측 이상에 주로 사용됨
 (단, 단순지수 평활법의 경우, 장기추세나 계절변동이 포함된 시계열의 예측에는 적합하지 않음)

출제 포인트
시계열의 모형은 자기회귀 모형(AR 모형), 이동평균 모형(MA 모형), 자기회귀누적이동평균 모형(ARIMA 모형)이 있습니다. 시계열 모형과 더불어 분해 시계열의 내용에 대해 정확히 숙지 하셔야 합니다.

4. 시계열모형

가. 자기회귀 모형(AR 모형, Autoregressive Model)
- p 시점 전의 자료가 현재 자료에 영향을 주는 특성을 자기상관성이라 하며, 자기회귀 모형이란 자기 상관성을 시계열 모형으로 구성한 것이다.
- 자기상관함수(ACF, Autocorrelation Function)란 시계열 데이터의 자기상관성을 파악하기 위한 함수이다.

$$Z_t = \Phi_1 Z_{t-1} + \Phi_2 Z_{t-2} + \cdots + \Phi_p Z_{t-p} + \alpha_t$$

> **참고**
> - Z_t : 현재 시점의 시계열 자료
> - $Z_{t-1}, Z_{t-2}, \cdots, Z_p$: 이전, 그 이전 시점 p의 시계열 자료
> - Φ_p : p 시점이 현재에 어느 정도 영향을 주는지를 나타내는 모수
> - α_t : 백색잡음과정(White noise process), 시계열 분석에서 오차항을 의미한다.
> - 평균이 0, 분산이 σ^2, 자기공분산이 0인 경우를 뜻하며, 시계열간 확률적 독립인 경우 강(strictly) 백색잡음 과정이라고 한다. 백색잡음 과정이 정규분포를 따를 경우 이를 가우시안(Gaussian) 백색잡음 과정이라고 한다.

- AR(1) 모형 : $Z_t = \Phi_1 Z_{t-1} + \alpha_t$, 바로 직전 데이터가 다음 데이터에 영향을 준다고 가정한 모형이다.
- AR(2) 모형 : $Z_t = \Phi_1 Z_{t-1} + \Phi_2 Z_{t-2} + \alpha_t$, 2시점 전의 데이터가 현재 데이터에 영향을 준다고 가정한 모형으로 연속된 2시점 정도의 데이터로 분석을 진행한다.
- 자기상관함수(ACF)는 빠르게 감소, 부분자기함수(PACF)는 어느 시점에서 절단점을 가진다.
  (ACF가 빠르게 감소하고, PACF가 3시점에서 절단점을 갖는 그래프가 있다면, 2시점 전의 자료까지가 현재에 영향을 미치는 AR(2) 모형이라 볼 수 있다.)
- AR(2) 모형의 자기상관함수(ACF)와 편자기상관함수(PACF)

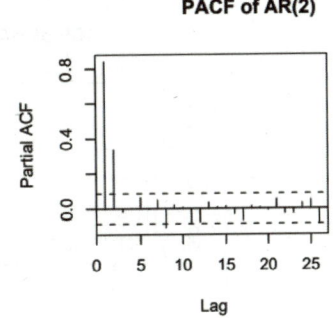

> **참고**
> **자기상관계수와 부분자기상관계수**
>
> **자기상관계수(Autocorrelation Coefficient)**
> - k 기간 떨어진 값들 log(k)의 상관계수
>
> $$p_k = \frac{\lambda_k}{\lambda_0} = \frac{Cov(Y_t, Y_{t-k})}{\sqrt{Var(Y_t)Var(Y_{t-k})}}$$
>
> where $\lambda_k = Cov(Y_t, Y_{t-k})$: 자기공분산(Autocavariance)
> - 자기상관계수 함수 : 상관계수 k를 함수 형태로 표시한 것
> AR (1) : $Z_t = \phi_1 Z_{t-1} + \alpha_t$, 만일 $-1 < \phi_1 < 1$이면 두 지점간의 거리가 멀어질수록(k가 커질수록) ACF는 0에 수렴하게 된다.
>
> **부분자기상관계수(Partial Autocorrelation Coefficient)**
> - 서로 다른 두 시점 사이의 관계를 분석할 때 중간에 있는 값들의 영향을 제외시킨 상관관계 개념
> $Corr(Y_t, Y_{t-k} | Y_{t-1}, \cdots, Y_{t-k+1})$

나. 이동평균 모형(MA 모형, Moving Average Model)

- 이동평균 모형(MA 모형)이란 시간이 지날수록 관측치의 평균값이 지속적으로 증가하거나 감소하는 경향을 표현한 시계열 모형이다.
- 현시점의 자료를 유한한 개수의 백색잡음의 결합으로 표현하기 때문에 언제나 정상성을 만족한다.
- 1차 이동평균모형(MA(1) 모형)은 이동평균모형 중에서 가장 간단한 모형으로 시계열이 같은 시점의 백색잡음과 바로 전 시점의 백색잡음의 결합으로 이뤄진 모형 (θ:매개변수)

$$Z_t = \alpha_t - \theta_1 \alpha_{t-1} - \theta_2 \alpha_{t-2} - \cdots - \theta_p \alpha_{t-p}$$

- 2차 이동평균모형(MA(2) 모형)은 바로 전 시점의 백색잡음과 시차가 2인 백색잡음의 결합으로 이뤄진 모형

$$Z_t = \alpha_t - \theta_1 \alpha_{t-1}$$

- AR 모형과 반대로 ACF에서 절단점을 갖고, PACF가 빠르게 감소

$$Z_t = \alpha_t - \theta_1 \alpha_{t-1} - \theta_2 \alpha_{t-2}$$

- MA(2) 모형의 자기상관함수(ACF)와 편자기상관함수(PACF)

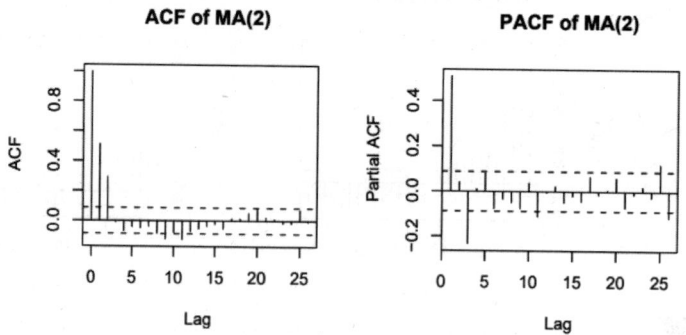

다. 자기회귀누적이동평균 모형
(ARIMA(p,d,q) 모형, Autoregressive Integrated Moving Average model)

- 자기회귀와 이동평균을 모두 고려하는 모형으로 과거값과 과거 예측오차를 통해 현재값을 설명한다.
- ARIMA 모형은 비정상 시계열 모형이므로 차분이나 변환을 통해 AR 모형이나 MA 모형, 이 둘을 합친 ARMA 모형으로 정상화할 수 있다.
- ARIMA 모형은 p, d, q의 세가지 차수가 있다. d는 차분의 횟수, p는 AR 모형, q는 MA 모형과 관련이 있는 차수이다.
- 시계열 $\{Z_t\}$의 d번 차분한 시계열이 ARMA(p,q) 모형이면, 시계열 $\{Z_t\}$는 차수가 p,d,q인 ARIMA 모형, 즉 ARIMA(p,d,q) 모형을 갖는다고 한다.

- d=0이면 ARMA(p,q) 모형이라 부르고, 이 모형은 정상성을 만족한다.(ARMA(0,0)일 경우 정상화가 불필요하다)
- p=0이면 IMA(d,q) 모형이라고 부르고, d번 차분하면 MA(q) 모형을 따른다.
- q=0이면 ARI(p,d) 모형이라 부르며, d번 차분한 시계열이 AR(p) 모형을 따른다.

>
> - ARIMA(0, 1, 1)의 경우에는 1 차분 후 MA(1) 활용
> - ARIMA(1, 1, 0)의 경우에는 1 차분 후 AR(1) 활용
> - ARIMA(1, 1, 2)의 경우에는 1 차분 후 AR(1), MA(2), ARMA(1, 2) 선택 활용
> → 이런 경우 가장 간단한 모형을 선택하거나 AIC를 적용하여 점수가 가장 낮은 모형을 선정한다.

라. 분해 시계열

- 시계열에 영향을 주는 일반적인 요인을 시계열에서 분리해 분석하는 방법을 말하며 회귀분석적인 방법을 주로 사용한다.
- 분해식의 일반적 정의

$$Z_t = f(T_t, S_t, C_t, I_t)$$

구분	요인		설명
T_t	추세 (Trend)	장기 변동 요인	• 어떠한 경제, 자연적 이유(인구, 기술 변화 등의 상승과 하락)의 영향으로 앞으로 나아갈 방향성을 반영 • 자료가 오르거나 내리는 추세, 선형, 이차식 형태, 지수적 형태 등
S_t	계절 (Seasonal)	단기 변동 요인	• 요일, 월, 사계절, 분기 등 일정한 기간(즉, 고정된 주기)에 따라 자료가 변하는 경우
C_t	순환 (Cyclical)	중장기 변동 요인	• 경제적이나 자연적인 이유 없이 알려지지 않은 주기(보통 2년 ~10년 주기)를 가지고 변화하는 자료
I_t	불규칙 (Irregular)	설명 불가 요인	• 어떠한 규칙 없이 예측 불가능한 변동 • 위의 세가지 요인으로 설명할 수 없는 오차에 해당하는 요인

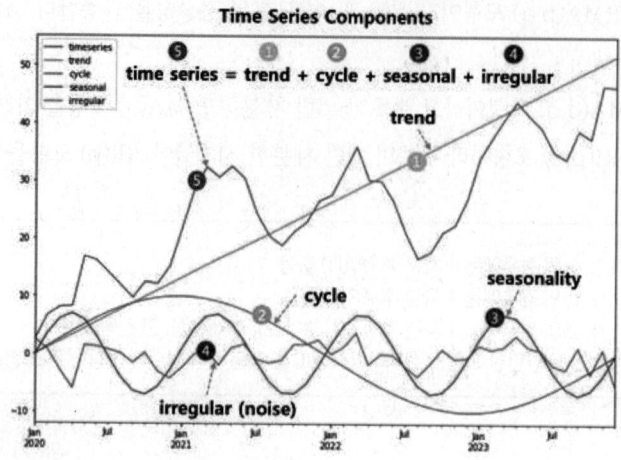

〈시계열 요소 (출처 : rfriend.tistroy.com)〉

마. R을 이용한 시계열분석

- 영국 왕들의 사망 시 나이 데이터를 이용한 시계열분석

> - 영국 왕 42명의 사망 시 나이 예제는 비계절성을 띄는 시계열 자료
> - 비계절성을 띄는 시계열 자료는 트렌드 요소, 불규칙 요소로 구성
> - 20번째 왕까지는 38세에서 55까지 수명을 유지하고, 그 이후부터는 수명이 늘어서 40번째 왕은 73세까지 생존

1) 분해 시계열

가) 자료 읽기 및 그래프 그리기

```
> library(tseries)
> library(forecast)
> library(TTR)
> king <- scan("http://robjhyndman.com/tsdldata/misc/kings.dat",skip=3)
> king.ts <- ts(king)
> plot.ts(king.ts)
```

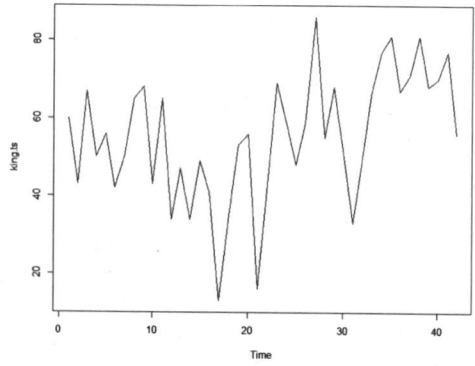

나) 3년마다 평균을 내서 그래프를 부드럽게 표현

```
> king.sma3 <- SMA(king.ts, n=3)
> plot.ts(king.sma3)
```

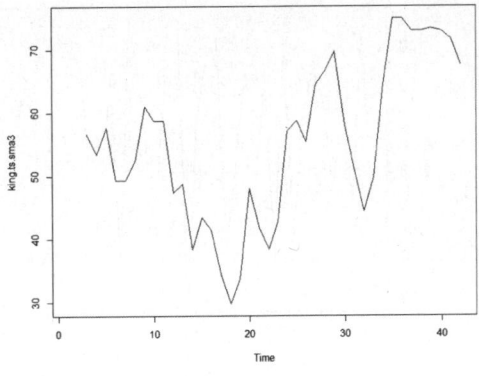

다) 8년마다 평균을 내서 그래프를 부드럽게 표현

```
> king.sma8 <- SMA(king.ts, n=8)
> plot.ts(king.sma8)
```

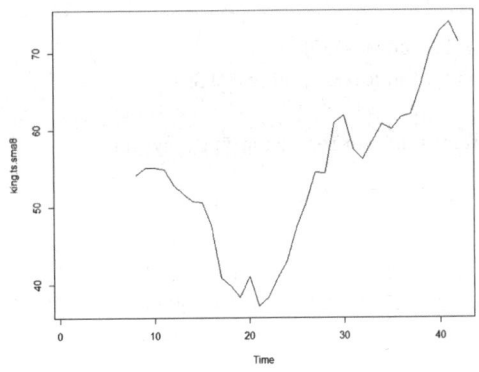

2) ARIMA 모델

가) 개요

- ARIMA 모델은 정상성 시계열에 한해 사용한다.
- 비정상 시계열 자료는 차분해 정상성으로 만족하는 조건의 시계열로 바꿔준다.
- 이전 그래프에서 평균이 시간에 따라 일정치 않은 모습을 보이므로 비정상 시계열이다. 따라서 차분을 진행한다.
- 1차 차분 결과에서 평균과 분산이 시간에 따라 의존하지 않음을 확인한다.

- ARIMA(p,1,q) 모델이며 차분을 1번 해야 정상성을 만족한다.

```
> king.ff1 <- diff(king.ts, differences=1)
> plot.ts(king.ff1)
```

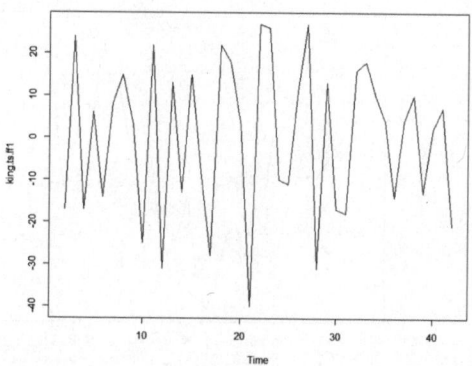

나) ACF와 PACF를 통한 적합한 ARIMA 모델 결정

① ACF
- lag는 0부터 값을 갖는데, 너무 많은 구간을 설정하면 그래프를 보고 판단하기 어렵다.
- ACF 값이 lag 1인 지점 빼고는 모두 점선 안에 있다.

```
> acf(king.ff1, lag.max=20)
> acf(king.ff1, lag.max=20, plot=FALSE)

Autocorrelations of series 'king.ff1', by lag

    0      1      2      3      4      5      6      7      8      9     10
1.000 -0.360 -0.162 -0.050  0.227 -0.042 -0.181  0.095  0.064 -0.116 -0.071
   11     12     13     14     15     16     17     18     19     20
0.206 -0.017 -0.212  0.130  0.114 -0.009 -0.192  0.072  0.113 -0.093
```

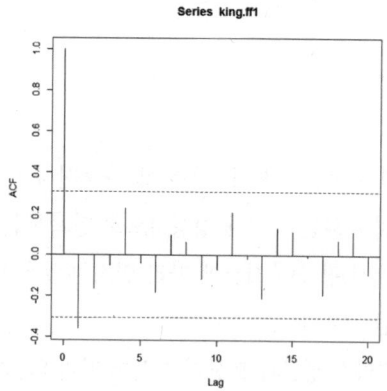

② PACF - PACF 값이 lag 1, 2, 3에서 점선 구간을 초과하고 음의 값을 가지며 절단점이 lag 4이다.

```
> pacf(king.ff1, lag.max=20)
> pacf(king.ff1, lag.max=20, plot=FALSE)

Partial autocorrelations of series 'king.ff1', by lag

     1      2      3      4      5      6      7      8      9     10
-0.360 -0.335 -0.321  0.005  0.025 -0.144 -0.022 -0.007 -0.143 -0.167
    11     12     13     14     15     16     17     18     19     20
 0.065  0.034 -0.161  0.036  0.066  0.081 -0.005 -0.027 -0.006 -0.037
```

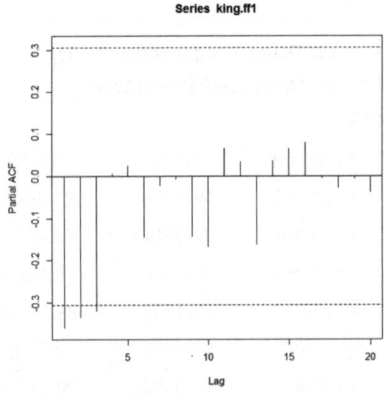

다) 종합

- ARMA 후보들이 생성

    ① ARMA(3,0) 모델 : PACF 값이 lag 4에서 절단점을 가짐. AR(3) 모형

    ② ARMA(0,1) 모델 : ACF 값이 lag 2에서 절단점을 가짐. MA(1) 모형

    ③ ARMA(p,q) 모델 : 그래서 AR 모형과 MA 모형을 혼합

라) 적절한 ARIMA 모형 찾기

- forecast package에 내장된 auto.arima() 함수 이용
- 영국 왕의 사망 나이 데이터의 적절한 ARIMA 모형은 ARIMA(0,1,1)이다.

```
> auto.arima(king)
Series: king
ARIMA(0,1,1)
```

```
Coefficients:
         ma1
      -0.7218
s.e.   0.1208

sigma^2 estimated as 236.2:   log likelihood=-170.06
AIC=344.13    AICc=344.44    BIC=347.56
```

마) 예측

- 42명의 영국왕 중에서 마지막 왕의 사망시 나이는 56세
- 43번째에서 52번째 왕까지 10명의 왕의 사망 시 나이를 예측한 결과 67.75살로 추정된다.
- 5명 정도만 예측하고 싶다면, 옵션에 h=5를 입력한다.
- 신뢰 구간은 80%~95% 사이

```
> king.arima<- arima(king, order=c(0, 1, 1))
> king.forecasts <- forecast(king.arima)
> king.forecasts
    Point      Forecast      Lo 80        Hi 80        Lo 95        Hi 95
     43        67.75063      48.29647     87.20479     37.99806     97.50319
     44        67.75063      47.55748     87.94377     36.86788     98.63338
     45        67.75063      46.84460     88.65665     35.77762     99.72363
     46        67.75063      46.15524     89.34601     34.72333    100.77792
     47        67.75063      45.48722     90.01404     33.70168    101.79958
     48        67.75063      44.83866     90.66260     32.70979    102.79146
     49        67.75063      44.20796     91.29330     31.74523    103.75603
     50        67.75063      43.59372     91.90753     30.80583    104.69543
     51        67.75063      42.99472     92.50653     29.88974    105.61152
     52        67.75063      42.40988     93.09138     28.99529    106.50596
```

7절 다차원 척도법

학습목표
- 다차원 척도법(MDS)를 이해한다.
- 주성분 분석(PCA)을 이해한다.
- R 프로그램을 통해 다차원 척도법과 주성분 분석을 진행할 수 있다.

눈높이 체크

• **다차원 척도법을 들어보셨나요?**

다차원 척도법(MDS : Multi Dimensional Scaling)은 군집분석과 같이 개체들을 대상으로 변수들을 측정한 후, 개체들 사이의 유사성/비유사성을 측정하여 개체들을 2차원 또는 3차원 공간상에 점으로 표현하는 분석 방법입니다.

• **군집분석을 들어보셨나요?**

군집분석은 개체들 간의 비유사성을 이용하여 동일한 그룹들로 분류하는 것이 목적인 반면, 다차원 척도법은 개체들의 비유사성을 이용하여 2차원 공간상에 점으로 표시하고 개체들 사이의 집단화를 시각적으로 표현하는 것을 목적으로 합니다.

• **주성분 분석을 들어보셨나요?**

주성분 분석(PCA : Principal Component Analysis)은 상관관계가 있는 변수들의 선형결합을 통해 변수를 축약하는 기법입니다. 넓은 의미에서는 요인분석(Factor Analysis)의 한 종류로 활용되기도 합니다.

1. 다차원 척도법(Multidimensional Scaling)

- 객체간 근접성(Proximity)을 시각화하는 통계기법이다.
- 군집분석과 같이 개체들을 대상으로 변수들을 측정한 후에 개체들 사이의 유사성/비유사성을 측정하여 개체들을 2차원 공간상에 점으로 표현하는 분석방법이다.
- 개체들을 2차원 또는 3차원 공간상에 점으로 표현하여 개체들 사이의 집단화를 시각적으로 표현하는 분석방법이다.

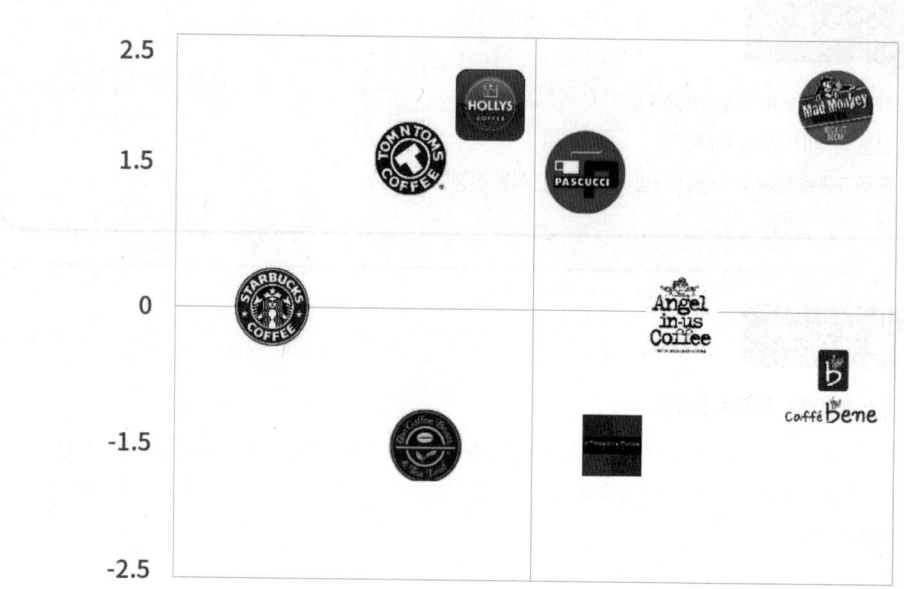

2. 다차원 척도법 목적

- 데이터 속에 잠재해 있는 패턴(Pattern), 구조를 찾아낸다.
- 그 구조를 소수 차원의 공간에 기하학적으로 표현한다.
- 데이터 축소(Data Reduction)의 목적으로 다차원 척도법을 이용한다. 즉, 데이터에 포함되는 정보를 끄집어내기 위해서 다차원 척도법을 탐색수단으로써 사용한다.
- 다차원 척도법에 의해서 얻은 결과를, 데이터가 만들어진 현상이나 과정에 고유의 구조로서 의미를 부여한다.

3. 다차원 척도법 방법

- 개체들의 거리 계산에는 **유클리드 거리행렬을 활용**한다.

$$d_{ij} = \sqrt{(x_{i1}-y_{i1})^2 + \ldots + (x_{iR}-y_{iR})^2}$$

- 관측대상들의 상대적 거리의 정확도를 높이기 위해 적합 정도를 스트레스 값(Stress Value)으로 나타낸다.

- $$S = \sqrt{\frac{\sum_{i=1,j=1}^{n}(d_{ij}-\hat{d}_{ij})^2}{\sum_{i=1,j=1}^{n}(d_{ij})^2}}$$

(d_{ij} = 관측대상 i부터 j까지 실제거리, $\hat{d}_{ij}$ = 프로그램에 의해 추정된 거리)

- 최적모형의 적합은 부적합도를 최소로 하는 방법으로 스트레스값이 될 때까지 반복해서 수행하며, 이때 부적합도의 기준으로 S-STRESS를 사용하기도 한다.

STRESS	적합도 수준
0	완벽(Perfect)
0.05 이내	매우 좋은(Excellent)
0.05~0.10	만족(Satisfactory)
0.10~0.15	보통(Acceptable, but Doubt)
0.15 이상	나쁨(Poor)

4. 다차원 척도법 종류

가. 계량적 MDS(Metric MDS)

- 데이터가 **구간척도나 비율척도인 경우 활용**한다.(전통적인 다차원 척도법) N개의 케이스에 대해서 p개의 특성변수가 있는 경우, 각 개체들간의 유클리드 거리행렬을 계산하고 개체들간의 비유사성 S(거리제곱 행렬의 선형함수)를 공간상에 표현한다.

나. 비계량적 MDS(nonmetric MDS)

- 데이터가 **순서척도**인 경우 활용한다. 개체들간의 거리가 순서로 주어진 경우에는 순서척도를 거리의 속성과 같도록 변환(Monotone Transformation)하여 거리를 생성한 후 적용한다.

사례

cmdscale 사례

- MASS package의 eurodist 자료를 이용한다.
- 유럽의 21개 도시들 사이의 거리를 측정한다.
- cmdscale을 이용하여 2차원으로 21개 도시들을 매핑한다.
- 종축은 북쪽 도시를 상단에 표시하기 위해 부호를 바꾼다.

```
> library(MASS)
> loc <- cmdscale(eurodist)
> x <- loc[, 1]
> y <- -loc[, 2]
> plot(x, y, type="n", asp=1, main="Metric MDS")
> text(x, y, rownames(loc), cex=0.7)
> abline(v=0, h=0, lty=2, lwd=0.5)
```

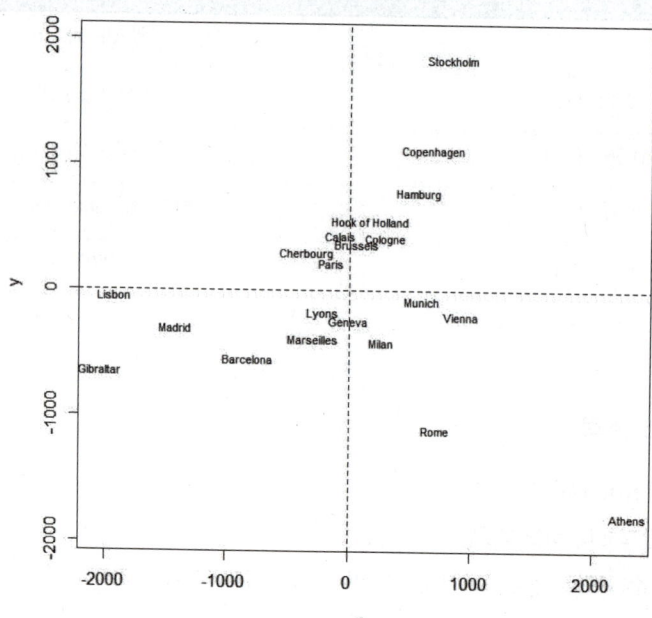

isoMDS 사례

- MASS package의 Swiss 자료를 이용하여 2차원으로 도시들을 매핑한다.
- 1888년경의 스위스연방 중 47개의 불어권 주의 토양의 비옥도 지수와 여러 사회경제적 지표를 측정한 자료이다.

```
> library(MASS)
> data(swiss)
> swiss.x <- as.matrix(swiss[, -1])
> swiss.dist <- dist(swiss.x)
> swiss.mds <- isoMDS(swiss.dist)
> plot(swiss.mds$points, type="n")
> text(swiss.mds$points, labels=as.character(1:nrow(swiss.x)))
> abline(v=0, h=0, lty=2, lwd=0.5)
```

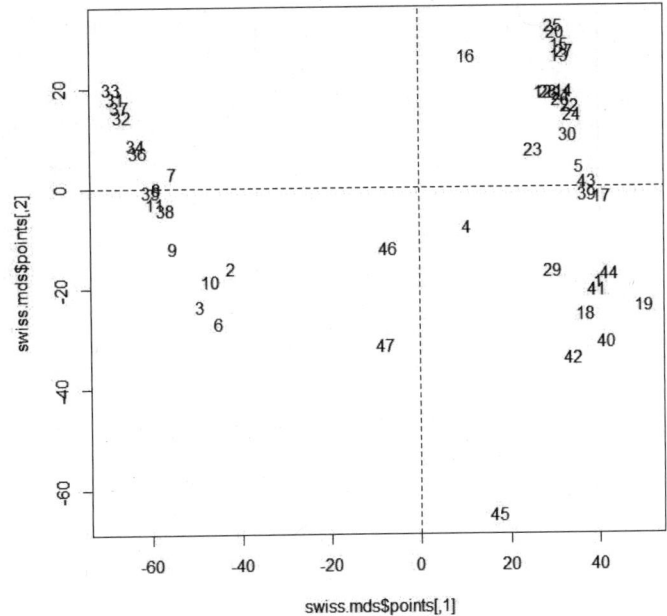

sammon 사례

```
> swiss.x <- as.matrix(swiss[, -1])
> swiss.sammon <- sammon(dist(swiss.x))
> plot(swiss.sammon$points, type="n")
> text(swiss.sammon$points, labels=as.character(1:nrow(swiss.x)))
> abline(v=0, h=0, lty=2, lwd=0.5)
```

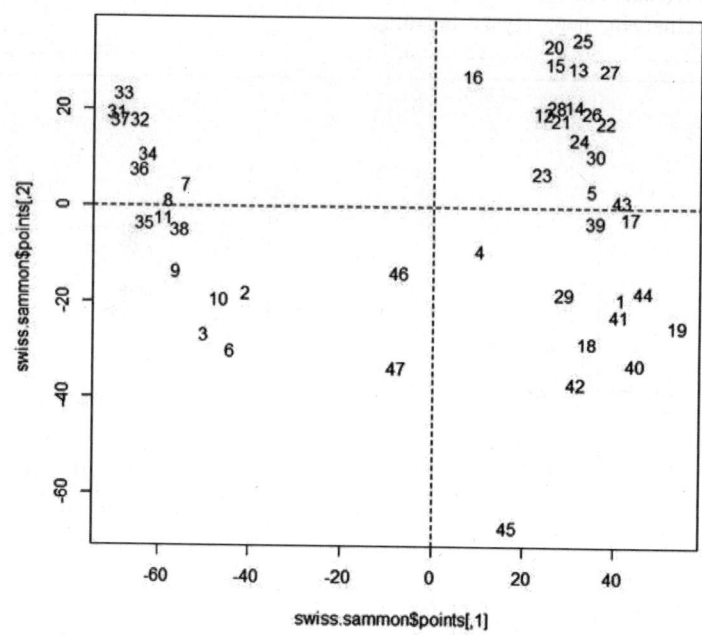

8절 주성분 분석

1. 주성분 분석(Principal Component Analysis)

- 주성분 분석이란 데이터에 여러 변수들이 있을 때 **서로 상관성이 높은 변수들의 선형결합**으로 이루어진 '주성분(Principal Component)'이라는 새로운 변수를 만들어 변수들을 요약하고 축소하는 기법이다.
- 예를 들어, 변수 x와 z로 y를 예측하고자 할 때 $x=3a$, $z=a+1$, $y=2x+z$와 같은 관계가 성립된다면 굳이 x와 z라는 두 변수를 사용하지 않고, 변수 a로만 y를 예측하는 것이 더 좋을 것이다. 이와 같이 여러 변수의 선형조합으로 만들어진 주성분을 통해 변수들을 축소할 수 있다.
- 주성분 분석을 할 때, 첫 번째 주성분으로 전체 변동을 가장 많이 설명할 수 있도록 하고, 두 번째 주성분으로는 첫 번째 주성분이 설명하지 못하는 나머지 변동을 정보의 손실 없이 가장 많이 설명할 수 있도록 변수들의 선형조합을 만든다. 각 주성분은 서로 독립인 것(상관계수=0)을 원칙으로 한다.

2. 주성분 분석의 목적

- 여러 변수들 간에 내재하는 상관관계, 연관성을 이용해 **소수의 주성분으로 차원을 축소**함으로써 데이터를 이해하기 쉽고 관리하기 쉽게 해준다.
- 다중공선성이 존재하는 경우, **상관성이 없는(적은) 주성분으로 변수들을 축소**하여 모형 개발에 활용된다. (회귀분석이나 의사결정나무(decision tree) 등의 모형 개발 시 입력변수들간의 상관 관계가 높은 다중공선성(multicollinearity)이 존재할 경우 모형이 잘못 만들어져 문제가 생김)
- 주성분 분석을 통해 변수 차원을 축소한 후 **군집분석을 수행하면 군집화 결과와 연산속도를 개선**할 수 있다.
- 주성분 분석으로 기계에서 나오는 다량의 센서 데이터의 차원을 축소한 후, 분포나 추세의 변화를 분석하여 기계의 고장징후를 사전에 파악하는데 활용하기도 한다.

3. 주성분 분석 vs 요인분석

가. 요인분석의 개념

- 요인분석이란 여러 개의 변수들로 이루어진 데이터에서 **변수들 간의 상관관계를** 고려하여 서로 **유사한 변수들을 묶어 새로운 잠재요인들을 추출해내는 분석방법**으로, 변수를 축소하고 데이터를 요약하는데 사용한다.
- 예를 들어, 시험성적에 대한 데이터가 '국어, 영어, 중국어, 수학, 물리, 음악, 미술'에 해당하는 7개의 변수로 이루어져 있다고 하자. 이 7개가 아닌 공통의 변수들을 파악해 **국어, 영어, 중국어를 [언어능력], 수학, 물리를 [수리능력], 음악, 미술을 [예술적 재능]** 등과 같이 새로운 요인들로 구성해낼 때 요인분석을 사용한다.
- 요인분석을 수행하기 위해서는 변수가 간격척도 혹은 비율척도로 측정되어야 하며, 표본(관측치)의 크기는 100개 이상이 바람직하며 최소 50개 이상이 되어야한다.

나. 주성분 분석 vs 요인분석

	주성분 분석	요인분석
공통점	• 원 데이터를 활용하여 몇 개의 새로운 변수를 생성 • 변수축소 및 데이터 요약에 사용됨	
생성되는 변수의 수	통상적으로 2개 (제1주성분, 제2주성분)	지정된 개수 없음
생성되는 변수의 이름	제1주성분, 제2주성분과 같이 표현됨	분석가가 변수의 이름을 지정함
생성되는 변수들의 관계	제1주성분이 가장 중요하고, 그 다음으로 제2주성분이 중요하게 취급됨	대등한 관계 (어떤 것이 더 중요하다는 의미가 존재하지 않음)
분석방법의 의미	목표변수를 잘 예측/분류하기 위해 기존 변수들의 선형결합으로 이루어진 몇 개의 주성분을 찾아냄	목표변수를 고려하지 않고 주어진 변수들을 비슷한 성격으로 묶어서 새로운 (잠재)변수를 생성

다. 요인분석의 용어

용어	설명
요인 (factor)	• 상관계수가 높은 변수들을 묶어 새롭게 생성한 변수집단
요인 적재값 (factor loading)	• 변수와 해당 요인간의 **상관계수** • 요인 적재값의 제곱은 해당 변수가 요인에 의해 설명되는 분산의 비율을 의미함
요인행렬 (factor matrix)	• 요인들에 대한 모든 변수의 요인 적재값을 모은 행렬
고유값 (eigenvalue)	• 각 요인에 대한 모든 변수들의 **요인 적재값 제곱의 합** • 해당 요인이 설명할 수 있는 변수들의 분산 총합으로, 변수 속 정보(분산)가 어떤 요인에 의해 어느 정도 설명될 수 있는지를 나타내는 비율임

공통성(community)	• 여러 요인이 설명할 수 있는 한 변수의 분산의 양을 백분율로 나타낸 것 • 한 변수의 공통성은 추출된 요인들이 그 변수의 정보(분산)를 얼마만큼 설명할 수 있는지를 의미하며, 0과 1사이의 값을 가짐

라. 요인추출 방법

- 요인을 추출하는 방법에는 주성분 분석과 공통요인분석이 있으며, 주성분 분석이 널리 이용된다.
- **주성분 분석**(principal component analysis) : 변수들로부터 요인을 추출하는 방식으로, 전체 분산을 토대로 요인을 추출한다. 요인분석에서 가장 많이 사용되는 방식이다.
- **공통요인분석** : 잠재요인으로부터 변수들이 산출된 것으로 보는 방식으로, 공통분산만을 토대로 요인을 추출한다.

마. 요인의 수 결정

- 고유값(eigenvalue)을 기준으로 할 때는, **고유값이 1이상에 해당하는 요인들을 추출**한다.
- 스크리 도표(scree plot)에서 요인의 설명력이 하락하다가 완만한 하락으로 추세가 바뀌기의 직전 요인의 수를 기준으로 요인을 추출한다.
- 경우에 따라 추출할 요인의 수를 사전에 정의한 후 요인분석을 수행할 수도 있다.

> **참고**
>
> **요인분석의 절차**
>
> **1) 데이터 입력**
>
> **2) 상관계수 산출**
> - 동질적이거나 유사한 변수들을 하나의 요인으로 나타내기 위해 변수들 간의 상관계수를 계산한다.
>
> **3) 요인추출**
> - 주성분 분석 혹은 공통요인분석을 통해 요인을 추출하고, 고유값과 스크리 도표 등을 활용하여 적절한 요인의 수를 선택한다.
>
> **4) 요인 적재량 산출**
>
> **5) 요인회전**
> - 최초 요인행렬(요인적재값을 모은 행렬)은 변수들의 분산을 어느 정도는 설명할 수 있지만, 요인과 각 변수들 간의 관계를 명확하게 나타내지 않는다. 원활한 요인 해석과 의미 있는 요인패턴(변수와 요인의 상관행렬)을 찾기 위해 분산을 재분배시키는 '요인회전' 단계는 매우 중요하다.
> - 요인회전의 종류로는 직각회전(쿼티멕스, 베리맥스, 미쿼멕스)과 비직각회전(오블리민)이 있다.
>
> **6) 생성된 요인 해석**
>
> **7) 요인점수 산출**
> - 관측치별 요인점수는 요인점수 계수(Standardized Scoring Coefficients)와 표준화된 관측치의 곱으로 구하며, 요인별로 이 값을 합하면 요인별 요인점수가 된다.
> - 요인점수를 산출하는 방법에는 회귀분석(요인값과 추정된 요인값 간 차이 제곱의 합이 최소가 되게 함), Bartlett(요인들의 제곱합이 최소가 되게 함) 등이 있다.

4. 주성분의 선택법

가. 기여율

출제 포인트

주성분 갯수의 선택방법은 누적기여율(Cumulative Proportion)이나 Scree Plot을 활용하므로 해석 방법을 정확히 숙지하시기 바랍니다.

- 주성분은 여러 변수들의 선형결합이므로, 각 변수에 내재되어 있는 중요한 정보의 손실이 있을 수도 있다. 따라서 '주성분 기여율'을 사용하여 주성분이 데이터를 얼마나 잘 설명할 수 있는지를 평가한다.
- **주성분 기여율**은 원 변수의 총 변동(각 변수들의 분산값 총합) 분의 주성분 변수의 분산으로, 총 변동에 대한 **주성분의 설명력을 의미**한다.
- 주성분의 분산이 전체 데이터의 흩어진 정도와 비슷하다면 해당 주성분은 적절하다고 판단될 수 있다. 기여율은 1에 가까울수록 적절하고 0에 가까울수록 데이터에 대한 **설명력이 떨어진다고 판단**한다.
- 첫 번째 주성분부터 차례대로 기여율을 합한 **누적 기여율(Cumulative Proportion)이 85% 이상이 되면 해당 지점까지를 주성분의 수로 결정**한다. 아래의 사진에서는 두 번째 주성분까지의 누적 기여율이 약 87%이므로, 주성분의 수를 두 개로 결정한다.

```
Importance of components :
                          PC1     PC2     PC3     PC4      PC5
Standard deviation      1.6618  1.2671  0.7420  0.25311  0.13512
Proportion of Variance  0.5523  0.3211  0.1101  0.01281  0.00365
Cumulative Proportion   0.5523  0.8734  0.9835  0.99635  1.00000
```

〈주성분에 의해 설명되는 변동의 비율〉

나. 스크리 산점도 (Scree Plot)

- 스크리 산점도란 주성분을 x축, 각 주성분의 고유값(주성분의 분산)을 y축에 둔 그래프이다. **고유치가 급격히 완만해지는 지점의 바로 전 단계로 주성분의 수를 선택**한다. 그 이후 지점의 주성분은 선택하더라도 데이터에 대한 설명력이 작아서 해당 주성분을 선택하지 않을 때와 큰 차이가 없기 때문이다.
- 아래의 스크리 산점도에서는 3번째 지점부터 고유값이 급격히 완만해진다. 감소 추세가 완만해지기 직전까지의 주성분 수는 2이므로 주성분의 수를 2개로 선택한다.

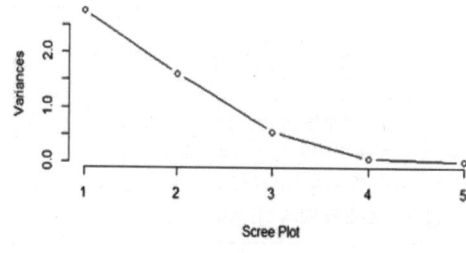

〈스크리 산점도 (Scree Plot)〉

5. 주성분 분석 사례

가. USArrests 자료

- 1973년 미국 50개주의 100,000명의 인구 당 체포된 세 가지 강력 범죄(Assault, Murder, Rape) 수와 각 주마다 도시에 거주하는 인구의 비율(%)로 구성되어 있다.
- 변수들 간의 척도의 차이가 상당히 크기 때문에 상관행렬을 사용하여 분석한다.
- 특이치 분해를 사용하는 경우 자료 행렬의 각 변수의 평균과 제곱의 합이 1로 표준화되었다고 가정할 수 있다.

1) 4개의 변수들 간의 산점도

```
> library(datasets)
> data(USArrests)
> pairs(USArrests, panel = panel.smooth, main = "USArrests data")
```

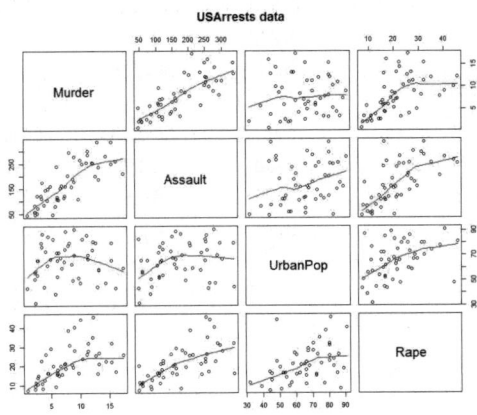

- Murder와 UrbanPop비율간의 관련성이 작아 보인다.

2) summary

- 제1주성분과 제2주성분까지의 누적 분산비율은 대략 86.8%로 2개의 주성분 변수를 활용하여 전체 데이터의 86.8%를 설명할 수 있다.
- 주성분들에 의해 설명되는 변동의 비율은 Screeplot을 통해 확인 가능하다.

```
> US.prin <- princomp(USArrests, cor = TRUE)
> summary(US.prin)
> screeplot(US.prin, npcs=4, type="lines")
```

```
Importance of components :
                         Comp.1      Comp.2      Comp.3      Comp.4
Standard deviation       1.5748783   0.9948694   0.5971291   0.41644938
Proportion of Variance   0.6200604   0.2474413   0.0891408   0.04335752
Cumulative Proportion    0.6200604   0.8675017   0.9566425   1.00000000
```

3) Loading

- 네 개의 변수가 각 주성분 Comp.1~Comp.4까지 기여하는 가중치가 제시된다.
- 제1주성분에는 네 개의 변수가 평균적으로 기여한다.
- 제2주성분에서는 (Murder, Assault)와 (UrbanPop, Rape)의 계수의 부호가 서로 다르다.

```
> loadings(US.prin)
Loadings :
             Comp.1    Comp.2    Comp.3    Comp.4
Murder       0.536     0.418     0.341     0.649
Assault      0.583     0.188     0.268    -0.743
UrbanPop     0.278    -0.873     0.378     0.134
Rape 0.543            -0.167    -0.818

             Comp.1    Comp.2    Comp.3    Comp.4
SS loadings  1.00      1.00      1.00      1.00
Proportion Var 0.25    0.25      0.25      0.25
Cumulative Va  0.25    0.50      0.75      1.00
```

4) Scores

- 각 주성분 Comp.1~Comp.4의 선형식을 통해 각 지역(record)별로 얻은 결과를 계산한다.

```
> US.prin$scores
                       Comp.1         Comp.2         Comp.3         Comp.4
Alabama 0.98556588     1.13339238     0.44426879     0.156267145
Alaska   1.95013775    1.07321326    -2.04000333    -0.438583440
Arizona  1.76316354   -0.74595678    -0.05478082    -0.834652924
Arkansas              -0.14142029     1.11979678    -0.11457369    -0.182810896
California             2.52398013    -1.54293399    -0.59855680    -0.341996478
Colorado               1.51456286    -0.98755509    -1.09500699     0.001464887
Connecticut           -1.35864746    -1.08892789     0.64325757    -0.118469414
Delaware               0.04770931    -0.32535892     0.71863294    -0.881977637
Florida                3.01304227     0.03922851     0.57682949    -0.096284752
Georgia                1.63928304     1.27894240     0.34246008     1.076796812
Hawaii                -0.91265715    -1.57046001    -0.05078189     0.902806864
Idaho                 -1.63979985     0.21097292    -0.25980134    -0.499104101
Illinois               1.37891072    -0.68184119     0.67749564    -0.122021292
```

Indiana	-0.50546136	-0.15156254	-0.22805484	0.424665700
Iowa	-2.25364607	-0.10405407	-0.16456432	0.017555916

중략

5) 제1-2주성분에 의한 행렬도
- 조지아, 메릴랜드, 뉴 멕시코 등은 폭행과 살인의 비율이 상대적으로 높은 지역이다.
- 미시간, 텍사스 등은 강간의 비율이 높은 지역이다.
- 콜로라도, 캘리포니아, 뉴저지 등은 도시에 거주하는 인구의 비율이 높은 지역이다.
- 아이다호, 뉴 햄프셔, 아이오와 등의 도시들은 도시에 거주하는 인구의 비율이 상대적으로 낮으면서 3대 강력범죄도 낮다.

```
arrests.pca <- prcomp(USArrests,center = TRUE,scale. = TRUE)
biplot(arrests.pca,scale=0)
```

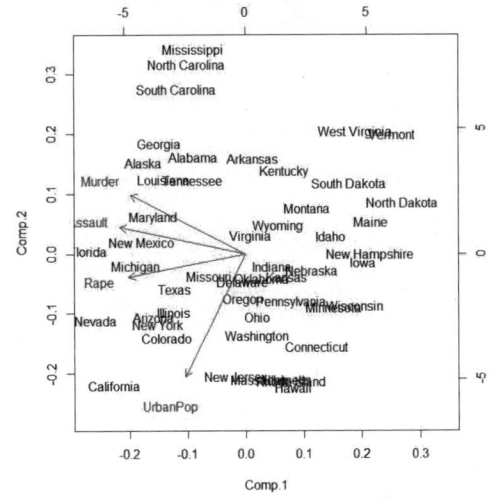

통계 분석

01. 아래는 근로자의 임금(wage)과 교육수준(1. <HS Grad, 2. HS Grad, 3. Some College, 4. College Grad, 5. Advanced Degree)의 관계를 나타낸 그래프이다. 다음 중 아래에 대한 설명으로 부적절한 것은?

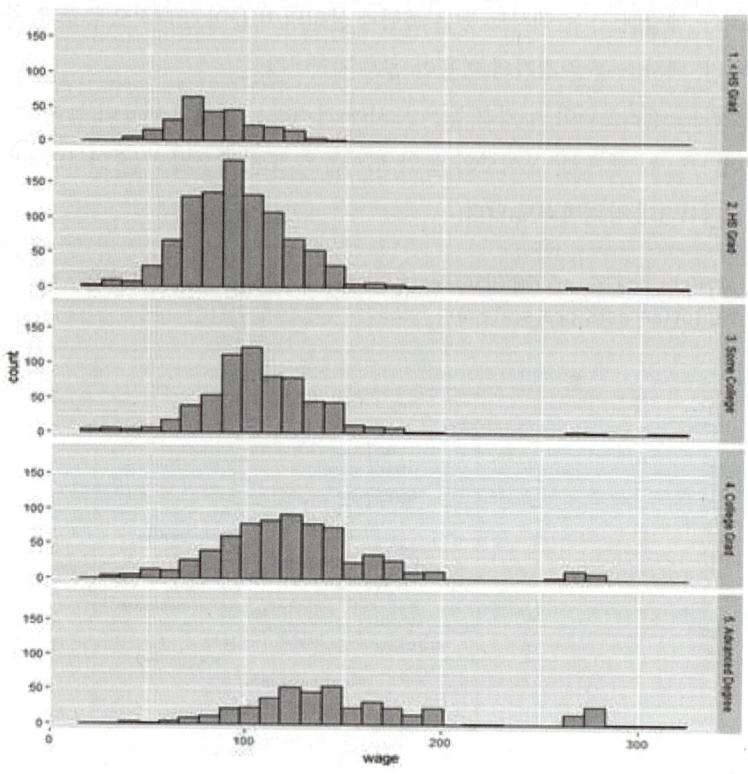

① 각 학력 수준에 따라 임금의 분포를 나타낸다.
② 학력 수준이 높아질수록 임금은 높아지는 경향이 있다.
③ 각 막대의 높이는 임금 수준을 나타낸다.
④ 5. Advanced Degree 그룹의 임금 분포는 쌍봉이다.

02. 다음 중 모집단에서 표본을 추출하는 방법이 아닌 것은 무엇인가?

① 단순랜덤추출법
② 계통추출법
③ 층화추출법
④ 깁스추출법

03. 확률이란 "특정사건이 일어날 가능성의 척도"라고 정의할 수 있다. 통계적 실험을 실시할 때 나타날 수 있는 모든 결과들의 집합을 표본공간이라고 하고, 사건이란 표본공간의 부분집합을 말한다. 다음 중 확률 및 확률분포에 대한 설명으로 가장 부적절한 것은?

① 모든 사건의 확률값은 0과 1사이에 있다.
② 서로 배반인 사건들의 합집합의 확률은 각 사건들의 확률의 합이다.
③ 두 사건 A, B가 독립이라면 사건 B의 확률은 A가 일어난다는 가정하에서의 B의 조건부확률과 동일하다.
④ 확률변수 X가 구간 또는 구간들의 모임인 숫자 값을 갖는 확률분포함수를 이산형확률밀도함수라 한다.

04. 자료의 정보를 이용해 집단에 관한 추측, 결론을 이끌어내는 과정인 통계적 추론에 대한 설명으로 가장 부적절한 것은?

① 전수조사가 불가능하면 모집단에서 표본을 추출하고 표본을 근거로 확률론을 활용하여 모집단의 모수들에 대해 추론하는 것을 추정이라 한다.
② 점 추정은 표본의 정보로부터 모집단의 모수를 하나의 값으로 추정하는 것이다.
③ 통계적 추론은 제한된 표본을 바탕으로 모집단에 대한 일반적인 결론을 유도하려는 시도이므로 본질적으로 불확실성을 수반한다.
④ 구간추정은 모수의 참값이 포함되어 있다고 추정되는 구간을 결정하는 것이며, 실제 모집단의 모수는 신뢰구간에 포함되어야 한다.

05. 모집단 내에서 모집단의 특성을 잘 나타낼 수 있는 일부를 추출하여 이들로부터 자료를 수집하고 수집된 자료를 토대로 모집단의 특성을 추정하게 된다. 이 때 조사하는 모집단의 일부분을 표본(sample)이라 한다. 다음 중 표본조사에 대한 설명으로 가장 부적절한 것은?

① 표본오차(sampling error)는 모집단을 대표할 수 있는 표본 단위들이 조사대상으로 추출되지 못함으로서 발생하는 오차를 말한다.
② 표본편의(sampling bias)는 모수를 작게 또는 크게 할 때 추정하는 것과 같이 표본추출방법에서 기인하는 오차를 의미한다.
③ 표본편의는 확률화(randomization)에 의해 최소화하거나 없앨 수 있다. 확률화란 모집단으로부터 편의되지 않은 표본을 추출하는 절차를 의미하며 확률화 절차에 의해 추출된 표본을 확률표본(random sample)이라 한다.
④ 비표본오차(non-sampling error)는 표본오차를 제외한 모든 오차로 조사 과정에서 발생하는 모든 부주의나 실수, 알 수 없는 원인 등 모든 오차를 의미하며 조사대상이 증가한다고 해서 오차가 커지지는 않는다.

06. 표본공간은 어떤 실험이나 시도의 결과로 나올 수 있는 모든 가능한 결과의 집합이다. 사건이랑 표본공간의 부분집합을 말한다. 다음 중 확률 및 확률분포에 관한 설명으로 부적절한 것은?

① (사건 A가 일어나는 경우의 수)/(일어날 수 있는 모든 경우의 수)를 P(A)라 할 때 이를 A의 수학적 확률이라 한다.
② 한 사건 A가 일어날 확률을 P(A)라 할 때 n번의 반복시행에서 사건 A가 일어난 횟수를 r라 하면, 상대도수는 r/n는 n이 커짐에 따라 확률 P(A)에 가까워짐을 알 수 있다. P(A)를 사건 A의 통계적 확률이라 한다.
③ 두 사건 A, B가 독립일 때, 사건 B의 확률은 A가 일어났다는 가정 하에서의 B의 조건부확률과는 다르다.
④ 표본공간에서 임의의 사건 A가 일어날 확률 P(A)는 항상 0과 1사이에 있다.

07. 다음 중 표본조사의 유의점에 대한 설명으로 가장 부적절한 것은?

① 표본편의는 표본추출 과정에서 특정 대상이 다른 대상에 비해 우선적으로 추출될 때 생기는 오차를 의미한다.
② 표본편의(sampling bias)는 모형 추론 방법으로 최소화하거나 없앨 수 있다.
③ 표본값으로 모집단의 모수를 추정할 때 표본오차의 비표본오차가 발생할 수 있다.
④ 응답오차, 유도질문 등은 표본조사에서 유의할 점이다.

08. 표본조사나 실험을 하는 과정에서 추출된 원소나 관측 자료를 얻는 것을 측정이라고 한다. 자료의 측정수준에 따라 통계에 이용해야 할 통계량이나 검정법이 다르다. 자료는 분류자료와 수량자료로 나눌 수 있는데 다음 중 자료의 측정 수준에 대한 설명으로 부적절한 것은?

① 명목척도(nominal scale)는 단순한 번호로 차례의 의미는 없다.
② 순서척도(ordinal scale)는 순서가 의미를 가지는 번호이다.
③ 구간척도(interval scale)는 순서뿐만 아니라 그 간격도 의미가 있으며 0이 절대적인 의미를 가진다.
④ 비율척도(ratio scale)는 0을 기준으로 하는 절대적 척도를 간격뿐만 아니라 비율에도 의미가 있다.

09. 귀무가설이 사실인데도 불구하고 사실이 아니라고 판정할 때(귀무가설을 기각하는 오류) 이를 제1종 오류라고 한다. 이때 우리가 내린 판정이 잘못되었을 실제 확률은 무엇으로 나타낼 수 있는가?

① α (알파)
② p-vlaue
③ 검정통계량
④ $1-\alpha$

10. 확률변수 X가 확률질량함수 $f(x)$를 갖는 이산형 확률변수인 경우 그 기댓값으로 옳은 식은?

① $E(x) = \sum xf(x)$
② $E(x) = \int xf(x)dx$
③ $E(x) = \sum x^2 f(x)$
④ $E(x) = \int x^2 f(x)dx$

11. 아래 조건부 확률에서 사건 A가 일어났다는 가정하의 사건 B의 확률을 조건부 확률이라고 하고 아래의 식으로 표현한다. 다음 중 의 계산식을 표현하기 위해 (가)에 들어갈 식으로 적절한 것은?

$$P(B|A) = \frac{(가)}{P(A)}$$

① $P(A \cap B)$
② $P(A)$
③ $P(B)$
④ $P(A \cup B)$

12. 다음 중 모분산의 추론에 대한 설명으로 가장 부적절한 것은?

① 모집단의 변동성 또는 퍼짐의 정도에 관심이 있는 경우, 모분산이 추론의 대상이 된다.
② 정규모집단으로부터 n개를 단순임의 추출한 표본의 분산은 자유도가 n-1인의 t 분포를 따른다.
③ 모집단이 정규분포를 따르지 않더라도 중심극한정리를 통해 정규모집단으로부터의 모분산에 대한 검정을 유사하게 시행할 수 있다.
④ 이 표본에 의한 분산비 검정은 두 표본의 분산이 동일한지를 비교하는 검정으로 검정통계량은 F 분포를 따른다.

13. 통계적 추론이란 자료의 정보를 이용하여 모집단에 관한 추측이나 결론을 이끌어 내는 과정이다. 이 과정은 추정과 가설검정을 통하여 이루어진다. 다음 중 추정과 가설검정에 대한 설명으로 가장 부적절한 것은?

① 가장 참값이라고 여겨지는 하나의 모수 값을 택하는 것을 점추정이라고 한다. 즉, 점추정은 모수가 특정한 값일 것이라고 추정하는 것이다.
② 구간추정이란 일정한 크기의 신뢰구간으로 모수가 특정한 구간에 있을 것이라고 선언 하는 것으로 구해진 구간을 신뢰구간이라고 한다.
③ 귀무가설이 사실일 때, 관측된 검정통계량의 값보다 귀무가설을 지지하는 방향으로 검정통계량이 나올 확률을 p값이라고 한다.
④ 기각역이란 대립가설이 맞을 때 그것을 받아들이는 확률을 의미한다.

14. 다음 중 아래의 표가 나타내는 확률질량함수를 가진 확률변수 x의 기댓값 E(x)로 가장 적절한 것은?

x	1	2	3	4
f(x)	0.2	0.3	0.2	0.075

① 1 ② 1.7 ③ 2.5 ④ 10

15. 다음 중 연속형 확률분포가 아닌 것은?

① 이항분포(Binomial distribution) ② 정규분포(Normal distribution)
③ t-분포(t-distribution) ④ 카이제곱 분포(χ^2-distribution)

16. 표본조사나 실험을 실시하는 과정에서 추출된 원소들이나 실험 단위로부터 주어진 목적에 적합하도록 관측해 자료를 얻는 것을 측정(measurement)이라 한다. 다음 중 자료의 종류에 대한 설명으로 가장 부적절한 것은?

   ① 명목척도 - 측정 대상이 어느 집단에 속하는지 분류할 때 사용
   ② 순서척도 - 측정 대상의 특성이 가지는 서열관계를 관측하는 척도
   ③ 구간척도 - 측정 대상이 갖는 속성의 양을 측정하는 것으로 구간이나 구간사이의 간격이 의미가 있는 자료
   ④ 비율척도 - 절대적 기준인 원점이 존재하지 않으며 모든 사칙연산이 가능한 척도

17. 히스토그램은 표로 되어 있는 도수분포표를 그래프로 나타낸 것이다. 다음 중 히스토그램에 대한 설명으로 부적절한 것은?

   ① 히스토그램에서는 가로축이 계급, 세로축이 도수를 나타낸다. 계급은 보통 변수의 구간이며, 서로 겹치지 않는다.
   ② 히스토그램은 표본의 크기가 작아도 각 막대의 높이가 데이터 분포의 형상을 잘 표현해낸다.
   ③ 그래프의 모양이 치우쳐있거나 봉우리가 여러개 있는 그래프는 비정규 데이터일 수 있다.
   ④ 봉우리가 여러개 있는 데이터는 일반적으로 2개 이상의 공정이나 조건에서 데이터가 수집되는 경우 발생한다.

18. Wage 데이터셋에 대한 아래 요약통계량에 대한 설명으로 가장 부적절한 것은 무엇인가?

```
> summary(Wage[,c("wage","education")])
      wage                   education
 Min.   : 20.09   1. < HS Grad       :268
 1st Qu.: 85.38   2. HS Grad         :971
 Median :104.92   3. Some College    :650
 Mean   :111.70   4. College Grad    :685
 3rd Qu.:128.68   5. Advanced Degree:426
 Max.   :318.34
```

   ① wage의 최소값은 20.09이다.
   ② 교육수준의 5개의 그룹으로 구분된다.
   ③ wage는 범주형 변수이다.
   ④ education은 순서형 변수이다.

19. 아래는 chickwts 데이터 프레임을 분석한 것이다. 다음 중 결과에 대한 해석이 잘못된 것은?

```
> t.test(chickwts$weight)

        One Sample t-test

data:   chickwts$weight
t = 28.202, df = 70, p-value < 2.2e-16
alternative hypothesis: true mean is not equal to 0
95 percent confidence interval:
 242.8301 279.7896
sample estimates:
mean of x
 261.3099
```

① 전체 관측치 수는 70개 이다.
② 99% 신뢰구간을 구하기 위해서는 "conf.level=0.99"라는 옵션을 사용할 수 있다.
③ 닭 무게의 점 추정량은 261.3이며, 95% 신뢰구간은 242.8에서 279.8이다.
④ 닭 무게에 대한 p-value는 p-value<2.2e-16이므로 귀무가설이 기각된다.

20. 다음 제1종 오류에 대한 설명 중 올바른 것은?

① H_0가 사실일 때, H_0가 사실이라고 판정
② H_0가 사실이 아닐 때, H_0가 사실이라고 판정
③ H_0가 사실일 때, H_0가 사실이 아니라고 판정
④ H_0가 사실이 아닐 때, H_0가 사실이 아니라고 판정

21. 통계적 추론에서 모집단의 모수를 검증하기 위해 사용하는 모수적 방법과 비교하여 비모수적 방법의 특징으로 가장 부적절한 것은?

① 비모수적 검정은 모집단의 분포에 대해 아무런 제약을 가하지 않는다.
② 관측된 자료가 특정 분포를 따른다고 가정할 수 없는 경우에 이용된다.
③ 분포의 모수에 대한 가설을 설정하지 않고 분포의 형태에 대해 가설을 설정한다.
④ 비모수 검정에서는 관측값의 절대적 크기에 의존하여 평균, 분산 등을 이용해 검정을 실시한다.

22. 다음 중 표본을 도표화함으로써 모집단 분포의 개형을 파악하는 방법에 대한 설명으로 가장 부적절한 것은?

① 히스토그램은 도수분포표를 이용하여 표본자료의 분포를 나타낸 그래프이다. 수평축 위에 계급구간을 표시하고 그 위로 각 계급의 상대도수에 비례하는 넓이의 직사각형을 그린 것이다.

② 줄기잎그림은 각 데이터의 점들을 구간단위로 요약하는 방법으로써 계산량이 많다.

③ 산점도는 두 특성의 값이 연속적인 수인 경우, 표본자료를 그래프로 나타내는 방법으로써 각 이차원 자료에 대하여 좌표가 (특성 1의 값, 특성 2의 값)인 점을 좌표평면 위에 찍은 것이다.

④ 파레토그림(pareto diagram)은 명목형 자료에서 "중요한 소수"를 찾는데 유용한 방법이다.

23. Wage 데이터에서 wage에 대한 t-test를 실시하였다. 다음 설명 중 부적절한 것은?

```
> t.test(Wage$wage,mu=100)

        One Sample t-test

data:  Wage$wage
t = 15.362, df = 2999, p-value < 2.2e-16
alternative hypothesis: true mean is not equal to 100
95 percent confidence interval:
 110.2098 113.1974
sample estimates:
mean of x
 111.7036
```

① 한 집단의 평균에 대한 t-test(one sample t-test) 결과이다.

② 양측검정 결과를 보여주고 있다.

③ t-test의 자유도는 2999이다.

④ 평균에 대한 95% 신뢰구간은 귀무가설에서 설정한 평균의 참값을 포함한다.

24. 여섯 가지 종류의 닭 사료 첨가물의 효과를 비교하기 위한 데이터와 그래프이다. 아래의 대한 설명으로 다음 중 적절하지 않은 것은 무엇인가?

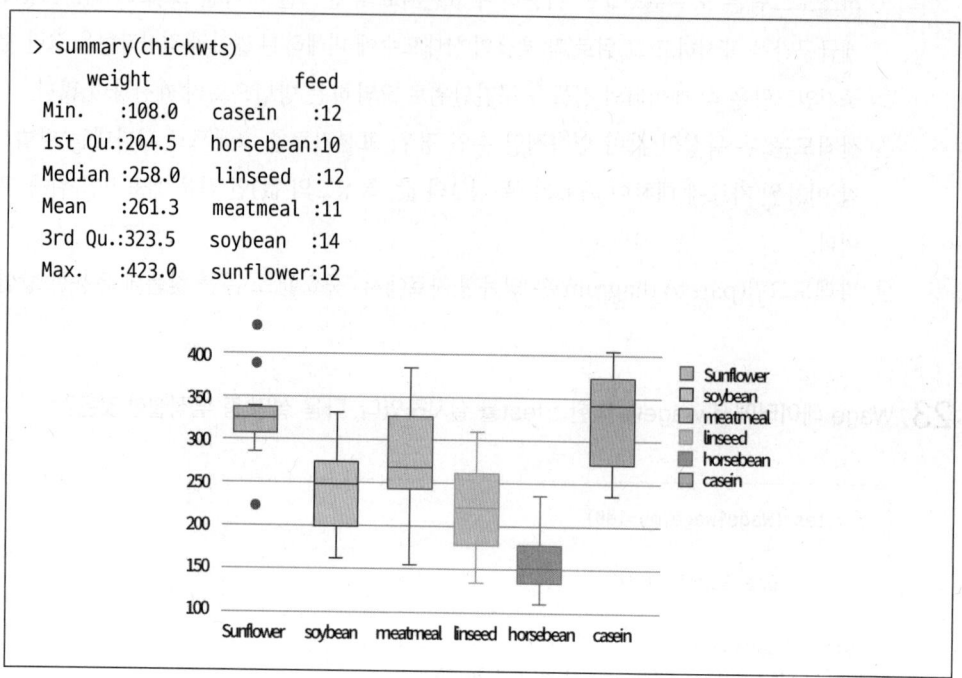

① Weight의 중앙값은 horsebean 그룹이 가장 작다.

② 이상값이 존재하지 않는다.

③ Meatmeal 그룹과 Linseed 그룹의 Weight의 평균이 유의한 차이가 있는지 알 수 없다.

④ Horsebean 그룹에서 Weight가 150보다 작은 개체가 약 50% 가량 된다.

25. Carseats 데이터 프레임은 400개 상점에서 판매 중인 유아용 키시트에 대한 자료이다. 다음 중 아래의 결과물에 대한 설명으로 가장 부적절한 것은?

```
> summary(Carseats)
     Sales          CompPrice         Income        Advertising      Population
 Min.   : 0.000   Min.   : 77     Min.   : 21.00   Min.   : 0.000   Min.   : 10.0
 1st Qu.: 5.390   1st Qu.:115     1st Qu.: 42.75   1st Qu.: 0.000   1st Qu.:139.0
 Median : 7.490   Median :125     Median : 69.00   Median : 5.000   Median :272.0
 Mean   : 7.496   Mean   :125     Mean   : 68.66   Mean   : 6.635   Mean   :264.8
 3rd Qu.: 9.320   3rd Qu.:135     3rd Qu.: 91.00   3rd Qu.:12.000   3rd Qu.:398.5
 Max.   :16.270   Max.   :175     Max.   :120.00   Max.   :29.000   Max.   :509.0
     Price         ShelveLoc          Age           Education        Urban       US
 Min.   : 24.0   Bad   : 96     Min.   :25.00     Min.   :10.0     No :118   No :142
 1st Qu.:100.0   Good  : 85     1st Qu.:39.75     1st Qu.:12.0     Yes:282   Yes:258
 Median :117.0   Medium:219     Median :54.50     Median :14.0
 Mean   :115.8                  Mean   :53.32     Mean   :13.9
 3rd Qu.:131.0                  3rd Qu.:66.00     3rd Qu.:16.0
 Max.   :191.0                  Max.   :80.00     Max.   :18.0
```

① ShelveLoc은 명목척도에 해당된다.

② ShelveLoc은 Good인 카시트의 비율은 0.21이다.

③ US 변수는 구간척도에 해당된다.

④ US가 No인 카시트가 Yes인 카시트보다 적다.

26. Chickwts는 71마리의 병아리들에게 서로 다른 모이(feed)를 6주간 먹인 후 무게(weight)를 측정한 자료이다. 아래는 첨가물 그룹 간 평균 무게에 차이가 있는지 검정하기 위해 분산분석을 한 결과이다. 설명이 가장 부적절한 것은?

```
> summary(aov(weight~feed, chickwts))
            Df Sum Sq Mean Sq F value  Pr(>F)
feed         5 231129   46226   15.37 5.94e-10 ***
Residuals   65 195556    3009
---
Signif. codes:  0 '***' 0.001 '**' 0.01 '*' 0.05 '.' 0.1 ' ' 1
```

① 귀무가설은 "첨가물 그룹 간의 평균이 모두 동일하다"이다.

② 첨가물의 개수는 5개다.

③ 유의수준 0.05하에서 첨가물 그룹 간의 무게 평균이 동일하지 않다는 통계적으로 유의한 증거가 있다.

④ 위의 가설검정은 F 통계량을 기반으로 한다.

27. 아래 데이터는 두 종류의 수면 유도제(group)를 무작위로 선정된 20명의 환자를 대상으로 수명시간 증감(extra)을 측정한 자료이다. 아래 결과에 대한 설명으로 잘못된 것은?

```
> head(sleep)
  extra group ID
1   0.7     1  1
2  -1.6     1  2
3  -0.2     1  3
4  -1.2     1  4
5  -0.1     1  5
6   3.4     1  6
> t.test(extra~group, sleep)

        Welch Two Sample t-test

data:  extra by group
t = -1.8608, df = 17.776, p-value = 0.07939
alternative hypothesis: true difference in means is not equal to 0
95 percent confidence interval:
 -3.3654832  0.2054832
sample estimates:
mean in group 1 mean in group 2
           0.75            2.33
```

① 유의수준 1%하에서 수면유도제 2가 수면유도제 1보다 통계적으로 유의하게 평균 수면시간을 증가시킨다고 결론지을 수 있다. 즉, 수면유도제 2가 수면유도제 1보다 더 효과적이다.

② 수면유도제 1에 의해 평균적으로 0.75시간의 수면시간이 증가하였다.

③ 수면유도제 2에 의해 평균적으로 2.33시간의 수면시간이 증가하였다.

④ 두 수면유도제에 의해 증가된 평균 수면시간의 차이는 -3.37시간에서 0.21시간 사이에 있다고 95% 확신할 수 있다.

28. Default 데이터셋은 10000명의 신용카드 고객에 대한 카드대금 연체여부(default=Yes/No), 학생여부(student=Yes/No)를 포함한다. 아래는 default와 student 간의 관계를 나타내는 그림이다. 보기의 설명 중 옳지 않은 것은?

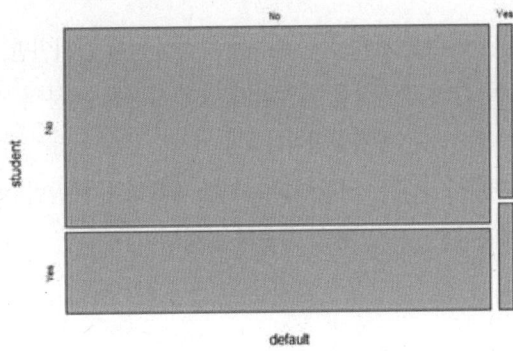

① 학생인 고객이 학생이 아닌 고객보다 많다.
② 연체 고객이 연체하지 않은 고객에 비해 적다.
③ 연체하지 않은 고객 중 학생의 수가 연체한 고객 중 학생의 수보다 크다.
④ 학생 여부와 연체 여부는 서로 독립이 아닐 것으로 추측된다.

29. 다음 중 스피어만 상관계수에 대한 설명으로 부적절한 것은?

① 비선형적인 상관관계는 나타내지 못한다.
② 서열척도로 측정된 변수간 관계를 측정한다.
③ -1과 1사이의 값을 가진다.
④ 0은 상관관계가 없음을 의미한다.

30. 다음 중 회귀분석의 가정으로 부적절한 것은?

① 독립성 ② 선형성 ③ 정규성 ④ 이분산성

31. 다음 중 상관계수에 대한 설명으로 가장 부적절한 것은?

① 피어슨 상관계수는 두 변수 간의 선형관계의 크기를 측정한다.
② 스피어만 상관계수는 두 변수 간의 비선형적인 관계도 측정 가능하다.
③ 피어슨 상관계수와 스피어만 상관계수는 -1과 1사이의 값을 가진다.
④ 피어슨 상관계수는 두 변수를 순위로 변환시킨 후 두 순위 사이의 스피어만 상관계수로 정의된다.

32. 상관분석에 대한 설명으로 가장 부적절한 것은?

① 등간 척도 및 비율척도로 측정된 변수들 간의 상관계수를 측정하는데 피어슨 상관계수를 이용한다.
② 서열 척도로 측정된 변수들 간의 상관계수를 측정하는데 스피어만 상관계수를 이용한다.
③ 상관분석은 변수들 간의 연관성을 파악하기 위해 사용하는 분석 기법 중 하나로 변수 간의 선형 관계 정도를 분석하는 통계기법이다.
④ 상관분석은 종속변수에 미치는 영향력의 크기를 파악하여 독립변수의 특정한 값에 대응하는 종속 변수값을 예측하는 선형모형을 산출하는 방법이다.

33. 다음 중 추정된 다중회귀모형이 통계적으로 유의미한지 확인하는 방법으로 적절한 것은?

① F 통계량을 확인한다.
② 결정계수를 확인한다.
③ t 통계량을 확인한다.
④ 잔차를 그래프로 그리고 회귀진단을 한다.

34. 데이터 프레임 attitude에 대해 아래와 같이 R 명령을 적용하고 결과를 얻었다. 다음 설명 중 가장 부적절한 것은?

```
> cor(attitude)
              rating complaints privileges learning     raises  critical   advance
rating     1.0000000  0.8254176  0.4261169 0.6236782 0.5901390 0.1564392 0.1550863
complaints 0.8254176  1.0000000  0.5582882 0.5967358 0.6691975 0.1877143 0.2245796
privileges 0.4261169  0.5582882  1.0000000 0.4933310 0.4454779 0.1472331 0.3432934
learning   0.6236782  0.5967358  0.4933310 1.0000000 0.6403144 0.1159652 0.5316198
raises     0.5901390  0.6691975  0.4454779 0.6403144 1.0000000 0.3768830 0.5741862
critical   0.1564392  0.1877143  0.1472331 0.1159652 0.3768830 1.0000000 0.2833432
advance    0.1550863  0.2245796  0.3432934 0.5316198 0.5741862 0.2833432 1.0000000
```

① 모든 변수들 사이에 양(+)의 상관관계가 존재한다.
② rating과 complaints 사이에 가장 강한 상관관계가 존재한다.
③ critical과 learning 사이의 상관관계가 가장 약하다.
④ 모든 변수의 분산이 1이다.

35. 변수 X와 Y의 피어슨 상관계수는 0.27이고 변수 X와 Z의 피어슨 상관계수는 -0.78이다. 다음 중 X, Y, Z 간 피어슨 상관계수에 대한 설명으로 가장 부적절한 것은?

① 두 상관계수의 유의성은 판단할 수 없다.
② X와 Y는 선형관계를 가진다.
③ X와 Y는 양의 상관관계를 가진다.
④ X와 Y의 선형관계보다 X와 Z의 선형관계가 강하다.

36. 아래는 200개의 특정 제품의 sales(단위:1천개)와 TV, Radio, Newspaper 광고예산(단위:1천 달러) 간의 pearson 상관계수 행렬이다. 설명이 가장 부적절한 것은?

	TV	Radio	Newspaper	Sales
TV	1.000	0.054	0.057	0.793
Radio	0.054	1.000	0.333	0.543
Newspaper	0.057	0.333	1.000	0.222
Sales	0.793	0.543	0.222	1.000

① 3가지 매체의 광고예산은 Sales와 양의 상관관계를 가지고 있다.
② Sales와 가장 상관관계가 높은 변수는 TV이다.
③ Radio 광고예산이 증가할 때 Newspaper 광고 예산이 증가하는 경향이 있다.
④ TV 광고 예산을 늘릴 경우 Sales가 증가하는 인과관계를 가진다.

37. Carseats 데이터 프레임은 400개 상점에서 판매 중인 유아용 카시트에 대한 자료이다. 이 데이터의 일부 변수들의 상관분석 결과로 가장 부적절한 것은?

```
> rcorr(as.matrix(Carseats[,c(1:6,8)]),type="pearson")
            Sales CompPrice Income Advertising Population Price   Age
Sales        1.00    0.06    0.15       0.27        0.05  -0.44 -0.23
CompPrice    0.06    1.00   -0.08      -0.02       -0.09   0.58 -0.10
Income       0.15   -0.08    1.00       0.06       -0.01  -0.06  0.00
Advertising  0.27   -0.02    0.06       1.00        0.27   0.04  0.00
Population   0.05   -0.09   -0.01       0.27        1.00  -0.01 -0.04
Price       -0.44    0.58   -0.06       0.04       -0.01   1.00 -0.10
Age         -0.23   -0.10    0.00       0.00       -0.04  -0.10  1.00

n= 400

P
            Sales  CompPrice Income Advertising Population Price  Age
Sales              0.2009   0.0023 0.0000      0.3140     0.0000 0.0000
CompPrice   0.2009          0.1073 0.6294      0.0584     0.0000 0.0451
Income      0.0023 0.1073          0.2391      0.8752     0.2579 0.9258
Advertising 0.0000 0.6294   0.2391             0.0000     0.3743 0.9276
Population  0.3140 0.0584   0.8752 0.0000                 0.8087 0.3948
Price       0.0000 0.0000   0.2579 0.3743      0.8087            0.0411
Age         0.0000 0.0451   0.9258 0.9276      0.3948     0.0411
```

① Salse와 CompPrice 간의 상관계수는 유의하지 않다.
② Sales와 가장 강한 상관관계를 보이는 변수는 Price이다.
③ Price가 올라갈수록 Sales는 낮아지는 경향이 있다.
④ Sales와 Price는 양의 선형관계를 가진다.

38. 아래는 단순회귀분석의 결과이다 다음 설명 중 부적절한 것은?

```
Call:
lm(formula = Height ~ BodyWeight)

Residuals:
     Min       1Q   Median       3Q      Max
-3.56937  -0.96341 -0.09212  1.04255  5.12382

Coefficients:
              Estimate  Std. Error  t value  Pr(>|t|)
(Intercept)      0.5         1        -0.5     0.610
Bodyweight       3.2         0.2       16     <2e-16 ***
---
Signif. codes:  0 '***' 0.001 '**' 0.01 '*' 0.05 '.' 0.1 ' ' 1

Residual standard error: 1.452 on 142 degrees of freedom
Multiple R-squared:  0.6466,   Adjusted R-squared:  0.6441
F-statistic: 259.8 on 1 and 142 DF,  p-value: <2.2e-16
```

① 종속변수는 Height이다.
② 독립변수는 Bodyweight이다.
③ 모형의 설명력은 약 64.66%이다.
④ 모형의 적합도는 통계적으로 유의하지 않다.

39. 다중 회귀분석에서 가장 적합한 회귀모형을 찾기 위한 과정의 설명으로 가장 부적절한 것은?

① 독립변수의 수가 많아지면 모델의 설명력이 증가하지만 모형이 복잡해지고, 독립변수들 간에 서로 영향을 미치는 다중공선성의 문제가 발생하므로 상대적인 조정이 필요하다.
② 회귀식에 대한 검정은 독립변수의 기울기(회귀계수)가 0이 아니라는 가정을 귀무가설, 기울기가 0인 것을 대립가설로 놓는다.
③ 잔차의 독립성, 등분산성 그리고 정규성을 만족하는지 확인해야 한다.
④ 회귀분석의 가설검정에서 p값이 0.05보다 작은 값이 나와야 통계적으로 유의한 결과로 받아들일 수 있다.

40. 아래는 결과를 생성한 잔차도이다. 다음 중 어떤 회귀분석의 가정이 위배되었다고 판단할 수 있을지 고르시오.

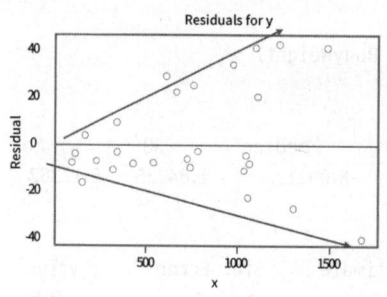

① 선형성　　　② 독립성　　　③ 등분산성　　　④ 비상관성

41. Default 데이터셋은 10,000명의 신용카드 고객에 대한 연체여부(default:1-default, 0-not default), 카드대금 납입 후 남은 평균 카드잔고(balance), 연봉(income)을 포함하고 있다. 아래는 연체 가능성을 95% 신뢰수준으로 모형화한 결과이다. 다음 설명이 부적절한 것은 무엇인가?

```
> model<-glm(default~balance+income, data=Default, family="binomial")
> summary(model)

Call:
glm(formula = default ~ balance + income, family = "binomial",
    data = Default)

Deviance Residuals:
    Min       1Q   Median       3Q      Max
-2.4725  -0.1444  -0.0574  -0.0211   3.7245

Coefficients:
              Estimate Std. Error z value Pr(>|z|)
(Intercept) -1.154e+01  4.348e-01 -26.545  < 2e-16 ***
balance      5.647e-03  2.274e-04  24.836  < 2e-16 ***
income       2.081e-05  4.985e-06   4.174 2.99e-05 ***
---
Signif. codes:  0 '***' 0.001 '**' 0.01 '*' 0.05 '.' 0.1 ' ' 1

(Dispersion parameter for binomial family taken to be 1)

    Null deviance: 2920.6  on 9999  degrees of freedom
Residual deviance: 1579.0  on 9997  degrees of freedom
AIC: 1585

Number of Fisher Scoring iterations: 8
```

① 로지스틱 회귀모형의 적합 결과이다.
② balance는 default를 설명하는데 통계적으로 유의하다.
③ balance가 높을수록 default 가능성이 높다.
④ income이 높을수록 default 가능성이 낮다.

42. 회귀분석에서 결정계수(R^2)에 한 설명으로 부적절한 것은?

① 총 변동 중에서 설명이 되지 않는 오차에 의한 변동이 차지하는 비율이다.
② 회귀모형에서 입력 변수가 증가하면 결정계수도 증가한다.
③ 다중 회귀분석에서는 최적 모형의 선정기준으로 결정계수 값보다는 수정된 결정계수 값을 사용하는 것이 적절하다.
④ 수정된 결정계수는 유의하지 않은 독립변수들이 회귀식에 포함되었을 때 그 값이 감소한다.

43. 아래는 회귀분석의 결과 출력되는 output의 일부이다. 다음 중 Outstate의 t값을 구하는 계산식으로 적절한 것은?

```
Coefficients:
             Estimate    Std.Error
(Intercept)  3.145e-01   2.456e+00
PrivateYes   3.556e+00   1.855e+00
Top10perc    7.853-01    6.537e+00
Outstate     1.579e-01   1.775e-02
```

① 0.1579/0.01775
② 1.579/1.775
③ 15.79/177.5
④ 1.579/0.1775

44. 다음 중 데이터의 정규성을 확인하기 위한 방법으로 부적절한 것은?

① 히스토그램
② Q-Q plot
③ Shapiro-Wilks test
④ Durbin Watson test

45. 다음 중 최적회귀방정식을 선택하기 위한 방법에 대한 설명으로 가장 부적절한 것은?

① 가능한 범위 내에서 적은 수의 설명변수를 포함시킨다.
② AIC나 BIC의 값이 가장 작은 모형을 선택하는 방법으로 모든 가능한 조합의 회귀분석을 실시한다.
③ 전진 선택법이나 후진제거법과 동일한 최적 모형을 선택하는 것이 단계적 방법이다.
④ 전진 선택법은 설명변수를 추가했을 때 제곱합의 기준으로 가장 설명을 잘하는 변수를 고려하여 그 변수가 유의하면 추가한다.

46. College 데이터 프레임은 777개의 미국 소재 대학의 각종 통계치를 포함하고 있다. 각 대학에 재학하는데 필요한 비용이 졸업률(Grad.Rate)에 미치는 영향을 알아보기 위해 등록금(Outstate), 기숙사비(Room.board), 교재구입비(Books), 그 외 개인지출비용(Personal)을 활용하기로 했다. 다음 중 아래의 결과물에 대한 설명으로 가장 부적절한 것은?

```
> summary(lm(Grad.Rate~Outstate+Room.Board+Books+Personal,data=College))

Call:
lm(formula = Grad.Rate ~ Outstate + Room.Board + Books + Personal,
    data = College)

Residuals:
    Min      1Q  Median      3Q     Max
-47.732  -8.817  -0.169   8.404  51.823

Coefficients:
              Estimate Std. Error t value Pr(>|t|)
(Intercept) 42.0238625  2.7721270  15.159  < 2e-16 ***
Outstate     0.0020530  0.0001693  12.124  < 2e-16 ***
Room.Board   0.0014194  0.0006108   2.324 0.020396 *
Books       -0.0010694  0.0031341  -0.341 0.733032
Personal    -0.0026798  0.0007929  -3.380 0.000762 ***
---
Signif. codes:  0 '***' 0.001 '**' 0.01 '*' 0.05 '.' 0.1 ' ' 1

Residual standard error: 13.97 on 772 degrees of freedom
Multiple R-squared:  0.3416,    Adjusted R-squared:  0.3382
F-statistic: 100.1 on 4 and 772 DF,  p-value: < 2.2e-16
```

① 모든 설명변수에 대한 회귀계수 값이 유의하다.
② 위의 회귀모형은 대학의 졸업률을 설명하는데 유의하다.
③ 위의 회귀모형은 대학의 졸업률의 변동성은 약 34.16%를 설명한다.
④ 회귀모형의 가정을 만족하는지는 판단할 수 없다.

47. 다음 중 시간의 흐름에 따라 관측된 데이터에 관한 것으로 적절한 것은?

① 질적자료

② 시계열자료

③ 양적자료

④ 횡단면 자료

48. 다음 시계열분석에서 정상성의 특징이 아닌 것은?

① 평균이 일정하다. 즉, 모든 시점에 대해 일정한 평균을 가진다.

② 분산도 시점에 의존하지 않는다.

③ 자기회귀식에는 백색잡음이 없다.

④ 공분산은 단지 시차에만 의존하고 실제 어느 시점 t, s에는 의존하지 않는다.

49. 주성분 분석은 p개의 변수들을 중요한 m(p)개의 주성분으로 표현하여 전체 변동을 설명하는 방법을 사용한다. 다음 중 주성분 개수(m)를 선택하는 방법에 대한 설명으로 가장 부적절한 것은?

① 전체 변이 공헌도(percentage of total variance) 방법은 전체 변이의 70~90% 정도가 되도록 주성분의 수를 결정한다.

② 평균 고유값(average eigenvalue) 방법은 고유값들의 평균을 구한 후 고유값이 평균값 이상이 되는 주성분을 제거하는 방법이다.

③ Scree graph를 이용하는 방법은 고유값의 크기순으로 산점도를 그린 그래프에서 감소하는 추세가 완만해지는 지점에서 1을 뺀 개수를 주성분의 개수로 선택한다.

④ 주성분은 주성분을 구성하는 변수들의 계수 구조를 파악하여 적절하게 해석되어야 하며, 명확하게 정의된 해석 방법이 있는 것은 아니다.

50. 시계열을 구성하는 4가지 요소에 해당되지 않는 것은?

① 계절요인

② 교호요인

③ 순환요인

④ 추세요인

51. Hitters 데이터셋은 메이저리그의 선수 322명에 대한 타자 기록으로 20여개의 변수를 포함하고 있다. 아래 회귀모형에서 변수선택을 하기 위한 결과물의 일부이다. 다음 중 결과물에 대한 설명으로 부적절한 것은?

```
> model<-lm(Salary~., data=Hitters)
> step(model, direction="backward")
Start:  AIC=3046.02
Salary ~ AtBat + Hits + HmRun + Runs + RBI + Walks + Years +
    CAtBat + CHits + CHmRun + CRuns + CRBI + CWalks + League +
    Division + PutOuts + Assists + Errors + NewLeague

            Df Sum of Sq     RSS    AIC
- CHmRun     1      1138 24201837 3044.0
- CHits      1      3930 24204629 3044.1
- Years      1      7869 24208569 3044.1
- NewLeague  1      9784 24210484 3044.1
- RBI        1     16076 24216776 3044.2
- HmRun      1     48572 24249272 3044.6
- Errors     1     58324 24259023 3044.7
- League     1     62121 24262821 3044.7
- Runs       1     63291 24263990 3044.7
- CRBI       1    135439 24336138 3045.5
- CAtBat     1    159864 24360564 3045.8
<none>                    24200700 3046.0
- Assists    1    280263 24480963 3047.1
- CRuns      1    374007 24574707 3048.1
- CWalks     1    609408 24810108 3050.6
- Division   1    834491 25035190 3052.9
- AtBat      1    971288 25171987 3054.4
- Hits       1    991242 25191941 3054.6
- Walks      1   1156606 25357305 3056.3
- PutOuts    1   1319628 25520328 3058.0
```

① 전진 선택법을 통한 변수선택을 하고 있다.

② 모든 설명변수가 포함된 모형에서 시작한다.

③ 매 단계에서 가장 설명력이 낮은 변수를 제거한다.

④ 한번 제거된 변수는 다시 모형에 포함될 수 없다.

52. 아래 주성분 분석의 결과에 대한 다음 설명 중 가장 부적절한 것은?

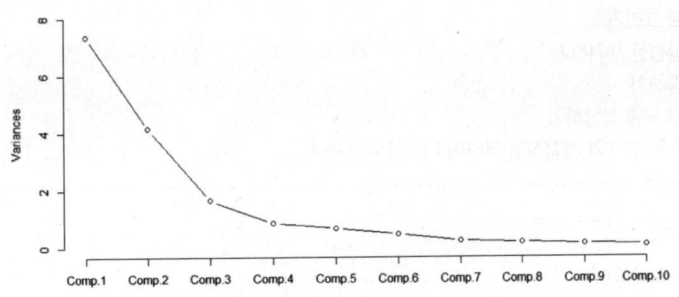

① 주성분의 분산의 크기를 보여주는 스크리 그림(scree plot)이다.
② 주성분의 개수를 선택하기 위해 총 분산의 비율이 70~90% 사이가 되는 지점을 찾는데 사용되는 그래프이다.
③ 주성분의 분산의 감소가 급격하게 줄어들어 주성분의 개수를 늘릴 때 얻게 되는 정보의 양이 상대적으로 급격한 지점에서 주성분의 개수를 선택한다.
④ 몇 개의 주성분을 사용하여 차원 축소를 진행할지 결정하기 위해 사용된다.

53. Data는 메이저리그에서 활약하는 263명의 선수에 대한 타자 기록으로 연봉(Salary)을 비롯한 17개의 변수를 포함하고 있다. 아래는 17개의 변수들을 사용하여 주성분 분석을 시행한 결과이다. 다음 설명 중 잘못된 것은?

```
> pca=princomp(data,cor=TRUE)
> summary(pca)
Importance of components:
                          Comp.1    Comp.2    Comp.3    Comp.4    Comp.5    Comp.6    Comp.7    Comp.8    Comp.9
Standard deviation     2.7733967 2.0302601 1.3148557 0.9575410 0.84109683 0.72374220 0.69841796 0.50090065 0.42525940
Proportion of Variance 0.4524547 0.2424680 0.1016968 0.0539344 0.04161435 0.03081193 0.02869339 0.01475891 0.01063797
Cumulative Proportion  0.4524547 0.6949227 0.7966195 0.8505539 0.89216822 0.92298014 0.95167354 0.96643244 0.97707042
                          Comp.10    Comp.11    Comp.12    Comp.13    Comp.14    Comp.15    Comp.16
Standard deviation     0.363901982 0.312011679 0.243641510 0.232044829 0.163510472 0.1186398422 0.0693395039
Proportion of Variance 0.007789685 0.005726546 0.003491834 0.003167341 0.001572687 0.0008279654 0.0002828216
Cumulative Proportion  0.984860104 0.990586651 0.994078485 0.997245826 0.998818513 0.9996464785 0.9999293001
                          Comp.17
Standard deviation     3.466841e-02
Proportion of Variance 7.069994e-05
Cumulative Proportion  1.000000e+00
```

① 최소 80% 이상의 분산설명력을 갖기 위해서는 4개 이상의 주성분을 사용해야 한다.
② 가장 큰 분산설명력을 가지는 주성분은 전체 분산의 45.25%를 설명한다.
③ 공분산행렬을 사용하여 주성분 분석을 시행한 것이다.
④ 17차원을 2차원으로 축소한다면 잃게 되는 정보량은 약 30.5%이다.

54. 아래는 시계열 데이터를 분석하기 위한 절차들이다. 다음 중 시계열 데이터의 분석 절차 분서로 가장 적절한 것은?

> ㉠ 시간 그래프 그리기
> ㉡ 추세와 계절성을 제거하기
> ㉢ 잔차를 예측하기
> ㉣ 잔차에 대한 모델 적합하기
> ㉤ 예측된 잔차에 추세와 계절성을 더하여 미래를 예측하기

① ㉠-㉡-㉣-㉢-㉤
② ㉠-㉢-㉡-㉣-㉤
③ ㉠-㉣-㉢-㉡-㉤
④ ㉠-㉡-㉢-㉣-㉤

55. 다음 중 lasso 회귀모형에 대한 설명으로 부적절한 것은?

① 모형에 포함된 회귀계수들의 절대값의 크기가 클수록 penalty를 부여하는 방식이다.
② 자동적으로 변수선택을 하는 효과가 있다.
③ Lambda 값으로 penalty의 정도를 조정한다.
④ L2 penalty를 사용한다.

56. 교차분석은 2개 이상의 변수를 결합하여 자료의 빈도를 살펴보는 기법이다. 다음 중 교차분석에 대한 설명으로 부적절한 것은 무엇인가?

① 범수의 관찰도수에 비교될 수 있는 기대도수를 계산한다.
② 교차분석은 두 문항 모두 범주형 변수가 아니어도 사용할 수 있으며, 두 변수 간 관계를 보기 위해 실시한다.
③ 교차분석은 교차표를 작성하여 교차빈도를 집계할 뿐 아니라 두 변수들 간의 독립성 검정을 할 수 있다.
④ 기대빈도가 5 미만인 셀의 비율이 20%를 넘으면 카이제곱 분포에 근사하지 않으며, 이런 경우 표본의 크기를 늘리거나 변수의 수준을 합쳐 셀의 수를 줄이는 방법 등을 사용한다.

57. 다음 중 시계열 데이터에 대한 설명으로 가장 부적절한 것은?

① 시계열 데이터의 모델링은 다른 분석모형과 같이 탐색 목적과 예측 목적으로 나눌 수 있다.
② 짧은 기간 동안의 주기적인 패턴을 계절변동이라 한다.
③ 잡음(noise)은 무작위적인 변동이지만 일반적으로 원인은 알려져 있다.
④ 시계열분석의 주목적은 외부인자와 관련해 계절적인 패턴, 추세와 같은 요소를 설명할 수 있는 모델을 결정하는 것이다.

58. 다음은 다차원 척도법(MDS)에 대한 설명이다. 설명이 가장 부적절한 것은?

① 다차원 척도법은 여러 대상들 간의 관계를 개체들 사이의 유사성/비유사성을 상대적 거리로 측정하여 개체들을 2차원 또는 3차원 공간상에 점으로 표현하는 분석 방법이다.
② 다차원 척도법의 목적은 데이터 속에 잠재한 패턴을 찾기 위해 복잡한 구조를 소수 차원의 공간에 기하학적으로 표현하는 것이다.
③ 일반적인 다차원 척도법(classical MDS)은 계량적 다차원 척도법(metric MDS)이라고도 부르며 순서척도의 데이터로 이루어진 개체들의 거리를 계산한다.
④ 스트레스 값이 0.05 이하이면 적합정도가 아주 좋은 것으로 해석하고 반복 분석과정을 중단해도 된다.

59. 시계열의 요소분해법은 시계열 자료가 몇 가지 변동들의 결합으로 이루어져 있다고 보고 변동요소별로 분해하여 쉽게 분석하기 위한 것이다. 다음 중 분해 요소에 대한 설명이 부적절한 것은?

① 추세분석은 장기적으로 변해가는 큰 흐름을 나타내는 것으로 자료가 장기적으로 커지거나 작아지는 변화를 나타내는 요소이다.
② 계절변동은 일정한 주기를 가지고 반복적으로 같은 패턴을 보이는 변화를 나타내는 요소이다.
③ 순환변동은 경제 전반이나 특정 산업의 부침을 나타내 주는 것을 말한다.
④ 불규칙변동은 불규칙하게 변동하는 급격한 환경변화, 천재지변 같은 것으로 발생하는 변동을 말한다.

60. 다음 중 아래의 주성분 분석을 시행한 결과에 대한 설명으로 가장 부적합한 것은?

```
> college_s<-scale(college)
> summary(college_s)
    Outstate          Room.Board         Books            Personal          Grad.Rate
 Min.   :-2.0136   Min.   :-2.3503   Min.   :-2.7460   Min.   :-1.6108   Min.   :-3.22880
 1st Qu.:-0.7757   1st Qu.:-0.6935   1st Qu.:-0.4808   1st Qu.:-0.7247   1st Qu.:-0.72555
 Median :-0.1120   Median :-0.1436   Median :-0.2991   Median :-0.2077   Median :-0.02697
 Mean   : 0.0000   Mean   : 0.0000   Mean   : 0.0000   Mean   : 0.0000   Mean   : 0.00000
 3rd Qu.: 0.6175   3rd Qu.: 0.6314   3rd Qu.: 0.3066   3rd Qu.: 0.5308   3rd Qu.: 0.72982
 Max.   : 2.7987   Max.   : 3.4344   Max.   :10.8453   Max.   : 8.0632   Max.   : 3.05842
> fit<-princomp(college_s)
> fit$loadings

Loadings:
          Comp.1 Comp.2 Comp.3 Comp.4 Comp.5
Outstate   0.587         0.155  0.142  0.779
Room.Board 0.531  0.230  0.155  0.574 -0.557
Books             0.812 -0.561 -0.153
Personal  -0.329  0.532  0.776
Grad.Rate  0.514         0.187 -0.789 -0.279
```

① 두 번째 주성분은 0.230*Room.Board+0.812*Books+0.532*Personal로 계산된다.

② 두 번째 주성분에 가장 큰 영향을 미치는 원변수는 Books이다.

③ Personal 값이 클수록 첫 번째 주성분은 작아진다.

④ fit<-printcomp(college, cor=T)의 결과는 위의 결과와 다르다.

61. 다음은 4개의 변수를 가진 데이터 프레임 USArrests에 주성분 분석을 적용해서 얻은 결과이다. 변수들의 전체 변동의 80% 이상을 설명하기 위해 필요한 최소 주성분의 숫자는 몇 개 인가?

```
> summary(prcomp(USArrests, scale=TRUE))
Importance of components:
                          PC1     PC2     PC3     PC4
Standard deviation     1.5749  0.9949  0.59713  0.41645
Proportion of Variance 0.6201  0.2474  0.08914  0.04336
Cumulative Proportion  0.6201  0.8675  0.95664  1.00000
```

① 1개   ② 2개   ③ 3개   ④ 4개

단답형 문제로 복습하기!

> 단답형은 앞의 개념을 복습하기 위한 문제들로 시험에서는 단답형이 출제되지 않으니 참고하시기 바랍니다.

01. 실험 결과가 단지 성공과 실패만 있다고 가정하자. 성공일 경우 확률변수는 1의 값을 가지며, 실패일 경우 확률변수는 0의 값을 가진다. 이때 성공일 확률은 0.3이다. 이 경우 기댓값은 얼마인가?

( )

02. 아래는 College 데이터의 Grad.Rate 변수의 기초통계량을 계산한 결과이다. College 데이터의 Grad.Rate 변수의 몇 %가 78보다 큰 값을 가지는가?

```
>summary(College$Grad.Rate)
   min.    1st Qu.   Median    Mean    3rd Qu.   Max.
   10.00   53.00     65.00     65.46   78.00     118.00
```

( )

03. 아래 주성분 분석의 결과에서 두 개의 주성분을 사용할 때 설명 가능한 전체 분산의 비율은?

```
> model<-princomp(Car)
> summary(model)
Importance of components:
                        Comp.1   Comp.2   Comp.3   Comp.4   Comp.5
Standard deviation      1.503    1.075    0.840    0.752    0.555
Proportion of Variance  0.453    0.231    0.141    0.113    0.061
Cumulative Proportion   0.453    0.684    0.825    0.938    1.000
```

( )

04. 아래 회귀분석 모형의 추정에 대한 설명에서 (㉠)은 무엇인가?

> 단순회귀분석 모형을 $y_i = \beta_0 + \beta_1 x_i + \varepsilon_i$로 표현할 수 있다. 주어진 자료를 가장 잘 설명하는 회귀계수의 추정치는 보통 제곱오차 $\sum_{i=1}^{n}(y_i - (\beta_0 + \beta_1 x_i))^2$을 최소로 하는 값을 구한다. 이와 같이 구해진 회귀계수 추정량을 (㉠)이라고 한다.

( )

05. 아래의 표본추출방법은 무엇인가?

> 번호를 부여한 샘플을 나열하여 k개씩 n개의 구간을 나누고 첫 구간에서 하나를 임의로 선택한 후에 k개씩 띄어서 표본을 선택하고 매번 k번째 항목을 추출하는 표본 추출 방법

( )

06. 아래의 설명은 어떤 오류에 관한 설명인가?

> 귀무가설(H_0)이 옳은데 귀무가설을 받아들이지 않고 기각하게 되는 오류

( )

07. 아래는 단순 로지스틱 회귀모형이다. "exp()의 의미는 $x_1, x_2, ..., x_k$가 주어질 때 x_1이 한 단위 증가할 때마다 성공(y=1)의 ((가))이/가 몇 배 증가하는지를 나타내는 값이다." (가)는 무엇인가?

$$\log\left(\frac{\Pi(x)}{1-\Pi(x)}\right) = \beta_0 + \beta_1 x_1 + \cdots + \beta_k x_k$$

( )

08. 시점에 상관없이 시계열의 특성이 일정하다는 것을 의미하는 용어를 무엇이라고 하는가?

( )

09. 시계열 모형의 여러 종류 중 아래에서 설명하는 것은 무엇인가?

> 가) 시계열 모델 중 자기 자신의 과거 값을 사용하여 설명하는 모형임
> 나) 백색 잡음의 현재값과 자기 자신의 과거값의 선형 가중합으로 이루어진 정상 확률 모형
> 다) 모형에 사용하는 시계열 자료의 시점에 따라 1차, 2차, ..., p차 등을 사용하나 정상시계열 모형에서는 주로 1, 2차를 사용함

( )

10. 정상 시계열에 영향을 주는 일반적인 요인을 시계열에서 분리해 분석하는 방법은 무엇인가?

( )

11. 아래는 스위스의 47개 프랑스어 사용지역의 출산율(Fertility)과 교육수준(Education)과의 관계를 회귀모형으로 추정한 것이다. 아래의 결과를 사용하여 결정계수(R^2)를 계산하시오.

```
> out=lm(Fertility~Education,data=swiss)
> anova(out)
Analysis of Variance Table

Response: Fertility
          Df Sum Sq Mean Sq F value    Pr(>F)
Education  1 3162.7  3162.7  35.446 3.659e-07 ***
Residuals 45 4015.2    89.2
---
Signif. codes:  0 '***' 0.001 '**' 0.01 '*' 0.05 '.' 0.1 ' ' 1
```

( )

12. 최적회귀방정식을 선택하기 위한 방법 중 모든 독립변수 후보를 포함한 모형에서 시작하여 가장 적은 영향을 주는 변수부터 하나씩 제거하면서 더 이상 유의하지 않은 변수가 없을 때까지 설명변수를 제거하는 방법은?

( )

13. data는 메이저리그에서 활약하는 263명의 선수에 대한 타자 기록으로 연봉(salary)을 비롯한 17개의 변수를 포함하고 있다. 아래는 17개의 변수들을 사용하여 주성분 분석을 시행한 결과이다. 아래 결과를 사용하여 17차원을 3차원으로 축소할 경우 잃게 되는 정보량을 백분율(%)로 표현시오. (소수 둘째자리에서 반올림)

```
Importance of components:
                         Comp.1    Comp.2    Comp.3    Comp.4    Comp.5    Comp.6    Comp.7    Comp.8    Comp.9
Standard deviation      2.7733967 2.0302601 1.3148557 0.9575410 0.84109683 0.72374220 0.69841796 0.50090065 0.42525940
Proportion of Variance  0.4524547 0.2424680 0.1016968 0.0539344 0.04161435 0.03081193 0.02869339 0.01475891 0.01063797
Cumulative Proportion   0.4524547 0.6949227 0.7966195 0.8505539 0.89216822 0.92298014 0.95167354 0.96643244 0.97707042
                         Comp.10    Comp.11    Comp.12    Comp.13    Comp.14    Comp.15    Comp.16
Standard deviation      0.363901982 0.312011679 0.243641510 0.232044829 0.163510472 0.1186398422 0.0693395039
Proportion of Variance  0.007789685 0.005726546 0.003491834 0.003167341 0.001572687 0.0008279654 0.0002828216
Cumulative Proportion   0.984860104 0.990586651 0.994078485 0.997245826 0.998818513 0.9996464785 0.9999293001
                         Comp.17
Standard deviation      3.466841e-02
Proportion of Variance  7.069994e-05
Cumulative Proportion   1.000000e+00
```

(   )

14. 아래의 설명이 나타내는 척도는 무엇인가?

> 자료의 위치를 나타내는 척도의 하나로 관측치를 크기순으로 배열하였을 때 전체의 중앙에 위치한 수치이다. 평균에 비해 이상치에 의한 영향이 적기 때문에 자료의 분포가 심하게 비대칭인 경우 중심을 파악할 때 합리적인 방법이다.

(   )

15. $P(A)=0.3$, $P(B)=0.4$이다. 두 사건 A와 B가 독립일 경우 $P(B|A)$는 얼마인가?

(   )

16. 다음은 4개의 데이터 변수를 가진 데이터 프레임 USArrests에 주성분 분석을 적용해서 얻은 결과이다. 제1주성분의 식은? (소수점 셋째 자리에서 반올림하시오.)

```
Loadings:
          Comp.1 Comp.2 Comp.3 Comp.4
Murder    0.536  0.418  0.341  0.649
Assault   0.583  0.188  0.268 -0.743
UrbanPop  0.278 -0.873  0.378  0.134
Rape      0.543 -0.167 -0.818

                Comp.1 Comp.2 Comp.3 Comp.4
SS loadings      1.00   1.00   1.00   1.00
Proportion Var   0.25   0.25   0.25   0.25
Cumulative Var   0.25   0.50   0.75   1.00
```

( )

17. 우연히 정확한 예측을 할 확률을 나타내며, 이 값은 모델의 예측 값과 실제 값이 정확히 일치하는 최대값인 1에서 0까지의 값을 가지며, 1보다 작은 값은 불일치를 의미한다. 아래와 같은 계산공식으로 표현되는 통계량은 무엇인가?

$$K = \frac{P_A - P_C}{1 - P_C}$$

* P_C : 우연히 두 평가자에 의하여 일치된 평가를 받을 비율
* P_A : 2명의 평가자간 일치 확률

( )

18. 이산형 확률분포 중 주어진 시간 또는 영역에서 어떤 사건의 발생 횟수를 나타내는 확률 분포는 무엇인가?

( )

19. 상관분석은 두 변수 간의 상관관계를 알아보기 위해 상관계수를 이용하여 분석을 수행한다. 상관계수 중 서열척도인 변수간의 상관관계를 측정하는데 사용하는 상관계수는?

( )

정답 및 해설

【단답형】

번호	답	번호	답	번호	답	번호	답
01	③	21	④	41	④	61	②
02	④	22	②	42	①		
03	④	23	④	43	①		
04	④	24	②	44	④		
05	④	25	③	45	③		
06	③	26	②	46	①		
07	②	27	①	47	②		
08	③	28	①	48	③		
09	②	29	①	49	②		
10	①	30	④	50	②		
11	①	31	④	51	①		
12	②	32	④	52	③		
13	③	33	①	53	③		
14	②	34	④	54	④		
15	①	35	②	55	④		
16	④	36	④	56	②		
17	②	37	④	57	③		
18	③	38	④	58	③		
19	①	39	②	59	③		
20	③	40	③	60	④		

번호	답
01	0.3
02	25%
03	68.4%
04	최소제곱
05	계통추출방법(Systematic sampling)
06	제1종 오류
07	오즈(Odds) 혹은 승산
08	정상 시계열
09	자기회귀모형(AR모형, AutoRegressive model)
10	분해시계열
11	0.441
12	후진제거법(Backward Elimination)
13	20.3%
14	중앙값
15	0.4
16	0.54*Murder+0.58*Assult+28*UrbanPop+0.54*Rape
17	카파 통계량(Cohen's Kappa)
18	포아송분포(Possion Distribution)
19	스피어만 상관계수

01. 히스토그램의 각 막대의 높이는 빈도를 나타낸다. 임금 수준은 x축을 통해서 확인할 수 있다. (정답 : ③)

02. 표본추출방법은 단순랜덤추출법, 계통추출법, 집락추출법, 층화추출법이다. (정답 : ④)

03. 연속형 확률변수는 가능한 값이 실수의 특정구간 전체에 해당하는 확률변수이며 연속형 확률밀도함수를 가진다.
(정답 : ④)

04. 구간추정은 모수의 참값이 포함되어 있다고 추정되는 구간을 결정하는 것이지만, 실제 모집단의 모수가 신뢰구간에 꼭 포함되어 있는 것은 아니다. (정답 : ④)

05. 비표본오차는 표본오차를 제외한 모든 오차로서 조사 과정에서 발생하는 모든 부주의나 실수, 알 수 없는 원인 등 모든 오차를 의미하며 조사대상이 증가하면 오차가 커진다. (정답 : ④)

06. 두 사건 A, B가 독립일 때, 사건 B의 확률과 A가 일어났다는 가정 하에서의 B의 조건부확률은 $(P(B|A) = \frac{P(B \cap A)}{P(A)} = \frac{P(B)P(A)}{P(A)} = P(B))$ 동일하다. (정답 : ③)

07. 표본편의(Sampling Bias)는 확률화(Randomization)에 의해 최소화하거나 없앨 수 있다. (정답 : ②)

08. 구간척도(등간척도)는 측정 대상이 갖고 있는 속성의 양을 측정하는 것으로 구간이나 구간 사이의 간격이 의미가 있는 자료이다. 순서뿐만 아니라 그 간격도 의미가 있으며 0이 절대적인 의미를 가지는 것은 비율척도에 해당한다. (정답 : ③)

09. p-value는 귀무가설이 사실인데도 불구하고 사실이 아니라고 판정할 때 실제 확률을 나타낸다. (정답 : ②)

10. 이산형 확률변수의 기댓값은 $\sum xf(x)$ 이고 연속형 확률변수의 기댓값은 $\int xf(x)dx$ 이다. (정답 : ①)

11. 조건부 확률은 어떤 사건이 일어난 조건하에서 다른 사건이 일어날 확률을 말한다. 사건 A가 일어났을 때 사건 B의 조건부 확률을 $P(B|A)$라고 표현하며 $P(B|A) = \frac{P(A \cap B)}{P(A)}$ 이다. (정답 : ①)

12. 표본의 분산은 카이제곱 분포를 따른다. (정답 : ②)

13. p값은 귀무가설이 옳다는 가정하에서 실제 관측된 값보다 대립가설을 지지하는 방향으로 검정통계량이 치우쳐 나타날 확률이다. (정답 : ③)

14. $1 \times 0.2 + 2 \times 0.3 + 3 \times 0.2 + 4 \times 0.075 = 1.7$ (정답 : ②)

15. 이산형 확률변수 : 베르누이 분포, 이항분포, 기하분포, 다항분포, 포아송분포
    연속형 확률변수 : 균일분포, 정규분포, 지수분포, t-분포, x^2분포, F-분포
    (정답 : ①)

16. 비율척도는 간격에 대한 비율이 의미를 가지는 자료로서 절대적인 기준 0이 존재하고 사칙연산이 가능하다. (정답 : ④)

17. 히스토그램은 표본의 크기가 작으면 각 막대의 높이가 데이터 분포의 형상을 잘 표현해내지 못한다. (정답 : ②)

18. wage는 연속형 변수이다. (정답 : ③)

19. 분석결과에서 자유도(df : degree of freedom)는 70으로 나타나있다. (정답 : ①)

20. 제1종 오류는 H_0가 사실일 때, H_0가 사실이 아니라고 판정하는 것이다. (정답 : ③)

21. 비모수적 검정은 관측값의 절대적인 크기에 의존하지 않는 관측값들의 순위나 두 관측값 차이의 부호 등을 이용해 검정한다. (정답 : ④)

22. 줄기잎그림의 계산량은 많지 않다. (정답 : ②)

23. 귀무가설에서 설정한 평균의 참값은 100으로 평균에 대한 95% 신뢰구간에 포함되지 않는다. (정답 : ④)

24. sunflower 그룹에서 이상점이 발견된다. 점으로 찍혀있는 부분이 이상점을 나타낸다. (정답 : ②)

25. US 변수는 구간척도에 해당하지 않고 명목척도에 해당한다. (정답 : ③)

26. 자유도(df)는 (n-1)이므로 첨가물의 개수는 6이다. (정답 : ②)

27. 유의확률(0.07939)이 유의수준(0.01)보다 크기 때문에 유의수준 1%하에서 수면유도제 2가 수면유도제 1보다 통계적으로 유의하게 평균 수면을 증가시킨다고 결론 지을 수 없다. (정답 : ①)

28. Student Yes인 고객이 Student No인 고객보다 네모크기가 작게 나타나고 있으므로, 학생이 아닌 고객이 학생인 고객보다 많다. (정답 : ①)

29. 스피어만 상관계수는 순서형 변수를 사용하며 비모수적 상관관계를 나타낸다. (정답 : ①)

30. 회귀분석의 가정은 선형성, 독립성, 정규성, 등분산성, 비상관성이다. (정답 : ④)

31. 스피어만 상관계수는 연속형 변수를 순위로 변환시킨 후 두 순위 사이의 피어슨 상관계수로 정의된다. (정답 : ④)

32. 종속변수에 미치는 영향력의 크기를 파악하여 독립변수의 특정한 값에 대응하는 종속 변수값을 예측하는 선형모형을 산출하는 방법은 회귀분석이다. (정답 : ④)

33. F 통계량을 확인함으로 추정된 다중회귀모형이 통계적으로 유의미한지 확인 할 수 있다. (정답 : ①)

34. 상관분석을 통해 분산은 알 수 없으며, 변수 자기 자신과의 상관계수가 1이다. (정답 : ④)

35. 상관계수는 -1에서 1사이의 값으로 나타나며 1과 -1에 가까울수록 각각 양의 선형, 음의 선형관계를 띈다. 0.27은 0에 가까우므로 선형관계를 띈다고 확신하기 어렵다. (정답 : ②)

36. 상관분석은 두 변수 간의 관계의 정도를 알아보기 위한 분석방법이지 상관분석으로 인과관계를 알 수 없다. (정답 : ④)

37. Sales와 Price는 음의 상관관계를 가진다. (정답 : ④)

38. 모형의 적합도를 확인하기 위해 p-value 값을 확인해보면 <2.2e-16 으로 0.05보다 작게 나타나므로 통계적으로 유의하다. (정답 : ④)

39. 회귀식에 대한 검정은 독립변수의 기울기(회귀계수)가 0이라는 가정을 귀무가설, 기울기가 0이 아니라는 가정을 대립가설로 놓는다. (정답 : ②)

40. 회귀분석의 가정 중 선형성, 독립성, 등분산성, 비상관성이 있다. 산점도가 나팔모양이면 오차의 분산이 예측치가 커짐에 따라 커지거나 작아지고 있음을 의미하여 등분산 가정이 무너지고 오차항의 이분산성(Heteroscedasticity)을 가진다. (정답 : ③)

41. income의 회귀계수가 양수이므로 income이 높을수록 default 가능성이 높다. (정답 : ④)

42. 결정계수는 총 변동 중에서 회귀모형에 의하여 설명되는 변동이 차지하는 비율이다. (정답 : ①)

43. 매우 큰 수(양수 또는 음수)를 부동소수점으로 표현할 때는 E 혹은 e를 이용하여 숫자에 지수를 추가할 수 있다. 지수가 있는 숫자 값은 E 앞에 있는 숫자에 10을 지수번만큼 곱한 값이다. 지수가 양수이면 그 수만큼 소수점을 오른쪽으로 이동시키고, 음수라면 그 수만큼 왼쪽으로 이동한다. 즉, 1.579e-01이면 0.1579가 되며, 1.775e-02는 0.01775가 된다. (정답 : ①)

44. Durbin Watson test는 회귀 모형 오차항의 자기상관이 있는지에 대한 검정이다. 히스토그램, Q-Q plot, Shapiro-Wilk 검정 등을 활용하여 데이터의 정규성을 확인한다. (정답 : ④)

45. 단계적 방법은 기존의 모형에서 예측 변수를 추가, 제거를 반복하여 최적의 모형을 찾는 방법이므로 전진 선택법과 후진 선택법과 동일한 최적의 모형을 가지는 것은 아니다. (정답 : ③)

46. 설명변수 중 Books는 유의하지 않다. (정답 : ①)

47. 시계열 자료는 시간의 흐름에 따라 관찰된 값을 의미한다. (정답 : ②)

48. 정상성의 특징은 ①, ②, ④이다. (정답 : ③)

49. 평균 고유값 방법은 고유값들의 평균을 구한 후 고유값이 평균값 이상이 되는 주성분을 제거하는 것이 아니라 설정하는 것이다. (정답 : ②)

50. 시계열을 구성하는 4가지 요소에는 추세(경향)요인, 계절요인, 순환요인, 불규칙요인이 있다. (정답 : ②)

51. step(model, direction="backward")라는 코드를 보고 후진제거법을 통한 변수선택을 하고 있음을 알 수 있다. (정답 : ①)

52. 스크리 그림(Scree plot)은 총 분산 비율과 고윳값(Eigenvalue)이 수평을 유지하기 전단계로 주성분의 수를 선택한다. 총 분산의 비율(cumulative proportion)은 주성분 분석 결과에서 확인할 수 있다. (정답 : ③)

53. 상관행렬을 사용하여 주성분 분석을 시행한 것이다. (정답 : ③)

54. 시계열 분석을 하기 위해서는 ㉠→㉡→㉢→㉣→㉤ 순서로 진행된다. (정답 : ④)

55. lasso회귀모형에서는 사용하는 규제 방식을 L1 규제(Penalty)라고 한다. (정답 : ④)

56. 교차분석은 두 문항 모두 범주형 변수일 때 사용되는 분석으로 두 변수간의 관련성을 보기 위해 실시한다. (정답 : ②)

57. 잡음은 무작위적 변동이며 일반적인 원인이 알려져 있지 않다. (정답 : ③)

58. 계량적 다차원 척도법(metric MDS)는 비율척도, 구간척도의 데이터를 활용하고 비계량적 다차원 척도법(nonmetric MDS)는 순서척도의 데이터를 활용하게 된다. (정답 : ③)

59. 순환변동은 경제적이나 자연적인 이유 없이 알려지지 않은 주기를 가지고 변화하는 자료를 의미한다. (정답 : ③)

60. fit <- princomp(college, cor=T)의 결과는 위의 결과와 동일하다. (정답 : ④)

61. Cumluative Proportion이 0.8이상이 되는 최소 주성분의 숫자는 PC2로 2개이다. (정답 : ②)

5장 정형 데이터 마이닝

학습목표

- 데이터 마이닝의 개념을 이해한다.
- 데이터 마이닝 방법론의 종류를 이해한다.
- 데이터 마이닝 절차를 이해한다.
- 데이터 마이닝을 위한 데이터 분할과 모형 평가를 할 수 있다.

눈높이 체크

- **데이터 마이닝을 들어 보신 적이 있나요?**

최근 대용량 데이터를 활용하기 위해 데이터 마이닝 기술이 급성장하고 있습니다. 데이터 마이닝은 기존 통계와는 달리 대용량 데이터베이스 시스템에서 데이터들 간의 의미있는 패턴을 파악하거나 예측하여 의사결정에 활용하는 기술입니다. 특히 CRM(Customer Relationship Management)의 발전과 함께 그 중요성과 활용도가 더욱 높아지고 있습니다.

- **데이터 마이닝 방법론의 종류를 알고 계신가요?**

데이터 마이닝 방법론은 목적에 따라서 문제를 예측하는 것과 결과를 해석하는 것으로 구분되며, 데이터 마이닝의 종류로는 분류분석, 예측분석, 군집분석, 연관성분석 등 다양한 문제를 해결할 수 있도록 구성되어 있습니다.

- **데이터 마이닝 절차를 알고 계신가요?**

데이터 마이닝 절차는 통계분석에서 활용되는 절차와 비슷하지만 SAS에서 사용하고 있는 SEMMA 방법 그리고 SPSS, 테라데이타, 다임러, NCR 등에서 개발한 CRISP-DM 방법에 따라 데이터 마이닝을 진행할 수 있습니다.

1절 데이터 마이닝의 개요

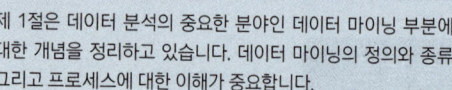

출제 포인트

제 1절은 데이터 분석의 중요한 분야인 데이터 마이닝 부분에 대한 개념을 정리하고 있습니다. 데이터 마이닝의 정의와 종류 그리고 프로세스에 대한 이해가 중요합니다.

1. 데이터 마이닝

가. 개요
- 데이터 마이닝은 대용량 데이터에서 의미있는 패턴을 파악하거나 예측하여 의사결정에 활용하는 방법이다.

나. 통계분석과의 차이점
- 통계분석은 가설이나 가정에 따른 분석이나 검증을 하지만 **데이터 마이닝**은 다양한 수리 알고리즘을 이용해 데이터베이스의 **데이터로부터 의미있는 정보를 찾아내는 방법을 통칭**한다.

다. 종류

정보를 찾는 방법론에 따른 종류	분석대상, 활용목적, 표현방법에 따른 분류
• 인공지능(Artificial Intelligence) • 의사결정나무(Decision Tree) • K-평균 군집(K-means Clustering) • 연관분석(Association Rule) • 회귀분석(Regression) • k-최근접이웃(k-Nearest Neighbor)	• 시각화분석(Visualization Analysis) • 분류(Classification) • 군집화(Clustering) • 예측(Forecasting)

라. 사용분야
- 병원에서 환자 데이터를 이용해서 해당 환자에게 발생 가능성이 높은 병을 예측
- 기존 환자가 응급실에 왔을 때 어떤 조치를 먼저 해야 하는지를 결정
- 고객 데이터를 이용해 해당 고객의 우량/불량을 예측해 대출적격 여부 판단
- 세관 검사에서 입국자의 이력과 데이터를 이용해 관세물품 반입 여부를 예측

마. 데이터 마이닝의 최근환경
- 데이터 마이닝 도구가 다양하고 체계화되어 환경에 적합한 제품을 선택하여 활용 가능하다.
- 알고리즘에 대한 깊은 이해가 없어도 분석에 큰 어려움이 없다.

- 분석 결과의 품질은 분석가의 경험과 역량에 따라 차이가 나기 때문에 분석 과제의 복잡성이나 중요도가 높으면 풍부한 경험을 가진 전문가에게 의뢰할 필요가 있다.
- 국내에서 데이터 마이닝이 적용된 시기는 1990년대 중반이다.
- 2000년대에 비즈니스 관점에서 데이터 마이닝이 CRM의 중요한 요소로 부각되었다.
- 대중화를 위해 많은 시도가 있었으나, 통계학 전문가와 대기업 위주로 진행되었다.

 출제 포인트
교사학습(지도학습)과 비교사학습(비지도학습)에 활용되는 데이터 마이닝 분석방법은 반드시 기억해 두세요.

2. 데이터 마이닝의 분석 방법

Supervised Learning (지도학습)	Unsupervised Learning (비지도학습)
• 의사결정나무(Decision Tree) • 인공신경망(Artificial Neural Network, ANN) • 일반화 선형 모형(Generalized Linear Model, GLM) • 선형 회귀분석(Regression Analysis) • 로지스틱 회귀분석(Logistic Regression Analysis) • 사례기반 추론(Case-Based Reasoning) • k-최근접이웃(k-Nearest Neighbor, kNN)	• OLAP(On-Line Analytical Processing) • 연관성 규칙(Association Rule Discovery, Market Basket) • 군집분석(k-Means Clustering) • SOM(Self Organizing Map)

3. 분석 목적에 따른 작업 유형과 기법

목 적	작업유형	설 명	사용기법
예측 (Predictive Modeling)	분류규칙 (Classification)	가장 많이 사용되는 작업으로 과거의 데이터로부터 고객특성을 찾아내어 분류모형을 만들어 이를 토대로 새로운 레코드의 결과값을 예측하는 것으로 목표 마케팅 및 고객 신용평가 모형에 활용됨	회귀분석, 판별분석, 신경망, 의사결정나무
설명 (Descriptive Modeling)	연관규칙 (Association)	데이터 안에 존재하는 항목간의 종속관계를 찾아내는 작업으로, 제품이나 서비스의 교차판매(Cross Selling), 매장진열(Display), 첨부우편(Attached Mailings), 사기적발(Fraud Detection) 등의 다양한 분야에 활용됨	동시발생 매트릭스
	연속규칙 (Sequence)	연관규칙에 시간관련 정보가 포함된 형태로, 고객의 구매이력(History) 속성이 반드시 필요하며, 목표 마케팅(Target Marketing)이나 일대일 마케팅(One to One Marketing)에 활용됨	동시발생 매트릭스
	데이터 군집화 (Clustering)	고객 레코드들을 유사한 특성을 지닌 몇 개의 소그룹으로 분할하는 작업으로 작업의 특성이 분류규칙(Classification)과 유사하나 분석대상 데이터에 결과값이 없으며, 판촉활동이나 이벤트 대상을 선정하는 데 활용됨	k-Means Clustering

4. 데이터 마이닝 추진단계

가. 1단계 : 목적 설정
- 데이터 마이닝을 통해 무엇을 왜 하는지 명확한 목적(이해관계자 모두 동의하고 이해할 수 있는)을 설정한다.
- 전문가가 참여해 목적에 따라 사용할 모델과 필요한 데이터를 정의한다.

나. 2단계 : 데이터 준비
- 고객정보, 거래정보, 상품 마스터정보, 웹로그 데이터, 소셜 네트워크 데이터 등 다양한 데이터를 활용한다.
- IT 부서와 사전에 협의하고 일정을 조율하여 데이터 접근 부하에 유의하여야 하며, 필요시 다른 서버에 저장하여 운영에 지장이 없도록 데이터를 준비한다.
- 데이터 정제를 통해 데이터의 품질을 보장하고, 필요시 데이터를 보강하여 충분한 양의 데이터를 확보한다.

다. 3단계 : 가공
- 모델링 목적에 따라 목적 변수를 정의한다.
- 필요한 데이터를 데이터 마이닝 소프트웨어에 적용할 수 있는 형식으로 가공한다.

라. 4단계 : 기법 적용
- 1단계에서 명확히 설정된 목적에 따라 가장 적합한 데이터 마이닝 기법을 적용하여 정보를 추출한다.

마. 5단계 : 검증
- 데이터 마이닝으로 추출된 정보를 검증한다.
- 테스트 데이터와 과거 데이터를 활용하여 최적의 모델을 선정한다.
- 검증이 완료되면 IT 부서와 협의해 상시 데이터 마이닝 결과를 업무에 적용하고 보고서를 작성하여 추가수익과 투자대비성과(ROI) 등으로 기대효과를 전파한다.

5. 데이터 마이닝을 위한 데이터 분할

가. 개요
- 모델 평가용 테스트 데이터와 구축용 데이터로 분할하여, 구축용 데이터로 모형을 생성하고 테스트 데이터로 모형이 얼마나 적합한지를 판단한다.

나. 데이터 분할

1) 학습용(Training Data, 50%)
   - 추정용, 훈련용 데이터라고도 불리며 데이터 마이닝 모델을 만드는데 활용한다.

2) 검정용(Validation Data, 30%)
   - 구축된 모형의 과대추정 또는 과소추정을 미세 조정을 하는데 활용한다.

3) 시험용(Test Data, 20%)
   - 테스트 데이터나 과거 데이터를 활용하여 모델의 성능을 검증하는데 활용한다.

4) 데이터의 양이 충분하지 않거나 입력 변수에 대한 설명이 충분한 경우
   - 가) 홀드아웃(Hold-Out) 방법 : 주어진 데이터를 랜덤하게 두 개의 데이터로 구분하여 사용하는 방법으로 주로 학습용(Training Data)과 시험용(Test Data)으로 분리하여 사용한다.
   - 나) k-fold 교차분석(Cross-Validation) 방법 : 주어진 데이터를 k개의 하부집단으로 구분하여, k-1개의 집단을 학습용으로 나머지는 하부집단으로 검증용으로 설정하여 학습한다. k번 반복 측정한 결과를 평균낸 값을 최종값으로 사용한다. 주로 10-fold 교차분석을 많이 사용한다.
   - 다) 리브-원-아웃 교차 검증(Leave-one-out cross validation, LOOCV) 방법 : 전체 데이터 N개에서 1개 샘플만을 평가 데이터에 사용하고 나머지(N-1)는 훈련 데이터로 사용하는 과정을 N번 반복하는 K-폴드 검증과 동일한 기법이다.

6. 성과분석

가. 오분류에 대한 추정치

출제 포인트
정분류율, 특이도, 민감도, 재현율, F1 score을 구하는 문제가 자주 출제되고 있습니다. 수식을 정확히 숙지하셔야 합니다.

		Condition		
		Positive	Negative	
Prediction	Positive	True Positive (TP) = 10	False Positive (FP) = 90	**Positive predictive value** =TP/(TP+FP) =10/(10+90) =10%
	Negative	False Negative (FN) = 5	True Negative (TN) = 895	Negative predictive value =TN/(FN+TN) =895/(5+895) =99.4%
		Sensitivity =TP/(TP+FN) =10/(10+5) =67%	**Specificity** =TN/(FP+TN) =895/(90+895) =90.9%	

1) 정분류율(Accuracy)

$$Accuracy = \frac{TN+TP}{TN+TP+FN+FP}$$

2) 오분류율(Error Rate)

$$1 - Accuracy = \frac{FN+FP}{TN+TP+FN+FP}$$

3) 특이도(Specificity)

$$Specificity = \frac{TN}{TN+FP}$$ (TNR : True Negative Rate)

4) 민감도(Sensitivity)

$$Sensitivity = \frac{TP}{TP+FN}$$ (TPR : True Positive Rate)

5) 정밀도(Precision)

$$Precision = \frac{TP}{TP+FP}$$

6) 재현율(Recall) : 민감도와 같음

$$Recall = \frac{TP}{TP+FN}$$

7) F1 Score

$$F_1 = 2 \times \frac{Precision \times Recall}{Precision + Recall}$$

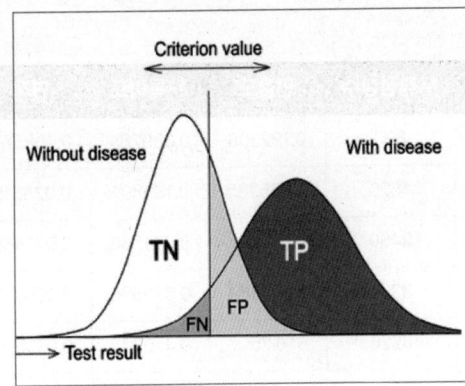

① $AR = \dfrac{TP+TN}{n} = \dfrac{905}{1000} = 90.5\%$

② 모두 부정일 경우 $AR=98.5\%$로 정확도가 높아도 의미가 없다.

③ 이것을 보완하는 방법은 아래와 같다.
   민감도 : True를 True로 판정하는 정도
   특이도 : False를 False로 판정하는 정도

①, ②, ③ 모두 좋아야 좋은 모형으로 볼 수 있다.

 출제 포인트
AUROC에 관련된 내용과 설명, 측정기준에 대한 문제가 자주 출제되오니 숙지하시고 넘어가시기 바랍니다.

나. ROCR 패키지로 성과분석

1) ROC Curve(Receiver Operating Characteristic Curve)

- ROC Curve란 가로축을 FPR(False Positive Rate=1-특이도)값으로 두고, 세로축을 TPR(True Positive Rate, 민감도)값으로 두어 시각화한 그래프이다.
- 2진 분류(Binary Classfication)에서 모형의 성능을 평가하기 위해 많이 사용되는 척도이다.
- 그래프가 왼쪽 상단에 가깝게 그려질수록 올바르게 예측한 비율은 높고, 잘못 예측한 비율은 낮음을 의미한다. 따라서 **ROC곡선 아래의 면적**을 의미하는 AUROC(Area Under ROC)값이 크면 클수록(1에 가까울수록) 모형의 성능이 좋다고 평가한다.

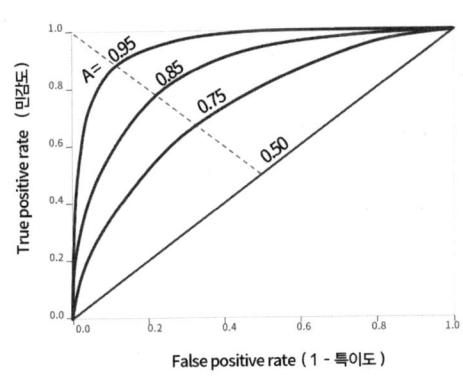

- TPR(True Positive Rate, 민감도) :
  1인 케이스에 대한 1로 예측한 비율
- FPR(False Positive Rate, 1-특이도) :
  0인 케이스에 대한 1로 잘못 예측한 비율
- AUROC(Area Under ROC)를 이용한 정확도의 판단기준

기준	구분
0.9 - 1.0	Excellent (A)
0.8 - 0.9	Good
0.7 - 0.8	Fair
0.6 - 0.7	Poor
0.5 - 0.6	Fail

2) ROC Curve와 AUROC의 활용예시

등급	등급내인원	부도수	정상수	누적부도수	누적정상수	민감도	1-특이도	면적
10	1000	200	800	200	800	0.192308	0.089286	0.008585
9	1000	180	820	380	1620	0.365385	0.180804	0.025519
8	1000	160	840	540	2460	0.519231	0.274554	0.041466
7	1000	140	860	680	3320	0.655384	0.370536	0.056287
6	1000	100	900	780	4220	0.75	0.470982	0.070506
5	1000	80	920	860	5140	0.826923	0.573661	0.080956
4	1000	70	930	930	6070	0.894231	0.677455	0.089323
3	1000	50	950	980	7020	0.942308	0.783482	0.097361
2	1000	40	960	1020	7980	0.980769	0.890625	0.103022
1	1000	20	980	1040	8960	1	1	0.108323
총수	10000	1040	8960	1	1		AUROC=	0.681362

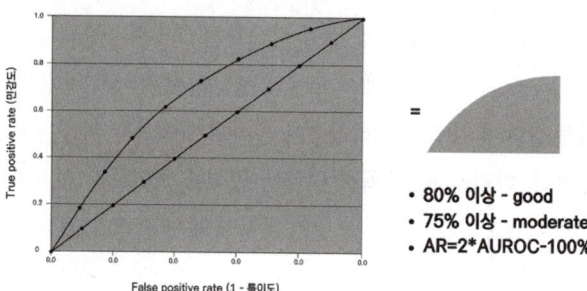

- 80% 이상 - good
- 75% 이상 - moderate
- AR=2*AUROC-100%

3) R 실습 코드

- ROCR 패키지는 Binary Classification만 지원가능

```
> library(rpart)
> library(party)
> library(ROCR)
> x <- kyphosis[sample(1:nrow(kyphosis), nrow(kyphosis), replace=F),]
> x.train <- x[1:floor(nrow(x)*0.75),]
> x.evaluate <- x[floor(nrow(x)*0.75):nrow(x),]
> x.model <- cforest(Kyphosis~Age+Number+Start, data=x.train)
> x.evaluate$prediction <- predict(x.model, newdata=x.evaluate)
> x.evaluate$correct <- x.evaluate$prediction == x.evaluate$Kyphosis
> print(paste("% of predicted classification correct", mean(x.evaluate$correct)))
> x.evaluate$probabilities <- 1- unlist(treeresponse(x.model,
    newdata=x.evaluate), use.names=F)[seq(1,nrow(x.evaluate)*2,2)]
```

- 그래프 ①

```
> pred <- prediction(x.evaluate$probabilities, x.evaluate$Kyphosis)
> perf <- performance(pred, "tpr", "fpr")
> plot(perf, main="ROC curve", colorize=T)
```

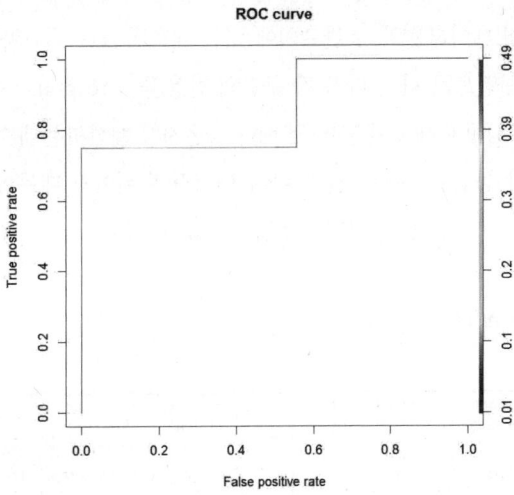

- 그래프 ②

```
> perf <- performance(pred, "lift", "rpp")
> plot(perf, main="lift curve", colorize=T)
```

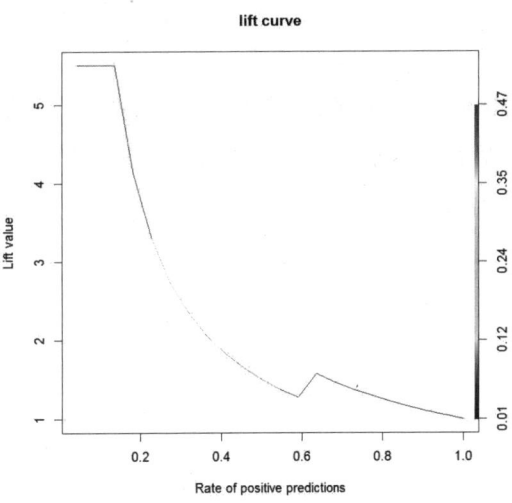

다. 이익도표(Lift chart)

1) 이익도표의 개념

- 이익도표는 분류모형의 성능을 평가하기 위한 척도로, 분류된 관측치에 대해 얼마나 예측이 잘 이루어졌는지를 나타내기 위해 임의로 나눈 각 등급별로 반응검출율, 반응률, 리프트 등의 정보를 산출하여 나타내는 도표이다.
- 2000명의 전체고객 중 381명이 상품을 구매한 경우에 대해 이익도표를 만드는 과정을 예로 들어보면, 먼저 데이터셋의 각 관측치에 대한 예측확률을 내림차순으로 정렬한다. 이후 데이터를 10개의 구간으로 나눈 다음 각 구간의 반응율(% response)을 산출한다. 또한 기본 향상도(Baseline Lift)에 비해 반응률이 몇 배나 높은지를 계산하는데 이것을 향상도(Lift)라고 한다.
- 이익도표의 각 등급은 예측확률에 따라 매겨진 순위이기 때문에, 상위 등급에서는 더 높은 반응률을 보이는 것이 좋은 모형이라고 평가할 수 있다.

2) 이익도표의 활용 예시

Rank	Predicted probability	Actual class
1	0.95	Yes
2	0.93	Yes
3	0.93	No
4	0.88	Yes
...	...	...

Decile	Frequency of "buy"	% Captured Response	% Response	Lift
1	174	174/381=45.6	174/200=87	87/19=4.57
2	110	110/381=28.8	110/200=55	55/19=2.89
3	38	38/381=9.9	38/200=19	19/19=1.00
4	14	14/381=3.6	14/200=7	7/19=0.36
5	11	11/381=2.8	11/200=5.5	5.5/19=0.28
6	10	10/381=2.6	10/200=5	5/19=0.26
7	7	7/381=1.8	7/200=3.5	3.5/19=0.18
8	10	10/381=2.6	10/200=5	5/19=0.26
9	3	3/381=0.7	3/200=1.5	1.5/19=0.07
10	4	4/381=1.0	4/200=2	2/19=0.10

Baseline Lift = 381/2000=19.05%

- 전체 2000명 중 381명이 구매
- Frequency of "buy" : 2000명 중 실제로 구매한 사람
- % Captured Response : 반응검출율 = 해당 등급의 실제 구매자 / 전체 구매자
- % response : 반응률 = 해당 등급의 실제 구매자 / 200명
- Lift : 향상도 = 반응률 / 기본 향상도 좋은 모델이라면 Lift가 빠른 속도로 감소해야 한다.

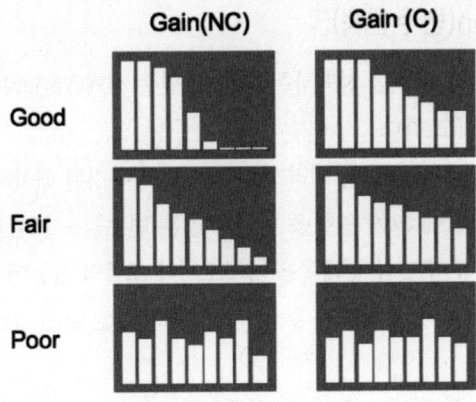

- 등급별로 향상도가 급격하게 변동할수록 좋은 모형이라고 할 수 있고, 각 등급별로 향상도가 들쭉날쭉하면 좋은 모형이라고 볼 수 없다.

과적합 - 과대적합, 과소적합의 개념

- **과적합·과대적합(Overfitting)** : 모형이 학습용 데이터(Training Data)를 과하게 학습하여, 학습 데이터에 대해서는 높은 정확도를 나타내지만 테스트 데이터 혹은 다른 데이터에 적용할 때는 성능이 떨어지는 현상을 의미한다.
- **과소적합(Underfitting)** : 모형이 너무 단순하여 데이터 속에 내제되어 있는 패턴이나 규칙을 제대로 학습하지 못하는 경우를 의미한다.

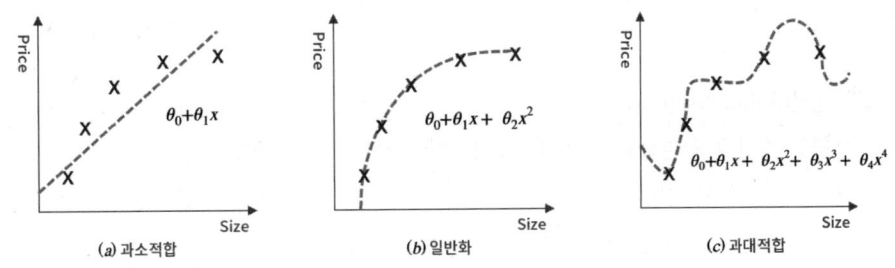

- **(a)과소적합** : Size가 증가함에 따라 Price도 증가하는 것은 잘 표현했지만 데이터의 특징을 정확하게 설명하지 못하고 지나치게 일반화했다고 볼 수 있다.
- **(b)일반화(Generalization)** : 데이터의 특징은 잘 설명하면서도 지나치게 학습하지 않았기 때문에 새로운 데이터를 입력하였을 때도 좋은 성능을 나타낼 수 있다.
- **(c)과대적합** : 각각의 데이터를 너무 정확하게 설명하였기 때문에 새로운 데이터에 해당 모형을 적용시킨다면 일반화가 힘들어 예측에 실패할 수 있다.

7. Feature Selection(변수선택)

- 분석 모형에 가장 적절한 변수를 선택하는 과정을 변수 선택(Variable Selection) 혹은 피처 선택(Feature Selection)이라고 한다.
- 일반적으로 원시 데이터(raw data)는 여러 가지 변수들로 측정된 데이터들이 섞여 있기 때문에 모델에서 얻고자 하는 결과값에 크게 영향을 미치지 않는 변수들도 포함되어 있다. 또한 변수들 간에 상관관계가 높은 경우 분석 결과에 왜곡을 가져오거나 모델의 성능에 영향을 미칠 수 있다. 모델의 정확도를 올리기 위해서 모델 구성에 사용하는 적절한 변수(relevant feature)를 선택하는 것은 매우 중요하다.
- 변수 선택 방법에는 필터 방법, 래퍼 방법, 임베디드 방법이 있다.

구 분	설 명
필터 방법 (Filter Method)	- 특정 모델링 기법에 의존하지 않고 데이터에 대한 통계적 특징을 이용해 변수를 선택하는 방법 - 변수(Feature) 간의 연관성(Relevance) 측정
래퍼 방법 (Wrapper Method)	- 변수의 일부만을 사용해 모델링을 수행하고 그 결과를 확인하는 작업을 반복하여 변수를 선택하는 방법 - 가장 좋은 성능을 보이는 변수 집합(Feature Subset)을 찾아내는 방법
임베디드 방법 (Embedded Method)	- 모델링 기법 자체에 변수 선택이 포함되어 있는 방법 - 가장 좋은 성능을 보이는 변수 집합(Feature Subset)을 찾아내는 방법

가. 필터 방법(Filter Method)

- 모델링 기법에 의존하지 않고 데이터에 대한 통계적 특성 예를 들면, 상호 정보량(Mutual information)이나 상관계수(Correlation Coefficient)으로부터 변수를 선택하는 방법이다.
- 모델의 성능을 고려하지 않고 데이터의 통계적 특징을 이용해 변수 순위(Feature-Rank)를 정하고 가장 높은 순위의 변수들을 선택하도록 하는 방법이다.

1) 0에 가까운 분산(Near Zero Variance)

- 변수를 선택하는 가장 단순한 방법은 0에 가까운 분산을 갖는 변수를 제거하는 것이다. 이러한 변수는 서로 다른 관찰을 구분하는데 큰 의미가 없으므로 데이터 모델링에서도 크게 유용하지 않다.

2) 큰 상관 계수(Correlation Coefficient)

- 두 변수 간 선형관계를 묘사하는 통계적 지표는 상관계수이다. 상관계수가 크다는 것은 두 변수가 같은 방향으로 움직인다는 즉, 두 변수가 같이 커지거나 작아지는 경향이 있다는 것을 의미한다.

- 선형모델, 신경망 등의 머신러닝은 결국 모델의 파라미터(Parameter)를 측정하는 작업인데, 상관계수가 큰 예측변수들이 여러개 존재할 경우 파라미터 수가 불필요하게 증가하여 성능이 떨어지거나 모델이 불안정해진다.
- 데이터셋에 상관관계가 높은 변수들이 있다면 주성분 분석(PCA) 등을 이용해 서로 독립된 차원으로 변환하거나 상관 계수가 큰 변수들을 제거하는 것이 적절하다.

나. 래퍼 방법(Wrapper Method)

- 변수의 일부만을 사용해 모델링을 수행하고 그 결과를 확인하는 작업을 반복하여 변수를 선택하는 방법으로, 머신러닝의 예측 정확도 측면에서 가장 좋은 성능을 보이는 부분집합(Subset)을 뽑아내는 방법이다. 일반적으로 필터 방법보다 래퍼 방법의 정확도가 더 높다.
- 하지만 최고 피처집합(Best Feature Subset)을 찾아가기 위해 모델링을 여러 번 수행해야 하므로 시간이 오래 걸리며, 선택된 변수 부분집합의 수가 기하급수적으로 늘어날 수 있어 과적합(Overfitting)의 위험이 발생한다.
- 모델의 성능을 위해서는 바람직한 방법이므로 모델이 최고의 성능을 낼 수 있도록 변수 선택을 위한 알고리즘과 선택기준을 결정해야 한다.
- 예측을 위한 회귀모델에서는 주어진 데이터로 회귀계수를 추정하고, 설명변수의 유의성 검정을 통해 종속변수에 영향을 미칠 것으로 고려되는 독립변수를 선택한다. 회귀모델에서의 변수 선택 알고리즘에는 Forward Selection, Backward Elimination, Stepwise Selection, 그리고 Best Subset이 있다.

유형	설명
Forward Selection (전진 선택)	변수가 없는 상태로 시작하며 반복할 때마다 가장 중요한 변수를 추가하여 더 이상 성능의 향상이 없을 때까지 변수를 추가한다.
Backward Elimination (후진 제거)	모든 변수를 포함한 모델에서 시작하며 가장 덜 중요한 변수를 하나씩 제거하면서 모델의 성능을 향상시킨다. 더 이상 성능의 향상이 없을 때까지 반복한다.
Stepwise Selection (단계별 선택)	전진 선택법과 후진 제거법을 결합하여 사용하는 방식으로, 모든 변수를 포함한 모델에서 시작하여 통계치를 개선시킬 수 있도록 변수 삭제 및 추가를 반복하는 방법이다. 이와는 반대로 아무것도 없는 모델에서 출발해 변수를 추가 및 삭제를 반복할 수도 있다.
Best Subset (최적조합 선택)	모든 경우의 모델을 비교하여 최선의 모형을 찾는 방법이다. 이때 독립변수의 개수에 따라 모델 비교 횟수가 달라진다. 만약, 독립변수가 n개라 가정하면, 독립변수가 1개 일 때 best model 선정은 n번 비교, 독립변수가 2개 일 때는 $\frac{n(n-1)}{2}$번 비교, 독립변수가 3개 일 때는 $\frac{n(n-1)(n-2)}{3!}$번 비교하는 방식으로, 독립변수 개수별 best model을 선정 후 다시 그 모형끼리 비교하는 방법이다. 부분집합 회귀분석(All Subset Regression)이다.

다. 임베디드 방법(Embedded Method)
- 한마디로 모델링 기법 자체에 변수 선택이 포함되어 있는 방법이라 할 수 있다.
- 라쏘 회귀(Lasso Regression)와 같이 Embedded Method를 사용하여 변수들을 선택하는 방법이 있다.
- 임베디드 방법의 종류는 다음과 같다.

구분	설명
라쏘 회귀 (Lasso Regression)	- 라쏘(Lasso, Least Absolute Shrinkage and Selection Operator) 회귀모형은 가중치 절대값의 합을 최소화하는 것을 제약조건으로 추가하는 기법이다. - 라쏘 회귀에서는 중요하지 않은 가중치는 0이 될 수도 있다. - 라쏘 회귀에서 사용하는 규제 방식을 L1 규제(Penalty)라고 한다. - 변수 간 상관관계가 높은 상황에서 릿지에 비해 상대적 예측 성능이 떨어질 수 있다.
엘라스틱넷 (Elastic Net)	- 라쏘(L1 규제), 릿지(L2 규제)를 결합한 방식이다. - 상관관계가 큰 변수를 동시에 선택하거나 배제하는 특징이 있다. - 릿지 회귀모형은 가중치들의 제곱합(squared sun of weights)을 최소화하는 것을 제약조건으로 추가하는 기법이다.

8. DeepLearning

가. 머신러닝
- 머신러닝은 인공지능(인간의 지각능력, 추론능력, 자연어 처리 능력 등을 컴퓨터 프로그램에 실현하도록 하는 기술)에 포함되는 개념으로, 경험적인 데이터를 바탕으로 기계가 지식을 습득하여 스스로 성능을 향상하는 기술을 의미한다.

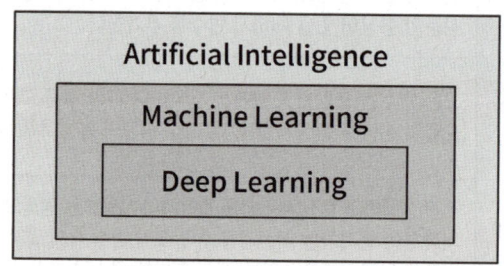

- 머신러닝은 학습하는 방법에 따라서 크게 지도학습, 비지도학습, 강화학습으로 구분된다.

  1) **지도학습(Supervised learning)** : 입력값에 대한 출력값의 정답을 알려주며 학습시키는 방식이다.

  2) **비지도학습(Unsupervised learning)** : 입력값에 대한 출력값을 컴퓨터에게 알려주지 않고, 입력 데이터들 사이의 관계를 이용하여 군집화를 수행하거나 변수가 가질 수 있는 확률값을 추정하는 방식이다.

3) **강화학습(Reinforcement learning)** : 주어진 입력값에 대한 출력값의 정답이 주어지지 않은 상태에서 일련의 행동의 결과에 대한 보상(reward)이 주어지게 되며, 시스템은 이러한 보상을 이용해 학습을 진행한다.

- 대표적인 머신러닝 알고리즘의 종류는 아래와 같다.

지도학습(Supervised learning)	비지도학습(Unsupervised learning)
- k-최근접 이웃(k-Nearest Neighbors) - 선형회귀(Linear Regression) - 로지스틱 회귀(Logistic Regression) - 서포트 벡터 머신(Support Vector Machine) - 의사결정 나무(Decision Tree) - 랜덤포레스트(Random Forest) - 인공 신경망(Artificial Neural Network)	- k-평균 군집분석(k-Means Clustering) - 계층 군집 분석(Hierarchical Cluster Analysis) - 주성분 분석(Principal Component Analysis) - 연관규칙분석 - 사회연결망 분석(Network Analysis) - 텍스트 마이닝

나. 딥러닝

- 딥러닝은 **인공신경망에 기반을 둔 기계학습**의 한 종류로, 여러 비선형 변환기법의 조합을 통해 많은 데이터로부터 특징들을 학습하는 기법이다.
- 딥러닝의 알고리즘으로는 크게 심층 신경망(DNN), 합성곱 신경망(CNN), 순환 신경망(RNN), 생성적 적대 신경망(GAN), RBM(Restricted Boltzmann Machine), DBN(Deep Belief Network) 등이 있다.
- **DNN** : 인공신경망(Artificial Neural Network, ANN)은 입력층, 은닉층, 출력층의 구조로 이루어져 있는데, **심층 신경망(Deep Neural Network, DNN)**은 입력층과 출력층 사이에 여러 개의 은닉층들로 이루어진 인공신경망 구조이다.
  - 활용 예 의료분야에서의 암 진단 시스템 구축 등, 재무분야에서의 주가지수예측, 기업신용평가, 환율예측 등
- **CNN** : 합성곱 신경망(Convolutional Neural Network, CNN)은 다계층 퍼셉트론의 한 종류로 여러개의 합성곱 계층과 일반적인 인공 신경망 계층들로 이루어져 있다. CNN은 특히 영상 분류 혹은 이미지의 객체 인식과 패턴 감지 등 컴퓨터 비전 분야에서 많이 활용된다.
  - 활용 예 자율 주행 자동차, 이미지, 텍스트, 사운드, 비디오 인식 및 식별 등의 영상, 그림 인식 분야 등
- **RNN** : 순환 신경망(Recurrent Neural Network, RNN)은 시간의 흐름에 따라 변화하는 데이터를 학습하기 위한 딥러닝 알고리즘으로 기준 시점과 다음 시점에 네트워크를 연결하여 구성한 인공신경망이라고 할 수 있다.
  - 활용 예 음성 인식, 자동 번역, 단어 의미 판단, 이미지 캡션 생성 등의 자연어 처리 분야 등

다. 프로그래밍 언어별 딥러닝 지원 라이브러리

1) 파이썬(Python)

Theano	\multicolumn{2}{l	}{수식 및 행렬 연산, 다차원 배열 등을 쉽게 생성해주고, 딥러닝 알고리즘을 파이썬으로 쉽게 구현할 수 있도록 해주는 라이브러리다. Theano를 기반으로 하여 더욱 사용하기 쉽게 구현된 라이브러리들은 Keras, Pylearn2, Lasagne, Blocks 등이 있으며 설명은 아래와 같다.}
	Keras	오픈 소스 신경망 라이브러리로 Theano 또는 Tensorflow에서 작동하도록 구성할 수 있으며 모듈화가 잘 되어 있어서 사용하기 편리하고, DNN의 빠른 실험을 가능하게 한다.
	Lasagne	Theano의 최상위에서 실행되는 고급 학습 라이브러리로, Theano의 **복잡성을 추상화하고 보다 편리한 인터페이스를 제공**한다.
Chainer	\multicolumn{2}{l	}{거의 모든 딥러닝 알고리즘을 직관적인 Python 코드로 구현할 수 있고, "Define-by-Run" 모델을 기반으로 유연성을 제공하며 **NLP작업에 많이 사용**된다.}
Tensorflow	\multicolumn{2}{l	}{**구글(Google)에서 만든 딥러닝 오픈소스 패키지**로 Python, C++, Java 등의 다양한 언어를 지원한다. 계산 구조와 목표 함수만 정의하면 미분 계산을 자동으로 처리하며, 데이터 플로우 그래프를 이용한 풍부한 표현력을 특징으로 한다.}
CXXNET	\multicolumn{2}{l	}{MShadow 라이브러리를 기반으로 멀티 GPU를 지원하며, Python 및 Matlab 인터페이스를 제공한다.}

2) C++

Caffe	**이미지 분석에 특화되어 있는 머신 비전 라이브러리**로, C++로 직접 사용할 수도 있지만 Python과 Matlab 인터페이스도 잘 구현되어 있다.
Mxnet	C++을 기반으로 만들어졌지만 R, Phython 등의 언어도 지원하는 딥러닝 프레임워크로, 여러 시스템과 GPU에 걸쳐 확장할 수 있으므로 **대규모 데이터셋**을 이용한 훈련에 효과적이며 **아마존 웹 서비스에서 딥러닝 프레임워크를 지원**한다.

3) Java

DeepLearning4j (DL4j)	Java와 Scala로 작성된 오픈소스 분산처리 딥러닝 라이브러리로 개발툴보다는 상업, 산업 중심의 **비즈니스용 딥러닝 플랫폼으로 널리 사용**된다.

4) R

darch	많은 레이어를 가지는 인공신경망을 구현할 수 있고, RBM(Restricted Boltzmann Machine), DBN(Deep Belief Network) 등의 구조를 가진 신경망 구현을 지원한다.
deepnet	피드-포워드(Feed-forward) 신경망, 회선신경망(CNN), Restricted Boltzmann Machine(RBM), Deep Belief Network(DBN) 등을 구현할 수 있도록 도와주는 패키지이다.

2절 분류분석

  출제 포인트
분류분석의 개요와 분류분석의 대표 알고리즘인 의사결정나무 방법론에 대해 정확히 이해합시다.

학습목표

- 분류분석의 개요와 기법을 이해한다.
- 의사결정나무(Decision Tree) 방법론을 이해한다.
- 의사결정나무 방법론의 종류별 특성을 이해한다.
- R 프로그램을 통해 의사결정나무 분석을 구현할 수 있다.

눈높이 체크

- **분류분석에 대해 들어 보신적이 있나요?**

분류분석은 레코드의 특정 속성의 값이 범주형으로 정해져 있으며 데이터의 실체가 어떤 그룹에 속하는지 예측하는데 사용되는 기법입니다. 사기방지모형, 이탈모형, 고객세분화 모형 등을 개발할 때 활용되는 데이터 마이닝 방법론입니다. 분류 기법에는 로지스틱 회귀분석, 의사결정나무, 베이지안 분류, 인공신경망, SVM 등을 활용할 수 있습니다.

- **의사결정나무 분석 방법을 알고 계신가요?**

의사결정나무 분석은 분류 함수를 의사결정 규칙으로 이뤄진 나무 모양으로 그리는 방법으로 의사결정 문제를 시각화해 의사결정이 이뤄지는 시점과 성과를 한 눈에 볼 수 있게 되어 있으며, 계산 결과가 의사결정나무에 직접 나타나게 돼 분석이 간편합니다.

- **의사결정나무의 종류를 알고 계신가요?**

의사결정나무의 종류로는 가장 많이 활용되고 있는 CART(Classification and Regression Tree)와 C4.5와 C5.0 그리고 CHAID 등 다양한 문제를 해결할 수 있도록 의사결정나무가 발전되고 있습니다.

1. 분류분석과 예측분석

가. 분류분석의 정의
- 데이터가 어떤 그룹에 속하는지 예측하는데 사용되는 기법이다.
- 클러스터링과 유사하지만, 분류분석은 각 그룹이 정의되어 있다.
- 교사학습(Supervised Learning)에 해당하는 예측기법이다.

나. 예측분석의 정의
- 시계열분석처럼 시간에 따른 값 두 개만을 이용해 앞으로의 매출 또는 온도 등을 예측하는 것
- 모델링을 하는 입력 데이터가 어떤 것인지에 따라 특성이 다르다.
- 여러 개의 다양한 설명변수(독립변수)가 아닌, 한 개의 설명변수로 생각하면 된다.

다. 분류분석, 예측분석의 공통점과 차이점

1) 공통점
- 레코드의 특정 속성의 값을 미리 알아맞히는 점이다.

2) 차이점
가) 분류 : 레코드(튜플)의 **범주형 속성**의 값을 알아맞히는 것이다.
나) 예측 : 레코드(튜플)의 **연속형 속성**의 값을 알아맞히는 것이다.

라. 분류, 예측의 예

1) 분류
가) 학생들의 국어, 영어, 수학 점수를 통해 내신등급을 알아맞히는 것
나) 카드회사에서 회원들의 가입 정보를 통해 1년 후 신용등급을 알아맞히는 것

2) 예측
가) 학생들의 여러 가지 정보를 입력하여 수능점수를 알아맞히는 것
나) 카드회사 회원들의 가입정보를 통해 연 매출액을 알아맞히는 것

마. 분류 모델링
- 신용평가모형(우량, 불량)
- 사기방지모형(사기, 정상)
- 이탈모형(이탈, 유지)
- 고객세분화(VVIP, VIP, GOLD, SILVER, BRONZE)

바. 분류 기법

- 로지스틱 회귀분석(Logistic Regression)
- **의사결정나무**(Decision Tree), CART(Classification and Regression Tree), C5.0
- 나이브 베이즈 분류(Naive Bayes Classification)
- **인공신경망**(Artificial Neural Network, ANN)
- 서포트 벡터 머신(Support Vector Machine, SVM)
- k 최근접 이웃(k-Nearest Neighbor, kNN)
- 규칙기반의 분류와 사례기반추론(Case-Based Reasoning)

2. 로지스틱 회귀분석(Logistic Regression)

- 반응변수가 범주형인 경우에 적용되는 회귀분석모형이다.
- 새로운 설명변수(또는 예측변수)가 주어질 때 반응변수의 각 범주(또는 집단)에 속할 확률이 얼마인지를 추정(예측모형)하여, 추정 확률을 기준치에 따라 분류하는 목적(분류모형)으로 활용된다.
- 이때 모형의 적합을 통해 추정된 확률을 사후확률(Posterior Probability)이라고 한다.

$$\log\left(\frac{P(y)}{1-P(y)}\right) = \alpha + \beta_1 x_1 + \cdots + \beta_k x_k, \text{ 여기서 } P(y)=P(y=1|x), x=(x_1, ..., x_k)$$

- $\exp(\beta_1)$의 의미는 나머지 변수$(x_1, ..., x_k)$가 주어질 때, x_1이 한 단위 증가할 때마다 성공(Y=1)의 오즈가 몇 배 증가($\beta_1>0$일 때)하는지를 나타내는 값이다.

$$P(y) = \frac{\exp(\alpha + \beta_1 x_1 + \cdots + \beta_k x_k)}{1+\exp(\alpha + \beta_1 x_1 + \cdots + \beta_k x_k)} = \frac{1}{1+\exp[-(\alpha + \beta_1 x_1 + \cdots + \beta_k x_k)]}$$

- 위 식은 다중로지스틱 회귀모형이며, 그래프의 형태는 설명변수가 한 개(x_1)인 경우 해당 회귀 계수 β_1의 부호에 따라 S자 모양$(\beta_1>0)$ 또는 역 S자 모양$(\beta_1<0)$을 가진다.
- 표준 로지스틱 분포의 누적분포함수를 $F(x)$라 할 때

$$P(y) = F(\alpha + \beta_1 x_1 + \cdots + \beta_k x_k)$$

위 식과 동일한 표현이며, 표준 로지스틱 분포의 누적분포함수로 성공의 확률을 추정한다.

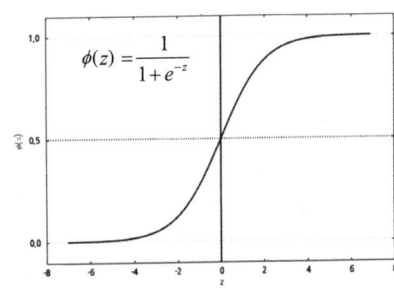

> **참고**
>
> - 오즈비(Odds Ratio) : 오즈(Odds)는 성공할 확률이 실패할 확률의 몇 배인지를 나타내는 확률이며, 오즈비(Odds Ratio)는 두 오즈의 비율이다.
>
>   ex) 2002년에 한국과 브라질이 월드컵 16강 진출을 성공/실패할 확률과 각각의 오즈와 오즈비는 아래와 같다.
>
> | 구 분 | 16강 성공 확률 | 16강 실패 확률 |
> |---|---|---|
> | Brazil | 0.8 | 0.2 |
> | Korea | 0.1 | 0.9 |
>
> $Odds(Brazil) = \frac{0.8}{(1-0.8)} = \frac{0.8}{0.2} = 4$, $Odds(korea) = \frac{0.1}{(1-0.1)} = \frac{1}{9}$
>
> $Odds\ ratio = \frac{Odds(Brazil)}{Odds(Korea)} = \frac{4}{1/9} = 36$
>
> - 오즈비가 36으로 브라질이 16강에 진출할 확률이 한국의 16강 진출 확률보다 36배 높다고 볼 수 있다.

- 선형회귀분석과 로지스틱 회귀분석의 비교

목 적	선형회귀분석	로지스틱 회귀분석
종속변수	연속형 변수	(0, 1)
계수 추정법	최소제곱법	최대우도추정법
모형 검정	F-검정, T-검정	카이제곱 검정(x^2-test)

> **참고**
>
> **최대우도추정법(MLE : Maximum Likelihood Estimation)**
> - 모수가 미지의 θ인 확률분포에서 뽑은 표본(관측치) x들을 바탕으로 θ을 추정하는 기법
> - 우도(Likelihood)는 이미 주어진 표본 x들에 비추어봤을 때 모집단의 모수 θ에 대한 추정이 그럴듯한 정도를 말한다.
> - 우도 $L(\theta|x)$는 θ가 전제되었을 때 표본 x가 등장할 확률인 $p(x|\theta)$에 비례한다.

- glm( ) 함수를 활용하여 로지스틱 회귀분석을 실행한다.
- R 코드 : glm(종속변수~독립변수1+⋯+독립변수k, family=binomial, data=데이터셋명)

```
a<-iris[iris$Species=="setosa" | iris$Species=="versicolor",]
b<-glm(Species ~ Sepal.Length, data=a, family=binomial)
> summary(b)


Call :
glm(formula = Species ~ Sepal.Length, family = binomial, data = a )


Deviance Residuals :
      Min       1Q    Median       3Q      Max
 -2.05501 -0.47395  -0.02829  0.39788  2.32915


Coefficients :
              Estimate   Std. Error   z value   Pr( > |z|)
(Intercept)   -27.831        5.434    -5.122    3.02e-07 ***
Sepal.Length    5.140        1.007     5.107    3.28e-07 ***
---
Signif. codes : 0 '***' 0.001 '**' 0.01 '*' 0.05 '.' 0.1 ' ' 1


(Dispersion parameter for binomial family taken to be 1 )


  Null devianve : 138.629 on 99 degrees of freedom
Residual deviance : 64.211 on 98 degrees of freedom
AIC : 68.211


Number of Fisher Scoring iterations : 6
```

R 프로그램 결과 해석

- 종속변수 : Species, 독립변수 : Sepal.Length
- Sepal.Length가 한 단위 증가함에 따라 Species(Y)가 1에서 2로 바뀔 때 오즈(Odds)가 exp(5.140)≈170배 (β가 음수이면 감소를 의미한다.)
- Null deviance는 절편만 포함하는 모형의 완전 모형으로부터의 이탈도(Deviance)를 나타내며 p-값=P(x^2(99)>138.629)≈0.005으로 통계적으로 유의하므로 적합결여를 나타낸다.
- Residual deviance는 예측변수 Sepal.Length가 추가된 적합 모형의 이탈도를 나타낸다. Null deviance에 비해 자유도 1 기준에 이탈도의 감소가 74.4정도의 큰 감소를 보이며, p-값=P(x^2(98)>64.211)≈0.997으로 통계적으로 유의하지 못해 귀무가설을 기각하지 못한다.
- 따라서 적합값이 관측된 자료를 잘 적합 한다고 말할 수 있다.

3. 의사결정나무

가. 정의

- 의사결정나무는 분류함수를 의사결정 규칙으로 이뤄진 **나무 모양으로 그리는 방법**이다.
- 나무구조는 연속적으로 발생하는 의사결정 문제를 **시각화**해 의사결정이 이뤄지는 시점과 성과를 한눈에 볼 수 있게 한다.
- 계산결과가 의사결정나무에 직접 나타나기 때문에 해석이 간편하다.
- 의사결정나무는 주어진 **입력값에 대하여 출력값을 예측하는 모형**으로 분류나무와 회귀나무 모형이 있다.

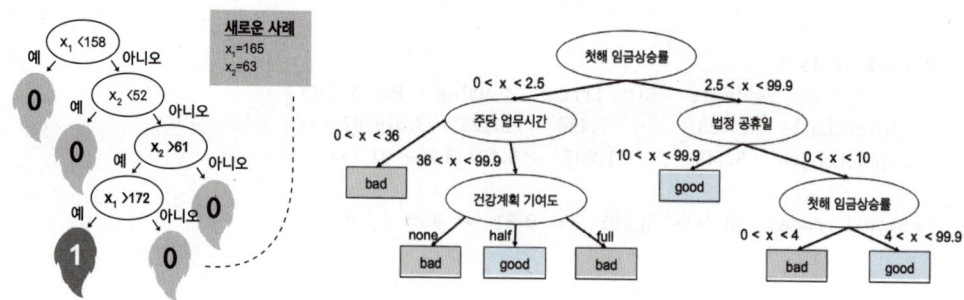

> **예시**
>
> **의사결정나무의 구성요소**
>
> - 뿌리마디(Root Node) : 시작되는 마디로 전체 자료를 포함
> - 자식마디(Child Node) : 하나의 마디로부터 분리되어 나간 2개 이상의 마디들
> - 부모마디(Parent Node) : 주어진 마디의 상위 마디
> - 끝마디(Terminal Node) : 자식마디가 없는 마디
> - 중간마디(Internal Node) : 부모마디와 자식마디가 모두 있는 마디
> - 가지(Branch) : 뿌리마디로부터 끝마디까지 연결된 마디들
> - 깊이(Depth) : 뿌리마디부터 끝마디까지의 중간마디들의 수

나. 예측력과 해석력

 출제 포인트
의사결정나무의 활용과 특징의 내용은 자주 출제되는 분야임으로 숙지하시고 넘어가시기 바랍니다.

- 기대 집단의 사람들 중 가장 많은 반응을 보일 **고객의 유치방안을** 예측하고자 하는 경우에는 **예측력**에 **치중**한다.
- 신용평가에서는 심사 결과 부적격 판정이 나온 경우 고객에게 부적격 **이유를 설명**해야하므로 **해석력에 치중**한다.

다. 의사결정나무의 활용

1) 세분화
   - 데이터를 비슷한 특성을 갖는 몇 개의 그룹으로 분할해 그룹별 특성을 발견하는 것이다.

2) 분류
   - 여러 예측변수들에 근거해 관측개체의 목표변수 범주를 몇 개의 등급으로 분류하고자 하는 경우에 사용하는 기법이다.

3) 예측
   - 자료에서 규칙을 찾아내고 이를 이용해 미래의 사건을 예측하고자 하는 경우이다.

4) 차원축소 및 변수선택
   - 매우 많은 수의 예측변수 중에서 목표변수에 큰 영향을 미치는 변수들을 골라내고자 하는 경우에 사용하는 기법이다.

5) 교호작용효과의 파악
   - 여러 개의 예측변수들을 결합해 목표변수에 작용하는 규칙을 파악하고자 하는 경우
   - 범주의 병합 또는 연속형 변수의 이산화 : 범주형 목표변수의 범주를 소수의 몇 개로 병합하거나 연속형 목표변수를 몇 개의 등급으로 이산화하고자 하는 경우이다.

라. 의사결정나무의 특징

〈장점〉
- 결과를 누구에게나 설명하기 용이하다.
- 모형을 만드는 방법이 계산적으로 복잡하지 않다.
- 대용량 데이터에서도 빠르게 만들 수 있다.
- 비정상 잡음 데이터에 대해서도 민감함이 없이 분류할 수 있다.
- 한 변수와 상관성이 높은 다른 불필요한 변수가 있어도 크게 영향을 받지 않는다.
- 설명변수나 목표변수에 수치형변수와 범주형변수를 모두 사용 가능하다.
- 모형 분류 정확도가 높다.

〈단점〉
- 새로운 자료에 대한 과대적합이 발생할 가능성이 높다.
- 분류 경계선 부근의 자료값에 대해서 오차가 크다.
- 설명변수 간의 중요도를 판단하기 쉽지 않다.

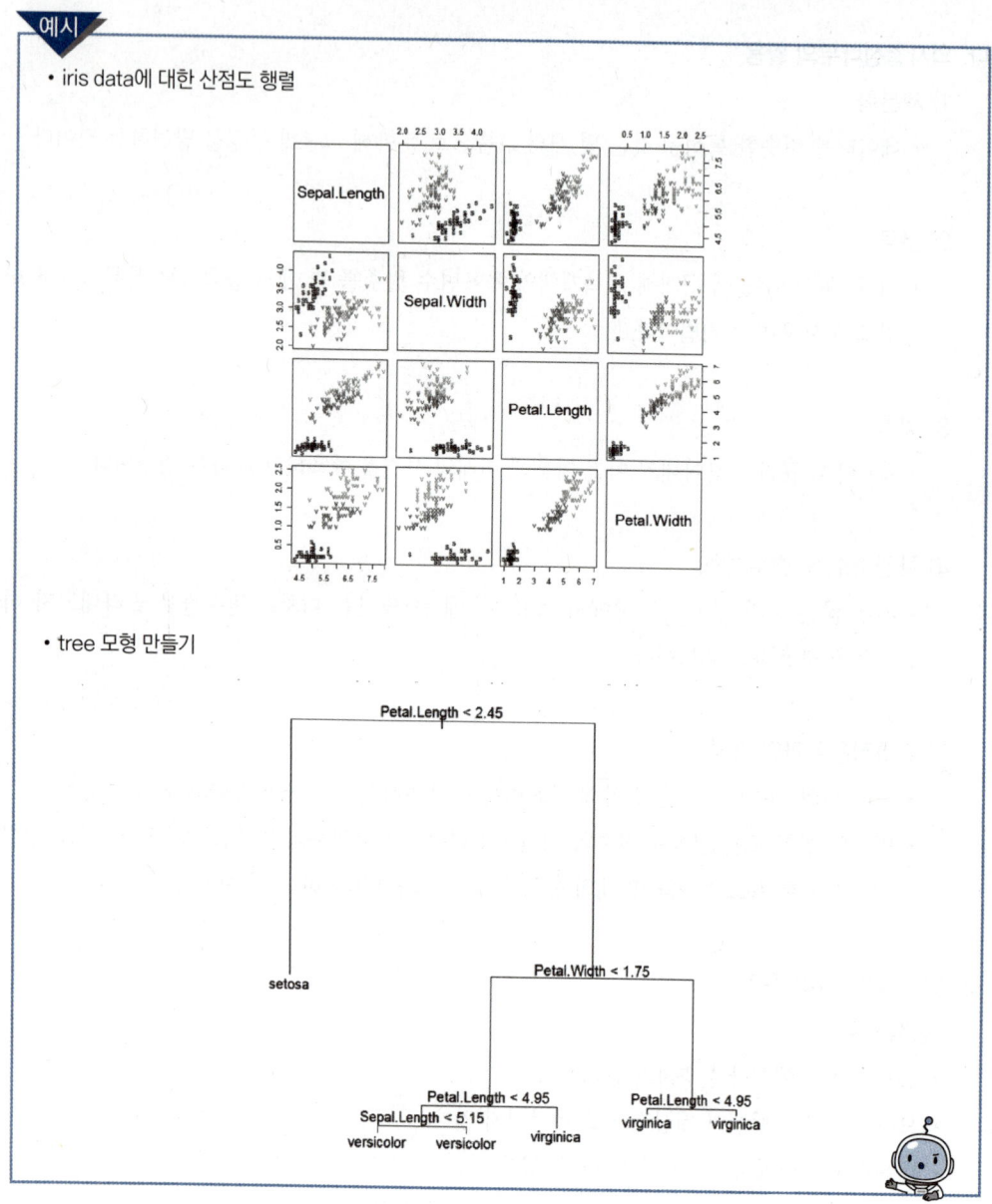

마. 의사결정나무의 분석 과정

- 의사결정나무의 형성과정은 크게 성장(Growing), 가지치기(Pruning), 타당성 평가, 해석 및 예측으로 이루어진다.

1) 성장 단계

- 각 마디에서 적절한 최적의 분리규칙(Splitting Rule)을 찾아서 나무를 성장시키는 과정으로 적절한 정지규칙(Stopping Rule)을 만족하면 중단한다.

2) 가지치기 단계
- 오차를 크게 할 위험이 높거나 부적절한 추론규칙을 가지고 있는 가지 또는 불필요한 가지를 제거하는 단계이다.

3) 타당성 평가 단계
- 이익도표(Gain Chart), 위험도표(Risk Chart), 혹은 시험자료를 이용하여 의사결정나무를 평가하는 단계이다.

4) 해석 및 예측 단계
- 구축된 나무모형을 해석하고 예측모형을 설정한 후 예측에 적용하는 단계이다.

바. 나무의 성장
- 훈련자료를 (x_i, y_i) $i=1, 2, ..., n$로 나타내자. 여기서 $x_i = (x_{i1}, ..., x_{ip})$이다.
- 나무모형의 성장과정은 x들로 이루어진 입력 공간을 재귀적으로 분할하는 과정이다.

$$R_1(j, A) = x_j \in A, \quad R_2(j, A^c) = x_j \in A^c,$$

1) 분리규칙(Splitting Rule)
- 분리 변수(Split Variable)가 연속형인 경우 : $A = x_j \leq s$
- 분리변수가 범주형 $\{1, 2, 3, 4\}$인 경우, $A=1, 2, 4$와 $A^c=3$으로 나눌 수 있다.
- 최적 분할의 결정은 불순도 감소량을 가장 크게 하는 분할이다.

$$\Delta i(t) = i(t) - p_L i(t_L) - p_R i(t_R), \quad i(t) = \sum_{i \in t}(y_i - \overline{y}_t)$$

- 각 단계에서 최적 분리기준에 의한 분할을 찾은 다음 각 분할에 대하여도 동일한 과정을 반복한다.

2) 분리기준(Splitting Criterion)
- 이산형 목표변수

기준값	분리기준
카이제곱 통계량 p값	p값이 가장 작은 예측변수와 그 때의 최적분리에 의해서 자식마디를 형성
지니 지수	지니 지수를 감소시켜주는 예측변수와 그 때의 최적분리에 의해서 자식마디를 형성
엔트로피 지수	엔트로피 지수가 가장 작은 예측변수와 이 때의 최적분리에 의해 자식마디를 형성

- 연속형 목표변수

기준값	분리기준
분산분석에서 F 통계량	p값이 가장 작은 예측변수와 그 때의 최적분리에 의해서 자식마디를 형성
분산의 감소량	분산의 감소량을 최대화 하는 기준의 최적분리에 의해서 자식마디를 형성

3) 정지규칙(Stopping Rule)
- 더 이상 분리가 일어나지 않고, 현재의 마디가 끝마디가 되도록 하는 규칙이다.
- 정지기준 (Stopping Criterion) : 의사결정나무의 깊이(Depth)를 지정, 끝마디의 레코드 수의 최소 개수를 지정한다.

사. 나무의 가지치기(Pruning)
- 너무 큰 나무모형은 자료를 과대적합하고 너무 작은 나무모형은 과소적합할 위험이 있다.
- 나무의 크기를 모형의 복잡도로 볼 수 있으며 최적의 나무 크기는 자료로부터 추정하게 된다. 일반적으로 사용되는 방법은 마디에 속하는 **자료가 일정 수(가령 5)이하**일 때 분할을 정지하고 **비용-복잡도 가지치기(Cost Complexity Pruning)를 이용**하여 성장시킨 나무를 가지치기하게 된다.

> 참고
>
> 과적합-과대적합, 과소적합
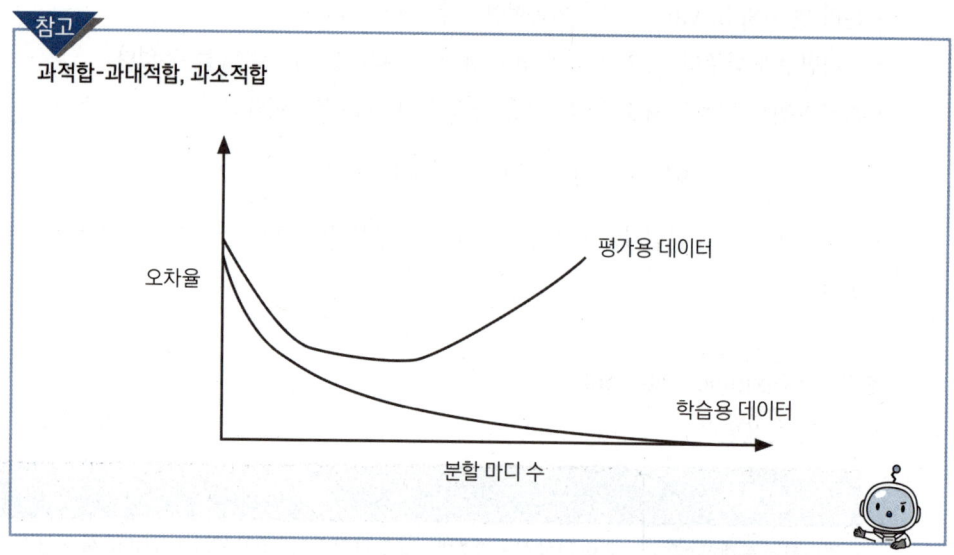

4. 불순도의 여러 가지 측도

- 목표변수가 범주형 변수인 의사결정나무의 분류규칙을 선택하기 위해서는 카이제곱 통계량, 지니지수, 엔트로피 지수를 활용한다.

1) 카이제곱 통계량

- 카이제곱 통계량은 각 셀에 대한 ((실제도수−기대도수)의 제곱/기대도수)의 합으로 구할 수 있다.
- 기대도수 = 열의 합계 × 합의 합계 / 전체합계

$$\chi^2 = \sum_{i=1}^{k} \frac{(O_i - B_i)^2}{B_i} \quad (k: \text{범주의 수}, O_i: \text{실제도수}, B_i: \text{기대도수})$$

2) 지니지수

- 노드의 불순도를 나타내는 값이다.
- 지니지수의 값이 클수록 이질적(Diversity)이며 순수도(Purity)가 낮다고 볼 수 있다.

$$Gini(T) = 1 - \sum_{l=1}^{k} p_l^2$$

> **예제**
>
> 아래 그림을 보고 지니지수(Gini Index)를 구하시오.
>
>
>
> 〈계산 결과〉
>
> $$Gini = 1 - \left(\frac{3}{8}\right)^2 - \left(\frac{3}{8}\right)^2 - \left(\frac{1}{8}\right)^2 - \left(\frac{1}{8}\right)^2 = 0.69$$
>
>
>
> 〈계산 결과〉
>
> $$Gini = 1 - \left(\frac{6}{7}\right)^2 - \left(\frac{1}{7}\right)^2 = 0.24$$

3) 엔트로피 지수
- 열역학에서 쓰는 개념으로 무질서 정도에 대한 측도이다.
- 엔트로피 지수의 값이 클수록 순수도(Purity)가 낮다고 볼 수 있다.
- 엔트로피 지수가 가장 작은 예측 변수와 이때의 최적분리 규칙에 의해 자식마디를 형성한다.

$$Entropy(T) = \sum_{l=1}^{k} p_l \log_2 p_l$$

예제

아래 그림을 보고 엔트로피 지수(Entropy Index)를 구하시오.

〈계산 결과〉
$Entropy = -(0.25 \times \log_2 0.25) \times 4 = 2$

예제

- 아래와 같은 데이터가 있는 경우 기대도수는 80*210/300=56, 80*90/300=24

	Good	Bad	Total
Left	32(56)	48(24)	80
Right	178(154)	42(66)	220
Total	210	90	300

- 카이제곱 통계량

$$\frac{(56-32)^2}{56} + \frac{(24-48)^2}{24} + \frac{(154-178)^2}{154} + \frac{(66-42)^2}{66} = 46.75$$

- 지니지수 : 2(P(Left에서 Good)P(Left에서 Bad)P(Left) + P(Right에서 Good)P(Right에서 Bad)P(Right))

$$2\left(\frac{32}{80} \times \frac{48}{80} \times \frac{80}{300} \times \frac{178}{220} \times \frac{42}{220} \times \frac{220}{300}\right) = 0.3545$$

- 엔트로피 : 엔트로피(Left)P(Left) + 엔트로피(Right)P(Right)에서 엔트로피(Left) = -P(Left에서 Good)log2 P(Left에서 Good)

$$-\left(\frac{32}{80}\log_2\left(\frac{32}{80}\right) + \frac{48}{80}\log_2\left(\frac{48}{80}\right)\right)\frac{80}{300} - \left(\frac{178}{220}\log_2\left(\frac{178}{220}\right) + \frac{42}{220}\log_2\left(\frac{42}{220}\right)\right)\frac{220}{300} = 0.7747$$

> **참고**
>
> **지니지수를 이용한 최적의 분리 찾기**
>
> 우측 자료 중 Temperature를 기준으로 분리하는 경우
>
> - Left = {Hot}, Right = {Mild, Cold} 일 때,
>
> | | N | P | Total |
> |---|---|---|---|
> | Left | 3 | 1 | 4 |
> | Right | 3 | 7 | 10 |
> | Total | 6 | 8 | 14 |
>
> 지니지수 $= 2 \left(\dfrac{3}{4} \times \dfrac{1}{4} \times \dfrac{4}{14} + \dfrac{3}{10} \times \dfrac{7}{10} \times \dfrac{10}{14} \right) = 0.4071$
>
> - Left = {Mild}, Right = {Hot, Cold} 일 때,
>
> | | N | P | Total |
> |---|---|---|---|
> | Left | 1 | 5 | 6 |
> | Right | 5 | 3 | 8 |
> | Total | 6 | 8 | 14 |
>
> 지니지수 $= 2 \left(\dfrac{1}{6} \times \dfrac{5}{6} \times \dfrac{6}{14} + \dfrac{5}{8} \times \dfrac{3}{8} \times \dfrac{8}{14} \right) = 0.3869$
>
> - Left = {Cold}, Right = {Hot, Mild} 일 때,
>
> | | N | P | Total |
> |---|---|---|---|
> | Left | 2 | 2 | 4 |
> | Right | 4 | 6 | 10 |
> | Total | 6 | 8 | 14 |
>
> 지니지수 $= 2 \left(\dfrac{2}{4} \times \dfrac{2}{4} \times \dfrac{4}{14} + \dfrac{4}{10} \times \dfrac{6}{10} \times \dfrac{10}{14} \right) = 0.4860$
>
> - Humidity를 기준으로 분리하는 경우
>
> | | N | P | Total |
> |---|---|---|---|
> | Left | 3 | 4 | 7 |
> | Right | 3 | 4 | 7 |
> | Total | 6 | 8 | 14 |
>
> 지니지수 $= 2 \left(\dfrac{3}{7} \times \dfrac{4}{7} \times \dfrac{7}{14} + \dfrac{3}{7} \times \dfrac{4}{7} \times \dfrac{7}{14} \right) = 0.4897$
>
> - Windy를 기준으로 분리하는 경우
>
> | | N | P | Total |
> |---|---|---|---|
> | Left | 4 | 4 | 8 |
> | Right | 2 | 4 | 6 |
> | Total | 6 | 8 | 14 |
>
> 지니지수 $= 2 \left(\dfrac{4}{8} \times \dfrac{4}{8} \times \dfrac{8}{14} + \dfrac{2}{6} \times \dfrac{4}{6} \times \dfrac{6}{14} \right) = 0.4762$
>
> - 모든 가능한 분리의 경우를 종합한 결과 Temperature에서 Left = {Mild}, Right = {Hot, Cold}로 분리

Temperature	Humidity	Windy	Class
Hot	High	False	N
Hot	High	True	N
Hot	High	False	P
Mild	High	False	P
Cold	Normal	False	P
Cold	Normal	True	N
Cold	Normal	True	P
Mild	High	False	P
Cold	Normal	False	P
Mild	Normal	False	P
Mild	Normal	True	P
Mild	High	True	P
Hot	Normal	False	N
Mild	High	True	P

5. 의사결정나무 알고리즘

가. CART(Classification and Regression Tree)
- 앞에서 설명한 방식의 가장 많이 활용되는 의사결정나무 알고리즘으로 불순도의 측도로 출력(목적) 변수가 범주형일 경우 지니지수를 이용, 연속형인 경우 분산을 이용한 이진분리(Binary Split)를 사용한다.
- 개별 입력변수 뿐만 아니라 입력변수들의 선형결합들 중에서 최적의 분리를 찾을 수 있다.

나. C4.5와 C5.0
- CART와는 다르게 각 마디에서 다지분리(Multiple Split)가 가능하며 범주형 입력변수에 대해서는 범주의 수만큼 분리가 일어난다.
- 불순도의 측도로는 엔트로피지수를 사용한다.

다. CHAID(CHi-squared Automatic Interaction Detection)
- 가지치기를 하지 않고 적당한 크기에서 나무모형의 성장을 중지 한다.
- 불순도의 측도로는 범주형인 경우 카이제곱 통계량, 연속형인 경우 F통계량을 사용한다.

6. 의사결정나무 예시

가. party 패키지를 이용한 의사결정나무
- party 패키지는 의사결정나무를 사용하기 편한 다양한 분류 패키지 중 하나이다.
- 분실값을 잘 처리하지 못하는 문제를 갖고 있는 것이 단점이다.
- tree에 투입된 데이터가 표시가 되지 않거나 predict가 실패하는 경우 문제가 발생할 수 있다.

1) iris data를 이용한 분석
- iris data의 30%는 test data, 70% training data로 생성한다.

```
> idx <- sample(2, nrow(iris), replace=TRUE, prob=c(0.7, 0.3))
> train.data <- iris[idx==2,]
> test.data <- iris[idx==1,]
```

2) train.data를 이용하여 모형생성

```
> iris.tree <- ctree(Species~., data=train.data)
> plot(iris.tree)
```

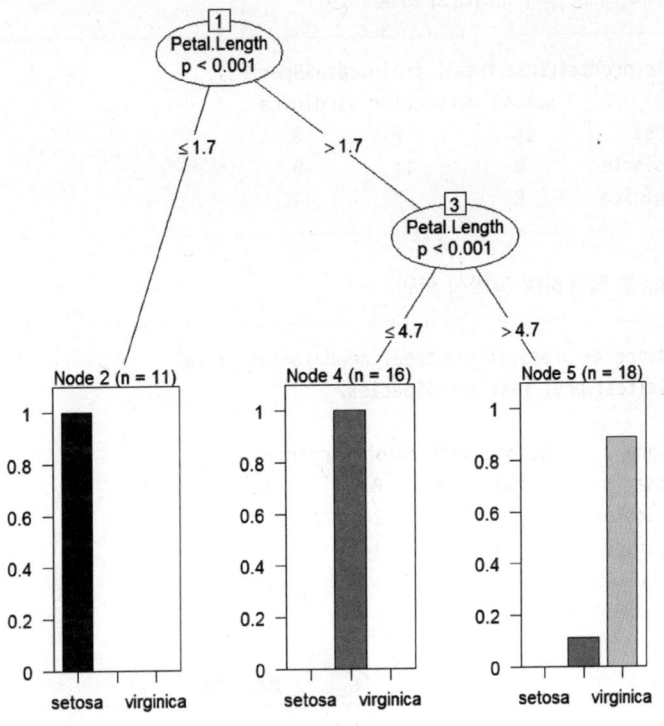

```
> plot(iris.tree, type="simple")
```

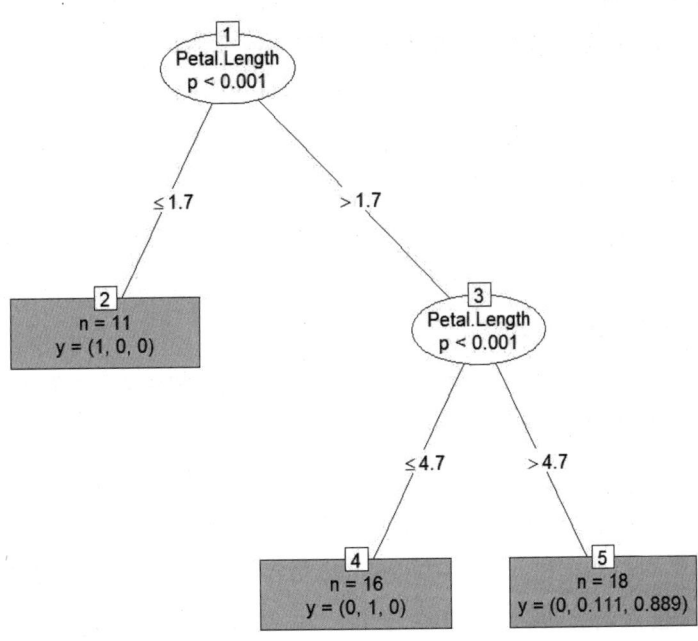

3) 예측된 데이터와 실제 데이터의 비교

```
> table(predict(iris.tree), train.data$Species)
             setosa versicolor virginica
  setosa        18        0          0
  versicolor     0       11          0
  virginica      0        1         11
```

4) test data를 적용하여 정확성 확인

```
> test.pre <- predict(iris.tree, newdata=test.data)
> table(test.pre, test.data$Species)

  test.pre    setosa versicolor virginica
  setosa        32        0          0
  versicolor     0       24          1
  virginica      0       14         38
```

 출제 포인트

기존 ADsP에서는 포함되지 않은 분류분석 방법론인 나이브 베이즈 분류, K-NN, SVM에 대한 문제가 출제될 수 있으니 개념을 정확히 이해하시기 바랍니다.

7. 나이브 베이즈 분류(Naive Bayes Classification)

가. 나이브 베이즈 분류의 개념

- 데이터에서 변수들에 대한 **조건부 독립을 가정**하는 알고리즘으로 클래스에 대한 사전 정보와 데이터로부터 추출된 정보를 결합하고, **베이즈 정리(Bayes' theorem)**를 이용하여 어떤 데이터가 특정 클래스에 속하는지를 분류하는 알고리즘이다.
- 텍스트 분류에서 문서를 여러 범주(ex. 스팸, 경제, 스포츠) 중 하나로 판단하는 문제에 대한 솔루션으로 사용될 수 있다.

나. Bayes' theorem(베이즈 정리)

- 나이브 베이즈 알고리즘의 기본이 되는 개념으로, **두 확률 변수의 사전 확률과 사후 확률 사이의 관계를 나타내는 정리**이다.
- 사건 A와 B가 있을 때, 사건 B가 일어난 것을 전제로 한 사건 A의 조건부 확률을 구하고자 한다. 하지만 현재 가지고 있는 정보는 사건 A가 일어난 것을 전제로 한 사건 B의 조건부 확률, A의 확률, B의 확률뿐이다. 이 때, 원래 구하고자 했던 **'사건 B가 일어난 것을 전제로 한 사건 A의 조건부 확률'**을 다음과 같이 구할 수 있다는 것이 베이즈 정리(Bayes' theorem)이다.

$$P(A|B) = \frac{P(B \cap A)}{P(B)} = \frac{P(A)P(B|A)}{P(B)} = \frac{P(A)P(B|A)}{P(A)P(B|A) + P(A^C)P(B|A^C)}$$

- $P(A|B)$: 사건 B가 발생했을 때 사건 A가 발생할 확률 → 사후확률(Posterior)
- $P(B|A)$: 사건 A가 발생했을 때 사건 B가 발생할 확률 → 우도(Likelihood)
- $P(A \cap B)$: 사건 A와 B가 동시에 발생할 확률
- $P(A)$: 사건 A가 발생할 확률 → 사전확률(Prior)
- $P(B)$: 사건 B가 발생할 확률 → 관찰값(Evidence)
- 위 식을 다음과 같은 식으로도 표현이 가능하다.
  (Posterior : 사후 확률, Prior : 사전확률, Likelihood : 우도, Evidence : 관찰값)

$$posterior = \frac{prior \times likelihood}{evidence}$$

예제

어느 여행 동호회는 회원 수가 100명이며, 이 중 40명이 여성이다. 40명의 여성 중 16명은 기혼이며, 남성 60명 중 30명이 기혼이다. 이 산악회의 회원 중에서 임의로 뽑은 한 명이 기혼일 때, 이 회원이 여성일 확률은?

해설 : 여성을 A, 남성을 B, 기혼을 C라고 하자.

그렇다면, $P(A|B) = \frac{P(A \cap B)}{P(B)}$ 임을 이용하여 문제의 답을 구해보면 다음과 같다.

$$P(A|C) = \frac{P(A \cap C)}{P(A \cap C) + P(B \cap C)} = \frac{P(A)P(C|A)}{P(A)P(C|A) + P(B)P(C|B)}$$

$$P(A|C) = \frac{0.4 \times 0.4}{0.4 \times 0.4 + 0.6 \times 0.5} = \frac{0.16}{0.46} = \frac{8}{23}$$

다. 나이브 베이즈 분류의 계산

- 나이브 베이즈 분류는 하나의 속성 값을 기준으로, 다른 속성이 독립적이라 전제했을 때 해당 속성 값이 클래스 분류에 미치는 영향을 측정한다.
- 속성값에 대해 다른 속성이 독립적이라는 가정은 **클래스 조건 독립성(Class Conditional Independence)**라 한다.
- 데이터 셋이 특성 $X = (X_1, X_2, \cdots, X_n)$ 를 담고 있고, k개의 클래스 라벨 $C_1, C_2, \cdots, C_k$이 있을 때, 다음 식을 만족한다.

$$P(C_i|X) > P(C_j|X), 1 \leq j \leq k, j \neq i$$

- 조건부 확률 $P(C_i|X)$이 최대일 경우를 찾으며, 다음과 같은 식으로 확률을 계산한다.

$$P(C_i|X) = \frac{P(C_i)P(X|C_i)}{P(X)}$$

- $P(X|C_i)$의 계산을 위해 클래스 조건 독립성을 두고 아래 식으로 계산한다.

$$P(X|C_i) = \prod_{k=1}^{n} P(X_k|C_i) = P(x_1|C_i) \times P(x_2|C_i) \times \cdots \times P(x_n|C_i)$$

8. k-최근접 이웃 알고리즘(K-Nearest Neighbor Classification)

- 어떤 범주로 나누어져 있는 데이터 셋이 있을 때, 새로운 데이터가 추가된다면 이를 어떤 범주로 분류할 것인지를 결정할 때 사용할 수 있는 분류 알고리즘이다.
- K-NN 알고리즘이라고도 하며, 지도학습(Supervised Learning)의 한 종류이다.

가. K-NN 알고리즘의 원리

- K-NN 알고리즘에서는 새로운 데이터의 클래스(범주)를 해당 데이터와 가장 가까이 있는 k개 데이터들의 클래스(범주)로 결정한다.
- 예를 들어 아래의 그림에서 '?'의 클래스를 구분하고자 한다. 주변에 있는 이웃의 개수를 k라고 했을 때, k=1로 설정할 경우 '?'는 안쪽의 작은 원으로 분류되고 k=3으로 설정할 경우 '?'는 바깥쪽의 큰 원으로 분류된다.

    일종의 다수결과 같이 분류하고자 하는 데이터와 가장 가까운 이웃들이 주로 속해 있는 클래스(범주)를 선택하는 것이다.

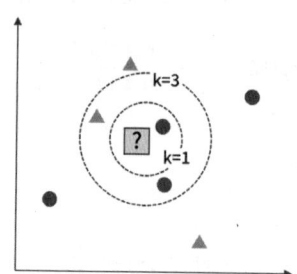

- k의 수를 4로 늘릴 경우에는 아래 그림과 같이 이웃의 클래스가 삼각형 2개, 원 2개로 동률이 된다. 이처럼 이진(2개의 클래스) 분류 문제에서는 동률의 투표를 피할 수 있도록 k의 수를 홀수로 선택하는 것이 바람직하다. 하지만 3개 이상의 범주로 분류하는 문제에서는 분류될 범주와 데이터의 세부 값 등을 고려하여 적절한 k값을 설정해 주어야 한다.

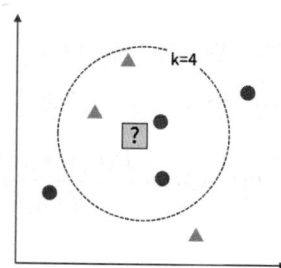

나. k의 선택

- k의 선택은 학습의 난이도와 데이터의 개수에 따라 결정될 수 있으며, 일반적으로는 훈련 데이터 개수의 제곱근으로 설정한다.
- k를 너무 크게 설정할 경우, 주변에 있는 점과의 근접성이 떨어져 분류가 잘 이루어지지 않고 과소적합(Underfitting)이 발생할 수 있다. 예를 들어 학습 데이터에 50개의 값이 있을 때, k=50으로 설정한다면 모든 값이 동일한 범주로 분류되는 문제가 생긴다.
- 반면 k를 너무 작게 설정할 경우, 주변의 다른 이웃들을 충분히 고려하지 못하고 아주 가까이 있는 점 하나에 민감하게 영향을 받기 때문에 과대적합(Overfitting)이 발생할 수 있다. 또한 이상치 혹은 잡음 데이터와 이웃이 될 가능성이 있으므로 적절한 k를 선택하는 것이 중요하다.

다. 이웃 간의 거리 계산 방법

- K-NN 알고리즘에서 최근접 이웃 간의 거리를 계산할 때 유클리디안 거리(Euclidean dist), 맨하탄 거리(Manhattan dist), 민코우스키 거리(Minkowski dist) 등을 사용할 수 있으며, 대표적으로는 유클리디안 거리를 사용한다.
- 유클리디안 거리는 두 점 P와 Q가 각각 $P=(p_1, p_2, p_3, \cdots, p_n)$와 $Q=(q_1, q_2, q_3, \cdots, q_n)$의 좌표를 가질 때, 아래와 같은 공식으로 계산한다.

$$\sqrt{(p_1-q_1)^2 + (p_2-q_2)^2 + \cdots + (p_n-q_n)^2} = \sqrt{\sum_{i=1}^{n}(p_i-q_i)^2}$$

라. K-NN 분류 예시

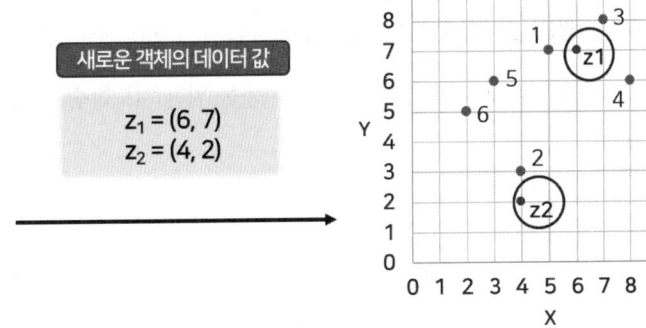

- 위 표와 같이 A, B의 두 가지 범주로 구분된 데이터 7개가 있을 때, K-NN 분류 알고리즘을 이용하여 z1과 z2 데이터는 어떤 범주에 속하는지 분류하고자 한다.
- 유클리디안 거리 공식을 이용해 z1, z2와 기존 7개의 데이터들 사이의 거리를 산출한다.

k의 값을 3으로 설정하고 계산된 객체 간의 거리를 활용해 z1과 z2의 가장 인근에 있는 데이터들과 범주를 아래의 표와 같이 파악한다.

기존 객체들과의 거리							
	1	2	3	4	5	6	7
z_1	1.0	4.472	1.414	2.236	3.162	4.472	3.162
z_2	5.099	1.0	6.708	5.657	4.123	3.606	6.403

범주의 추정			
	인근객체	인근범주	추정범주
z_1	1, 3, 4	A, B, B	B
z_2	2, 5, 6	B, A, A	A

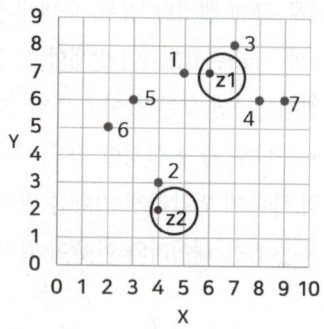

- z1 데이터의 이웃으로는 B 범주에 속하는 데이터가 2개, A 범주에 속하는 데이터가 1개이므로 z1은 B 범주로 분류한다. 반면 z2 데이터의 이웃으로는 A 범주에 속하는 데이터가 2개, B 범주에 속하는 데이터가 1개이므로 z1은 A 범주로 분류한다.

마. K-NN Classification의 장단점

장점	단점
• 사용이 간단함 • 범주를 나눈 기준을 알지 못해도 데이터를 분류할 수 있음 • 추가된 데이터의 처리가 용이함	• k값의 결정이 어려움 • 수치형 데이터가 아닐 경우 유사도를 정의하기 어려움 • 데이터 내에 이상치가 존재하면 분류 성능에 큰 영향을 받음

9. 서포트 벡터 머신(SVM, Support Vector Machine)

- 서포트 벡터 머신은 패턴인식, 자료 분석 등을 위한 지도학습 머신러닝 모델이며, 주로 회귀와 분류 문제 해결에 사용된다.
- 주어진 데이터 집합을 바탕으로 하여 새로운 데이터가 어떤 범주에 속할 것인지를 판단하는 비확률적 이진 선형 분류 모델을 생성한다.
- 기존 분류기가 오류율 최소화를 특징으로 한다면 SVM은 마진 최대화로 일반화 능력의 극대화를 추구하며, 마진이 가장 큰 초평면을 분류기(classifier)로 사용할 때, 새로운 자료에 대한 오분류가 가장 낮아진다.

가. SVM의 원리

- SVM 분류 모델은 데이터가 표현된 공간에서 분류를 위한 경계를 정의한다. 즉 분류되지 않은 새로운 값이 입력되면 경계의 어느 쪽에 속하는지를 확인하여 분류 과제를 수행한다.

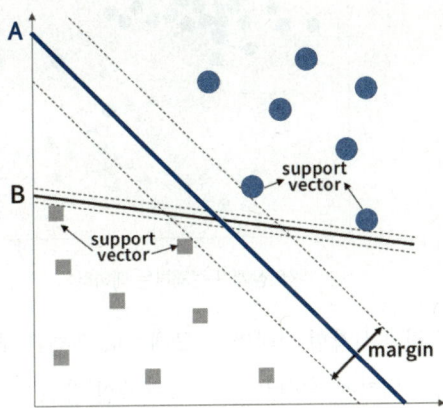

- 위 그림에서 원과 사각형을 구분 짓는 경계선은 아주 많이 생성될 수 있다. 수많은 경계선 중 SVM은 두 집단에 속한 각 데이터들 사이에서 가장 큰 폭을 가진 경계를 찾는다.
- 예를 들어, 위 그림에서 사각형과 원을 구분하는 경계면 A와 B 중 조금 더 나은 분류 경계면은 A에 해당한다. A가 B에 비하여 사각형과 원 사이에서 더 많은 여백을 가지면서, 두 그룹을 더욱 여유 있게 분류하고 있기 때문이다.
- A, B 경계면과 같이 데이터의 각 그룹을 구분하는 분류자를 결정 초평면(decision hyperline)이라고 한다. 각 그룹에 속한 데이터들 중에서도 초평면에 가장 가까이에 붙어있는 최전방 데이터들이 결정 경계를 지지(support)하기 때문에 이 점들을 서포트 벡터(support vector)라 한다. 서포트 벡터와 초평면 사이의 수직거리는 마진(margin)이라고 한다.

초평면이란?

초평면은 데이터가 존재하는 n차원의 공간보다 한 차원이 낮은 n-1차원의 하위공간(sub space)을 의미한다. 즉 3차원 공간에서 초평면은 면이며, 2차원 공간에서 초평면은 선이 된다. 위 그림의 분류 경계면(A, B)들은 데이터가 사상된 2차원 공간을 나누는 초평면이므로 선에 해당한다.

- SVM은 이와 같이 고차원 혹은 무한 차원의 공간에서 마진(margin)을 최대화하는 초평면(MMH, Maximum Margin Hyperplane : 최대 마진 초평면)을 찾아 분류와 회귀를 수행한다.

나. 적절한 마진(Margin)의 선택

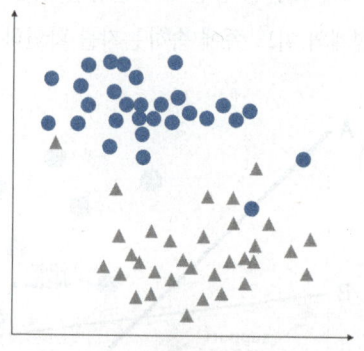

〈이상치가 존재하는 데이터〉

- 만약 위의 그림과 같이 원과 삼각형 형태의 두 클래스로 구분된 데이터에 자신의 클래스가 아닌 다른 클래스 쪽에 가깝게 위치한 데이터(이상치)가 존재할 경우, SVM은 어떻게 분류 문제를 해결할까? 이런 경우에는 분류 경계면을 찾을 때 약간의 오류를 허용하기 위한 파라미터 cost(C)를 활용한다.
- C는 데이터가 다른 클래스에 놓이는 것을 허용할 정도를 결정한다. C값을 작게 설정하면 이상치가 존재할 가능성을 많이 허용하여 더욱 일반적인 경계면을 찾고, 반대로 C값을 크게 설정하면 이상치의 존재 가능성을 작게 허용하여 더욱 세심한 분류 경계면을 찾는다.

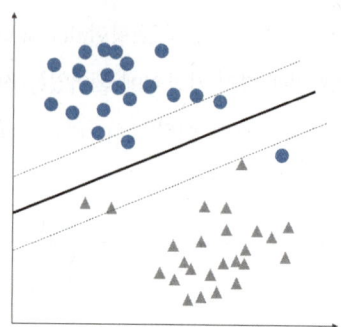
〈서포트 벡터 머신 A - 소프트 마진〉

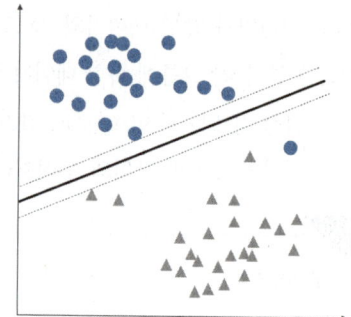
〈서포트 벡터 머신 B - 하드 마진〉

1) 소프트 마진(Soft Margin)
   - A 서포트 벡터 머신에서는 C값을 작게 설정하여 삼각형과 원으로 분류되는 데이터가 마진 안에 포함되는 것을 어느 정도 허용했다. 이러한 경우를 소프트 마진(Soft Margin)이라 한다. A 모델은 모든 관측치를 완벽하게 분류하지 못해 마진 안에 데이터가 포함되고, 하나의 원은 삼각형 클래스로 잘못 분류되기도 했다. 이처럼 소프트 마진에서는 서포트 벡터와 결정 경계 사이의 거리가 멀어져 마진이 큰 일반적인 분류 경계를 생성한다. 하지만 지나치게 많은 이상

치의 존재를 허용하면 과소적합(Underfitting)의 문제가 발생할 수 있다.

2) 하드 마진(Hard Margin)

- B 서포트 벡터 머신은 C값을 크게 설정하여 이상치의 존재를 허용하지 않고, 삼각형과 원으로 이루어진 데이터가 정확하게 분류되도록 기준을 까다롭게 세운 모델이다. 이러한 경우를 하드 마진(Hard Margin)이라 한다. 하드 마진인 B 모델은 모든 관측치를 완벽하게 분류하기 위해 매우 좁은 마진(서포트 벡터와 결정 경계 사이의 거리)을 갖게 되었다. 실제 분석을 진행할 때는 모든 관측치를 완벽하게 분류하는 초평면은 존재하지 않을 수 있으며, 개별 학습 데이터들을 모두 분류하고자 이상치를 허용하지 않는 기준으로 결정 경계를 정하면 과대적합(Overfitting)의 문제가 발생할 수 있다.

다. 커널(Kernel)

- SVM 모형은 선형 분류뿐만 아니라 비선형 분류에도 사용된다. 비선형 데이터의 분류 문제는 입력자료를 다차원 공간으로 매핑(mapping)하여 해결할 수 있으며, 이 과정에서 커널 함수를 이용해 계산량을 줄이는 기법인 커널 트릭(kernel trick)이 사용된다.

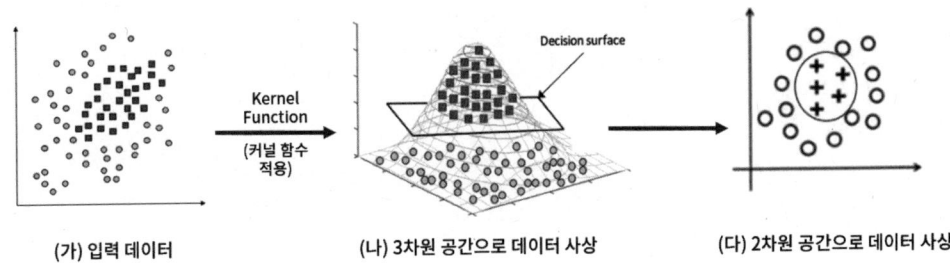

(가) 입력 데이터   (나) 3차원 공간으로 데이터 사상   (다) 2차원 공간으로 데이터 사상

- 예를 들어 위의 (가) 그래프와 같은 형태로 데이터가 분포되어 있을 때는 선형의 분류자로 원과 삼각형을 정확하게 분류할 수 없다.
- 이 때 (나) 그래프와 같이 커널기법을 이용해 데이터를 3차원 공간에 매핑한 후, 2차원의 결정 경계면을 생성하면 데이터를 분류할 수 있게 된다. 3차원 공간에서 분류된 데이터를 다시 2차원 공간으로 매핑하여 보면 (다) 그래프와 같이 결정 경계가 둥그런 비선형의 형태를 띠고 있다.
- 비선형 데이터 분류 문제를 위해 사용할 수 있는 커널 트릭의 종류로는 선형(Linear) 커널, 다항식(Polynomial) 커널, 시그모이드(Sigmoid) 커널, 가우시안 RBF 커널 등이 있으며, 각 커널마다 최적화를 도와주는 매개변수를 가지고 있다. 이 중 성능이 좋아 RBF 커널이 많이 사용되며, RBF 커널은 gamma(감마)라는 매개변수를 통해 결정 경계의 곡률을 조정해 분류 경계면을 최적화한다.

라. SVM의 장단점

장 점	단 점
• 분류와 예측에 모두 사용할 수 있음 • 신경망 기법에 비해 과적합 정도가 낮음 • 예측의 정확도가 높음 • 저차원과 고차원의 데이터에 대해서 모두 잘 작동함 • 비선형 분리 데이터를 커널트릭을 사용해 분류 모델링할 수 있음	• 데이터 전처리와 매개변수 설정에 따라 정확도가 달라질 수 있음 • 예측이 어떻게 이루어지는지에 대한 이해와 모델에 대한 해석이 어려움 • 대용량 데이터에 대한 모형 구축 시 속도가 느리며, 메모리 할당량이 큼

3절 앙상블 분석

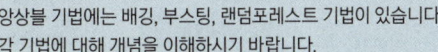

출제 포인트

앙상블 기법에는 배깅, 부스팅, 랜덤포레스트 기법이 있습니다. 각 기법에 대해 개념을 이해하시기 바랍니다.

학습목표

- 앙상블 기법에 대해 이해한다.
- 배깅, 부스팅, 랜덤포레스트 기법의 차이를 이해한다.

눈높이 체크

- **앙상블 기법에 대해 알고 계신가요?**

분류분석 문제를 해결하기 위해 사용되고 있는 방법론 중 의사결정나무와 같은 방법론은 개발데이터에 너무 적합되어 테스트 데이터에는 좋은 정확도가 나타나지 못할 수도 있습니다. 이러한 과대적합/과소적합의 문제를 해결하기 위해 여러 개의 분류기를 활용하여 앙상블을 이루도록 만든 것이 데이터 마이닝 방법론의 앙상블 기법이라고 합니다.

- **앙상블 기법의 종류에는 어떤 것이 있을까요?**

앙상블 기법 중에 배깅, 부스팅, 랜덤포레스트, 스태킹 등이 있이 있습니다. 배깅은 여러 개의 붓스트랩의 자료를 통해 예측된 분류결과를 결합하는 방법입니다. 부스팅, 랜덤포레스트는 분류기들에 가중치를 주어 선형결합을 통해 최종 결과를 예측하는 방법입니다.

1. 앙상블(Ensemble)

- 앙상블 기법은 주어진 자료로부터 여러 개의 예측모형들을 만든 후 예측모형들을 조합하여 하나의 최종예측모형을 만드는 방법이다. 학습방법이 가장 불안전한 의사결정나무에 주로 사용한다.

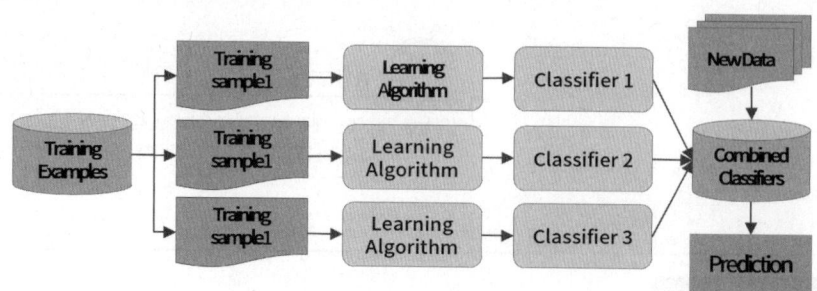

- 가장 대표적인 방법에는 **배깅(Bagging)과 부스팅(Boosting)**이 있다. **랜덤포레스트(Random Forest)**는 배깅의 개념과 feature(또는 변수)의 임의 선택(random selection)을 결합한 앙상블 기법이다.

가. 배깅(Bagging)

- 주어진 자료에서 여러 개의 붓스트랩(Bootstrap)자료를 생성하고 각 붓스트랩 자료에 예측모형을 만든 후 결합하여 최종 예측모형을 만드는 방법이다.
- 보팅(Voting)은 여러 개의 모형으로부터 산출된 결과를 다수결에 의해서 최종결과를 선정하는 과정이다.

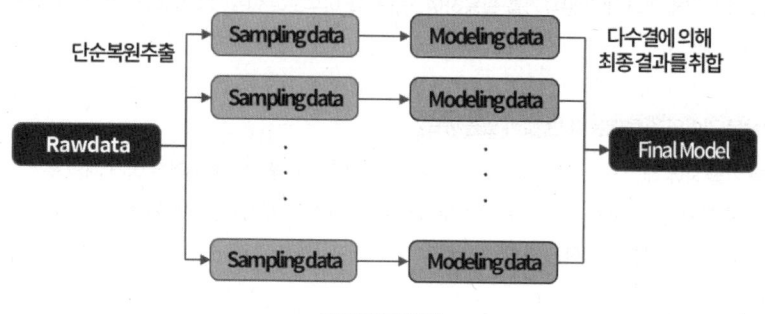

〈배깅 알고리즘〉

- 최적의 의사결정나무를 구축할 때 가장 어려운 부분이 가지치기(pruning)이지만 배깅에서는 가지치기를 하지 않고 최대로 성장한 의사결정나무들을 활용한다.
- 훈련자료의 모집단의 분포를 모르기 때문에 실제 문제에서는 평균예측모형을 구할 수 없다. 배깅은 이러한 문제를 해결하기 위해 훈련자료를 모집단으로 생각하고 평균예측모형을 구하여 분산을 줄이고 예측력을 향상시킬 수 있다.

나. 부스팅(Boosting)

- 예측력이 약한 모형(weak learner)들을 결합하여 강한 예측모형을 만드는 방법으로 오분류 데이터에 가중치를 부여한다. Adaboost는 이진분류 문제에서 랜덤 분류기보다 조금 더 좋은 분류기 n개에 각각 가중치를 설정하고 n개의 분류기를 결합하여 최종 분류기를 만드는 방법을 제안하였다. (단 가중치의 합은 1)

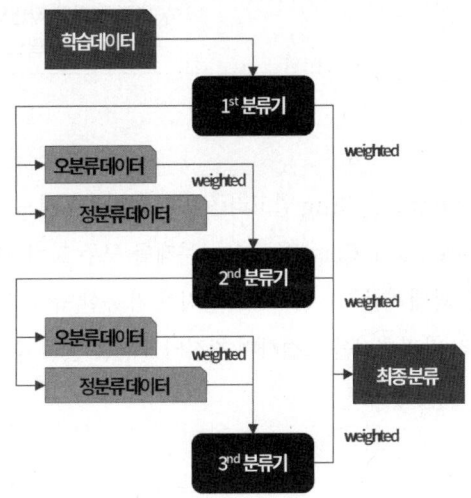

〈부스팅 알고리즘〉

- 훈련오차를 빨리, 쉽게 줄일 수 있고 배깅에 비해 많은 경우 예측오차가 향상되어 Adaboost의 성능이 배깅보다 뛰어난 경우가 많다.

1) Gradient Boosting Machine

- GBM은 오차를 미분한 Gradient를 줌으로써 모델을 보완하는 방식으로 Boosting에서 가중치 업데이트를 경사하강법을 이용하여 최적화된 결과를 얻는 알고리즘이다.
- 경사하강법(Gradient Descent)은 손실함수를 정의하고 이 함수의 미분값이 최소가 되도록 하는 방향을 찾아 접근하는 방식이다.
- 대표적은 GBM 기반의 알고리즘은 XGBoost, LightGBM이 있다.

가) Gradient Boosting Machine 프로세스

① 초기값으로 상수함수를 적용한다.
② Loss function을 최소화하는 Gradient를 구한다.
③ Gradient를 베이스 모델의 타겟값으로 사용하여 Gradient를 고려한 학습을 진행한다.
④ 학습률을 더해 최종모형을 만든다.
⑤ ②~④ 과정을 반복한다.

나) Gradient Boosting Machine의 장단점

장점	단점
• 일반적으로 랜덤포레스트보다 성능이 높음 • 예측 성능이 높음	• 시간이 많이 소요되며 하이퍼 파라미터 튜닝이 필요함 • 잔차를 최적화할수록 오차는 적으나 과적화될 가능성이 있어 정규화 알고리즘이 필요 • 병렬 처리가 지원되지 않아 대용량 데이터 학습에 많은 시간이 필요

2) XGBoost
- XGBoost는 Gradient Boosting 알고리즘을 분산환경에서도 실행할 수 있도록 구현해놓은 라이브러리로 Regression, Classification 문제를 모두 지원하며, 성능과 자원 효율이 좋다.
- GBM보다 빠르며, 과대적합(Overfitting) 방지가 가능한 규제가 포함되어 있다.
- 유연성이 좋아 여러 파라미터를 조절하며 최적의 모델을 만들 수 있으며, 다른 알고리즘과 연계 활용성이 좋다.

3) LightGBM
- XGBoost는 굉장히 좋은 성능을 보여주었지만, 여전히 학습시간이 느리고 하이퍼 파라미터도 매우 많다는 단점이 있다.
- LightGBM은 기존의 다른 Tree기반 알고리즘은 Tree 구조가 수평으로 확장하는 level-wise 방식과 달리 Tree 구조가 수직으로 확장하는 leaf-wise 방식을 채택해 예측 오류 손실을 최소화하는 방법이다.
- XGBoost보다 속도가 빠르고, 대용량 데이터를 다루며 메모리 사용량이 상대적으로 적고 병렬 컴퓨팅 기능을 제공하고 GPU도 지원하는 장점이 있다. 하지만 적은(10,000건 이하)의 데이터 셋에 적용할 경우 과적합 발생이 쉽다는 단점이 있다.

4) 랜덤포레스트(Random Forest)
가) 랜덤포레스트 개념
- 랜덤포레스트는 의사결정나무의 특징인 분산이 크다는 점을 고려하여 배깅과 부스팅보다 더 많은 무작위성을 주어 약한 학습기들을 생성한 후 이를 선형 결합하여 최종 학습기를 만드는 방법이다.
- 지도학습 알고리즘으로 다수의 의사결정트리를 사용하여 회귀의 경우에는 평균화를 하고, 분류의 경우에는 투표를 통해 보다 정확한 결과를 예측한다.

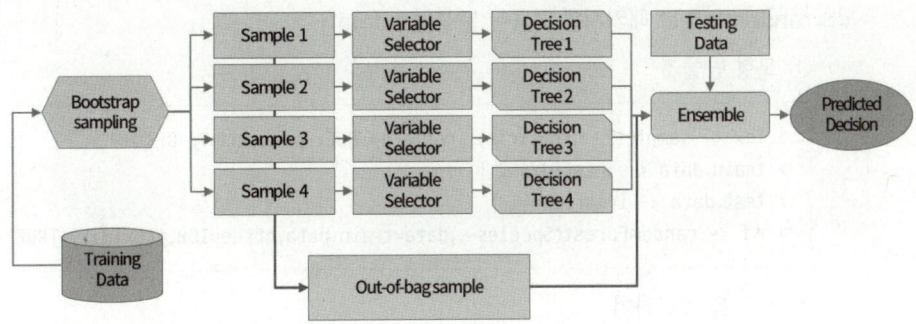

〈랜덤포레스트 알고리즘〉

- 수천 개의 변수를 통해 변수제거 없이 실행되므로 정확도 측면에서 좋은 성과를 보인다.
- 이론적 설명이나 최종 결과에 대한 해석이 어렵다는 단점이 있지만 예측력이 매우 높은 것으로 알려져 있다. 특히 입력변수가 많은 경우, 배깅과 부스팅과 비슷하거나 좋은 예측력을 보인다.

> **참고**
> 붓스트랩(Bootstrap)은 주어진 자료에서 단순랜덤 복원추출 방법을 활용하여 동일한 크기의 표본을 여러개 생성하는 샘플링 방법이다. 붓스트랩을 통해 100개의 샘플을 추출하더라도 샘플에 **한 번도 선택되지 않는 원데이터**가 발생할 수 있는데 **전체 샘플의 약 36.8%**가 이에 해당한다.

나) 랜덤포레스트의 장단점

장 점	단 점
• 간편하고 빠른 학습 및 테스트 알고리즘 • 다중 클래스 알고리즘의 특성을 가짐 • 노이즈에 민감하지 않음 • 분류 및 회귀 모두에 적용 가능	• 매개변수를 잘못 설정하면 과적합이 발생할 수 있음 • 메모리 사용량이 많음 • 텍스트 데이터에는 잘 작동하지 않음

다) 변수 중요도

- 의사결정나무를 기반으로 하는 모델은 변수 중요도 값을 제공한다. 변수 중요도 값은 불순도를 얼마나 감소시키는지를 통해 측정되는 값이다.
- MeanDecreaseAccuracy, MeanDecreaseGini 등의 값으로 변수 중요도를 확인할 수 있다. 이러한 값은 평균값으로 더 안정적이며 신뢰성이 높다.

라) randomforest 패키지를 이용한 분석(iris data)

① 모형 만들기

```
> idx <- sample(2, nrow(iris), replace=TRUE, prob=c(0.7, 0.3))
> train.data <- iris[idx==2,]
> test.data <- iris[idx==1,]
> r.f <- randomForest(Species~.,data=train.data,ntree=100,proximity=TRUE)
```

② 오차율 계산하기

```
> table(predict(r.f), train.data$Species)


            setosa versicolor virginica
setosa         16       0         0
versicolor      0      11         0
virginica       0       1        14
```

③ 그래프 그리기 - 1

```
> plot(r.f)
```

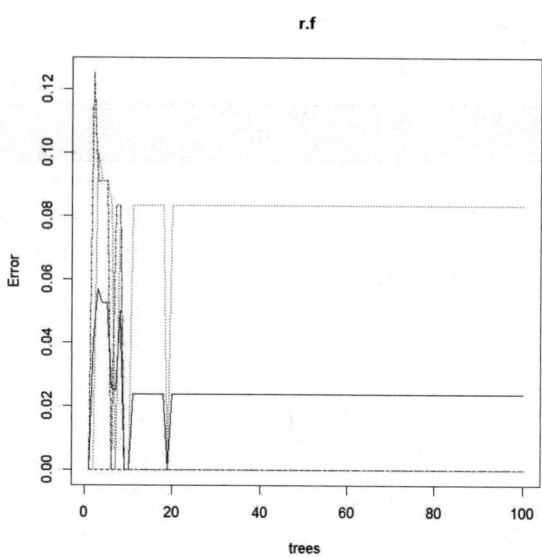

④ 그래프 그리기 - 2

```
> varImpPlot(r.f)
```

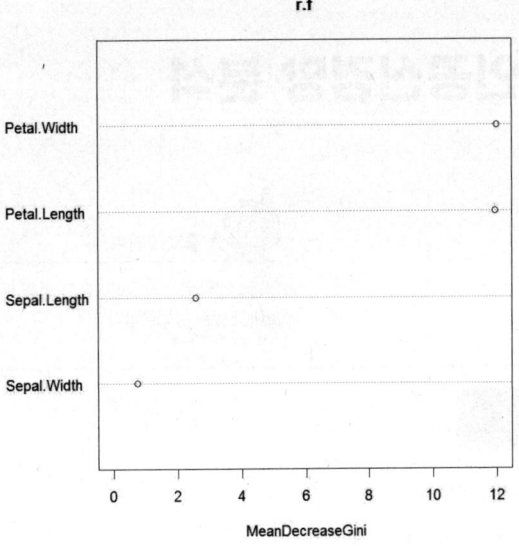

⑤ test data 예측

```
> pre.rf <- predict(r.f, newdata=test.data)
> table(pre.rf, test.data$Species)

pre.rf      setosa versicolor virginica
setosa        38        0         0
versicolor     0       30         9
virginica      0        1        28
```

⑥ 그래프 그리기 - 3

```
> plot(margin(r.f, test.data$Species))
```

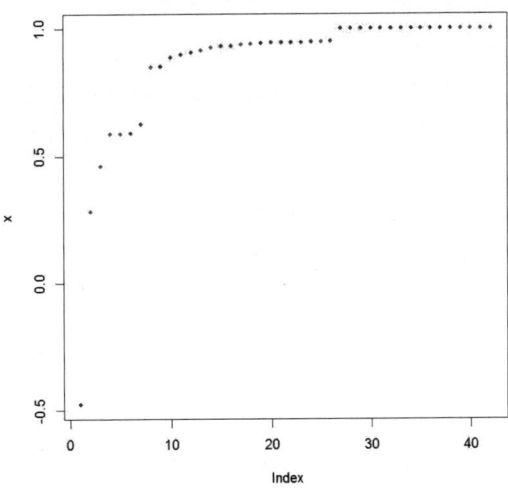

4절 인공신경망 분석

출제 포인트

인공신경망은 의사결정나무와 함께 분류분석에서 좋은 성능을 보이고 있는 방법론입니다.

학습목표

- 인공신경망에 대해 이해한다.
- 인공신경망 구축시 고려사항을 이해한다.
- R 프로그램을 통해 인공신경망 기법을 활용할 수 있다.
- R 프로그램을 통해 예측분석을 활용할 수 있다.

눈높이 체크

- **인공신경망에 대해 알고 계신가요?**

인공신경망은 분류분석 문제를 해결하는데 상당히 높은 적중률을 보여주는 데이터 마이닝 기법 중 하나입니다. 인공신경망은 인간의 신경세포를 통한 학습방법에서 아이디어를 얻어 이를 디지털 네트워크 모형으로 구현하게 되었습니다. 인공신경망 모형은 비선형성 분류문제를 분류할 수 없어 한계에 부딪혔다가 다계층 퍼셉트론을 활용한 역전파 알고리즘이 개발되면서 급속히 발전하게 되었습니다.

- **인공신경망을 개발할 때 고려해야 할 사항은 어떤 것이 있을까요?**

인공신경망 모형 구축 시 입력변수는 구간화를 통해 범주형 변수로 이산화하여 적용하는 것이 유용하며 가중치는 0에 가까운 값에서 시작해서 높이는 것이 좋습니다. 또한 은닉층과 은닉노드의 수는 많으면 과대 적합, 적으면 과소 적합 할 수 있기 때문에 은닉층은 하나, 은닉노드는 적절히 많은 개수에서 줄여가는 것이 바람직합니다.

1. 인공신경망 분석(ANN)

가. 인공신경망이란?

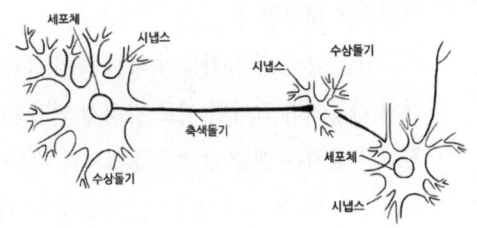

- 인간 뇌의 피질 영역(cortical area) 내에는 수많은 뉴런(Neuron)들이 시냅스(Synapse)로 층층이 연결되어 존재하는데, 그것을 신경망이라고 부른다. 인간의 뇌는 100억 개의 뉴런과 6조 개의 시냅스의 결합체이다.
- 인공신경망(Artificial Neural Network)은 인간 뇌의 신경망에 착안하여 구현된 컴퓨팅 시스템의 총칭이다. 하드웨어로 구현될 수도 있으나 주로 컴퓨터 소프트웨어로 구현된다.

나. 인공신경망의 연구

- 1943년 매컬럭(McCulloch)과 피츠(Pitts) : 인간의 뇌를 수많은 신경세포가 연결된 하나의 디지털 네트워크 모형으로 간주하고 신경세포의 신호처리 과정을 모형화하여 단순 패턴분류 모형을 개발했다.
- 헵(Hebb) : 신경세포(뉴런) 사이의 연결강도(Weight)를 조정하여 학습규칙을 개발했다.
- 로젠블럿(Rosenblatt, 1955) : 퍼셉트론(Perceptron)이라는 인공세포를 개발했다.
- 비선형성의 한계점 발생 -XOR(Exclusive OR) 문제를 풀지 못하는 한계를 발견하였다.
- 홉필드(Hopfild), 러멜하트(Rumelhart), 맥클랜드(McClelland) : **역전파알고리즘(Backpropagation)**을 활용하여 비선형성을 극복한 다계층 퍼셉트론으로 새로운 인공신경망 모형이 등장했다.

다. 구조

- 인공신경망은 입력층(input layer), 은닉층(hidden layer), 출력층(output layer)으로 구성되어 있으며 입력층과 출력층 사이에 은닉층이 하나인 경우를 단층신경망, 여러 개인 경우를 다층신경망이라고 한다.
- 은닉층이 여러 개일 때는 각 층 마다 여러 개의 뉴런들로 구성되어 있고, 또 각 층에 있는 뉴런들은 전, 후 층의 뉴런들과 연결되어 있다. 이때 같은 층의 뉴런들은 서로 연결되어 있지 않다.

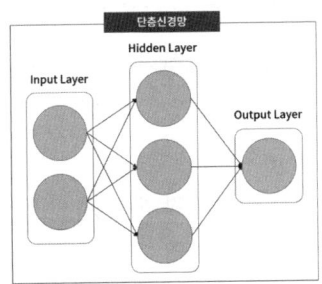
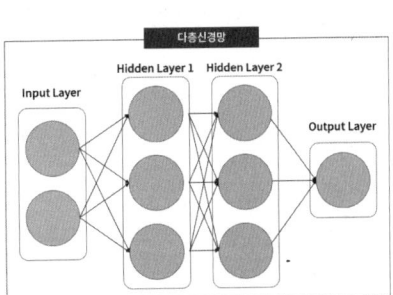

- 인공신경망에서 뉴런(노드)은 기본적인 정보처리 단위이고, 뉴런 여러 개가 가중된 링크(weighted link)로 연결된 형태이다. 각 가중된 링크에는 수치적인 가중치(weight)가 있고, 이는 인간 뇌의 시냅스에 해당한다.
- 가중치는 한 층의 뉴런들이 다른 층의 뉴런들과 연결될 때 그 연결 강도를 결정한다. 따라서 뉴런 간의 가중치가 크다면 서로 강하게 연결되어 있는 것이고 작으면 약하게 연결되어 있는 것이다.
- 최초 가중치는 랜덤 값으로 설정되기 때문에 이 상태에서 어떤 값을 입력해도 원하는 값이 출력되지 않는다. 따라서 인공신경망은 훈련 데이터를 통해 주어진 환경에 적응할 수 있도록 가중치를 반복적으로 갱신하여 신경망의 구조를 선택하고, 활용할 학습 알고리즘을 결정한 후 훈련을 수행한다.

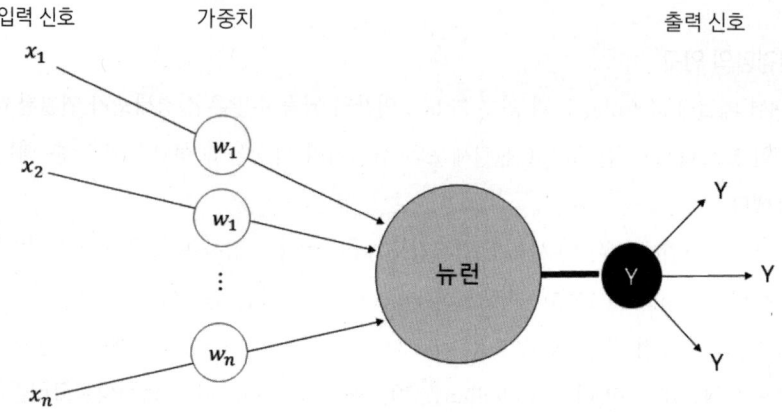

- 뉴런은 입력 링크에서 여러 신호를 받는데 개별신호의 강도에 따라 가중(weight)되며, 활성 함수(activation function)는 새로운 활성화 수준을 계산하여 출력 링크로 출력 신호를 보낸다.
- 이때 입력신호는 미가공 데이터 또는 다른 뉴런의 출력이 될 수 있으며, 출력신호 또한 문제의 최종적인 해(solution)가 되거나 다른 뉴런의 입력이 될 수 있다.

라. 뉴런의 계산
- 뉴런은 전이함수, 즉 활성화 함수(activation function)를 사용하며, 활성화 함수를 이용해 출력을 결정하며 입력신호의 가중치 합을 계산하여 임계값과 비교한다.
- 가중치 합이 임계값보다 작으면 뉴런의 출력은 -1, 같거나 크면 +1을 출력한다.

$$X = \sum_{i=1}^{n} x_i \omega_i$$

$$Y = \begin{cases} +1 & if \ X \geq \theta \\ -1 & if \ X < \theta \end{cases}$$

X 는 뉴런으로 들어가는 입력의 순 가중합
x_i 는 입력 i의 값
ω_i 는 입력 i의 가중치
n 은 뉴런의 입력 개수
Y 는 뉴런의 출력

마. 뉴런의 활성화 함수

- 시그모이드 함수의 경우 로지스틱 회귀분석과 유사하며, 0~1의 확률 값을 가진다.

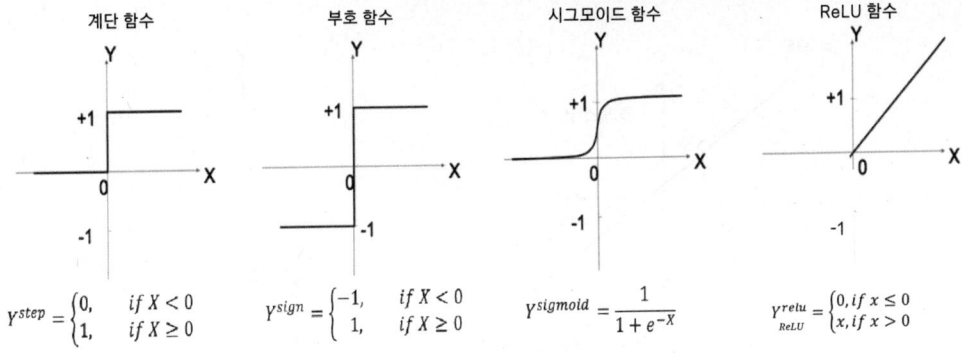

$$Y^{step} = \begin{cases} 0, & if\ X < 0 \\ 1, & if\ X \geq 0 \end{cases} \quad Y^{sign} = \begin{cases} -1, & if\ X < 0 \\ 1, & if\ X \geq 0 \end{cases} \quad Y^{sigmoid} = \frac{1}{1+e^{-X}} \quad Y^{relu}_{ReLU} = \begin{cases} 0, if\ x \leq 0 \\ x, if\ x > 0 \end{cases}$$

- softmax 함수 : 표준화지수 함수로도 불리며, 출력값이 여러 개로 주어지고 목표치가 다범주인 경우 각 범주에 속할 사후확률을 제공하는 함수이다.

$$y_i = \frac{\exp(z_j)}{\sum_{i=1}^{L}\exp(z_i)}, j=1,\cdots,L$$

- ReLU 함수 : 입력값이 0 이하는 0, 0보다 크면 그 x값을 그대로 반환하는 함수이며, 최근 딥러닝에서 많이 활용하는 함수이다.

$$y^{ReLU} = \begin{cases} 0, if\ x \leq 0 \\ x, if\ x > 0 \end{cases}$$

- Leaky Relu 함수 : dead ReLU의 문제를 해결하기 위해서 나온 대안책이다. dead ReLU란 ReLU 모델이 학습하는 동안 일부 뉴런이 0만을 출력하여 활성화되지 않는 문제로, 신경망에서 뉴런의 가중치가 업데이트되다가 음수가 되는 순간 ReLU에 의해 0으로 변환되어 출력되기 때문에 발생한다. Leaky Relu는 이러한 문제를 해결하기 위해 입력값이 0보다 작은 경우 매우 작은 기울기를 부여하여 출력값이 0이 되는 것을 막는다. Leaky Relu는 아래와 같은 식을 가지며 ReLU의 변형된 함수이다.

$$f(x) = \max(0.01x, x)$$

- 하이퍼볼릭 탄젠트(Hyperbolic tangent) 함수 : 입력값을 -1과 1사이의 값으로 변환해주는 함수이다. 시그모이드 함수와는 달리 0을 중심으로 하고 있는데 이 때문에 시그모이드 함수와 비교하면 반환값의 변화폭이 더 크며, 시그모이드 함수보다는 기울기 소실 문제가 적은 편이다.

$$\tanh(x) = 2\sigma(2x) - 1$$

바. 단일 뉴런의 학습(단층 퍼셉트론)
- 퍼셉트론은 선형 결합기와 하드 리미터로 구성되며, 초평면(hyperplane)은 n차원 공간의 두 개의 영역으로 나눈다.
- 초평면을 선형 분리함수로 정의한다. $\sum_{i=1}^{n} x_i w_i - \theta = 0$

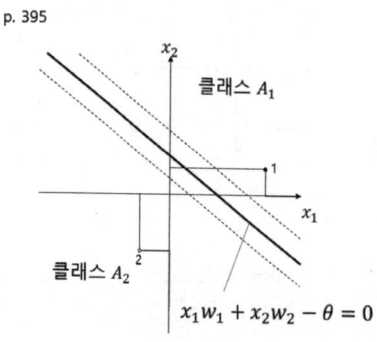
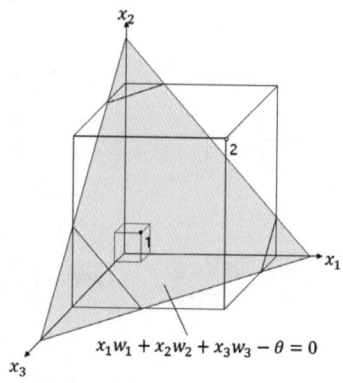

사. 신경망 모형 구축시 고려사항

1) 입력 변수
- 신경망 모형은 그 복잡성으로 인하여 입력 자료의 선택에 매우 민감하다.
- 입력변수가 범주형 또는 연속형 변수일 때 아래의 조건이 신경망 모형에 적합하다.

> 범주형 변수 : 모든 범주에서 일정 빈도 이상의 값을 갖고 각 범주의 빈도가 일정할 때
> 연속형 변수 : 입력변수 값들의 범위가 변수간의 큰 차이가 없을 때

- 연속형 변수의 경우 그 분포가 평균을 중심으로 대칭이 아니면 좋지 않은 결과를 도출하기 때문에 아래의 예시와 같은 방법을 활용한다.

> 변환 : 고객의 소득(대부분 평균미만이고 특정 고객의 소득이 매우 큰) → 로그변환
> 범주화 : 각 범주의 빈도가 비슷하게 되도록 설정

- 범주형 변수의 경우 가변수화하여(남녀 : 1, 0 또는 1, -1)하고 가능하면 모든 범주형 변수는 같은 범위를 갖도록 가변수화 하는 것이 좋다.

2) 가중치의 초기값과 다중 최소값 문제
- 역전파 알고리즘은 초기값에 따라 결과가 많이 달라지므로 초기값의 선택은 매우 중요한 문제이다.
- 가중치가 0이면 시그모이드 함수는 선형이 되고 신경망 모형은 근사적으로 선형 모형이 된다.

- 일반적으로 초기값은 0 근처로 랜덤하게 선택하므로 초기 모형은 선형 모형에 가깝고, 가중치값이 증가할수록 비선형 모형이 된다. (초기값이 0이면 반복하여도 값이 전혀 변하지 않고, 너무 크면 좋지 않은 해를 주는 문제점을 내포하고 있어 주의 필요)

3) 학습모드
   가) 온라인 학습모드(Online learning mode)
   - 각 관측값을 순차적으로 하나씩 신경망에 투입하여 가중치 추정값이 매번 바뀐다.
   - 일반적으로 속도가 빠르며, 특히 훈련자료에 유사값이 많은 경우 그 차이가 더 두드러진다.
   - 훈련자료가 비정상성(nonstationarity)과 같이 특이한 성질을 가진 경우가 좋다.
   - 국소최솟값에서 벗어나기가 더 쉬움

   나) 확률적 학습모드(Probabilistic learning mode)
   - 온라인 학습 모드와 같으나 신경망에 투입되는 관측값의 순서가 랜덤하다.

   다) 배치 학습모드(Batch learning mode)
   - 전체 훈련 데이터를 동시에 신경망에 투입한다.

4) 은닉층(Hidden layer)과 은닉노드(Hidden node)의 수
   - 신경망을 적용할 때 가장 중요한 부분이 모형의 선택이다.(은닉층의 수와 은닉노드의 수 결정)
   - 은닉층과 은닉노드가 많으면 가중치가 많아져서 과대적합 문제가 발생한다.
   - 은닉층과 은닉노드가 적으면 과소적합 문제가 발생한다.
   - 은닉층의 수가 하나인 신경망은 범용 근사자(universal approximator)이므로 모든 매끄러운 함수를 근사적으로 표현할 수 있다. 그러므로 가능하면 은닉층은 하나로 선정한다.
   - 은닉노드의 수는 적절히 큰 값으로 놓고 가중치를 감소(weight decay)시키며 적용하는 것이 좋다.

5) 과대 적합 문제
   - 신경망에서는 많은 가중치를 추정해야 하므로 과대적합 문제가 빈번하다.
   - 알고리즘의 조기종료와 가중치 감소 기법으로 해결할 수 있다.
   - 모형이 적합하는 과정에서 검증오차가 증가하기 시작하면 반복을 중지하는 조기종료를 시행한다.
   - 선형모형의 능형회귀와 유사한 가중치 감소라는 벌점화 기법을 활용한다.

6) 경사감소소멸(Gradient descent vanishing) 문제
   - 신경망의 층수(은닉층의 개수)가 늘어나면서 앞쪽에 있는 은닉층들의 가중치가 제대로 훈련되지 않는 현상이다.
   - 이러한 한계들을 극복하기 위해 DBN(Deep Belief Network), SAE(Stacked Auto-Encoder), CNN(Convolutional Neural Network) 등의 딥러닝 알고리즘들이 인공신경망을 기반으로 해서 생겨났다.

> **참고**
>
> **학습 곡선**
> - 학습 곡선이란 Train set과 Vaildation(또는 Test) set에 대해 loss(손실함수)나 Metric(평가지표)를 계산하여 훈련 중간 중간에 체크한 곡선으로, x축은 Epoch, y축은 loss나 Metirc 값으로 한다.
>
>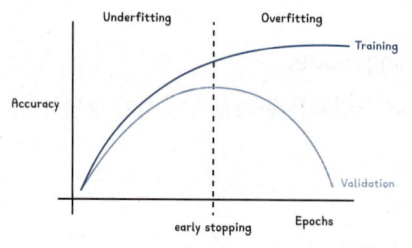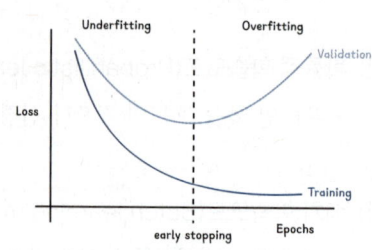
>
> - Epoch란 훈련 데이터셋에 포함된 모든 데이터들이 모델을 통과한 횟수로 모든 학습 데이터셋을 학습하는 횟수를 말한다.(예를 들어, epoch가 100이라면 학습 데이터를 100회 모델에 학습시킨 것임)
> - 여기서 Epoch의 수를 너무 높게 설정하게 되면 과대적합이 발생하게 되며, 너무 적게 설정할 경우에는 모델이 최적화가 다 되기도 전에 학습이 중단될 수도 있다. 따라서 학습 곡선을 통해 적절한 Epoch의 수의 선택이 필요하다.

5절 군집분석

출제 포인트

군집분석은 비교사학습의 대표적 방법론이므로 반드시 학습해야 합니다. 매 시험에서 문제로 출제되는 중요한 파트입니다.

학습목표

- 군집분석에 대해 이해한다.
- 계층적 군집분석 알고리즘에 대해 이해한다.
- 비계층적 군집분석 알고리즘에 대해 이해한다.
- R 프로그램을 통해 군집분석을 활용할 수 있다.

눈높이 체크

• **군집분석에 대해 알고 계신가요?**

군집분석은 각 객체의 유사성을 측정하여 유사성이 높은 대상 집단을 분류하는 분석방법입니다. 통계분석 방법론 중 판별분석은 집단을 나누는 것은 같지만 사전에 집단을 알고 학습을 통해 집단을 분류하는 것이 군집분석과는 다른 점이라는 것을 알아야 합니다.

• **군집분석의 종류는 어떤 것이 있을까요?**

군집분석은 계층적 군집분석과 비계층적 군집분석으로 구분할 수 있습니다. 계층적 군집분석은 전통적인 군집분석 방법으로 군집의 개수를 제일 나중에 선정하게 되지만 비계층적 군집분석인 k-means 군집분석의 경우는 군집의 모양도 계층적이지 않지만 군집의 개수를 제일 먼저 선정하고 모형을 개발하는 방식이라는 점에서 차이가 있습니다.

• **k-means 군집분석에 대해 알고 계신가요?**

k-means 군집분석은 비계층적 군집분석의 대표 분석방법입니다. 분석방법의 적용이 용이하지만 가중치와 거리 정의가 어렵고 초기에 군집수를 결정하기 때문에 군집수를 바꾸면서 가능한 모형들을 반복적으로 만들어 최고의 군집을 선택하는 것이 중요합니다.

1. 군집분석

가. 개요

- 각 객체(대상)의 유사성을 측정하여 유사성이 높은 대상 집단을 분류하고, 군집에 속한 객체들의 유사성과 서로 다른 군집에 속한 객체간의 상이성을 규명하는 분석 방법이다.
- 군집 분석은 특성에 따라 고객을 여러 개의 배타적인 집단으로 나누는 것이며, 결과는 구체적인 군집 분석 방법에 따라 차이가 나타날 수 있다.
- 군집의 개수나 구조에 대한 가정 없이 데이터들 사이의 거리를 기준으로 군집화를 유도하며, 마케팅 조사에서 소비자들의 상품구매행동이나 Life Style에 따른 소비자 군을 분류하여 시장 전략 수립 등에 활용한다.

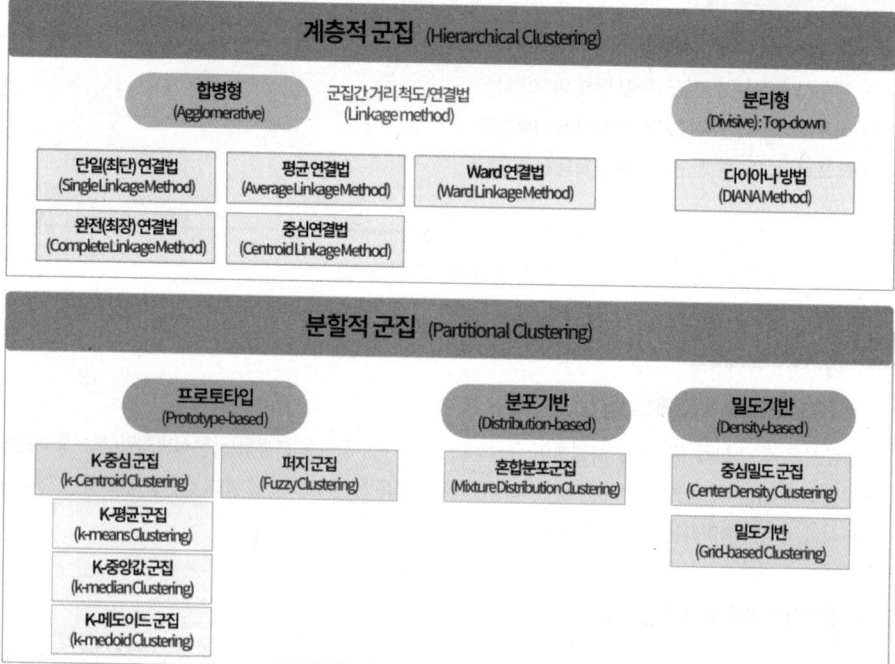

나. 특징

1) 요인분석과의 차이점

- 요인분석은 유사한 변수를 함께 묶어주는 것이 목적이다.

2) 판별분석과의 차이점

- 판별분석은 사전에 집단이 나누어져 있는 자료를 통해 새로운 데이터를 기존의 집단에 할당하는 것이 목적이다.

2. 거리

군집분석에서는 관측 데이터 간 유사성이나 근접성을 측정해 어느 군집으로 묶을 수 있는지 판단해야 한다.

가. 연속형 변수의 경우

- **유클리디안 거리(Euclidean Distance)** : 데이터간의 유사성을 측정할 때 많이 사용하는 거리. 통계적 개념이 내포되어 있지 않아 변수들의 산포 정도가 전혀 감안되어 있지 않았다.

$$d(x,y) = \sqrt{(x_1-y_1)^2 + \ldots + (x_p-y_p)^2} = \sqrt{(x-y)'(x-y)}$$

- **표준화 거리(Statistical Distance)** : 해당변수의 표준편차로 척도 변환한 후 유클리드안 거리를 계산하는 방법이다. 표준화하게 되면 척도의 차이, 분산의 차이로 인한 왜곡을 피할 수 있다.

$$d(x,y) = \sqrt{(x-y)'D^{-1}(x-y)}, \quad D = diag\{s_{11}, \ldots, s_{pp}\}$$

- **마할라노비스(Mahalanobis) 거리** : 통계적 개념이 포함된 거리이며 변수들의 산포를 고려하여 이를 표준화한 거리(Standardized Distance)이다. 두 벡터 사이의 거리를 산포를 의미하는 표본공분산으로 나눠주어야 하며, 그룹에 대한 사전 지식 없이는 표본공분산S를 계산할 수 없으므로 사용하기 곤란하다.

$$d(x,y) = \sqrt{(x-y)'S^{-1}(x-y)}, \quad S = \{S_{ij}\} \text{는 공분산행렬}$$

- **체비셰프 거리(Chebyshev Distance)** : 두 벡터의 x좌표 차이와 y좌표 차이 중 큰 값을 갖는 거리이다.

$$d(x,y) = \max_i |x_i - y_i|$$

- **맨하탄(Manhattan) 거리** : 유클리디안 거리와 함께 가장 많이 사용되는 거리로 맨하탄 도시에서 건물에서 건물을 가기 위한 최단 거리를 구하기 위해 고안된 거리이다.

$$d(x,y) = \sum_{i=1}^{p} |x_i - y_i|$$

- **캔버라 거리(Canberra Distance)** : 두 벡터 사이의 차이에 대한 절대값을 두 벡터의 합으로 나눈 값을 모두 더하여 데이터 간 거리를 구하는 방식이다.

$$d(x,y) = \sum_{i=1}^{p} \frac{|x_i - y_i|}{(x_i + y_i)}$$

- **민코우스키(Minkowski) 거리** : 맨하탄 거리와 유클리디안 거리를 한번에 표현한 공식으로 L1 거리(맨하탄거리), L2 거리(유클리디안 거리)라 불리고 있다.

$$d(x,y) = [\sum_{i=1}^{p}|x_i - y_i|^m]^{1/m} \quad \begin{matrix} m=1 \\ m=2 \end{matrix}$$

나. 범주형 변수의 경우

- **자카드 거리(Jaccard Distance)** : 1에서 자카드 계수를 뺀 값을 나타낸다.

$$1 - J(A,B) = \frac{|A \cup B| - |A \cap B|}{|A \cup B|}$$

- **자카드 유사도(Jaccard Similarity)** : 자카드 계수(Jaccard Coefficient)라고도 하며, 아래와 같은 공식으로 두 집합 간의 유사도를 측정하는 방법이다. 자카드 계수는 0과 1 사이의 값을 가지며, 두 집합이 동일하면 1, 공통의 원소가 하나도 없으면 0의 값을 가진다. (유사도는 값이 클수록 유사하다는 것을 의미하고, 거리는 값이 작을수록 유사하다는 것을 의미한다.)

$$J(A,B) = \frac{|A \cap B|}{|A \cup B|}$$

- **코사인 거리** : 문서를 유사도를 기준으로 분류 혹은 그룹핑 할 때 유용하게 사용한다.

$$d_{\cos}(A,B) = 1 - \frac{A \cdot B}{\|A\|_2 \cdot \|B\|_2}$$

- **코사인 유사도** : 두 개체의 벡터 내적의 코사인 값을 이용하여 측정된 벡터간의 유사한 정도이다. 두 벡터 A, B에 대해 코사인유사도는 아래와 같이 정의된다.

$$\text{cosine similarity} = \frac{A \cdot B}{\|A\|_2 \cdot \|B\|_2}$$

> **예제**
>
> **코사인 거리**
>
> 2개의 문서에 포함된 단어별 회수가 아래 표와 같을 때, 2개 문서의 유사도를 측정하기 위해 코사인 거리를 구하면 다음과 같다.
>
> $$d_{cos}(A,B) = 1 - \frac{[1,0,5] \cdot [4,7,3]}{\|[1,0,5]\|_2 \; \|[4,7,3]\|_2} = 1 - \frac{1\times 4 + 0\times 7 + 5\times 3}{\sqrt{1^2+0^2+5^2}\;\sqrt{4^2+7^2+3^2}}$$
>
> $$= 1 - \frac{19}{\sqrt{26}\times\sqrt{74}} = 1 - \frac{19}{5.1\times 8.6} \approx 1 - 0.43 \approx 0.57$$
>
> ⟨문서별 단어 빈도표⟩
>
> | corpus | Life | Love | Learn |
> |---|---|---|---|
> | 문서 A | 1 | 0 | 5 |
> | 문서 B | 4 | 7 | 3 |

3. 계층적 군집분석(Hierarchical Cluster Analysis)

- 계층적 군집방법은 n개의 군집으로 시작해 점차 군집의 개수를 줄여 나가는 방법이다.
- 계층적 군집을 형성하는 방법에는 합병형 방법(Agglomerative:Bottom-Up)과 분리형 방법(Divisive:Top-Down)이 있다.

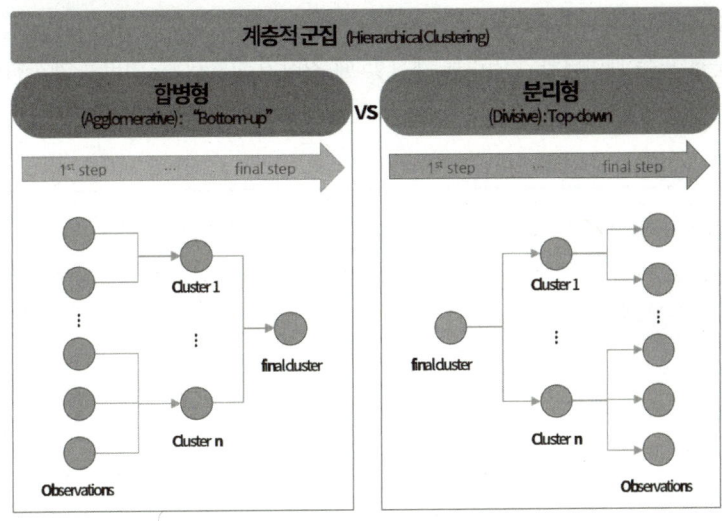

가. 최단연결법(Single Linkage)
- n*n 거리행렬에서 거리가 가장 가까운 데이터를 묶어서 군집을 형성한다.

- 군집과 군집 또는 데이터와의 거리를 계산 시 최단거리(Min)를 거리로 계산하여 거리행렬 수정을 진행한다.
- 수정된 거리행렬에서 거리가 가까운 데이터 또는 군집을 새로운 군집으로 형성한다.

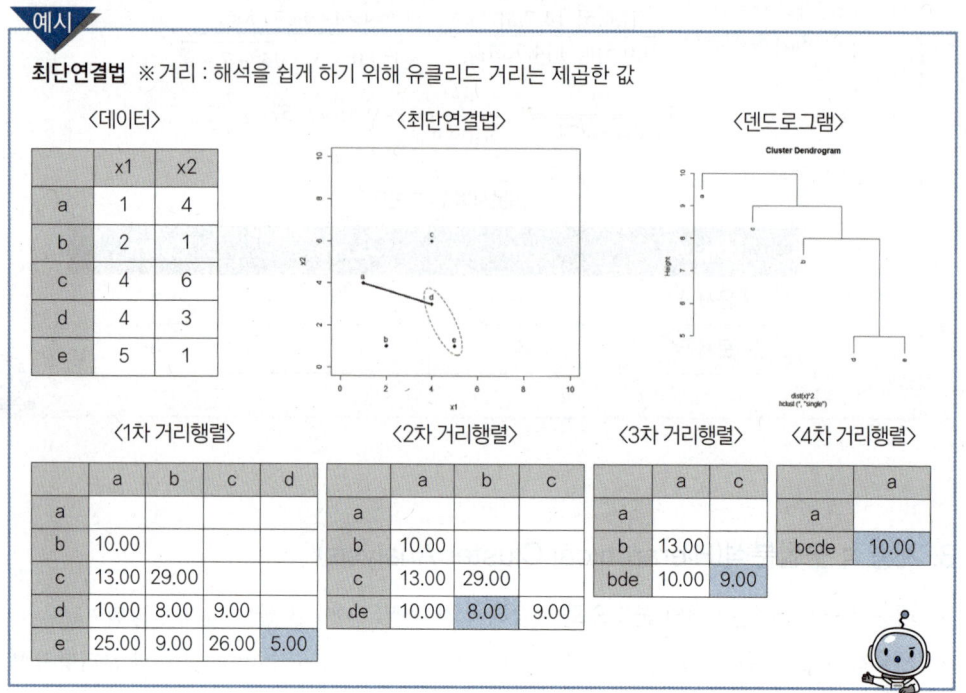

나. 최장연결법(Complete Linkage)

- 군집과 군집 또는 데이터와의 거리를 계산할 때 최장거리(Max)를 거리로 계산하여 거리행렬을 수정하는 방법이다.

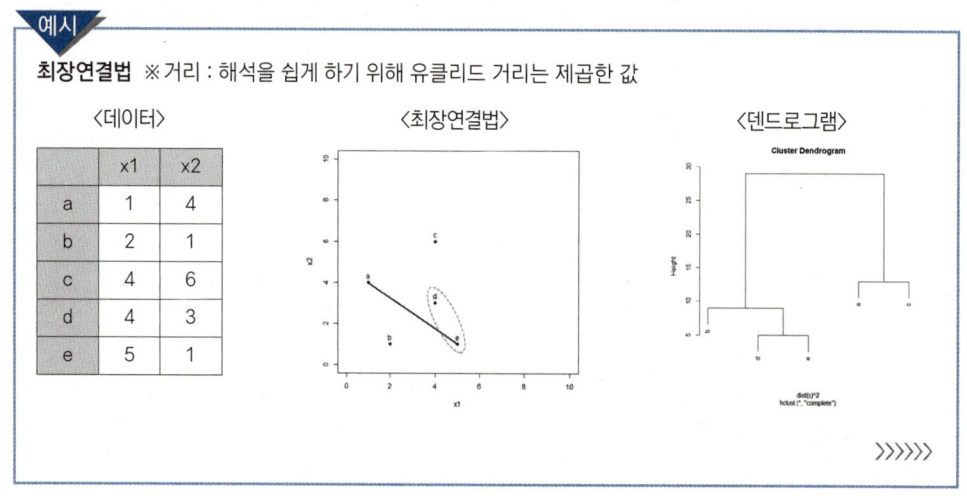

>>>>>

<1차 거리행렬>

	a	b	c	d
a				
b	10.00			
c	13.00	29.00		
d	10.00	8.00	9.00	
e	25.00	9.00	26.00	5.00

<2차 거리행렬>

	a	b	c
a			
b	10.00		
c	13.00	29.00	
de	25.00	9.00	26.00

<3차 거리행렬>

	a	c
a		
c	13.00	
bde	25.00	29.00

<4차 거리행렬>

	ac
ac	
bde	29.00

다. 평균연결법(Average Linkage)

- 군집과 군집 또는 데이터와의 거리를 계산할 때 평균(Mean)을 거리로 계산하여 거리행렬을 수정하는 방법이다.

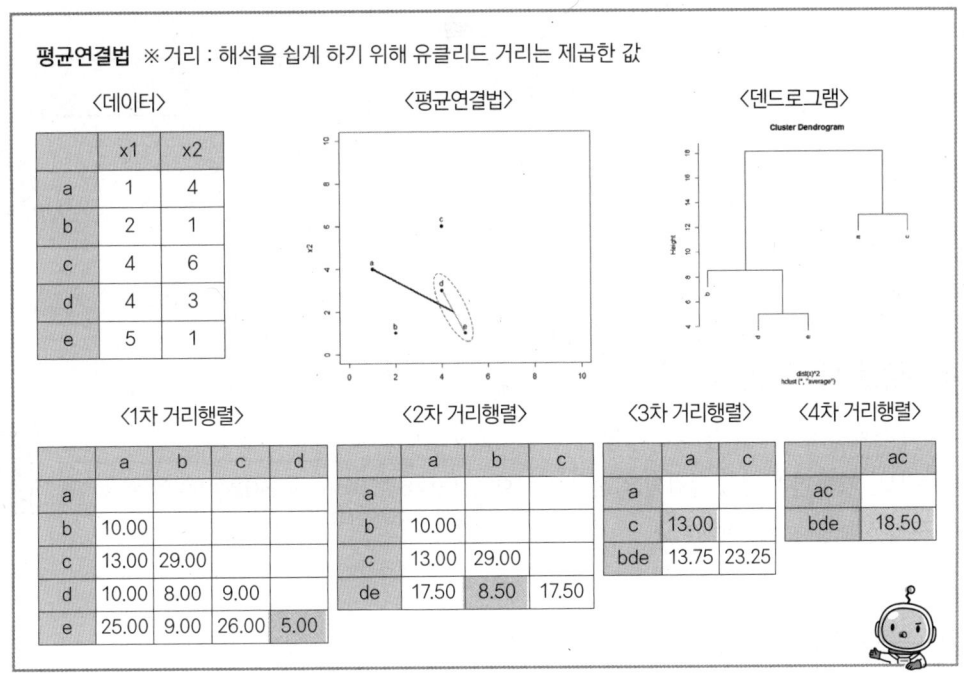

라. 와드연결법(Ward Linkage)

- 군집내 편차들의 제곱합을 고려한 방법이다.
- 군집 간 정보의 손실을 최소화하기 위해 군집화를 진행한다.

마. 군집화
- 거리행렬을 통해 가장 가까운 거리의 객체들 간의 관계를 규명하고 덴드로그램을 그린다.
- 덴드로그램을 보고 군집의 개수를 변화해 가면서 적절한 군집 수를 선정한다.
- 군집의 수는 분석 목적에 따라 선정할 수 있지만 대부분 5개 이상의 군집은 잘 활용하지 않는다.
- 군집화 단계
  1) 거리행렬을 기준으로 덴드로그램을 그린다.
  2) 덴드로그램의 최상단부터 세로축의 개수에 따라 가로선을 그어 군집의 개수를 선택한다.
  3) 각 객체들의 구성을 고려해서 적절한 군집수를 선정한다.

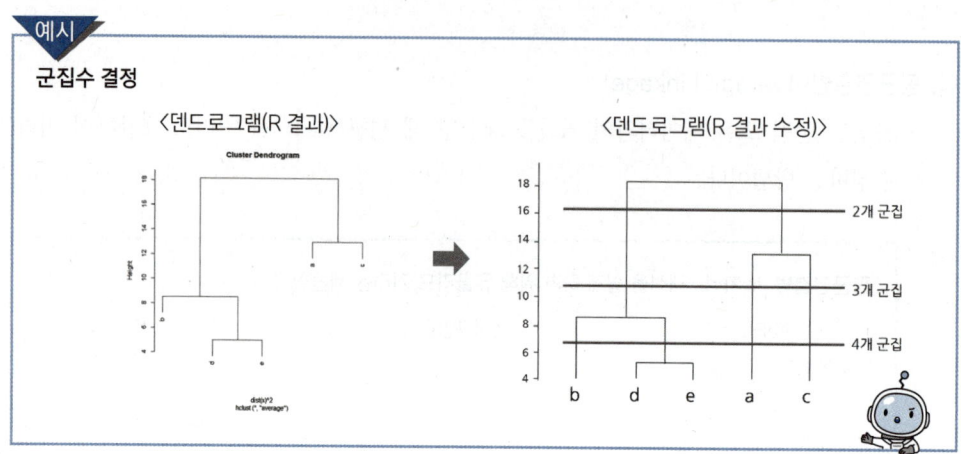

예시 군집수 결정

4. 비계층적 군집분석

n개의 개체를 k개의 군집으로 나눌 수 있는 모든 가능한 방법을 점검해 최적화한 군집을 형성하는 것이다.

출제 포인트

비계층적 군집분석인 k-Means 군집분석 방식의 수행 방식과 장단점을 꼭 기억해주세요.

가. k-평균 군집분석(k-Means Clustering)의 개념
- 주어진 데이터를 k개의 클러스터로 묶는 알고리즘으로, 각 클러스터와 거리 차이의 분산을 최소화하는 방식으로 동작한다.

나. k-평균 군집분석(k-Means Clustering) 과정
- 원하는 군집의 개수와 초기 값(seed)들을 정해 seed 중심으로 군집을 형성한다.
- 각 데이터를 거리가 가장 가까운 seed가 있는 군집으로 분류한다.

- 각 군집의 seed 값을 다시 계산한다.
- 모든 개체가 군집으로 할당될 때까지 위 과정들을 반복한다.

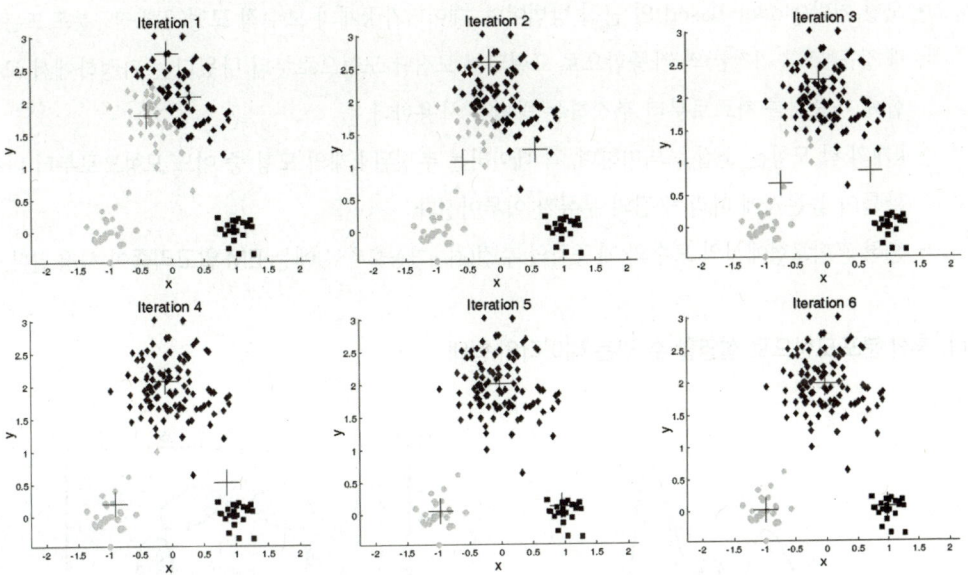

다. k-평균 군집분석의 특징
- 거리 계산을 통해 군집화가 이루어지므로 **연속형 변수에 활용이 가능**하다.
- k개의 **초기 중심값은 임의로 선택이 가능**하며 가급적이면 멀리 떨어지는 것이 바람직하다.
- 초기 중심값을 임의로 선택할 때 일렬(상하, 좌우)로 선택하면은 군집 혼합되지 않고 층으로 나누어질 수 있어 주의하여야 한다. **초기 중심값의 선정에 따라 결과가 달라질 수 있다.**
- 초기 중심으로부터의 오차 제곱합을 최소화하는 방향으로 군집이 형성되는 **탐욕적(Greedy) 알고리즘**이므로 안정된 군집은 보장하나 최적이라는 보장은 없다.

장 점	단 점
- 알고리즘이 단순하며, 빠르게 수행되어 분석 방법 적용이 용이함 - 계층적 군집분석에 비해 많은 양의 데이터를 다룰 수 있음 - 내부 구조에 대한 사전정보가 없어도 의미있는 자료 구조를 찾을 수 있음 - 다양한 형태의 데이터에 적용이 가능함	- 군집의 수, 가중치와 거리 정의가 어려움 - 사전에 주어진 목적이 없으므로 결과 해석이 어려움 - 잡음이나 이상값의 영향을 많이 받음 - 볼록한 형태가 아닌 (non-convex) 군집이 (예를 들어 U형태의 군집) 존재할 경우에는 성능이 떨어짐 - 초기 군집수 결정에 어려움이 있음

5. 혼합 분포 군집(Mixture Distribution Clustering)

가. 개요

- 모형 기반(Model-Based)의 군집 방법이며, 데이터가 k개의 모수적 모형(흔히 정규분포 또는 다변량 정규분포를 가정함)의 가중합으로 표현되는 모집단 모형으로부터 나왔다는 가정하에서 모수와 함께 가중치를 자료로부터 추정하는 방법을 사용한다.
- k개의 각 모형은 군집을 의미하며, 각 데이터는 추정된 k개의 모형 중 어느 모형으로부터 나왔을 확률이 높은지에 따라 군집의 분류가 이루어진다.
- 흔히 혼합모형에서의 모수와 가중치의 추정(최대가능도추정)에는 EM 알고리즘이 사용된다.

나. 혼합 분포모형으로 설명할 수 있는 데이터의 형태

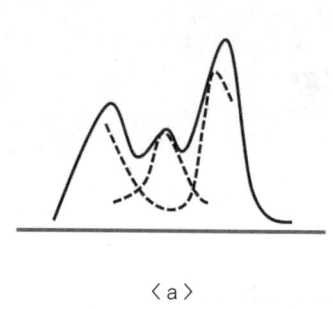

〈a〉

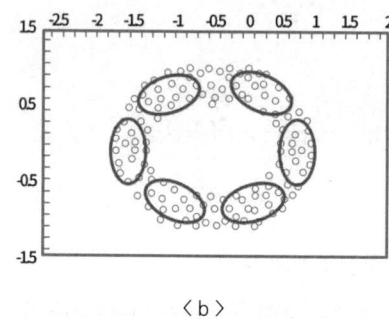

〈b〉

- (a)는 자료의 분포형태가 다봉형의 형태를 띠므로 단일 분포로의 적합은 적절하지 않으며, 대략 3개 정도의 정규분포 결합을 통해 설명될 수 있을 것으로 생각할 수 있다.
- (b)의 경우에도 여러 개의 이변량 정규분포의 결합을 통해 설명될 수 있을 것이다. 두 경우 모두 반드시 정규분포로 제한할 필요는 없다.

다. EM(Expectation-Maximization) 알고리즘의 진행 과정

- 각 자료에 대해 Z의 조건부분포(어느 집단에 속할 지에 대한)로부터 조건부 기댓값을 구할 수 있다.
- 관측변수 X와 잠재변수 Z를 포함하는 (X, Z)에 대한 로그-가능도함수(이를 보정된(Augmented) 로그-가능도함수라 함)에 Z 대신 상수값인 Z의 조건부 기댓값을 대입하면, 로그-가능도함수를 최대로 하는 모수를 쉽게 찾을 수 있다. (M-단계) 갱신된 모수 추정치에 대해 위 과정을 반복한다면 수렴하는 값을 얻게 되고, 이는 최대 가능도 추정치로 사용될 수 있다.
- E - 단계 : 잠재변수 Z의 기대치 계산
- M - 단계 : 잠재변수 Z의 기대치를 이용하여 파라미터를 추정

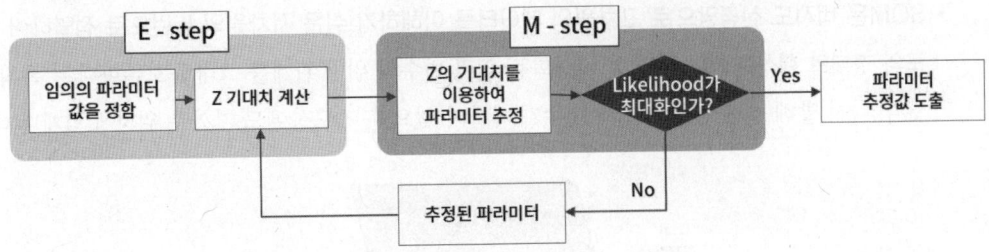

라. EM 알고리즘의 진행 과정

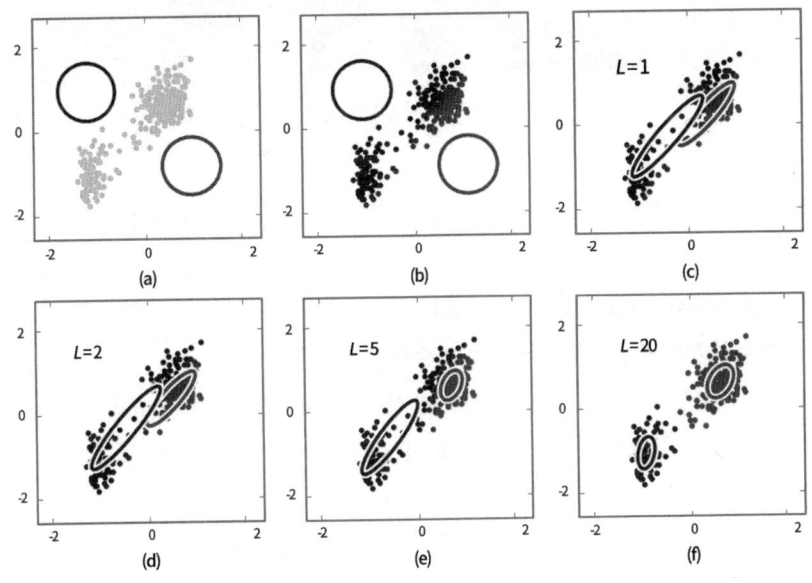

1) 혼합 분포 군집모형의 특징
- K-평균군집의 절차와 유사하지만 **확률분포를 도입하여 군집을 수행**한다.
- 군집을 몇 개의 모수로 표현할 수 있으며, 서로 다른 크기나 모양의 군집을 찾을 수 있다.
- EM 알고리즘을 이용한 모수 추정에서 데이터가 커지면 수렴에 시간이 걸릴 수 있다.
- 군집의 크기가 너무 작으면 추정의 정도가 떨어지거나 어려울 수 있다.
- K-평균군집과 같이 **이상치 자료에 민감**하므로 사전에 조치가 필요하다.

6. SOM(Self Organizing Map)

가. 개요
- 자가조직화지도(Self Organizing Map, SOM) 알고리즘은 코호넨(Kohonen)에 의해 제시, 개발되었으며 코호넨 맵(Ko-honen Maps)이라고도 알려져 있다.

- SOM은 비지도 신경망으로 고차원의 데이터를 이해하기 쉬운 저차원의 뉴런으로 정렬하여 지도의 형태로 형상화한다. 이러한 형상화는 입력 변수의 위치 관계를 그대로 보존한다는 특징이 있다. 다시 말해 실제 공간의 입력 변수가 가까이 있으면, 지도상에도 가까운 위치에 있게 된다.

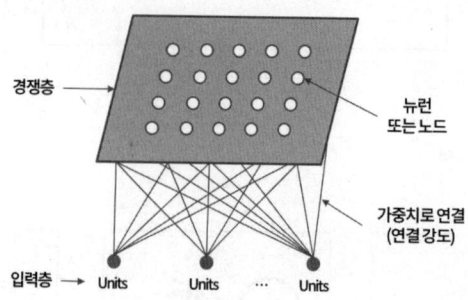

나. 구성
- SOM모델은 위의 그림과 같이 두 개의 인공신경망 층으로 구성되어 있다.

1) 입력층(Input Layer : 입력벡터를 받는 층)
- **입력 변수의 개수와 동일하게 뉴런 수가 존재**한다.
- 입력층의 자료는 학습을 통하여 경쟁층에 정렬되는데, 이를 지도(Map)라 부른다.
  입력층에 있는 각각의 뉴런은 경쟁층에 있는 각각의 뉴런들과 연결되어 있으며, 이 때 완전 연결(Fully Connected)되어 있다.

2) 경쟁층(Competitive Layer : 2차원 격자(Grid)로 구성된 층)
- 입력벡터의 특성에 따라 벡터가 한 점으로 클러스터링 되는 층
- SOM은 경쟁 학습으로 각각의 뉴런이 입력 벡터와 얼마나 가까운가를 계산하여 연결 강도(Connection Weight)를 반복적으로 재조정하여 학습한다. 이 과정을 거치면서 연결강도는 입력 패턴과 가장 유사한 경쟁층 뉴런이 승자가 된다.
- 입력 층의 표본 벡터에 가장 가까운 프로토타입 벡터를 선택해 BMU(Best-Matching-Unit)라고 하며, 코호넨의 승자 독점의 학습 규칙에 따라 위상학적 이웃(Topological Neighbors)에 대한 연결 강도를 조정한다.
- 승자 독식 구조로 인해 경쟁층에는 승자 뉴런만이 나타나며, 승자와 유사한 연결 강도를 갖는 입력 패턴이 동일한 경쟁 뉴런으로 배열된다.

다. 특징
- 고차원의 데이터를 저차원의 **지도 형태로 형상화**하기 때문에 시각적으로 이해가 쉽다.

- 입력 변수의 위치 관계를 그대로 보존하기 때문에 실제 데이터가 유사하면 지도상에서 가깝게 표현된다. 이런 특징 때문에 패턴 발견, 이미지 분석 등에서 뛰어난 성능을 보인다.
- 역전파(Back Propagation) 알고리즘 등을 이용하는 인공신경망과 달리 단 하나의 전방 패스(Feed-Forward Flow)를 사용함으로써 속도가 매우 빠르다. 따라서, 실시간 학습처리를 할 수 있는 모형이다.

라. SOM과 신경망 모형의 차이점

구분	신경망 모형	SOM
학습방법	오차역전파법	경쟁학습방법
구성	입력층, 은닉층, 출력층	입력층, 2차원 격자(Grid) 형태의 경쟁층
기계 학습 방법의 분류	지도학습(Supervised Learning)	비지도 학습(Unsupervised Learning)

7. 최신 군집분석 기법들

가. iris 데이터를 활용한 기법 확인

1) Hierarchical Clustering

```
> idx <- sample(1:dim(iris)[1], 40)
> iris.s <- iris[idx,]
> iris.s$Species <- NULL
> hc <- hclust(dist(iris.s), method="ave")
> plot(hc, hang= -1, labels=iris$Species[idx])
```

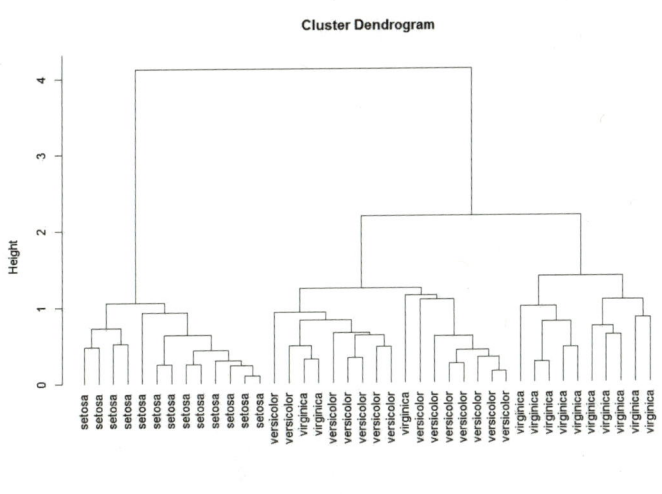

2) k-means Clustering
- 비계층적 군집방법으로 사용가능

가) 군집화

```
> data(iris)
> newiris <- iris
> newiris$Species <- NULL
> kc <- kmeans(newiris, 3)
```

나) 결과비교

```
> table(iris$Species, kc$cluster)

             1  2  3
  setosa    50  0  0
  versicolor 0  2 48
  virginica  0 36 14
```

다) 군집화 그래프

```
> plot(newiris[c("Sepal.Length", "Sepal.Width")], col=kc$cluster)
```

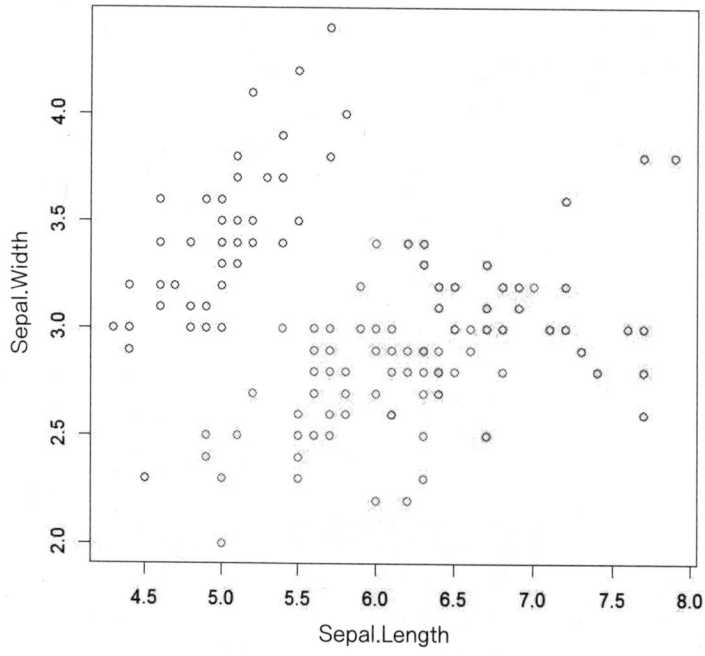

8. Resampling(재표본추출)

- 가지고 있는 데이터에서 표본을 수 많이 재추출하고, 재추출된 표본에 모형을 적합하게 함으로써 생성된 분류기의 성능 측정에 대한 통계적 신뢰도를 높이는 방식이 재표본추출(Resampling) 기법이다. 대표적으로 k-Fold Cross Validation, 홀드아웃 방법, 붓스트랩 등이 있다.

출제 포인트

데이터 분할과정에서 사용되는 방법론에는 k-Fold Cross Validation, 홀드아웃 방법, 붓스트랩이 있습니다. 각 방법의 개념과 특징을 숙지하시기 바랍니다.

가. k-Fold Cross Validation

- 데이터를 k개의 집단으로 나눈 뒤 k-1개의 집단으로 분류기를 학습시키고, 나머지 1개의 집단으로 분류기의 성능을 테스트하는 방법이다.
- 위 과정을 k번 반복하여 모든 데이터가 학습과 검증에 사용될 수 있도록 하고, 일반적으로 k번의 테스트를 통해 얻은 MSE(평균제곱오차)값들의 평균을 해당 모델의 MSE값으로 사용한다.
- k-Fold Cross Validation 과정

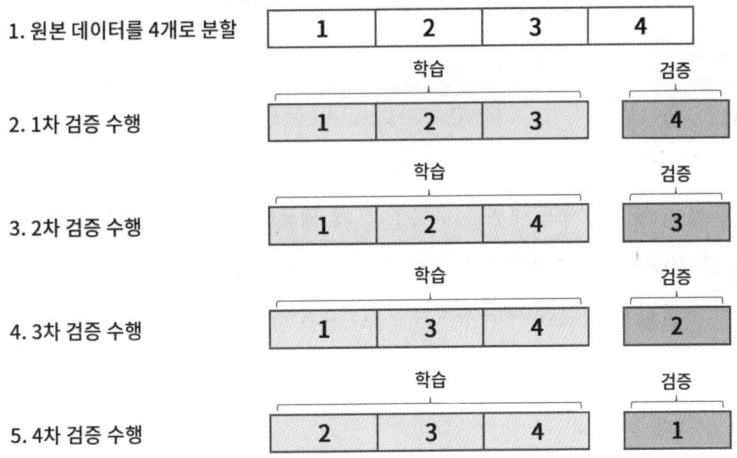

출처: www.datascienceschool.net

⟨4-fold 교차 검증 예시⟩

1) 주어진 데이터를 k개의 부분집합($\{D_1, D_2, \cdots, D_k\}$)으로 나눈다.
2) 데이터 $\{D_1, D_2, \cdots, D_{k-1}\}$를 학습용 데이터로 사용하여 모형을 생성하고, $\{D_k\}$로 검증을 수행한다.
3) 데이터 $\{D_1, D_2, \cdots, D_{k-2}, D_k\}$를 학습용 데이터로 사용하여 모형을 생성하고, $\{D_{k-1}\}$로 검증을 수행한다.
4) 위 2, 3번의 과정을 반복하여 최종적으로 데이터 $\{D_2, \cdots, D_k\}$를 학습용 데이터로 사용하여 모형을 생성하고, $\{D_1\}$로 검증을 수행한다.

5) 위 과정을 모두 수행하면 총 k개의 모형과 k개의 교차검증 성능이 계산되는데, 이 k개의 교차검증 성능의 평균값을 산출하여 최종 교차검증 성능값을 계산한다.

나. 붓스트랩(Bootstrap)
- 모집단에서 추출한 **표본(샘플)에 대해서 또 다시 재표본(샘플)을 여러 번 추출**하여 모델을 평가하거나 데이터의 분포를 파악하는 재표본추출 방법이다.
- 샘플링을 할 때는 **단순랜덤 복원추출법**을 사용하여 동일한 크기의 표본을 여러개 생성하므로, 특정 데이터가 여러 샘플에 포함될 수도 있고 혹은 어떠한 샘플에도 포함되지 않을 수도 있다.

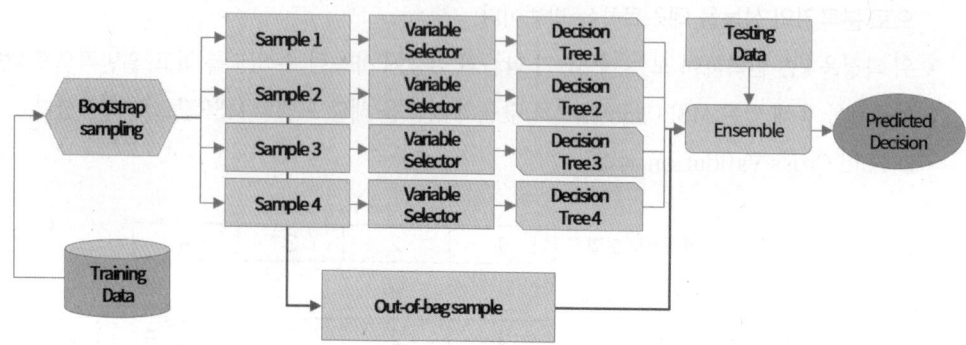

- 붓스트랩을 통해 100개의 샘플을 추출했을 때 **샘플에 한 번도 선택되지 않는 원데이터**가 발생할 확률은 36.8%이다. 이러한 데이터를 OOB(Out-Of-Bag) 데이터라고 하며, OOB 데이터의 실제값과 예측값 사이의 오차로 정의되는 값을 OOB-Error(Out-Of-Bag Error)라고 한다.

9. 군집화 기법 종류

출제 포인트

군집화 기법은 계층적 군집화와 분할적 군집화(비계층적 군집화)가 있습니다. 계층적 군집화에 대한 문제가 많이 출제되어 왔지만, 분할적 군집화 방법의 종류와 특징에 대한 문제도 최근에 출제된 적이 있으므로 정확히 숙지해야 합니다.

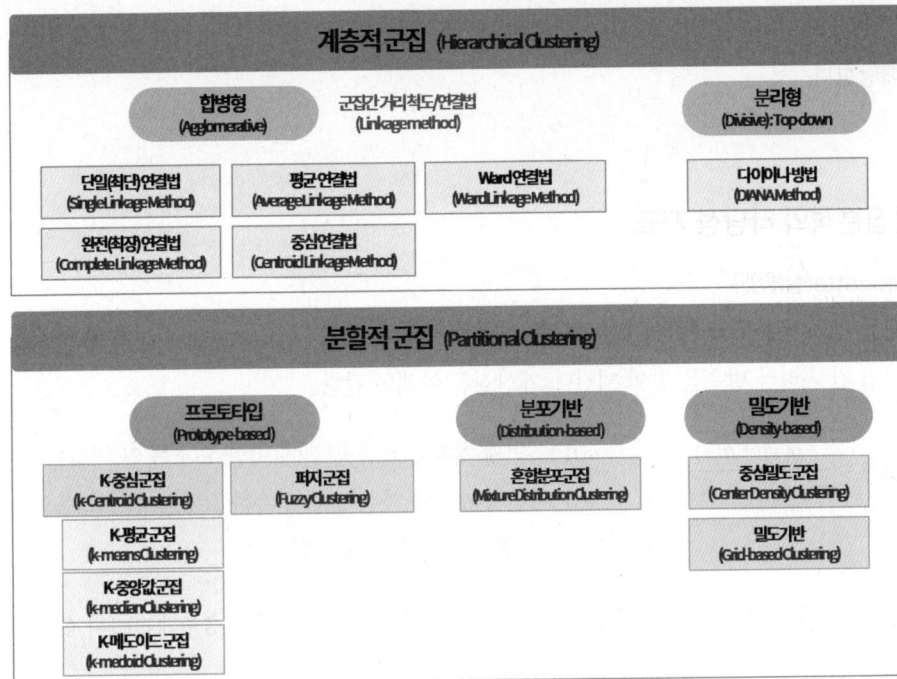

〈군집분석(Clustering Analysis)의 분류〉

가. 밀도기반 군집분석

- 밀도기반 군집분석이란 어느 점을 기준으로 주어진 반경 내에 최소 개수만큼의 데이터들은 가질 수 있도록 함으로써 특정 밀도함수 혹은 밀도에 의해 군집을 형성해나가는 기법이다.
- **DBSCAN**(Density-Based Spatial Clustering of Application with Noise)은 밀도 한계점에 따라 군집을 형성해나가는 **대표적인 밀도기반 군집화 기법**으로, 군집화와 동시에 noise를 표시함으로써 데이터를 보다 정확하게 이해할 수 있다.
- **OPTICS**는 군집화 구조 식별을 위해 부가적 **순서를 생성**하는 밀도기반 기법이다.
- **DENCLUE**(Density-Based Clustering)는 **밀도 분포함수에 기초**한 군집화방법이다.

나. 격자기반 군집분석

- 데이터가 존재하는 공간을 격자구조로 이루어진 유한개의 셀들로 양자화한 뒤, 데이터 포인트 대신 셀을 이용해 군집화 과정을 수행하는 기법이다.

- 빠른 처리시간을 가지며, 데이터 내 객체 수에 독립적이고 양자화된 공간의 각 차원에서 **셀의 수에만 의존**한다.
- **STING**(Statistical Information Grid)은 **격자 셀에 저장되어 있는 통계정보를 탐색**하는 격자기반 기법이다.
- **WaveCluster**는 Wavelet 변환 기법을 사용하여 객체들을 군집화하는 격자기반 기법이다.
- **CLIQUE**(Clustering in Quest)는 **고차원 데이터 공간의 군집화**를 위한 **격자 및 밀도기반** 기법에 해당한다.

10. 군집분석의 타당성 지표

가. Silhouette(실루엣)

- 군집 내의 응집도와 군집 간 분리도를 이용한 지표로, 군집 내 요소간의 거리가 짧고 서로 다른 군집 간 거리가 멀수록 값이 커진다. 계산식은 아래와 같다.

$$s(i) = \frac{b(i) - a(i)}{\max\{a(i), b(i)\}}$$

$a(i)$ = i번째 개체와 같은 군집에 속한 요소들 간 거리들의 평균
$b(i)$ = i번째 개체와 다른 군집에 속한 요소들 간 거리들의 평균을 군집마다 구했을 때의 최솟값

- 완벽한 군집화가 이루어졌을 경우 1, 군집화가 전혀 이루어지지 않은 경우에는 -1의 값을 가진다.

나. Dunn Index

- Dunn Index는 군집 간 거리의 최소값을 분자, 군집 내 요소 간 거리의 최대값을 분모로 하는 지표이다.
- 분자값이 클수록 군집 간 거리가 크고, 분모값이 작을수록 군집내의 요소들이 모여 있다는 것을 의미한다. **군집 간 거리는 멀고, 군집 내 분산은 작을수록 군집화가 잘 이루어진 것**이기 때문에 Dunn Index가 클수록 군집이 잘 형성되었다고 볼 수 있다.

11. BMU(Best-Matching Unit)

- **SOM**(Self Organizing Maps)에서는 각 학습 단계마다 입력층으로부터 하나의 표본 벡터를 임의로 선택하고, 경쟁층의 프로토타입 벡터와의 거리를 계산한다. 그 후 **표본 벡터와 거리가 가장 가까운 프로토타입 벡터**를 선택하는데, BMU는 이 때 선택된 프로토타입 벡터를 나타내는 용어이다.

6절 연관분석

 출제 포인트

연관분석은 비교사 학습방법의 대표적인 방법론이므로 연관분석의 개념, 측도와 장·단점을 완벽히 학습하여야 합니다.

학습목표

- 연관분석에 대해 이해한다.
- 연관분석의 측도를 이해한다.
- 연관규칙의 장점과 단점을 이해한다.
- R 프로그램을 통해 연관성분석을 적용할 수 있다.

눈높이 체크

• 연관성분석에 대해 알고 계신가요?

기업의 데이터베이스에서 상품의 구매, 서비스 등 일련의 거래 또는 사건들 간의 규칙을 발견하여 IF-THEN 의 구조로 분석 결과의 연관성을 파악하는 데이터 마이닝 방법론이 연관성분석입니다.

• 연관성분석의 측도를 이해하고 계신가요?

연관성분석을 위한 측도에는 지지도(Support), 신뢰도(Confidence) 그리고 향상도(Lift)를 활용하여 거래들간의 연관성을 파악할 수 있습니다.

• 연관성분석의 장·단점을 알고 계신가요?

연관성분석의 장점은 탐색적인 기법으로 결과를 쉽게 이해할 수 있다는 점과 거래 데이터를 바로 분석에 활용할 수 있다는 점입니다. 그리고 상당히 간단한 계산을 통해 분석한다는 것입니다. 이에 비해 단점은 품목수가 증가할 경우 분석을 위한 계산이 기하급수적으로 늘어나게 됩니다. 이로 인해 적절한 품목의 수를 결정하는 것이 어렵다는 단점이 있습니다.

1. 연관규칙

가. 연관규칙분석(Association Analysis)의 개념
- 연관성 분석은 흔히 장바구니 분석(Market Basket Analysis) 또는 서열분석(Sequence Analysis)이라고 불린다.
- 기업의 데이터베이스에서 상품의 구매, 서비스 등 일련의 거래 또는 사건들 간의 규칙을 발견하기 위해 적용한다.
- 장바구니 분석 : '장바구니에 무엇이 같이 들어 있는지에 대한 분석'
- 서열분석 : 'A를 산 다음에 B를 산다.'

나. 연관규칙의 형태
- 조건과 반응의 형태(If-Then)로 이루어져 있다.

> (Item set A) → (Item set B)
> If A then B : 만일 A가 일어나면 B가 일어난다.
>
> - '아메리카노를 마시는 손님 중 10%가 브라우니를 먹는다.'
> - '샌드위치를 먹는 고객의 30%가 탄산수를 함께 마신다.'

거래번호	품목
1154	아메리카노
	아이스카페모카
	허니브래드
	블루베리케이크
	치즈케이크
1155	카라멜마끼아또
	브라우니
	크림치즈베이글
1156	아메리카노
	탄산수
	크랜베리치킨샌드위치
1157	아메리카노
	카라멜마끼아또
	허니브래드

상품별 구매행렬표

	A	B	C	D	E	F	G	H	I	J
A	3	1	1	1	2	1	1	0	0	1
B	1	2	0	8	1	0	8	1	1	0
C	1	0	1	9	7	4	1	8	0	1
D	1	8	9	1	0	0	6	0	4	0
E	2	1	7	0	2	1	1	11	0	0
F	1	0	4	0	1	6	1	0	8	9
G	1	8	1	6	1	1	7	0	6	0
H	0	1	8	0	11	0	0	1	0	13
I	0	1	0	4	0	8	6	0	1	0
J	1	0	1	0	0	9	0	13	0	1

다. 연관규칙의 측도
- 산업의 특성에 따라 지지도, 신뢰도, 향상도 값을 잘 보고 규칙을 선택해야 한다.

1) 지지도(Support)
- 전체 거래 중 항목 A와 항목 B를 동시에 포함하는 거래의 비율로 정의한다.

$$지지도 = P(A \cap B) = \frac{A와 B가 동시에 포함된 거래수}{전체 거래수} = \frac{A \cap B}{전체}$$

2) 신뢰도(Confidence)

- 항목 A를 포함한 거래 중에서 항목 A와 항목 B가 같이 포함될 확률이다. 연관성의 정도를 파악할 수 있다.

$$신뢰도 = \frac{P(A \cap B)}{P(A)} = \frac{A와\ B가\ 동시에\ 포함된\ 거래수}{A를\ 포함하는\ 거래수} = \frac{지지도}{P(A)}$$

3) 향상도(Lift)

- A가 구매되지 않았을 때 품목 B의 구매확률에 비해 A가 구매됐을 때 품목 B의 구매확률의 증가 비이다. 연관규칙 A→B는 품목 A와 품목 B의 구매가 서로 관련이 없는 경우에 향상도가 1이 된다.

$$향상도 = \frac{P(B|A)}{P(B)} = \frac{P(A \cap B)}{P(A)P(B)} = \frac{A와\ B가\ 동시에\ 포함된\ 거래수}{A를\ 포함하는\ 거래수 \times B를\ 포함하는\ 거래수} = \frac{신뢰도}{P(B)}$$

항목	거래수	상대도수	확률
옥수수차	200	200+500+300+100=1100	76%
둥글레차	100	100+500+200+100=900	62%
율무차	50	50+300+200+100=650	45%
{옥수수차, 둥글레차}	500	500+100=600	41%
{옥수수차, 율무차}	300	300+100=400	28%
{둥글레차, 율무차}	200	200+100=300	21%
{옥수수차, 둥글레차, 율무차}	100	100	7%
전체 거래수	1450		

항목	P(A∩B)	P(A)	P(B)	신뢰도(confidence) P(A∩B)/P(A)	향상도(Lift) P(A∩B)/P(A)*P(B)
옥수수차 → 둥글레차	41%	76%	62%	55%	88%
둥글레차 → 옥수수차	41%	62%	76%	67%	88%
율무차 → 둥글레차	21%	45%	62%	46%	74%
둥글레차 → 율무차	21%	62%	45%	33%	74%
옥수수차 → 율무차	28%	76%	45%	36%	81%
율무차 → 옥수수차	28%	45%	76%	62%	81%
{둥글레차, 율무차} → 옥수수차	7%	21%	76%	33%	44%
{옥수수차, 율무차} → 둥글레차	7%	28%	62%	25%	40%

| {옥수수차, 둥글레차} → 율무차 | 7% | 41% | 45% | 17% | 37% |

라. 연관규칙의 절차

- 최소 지지도보다 큰 집합만을 대상으로 높은 지지도를 갖는 품목 집합을 찾는 것이다.
- 처음에는 5%로 잡고 규칙이 충분히 도출되는지를 보고 다양하게 조절하여 시도한다.
- 처음부터 너무 낮은 최소 지지도를 선정하는 것은 많은 리소스가 소모되므로 적절하지 않다.
- 절차
  ① 최소 지지도 결정 → ② 품목 중 최소 지지도를 넘는 품목 분류 → ③ 2가지 품목 집합 생성 → ④ 반복적으로 수행해 빈발품목 집합을 찾음.

마. 연관규칙의 장점과 단점

장 점	단 점(개선방안)
• 탐색적인 기법으로 조건 반응으로 표현되는 연관성 분석의 결과를 쉽게 이해할 수 있음 • 강력한 비목적성 분석기법으로 분석 방향이나 목적이 특별히 없는 경우 목적변수가 없으므로 유용하게 활용됨 • 사용이 편리한 분석 데이터의 형태로 거래 내용에 대한 데이터를 변환 없이 그 자체로 이용할 수 있는 간단한 자료 구조를 가짐 • 분석을 위한 계산이 간단함	• 품목수가 증가하면 분석에 필요한 계산은 기하급수적으로 늘어남 　→ 이를 개선하기 위해 유사한 품목을 한 범주로 일반화함 　→ 연관 규칙의 신뢰도 하한을 새롭게 정의해 실제 드물게 관찰되는 의미가 적은 연관규칙은 제외함 • 너무 세분화한 품목을 갖고 연관성 규칙을 찾으면 의미없는 분석이 될 수도 있다. 　→ 적절히 구분되는 큰 범주로 구분해 전체 분석에 포함시킨 후 그 결과 중에서 세부적으로 연관규칙을 찾는 작업을 수행할 수 있음 • 거래량이 적은 품목은 당연히 포함된 거래수가 적을 것이고, 규칙 발견 시 제외하기가 쉬움 　→ 이런 경우, 그 품목이 관련성을 살펴보고자 하는 중요한 품목이라면 유사한 품목들과 함께 범주로 구성하는 방법 등을 통해 연관성 규칙의 과정에 포함시킬 수 있음

바. 순차패턴(Sequence Analysis)

- 동시에 구매될 가능성이 큰 상품군을 찾아내는 연관성분석에 시간이라는 개념을 포함시켜 순차적으로 구매 가능성이 큰 상품군을 찾아내는 것이다.
- 연관성분석에서의 데이터 형태에서 각각의 고객으로부터 발생한 구매시점에 대한 정보가 포함된다.

2. 기존 연관성분석의 이슈

- 대용량 데이터에 대한 연관성분석이 불가능하다.
- 시간이 많이 걸리거나 기존 시스템에서 실행 시 시스템 다운되는 현상이 발생할 수 있다.

3. 최근 연관성분석 동향

- 1세대 알고리즘인 Apriori나 2세대인 FP-Growth에서 발전하여 3세대의 FPV를 이용해 메모리를 효율적으로 사용함으로써 SKU 레벨의 연관성분석을 성공적으로 적용했다.
- 거래내역에 포함되어 있는 모든 품목의 개수가 n개 일 때, 품목들의 전체집합(Item Set)에서 추출할 수 있는 품목 부분집합의 개수는 2^n-1(공집합 제외)개다. 그리고 가능한 모든 연관규칙의 개수는 $3^n - 2^{n+1} + 1$개다.
- 이 때 모든 가능한 품목 부분집합의 개수를 줄이는 방식으로 작동하는 것이 Apriori 알고리즘이며, 거래내역 안에 포함된 품목의 개수를 줄여 비교하는 횟수를 줄이는 방식으로 작동하는 것이 FP-Growth 알고리즘이다.

가. Apriori 알고리즘

- 최소 지지도보다 큰 지지도 값을 갖는 품목의 집합을 빈발항목집합(Frequent Item Set)라고 한다. Apriori 알고리즘은 모든 품목집합에 대한 지지도를 전부 계산하는 것이 아니라, **최소 지지도 이상의 빈발항목집합을 찾은 후** 그것들에 대해서만 연관규칙을 계산하는 것이다.
- Apriori는 1994년에 발표된 1세대 알고리즘으로 구현과 이해하기가 쉽다는 장점이 있으나, 지지도가 낮은 후보 집합 생성 시 아이템의 개수가 많아지면 계산 복잡도가 증가한다는 문제점을 가지고 있다.

나. FP-Growth 알고리즘

- FP-Growth 알고리즘은 **후보 빈발항목집합을 생성하지 않고, FP-Tree(Frequent Pattern Tree)를 만든 후** 분할정복 방식을 통해 Apriori 알고리즘 보다 더 빠르게 빈발항목집합을 추출할 수 있는 방법이다.
- **Aprirori 알고리즘의 약점을 보완**하기 위해 고안된 것으로 데이터베이스를 스캔하는 횟수가 작고, 빠른 속도로 분석이 가능하다.

4. 연관성분석 활용방안

- 장바구니 분석의 경우는 실시간 상품추천을 통한 교차판매에 응용한다.
- 순차패턴 분석은 A를 구매한 사람인데 B를 구매하지 않은 경우, B를 추천하는 교차판매 캠페인에 사용한다.

5. 연관성분석 예제

1) 분석 내용 : Groceries 데이터셋은 식료품 판매점의 1달 동안의 POS 데이터이며, 총 169개의 제품과 9835건의 거래건수를 포함하고 있다. 거래내역을 inspect 함수로 확인할 수 있으며, apriori 함수로 최소지지도와 신뢰도는 각각 0.01, 0.3으로 설정한 뒤 연관규칙분석을 실시했다.

```
─ R 프로그램 ─
data(Groceries)
inspect(Groceries[1:3])
rules<-apriori(Groceries,parameter = list (support = 0.01, confidence = 0.3))
inspect(sort(rules,by=c("lift"),decreasing=TRUE)[1:20])
```

2) 분석 결과

```
> data(Groceries)
> inspect(Groceries[1:3])
    items
[1] {citrus fruit,
     semi-finished bread,
     margarine,
     ready soups}
[2] {tropical fruit,
     yogurt,
     coffee}
[3] {whole milk}
> apriori(Groceries,parameter = list (support = 0.01, confidence = 0.3))
Apriori

Parameter specification:
 confidence minval smax arem  aval originalSupport maxtime support minlen
        0.3    0.1    1 none FALSE            TRUE       5    0.01      1
 maxlen target   ext
     10  rules FALSE

Algorithmic control:
 filter tree heap memopt load sort verbose
    0.1 TRUE TRUE  FALSE TRUE    2    TRUE
```

```
Absolute minimum support count: 98

set item appearances ...[0 item(s)] done [0.00s].
set transactions ...[169 item(s), 9835 transaction(s)] done [0.00s].
sorting and recoding items ... [88 item(s)] done [0.01s].
creating transaction tree ... done [0.00s].
checking subsets of size 1 2 3 4 done [0.00s].
writing ... [125 rule(s)] done [0.00s].
creating S4 object  ... done [0.00s].
set of 125 rules
```

- apriori 알고리즘으로 연관규칙분석을 실행한 결과 총 88개의 아이템으로 연관규칙을 만들어냈으며 125개의 Rule이 발견되었다.
- 규칙의 수가 너무 적으면 지지도와 신뢰도를 낮추고, 너무 많으면 지지도와 신뢰도를 높여야 한다.

```
> inspect(sort(rules,by=c("lift"),decreasing=TRUE)[1:20])
      lhs                                    rhs                   support    confidence  lift      count
[1]   {citrus fruit,other vegetables}     => {root vegetables}     0.01037112 0.3591549   3.295045  102
[2]   {tropical fruit,other vegetables}   => {root vegetables}     0.01230300 0.3427762   3.144780  121
[3]   {beef}                              => {root vegetables}     0.01738688 0.3313953   3.040367  171
[4]   {citrus fruit,root vegetables}      => {other vegetables}    0.01037112 0.5862069   3.029608  102
[5]   {tropical fruit,root vegetables}    => {other vegetables}    0.01230300 0.5845411   3.020999  121
[6]   {other vegetables,whole milk}       => {root vegetables}     0.02318251 0.3097826   2.842082  228
[7]   {whole milk,curd}                   => {yogurt}              0.01006609 0.3852140   2.761356   99
[8]   {root vegetables,rolls/buns}        => {other vegetables}    0.01220132 0.5020921   2.594890  120
[9]   {root vegetables,yogurt}            => {other vegetables}    0.01291307 0.5000000   2.584078  127
[10]  {tropical fruit,whole milk}         => {yogurt}              0.01514997 0.3581731   2.567516  149
[11]  {yogurt,whipped/sour cream}         => {other vegetables}    0.01016777 0.4901961   2.533410  100
[12]  {other vegetables,whipped/sour cream} => {yogurt}            0.01016777 0.3521127   2.524073  100
[13]  {tropical fruit,other vegetables}   => {yogurt}              0.01230300 0.3427762   2.457146  121
[14]  {root vegetables,whole milk}        => {other vegetables}    0.02318251 0.4740125   2.449770  228
[15]  {whole milk,whipped/sour cream}     => {yogurt}              0.01087951 0.3375394   2.419607  107
[16]  {citrus fruit,whole milk}           => {yogurt}              0.01026945 0.3366667   2.413350  101
[17]  {onions}                            => {other vegetables}    0.01423488 0.4590164   2.372268  140
[18]  {pork,whole milk}                   => {other vegetables}    0.01016777 0.4587156   2.370714  100
[19]  {whole milk,whipped/sour cream}     => {other vegetables}    0.01464159 0.4542587   2.347679  144
[20]  {curd}                              => {yogurt}              0.01728521 0.3244275   2.325615  170
```

- 향상도를 기준으로 내림차순으로 정렬한 후 상위 5개의 규칙을 확인해봤을 때, rhs의 제품만 구매할 확률에 비해 lhs의 제품을 샀을 때 rhs 제품도 구매할 확률이 약 3배 가량 높다(Lift>3이기 때문에). 따라서 rhs와 lhs 제품들간 결합상품 할인쿠폰 혹은 품목배치 변경 등을 제안할 수 있다.

정형 데이터 마이닝

4과목 / 5장

01. 다음 중 대용량 데이터 속에서 숨겨진 지식 또는 새로운 규칙을 추출해 내는 과정을 일컫는 것은?

① 지식경영 ② 의사결정지원시스템
③ 데이터 웨어하우징 ④ 데이터 마이닝

02. 다음 중 반응 변수가 범주형인 경우 예측모형의 주목적으로 가장 적절한 것은?

① 연관 분석 ② 분류 ③ 시뮬레이션 ④ 최적화

03. 다음 데이터 마이닝의 대표적인 기능 중 이질적인 모집단을 세분화하는 기능으로 적절한 것은?

① 분류분석 ② 모수추정 ③ 군집분석 ④ 연관분석

04. 한 보험회사에서는 자사 고객의 보험갱신 여부를 고객의 인구통계학적 특성, 보험가입 채널, 상품 종류 등의 정보를 사용하여 예측하려고 한다. 다음 중 가장 적절한 분석 기법은 무엇인가?

① 시계열분석 ② 랜덤포레스트
③ k-means 군집분석 ④ 주성분 분석

05. 데이터 마이닝 단계 중 모델링 목적에 따라 목적변수를 정리하고 필요한 데이터를 데이터 마이닝 소프트웨어에 적용할 수 있도록 준비하는 단계는?

① 데이터 마이닝 기법의 적용 ② 목적 정의
③ 데이터 가공 ④ 데이터 준비

06. 다음 중 기법의 활용 분야가 나머지와 다른 하나를 고르시오.

① 로지스틱 회귀 분석 ② 인공신경망
③ 의사결정나무 ④ SOM

07. 과대적합(overfitting)은 통계나 기계학습에서 모델에서 변수가 너무 많아 모델이 복잡하고 과대하게 학습될 때 주로 발생한다. 다음 중 과대 적합에 대한 설명으로 가장 부적절한 것은?

① 생성된 모델이 훈련 데이터에 너무 최적화되어 학습하여 테스트 데이터의 작은 변화에 민감하게 반응하는 경우는 발생하지 않는다.
② 학습데이터가 모집단의 특성을 충분히 설명하지 못할 때 자주 발생한다.
③ 변수가 너무 많아 모형이 복잡할 때 생긴다.
④ 과대적합이 발생할 것으로 예상되면 학습을 종료하고 업데이트 하는 과정을 반복해 과대적합을 방지할 수 있다.

08. 모형의 평가를 위해 관측치를 한번 이상 훈련용 자료로 사용하는 복원 추출법(sampling with replacement)에 기반하는 붓스트랩(bootstrap) 기법에서 일반적으로 훈련용 자료의 선정을 d번 반복할 때 하나의 관측치가 선정되지 않을 확률은 $(1-(1/d))^d$이다. d가 충분히 크다고 가정할 때 훈련용 집합으로 선정되지 않아 검증용 자료로 사용되는 관측치의 비율은?

① 20.5%   ② 28.8%   ③ 34.2%   ④ 36.8%

09. Hitters 데이터셋은 메이저리그에서 활약하는 322명의 선수에 대한 타자 기록으로 연봉을 비롯한 20개의 변수를 포함하고 있다. 아래는 모형적합에 앞서 데이터를 train set과 test set으로 분할하는 과정이다. 다음 중 아래에 대한 설명으로 가장 부적절한 것은?

```
set.seed(1112)
train<-sample(1:nrow(Hitters), nrow(Hitters)/2)
Ytrain<-subset(Hitters[train,], select=Salary)
Xtrain<-subset(Hitters[train,], select=-Salary)
Ytest<-subset(Hitters[-train,], select=Salary)
Xtest<-subset(Hitters[-train,], select=-Salary)
```

① 50:50으로 데이터를 분할하고 있다.
② 50%의 데이터(train set)를 사용하여 모형을 학습하고 나머지 50%의 데이터(test set)로 모형을 평가하기 위한 사전작업이다.
③ 모형 학습과 평가를 동일한 데이터셋에 진행하면 모형이 과적합 될 수 있다.
④ 일반적으로 test set에 대한 모형평가 결과가 train set에 대한 모형평가 결과보다 좋다.

10. 다음 중 기업이 보유하고 있는 거래데이터, 고객 데이터 등과 기타 외부 데이터를 포함하는 모든 데이터를 기반으로 새로운 규칙 등을 발견하고 이를 실제 비즈니스 의사결정 등에 유용한 정보로 활용하고자 하는 일련의 작업을 무엇이라고 하는가?

    ① 회귀분석
    ② 데이터 마이닝
    ③ 데이터 웨어하우징
    ④ 의사결정지원시스템

11. 귀납적 추론을 기반으로 하는 의사결정나무모형은 실무적으로 가장 많이 사용되는 모델 중 하나이다. 다음 중 의사 결정나무모형에 대한 설명으로 부적절한 것은?

    ① 대표적인 적용 사례는 대출신용평가, 환자 증상 유추, 채무 불이행 가능성 예측 등이 있다.
    ② 의사결정나무모형은 ID3, C4.5, CART 등 여러 가지 알고리즘이 있는데 핵심적인 공통 개념은 상향식 의사결정 흐름과 해시 탐색(Hash Search) 기반의 구조를 가지고 있다는 것이다.
    ③ 과적합(overfitting)의 문제를 해결하기 위해 가지치기 방법을 이용하여 트리를 조정하는 방법을 사용한다.
    ④ 불순도 측도인 엔트로피 개념은 정보이론의 개념을 기반으로 하며, 그 의미는 여러 가지 임의의 사건이 모여있는 집합의 순수성(purity) 또는 단일성(homogeneity) 관점의 특성을 정량화해서 표현한 것이다.

12. 다음 중 의사결정나무모형에서 과대적합되어 현실 문제에 적응할 수 있는 적절한 규칙이 나오지 않는 현상을 방지하기 위해 사용되는 방법으로 가장 적절한 것은?

    ① 가지치기(Pruning)
    ② 스테밍(Stemming)
    ③ 정지규칙(Stopping rule)
    ④ 랜덤포레스트(Random forest)

13. 다음 중 데이터를 무작위로 두 집단으로 분리하여 실험데이터와 평가데이터로 설정하고 검정을 실시하는 모형 평가방법으로 적절한 것은?

    ① k-fold 교차 검정
    ② ROC 그래프
    ③ 홀드아웃 방법
    ④ 이익도표

14. 소매점에서 물건을 배열하거나 카탈로그 및 교차판매 등에 적용하기 적합한 데이터 마이닝 기법은 무엇인가?

    ① 분류(classification)
    ② 예측(prediction)

③ 연관분석(association analysis)
④ 군집(clustering)

15. 아래는 kyphosis라는 자료를 이용하여 의사결정나무 분석을 수행한 결과이다. 결과에 대한 해석으로 부적절한 것은?

```
> a<-rpart(Kyphosis~Age +Number+Start, data=kyphosis)
n= 81

node), split, n, loss, yval, (yprob)
      * denotes terminal node

 1) root 81 17 absent (0.79012346 0.20987654)
   2) Start>=8.5 62  6 absent (0.90322581 0.09677419)
     4) Start>=14.5 29  0 absent (1.00000000 0.00000000) *
     5) Start< 14.5 33  6 absent (0.81818182 0.18181818)
      10) Age< 55 12  0 absent (1.00000000 0.00000000) *
      11) Age>=55 21  6 absent (0.71428571 0.28571429)
        22) Age>=111 14  2 absent (0.85714286 0.14285714) *
        23) Age< 111 7  3 present (0.42857143 0.57142857) *
   3) Start< 8.5 19  8 present (0.42105263 0.57894737) *
> plot(a)
> text(a, use.n=T)
```

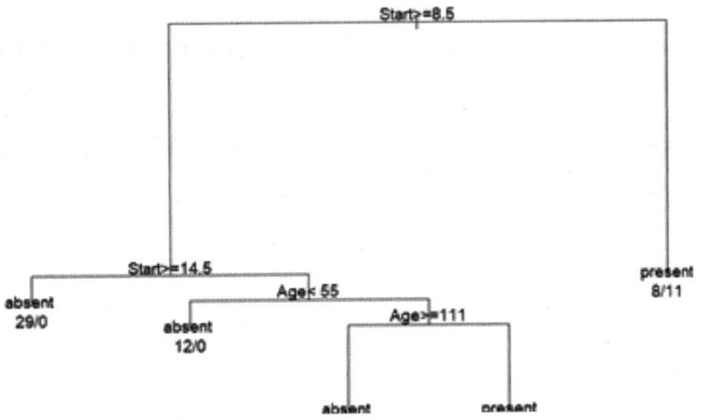

① 뿌리마디에서 아래로 내려갈수록 각 마디에서의 불순도는 점차 증가한다.
② 뿌리마디의 자료는 Start 변수를 이용하여 분리했을 때 present와 absent를 가장 잘 분리시킬 수 있다.
③ 위 결과의 단계에서 멈추지 않고 추가로 가지를 생성한다면, 새로운 자료에 대한 예측력은 떨어질 수도 있다.
④ 이 자료에서 Start 변수의 값이 14.5이상인 관찰치는 Kyphosis 변수의 값이 모두 absent였을 것이다.

16. 다음 중 의사결정나무모형의 학습방법에 대한 설명으로 부족한 것은 무엇인가?

① 이익도표 또는 검정용 자료에 의한 교차타당성 등을 이용해 의사결정나무를 평가한다.
② 분리 변수의 P차원 공간에 대한 현재 분할은 이전 분할에 영향을 받지 않고 이루어지며, 공간을 분할하는 모든 직사각형들이 가능한 순수하게 되도록 만든다.
③ 각 마디에서의 최적 분리규칙은 분리변수의 선택과 분리기준에 의해 결정된다.
④ 가지치기는 분류 오류를 크게 할 위험이 높거나 부적절한 규칙을 가지고 있는 가지를 제거하는 작업이다.

17. 다음 중 아래 의사결정나무에서 B의 지니지수를 계산한 결과로 적절한 것은?

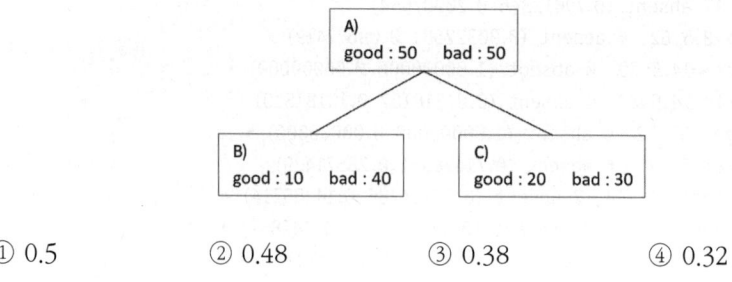

① 0.5 ② 0.48 ③ 0.38 ④ 0.32

18. 이익도표(Lift)를 작성함에 있어 평가도구 중 %Captured Response를 표현한 계산식으로 올바른 것은?

① 해당집단에서 목표변수의 특정범주 빈도 / 전체 목표변수의 특정범주 빈도 × 100
② 해당집단에서 목표변수의 특정범주 빈도 / 해당집단에서 전체 빈도 × 100
③ 전체에서 목표변수의 특정범주 빈도 / 전체 빈도 × 100
④ 해당집단의 %Response / BASE line Lift × 100

19. 다음 중 배깅(Bagging)에 대한 설명으로 가장 적절한 것은?

① 배깅은 데이터 간의 거리를 측정하여 군집화한다.
② 배깅은 트랜잭션 사이에 빈번하게 발행하는 규칙을 찾아낸다.
③ 배깅은 고차원의 데이터를 이해하기 쉬운 저차원의 뉴런으로 정렬하여 지도의 형태로 형상화한다.
④ 배깅은 반복추출 방법을 사용하기 때문에 같은 데이터가 한 표본에 여러 번 추출될 수 있고, 어떤 데이터는 추출되지 않을 수도 있다.

20. 다음 중 앙상블 기법이라고 할 수 없는 것은?

① 시그모이드 ② 부스팅
③ 배깅 ④ 랜덤포레스트

21. 앙상블(Ensemble)모형이란 주어진 자료로부터 여러 개의 예측모형을 만든 후 이러한 예측모형들을 결합하여 하나의 최종 예측모형을 만드는 방법을 말한다. 다음 중 앙상블모형에 대한 설명으로 적절하지 않은 것은?

① 배깅은 주어진 자료에서 여러 개의 붓스트랩(Bootstrap) 자료를 생성하고 각 붓스트랩 자료에 예측모형을 만든 후 결합하여 최종 모형을 만드는 방법이다.
② 부스팅은 배깅의 과정과 유사하여 재표본 과정에서 각 자료에 동일한 확률을 부여하여 여러 모형을 만들어 결합하는 방법이다.
③ 랜덤포레스트(Random Forest)는 의사결정나무모형의 특징인 분산이 크다는 점을 고려하여 배깅보다 더 많은 무작위성을 추가한 방법으로 약한 학습기들을 생성하고 이를 선형 결합해 최종 학습기를 만드는 방법이다.
④ 앙상블모형은 훈련을 한 뒤 예측을 하는데 사용하므로 교사학습법(Supervised Learning)이다.

22. 오분류표 중 실제 값이 True인 관측치 중에 예측치가 맞는 정도를 나타내어 모형의 완전성(completeness)을 평가하는 지표를 무엇이라고 하는가?

① 재현율 ② 오분류율
③ 정확도 ④ 특이도

23. 오분류표를 사용한 평가 지표 중 아래 설명이 나타내는 지표는 무엇인가?

> 정확도(precision)와 재현율(recall)은 한 지표의 값이 높아지면 다른 지표의 값이 낮아질 가능성이 높은 관계를 지니고 있어 이러한 효과를 보정하여 하나의 지표로 만들어 낸 지표

① F1 ② 민감도
③ 특이도 ④ 오즈비

24. 오분류표(confusion matrix)를 사용하여 계산할 수 있는 평가 지표 중 민감도와 동일하며 모형의 완전성(completeness)을 평가하는 지표는?

① F1 지표
② 정확도(precision)
③ 특이도(specificity)
④ 재현율(recall)

25. 다음 중 아래 오분류표를 이용하여 구한 F1 값은 얼마인가?

		예측치		합계
		True	False	
실제값	True	40	60	100
	False	60	40	100
합계		100	100	200

① 0.15
② 0.3
③ 0.4
④ 0.55

26. 분류모형의 성과 분석 중 ROC Curve는 x축에 FP Ratio, y축에는 민감도를 나타낸다. 아래와 같은 오분류표가 있을 때 민감도를 계산하는 방식으로 가장 적절한 것은?

		예측치		합계
		True	False	
실제값	True	TP	FN	P
	False	FP	TN	N
합계		P′	N′	P+N

① (TP+TN)÷(P+N)
② TN÷N
③ TP÷(TP+FP)
④ TP÷P

27. ROC 커브는 민감도와 1-특이도로 그려지는 커브이다. 아래 오분류표에서 민감도와 특이도는?

교차표		확진결과	
		질병 유	질병 무
검사	양성	30	20
	음성	40	10

① 민감도 = $\frac{1}{3}$ 특이도 = $\frac{1}{3}$
② 민감도 = $\frac{1}{3}$ 특이도 = $\frac{1}{3}$
③ 민감도 = $\frac{2}{3}$ 특이도 = $\frac{2}{3}$
④ 민감도 = $\frac{4}{5}$ 특이도 = $\frac{4}{5}$

28. R에서 인공신경망의 학습 및 추론을 위해 대표적으로 사용되는 함수는 neuralnet()이다. 다음 중 neuralnet 함수의 실행 결과로 도출되는 일반화 가중치(generalized weight)에 대한 설명으로 가장 적절한 것은?

① 각 자료점의 분산이 로그-오즈(log-odds)에 미치는 기여도를 나타낸다.
② 로지스틱 회귀모형에서의 회귀 계수와 유사하게 해석된다.
③ 로지스틱 회귀와 달리 일반화 가중치는 전역적인 기여도를 나타낸다.
④ 모든 자료에 대한 일반화 가중치의 분포는 가중치(weight)에 대한 신뢰구간을 나타낸다.

29. 단층신경망인 퍼셉트론(perceptron)에서 최종 목표값(Target value)은 활성함수에 의해 결정되는데 다양한 활성함수 중 출력값이 여러 개로 주어지고, 목표치가 다범주인 경우 각 범주에 속할 사후확률을 제공하는 함수는 무엇인가?

① Tanh 함수   ② Gauss 함수
③ Sigmoid 함수   ④ Softmax 함수

30. 신경망 모형은 자신이 가진 데이터로부터 반복적인 학습과정을 거쳐 패턴을 찾아내고 이를 일반화하는 예측방법이다. 다음 중 신경망 모형에 대한 설명을 부적절한 것은 무엇인가?

① 피드포워드 신경망은 정보가 전방으로 전달되는 것으로 생물학적 신경계에서 나타나는 형태이며 딥러닝에서 가장 핵심적인 구조 개념이다.
② 은닉층의 뉴런 수와 개수는 신경망 모형에서 자동으로 설정된다.
③ 일반적으로 인공신경망은 다층퍼셉트론을 의미한다. 다층 퍼셉트론에서 정보의 흐름은 입력층에서 시작하여 은닉층을 거쳐 출력층으로 진행된다.
④ 역전파 알고리즘은 연결강도를 갱신하기 위해 예측된 결과와 실제값의 차이인 에러의 역전파를 통해 가중치를 구하는데서 시작되었다.

31. 신경망 모형은 동물의 뇌신경계를 모방하여 분류를 위해 만들어진 모형이다. 신경망의 학습 및 기억 특성들은 인간의 학습과 기억 특성을 닮았고 특정 사건으로부터 일반화하는 능력도 갖고 있다. 다음 중 신경망 모형에 대한 설명으로 부적절한 것은?

① 은닉층(hidden layer)의 뉴런 수와 개수를 정하는 것은 신경망을 설계하는 사람의 직관과 경험에 의존한다. 뉴런수가 너무 많으면 과적합(overfittin)이 발생하고 뉴런 수가 너무 적으면 입력 데이터를 충분히 표현하지 못하는 경우가 발생한다.
② 신경망 모형에서 뉴런의 주요 기능은 입력과 입력 강도의 가중합을 구한 다음 활성화 함수에 의해 출력을 내보내는 것이다. 따라서 입력 변수의 속성에 따라 활성화 함수를 선택하는 방법이 달라지게 된다.
③ 역전파(back propagation) 알고리즘은 신경망 모형의 목적함수를 최적화하기 위해 사용된다. 연결강도를 갱신하기 위해서 예측된 결과와 실제값의 차이인 에러(error)를 통해 가중치를 조정하는 방법이다.
④ 신경망 모형은 변수의 수가 많거나 입출력 변수 간에 복잡한 비선형관계가 존재할 때 유용하며, 잡음에 대해서도 민감하게 반응하지 않는다는 장점을 가지고 있다.

32. 다음 중 로지스틱 회귀모형에서 설명 변수가 한 개인 경우 해당 회귀 계수의 부호가 0보다 작을 때 표현되는 그래프의 형태로 적절한 것은?

① S자 그래프　　　　　　② 양의 선형 그래프
③ 역 S자 그래프　　　　　④ 음의 선형 그래프

33. 로지스틱 회귀모형은 독립변수(x)와 종속변수(y) 사이의 관계를 설명하는 모형으로서 종속변수가 범주형(y = 0 또는 y = 1)값을 갖는 경우에 사용하는 방법이다. 다음 중 로지스틱 회귀모형에 대한 설명으로 가장 부적절한 것은?

① 이러한 데이터에 대해 선형회귀모형을 적용하는 것이 기술적으로 가능하지만, 선형회귀의 문제점은 0 이하의 값이나 1 이상의 값을 예측값으로 줄 수 있다는 것이며 따라서 이를 확률값으로 직접 해석할 수 없다.

② 로지스틱 회귀모형은 클래스가 알려진 데이터에서 설명변수들의 관점에서 각 클래스내의 관측치들에 대한 유사성을 찾는데 사용할 수 있다.

③ 종속변수 y 대신 로짓(logit)이라 불리는 상수를 사용하여 로짓을 설명변수들의 선형함수로 모형화하기 때문에 이 모형을 로지스틱 회귀모형이라고 한다.

④ Odds(오즈)란 클래스 0에 속할 확률(1-p)이 클래스 1에 속할 확률 p의 비로 나타낸다. 즉, Odds = p/(1-p)로 나타낸다.

34. College 데이터는 777개의 미국 대학의 각종 통계치를 포함한다. 각 대학에 재학하는 비용이 졸업률(grade Rate)에 미치는 영향을 알아보기 위해 사립학교 여부(Private), 고교성적 상위 10% 학생비율(Top10perc), 등록금(Outstate), 기타지출(Expend)을 활용하기로 했다. 다음 중 아래의 결과물에 대한 설명으로 적절하지 않은 것은 무엇인가?

```
>summary(College)
 Private    Top10perc        Outstate         Expend          Grad.Rate
 No :212   Min.  : 1.00    Min.   : 2340   Min.   : 3186    Min.   : 10.00
 Yes:565   1st Qu.:15.00   1st Qu.: 7320   1st Qu.: 6751    1st Qu.: 53.00
           Median :23.00   Median : 9990   Median : 8377    Median : 65.00
           Mean   :27.56   Mean   :10441   Mean   : 9660    Mean   : 65.46
           3rd Qu.:35.00   3rd Qu.:12925   3rd Qu.:10830    3rd Qu.: 78.00
           Max.   :96.00   Max.   :21700   Max.   :56233    Max.   :118.00

>summary(lm(Grad.Rate~.,data=College))

Call: lm(formula = Grad.Rate ~ ., data = College)
Residuals:
    Min     1Q  Median     3Q    Max
 -47.317 -8.503 -0.245  7.741 58.760
Coefficients:
             Estimate   Std. Error  t value   Pr(>|t|)
(Intercept) 39.4130270  1.3579828   29.023   < 2e-16 ***
PrivateYes   2.9131163  1.3431005    2.169   0.030391 *
Top10perc    0.3209807  0.0379053    8.468   < 2e-16 ***
Outstate     0.0018820  0.0001988    9.467   < 2e-16 ***
Expend      -0.0004723  0.0001423   -3.320   0.000943 ***
```

```
--- Signif. codes: 0 '***' 0.001 '**' 0.01 '*' 0.05 '.' 0.1 ' ' 1

Residual standard error: 13.51 on 772 degrees of freedom
Multiple R-squared: 0.3843,  Adjusted R-squared: 0.3811
F-statistic: 120.5 on 4 and 772 DF,  p-value: < 2.2e-16
```

① Outstates 변수는 졸업률에 유의한 영향을 미치는 변수이다.
② 고교성적 상위 10% 학생의 비율이 높을수록 졸업률이 높다.
③ 다른 설명변수의 조건이 동일할 때 사립학교(Private Yes)의 경우 공립학교(Private No)에 비해 졸업률이 낮다.
④ 위의 모형은 유의수준 5% 하에서 유의하다.

35. Default 데이터셋은 10000명의 신용카드 고객에 대한 카드대금 연체여부(default=Yes/No), 카드 대금납입 후 남은 평균 카드잔고(Balance), 연봉(Income), 학생여부(student=Yes/No)를 포함한다. 아래는 연체 가능성을 모형화하기 위한 로지스틱 회귀분석 결과이다. 다음 중 유의수준 0.05하에서 아래에 대한 설명으로 가장 부적절한 것은?

```
> summary(Default)
 default     student       balance            income
 No :9667   No :7056   Min.   :   0.0    Min.   :   772
 Yes: 333   Yes:2944   1st Qu.: 481.7    1st Qu.:21340
                       Median : 823.6    Median :34553
                       Mean   : 835.4    Mean   :33517
                       3rd Qu.:1166.3    3rd Qu.:43808
                       Max.   :2654.3    Max.   :73554
> model<-glm(default~., data=Default, family="binomial")
> summary(model)

Call:
glm(formula = default ~ ., family = "binomial", data = Default)

Deviance Residuals:
    Min       1Q   Median       3Q      Max
 -2.4691  -0.1418  -0.0557  -0.0203   3.7383

Coefficients:
              Estimate Std. Error z value Pr(>|z|)
(Intercept) -1.087e+01  4.923e-01 -22.080  < 2e-16 ***
studentYes  -6.468e-01  2.363e-01  -2.738  0.00619 **
balance      5.737e-03  2.319e-04  24.738  < 2e-16 ***
income       3.033e-06  8.203e-06   0.370  0.71152
---
Signif. codes: 0 '***' 0.001 '**' 0.01 '*' 0.05 '.' 0.1 ' ' 1
```

```
(Dispersion parameter for binomial family taken to be 1)

    Null deviance: 2920.6  on 9999  degrees of freedom
Residual deviance: 1571.5  on 9996  degrees of freedom
AIC: 1579.5

Number of Fisher Scoring iterations: 8
```

① balance는 default를 설명하는 데 통계적으로 유의하다.
② income는 default를 설명하는 데 통계적으로 유의하다.
③ student는 default를 설명하는 데 통계적으로 유의하다.
④ balance는 income이 동일할 때 학생일수록 default 가능성이 낮다.

36. 계층적 군집분석을 위해 거리 계산을 수행할 때 사용하는 dist 함수에서 지원하는 거리 측도로 부적절한 것은?

① minkowski ② cosine
③ binary   ④ canberra

37. 계층적 군집 방법은 n개의 군집으로 시작해 점차 군집의 개수를 줄여나가는 방법이다. 다음 중 계층적 군집 분석 결과를 나타내는 도표로 가장 적절한 것은?

① 향상도 곡선   ② ROC 그래프
③ 덴드로그램   ④ 산점도

38. 150개의 식물 개체를 4개의 변수(꽃받침 길이, 꽃받침 폭, 꽃잎 길이, 꽃잎 폭)로 측정한 데이터를 사용하여 3개의 식물 군으로 구분하려 한다. 이 때 사용 가능한 분석 방법으로 적절한 것은 무엇인가?

① 회귀분석(Regression)
② 시계열분석(Time series Analysis)
③ 군집분석(Cluster Analysis)
④ 연관분석(Association Analysis)

39. 계층적 군집분석 수행 시 두 군집을 병합하는 방법 가운데 병합된 군집의 오차제곱합이 병합 이전 군집의 오차제곱합의 합에 비해 증가한 정도가 작아지는 방향으로 군집을 형성하는 방법은?

① 단일연결법
② 중심연결법
③ 와드연결법
④ 완전연결법

40. 아래 데이터 셋에서 A, B의 유클리드 거리(Euclidean distance)를 계산하시오.

	A	B
키	185	180
앉은키	70	75

① 0
② $\sqrt{10}$
③ $\sqrt{25}$
④ $\sqrt{50}$

41. 아래는 학생들의 키와 몸무게를 정규화한 데이터이다. 최단연결법을 통해 학생들을 3개의 군집으로 나누고자 한다.(유클리디안 거리 사용) 다음 중 가장 적절한 것은?

사람	(키, 몸무게)
A	(1, 5)
B	(2, 4)
C	(4, 6)
D	(4, 3)
E	(5, 3)

① (A,C), (B), (D,E)
② (A,D), (B), (C,E)
③ (A,E), (C), (B,D)
④ (A,B), (C), (D,E)

42. 아래 그림은 평균연결법을 통한 계층적 군집화 예제이다. 데이터 분석 목적 상 Height값을 1.5을 기준으로 하위 군집을 구성할 때 다음 중 생성된 하위 군집을 가장 잘 나타낸 것은?

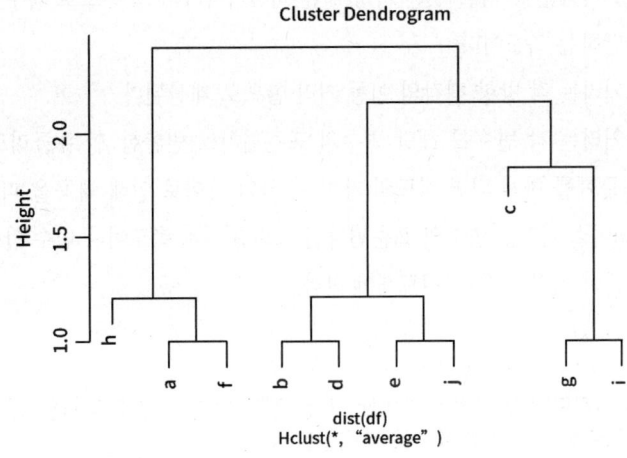

① {h,a,f}, {b,d}, {e,j}, {c }, {g,i}
② {h,a,f}, {b,d}, {e,j}, {c,g,i}
③ {h,a,f}, {b,d,e,j}, {c,g,i}
④ {h,a,f}, {b,d,e,j}, {c }, {g,i}

43. 계층적 군집방법은 두 개체(또는 군집) 간의 거리(또는 비유사성)에 기반하여 군집을 형성해 나가므로 거리에 대한 정의가 필요한데, 다음 중 변수의 표준화와 변수 간의 상관성을 동시에 고려한 통계적 거리로 적절한 것은?

① 표준화 거리(Standardized distance)
② 민코우스키 거리(Minkowski distance)
③ 마할라노비스 거리(Mahalanobis distance)
④ 자카드 계수(Jaccard coefficient)

44. 다음 중 k-means 군집의 단점으로 가장 부적절한 것은?

① 볼록한 형태가 아닌 군집이 존재하면 성능이 떨어진다.
② 사전에 주어진 목적이 없으므로 결과 해석이 어렵다.
③ 잡음이나 이상값에 영향을 많이 받는다.
④ 한번 군집이 형성되면 군집내 객체들은 다른 군집으로 이동 할 수 없다.

45. 거리를 이용하여 데이터 간 유사도를 측정할 수 있는 척도는 데이터의 속성과 구조에 따라 적합한 것을 사용해야 한다. 다음 중 유사도 측도에 대한 설명으로 부적절한 것은?

① 유클리드 거리는 두 점을 잇는 가장 짧은 직선거리이다. 공통으로 점수를 매긴 항목의 거리를 통해 판단하는 측도이다.
② 맨하튼 거리는 각 방향 직각의 이동 거리 합으로 계산된다.
③ 표준화 거리는 각 변수를 해당 변수의 표준편차로 변환한 후 유클리드 거리를 계산한 거리이다. 표준화를 하게 되면 척도의 차이, 분산의 차이로 인해 왜곡을 피할 수 있다.
④ 마할라노비스 거리는 변수의 표준편차를 고려한 거리 측도이나 변수 간에 상관성이 있는 경우에는 표준화 거리 사용을 검토해야 한다.

46. 군집분석은 비지도학습 기법 중 하나로 사전 정보 없이 자료를 유사한 대상끼리 묶는 방법이다. 다음 중 군집분석에 대한 설명으로 부적절한 것은?

① 군집분석에서는 군집의 개수나 구조에 대한 가정없이 다변량 데이터로부터 거리 기준에 의한 자발적인 군집화를 유도하지 않는다.
② 군집 결과에 대한 안정성을 검토하는 방법은 교차타당성을 이용하는 방법을 생각할 수 있다. 데이터를 두 집단으로 나누어 각 집단에서 군집분석을 한 후 합쳐서 군집분석한 결과와 비교하여 비슷하면 결과에 대한 안전성이 있다고 할 수 있다.
③ 군집의 분리가 논리적인가를 살펴보기 위해서는 군집 간 변동의 크기 차이를 검토한다.
④ 개체를 분류하기 위한 명확한 기준이 존재하지 않거나 기준이 밝혀지지 않은 상태에서 유용하게 이용할 수 있다.

47. K-means 군집분석에 대한 설명으로 틀린 것은?

① K-means 군집분석은 원하는 군집의 개수를 초기에 정하고 seed 중심으로 군집을 형성한다.
② K-means 군집분석은 각 개체를 가장 가까운 seed가 있는 군집으로 분류한다.
③ 군집으로 분류된 개체들의 정보를 활용하여 새로운 seed를 계산하면서 개체의 적용에 따른 seed의 변화를 관찰한다.
④ 95% 이상의 개체가 seed에 할당 되면 seed의 조정을 멈춘다.

48. 다음 중 고차원의 데이터를 이해하기 쉬운 저차원의 뉴런으로 정렬화하여 지도의 형태로 형성화하는 클러스터링 방법으로 적절한 것은?

① 의사결정나무(Decision Tree)
② 연관규칙(Association Rule)
③ 랜덤포레스트(Random Forest)
④ 자기조직화지도(self-organizing Map)

49. 군집분석에서는 관측값들이 얼마나 유사한지 또는 유사하지 않은지를 측정할 수 있는 측도가 필요하다. 다음 중 유사도 측도에 대한 설명으로 가장 부적절한 것은?

① 유클리드 거리는 공통으로 점수를 매긴 항목의 크기를 통해 판단하는 측도이다.
② 코사인 거리는 두 단위 벡터의 내적을 이용하여, 단위 벡터의 내각의 크기로 유사도를 측정한다.
③ 자카드는 Boolean 속성으로 이루어진 두 객체 간의 유사도 측정에 사용된다.
④ 피어슨 상관계수는 각 객체의 데이터 집합이 직선으로 표현되는 정도를 측정한다.

50. SOM은 비지도 신경망으로 고차원의 데이터를 이해하기 쉬운 저차원의 뉴런으로 정렬하여 지도 형태로 형상화하는 방법이다. 다음 중 SOM 방법에 대한 설명으로 부적절한 것은?

① SOM은 입력변수의 위치 관계를 그대로 보존한다는 특징이 있다. 이러한 SOM의 특징으로 인해 입력 변수의 정보와 그들의 관계가 지도상에 그대로 나타난다.
② SOM을 이용한 군집분석은 인공신경망의 역전파 알고리즘을 사용함으로써 수행 속도가 빠르고 군집의 성능이 매우 우수하다.
③ SOM 알고리즘은 고차원의 데이터를 저차원의 지도 형태로 형상화하기 때문에 시각적으로 이해하기 쉬울 뿐 아니라 변수의 위치 관계를 그대로 보존하기 때문에 실제 데이터가 유사하면 지도상 가깝게 표현된다.
④ SOM은 경쟁 학습으로 각각의 뉴런이 입력 벡터와 얼마나 가까운가를 계산하여 연결강도를 반복적으로 재조정하여 학습한다. 이와 같은 과정을 거치면서 연결강도는 입력 패턴과 가장 유사한 경쟁층 뉴런이 승자가 된다.

51. 비계층적 군집 방법의 기법인 k-means Clustering의 경우 이상값(Outlier)에 민감하여 군집 경계의 설정이 어렵다는 단점이 존재한다. 이러한 단점을 극복하기 위해 등장한 비계층적 군집 방법으로 가장 적절한 것은?

① PAM(Partitioning Around Medoids)
② 혼합 분포 군집(mixture distribution clustering)
③ Density based Clustering
④ Fuzzy Clustering

52. 아래는 22개의 미국 전투기에 대한 4개의 변수 값을 사용한 군집분석의 결과이다. 이에 대한 설명 중 부적절한 것은?

```
> kmeans(jet[,2:5],3)
K-means clustering with 3 clusters of sizes 7, 6, 9

Cluster means:
   SPR  RGF  PLF  SLF
1  6.9  5.1  0.20  2.7
2  1.6  4.6  0.16  3.1
3  1.8  4.1  0.15  1.4

Clustering vector:
 FM-1   FJ-1  F-86A  F9F-2  F-94A  F30-1  F-89A   XF10  F9F-6 F100-A  F4D-1
    3      3      2      3      3      3      3      3      3      2      2
F11F-1 F-101A  F3H-2 F-102A   F-8A F-104B F-105B YF-107A F-106A   F-4B
    2      1      2      2      3      1      1      1      1      1
F-111A
    1
Within cluster sum of squares by cluster:
[1] 11.1 6.4 13.9
 (between_SS / total_SS =  79.2 %)

Available components:

[1] "cluster"     "centers"      "totss"       "withinss"    "tot.withinss" "betweenss"
[7] "size"        "iter"         "ifault"
```

① 비계층적 군집분석의 결과이다.
② 위의 방법을 사용할 때 군집 개수를 사전에 결정해야 한다.
③ 각 군집은 7개, 9개, 6개의 전투기를 포함한다.
④ 각 군집의 중심에 대한 정보가 포함되어 있지 않다.

53. k-평균 군집으로 대표되는 비계층적 군집 방법에서는 군집의 개수인 k를 미리 정해주어야 한다. 다음 중 군집수를 정하는 데 활용할 수 있는 그래프로 가장 적절한 것은 무엇인가?

① ROC 그래프
② 집단 내 제곱합 그래프
③ 덴드로그램
④ 향상도 곡선

54. 다음 중 k평균군집에 대한 설명으로 부적절한 것은?

① 한번 군집이 형성되면 군집에 속하는 개체들은 다른 군집으로 이동할 수 없다.
② 초기 군집의 중심을 임의로 선택해야 한다.
③ 군집의 개수를 미리 선택해야 한다.
④ 이상점에 영향을 많이 받는다.

55. 다음 군집화 방법 중 DBSCAN, DENCLUE 기법 등 임의적인(arbitrarity) 모양의 군집 탐색에 가장 효과적인 방법은?

① 밀도기반 군집
② 모형기반 군집
③ 격자기반 군집
④ 커널기반 군집

56. SOM(Self Organizing Maps) 알고리즘은 고차원의 데이터를 이해하기 쉬운 저차원의 뉴런(Neuron)으로 정렬하여 지도(Map)의 형태로 형상화하는 방법이다. 다음 중 SOM 방법의 설명으로 적절하지 않은 것은 무엇인가?

① 입력 벡터와 가장 비슷한 연결강도 벡터를 가진 경쟁층의 뉴런이 승자이며, 승자와 그 주변의 경쟁층 뉴런에 대해서만 연결강도를 수행하는 학습 방법이다.
② 고차원의 표현을 1차원으로 표현할 수 있는 장점이 있다.
③ 지도 형태의 형상화는 입력변수의 위치 관계를 그대로 보존한다는 특징이 있다.
④ 자율적인(Unsupervised) 신경망 모델로서 역전파(Back Propagation) 알고리즘처럼 여러 단계의 피드백을 처리하면서 전방 패스(Feed-Forward Flow)를 사용하는 방법이다.

57. nci.data는 64개 암세포주에 대한 6830개 유전자 microarray 데이터이다. 아래는 이 자료를 이용한 군집분석 결과이다. 다음 중 아래 결과에 대한 설명으로 가장 부적절한 것은?

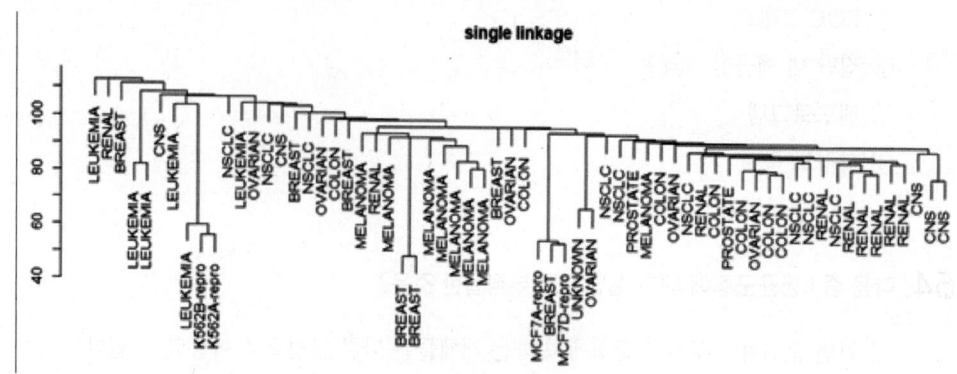

① 최단 연결법을 사용한 계층적 군집분석 방법이다.
② 두 군집 사이의 거리를 각 군집에서 하나의 관측값을 뽑았을 때 나타날 수 있는 거리의 최소값으로 측정한다.
③ 사슬모양의 군집이 생길 수 있다.
④ 평균연결법에 비해 계산량이 많다.

58. 다음 중 연관성 분석에 대한 설명으로 부적절한 것은?

① Apriori 알고리즘은 최소 지지도보다 큰 빈발항목집합에서 높은 측도(신뢰도, 향상도) 값을 갖는 연관규칙을 구하는 방법이다.
② 연관성 분석은 하나 이상의 제품이나 서비스를 포함하는 거래 내역을 이용하여 동시에 구매되는 제품별 거래 빈도표를 통해 규칙을 찾는데서 시작했다.
③ 품목 A와 품목 B의 구매가 상호 관련이 없다면 향상도는 1이 된다.
④ 사건들이 어떤 순서로 일어나고 이 사건들 사이에 연관성을 알아내는 것이 시차 연관분석이지만 원인과 결과의 형태로 해석되지는 않는다.

59. 다음 중 이상값 자료에 민감한 k평균 군집의 단점을 보완하기 위해 평균 대신 사용되는 것으로 적절한 것은?

① 중앙값   ② 최대값
③ 조화평균   ④ 가중평균

60. 다음 중 R에서 연관성 분석을 위해 apriori 함수를 활용하여 연관 규칙을 생성하였다. 다음 중 생성된 연관 규칙을 보기 위해 사용되는 함수로 가장 적절한 것은?

① sort() ② arule()
③ inspect() ④ apriori()

61. 다음 중 아래 거래 전표에서 연관 규칙 "빵→우유"의 향상도를 구한 것으로 알맞은 것은?

품 목	거래건수
빵	100
우유	100
맥주	100
빵, 우유, 맥주	50
우유, 맥주	200
빵, 우유	250
빵, 맥주	200

① 30% ② 50% ③ 83% ④ 100%

62. 아래 거래 전표에서 연관 규칙 "A→B"의 향상도는 얼마인가?(소수점 첫째자리에서 반올림)

물 품	거래건수
{A}	100
{B, C}	100
{C}	100
{A, B, C, D}	50
{B, C}	200
{A, B, D}	250
{A, C}	200

① 30% ② 50% ③ 83% ④ 100%

63. 아래는 쇼핑몰의 거래 내역이다. 다음 중 규칙 "사과 → 딸기"에 대한 향상도(lift)는 얼마인가?

항목	거래수
사과	40
딸기	20
포도	30
사과, 딸기	20
사과, 포도	40
딸기, 포도	10
사과, 딸기, 포도	40
전체거래 수	200

① $0.3/(0.6 \times 0.45)$

② $0.4/(0.7 \times 0.45)$

③ $0.3/(0.7 \times 0.45)$

④ $0.4/(0.6 \times 0.45)$

단답형 문제로 복습하기!

> 단답형은 앞의 개념을 복습하기 위한 문제들로 시험에서는 단답형이 출제되지 않으니 참고하시기 바랍니다.

01. 데이터 마이닝을 적용한 후 그 결과의 신빙성을 검증하기 위해 데이터를 분할하는데 구축된 모델의 과잉 또는 과소 맞춤 등에 대한 미세조정 절차를 위해 사용되는 데이터는?

( )

02. 오분류표(Confusion Matrix)를 활용하여 모형을 평가하는 지표 중 범주 불균형(Class Imbalance Problem)을 가지고 있는 데이터에 대한 중요한 범주만을 다루기 위해 사용되는 지표로 실제 값이 False 인 관측치 중 예측치가 적중한 정도를 나타내는 지표는 무엇인가?

( )

03. 베이즈 정리(Bayes' Theory)와 특징에 대한 조건부 독립을 가설로 하는 알고리즘으로 클래스에 대한 사전 정보와 데이터로부터 추출된 정보를 결합하고 베이즈 정리를 이용하여 어떤 데이터가 특정 클래스에 속하는지를 분류하는 알고리즘은 무엇인가?

( )

04. 신경망 모형에서 아래의 식으로 계산되는 함수로서 표준화 지수 함수로 불리며, 출력값 z가 여러 개로 주어지고, 목표치가 다범주인 경우 각 범주에 속할 사후 확률을 제공하여 출력노드에 주로 사용되는 함수는?

$$y_i = \frac{\exp(z_j)}{\sum_{i=1}^{L} \exp(z_i)} , \ j = 1, \cdots, L$$

( )

05. 두 개체 간의 거리에 기반하여 군집을 형성해가는 계층적 군집방법에서 사용되는 측도 중 두 개체의 벡터 내적을 기반하여 아래의 수식으로 계산할 수 있는 유사성 측도는 무엇인가?

$$similarity(A, B) = \frac{A \cdot B}{\|A\| \cdot \|B\|} = \frac{\sum_{i=1}^{n} A_i \times B_i}{\sqrt{\sum_{i=1}^{n}(A_i)^2} \times \sqrt{\sum_{i=1}^{n}(B_i)^2}}$$

( )

06. 아래는 오분류표를 나타낸 것이다. F1 값을 구하시오.

		예측값		합계
		True	False	
실제값	True	30	70	100
	False	170	40	210
합계		200	110	310

( )

07. 혼합분포군집(Mixture Distribution Clustering)은 모형 기반의 군집 방법으로서 데이터가 k개의 모수적 모형의 가중합으로 표현되는 모집단 모형으로부터 나왔다는 가정 하에서 분석을 하는 방법이다. k개의 각 모형은 군집을 의미하며 이 혼합모형의 모수와 가중치의 최대가능도(Maximum Likelihood)추정에 사용되는 알고리즘은 무엇인가?

( )

08. 군집분석의 품질을 정량적으로 평가하는 대표적인 지표로 군집 내의 데이터 응집도(cohesion)와 군집간 분리도(separation)를 계산하여 군집 내의 데이터의 거리가 짧을수록, 군집 간 거리가 멀수록 값이 커지며 완벽한 분리일 경우 1의 값을 가지는 지표는?

( )

09. SOM(Self-Organizing Maps)에서는 각 학습 단계마다 입력층의 데이터 집합으로부터 하나의 표본 벡터를 임의로 선택하고 경쟁층의 프로토타입 벡터와의 거리를 계산하고 가장 가까운 프로토타입 벡터를 선택하는데 이 때 선택된 프로토타입 벡터를 나타내는 용어는 무엇인가?

(   )

10. 아래는 미국 50개 주의 범죄 유형으로 군집분석을 한 결과이다. height=150에서 아래의 덴드로그램을 통해 군집 결과를 도출하면 총 군집의 수는 몇 개인가?

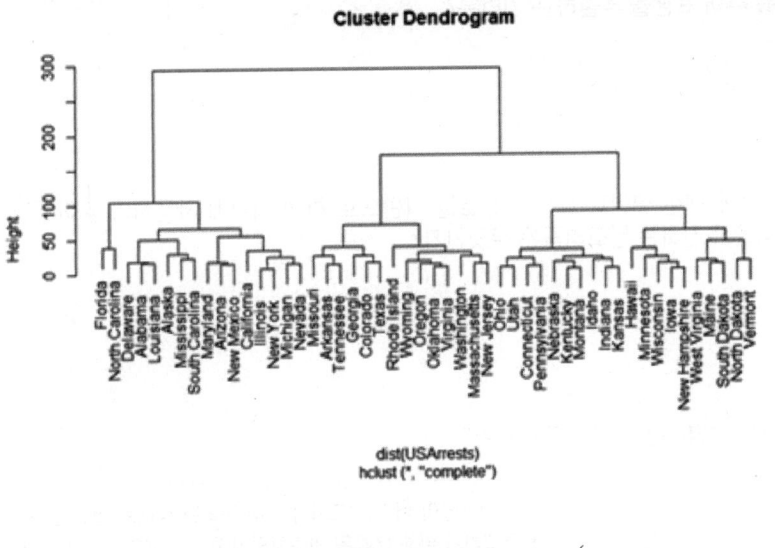

(   )

11. 랜덤 모델과 비교하여 해당 모델의 성과가 얼마나 좋아졌는지를 각 등급별로 파악하는 그래프로 상위등급에서 매우 크고 하위 등급으로 갈수록 감소하게 되면 일반적으로 모형의 예측력이 적절하다고 판단하게 된다. 모형 평가에 사용되는 이 그래프는 무엇인가?

(   )

12. 아래는 학생들의 키와 몸무게를 정규화한 데이터이다. 맨하탄 거리를 이용하여 군집분석을 하고자 한다. 맨하튼 거리를 이용하여 A와 B의 거리를 구하시오.

사람	(키, 몸무게)
A	(1, 5)
B	(2, 4)

(   )

13. 아래의 설명하는 내용은 무엇인가?

> 분류할 데이터와 주어진 데이터의 모든 거리를 계산하여 가까운 거리의 데이터를 K개 만큼 찾은 후, 그 중에서 가장 빈도수가 높은 클래스로 분류해주는 기법

( )

14. 앙상블 기법 중 붓스트랩 표본을 구성하는 재표본 과정에서 분류가 잘못된 데이터에 더 큰 가중치를 주어 표본을 추출하는 기법은?

( )

15. 아이템에 대한 설명과 사용자 선호를 기반으로 하여 과거에 사용자가 좋아했던 것과 비슷한 아이템을 추천하는 알고리즘은 무엇인가?

( )

16. 아래의 설명하는 내용은 무엇인가?

> 의사결정나무모형에서 끝마디가 너무 많이 나오면 모형이 과대 적합된 상태로 현실문제에 적용할 수 있는 규칙이 나오지 않게 된다. 이를 해결하기 위해 분류된 관측치의 비율이나 MSE(Mean Squared Error) 등을 고려하여 과적합 문제를 해결한다.

( )

17. 신경망의 모형에는 Visible Layer과 Hidden Layer로 구성되어 Hidden Layer가 많은 다층 퍼셉트론에서 Hidden Layer를 많이 거칠수록 전달되는 오차가 크게 줄어들어 학습이 되지 않는 현상이 발생하는데, 이를 무엇이라고 하는가?

( )

18. 아래의 트랜젝션에서 추출된 연관규칙 중 하나인 "B → C"의 신뢰도는?

```
Transaction #1 {A, B,C }
Transaction #2 {A, B,D }
Transaction #3 {A, B }
Transaction #4 {B,C }
Transaction #5 {A, B,C,D }
Transaction #6 {E }
```

(   )

19. 어떤 항목집합이 빈발하다면, 그 항목집합의 모든 부분집합도 빈발하다는 원리로 연관 규칙 알고리즘 중에서 가장 먼저, 많이 사용되고 있는 알고리즘은?

(   )

20. 아래의 설명하는 내용은 무엇인가?

> Dying ReLU 현상을 보완하기 위한 활성화 함수로 입력값이 음수일 때 출력값을 0이 아닌 0.001과 같은 매우 작은 값을 출력하도록 하는 활성화 함수이다.

(   )

정답 및 해설

【단답형】

01	④	21	②	41	④	61	③
02	②	22	①	42	④	62	③
03	③	23	①	43	③	63	③
04	②	24	④	44	④		
05	③	25	③	45	④		
06	④	26	④	46	①		
07	①	27	①	47	④		
08	④	28	②	48	④		
09	④	29	④	49	④		
10	②	30	②	50	②		
11	②	31	②	51	①		
12	①	32	③	52	③		
13	③	33	②	53	②		
14	③	34	③	54	①		
15	①	35	②	55	①		
16	②	36	②	56	④		
17	④	37	③	57	④		
18	①	38	③	58	④		
19	④	39	③	59	①		
20	①	40	④	60	③		

01	검증용 데이터(Validation Data)
02	특이도(Specificity)
03	나이브 베이지안 분류(Naïve Bayes Classification)
04	소프트맥스 함수(Softmax Function)
05	코사인 유사도(Cosine Similarity)
06	0.2
07	EM(Expectation Maximization) 알고리즘
08	실루엣(Shilouette)
09	BMU(Best Matching Unit)
10	3개
11	향상도 곡선
12	2
13	k-최근접이웃(k-NN, k-Nearest Neighbor)
14	부스팅(Boosting)
15	내용 기반 필터링(Content-based filtering)
16	가지치기
17	기울기 소실(Gradient Vanishing)
18	3/5
19	Apriori 알고리즘
20	Leaky ReLU

01. 데이터 마이닝은 대용량 데이터에서 의미 있는 패턴을 파악하거나 예측하여 의사결정에 활용하는 방법이다. (정답 : ④)

02. 반응 변수가 범주형인 경우 예측모형의 주목적은 분류이다. (정답 : ②)

03. 군집분석은 각 객체의 유사성을 측정하여 유사성이 높은 대상 집단을 분류하고, 군집에 속한 객체들의 유사성과 서로 다른 군집에 속한 객체간의 상이성을 규명하는 분석 방법이다. (정답 : ③)

04. 랜덤포레스트 분석 기법은 데이터 마이닝 방법론의 앙상블 기법 중 하나로 분류분석 문제를 해결하기 위한 의사결정나무와 같은 방법론이지만 의사결정나무에서 나타나는 과대적합/과소적합의 문제를 해결할 수 있다. (정답 : ②)

05. 데이터 가공 단계는 모델링 목적에 따라 목적변수를 정리하고 필요한 데이터를 데이터 마이닝 소프트웨어에 적용할 수 있도록 준비하는 단계이다. (정답 : ③)

06. SOM은 비지도 학습에 해당하고 나머지 항목은 지도학습에 해당한다. (정답 : ④)

07. 생성된 모델이 훈련 데이터에 최적화되어 있기 때문에 테스트 데이터의 작은 변화에 민감하게 반응한다. (정답 : ①)

08. d가 충분히 크다고 가정할 때 훈련용 집합으로 선정되지 않아 검증용 자료로 사용되는 관측치의 비율은 $\frac{1}{e}$ = 0.367879... 이므로 36.8%이다. (정답 : ④)

09. 일반적으로 Test set에 대한 모형평가 결과가 Train set에 대한 모형평가 결과보다 좋게 나타나는지는 알 수 없다. (정답 : ④)

10. 데이터 마이닝은 대용량 데이터에서 의미있는 패턴을 파악하거나 예측하여 의사결정에 활용하는 방법이다. (정답 : ②)

11. 의사결정나무모형에서 핵심적인 공통 개념은 하향식 기법이 사용되며, 각 진행 단계에서는 주어진 데이터 집합을 가장 적합한 기준으로 분할하는 변수값이 선택된다. (정답 : ②)

12. 의사결정나무 중 가지치기 단계는 오차를 크게 할 위험이 높거나 부적절한 추론규칙을 가지고 있는 가지 또는 불필요한 가지를 제거하는 단계이다. (정답 : ①)

13. 홀드아웃 방법은 데이터의 양이 충분하지 않거나 입력 변수에 대한 설명이 충분한 경우에 사용하는 모형평가 방법으로 주어진 데이터를 랜덤하게 두 개의 데이터로 구분하여 사용하는 방법이다. (정답 : ③)

14. 연관분석은 기업의 데이터베이스에서 상품의 구매, 서비스 등 일련의 거래 또는 사건들 간의 규칙을 발견하기 위해 적용하는 분석으로 흔히 장바구니 분석 또는 서열분석이라고 불린다. (정답 : ③)

15. 뿌리마디에서 아래로 내려갈수록 각 마디에서의 불순도는 점차 감소한다. (정답 : ①)

16. 분리변수의 P차원 공간에 대한 현재 분할은 이전 분할에 영향을 받는다. (정답 : ②)

17. B의 지니지수를 계산하는 식은 $1 - (\frac{10}{50})^2 - (\frac{40}{50})^2 = 0.32$이다. (정답 : ④)

18. %Captured Response란 전체에서 해당집단을 분리해내는 비율을 의미하며 Score에 따라 고객을 10개의 집단으로 구분하고, 집단이 누적됨에 따라 전체 재구매 고객 대비 Percentile별 누적 구매 고객의 비율을 나타낸다. 특정 범주의 고객에게 Action을 수행할 경우, 실제 반응이 나타난 고객 중 몇 %의 고객을 확보할 수 있는지에 대한 수치로 해석할 수 있다. (정답 : ①)

19. 배깅은 주어진 자료에서 여러 개의 붓스트랩 자료를 생성하고, 각 붓스트랩 자료에 예측모형을 만든 후 결합하여 최종 예측모형을 만드는 방법이다. (정답 : ④)

20. 앙상블 기법은 배깅(Bagging), 부스팅(Boosting), 랜덤포레스트(Random Forest)이 포함된다. 시그모이드는 인공신경망에서 활성화함수로 쓰인다. (정답 : ①)

21. 부스팅은 예측력이 약한 모형들을 결합하여 강한 예측모형을 만드는 방법이다. (정답 : ②)

22. 재현율이란 실제 True인 관측치 중에서 True로 예측한 것의 비율이다. (정답 : ①)

23. F1은 정확도(Precision)와 재현율(Recall)은 한 지표의 값이 높아지면 다른 지표의 값이 낮아질 가능성이 높은 관계를 지니고 있어 이러한 효과를 보정하여 하나의 지표로 만들어 낸 지표이다. (정답 : ①)

24. 재현율이란 실제 True인 것 중에서 모델이 True라고 예측한 것의 비율이며 TP/(TP+FP)로 구할 수 있다. (정답 : ④)

25. F1의 정의는 $\frac{2}{\frac{1}{Recall} + \frac{1}{Precision}}$ 이다. Recall과 Precision을 대입하면 $\frac{2}{\frac{100}{40} + \frac{100}{40}} = \frac{40}{100}$ 이 나오므로 0.4이다. (정답 : ③)

26. 민감도=TP/(TP+FN)이므로 여기서 TP+FN은 P이다. 즉, 민감도=TP÷P 이다. (정답 : ④)

27. 민감도와 특이도를 구하면 민감도 = $\frac{30}{30+40} = \frac{3}{7}$, 특이도 = $\frac{10}{10+20} = \frac{1}{3}$ 과 같다. (정답 : ①)

28. 일반화 가중치(Generalized Weight)는 각 공변량의 영향을 표현하기 때문에 회귀모델에서 I번째 회귀 변수의 유사한 해석을 가진다. (정답 : ②)

29. 활성함수는 Step, Sign, Sigmoid, Linear 등이 있고, 그 중 Softmax는 출력값이 여러 개로 주어지고 다범주의 사후 확률을 제공한다. (정답 : ④)

30. 은닉층의 뉴런수와 개수는 신경망 모형에서 자동으로 설정되지 않으므로 직접 설정해야한다. (정답 : ②)

31. 뉴런은 활성화 함수를 이용해 출력을 결정하며 입력신호의 가중치 합을 계산하여 임계값과 비교한다. **입력변수의 속성에 따라 활성화함수를 선택하지 않는다.** (정답 : ②)

32. 로지스틱 회귀모형에서 설명 변수가 한 개인 경우 해당 회귀 계수의 부호가 0보다 작을 때는 역 S자 그래프가 그려진다. (정답 : ③)

33. 로지스틱 회귀는 설명변수를 사용해 종속변수(클래스)를 예측하는 지도학습 분류 모델이다. "클래스 내 관측치의 유사성"을 찾는다는 설명은 군집분석(Clustering)이나 차원 축소 기법에 더 가까운 설명입니다. (정답: ②)

34. 회귀분석 결과에서 PrivateYes 변수의 회귀계수가 2.913으로 높게 나타나므로 PrivateYes일 경우 졸업률이 높게 나타날 것이다. (정답 : ③)

35. income은 p-value 값이 0.71152로 나타나 default를 설명하는데 통계적으로 유의하지 않게 나타나고 있다. (정답 : ②)

36. 군집분석에서 거리계산을 수행할 때 사용하는 dist 함수에서 지원하는 거리 측도에는 유클리디안 거리, 표준화 거리, 마할라노비스 거리, 체비셰프 거리, 맨하탄 거리, 캔버라 거리, 민코우스키 거리가 있다. (정답 : ②)

37. 덴드로그램은 '무슨 군집과 무슨 군집이 서로 묶였는지', '어떤 순서와 차례대로 묶여갔는지', '군집 간 거리는 얼마나 되는지'를 알 수 있는 그래프이다. (정답 : ③)

38. 군집분석이란 각 객체의 유사성을 측정하여 유사성이 높은 대상 집단을 분류하는 분석 방법이다. (정답 : ③)

39. 계층적 군집분석 수행 시 군집 내 편차들의 제곱합을 고려하여 군집 간 정보의 손실을 최소화하는 방향으로 군집을 형성하는 방법이다. (정답 : ③)

40. A, B의 유클리드 거리는 $\sqrt{(185-180)^2 + (70-75)^2} = \sqrt{50}$ 이다. (정답 : ④)

41. 유클리디안 거리는 $d(x,y) = \sqrt{(x_1-y_1)^2 + \cdots + (x_p-y_p)^2} = \sqrt{(x-y)'(x-y)}$ 로 구할 수 있다. (정답 : ④)

42. Height가 1.5를 기준으로 하위 군집을 형성하면 {h,a,f}, {b,d,e,j}, {c}, {g,i}가 나타난다. Height가 1.5를 기준으로 하위 군집을 형성하면 {h,a,f}, {b,d,e,j}, {c}, {g,i}가 나타난다. (정답 : ④)

43. 마할라노비스 거리는 변수의 표준편차와 더불어 변수 간 상관성까지 고려한 거리측도이다. (정답 : ③)

44. k개의 초기 중심값은 임의로 선택이 가능하므로 한번 군집이 형성되어도 군집 내 객체들은 다른 군집으로 이동이 될 수 있다. (정답 : ④)

45. 마할라노비스 거리는 통계적 개념이 포함된 거리이며 변수들의 산포를 고려하여 표준화한 거리이다. 두 벡터 사이의 거리를 산포를 의미하는 표본 공분산으로 나눠주어야 하며, 그룹에 대한 사전 지식 없이는 표본 공분산을 계산 할 수 없으므로 사용하기 곤란하다. (정답 : ④)

46. 군집분석에서는 군집의 개수나 구조에 대한 가정 없이 데이터들 사이의 거리를 기준으로 군집화를 유도한다. (정답 : ①)

47. 95% 이상의 개체가 아닌 모든 개체가 군집으로 할당될 때 까지 위 과정들을 반복한다. (정답 : ④)

48. 자기조직화지도(SOM, self-organizing map)는 비지도 신경망으로 고차원의 데이터를 이해하기 쉬운 저차원의 뉴런으로 정렬하여 지도의 형태로 형상화한다. (정답 : ④)

49. 군집분석의 유사도 측도로 피어슨 상관계수는 사용하지 않는다. (정답 : ④)

50. SOM은 역전파 알고리즘 등을 이용하는 인공신경망과 달리 단 하나의 전방 패스를 사용함으로써 속도가 매우 빠르다. 따라서 실시간 학습처리를 할 수 있는 모형이다. (정답 : ②)

51. k-means clustering의 단점을 극복하기 위해 k-median 군집의 함수 PAM(Partitioning Around Medoids)를 사용한다. (정답 : ①)

52. 각 군집의 중심에 대한 정보는 Cluster means:의 결과로부터 포함되어 있다. (정답 : ④)

53. k-평균 군집은 초기 중심으로부터 오차 제곱합을 최소화하는 방향으로 군집이 형성되므로 집단 내 제곱합 그래프가 필요하다. (정답 : ②)

54. k-평균 군집은 한번 군집이 형성되더라도 다른 군집으로 이동이 가능하다. (정답 : ①)

55. 밀도기반 군집분석이란 어느 점을 기준으로 주어진 반경 내에 최소 개수만큼의 데이터들을 가질수 있도록 함으로써 특정밀도함수 혹은 밀도에 의해 군집을 형성해나가는 기법으로 DBSCAN, OPTICS, DENCLUE 등이 있다. (정답 : ①)

56. SOM의 특징은 역전파(Back Propagation) 알고리즘 등을 이용하는 인공신경망과 달리 단 하나의 전방 패스(Feed-forward flow)를 사용함으로써 속도가 매우 빠르다. (정답 : ④)

57. 최단 연결법은 평균연결법에 비해 계산량이 많지 않다. (정답 : ④)

58. 시차연관분석은 시간이 지남에 따라 어떤 소비형태를 보이는가에 대한 분석으로 원인과 결과의 형태로 해석이 가능해서 결과가 더욱 유용하게 쓰인다. (정답 : ④)

59. k-Means 기법은 극도로 큰 값(혹은 작은 값)이 데이터의 분포를 사실상 왜곡할 수 있기 때문에 이상치에 민감하여 군집에서 객체들의 평균값을 취하는 대신에 군집에서 가장 중심에 위치한 객체인 median을 사용하는 k-medoids 군집화 알고리즘이 있다. (정답 : ①)

60. Apriori 함수를 활용해 생성한 연관규칙은 inspect() 함수를 통해 확인이 가능하다. (정답 : ③)

61. 빵 → 우유의 향상도는 $\dfrac{\frac{300}{1000}}{\frac{600}{1000}\frac{600}{1000}} = \dfrac{1000}{12} = 83\%$ 이다. (정답 : ③)

62. 향상도는 $\dfrac{P(B|A)}{P(B)} = \dfrac{P(A \cap B)}{P(A)P(B)} = \dfrac{A와 B가 동시에 포함된 거래수}{A를 포함하는 거래수 \times B를 포함하는 거래수} = \dfrac{신뢰도}{P(B)}$ 로 계산할 수 있다. (정답 : ③)

63. 사과 → 딸기의 향상도를 계산하면 $\dfrac{P(딸기|사과)}{P(딸기)} = \dfrac{P(사과 \cap 딸기)}{P(사과)P(딸기)} = \dfrac{\frac{60}{200}}{\frac{140}{200} \times \frac{90}{200}} = \dfrac{0.3}{0.7 \times 0.45}$ 이다. (정답 : ③)

6장 비정형 데이터 마이닝

출제 포인트

비정형 데이터 마이닝에서는 텍스트 마이닝과 사회연결망분석에 대한 정의와 기능을 중점적으로 학습하도록 합시다.

학습목표

- 텍스트 마이닝 기법을 이해한다.
- 감성분석을 이해한다.
- 워드 클라우드 기법을 이해한다.
- R을 활용한 텍스트 마이닝을 할 수 있다.

눈높이 체크

텍스트 마이닝은 1980년대에 부상한 바가 있지만 당시만 해도 노동집약적이고 수동적인 방법으로 취급받아 그 열풍이 잠시 시들해졌습니다. 국내에서는 데이터 마이닝 기술이 발전했던 1990년대 후반부터 텍스트 마이닝에 대한 많은 연구가 진행되었다가 최근 빅데이터 분석을 통해 다시 주목받고 있습니다.

- **데이터 마이닝과 텍스트 마이닝의 차이를 구분할 수 있나요?**

텍스트 마이닝은 데이터 마이닝 기술에 자연어처리(Natural Language Process) 기술을 접목하여 반정형/비정형 텍스트 데이터를 정형화하고, 그 속에서 특징을 추출한 후 추출된 특징을 통해 의미 있는 정보를 발견하고자 하는 기술입니다.

- **텍스트 마이닝이 어떻게 쓰이는지 알고 계신가요?**

텍스트 마이닝 기법을 이용하여 문서의 텍스트를 요약, 분류, 군집화 함으로써 회사의 전용메일로 전송된 메일들을 부서별로 분류, 음성인식 데이터의 자동 요약, 트위터의 글에 대한 감성분석을 수행하는 등으로 다양하게 활용될 수 있습니다.

- **워드 클라우드에 대해 들어 보셨나요?**

워드 클라우드란 문서나 데이터 속 핵심 단어 혹은 텍스트 등의 빈도, 중요도 혹은 인기도를 직관적으로 파악할 수 있도록 배치하여 시각화하는 기법입니다.

1절 텍스트 마이닝

출제 포인트
텍스트 마이닝의 정의와 기능, Corpus의 개념과 처리방법은 중요한 부분이니 기억하도록 합시다.

1. 텍스트 마이닝(Text Mining)

- 텍스트로부터 고품질의 정보를 도출하는 분석방법으로, **입력된 텍스트를 구조화해 그 데이터에서 패턴을 도출한 후 결과를 평가 및 해석하는 일련의 과정**이다.
- 다양한 형태의 문서(웹 콘텐츠, PDF, MS office 파일, XML, 텍스트 파일 등)로부터 텍스트를 획득한 후 문서별 단어의 행렬을 만들어 추가적 분석을 수행하거나 데이터 마이닝 기법을 적용하여 통찰(insight)을 발견하고 의사결정을 지원하는 방법이다.
- **다양한 포맷의 문서로부터 텍스트를 추출**해 이를 하나의 레코드로 만들고 단어 구성에 따라 데이터 마트를 구성한다. 단어들 간의 관계를 이용해 감성분석(sentiment analysis), 워드 클라우드(word cloud)분석 등을 수행한 후 이 정보를 클러스터링, 분류(classification), 사회연결망 분석 등에 활용한다.
- 주로 구조화된 정형 데이터 속에서 정보나 패턴을 발견하는 데이터 마이닝과는 달리 텍스트 마이닝은 인터넷 데이터, 소셜미디어 데이터 등과 같은 **자연어로 구성된 비정형 텍스트 데이터 속에서 정보나 관계를 발견**하는 분석 기법이다.

2. 텍스트 마이닝 기능

- 텍스트 마이닝은 문서 분류(document classification), 문서 군집(document clustering), 정보 추출(information extraction), 문서 요약(document summarization) 등을 위해 자연어 처리(NLP, Natural Language Processing) 방법과 컴퓨터 언어학(computational linguistics) 등을 활용한다.

문서분류	문서군집	정보추출
• 도서관에서 주제별로 책을 분류하듯이 문서의 내용에 따라 분류하는 것 • 사전에 분류 정보를 알고 있는 상태에서 주제에 따라 분류하는 지도 학습 방식	• 성격이 비슷한 문서끼리 같은 군집으로 묶어주는 방법 • 통계의 판별분석, 군집분석과 유사한 개념으로 분석 대상이 숫자가 아닌 텍스트라는 점에서 차이가 있음 • 사전에 분류 정보를 모르는 상태에서 수행하는 비지도 학습 방식	• 문서에서 중요한 의미를 지닌 정보를 추출하는 방법

3. 텍스트 마이닝 과정

〈텍스트 마이닝 프로세스〉

가. 텍스트 수집

- 텍스트 저장소에서 가져오거나 웹 페이지 HTML 소스에서 필요한 텍스트 정보를 크롤링한다.
- 다운로드 가능한 데이터 저장소는 다음과 같다.

영어 데이터	한국어 데이터
- http://www.kaggle.com/datasets - https://archive.ics.uci.edu/ml/index.php : UC Irvine 대학의 machine learning을 위한 데이터 저장소 - http://ana.cachopo.org/datasets-for-single-label-text-categorization : 논문 연구에서 사용할 수 있는 분류용 테스트 데이터 - https://course.fast.ai/datasets : Fast.ai에서 제공하는 딥러닝 학습용 대용량 데이터	- https://korquad.github.io : LG CNS에서 공개한 한국어 질의응답 데이터 - https://ithub.korean.go.kr/user/guidcourpus/guide1.do : 국립국어원에서 공개한 세종 코퍼스 - https://konlpy-ko.readthedocs.io/v0.5.1/data : 파이썬 한국어 처리 라이브러리 konlpy에서 제공하는 데이터 - http://aiopen.etri.re.kr/service_dataset.php : ETRI에서 공개한 언어처리 학습데이터

〈데이터 저장소 예〉

나. 코퍼스(Corpus)

- 데이터의 정제·통합·선택·변환의 과정을 거친 후의 구조화된 텍스트 데이터로, 더 이상 추가적인 절차 없이 데이터 마이닝 알고리즘 실험에 활용될 수 있는 상태이다.
- R의 텍스트 마이닝 패키지인 'tm'에서 문서를 관리하는 기본 구조이며, 텍스트 문서들의 집합을 의미한다.

1) 'tm' 패키지의 함수

- VCorpus( ) : 문서를 Corpus class로 만들어 주는 함수로, 결과는 메모리에 저장되어 **현재 구동중인 R 메모리에서만 유지**된다.
- PCorpus( ) : 문서를 Corpus class로 만들어 R 외부의 DB나 파일로 관리되게 하는 함수이다.
- DirSource( ), VectorSource( ), DataframeSource( ) : 텍스트를 저장한 디렉토리, 벡터, 데이터 프레임으로부터 코퍼스 생성을 위한 소스를 만들어주는 함수들이다.

2) 'tm' 패키지의 문서 전처리

- Word, PDF, CSV 등 다양한 문서형식을 읽어 들일 수 있다.
- tm_map(x, FUN) : x 데이터에 대해 FUN에 지정한 함수를 적용해주는 함수로, 아래와 같이 FUN 인자에 다양한 함수를 지정하여 활용할 수 있다.

tm_map(data, as.PlainTextDocument)	XML 문서를 text로 전환
tm_map(data, stripWhitespace)	Space 제거
tm_map(data, tolower)	대문자를 소문자로 변환
tm_map(data, removewords, stopwords("english"))	띄어쓰기, 시제 표준화

- DocumentTermMatrix : Corpus로부터 문서별 특정 문자의 빈도표 생성
- TermDocumentMatrix : Corpus로부터 단어별 문서의 빈도표 생성

다. 텍스트 전처리

- 자연어 처리에서 전처리의 지향점은 갖고 있는 코퍼스로부터 복잡성을 줄이는 일이다.
- 코퍼스 데이터가 필요에 맞게 전처리되지 않은 상태라면 해당 데이터를 사용하고자하는 용도에 맞게 토큰화(tokenization)·정제(cleansing)·정규화(normalization)하는 작업으로, 일반적으로 다음과 같은 절차로 이루어진다.

1) 토큰화(Tokenization)
- 주어진 코퍼스(Corpus)에서 토큰(Token)이라 불리는 단위로 나누는 작업을 말한다.
- 토큰의 단위는 상황에 따라 다르지만, 어절·형태소(의미를 가지는 최소 단위)·음절·자소(초/중/종성)가 될 수 있고, 보통 의미 있는 단위로 토큰을 정의한다.

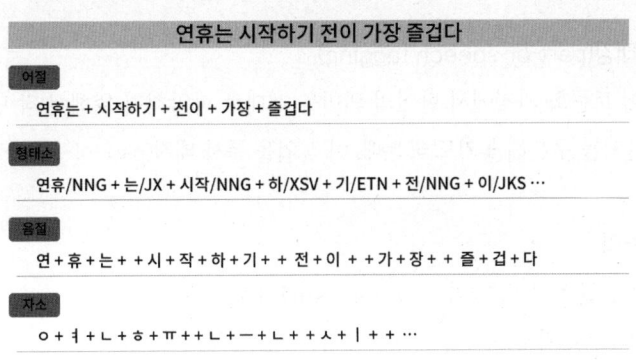

〈문장 토크나이징 예〉

가) 단어 토큰화
- 토큰의 기준을 단어(word)로 하는 경우로 온점(.)·컴마(,)·물음표(?)·세미콜론(;)·느낌표(!) 등과 같은 구두점(punctuation)은 지우는 것이다.

나) 어절 토큰화
- 토큰의 기준을 어절(word segment)로 하는 경우로 띄어쓰기(whitespace)를 기준으로 잘라낸다.
- 영어는 사실상 띄어쓰기로 단어 토큰이 구분되지만 한국어는 조사, 어미 등을 붙여서 말을 만드는 교착어라는 특성 때문에 어절 토큰화는 한국어 자연어 처리(NLP)에서 지양되고 있다.

다) 형태소 토큰화
- 토큰의 기준을 형태소(morpheme)로 하는 경우로, 형태소는 뜻을 가진 가장 작은 말의 단위이다.
- 형태소에는 자립 형태소(그 자체로 단어가 되는 명사·대명사·수사·관형사·부사·감탄사 등)와 의존 형태소(다른 형태소와 결합하여 사용되는 접사·어미·조사·어간)이 있다.
- 한국어는 같은 단어임에도 서로 다른 조사가 붙어 다른 단어로 인식될 수 있기 때문에 NLP에서 조사는 분리해 줄 필요가 있다.
- 한국어에서 영어의 단어 토큰화와 유사한 형태를 얻으려면 형태소 토큰화를 수행해야 한다.

- R에서는 KoNLP 패키지를 이용하여 useNIADic(), useSejongDic()로 형태소 분석을 수행할 수 있다. 그리고 Dictionary를 구축하여 복수 문자들의 집합으로 텍스트 마이닝 분석 시 사용하고자 하는 단어들의 집합을 생성하고 분석하고자 하는 단어들을 별도의 사전으로 정의해서 해당 단어들에 대해서만 결과를 산출해 보려고 할 때 사용할 수 있다.

라) 품사 태깅(part-of-speech tagging)
- 단어 토큰화 과정에서 단어의 의미를 제대로 파악하기 위해서 각 단어가 어떤 품사로 쓰였는지를 구분해 놓기도 하는데, 이 작업을 품사 태깅(part-of-speech tagging)이라고 한다.

마) 한글처리
- R의 한글 텍스트 마이닝 패키지 : KoNLP
- KoNLP 패키지를 사용하기 위해서는 rJava 패키지, JRE 프로그램을 반드시 추가 설치해야 하며, 명사를 추출할 때는 extractNoun("문장") 함수를 사용한다.

2) 불용어 처리(Stopword Removal)
- 데이터에서 유의미한 단어 토큰만을 선별하기 위해서 쓸모없는 단어를 제거한다.
- 불용어(stopword)는 자주 등장하지만 실제 의미 분석에 도움 되지 않는 단어(조사·접속사·접미사 등)를 의미한다.
- NLTK에서는 100여개 이상의 영어 단어들을 불용어로 패키지 내에서 미리 정의하고 있고, 한국어에서는 기준을 정해서 직접 정의한 불용어 사전(txt 파일이나 csv 파일로 불용어 정리)을 참고로 제거할 수 있다.

3) 정제(Cleansing)와 정규화(Normalization)
- 토큰화 작업 전 또는 후로 텍스트 데이터를 용도에 맞게 정제 및 정규화 작업을 항상 함께 수행한다.
- 정제(cleansing)는 코퍼스로부터 노이즈 데이터를 제거하는 것이고 토큰화 작업 전, 후로 지속적으로 이루어진다.
- 정규화(normalization)는 표현 방법이 다른 단어들을 통합시켜서 같은 단어로 만들어 주는 것이다.

가) 규칙에 기반하여 표기가 다른 단어들을 통합
- 같은 의미를 갖고 있음에도, 표기가 다른 단어들을 하나의 단어로 정규화하는 방법을 사용한다.

나) 대소문자 통일
- 단어의 개수를 줄이는 정규화 방법으로, 대부분 대문자를 소문자로 변환하는 소문자 변환작업으로 이루어진다.

다) 불필요한 단어의 제거(Removing Unnecessary Words)
- 불용어 제거 외에도 텍스트 데이터에서 등장 빈도가 적은 단어나 영어에서는 길이가 짧은 단어들을 제거하는 방법도 쓴다.

라) 정규 표현식(Regular Expression)
- 정규 표현식은 HTML 문서로부터 가져온 코퍼스의 HTML 태그나 뉴스 기사의 기사게재 시간 등 코퍼스 내에 계속해서 등장하는 글자들을 규칙에 기반하여 한 번에 제거하는 방식이다.

4) 어간 추출과 어근 추출(Stemming and Lemmatization)
- 정규화 기법 중 코퍼스에 있는 단어의 개수를 줄일 수 있는 기법이다.
- 어근(Lemma)는 단어의 뿌리(기본형)이므로 어근을 찾아 단어의 개수를 줄일 수 있는지 판단한다. 예를 들어 am, are, is의 어근은 be이다. 어근 추출 방법은 먼저 단어의 형태학적 파싱해야 하고(형태소를 어간과 접사로 분리) 사전을 참고하여 어근으로 변환한다. NLTK에서는 표제어 추출을 위한 도구인 WordNetLemmatizer를 지원한다.
- 어간 추출(stemming)은 정해진 규칙만 보고 단어를 잘라내는 어림짐작의 작업으로 볼 수 있다. 어근 추출보다 섬세함이 떨어져 사전에 없는 단어를 결과를 얻을 확률이 높다.
포터 알고리즘(Porter Algorithm), 랭커스터 스태머(Lancaster Stemmer)와 같은 어간 추출 알고리즘을 통해서 기계적으로 변환한다.

5) 텍스트 인코딩(Text Encoding)
- 문서를 유의미한 숫자의 행렬(즉, 벡터)로 바꾸는 것으로 가장 기본적 방법은 원-핫 인코딩이다.

가) 원-핫 인코딩(One-Hot Encoding)
- 텍스트 내 N개의 단어를 각각 N차원의 벡터로 표현하는 방식이다. 만약 텍스트에 5,000개의 단어가 존재한다면 5000차원의 벡터가 되고, 각 단어에 고유한 정수 인덱스를 부여한다.
- 단어가 포함되는 인덱스에 1을 넣고 나머지 인덱스에는 0을 넣는다. 어떤 단어 집합이 [냉장고, TV, 에어컨, 건조기]라면 TV를 표현하는 벡터는 [0, 1, 0, 0]이 되는 식이다.

이렇게 표현된 벡터를 원-핫 벡터(One-Hot vector)라고 한다.
- 원-핫 인코딩은 단어의 개수가 늘어날수록 벡터를 저장하기 위해 필요한 공간이 계속 늘어나고 단어의 유사도를 표현하지 못한다는 단점이 있다.

나) 말뭉치(BoW, Bag-of-Word)
- 문서 내에 등장하는 단어들의 순서를 전혀 고려하지 않고 각 인덱스의 위치에 단어 토큰의 등장 횟수를 기록한 벡터를 만든다.
- 각 단어의 등장 횟수를 수치화하는 방법이기 때문에 주로 어떤 단어가 얼마나 등장했는지를 기준으로 해당 문서가 어떤 성격, 주제를 내포하고 있는지 판단하는 작업에 주로 사용된다. 즉 BoW 기반의 접근에서 가장 좋은 예로 "추천"이 될 수 있다.

다) TF-IDF(Term Frequency-Inverse Document Frequency)
- 각 단어의 중요도라는 개념을 가중치로 부여하는 기법으로, 가중치는 TF*IDF(단어빈도*역문서빈도)로 계산할 수 있다.
- TF(t, d)는 문서 d 안에 있는 각 단어 t의 빈도를 나타내고, IDF(t, D)는 각 단어 t가 등장한 문서 D의 역수를 나타낸다.
- 주로 문서의 유사도, 검색 결과의 중요도 결정 등에 많이 사용된다.
- R에서는 텍스트 마이닝을 위해 불러온 문서에 대해 plain text로 전환, 공백 제거, lower case로 변환, 불용어(stopword) 처리, 어간추출(stemming) 등의 작업을 수행한 다음에 문서번호와 단어 간의 사용 여부 또는 빈도수를 이용해 matrix를 만드는 작업이 term document matrix이다.

```
<R 코드>

> data(crude, package = "tm")
> m <- TermDocumentMatrix(crude, control = list(removePunctuation=T, stopwords=T))
> inspect(m)                              # --- 단어별 문서에서 나온 갯수
```

```
<<TermDocumentMatrix (terms: 1000, documents: 20)>>
Non-/sparse entries: 1738/18262
Sparsity            : 91%
Maximal term length: 16
Weighting           : term frequency (tf)
Sample              :
        Docs
Terms    144 236 237 242 246 248 273 489 502 704
  bpd      4   7   0   0   0   2   8   0   0   0
```

```
crude     0   2   0   0   0   0   5   0   0   0
dlrs      0   2   1   0   0   4   2   1   1   0
last      1   4   3   0   2   1   7   0   0   0
market    3   0   0   2   0   8   1   0   0   2
mln       4   4   1   0   0   3   9   3   3   0
oil      12   7   3   3   5   9   5   4   5   3
opec     13   6   1   2   1   6   5   0   0   0
prices    5   5   1   2   1   9   5   2   2   3
said     11  10   1   3   5   7   8   2   2   4

> findFreqTerms(m, 10)              # --- 10개 이상 사용된 단어를 표시
 [1] "barrel"      "barrels"    "bpd"         "crude"       "dlrs"        "government"
 [7] "industry"    "kuwait"     "last"        "market"      "meeting"     "minister"
[13] "mln"         "new"        "official"    "oil"         "one"         "opec"
[19] "pct"         "price"      "prices"      "production"  "reuter"      "said"
[25] "saudi"       "sheikh"     "will"        "world"
> findAssocs(m, "oil", 0.7)         # --- "oil" 단어와 65%이상 연관성이 있는 단어를 표시
$`oil`
     158       opec      named    clearly       late     prices     trying     winter
    0.87       0.87       0.81       0.79       0.79       0.79       0.79       0.79
 markets       said   analysts  agreement  emergency     buyers      fixed
    0.78       0.78       0.77       0.76       0.74       0.71       0.71
```

라) 워드 임베딩(Word Embedding)

- 의미를 최대한 담아 단어(Word)를 벡터(Vector)로 바꿔주는 모델이다.
- 여기에는 분산표상(distributed similarity based representation) 개념이 차용되었는데, 비슷한 분포를 가진 단어의 주변 단어들도 비슷한 의미를 가진다는 것을 말한다. 예를 들어, '주어-[ ]-먹었다'라는 문장 구조가 있을 때 [ ]에 '밥', '빵'이 모두 들어갈 수 있다면 밥과 빵은 유사한 역할을 한다고 유추할 수 있다.
- 원-핫 인코딩과 달리 한 단어가 미리 정의된 차원(보통 20~200)에서 연속형의 값을 갖는 벡터로 표현되므로 필요한 벡터 공간이 훨씬 적고, 각 차원은 모두 정보를 가지고 있으므로 벡터 연산을 통해 단어 벡터 간 유사도를 구할 수 있다.
- 2000년대 NNLM(Neural Network Based Language Model) 방법론이 고안되어 현재 2013년 구글에서 개발한 Word2Vec이라는 방법론으로 진화했다.

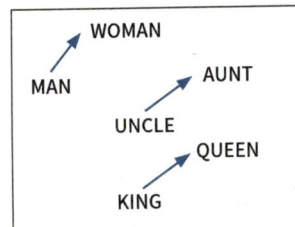 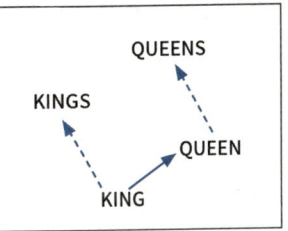

- 위 그림은 Word2Vec으로 진행한 단어 임베딩을 시각화한 것이다. 벡터로 바뀐 단어들은 '유클리디안 거리', '코사인 유사도'의 방식으로 그 거리를 잴 수 있고 거리가 가까울수록 의미가 비슷한 단어라고 해석할 수 있다.

라. 텍스트 분석
- 전처리 과정이 끝나면 복합명사, 사전 미등록 단어나 줄임말 등에 대한 데이터 후처리 과정을 거쳐 해당 데이터를 분석하고 시각화 한다.
- 텍스트가 가진 의미를 파악하기 위해 토픽 모델링, 감정 분석, 문서 분류, 군집화 등의 분석 방법론을 활용할 수 있다.

1) 토픽 모델링(Topic Modeling)
- 문서가 가지고 있는 여러 가지 토픽을 찾아주는 기법으로, 의미 연결망 분석(Semantic Network Analysis, SNA) 종류 중 하나이자 최근 많이 활용되고 있는 기법이다.
- 텍스트 데이터에서 사용된 주제어들의 동시 사용 패턴을 바탕으로 해당 텍스트들을 대표하는 특정 주제나 이슈, 주제 그룹들을 자동으로 추출하는 분석 기법이다.
- 하나의 문서에 여러 개의 토픽이 있다고 가정하고 문서의 모든 단어들이 각 토픽에 속할 확률을 계산하는 것이기 때문에, 토픽은 함께 등장할 확률이 높고 유사한 의미를 가지는 단어들의 집합이라 할 수 있다.
- 텍스트 데이터 내 단어들의 빈도를 통계적으로 분석하여 전체 데이터를 관통하는 잠재적 주제(토픽)를 자동으로 추출하는 분류를 진행하기 때문에 쟁점(프레임) 분석에 유용하다.
- 대표적인 방법으로 Latent Dirichlet Allocation(LDA), Author Topic Model(ATM), Dynamic Topic Model(DTM) 등이 있다.

2) 감성 분석(Sentiment Analysis)
- 텍스트 문장을 분석할 때 문장에서 주관적인 감성을 나타내는 정보를 찾아내어 긍정·부정·중립의 성향을 분석하는 것을 말한다.
- 문장에서 사용된 단어의 긍정과 부정 여부에 따라 긍정적인 단어가 얼마나 많은지를 파악하여 전체 문장의 긍정/부정 여부를 평가한다.
- 블로그, 트위터 등의 소셜 미디어를 분석하여 제품 및 브랜드에 대한 선호나 평판의 추이 변화를 파악할 때 이용하며, 오피니언 마이닝(Opinion Mining)에 필수적인 분석 기술이다.
- 주로 포털 게시판·블로그·쇼핑몰과 같은 대규모의 웹 문서를 대상으로 하기 때문에 자동화된 분석방법을 사용하고, 자연어처리 기반 감성분석 기술을 활용한다.
- 온라인에서 특정 주제에 대한 여론을 분석하는 것을 버즈 모니터링이라고 하는데, 기업의 경우

트위터와 인터넷에 올라온 기업 관련 댓글을 실시간으로 분석해 자사 이미지를 파악하고 대응 전략을 세우고 있다.

3) 텍스트 분류(Text Classification)
- 텍스트를 지정한 카테고리로 분류하는 기법으로, 지도 학습방법을 사용하며 텍스트 분석에서 가장 많이 사용하는 방법이다.
- 과거에는 텍스트 분류를 할 때 머신러닝 기법(SVM, Random Forest, Naive Bayes Classifier 등)을 많이 사용했는데, 딥러닝 기법들(CNN, RNN, LSTM, multi-layer RNN, Bi-LSTM 등)이 텍스트 분류에 훨씬 성능이 좋기 때문에 최근에는 대부분 딥러닝으로 텍스트 분류를 한다.

4) 텍스트 군집화(Text Clustering)
- 벡터 연산을 통해 단어 벡터 간 유사도를 이용하여 단어의 관계를 파악하고 비슷한 의미를 가지는 단어들이 상대적으로 가깝게 위치하게 되면서 군집을 형성할 수 있게 된다.

마. 텍스트 시각화
- 텍스트 데이터의 시각화 기법에는 대표적으로 워드 클라우드(Wordcloud)와 의미 연결망 분석(Semantic Network Analysis)이 있다.

1) 워드 클라우드(Word Cloud)
- 문서의 키워드, 개념 등을 직관적으로 파악할 수 있도록 핵심 단어를 시각적으로 돋보이게 하는 기법이다. 특정 문서 내에서 많이 언급되는 단어를 크게 표현하고 색을 달리 나타내어 텍스트 데이터의 주요 키워드들을 한눈에 들어올 수 있게 하는 기법 등이 있다.
- 주로 방대한 양의 텍스트 정보를 다루는 비정형 빅데이터를 분석할 때 텍스트 데이터의 특징을 도출하기 위해 활용한다.
- 워드 클라우드 생성을 위한 R 패키지는 wordcloud이다.

〈워드 클라우드 예〉

2) 의미 연결망 분석(Semantic Network Analysis)

- 문서에 포함된 단어들의 구조적 관계를 통해 의미를 분석하는 것으로, 여기서 정보 단위가 되는 단어나 구를 각각의 노드(node)를 형성하는 개념으로 보고, 개념 간의 연결 상태를 링크(link)로 나타낸다.
- 특정 범주를 가정하지 않은 상태에서 단어들의 빈도와 한 문장 안에서 동시에 사용되는 단어들의 관계를 통해 문서의 의미화 패턴을 분석할 수 있다. 네트워크 구조 가운데 주요 단어가 위치하며 그 주변으로 유사한 맥락의 단어들끼리 링크를 형성한다.
- 텍스트 마이닝을 통해 정제된 데이터의 빈도를 계산하여 주요 단어들을 선정하고 매트릭스 데이터로 만들어 의미연결망 분석에 이용한다.
- 특정 텍스트 군집 내 의미적 프레임을 파악하기에 용이하지만 많은 단어 간의 복잡한 네트워크가 생성되는 경우, 단어 간 또는 단어 군집 간 관계를 직관으로 규명하거나 시각화하기에 다소 무리가 있다.
- 최근에는 SNA를 더욱 정교하면서도 직관적으로 표현하는 방법으로 토픽 모델링 기법을 활용하기도 한다.

4. 정보 검색의 적절성

- 정보검색이나 자연어 처리 분야에서 분석 결과를 평가하기 위해 **정밀도와 재현율**을 사용한다.

구분	정의	계산식
정밀도 (Precision)	분석 모델이 정답(참)이라고 예측한 결과 중에서 실제로 정답(참)인 경우의 비율	TP/(TP+FP)
재현율 (Recall)	실제로 정답(참)인 것들 중에서 분석 모델이 정답(참)이라고 내놓은 결과의 비율	TP/(TP+FN)

		실제	
		참(Positive)	거짓(Negative)
예측	참(Positive)	TP (True Positive)	FP (False Positive)
	거짓(Negative)	FN (False Negative)	TN (True Negative)

〈정확도와 재현율의 계산〉

> **예시**
>
> - 트위터 데이터로 감성 분석을 수행한 결과를 아래의 그림과 같이 표현해보자. 분석 모델이 긍정 메시지로 분류한 데이터는 타원(A+B)으로 표현하고, 실제로 긍정인 데이터는 왼쪽에(C), 부정인 데이터는 오른쪽에(D) 배치하였다.
>
>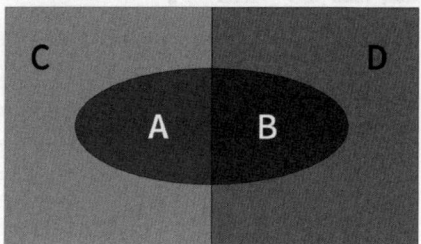
>
> - 이때 분석 모델이 긍정으로 분류한 데이터(A+B) 중 실제로 긍정인 데이터는 A이므로 정확도는 A/(A+B)이고, 실제로 긍정인 모든 데이터(A+C) 중에서 분석모델이 긍정이라고 분류한 데이터는 A이므로 재현율은 A/(A+C)로 나타낼 수 있다.

2절 사회연결망 분석

 출제 포인트

사회연결망 분석의 정의와 네트워크 표현방식 그리고 네트워크 구조를 파악하기 위한 기법을 반드시 기억해야 합니다.

학습목표

- 사회연결망 분석을 이해한다.
- 사회연결망 분석의 4가지 기법을 이해한다.
- 네트워크 레벨 통계량과 커뮤니티를 그래프화하는 방법을 이해한다.
- R을 활용해 사회연결망 분석을 학습한다.

눈높이 체크

- **사회연결망 분석에 대해 들어본 적이 있나요?**

사회연결망 분석(SNA : Social Network Analysis)은 개인과 집단들 간의 관계를 노드와 링크로 모델링하여 그것의 위상구조와 확산 및 진화 과정을 계량적으로 분석하는 방법론입니다. 인문, 웹 사이언스, 경제 등의 다양한 분야에서 사회연결망 분석에 대한 연구가 진행되고 있으며, 소셜 네트워크 서비스, 소셜 네트워크 게임 등에서 사회연결망 기법을 활용하고 있습니다.

- **사회연결망 분석을 위한 4가지 기법을 알고 계신가요?**

사회연결망 분석에서 네트워크 구조를 파악하기 위한 기법으로는 중심성(Centrality), 밀도(Density), 구조적 틈새(Structural hole), 집중도(Centralization) 등이 있습니다.

- **커뮤니티를 발견하기 위한 방법을 알고 계시나요?**

커뮤니티를 발견하기 위한 그래프화 방법에는 walktrap과 edge-betweenness가 있습니다. 이 방법들은 계층적 군집분석을 통해 얻을 수 있는 계층구조를 통해 커뮤니티를 발견합니다.

1. 사회연결망 분석

가. SNA(Social Network Analysis) 정의
- **개인과 집단들 간의 관계를 노드와 링크로 모델링**하여 그것의 위상구조와 확산 및 진화 과정을 계량적으로 분석하는 방법론이다.
- 사회연결망은 개인의 인간관계가 인터넷으로 확대된 사람 사이의 네트워크라고 할 수 있다.
- 사회연결망에서 **개인 또는 집단이 하나의 노드**(node)이며, 노드 사이에 존재하는 **연결은 선**(link 또는 edge)**으로 표현**된다.
- 사회연결망의 개념은 제이콥 마리노(Jacob Mareno)가 처음 발표하였으나 바르네스(Barnes)가 1954년 처음으로 '사회연결망'이라는 용어를 사용했다.

나. SNA 분류

1) 집합론적 방법
    - 객체들의 집합에서 **각 객체들 간의 관계**를 다음과 같이 관계 **쌍(pairs of elements)으로 표현**

$$A = (X_1, X_2), (X_2, X_1), (X_4, X_2), (X_3, X_1), (X_3, X_4), (X_4, X_3)$$
$$B = (X_1, X_2), (X_2, X_1), (X_3, X_4), (X_4, X_3)$$

2) 그래프 이론을 이용한 방법
    - **객체를 점(노드 or 꼭지점)으로 표현**하고, 두 객체 간의 **연결은 두 점을 연결하는 선으로 표현**
    - 집합 X={X_1, X_2, X_3, X_4}에 의해 만들어진 두 가지 연결망 A, B를 그래프로 표현하면 아래와 같다.

$$
\begin{array}{cc}
x_1 \leftrightarrow x_2 & \quad x_1 \leftrightarrow x_2 \\
\uparrow \quad \uparrow & \\
x_3 \leftrightarrow x_4 & \quad x_3 \leftrightarrow x_4 \\
\boxed{A} & \boxed{B}
\end{array}
$$

3) 행렬을 이용한 방법
    - 각 객체를 행렬의 행과 열에 대칭적으로 배치하고, i번째 객체와 j번째 객체간의 관계가(연결이) 존재하면 (i, j)번째 칸에 1을 넣고, 관계가 존재하지 않으면 0을 넣는다.

	X_1	X_2	X_3	X_4
X_1	0	1	0	0
X_2	1	0	0	0
X_3	1	0	0	0
X_4	0	1	1	0

A

	X_1	X_2	X_3	X_4
X_1	0	1	0	0
X_2	1	0	0	0
X_3	0	0	0	1
X_4	0	0	1	0

B

- 1원(1 Mode)자료 : 행과 열에 같은 개체가 배열되는 것
- 2원(2 Mode)자료 : 행과 열에 다른 개체가 배열되는 것
- 준연결망(quasi network) : 고객-상품행렬에서 상품을 구매한 사람들 사이에 직접적인 상호작용의 관계가 없더라도, 관계를 인위적으로 설정해 고객과 고객 또는 상품과 상품 사이의 관계를 나타낸 네트워크이다.
- 구매 트랜잭션을 이용해 고객간의 관계와 상품간의 관계를 표현하고, 고객 네트워크를 도출할 때 고객들이 서로 동일한 상품을 1개 이상 구매했다면 그 고객들은 직접적인 상호작용이 있다고 표현한다.
- 상품 네트워크에서 고객들이 특정 상품을 동시에 구매한 경우, 그 상품은 서로 상호관계가 있다고 표현한다.

2. 사회연결망 분석에서 네트워크 구조를 파악하기 위한 기법

가. 중심성(Centrality)

연결정도 중심성 (Degree centrality)	• 한 점에 직접적으로 연결된 점들의 합 • 한 점에 얼마나 많은 다른 점들이 관계를 맺고 있는지를 기준으로, 그 점이 중심에 위치하는 정도를 계량화한 것 • 연결된 노드의 수가 많을수록 연결정도 중심성이 높아짐
근접 중심성 (Closeness centrality)	• 한 노드로부터 다른 노드에 도달하기까지 필요한 최소 단계의 합 • 근접 중심성이 높을수록 네트워크의 중앙에 위치함
매개 중심성 (Betweenness centrality)	• 네트워크 내에서 한 점이 담당하는 매개자 혹은 중재자 역할의 정도 • 한 노드가 연결망 내의 다른 노드들 사이의 최다 연결 경로 위에 위치하면 할수록 그 노드의 매개 중심성이 높음
위세 중심성 (Eigenvector centrality)	• 자신의 연결정도 중심성으로부터 발생하는 영향력과 자신과 연결된 타인의 영향력을 합하여 결정 • 위세가 높은 노드들과 관계가 많을수록 자신의 위세 또한 높아짐 • 보나시치(Bonacich) 권력지수 : 위세 중심성의 일반적인 형태로, 연결된 노드의 중요성에 가중치를 둬 노드의 중심성을 측정하는 방법

- 이 외에도 밀도(Density), 구조적 틈새(Structural hole), 집중도(Centralization)이 있다.

3. SNA 적용

- 소셜 네트워크 분석은 통신, 온라인 소셜 미디어, 게임 및 유통업체에서 관심이 높다.
- 분석용 솔루션으로는 KXEN, SAS, XTRACT, Indiro, Onalytica, Unicet, Pajek, Inflow 등이 있다.
- 분산 처리 기술인 MapReduce를 활용하거나 하둡 기반의 그래프 프로세싱 프레임워크인 Giraph 등을 통해 SNA를 적용할 수 있다.
- R과 하둡을 연동하는 RHadoop, RHIPE와 같은 기술을 활용해 소셜 네트워크 분석을 수행하는 방법도 있다.

4. SNA 단계

- SNA의 단계는 아래와 같다.
  ① 그래프 생성 단계
  ② 그래프를 목적에 따라 가공하여 분석하는 단계
  ③ 커뮤니티를 탐지하고 각 객체 또는 노드의 역할(롤)을 정의해 어떠한 롤로 다른 객체들에게 영향력을 더 효율적으로 줄 수 있는지를 정의하는 단계
  ④ 위 결과를 데이터화하여 다른 데이터 마이닝 기법과 연계하는 단계
- 특히 데이터화는 SNA를 통해 얻어진 커뮤니티의 프로파일을 해당 그룹 구성원의 연령·성별·고객등급·휴면기간 등과 같은 고객 프로파일 평균값으로 산출해, 각 그룹에 속한 개별 고객 속성에 그룹 넘버와 롤을 결합해 추가하는 단계이다.

5. R에서의 SNA

가. 네트워크 레벨 통계량
- degree, shortest paths, reachability, density, reciprocity, transitivity, triad census 등

나. 커뮤니티의 수를 측정하는 방법(community detection)
1) WALKTRAP 알고리즘
   - 일련의 random walk 과정을 통해 커뮤니티를 발견한다.
   - 각 버텍스(vertex, 그래프의 꼭지점)를 하나의 커뮤니티로 취급해 점차 더 큰 그룹을 병합하면서 클러스터링 한다.
   - 아래 코드를 수행하면, 커뮤니티의 수가 3개로 군집화되어 각 버텍스에 매핑된 그룹 ID를 출력 결과의 Membership vector에서 볼 수 있다.

```
<R 코드>

>friend_comm_wt = walktrap.community(m182_friend_no_iso, step=200, modularity=TRUE)
>friend_comm_wt Graph community structure calculated with the walktrap algorithm
Number of communities (best split): 3
Modularity (best split): 0.09948979
Membership vector:
1  2  3  5  6  7  8  9  10 11 12 13 14 15
2  1  2  2  3  3  1  2  2  3  2  1  3  2
>friend_comm_dend = as.dendrogram(friend_comm_wt, use.modularity=TRUE) >plot(friend_comm_dend)
```

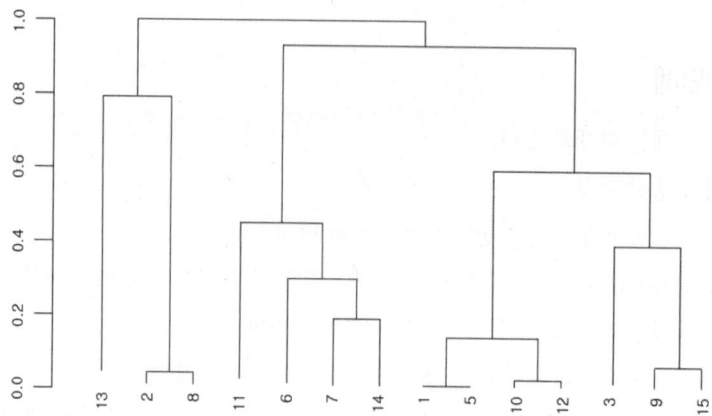

〈plot(friend_comm_dend)의 결과로 생성된 그래프〉

2) Edge Betweenness method

- 그래프에 존재하는 최단거리(shortest path) 중 몇 개가 그 edge(연결, 즉 link)를 거쳐가는 지를 이용해 edge-betweenness 점수를 측정한다.
- 높은 edge-betweenness 점수를 갖는 edge가 클러스터를 분리하는 속성을 가진다고 가정한다.

```
<R 코드>

>friend_comm_eb = edge.betweenness.community(m182_friend_no_iso)
>friend_comm_eb
Graph community structure calculated with the edge betweenness algorithm
Number of communities (best split): 3
Modularity (best split): 0.2797619 Membership vector:
1 2 3 5 6 7 8 9 10 11 12 13 14 15
1 2 3 3 3 2 2 1 1  3  1  2  2  1
>plot(as.dendrogram(friend_comm_eb))
```

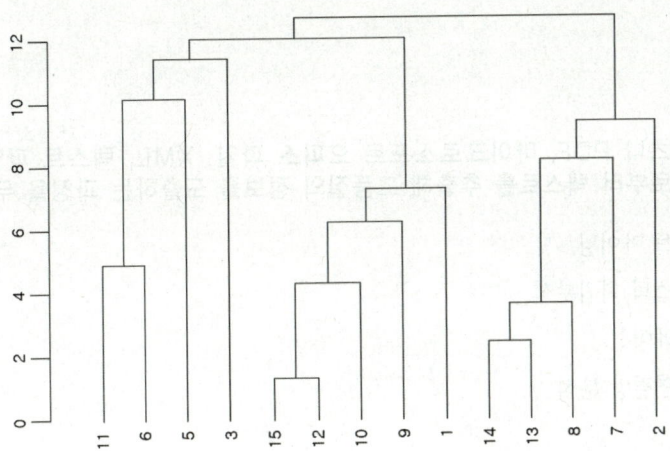

⟨plot(as.dendrogram(friend_comm_eb))의 결과로 생성된 그래프⟩

6. 활용방안

- 소셜 네트워크 분석은 데이터가 **몇 개의 집단으로 구성되는지, 집단 간의 특징은 무엇이고, 해당 집단에서 영향력 있는 고객은 누구인지, 시간의 흐름과 고객 상태의 변화에 따라 다음에 누가 영향을 받을지**를 기반으로 churn/acquisition prediction, fraud, product recommendation 등에 활용한다.

비정형 데이터 마이닝

4과목 / 6장

예상문제

01. 웹 콘텐츠나 PDF, 마이크로소프트 오피스 파일, XML, 텍스트 파일 등 다양한 포맷의 문서로부터 텍스트를 추출해 고품질의 정보를 도출하는 과정을 무엇이라고 하는가?

① 텍스트 마이닝
② 로지스틱 회귀분석
③ 시뮬레이션
④ 사회연결망 분석

02. 텍스트 마이닝의 특징에 대해 설명한 것 중 맞는 것은?

① 텍스트를 어근과 어미로 구분해서 하나의 feature로 만들어내는 단계가 중요하므로 언어에 대한 이해는 중요하지만 문화와 관습까지 이해할 필요는 없다.
② 영어는 세계 공용어로써 많은 나라에서 활용하고 있기 때문에 국가별로 텍스트 마이닝 할 필요는 없다.
③ 자연어 처리 분야에서 분석 결과를 평가하기 위해 사용하는 방법론 가운데 대표적인 것은 정확도(precision)와 재현율(recall)이다.
④ corpus는 데이터 마이닝의 절차 중 데이터 마트를 생성하는 단계이다.

03. 텍스트 마이닝의 분석 결과를 평가하기 위해 사용되는 방법론 중 재현율에 관한 설명으로 맞는 것은?

		(실제)	
(분석모델)		긍정	부정
	긍정	a	b
	부정	c	d

① 분석 모델이 긍정으로 분류한 데이터(a+b) 중 실제 긍정 데이터는 a이므로 재현율은 a/(a+b)이다.
② 실제 존재하는 모든 긍정 메시지(a+c) 중 분석 결과 나온 개수가 a이므로 재현율은 a/(a+c)이다.
③ 전체 메시지(a+b+c+d) 중 분석 결과 나온 개수가 a이므로 재현율은 a/(a+b+c+d)이다.
④ 전체 메시지(a+b+c+d) 중 분석 결과 나온 개수가 a+b이므로 재현율은 (a+b)/(a+b+c+d)이다.

04. 데이터 마이닝 절차 중 데이터의 정제, 통합, 선택, 변환의 과정을 거친 구조화된 단계로서 더 이상 추가적인 절차 없이 데이터 마이닝 알고리즘 실험에서 활용될 수 있는 상태를 무엇이라고 하는가?

① Feature
② Corpus
③ Factor Source
④ Term

05. 텍스트 마이닝 패키지인 TM에서 문서를 관리하는 기본 구조를 Corpus라고 부르는데, 이는 텍스트 문서들의 집합을 의미한다. 메모리에서만 텍스트 문서를 유지하고 관리하는 것은 무엇인가?

① VCorpus
② PCorpus
③ MCorpus
④ DataFrame Source

06. 텍스트 마이닝 패키지인 TM에서 영어 문서 A에 포함된 대소문자를 모두 소문자로 바꾸기 위해 사용하는 R 프로그래밍으로 적합한 것은 무엇인가?

① A ← tm_map(A, as.PlainTextDocurment)
② A ← tm_map(A, removeWords, stopwords("english"))
③ A ← tm_map(A, stripWhitespace)
④ A ← tm_map(A, tolower)

07. 텍스트 마이닝 패키지인 TM에서 dtm이라는 문서에 포함된 단어 중 10회 이상 사용된 단어를 찾는 방법을 R로 프로그래밍한 것으로 옳은 것은?

① findFreqTerms(dtm,10)
② findAssocs(dtm,10,10)
③ tm_map(dtm, 10, findFreq)
④ Corpus(findFreqTerms(dtm,10))

08. 문장에서 사용된 단어의 긍정과 부정여부에 따라 얼마나 긍정적인 단어가 많은지 여부로 소스를 부여해 긍정 문장인지를 평가하기 위한 분석으로 트위터의 트윗을 통해 자사의 브랜드의 긍정/부정 여부를 판단하는데 활용되는 분석은 무엇인가?

① 감성분석(Sentiment Analysis)
② 분류분석(classification Analysis)
③ 소셜네트워크분석(Social Network Analysis)
④ 트윗분석(Twit Analysis)

09. 사회연결망 분석(social network analysis)에 대한 설명으로 부적절한 것은 어느 것인가?

① 개인과 집단들 간의 관계를 노드와 링크로써 모델링해 그것의 위상 구조와 확산 및 진화과정을 계량적으로 분석한 방법론이다.
② 최근 인터넷과 소셜네트워크의 발달로 발생하는 대용량 데이터를 활용해 개인과 개인, 개인과 집단 간의 네트워크를 분석하는 방법론이다.
③ 제이콥 마리노(Jacob Mareno)가 처음 "sociometry"에 발표하지만 사회연결망이라는 용어는 Barnes(1954)가 처음으로 내놓았다.
④ 최근에는 주로 그룹간 또는 그룹 안의 개인에 집중한 연구가 진행되고 있다.

10. 다음은 사회연결망 분석방법에 대한 설명이다. 이 중 잘못 나열한 것은 어느 것인가?

① 집합론적인 방법 - 각 개체들 간의 관계를 쌍으로 표현한 것
② 계층적 그래프를 이용한 방법 - 계층적 군집분석의 방식으로 각 객체를 표현한 것
③ 그래프 이론을 이용한 방법 - 두 객체 간의 연결망은 두 점(노드)을 연결하는 선으로 표현한 것
④ 행렬을 이용한 방법 - 각 객체를 행렬의 행과 열에 대칭적으로 배치하고 행렬로 표현한 것

11. 사회연결망 분석(social network analysis)의 네트워크 구조를 파악하는 기법 중 하나로 위세가 높은 사람들과 관계가 많을수록 자신의 위세 또한 높아지는 것을 특징으로 하며, 영향력이 높은 사람에 대한 단 하나의 연결이 그렇지 않은 다른 여러 사람들과 관계를 맺는 경우보다 자신의 영향력을 키우는 기법은 무엇인가?

① 연결정도 중심성(Degree centrality)
② 근접 중심성(Closeness centrality)
③ 매개 중심성(Betweenness centrality)
④ 위세 중심성(Eigenvector centrality)

12. 사회연결망 분석(social network analysis)에서 아래 그림과 같은 결과를 얻었다. 내용에 대한 설명 중 적절하지 않은 것은?

```
>friend_comm_eb = edge.betweenness.community(m182_friend_no_iso)
>friend_comm_eb
Graph community structure calculated with the edge betweenness algorithm
Number of communities (best split): 3
Modularity (best split): 0.2797619 Membership vector:
1 2 3 5 6 7 8 9 10 11 12 13 14 15
1 2 3 3 3 2 2 1  1  3  1  2  2  1
>plot(as.dendrogram(friend_comm_eb))
```

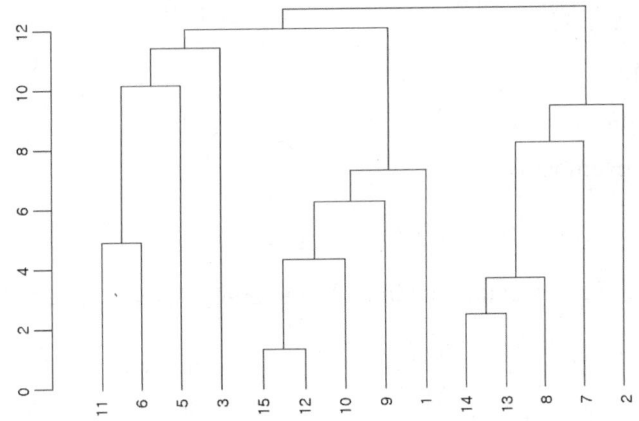

① 3개의 군집(cluster)으로 군집화하는 것이 최선인 것으로 결과가 나왔다.

② 군집화의 결과, 3번 노드와 15번 노드는 같은 군집에 포함된 것을 알 수 있다.

③ 3개의 군집으로 나누었을 때 최고의 모듈성은 28%임을 알 수 있다.

④ community detection을 위해 edge betweenness 알고리즘을 활용하여 커뮤니티를 발견한다.

13. 텍스트 데이터를 전처리하여 각 문서와 단어 간의 사용 여부를 이용해 만들어진 matrix를 무엇이라고 하는가?

① TDM(Term-Document Matrix)

② 워드 스테밍(Word Stemming)

③ 웹 크롤링(Web Crawling)

④ 제외어 처리(Stop Word)

14. 다음 중 텍스트 마이닝의 기능 중 부적절한 것은?

① 문서 요약(summarization)
② 문서 분류(classification)
③ 문서 제작(production)
④ 특성 추출(feature extraction)

15. tm 패키지의 데이터들의 변형을 위한 tm_map( )이라는 함수를 통해 사용할 수 있는 명령어로 틀린 것은?

① removeWords
② stemMing
③ stripWhitespace
④ removeNumbers

16. 다음 중 아래 Term-Document Matrix에서 sparsity(희박성)의 값으로 적절한 것은?

Term	Document				
	1	2	3	4	5
돈까스	1	0	0	1	0
떡볶이	0	0	0	0	1
순대	0	1	0	1	0
라면	1	0	1	0	0
김밥	0	1	0	0	1

① 2% ② 44% ③ 64% ④ 98%

17. 아래의 그림에 대한 설명으로 부적절한 것은?

① 문서 내에서 가장 빈번하게 나타나는 단어는 크게 표시되어 있다.
② 위의 그림을 만들려면 텍스트 데이터가 필요하다.
③ 작은 글자는 다른 문서와 연결성이 낮아서 작게 표현했다.
④ 워드 클라우드의 글자 수를 지정할 수 있다.

18. 다음 중 사회연결망 분석에서 행과 열에 같은 개체가 배열되어 있는 매트릭스로 적절한 것은?
① 준 연결 매트릭스
② 2원모드 매트릭스
③ 상관 매트릭스
④ 1원모드 매트릭스

19. 다음 중 사회연결망 분석을 R 프로그램으로 실행할 때, 사용하는 함수가 아닌 것은?
① V( )   ② E( )   ③ simplify( )   ④ inspect( )

20. 다음 중 사회연결망 분석의 중심성을 측정하는 방법으로 틀린 것은?
① 연결정도 중심성
② 위세 중심성
③ 근접 중심성
④ 밀도 중심성

단답형 문제로 복습하기!

> 단답형은 앞의 개념을 복습하기 위한 문제들로 시험에서는 단답형이 출제되지 않으니 참고하시기 바랍니다.

01. 텍스트 마이닝에서 문서에서 문장 내에 포함된 단어들을 어간과 어미로 분리 하여 각 문서마다 사용된 단어의 어간들의 빈도를 표현하는 행렬을 만들 수 있다. R 프로그램을 통해 이러한 행렬을 만들고자 할 때 활용하는 함수는 무엇인가?

(   )

02. 개인과 집단들 간의 관계를 노드와 링크로서 모델링해 그것의 위상구조와 확산 및 진화과정을 계량적으로 분석하는 방법은?

(   )

03. 텍스트 마이닝의 전처리(preprocessing) 과정 중에서 변형된 단어형태에서 접사(affix) 등을 제거하고 그 단어 외 원형 또는 어간(어형변화의 기초가 되는 부분)을 찾아내는 것을 지칭하는 용어는 무엇인가?

(   )

04. 아래의 설명하는 내용은 무엇인가?

- 연결된 노드의 중요성에 가중치를 둬 노드의 중심성을 측정하는 방법
- 보나시치(Bonacich) 권력지수라고 불림

(   )

05. 데이터의 정제·통합·선택·변환의 과정을 거친 후 구조화된 텍스트 데이터로 R의 텍스트 마이닝 패키지인 'tm'에서 문서 관리 기본 구조인 이것은 무엇인가?

(   )

06. 아래와 같이 문서에 포함된 단어의 사용 빈도에 따라 크기 및 배치를 달리하여 중요 단어들을 파악하도록 하는 텍스트 마이닝 시각화 방법은?

(   )

07. 아래 (가), (나)에 들어갈 적절한 말을 적으시오.

> 소셜네트워크 분석에서 행렬을 이용하면 각 객체를 행렬의 행과 열에 대칭적으로 배치하고 i번째 객체와 j번째 객체간의 관계가(연결이) 존재하면 (i, j)번째 칸에 1을 넣고, 관계가 존재하지 않으면 0을 넣는다. (가)는 행과 열에 같은 객체가 배열되는 것이며, (나)는 행과 열에 다른 객체가 배열된다.

(   )

08. 제품을 구매한 사람들 사이에 직접적인 상호작용의 관계가 존재하지 않더라도, 관계를 인위적으로 설정해 고객과 고객 또는 제품과 제품 사이의 관계를 나타내는 네트워크는?

(   )

09. 아래의 설명하는 내용은 무엇인가?

> - 데이터에서 유의미한 단어 토큰만을 선별하기 위해서 쓸모없는 단어를 제거

(   )

10. 아래의 설명하는 내용은 무엇인가?

> - 의미를 담아 단어를 벡터로 바꿔주는 모델
> - 원-핫 인코딩과 달리 한 단어가 미리 정의된 차원(보통 20~200)에서 연속형의 값을 갖는 벡터로 표현

(   )

정답 및 해설

【단답형】

01	①	11	④	
02	③	12	②	
03	②	13	①	
04	①	14	③	
05	①	15	②	
06	④	16	③	
07	①	17	③	
08	①	18	④	
09	④	19	④	
10	②	20	④	

01	DocumentTermMatrix()
02	소셜네트워크분석(SNA, Social Network Analysis)
03	스테밍(Stemming)
04	위세 중심성(Eigenvector Centrality)
05	코퍼스(Corpus)
06	워드클라우드(Word Cloud)
07	(가) : 1원 자료 / (나) : 2원 자료
08	준 연결망(Quasi Network)
09	불용어 처리(Stopword Removal)
10	워드 임베딩(Word Embedding)

01. 텍스트 마이닝은 텍스트를 사용하여 패턴이나 관계를 추출하고 그 안에서 의미 있는 정보나 가치를 발굴하여 해석하는 일련의 과정이다. (정답 : ①)

02. 텍스트 마이닝을 하려면 해당 언어에 대한 깊이 있는 이해와 문화나 관습에 대한 이해도 필요하고, 국가별 언어의 차이가 있으므로 국가별 텍스트 마이닝이 필요하다. 또한 Corpus는 데이터 마이닝의 절차 중 데이터의 정제, 통합, 선택, 변환의 과정을 거친 구조화된 단계이다. (정답 : ③)

03. 재현율(Recall) : 실제 정답 중에서 분석 모델에서 정답이라고 내놓은 결과의 비율. A/(A+C) (정답 : ②)

04. 데이터 마이닝 절차에서 데이터의 정제, 통합, 선택, 변환의 과정을 거쳐 준비된 구조화된 데이터는 'Feature'라고 한다. Feature는 머신 러닝 알고리즘이 학습할 수 있는 형태로 정리된 데이터 항목을 의미하며, 이는 모델 훈련과 예측에 직접적으로 사용될 수 있다. (정답 : ①)

05. VCorpus(short for Volatile Corpus) : 메모리에서만 유지 (정답 : ①)

06. 대문자를 소문자로 변환하는 코드는 A<-tm_map(A, tolower))이다. (정답 : ④)

07. dtm이라는 문서에 포함된 단어 중 10회 이상 사용된 단어를 찾는 R 프로그램 방법은 findFreqTerms(dtm,10)이다. (정답 : ①)

08. 문장에서 사용된 단어의 긍정과 부정 여부에 따라 얼마나 대상에 대한 반응이 긍정인지 부정인지를 평가하는 분석 방법은 감성분석이다. (정답 : ①)

09. 최근에는 독립 네트워크 사이의 관계에 대한 사회연결망 연구가 활발히 이루어지고 있다. (정답 : ④)

10. 사회연결망 분석 방법에는 집합론적인 방법, 그래프 이론을 이용한 방법, 행렬을 이용한 방법이 있다. (정답 : ②)

11. 위세 중심성 : 자신의 연결정도 중심성으로부터 발생하는 영향력과 자신이 연결된 타인의 영향력을 합하여 결정한다. (정답 : ④)

12. 분석 결과에서 3번 노드는 3번 군집, 15번 노드는 1번군집이므로 다른 군집으로 묶였다. (정답 : ②)

13. TDM(Term-Document Matrix)은 텍스트 데이터를 전처리하여 각 문서와 단어 간의 사용 여부를 이용해 만들어진 matrix이다. (정답 : ①)

14. 텍스트 마이닝은 크게 문서요약(summarization), 문서분류(classification), 문서군집(clustering), 특성추출(feature extraction)이다. (정답 : ③)

15. tm_map( )이라는 함수를 통해 사용할 수 있는 명령어는 removeWords, removeNumbers, removePunctuation, stripWhitespace, stemDocument이다. (정답 : ②)

16. sparsity는 tdm 안에 0인 원소가 있는 %를 의미한다. 총 25개 중 0이 16개 있으므로 64%이다. (정답 : ③)

17. 워드 클라우드에서 작은 글자는 다른 단어보다 빈번하게 나타나지 않아 작게 표현한 것이다. (정답 : ③)

18. 1원모드 매트릭스는 행과 열에 같은 개체가 배열되는 것이다. (정답 : ④)

19. R 프로그램에서 사회연결망 분석을 실행할 때, inspect( ) 함수는 사용하지 않는다. (정답 : ④)

20. 사회연결망 분석의 중심성 측정 방법은 연결정도 중심성, 위세 중심성, 근접 중심성, 매개 중심성이다. (정답 : ④)

7장 서술형 문제

학습목표

- 서술형 문제에 대해 이해한다.
- 통계분석(탐색적 분석, 회귀분석, 주성분 분석, 시계열분석)의 해석 방법에 대해 이해한다.
- 분류분석(로지스틱 회귀, 의사결정나무, 앙상블, 나이브 베이지안)의 해석 방법에 대해 이해한다.
- 군집분석과 연관규칙분석에 대해 이해한다.

눈높이 체크

- **서술형 문제에 대해 알고 있나요?**

서술형 문제는 ADP 필기에서 출제되는 문제로서, R 프로그램 결과나 시각화 정보를 제시하고 직접 해석하는 문제가 출제됩니다. 또, 분석 결과를 활용하여 인사이트를 도출하여 제시하는 문제도 출제되므로 각 분석 방법에 대한 해석 방법 등의 예시에 대해 학습해봅시다. 특히, 최근 기출 경향에는 결과 해석만이 아니라 이론에 대한 내용들로만 서술형이 나온다거나 해석과 이론을 동시에 요구하는 문제도 출제되고 있습니다.

- **통계분석의 해석 방법을 알고 있나요?**

통계분석에서 출제되거나 출제될 것으로 예상되는 기법은 회귀분석과 주성분 분석, 시계열분석입니다. 각 분석에 대한 R 프로그램 분석 결과에 대한 해석과 시각화 그래프에 대한 이해가 필요합니다. 각 방법에 대한 해석 방법들을 본문을 통해 학습해봅시다. 추가적으로 해석 방법에 필요한 간략한 이론 내용을 복습해 봅시다.

- **데이터 마이닝의 해석 방법을 알고 있나요?**

데이터 마이닝에서 출제되거나 출제될 것으로 예상되는 기법은 분류분석인 로지스틱 회귀분석, 의사결정나무, 앙상블 기법, 나이브 베이지안, 인공신경망과 군집분석, 연관성분석입니다. 각 분석에 대한 R 프로그램 분석 결과에 대한 해석과 시각화 그래프에 대한 이해가 필요합니다. 각 방법에 대한 해석 방법들을 본문을 통해 학습해봅시다. 추가적으로 해석 방법에 필요한 간략한 이론 내용을 복습해 봅시다.

1절 통계분석

1. 서술형 문제란?

- 서술형 문제는 ADP 4과목 데이터 분석의 통계분석과 정형 데이터 마이닝의 분석 방법론을 **R 프로그램으로 분석한 결과를 해석**하거나, **시각화 자료를 보고 해석**하는 문제가 출제된다. 또한, 분석 결과에서 찾을 수 있는 인사이트를 서술하는 문제가 출제된다.
- 서술형 문제를 풀기 위해서는 **분석 결과에 대한 해석**, 분석과 관련된 **시각자료에 대한 해석 방법**을 숙지해야한다.
- 서술형 문제에서는 분석 결과를 해석하여 발견할 수 있는 '인사이트를 제시하라.'는 문제를 자주 출제합니다. '이러한 분석 결과를 바탕으로 이러한 결과 예상해볼 수 있다.'라는 말과 같은 **해결책 제시**가 중요하다.
- 최근에는 해석 위주의 문제에서 나아가, **이론 지식(통계 또는 알고리즘 이해)**이나 복합적인 지식(이론+해석)을 요구하는 문제들이 출제되고 있다. 따라서 이에 대한 이론적인 내용의 충분한 복습과 대비가 필요하다. 본 장의 마지막인 최근 기출 문제에서 더 자세히 알아본다.

2. 탐색적 분석

가. 개요

- 탐색적 분석은 R 프로그램에서 데이터에 대한 **요약(summary)과 데이터의 일부(head)를 보여**준 뒤, 데이터 분석 방법과 인사이트를 제시하라는 문제가 출제된다.
- 제시된 데이터에 대해 어떻게 이해하고 있는지를 기술하고 적절한 **분석방법론을 나열**하고 그 중 최적의 방법론을 선택하여 주어진 데이터로 **분석을 실행하는 과정을 상세하게 기술**해야 한다. 그리고 예상되는 **분석 결과를 제시**하고 이런 결과물을 통해 어떤 인사이트를 얻게 될지를 예상해서 기술하여야 한다. 추가로 분석 과정에서 예상되는 주의 사항 등을 추가하면 더 좋은 점수를 받을 수 있다.

나. 예상문제

- iris 데이터셋은 붓꽃에 대한 데이터이며, 꽃받침의 길이(Sepal.Length), 꽃받침의 너비(Sepal.Width), 꽃잎의 길이(Petal.Length), 꽃잎의 너비(Petal.Width), 종류(Specise/setosa, versicolor, virginica) 총 5개의 변수로 구성되어 있으며, 아래는 iris 데이터의 상위 6개와 기초 통계량이다.

```
> head(iris)
  Sepal.Length Sepal.Width Petal.Length Petal.Width Species
1          5.1         3.5          1.4         0.2  setosa
2          4.9         3.0          1.4         0.2  setosa
3          4.7         3.2          1.3         0.2  setosa
4          4.6         3.1          1.5         0.2  setosa
5          5.0         3.6          1.4         0.2  setosa
6          5.4         3.9          1.7         0.4  setosa
> summary(iris)
  Sepal.Length    Sepal.Width     Petal.Length    Petal.Width          Species
 Min.   :4.300   Min.   :2.000   Min.   :1.000   Min.   :0.100   setosa    :50
 1st Qu.:5.100   1st Qu.:2.800   1st Qu.:1.600   1st Qu.:0.300   versicolor:50
 Median :5.800   Median :3.000   Median :4.350   Median :1.300   virginica :50
 Mean   :5.843   Mean   :3.057   Mean   :3.758   Mean   :1.199
 3rd Qu.:6.400   3rd Qu.:3.300   3rd Qu.:5.100   3rd Qu.:1.800
 Max.   :7.900   Max.   :4.400   Max.   :6.900   Max.   :2.500
```

1) 문제와 해결 방법

- 문제 : 붓꽃의 종류를 분류하기 위한 방법을 제시하시오.
  결과물로부터 얻을 수 있는 인사이트를 예시를 사용해 설명하시오.
- 위의 문제를 해결하기 위해서는 **통계분석과 데이터 마이닝 분석 방법론 종류와 적용에 대한 정확한 숙지**가 필요하다.

2) 해석 결과

문제 붓꽃의 종류를 분류하기 위한 방법을 제시하시오.

→ 정답 : 상위 6개의 데이터와 데이터에 대한 기초 통계량을 확인했을 때, Species는 범주형 변수이며, 나머지 Sepal.Length, Sepal.Width, Petal.Length, Petal.Width는 수치형 변수임을 확인할 수 있으며, **종속변수**는 Species이며, **설명변수**는 Sepal.Length, Sepal.Width, Petal.Length, Petal.Width이다. 붓꽃의 종류인 Species(3가지 종류, setosa/versicolor/virginica)를 분류하기 위해서는 정형 데이터 마이닝 중 분류분석을 사용하여 붓꽃의 종류를 분류하여야 한다. 분류분석의 방법론은 **로지스틱 회귀분석, 의사결정나무, 앙상블기법(배깅, 부스팅, 랜덤포레스트), 인공신경망, 나이브 베이지안, K-NN(K-Nearest Neighbor), SVM(Support Vector Machine)** 등이 있다.

이 중 **의사결정나무** 분석 방법을 활용한다면 R 프로그램에서 rpart, ctree 함수 등을 사용해서 모델을 구축한다. 예를 들어 rpart(Species~., data=iris)라는 코드로 모델을 구축하는 것은 iris 데이터를 사용하여 종속변수 Species에 대해 모든 설명변수(Sepal.Length, Sepal.Width, Petal.Length, Petal.Width)를 사용하여 모델을 구축한다고 할 수 있다. 분석 결과가 나타난다면 분류할 데이터의 개수는 n을 통해 알 수 있고 1) root를 시작으로 몇 개의 데이터가 몇 개로 분류되는지에 대해 해석을 진행한다.

의사결정나무의 경우 분석 결과만으로는 해석에 어려움이 있을 수 있으므로 **시각화하여 해석**을 한다면 쉽게 해석에 접근할 수 있다. 기존의 plot 함수를 활용하여도 되지만, **rpart.plot**라는 라이브러리에서 **prp 함수를 활용**하면 원하는 형태와 내용으로 그래프를 그릴 수 있다. 마지막으로 의사결정나무에서 분석에서 **가지의 개수를 정하기 위해서 교차타당성을 통해 확인**하여 분리 기준을 정한다. R 프로그램 코드에서 $cptable처럼 분석 결과에서 cptable를 확인해 보면 여러 가지 값이 나오지만, xerror 값을 확인하고 **xerror 값이 가장 낮을 때의 split 개수를 선택**해서 나무의 분리 기준을 정한다.

의사결정나무 분석을 진행할 때 주의사항은 분류분석이기 때문에 **종속변수가 연속형 변수값이면 예측에 적당하지 않으므로 해당 종속변수를 구간화** 등을 통해 범주형 변수로 변환하여 분석에 적용해야 한다.

문제 결과물로부터 얻을 수 있는 인사이트를 예시로 사용해 설명하시오.

→ 정답 : 분류분석은 데이터가 어떤 그룹에 속하는 예측하는데 사용하는 기법으로 주로 신용평가모형, 사기방지모형, 고객세분화 등과 같은 분류모형을 구축하는데 활용된다.

위의 데이터를 예로 head 함수를 통해 확인할 수 있는 3번 데이터는 setosa로 분류되어 있으며, 의사결정나무 분석을 통해 setosa는 Petal.Length 값이 2.5보다 작게 나타나야 setosa로 분류할 수 있다고 하자. 해당 데이터의 Petal.Length는 1.3으로 나타나 setosa로 잘 분류되었음을 알 수 있고, Petal.Length 값이 2.5보다 크고 Petal.Width 값이 1.8보다 작으면 virgicolor이라고 할 때, 52번 데이터의 Petal.Length는 4.7, Petal.Width는 1.4로 나타나 앞의 조건을 만족하여 virgicolor로 분류할 수 있다.

화훼업종에 종사하는 사람이 꽃의 판매 금액이 높은 종인 virginica는 판매하고 나머지 종은 꽃다발에 같이 사용하려고 할 때, 분류분석을 진행하여 setosa, virginica, virgicolor를 분류분석을 통해 분류하여 넓이(Sepal/Petal.Width)와 길이(Sepal/Petal.Length) 범위에 따라 종류를 분류하는 인사이트를 도출하여 사용할 수 있다.

3. 회귀분석

가. 개요

- 회귀분석은 4과목 문제로도 가장 많이 출제되는 part이다. 회귀분석에 대한 R 프로그램 분석 결과 중 유의한 설명변수 파악, 회귀 모형의 유의성 검토, 결정 계수 해석, 모형 수식 작성 등에 대한 해석은 정확히 숙지해야 된다.(회귀분석의 자세한 설명은 PART04 4장 4-5절을 참고)

나. 예상문제

문제 ① MASS 패키지의 'Cars93'이라는 데이터셋의 가격(Price)을 종속변수로 선정하고, 엔진 크기(EngineSize), RPM, 무게(Weight)를 이용해서 다중회귀분석을 실시했다. 아래의 결과를 해석하시오.

```
> library(MASS)
> lm(Price~EngineSize+RPM+Weight, data=Cars93)
Call:
lm(formula = Price ~ EngineSize + RPM + Weight, data = Cars93)
Coefficients:
(Intercept)     EngineSize          RPM         Weight
 -51.793292       4.305387     0.007096       0.007271

> summary(lm(Price~EngineSize+RPM+Weight, data=Cars93))

Call:
lm(formula = Price ~ EngineSize + RPM + Weight, data = Cars93)
Residuals:
    Min      1Q  Median      3Q     Max
-10.511  -3.806  -0.300   1.447  35.255
Coefficients:
             Estimate Std. Error t value Pr(>|t|)
(Intercept) -51.793292   9.106309  -5.688 1.62e-07 ***
EngineSize    4.305387   1.324961   3.249  0.00163 **
RPM           0.007096   0.001363   5.208 1.22e-06 ***
Weight        0.007271   0.002157   3.372  0.00111 **
--Signif. codes:  0 '***' 0.001 '**' 0.01 '*' 0.05 '.' 0.1 ' ' 1

Residual standard error: 6.504 on 89 degrees of freedom
Multiple R-squared:  0.5614,    Adjusted R-squared:  0.5467
F-statistic: 37.98 on 3 and 89 DF,  p-value: 6.746e-16
```

1) 해석 방법

- 다변량 회귀분석은 아래와 같은 단계로 분석할 수 있다.
  1단계) 다변량 모형에 대한 가설검정 실시
  2단계) 각 변수의 계수에 대한 가설검정 실시

3단계) 결정계수를 통한 모형에 대한 설명력 확인

4단계) 다중공선성의 확인을 통한 모형의 안정성 확인

5단계) 잔차분석을 통한 다변량 회귀분석의 가정 확인

2) 해석 결과

- 위의 분석 결과는 해석방법 5단계 중 1~3단계까지 해석이 가능하다. 분석에 앞서 모형의 구조는 formula를 통해 확인할 수 있으며, 가격(Price)을 종속변수로 예측하기 위해 엔진사이즈(EngineSize), 엔진회전수(RPM), 무게(Weight)라는 3가지 설명변수를 활용하여 모형이 설계되었음을 확인 할 수 있다.(즉, 회귀식은 Price=Intercept+β_1*EngineSize+β_2*RPM+β_3*Weight이다.)

- 1단계 : 다변량 회귀분석에서 종속변수인 가격(Price)에 대한 설명변수들 간의 모형에 대한 통계적 타당성을 가설 검정한다.
  - 귀무가설(H_0) : β_1(EngineSize)=β_2(RPM)=β_3(Weight)=0

    대립가설(H_1) : 적어도 하나의 설명변수 계수 값은 0이 아니다.

    F-통계량은 37.98이며 p-value 값이 6.746e-16으로 귀무가설의 기각역인 0.05보다 작게 나타남에 따라 유의수준 5%하에서 대립가설을 채택하게 된다. 그러므로 추정된 회귀모형은 통계적으로 매우 유의함을 알 수 있다.

    검정통계량 : $F_0 = \dfrac{R^2/k}{(1-R^2)/(n-k-1)} \sim F(k, n-k-1)$, 여기서 k는 독립변수의 수

- 2단계 : 다변량 회귀분석에 활용된 각 설명변수들의 계수들에 대한 통계적 타당성을 가설 검정한다.
  - 첫 번째 설명변수인 엔진사이즈(EngineSize)에 대한 통계적 가설검정을 실시한다.

    귀무가설(H_0) : β_1(EngineSize)=0

    대립가설(H_1) : β_1(EngineSize)≠0

    t-통계량은 3.249이며 p-value 값이 0.00163이므로 귀무가설의 기각역인 0.05보다 작게 나타남에 따라 유의수준 5%하에서 대립가설을 채택하게 된다. 그러므로 추정된 회귀모형의 첫 번째 설명변수인 EngineSize는 통계적으로 유의함을 알 수 있다.

  - 두 번째 설명변수인 RPM의 경우, t-통계량은 5.208이며 p-value 값이 1.22e-06이므로 귀무가설의 기각역인 0.05보다 작게 나타남에 따라 유의수준 5%하에서 대립가설을 채택하게 된다. 그러므로 추정된 회귀모형의 두 번째 설명변수인 RPM은 통계적으로 유의함을 알 수 있다.

- 세 번째 설명변수인 Weight의 경우, t-통계량은 3.372이며 p-value 값이 0.00111이므로 유의수준 5% 하에서 대립가설을 채택하게 된다. 그러므로 추정된 회귀모형의 모든 설명변수는 통계적으로 유의함을 알 수 있다.

  검정통계량 : $T_0 = \dfrac{\hat{\beta}_j - 0}{SE(\hat{\beta}_j)} \sim t(n-k-1)$, 여기서 k는 독립변수의 수

- 3단계 : 통계적으로 유의성을 확인한 다변량 회귀모형이 전체 데이터를 얼마나 잘 설명하는지 확인하기 위해 결정계수(R^2)를 확인한다.
- 결정계수를 확인하기 위해 Multiple R-squared와 Adjusted R-squared를 확인한 결과, 0.5614와 0.5467로 나타났으며, 이는 전체 데이터를 설계된 다변량 회귀모형이 56.14%, 54.67%를 설명하고 있다고 해석할 수 있다.

  결정계수 : $R^2 = \dfrac{SSR}{SST} = 1 - \dfrac{SSE}{SST}$

  수정된 결정계수 : $R_a^2 = 1 - \dfrac{SSE/(n-k-1)}{SST/(n-1)}$, 여기서 k는 독립변수의 수

- 최종적으로 다변량 회귀분석 결과를 종합해 보면 추정된 다변량 회귀식은 Price = -51.79 + 4.31 * EngineSize + 0.007 * RPM + 0.007 * Weight 이다.
  회귀식을 통해 EngineSize, RPM, Weight는 모두 각각 다른 변수가 고정되어있을 때 증가할수록 가격(Price)도 증가하는 것을 확인할 수 있으며, Price에 가장 유의한 변수는 EngineSize이며, 차량의 가격에서 EngineSize가 가장 많이 신경 써야하는 변수라는 결론을 도출할 수 있다.

문제 ② swiss 데이터는 프랑스어를 사용하는 스위스 내 지역의 출산율과 관련된 자료이다. 아래는 각 변수의 내용과 출산율을 농업종사자 비율 등 5개의 변수로 설명하기 위한 모형을 추정한 결과이다. 아래의 결과를 해석하시오.

```
> summary(step(lm(Fertility~1, data=swiss),
+ scope=list(lower=~1, upper=~Agriculture+Examination+Education+Catholic+Infant.Mortality),
+ direction="both"))
Start:   AIC=238.35
Fertility ~ 1

                   Df Sum of Sq    RSS    AIC
+ Education         1    3162.7 4015.2 213.04
+ Examination       1    2994.4 4183.6 214.97
+ Catholic          1    1543.3 5634.7 228.97
+ Infant.Mortality  1    1245.5 5932.4 231.39
```

```
+ Agriculture         1      894.8 6283.1 234.09
<none>                              7178.0 238.34

Step:  AIC=213.04
Fertility ~ Education

                    Df Sum of Sq    RSS    AIC
+ Catholic           1      961.1 3054.2 202.18
+ Infant.Mortality   1      891.2 3124.0 203.25
+ Examination        1      465.6 3549.6 209.25
<none>                             4015.2 213.04
+ Agriculture        1       62.0 3953.3 214.31
- Education          1     3162.7 7178.0 238.34

Step:  AIC=202.18
Fertility ~ Education + Catholic

                    Df Sum of Sq    RSS    AIC
+ Infant.Mortality   1     631.92 2422.2 193.29
+ Agriculture        1     486.28 2567.9 196.03
<none>                            3054.2 202.18
+ Examination        1       2.46 3051.7 204.15
- Catholic           1     961.07 4015.2 213.04
- Education          1    2580.50 5634.7 228.97
Step:  AIC=193.29
Fertility ~ Education + Catholic + Infant.Mortality

                    Df Sum of Sq    RSS    AIC
+ Agriculture        1     264.18 2158.1 189.86
<none>                            2422.2 193.29
+ Examination        1       9.49 2412.8 195.10
- Infant.Mortality   1     631.92 3054.2 202.18
- Catholic           1     701.74 3124.0 203.25
- Education          1    2380.38 4802.6 223.46

Step:  AIC=189.86
Fertility ~ Education + Catholic + Infant.Mortality + Agriculture

                    Df Sum of Sq    RSS    AIC
<none>                            2158.1 189.86
+ Examination        1      53.03 2105.0 190.69
- Agriculture        1     264.18 2422.2 193.29
- Infant.Mortality   1     409.81 2567.9 196.03
- Catholic           1     956.57 3114.6 205.10
- Education          1    2249.97 4408.0 221.43

Call:
lm(formula = Fertility ~ Education + Catholic + Infant.Mortality +
    Agriculture, data = swiss)
```

```
Residuals:
     Min      1Q  Median      3Q     Max
-14.6765 -6.0522  0.7514  3.1664 16.1422

Coefficients:
                 Estimate Std. Error t value Pr(>|t|)
(Intercept)      62.10131    9.60489   6.466 8.49e-08 ***
Education        -0.98026    0.14814  -6.617 5.14e-08 ***
Catholic          0.12467    0.02889   4.315 9.50e-05 ***
Infant.Mortality  1.07844    0.38187   2.824  0.00722 **
Agriculture      -0.15462    0.06819  -2.267  0.02857 *
---
Signif. codes:  0 '***' 0.001 '**' 0.01 '*' 0.05 '.' 0.1 ' ' 1

Residual standard error: 7.168 on 42 degrees of freedom
Multiple R-squared:  0.6993,    Adjusted R-squared:  0.6707
F-statistic: 24.42 on 4 and 42 DF,  p-value: 1.717e-10
```

1) 해석 방법

- 벌점화 방식(AIC)의 변수선택법을 활용한 다변량 회귀분석은 아래와 같은 단계로 분석할 수 있다.

  1단계) 변수선택법을 결정하고, 초기 모형을 세팅

  2단계) 선택된 최적 모형의 AIC를 계산

  3단계) 선택된 모형에서 변수를 추가/삭제 할 경우의 각 모형에서 AIC를 계산

  4단계) 각 모형에서 최소의 AIC 모형을 선택하여 최적 모형으로 선정

  5단계) 2단계에서 4단계를 반복하고 AIC가 더 이상 줄어들지 않을 때 최종모형을 최적 모형으로 선정

  6단계) 다변량 모형에 대한 F-test를 통해 가설검정 실시

  7단계) 각 변수의 계수에 대한 t-test를 통해 가설검정 실시

  8단계) 결정계수를 통한 모형에 대한 설명력 확인

  9단계) 다중공선성의 확인을 통한 모형의 안정성 확인

  10단계) 잔차분석을 통한 다변량 회귀분석의 가정 확인

2) 해석 결과

- 위의 분석 결과는 해석방법 10단계 중 1~8단계까지 해석이 가능하다. 분석에 앞서 모형의 구조는 formula를 통해 확인할 수 있고, step 함수를 통해 종속변수에 대해 설명변수가 없을 경우부터 모든 설명 변수가 포함될 때의 회귀모형을 비교해 최적의 회귀방정식을 도출할 수 있다. 또, direction에서 'both'는 단계적 선택법, 'forward'는 전진 선택법, 'backward'는 후진 제거법을 의미한다.

- 출산율(Fertility)을 종속변수로 설정하고, 설명변수가 없을 때부터 최대 모든 설명변수가 포함된 회귀식까지 설정하여 최적의 회귀식을 도출한다.
- 1단계 : 변수선택법을 결정하고, 초기 모형을 설정한다.
    - 위의 분석 결과에서 direction이 both로 설정되어 변수선택법을 단계적 선택법으로 선정했음을 확인할 수 있다. 또, 초기 모형은 Fertility~1로 설명변수가 하나도 없는 상태에서부터 시작함을 의미한다. scope의 경우 모형 선정 중 최소 설명변수가 아무것도 없는 것부터 설명변수가 모두 있는 것까지를 비교하여 모형을 선정한다는 의미이다.
- 2단계 : 선택된 최적 모형의 AIC를 계산한다.
    - 분석 결과에서 시작 모형은 **Fertility~1이 최적 모형**으로 설정되어 있으며 start에서 AIC 값이 238.35로 계산되어 있다.
- 3단계 : 선택된 모형에서 변수를 추가/삭제 할 경우의 각 모형의 AIC를 계산한다.
    - Fertility~1 모형에 대해 설명변수 5개에 대한 각각의 AIC 값을 계산하여 자유도 등과 함께 나타낸다. Education의 AIC 값이 213.04, Examination의 AIC 값은 214.97 등으로 나타나 있다.
    - Fertility~1에 대한 + Education의 AIC 결과 의미는 절편만 있는 회귀 모형에서 Education 하나만 추가했을 때의 AIC이다.
- 4단계 : 각 모형에서 최소의 AIC 모형을 선택하여 최적 모형으로 선정한다.
    - 계산된 AIC값을 비교하여 가장 작은 설명변수인 **Education을 추가하여 최적 모형으로 선정**한다.
    - 즉, 모든 변수를 각각 하나씩 추가했을 때의 결과 중 AIC가 가장 작기 때문에 첫번째로 Education이 선택된다.(Fertility~Education으로 부터 알 수 있음)
- 5단계 : 2~4단계를 반복하여 AIC가 더 이상 줄어들지 않을 때 최종모형을 최적의 모형으로 선정한다.
    - 위의 과정을 반복하여 Fertility~Education+Catholic+Infant.Mortality+Agriculture이 최적의 모형으로 선정되고 마지막 Step에서 AIC가 189.86으로 계산되고 추가되지 않은 설명변수 Examination의 AIC 값이 190.69로 나타나(즉, 변수를 추가하면 AIC가 커지기 때문에) 해당 변수를 모형에 추가하지 않고 **최적의 모형을 Fertility~Education+Catholic+Infant.Mortality+Agriculture으로 선정**했다.
- 6단계 : 다변량 회귀분석에서 종속변수인 출산율(Fertility)에 대한 설명변수들 간의 모형에 대한 통계적 타당성을 가설 검정한다.
    - 귀무가설(H_0) : β_1(Education)=β_2(Catholic)=...=β_4(Agriculture)=0

    대립가설(H_1) : 적어도 하나의 설명변수 계수 값은 0이 아니다.

    F-통계량은 24.42이며 p-value 값이 1.717e-10으로 귀무가설의 기각역인 0.05보다 작

게 나타남에 따라 유의수준 5% 하에서 대립가설을 채택하게 된다. 그러므로 추정된 회귀모형은 통계적으로 매우 유의함을 알 수 있다.

$$\text{검정통계량} : F_0 = \frac{R^2/k}{(1-R^2)/(n-k-1)} \sim F(k, n-k-1), \text{ 여기서 } k \text{는 독립변수의 수}$$

- 7단계 : 다변량 회귀분석에 활용된 각 설명변수들의 계수들에 대한 통계적 타당성을 가설 검정한다.
  - 첫 번째 설명변수인 Education에 대한 통계적 가설검정을 실시한다.
    귀무가설(H_0) : β_1(Education) = 0
    대립가설(H_1) : β_1(Education) ≠ 0
    t-통계량은 -6.617이며 p-value 값이 5.14e-08이므로 귀무가설의 기각역인 0.05보다 작게 나타남에 따라 유의수준 5% 하에서 대립가설을 채택하게 된다. 그러므로 추정된 회귀모형의 첫 번째 설명변수인 Education은 통계적으로 유의함을 알 수 있다.
  - 두 번째 설명변수인 Catholic의 경우, t-통계량은 4.315이며 p-value 값이 9.50e-05이므로 귀무가설의 기각역인 0.05보다 작게 나타남에 따라 유의수준 5% 하에서 대립가설을 채택하게 된다. 그러므로 추정된 회귀모형의 두 번째 설명변수인 Catholic은 통계적으로 유의함을 알 수 있다.
  - 세 번째 설명변수인 Weight의 경우, t-통계량은 2.824이며 p-value 값이 0.00722이므로 유의수준 5% 하에서 대립가설을 채택하고 네 번째 설명변수인 Agriculture의 경우, t-통계량은 -2.267이며 p-value 값이 0.02857이므로 유의수준 5% 하에서 대립가설을 채택하게 된다. 그러므로 추정된 회귀모형의 모든 설명변수는 통계적으로 유의함을 알 수 있다.

$$\text{검정통계량} : T_0 = \frac{\hat{\beta}_j - 0}{SE(\hat{\beta}_j)} \sim t(n-k-1), \text{ 여기서 } k \text{는 독립변수의 수}$$

- 8단계 : 통계적으로 유의성을 확인한 다변량 회귀모형이 전체 데이터를 얼마나 잘 설명하는지 확인하기 위해 결정계수(R^2)를 확인한다.
  - 결정계수를 확인하기 위해 Multiple R-squared와 Adjusted R-squared를 확인한 결과, 0.6993과 0.6707로 나타났으며, 이는 전체 데이터를 설계된 다변량 회귀모형이 69.93%, 67.07%를 설명하고 있다고 해석 할 수 있다.

$$\text{결정계수} : R^2 = \frac{SSR}{SST} = 1 - \frac{SSE}{SST}$$

$$\text{수정된 결정계수} : R_a^2 = 1 - \frac{SSE/(n-k-1)}{SST/(n-1)}, \text{ 여기서 } k \text{는 독립변수의 수}$$

- 최종적으로 다변량 회귀분석 결과를 종합해 보면 추정된 다변량 회귀식은 Fertility = 62.1 - 0.98*Education + 0.13*Catholic + 1.08*Infant.Mortality - 0.16Agriculture이다.

회귀식을 통해 각각 다른 변수가 고정되어있을 때 Education, Agriculture는 증가할수록 출산율(Fertility)는 감소하고 Catholic, Infant.Mortality는 증가하면 출산율(Fertility)도 증가하는 것을 확인할 수 있으며, Fertility에 가장 유의한 변수는 Infant.Mortality이며, 출산율에서 Infant.Mortality를 가장 많이 신경 써야한다고 결론을 도출할 수 있다.

4. 주성분 분석

가. 개요

- 주성분 분석은 4과목 문제에서 주성분의 선택과 관련하여 주로 출제가 되는 part로 주성분 분석에 대한 R 프로그램 분석 결과 중 **주성분 분석의 누적 기여율(cumulative proportion)과 시각화 자료인 scree plot, biplot에 대한 해석**은 정확히 숙지해야 된다.(주성분 분석의 자세한 설명은 PART04 4장 8절을 참고)

나. 예상문제

문제 ① USArrests 데이터에는 미국 50개 주에서 폭행, 살인 및 강간에 대한 10만 명의 주민에 대한 체포 통계 포함하는 4개의 변수가 있다. 아래는 4개의 변수들을 사용하여 주성분 분석을 시행한 결과이다. 아래의 결과를 해석하시오.

```
> pca<-princomp(USArrests,cor=T)
> summary(pca)
Importance of components:
                          Comp.1    Comp.2    Comp.3    Comp.4
Standard deviation     1.5748783 0.9948694 0.5971291 0.41644938
Proportion of Variance 0.6200604 0.2474413 0.0891408 0.04335752
Cumulative Proportion  0.6200604 0.8675017 0.9566425 1.00000000
> loadings(pca)

Loadings:
         Comp.1 Comp.2 Comp.3 Comp.4
Murder    0.536  0.418  0.341  0.649
Assault   0.583  0.188  0.268 -0.743
UrbanPop  0.278 -0.873  0.378  0.134
Rape      0.543 -0.167 -0.818

              Comp.1 Comp.2 Comp.3 Comp.4
SS loadings    1.00   1.00   1.00   1.00
Proportion Var 0.25   0.25   0.25   0.25
Cumulative Var 0.25   0.50   0.75   1.00
```

1) 해석 방법
- 주성분 분석의 결과표에 대한 설명과 의미을 제시한다. 결과물에 대한 설명과 이를 통해 해석 가능한 인사이트를 제시한다.

2) 해석 결과
- 위의 표는 R 프로그램으로 주성분 분석을 실시하여 나타난 결과를 summary 함수를 통해 확인하면 나타나는 주성분 분석 결과표이다. Standard deviation은 요소들의 표준편차를 의미하고 Proportion of Variance는 분산비율로서 각 주성분이 차지하는 비율을 말하므로 클수록 영향도가 높다는 것을 의미한다. Cumulative Proportion은 분산의 누적합계이며, 누적기여율이 85% 이상이면 주성분의 수로 결정할 수 있다. 위의 분석 결과에서 누적기여율이 85% 이상인 Comp. 2의 누적기여율이 약 87%이므로 4차원을 2차원으로 축소할 수 있다.
- 위의 결과에서 2개의 변수로 축소하여 각 변수의 특성을 파악해 인사이트를 도출해야 한다. 예를 들어 위의 결과 중 Comp. 1과 2에 대한 점수를 계산했을 때(Loagings 결과), Comp. 1=0.536*Murder+0.583*Assault+0.278*UrbanPop+0.543*Rape으로, Comp. 2=0.418*Murder+0.188*Assault-0.873*UrbanPop-0.167*Rape으로 나타난다면, Comp. 1은 '범죄'와 관련된 주성분이라고 해석할 수 있고, Comp. 2는 '도시인구'와 관련된 주성분이라고 해석할 수 있다.

> **문제** ② 아래의 그림은 USArrests 데이터의 변수들을 사용하여 주성분 분석 결과를 scree plot으로 그린 결과이다. 아래의 결과를 해석하시오.

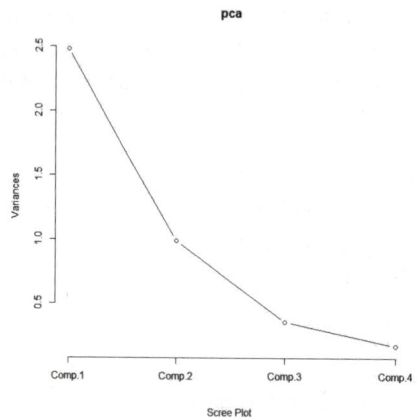

1) 해석 방법
- scree plot이 어떤 의미를 포함하고 있는지 왜 사용하는지, 그리고 해석은 어떻게 하는지를 제시하고, 제시된 그래프를 해석하고 인사인트를 제시한다.

2) 해석 결과

- scree plot이란 2차원 그래프에서 x축에는 주성분의 개수, y축에는 분산이나 고유값(eigen value)을 두어 **주성분 분석에서 요인의 수를 결정하기 위해 사용**된다. 이 외에도 군집분석 등의 분석에서 최적의 군집 설정 등에 사용할 수 있다. 해석 방법은 y축의 값이 수평을 유지하기 전 단계로 주성분 개수를 선택한다. 위의 그래프로 보면 주성분 3개째에서 그래프의 기울기가 줄어드는 형태를 보이므로 한 개를 뺀 (3-1=2) 2개 주성분이 적합하다.

문제 ③ 아래의 그림은 USArrests 데이터의 변수들을 사용하여 주성분 분석 결과를 biplot으로 그린 결과이다. 아래의 결과를 해석하시오.

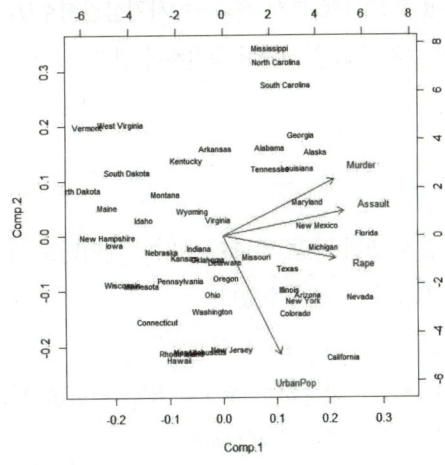

1) 해석 방법

- biplot이 어떤 의미를 포함하고 있는지 왜 사용하는지, 그리고 해석은 어떻게 하는지를 제시하고, 제시된 그래프를 해석하고 인사이트를 제시한다.

2) 해석 결과

- biplot은 원 변수와 성분(Comp1, 2) 간의 관계를 그래프로 표현한 것으로 그래프를 통해 각 주성분의 의미를 해석하고 각 개체들의 특성을 파악할 수 있다. **화살표는 원 변수와 Comp의 상관계수**를 의미하며, **화살표가 Comp와 평행할수록 상관계수가 크므로 해당 Comp에 큰 영향**을 끼친다. 그리고 화살표가 **같은 방향으로 인접해 있을수록 같은 주성분으로 생성될 수도 있음**을 알 수 있다.
- 위의 biplot에서 Comp. 1을 기준으로 Murder, Assult, Rape는 같은 방향으로 인접해 있는 것을 확인할 수 있고, Comp. 2를 기준으로 Urbanpop은 다른 3개와 방향이 다르므로 상관관계가 낮다.

- 여기서 이상치는 Vermont, West Virginia 등은 변수 방향, 상관관계가 동떨어져 이상치로 판정 될 수 있는 데이터이다.
- 이상치의 특성을 파악하라는 문제가 출제된다면, 위 결과에서 이상치라고 판단되는 값들 중 West Virginia는 **범죄비율들과 도시인구비율이 적으므로 '범죄가 없는 시골'이라고 해석하여 분석 결과를 본 미국 시민들이 그 도시로 몰릴 수도 있다고 판단할 수 있다.**

5. 시계열 분석

가. 개요

- 시계열 분석에 대한 R 프로그램 분석 결과 중 **자기상관함수(ACF), 편자기상관함수(PACF)에 따른 모형 선택방법**에 대한 해석은 정확히 숙지해야 된다.(시계열 분석의 자세한 설명은 PART04 4장 6절을 참고)

나. 예상문제

- king 데이터는 영국 왕 42명의 사망 시 나이 예제의 데이터로 비계절성을 띠는 시계열 자료이며, 트렌드 요소, 불규칙 요소로 구성되어 있다.

문제 ① 아래는 king 데이터를 사용하여 ACF를 통한 적합한 ARIMA 모델 결정을 위한 시계열 분석을 시행한 결과이다. 아래의 결과를 해석하시오.

```
> king<-scan("http://robjhyndman.com/tsdldata/misc/kings.dat",skip=3)
> king.ts <- ts(king)
> king.ff1 <- diff(king.ts, differences = 1)
> king.acf <- acf(king.ff1, lag.max=20, plot=TRUE)
> king.acf

Autocorrelations of series 'king.ff1', by lag

     0      1      2      3      4      5      6      7      8      9     10
 1.000 -0.360 -0.162 -0.050  0.227 -0.042 -0.181  0.095  0.064 -0.116 -0.071
    11     12     13     14     15     16     17     18     19     20
 0.206 -0.017 -0.212  0.130  0.114 -0.009 -0.192  0.072  0.113 -0.093
```

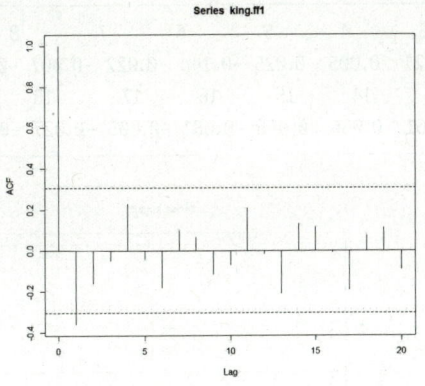

1) 해석 방법
- R 프로그램에서 사용된 함수와 인자에 대해 해석을 제시하고 ACF plot에 대한 설명을 한다. 그리고 ACF 함수를 활용한 **시계열분석 결과 방법을 제시하고, 그래프의 결과를 통해 절단점 확인 및 모형 선정**을 실시한다.

2) 해석 결과
- acf 함수를 사용하여 분석하기에 앞서 scan 함수로 데이터를 불러와 king 데이터에 저장하였다. 그리고 ts 함수로 king 데이터를 시계열 데이터로 변환하여 king.ts에 저장하고 diff 함수를 활용해 king 데이터를 1차 차분하여 분석에 사용했다. acf 함수에서 lag.max는 최대 lag를 몇까지 나타낼 것인가를 지정하는 것이고 plot은 ACF 그래프를 나타낼 것인가를 묻는 인자이다. 분석 결과에서는 각 시점의 자기상관계수 값을 확인할 수 있고 ACF 그래프로 절단점과 모형을 선정할 수 있다. ACF 그래프는 자기상관함수로 계산된 시차(1, 2, 3, …)에서 자기상관값과 시차 상관그림을 함께 그린 것으로 **이동평균(MA)모형을 선정하기 위해 사용하는 그래프**이다.
- ACF 그래프를 확인한 결과, lag 1인 지점까지는 점선 구간을 초과하고 나머지는 모두 점선 구간 안에 있으므로 **lag 2에서 절단점**을 가지므로 **MA(1) 모형을 생성**할 수 있다.

> **문제** ② 아래는 king 데이터를 사용하여 PACF를 통한 적합한 ARIMA 모델 결정을 위한 시계열 분석을 시행한 결과이다. 아래의 결과를 해석하시오.

```
> king.pacf <- pacf(king.ff1, lag.max=20, plot=TRUE)
> king.pacf

Partial autocorrelations of series 'king.ff1', by lag
```

```
  1      2      3      4      5      6      7      8      9     10
-0.360 -0.335 -0.321  0.005  0.025 -0.144 -0.022 -0.007 -0.143 -0.167
 11     12     13     14     15     16     17     18     19     20
 0.065  0.034 -0.161  0.036  0.066  0.081 -0.005 -0.027 -0.006 -0.037
```

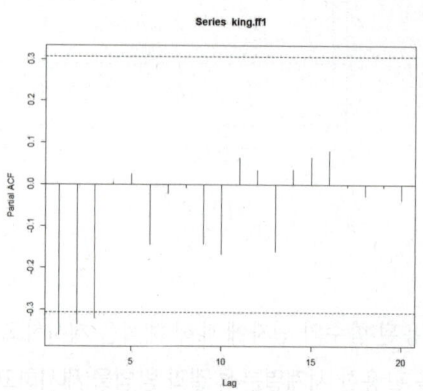

1) 해석 방법
- R 프로그램에서 사용된 함수와 인자에 대해 해석을 제시하고 PACF plot에 대한 설명을 한다. 그리고 PACF 함수를 활용한 **시계열분석 결과 방법을 제시하고, 그래프의 결과를 통해 절단점 확인 및 모형 선정을 실시**한다.

2) 해석 결과
- pacf 함수에서 lag.max는 최대 lag를 몇까지 나타낼 것인가를 지정하는 것이고 plot은 PACF 그래프를 나타낼 것인가를 묻는 인자이다. 분석 결과에서는 각 시점의 편자기상관계수 값을 확인할 수 있고 PACF 그래프로 절단점과 모형을 선정할 수 있다. PACF 그래프는 서로 다른 두 시점 사이의 관계를 분석할 때 중간에 존재하는 값을 제외하고 나타낸 상관계수를 구하여 그린것으로 **자기회귀(AR)모형을 선정하기 위해 사용하는 그래프**이다.
- PACF 그래프를 확인한 결과, lag 3인 지점까지는 점선 구간을 초과하고 나머지는 점선 구간 안에 있으므로 **lag 4에서 절단점**을 가지므로 **AR(3) 모형을 생성**할 수 있다.

문제 ③ 아래는 king 데이터를 활용하여 ARIMA 모형을 찾고 그 모형으로 예측한 결과이다. 아래의 결과를 해석하시오.

```
> auto.arima(king.ts)
Series: king.ts
ARIMA(0,1,1)

Coefficients:
         ma1
```

```
        -0.7218
s.e.     0.1208

sigma^2 estimated as 236.2:  log likelihood=-170.06
AIC=344.13    AICc=344.44    BIC=347.56

> king.arima <- arima(king, order=c(0,1,1))
> king.forecasts <- forecast(king.arima)
> king.forecasts
    point    Forecast      Lo 80      Hi 80      Lo 95      Hi 95
       43    67.75063    48.29647    87.20479   37.99806    97.50319
       44    67.75063    47.55748    87.94377   36.86788    98.63338
       45    67.75063    46.84460    88.65665   35.77762    99.72363
       46    67.75063    46.15524    89.34601   34.72333   100.77792
       47    67.75063    45.48722    90.01404   33.70168   101.79958
       48    67.75063    44.83866    90.66260   32.70979   102.79146
       49    67.75063    44.20796    91.29330   31.74523   103.75603
       50    67.75063    43.59372    91.90753   30.80583   104.69543
       51    67.75063    42.99472    92.50653   29.88974   105.61152
       52    67.75063    42.40988    93.09138   28.99529   106.50596
```

1) 해석 방법
- 위의 결과는 아래와 같은 단계로 해석한다.
  1단계) auto.arima 함수를 활용하여 나타난 결과는 Series의 ARIMA(p,q,r) 모형을 확인한다.
  2단계) ARIMA(p,q,r) 결과로 시계열 모형을 설정하고 forecast 함수로 결과를 예측한다.

2) 해석 결과
- 위의 분석 결과에서는 2단계까지 모두 해석이 가능하다. king 데이터에 auto.arima라는 함수를 활용하면 자동으로 ARIMA 모형을 선정해준다.
- 1단계 : auto.arima를 활용한 분석 결과에서 ARIMA 모형을 확인한다.
  - 결과는 Series의 밑에서 확인이 가능하다. 모형이 ARIMA(0,1,1)으로 선정되었음을 확인할 수 있으며, 시계열 모형식은 $Z_t = a_t + 0.7218 a_{t-1}$이다.
- 2단계 : ARIMA 모형을 설정하여 forecast 함수로 결과를 예측한다.
  - ARIMA(0,1,1) 모형으로 예측했을 때, 43번째에서 52번째 왕의 사망 시 나이 예측 결과는 **67.75살로 추정**되며, 신뢰구간은 80~95% 사이이고 h인자는 예측하고자 하는 개수를 'h=5'처럼 5개로 정할 수 있다.
- 최종적으로 시계열 분석 결과를 종합해보면, ACF 그래프를 통해 **MA(1) 모형**을 생성할 수 있고 PCAF 그래프를 통해 **AR(3) 모형**을 생성할 수 있다. auto.arima 함수를 활용하여 ARIMA(0,1,1) 모형을 선정하였으며, ARIMA(0,1,1) 모형으로 예측한 결과 **43~52번째 왕의 사망 시 나이는 67.75살로 예측**한다는 결론을 도출할 수 있다.

2절 정형 데이터 마이닝

1. 로지스틱 회귀분석

가. 개요

- 로지스틱 회귀분석은 단답형의 개념을 묻거나 R 프로그램 해석 문제로도 출제가 된다.
로지스틱 회귀분석에 대해 R 프로그램 분석 결과 중 **유의한 설명변수 파악, 회귀 모형의 유의함,
결정 계수 해석, 모형 수식 작성, 오즈비를 이용한 해석** 등에 대한 해석은 정확히 숙지해야 된다.
(로지스틱 회귀분석의 자세한 설명은 PART04 5장 2절을 참고)

나. 예상문제

문제 ① Default 데이터셋은 10,000명의 신용카드 고객의 체납 여부(default)와 학생여부(student), 카드 잔고(balance), 연봉(income)을 포함하고 있다. 체납 여부를 예측하기 위해 로지스틱 회귀분석을 실시한다. 아래의 결과를 해석하시오.

```
> summary(step(glm(default ~ 1,data = Default, family = binomial),
+    scope=list(lower=~1, upper=~student + balance + income),
+    direction="both"))
Start:  AIC=2922.65
default ~ 1

          Df Deviance    AIC
+ balance  1   1596.5 1600.5
+ student  1   2908.7 2912.7
+ income   1   2916.7 2920.7
<none>         2920.7 2922.7

Step:  AIC=1600.45
default ~ balance

          Df Deviance    AIC
+ student  1   1571.7 1577.7
+ income   1   1579.0 1585.0
<none>         1596.5 1600.5
- balance  1   2920.7 2922.7
```

```
Step:   AIC=1577.68
default ~ balance + student

         Df Deviance    AIC
<none>         1571.7 1577.7
+ income    1  1571.5 1579.5
- student   1  1596.5 1600.5
- balance   1  2908.7 2912.7

Call:
glm(formula = default ~ balance + student, family = binomial,
    data = Default)

Deviance Residuals:
    Min       1Q   Median       3Q      Max
-2.4578  -0.1422  -0.0559  -0.0203   3.7435

Coefficients:
              Estimate Std. Error z value Pr(>|z|)
(Intercept) -1.075e+01  3.692e-01 -29.116  < 2e-16 ***
balance      5.738e-03  2.318e-04  24.750  < 2e-16 ***
studentYes  -7.149e-01  1.475e-01  -4.846 1.26e-06 ***
---
Signif. codes:  0 '***' 0.001 '**' 0.01 '*' 0.05 '.' 0.1 ' ' 1

(Dispersion parameter for binomial family taken to be 1)

    Null deviance: 2920.6  on 9999  degrees of freedom
Residual deviance: 1571.7  on 9997  degrees of freedom
AIC: 1577.7

Number of Fisher Scoring iterations: 8
```

1) 해석 방법

- 벌점화 방식(AIC)의 변수선택법을 활용한 로지스틱 회귀분석은 아래와 같은 단계로 분석할 수 있다.

    1단계) 변수선택법을 결정하고, 초기 모형을 세팅

    2단계) 선택된 최적 모형의 AIC를 계산

    3단계) 선택된 모형에서 변수를 추가/삭제 할 경우의 각 모형에서 AIC를 계산

    4단계) 각 모형에서 최소의 AIC 모형을 선택하여 최적 모형으로 선정

    5단계) 2단계에서 4단계를 반복하고 AIC가 더 이상 줄어들지 않을 때 최종모형을 최적 모형으로 선정

    6단계) 각 변수의 계수에 대한 가설검정 실시

2) 해석 결과

- 위의 분석 결과는 해석방법 6단계 모두 해석이 가능하다. 분석에 앞서 모형의 구조는 formula를 통해 확인할 수 있고 step 함수를 통해 종속변수에 대해 설명변수가 없을 경우부터 모든 설명변수가 포함될 때의 회귀모형을 비교해 최적의 회귀방정식을 도출할 수 있다. 또, direction에서 'both'는 단계적 선택법, 'forward'는 전진 선택법, 'backward'는 후진 제거법을 의미한다.
- 체납여부(Default)을 종속변수로 설정하고, 설명변수가 없을 때부터 최대 모든 설명변수가 포함된 회귀식까지 설정하여 최적의 회귀식을 도출한다.
- 1단계 : 변수선택법을 결정하고, 초기 모형을 설정한다.
  - 위의 분석 결과에서 direction이 both로 설정되어 변수선택법을 단계적 선택법으로 선정했음을 확인할 수 있다. 또, 초기 모형은 default~1로 설명변수가 하나도 없는 상태에서부터 시작함을 의미한다. scope의 경우 모형 선정 중 최소 설명변수가 아무것도 없는 것부터 설명변수가 모두 있는 것까지를 비교하여 모형을 선정한다는 의미이다.
- 2단계 : 선택된 최적 모형의 AIC를 계산한다.
  - 분석 결과에서 시작 모형은 **default~1이 최적 모형**으로 설정되어 있으며 start에서 AIC 값이 2922.65로 계산되어 있다.
- 3단계 : 선택된 모형에서 변수를 추가/삭제 할 경우의 각 모형의 AIC를 계산한다.
  - default~1 모형에 대해 설명변수 3개에 대한 각각의 AIC 값을 계산하여 자유도 등과 함께 나타낸다. **balance의 AIC 값이 1600.5, student의 AIC 값은 2912.7, income의 AIC 값은 2920.7로 나타나 있다.**
  - default~1에 대한 +balance의 AIC 결과 의미는 절편만 있는 회귀 모형에서 balance 하나만 추가했을 때의 AIC이다.
- 4단계 : 각 모형에서 최소의 AIC 모형을 선택하여 최적 모형으로 선정한다.
  - 계산된 AIC 값을 비교하여 가장 작은 설명변수인 **balance를 추가하여 최적 모형으로 선정**한다.
  - 즉, 모든 변수를 각각 하나씩 추가했을 때의 결과 중 AIC가 가장 작기 때문에 첫번째로 balace가 선택된다.(default~balace로 부터 알 수 있음)
- 5단계 : 2~4단계를 반복하여 AIC가 더 이상 줄어들지 않을 때 최종모형을 최적의 모형으로 선정한다.
  - 위의 과정을 반복하여 default~balance+student이 최적의 모형으로 선정되고 마지막 **Step에서 AIC가 1577.68로 계산되고 추가되지 않은 설명변수 income의 AIC 값이 1579.5로 나타나**(즉, 변수를 추가하면 AIC가 커지기 때문에) 해당 변수를 모형에 추가하지 않고 **최적의 모형을 default~balance+student로 선정**했다.

- **6단계** : 로지스틱 회귀분석에 활용된 각 설명변수들의 계수들에 대한 통계적 타당성을 가설 검정한다.
  - 첫 번째 설명변수인 balance에 대한 통계적 가설검정을 실시한다.

    귀무가설(H_0) : $\beta_1(\text{balance}) = 0$

    대립가설(H_1) : $\beta_1(\text{balance}) \neq 0$

    z-통계량은 24.75이며 p-value 값이 <2e-16이므로 귀무가설의 기각역인 0.05보다 작게 나타남에 따라 유의수준 5% 하에서 대립가설을 채택하게 된다. 그러므로 추정된 회귀모형의 첫 번째 설명변수인 balance는 통계적으로 유의함을 알 수 있다.

  - 두 번째 설명변수인 studentYes의 경우, z-통계량은 -4.846이며 p-value 값이 1.26e-06이므로 0.05보다 작게 나타남에 따라 유의수준 5% 하에서 대립가설을 채택하게 된다. 그러므로 추정된 회귀모형의 두 번째 설명변수인 studentYes는 통계적으로 유의함을 알 수 있다. 그러므로 추정된 회귀모형의 모든 설명변수는 통계적으로 유의함을 알 수 있다.

  - 검정통계량은 $Z_0 = \dfrac{\hat{\beta}_j}{SE(\hat{\beta}_j)} \approx N(0,1)$라는 사실만 알고 넘어가도록 하자.

- 최종적으로 로지스틱 회귀분석 결과를 종합해 보면 추정된 로지스틱 회귀식은

$$P(X) = \dfrac{1}{1+\exp(-(-10.75 + 0.005738\,balance - 0.7149\,studentYes))}$$

이다. 또, 다른 설명변수의 조건이 동일할 때, studentYes가 한 단위 증가할수록 체납할 확률이 체납하지 않을 확률의 exp(-0.715)=0.49배, 즉 학생일수록 체납확률이 낮아진다고 할 수 있다. 회귀식을 통해 balance가 증가할수록 default는 증가하고, studentYes가 증가할수록 default는 감소한다. default에 가장 영향을 많이 끼치는 변수는 StudentYes이지만, 해당 변수의 특징을 파악해보면 사립학교 여부를 0과 1로 나타낸 변수이므로 결과해석을 유의해서 해야 된다는 결론을 도출할 수 있다.

문제 ② 아래의 Crabs 데이터는 참게 중 암참게에 붙어사는 숫참게에 대한 데이터이다. 암참게가 부수체를 갖는지 여부에 영향을 미치는 요인을 조사했으며, 암참게가 한 마리 이상의 부수체를 가지면 y=1로 정의하고 그렇지 않으면, y=0으로 정의했다. 아래는 부수체(y) 예측에 너비(width)를 이용한 로지스틱회귀모형을 적합했다. 아래의 물음에 답하시오.

```
glm(formula = Crabs$y=Crabs$width, family = binomial, data=Crabs)
Deviance Residuals:
    min      1Q   Median      3Q     Max
 -2.0281 -1.0458   0.5480  0.9066  1.6842

Coefficients:
          Estimate  Std.Error  z values  Pr(>|Z|)
```

```
(Intercept)    -12.3508    2.6287    -4.6248    2.62e-05 ***
Crabs$width      0.4972    0.1017     4.887    1.02e-06 ***

(dispersion parameter for binomial family taken to be 1)

     Null deviance : 225.76  on 172  degrees of freedom
 Residual deviance : 194.45  on 171  degrees of freedom
 AIC 198.45

Number of Fisher scoring iterations: 4
```

(1) 너비 x에 대한 부수체의 예측 확률을 구하는 식을 작성하시오.
- 너비 x에 대해 부수체의 예측확률을 구하는 식은 로지스틱 회귀식을 작성하면 된다.
  로지스틱 회귀식은 $y = \dfrac{1}{1+\exp(12.3508 - 0.4972 Crobs\$width)}$ 이다.

(2) 로지스틱 회귀모형은 오즈(Odds)를 이용하여 해석할 수 있다. x가 한 단위 증가함에 따라 오즈는 (ㄱ)만큼 증가한다. 즉, $x+1$에서의 오즈는 (ㄴ)(을)를 곱한 값과 같다. 그리고 암참게 자료에 대하여 부수체의 오즈는 너비가 1cm 증가함에 따라 (ㄱ) 증가하는 것으로 추정된다. 즉, (ㄴ)만큼 증가한다. 여기서, ㄱ, ㄴ에 들어갈 답을 구하시오.
- (풀이) x가 한 단위 증가함에 따라 오즈는 $\exp(0.4972)$만큼 증가한다. 또한, $x+1$에서의 오즈는 x일 때의 오즈와 동일하므로 $\exp(0.4972)$만큼 증가한다. 그러므로 1cm 증가함에 따라 $\exp(0.4972)=1.64$배 만큼 증가한다. 따라서, ㄱ, ㄴ은 $\exp(0.4972)$로 동일하다.

(3) 평균 너비값이 $x=26.3$인 경우에는 부수체의 확률이 0.671로 예측되고 오즈는 (ㄷ)이다. $x=27.3(=26.3+1)$일 때의 예측확률은 0.773이고 이에 대한 오즈는 (ㄹ)임을 확인할 수 있다. 여기서, ㄷ, ㄹ에 들어갈 답을 구하시오.
- (풀이) $x=26.3$일 때 (1)에서 구한 로지스틱 회귀식으로 확률을 구하면 0.671이 나타나게 되고 오즈는 $\dfrac{0.671}{1-0.671} \fallingdotseq 2.07$로 나타난다. 또한, $x=27.3$일 때의 예측확률도 (1)에서 구한 로지스틱 회귀식으로 확률을 구하면 0.773이 나타나게 되고 오즈는 $\dfrac{0.773}{1-0.773} \fallingdotseq 3.40$으로 나타난다. 따라서, ㄷ은 2.07, ㄹ은 3.40이다.

2. 의사결정나무

가. 개요

- 의사결정나무는 R 프로그램 분석 결과 중 **의사결정나무 모델링 결과, 교차타당성오차**에 대한 해석을 정확히 숙지해야 된다.(의사결정나무의 자세한 설명은 PART04 5장 2절을 참고)

나. 예상문제

문제 ① iris 데이터셋은 붓꽃의 꽃잎의 너비와 길이를 측정한 데이터이다. 총 4개의 변수(Sepal.Length, Sepal.Width, Petal.Length, Petal.Width)을 이용해서 Species를 분류하는 의사결정나무 분석을 실시한다. 아래의 결과를 해석하시오.

```
> library(rpart)
> tree<-rpart(Species~., data=iris)
> tree
n= 150

node), split, n, loss, yval, (yprob)
      * denotes terminal node

1) root 150 100 setosa (0.33333333 0.33333333 0.33333333)
  2) Petal.Length< 2.45 50   0 setosa (1.00000000 0.00000000 0.00000000) *
  3) Petal.Length>=2.45 100  50 versicolor (0.00000000 0.50000000 0.50000000)
    6) Petal.Width< 1.75 54   5 versicolor (0.00000000 0.90740741 0.09259259) *
    7) Petal.Width>=1.75 46   1 virginica (0.00000000 0.02173913 0.97826087) *

> library(rpart.plot)
> prp(tree, type=4, extra=2)
```

1) 해석 방법

- 위의 결과는 아래와 같은 단계로 해석한다.
  1단계) rpart 함수에 대해 설명한다.
  2단계) rpart 등의 함수를 활용하여 나타난 결과에서 조건에 따른 분류에 대해 파악한다.
  3단계) 시각화 결과에 대하여 해석하고 인사이트를 도출한다.

2) 해석 결과

- 위의 분석 결과에서는 3단계까지 모두 해석이 가능하다. iris 데이터에 rpart라는 함수를 활용하여 의사결정나무 분석을 진행한다.

- 1단계 : rpart 함수에 대해 설명한다.
  - R 프로그램에서 의사결정나무 분석을 실시하기 위한 다양한 패키지 중 rpart 패키지에 내장되어 있는 rpart 함수를 사용한다. rpart 패키지는 CART(Classification and Regression Trees)의 아이디어를 구현한 패키지이며, rpart(formula,data)의 기본 형태로 의사결정나무 모형을 구축할 수 있다. 또, rpart 함수 내에 모형의 적합을 위해 control 인자의 rpart.control 등의 명령어를 추가로 활용할 수 있다.
- 2단계 : rpart 등의 함수를 활용하여 나타난 결과에서 조건에 따른 분류에 대해 파악한다.
  - 위의 결과에서 n=150은 데이터의 개수가 150개를 의미하고 1) root부터 해석을 진행한다. 총 150개의 데이터 중 50개를 setosa로 분류하는데, 조건은 2) Petal.Length<2.45의 경우 모두 setosa로 분류한다. 또, 100개 중 50개를 versicolor로 분류하는데 Petal.Length >=2.45이며 Petal.Width<1.75인 54개 중 49개를 versicolor로 분류하고, Petal.Length >=2.45이며 Petal.Width>=1.75인 46개 중 45개를 virginica로 분류했다.
- 3단계 : 시각화 결과에 대해 해석하고 인사이트를 도출한다.
  - rpart 함수를 활용한 분석의 결과와 동일하지만, R 코드 분석 결과가 아닌 시각화 결과만 보여주고 해석하는 문제가 출제될 수 있으니 숙지하여야 한다. 그래프를 보면 **150개중 50개는 Petal.Length<2.5일 때, setosa로 분류되고 Petal.Length>=2.5이고 Petal.Width<1.8인 54개 중 49개는 versicolor로, Petal.Width>=1.8인 46개 중 45개를 virginica로 분류했다.**
  - 만약 3가지 꽃 종류 중 versicolor의 판매가 높다는 정보가 있다면, 도출된 결과를 바탕으로 'Petal.Length>=2.50이고 Petal.Width<1.8인 꽃만 추출해 판매한다.'고 인사이트를 제시해낼 수 있다.

문제 ② 아래의 결과는 위의 의사결정나무 모형의 교차타당성오차에 대한 결과와 그래프이다. 아래의 결과를 해석하시오.

```
> tree$cptable
    CP nsplit rel error xerror     xstd
1 0.50      0     1.00   1.19 0.04959167
2 0.44      1     0.50   0.72 0.06118823
3 0.01      2     0.06   0.11 0.03192700
>
> opt<-which.min(tree$cptable[,"xerror"])
> cp<-tree$cptable[opt,"CP"]
> prune.c<-prune(tree,cp=cp)
> plotcp(tree)
```

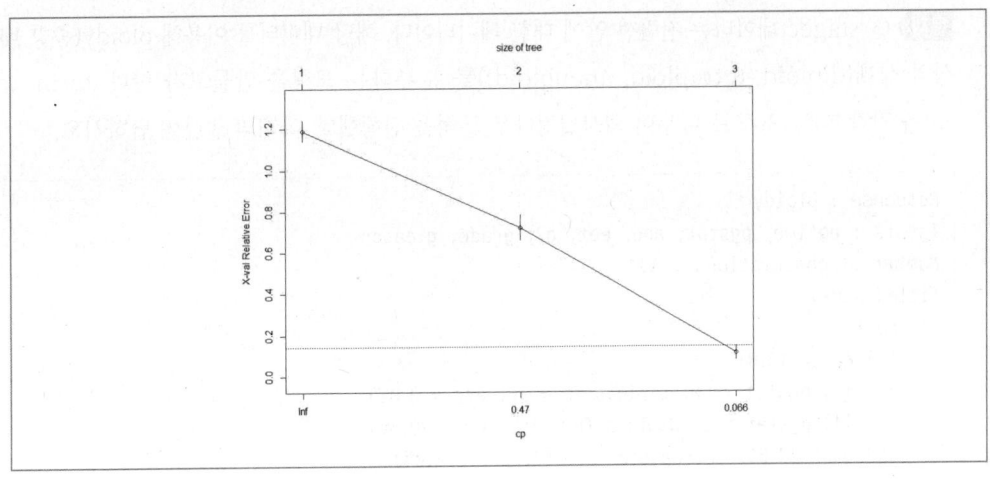

1) 해석 방법
- 위의 결과는 아래와 같은 단계로 해석한다.
  1단계) 함수에 포함된 기능에 대해 설명한다.
  2단계) 분석결과가 의미하는 바를 파악한다.
  3단계) 시각화 결과에 대하여 해석하고 인사이트를 도출한다.

2) 해석 결과
- 1단계 : 함수에 포함된 기능에 대해 설명한다.
  - 위의 결과에서 $cptable은 교차타당성오차를 제공하며 prune( ) 또는 rpart.control( ) 함수에서 가지치기(pruning)와 트리의 최대 크기(maximum size)를 조절한다. cptable에서 확인할 수 있는 CP는 tree의 크기를 조절하고 크기를 결정하기 위해 사용하는 값이며, nsplit은 분할 횟수에 대한 변수이다. x-error는 해당 CP에서 cross-validation을 했을 때 오류율을 나타내며 xstd는 해당 CP에서 cross-validation을 했을 때 나타나는 편차를 나타낸다.
  - tree$cptable에서 x-error이 가장 낮은 split 개수를 선택하면 되며, plotcp( )의 결과에서도 x-error가 가장 낮을 때의 결과에 따라 **교차타당성오차를 최소로 하는 트리를 형성**한다.
- 2단계 : 분석결과가 의미하는 바를 파악한다.
  - 위의 분석 결과에서는 tree$cptable에서 x-error가 가장 낮을 때는 3번째이다. 해당 CP 값은 0.01이고 nsplit은 2이라고 나타났다. 이 결과로 '**의사결정나무 모델이 분할을 2번까지 한다.**'라고 말할 수 있다.
- 3단계 : 시각화 결과에 대하여 해석하고 인사이트를 도출한다.
  - plotcp(cp)에서 x-error의 나무 분리가 3개일 때 최소 error를 가지므로, **나무의 크기(분류 결과)가 3개일 때의 결과**를 활용하는 것이 **가장 정확**하다고 판단할 수 있다.

문제 ③ stagec 데이터는 전립선 암에 대한 데이터이다. 해당 데이터를 이용해 ploidy(종양 배수성의 상태(diploid, tetraploid, aneuploid))를 분류하는 모형을 만들고자 한다. tarin, test set을 각각 70%, 30%로 나누어 의사결정나무 분석을 진행했다. 아래의 빈칸에 답하시오.

```
Response : ploidy
Inputs : pgtime, pgstat, age, eet, g2, grade, gleason
Number of observations : 134
Fitted party:
[1] root
|   [2] g2 <= 13.01
|   |   [3] pgstat <= 0: diploid (n = 36, err = 0.0%)
|   |   [4] pgstat > 0: diploid (n = 15, err = 20.0%)
|   [5] g2 > 13.01: tetraploid (n = 51, err = 0.0%)

plot(tree)
```

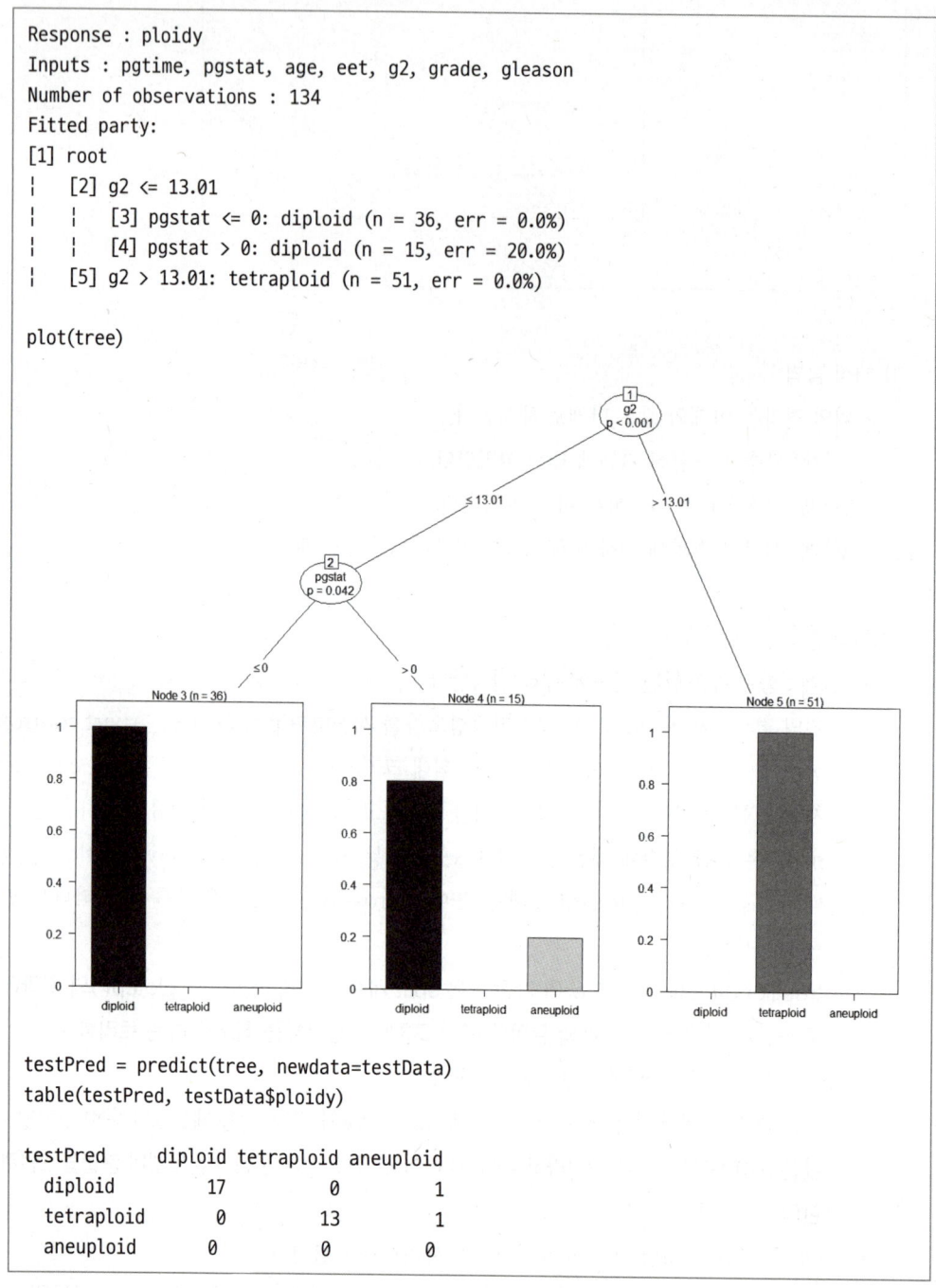

```
testPred = predict(tree, newdata=testData)
table(testPred, testData$ploidy)

testPred       diploid  tetraploid  aneuploid
  diploid         17         0          1
  tetraploid       0        13          1
  aneuploid        0         0          0
```

(1) 의사결정나무 분석 결과에서 입력변수는 총 ( )개 이다.
- 입력변수는 pgtime, pgstat, age, eet, g2, grade, gleason로 **총 7개이다.**

(2) 의사결정나무 분석 결과에 의하면 g2=15이고 pgstat=0일 때, 분류 예측(y)는 ( )이다.
- g2는 13.01보다 크면 tetraploid로 모두 분류한다는 결과를 확인할 수 있으므로, **g2가 15이며, pgstat가 0이면 tetraploid로 분류**된다. 만약, g2가 12이며, pgstat가 0이면 diploid로 분류될 것이다.

(3) testPred 결과에서 train 데이터를 predict 함수를 이용하여 test한 결과를 table로 표현한 것이다. 아래의 결과에서 정분류율을 구하여라.(%단위로 표현하고, 소수점 2번째 자리까지 표기하시오)
- 아래의 table 함수를 통해 나타난 결과에서 정분류율을 구하려면 $\frac{17+13}{17+13+1+1} = \frac{30}{32} ≒ 0.9375$ 로 **93.75%**이다.

3. 앙상블 분석

가. 개요
- 앙상블 분석은 주어진 자료로부터 여러 개의 예측모형들을 만든 후 예측모형들을 조합하여 하나의 최종 예측 모형을 만드는 방법으로 **배깅, 부스팅, 랜덤포레스트 방법**이 있다.
- 그 중 랜덤포레스트는 데이터의 일부를 복원 추출하여 이 데이터로 의사결정나무를 만들고, 가지를 나누는 과정에서 일부변수만 대상으로 하여 가지를 나눌 기준을 찾는 방법이다.
- 랜덤포레스트 분석의 R 프로그램 분석 결과 해석과 변수중요도 그래프, 수치에 대한 해석을 정확히 숙지해야 된다.(앙상블 분석의 자세한 설명은 PART04 5장 3절을 참고)

나. 예상문제

문제 ① iris 데이터셋은 붓꽃의 꽃잎의 너비와 길이를 측정한 데이터이다. 총 4개의 변수(Sepal.Length, Sepal.Width, Petal.Length, Petal, Width)을 이용해서 Species(setosa/versicolor/virginica)를 분류하는 랜덤포레스트 분석을 실시한다. 아래의 결과를 해석 하시오.

```
> rf.tree<-randomForest(Species ~., data=iris)
> rf.tree

Call:
 randomForest(formula = Species ~ ., data = iris)
               Type of random forest: classification
                     Number of trees: 500
No. of variables tried at each split: 2
```

```
           OOB estimate of  error rate: 4%
Confusion matrix:
           setosa versicolor virginica class.error
setosa         50          0         0        0.00
versicolor      0         47         3        0.06
virginica       0          3        47        0.06
```

1) 해석 방법

- 위의 결과는 아래와 같은 단계로 해석한다.
  1단계) 분석 방법론에 대해 설명한다.
  2단계) 함수에 대해 설명한다.
  3단계) 분석결과가 의미하는 바를 파악하고 인사이트를 도출한다.

2) 해석 결과

- 1단계 : 분석 방법론에 대해 설명한다.
  - 랜덤포레스트 분석 방법은 의사결정나무의 특징인 분산이 크다는 점을 고려하여 배깅과 부스팅보다 더 많은 무작위성을 주어 **약한 학습기들을 생성한 후 이를 선형 결합하여 최종 학습기를 만드는 방법**이다. 이론적 설명이나 최종 결과에 대한 해석이 어렵다는 단점이 있지만 입력변수가 많아도 예측력이 매우 높다고 알려져 있다.

- 2단계 : 함수에 대해 설명한다.
  - R 프로그램에서 랜덤포레스트 분석을 실시하기 위한 패키지는 randomForest 패키지에 내장되어 있는 randomForest 함수를 사용한다. randomForest(formula,data)의 기본 형태로 랜덤포레스트 모형을 구축할 수 있다. 또, randomForest 함수에서 모델에 활용할 나무의 개수, 변수 중요도 평가 여부 등을 ntree, importance 등의 명령어를 사용해 추가 기능을 수행할 수 있다.
  - 분석 결과에서 중요하게 해석해야 되는 부분은 **에러 추정치**(OOB estimate of error rate)**와 오분류표**(Confusion Matrix)이다. OOB(out-of-bag) estimate of error rate는 기존의 데이터 마이닝에서 training set과 test set으로 나누어 성능을 평가하는 방식과 유사하다. 트리들을 훈련시킨 후, 부스트랩 데이터와 원본 데이터를 비교해 훈련에 사용되지 않은 데이터를 따로 모아서(약 36.8%) 랜덤포레스트로 학습시켜 결과적으로 나타난 투표들의 합이다. 이 **값이 낮을수록 분류모델의 성능이 좋다고 판단**할 수 있다. Confusion Matrix는 분류 결과를 table 형식으로 정리하여 확인할 수 있다. R 프로그램에서 caret 패키지의 confusionMatrix( ) 함수를 활용하면 자세한 정확도, 특이도, 민감도 등의 수치를 확인할 수 있다.

- 3단계 : 분석결과가 의미하는 바를 파악하고 인사이트를 도출한다.
  - 위의 분석 결과에서 랜덤포레스트의 종류(Type of random forest)는 분류이며, 총 500개의 의사결정나무를 생성(Number of trees) 했고 노드마다 랜덤하게 선택되는 변수들의 개수(No. of carialbes tried at each split)는 2개이다. 'OOB(out of bag) estimate of error rate'는 4%로 **분류모델의 성능이 좋음**을 알 수 있다. 또, confusion matrix를 통해 versicolor가 virginica로 분류된 경우가 3개, virginica가 versicolor로 분류된 경우가 3개가 있어 **분류 정확도가 매우 높음**을 알 수 있다.

문제 ② 아래와 같은 결과를 나타내고 랜덤포레스트 분석 결과에서 변수 중요도를 해석에 대한 결과이다. 아래의 결과를 해석하시오.

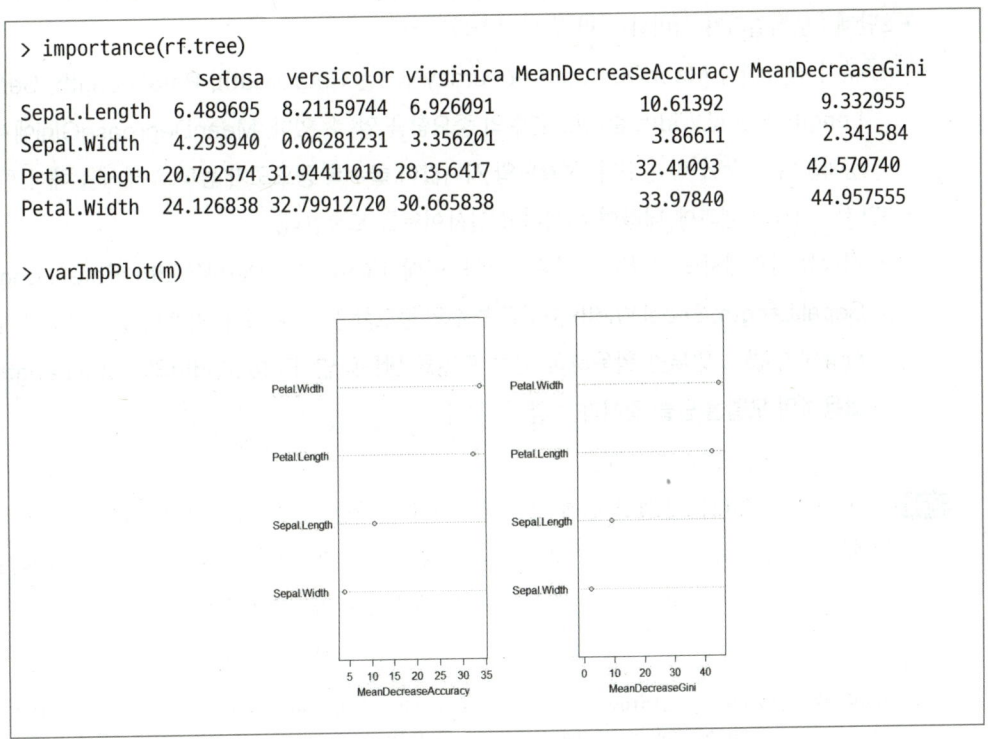

1) 해석 방법
   - 위의 결과는 아래와 같은 단계로 해석한다.
     1단계) 분석에 사용하는 함수에 대해 설명한다.
     2단계) 분석결과가 의미하는 바를 파악한다.
     3단계) 시각화 결과에 대하여 해석하고 인사이트를 도출한다.

2) 해석 결과
- 1단계 : 분석에 사용하는 함수에 대해 설명한다.
  - 모델링에 사용할 변수를 선택하는 것을 랜덤포레스트에서는 변수중요도를 통해 파악할 수 있다. 이를 파악하기 위해 R 프로그램에서 important 함수를 사용하여 변수 중요도를 파악한다. 랜덤포레스트의 변수 중요도는 **변수가 정확도와 노드 불순도 개선에 많은 영향을 미치는지에 대해 측정한다.**
  - 분석결과에서 MeanDecreaseAccuracy(정확도)는 구축된 나무의 정확도가 특정 변수 제거 후 재구축했을 때 감소되는 정확도의 차이를 변수별로 평균화 한 것이며, MeanDecreaseGini는(노드 불순도 개선)는 생성된 나무 모형이 가지를 뻗어나갈 때 마다 선택되는 변수들의 불순도 감소량을 측정해 전체 나무로부터의 그 평균치 값을 사용한 것이다.
- 2단계 : 분석결과가 의미하는 바를 파악한다.
  - 분석 결과에서 MeanDecreaseAccuracy에서는 Petal.Width, Petal.Length, Sepal.Length, Sepal.Width 순서로 변수의 중요함을 알 수 있다. MeanDecreaseGini에서도 정확도와 똑같이 해석 된다. **정확도와 지니값이 클수록 중요도가 높다**고 해석을 해야 한다.
- 3단계 : 시각화 결과에 대하여 해석하고 인사이트를 도출한다.
  - 시각화 결과에서도 정확도와 불순도 개선에 대한 Gini 값이 Petal.Width, Petal.Length, Sepal.Length, Sepal.Width 순서로 변수의 중요함을 알 수 있다. 최종적으로 변수 전체를 활용하지 않고 **일부만 활용하여 분류 모델을 만든다면,** Petal.Width와 Petal.Length를 **활용하여 모델을 만들 것**이라고 할 수 있다.

문제 ③ stagec 데이터는 전립선 암에 대한 데이터이다. 해당 데이터를 이용해 ploidy(종양 배수성의 상태(diploid, tetraploid, aneuploid))를 분류하는 모형을 만들고자 한다. tarin, test set을 각각 70%, 30%로 나누어 랜덤포레스트 분석을 진행했다. 아래의 빈칸에 답하시오.

```
Call:
 randomForest(formula = ploidy ~ ., data = trainData, ntree = 100,   proximity = TRUE)
               Type of random forest: classification
                     Number of trees: 100
No. of variables tried at each split: 2

        OOB estimate of  error rate: 5.88%
Confusion matrix:
          diploid tetraploid aneuploid class.error
diploid        45          1         2      0.0625
tetraploid      0         51         0      0.0000
aneuploid       3          0         0      1.0000
```

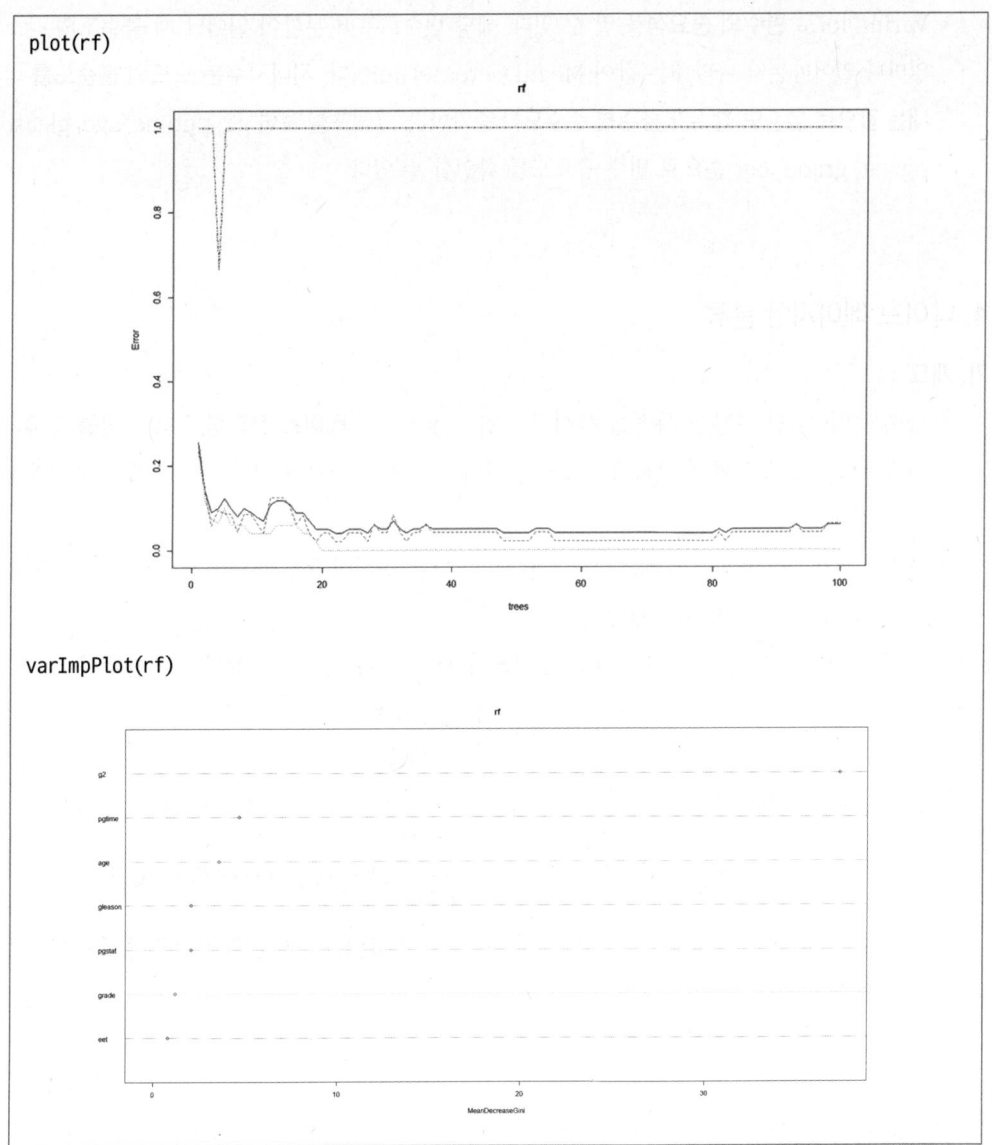

(1) 랜덤포레스트 분석에서 사용한 의사결정나무의 개수는 (   )개 이다.
- ntree=100으로 나타나 **100개의 의사결정나무를 사용**했다.

(2) 아래의 결과에서 사용된 plot 함수에 의해 나타난 결과의 의미와 error가 1일 때와 error가 0에 가까운 직선의 의미를 서술하시오.
- plot 함수는 **트리 수에 따른 종속변수의 범주별 오분류율을 나타내며**, 검정색은 전체 오분류율을 나타내며, **오분류율이 1로 나타난 범주는 aneuploid 범주로 개채수가 매우 작은 범주(n=3)에서 발생된 결과**이다. 또, **오분류율이 0으로 나타난 범주는 tetraploid 범주**이다.

(3) VarImPlot 함수를 사용한 결과에 대해 의미를 서술하시오.

- VarImPlot로 **변수의 중요성**을 알 수 있다. 해당 변수로부터 분할이 일어날 때 불순도의 감소가 얼마나 일어나는지 나타내는 값이 MeanDecreaseGini이다. **지니지수는 노드의 불순도를 나타내는 값으로 불순도 감소가 클수록 순수도가 증가**한다. 그래프를 보면 g2, pgtime, age, gleason, pgstat, grade, eet 순으로 변수 중요도를 확인할 수 있다.

4. 나이브 베이지안 분류

가. 개요

- 나이브 베이지안 분류는 특성들 사이의 독립을 가정하는 **베이즈 정리를 적용한 확률 분류기**의 일종으로 **텍스트 분류에 사용**되어 문서를 여러 범주 중 하나로 판단하는 문제에 대해 활용되어지고 있다.
- 나이브 베이지안은 하나의 속성 값을 기준으로 다른 속성이 독립적이라 전제했을 때 해당 속성 값이 클래스 분류에 미치는 영향을 측정한다.
- 조건부 확률 $P(C_i|X)$가 최대일 경우를 찾으며, 다음과 같은 식으로 확률을 계산할 수 있다.

$$P(C_i|X) = \frac{P(C_i)P(X|C_i)}{P(X)}$$

- $P(C_i|X)$의 계산을 위해 클래스 조건 독립성을 두어 아래의 식으로 계산한다.

$$P(X|C_i) = \prod_{k=1}^{n} P(X_k|C_i) = P(x_1|C_i) \quad P(x_2|C_i) \times \cdots \times P(x_n|C_i)$$

- 나이브 베이지안에 대한 R 프로그램 해석 문제보단 **알고리즘 이해에 대한 문제풀이 문제가 출제될 가능성**이 있다.

나. 예상문제

> **문제** 아래는 최근에 온 메일 10개의 내용이다. free라는 단어가 포함된 메일이 스팸일 확률을 계산해 보자.

index	Email
1	got **free** two movie ticket from your boy friend
2	**Free** coupon from xx.com
3	Watch **free** new movie from movie.com
4	Best, promo code here
5	There will be **free** pizza
6	Scheduled meeting tomorrow

7	Can we have lunch today?
8	I miss you
9	Thanks my friend
10	It was good to see you today

1) 문제 풀이

- 메일 중에서 나이브 베이지안 분류기를 활용하여 spam 메일을 찾아보자. 총 spam 메일은 3개이며 free란 단어가 있으면 spam 메일로 간주하여 분류하며, 총 10개의 메일 중 3개가 spam이며, free라는 단어는 총 4개가 포함되어 있다.
- spam 메일의 확률은 $P(spam) = \frac{3}{10}$이며, free가 포함된 메일의 확률은 $P(free) = \frac{4}{10}$이다. 여기서 spam 메일인데 free가 포함되어 있을 확률은 $P(free|spam) = \frac{2}{3}$이다.
- free란 단어가 들어가 있을 경우, spam 메일이라고 분류할 확률은 아래와 같다.

$$P(spam|free) = \frac{P(free|spam)*P(spam)}{P(free)} = \frac{\frac{2}{3} \times \frac{3}{10}}{\frac{4}{10}} = 0.5(50\%)$$

- 분류 정확도가 50%로 낮게 나타났다. 이럴 경우 **spam 메일의 특징이 되는 단어를 추가로 선정하여 나이브 베이즈 분류를 실시하여 정확도를 높여야 된다.**

5. 인공신경망

가. 개요

- 인공신경망 분석은 **R 프로그램 분석결과 해석과 결과 도식화**에 대해 숙지를 해야 한다.

나. 예상문제

문제 ① Default 데이터셋은 10,000명의 신용카드 고객의 체납 여부(default)와 학생여부(student), 카드 잔고(balance), 연봉(income)을 포함하고 있다. 이 중 체납 여부를 예측하기 위해 balance와 income을 활용해 인공신경망 분석을 실시한다. 아래의 결과를 해석하시오.

```
> Default_scaled<-cbind(scale(Default.scaled[-1]), Default.scaled[1])
> set.seed(1111)
> idx<-sample(1:nrow(Default_scaled),nrow(Default_scaled)*0.7,replace=FALSE)
> data.tr<- Default_scaled[idx,]
> data.test<- Default_scaled[-idx,]
```

```
> model.nnet <- nnet(default ~ ., data = data.tr, size = 2, decay = 0.0005)
# weights:  9
initial  value 4731.231295
iter  10 value 680.754549
iter  20 value 654.015209
iter  30 value 606.637803
iter  40 value 582.850375
iter  50 value 577.960967
iter  60 value 577.624993
iter  70 value 577.384106
iter  80 value 577.324168
iter  90 value 577.202895
iter 100 value 576.774101
final  value 576.774101
stopped after 100 iterations

> summary(model.nnet)
a 2-2-1 network with 9 weights
options were - entropy fitting  decay=5e-04
 b->h1 i1->h1 i2->h1
  1.64  -0.69  -0.07
 b->h2 i1->h2 i2->h2
  1.09  -7.36  -0.41
  b->o  h1->o  h2->o
  9.11 -17.19  -1.57
```

1) 해석 방법

- 위의 결과는 아래와 같은 단계로 해석한다.

   1단계) nnet 함수에 대해 설명한다.

   2단계) nnet 등의 함수를 활용하여 나타난 결과에 대해 파악한다.

   3단계) summary 결과에 대하여 도식화한다.

2) 해석 결과

- 1단계 : nnet 함수에 대해 설명한다.
   - R 프로그램에서 인공신경망 분석을 실시하기 위한 패키지는 nnet, neuralnet 등의 패키지가 있으며, 이번 분석에는 nnet 패키지에 내장되어 있는 nnet 함수를 활용하여 분석한다. nnet 패키지에서 신경망의 매개변수는 엔트로피와 SSE로 최적화되며, 출력결과를 softmax 함수를 사용해 확률 형태로 변환이 가능하다. 또, 과적합을 막기 위해 가중치 감소를 제공한다.

- 2단계 : nnet 등의 함수를 활용하여 나타난 결과에 대해 파악한다.
  - 인공신경망 분석을 실시하기 전에 R 프로그램에서 결과값이 극소점(local minimum)에 빠지지 않게 하기 위해 scale 함수로 평균 0, 표준편차 1으로 데이터를 정규화했다. 그리고 데이터를 7:3으로 training, test set으로 분할하기 위해 sample 함수를 사용했다. nnet 함수에서 formula를 이외에 사용할 수 있는 인자는 weights(가중치 설정), size(은닉층 노드의 수), Wts(초기 가중치 값), mask(최적화할 파라미터, TRUE면 선형 함수, FALSE면 시그모이드 함수 사용), decay(과적합을 막기 위한 가중치 감소의 모수)등이 있다. 위의 분석에서는 **size=2**로 은닉층 노드의 수를 2개로 지정했고, **decay=0.0005**로 가중치 감소 모수값을 정했다.
  - weights:9는 가중치가 9개로 주어졌으며, iter는 반복횟수이고 10번 반복했을 때, 에러 **함수의 값**을 나타내며 반복횟수가 늘어날수록 에러함수 값이 줄어드는 것을 확인할 수 있다.
- 3단계 : summary 결과에 대하여 도식화한다.
  - 위의 summary 결과를 보고 그림으로 도식화하기 위해서는 summary에 나타나는 값들을 파악해야한다. 'a 2-2-1 network with 9 weights'로 입력노드 2개, 은닉노드 2개, 출력노드가 1개이고 가중치가 9개라는 것을 확인할 수 있다. i는 **입력 노드**, h는 **은닉 노드**, o는 **출력 노드**, b는 **상수항(bias)의 가중치**로 나타나며 아래의 수치는 해당 노드에서 다른 노드로 이동할 때의 가중치 값을 나타낸다. i, h, o, b에 대하여 도식화하는 문제가 출제된다면 아래의 그림과 같이 나타내며 **선의 굵기는 값의 크기**를 나타낸다.

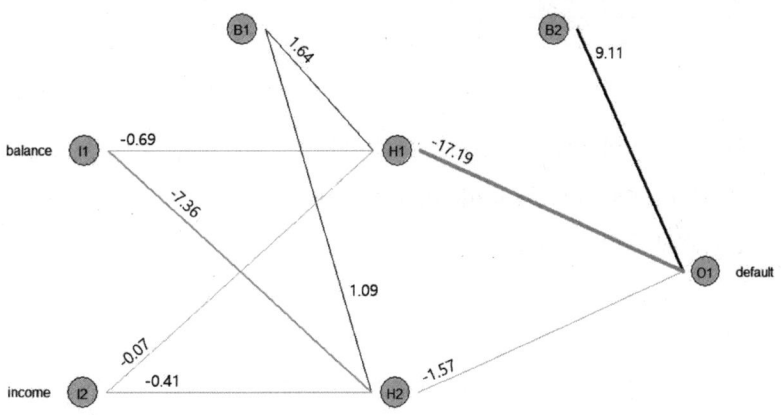

문제 ② 아래의 결과는 test set을 활용하여 Confusion Matrix(오분류표)를 만든 결과이다. 아래의 결과를 해석하시오.

```
> predicted<-predict(model.nnet, newdata=data.test, type="class")
> confusionMatrix(as.factor(predicted),data.test[,3])
Confusion Matrix and Statistics

          Reference
Prediction   No  Yes
       No  2911   74
       Yes    2   13

               Accuracy : 0.9747
                 95% CI : (0.9684, 0.98)
    No Information Rate : 0.971
    P-Value [Acc > NIR] : 0.1254

                  Kappa : 0.2485
 Mcnemar's Test P-Value : 3.816e-16

            Sensitivity : 0.9993
            Specificity : 0.1494
         Pos Pred Value : 0.9752
         Neg Pred Value : 0.8667
             Prevalence : 0.9710
         Detection Rate : 0.9703
   Detection Prevalence : 0.9950
      Balanced Accuracy : 0.5744

       'Positive' Class : No
```

1) 해석 방법

- 위의 결과는 아래와 같은 단계로 해석한다.

    1단계) predict, confusionMatrix 함수에 대해 설명한다.

    2단계) 분석 결과에 대해 파악한다.

2) 해석 결과

- 1단계 : predict, confusionMatrix 함수에 대해 설명한다.
    - R 프로그램에서 구축한 모형에 대해서 predict 함수로 test 데이터를 분류하여 예측하는 작업을 진행하며, confusionMatrix 함수로 **오분류표**를 나타내어 **정확도(accuracy), 민감도(sensitivity), 특이도(specificity)** 등의 값을 확인할 수 있다.

- 2단계 : 분석 결과에 대해 파악한다.

		Condition		Total
		True	False	
Prediction	Positive	2911	74	2985
	Negative	2	13	15
Total		2913	87	3000

- confusionMatrix의 결과에서 위와 같은 표의 값들을 직접 분석결과로 나타났으며, **정확도(accuracy), 민감도(sensitivity), 특이도(specificity)** 등의 값으로 모형을 평가할 수 있다. 오분류표를 해석하기 위해서는 정확도만 높다고 좋은 모델을 만들었다고 판단할 수 없으므로 민감도, 특이도 등 지표들을 같이 활용하여 모형을 평가해야 한다. 체납여부 중 체납하지 않음을 나타내는 No가 positive(긍정)의 값을 나타내며, **정확도는 97.5%로 매우 높게** 나타났고 민감도(sensitivity)는 99.9%로 매우 높게 나타났고 특이도(specificity)가 14.9%로 매우 낮게 나타났다. 이는 실제 체납했지만, 체납하지 않을 예측 확률인데 '**실제 체납이지만 체납이 아니라고 예측하는 수가 전체 86개 중 74개로 예측**'하고 있으므로 다른 모형을 개발한다거나 모형의 보정이 필요하다는 인사이트를 제시할 수 있다.

문제 ③ 위의 ② 문제에서 나온 Confusion Matrix 결과를 통해, F1-Score를 직접 계산하시오.

1) 계산 방법
   - 아래와 같은 단계로 계산한다.

   1단계) 혼동 행렬을 통해 정밀도(precision)과 재현율(recall)을 계산한다.

   $$\text{Recall} = \frac{TP}{TP+FN}, \text{Precision} = \frac{TP}{TP+FP}$$

   2단계) F1-Score를 계산한다.

   $$F1 = \frac{2}{recall^{-1} + precision^{-1}}$$

2) 계산 결과
   - 1단계 : 혼동 행렬을 통해 정밀도(precision)과 재현율(recall)을 계산한 결과

   - 정밀도는 예측이 참일 때 실제 값도 참인 비율로 $precision = \frac{13}{2+13} = \frac{13}{15}$ 이다.

   - 재현율은 실제로 값인 값을 참으로 예측한 비율로 $recall = \frac{13}{74+13} = \frac{13}{87}$ 이다.

- 2단계 : F1-Score를 계산한 결과
  - F1-Score는 정밀도와 재현율의 조화평균으로 다음과 같이 계산된다.

$$F1 = \frac{2}{\frac{15}{13} + \frac{87}{13}} = \frac{13}{51}$$

  - F1-Score는 정밀도와 재현율이 한 지표의 값이 높아지면 다른 지표의 값이 낮아질 가능성이 높은 관계를 지니고 있어 이러한 효과를 보정하여 하나의 지표로 만들어 낸 지표로 1에 가까울수록 모델의 성능이 우수하다고 판단할 수 있다.

6. 군집분석

가. 개요

- 군집분석은 R 프로그램 분석 결과 중 계층적 군집분석의 **덴드로그램 해석, 비계층적 군집분석(k-means clustering) 결과에 대한 해석**을 정확히 숙지해야 된다.(군집분석의 자세한 설명은 PART04 5장 5절을 참고)
- 그래프나 작동원리를 보고 계층적 군집분석과 비계층적 군집분석을 구분할 줄 아는 문제가 최근에 출제되었다.

나. 예상문제

문제 ① jet 데이터는 22개의 미국 전투기에 대한 4개의 변수 값을 포함한 데이터로 아래는 jet 데이터를 이용하여 계층적 군집분석의 덴드로그램 시각화 결과이다. 아래의 결과를 해석하시오.

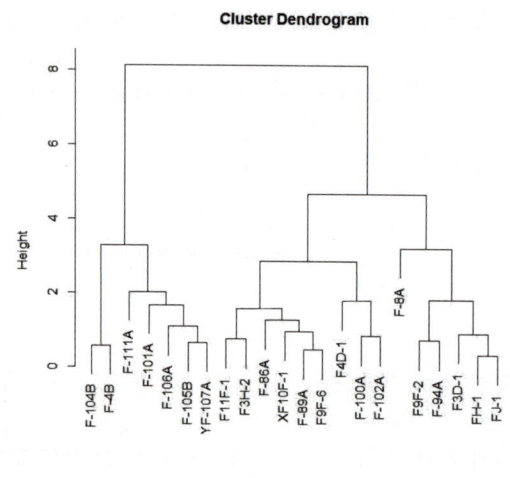

1) 해석 방법
- 위의 결과는 아래와 같은 단계로 해석한다.
  1단계) 덴드로그램에 대해 설명한다.
  2단계) 시각화 결과에 대하여 해석하고 인사이트를 도출한다.

2) 해석 결과
- 1단계 : 덴드로그램에 대해 설명한다.
  - 덴드로그램은 각 단계에서 관측치의 군집화를 통해 형성된 그룹과 이들의 유사성 수준을 표시하는 트리 다이어그램이다. 유사성 수준은 수직 축을 따라 측정되거나 사용자가 거리 수준을 표시할 수 있는데, 다른 관측치는 수평축을 따라 나열된다.
- 2단계 : 시각화 결과에 대하여 해석하고 인사이트를 도출한다.
  - 덴드로그램 시각화 결과에서 Height 값을 기준으로 하위 군집을 구성하는 방법은 **해당 Height 값에서 수평으로 선을 그어 나뉘는 그룹을 하나의 군집으로 구성**한다.
  - 위의 전투기를 Height 값을 6.0을 기준으로 하위 군집을 구성하면 아래와 같이
    {F-104B, F-4B, F-111A, F-101A, F-106A, F-105B, YF-107A}
    {F11F-1, F3H-2, F-86A, XF10F-1, F-89A, F9F-6, F4D-1, F100A, F102A, F-8A, F9F-2, F-94A, F3D-1, FH-1, FJ-1}
    으로 **총 2개의 군집**이 구성된다.
  - 위의 전투기를 Height 값을 4.0을 기준으로 하위 군집을 구성하면 아래와 같이
    {F-104B, F-4B, F-111A, F-101A, F-106A, F-105B, YF-107A}
    {F11F-1, F3H-2, F-86A, XF10F-1, F-89A, F9F-6, F4D-1, F100A, F102A}
    {F-8A, F9F-2, F-94A, F3D-1, FH-1, FJ-1}
    으로 **총 3개의 군집**이 구성된다.

문제 ② 아래의 분석 결과는 jet 데이터를 이용하여 비계층적 군집분석인 K-means clustering을 실시한 결과이다. 아래의 결과를 해석하시오.

```
> jet.kmeans<-kmeans(jet,3)
K-means clustering with 3 clusters of sizes 7, 9, 6

Cluster means:
       SPR      RGF       PL       SLF
1 6.928571 5.132857 0.1990000 2.728571
2 1.839889 4.107778 0.1470000 1.371111
3 3.619833 4.633333 0.1643333 3.066667
```

```
Clustering vector:
   FH-1    FJ-1   F-86A   F9F-2   F-94A   F3D-1   F-89A  XF10F-1   F9F-6
      2       2       3       2       2       2       2       2       2
  F-100A   F4D-1  F11F-1  F-101A   F3H-2  F-102A    F-8A  F-104B  F-105B
      3       3       3       1       3       3       2       1       1
 YF-107A  F-106A    F-4B  F-111A
      1       1       1       1

Within cluster sum of squares by cluster:
[1] 11.079362 13.896951  6.350967
 (between_SS / total_SS =  79.2 %)

Available components:

[1] "cluster"      "centers"      "totss"        "withinss"
[5] "tot.withinss" "betweenss"    "size"         "iter"
[9] "ifault"
```

1) 해석 방법

- 위의 결과는 아래와 같은 단계로 해석한다.

    1단계) 알고리즘에 대해 설명한다.

    2단계) 분석결과가 의미하는 바를 파악하고 인사이트를 도출한다.

2) 해석 결과

- 1단계 : 알고리즘에 대해 설명한다.
    - k-means clustering은 주어진 데이터를 k개의 클러스터로 묶는 알고리즘으로 각 클러스터와 거리 차이의 분산을 최소화하는 방식이다. k-means clustering의 과정은 군집의 개수와 초기값을 정해 초기값을 중심으로 군집을 형성하고 각 데이터를 거리가 가장 가까운 초기값이 있는 군집으로 분류한다. 각 군집의 초기값을 다시 계산하고 모든 개체가 군집으로 할당될 때까지 과정을 반복한다.

- 2단계 : 분석결과가 의미하는 바를 파악하고 인사이트를 도출한다.
    - kmeans 분석 결과에서 **군집된 개수들**과 **전체 변동에서 군집 간 변동이 차지하는 비율**에 대해 묻는 문제가 출제될 수 있으니 유의하여 해석해야 한다. 전체 변동에서 군집 간 변동이 차지하는 비율은 분석 결과에서 (between_SS / total_SS =)이며, 1에 가까울수록 **잘 분류되었고 좋은 model임을 나타낸다.**
    - kmeans 군집분석에서 비계층적 군집분석이지만 군집의 개수는 3개로 지정하였으며, 총 22개의 전투기 중 7개, 9개, 6개가 하나의 군집으로 형성되었고 군집의 중심 정보는 jet.kmeans$centers로 확인할 수 있다. Clustering vertor로 전투기가 어느 그룹으로

속해졌는지를 확인할 수 있고 Within cluster sum of squares by cluster은 각 군집의 중심과 각 군집에 속한 개체간 거리의 제곱합이며, between_ss / total_SS의 값이 **79.2%**로 1에 가깝게 나타나 군집이 잘 분류되었다고 판단할 수 있다.
- '인사이트를 도출하라.'는 문제가 출제된다면 같은 군집으로 묶이는 데이터들의 특성을 파악하여 각 그룹 특성을 파악하라는 결론을 제시할 수 있다. 예를 들어 jet data의 연비, zero back 시간, 무기 적재량 등의 변수들을 제시하여 **'1, 2, 3 group의 각각 특성을 나타내어 그룹의 이름을 정하라.'** 는 문제가 출제 된다면 'zero back이 짧고 무기가 많이 탑재되는 A급 전투기' 등과 같은 각 **변수들의 특성을 조합하여 결론을 제시할 수 있다.**

문제 ③ 아래의 그래프는 군집 수에 따른 집단 내 제곱합의 그래프를 그린 결과이다. 아래의 결과를 해석하시오.

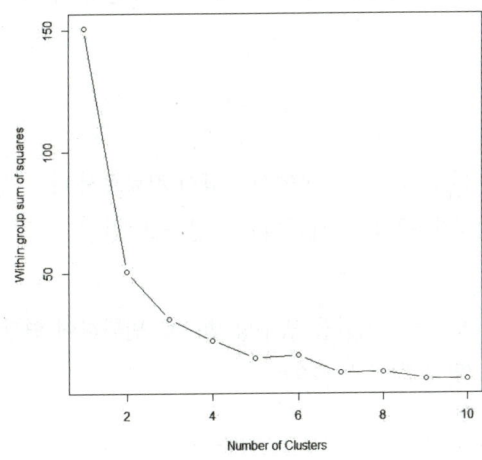

1) 해석 방법
- 위의 결과는 아래와 같은 단계로 해석한다.

  1단계) 그래프에 대해 설명한다.

  2단계) 시각화 결과에 대하여 해석하고 인사이트를 도출한다.

2) 해석 결과
- 1단계 : 집단 내 제곱합 그래프에 대해 설명한다.
  - 군집의 집단 내 제곱합 그래프은 얼마나 군집화가 잘되었는가를 알려주는 척도로 집단내 제곱합의 합을 최소화 하는 것을 목적으로 한다.

- 2단계 : 시각화 결과에 대하여 해석하고 인사이트를 도출한다.
  - 군집 수에 따른 집단 내 제곱합의 그래프를 그려 최적의 군집 수를 정하며 Scree plot와 비슷한 형태의 그래프가 그려진다. 해석 방법은 값이 **급격히 감소하는 지점까지만 군집으로** 설정하여 최적의 군집 개수를 지정한다. 위의 Scree plot의 결과에서 **곡선이 급격하게 감소하는 지점**을 확인하면 3으로 **최적의 군집 수를 3개**로 정할 수 있다.
  - 최적의 군집수를 정하는 함수를 직접 작성하여 만들 수도 있지만, **Nbclust 패키지 함수와 Scree plot를 활용하여 최적의 군집을 정하는 방법**도 있다.

7. 연관성 분석

가. 개요
- 연관성 분석은 이론적인 부분보단 R 프로그램을 활용한 **분석 결과를 해석하는 방법**을 정확히 숙지해야 된다.

나. 예상문제
- adultuci 데이터는 미국의 인구조사국에서 발췌한 자료로서 나이, 성별, 학력, 수입 등의 15개의 변수를 포함하며, 약 4만 9천 개의 데이터를 포함하고 있다.

문제 ① 나이와 수입정도, 근로시간을 범주형 변수로 변환하여 연관규칙분석을 실시했다. 아래의 결과를 해석하시오. (앞의 전처리는 생략)

```
> (m <- apriori(data,parameter = list (support = 0.01, confidence = 0.6)))
Apriori

Parameter specification:
 confidence minval smax arem  aval originalSupport maxtime support minlen maxlen
        0.6    0.1    1 none FALSE            TRUE       5    0.01      1     10
 target   ext
  rules FALSE

Algorithmic control:
 filter tree heap memopt load sort verbose
    0.1 TRUE TRUE  FALSE TRUE    2    TRUE

Absolute minimum support count: 488

set item appearances ...[0 item(s)] done [0.00s].
set transactions ...[115 item(s), 48842 transaction(s)] done [0.03s].
sorting and recoding items ... [67 item(s)] done [0.01s].
```

```
creating transaction tree ... done [0.02s].
checking subsets of size 1 2 3 4 5 6 7 8 9 10 done [0.62s].
writing ... [276443 rule(s)] done [0.06s].
creating S4 object  ... done [0.13s].
set of 276443 rules
```

1) 해석 방법
- 위의 결과는 아래와 같은 단계로 해석한다.
    1단계) apriori 알고리즘과 함수에 대해 설명한다.
    2단계) 분석결과를 해석하고 인사이트를 도출한다.

2) 해석 결과
- 1단계 : apriori 알고리즘과 함수에 대해 설명한다.
    - apriori 알고리즘은 최소 지지도보다 큰 지지도 값을 갖는 품목의 집합을 빈발항목집합이라 하여 **최소 지지도 이상의 빈발항목집합을 찾은 후 그것들에 대해서만 연관규칙을 계산하는 알고리즘**이다. arules 패키지의 apriori 함수는 apriori 알고리즘을 R 코드로 구현한 패키지이며, apriori(data, parameter)의 기본 형태로 연관규칙을 찾아낼 수 있다. 또, apriori 함수 내에 결과 조정을 위해 최소 지지도, 신뢰도 등을 parameter 형태로 조정하는 방법 등의 명령어를 추가로 활용할 수 있다.
- 2단계 : 분석결과를 해석하고 인사이트를 도출한다.
    - 위의 결과에서 **최소지지도(support), 신뢰도(confidence)는 각각 0.01, 0.6으로 설정**하여 분석을 실시했으며, **총 276,443개의 연관규칙이 생성**되었다. 분석결과에서 Parameter specification의 값을 보면 분석에서 사용한 confidence(신뢰도), support(지지도), minlen/maxlen(항목 집합당 최소/최대 항목 수에 대한 값), target(연관규칙분석에서 사용할 type을 지정) 등의 구체적인 매개변수를 확인할 수 있다.
    - 만약 위의 결과에서 '연관규칙의 개수를 줄이는 방법을 제시하라.'는 문제가 출제된다면 **최소지지도와 신뢰도를 높여서 규칙의 개수를 줄이는 방법**이 있음을 제시할 수 있다.

문제 ② 아래는 생성된 연관규칙에서 우측항의 조건에 맞는 규칙을 small, large라는 데이터셋에 저장하고, inspect 함수를 활용하여 결과를 확인하였다. 아래의 결과를 해석하시오.

```
> small <- subset(m, subset = rhs %in% "income=small" & lift > 1.2)
> length(small)
[1] 10496
> large <- subset(m, subset = rhs %in% "income=large" & lift > 1.2)
```

```
> length(large)
[1] 88
> inspect(head(sort(small, by = "confidence"), n = 3))
    lhs                                rhs                  support    confidence  lift      count
[1] {workclass=Private,
     marital-status=Never-married,
     relationship=Own-child,
     sex=Male,
     hours-per-week=part-time,
     native-country=United-States}  => {income=small}   0.01074895  0.7104195  1.403653   525
[2] {workclass=Private,
     marital-status=Never-married,
     relationship=Own-child,
     sex=Male,
     hours-per-week=part-time}      => {income=small}   0.01144507  0.7102922  1.403402   559
[3] {workclass=Private,
     marital-status=Never-married,
     relationship=Own-child,
     sex=Male,
     capital-gain=None,
     hours-per-week=part-time,
     native-country=United-States}  => {income=small}   0.01046231  0.7097222  1.402276   511
> inspect(head(sort(large, by = "confidence"), n = 3))
    lhs                                rhs                  support    confidence  lift      count
[1] {marital-status=Married-civ-spouse,
     capital-gain=Hith,
     native-country=United-States}  => {income=large}   0.01562180  0.6849192  4.266398   763
[2] {marital-status=Married-civ-spouse,
     capital-gain=Hith,
     capital-loss=none,
     native-country=United-States}  => {income=large}   0.01562180  0.6849192  4.266398   763
[3] {relationship=Husband,
     race=White,
     capital-gain=Hith,
     native-country=United-States}  => {income=large}   0.01302158  0.6846071  4.264454   636
```

1) 해석 방법

- 위의 결과는 아래와 같은 단계로 해석한다.

    1단계) 사용한 함수에 대해 설명한다.

    2단계) 분석 결과에 대하여 해석하고 인사이트를 도출한다.

2) 해석 결과

- 1단계 : 분석에 사용한 함수에 대해 설명한다.

    - 생성된 연관규칙 중 subset 함수를 활용하여 rhs(우측항 규칙)이 income이 'small'이고

향상도(lift)가 1.2보다 큰 규칙들을 small이라는 데이터셋에 저장하고, 우측항의 income이 'large'이고 향상도(lift)가 1.2보다 큰 규칙들을 large라는 데이터셋에 저장했다. 또, inspect 함수는 생성된 연관규칙을 확인하기 위한 함수이며, sort 함수로 연관분석 척도값을 오름/내림차순으로 나열했으며, head 함수로 상위 6개의 데이터를 확인할 수 있다.

- 2단계 : 분석 결과에 대하여 해석하고 인사이트를 도출한다.
  - support(지지도)를 기반으로 해석할 경우에는 좋은 규칙, 불필요한 규칙을 찾는 기준으로 사용하고 confidence(신뢰도)는 값이 높을수록 유용할 규칙일 가능성이 높다. 마지막으로 Lift(향상도)는 1이면 좌측항과 우측항의 연관성은 없음을 의미하여 1보다 크면 우수한 규칙으로 판단할 수 있다.
  - inspect(head(sort(small, by="confidence"), n=3))이라는 코드는 우측항의 income이 small인 변수를 신뢰도(confidence)를 기준으로 정렬하여 상위 3개의 연관규칙만 확인한 결과, 3개의 규칙에서 '좌측항의 결과를 가진 사람의 income은 small이다.'라고 해석이 가능하다.
  - '생성된 연관규칙의 특징을 기술하고 인사이트를 제시하라.'라는 문제가 출제된다면 연관규칙의 특성을 파악하여 방안을 제시한다. 위의 income이 small인 사람들의 특징은 성별이 Male이고, United-States의 국적을 가지는 등의 특성을 종합하여 기술할 수 있다. 또, 은행의 입장에서 인사이트를 제시한다면 위의 특징을 가지며 income이 small인 사람들에게 **저축상품이나 재무상담 등을 추천**해 줄 수도 있다고 방안을 제시할 수 있다.

최근 기출 문제

문제1. 아래의 물음에 답하여라.

1. 아래의 그림을 보고 답하시오.

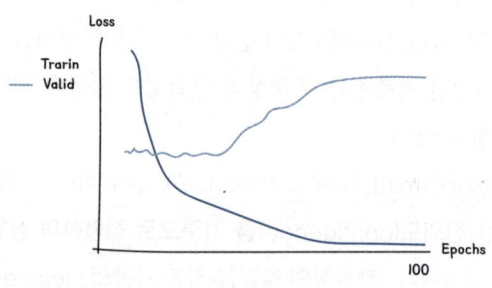

1) epoch을 100까지 모형을 학습한다고 하였을 때 어떤 문제가 발생할 수 있는지 서술하시오.(5점)
2) 1)의 문제를 해결하기 위한 방법을 2가지 이상 작성하시오.(5점)

2. 두 모델의 성과분석 결과가 다음과 같을 때 아래의 물음에 답하시오.

모델 (a)의 혼동행렬

		Condition		Total
		True	False	
Prediction	Positive	255	5	260
	Negative	45	195	240
Total		300	200	500

모델 (b)의 혼동행렬

		Condition		Total
		True	False	
Prediction	Positive	270	20	275
	Negative	30	180	225
Total		300	200	500

1) 모델(a)와 모델(b)의 정확도(Accuracy)와 F1-Score를 각각 계산하시오.(5점)

2) 1)의 결과를 통해, 어떤 모형을 선정할 것인지 정확도와 F1-Score의 측면을 모두 고려하여 기술하시오.(5점)

(풀이)

1. 1) epoch을 100까지로 모형을 학습하게 되면 과대적합될 수 있다.

   2) 적절한 epoch 횟수나 learing rate 감소, 가중치 정규화, hidden layer 수 및 hidden node 수 감소, 드롭아웃 등을 통해 1)의 문제를 해결할 수 있다.

2. 1) 모델 (a)의 정확도는 $\frac{255+195}{500} = \frac{450}{500} = 0.9$, 모델 (b)의 정확도는 $\frac{270+180}{500} = \frac{450}{500} = 0.9$로 계산된다. 다음으로 두 모델의 F1-Score를 계산하기 위해서 재현율(Recall)과 정밀도(Precision)을 계산한다. 재현율(Recall)은 실제 참인 값을 모델의 참으로 예측한 경우로, 이를 계산하면 모델 (a)는 $\frac{255}{300}$, 모델 (b)는 $\frac{270}{300}$이 된다. 정밀도(Precision)은 모델이 참으로 예측했을 때, 실제로도 참이였을 경우를 의미하며 이를 계산하면 모델 (a)는 $\frac{255}{260}$, 모델 (b)는 $\frac{255}{275}$이 된다. 따라서 F1-Score $\left(= \frac{2}{\text{재현율}^{-1} + \text{정밀도}^{-1}}\right)$는 각각 다음과 같이 계산된다.

   (a) $\dfrac{2}{\dfrac{300}{255} + \dfrac{260}{255}} = 2 \times \dfrac{255}{300+260} = \dfrac{510}{560} = \dfrac{51}{56}$

   (b) $\dfrac{2}{\dfrac{300}{270} + \dfrac{290}{270}} = 2 \times \dfrac{270}{300+275} = \dfrac{540}{575} = \dfrac{108}{115}$

   2) 1)의 결과를 살펴보면, 모델 (a)와 모델 (b)가 0.9로 정확도가 같은 것으로 나타났다. 이를 통해 두 모델 중 어떤 모형을 선정할지에 대해 정확도는 올바른 성과 지표가 되지 못한다는 것을 알 수 있다. 그러나 F1-Score의 경우, 모델 (a)는 $\frac{51}{56}$, 모델 (b)는 $\frac{108}{115}$로 이를 비교하면 $\frac{51}{56} = \frac{5865}{6440} <$ $\frac{6048}{6440} = \frac{108}{115}$이므로 F1-Score 측면에서 모델 (b)가 성능이 우수하여 (b) 모형을 선정한다.

문제2. 아래의 물음에 답하여라.

1. 아래의 결과를 보고 물음에 답하시오.

```
> summary(step(lm(Purchase~., data=data),
+             scope = list(lower = ~ 1,
+                          upper = ~ Occupation + Marital_Status + Gender_M +
+                          Age_17 + Age_25 + Age_35 + Age_45 + Age_50 + Age_55 +
+                          City_Category_A + City_Category_B + Stay_In_Current_City_Years_4),
+             direction = "backward"))
Start:  AIC=66472.72
Purchase ~ Occupation + Marital_Status + Gender_M + Age_17 +
    Age_25 + Age_35 + Age_45 + Age_50 + Age_55 + City_Category_A +
    City_Category_B + Stay_In_Current_City_Years_4

                                 Df  Sum of Sq        RSS   AIC
- Age_45                          1       4059  9.7816e+10  66471
- Age_17                          1     241247  9.7816e+10  66471
- Marital_Status                  1    1019393  9.7817e+10  66471
- Age_35                          1    3968589  9.7820e+10  66471
- Age_55                          1    6542191  9.7822e+10  66471
- Age_50                          1    9024519  9.7825e+10  66471
- Age_25                          1   17626990  9.7834e+10  66471
<none>                                          9.7816e+10  66473
- City_Category_B                 1   51444436  9.7867e+10  66473
- Occupation                      1   57365015  9.7873e+10  66473
- Stay_In_Current_City_Years_4    1   82719953  9.7899e+10  66474
- City_Category_A                 1  401447061  9.8217e+10  66487
- Gender_M                        1  450610912  9.8267e+10  66489

Step:  AIC=66470.72
Purchase ~ Occupation + Marital_Status + Gender_M + Age_17 +
    Age_25 + Age_35 + Age_50 + Age_55 + City_Category_A + City_Category_B +
    Stay_In_Current_City_Years_4

                                 Df  Sum of Sq        RSS   AIC
- Age_17                          1     293414  9.7816e+10  66469
- Marital_Status                  1    1016089  9.7817e+10  66469
- Age_55                          1   13244065  9.7829e+10  66469
- Age_35                          1   14864086  9.7831e+10  66469
- Age_50                          1   18658312  9.7835e+10  66469
<none>                                          9.7816e+10  66471
- City_Category_B                 1   52083187  9.7868e+10  66471
- Age_25                          1   52308743  9.7868e+10  66471
- Occupation                      1   57421756  9.7873e+10  66471
```

```
- Stay_In_Current_City_Years_4  1   82715940 9.7899e+10 66472
- City_Category_A                1  404180006 9.8220e+10 66485
- Gender_M                       1  450890525 9.8267e+10 66487

Step:   AIC=66468.74

( ..... 결과 생략 ..... )
```

1) 1단계에서 Age_45 변수가 제거된 이유를 설명하시오.(3점)

2) 2단계를 진행한 후 선택된 모형이 무엇일 지 수식으로 표현하시오.(4점)

3) 이 방법의 단점을 서술하시오.(3점)

2. 아래의 결과를 보고 물음에 답하시오.

```
> summary(step(lm(Purchase~1, data=data),
+           scope = list(lower = ~ 1,
+                       upper = ~ Occupation + Marital_Status + Gender_M +
+                       Age_17 + Age_25 + Age_35 + Age_45 + Age_50 + Age_55 +
+                       City_Category_A +City_Category_B+ Stay_In_Current_City_Years_4),
+           direction = "forward"))
Start:  AIC=66496.74
Purchase ~ 1

                                Df Sum of Sq        RSS    AIC
+ Gender_M                       1 506972925 9.8521e+10 66479
+ City_Category_A                1 388185818 9.8640e+10 66483
+ Occupation                     1 116291561 9.8911e+10 66494
+ Stay_In_Current_City_Years_4   1  73433018 9.8954e+10 66496
+ Age_55                         1  65026147 9.8963e+10 66496
+ Age_25                         1  52656250 9.8975e+10 66497
<none>                                        9.9028e+10 66497
+ Age_45                         1  38379961 9.8989e+10 66497
+ Age_35                         1  14590412 9.9013e+10 66498
+ City_Category_B                1  13664988 9.9014e+10 66498
+ Age_50                         1   5015444 9.9023e+10 66499
+ Marital_Status                 1   2234074 9.9026e+10 66499
+ Age_17                         1    923481 9.9027e+10 66499

Step:  AIC=66478.73
Purchase ~ Gender_M

                                Df Sum of Sq        RSS    AIC
+ City_Category_A                1 389188625 9.8132e+10 66465
+ Stay_In_Current_City_Years_4   1  75667488 9.8445e+10 66478
```

```
+ Age_55                    1    69316211  9.8451e+10  66478
+ Occupation                1    67275959  9.8454e+10  66478
<none>                                     9.8521e+10  66479
+ Age_25                    1    49381474  9.8471e+10  66479
+ Age_45                    1    28447710  9.8492e+10  66480
+ Age_35                    1    17743213  9.8503e+10  66480
+ City_Category_B           1    16581743  9.8504e+10  66480
+ Age_17                    1     4332568  9.8516e+10  66481
+ Age_50                    1     2592724  9.8518e+10  66481
+ Marital_Status            1     2365387  9.8518e+10  66481

( ..... 결과 생략 ..... )
```

1) 1단계에서 Gender_M 변수가 추가된 이유를 설명하시오.(3점)
2) 2단계를 진행한 후 선택된 모형이 무엇일 지 수식으로 표현하시오.(4점)
3) 1의 방법과 2의 방법의 차이를 장단점을 비교하여 서술하시오(3점)

(풀이)

1. 1) Full 모형(변수가 모두 다 있는 경우)에서 변수를 하나만 제거한다고 가정했을 때 Age_45 컬럼을 제거하는 경우가 AIC가 가장 낮기 때문에 해당 변수를 제거함(-Age_45의 결과로부터 확인 가능함)

   2) Full 모형이 $\hat{y} = \hat{\beta}_0 + \hat{\beta}_1 x_1 + ... + \hat{\beta}_{12} x_{12}$ (여기서 y:Purchase, x1:Occupation, x2:Marital_Status, x3:Gender_M, x4:Age_17, x5:Age_25, x6:Age_35, x7:Age_45, x8:Age_50, x9:Age_55, x10:City_Category_A, x11:City_Category_B, x12:Stay_In_Current_City_Years_4)라 하면, 2단계를 진행하게 되면, 1)에서 Age_45(x7)을 제거한 후 Age_17(x4)을 추가적으로 제거한다. 따라서 2단계를 진행한 후 선택되는 모형은 다음과 같다.

   $$\hat{y} = \hat{\beta}_0 + \hat{\beta}_1 x_1 + \hat{\beta}_2 x_2 + \hat{\beta}_3 x_3 + \hat{\beta}_5 x_5 + \hat{\beta}_6 x_6 + \hat{\beta}_8 x_8 + \hat{\beta}_9 x_9 + \hat{\beta}_{10} x_{10} + \hat{\beta}_{11} x_{11} + \hat{\beta}_{12} x_{12}$$

   3) 후진 제거법은 변수의 개수가 많은 경우 활용이 어렵고 한번 제외된 변수는 다시 모형에 포함될 수 없기 때문에 안정성이 부족하다는 단점이 있다.

2. 1) 상수 모형(절편항만 있는 모형)에서 변수를 하나만 추가한다고 가정했을 때 Gender_M 컬럼을 추가하는 경우가 AIC가 가장 낮기 때문에 해당 변수를 선택함(+Gender_M의 결과로부터 확인 가능함)

   2) 2단계를 진행하게 되면 1)에서 Gender_M(x3)을 선택한 후 City_Category_A(x10)을 추가적으로 선택한다. 따라서 2단계를 진행한 후 선택되는 모형은 다음과 같다.

   $$\hat{y} = \hat{\beta}_0 + \hat{\beta}_3 x_3 + \hat{\beta}_{10} x_{10}$$

3) 전진 선택법은 상수 모형부터 중요한 변수부터 차례로 모형에 추가하는 방법으로 이해하기가 쉽다는 장점이 있고 후진 제거법은 전체 모형에서 가장 적은 영향을 주는 변수부터 하나씩 제거하는 방법으로 전체 변수들의 정보를 이용가능하다는 장점이 있다. 후진 제거법은 변수의 개수가 많은 경우 활용이 어렵지만 전진 선택법은 변수가 많은 경우에도 활용이 가능하다는 장점이 있으며, 두 선택법 다 안정성이 부족하다는 단점이 존재한다.

문제3. 아래의 그림은 머신러닝 알고리즘의 원리에 대한 일부 과정을 설명하는 그림이다. 아래의 물음에 답하여라.

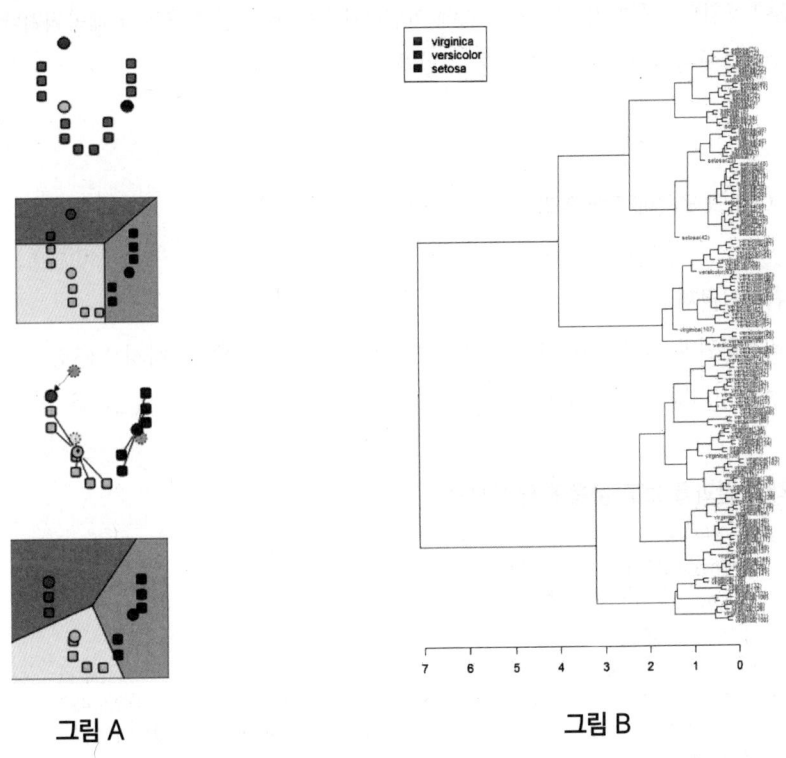

그림 A   그림 B

1. 그림 A는 어떤 머신러닝 알고리즘인지 특징과 함께 서술하시오.(5점)
2. 그림 B는 어떤 머신러닝 알고리즘인지 특징과 함께 서술하시오.(5점)
3. 두 알고리즘의 장단점을 서술하시오.(10점)

(풀이)

1. 그림 A는 k-Means 알고리즘이 군집을 형성하는 방법을 도식화한 것으로, 원하는 군집의 개수와 초기 값(seed)를 정하고 이를 중심으로 군집을 형성한다. 다음으로 각 데이터를 거리가 가장 가까운 seed가 있는 군집으로 분류하고 이를 반복한다.

2. 그림 B는 계층적 군집(Hierarchical Clustering) 알고리즘이 군집을 형성하는 방법을 도식화한 그림으로 거리행렬을 통해 가장 가까운 거리의 객체들 간의 관계를 규명하고 덴드로그램을 그린 후 이를 바탕으로 군집의 개수를 변화해 가면서 적절한 군집 수를 선정한다.

3. k-Means 알고리즘은 알고리즘이 단순하며 빠르게 수행되어 분석 방법 적용이 용이하고 계층적 군집분석에 비해 많은 양의 데이터를 다룰 수 있다는 장점이 있다. 그러나 초기 군집 수(k) 결정에 어려움이 있고 적은 수의 이상치가 영향을 많이 미친다는 단점이 있다. 계층적 군집분석은 전체 군집들 사이의 구조적 관계를 쉽게 살펴볼 수 있으며, 군집의 수를 사전에 결정할 필요가 없다는 장점이 있으나 데이터가 매우 클 경우 계산 속도가 느리고 개체가 특정 군집에 할당되면 다시는 다른 군집에 포함되지 못하기 때문에 초기에 이상치가 분류되면 전체 구조가 왜곡되거나 그렇지 않더라도 때때로 잘못된 군집결과를 초래할 수 있다.

문제4. 아래의 물음에 답하여라.

1. 회귀분석문제

    1) 최적회귀방정식을 선택하는 단계적 변수선택법 세가지를 서술하시오.(5점)

    2) 정규화 선형회귀(Regularized Linear Regression)와 그 종류를 2가지 이상 서술하시오.(5점)

2. 아래의 결과를 보고 물음에 답하시오.

```
> a <- princomp(iris, cor = TRUE)
> summary(a, loadings = TRUE)
Importance of components:
                          Comp.1     Comp.2     Comp.3      Comp.4
Standard deviation     1.7083611  0.9560494  0.38308860  0.143926497
Proportion of Variance 0.7296245  0.2285076  0.03668922  0.005178709
Cumulative Proportion  0.7296245  0.9581321  0.99482129  1.000000000

Loadings:
             Comp.1  Comp.2  Comp.3  Comp.4
Sepal.Length  0.521   0.377   0.720   0.261
Sepal.Width  -0.269   0.923  -0.244  -0.124
Petal.Length  0.580          -0.142  -0.801
Petal.Width   0.565          -0.634   0.524
```

1) 두 번째 주성분 회귀식을 작성하시오.(3점)

2) 1, 2 주성분의 분산 비율의 합을 작성하시오.(3점)

3) 본인이 분석자라면 어떤 주성분을 최종적으로 선택할 것인 지, 2)를 근거로 서술하시오.(4점)

(풀이)

1. 1) 단계적 변수선택(Stepwise Variable Selection)에는 전진 선택법(Forword Selection), 후진 제거법(Backward Elimination), 단계 선택법(Stepwise method) 방법이 있다.

   전진 선택법은 절편만 있는 상수모형으로부터 시작해 중요하다고 생각되는 설명변수부터 차례로 모형에 추가하는 방법으로 이해하기 쉽고 변수의 개수가 많은 경우에도 사용 가능하다는 장점과 변수값의 작은 변동에도 그 결과가 크게 달라져 안정성이 부족한 단점이 있다.

   후진 제거법은 독립변수 후보 모두를 포함한 모형에서 출발해 가장 적은 영향을 주는 변수부터 하나씩 제거하면서 더 이상 제거할 변수가 없을 때의 모형을 선택하는 방법으로 전체 변수들의 정보를 이용하는 장점이 있는 반면, 변수의 개수가 많은 경우 사용하기 어렵다는 단점이 있다.

   단계 선택법은 전진 선택법에 의해 변수를 추가하되 새롭게 추가된 변수에 기인해 기존 변수의 중요도가 약화되면 해당 변수를 제거하는 등 단계별로 추가 또는 제거되는 변수의 여부를 검토해 더 이상 없을 때 이를 중단하는 방법이다.

2) 정규화 선형회귀(Regularized Linear Regression)는 선형회귀 계수에 대한 제약 조건을 추가하여 모델이 과도하게 최적화는 현상(과적합, Overfitting)을 막는 방법이다. 선형회귀 모형은 모형이 과적합되면 계수의 크기도 과도하게 증가하는 경향이 있다. 따라서 계수의 크기를 제한하는 방법으로 제약 조건을 추가하고, 제약 조건의 종류에 따라 Ridge 회귀, LASSO 회귀 등이 일반적으로 사용된다.

   Ridge 회귀모형은 가중치들의 제곱합(squared sum of weights)를 최소화하는 것으로 제약 조건으로 추가하는 기법으로 다음과 같다.

   $$\omega = \arg\min_{\omega}(\sum_{i=1}^{N} e_i^2 + \lambda \sum_{j=1}^{M} \omega_j^2)$$

   Ridge 회귀모형에서는 가중치의 모든 원소가 0에 가까워지는 것을 원하며, 이를 위해 회귀 모델에 사용하는 규제 방식을 L2 규제(Penalty)라고 한다.

   LASSO 회귀모형은 가중치 절대값의 합을 최소화하는 것을 제약 조건으로 추가하는 방법으로 다음과 같다.

   $$\omega = \arg\min_{\omega}(\sum_{i=1}^{N} e_i^2 + \lambda \sum_{j=1}^{M} |\omega_j|)$$

   Ridge 회귀모형에서는 가중치가 0에 가까워질 뿐, 실제로 0이 되지는 않는다. 하지만 LASSO 회귀모형에서 중요하지 않은 가중치는 0이 될 수도 있다. LASSO 회귀모형에서 사용하는 규제 방식을 L1 규제라고 한다.

2. 1) 두 번째 주성분 회귀식을 작성하면 Comp.2 = 0.377 * Sepal.Length + 0.923 * Sepal.Width과 같이 작성할 수 있고 이를 통해 이는 Sepal과 관련된 주성분이라고 해석할 수 있다.

   2) 1, 2 주성분의 분산 비율의 합 즉, 누적기여율은 95.81%이다.(Comp.2의 Cumulative Proportion 값 참고)

   3) 기타 다른 자료(Scree plot, biplot 등)이 없이 현재의 결과만으로 주성분을 최종적으로 선택한다고 하면, 누적기여율이 85% 이상이 되도록 주성분의 수를 2개로 결정할 수 있다. 따라서 4차원인 데이터를 2차원으로 축소하여 분석을 수행할 수 있다.

20회 기출

문제5. 아래의 물음에 답하여라.

1. 아래의 R 결과를 보고 아래의 물음에 답하시오.

```
> summary(glm(target ~., data = data, family = binomial))
(... 결과 중략 ...)
Coefficients:
                        Estimate Std. Error z value Pr(>|z|)
(Intercept)             5.3756468  0.2688402  19.996  < 2e-16 ***
city_development_index -8.2863844  0.2784238 -29.762  < 2e-16 ***
training_hours         -0.0004204  0.0006039  -0.696  0.486368
gender_M                0.0658932  0.1297066   0.508  0.611441
relevent_experience_Has -0.3379194 0.1006258  -3.358  0.000785 ***
experience_20          -0.2062395  0.1196968  -1.723  0.084886 .
last_new_job_4         -0.2059988  0.1041449  -1.978  0.047929 *
---
Signif. codes:  0 '***' 0.001 '**' 0.01 '*' 0.05 '.' 0.1 ' ' 1
(... 결과 중략 ...)
> summary(step(glm(target ~., data = data, family = binomial)))
Start:  AIC=5127.26
target ~ city_development_index + training_hours + gender_M +
    relevent_experience_Has + experience_20 + last_new_job_4
                          Df Deviance    AIC
- gender_M                 1   5113.5 5125.5
- training_hours           1   5113.7 5125.7
<none>                         5113.3 5127.3
- experience_20            1   5116.3 5128.3
- last_new_job_4           1   5117.3 5129.3
- relevent_experience_Has  1   5124.2 5136.2
- city_development_index   1   6092.4 6104.4
```

```
Step:   AIC=5125.52
(... 결과 중략 ...)
                           Df Deviance    AIC
- training_hours            1   5114.0 5124.0
<none>                          5113.5 5125.5
- experience_20             1   5116.5 5126.5
- last_new_job_4            1   5117.5 5127.5
- relevent_experience_Has   1   5124.3 5134.3
- city_development_index    1   6095.5 6105.5

Step:   AIC=5124
(... 결과 중략 ...)
                           Df Deviance    AIC
<none>                          5114.0 5124.0
- experience_20             1   5117.0 5125.0
- last_new_job_4            1   5118.0 5126.0
- relevent_experience_Has   1   5124.7 5132.7
- city_development_index    1   6095.5 6103.5

(... 결과 중략 ...)
Coefficients:
                         Estimate Std. Error z value Pr(>|z|)
(Intercept)                5.4071     0.2362  22.894  < 2e-16 ***
city_development_index    -8.2888     0.2782 -29.799  < 2e-16 ***
relevent_experience_Has   -0.3348     0.1005  -3.331 0.000865 ***
experience_20             -0.2029     0.1195  -1.697 0.089680 .
last_new_job_4            -0.2049     0.1041  -1.968 0.049108 *
---
Signif. codes:  0 '***' 0.001 '**' 0.01 '*' 0.05 '.' 0.1 ' ' 1
(... 결과 중략 ...)
```

1) 각 단계별로 선택된 모형이 무엇인 지 작성하시오.(5점)

2) 처음 모형과 최종 모형에 대하여 회귀계수의 유의성이 어떻게 변화하였는지 서술하시오.(5점)

2. 아래의 R 결과들을 보고 아래의 물음에 답하시오.

1) x, y의 관계를 보고 적절한 상관분석 기법을 서술하시오.(4점)

2) 1)의 방법이 어떠한 원리로 분석이 가능한지 서술하시오.(3점)

3) 제시된 상관분석 결과를 해석하시오.(3점)

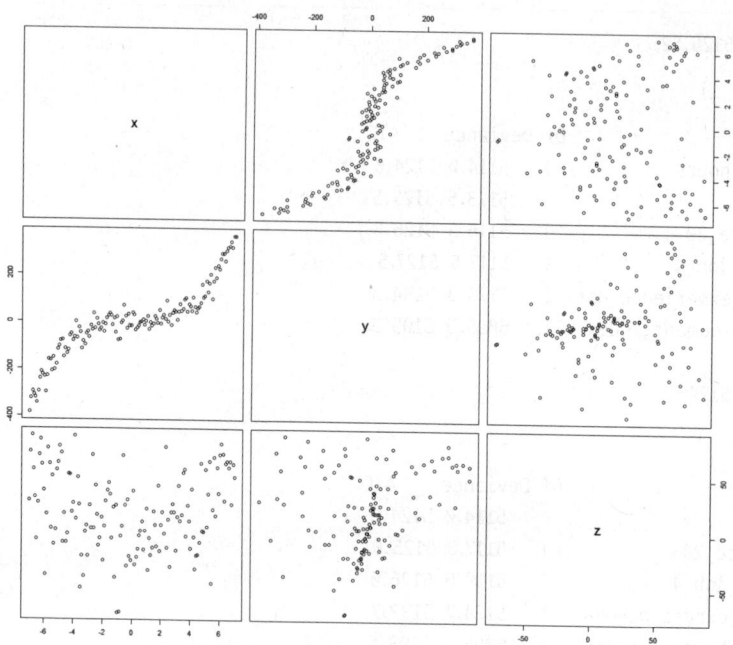

```
data:  x and y
S = 27666, p-value < 2.2e-16
alternative hypothesis: true rho is not equal to 0
sample estimates:
      rho
0.9407809
```

(풀이)

1. 1) Full 모형(변수가 모두 다 있는 경우)은 다음과 같다고 가정하자.(여기서 p=Pr[y=1], y:target, x1:city_develipmnet_index, x2:training_hours, x3:gender_M, x4:relevent_experience_Has, x5:experience_20, x6:last_new_job_4)

$$\log\frac{\hat{p}}{1-\hat{p}} = \hat{\beta}_0 + \hat{\beta}_1 x_1 + \cdots + \hat{\beta}_6 x_6$$

a) 1단계 결과를 보면 Full 모형에서 변수를 하나만 삭제한다고 가정했을 때 gender_M(x3)을 제거하는 경우가 AIC가 가장 낮기 때문에 해당 변수를 제거함(-gender_M) 즉, 모형은 아래와 같다.

$$\log\frac{\hat{p}}{1-\hat{p}} = \hat{\beta}_0 + \hat{\beta}_1 x_1 + \hat{\beta}_2 x_2 + \hat{\beta}_4 x_4 + \hat{\beta}_5 x_5 + \hat{\beta}_6 x_6$$

b) 2단계 결과를 보면 a) 모형에서 변수를 하나만 삭제한다고 가정했을 때, training_hours (x2)를 제거하는 경우가 AIC가 가장 낮기 때문에 해당 변수를 추가로 제거함(-training hours) 즉, 모형은 아래와 같다.

$$\log \frac{\hat{p}}{1-\hat{p}} = \hat{\beta}_0 + \hat{\beta}_1 x_1 + \hat{\beta}_4 x_4 + \hat{\beta}_5 x_5 + \hat{\beta}_6 x_6$$

c) 3단계 결과를 보면 b) 모형에서 변수를 하나만 삭제한다고 가정했을 때, 아무것도 제거하지 않는 경우가 AIC가 가장 낮기 때문에 그대로 두고 변수 선택을 종료한다.(〈none〉) 즉, 모형은 아래와 같다.

$$\log \frac{\hat{p}}{1-\hat{p}} = \hat{\beta}_0 + \hat{\beta}_1 x_1 + \hat{\beta}_4 x_4 + \hat{\beta}_5 x_5 + \hat{\beta}_6 x_6$$

2) 처음 모형(Full 모형)과 1)의 최종 모형(c)에서 공통으로 존재하는 회귀계수에 대해서만 이를 비교하면, 다소 덜 유의해진 것을 확인할 수 있다.(이는 모형에 불필요한 변수가 포함될 경우 다른 변수들에게도 영향을 미쳐 잘못된 결론을 내리게 될 수도 있음을 시사함).

2. 1) 산점도 행렬을 살펴보면 x, y의 관계가 비선형 관계임을 확인 할 수 있으며, 이에 스피어만 상관분석이 필요함을 사용해야 한다.

2) 스피어만 상관분석은 주어진 값들을 순위로 변환한 후 "상관계수는 0이다(=상관 관계가 없다, $\rho = 0$)."에 대한 가설검정을 수행한다. R에서 cor.test() 함수에 method = "spearman" 입력 시 수행 가능하며, 스피어만 상관계수는 아래와 같다.

$$\rho = \frac{6 \sum d_i^2}{n(n^2-1)}$$ (여기서, d_i : x_i의 순위 - y_i의 순위)

3) R 결과로부터, 상관계수는 $\rho = 0.9408$임을 확인할 수 있고, "상관계수는 0이다(=상관 관계가 없다, $\rho = 0$)."에 대한 가설검정의 유의성은 p-value가 <2.2e-16로 매우 작으므로 결과가 매우 유의함을 확인할 수 있다. 따라서 x, y의 상관계수는 0.9408이고, 이 결과는 유의수준 5%에서 이 상관성은 매우 유의하다고 해석할 수 있다.

ADP 필기 데이터 분석 전문가 : 올패키지

초판 1쇄 발행 2020년 02월 21일
3판 1쇄 발행 2025년 07월 15일

발행인 윤종식
저자 윤종식
편집디자인 SPRING PAGE, 트인글터 (김정숙)
펴낸곳 (주)데이터에듀
출판등록번호 제2020-000003호
주소 부산시 해운대구 센텀북대로 60, 1807호
대표전화 051-523-4566 | **도서유통** 02-556-3166 | **팩스** 0303-0955-4566
이메일 books@dataedu.co.kr | **홈페이지** www.dataedu.kr

- 잘못된 책은 구입한 서점에서 바꿔 드립니다.
- 이 책은 저작권법에 의해 보호를 받는 저작물로 저작권자나 (주)데이터에듀의 사전 승인 없이 본문의 일부 또는 전부를 무단으로 복제하거나 다른 매체에 기록할 수 없습니다.
- 정오표는 데이터에듀 홈페이지에서 보실 수 있습니다.

ISBN 979-11-936722-9-7 (세트)
ISBN 979-11-936723-1-0 (2권)
가격 53,000원

자격증 합격부터 데이터 전문가 양성까지 완벽 대비!
데이터에듀 인강 시리즈

01. 데이터분석 준전문가 준비를 위한 강의

ADsP 합격패키지

○ **데이터에듀 가장 많은 수강생이 수강하는 BEST 1위 강의**
   비전공자도 쉽게 합격하는 출제포인트 제공

○ **이론 + 예상문제 + 핵심요약 강의 + 기출해설강의**
   전 범위 최신 기출 경향 분석을 통한 완벽한 합격전략 제시

○ **상세한 개념 설명과 예시로 누구나 이해할 수 있는 강의!**
   어려운 3과목도 자세한 설명과 예시로 완벽 대비

ADsP 합격패키지 1
- 범위 : 1과목/2과목/3과목 4장, 5장
- 핵심 과목만 중점 학습

ADsP 합격패키지 2
- 범위 : 3과목 1장 ~ 5장
- 데이터분석 파트 집중 학습

ADsP 합격패키지 3
- 범위 : 1과목 ~ 3과목(전과목)
- 비전공자 추천 / 전범위 집중 학습

비전공자 단기 합격 로드맵 제공
빅분기 필기 3주 합격패키지

- 비전공자도 단기 합격 가능한 3주 학습 로드맵 제공 & 저자와 통계 전문가 과목별 2인 체제
- 눈높이 체크부터 실전 문제풀이까지 5단계 합격 커리큘럼 구성
- 최신 기출 경향 분석을 통한 완벽한 과목별 학습 전략 제시

일주일만에 합격하는
SQLD 합격패키지

- 2024 NEW 교육과정 반영은 기본! 국립금오공대 교수 직강
- 사례를 통한 이론과 코드 설명으로 초단기 합격 완성!
- 기출 분석을 통해 엄선된 문제풀이로 높은 적중률

02. 데이터분석 초보자/입문자 추천 강의

비전공자 눈높이의 데이터 분석 강의
가장 쉬운 데이터분석 입문

온라인 사수가 알려주는 SQL&Python 스킬
도전! 실전 데이터분석 (SQL&Python)

투자 공부의 진짜 시작
금융데이터 분석

데이터에듀
오프라인 교육

10년 연속 컴퓨터/IT 분야 수험서 1위를 차지한 빅데이터 교육 콘텐츠 기업,
10년 이상의 온/오프라인 교육 노하우로 기업의 DT 전환에 기여합니다.

자격증 강의
데이터분석 전문가 ADP, 데이터분석 준전문가 ADsP, 빅데이터 분석기사,
경영정보시각화능력, SQL 개발자 SQLD

빅데이터, AI 강의
생성형 AI / chat-gpt, AI 데이터 라벨링, 머신러닝 및 딥러닝, 데이터분석기획,
마케팅 전략 수립 강의

오프라인 교육 이력

자격증 강의

- **기업 강의**
  삼성전자, 삼성 SDS, LG CNS, 이니스프리, 포스코건설, 현대홈쇼핑 등
- **공공기관 강의**
  한국표준협회, 중소기업진흥공단, 세종테크노파크 등
- **대학 강의**
  연세대학교, 동국대학교, 건국대학교, 성균관대학교, 부산대학교, 동아대학교 등

빅데이터, AI 강의

- **생성형 AI / chat-gpt**
  동의대, 밀양시청, 한국해양수산데이터산업협회, (사)한국융합인재교육협회, 김포새로일하기센터
- **AI 데이터 라벨링**
  부산과학기술대학, 구미여성인력개발센터 등
- **머신러닝 및 딥러닝**
  삼성SDS, LG CNS, 중소기업진흥공단, KOSTA 등
- **데이터분석기획**
  LG 이노텍, LG CNS, 부산대학교 등
- **마케팅 전략 수립**
  경제진흥원, 동아대학교 산학협력단, 여성인력개발센터 등

기업교육 문의
www.dataedu.kr | ebiz@dataedu.co.kr | 070-4193-0607

완벽한 합격을 위한 선택!

데이터에듀 도서 시리즈

데이터분석 자격증 가장 빠른 합격을 위한 핵심 비법 수험서

경정시 실기는 태블로!
경영정보시각화능력 실기 Tableau!

- 태블로 기초부터 심화까지
- 실무 최적화, BI전문가 팁
- 무료 실습 QR 영상

데이터분석 준전문가
ADsP

경영정시각화능력 SMo
필기

데이터 분석 전문가
ADP 실기

빅데이터분석기사 필기

빅데이터분석기사 실기
with Python

빅데이터분석기사 실기
with R

데이터에듀는 AI Transformation을 통해
확실한 성과를 보장하는
효율적인 학습 경험을 제공합니다.

저희 데이터에듀는 'ADsP 데이터분석 준전문가' 민트책을 필두로 ADP, 빅데이터분석기사, 경영정보시각화능력 등 빅데이터, AI 관련 자격증 도서와 강의로 많은 사랑을 받고 있습니다.

하지만, 도서와 강의로만 수험생 여러분께
좋은 학습 내용과 경험을 제공하기에는 많은 한계가 있다고 느꼈습니다.

그래서 저희는 이론 기반의 '데이터에듀PT(DataeduPT)'와 실습 기반의 '코드러닝(Code-learning)'을 활용하여
자격증 공부의 AI Transformation을 진행하고 있습니다.

도서보다 다양한 콘텐츠를 제공하여 더 확실한 성과를 볼 수 있었으며,
데이터에듀의 인공지능을 통해 개인 맞춤 교육을 제공하여
수험생 여러분께 더욱 효율적인 학습 경험을 제공할 수 있었습니다.

데이터에듀는 이에 만족하지 않고, 자격증 학습 시장의 디지털 전환을 선두하며
학습자 여러분께 확실한 성과를 보장해드리기 위해 노력하겠습니다.

앞으로도 끊임없는 연구와 혁신을 통해
더욱 진보된 개인 맞춤형 학습 솔루션을 제공하며
학습의 새로운 기준을 제시할 것을 약속드립니다.

함께 미래를 선도하는 학습문화를 만들어 나가겠습니다.

 대표 윤종식

손은 가볍게! 머리는 가득차게!
데이터에듀PT로 ADP 필기 완성

데이터에듀PT?
자격증 공부를 위한 개인 맞춤형 모바일 학습 솔루션

Practice Test — 예상문제 모의고사, 기출문제로 실제 유형 연습

Picking Training — 핵심 이론만 골라듣는 빠른 개념 학습

Personal Training — 리포트 결과로 내게 부족한 유형 개선

Perfect Training — 즐겨찾기와 오답노트로 실수 없는 완벽한 시험 대비

더 쉽고 편하게 공부하고 싶다면? 데이터에듀PT!

문제풀이
최신 파랭이책 문제 수록

비기봇(BIGI BOT) 해설
문제의 보기 별 상세한 해설 제공
* 비기봇 : 데이터에듀에서 개발한 생성형 AI 챗봇

성적 리포트
성적변화 그래프 과목별 맞춤 코멘트, 시험풀이내역 부족한 파트 관리기능

DATAEDU PT

자격증 공부를 위한 개인 맞춤형 학습 솔루션

다운로드

문제 추천 서비스 출시!
개인 맞춤화 본격 시작

나의 합격을 위한 맞춤 문제 추천

나의 레벨과 문제 풀이 과정을 통해 맞춤 문제를 추천해 드립니다.

2가지 문제 추천 방식

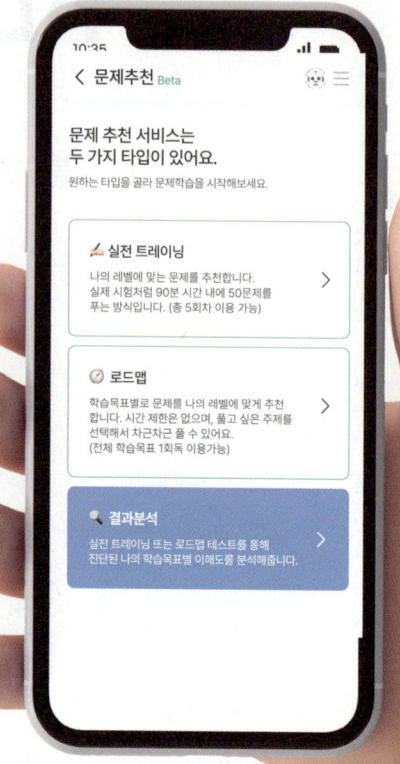

① 로드맵형
-
한 문제, 한 문제 풀이 결과에 따른 맞춤 문제 제공!
-
하나부터 열까지 꼼꼼하게 공부하고 싶을 때!

② 실전 트레이닝
-
시험 제출 결과에 따른 맞춤 시험지 제공!
-
시험 직전 매번 새로운 시험지를 풀어보고 싶을 때!

모바일로 편하게!

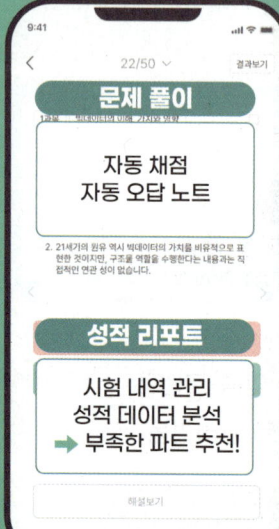

문제 풀이
자동 채점
자동 오답 노트

성적 리포트
시험 내역 관리
성적 데이터 분석
➡ 부족한 파트 추천!

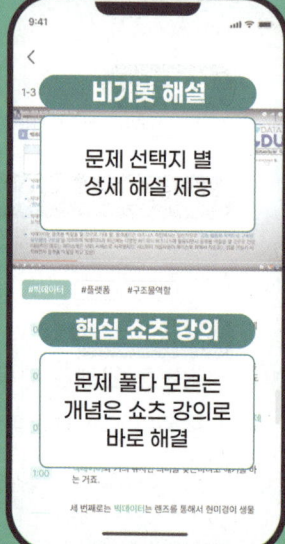

비기봇 해설
문제 선택지 별
상세 해설 제공

핵심 쇼츠 강의
문제 풀다 모르는
개념은 쇼츠 강의로
바로 해결

eBook으로 더 편하게!

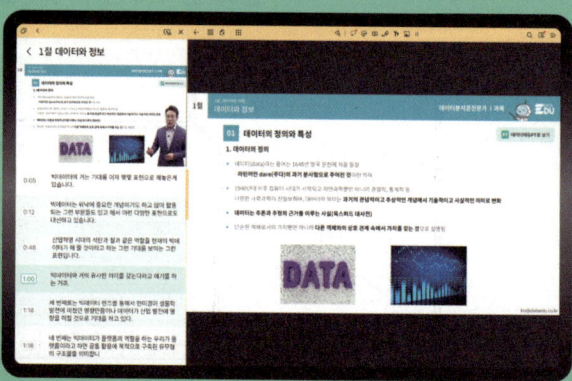

DATAEDU PT With SCONN 북카페

• 데이터에듀PT와 eBook이 만났습니다!
• 문제 풀다 이론이 궁금할 때!
  강의 듣다 책이랑 같이 보고 싶을 때!
• 태블릿 하나로 SIMPLE하게!

• 해당 기능 및 교육 콘텐츠는 자격증에 따라 제공 범위가 다를 수 있습니다.

CODELEARNING
자격증 공부를 위한 온라인 코딩 학습 솔루션

ADsP, ADP, 빅분기 실기 완벽 대비!
R & Python 프로그래밍 본격 출시

환경 설정, 패키지 버전 오류 없는 코딩 학습 환경!
PC에서 발생할 수 있는 오류를 방지합니다.

코드러닝의 2가지 특징

① 자동 채점
-
시험 채점 기준에 따른
자동 채점
-
빠르고 쉬운 결과
확인으로 정확한 실습 대비!

② 실기 콘텐츠
-
데이터에듀 실기 문제 및
실습 예제 모두 지원
-
R과 Python
모두 지원!

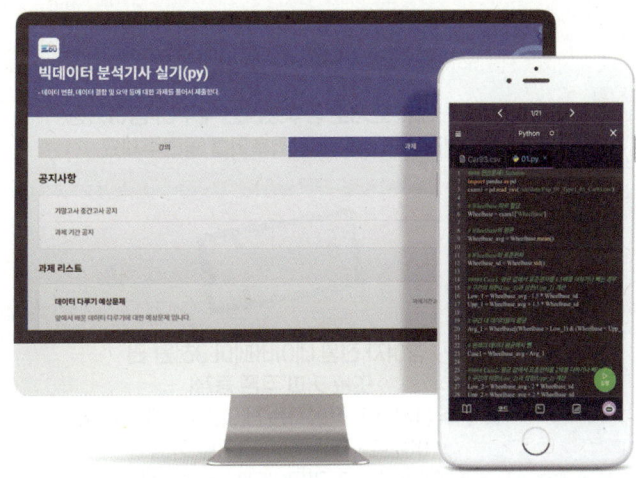

어떤 기기로도 편하게!

- PC, 태블릿, 모바일에서도 편하게
- 설치도 필요 없이 쉽게

강사도 편리하게!

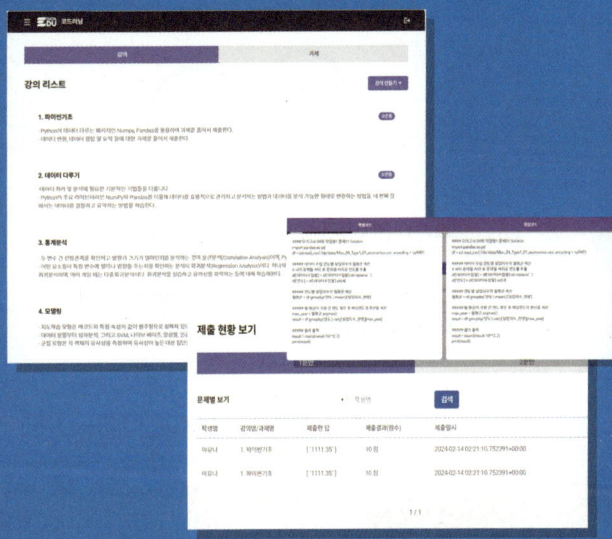

- 클릭으로 간편한 강의 개설
- 학생들의 실시간 제출 현황 제공!

● 해당 기능 및 교육 콘텐츠는 자격증에 따라 제공 범위가 다를 수 있습니다.

- 베스트셀러 **1위**
- 소비자 만족지수 **1위**
- 빅데이터 교육 **NO.1**

데이터에듀
카페 운영!

질문답변 / 정보공유
시험후기 / 자격증 정보

데이터에듀 카페 바로가기

카페 가입하고 다양한 혜택을 받아보세요!

합격후기 이벤트

데이터에듀 도서로 공부했다면 누구나 참여가능!
여러분의 소중한 합격후기를 들려주세요.

참여자 전원 네이버페이 3천원 권
또는 커피 쿠폰 증정!
우수 합격후기 작성자는 네이버페이 1만원권!
이벤트 공지는 데이터에듀 카페와
데이터에듀PT 커뮤니티에서 공지합니다.

오공완 캐시백 이벤트

파랑이책으로 도서로 공부하고
네이버카페에 인증해 주세요.
네이버페이 증정!

파랑이책으로 공부하고 카페에 공부한 사진
올리고 인증하면 네이버페이를 증정합니다!
오공완 캐시백 이벤트는
데이터에듀 카페에서 공지합니다.

1:1 질문답변

노베이스 수험생도, 시간부족 직장인도
합격할 수 밖에 없는 1:1 맞춤 학습관리

학습하면서 궁금한 점은 언제든 질문해주시면
1:1 맞춤 답변해드립니다.
현재 실력, 학습환경, 학습성향에 맞는
학습컨설팅과 학습가이드를 제공해 드립니다.

서평단 체험단

데이터에듀 도서와 에듀테크 서비스를
무료로 받아보고 체험해 보세요!

도서가 출간되면 가장 먼저 도서를
무료로 받아보고 공부하는 서평단!
데이터에듀 에듀테크 서비스를 가장 먼저
무료로 체험해볼 수 있는 체험단!
데이터에듀 카페에서 서평단과 체험단을 신청하세요.

N | 데이터에듀 카페

데이터에듀 카카오 플러스채널 친구 추가 혜택

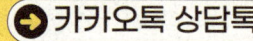
카카오톡 상담톡

사이트 이용, 도서인증 등
궁금한 모든 것을 문의해 주세요.

도서 5% 추가
할인 쿠폰 제공

데이터에듀
이벤트

신간 출간 정보
제공

카카오톡 상담
바로가기

국내 유일한 ADP 필기 수험서

ADP 필기
데이터 분석
전문가

올패키지

저자 **윤종식**

제 3 권

5과목 데이터 시각화
모의고사&기출문제

PART 05 데이터 시각화

1장 • 시각화 인사이트 프로세스
2장 • 시각화 디자인
3장 • 시각화 구현

▶ **1장 시각화 인사이트 프로세스**
통찰을 바라보는 관점 및 시각화 인사이트 프로세스의 각 단계별 특징을 살펴본다.

▶ **2장 시각화 디자인**
데이터 시각화 및 정보 디자인 관점에서 시각화 분야의 이론과 함께 다양한 시각화 사례를 통한 시각화 방법과 응용에 관한 내용에 대해서도 살펴본다.

▶ **3장 시각화 구현**
다양한 시각화 구현 방법, 각 방법에 해당하는 시각화 도구 및 특징 등에 대한 자세한 내용과 함께 직접적인 구현 예시에 대해 살펴본다.

Learning Map
어떤 것을 학습하게 될지 살펴보자!

1장
시각화 인사이트 프로세스

- 시각화 인사이트 프로세스의 의미
- 탐색(1단계)
- 분석(2단계)
- 활용(3단계)

2장
시각화 디자인

- 시각화의 정의
- 시각화 프로세스
- 시각화 방법
- 빅데이터와 시각화 디자인

3장
시각화 구현

- 시각화 구현 개요
- 분석 도구를 이용한 시각화 구현 : R
- 라이브러리 기반의 시각화 구현 : D3.js

1장 시각화 인사이트 프로세스

학습목표

- 시각화 인사이트 프로세스에 대해 이해한다.
- 통찰을 바라보는 관점에 대해 이해한다.
- 다양한 시각화 기법 및 구체적으로 관계를 파악하는 방법에 대해 이해한다.
- 데이터를 분석하고 활용하는 시각화 인사이트 프로세스의 순환구조를 이해한다.

눈높이 체크

- **'데이터 → 정보 → 지식 → 지혜'의 관계를 정확히 알고 계신가요?**

데이터 간의 관계가 생성될 때 정보가 되며, 그러한 정보들이 모여 구조화·조직화 될 때 지식이 되고, 그러한 지식들이 각자 사람들에게 개인화되면 지혜가 되는 것입니다. 이러한 과정에서 각 관계를 파악하고, 각 단계를 이해하여 최종적으로 지혜를 도출하는 모든 과정 속에서 인사이트가 나타나게 됩니다.

- **'통찰'이 무엇인지 정확하게 알고 계신가요?**

인사이트 확보의 핵심은 대상(데이터, 정보, 지식)들 사이에 숨어있는 관계를 찾아 상위 개념을 발견하는 것입니다. 이 때, 사람이 관찰(외부에 대해 살펴봄)과 성찰(내부에 대해 살펴봄)을 기반으로 요인들 간의 관계를 통해 대상과 대상들 사이의 숨겨진 관계를 찾아내는 일련의 과정입니다.

- **시각화 인사이트 프로세스의 순환구조 내용을 이해하고 있으신가요?**

시각화 인사이트 프로세스는 시각화를 통해 통찰을 추출하는 전체 과정을 의미하는 말로, '탐색 → 분석 → 활용'의 3단계로 이루어져 있습니다. 탐색 단계에서 대상 간의 관계를 찾고, 분석 단계에서 해당 관계를 규명하며, 활용 단계에서 도출한 통찰이 의미있는지를 검증합니다. 만약 그 의미가 부족한 경우, 유의미한 통찰을 찾아낼 때까지 다시 재탐색과 재분석 과정을 거치게 됩니다.

1절 시각화 인사이트 프로세스의 의미

1. 인사이트란 무엇인가

가. 인사이트의 사전적 정의

- 인사이트(Insight)의 사전적 의미는 '통찰력'이다.
- 통찰(洞察)의 사전적 의미는 다음과 같다.

> [인사이트의 사전적 정의]
> 1. 예리한 관찰력으로 사물을 꿰뚫어 봄.
> 2. [심리] 새로운 사태에 직면하여 장면의 의미를 재조직화함으로써 갑작스럽게 문제를 해결함. 또는 그런 과정.
>
> - Naver 국어사전, 표준국어대사전 발췌

- Insight의 백과사전적 의미는 다음과 같다.

> Insight is the understanding of a specific cause and effect within a specific context. The term insight can have several related meanings :
> - a piece of information
> - the power of acute observation and deduction, discernment, and perception, called intellection or noesis
>
> (etc.)
>
> - Wikipedia

- '통찰'과 'Insight'의 사전적 의미에서 '정보, 인과관계, 본질, 이해' 등의 단어가 일치한다.

나. 데이터, 정보, 지식, 지혜의 관계

 출제 포인트

맥캔들레스의 DIKW 피라미드는 2장 1절과 연계되는 부분으로 정확히 알고 넘어가야할 필요가 있습니다.

- 시각화의 정의와 관련하여 맥캔들레스는 시각적 이해의 위계도(DIKW 피라미드)를 제시했다.
- DIKW 피라미드는 데이터(Data), 정보(Information), 지식(Knowledge), 지혜(Wisdom) 사이의 계층적 관계를 시각적으로 표현한 것이다.

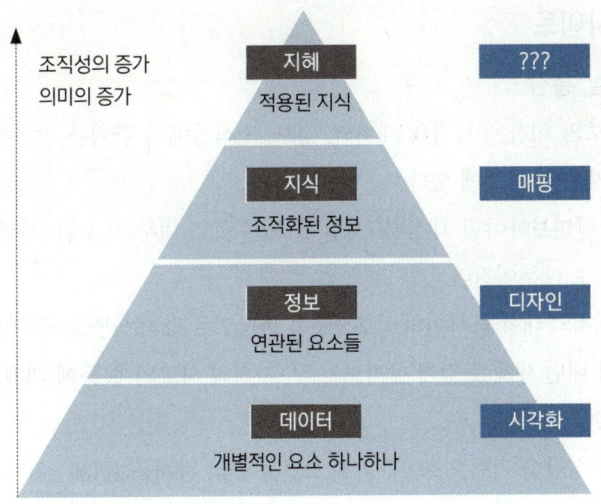

〈맥캔들레스가 그린 시각적 이해의 위계도(간략화 버전)〉

- **데이터(Data)** : 각각 분리된 개별적인 기초 자료(원자료) 예 강수량
- **정보(Information)** : 데이터 간의 관계(상관관계, 인과관계)가 생성된 것 예 지역별 연간 강수량
- **지식(Knowledge)** : 다양한 정보가 상위 개념의 관계를 맺고 조직화 된 것, 인류가 그동안 축적한 총체적인 정보가 조직적으로 재구성되어 새로운 의미가 도출 예 A 마을의 수해대책
- **지혜(Wisdom)** : 개인화된 지식, 개인의 경험·사고·감정 체계와 결합되고 관계를 맺을 때 구조화되어 나타남 예 A 마을 주민 개개인의 생활 노하우

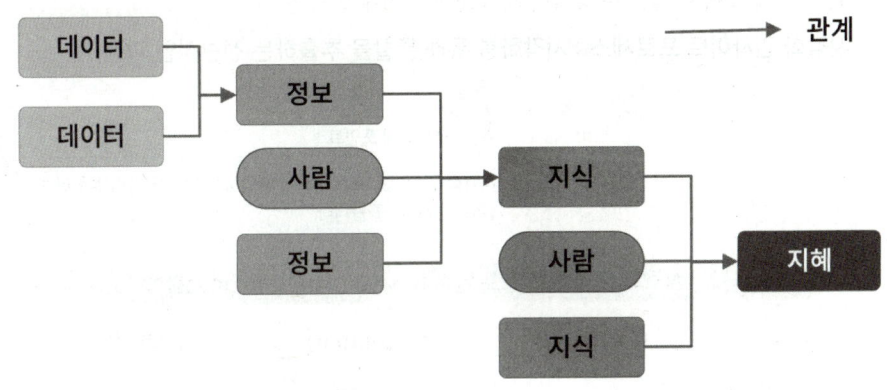

〈데이터, 정보, 지식, 지혜, 사람 사이의 관계〉

2. 시각화와 인사이트

가. 삼찰 : 관찰, 성찰, 통찰
- 인사이트 확보의 핵심은 각각의 데이터, 정보, 지식들에서 관계를 발견하여, 그 관계를 매개로 상위 개념을 발견하는 것에 있다.
- 이 과정에서 살펴보아야할 대상은 '사람'을 기준으로 내부 요소인 '사람 자신'과 외부 요소인 '환경(세계)'으로 나누어진다.
- **관찰** : 외부 세계의 대상들 사이의 상호작용을 바탕으로 각 대상별로 의미있는 관계를 찾아내는 것
- **성찰** : 자신의 내면 세계를 깊게 살펴보는 것, 자신의 사고와 행동에 대해 의문을 제기하고 해결해나가는 과정
- **통찰** : 관찰과 성찰을 기반으로, 내·외부 요인들 간의 관계를 통(洞, 通)해 살펴보는 것
- 위의 삼찰을 바탕으로 **대상(인간, 외부 환경)과 대상들 사이의 숨겨진 관계를 찾아내는 과정**을 통해 원하는 인사이트를 얻을 수 있다.

나. 통찰 과정과 시각화

1) 통찰과 시각화
- 통찰은 '살펴보고 이해하는 과정'을 통해 얻을 수 있다.
- 탐색과 분석의 과정을 거쳐 도출하는 인사이트는 활용 과정에서 검증이나 보완할 수 있다.
- 통찰 과정에서의 시각화 : 보이지만 여간해서는 잘 보이지 않는 것들을 눈에 확 띄게 만드는 것, 원래 눈에 보이지 않는 추상적인 개념들을 보이게 만드는 것
- **시각화 인사이트 프로세스** : 시각화를 통해 통찰을 추출하는 전반적인 과정

출제 포인트
시각화 인사이트 프로세스에 해당하는 단계를 특히 정확하게 알아두는 것이 좋습니다.

시각화 인사이트 프로세스 (Visual Insight Process)

	대상 (Input)	목표 (Output)	시각화 형태
탐색	• 자료 (데이터, 정보, 지식, 지혜)	• 자료 사이에 존재하는 관계	• 패턴파악
분석	• 자료 사이의 관계	• 관계의 구체적인 형태 • 자료의 상위/확장 개념 (정보, 지식, 지혜→통찰)	• 그래프 분석
활용	• 자료의 상위/확장 개념 (정보, 지식, 지혜→통찰)	• 내부에서의 적용 • 외부에 대한 설명, 설득 • 통찰의 검증과 정교화	• 인포그래픽

〈시각화 인사이트 프로세스의 전체 개요〉

2) 1단계 : 탐색 - 관계 발견

- 사용할 수 있는 자료를 확인하고, 그 자료가 각각 어떤 의미를 지니는지 살펴보며, 자료들 간에 어떤 관계들이 있고, 어떤 관계들이 가능한지를 최초로 살펴보는 단계
- 지혜(통찰)를 도출하는 과정, 데이터에서 정보를 도출하는 과정이나 정보에서 지식을 도출하는 과정 모두 포함한다.
- 다양한 시각화 기법을 통해 이미 결정된 관계뿐만 아니라, 숨어 있는 다른 관계와 잘 보이지 않던 관계들까지 모두 찾아내어야 한다.
- 시각화 사용 목적 : 객관적인 패턴 발견
- 시각화 도구의 사용 : 관계들의 개괄적인 패턴을 찾는데 도움
- 시각화 도구 사용 검증 : 탐색의 결과가 얼마나 효과적·효율적으로 도출되었는가

3) 2단계 : 분석 - 관계 규명

- 탐색을 통해 찾아낸 관계들의 형태를 보다 명확하게 규명하고, 그 형태가 지니는 의미를 찾아내는 단계
- 대상들 간의 구체적인 관계를 찾거나, 관계를 보다 잘 설명하는 다른 요인을 찾아내는 작업이 필요하다.
- 분석의 방향성, 검증해야 할 명제, 찾아내야 할 모델링(함수), 지표의 개요가 명확해야 한다. 만약 분석의 방향성이 명확하지 않은 경우에는 탐색의 과정에서 찾아내야 한다.
- 정성적 기법과 정량적 기법 모두 사용 가능
- 시각화 사용 목적 : 관계의 구체적인 모델링 및 적용
- 시각화 도구의 사용 : 관계를 구체적으로 모델링하고 조정하는데 도움
- 시각화 도구 사용 검증 : 분석의 결과가 효과적·효율적으로 도출되었는가

4) 3단계 : 활용 - 통찰 검증 및 보완

- 도출한 인사이트를 실제로 활용함으로써 그 통찰이 얼마나 의미가 있고, 그 가치를 인정받을 수 있는 지 검증하는 단계
- 통찰 과정에서 부족하거나 부적절한 부분들에 대해서는 다시 탐색과 분석의 과정을 거쳐서 보완해야 한다.
- 내부 활용 : 직접 활용하는 경우
- 외부 활용 : 도출한 통찰을 타인에게 설명하거나 설득하는 경우
- 개인 영역과 사회 체계 안에서 타인과 상호작용하는 영역을 모두 포함한다.
- 시각화 사용 목적 : 타인에게 효과적으로 설명 또는 효과적으로 설득
- 시각화 도구의 사용 : 가능한 쉽고 타당하게 원하는 메시지를 전달하는지에 도움
- 시각화 도구 사용 검증 : 수용자가 제대로 이해했는가, 수용자가 예상한 반응을 보이는가

2절 탐색(1단계)

출제 포인트

'이벤트 기록으로서 접근'과 '객체지향 관점에서 접근'에서 각각 주로 사용하는 단어들을 정확하게 알고 넘어가는 것이 좋습니다. 그래야 두 접근법의 차이를 쉽게 알 수 있습니다.

1. 사용 가능한 데이터 확인

가. 데이터 명세화 : 차원과 측정값

- 모든 데이터는 기본적으로 하나 이상의 측정값(Measure)과 하나 이상의 차원(Dimension, 값이 측정된 기준)을 갖는다.
  - 예 국가별 남성 평균 수명 - 차원 : 국가, 성별 / 측정값 : 평균 수명
  - 예 네이버에서 2012년 한 해에 검색된 모든 단어 - 차원 : 검색 서비스(1차원), 연도 / 측정값 : 중복 제거 작업을 거친 수많은 단어
- 측정값을 분류할 수 있는 모든 것이 차원이 될 수 있으며, 연속적인 데이터로 구성된 차원은 구간 형태로 재구성되기도 한다.
- 차원과 측정값의 구분은 데이터에 따라 고정적으로 정해진 것이 아니라, 분석형태에 따라 달라질 수 있다. 즉, **동일한 데이터 항목이라도 차원이 될 수 있고 측정값이 될 수도 있다.**
  - 예 연도별 입학자 수 - 년도 : 차원 / ○○과 재학생들의 입학 년도 - 년도 : 측정값

나. 데이터 구성 원리 1 : 이벤트 기록으로서 접근

- **원본 데이터**(Raw Data, Log Data)는 명세화의 기본 대상이 되며, 원본 데이터는 **특정 이벤트가 발생했을 때 생성**된다.
- 각종 보고서나 분석 자료의 데이터들은 대부분 원본 데이터를 가공한 것이다.
- 이벤트(Event) : 물리적인 실제의 사건, 어떤 조건을 만족했을 때 생성하는 인위적인 사건 모두 포함
- 로그 데이터와 로그 데이터를 한 번 더 정제한 데이터는 구분할 수 있어야 한다.
  - 예 온라인 사이트 '순간 동시접속자 수' : 로그 데이터를 한 번 더 정제한 데이터
    = 이벤트(이용자의 서비스 접속(로그인))로 발생한 로그 데이터 + 이용자 정보 및 접속 경로
- 데이터로부터 통찰을 끌어내기 위해서는 **데이터가 어떤 원리로 생성·구성되었는지**를 항상 염두에 두고 있어야 하며, 대상들 간의 '관계'는 시각화 도구를 활용해 찾아낼 수도 있다.

다. 데이터 구성 원리 2 : 객체지향 관점에서의 접근

- 데이터의 구성과 생성 배경에 대해 고민함으로써 어떤 식으로 시각화할 지에 대한 답을 찾아갈 수 있다.
- 데이터의 대략적인 범위가 주어진다면, 그것을 만들어낼 수 있는 **데이터의 구조 자체를 설계·생성**하여 이를 토대로 **통찰**을 뽑아볼 수 있다.
- 객체지향론에서는 기본적으로 대상을 객체화하며, **모든 객체들은 행위와 고유 속성 값**을 갖게 된다.
  - 시험A의 학년별 평균 성적 - Object : 시험A, Class : 시험(기본적인 구조 그 자체), Method : 평균 성적을 내는 것(클래스를 두고 하는 여러 가지 행위)
- 구조(Class)의 행위(Method)를 통해 구조 전체를 파악하는 것이 바로 객체지향 관점이다.
- 통찰을 이끌어내려면 구조 전체를 완벽하게 파악한 뒤, 그 구조가 제대로 이벤트 로그 데이터로 기록되고 있는지를 검증해 보완할 수 있다.
- 보다 깊고 다양한 통찰을 도출하기 위해서는 주어진 데이터의 구성을 밝혀내고, 그에 따라 추가 자료를 찾거나 인사이트 프로세스의 목표 및 방향성을 조정하는 것이 필요하다.

2. 연결 고리의 확인

2개 이상의 데이터를 활용할 수 있을 때에는 데이터 간의 연결 고리를 확인함으로써 살펴볼 관계의 범위와 방향을 정하고 확장할 수 있다. 이 때 연결 고리는 시각화 도구로 살펴보는 패턴에서 찾아내는 것이 아니라, 데이터의 태생을 정리한 명세서에서 직접 확인한다.

 출제 포인트
데이터형이 달라도 공통 요소로 만들어낼 수 있다는 것을 아는 것이 중요합니다. 특히 공통 요소로 변환할 수 있는 데이터와 변환 방법을 정확하게 알아둬야 합니다. 뿐만 아니라, 탐색 범위의 설정에 관한 내용도 짚고 넘어가는 것이 좋습니다.

가. 공통 요소 찾기

- **공통 요소 찾기는 연결 고리 확인의 한 과정**이다.
- 서로 다른 데이터의 명세서에 있는 항목들 중에서 공통으로 들어있는 항목을 의미한다.
- 데이터의 항목명이 아니라, 해당 항목의 정의와 데이터형을 보고 찾아야한다.
- 데이터의 항목명이 달라도 같은 데이터형으로 되어있고, 데이터가 기록된 규칙이 같다면 명확하게 공통 요소이다.
  - '2018년 ○○학교 1학년 학생 명단', '○○학교 2018년 신입생 명단'은 공통 요소이다.

나. 공통 요소로 변환하기

1) 공통 요소로 변환한다는 것
   - **데이터형이 다른데 공통 요소로 만들어낼 수 있는 경우**가 있다.
     - 예 1번 데이터 : '지역 구분' – 행정 구역에 따른 시·도 구분, 텍스트형
       2번 데이터 : '위도, 경도' – 해당 위치의 구체적인 좌표 값, 실수형
       1번 데이터와 2번 데이터는 '위치'라는 공통점을 가진 자료
   - 계층관계를 갖는 데이터나, 어떤 기준으로 묶인 데이터의 대부분은 **형태를 변환해 연결 고리를 찾아낼 수 있다.**
   - 더 자세한 자료를 덜 자세하면서 묶인 자료로 변환하는 것은 가능하지만, 그 반대는 불가능하다.
   - 공통요소를 만드는 것은 탐색에서 다룰 '나누고 묶으면서 계층 구조로 살펴보는 것'에서도 마찬가지로 적용되는 인사이트 프로세스이다.
   - 인사이트 프로세스를 적용할 대상이 되는 데이터에 따라서 연결고리는 다양한 형태로 나타나지만, 현실세계의 거의 모든 데이터는 구성원리에 의해 시간과 공간 관점의 연결고리를 기본으로 갖고 있음을 명심해야 한다.

2) 시간 데이터의 변환
   - 초 단위로 된 데이터형은 손쉽게 시간 단위, 날짜 단위, 분기 및 연 단위 등으로 전환할 수 있다.
   - 날짜나 시간으로 보이는 데이터가 사실은 문자열로 지정된 경우도 있다. 이 때는 문자열을 해당 데이터형으로 바꾸어주는 함수로 변환해주면 된다.
   - MS excel, 구글 드라이브 스프레드시트 같은 표 계산 도구에서 제공하는 date, year, month 등의 시간·날짜 관련 함수를 이용하는 것이 가장 효율적이다.

3) 공간 데이터의 변환
   - 공간 데이터의 3가지 데이터형 : 주소를 세부적으로 구분한 계층형 행정 구역(시·도, 구·군, 동·리 등)/가장 구체적인 좌표값
   - 데이터에 따라서 경위도 좌표계가 아닌 다른 기준의 좌표계로 구성된 경우도 있을 수 있다.
   - MS excel의 '텍스트 나누기' 또는 '문자열 함수', 구글 드라이브 스프레드시트의 '문자열 처리 함수' 등을 사용하면 된다. 함수의 사용법은 아래 표와 같다.

함수명	함수 사용 형태	함수 기능 설명
split	split(문자열, 구분자)	문자열을 구분 문자(공백, 쉼표 등) 기준으로 분리해서 제공
find	find(찾는 문자, 문자열)	문자열에서 찾는 문자가 맨 왼쪽으로부터 몇 번째에 위치하는지 숫자값 제공
left	left(문자열, 개수)	문자열의 맨 왼쪽부터 정해진 개수만큼의 문자열 제공
mid	mid(문자열, 시작 위치, 개수)	문자열의 시작 위치에서부터 정해진 개수만큼의 문자열 제공

- **지오코딩(Geocoding)** : 좌표계를 주소 및 행정구역으로 변환해주거나 그 반대로 변환해주는 것
- **코로플레스 지도(Coropleth Map)** : 미국이나 유럽 등과 같은 지역을 분석하기에 유용한 시각화 도구
- **X-Ray Map** : '비즈GIS'가 무료로 제공하는 웹 GIS 분석 도구, 한국 지역을 분석하기에 유용한 시각화 도구, '추가 및 심볼 메뉴'에서 Geocoding Tool을 이용

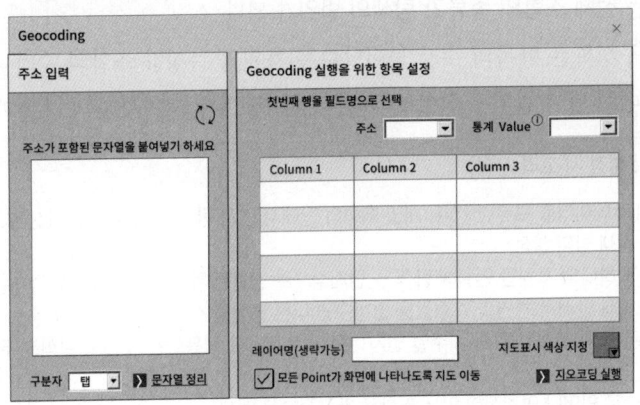

〈X-Ray Map 서비스의 Geocoding Tool 화면〉

4) 일정한 규칙을 가진 분류형 데이터의 변환

- 어떤 데이터는 하위 수준에서 기록되어 있고, 다른 데이터는 상위 수준에서 기록되어 있다면 상위 수준이라는 공통 요소로 반환해 연결고리를 만들 수 있다.
- 바꾸기(Replace) : 전체를 일괄적으로 바꿀 수 있는 편집기의 한 방법
- lookup, vlookup 함수 : 전체를 일괄적으로 바꾸지 않고, 원하는 영역만 바꾸고자 하는 경우에 사용하는 함수

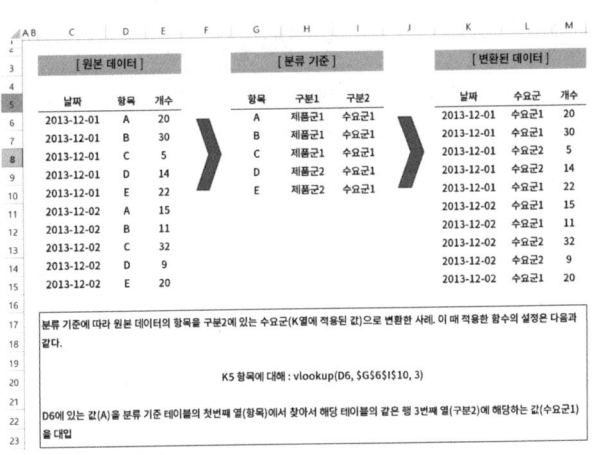

〈vlookup 함수를 이용한 데이터 묶음 변환 삽입〉

다. 탐색 범위의 설정
- 보유한 데이터를 어떤 조합의 차원과 측정값으로 설정할 수 있는지 고민해봐야 한다.
- 명세화되어 있지 않은 데이터의 경우, 명세화를 통해 사용 가능한 차원과 측정값을 찾아낸다.
- 여러 개의 데이터 명세를 보유한 경우, 연결 고리를 확인함으로써 명세들을 포괄해 탐색할 수 있는 차원과 측정값의 조합을 정리해야 한다.
- 해당 차원과 측정값의 조합 하나하나가 결국 통찰을 추출하는 각각의 관점이 된다. 또한, 이때의 살펴보려는 **전체 조합의 종류가 탐색의 범위**가 된다.
- 데이터를 구성하는 항목의 수가 늘어날수록 차원과 측정값 조합의 수가 급증하기 때문에 어느 정도의 선에서 탐색 범위를 설정해야하는 것이 좋으며, 고려사항은 다음과 같다.

[탐색 범위 설정 시 고려 사항]
1) 여러 개의 데이터를 보유한 경우, 개별 데이터 안에서 먼저 탐색 → 데이터 간의 연결고리를 이용해 전체 집합 안에서 탐색 범위 설정
2) 측정값에 하나의 차원만 연결해 탐색 → 단계적으로 연결된 차원을 늘려가며 탐색
3) 같은 데이터 안에서 차원과 측정값을 맞바꾸면 다른 통찰을 찾아낼 가능성이 있음
4) 어떤 통찰을 얻어내기 위해 비주얼 인사이트 프로세스를 적용하는 것인지 살펴본 뒤, 목표와 관련있을 법한 조합을 만듦
5) 상식적으로 의미나 연계성이 없는 조합은 가급적으로 배제
   예) 한국의 연도별 출산율 데이터와 미국 독수리 감소율

3. 관계의 탐색

탐색 및 분석의 대상이 되는 관계는 크게 상관관계와 인과관계로 나뉜다. 인과관계는 상관관계 중에서도 명확하게 원인과 결과의 시간적 선후관계가 있는 관계로 볼 수 있기 때문에, 우선은 적절한 시각화 도구를 사용하여 상관관계를 살펴보는 것에서 탐색을 시작해야한다.

가. 이상값 처리
- 다른 관측값들과 동떨어진 값을 의미한다.

 출제 포인트
아래 그래프가 이상값과 관련된 그래프라는 것 정도는 이제 기본 중의 기본!

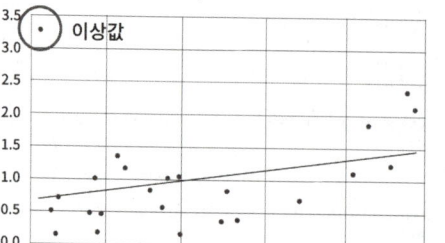

〈산포도를 이용한 이상값 찾기〉

- 데이터를 **측정할 때** 여러 가지 이유로 오류가 발생하여 다른 값들과 큰 차이가 나는 오차가 들어간 경우, 이상값은 제거의 대상이 된다. 특히, 구조적으로 불가능한 범위의 값이 기록되었다면 제거의 대상으로 생각하는 것이 맞다. 하지만 의미있는 이유일 수도 있기 때문에, **우선적으로 시각화 도구를 이용해 전체 구조를 파악하고 패턴을 찾아보는 것이 좋다.**
- 측정에는 문제가 없었으나 데이터가 **기록·관리되는 과정에서 문제**가 생겨서 이상한 값이 들어간 경우, 기록·관리 과정에서의 오류이기 때문에 제대로 된 값으로 보완해 대체하거나 제거하면 된다.
- **뭔가 의미있는 이유**가 있기 때문에 이상값이 발생한 경우, 이상값은 제거의 대상이 아닌 구체적으로 파고들어가야 할 대상이 된다. 시각화 도구를 이용해 전체 구조를 파악하고 패턴을 찾는 과정을 통해 이상값의 발생이 단순한 오류인지, 특별한 이유가 있는 것인지 발견할 수 있다.

나. 차원과 측정값 유형에 따른 관계 파악 시각화

1) 시각화 도구 선정

- 관계 탐색을 잘하려면 적절한 관점 설정과 적절한 시각화 도구 선택이 중요하다.
- 데이터 명세화에서 살펴본 차원과 측정값이 어떤 유형으로 되어있는 지 살펴보아야 한다.
- 시각화는 일단 눈으로 볼 수 있어야하기 때문에 1차원(선형), 2차원(평면), 3차원(공간)에서 표현되어야 한다.
- 어떤 시각화 도구를 이용하는 것이 관계 파악에 효과적인지 체계적으로 살펴보기 위해서는 다음과 같은 사항들을 고려해야 한다.

> [시각화 도구 선정 시 고려 사항]
> 1) 차원은 반드시 평면과 공간을 구성하는 축으로만 표현되는 것은 아님
> 2) 2차원 평면에서는 x, y축 외에 평면상에서 그려지는 도형의 면적도 연속값으로 된 차원을 처리할 수 있는 도구로 사용
> 3) 3차원에서는 표현한 입체의 부피나 단면의 면적을 연속값으로 처리할 수 있는 도구로 사용
> 4) 색상 : 구분값으로 된 차원을 처리하는 유용한 방법
> 5) 색상을 RGB 값으로 나눠서 처리할 경우, 연속값으로 된 차원을 그라데이션 변화로 표현 가능

2) 시간 데이터에서의 관계 탐색

- 시간에 따른 패턴의 변화를 살펴보는 것을 의미하며, 주기에 따라 반복되는 패턴과 반복되지 않고 계속 변화하는 패턴을 분리해내는 것이 핵심이다.
- 시계열 분석과 같이 통계적인 분석 기법으로 요인 분리하는 방법이 있으며, 시각화 도구로 데이터의 패턴과 패턴의 변화를 파악할 수도 있다.
- **모션 차트(Motion Chart)** : 구글 스프레드 시트에서 제공, 시간이 흐름에 따라 시간 외의 다른 차원에 있는 측정값들이 어떻게 변화하는지를 움직임을 통해 보여주는 동적인 시각화 도구

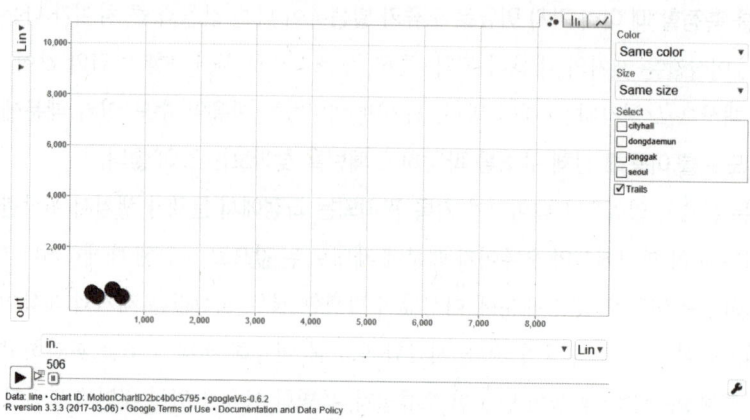

〈구글 스프레드시트에서 제공하는 모션 차트 사례〉

예 상단 그림에서의 차원 : 총 4가지
차원1 : 년도(슬라이드) / 차원2 : X값(연속값, 좌표계의 평면, 원의 면적)
차원3 : Y값(연속값, 좌표계의 평면, 원의 면적) / 차원4 : 국가(구분값, 원의 색상)

3) 공간 데이터에서의 관계 탐색
- 공간, 위치 데이터에서의 관계 탐색은 해당 위치를 표시하는 실제 지도를 활용하는 것이 가장 직관적이고 효과적이다.
- Arc GIS : 유료화된 전문 지리정보 분석 도구
- X-Ray Map : 무료 도구, 코로플레스맵 등을 만들어 실제 지역의 데이터 관계를 살펴볼 수 있음
- 파워맵(Power Map) : 엑셀 2013에서 무료로 추가 설치할 수 있는 시각화 도구, 시간의 흐름에 따라 지도 상의 데이터가 어떻게 변화하는지 시각적으로 볼 수 있는 모션 차트까지 결합해 제공

4) 비정형 데이터에서의 관계 탐색

출제 포인트
워들이 무엇인지, 워들의 특징에는 어떤 것들이 있는지에 대해서는 알고 있어야 합니다.

- 텍스트와 같은 비정형 데이터 측정값에서 관계를 탐색해야 하는 경우도 많다.
- 우선적으로 텍스트 문장들 안에 어떤 의미를 지니는 단어들이 어떤 빈도로 분포하는지를 살펴야한다.
- **워들(Wordle)** : 주어진 텍스트 데이터에서 의미를 갖는 형태소 단위를 추출한 뒤 그것들의 빈도를 계산해 빈도에 따라 색상이나 크기를 결정하고 시각적으로 서로 겹치지 않게 적절히 배치하는 시각화 기법
- 워들에서 형태소 단위를 추출하는 것은 NLP(자연어 처리) 관점에서 접근해야 하기 때문에, 언어에 따라 다르게 처리해야 한다.

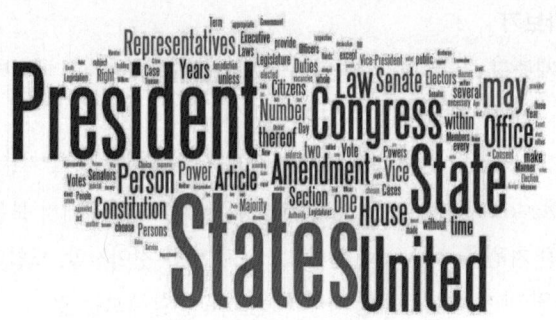

〈미국 헌법에 있는 단어들을 워들로 표현〉

다. 잘라보고 달리보기

- 살펴볼 데이터의 형태를 둘 이상의 차원(Dimension)과 측정값(Measure)의 구조로 잡았다는 것은 이미 그 데이터에 대해 여러 가지 관점으로 살펴볼 준비가 되었다는 의미이다.
- 잘라보기(Slice) : 먼저 전체 데이터에 대해 패턴을 탐색한 다음에, 이것을 일정 기준에 따라 쪼개 일부분만 보는 것
  - 예) 연령별·성별 평균 체중 데이터 → 20세 이상 40세 미만 남성들의 체중 패턴
- 달리보기(Dice) : 여러 개의 차원이 있는 경우, 차원들을 기준으로 잘라내 서로 다른 관점의 단면들을 살펴보는 것
  - 예) 성별이라는 차원을 기준으로 잘라낸 데이터의 단면 : 성별 고정, 연령과 체중의 관계를 볼 수 있음
- MS excel의 '피벗(Pivot)', 구글 스프레드 시트의 '피벗 테이블 리포트(Pivot Table Report)' : 슬라이스/다이스를 가장 손쉽게 할 수 있는 분석 도구
- 파워뷰(Power View) : 엑셀 2013에서 제공하는 기능, 기존의 피벗 테이블이나 기본 그래프 도구로 시각화 탐색을 적용하는 것에 비해 훨씬 강화되고 확장된 기능 이용 가능
- OLAP(Online Analytical Process) : 기업에서 쓰는 BI(Business Intelligence) 도구, 실시간으로 기업의 다차원 데이터에 접근해 슬라이스/다이스하며 분석·리포팅하는 도구
- 피벗 테이블 분석에서의 슬라이스/다이스는 결국 행과 열에 어떤 차원을 배치하느냐이며, 시각화 도구도 바로 적용할 수 있다.

〈엑셀의 기본 피벗 테이블 기능〉

라. 내려다보고 올려다보기

- 많은 데이터는 계층형 구조이며, 계층형 구조가 없다고 하더라도 데이터의 형태에 따라 묶는 작업을 통해 해당 구조를 만들어낼 수 있다.
- 내려다보기(Drill Down) : 현재 바라보는 관점에서 하위 계층으로 기준을 세분화
- 올려다보기(Reverse Drill Down) : 현재보다 상위 계층의 관점에서 보는 것
- 슬라이스는 어떤 차원을 기준으로 살펴보느냐에 대한 것이지만, 드릴다운은 계층 구조를 형성하는 하나의 차원 안에서 세부적인 하위 차원으로 분할해보는 것
- 데이터들을 대상으로 탐색할 때는 하위 계층에서 패턴을 살펴본 후 상위 계층의 패턴을 살펴보고, 그 차이점을 토대로 다시 하위 계층을 살펴보는 구조로 진행되어야 한다.
- 계층형 트리 구조를 기반으로 한 시각화 도구가 유용하다. 특히 그러한 시각화 도구들 중에서 인터랙티브 요소를 갖춘 것들은 상위 계층과 하위 계층 사이의 전환을 시각화 결과물에서 직관적으로 조작할 수 있는 기능을 제공하기 때문에 보다 효과적이다.
- 트리맵(Tree Map) : 면적을 이용해 차원을 표현한 시각화 도구
- 하이퍼볼릭 트리(Hyperbolic Tree)

마. 척도의 조정

- 시각화 도구를 이용해 패턴을 탐색할 때, 척도(Scale)의 조정을 조심해야 한다.
- 정량적인 데이터를 평면이나 공간에 뿌려 놓을 때에도 척도를 어떻게 설정하느냐에 따라 다른 모습이 나타난다.
- 데이터의 최솟값과 최댓값의 범위보다 표현하는 그래프 축의 범위가 훨씬 넓으면 패턴이 제대로 나타나지 않는다.
- 같은 좌표 평면에 다른 계열의 데이터를 함께 표현했을 때는 두 계열의 측정값 범위가 너무 달라서 어느 하나의 패턴이 제대로 나타나지 않는 경우가 종종 있다.
- 척도 문제가 발생하는 경우에는 실제 값을 변형해, 같은 공간에 표시해도 각각의 패턴이 명확하게 보이게끔 조정해야 한다.
- 스파크라인 차트(Sparkline Chart) : 계열별로 다른 범위의 측정값들을, 동일한 공간의 범위 내에서 각각의 패턴 변화를 비교해 볼 수 있도록 자동으로 조정해주는 시각화 도구

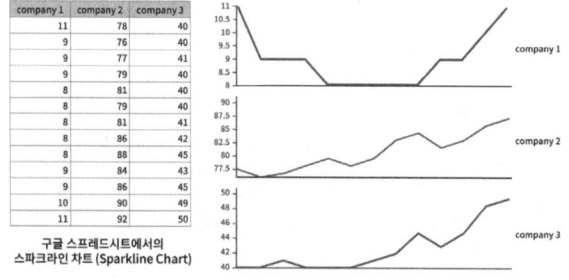

〈계열별로 다른 범위의 측정값을 스파크라인 차트로 표현해 패턴 비교〉

3절 분석(2단계)

1. 분석 대상의 구체화

분석은 탐색을 통해 1차적으로 찾아낸 관계들을 좀 더 구체적이고 수치적으로 살펴보면서 의미있는 관계를 수치적인 모델이나 특정값으로 표현해 내는 과정을 의미한다.

가. 2차 탐색
- 탐색을 통해 찾아낸 관계들을 살펴보는 과정에서 어떤 패턴이 좀 더 중요하고 더 제대로 뜯어봐야 하는지 우선순위를 결정해야 한다.
- 탐색 과정에서 찾아낸 단서들을 기반으로 우선순위를 조정해 볼 수도 있다.
- 좀 더 자세하게 살펴볼 대상들이 결정되면, 해당 대상에 대해 다시 한 번 집중적으로 탐색할 필요도 있다.
- 궁극적인 목적은 앞선 과정에서 충분히 살펴보지 못한 것들을 다시 보고, 차원과 측정값들의 조합을 적절하게 바꿔가면서 관찰했는지 한 번 더 점검하는 것이다.

나. 분석 목표에 따른 분석 기법
- 패턴 자체를 확률적으로 검증하거나 패턴을 구성하는 핵심 함수의 모델 도출과 같은 경우에는 패턴을 눈으로 살펴보는 것만으로는 충분하지 않기 때문에 분석이 필요하다.
- 분석 목표에 따른 적합한 통계적 분석 기법은 다음과 같다.

분석 목표	설 명	통계적 분석 기법
평균에 대한 검정과 추정	평균값에 대한 모델링	t 검정
비율에 대한 검정과 추정	비율에 대한 모델링	직접확률계산법, F 분포법
분할표의 검정	각각 2개 이상의 분류값을 지닌 2개 이상의 차원이 있고 그 결과로 하나의 측정값이 있을 때, 분류 조합에 따라 측정값에 유효한 차이가 발생하는지를 검정	카이제곱 검정, Fisher의 직접 확률 검정, 맥네마의 검정, 잔차 분석
변수들 간의 상관관계의 강도 도출	독립적으로 움직이는 두 변수들 사이의 관계 (상관관계)의 강도를 상관계수로 나타내어 표시	상관분석

변수들 간의 선형/비선형 인과관계의 형태와 강도 추출	종속적으로 움직이는 두 개 이상의 변수들 사이의 관계(인과관계)의 강도를 결정 계수로 나타내고, 각 변수의 계수를 추정해 모델화, 변수들은 연속적인 값일 수도 있고 분류값일 수도 있음	회귀분석, 다중회귀분석, 로지스틱 회귀분석, 판별분석
어떤 결과에 영향을 미치는 요인들 사이의 관계와 핵심 요인의 선별	어떤 측정값에 변화 요인이 되는 값들이 세 개의 차원이라고 할 때, 각 차원들 중에 어떤 것이 측정값에 가장 큰 영향을 미치는지, 각 차원은 다른 차원의 영향력과 어느 정도 겹치는지 분석	요인분석, 주성분 분석
대상들을 여러 기준값들에 따라 분류하고, 다차원 공간에 배치	측정값과 차원들이 있을 때 차원들의 값을 기준으로 측정값들 사이의 거리를 계산해 적절하게 그룹을 짓고, 이 거리가 의미 있는 차원들로 축을 구성한 다차원 공간에 측정값들을 배치	군집분석, 다차원 척도법(MDS)
차원들의 패턴이 비슷한 측정값과 그렇지 않은 측정값을 분류	예를 들어, 설문 항목에 대한 답변들의 패턴에 따라 비슷한 답변을 한 응답자와 그렇지 않은 응답자를 분류	대응분석
시간의 흐름에 따라 변하는 데이터를 분석할 수 있는 모델의 도출	시계열 데이터에 영향을 주는 요인을 추세요인, 계절요인, 순환요인, 불규칙요인으로 분해해서 시계열 데이터를 가장 잘 설명할 수 있는 모델을 만들고, 이 모델을 통해 미래에 대해서도 예측	시계열 분석

- 차원이 너무 많거나 불연속 데이터의 가지수가 너무 많은 경우, 패턴을 찾아내기 위해 통계적 분석법을 유용하게 사용할 수 있다.
- 통계적 분석 기법의 결과물 : 모델을 구성하는 구체적인 계수, 설명력을 설명하는 설명계수, 그래프, 걸러진 변수 등
- 통계적 분석을 통해 얻어낸 결과들의 일부는 다시 시각화 도구를 거쳐서 패턴을 살펴볼 수 있으며, 시각적 도구와 통계적 도구는 상보적인 관계이다.
- 통계적 분석에서는 데이터가 전체 모수 데이터인지 아니면 모수 데이터의 일부분인 표본 데이터인지에 따라서 분석 모델의 가정이 달라지기 때문에 다른 기법이나 다른 분석 식을 사용해야 한다.
- 최근에는 모수 데이터 자체를 쉽게 구할 수 있기 때문에, 모수를 대상으로 통계적 분석을 실시하는 경우가 많아지고 있다.

2. 분석과 시각화 도구

- 시각적 기법을 이용해 탐색한 다음에 수치적으로 파고들 필요가 있을 때에는 통계적 분석 기법을 이용한 분석을 진행하는데, 이 과정에서 시각화 도구는 매우 유용하게 사용된다. 예를 들어 회귀분석에서는 적합한 함수식을 찾는데 시각화 도구가 보조도구로서 사용될 수 있다.
- 회귀분석을 통해 인과관계를 살펴볼 수도 있고, 전체 형태의 추세를 통해 미래 또는 축 상의 다음 측정값에 대한 예측을 할 수 있다.

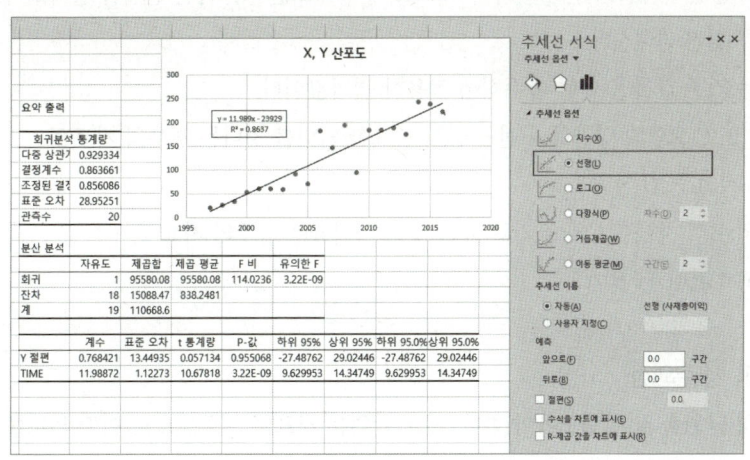

〈엑셀에서 선형 회귀분석 결과와 추세선〉

- 예 상단 그림은 x, y로 구성된 데이터에 대해 1차 함수인 선형회귀분석을 지정한 것
  모델의 함수식과 모델의 설명력을 의미하는 결정계수 R^2 값, 해당 모델을 그래프로 표현한 추세선이 원본 데이터와 함께 좌표평면에 표현되었다.
- 만약 그래프를 통해 시각적으로 확인해보지 않고 함수식과 함수식을 통해 도출된 예측값만으로 데이터를 보면 현실적인 가정 및 조건 등을 놓칠 수 있다.
- 통계적 분석 기법과 시각적 분석 기법은 매우 밀접한 관계이기 때문에, 분석 단계의 인사이트 프로세스에서도 염두에 두고 잘 활용해야만 한다.

3. 지표 설정과 분석

가. 지표의 기본 개념

- 지표는 어떤 현상의 강도를 평가하는 기준이 되는 숫자를 의미한다.
  - 예 KPI(Key Performance Indicator, 핵심성과지표) : 기업에서 업무성과 평가 및 목표설정 등의 활동에 활용하며, 목표 달성을 위한 세부적인 활동 결과물의 추진 정도나 수준을 측정

하고 평가하는 것
- 다양한 데이터를 분석함으로써 도출되는 결과값은 지표로 활용할 수 있으며, 의미가 있고 직관적으로 이해되는 계산·변환·가공된 수치들을 지표로 만드는 것이 가치가 있는 것이다.

나. 지표의 기본 구조
- 지표는 추출한 인사이트를 커뮤니케이션에 활용하는 단계에서도 유용한 개념이지만, 분석할 때에도 유용하게 사용되는 개념이다.
- 앞서 도출한 관계를 무언가 하나의 지표로 축약해 표현하면 다른 관계를 살펴보기 위한 기준으로 삼기가 훨씬 편해진다.
- 지표는 기존 값들을 어떤 함수식에 적용한 결과값이다.
    - 예) A, B, C 요인의 영향력의 전체 곱이 중요한 의미를 지니는 경우의 지표 X
        : $X = A \times B \times C$
    - 예) A와 B의 차이를 C의 크기로 나눈 것이 의미있는 경우의 지표 Y
        : $Y = abs(A - B)/C$

다. 지표 활용 시 주의점
- 지표의 단위를 잘 살펴보아야 한다. 지표 단위는 지표가 현실적으로 어떤 의미를 지니는지 명확하게 보여주며, 결국 단위를 해석하면 지표가 무슨 의미인지 알 수 있게 된다.
- 지표를 시각화 도구에 적용할 때에도 역시 지표의 단위가 시각화 도구의 표현 공간 상에 다른 데이터들과 함께 적절하게 표현될 수 있는지 체크해야 하고, 지표가 척도와 관련된 문제는 없는지 살펴봐야 한다.
- 지표를 통계적 분석 도구로 분석해 볼 때에는 같이 적용하는 다른 변수들이 이 지표와 어떤 관계에 있는지 반드시 검토한 다음에 적용해야 한다. 만약 지표가 통계적 모델을 만들 때 포함된다면, 모델의 설명력이 과대평가될 수 있다.
- 요인분석(Factor Analysis) : 지표가 지표를 만든 다른 요인들과 상당 부분 설명력이 겹치는지의 여부를 확인

4절 활용(3단계)

1. 내부에서 적용

- 찾아낸 통찰은 여러 가지 형태로 활용할 수 있으며, 활용하는 과정에서 연결되는 새로운 통찰을 발견할 수도 있고, 기존 통찰의 부족한 점을 보완할 수도 있다.
- 통찰은 어떤 식으로든 내부에 적용할 수 있으며, 그 의미는 개인이 되었건 조직이 되었건 얻어낸 통찰을 실행으로 옮기는 것을 의미한다.

> [통찰에 대한 필요성]
> 1) 기존 문제 해결 방식이나 설명 모델의 수정
> 2) 새로운 문제 해결 방식의 도입
> 3) 새롭게 발견한 가능성에 대한 구체적인 탐색과 발전

- 통찰의 성격에 따라 위 3가지 적용 방법들의 구체적인 형태가 결정된다.
- 모델의 설명력을 훨씬 강화하는 새로운 변인을 추가하거나, 관련된 상수값을 보정할 수도 있고, 서비스 개선 요소나 신규 수익을 창출하는 모델을 발견해 실행에 옮길 수도 있다. 또한 특수한 상황이 발생하는지의 여부를 모니터링하는 조기경보체계를 구축할 수도 있다.
- 통찰은 보통 형체가 없기 때문에, 시각화하는 것이 무엇보다 중요하다. 또한, 자료로부터 뽑아낸 통찰을 활용하여 실행에 옮길 때에는 그 자료가 실행과 관련된 현실적인 여건을 충분히 반영했는지를 다시 한 번 검토해야만 한다.

2. 외부에 대한 설명·설득과 시각화 도구

- 발견한 통찰을 관련된 사람들에게 설명하거나 설득하는 과정은 항상 필요하다.
- 처음 접해보는 생소한 개념, 사실, 정보를 쉽게 받아들이기 위해서 일단 쉽고 간결하게 정리해야 한다.
- 찾아낸 통찰을 보다 효과적으로 전달하기 위해서 시각화한 그림이나 그래프를 활용한다.

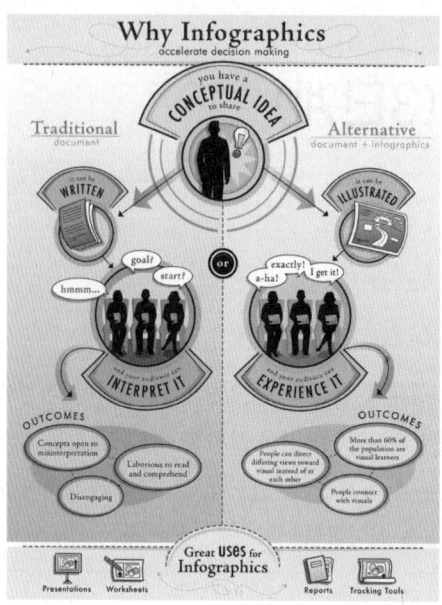

〈추상적인 콘셉트를 시각화해 직관적으로 보여주는 인포그래픽〉

- 통찰을 설명할 때에 시각화 인사이트 프로세스는 그 과정에서 여러 가지 시각적인 결과물이 부수적으로 생산되기 때문에, 추후 이러한 프로세스를 통해 도출된 통찰을 설명할 때 해당 시각화 자료를 바로 이용할 수 있다.
- 설득은 정보의 전달 뿐만 아니라 자신의 의도를 상대방이 공감하고 그에 따라 행동하도록 해야 하기 때문에, 좀 더 강력한 상호작용이 필요하다.
- 감성적인 측면에 호소하기 위해서는 사람의 마음을 움직이는 디자인(Design)이 시각화 도구로서 중요한 역할을 한다.
- 설명이나 설득을 할 때에 일방적인 메시지 전달이 아니라 직접 조작하면서 메시지를 받아들이는 인터랙티브 인포그래픽과 정보 디자인을 시각화 도구로 이용하면 그 효과를 높일 수 있다.

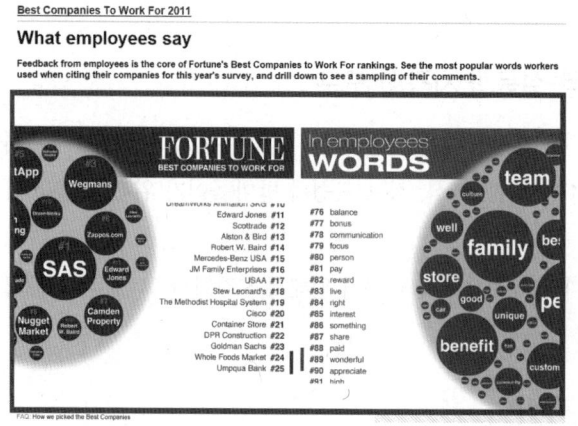

〈What employees say〉

- 이러한 인터랙티브 인포그래픽들은 앞에서 관계를 탐색할 때 활용했던 잘라보고 달리보기와 내려다보고 올려다보기와 같은 조작을 통해, 메시지 생산자가 정해 놓은 범위 안에서 메시지 수용자가 정보를 구체적으로 이해할 수 있게 한다.
- 시각화 도구는 시각화 인사이트 프로세스 전반에 걸쳐서 일관성과 통일성을 갖고 활용된다.

3. 인사이트의 발전과 확장

 출제 포인트

'인사이트의 발전과 확장'은 적절한 것 또는 부적절한 것을 고르는 문제로 출제될 확률이 높으므로, 하위 내용까지 정확하게 숙지해야 합니다.

시각화 인사이트 프로세스를 통해 얻어낸 통찰 역시 내부에서 적용하고 외부와 소통해 피드백을 받는 과정을 거치면서, 새로운 통찰을 얻어낼 수 있는 기회를 발견하거나 기존의 추출 과정에서 놓치고 있었거나 잘못 적용했던 것들을 체크할 수 있게 된다.

가. 탑다운 vs 보텀업
- 새로운 대상에 대해 **처음으로 무언가를 살펴볼 때**에는 아무 것도 모르는 것을 전제로 하고 밑바닥에서부터 다양한 가능성들을 찾아보는 **보텀업(Bottom Up) 방식**이 적절하다.
- 보텀업 방식으로 탐색하여 몇 가지 의미있는 것들을 파악한 후에는, 그것을 적용하는 과정에서 추가로 얻어낸 정보들을 토대로 **탑다운(Top Down) 방식**으로 검증하고자 하는 명제들을 명확하게 검증해가는 것이 효과적이다.

나. 2차 잘라보기·달리보기, 내려다보기·올려다보기
- 인사이트를 적용하면서 중점적으로 체크해야할 것은 기존에 통찰을 도출한 데이터의 현실성 및 분석에서 활용한 모델들의 적정성이다.
- 얻어낸 통찰을 실세계에서 활용한 뒤에는 기존의 인사이트 프로세스에서 살펴본 차원들에 대해 추가적인 정보를 얻을 수 있다.
- 다시 한 번 '잘라보기·달리보기, 내려다보기·올려다보기' 하는 과정을 통해 시도해보지 않았던 차원들 간의 조합이나, 특정 차원을 특정 값으로 고정해 살펴보면서 인사이트를 고도화하고 확장할 수 있다.

다. 실시간 vs 비실시간
- 누적된 기존의 데이터를 통해 인사이트를 도출하고 나면, 일정한 시간이 흐른 뒤 그것이 어떠한 효과를 가져왔는지를 검증하는 과정의 반복이 필요하다.
- 이러한 반복 주기에 따라 실시간으로 탐색하고 분석할 수 있는 환경을 구축하는 것이 나은 것인지, 비실시간이라도 주기적으로 새로운 데이터를 구축해 살펴볼 수 있는 환경을 구축하는 것이 나은 것인지를 결정해야 한다.

- 데이터가 크면 클수록 실시간으로 살펴보는 것은 어려워지고 데이터가 많아질수록 실시간으로 처리할 수 있는 탐색과 분석의 수준은 낮아진다.
- 변화의 경향을 주기적으로 살펴보는 것이라면, 굳이 실시간 처리 환경을 구축할 필요는 없다.

라. 지표의 운영

- 관계는 보통 여러 차원과 측정값 사이의 패턴을 말해주기 때문에 지표를 활용한다는 것은 여러 가지 관계를 다 살펴보는 부담을 덜어준다.
- 몇 가지의 지표만 집중해봐도 다양한 관계들을 통해 나타나는 전체적인 흐름을 알 수 있다.
- 인사이트 프로세스에서 추출한 지표를 중심으로 운영할 경우, 문제점이 발생할 수도 있다. 바로 환산된 값을 중심으로 보다 보니 정작 어떤 변화요인이 발생해 지표 흐름에 영향을 미쳤는지 찾아내기가 어려워지는 것이다.
- 지표를 운영할 때에는 지표의 장점과 단점에 대해 명확하게 이해하고, 인사이트의 발전과 확장 효율성을 높일 수 있는 방향으로 지표를 끌고 갈 필요가 있다.

마. 추가 데이터에 대한 필요성

- 기존에는 살펴볼 생각도 하지 못했던 관계들이 어떠한 데이터를 통해 파악될 수 있을 것만 같을 때 추가 데이터가 필요하다.
- 기존의 인사이트를 발전·확장시키는 새로운 인사이트 프로세스에 추가 데이터를 반영할 계획이라면 일단 그 데이터가 정말로 필요한지(어떤 부가가치를 제공하는지), 어떻게 사용할 것인지를 명확하게 짚어보아야 한다.

바. 시각화의 오류

- 사용 시각화 도구의 장단점과 적용 구조를 제대로 이해하지 못하고 쓰면 치명적인 독이 될 수 있다.
- 척도에 대해 충분히 이해하지 못한 채로 데이터를 평면이나 공간에 펼쳐놓으면 의미있는 패턴을 놓칠 수도 있다.
- 눈의 착각(Optical Illusions) : 사람의 시각이 물리적인 자극에 대해 있는 그대로 정확하게 받아들이지 못하는 경우 예 3차원 공간에서 원근감 때문에 잘못된 해석을 하는 경우
- 특히 인포그래픽과 같은 시각화 도구로 대상자를 설명·설득하는 경우에는 여러 가지 디자인 요소가 결합되기 때문에 시각화 오류가 발생할 여지가 크다.
- 다양한 시각화의 오류와 문제점을 피하기 위해서는 최대한 여러 관점에서 신중하게 고려해야 한다.

사. 사람의 문제

- 인사이트를 발견하고, 통찰을 활용하면서 발전·확장시키는 과정에서, 이런 작업을 하는 주체 자체가 기계가 아닌 사람이기 때문에 결국은 세부적인 방식과 도출된 결과물의 질과 방향 등에 있어서 개인차가 발생할 수 밖에 없다.
- 사람에 따라 볼 수 있는 것과 보고 싶은 것도 다르고, 오차에 대한 내성도 다르다.
- 데이터 분석과 시각화, 해당 비즈니스 영역에 대한 전문성이 핵심 요소이지만, 특히 눈여겨 보아야 할 것은 '전통적인 접근 방식과는 다른 시각'이다.
- 새로운 가치와 통찰은 서로 다른 것들을 연결하는 것에서 태어난다는 것을 주목해야 한다.

MEMO

시각화 인사이트 프로세스

5과목 / 1장

01. 시각적 이해의 위계 구도상에서 인류가 그동안 축적한 총체적인 정보가 조직적으로 재구성되어 새로운 의미가 도출된 단계로 적절한 것은 무엇인가?

① 데이터　　② 정보　　③ 지식　　④ 지혜

02. 데이터 구성 원리 중 '객체지향 관점에서의 접근'에 사용되는 용어로 가장 적절하지 않은 것은 무엇인가?

① Method　　② Event　　③ Object　　④ Class

03. 데이터 명세화와 관련된 설명으로 가장 적절하지 않은 것은 무엇인가?

① 측정값을 분류할 수 있는 모든 것은 차원이 될 수 있다.
② 차원과 측정값의 구분은 데이터의 성격에 따라 정해진 것이 아니기 때문에 분석 형태에 따라 얼마든지 달라질 수 있다.
③ 데이터를 명세화할 때는 어떤 단위나 형태로 표현되는지와 표현해야 하는지에 대해 항상 주의를 기울여야 한다.
④ 하나의 차원이 하나의 값으로 고정되었더라도 반드시 차원이라고 명시해야 한다.

04. 시각화 인사이트 프로세스에 대한 설명으로 가장 부적절한 것은 무엇인가?

① 대상들 사이에 숨어있는 관계를 찾아, 관계를 매개로 융합된 상위 개념을 발견하는 과정에서 '사람'은 중요한 기준이 된다.
② 분석에 사용되는 시각화 도구들은 관계의 개괄적인 패턴을 찾는데 도움을 준다.
③ 통찰을 도출하는 데에 사용한 시각화 도구들이 탐색과 분석의 효과 및 효율성에 집중돼 있다면, 그것을 전달하는 시각화 도구들은 수용자 행동의 동기 부여에 집중된다.
④ 분석에서 가장 중요한 사항은 분석의 방향성, 검증해야할 명제, 찾아내야 할 모델링(함수), 지표의 개요가 명확해야한다는 것이다.

05. 아래 그래프와 같은 문제가 발생하는 이유로 가장 부적절한 것은 무엇인가?

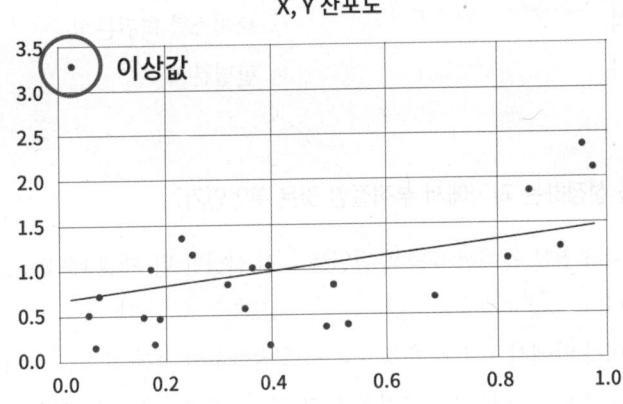

① 데이터 명세화가 제대로 이루어지지 않아서 연결고리 확인 과정의 오류가 발생한 경우
② 데이터 측정 과정에서 여러 가지 이유로 오류가 발생하여 다른 값들과 큰 차이가 나는 오차가 들어간 경우
③ 데이터가 기록·관리되는 과정에서 문제가 발생한 경우
④ 오류가 아닌 뭔가 의미있는 이유가 있기 때문에 발생한 경우

06. 시각화 인사이트 프로세스의 연결고리 확인에 대한 설명으로 부적절한 것은 무엇인가?

① 연결고리는 시각화 도구로 살펴보는 패턴에서 찾아내는 것이 아니라, 데이터의 태생을 정리한 명세서에서 직접 확인한다.
② 데이터형이 달라도 공통요소로 변환할 수 있는 경우가 있다.
③ 데이터의 항목명이 같은 경우 명확하게 공통 요소가 된다.
④ 더 자세한 자료를 덜 자세한 자료로 변환하는 것은 가능하지만, 그 반대로는 불가능하다.

07. 시간이 흐름에 따라 시간 외의 다른 차원에 있는 측정값들이 어떻게 변화하는지를 움직임을 통해 보여주는 동적인 시각화 도구는 무엇인가?

① 갭 마인더
② 히트맵
③ 체르노프 페이스
④ 모션 차트

08. 변수들 간의 선형/비선형 인과관계의 형태와 강도를 추출할 때 사용하는 통계적 분석기법으로 부적절한 것은 무엇인가?

① 회귀분석 ② 로지스틱 회귀분석
③ 요인분석 ④ 판별분석

09. 탐색 범위를 설정하는 과정에서 부적절한 것은 무엇인가?

① 전체 데이터 집합 안에서의 탐색 범위를 우선 선정한 뒤, 개별 데이터 안에서 범위를 조정하는 것이 낫다.
② 같은 데이터 안에서 차원과 측정값을 서로 맞바꾸면 다른 통찰을 찾아낼 수도 있다.
③ 연결할 수 있다고 해서 모든 조합을 살펴보는 것은 효율적이지 않다.
④ 측정값에 하나의 차원만 연결해 탐색한 뒤, 연결된 차원을 늘려가는 것이 좋다.

10. 통찰을 활용하는 방법들 중 성격이 다른 하나는 무엇인가?

① 새로운 문제 해결 방식의 도입
② 설명을 위한 스토리텔링 콘텐츠 제작
③ 모델의 설명력을 강화하는 새로운 변인 추가
④ 시간표 및 조직도를 벽에 부착

11. 분석 목표에 따른 통계적 분석 기법들 중 목표가 다른 하나는 무엇인가?

① 카이제곱 검정 ② T 검정
③ 피셔의 정확 검정 ④ 잔차 분석

12. 좌표계를 주소 및 행정 구역으로 변환해주거나 그 반대로 해주는 것은 무엇인가?

① X-ray Map
② Coropleth Map
③ Arc GIS
④ Geocoding

13. 인사이트의 발전과 확장에 대한 설명들 중 부적절한 것은 무엇인가?

① 인사이트를 적용하면서 중점적으로 체크해야할 것은 기존에 통찰을 도출한 데이터의 현실성 및 분석에서 활용한 모델들의 적정성이다.
② 누적된 기존의 데이터를 통해 인사이트를 도출하고 나면, 일정한 시간이 흐른 뒤 그것이 어떠한 효과를 가져왔는지를 검증하는 과정의 반복이 필요하다.
③ 척도에 대해 충분히 이해하지 못했더라도 충분히 많은 데이터가 존재할 경우 데이터들을 평면이나 공간에 펼쳐놓으면 의미있는 패턴을 발견할 수 있다.
④ 새로운 대상에 대해 처음으로 무언가를 살펴볼 때에는 아무것도 모르는 것을 전제로 하고 밑바닥에서부터 다양한 가능성들을 찾아보는 방식이 적절하다.

14. 분석 단계에 대한 설명들 중 부적절한 것은 무엇인가?

① 탐색 과정에서 찾아낸 단서들을 기반으로는 우선순위를 조정하기 힘들다.
② 시각적 도구와 통계적 도구는 상보적인 관계이다.
③ 다양한 데이터를 분석함으로써 도출되는 결과값을 지표로 활용할 수 있다.
④ 지표가 통계적 모델을 만들 때 포함된다면, 모델의 설명력이 과대평가될 수 있다.

15. 인사이트를 활용함에 있어 더욱 발전시키고 확장할 수 있는 방법들 중 성격이 다른 하나는 무엇인가?

① 살펴볼 데이터의 형태를 둘 이상의 차원과 측정값의 구조로 잡았다는 것은 이미 그 데이터에 대해 여러 가지 관점으로 살펴볼 준비가 되었다는 의미이다.
② 계층 구조를 형성하는 하나의 차원 안에서 세부적인 하위 차원으로 분할해보는 것이다.
③ 먼저 전체 데이터에 대해 패턴을 탐색한 다음에, 이것을 일정 기준에 따라 쪼개 일부분만 보는 것이다.
④ 피벗 테이블 분석에서는 결국 행과 열에 어떤 차원을 배치하느냐이며, 시각화 도구도 바로 적용할 수 있다.

단답형 문제로 복습하기!

💬 단답형은 앞의 개념을 복습하기 위한 문제들로 시험에서는 단답형이 출제되지 않으니 참고하시기 바랍니다.

01. 아래의 설명하는 내용은 무엇인가?

> 주어진 텍스트 데이터에서 의미를 갖는 형태소 단위를 추출한 뒤 그것들의 빈도를 계산해 빈도에 따라 색상이나 크기를 결정하고 시각적으로 서로 겹치지 않게 적절히 배치하는 시각화 기법

( )

02. (ㄱ), (ㄴ)에 들어갈 올바른 말은 무엇인가?

> 새로운 대상에 대해 처음으로 무언가를 살펴볼 때에는 아무것도 모르는 것을 전제로 하고 밑 바닥에서부터 다양한 가능성들을 찾아보는 (ㄱ) 방식이 적절하며, (ㄱ) 방식을 통해 몇 가지 의미 있는 것들을 파악한 후에는, 그것을 적용하는 과정에서 추가로 얻어낸 정보들을 토대로 (ㄴ) 방식으로 검증하고자 하는 명제들을 명확하게 검증해가는 것이 효과적이다.

( )

03. (가) 안에 들어갈 용어는 무엇인가?

> (가)는 각각 분리된 개별적인 기초 자료로부터 생성된 다양한 데이터 간의 관계가 상위 개념의 관계를 맺고 조직화된 것으로 재구성되어 새로운 의미가 도출되는 단계이다.

( )

04. 아래의 설명하는 내용은 무엇인가?

> 시각화 인사이트 프로세스(Visual Insight Process)에서 탐색을 통해 찾아낸 관계들의 형태를 보다 명확하게 규명하고, 그 형태가 지니는 의미를 찾아내는 단계로 관계를 구체화하는 목적을 가지고 있다.

(   )

05. 아래의 설명하는 내용은 무엇인가?

> - 다른 관측값들과 동떨어진 값
> - 논리나 구조적으로 불가능한 범위의 값
> - 측정 오류로 오차가 들어간 값
> - 데이터가 기록·관리되는 과정에서 문제가 생겨서 발생한 값

(   )

정답 및 해설

01	③	06	③	11	④
02	②	07	④	12	④
03	④	08	③	13	③
04	②	09	①	14	①
05	①	10	②	15	②

【단답형】

01	워드 클라우드
02	(ㄱ) Bottom UP, (ㄴ) Top Down
03	지식(Knowledge)
04	분석
05	이상치

01. 다양한 정보가 관계를 맺고 조직화되었을 때 지식이 된다. (정답 : ③)

02. '이벤트 기록으로서 접근'에서 특정 이벤트(Event)가 발생했을 때, 원 데이터(Raw Data)가 생성된다. (정답 : ②)

03. 하나의 차원이 하나의 값으로 고정된 경우에는 차원이라고 하지 않는 경우도 있다. (정답 : ④)

04. 탐색에 사용되는 시각화 도구들은 관계의 개괄적인 패턴을 찾는데 도움을 주며, 분석에 사용되는 시각화 도구들은 관계를 구체적으로 모델링하고 조정하는데 도움을 준다. (정답 : ②)

05. 이상값(Outlier)은 크게 ②, ③, ④번의 세 가지 경우에 발생할 수 있다. (정답 : ①)

06. 데이터의 항목명이라는 기준 대신에, 해당 항목의 정의와 데이터형을 보고 찾아야 한다. (정답 : ③)

07. 모션 차트는 시간이라는 개념에 좀 더 들어맞고 직관적인 방법이다. (정답 : ④)

08. 요인분석은 어떤 결과에 영향을 미치는 요인들 사이의 관계와 핵심 요인을 선별하는 통계적 분석기법이다. (정답 : ③)

09. 여러 개의 데이터를 갖고 있으면 개별 데이터 안에서 먼저 탐색한 다음에, 데이터 간의 연결고리를 이용해 전체 집합 안에서 탐색 범위를 설정하는 쪽이 낫다. (정답 : ①)

10. ①, ③, ④ - 내부에서 적용 / ② - 외부에 대한 설명·설득 (정답 : ②)

11. 분석 목표를 비교하면, 카이제곱 검정, T 검정, 정확 검정은 주로 가설 검정(예: 평균 차이, 변수 간 연관성)을 목표로 하며, 잔차 분석은 모델의 적합성 평가와 진단에 초점이 맞춰져 있습니다. 따라서 잔차 분석은 다른 세 기법과 목표가 다릅니다.(정답: ④)

12. 지오코딩(Geocoding)이라고 한다. (정답 : ④)

13. 척도에 대해 충분히 이해하지 못한 채로 데이터를 평면이나 공간에 펼쳐놓으면 의미 있는 패턴을 놓칠 수도 있다. (정답 : ③)

14. 탐색 과정에서 찾아낸 단서들을 기반으로 우선순위를 조정해 볼 수도 있다. (정답 : ①)

15. ①, ③, ④ - 슬라이스·다이스, ② - 드릴다운·리버스 드릴다운 (정답 : ②)

시각화 디자인

학습목표

- 데이터 시각화가 무엇인지 알고, 이를 위한 시각화 방법을 이해한다.
- 데이터 시각화와 정보 디자인 관점에서 시각화 분야의 이론을 통해 정보 디자인 프로세스를 이해한다.
- 다양한 시각화 사례를 통해 시각화 방법들을 알아본다.
- 정보 시각화 방법에 따른 시각화 그래프들을 매치할 수 있다.

눈높이 체크

• 빅데이터 시각화의 영역은 어디에 포함될까요?

빅데이터 시각화는 데이터를 기반으로 객관적 표현에 더 초점을 맞추는 경우가 많기 때문에 데이터를 직접적으로 전달하는 기능성에 초점을 맞추는 정보형 메시지 전달 목적성이 강합니다. 그렇기 때문에 비교적 디자인이 많이 요구되는 인포 시각화는 빅데이터 시각화 영역에 거의 포함되지 않습니다.

• 정보 시각화 방법에 따른 시각화 그래프들을 알고 계신가요?

정보 시각화에서는 만드는 그래프가 어떠한 효율적인 분석 내용을 전달할 것인가에 따라 그래프를 선택하는 것이 매우 중요합니다. 시간 시각화에는 막대그래프, 누적 막대그래프, 점그래프가 있으며, 분포 시각화에는 파이차트, 도넛차트, 트리맵, 누적 연속그래프가 있습니다. 관계 시각화에는 스캐터 플롯, 버블차트, 히스토그램이 있고, 비교 시각화에는 히트맵, 체르노프페이스, 스타차트, 평행 좌표계, 다차원 척도법이 있으며, 공간 시각화에는 지도 매핑이 있습니다.

• 정보 시각표현에 대해 들어보셨나요?

정보를 시각적으로 표현하기 위한 다양한 그래픽 요소들뿐만 아니라, 시각 원리(타이포그래피, 색상, 그리드), 아이소타이프, 인터랙션 등과 같은 개념도 사용되고 있습니다.

1절 시각화의 정의

1. 데이터 시각화의 중요성

가. 데이터 시각화의 의미

- 빅데이터(Big Data)의 가장 큰 특징은 텍스트와 이미지가 비정형성을 갖는다는 것이다. 또한, 방대한 규모뿐만 아니라, 빠르게 전파되기 때문에 중요한 패턴을 찾기가 쉽지 않다.
- 유용한 정보의 증가만큼 불필요한 정보도 급증하고 있기 때문에 방대한 데이터 속에서 의미를 찾아내고 분석하는 일이 중요하다.

> "앞으로 10년 간 가장 중요한 능력은 데이터를 얻는 능력, 처리하는 능력, 가치를 뽑아내는 능력, 시각화하는 능력, 전달하는 능력이 될 것이다."
> - 구글의 수석 경제학자인 할 배리언(Hal Varian)

- **데이터 시각화(Data Visualization)** : 매우 광범위하게 분산된 방대한 양의 자료를 분석하여 한 눈에 볼 수 있도록 도표나 차트 등으로 정리하는 것이다.
- 빅데이터에서 필요한 정보를 신속하게 얻어내는 것은 기업 핵심 경쟁력 중 하나이다. 따라서 방대한 빅데이터 안에서 **통찰력을 얻기 위해서는 시각화한 서비스가 필요**하다.
- 빅데이터를 바탕으로 한 시각화는 빠른 의사 결정을 내릴 수 있게 해주는 수단이다.

나. 데이터 시각화의 목적

- 데이터 시각화는 보통 **데이터 분석**과 **의사소통**이라는 두 가지 목적을 갖는다.
- 우리의 삶과 생활을 둘러싼 방대한 양의 자료로부터 스토리를 발견하고 이해하는 강력한 도구로서의 역할을 한다.
- 자료로부터 얻은 스토리를 이해하고, 이를 다른 사람과 공유함으로써 그 스토리를 함께 발전시켜 나갈 수 있다.

다. 데이터 시각화의 효과

- 자료로부터 정보를 습득하는 시간을 절감할 수 있기 때문에 즉각적인 상황 판단이 가능해진다.
- 자료를 습득하는 사람들의 흥미를 유발하고 정보의 빠른 확산을 돕는다.
- 데이터를 시각화하면 자료를 기억하기도 쉽다.

2. 시각 이해와 시각화

가. 시각 이해의 위계

- 데이비드 맥캔들레스(David McCandless)가 그린 '시각적 이해의 위계(Hierarchy Of Visual Understanding)'는 1990년 스테판 투씰(G. Stephen Tuthill)이 3M사에서 개발한 '데이터 위계 모델(Data Hierarchy Model)'을 기초로 만들어 진 것이다.
- 데이터는 '시각화(Visualization)'로, 정보는 '디자인(Design)'으로, 지식은 '매핑(Mapping)'으로, 지혜는 '정의되지 않은 것'으로 각각 표시된다.
- 정보를 전달해 이해시킨다는 측면에서 각각의 위계요소들을 이해해야 한다.

 출제 포인트

맥캔들레스의 DIKW 피라미드의 단계를 제대로 알고, 각 위계요소와 연관된 단어들을 명확히 구분할 수 있어야합니다. 또한 '데이터'와 가장 관계있는 위계요소가 '시각화'이고, '디자인'과 가장 관계있는 위계요소가 '정보'라는 것을 짚고 넘어가는 것도 좋습니다.

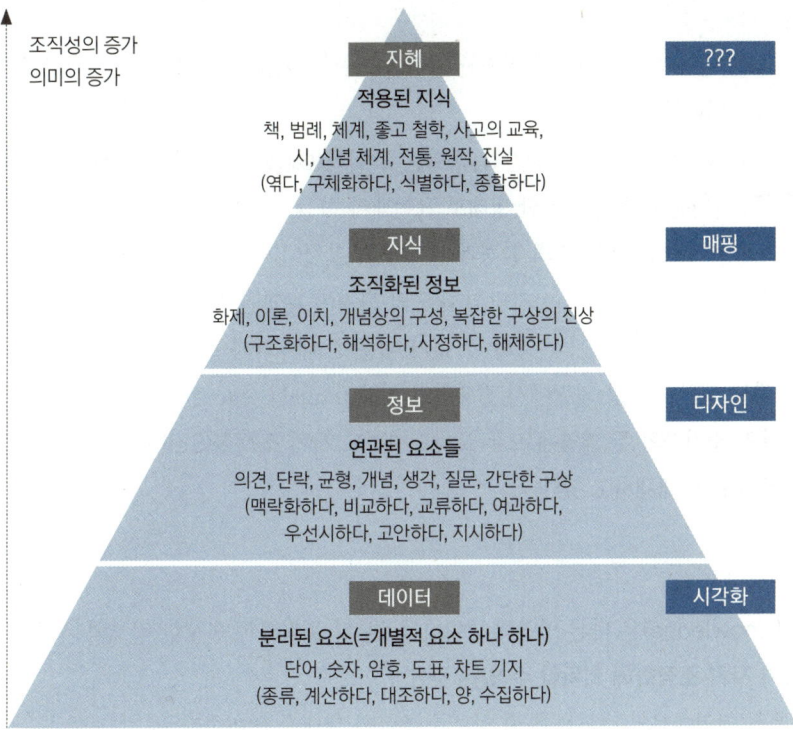

〈맥캔들레스가 그린 시각적 이해의 위계〉

나. 데이터

- 데이터(Data)의 사전적 의미는 다음과 같다.

 **출제 포인트**
각 위계요소별 특징을 정확히 숙지하여, 명확하게 구분할 수 있어야 합니다.

[데이터의 사전적 정의]
1. 재료·자료·논거를 뜻하는 'datum'의 복수형
2. 일반적으로 결론을 내리는데 근거가 되는 사실이나 참고 자료를 의미. 정보와 혼용하기도 하며, 미디어에 저장된 형태를 일컫는 단어

- 넓은 의미로는 **연구나 조사·발견·수집의 결과인 일종의 기초 자료로서, 정보를 만들기 위한 원자재와 같은 것**이라고 정의할 수 있다.
- 가공되지 않고 의미를 갖지 않은 상태의 개체이기 때문에 정보 자체가 아니기 때문에 정보로서의 가치가 부족하여 분석의 대상은 될지라도 **디자인의 대상은 될 수 없다.**
- 데이터는 불완전하고 비연속적이며, 완전한 메시지가 아니므로 정보 전달 측면에서의 가치는 없다.

다. 정보

- **정보(Information)**는 데이터와 달리 그 자체만으로 의미가 있다.
- 정보는 **생산자와 사용자의 관점에 따라 다르게 전달될 수 있으며, 나름대로의 형태와 형식을 갖고** 있다.
- 서로 다른 데이터 간의 관계와 일정한 패턴을 가시화시킴으로써 정보를 보는 사람에게 데이터가 내포하는 의미를 전달한다.
- 데이터가 정보로서 가치를 갖기 위해서는 조직화(Organized)되고 변형(Transformed)되어야 한다. 즉, 의미를 전달하기 위한 형태로 표현돼야 하는 것이다.
- 콘텍스트(Context) : 데이터의 환경과 관계있음. 그것이 어디에서 왔는지, 왜 소통되어야 하는지, 어떻게 배열되는지, 이해하는 사람의 태도와 환경이 무엇인지를 설명하는 요소이다.
- 콘텍스트가 없으면 정보가 존재할 수 없기 때문에, 데이터와 정보를 더 명확하게 구분하기 위해서는 정보 생산과 활용 과정에서 전체적인 맥락(Global Context)를 고려해야만 한다.
- 생산자와 소비자의 두 영역에 모두 포함되면서도 **자기 조직화(Self Organized)되지 않은 일반적인 의미만을 내재**하고 있다.

라. 지식

- **지식(Knowledge)**은 다른 영역의 데이터들로부터 조직화해 발생한 정보와는 달리, **다른 영역의 정보가 자기 조직화해 획득할 수 있는 것**이다.
- 즉, 특정 영역에서의 경험을 통해 정보를 통합한 형태를 의미한다.
- 생활을 영위하면서 인위적으로 습득하는 고도의 논리적 상식이자 정보의 상위 개념이며, 모든 경험의 산물과도 같다.

- 경험을 통해 다른 관점과 방법으로 해석할 수 있고, 이를 통해 형성된 지식은 특정한 세부 사항만을 설명하는 것이 아니라, 다양한 상황에서 적용할 수 있게 일반화 한 것이다.

마. 지혜
- 지혜(Wisdom)는 고차원 방법으로 우리가 사용하기에 충분하고도 이상적인 패턴을 이해하는 정보의 최종 단계라 불릴 수 있다.
- 정보가 특정 영역에서의 경험에 의해 촉진돼 자기맥락을 갖게 될 때 지식이 되며, 이런 지식은 자기 내면화가 돼서 개인적 맥락(Personal Context) 안에 포함될 때 지혜가 되는 것이다.
- 지혜는 **자기 내면화한 지식이기 때문에 명시적인 언어로 상대방에게 전달하기 어렵다.**
- 지혜는 개인적 이해의 수준에 따라 결정되는 것으로 도달하기 어려운 단계이며, 훨씬 추상적이고 철학적인 단계에 속한다.
- 정보와 지식의 개인화에 의해 생성되기 때문에 인위적으로 전달하거나 공유할 수 있는 것이 아니다.

바. 정보 인터랙션 디자인
- 나단 쉐드로프(Nathan Shedroff)가 제시한 것으로, 데이터·정보·지식·지혜의 관계에 대한 개념을 종합적으로 명확하게 설명한다.

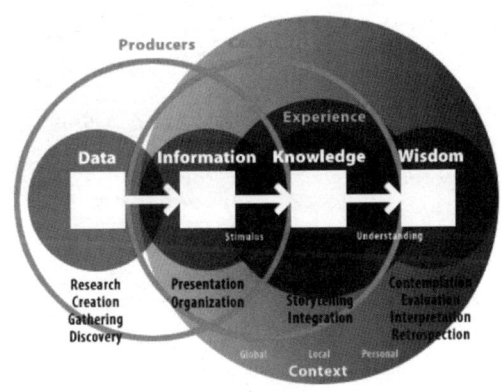

〈정보 인터랙션 디자인〉

- 데이터, 정보, 지식, 지혜의 단계에 따라 이들을 표현하는 방법을 다르게 설명하고 있다.
- 공급자(Producers)는 데이터와 정보의 단계에 속하고, 수용자(Consumers)는 정보와 지식의 단계에 속한다.
- 정보는 글로벌 콘텍스트에 속하지만, 지식은 로컬 콘텍스트에 속하고, 지식으로 갈수록 경험에 기반한 스토리텔링이 중요해지고 있다.
- 이러한 맥락에서 시각화의 방법도 각 단계에 따라 다르게 나타난다.

3. 시각화 분류와 구분

가. 데이터 시각화

- 데이터 시각화(Data Visualization)는 데이터의 시각적 표현의 연구 영역을 의미한다.
- 도식적 형태 안에 추상적으로 표현된 속성(Attributes)이나 변수(Variables)를 가진 단위를 포함한 정보를 말하는 것이다.
- 주요 목적은 **그래픽 의미를 이용해 명확하고 효과적으로 커뮤니케이션하기 위함**이다.
- 원 데이터(Raw Data)를 갖고 아이디어를 효과적으로 전달하기 위해 퍼져있거나 복잡한 데이터 세트(Data Set)보다는 좀 더 직접적인 관점을 제공한다.
- 미적 형태와 기능성 두 가지 모두를 중시하고 데이터들의 연결과 그룹핑 표현에 초점을 둔다.
- 데이터 시각화의 두 가지 관점 : 통계적 그래픽(Statistical Graphics), 주제 지도학(Thematic Cartography)
- 데이터 시각화의 범위 : 마인드맵, 뉴스 표현, 데이터 표현, 관계들의 표현, 웹 사이트들의 표현, 기사와 리소스들, 툴과 서비스 등

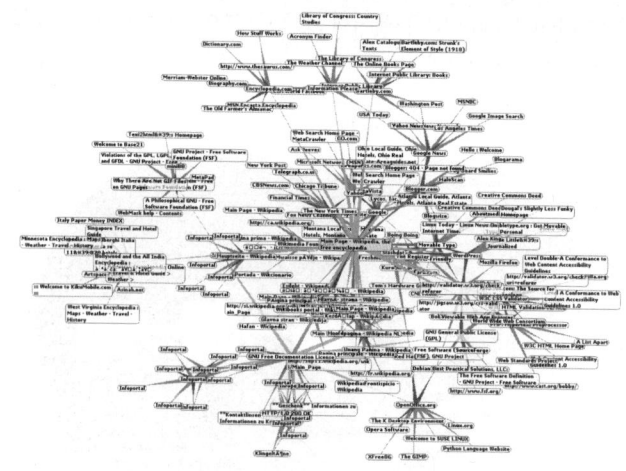

〈인터넷의 부분으로서 위키피디아의 데이터 시각화〉

나. 정보 시각화

- 정보 시각화(Information Visualization)는 SW 시스템, 라이브러리, 서지 데이터베이스에서 코드의 라인들과 같은 비수치 정보, 인터넷의 네트워크 관계 등 큰 범위의 집합에 대한 시각적 표현 방법의 간학문적 연구 영역이라 할 수 있다.
- 보통 대규모 비수량 정보를 시각적으로 표현하는 것을 의미한다.
- 정보 시각화 분야는 데이터 시각화 분야보다 한 단계 더 정보 형태로 가공하는 과정을 거친다.
- 방대한 양의 정보를 한 번에 사용자가 보고, 탐험하고 이해하도록 시각적 표현방법과 인터랙션

기술을 이용해 추상적 정보를 직관적 방법으로 전달하기 위해 접근 방법을 창조하는 것에 초점을 맞추고 있다.

- 정보 시각화의 발전 : HCI(Human-Computer Interaction), 컴퓨터 공학, 그래픽, 시각 디자인, 심리학, 비즈니스 방법론 등의 연구 영역으로부터 발전
- 정보 시각화의 적용 : 과학적 연구, 디지털 라이브러리, 데이터 마이닝, 금융 데이터 분석, 시장 조사, 제품 생산 컨트롤, 약품 개발 등
- 정보 시각화의 표현 : 분기도, 수지도, 히트맵 등
- 트리맵 : 정보 시각화의 대표적인 사례. 아래 트리맵 그림은 시각화를 도울 수 있는 새로운 툴을 개발하는 것과 거시경제 개발 의사결정과 관련된 상품의 공간과 같은 데이터의 거대한 양을 느낄 수 있도록 만드는 것

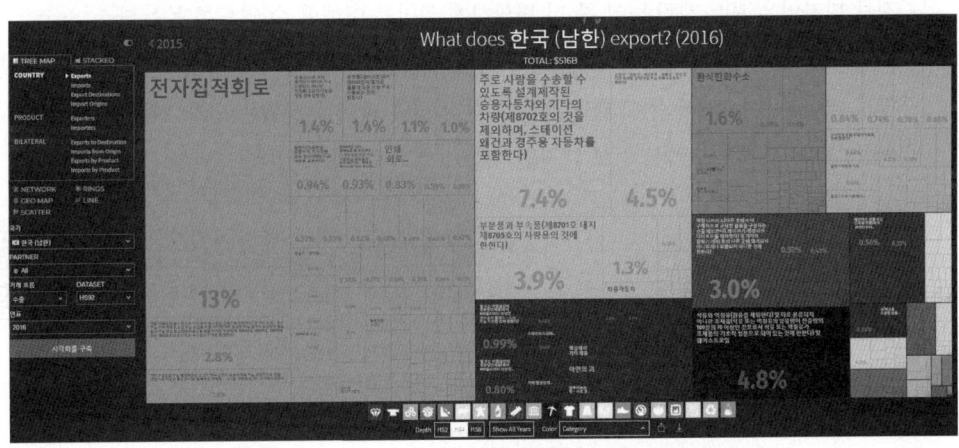

〈트리맵 : 경제 복잡성의 전망대〉

다. 정보 디자인

- 정보 디자인(Information Design)은 사람이 사용할 수 있는 효과적인 정보와 복잡하고 구조적이지 않은 기술 데이터를 시각적으로 표현하는 방법을 의미한다.

출제 포인트
정보 디자인의 개념도와 그에 포함되는 개념을 정확하게 알고 있어야 합니다.

- 정보 디자인 개념도는 아래 그림과 같다.

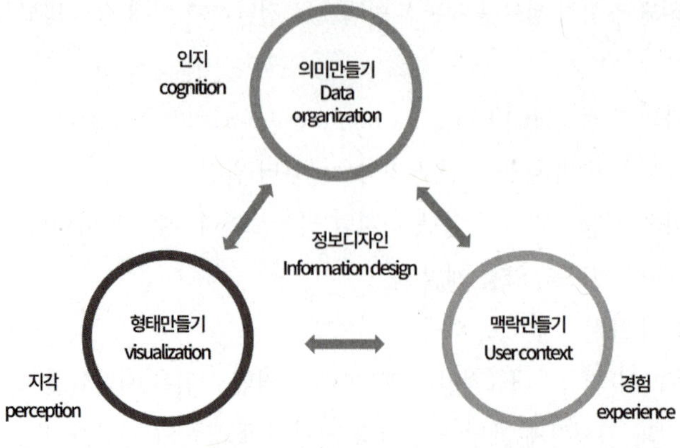

〈정보 디자인의 개념도〉

- 정보 디자인은 보는 사람들이 좀 더 명확하게 의미를 이해할 수 있도록 돕는다.
- 광범위한 범위로는 데이터 시각화, 정보 시각화도 정보 디자인의 범위에 속한다고 볼 수 있다.
- 정보·데이터 또는 지식 등 그래픽 정보 표현 방법이 많이 적용되는 인포그래픽(Information graphics, Infographics) 역시 정보 디자인의 한 유형으로 볼 수 있다.

출제 포인트

수록된 그림의 시각화 종류는 무엇인지를 정확하게 알고 넘어가야합니다. 특히 정보 디자인의 나폴레옹 행군의 다이어그램은 그림을 옳게 해석한 문제가 출제된 적이 있기 때문에 같은 문제나 유사 문제가 언제든지 출시될 수 있음을 염두에 두고 있어야합니다.

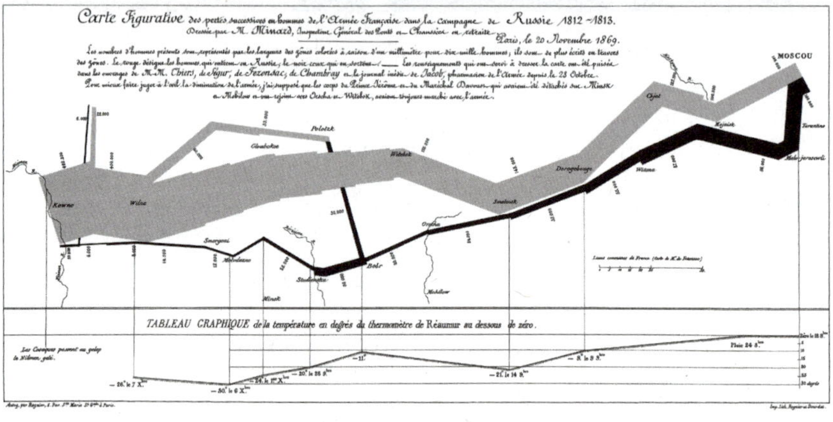

〈나폴레옹 행군의 1861년 다이어그램〉

- 위 다이어그램은 지금까지 디자인된 정보 그래픽 중에서 역사적으로 가장 의미 있다.
- 위 다이어그램은 1862년 나폴레옹군이 러시아제국 원정에서 완패하고 모스크바를 거쳐 프랑스로 복귀하는 과정에서 이동 경로별로 그들이 겪은 추위, 병사들의 감소 수를 한 눈에 알아 볼 수 있게 만든 그래프이다.

- 온도와 병사의 수와의 상관관계 등 다양한 내용을 알 수 있다.

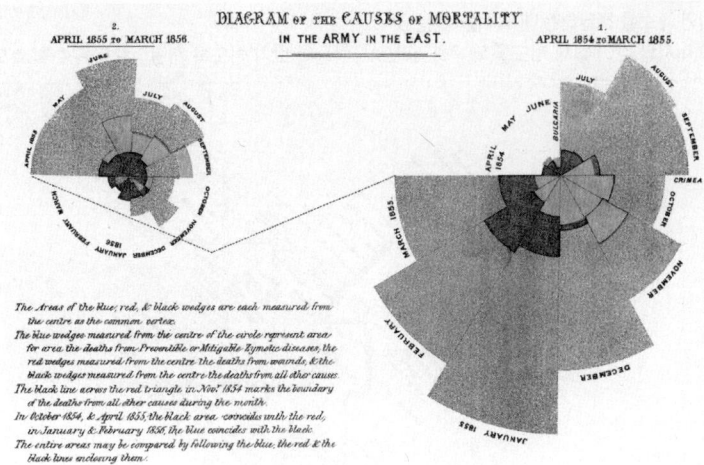

<나이팅게일의 폴라 지역 다이어그램>

- 위 다이어그램은 18세기에 전쟁 중인 영국의 간호사로 있던 나이팅게일이 전쟁터에서 사망하는 병사보다 열악한 위생환경 때문에 사망하는 병사가 더 많다는 사실을 깨닫고, 정부를 설득하는 데 활용한 그래프이다.
- 조각처럼 쪼개진 하나하나들은 각 월을 뜻하고, 초록빛으로 칠해진 부분은 예방할 수 있는 콜레라나 장티푸스 같은 전염병으로 사망한 환자의 수, 중앙의 붉은 색 부분은 부분 외상으로 사망한 사람의 수, 그 외에 다른 원인으로 사망한 환자의 수는 검은색으로 표시하여 열악한 위생환경에 의한 전염병 사망자가 많다는 것을 보여주려고 했다.

라. 인포그래픽

- **중요한 정보를 한 장의 그래픽으로 표현해 이를 보는 사람들이 손쉽게 해당 정보를 이해할 수 있도록 만드는 그래픽 메시지**를 의미한다.
- 패턴이나 트렌드를 보기 위해 인간의 시각능력을 강화하는 그래픽을 이용해 인지를 강화하고자 한다.
- 정보를 구체적·표면적·실용적으로 전달한다는 점에서 일반적인 그림이나 사진 등과는 구별되며, 복잡한 정보를 빠르고 명확하게 설명해야 하는 기호·지도·기술문서 등에서 이용한다.
- 뉴스 그래픽(News Graphic)이라 불리기도 하며, 소셜 큐레이션의 수단으로 이용되기도 한다.
- 데이터 시각화와는 확연히 구별될 정도로 원 데이터(Raw Data)를 취급하지 않는다.
- 실용적으로 메시지를 전달하기 위해 사용되고 다양한 차트, 다이어그램, 일러스트레이션 등이 적극 사용된다.
- 정보사용의 목적과 관점에 따라 전달하고자 하는 메시지는 '정보형 메시지'와 '설득형 메시지'의 두 가지 유형으로 나뉜다.

정보형 메시지

- 객관적인 정보를 전달하는데 목적을 두는 것
- 아래 이미지와 같이 실제 지도를 왜곡하더라도 사람들이 보기 쉽도록 개념적으로 구현할 수도 있다.

〈워싱턴 지하철 지도〉

설득형 메시지

- 주장하는 바를 알리는데 목적을 두는 것
- 아래 이미지와 같이 정보 자체를 전달하는데 주력하기 보다는, 시각적으로 강렬하게 주장하는 바를 전달하기 위해 사용될 수 있다.
- 특히 아래 이미지는 각 사회 계층을 암시하는 옷을 가로로 재단하고 상하 계층별로 다시 연결해 한 벌의 셔츠로 표현한 그래픽으로, 사회 계층별 분포 데이터를 극단적으로 함축해 시각화한 예시이다.

〈1516년부터 2009년까지 사회 순서 가시화〉

4. 빅데이터 시각화 영역

- 정보 디자인의 주요 목적인 메시지 전달 관점에서 시각화 방법의 개념은 다음과 같다.

출제 포인트

정보 디자인에서 빅데이터 시각화 영역에 대한 설명에 대해 알고 있어야 합니다. 특히 인포 시각화의 경우에는 빅데이터 시각화에 거의 포함되지 않음을 인지하고 있어야 합니다.

> **[메시지 전달 관점에서의 시각화]**
> 1) 데이터 시각화 : 같은 범주 안의 많은 양의 데이터에 의미를 부여해 효율적으로 전달하기 위한 것
> 2) 정보 시각화 : 큰 범주에 해당하는 정보를 시각화하는 것

- 정보 디자인은 인포그래픽을 포함하여, 데이터의 디테일을 나타내기보다는 그래픽을 적극적으로 이용해 시각 스토리텔링 형식의 설득형 메시지를 전달하는 것에 초점을 두고 있다.
- 특히 빅데이터 시각화의 경우에는 데이터를 기반으로 객관적 표현에 더 초점을 맞추는 경우가 많다.
- 빅데이터 시각화에서는 데이터를 직접적으로 전달하는 기능성에 초점을 맞춘 정보형 메시지를 전달하기 위한 데이터 시각화 작업을 하는 경향이 강하다.
- 데이터 자체보다는 데이터를 기초로 해석된 의미의 설득형 메시지를 전달하기 위한 경우에는 인포그래픽에 해당하는 결과물이 도출될 수 있다.
- 정보 디자인에서의 빅데이터 시각화의 영역은 아래 그림과 같이 표현될 수 있다.

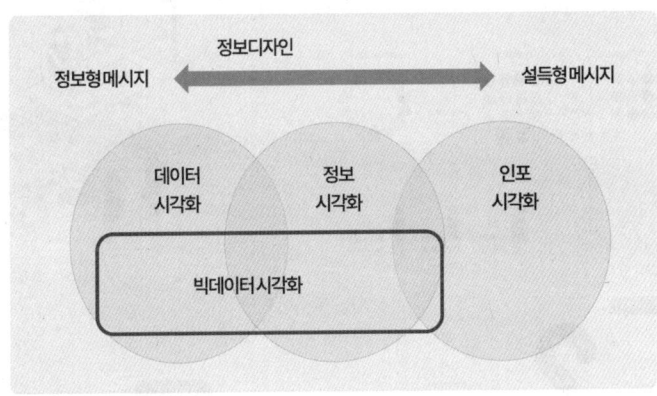

〈정보 디자인에서의 빅데이터 시각화 영역〉

- 정보 디자인에서 양적 정보 디자인은 데이터 시각화나 정보 시각화와 겹치면서 데이터를 객관적으로 어떤 것과 비교해, 원인과 결과의 인과관계를 왜곡 없이 전달하는 데에 초점을 두고 있다.
- 정보 디자인은 정보 메시지의 전달이 불확실해지면 안된다. 특히, 양적 정보 디자인을 다루는 빅데이터 시각화에서는 정보의 내용과 환경이 매우 복잡하므로 표현도 다차원적이어야 한다.
- 어떤 식으로 데이터를 해석하는 가에 대한 통계적 차원의 시각화 방법 및 이에 따른 시각 표현이 병행되어야 한다.

2절 시각화 프로세스

1. 정보 디자인 프로세스

가. 인포그래픽 디자인의 10단계

- 이 프로세스는 데이터 마이닝 및 시각화 툴을 이용하는 경우 등 빅데이터 시각화 과정과 부분적으로 다를 수 있으나, 시각화가 어떠한 프로세스를 거쳐 완성되는가에 대한 인사이트를 얻을 수 있다.
- 아래 그림은 디자이너, 에디터, 데이터 분석가가 함께 인포그래픽 작업을 할 때의 작업 프로세스에 대해 시각화 한 그림이다.

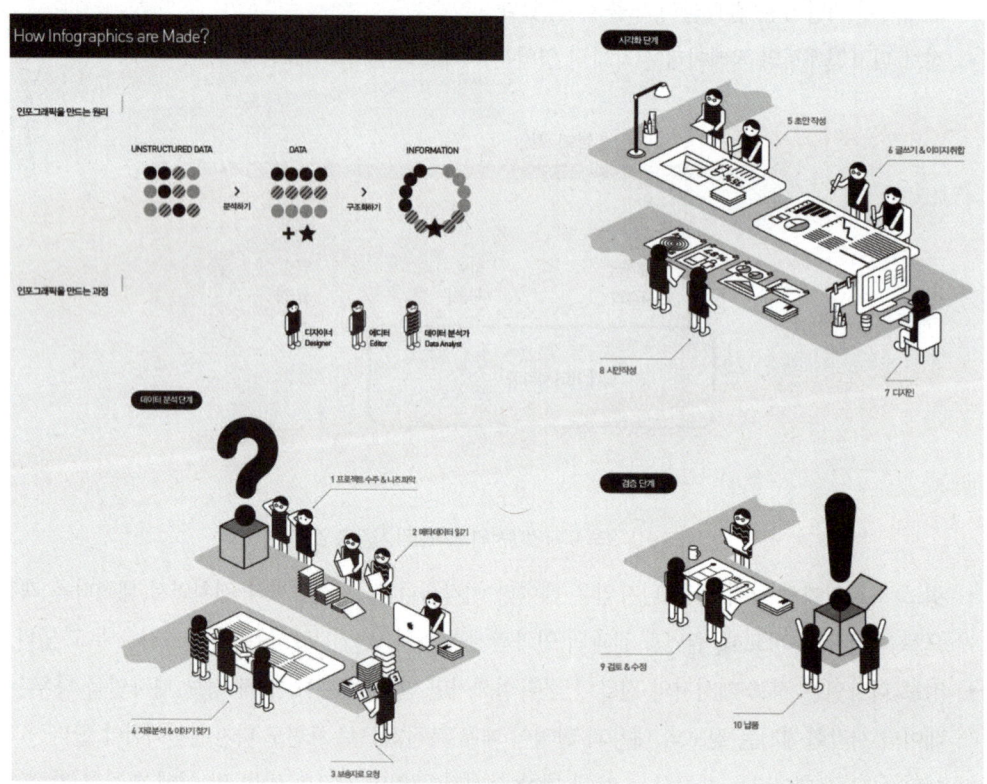

〈인포그래픽 작업 프로세스의 시각화〉

나. 정보 디자인 프로세스 10단계

1) 1단계 : 데이터 수집
- 데이터 자체를 수집하는 단계이다.
- 초기 데이터, 복잡한 데이터로부터 시작하여 수집 과정에서 스토리를 시작할 수 있는 단서를 찾아낼 수 있다.
- 엑셀 스프레드시트, PDF, 링크들과 같은 리소스들로부터 새로운 리소스에 대한 추가 리서치를 진행하게 된다.
- 스토리의 큰 그림은 따로 떨어진 차트 안에서가 아닌 흩어져 있는 다양한 리소스들로부터 발견되는 경향이 있다.
- 시각화 전문가가 원 데이터(Raw Data)를 직접 수집하기는 어렵다.

2) 2단계 : 모든 것을 읽기
- 데이터를 읽을 때, 중요하게 표시된 사실들만 읽고 나머지를 훑어보는 식으로 지나치는 경향이 있는데 이는 나중에 시간을 더 소모하게 되는 결과를 초래한다.
- 리서치의 에코시스템 안에서 정보의 작은 조각들을 큰 그림으로 짜 맞추는 것이 필요하다.
- 중요한 정보들이 빠지진 않았는지, 스토리를 펼치는 데 필요한 근거들을 확인하는 등의 노력이 필요하다.

3) 3단계 : 내러티브 찾기
- 내러티브(Narrative)는 스토리텔링과 유사한 의미로, 실화나 허구의 사건들을 묘사하는 것, 그 자체뿐만 아니라 이야기를 조직하고 전개하기 위해 이용되는 각종 전략이나 형식 등을 포괄하는 개념으로 사용된다. (시사상식사전, pmg지식엔진 연구소, 박문각)
- 인포그래픽은 복잡한 데이터세트를 단순 명료화하고, 프로세스를 설명하고, 트렌드를 창조하고, 논란의 어떤 부분을 보조하는 특별한 의도와 함께 시작된다.
- 데이터를 친숙하게 만들기 위해 아래와 같은 질문을 스스로 던져 보아야 한다.

> [내러티브를 찾기 위한 질문]
> 1) 제공하고자 하는 정보를 담은 스토리를 만들어 내는 것이 가능한가?
> 2) 이 주제에 관심이 가는가?
> 3) 주목할 만한 사실 또는 가치를 말하고 있는가?

4) 4단계 : 문제의 정의
- 데이터로부터 이야기를 끌어낼 때, 이야기가 내포한 결과에 대한 논리성을 검토해 보아야 한다.
- 컬러, 타이포그래피 등의 좀 더 주관적인 관점에서 디테일을 만들어가는 것이 좋다.

- 좀 더 정확한 내러티브와 표현을 위한 탐험을 통해, 정보 디자인을 보는 수용자에게 정보의 진실을 알아가는 경험을 하게 해야 한다.

5) 5단계 : 계층 구조 만들기
- 대부분의 리서치에는 그 이야기의 중심이 존재하고 이 단계에서 최종 결과물이 나타나기 시작한다.
- 이야기의 중심을 찾았다면, 프로젝트를 정리하고 인포그래픽의 개별 자료들을 정리한다.
- 중요한 것은 주인공으로 만들고 나머지는 보조적인 요소로 배열하는 것이며, 해당 요소들이 리서치 단계에서 콘셉트 보드(또는 무드 보드, Mood Board) 역할을 한다.

6) 6단계 : 와이어프레임 그리기
- 데이터가 손질되고, 계층구조가 결정되면 와이어프레임이 창조된다.
- 중요한 정보에 대해 이해 가능한 시각표현 방법을 만들어내고, 이렇게 만들어진 시각표현은 사람에게 정보의 계층구조를 이해하도록 만든다.
- 시각화의 최종 결과물에 가까운 구조를 만들 수 있는 정보의 와이어 프레임을 제작한다.

7) 7단계 : 포맷 선택하기
- 가장 좋은 접근 방법은 전통적인 파트와 그래프(바 그래프, 선 그래프, 파이차트 등)를 이용하는 것이다.
- 프로세스를 설명하기 위한 다이어그램, 흐름도(Flow Chart) 등이 필요하다.
- 간단한 숫자들을 나열해 보여주는 정도로도 충분할 수 있지만 충분한 예산이 있다면 데이터 시각화를 위한 가능성을 보여주는 인터랙션(Interaction)을 시도해보는 것도 좋다.
- 방법에 대한 결정은 이러한 포맷들의 복합이거나 아니면 한 가지 종류의 포맷을 불문하고, 그것이 갖고 있는 데이터에 의해 선택되어야만 한다.

8) 8단계 : 시각 접근 방법 결정하기
- 차트와 그래프를 일러스트와 함께 보여주거나 전통적인 데이터 표현과 시각적인 표현을 함께 사용하기도 한다.
- 사용 가능한 정보, 매체, 클라이언트, 브랜드, 주제는 궁극적인 해결 방법을 결정하는 요소들이다.
- 직관적이고 가장 효과적인(Look&Feel) 인포그래픽을 결정하기 위해서는 다음과 같은 두 가지의 시각적 접근 방법이 필요하다.

[인포그래픽 결정을 위한 시각적 접근 방법]
1) 초기 데이터의 아름다움을 만들어내는 방법
   - 차트나 그래프 형태, 시각적으로 흥미롭게 만듦, 컬러나 타이포그래피 사용
2) 일러스트레이션이나 메타포를 이용하는 방법
   - 사진 등의 다양한 자료를 이용하여 시각화

- 초기 데이터의 아름다움을 만들어내는 방법 : 데이비드 맥캔들레스(David McCandless)나 니콜라스 펠톤(Nicholas Felton)이 사용했고, 각 조각들을 연결한 구조들은 추상화의 느낌을 준다.
- 아래 그림은 맥캔들레스가 색상의 의미를 문화권별로 구분한 색상환을 제작한 것으로, 원형 바깥의 숫자들은 오른쪽 범례에 있는 단어들의 의미를 보여주며, 원 안은 바깥부터 서구권, 동양권, 이슬람권 등으로 구분된 순서로 색상을 나열하고 있다.

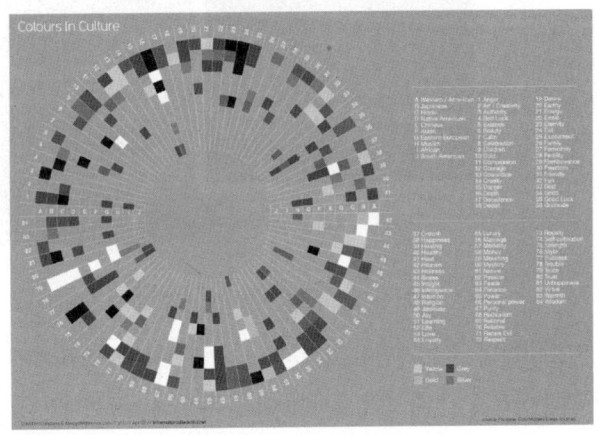

〈맥캔들레스의 문화에 따른 색상〉

- 니콜라스 펠톤은 매년 자신의 삶의 모든 정량적 측면을 문서화한 뒤, 2,000 조각의 한정판으로 주문하는 개인 연차 보고서(Annual Report)를 인쇄해 발표하고 있는데, 아래 그림의 경우에는 2007년 그가 살았던 한 해의 데이터를 수치화해 시각적으로 표현한 것이다.

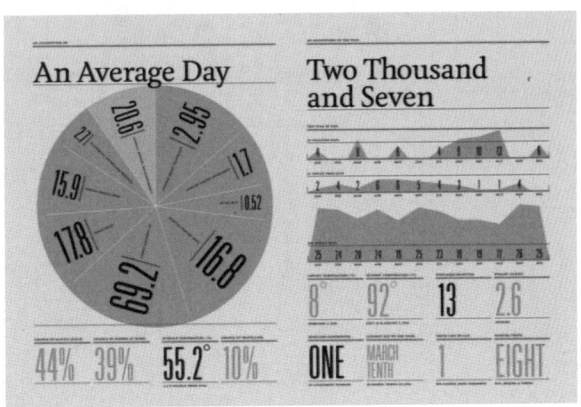

〈펠톤 2007년 연차 보고서〉

- 일러스트레이션이나 메타포를 이용한 방법 : 피터 온토트(Peter Orntoft)나 스코트 스토웰(Scott Stowell)이 사용한 것으로, 어떤 시각적인 접근 방법이 목적에 맞는지를 결정해야 한다.
- 피터 온토트는 사진을 이용한 시각화를 진행했으며, 은유적인 측면을 콘텍스트에 담아 정보를 극명하게 보여준다. 아래 그림의 경우에는 덴마크 공공직업에서 종교 복장을 입는 것에 대한 덴마크 사람들의 윤리의식을 조사한 것이다.

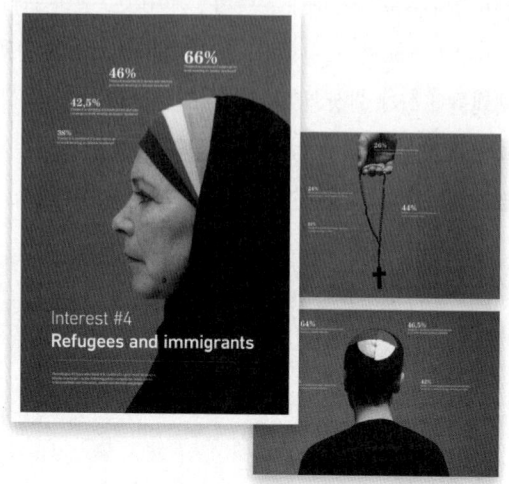

〈피터 온토트의 콘텍스트에서 인포메이션 그래픽〉

- 아래 그림은 오바마와 존 매케인이 각각 어느 기업으로부터 정치 후원금을 받고 있는지를 표현하기 위해 기업 상표를 각 후보의 옷에 붙여 만든 일러스트이다.

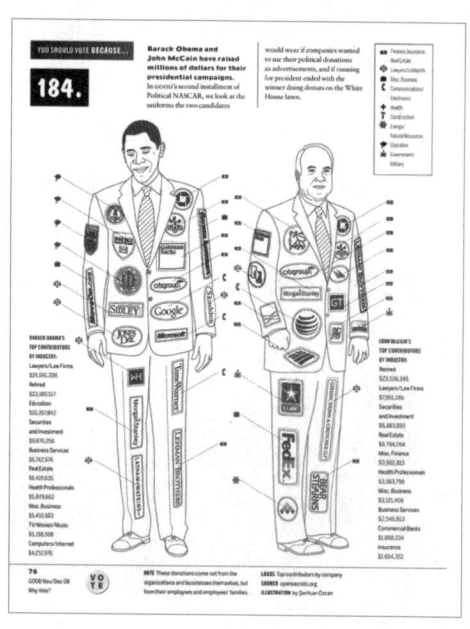

〈스콧 스토웰의 굿 잡지를 위한 일러스트〉

9) 9단계 : 정제와 테스트

- 시각적 형태와 모양이 갖춰지면 정제과정이 필요하다.
- 최종 완성된 결과물 디자인이 원래 의도와 목적에 맞게 데이터와 비주얼 스토리텔링이 잘 됐는지 확인해야 한다.
- 만든 데이터를 이전에 본 적이 없는 사람도 쉽게 이해되는지의 여부를 확인해야 한다.
- 디자인을 평가하고, 가능하면 작업물을 간단명료하게 개발하고, 반복 테스트하는 과정이 계속 진행되어야 한다. 이러한 과정은 전달하려는 정보를 모든 사람이 편안하게 볼 수 있다고 판단될 때 마무리하면 된다.

10) 10단계 : 세상에 선보이기

- 완성된 인포그래픽은 온라인을 통해 대중에게 배포된다.
- 데이터는 다른 많은 사람에게 각기 다른 방법으로 읽히는 특이한 성향이 있다.
- 모든 사실 조사와 전문적 상상이 스토리의 모든 관점을 드러내는 것은 아니다. 실제로 외부에 공개했을 때 주장이 새로운 방식으로 해석되는 경우도 종종 발생하며, 이러한 현상으로 인해 프로젝트는 결코 끝난다고 볼 수 없다.
- 새로운 데이터가 나타나고, 이로 인해 프로젝트는 프로세스 안에서 지속되는 것이다.

다. 정보 디자인 10단계

- 설득형 메시지를 전달하기 위한 인포그래픽에 초점이 맞춰져있다.
- 빅데이터 시각화는 정보 수요자의 눈높이에 맞춘 가장 효과적인 메시지 전달 방법이다.

2. 빅데이터 시각화 프로세스

가. 시각화 방법론

1) 정보 디자인 교과서 : 4단계 방법론

- 조직화된 데이터(Organized Data), 시각적 매핑(Visual Mapping), 시각적 형태(Visual Form), 전달 방식(Representation)이라는 4단계로 제시하고 있다.

2) 마티아스 샤피로(Matthias Shapiro) : 3단계 방법론

- 질문 만들어내기, 데이터 수집하기, 시각적 표현 적용하기라는 3개의 핵심단계를 제시했다.
- 정해진 데이터를 갖고 분석하기보다는 시각화에 적당한 주제를 선별하는 데에 우선을 둔다.
- 선정된 질문에 해당하는 데이터를 수집하고 시각화를 진행할 때, 어느 정도 정해진 범주를 두고 시작하는 것이 아니라 시각화를 다루는 사람에 의해 좌우되는 것이다.

- 주어진 범위의 데이터에서 어떻게 데이터들을 먼저 갖고 질문을 만들어 낼 것 인가의 순서가 바뀌어 나타날 수 있다.

3) 벤 프라이(Ben Fry) : 7단계 방법론
- 원하는 데이터를 직접 획득하여 상호작용하기까지의 모든 단계를 아우르는 '프로세싱'을 통해 프로그래밍으로 시각화하는 작업을 바탕으로 제안되었다.
- **정보 획득(Acquire), 분해(Parse), 선별(Filter), 마이닝(Mine), 표현(Represent), 정제(Refine), 상호작용(Interact)의 7단계**이며, 자세한 내용은 아래와 같다.

단계	단계 설명	관련 분야
1단계 : 획득	파일, 디스크 혹은 네트워크에서 정보를 수집하는 과정	컴퓨터공학
2단계 : 분해	정보의 의미를 바탕으로 이를 구조적으로 카테고리화하는 과정	
3단계 : 선별	1·2 과정을 바탕으로 의미있는 정보와 의미없는 정보를 구분해 필요 없는 정보를 제거하는 과정	수학, 통계학, 컴퓨터공학 (데이터 마이닝)
4단계 : 마이닝	3단계 과정의 데이터를 분석해 정보 추출 알고리즘을 도출해내는 과정	
5단계 : 표현	4단계 과정을 통해 얻은 정보를 효율적으로 표현할 수 있는 방법에 대해 연구하는 과정	그래픽 디자인
6단계 : 정제	5단계에서 도출한 규칙을 바탕으로 정보를 시각적으로 정제하는 과정	
7단계 : 상호작용	앞 단계에서 얻은 정보를 다양한 시각에서 시뮬레이션 할 수 있는 방법을 반영하는 과정	정보 시각화, HCI

- 데이터를 모으고 분석하는 단계가 획득, 분해, 선별, 마이닝의 단계로 더 세분화 되었다.
- 표현 및 정제 단계에서는 그래픽 능력이 요구되며, 이 단계가 바로 직접적인 시각 표현 단계라 볼 수 있다.
- 빅데이터의 특성상 한꺼번에 모든 것을 보여줄 수 없기 때문에, 마지막 단계에서 상호작용을 통해 수용자가 시각화 데이터를 탐험하고 효율적으로 판단하도록 한다.

4) 각 방법론의 연계

- 각각의 방법론을 연계한다면, 아래 그림과 같이 연결될 수 있다.

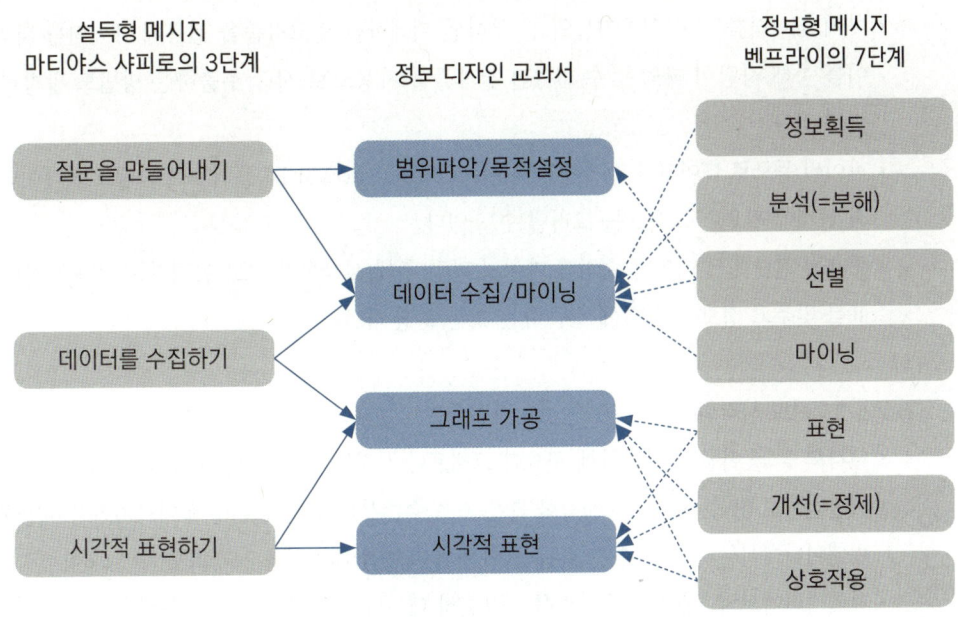

나. 빅데이터 시각화 프로세스

일반적인 빅데이터 시각화 과정에 맞춘 빅데이터 시각화 프로세스는 아래 표와 같다.

 **출제 포인트**
빅데이터 시각화 프로세스 3단계와 그 특징은 이전에 출제된 적이 있으므로, 주의 깊게 학습하도록 합시다.

단계	단계 설명
1단계 : 정보 구조화	데이터를 수집하고 정제하는 과정으로 데이터세트를 만들기 위한 분석 도구 필요
2단계 : 정보 시각화	주로 분석 도구에서 제공하는 그래프나 분석 도구의 특성에 따른 시각화
3단계 : 정보 시각 표현	시각화의 의도를 강화해 전달하기 위해 **분석 도구에서 만든 결과물에 별도 그래픽요소를 추가해 완성**

1) 1단계 : 정보 구조화

- 질문을 먼저 만들어 내거나 전달하려는 목표를 먼저 설정하고 시작할 수도 있다.
- 빅데이터에서 제공하는 데이터를 활용하여 사전 작업을 하면서 시각화의 목표가 될 만한 것들을 발견하고 설정하기도 한다.
- 수집 및 탐색하기, 분류하기, 배열하기, 재배열하기라는 4단계로 나눈 뒤, 시각화를 위한 정보 구조화 단계에 초점을 맞춰 설명한다.

- 많은 데이터를 수작업으로 조직화하거나 분류하기 보다는 다양한 시각화 툴을 사용해 개발하는 경우가 대부분이다. 이 때, 정보를 시각적으로 보여주기 위한 구조화 방법이 미리 학습돼야 시각화 툴을 보다 효과적으로 이용할 수 있다.
- 아예 데이터를 갖고 인공지능의 한 분야인 기계학습 알고리즘을 접목해 데이터를 파악하고 이를 통해 사람이 파악할 수 없었던 결과들을 자동으로 시각 추출하는 방법도 활발히 연구되고 있다.
- 파이썬 등으로 데이터를 정제하고 태블로(Tableau), Power BI 등의 프로그램으로 데이터 분석과 동시에 필요한 그래프를 그려낼 수도 있다.
- 통계적 접근에서 데이터 수집과 마이닝 과정 후에 시각화가 바로 이뤄지는 것과 시각화에 목표를 맞추고 정보 구조화에 접근하는 것은 분명 다르다.

2) 2단계 : 정보 시각화

- 시각화 툴을 이용해 시각화에 필요한 그래프나 시각화의 기본 틀을 잡을 수 있다.
- 일반적으로 많이 사용하는 시각화 툴은 기초 수준부터 전문가 수준에 이르기까지 다양하지만, 빅데이터에서는 전문가 수준의 툴을 이용해 다양한 데이터를 시각화할 수 있어야 한다.
- 빅데이터에서의 '데이터 시각화 툴' : 자신의 데이터를 분석하기 위한 플랫폼
- SAS와 같은 데이터 마이닝 도구들은 시각화까지 함께 제공하며, 최근에는 하둡(Hadoop) 기반의 빅데이터 분석을 지원하는 태블로, Power BI와 같은 툴도 사용되고 있다.
- 정보 시각화 단계에서는 시각화 툴에서 제공하는 다양한 그래프를 어떤 이유로, 왜 쓰는지, 어떻게 표현해야 하는지에 대해 설명하고자 한다.
- 각각의 그래프에 대한 가이드와 예제를 통해 시각화 툴에서 제공하는 그래프를 효율적으로 이용하게 하는데 목표를 두고 있다.

3) 3단계 : 정보 시각 표현

- 최종적으로 시각적인 완성을 하는 단계이다.
- 시각화 툴로 선택한 그래프를 시각적으로 더 다듬거나 시각 표현을 극대화하는 방안을 실험하면서 완성하게 된다.
- 세부적인 데이터를 시각화하기 위한 그래픽의 7요소, 전체적인 시각화를 완성하기 위한 그래픽 디자인의 기본 원리, 인터랙션 디자인을 통해 방대한 양의 데이터 시각화를 탐험할 수 있게 하는 다양한 방법을 습득할 필요가 있다.

다. 빅데이터 시각화 도구

일반적인 시각화 툴은 아래 표와 같이 구분될 수 있다.

수준·종류 구분	시각화 도구
기초 수준	Excel, CSV/JSON, Google Chart API, Flot, Raphael, D3(Data-Driven Documents), Visual.ly
인터랙티브 GUI컨트롤	Crossfilter, Tangle
매핑	Modest Maps, Leaflet, Polymaps, OpenLayers, Kartograph, CartoDB
전문가	Processing, NodeBox, R, Weka, Gephi

1) 엑셀(Excel)
   - 누구나 쉽게 사용할 수 있으며, 심도 있는 분석이나 그래픽이 필요할땐 거의 쓰이지 않는다.
   - 그래프 만들기가 쉬우며, 11종의 일반적인 차트를 그릴 수 있다.

2) 구글 차트(Google Chart API)
   - 속도가 빠르며, 모바일에서도 잘 작동한다는 장점이 있다.
   - 동적인 데이터인 경우에는 구글 스프레드시트에 데이터를 저장하여 Visualization Query로 읽어오는 방법으로 차트를 만들 수도 있다.
   - 사용이 미숙한 초보자를 위한 위저드 툴도 제공한다.
   - 스프레드시트와 차트 API를 함께 사용한다.

3) Infogram
   - 엑셀보다 많은 30종의 차트를 기본으로 이용할 수 있다.
   - 온라인에서만 사용 가능하지만, 무료로 사용할 수 있다.
   - PNG, PDF 파일로 추출할 수 있으며, 임베디드 코드 등이 제공되기 때문에 온라인 공유가 용이하다.

4) 매니아이즈(Many Eyes V2)
   - 11개의 Word Trees, Heat Maps, Tree Maps, The Infamous Word Cloud 등을 제한된 범위 내에서 제공한다.
   - 데이터 셋을 올리고 차트를 선택하면 된다.

5) D3.js
- 데이터 시각화 프레임워크로, 자바스크립트로 개발 가능하다.
- HTML, SVG(Scalable Vector Graphics), 그리고 CSS(Cascading Style Sheets)를 이용하여 시각화 요소를 만들어 낼 수 있다.

6) 파이썬(Python)
- 대규모 데이터를 무리없이 다룰 수 있으며, 큰 규모의 계산에 주로 사용된다.
- 다양한 라이브러리를 이용할 수 있으며, 적은 코드만으로 많은 기능을 만들 수 있다.

7) Processing
- 디자이너와 데이터 아티스트의 활용을 목적으로 만들어진 프로그래밍 언어이다.
- 몇 줄의 코드로 애니메이션과 인터랙티브 그래픽을 만든다는 장점이 있다.
- 자바로 만들어져 느려질 수 있다는 단점이 있다.
- 최근 자바스크립트로 만들어주는 프로세싱 버전이 공개되었다.

8) R
- 대다수의 통계학자와 분석가들이 선호하는 프로그램으로 무료 오픈소스이며, 통계분석/머신러닝을 목적으로 만들어졌다.
- 코드 몇 줄로 데이터 그래픽을 만들어주는 패키지가 많다.
- 프로그래밍 언어이기 때문에 마우스만으로는 사용할 수 없다.
- 인터랙티브 그래픽과 애니메이션이 취약하고, 그래픽적으로 한 번 더 수정해야 한다는 단점이 있다.

9) YFD(Your.Flowingdata)
- 온라인 애플리케이션 시각화 툴로 개인적인 데이터를 다루기 위해 만들어졌다.
- 트위터에서 데이터를 수집하여 인터랙티브 시각화 도구로 패턴 및 관계를 찾을 수 있다.

10) 일러스트레이터(Adobe Illustrator)
- 벡터기반 그래픽을 제작할 때 편리한 시각화 툴로 기본적인 그래프 형식들을 지원한다.
- 주로 PDF 포맷으로 추출된 것을 편집하는데 이용된다.

3절 시각화 방법

1. 시각화 방법의 개념

- 빅데이터 시각화는 정보 구조화, 정보 시각화, 정보 시각표현의 3단계로 진행된다.
- 정보 구조화 : 정보를 분류, 조직화, 재배열하는 기본 원리를 익히는 것이 중요
- 정보 시각화 : 각종 시각화 툴에서 일반적으로 제공하는 그래프 스타일의 원리와 쓰임새를 아는 것이 중요
- 정보 시각 표현 : 기초 조형과 그리드, 타이포그래피, 색상 등의 원리를 이해하여 그래픽적 완성도를 높이는 것이 중요

> **출제 포인트**
> 아래 그림은 정보 시각화 방법의 단계적 순서와 같습니다. 관련 내용을 정확히 숙지하고 있어야 합니다.

〈시각화 방법〉

2. 정보 구조화

> **출제 포인트**
> 정보 조직화 과정(정보 구조화의 순서)은 기존에 출제된 적이 있으니, 제대로 보고 넘어가는 것이 좋습니다.

가. 정보의 조직화

- 데이터를 수집·정제하는 과정이 적절히 배분되지 않는다면 빅데이터 시각화에서는 제대로 된 결과물을 도출하기 어렵다.

- 정보의 조직화는 데이터를 수집하는 과정을 거쳐 혼돈의 상태로 존재하는 데이터를 분류(Classifying)하고 배열(Arranging)하고 조직화(Organizing)해 질서를 부여하는 작업을 의미한다.
- 정보 조직화가 진행되는 과정은 아래 그림과 같다.

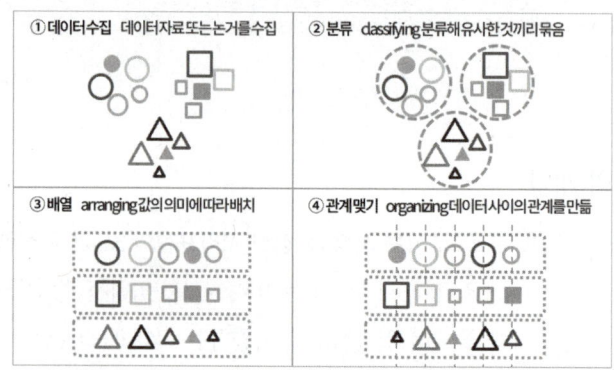

〈정보의 조직화 과정〉

- 정보를 이해하기 쉽도록 조직화해 배치할 때, 정보의 가치와 유용성은 더욱 증대되며 정보를 어떻게 조직하느냐에 따라 정보를 대하는 관점과 정보가 전하는 이야기도 달라진다.
- 데이터 멍잉(Data Munging) : 정보 조직화에 해당하는 과정, 원 데이터(Raw Data)의 구문을 분석·정리하고, 집단으로 묶거나 변환해 패턴을 식별하거나 특정 정보를 추출하는 과정

나. 데이터 수집 및 탐색

- 대부분의 경우 이미 빅데이터의 풀에 접근성을 갖고 시작하지만, 그렇지 않은 경우 아예 빅데이터를 분류하기 전에 다양한 경로를 통해 데이터를 모으는 것이 필요하기도 하다.
- 수집된 원 데이터를 바탕으로 필요한 데이터를 추출하고, 활용하는 절차를 거쳐야 한다.
- 데이터 에디팅(Data Editing) : 유의미한 데이터를 선정하고, 무의미한 데이터를 걸러내는 과정

다. 데이터 분류

데이터를 일정한 형식으로 정리·분류하기 위해서는 다양한 데이터 형식을 알고, 다양한 형식을 다룰 수 있는 도구를 갖춰야 하며, 약간의 프로그래밍 기술도 알아야 한다.

 **출제 포인트**
데이터 분류와 그 설명에 관해 묻는 문제가 출제된 적이 있으므로 정확하게 보고 넘어가는 것이 좋습니다.

1) 구분 텍스트

- 줄 바꿈으로 행을, 구분자로 열을 구분하는 텍스트 데이터를 말한다.
- CSV(Comma Separated Values) 파일은 쉼표로 구분하고, TSV(Tab Separated Values) 라면 탭으로 구분한다.
- 구분자는 공백(Space), 세미콜론(;), 콜론(:), 슬래시(/), 어떤 것이라도 가능하다.

2) JSON
- 자바스크립트 객체 형식(Javascript Object Notation)으로 표현된 데이터를 한 함수에서 다른 함수로, 또는 비동기식 애플리케이션은 웹 클라이언트 측에서 서버 측 프로그램으로 쉽게 전달할 수 있는 스트링으로 변형 가능하다.
- 자바스크립트(Javascript)에 의해 쉽게 인터프리팅 되고, JSON은 Name/Value의 단순 데이터세트보다 복잡한 구조로 표현한다.
- 단순한 키와 값 리스트 대신, 배열과 복합 개체들을 나타낼 수 있다.

3) XML
- 확장마크업 언어(Extensible Markup Language)는 마크업 언어의 일종으로, 수많은 종류의 데이터를 기술하는 데 적용할 수 있다.
- 문서를 사람과 기계 모두가 읽을 수 있는 형식으로 부호화하는 규칙의 집합을 정의한다.
- 주로 다른 시스템, 특히 인터넷에 연결된 시스템끼리 데이터를 쉽게 주고받을 수 있도록 HTML의 한계를 극복할 목적으로 만들어졌으며, XML은 구조적 데이터를 설명한다.
- 스프레드시트, 프로그램 구성파일 및 네트워크 프로토콜에 일반적으로 포함되는 정보들이 구조 데이터의 예시이다.

라. 배열
정보의 조직화를 위한 **래치(LATCH)방법** : 위치(Location), 알파벳(Alphabet), 시간(Time), 카테고리(Category), 위계(Hierarchy) 이상 5가지가 정보를 정리 또는 조직화하는 기준

1) 위치

- **정보를 공간적인 위치에 배열하는 방법**으로 지리적인 것만이 아니라 공간적으로 구분하는 것 모두를 포괄한다.
- 다양한 출처나 장소에 기반을 둔 정보를 조사하고 비교할 때 일반적인 선택 방법이다.
- 위 그림에서는 강아지들을 나라별로 분류했기 때문에 지도 위에 맵핑할 수 있다.
- 지도는 위치(Location)에 따른 정보 디자인의 가장 보편적인 예시이며, 정보 디자인에서 매우 유효한 표현 수단이다.

- 일반적인 지도뿐 아니라 건물의 안내도, 학문 영역의 범위를 표현하는 것 등도 해당된다.

2) 알파벳

- 위 그림에서는 강아지 종에 따라서 알파벳 순서로 정리했다.
- 사전, 전화번호부, 인명부와 같이 방대한 정보를 조직화할 때 **알파벳 또는 가나다순으로 정렬하는 방법**이 흔히 사용된다.
- 1차로 정보를 분류하고 하위분류에서 가나다순으로 조직화하면 효과적이다.
- 인명이나 사물의 이름 등을 정리할 때에는 '카테고리'나 '위치'와 같은 다른 기준을 사용하는 예도 있으나, 데이터의 속성이 다양한 경우에는 알파벳(또는 가나다)순 정렬이 보편적으로 사용된다.

3) 시간

- 위 그림에서는 **연도별 시간 순서**에 따라 강아지를 분류했다.
- 일정 기간에 일어난 사건을 조직화하는 최적의 원리는 시간(Time)으로 정보를 배열하는 것이다.
- 시간은 정보의 변화를 발견하고 비교할 때 쉽게 이해할 수 있다.
- 역사 연표 또는 TV 방송 편성표 등으로 TV 방송 자체가 시간에 따라 방영되는 방송의 내용, 형태가 다른 것도 여기에 기인하고 있으며, 개인 스케줄 표나 달력도 시간 배열에 해당된다.

4) 카테고리

- 위 그림에서는 털이 짧은 강아지와 털이 긴 강아지로 분류했다.
- 종류, 분류를 의미하는 카테고리(Category)는 **정보의 속성에 따라 분류**할 때 적합하다.
- 카테고리를 통한 조직화는 중요도나 주제가 서로 유사한 정보에 적합하며, 수치 표시와는 달리 색상 등으로 표현을 달리해 고유의 특성을 부여할 수 있다.
- 상점 또는 슈퍼마켓에서 상품 분류, 도서관의 서적분류 등이 해당된다.

5) 가중치(위계)

- 위 그림에서는 강아지 종을 무게라는 가중치(Hierarchy)에 따라 분류했다.
- 물량의 변화(적음에서 많음), 질량의 변화(가벼움에서 무거움), 고도의 변화(낮음에서 높음), 가격의 변화(싼 것에서 비싼 것으로) 등 **정보의 변화에 따라 데이터의 값이나 중요도의 순서로 정보를 조직화 하는 것**이다.
- 카테고리에 의한 조직화와 달리 가중치는 단위나 수치로 표현할 수 있다.

마. 관계 맺기(재배열)

- 데이터 재배열(Data Rearrangement)은 데이터에 의미를 부여하는 가장 기본적인 과정이다.
- 정보의 시각화와 밀접한 관계가 있다.
- 정보의 조직화가 데이터를 분류하는 것이라면, 재배열은 분류된 데이터를 정보 수용자가 인식하기 쉽게 패턴을 만드는 일에 속한다.
- 로버트 스펜스(Robert Spence)는 '정보 시각화(Information Visualization)'라는 저서에서 재배열에 대해 설명했는데, 해당 과정은 아래와 같다.
- 이것은 총 열가지 곡물을 1, 2, 3등으로 나타내고 일곱가지의 비료를 A, B, C 등으로 나타내, 각 곡물에 효과가 있으면 검은색으로 표시한 자료이다.

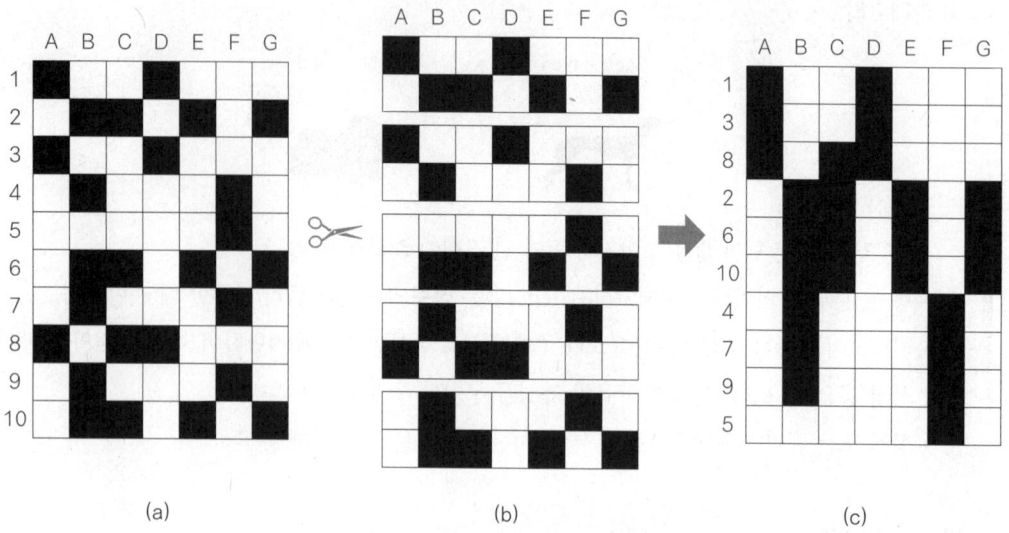

- 곡물과 비료를 함께 실험한 결과는 (a)와 같으며, 여기서의 나열은 단순히 어떤 곡물이 어떤 비료를 썼는가를 보여주고 있는 단순 참조에 지나지 않는다. 하지만 이것만으로는 어떤 비료가 어떤 곡물에 효과가 있었는지 즉각적으로 알아채기 힘들다.
- 이것을 (b)처럼 비료를 기준으로 가로로 한 줄씩 잘라내 (c)처럼 특정 곡물과 연관되는 비료들끼리 나열 할 수 있는데 처음 특정 곡물이 특정 비료에만 효과가 있는 패턴을 감지하게 된다.

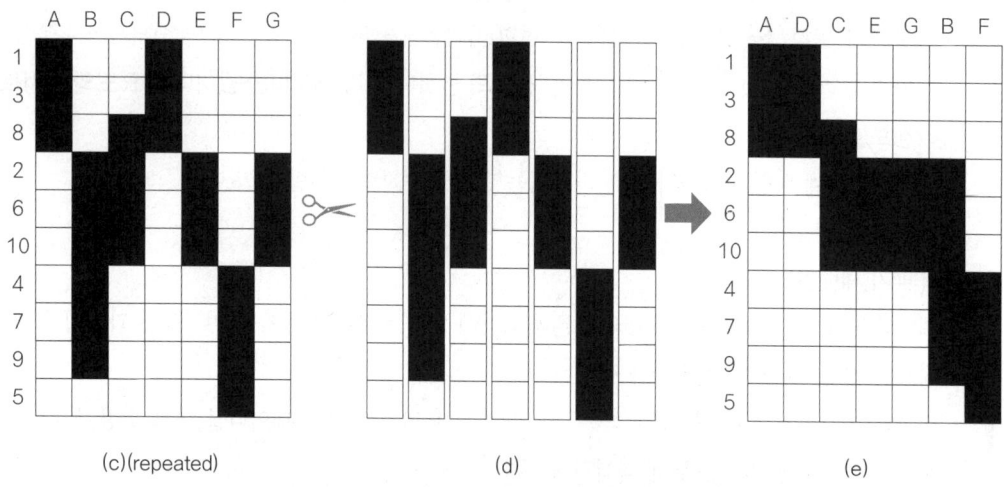

- 이것을 다시 반복해 곡물을 중심으로 세로로 (c)처럼 잘라내어 (d)처럼 관련이 있는 곡물끼리 다시 나열한다면 (e)처럼 어떤 비료가 어떤 곡물에 효과가 있는지를 시각적 패턴으로 분명화할 수 있다.

3. 정보 시각화

어떠한 효율적인 분석 내용을 전달할 것인가를 고려하여, 그에 따른 그래프를 선택하는 것이 매우 중요하다. **시각화 방법에 따른 그래프의 종류**는 아래 표와 같다.

 **출제 포인트**
시각화 방법에 따른 시각화 그래프의 종류를 매치할 수 있어야 합니다. 매 시험에 2문제 이상 출제되는 파트이므로 모든 내용을 전부 알고 넘어가는 게 좋습니다.

시간 시각화	분포 시각화	관계 시각화	비교 시각화	공간 시각화
막대그래프 누적 막대그래프 점그래프	파이차트 도넛차트 트리맵 누적연속그래프	스캐터 플롯 버블차트 히스토그램	히트맵 체르노프 페이스 스타차트 평행 좌표계 다차원 척도법	지도 매핑

가. 시간 시각화

1) 시간 시각화
- **시간에 따른 데이터는 변화를 표현**한다.
- 시계열 데이터의 가장 특징적인 요소는 트렌드, 즉 경향성으로 장기간에 걸쳐 진행되는 변화 또는 트렌드를 추적하는 데 주로 사용된다.
- 시간의 전후 관계를 감안하면 값의 의미를 더 분명하게 이해할 수 있다.
- 시간 데이터는 분절형과 연속형으로 분류 가능하며, 관련 내용은 아래와 같다.

> [시간 데이터의 분류]
> 1) 분절형 : 데이터의 특정 시점 또는 특정 시간 구간 값
> 2) 연속형 : 기온 변화 같은 데이터

2) 막대그래프
- 값들이 뚜렷한 차이를 보이는 경우로 수치를 길이로 표현해 절댓값을 갖는 막대를 배치함으로써 상대적인 차이를 한눈에 알아볼 수 있다.
- **시간 축(가로)은 시간 순서대로 정렬된 시간의 특정 시점을 나타내며, 값 축(세로)은 그래프의 크기 범위를 나타냄**
- 막대를 색상으로 표시하는 것 : 막대 값들의 차이가 미미하거나 표시할 값(막대)의 수가 많은 경우, 대부분의 막대가 서로 다른 범위나 상태에 있는 경우에 효과적, 특정 상태나 범위 등을 의미한다.
- 막대에 색상을 사용하지 않는 것 : 모든 막대가 동일한 범위나 상태에 있는 경우이다.

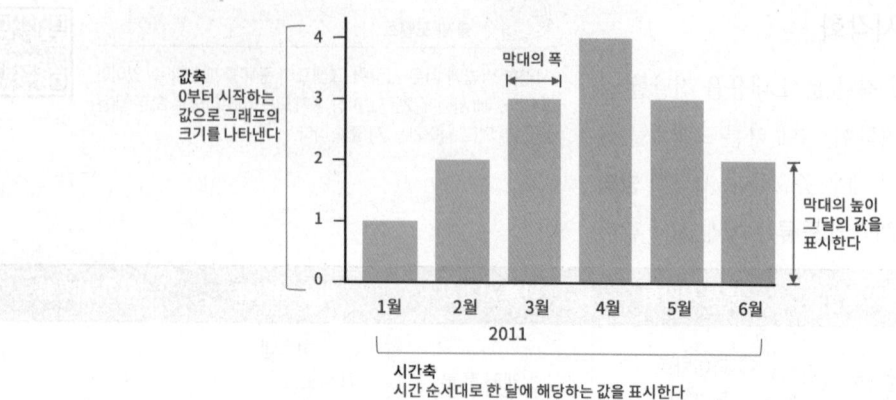

〈막대그래프〉

3) 누적 막대그래프
- 누적 막대그래프의 구성은 일반적인 막대그래프와 거의 비슷하지만, 한 구간에 해당하는 막대가 누적된다는 점에서 차이가 있다.
- 한 구간이 몇 개의 세부 항목으로 나뉘면서도 **전체의 합이 의미가 있는 경우에 사용**한다.
- 한 구간의 각 세부항목은 질감 또는 색상으로 구분·표시된다.

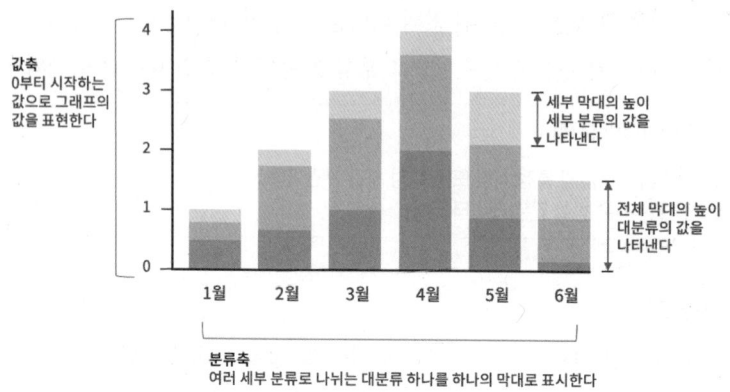

〈누적 막대그래프〉

- 단어들의 바차트(Bar Chart for Words) : 단일 소프트웨어 봇(Single Software Bot)이 모은 엄청난 양의 단어와 이미지를 갖고 있는 편집 역사를 시각화 한 것으로 빅데이터의 대표적인 사례이다.

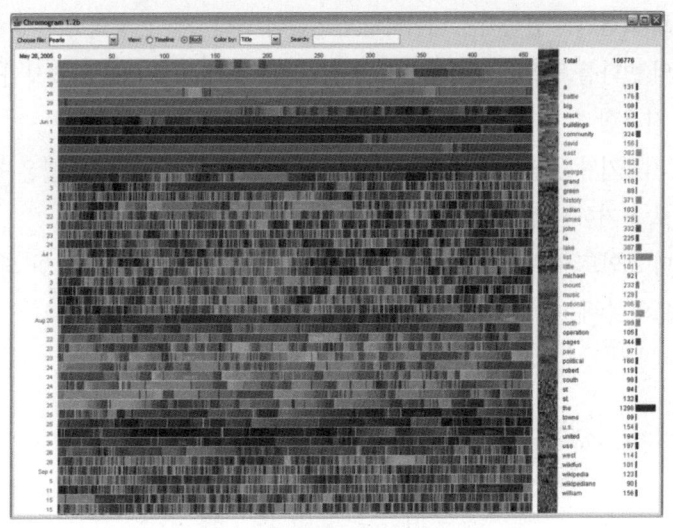

〈그림 단어들의 바차트〉

4) 점그래프

- 점그래프는 면적을 표시할 필요가 없기 때문에 더 적은 공간에 그릴 수 있다.
- 한 점에서 다음 점으로 변하는 **점의 집중 정도와 배치에 따라 흐름을 파악하기 용이**하다.
- 일반적으로 **두 변수의 연관 관계**를 보여줄 때 많이 쓰인다.

 출제 포인트

점그래프에 관한 설명을 보기로 안내하고, 어떤 시각화 그래프에 관한 설명인지에 대해 묻는 문제가 출제된 적이 있습니다. 점그래프를 포함한 다른 그래프들에 대해서도 같은 문제나 유사 문제가 언제든지 출제될 수 있음을 염두에 두고 있어야 합니다.

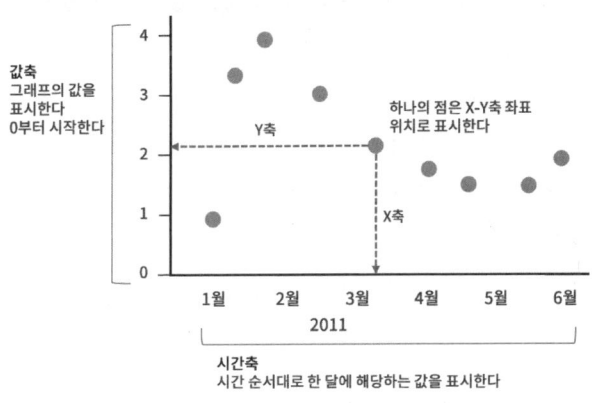

〈점그래프〉

5) 연속형 데이터 : 연결된 점·선 그래프

- 연속 시계열 그래프는 점그래프와 거의 같은데, 점 사이를 선으로 연결한다는 점이 다르다.

- 선으로 표현되는 연속적인 데이터의 끊임없이 변화하는 현상의 추이를 볼 수 있다.
- 변수의 변화를 명확히 표시할 필요가 있거나 트렌딩 또는 변화율 정보가 중요한 경우 선 그래프를 사용할 수 있다.
- 선의 기울기가 급할수록 변화가 크다는 것을 의미하며, 데이터가 많은 경우 데이터 포인트를 점으로 표기하지 않아도 된다.
- 데이터 포인트가 존재한다는 이유만으로 선 그래프를 선택해서는 안 되며, 사용하는 데이터 포인트의 수에 따라 가장 적합한 시각 자료를 결정해야 한다.

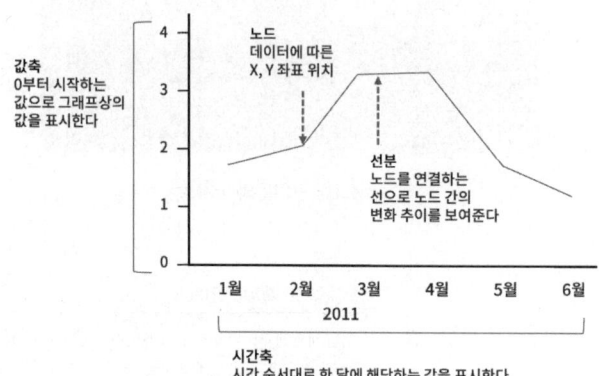

〈연속 시계열그래프〉

나. 분포 시각화

1) 분포 시각화

- 분포 데이터의 일반적인 특성은 최대(Maximum), 최소(Minimum), 전체분포(Overall Distribution)로 나뉜다.

출제 포인트

분포 시각화의 특징에 대해 묻는 문제가 출제된 적이 있습니다. 분포 시각화를 포함한 다른 그래프들에 대해서도 같은 문제나 유사 문제가 언제든지 출제될 수 있음을 염두에 두고 있어야 합니다.

- 최대와 최소는 글자 그대로 순서 정렬에서 양 끝을 취하면 최대와 최소가 된다.
- 분포 그래픽에서 가장 주목해야 할 것은 '분포정도'이고, 분포 데이터는 부분을 전부 합치면 1 또는 100%가 된다.
- 데이터 특성에 맞도록, 전체의 관점에서 부분 간의 관계를 보여줘야 한다.

2) 원그래프

- 원그래프(Pie Chart)는 부분과 전체, 부분과 부분 간의 비율을 알아보는데 사용되는 방법으로 **모든 조각의 합**은 **전체(100%)**가 된다.
- 육안으로는 면적을 가늠하고 시각(Visual Angles)을 비교해야 하므로 어떤 경우에는 그래프를 해석하기가 쉽지 않다.

- 크기가 비슷하지만, 서로 인접해있지 않은 파이의 조각들을 제대로 비교하기가 매우 어렵다.
- 데이터 분석에서는 거의 사용하지 않지만, 굳이 사용해야하는 경우에는 최대한 구성요소를 제한하고 내용을 설명하기 위한 텍스트와 퍼센티지를 포함시키는 것이 좋다.
- 추가 정보 제공으로 사용자가 각 그래프 조각의 의미와 가치를 놓고 혼동하는 상황을 방지할 수 있다.
- 원그래프는 분포의 정도를 총합 100%로 나타내서 부분간의 관계를 보여주며, 면적으로 값을 보여주고, 수치를 각도로 표시한다.

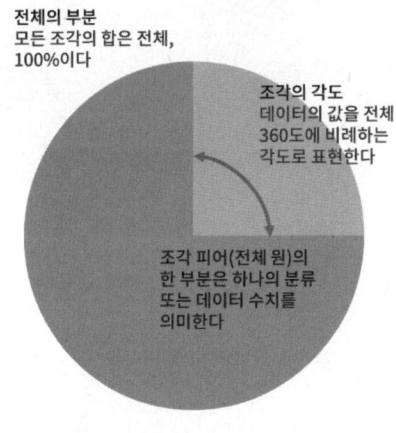

〈원그래프〉

- 아래 그래프는 10명의 화가들이 10년 동안 사용한 색상을 분석해 색상 사용이 어떻게 변화해왔는지를 시각화한 것으로, 각 화가의 대표작에서 가장 많은 면적을 차지하는 5개의 색을 파이썬(Python)으로 추출하여 만들어졌다.

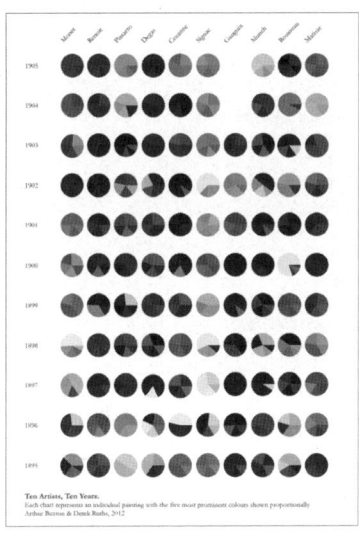

〈10명의 아티스트, 10년〉

3) 도넛차트
- 도넛차트(Donut Chart)는 원그래프와 마찬가지로 수치를 각도로 표시한다.
- 원그래프와 달리 중심부를 잘라내 도넛 모양으로 보인다는 점이 다르다.
- 중심의 구멍 때문에 조각에 해당하는 수치는 **조각의 면적이 아닌 길이로** 표시한다.

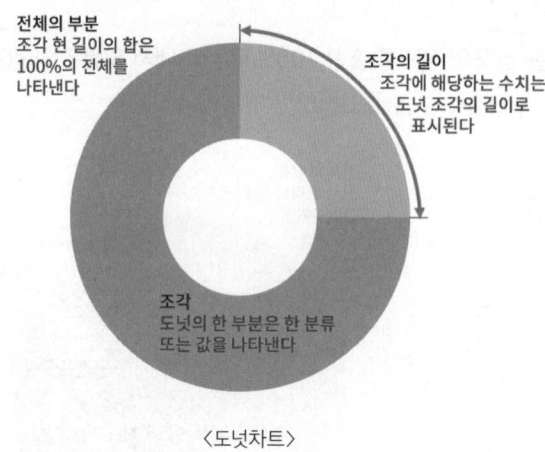

〈도넛차트〉

4) 트리맵
- 트리맵은 **영역 기반의 시각화**로, 각 사각형의 크기가 수치를 나타낸다.
- 한 사각형을 포함하고 있는 바깥의 영역은 그 사각형이 포함된 대분류, 내부의 사각형은 내부적인 세부 분류를 의미한다.
- 트리맵은 단순 분류 별 분포 시각화에도 쓸 수 있지만, 위계 구조가 있는 데이터나 트리 구조의 데이터를 표시할 때 활용할 수 있다.

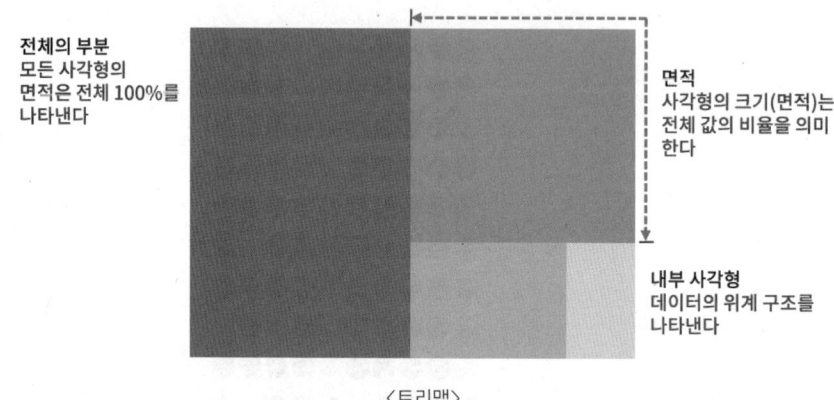

〈트리맵〉

- 뉴스맵(Newsmap) : 구글 뉴스를 실시간으로 14개 지역, 7개의 카테고리로 시각화한 것, 뉴스 내용이 있는 내부 사각형을 선택하면 뉴스에 대한 간략한 내용을 이미지와 텍스트로 노출

〈뉴스맵〉

5) 누적 연속그래프
- 몇 개의 시계열 그래프를 차곡차곡 쌓아 올려 그려 빈 공간을 채워 만든다.
- **가로축은 시간을 나타내며 세로축은 데이터 값**을 나타낸다. 따라서 시간에 따라 연속적인 누적 막대그래프라고 볼 수도 있다.
- 누적 영역 그래프에서 한 시점의 세로 단면을 가져오면 그 시점의 분포를 볼 수 있다.

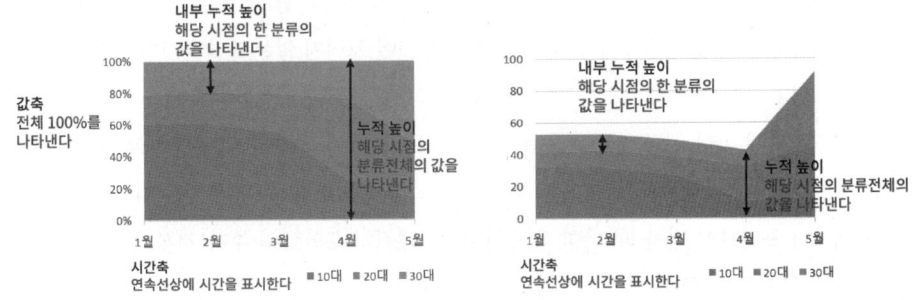

〈누적 연속그래프의 예〉

- 아래와 같은 네임 보이저(Name Voyager)의 그래프를 통해 어느 시기에 어떤 아기 이름이 얼마나 선택됐는지를 알 수 있으며, 자신이 찾고자 하는 이름을 입력하면 이 이름에 대해 시기별로 얼마나 많은 사람들이 선택했는가를 보기 쉽게 알 수 있다.

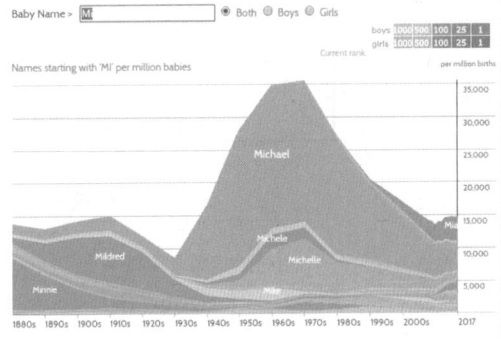

〈네임 보이저〉

2장 시각화 디자인 69

다. 관계 시각화

1) 관계 시각화
- 상관관계를 알면 한 수치의 변화를 통해 다른 수치의 변화를 예측할 수 있다.
- 관계 시각화는 스캐터 플롯과 멀티플 스캐터 플롯이 사용된다.
- **스캐터 플롯은 시간적인 변화를 알아보는데 도움이 되지만, 두 변수의 관계를 알아볼 때도 활용**된다.

2) 스캐터 플롯(산점도, XY그래프)
- 두 데이터 항목의 공통 변이를 나타내는 2차원 도표로 데이터에서의 관계를 시각화하는 데 적합한 방법이다.
- 각 마커(점, 사각형, 플러스 기호 등)는 관측치를, 마커의 위치는 각 관측치에 대한 값을 나타내며, 가로축과 세로축의 변수 값에 대응하는 점을 좌표에 배치하여 상관관계를 확인할 수 있다.
- 산점도를 이용해 모든 데이터 포인트를 표시한 후에는 **데이터 포인트들의 관련성 여부를 시각적으로 판단**할 수 있다.
- 점들이 오른쪽 위로 올라가는 추세를 보인다면 양의 상관관계, 오른쪽 아래로 떨어지는 추세를 보인다면 음의 상관관계이다. 점의 배치에 패턴이 보이지 않는다면 두 변수는 상관관계가 없는 것이다.
- 데이터가 얼마나 분포됐는지 또는 데이터 포인트들이 얼마나 밀접한 관련이 있는지 알 수 있으며, 데이터의 분포에 존재하는 패턴을 신속하게 식별할 수 있게 해준다.
- 데이터 포인트가 많을 때 특히 유용한 반면, 데이터 포인트의 수가 적은 경우에는 오히려 막대 그래프나 일반 표가 정보를 제대로 표시하는 데 효과적일 수 있다.

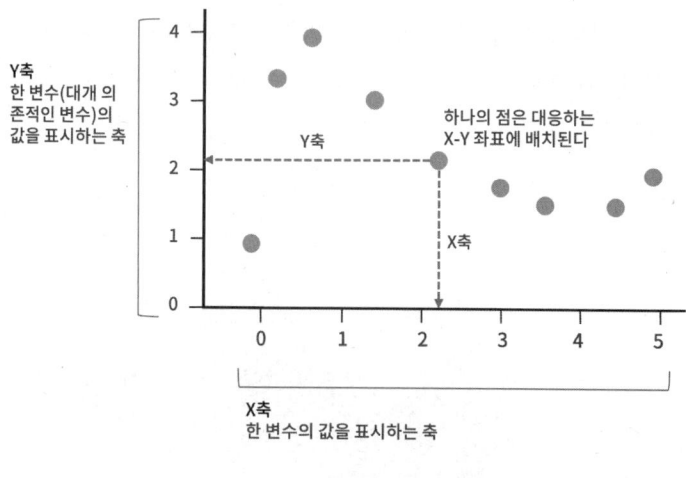

〈산점도〉

3) 버블차트
- 세 가지 요소의 상관관계를 표현할 수 있는 방법으로 **가로축의 변수, 세로축의 변수, 버블의 크기**로 변수를 나타낸다.
- 수십 또는 수백 개의 값을 갖거나 값들이 몇 자릿수씩 차이가 나는 데이터세트에 유용하다.
- 특정 값들을 다양한 크기의 버블로 시각적으로 표현하고자 할 때도 사용할 수 있으며, 종종 사람에 따라 원의 면적이 아닌 원의 지름으로 판단하는 경향이 있을 수도 있다.
- 애니메이션 버블 그래프의 경우에는 장기간에 걸쳐 점진적으로 변화하는 데이터를 표시 하는데 적합하다.

> **출제 포인트**
> 갭 마인더는 버블차트임을 분명하게 알고 넘어가야 합니다.

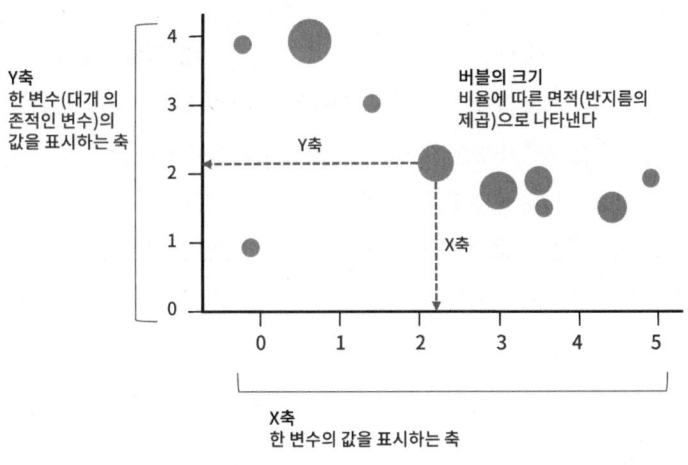

〈버블차트〉

- 아래 그림의 한스 로슬링(Hans Rosling)의 **갭 마인더(Gap Minder)**는 유엔의 데이터를 바탕으로 한 인구 예측, 부의 이동 등에 관한 연구논문과 통계정보를 공유한 것으로 두 가지 수의 변수(기대수명과 1인당 GDP)에 대한 자료를 산점도로 보여주고 있다.
- 각각의 변수를 위한 하나의, 적합한 수의 척도와 함께 축의 한 쌍을 포함하며, 각 국가를 위해 짝지은 자료는 흩뿌려진 도면 위의 점과 같이 위치가 결정된다.

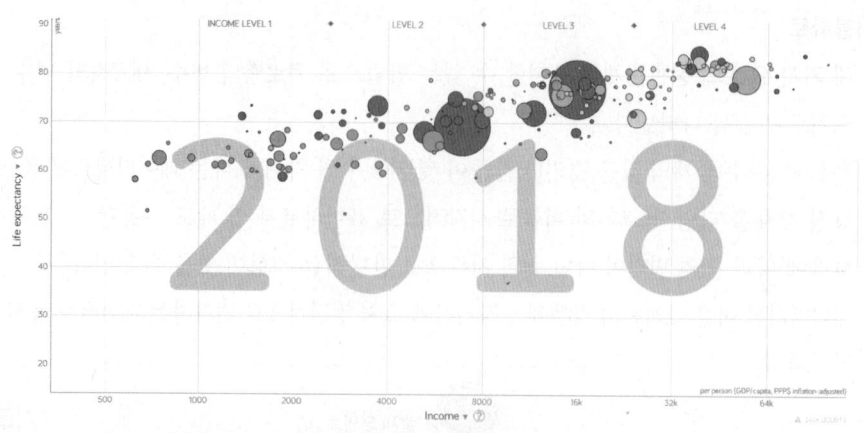

〈한스 로슬링의 갭 마인더〉

4) 히스토그램

- 히스토그램(분포 그래프) : 도수분포표의 각 계급을 가로축에 나타내고 해당 계급에 속하는 측정값의 도수를 세로축에 표시하여 직사각형 모양으로 그려놓은 그래프
- 왼쪽으로 치우친 모양이라면, 데이터가 전체 범위에서 수치가 낮은 쪽에 몰려있음을 의미하며, 오른쪽에 치우쳐 있다면 높은 쪽에 몰려있음을 의미한다.
- **한 쪽으로 치우치는 것 없이 비슷한 높이로 그려진다면 균일한 분포**를 의미한다.
- 막대의 높이는 빈도를 나타내고 폭은 의미가 거의 없고 가로축과 세로축은 연속적이다.

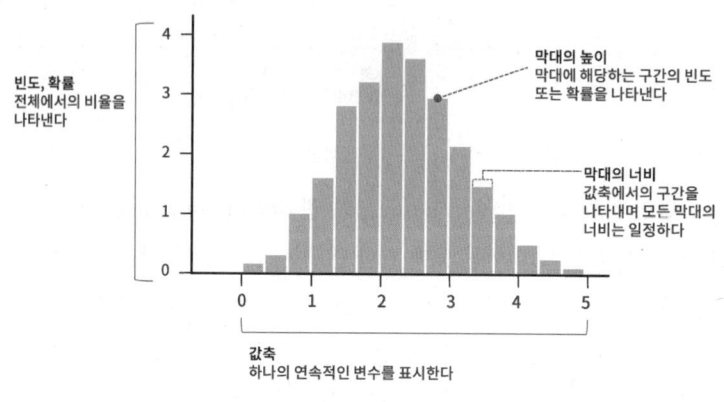

〈히스토그램〉

라. 비교 시각화

1) 비교 시각화

- 여러 개의 변수를 다뤄야 할 때, 시작점을 찾는 것은 매우 중요하다.
- 자신에게 있는 데이터를 끊임없이 생각하다 보면 너무 많은 변수와 세부 분류에 압도될 수도 있다.

- 때로는 모든 데이터를 한번 훑어본 다음 흥미로운 점을 짚고 다른 점을 찾아가는 과정이 더 도움이 될 수 있다.

2) 히트맵
- 시각화 기법에서 가장 많이 유용하게 쓰이는 그래프 중 하나이며, **여러 가지 변수를 비교할 수 있고 한 칸의 색상으로 데이터 값을 표현**한다.
- 하나의 대상에 해당하는 한 행을 왼쪽에서 오른쪽으로 보면서 모든 변수를 파악할 수도 있고, 하나의 변수에 대응하는 한 열을 위에서 아래로 읽을 수도 있다.
- 데이터가 지나치게 많을 경우엔 더 혼란스러울 수 있으니 적당한 색상을 선택하고 약간의 정렬 과정을 거쳐야 한다.

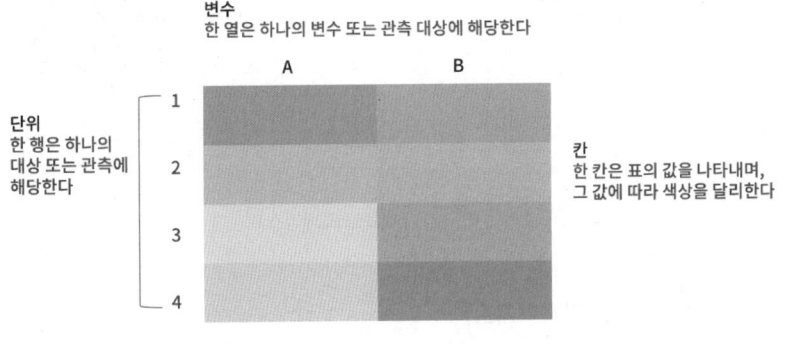

〈히트맵〉

- 아래 그림의 **감정(Sentiment) 히트맵**은 주식시장에 대한 전망을 SNS의 사회적 주식 지수로 보여주는 것으로, 트위터에서 많이 이야기되는 주식이 블록에 나타나며 해당 주식에 대해 어떠한 감정으로 이야기하는지가 색상으로 표시된다.

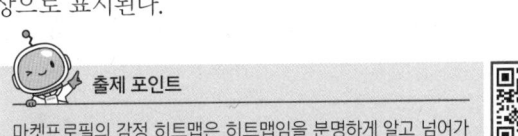

출제 포인트
마켓프로필의 감정 히트맵은 히트맵임을 분명하게 알고 넘어가야 합니다.

〈마켓프로필 : 감정 히트맵〉

3) 체르노프 페이스
- 체르노프 페이스(Chernoff face)는 데이터를 사람의 얼굴 이미지로 표현하는 방법이다.
- 얼굴의 가로 너비, 세로 높이, 눈, 코, 입, 귀 등 각 부위를 변수로 대체해 데이터의 속성을 쉽게 파악할 수 있으며, 데이터의 개별적인 부분에 집중해 그리는 것이 가능하다.
- 엄밀한 의미의 데이터 그래픽에는 포함되지 않으며, 보통 사람들에게 혼란을 줄 우려도 있다.
- 체르노프 페이스의 유용성은 상황에 따라 다르며, 통상 유용성보다는 **전문가의 흥미가 주목적**이다.

〈체르노프 페이스〉

4) 스타차트(거미줄차트, 방사형차트)
- 중앙에서 외부 링까지 이어지는 몇 개의 축을 그리고, 전체 공간에서 하나의 변수마다 축 위의 중앙으로부터의 거리로 수치를 나타낸다.
- 각 변수를 라인 위에 표시한 지점을 연결해 연결선을 그리며 그 결과는 별 모양의 도형으로 나타낸다.
- **중심점은 축이 나타내는 값의 최솟값**을, **가장 먼 끝 점은 최댓값**을 나타낸다.

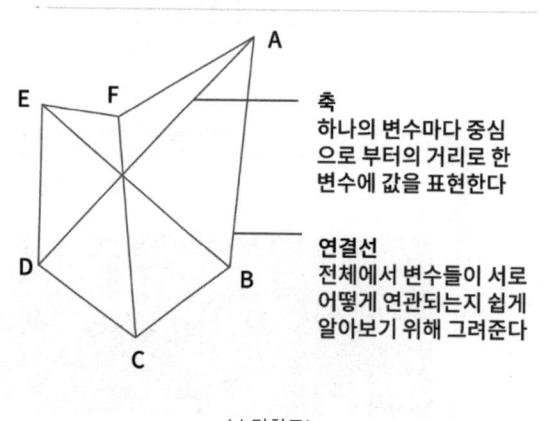

〈스타차트〉

5) 평행 좌표계
- 여러 축을 평행으로 배치해서 만들고 Y축에서 윗부분은 변수 값 범위의 **최댓값**, 아래는 **변수 값 범위의 최솟값**을 나타낸다.
- 측정대상은 변수 값에 따라 위아래로 이어지는 연결선으로 그려지며, 대상이 많은 데이터에서 집단적인 경향성을 쉽게 알아볼 수 있게 해준다.

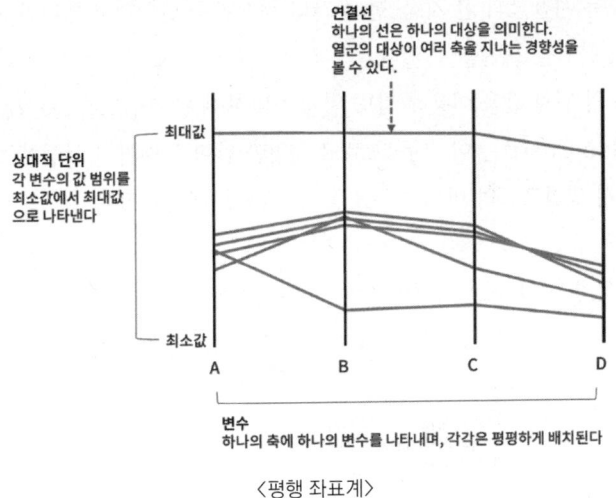

〈평행 좌표계〉

6) 다차원 척도법
- 데이터 세트상의 **개별 데이터 간의 유사도를 바탕으로 시각화**하며, 대상 간의 유사성(또는 선호도) 측도에 의거해 대상을 다차원 공간 속에 배치시키는 방법이다.
- 표현하고자 하는 객체 간 간격이 발생하는, 즉 **거리행렬(distance matrix)을 포함하는 데이터의 시각화에 유용**하다.
- 유사성이 작은 대상끼리는 멀리, 유사성이 큰 대상끼리는 가까이 위치시킨다.

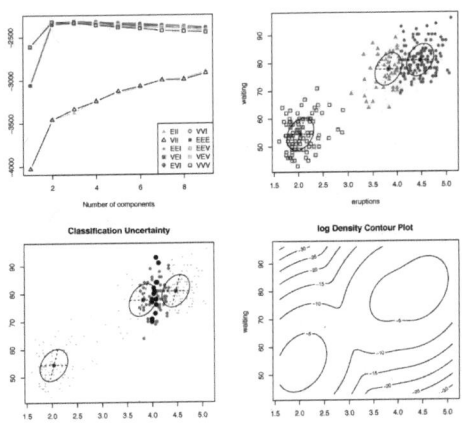

〈다차원 척도법의 결과〉

2장 시각화 디자인

마. 공간 시각화
- 지도의 한 위치를 다른 위치와 비교해보는 것은 그래픽의 한 클러스터 영역과 나머지를 비교하는 것과 같다.
- 지도를 만들 때 위치를 정확하게 배치해야 하며, 색상 구분도 정확해야 하고, 라벨의 위치를 가려서는 안되며, 정확한 투시방법을 선택해야 한다.
- 하나의 지도는 시간상의 한 지점, 한 순간의 현실만을 반영하고 있지만, 여러 장의 지도를 통해 시간의 여러 단면을 표현할 수 있다.
- 위도와 경도의 위치 값을 이용해 지도 위에 정확한 매핑 포인트를 표시해야 하지만, **구글 차트의 지오차트(Geo Chart)**는 이 값을 모르고 지명만 알아도 시각화 작업할 수 있다.
- 지오차트에서 영역모드와 마커모드를 통해 나라별, 대륙별 또는 지역의 지도를 쉽게 그려 볼 수 있다.
- 영역모드 : 국가, 지방 또는 국가와 같은 전체 지역을 채색
- 마커모드 : 사용자가 지정한 값에 따라 조정, 버블차트를 사용해 영역 지정 가능

〈매핑 포인트 프레임워크〉

바. 그래프 그리기
1) 그래프 유형의 선택
- 그래프 유형의 선택은 시각화해야 하는 범주와 측도(또는 차원)의 수에 좌우된다.
- 다양한 유형의 시각 자료를 적용해 보고 이를 대상자에게 테스트해 정보가 정확하게 전달되는지를 지속적으로 확인해야 한다.
- 그래프를 그릴 때는 최소한의 것으로 표현하는 것이 최대한의 것을 전달하는 힘을 갖는 경우가 대부분이다.
- 에드워드 터프티(Edward Tufte)는 데이터 링크를 더 이상 지울 수 없는(Non-Erasable) 그래픽의 핵심이며, 숫자의 변화를 비중복(Non-Redundant)적으로 표현하는 잉크라고 표현했다.
    (데이터 링크가 아닌 것과 중복되는 데이터 링크를 제거해 데이터 링크 비율을 올리는 것이 데이터를 그래픽 디자인으로 올바르게 표현하는 방법이라고 주장)

2) 그래프 단순화
- Step 1 - 배경을 지워라 : 배경에 들어간 질감으로 된 배경은 그래프를 눈에 띄게 할 수는 있지만 시각적으로 데이터를 강조하는데 오히려 방해

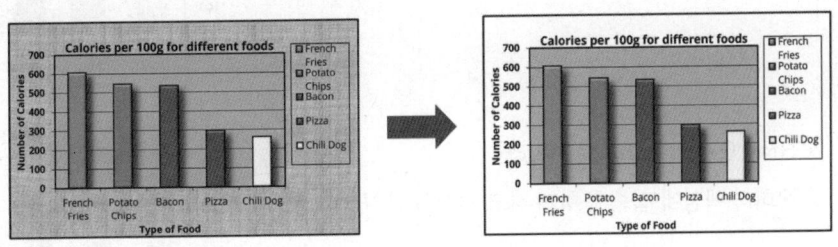

- Step 2 - 범례를 지워라 :
범례를 보고 그래프를 보려면, 보는 사람이 직접 색상과 글씨를 매칭해야 하기 때문에 오히려 해석에 방해

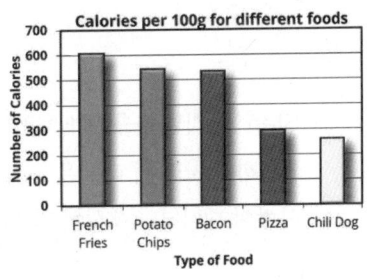

- Step 3 - 테두리를 지워라 :
배경이 흰색인 문서에서 테두리는 답답한 느낌을 주며, 디자인에 방해

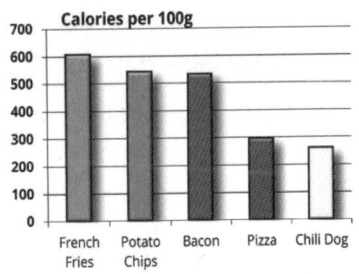

- Step 4 - 색깔을 지워라 :
다양한 색은 보는 사람에게 핵심이 무엇인지 파악하기 어려움

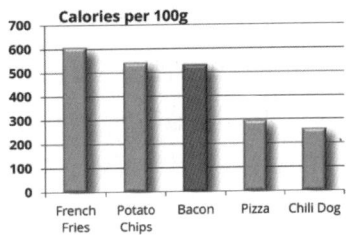

- Step 5 - **특수효과를 지워라** :
  특수효과는 전체적인 디자인의 통일성을 파괴,
  데이터의 핵심을 전달하는 데 방해

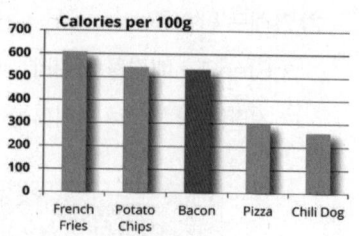

- Step 6 - **굵은 글씨를 지워라** :
  오히려 핵심에 집중 못하게 하고 시선을 분산

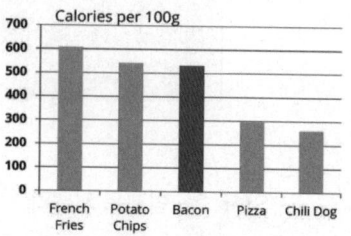

- Step 7 - **라벨을 흐리게 처리해라** :
  흐릿하게 처리 된 라벨은 처음 그래프를 보는
  사람이 데이터의 핵심에 집중하게 도움

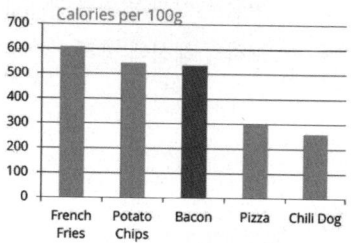

- Step 8 - **보조선을 흐리게 처리하든지 아예 지워라** : 진하게 그려진 보조선은 데이터를 표현
  하는 부분과 겹치기 때문에 흐릿하게 처리하거나 없애는 편이 깔끔

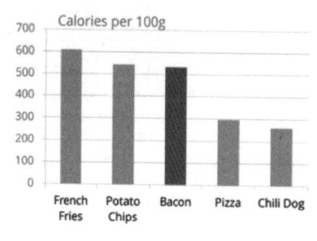 OR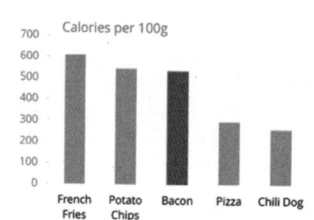

- Step 9 - **라벨을 직접 표시하라** :
  보조선을 없앤 대신에 라벨을 데이터에 직접
  표현하면 보는 사람이 즉각적으로 그래프를
  해석 가능

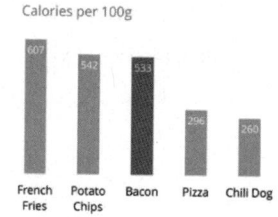

4. 정보 시각 표현

가. 정보 표현을 위한 그래픽 요소

그래픽적으로 디자인을 완성시키는 단계로, 정보 시각 표현에 사용되는 정보 디자인의 그래픽 요소는 정보의 내용을 시각적 형식으로 전환해 전달 과정에서 사용자의 감각을 자극하여 정보가 쉽게 이해되도록 시각적 안내 역할을 한다.

1) 그래픽 요소의 의미

- 시각 정보를 보기 위해 뇌는 패턴을 감지하고 이를 해석한 뒤에 학습하게 된다.
- 시간을 단축하기 위해 뇌는 먼저 비슷한 물체, 즉 크기와 색깔이 똑같은 사각형들과 조금 달라 보이는 사각형 하나를 구분한 다음에야 나머지를 자세히 탐색한다.

> 그래픽 요소는 수치적(양적), 질적 데이터 간의 차이, 순서, 비율의 관계를 시각적으로 전환할 수 있는 가장 효율적인 표현의 수단이며, 사용자가 이를 통해 정보를 시각적으로 지각하고 이해하게 하는 절대적인 역할을 한다.
> - 「기호 그래픽」, 자크 베르탱(Jacques Bertin)

2) 자크 베르탱의 그래픽 7요소

가) 위치(Position)

 출제 포인트
자크 베르탱의 그래픽 7요소에 해당하는 요소들을 정확히 숙지해야 합니다.

- 위치에 변화를 줌으로써 하나의 요소를 강조할 수 있다.
- 특정 요소의 상대적인 위치를 확인하여 주변의 여타 요소와 관계를 비교할 수 있다.
- 크기와 마찬가지로 수치로 표현할 수 있고, 정보의 상하 구조를 효과적으로 전달할 수 있다.
- 가장 중요한 정보나 자주 쓰이는 기능은 좌측 상단에 배치한다.
- 아래 그림은 같은 요소를 나열하면서 Y좌표 값에 변화를 줌으로써 강조한 것이다.

나) 크기(Size)

- 같은 크기를 갖고 있는 요소들 중 하나만 작게 만들면 상대적으로 크기가 작은 요소가 강조되어 보인다.

- 크기가 크고 작은 것이 아니라, 주위 크기와 같은지 다른지의 여부가 중요하다.
- 크기는 수치로 표현할 수 있고, 순서로 구분할 수도 있기 때문에 양과 중요도를 인지할 수 있다.

다) 모양(Shape)
- 같은 모양을 갖고 있는 요소들 중 하나만 다른 모양으로 만들면 모양이 다른 요소가 강조되어 보인다.
- 대부분의 사람들은 외곽선을 보고 대상을 인식하기 때문에 **비슷한 형태가 아닌 전혀 다른 형태로 바꾸는 것이 중요하다.**
- 하지만 형태를 구분하는 능력은 색상이나 크기를 인지하는 능력보다 고도의 기술이기 때문에, 사실 형태만으로는 큰 대비 효과를 기대할 수 없다.

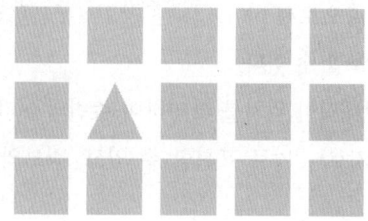

라) 색(Color)
- 같은 색을 갖고 있는 요소들 중 하나만 다른 색으로 바꾸면 강조되어 보인다.(대게의 경우 강조를 위해 보색을 쓰는 경우가 많다.)
- 본질적으로 정량적인 속성이 아니기 때문에 수치로 표현하기 힘들고, 순서를 매기기에는 적합하지 않다.
- 또한 정보를 전달할 때 색상에만 의존해서는 안 된다.

마) 명도(Value)
- 명도가 높고 낮음은 색상보다 더 명시성에 영향을 주기 때문에 **같은 색의 요소들 중 하나만 명도가 유난히 높거나 낮다면 강조될 수 있다.**

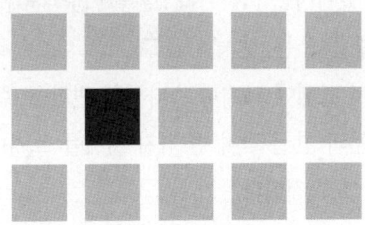

바) 기울기(Orientation)
- 시선은 반복에서 벗어나 변화를 감지해 강조한다고 느끼기 때문에 **같은 요소들 중 하나만 기울기가 다르다면 강조될 수 있다.**

사) 질감(Texture)
- 같은 요소들 중 하나만 질감이 다르다면 강조될 수 있지만, 질감을 지나치게 많이 쓰면 좋지 않은 결과를 가져올 수 있으므로 신중하게 선택할 필요가 있다.

나. 시각화를 위한 그래픽 디자인 기본 원리

1) 타이포그래피

   가) 타이포그래피 개념

   - 정보 디자인에 있어서는 여러 종류의 서체를 쓰는 것보다, 1~2가지의 서체에 크기나 스타일의 변화를 주면서 사용하는 것이 중요하다.
   - 가급적이면 영문과 한글 각각 한 가지 서체를 쓰거나 한글서체를 한 가지 정하고 이를 변화해 쓰는 것이 효과적이다.
   - 한글서체와 영문서체를 비슷한 느낌으로 주는 것이 좋다.

   나) 서체

   - **서체는 글의 형태를 총칭하는 말로 얼굴에 해당하며, 타이포그래피에서 가장 어려운 일이 서체를 선택하는 것**이다.
   - 서체는 돌기가 있는 세리프 서체와 돌기가 없는 산세리프 서체로 구분한다.
   - 세리프 서체는 가독성이 높아 본문용으로, 산세리프 서체는 주목성이 높아 제목용 서체로 주로 사용한다.
     - 예) 세리프 서체 : 함초롱바탕 / 산세리프 서체 : 맑은 고딕
   - 동일한 서체 안에서 색상, 크기, 무게, 스타일 등의 변화를 주는 것이 효과적이다.

   나눔고딕
   Noto Sans
   나눔명조
   Noto Serif

   다) 무게

   - 글자의 무게는 글자를 구성하는 획의 두께를 의미하며, 굵기라고도 한다.
   - 시각적 정보 표현에서는 심리적 무게감에 따라 정보의 위계표현이 가능하다.
   - 굵은 서체는 무게가 무거워 보이기 때문에 가는 서체와 함께 사용하면 위계표현이 가능하다.

```
Noto Sans KR 본고딕
Noto Sans KR 본고딕
Noto Sans KR 본고딕
Noto Sans KR 본고딕
Noto Sans KR 본고딕
Noto Sans KR 본고딕
```

라) 크기

- 글자 크기는 실제 글자의 크기가 아니라 글자가 배치되는 금속 활자판의 높이를 의미하며, 같은 크기라 해도 서체에 따라 실제 글자의 크기가 달라진다.
- 글자 크기는 정보의 중요성 및 위계관계를 보여줄 수 있으므로, 글자 크기는 어느 요소를 강조하거나 그 반대의 경우에도 사용한다.

```
Noto Sans KR 본고딕
Noto Sans KR 본고딕
Noto Sans KR 본고딕
Noto Sans KR 본고딕
Noto Sans KR 본고딕
```

마) 스타일

- 서체는 가로 세로의 비율, 각도에 따라 그 스타일이 달라지며, 이탤릭체와 같이 기울이거나 장체, 평체처럼 글자의 폭을 좁히거나 넓히기도 한다.
- 정보의 차별화나 강조 등을 위해 선택적으로 사용하는 것이 좋다.

```
Noto Serif
Noto Serif
Noto Serif
Noto Serif
```

바) 색채
- 명도, 채도, 색상의 색채 속성을 활용해 정보를 분류할 수 있으며, 정보의 중요도나 종속의 관계표현이 가능하다.
- 글자가 놓이는 바탕색에 크게 영향을 받으며, 빛으로 글자를 표현하는 경우에는 청색은 후퇴돼 보이기 때문에 자제해야 한다.

Noto Sans KR 본고딕
Noto Sans KR 본고딕
Noto Sans KR 본고딕
Noto Sans KR 본고딕

사) 간격(글자 사이, 낱말 사이, 글줄 사이)
- 글자, 낱말, 글줄 사이의 간격은 가독성에 큰 영향을 미친다. 읽어야 할 다음 글자가 다른 글자보다 근접해 있어야 하며 이 때문에 글자 사이보다 낱말 사이가, 낱말 사이보다 글줄 사이가 넓어야 한다.

글자 사이 = 낱말 사이 = 글줄 사이	글자 사이 < 낱말 사이 = 글줄 사이	글자 사이 < 낱말 사이 < 글줄 사이
정보디자인은사용자를 배려하여사용환경에적합한 구조와형태가필요하다.	정보디자인은 사용자를 배려하여 사용환경에 적합한 구조와 형태가 필요하다.	정보디자인은 사용자를 배려하여 사용환경에 적합한 구조와 형태가 필요하다.

2) 색상

가) 색상 개념
- 몇 가지 기본적인 색채학 원칙을 알고 지키는 것이 중요하며, 여러 색상을 함께 쓸 때 채도를 달리하면서 균형을 깨서는 안 된다.
- 색상을 쓸 때, 두 가지 색을 쓰는 경우 보색을 이용하고 명도와 채도를 같게 하면 되며, 시각화 결과물을 컴퓨터 모니터에서 제공한다면 가산혼합 보색을 이용해야 한다.
- 색상 팔레트나 색상 팔레트 생성기 등을 이용하여 결과물을 만들어낼 수 있다.
- 컬러 스킴 : 스크린에서 구현하기에 적절한 보색 및 배색 색상 팔레트를 추출한다.
- 어도비 쿨러 : 색상 팔레트 외에 공유된 단어와 관련된 배색 팔레트를 가져다 쓸 수 있다.

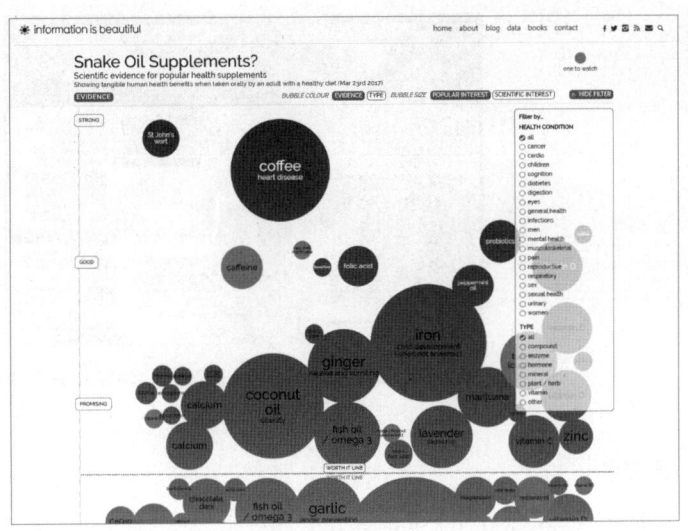

〈스네이크 오일〉

- 스네이크 오일(Snake Oil) : 풍선경주(Balloon Race)라고도 불리며, 증명된 의학적 근거가 있는 상단 버블은 파란색을, 그렇지 않은 것은 초록색에서 노란색까지의 그라데이션으로 표현했다. 풍선의 크기는 구글 검색어 기준 인기도에 비례한다.

나) 구분 표현
- 색상은 정보를 구분하고 묶는데 사용할 수 있는데 이는 시각적 대상물 구별에 색을 이용하는 것이 편리한 방법이고 쉽게 인지될 수 있기 때문이다.
- 인간의 단기 기억력은 장기 기억력과 달리 시간이 조금만 흘러도 올바로 기억하지 못한다.
- 따라서, 색은 인간의 인지를 고려할 때 사용 숫자를 제한할 필요가 있으며 보통 사람이 분명하게 구분할 수 있는 색상은 대략 8가지다.

다) 순서 표현
- 순서나 위계가 필요한 정보는 색의 단계로 표현 가능하며, 검은색에 하얀색으로 이어지는 명암 단계나, 스펙트럼에서 빨간색으로부터 녹색으로 이어지는 단계, 노란색에서 파란색으로의 단계를 이용해 분명하게 구분하면 위계를 명확히 할 수 있다.
- 순서와 위계는 색의 채도 단계로도 표현 가능하며, 섬세한 순서와 상태를 표현하는 데는 무채색의 단계가 정보를 더 명확하게 전달한다.
- 명도와 채도를 복합 개념이라 할 수 있는 톤은 선형적 단계를 표현하므로 정보의 순서와 위계를 표현하는데 활용할 수 있다.

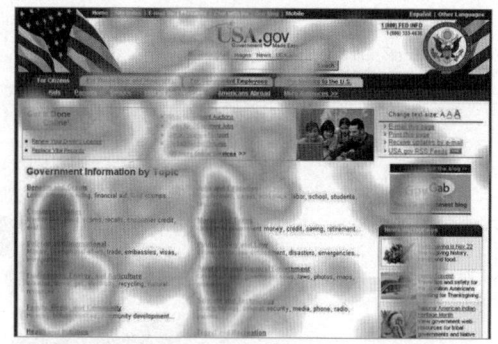

<웹 페이지 영역에서 마우스 클릭 수를 적외선 열지도로 표 한 예시>

라) 비율 표현
- 비율을 색으로 정확하게 표현 할 수는 없지만, 시각적으로 구별할 정도로 표현할 수 있다.
- 비율의 연속은 0을 중심으로 0을 중립적인 명도로 표시하고 위, 아래의 수치들은 상반되는 두 가지 색을 사용한다.
    - 예) 기준 0 : 회색 – 빨간색이 늘어나면 부정적 수치가 증가/녹색이 늘어나면 긍정적 수치가 증가

마) 색채 사용과 인지
- 색을 통해 정보를 이해할 때 인간의 지각과 인지 작용이 관여한다. 따라서 지각된 색채 정보들이 서로 충돌 없이 인지될 때 정보의 해석이 빠르고 수행 결과도 최적화된다.
- 색의 잘못된 사용으로 사람이 인지할 때 혼란을 야기할 수 있다. 이는 금지를 상징하는 붉은색과 허용을 상징하는 녹색이 반대의 의미로 사용된다면 기존의 지식이나 관습과 충돌하기 때문이다.

<색채 사용과 인지의 예>

3) 그리드

　가) 그리드 개념

 **출제 포인트**
그리드의 방식과 특징에 대해 묻는 문제가 출제된 적이 있으므로 잘 숙지하고 있어야 합니다.

- 현대 디자인에서 **가장 중요한 원리 중 하나가 그리드를 이용하는 것이다.**
- 단지 데이터만 제시하는 등의 단순 시각화를 할 때는 적게 적용되지만, 디자인 안에 여러 요소를 복합적으로 배치할 때는 반드시 그리드를 계획하고 지켜야 시각적으로 우수한 디자인으로 완성된다.
- 인쇄 디자인뿐 아니라, 모션 인포그래픽과 인터랙션 정보 디자인에서도 그리드는 중요한 요소이다.
- **그리드를 이용해 블록 레이아웃을 잡고 그 위에 요소를 효율적으로 올려놓아 전체적인 조화를 추구한다.**

　나) 하나의 화면을 읽는 방식

- 디자인 요소를 레이아웃 안에 배치할 때 사람의 눈이 움직이는 방향을 생각해야 한다.
- 사람의 눈은 이미지나 본문을 훑어볼 때 하나의 화면의 특정 영역에서 다른 부분보다 더 뜨겁고 활발한 움직임이 드러난다.
- **인간의 눈은 습관적으로 상단 왼쪽의 입구를 본 다음 오른쪽 하단 귀퉁이로 훑어 내려간다.**
- 주요 디자인 요소를 더 두드러지거나 아니면 눈에 덜 띄게 배치할 수 있으며, 아래 예제에서 색의 농도는 가장 강하게 주목하는 초점이 어디인지를 보여준다.

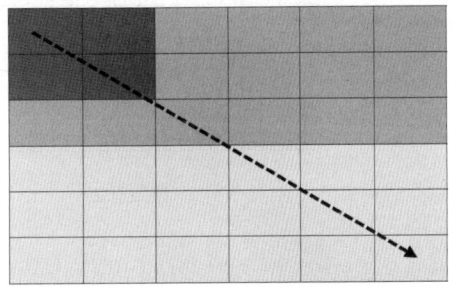

〈사람이 화면을 읽는 방식〉

　다) 정보의 역피라미드

- 가장 중요하고 강력한 정보가 맨 위로 가고 2차 정보가 뒤로 따르며 더 일반적인 정보는 마지막에 온다.
- 보는 사람이 화면의 모든 텍스트를 읽지 않을 것이므로 가장 중요한 정보가 앞장서고 그 다음으로 중요한 것이 뒤따라야 하며, 디자인 구조는 그리드 상단을 효과적으로 이용하고 극대화 할 필요가 있다.

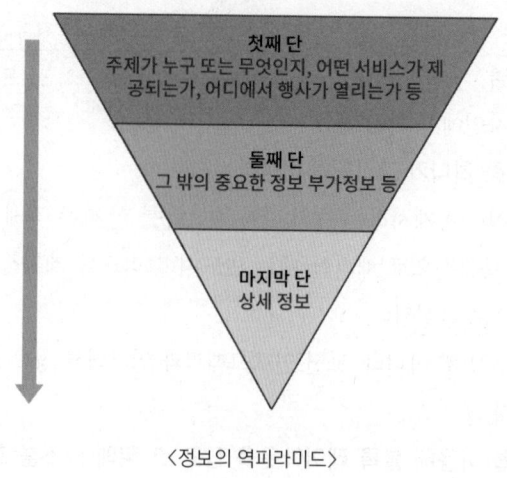

〈정보의 역피라미드〉

라) 망 그리드
- 수평선과 수직선의 연속이 개체를 배치하는 지침이 되어 일관성있고 정확하게 개체를 배치할 수 있다.
- 개략적인 그리드를 갖고 작업하면 배치할 때 선택 안이 줄어들겠지만, 일관성이 생기고 실험의 여지도 남겨 놓기 때문에 역설적으로 디자인이 쉬워진다.

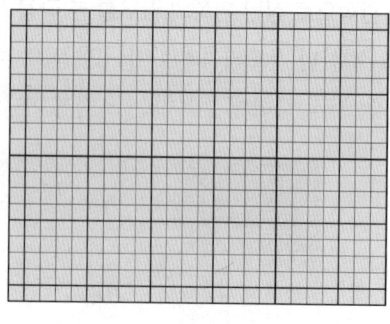

〈망 그리드〉

마) 3등분 법칙
- 3등분 법칙은 이미지 구도와 레이아웃의 지침으로 한 개의 화면에 3×3 그리드를 포개 그리드 선이 교차하는 곳을 적극적 핫스팟으로 삼아 역동적인 결과를 배치하는 것이다.
- 3등분 법칙에 따라 요소를 배치하면 디자인에 비례 간격을 끌어들여 미학적으로 만족스러운 균형이 잡힌다.
- 우측에 보이는 점들이 핫스팟으로, 한 핫스팟에 항목들이 규칙적으로 떨어지지는 않아도 핵심 요소를 그 가까이에 배치하면 구성에 역동성을 더할 수 있다.

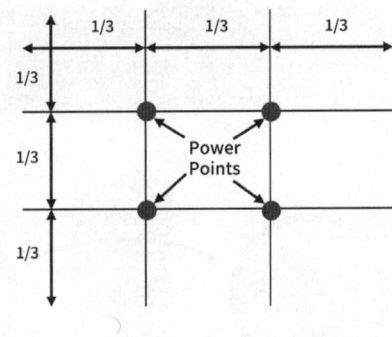

〈3등분의 법칙〉

4) 아이소타이프

- 아이소타이프(ISOTYPE, International System of Typographic Picture Education)은 많은 양의 데이터를 쉽게 지각할 수 있도록 도와주는 시각표현 방법이다.

 **출제 포인트**
아이소타이프(ISOTYPE)의 특징에 대해 잘 학습해두어야 합니다. 특히 아이소타이프는 단순히 우리 눈에 익숙한 픽토그램을 뜻하는 것이 아니라는 것은 꼭 알아두셔야 합니다.

- 국제적인 그림언어 체계로 갖가지 지식을 조직적으로 시각화했으며 **정보, 자료, 개념, 의미 등을 나타내기 위해 문자와 숫자 대신 상징적 도형이나 정해진 기호를 조합해 시각적이고 직접적으로 나타내는 방식**이다.
- 단순히 우리 눈에 익숙한 픽토그램을 뜻하는 것이 아니며, 하나의 기호가 일정한 수량을 대표한다는 것이 중요하다.
- 각종 시각적 수단을 통해 정보를 소통해온 인류의 전통에 기대고 있어, **아이소타이프 도표의 기호들은 시공간을 초월해 읽혀야 한다.**
- 이미지를 활용해 정보를 명확하게 전달하는 방식이라고 볼 수 있으며, 그래프를 표현하는 수단으로도 자주 활용되고 있다. 최근 들어서는 아이콘 등으로 발전하고 있다.

〈전쟁시 사망, 부상, 귀향했던 군인들의 데이터를 보여주는 아이소타이프〉

다. 인터랙션
1) 인터랙션 개념

 **출제 포인트**

다소 생소할 수 있는 인터랙션에 관해 묻는 문제가 출제된 적이 있으므로 개념과 특징을 익히고 넘어가도록 합시다.

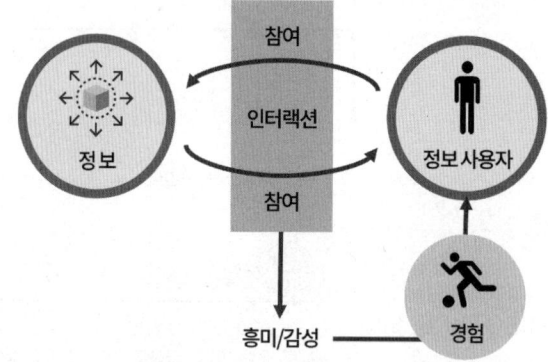

〈정보와 사용자 사이에서 인터랙션과 경험 창출〉

- 빅데이터 시각화를 위해서는 대량의 데이터를 정보로서 의미있고(Meaningful) 이해할 수 있으며(Understandable), 유용한(Usable) 기술과 방법인 인터랙션이 많이 이용되고 시각화 툴 자체가 인터랙션 형태로 이뤄진 경우가 많다.
- 빅데이터 시각화에서의 인터랙션은 사용자 스스로 정보를 필터링하고 탐색하는 과정에서 인사이트를 얻어갈 수 있는 기회를 제공한다.
- 디지털 미디어의 정보 디자인은 인터페이스와 인터랙션의 문제와 연계되며, 이러한 분리할 수 없는 관계가 설정된다.
- 정보 디자인에서 디지털 미디어의 인터페이스와 인터랙션은 상호 의존적이다.
- **대부분의 인터랙션 위에 구현된 정보 디자인은 비선형적 구조로, 정보 제시 순서가 고정돼 있지 않고 사용자가 정보에 임의로 접근하고 선택적으로 탐색**할 수 있다.
- 정보 전달과정에서 시간 제약이 없으므로 사용자의 정보 이용이 능동적이며, 비교적 자세히 탐색하므로 정보 전달효과가 높다.
- 정보 메시지도 다양하게 조직화 할 수 있으며, 디지털 미디어의 상호작용 특성으로 정보의 폭과 깊이를 사용자가 통제할 수 있다.
- **비선형적 구조에서는 인터랙션 개념 적용이 중요**한데, 제일 중요한 숫자나 가장 의미있는 요점을 먼저 제시하고, 그 다음에는 사용자들이 스스로 정보를 캐고 탐구해 패턴을 파악하고 이해하도록 유도하는 것이 필요하다.
- 디지털 환경에서 정보 전달을 위한 인터랙션은 사용자에게 데이터와 정보를 단순히 전달하는 것이 아니라, 정보 사용자의 행동이나 조작에 따른 반응, 감각의 확장, 정보 시각화의 변화 등으로 정보와 정보 사용자간의 관계를 확장하고 심화하는 것이다.

- 정보를 둘러싸고 생성된 인터랙션은 정보 사용자에게 인상에 남는 다른 모습을 보여주는 것이며, 정보에 대한 흥미성을 높이고 궁극적으로 정보에 대한 새로운 경험을 제공하며, 사용자 참여를 유도해 적극적으로 정보에 접근하게 하며, 흥미를 유발해 정보에 대한 관여도를 높이는 역할을 한다.

2) 강조하고 디테일을 보여주는 형식
- '웹의 진화(Evolution of the Web)'라는 시각화 프로젝트는 하이라이트 방식의 강조를 이용해 사용자의 적극적 개입을 유도한다.
- 색상이 들어간 곡선들은 다른 브라우저에서 적용되는 기능과 마찬가지로 사용자의 마우스 움직임에 반응하며 강조된다.

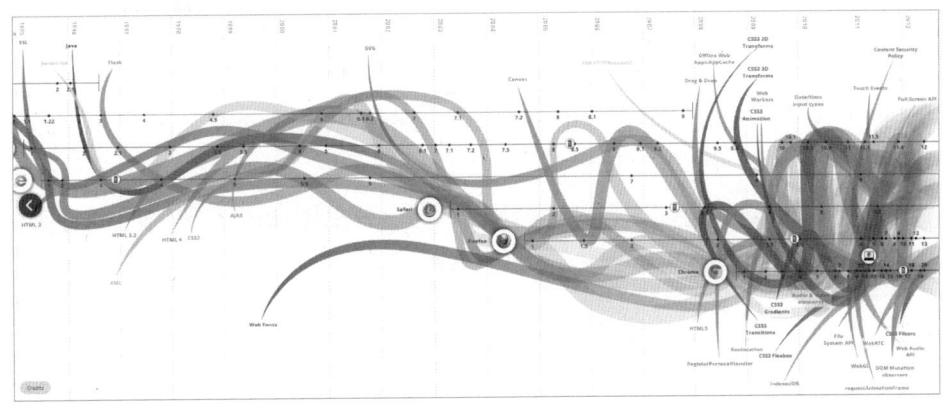

〈웹의 진화〉

3) 사용자가 콘텐츠를 선택하는 방식
- 인터랙티브 시각화의 장점 중 하나는 콘텐츠를 보는 방식을 사용자가 결정할 수 있다는 것이다.
- **사용자는 데이터 변환 컨트롤을 이용해 다른 구조의 비슷한 데이터세트를 불러오는 템플릿 위에 자신이 필요한 데이터만을 취사선택해 볼 수 있다.**
- 인터랙티브 시각화는 비교 가능한 통계 그래프보다 더 많은 데이터 세트를 관찰할 수 있도록 한다.

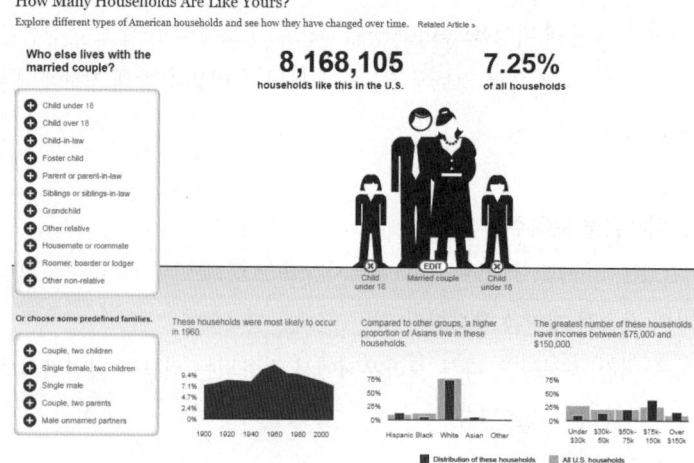

〈당신과 같은 가구의 형태는 얼마나 있나?〉

- 사용자는 가족구성원을 더하거나 빼면서 기본 가구타입을 선택할 수 있으며, 변경의 경우에 즉각적으로 반영되는 시각화된 정보가 보여진다.
- 이러한 인터랙션은 수많은 가구타입을 데이터를 한꺼번에 보지 않아도 많은 다른 종류의 가구 타입의 데이터를 보는 것을 가능하게 한다.

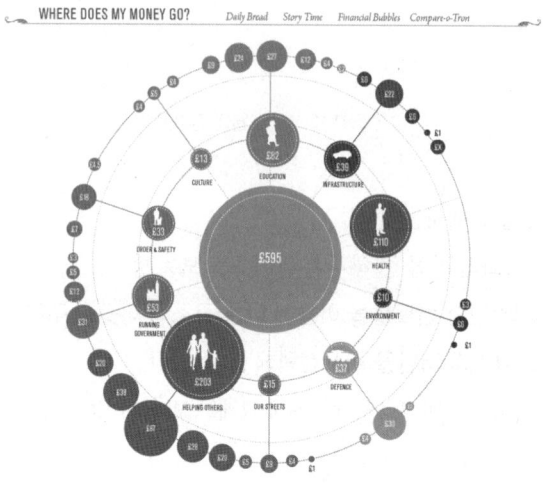

〈내 돈은 어디로 가는가?〉

- 위계적인 원 모양의 드릴다운 내비게이션 버블로 구성되어 있다.
- 사용자가 아이, 형제자매, 부모 지출 카테고리 버블을 선택하면 내비게이션 요소는 선택된 버블로 확대된다. (버블 크기는 지출 규모)

4) 여러 가지 방법으로 데이터 보여주기

- 단일 그래픽 표현은 전형적으로 한 번에 특정 방법으로 몇 차원만을 보여줄 수 있다.
- 지도는 지리적 위치와 시간 흐름의 타임라인을 강조한다. 지도에서의 축소/확대 기능인 팬 앤 줌(Pan and Zoom)과 같은 인터랙션은 잘 알려진 표현방법이다.
- 다중 기준 부분을 복합하고 조정해 사용자는 같은 시간에 데이터세트의 다른 면을 볼 수 있다.

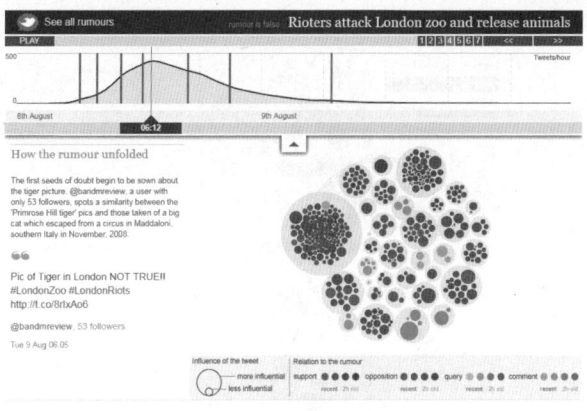

〈트위터에서 소문이 어떻게 퍼지나?〉

- 시각화는 버블차트의 콘텐츠를 조정하기 위해 선 그래프를 이용했으며, 이는 소문과 관계된 시간당 트위트들과 중요한 이벤트들을 강조해 보여준다.
- 버블차트는 다른 트위트들도 보여주는데, 이 트위트와 관련된 정보이다. 이를 통해 사용자는 애니메이션으로 시각화를 실행할 수 있고, 직접 인터랙션 해볼 수도 있다.
- 선과 버블차트 사이의 상호작용은 사용자들을 시간 흐름에 따라 흥미로운 곳으로 탐험할 수 있게 한다.

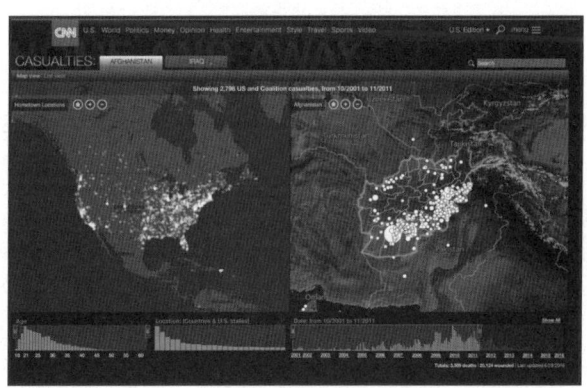

〈CNN의 홈어웨이〉

- 화면 하단의 다중 조절 막대그래프를 사용해 나이, 지역, 날짜를 필터링한 정보를 맵 위에 보여준다.

5) 사용자 지정으로 시각 맵핑 변화
- 멀티 조정 시각화(Multiple Coordinated Visualizations)는 각각의 시각화가 있는 작은 화면 공간이라는 제약을 벗어나 동일 시간대에 데이터의 다양한 관점을 보여준다.
- 사용자가 시각화 유형을 지정할 수 있도록 시각 데이터 재 매핑을 지원하며, 시각화 크기를 극대화 하도록 한다.

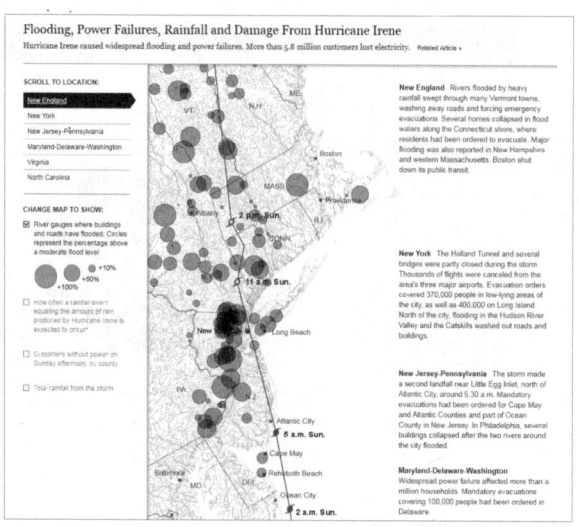

〈뉴욕타임즈의 허리케인 아이린에 따른 홍수·정전·폭우와 피해〉

- 사용자가 설정할 수 있는 4개의 다른 맵을 제공하고 사용자가 다른 설정을 선택할 때, 데이터가 맵 위의 시각 레이어를 프로젝션하는 방식으로 나타난다.

6) 사용자의 관점과 의견이 반영되는 형태
- 인터랙션 시각화의 가장 매력적인 부분은 **사용자의 관점과 의견이 반영될 수 있도록 한다**는 데 있다.
- 사용자의 주관적 관점과 데이터 표현을 혼합하는 시각화는 주제를 표현하는 사용자 반응 프로세스의 가장 중요한 부분이다.

〈OECD의 더 나은 삶 지수〉

- 각 국가를 나타내는 꽃은 11개의 꽃잎으로 구성돼 있고, 각 꽃잎은 주거환경, 가구별 소득 등과 같은 OECD에서 수집한 개별 항목을 나타낸다.
- 나라의 꽃이 높게 있으면 해당 국가의 웰빙 예측치가 높은것을 의미한다.
- 인터랙티브 버전으로 거주, 삶의 만족도, 교육 등의 다른 주제의 중요 비율을 사용자가 설정하도록 한다.
- 각 주제 측정은 사용자가 생각하는 주관적인 지표에 의해 결정되며, 개인적으로 중요하게 생각하는 것은 다른 통계 그룹과 비교돼 결과치를 소셜 미디어를 통해 공유할 수 있다.

라. 시각 정보 디자인 7원칙

- 정보 구조화, 정보 시각화, 정보 시각표현을 거쳐 최종적으로 시각화가 완성된다고 할 수 있다.
- 에드워드 터프티(Edward Tufte)는 아래 표와 같은 **시각정보 디자인 7원칙**을 제시했다.

 출제 포인트

시각 정보 디자인 7원칙은 부적절한 것을 묻는 문제가 2회에 1번꼴로 출제되고 있으니, 꼭 알아두셔야 합니다. 중요한 점은 이제까지의 오답은 모두 '공간순이 아닌 시간순으로 나열하라'였으므로, '**시간순이 아닌 공간순으로 나열하라**'는 항목은 절대 잊으시면 안됩니다.

1. 시각적 비교를 강화하라	연관된 변수와 트렌드를 비교할 수 있는 도구를 제공해야 한다. 정보는 비교를 통해 사용자에게 더욱 가치가 올라간다.
2. 인과관계를 제시하라	정보를 디자인 할 때 원인과 결과를 명쾌하게 제시하라.
3. 다중변수를 표시하라	여러 개의 연관된 변수를 활용해 정보를 표현하는 데이터도 있다.
4. 텍스트, 그래픽, 데이터를 한 화면에 조화롭게 배치하라	라벨과 범례가 도표에 녹아 있는 다이어그램이 더욱 효과적이다.
5. 콘텐츠의 질과 연관성, 진실성을 분명히 하라	보여주려는 정보가 과연 사용자가 특정 목적을 달성하는 데 도움이 되는지를 고민하라.
6. 시간순이 아닌 공간순으로 나열하라	시간보다는 공간에 따라 나열할 때 사용자의 이해가 쉬워진다.
7. 정량적 자료의 정량성을 제거하지 마라	트렌드를 나타내기 위해 정량적 자료를 그래프나 도표로 표현할 수 있다. 정량적인 정보를 한 눈에 파악할 수 있기 때문이다.

- 보는 이의 인지적인 과업과 디자인 원칙을 깊이 이해해야 훌륭한 시각화 작업을 할 수 있기 때문에, '훌륭한 시각 디자인은 시각적으로 표현된 명쾌한 생각'이라고 주장했다.

4절 빅데이터와 시각화 디자인

1. 빅데이터와 시각화 이슈

- 국내 상황은 빅데이터의 시각화에 대해 아직 방향이 정립되지 않은 상태이다.
- 대부분의 인포그래픽도 뉴스 미디어에 노출되는 형태로, 기업 및 서비스의 온라인 PR 등에서 인포그래픽이 사용되고 있다.
- 통계 사이트와 DB 사이트에서 활용은 상대적으로 저조한 실정이다.
- 기업에서 빅데이터 시각화를 통해 제공할 수 있는 것은 크게 내부적인 것과 외부적인 것으로 나눌 수 있으며, 해당 내용은 아래와 같다.

> [기업에서 빅데이터 시각화를 통해 제공하는 것]
> 1) 내부적인 것 : 방대한 정보를 하나의 인사이트로 도출할 수 있는 시각적 분석 도구로 활용, 빅데이터를 이용한 정보 전달 및 상황 진단 프로세스 개발 필요
> 2) 외부적인 것 : 빅데이터를 이용해 도출한 정보를 고객에게 제공하는 것

- 빅데이터의 시각화는 인포그래픽처럼 이미 의도된 메시지를 전달하기 위한 스토리텔링이라기보다는 데이터 또는 정보를 탐험할 수 있는 기회를 사용자에게 주는 형태로 개발돼야 한다.
- 데이터 시각화 또는 정보 시각화의 측면에서 빅데이터를 다뤄야 하며, 2D 이미지 형태보다는 인터랙션 형태의 결과물로 제공되는 것이 적합하다.

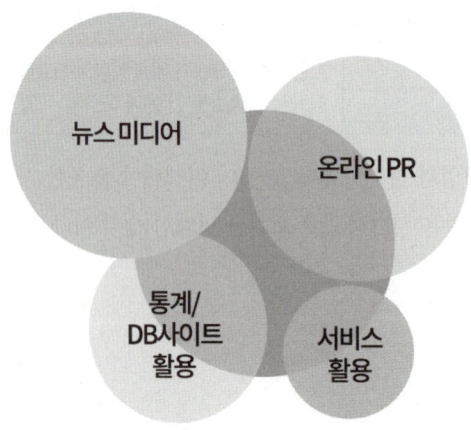

〈국내 인포그래픽의 이용 현황〉

- 아래 그림과 같이 국내 내부분에서는 2D 이미지 위주의 인포그래픽을 제공하며, 기사 등의 텍스트에 보조적인 역할만을 할 뿐이다.

〈디지틀조선〉

- 조선일보의 시각화 결과물은 기사의 주장을 시각적으로 보조하는, 의도된 메시지를 전달하려는 성격이 강한 반면, 뉴욕타임즈의 시각화 결과물은 독자 스스로에게 데이터를 탐험하게 해 패턴을 찾고 결론을 얻도록 하는 객관성을 특징으로 한다.

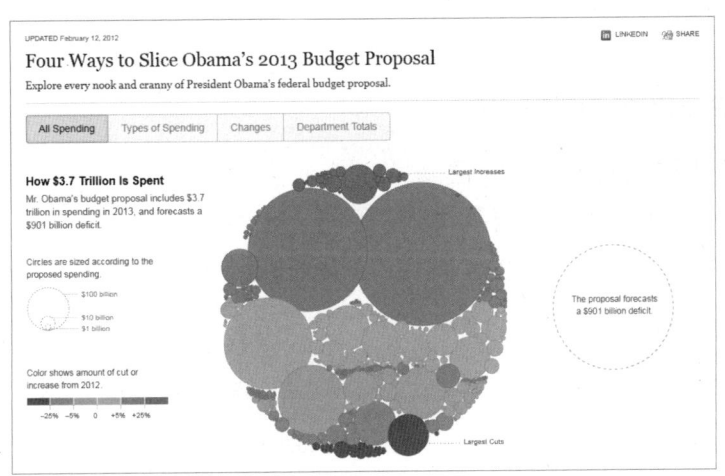

〈뉴욕타임즈의 시각화 서비스〉

- 해외의 경우 시각화 서비스는 다양한 인터랙션의 형태를 띄고 있으며, 다양한 각도에서 탐색·분석해 놓은 아래와 같은 시각화 결과물 자체만으로도 훌륭한 정보 서비스가 된다.

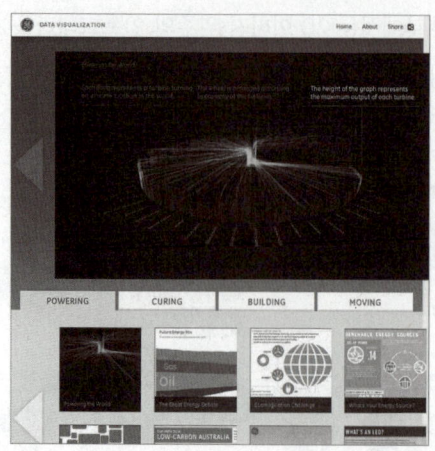

〈GE의 데이터 시각화〉

- GE에서는 데이터 시각화를 통해 자사의 서비스를 효율적으로 알리는 데이터 시각화(Data Visualization) 섹션을 자사 홈페이지를 통해 서비스하고 있으며, 실시간 또는 정형/비정형 데이터로 이뤄진 빅데이터를 수집·분석해 시각화 자료로 제공하고 있다.
- 시각화 결과물 외에도 동영상, 사진 자료 등이 더해져 다각도 정보를 통해 사용자가 GE 서비스를 알 수 있도록 하며, 사용자 참여를 유도하면서 복잡하게 표현된 정보를 축적해 단순하고 직관적으로 보여주고 있다.

2. 빅데이터와 시각화 디자인 사례

가. 빅데이터와 시각화 결과물에 따른 분류

- 2D, 모션 영상, 인터랙션의 출력 결과물이라는 세 가지 분류가 기준이다.
- 빅데이터가 갖고 있는 방대한 양을 보여주기 위해 대부분 인터랙티브 웹을 사용했다.

2D 이미지	인쇄물, 온라인 이미지
모션 영상	모션 인포그래픽, 데이터 시각화 동영상
인터랙티브	인터랙티브 웹, 인터랙티브 앱

나. 2D 이미지

- 2D 이미지 사례는 인쇄물과 온라인 이미지로 제공되며, 빅데이터에서 추출한 많은 정보를 한정된 공간에 한 번에 보여주는 방식이다.
- 색상 및 정리된 그래픽 형태로 보여주며, 이것을 만들어내기 위해 시각화 툴과 프로그래밍 기술을 이용한다.

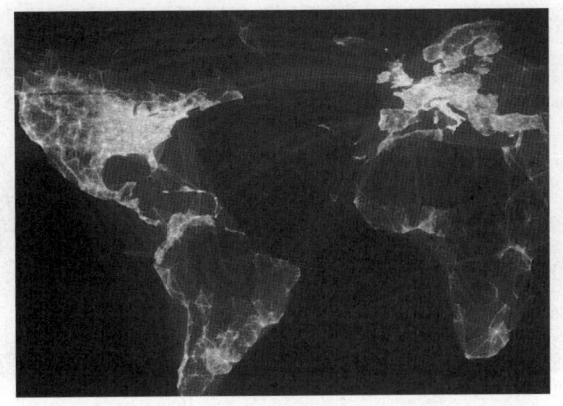

〈페이스북의 인기〉

- 위 자료는 데이터 테이블 대신, 페이스북 사용 패턴을 보여주는 시각적 이미지이다.

다. 모션 영상

- 모션 영상에서는 데이터 시각화를 순차적으로 보여주는 영상 또는 자동 애니메이션을 제공하는 경우가 많다.
- 의도된 스토리에 따라 제공하는 모션 인포그래픽도 있으며, 데이터 시각화가 사람들의 관점을 바꿔 세상을 이롭게 하는 데 쓰이기도 한다.

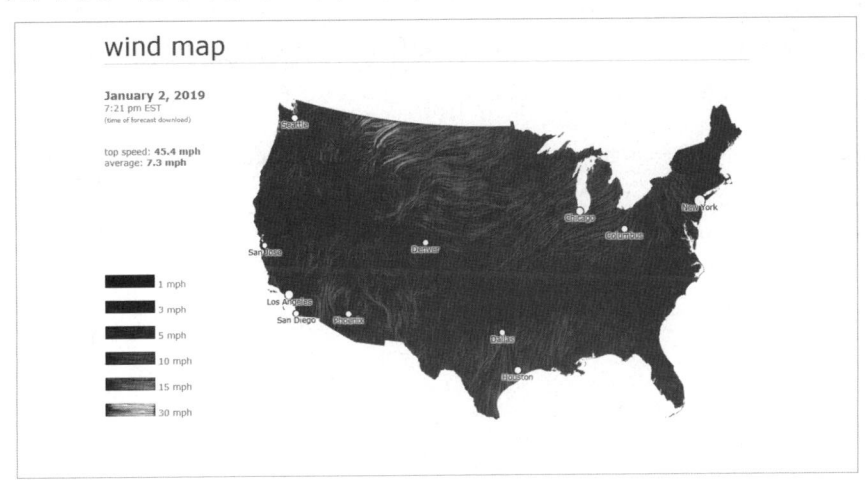

〈윈드 맵〉

- 위 그림에서는 비트맵 애니메이션이 아닌 프로그래밍 기법으로 실제로 바람이 부는 것처럼 표현했으며, 사이트에 들어가면 자동으로 재생된다.

〈IBM사의 'THINK 뉴욕' 설치 광경〉

- 위 그림은 IBM사에서 뉴욕을 방문하는 사람들에게 주변에서 식수부족, 대기오염, 카드 사고 현황 등의 문제가 일어나고 있다는 것을 제대로 알려, 자신의 삶을 개선시킬 여지가 충분함을 깨닫게 하기 위한 목적으로 만든 것이다.

라. 인터랙티브 애플리케이션

- 빅데이터 시각화 결과물은 인터랙티브 형태가 주류를 이루며, 인터넷에 인터랙티브 웹을 구현하거나 태블릿 PC용 인터랙티브 앱으로 구현하기도 한다. 종종 전용 소프트웨어로 개발, 배포되기도 한다.
- 많은 양의 데이터 세트나 정보를 다양한 레이어나 필터를 통해 사용자가 접근하도록 한다.

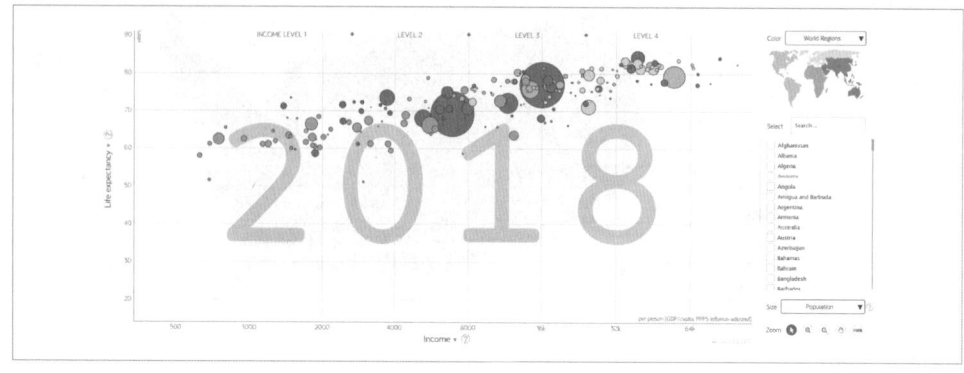

〈갭 마인더〉

- **갭 마인더(Gapminder)**는 연구논문과 통계 정보 등 엄청난 양의 빅데이터를 간결한 버블차트 기반의 타임라인 그래픽과 세계지도 기반의 시각화 형식으로 제공한다.
- 갭 마인더 웹 사이트에 등록된 데이터는 불러올 때 자동으로 최신으로 업데이트 되고, '저작자 표시' CCL 조건에 따라 누구나 자유롭게 쓸 수 있다.
- 인터랙티브 형태의 빅데이터 시각화 중에 가장 간결하면서도 사용자에게 효과적으로 정보를 전달하는 예 가운데 하나다.

- 그 외의 인터랙티브 애플리케이션 : 영국의 GBCS, GE의 에코매지네이션 챌린지, '야후! C.O.R.E(코어) 데이터 시각화' 사이트, 트룰리아

3. 빅데이터와 시각화 디자인의 방향

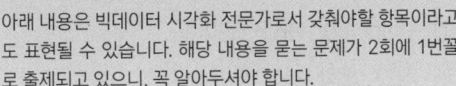

출제 포인트

아래 내용은 빅데이터 시각화 전문가로서 갖춰야할 항목이라고도 표현될 수 있습니다. 해당 내용을 묻는 문제가 2회에 1번꼴로 출제되고 있으니, 꼭 알아두셔야 합니다.

- 빅데이터의 시각화는 그래픽 능력이 아닌, 전문 빅데이터 분석 능력과 동시에 시각화 능력, IT 기술 위에 서비스로 구현할 수 있는 능력을 선호한다.
- 빅데이터 시장에서 시각화 논의가 뜨거움에도 데이터 시각화가 정확히 무엇이고, 그 주체는 정확히 누구이며, 이를 회사의 한 직무로 보는 경우도 많지 않다.
- 시각화 전문가로서 첫 번째 단계는 **개인의 능력을 통해 최신의 기술과 도구를 사용해 정보를 제시하고 분석하는 것**이다.
- 두 번째 단계는 **데이터 시각화 기술이 아니라 비주얼 인식의 심리적인 부분을 아는 것**으로, 특정 시각화 기술이 줄 수 있는 한계에 대해서도 충분히 이해해야 한다.
- 문제나 주제에 대한 통찰력도 있으면서 정보 수집, 마이닝, 프로그래밍, 시각화에 이르는 모든 것을 시각화 관점에서 풀어낼 수 있어야 한다. 빅데이터의 시각화에서 중요한 것은 해당 데이터를 다루는 능력 말고도 **궁극적으로는 정보 디자인의 의도와 방향이 목적과 어긋나지 않도록 하는 것**이다.
- 정보 디자인을 위해서는 **데이터의 범주 안에서 정보를 보고, 사용자를 위한 시각화 목적을 설정하고 이를 끝까지 고수해야** 한다.
- 해당 분야 통계 전문가는 자신의 관점에서 정보를 해석하고 보여주려는 경향이 강하다.
- 시각화 툴이나 프로그래밍 과정에서 자칫 정보 수용자의 관점보다는 데이터 자체를 표현하는 경향도 종종 나타난다.
- 정보형 메시지를 전달하는 데 **적합한 데이터의 수집과 가공, 그래프 처리 과정이 연결·진행**돼야 하고, 이에 대한 **전문성이 단절되거나 결여되어서는 안 된다.**
- 전문 데이터 마이닝과 이를 연결하는 툴을 시각화 도구와 연계해 활용하지 못한다면, 빅데이터 시각화의 가치를 창출하지 못하는 결과를 불러온다.
- 빅데이터의 특성을 살리지 못하거나 정보의 깊이를 보여주지 못하는 인포그래픽 위주의 정보 디자인만 보는 것도 문제가 된다.
- **시각화의 아름다움에서 정보성(Informative)이 결여된다면 효율성(Efficient)과 참신성(Novel)이 떨어지는** 문제가 발생할 수 있다.
- 빅데이터에서도 정보를 볼 대상, 사용자가 어떠한 관점으로 그 정보를 볼 것인지에 대한 분명한 예측과 목표가 세워져야 한다.

예상문제 5과목 / 2장
시각화 디자인

01. 다음 중 맥캔들러스가 그린 시각적 이해의 위계요소와 각 요소에 대한 특징을 설명한 것 중 '시각화'와 관계가 있는 위계요소의 예시로 적절한 것은 무엇인가?

① 의견, 단락, 균형, 개념, 생각 등
② 범례, 체계, 철학, 사고의 교육 등
③ 단어, 숫자, 암호, 도표, 차트 등
④ 화제, 이론, 개념상의 구성 등

02. 생산자와 사용자의 관점에 따라 다르게 전달될 수 있으며, 나름대로의 형태와 형식을 갖고 있는 위계요소로 적절한 것은 무엇인가?

① 데이터   ② 정보   ③ 지식   ④ 지혜

03. 시각화 분류와 그 정의가 가장 부적절한 것은 무엇인가?

① 데이터 시각화는 보통 대규모 비수량 정보를 시각적으로 표현하는 것을 의미한다.
② 정보 시각화는 비교적 큰 범위의 집합에 대한 시각적 표현 방법의 간학문 연구 영역이다.
③ 정보·데이터 또는 지식 등 그래픽 정보 표현방법이 많이 적용되는 인포그래픽 역시 정보 디자인의 한 유형으로 볼 수 있다.
④ 인포그래픽은 확연히 구별될 정도로 원 데이터(Raw Data)를 취급하지 않는다.

04. 정보 디자인 프로세스에서 단계와 설명의 연결이 가장 부적절한 것은 무엇인가?

① 데이터 수집 단계에서 시각화 전문가가 원 데이터를 직접 수집하기는 어렵다.
② 계층 구조 만들기 단계에서 컬러, 타이포그래피 등의 좀 더 주관적인 관점에서 디테일을 만들어가는 것이 좋다.
③ 포맷 선택하기 단계에서 충분한 예산이 있다면 데이터 시각화를 위한 가능성을 보여주는 인터랙션을 시도해보는 것도 좋다.
④ 초기 데이터의 아름다움을 만들어내는 것은 시각 접근방법 결정하기 단계의 한 방법이다.

05. 벤 프라이의 7단계 방법론으로 부적절한 것은 무엇인가?

① 분해(Parse)   ② 상호작용(Interact)   ③ 매핑(Mapping)   ④ 표현(Represent)

06. 다음 그래프의 종류 중 성격이 다른 하나는 무엇인가?

① 파이차트
② 트리맵
③ 누적연속그래프
④ 스캐터플롯

07. 시각화를 위한 그래픽 디자인 기본 원리 중 그리드에 대한 설명으로 가장 부적절한 것은 무엇인가?

① 정보의 역피라미드에서 디자인 구조는 그리드 상단을 효과적으로 이용하고 극대화 할 필요가 있다.
② 망 그리드에서 주요 디자인 요소를 더 두드러지거나 아니면 눈에 덜 띄게 배치할 수 있다.
③ 인쇄 디자인뿐 아니라, 모션 인포그래픽과 인터랙션 정보 디자인에서도 그리드는 중요한 요소이다.
④ 3등분 법칙에 따라 요소를 배치하면 디자인에 비례 간격을 끌어들여 미학적으로 만족스러운 균형이 잡힌다.

08. 다음 보기 중 ( ) 안에 들어갈 단어로 적절한 것은 무엇인가?

> (   )은 영역 기반의 시각화로, 각 사각형의 크기가 수치를 나타낸다.
> (   )은 단순 분류 별 시각화에도 쓸 수 있지만, 위계 구조가 있는 데이터를 표시할 때 활용할 수 있다.

① 트리맵　　　　　　　　② 버블차트
③ 평행 좌표계　　　　　　④ 다차원 척도법

09. 에드워드 터프티가 제시한 시각 정보 디자인 7원칙의 내용으로 가장 부적절한 것은 무엇인가?

① 시각적 비교를 강화하여 정보의 가치를 높일 수 있다.
② 라벨과 범례가 도표에 녹아있는 다이어그램이 더욱 효과적이다.
③ 여러 개의 연관된 변수를 활용해 정보를 표현하는 데이터도 존재한다.
④ 공간이 아닌 시간순으로 나열할 때 사용자의 이해가 더욱 쉬워진다.

10. 다음 중 정보 디자인의 개념에 포함되지 않는 것은 무엇인가?

① 맥락 만들기 ② 형태 만들기
③ 구조 만들기 ④ 의미 만들기

11. 아래의 인포그래픽이 전달하는 메시지의 형태로 적절한 것은 무엇인가?

① 정보형 메시지
② 경험형 메시지
③ 설득형 메시지
④ 주장형 메시지

12. 정보 디자인 프로세스에서 중요한 정보에 대해 이해 가능한 시각표현 방법을 만들어내고, 이렇게 만들어진 시각표현을 사람에게 정보의 계층구조를 이해하도록 만드는 단계는 무엇인가?

① 내러티브 찾기
② 와이어프레임 그리기
③ 시각적 접근 방법 결정하기
④ 정제와 테스트

13. 빅데이터 시각화 프로세스의 정보 시각화 단계에 대한 설명으로 적절한 것은 무엇인가?

① 시각화 툴에서 제공하는 다양한 그래프를 어떤 이유로, 왜 쓰는지, 어떻게 표현해야 하는지에 대해 설명하고자 한다.
② 수집 및 탐색하기, 분류하기, 배열하기, 재배열하기라는 4단계로 나눈 뒤, 시각화를 위한 정보 구조화 단계에 초점을 맞춰 설명한다.
③ 파이썬 등으로 데이터를 정제하고 태블로 같은 프로그램으로 데이터 분석과 동시에 필요한 그래프를 그려낼 수도 있다.
④ 시각화 툴로 선택한 그래프를 시각적으로 더 다듬거나 시각 표현을 극대화하는 방안을 실험하면서 완성하게 된다.

14. 정보의 조직화를 위한 LATCH 방법에 해당하지 않는 기준은 무엇인가?

① 위치(Location)
② 알파벳(Alphabet)
③ 카테고리(Category)
④ 시간(Hour)

15. 평행 좌표계의 정보 시각화 방법은 무엇인가?

① 분포 시각화
② 비교 시각화
③ 관계 시각화
④ 시간 시각화

16. 그래픽 디자인 기본 원리에서 타이포그래피에 대한 설명으로 부적절한 것은 무엇인가?

① 가급적이면 영문과 한글 각각 한 가지 서체를 쓰거나 한글서체를 한 가지 정하고 이를 변화해 쓰는 것이 효과적이다.
② 서체는 돌기가 있는 세리프 서체와 돌기가 없는 산세리프 서체로 구분한다.
③ 글자 크기는 정보의 중요의 중요성만을 보여주지만, 글자의 무게가 정보의 위계 표현이 가능하기 때문에 어느 요소를 강조하기 위해서는 두 가지를 함께 사용하면 된다.
④ 빛으로 글자를 표현하는 경우에는 청색은 후퇴돼 보이기 때문에 자제해야 한다.

17. 인터랙션에 대한 설명으로 부적절한 것은 무엇인가?

① 빅데이터 시각화를 위해서는 대량의 데이터를 정보로서 의미가 있고 이해할 수 있으며, 유용한 기술과 방법인 인터랙션이 많이 이용된다.
② 정보 디자인에서 디지털 미디어의 인터페이스와 인터랙션은 상호 의존적이다.
③ 대부분의 인터랙션 위에 구현된 정보 디자인은 선형적 구조로, 정보 제시 순서가 고정되어 있고 사용자는 정해진 정보에만 접근하면 되므로 체계적으로 탐색할 수 있다.
④ 제일 중요한 숫자나 가장 의미있는 요점을 먼저 제시하고, 그 다음에는 사용자들이 스스로 정보를 캐고 탐구해 패턴을 파악하고 이해하도록 유도하는 것이 필요하다.

18. 아래 그림과 같은 그래픽 디자인에 대해 가장 부적절한 것은 무엇인가?

① 단순하게 우리 눈에 익숙한 픽토그램을 뜻하는 말로, 많은 양의 데이터를 쉽게 지각할 수 있도록 도와주는 시각표현 방법이다.
② 정보, 자료, 개념, 의미 등을 나타내기 위해 문자와 숫자 대신 상징적 도형이나 정해진 기호를 조합해 시각적이고 직접적으로 나타내는 방식이다.
③ 각종 시각적 수단을 통해 정보를 소통해온 인류의 전통에 기대고 있어, 아이소타이프 도표의 기호들은 시공간을 초월해 읽어야 한다.
④ 이미지를 활용해 정보를 명확하게 전달하는 방식이라고 볼 수 있으며, 하나의 기호가 일정한 수량을 대표한다는 것이 중요하다.

19. 시각화 및 빅데이터 시각화에 대한 설명으로 가장 부적절한 것은 무엇인가?

① 빅데이터의 시각화는 그래픽 능력이 아닌, 전문 빅데이터 분석능력과 동시에 시각화 능력, IT 기술 위에 서비스로 구현할 수 있는 능력을 선호한다.
② 정보 디자인을 위해서는 데이터의 범주 안에서 정보를 보고, 사용자를 위한 시각화 목적을 설정하고 이를 끝까지 고수해야 한다.
③ 전문 데이터 마이닝과 이를 연결하는 툴을 시각화 도구와 연계해 활용하지 못한다면, 빅데이터 시각화의 가치를 창출하지 못하는 결과를 불러온다.
④ 시각화 과정에서는 정보 수용자의 관점만을 중심으로 표현하기 때문에, 작성자의 관점에서 정보를 해석하고 보여주려는 경향을 보여야 중립적인 해석을 기대할 수 있다.

20. 시각 이해의 위계 요소에 관한 설명으로 부적절한 것은 무엇인가?

① 데이터는 정보로서의 가치가 부족하여 분석의 대상은 될지라도 디자인의 대상은 될 수 없다.
② 정보는 생산자인지 사용자인지의 여부에 관계없이 같은 의미로 존재하며, 그 자체만의 고정된 의미를 갖고 있다.
③ 지식은 특정 영역에서의 경험을 통해 정보를 통합한 형태를 의미한다.
④ 지혜는 지식이 자기 내면화되어 개인적 맥락 안에 포함된 것이다.

21. 아래 그림에 대한 설명으로 가장 적절한 것은 무엇인가?

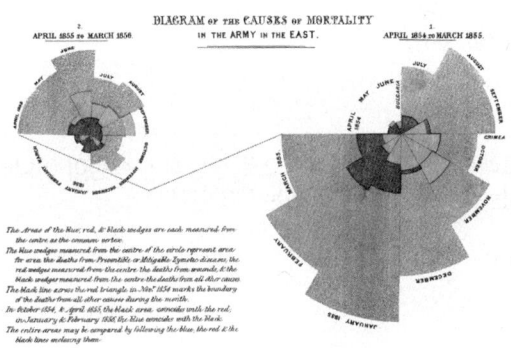

① 조각처럼 쪼개진 하나하나들은 의미가 부여된 것이 없다.
② 전쟁터에서 사망하는 병사가 얼마나 많은지를 알리기 위해 만들어졌다.
③ 열악한 위생 환경에 의한 전염병 사망자의 수를 알 수 있다.
④ 정부를 설득할 순 없지만, 사실을 기록하기 위한 기록물의 목적으로 만들어졌다.

22. 시각화 방법에 따른 그래프의 종류가 부적절하게 매치된 것은 무엇인가?

① 시간 시각화 - 점그래프
② 분포 시각화 - 히트맵
③ 관계 시각화 - 히스토그램
④ 비교 시각화 - 체르노프 페이스

23. 아래 그래프의 특징으로 부적절한 것은 무엇인가?

① 영역 기반의 시각화로, 각 사각형의 크기가 수치를 나타낸다.
② 한 사각형을 포함하고 있는 바깥의 영역은 세부 분류, 내부의 사각형은 그 사각형이 포함된 대분류를 의미한다.
③ 모든 사각형의 면적은 전체 100%를 나타내며, 각각의 면적은 전체 값의 비율을 의미한다.
④ 단순 분류 별 분포 시각화에도 쓸 수 있지만, 위계 구조가 있는 데이터나 트리 구조의 데이터를 표시할 때 활용할 수 있다.

24. 자크 베르탱의 그래픽 7요소 중 본질적으로 정량적인 속성이 아니라서 수치로 표현하기 힘들며, 순서를 매기기에는 적합하지 않은 요소는 무엇인가?

① 위치(Position)
② 크기(Size)
③ 색(Color)
④ 명도(Value)

25. 그리드에 대한 설명으로 가장 부적절한 것은 무엇인가?

① 하나의 화면을 읽을 때 왼쪽 상단에서 오른쪽 하단 귀퉁이로 훑어 내려간다.
② 이미지 구조와 레이아웃의 지평으로 한 개씩 화면에 3×3 그리드를 포갠 뒤 그리드 선이 교차하는 곳을 적극적 핫스팟으로 삼아 역동적 결과를 만들 수 있다.
③ 망 그리드는 수평선과 수직선의 연속 개체를 배치하는 지점이 일관성 있고 정확하게 개체를 배치할 수 있다.
④ 정보의 역피라미드는 가장 중요한 정보가 맨 아래로 가고, 더 일반적인 정보일수록 위에 온다는 뜻이다.

26. 인터랙션 방식에 대한 설명으로 가장 부적절한 것은 무엇인가?

① 강조하고 디테일을 보여주는 형식에서는 비교 가능한 통계 그래프보다 더 많은 데이터 세트를 관찰할 수 있도록 한다.
② 인터랙티브 시각화의 장점 중 하나는 콘텐츠 보는 방식을 사용자가 결정할 수 있다는 것이다.
③ 여러 가지 방법으로 데이터 보여주기에서는 다중 기준 부분을 복합하고 조정해 사용자는 같은 시간에 데이터세트의 다른 면을 볼 수 있다.
④ 사용자 지정으로 시각 맵핑 변화에서는 사용자가 다른 설정을 선택할 때, 데이터가 맵 위의 시각 레이어를 프로젝션하는 방식으로 나타난다.

27. 빅데이터와 시각화 디자인의 방향에 대한 설명으로 부적절한 것은 무엇인가?

① 빅데이터 시장에서 시각화 논의가 뜨겁기 때문에 데이터 시각화가 정확히 무엇이고, 그 주체는 정확히 누구인지에 대한 관심이 많고, 회사별로 한 직무로 취급하고 있다.
② 시각화 전문가로서 첫 번째 단계는 개인의 능력을 통해 최신의 기술과 도구를 사용해 정보를 제시하고 분석하는 것이다.
③ 문제나 주제에 대한 통찰력도 있으면서 정보 수집, 마이닝, 프로그래밍, 시각화에 이르는 모든 것을 시각화 관점에서 풀어낼 수 있어야 한다.
④ 전문 데이터 마이닝과 이를 연결하는 툴을 시각화 도구와 연계해 활용하지 못한다면, 빅데이터 시각화의 가치를 창출하지 못하는 결과를 불러온다.

단답형 문제로 복습하기!

> 단답형은 앞의 개념을 복습하기 위한 문제들로 시험에서는 단답형이 출제되지 않으니 참고하시기 바랍니다.

01. 아래에서 설명하는 내용은 무엇인가?

> 데이터 간의 관계를 시각화하는데 적합한 방법으로 특히 군집화와 이상치 패턴을 파악하는데 유용하다. 시간적인 변화를 알아보는데도 도움이 되며 데이터가 얼마나 분포됐는지 또는 데이터 포인트들이 얼마나 밀접한 관련이 있는지 알 수 있다.

(   )

02. (가) 안에 들어갈 용어는 무엇인가?

> 벤 프라이(Ben Fry)는 원하는 데이터를 직접 획득하여 상호작용하기까지의 모든 단계를 아우르는 '프로세싱'을 통해 프로그래밍으로 시각화하는 작업을 바탕으로 정보 획득(Acquire), 분해(Prase), 선별(Filter), 마이닝(Mine), 표현(Represent), (가), 상호작용(Interact)의 7단계 방법론을 제안하였다.

(   )

03. 아래의 설명하는 내용은 무엇인가?

> 데이터를 수집하는 과정을 거쳐 혼돈의 상태로 존재하는 데이터를 분류(Classifying) 하고 배열(Arranging) 하고 조직화(Organizing)해 질서를 부여하는 작업을 의미한다.

(   )

04. 아래에서 설명하는 시각화 유형은 무엇인가?

- 각각의 데이터 간 차이점과 유사성 관계도 확인 가능
- 히트맵, 평행좌표 그래프 등이 있음

( )

05. 아래의 설명하는 내용은 무엇인가?

자바스크립트 객체 형식(Javascript Object Notation)으로 표현된 데이터를 한 함수에서 다른 함수로 변형 가능하며, 쉽게 인터프리팅되고, 이름과 값의 쌍으로 의 단순 데이터 세트보다 복잡한 구조로 표현된다.

( )

06. 아래의 설명하는 내용은 무엇인가?

정보 조직화에 해당하는 과정, 원 데이터(Raw Data)의 구문을 분석·정리하고, 집단으로 묶거나 변환해 패턴을 식별하거나 특정 정보를 추출하는 과정

( )

07. 아래에서 설명하는 내용은 무엇인가?

많은 양의 데이터를 쉽게 지각할 수 있도록 도와주는 시각표현 방법으로 정보, 자료, 개념, 의미 등을 나타내기 위해 문자와 숫자 대신 상징적 도형이나 정해진 기호를 조합해 시각적이고 직접적으로 나타내는 방식이다. 하나의 기호가 일정한 수량을 대표하고 기호들은 시공간을 초월해 읽혀야 한다.

( )

08. 아래에서 설명하는 내용은 무엇인가?

> 가로축에 정량적인 값과 표현된 특정한 간격을 표시하고 세로축에 각 구간에 대응하는 값의 빈도를 막대의 높이로 표현하는 분포 그래프로 도수분포도라고도 한다.

( )

09. 아래에서 설명하는 내용은 무엇인가?

> 이 그래픽 요소의 변화는 특정 하나의 요소를 강조할 수 있게 해준다. Y좌표 값에 변화를 줌으로써 강조한 것으로 특정 요소의 상대적인 이것을 확인하여 주변의 여타 요소와 관계를 비교할 수 있다.

( )

10. 아래에서 설명하는 내용은 무엇인가?

> 다변량 분석에서 주로 사용되며, 대상이 많은 데이터에서 집단적인 경향성을 쉽게 알아볼 수 있게 해준다. 여러 축을 평행으로 배치하고 변수 값에 따라 위아래로 이어지는 연결선을 통해 측정대상을 시각화한다.

( )

11. 아래에서 설명하는 내용은 무엇인가?

> 정보로서 의미있고 이해할 수 있으며 유용한 기술을 말하며, 주로 빅데이터 시각화를 위해 대량 데이터에 이 방법을 많이 사용한다. 이 방법은 정보 사용자에게 단순히 데이터와 정보를 전달하는 것이 아닌 행동, 조작에 따른 반응 등으로 정보와 정보 사용자 간의 관계를 확장하고 심화하는 것이다.

( )

12. 아래에서 설명하는 내용은 무엇인가?

- 개별 데이터 간의 유사도를 바탕으로 시각화함
- 대상 간의 유사성을 통해 다차원 공간 속에 배치시킴
- 유사성이 큰 대상끼리는 가까이, 유사성이 작은 대상끼리는 멀리 위치시킴

( )

13. 아래에서 설명하는 내용은 무엇인가?

인터넷에 연결된 시스템끼리 데이터를 쉽게 주고받을 수 있도록 구조화된 데이터를 지원할 수 없는 HTML의 한계를 극복할 목적으로 만들어진 확장 마크업 언어이다. 이 언어를 만들어짐에 따라 홈페이지 구축기능, 검색기능 등이 향상되었다.

( )

14. 아래에서 설명하는 내용은 무엇인가?

빅데이터 시각화 프로세스 중 시각화 의도를 강화하여 전달하기 위해 최종적으로 시각적인 완성을 하게 되는 단계로, 시각화로 선택된 그래프를 시각적으로 더 다듬거나 시각 표현을 극대화하는 방안을 실험하면서 완성 하게 된다.

( )

15. (ㄱ), (ㄴ)에 들어갈 올바른 말은 무엇인가?

전달하고자 하는 메시지는 정보 사용의 목적과 관점에 따라 (ㄱ) 메시지와 (ㄴ) 메시지로 나뉜다. (ㄱ) 메시지는 시각적으로 강렬하게 주장하는 바를 전달하기 위해 사용될 수 있으며 사용될 (ㄴ) 메시지는 왜곡하더라도 사람들이 보기 쉽도록 개념적으로 구현할 수 있다.

( )

정답 및 해설

【단답형】

01	③	11	③	21	③
02	②	12	②	22	②
03	①	13	①	23	②
04	②	14	④	24	③
05	②	15	②	25	④
06	④	16	③	26	①
07	②	17	③	27	①
08	①	18	①		
09	④	19	④		
10	③	20	②		

01	산점도(스캐터 플롯, Scatter Plot)	11	인터랙션
02	정제(Refine)	12	다차원 척도법
03	정보의 조직화	13	XML
04	비교 시각화	14	정보 시각 표현
05	JSON	15	(ㄱ) 설득형, (ㄴ) 정보형
06	데이터 멍잉(Data Munging)		
07	아이소타이프(ISOTYPE)		
08	히스토그램(Histogram)		
09	위치(Position)		
10	평행좌표그림		

01. 시각화는 '데이터'와 관계있다. ① - 정보, ② - 지혜, ③ - 데이터, ④ - 지식 (**정답** : ③)

02. 정보에 관한 설명이다. (**정답** : ②)

03. 정보 시각화에 대한 설명이다. (**정답** : ①)

04. 4단계 문제의 정의 단계의 내용이다. (**정답** : ②)

05. 벤 프라이의 7단계 방법론은 정보 획득(Acquire), 분해(Parse), 선별(Filter), 마이닝(Mine), 표현(Represent), 정제(Refine), 상호작용(Interact)이다. (**정답** : ③)

06. ①, ②, ③번은 분포 시각화, ④번은 관계 시각화의 내용이다. (**정답** : ④)

07. 하나의 화면을 읽는 방식에 대한 설명이다. (**정답** : ②)

08. 트리맵에 대한 설명이다. (**정답** : ①)

09. 시간보다는 공간에 따라 나열할 때 사용자의 이해가 쉬워진다. (**정답** : ④)

10. 정보 디자인의 개념은 의미 만들기(인지), 형태 만들기(지각), 맥락 만들기(경험)이다. (**정답** : ③)

11. 설득형 메시지에 대한 설명이다. (정답 : ③)

12. 6단계 와이어프레임 그리기에 대한 설명이다. (정답 : ②)

13. ②, ③ - 정보 구조화 / ④ - 정보 시각표현 (정답 : ①)

14. LATCH 방법에서의 시간은 Time이며, 여기서 H는 위계(Hierarchy)이다. (정답 : ④)

15. 평행 좌표계는 비교 시각화의 그래프이다. (정답 : ②)

16. 글자 크기만으로 정보의 중요성 및 위계관계를 보여줄 수 있다. (정답 : ③)

17. 대부분의 인터랙션 위에 구현된 정보 디자인은 비선형적 구조로, 정보 제시 순서가 고정돼 있지 않고 사용자가 정보에 임의로 접근하고 선택적으로 탐색할 수 있다. (정답 : ③)

18. 단순히 우리 눈에 익숙한 픽토그램을 뜻하는 것은 아니다. (정답 : ①)

19. 시각화 툴이나 프로그래밍 과정에서 자칫 정보 수용자의 관점보다는 데이터 자체를 표현하는 경향도 종종 나타난다. (정답 : ④)

20. 정보는 생산자와 사용자의 관점에 따라 다르게 전달될 수 있으며, 나름대로의 형태와 형식을 갖고 있다. (정답 : ②)

21. 초록빛으로 칠해진 부분은 예방할 수 있는 콜레라나 장티푸스 같은 전염병으로 사망한 환자의 수, 중앙의 붉은 색 부분은 부분 외상으로 사망한 사람의 수, 그 외에 다른 원인으로 사망한 환자의 수는 검은색으로 표시한 그래프이다. (정답 : ③)

22. 분포 시각화의 그래프는 트리맵이며, 히트맵은 비교 시각화를 나타낸다. (정답 : ②)

23. 한 사각형을 포함하고 있는 바깥의 영역은 그 사각형이 포함된 대분류, 내부의 사각형은 내부적인 세부 분류를 의미한다. (정답 : ②)

24. 색은 본질적으로 정량적인 속성이 아니기 때문에 수치로 표현하기 힘들고, 순서를 매기기에는 적합하지 않다. (정답 : ③)

25. 가장 중요하고 강력한 정보가 맨 위로 가고 2차 정보가 뒤로 따르며 더 일반적인 정보는 마지막에 온다. (정답 : ④)

26. 사용자가 콘텐츠를 선택하는 방식에 대한 설명이다. (정답 : ①)

27. 빅데이터 시장에서 시각화 논의가 뜨거움에도 데이터 시각화가 정확히 무엇이고, 그 주체는 정확히 누구이며, 이를 회사의 한 직무로 보는 경우도 많지 않다. (정답 : ①)

3장 시각화 구현

학습목표

- 다양한 시각화 구현 방법을 알고 각 방법에 해당하는 시각화 도구, 특징 및 선택 시 고려할 사항들을 알아본다.
- 시각화 구현이 필요한 프로젝트의 성격에 따라 적절한 시각화 방법 및 도구를 선택할 수 있다.
- R을 통한 시각화 구현에 대해 이해하고, 다양한 예제를 살펴본다.
- D3.js를 통한 시각화 구현에 대해 이해하고, 다양한 예제를 살펴본다.

눈높이 체크

- **R 프로그램으로 시각화를 구현해보셨나요?**

R 프로그램은 무료로 데이터 시각화를 구현할 수 있는 가장 보편적인 프로그램입니다. ggplot2 패키지 설치를 통해 간단한 시각화를 구현할 수 있으며, aplpack 패키지나 googlevis 패키지를 활용하여 좀 더 다양한 시각화 그래프를 이용하거나 공간 분석을 수행할 수도 있습니다.

- **R에서 샤이니를 구동해보셨나요?**

R의 샤이니 패키지는 웹 프로그래밍 지식이 전혀 없더라도 인터랙티브한 웹 그래픽을 만들 수 있는 환경을 제공합니다. 이 교재에서는 간단하게 개념을 설명하고, 그를 위해 필요한 예제 몇 가지만 실행해 볼 예정입니다.

- **D3.js 프로그램으로 시각화를 구현해보셨나요?**

D3.js는 자바스크립트 기반의 데이터 시각화 라이브러리로, 현존하는 모든 웹 브라우저에서 테스트되어 어떠한 웹 브라우저에서도 사용 가능합니다. 이 교재에서는 간단하게 개념을 설명하고, 그를 위해 필요한 예제 몇 가지만 실행해 볼 예정입니다.

1절 시각화 구현 개요

출제 포인트
시각화 분류(플랫폼/라이브러리)별 특징에 관해 묻는 문제가 자주 출제되고 있으므로, 잘 숙지하고 있어야 합니다.

1. 빅데이터 시각화 구현

- 정형 데이터와 비정형 데이터를 아우르는 빅데이터 분석에서 시각화는 매우 중요한 역할을 한다.
- 시각화는 단순히 데이터 분석 결과만을 제시하는 것이 아니라, 때로는 분석된 결과를 중심으로 연결된 다양한 정보를 탐색·조회하기 위한 UX 관점에서의 구현이 요구된다.
- 데이터를 시각화함으로써 **데이터의 전체적인 분포와 성격**에 대해 한 눈에 알기 쉽게 되므로 인사이트를 얻기에 좋다.
- 대표적인 시각화 방법은 아래와 같다.

> [대표적인 시각화 구현 방법]
> 1) 전문 시각화 플랫폼을 이용
> 2) 시각적 분석 플랫폼을 이용
> 3) 시각화 전문 그래픽 라이브러리를 통해 직접 개발
> 4) 인포그래픽으로 표현 : 데이터 표현을 위한 디자인을 강화

출제 포인트
시각화 방법의 분류와 도구 리스트는 반드시 매치할 수 있어야 합니다.

2. 대표적인 시각화 방법

가. 시각화 플랫폼

- 전문 시각화 플랫폼 혹은 시각적 분석 플랫폼은 주로 BI(Business Intelligence, 비즈니스 인텔리전스) 분야에서 활용되며, 다차원적 데이터 분석 결과를 시각화하고, 그 결과를 보고서로 생성하는 기능 등을 지원한다. 대표적인 제품은 아래 표와 같다.

회사	플랫폼 제품
IBM	코그노스 인사이트(Cognos Insight) 인포메이션 빌더스(Information Builders)

마이크로소프트	파워피벗(PowerPivot), 파워뷰(PowerView)
마이크로스트레터지	비주얼 인사이트(Visual Insight)
오라클	오라클 비즈니스 인텔리전스 엔터프라이즈 에디션 (Oracle Business Intelligence Enterprise Edition : OBIEE)
클릭테크(QlikTech)	클릭뷰(QliKView)
SAP	비주얼 인텔리전스(Visual Intelligence)
SAS	ㅈSAS 엔터프라이즈 비즈니스 인텔리전스 (SAS Enterprise Business Intelligence)
그 외	태블로(Tableau) 팁코 스폿파이어 애널리틱스(Tibco Spotfire Analytics)

- **기존의 BI 플랫폼** : 주로 데이터 분석, 마이닝 등의 기법을 통해 일정한 방식의 결과 리포트를 생성하기 위해 시각화 기술을 활용
- **전문 시각화 플랫폼** : 사용자가 다양한 관점에서 인사이트를 얻을 수 있도록 '지식 시각화' 관점에서 데이터 시각화 기능을 지원
- **적용 방법** : 플랫폼의 설치·구축 필요, 플랫폼에서 제공하는 기능·명령어를 실행해 시각화
- **전체 도구 리스트**는 아래와 같으며, 위의 표에서 소개한 것보다 훨씬 많은 도구들이 존재한다.

> [시각화 플랫폼]
> Cognos Insight, Information Builders, PowerPivot, PowerView, Visual Insight, QliKView, Visual Intelligence, SAS Enterprise Business Intelligence, Tableau, Tibco Spotfire Analytics, R, WolframAlpha, Better World Flux, Dipity, Many Eyes, Excel, CartoDB, Weka, Gephi

- **Gephi** : 수많은 Edge와 Node로 이루어져 복잡한 네트워크 형태의 데이터를 시각화할 때 유용, 오픈 소스 그래프 소프트웨어
- **Tableau**의 특징은 아래와 같다.

출제 포인트

Gephi의 특징에 관해 묻는 문제와 Tableau의 특징에 관해 묻는 문제가 한 번씩 출제된 적이 있습니다. 학습 시간이 부족한 경우에는 그냥 넘어가도 되지만, 넉넉하다면 정확하게 보고 넘어가는 것이 좋습니다.

> **[Tableau의 특징]**
> 1) 마이크로소프트 데이터 소스(엑셀, 엑세스, SQL 서버), MySQL, 오라클, 하이피리언 에스베이스(Hyperion EssBase), IBM OLAP 서버, 구분자로 된 텍스트 파일 등 다양한 사용자의 데이터로부터 실시간으로 크로스 테이블을 시각적으로 보여준다.
> 2) 비주얼 쿼리 언어인 VizQLTM을 개발해 사용자가 데이터베이스와 상호작용하면서 그래픽/시각적인 결과를 얻을 수 있도록 한다.
> 3) Tableau를 실행한 후 데이터 소스에 연결하면, Tableau가 자동으로 데이터 소스의 필드들을 demension이나 measure로 분할한다. 필드들을 Shelves에 끌어다 두는 것으로 쓸 수 있다. 이는 매우 직관적이며, 분석에 빠르게 적용할 수 있다.
> 4) 대부분의 BI 도구들은 크로스탭과 피벗테이블 생성 기능을 제공하지만, Tableau를 사용하면 단 몇 번의 클릭만으로 가능하다.

나. 시각화 라이브러리

- 시각화 기술은 주로 소스를 모두 공개하는 프로젝트 또는 라이브러리 형태로 배포되고 있다.
- 최근에는 모바일 기기들에 탑재된 웹 브라우저의 성능이 크게 향상됨에 따라 자바스크립트, HTML5 기반의 시각화 기술이 각광받고 있다.
- **적용 방법** : 라이브러리 설치 필요, 라이브러리가 제공하는 API로 코드 작성해 시각화
- **전체 도구 리스트**는 아래와 같다.

> **[시각화 라이브러리]**
> Flot, Rapha 1, Modest Maps, Leaflet, Timeline, Exhibit, jQuery Visualize, jqPlot, D3.js, JavaScript InfoVis Toolkit, jpGraph, Highcharts, Google Charts, Crossfilter, Tangle, Polymaps, OpenLayers, Kartograph, Processing, NodeBox

- **D3.js** : 대표적인 시각화 라이브러리, 자바스크립트 기반 프로젝트에서 HTML, SVG 등을 지원할 수 있도록 확장한 시각화 패키지, 커스터마이징해서 사용하기 편리
- 위 도구들 중 jQueryVisualize, Flot, jqPlot의 경우에는 일반적으로 웹 사이트에서 사용하는 jQuery를 기반 또는 플러그인으로 개발된 시각화 프로젝트이기 때문에, 기존 웹 사이트에서 사용할 수 있다는 개발 편의성 측면의 장점이 있다.

다. 인포그래픽스

- **적용 방법** : 웹서비스 형태로 제공, 회원 가입 필요, 제공되는 템플릿으로 구현 가능
- **전체 도구 리스트**는 아래와 같다.

> **[인포그래픽스]**
> iCharts, Visualize Free, Visual.ly

- 위 도구들 중 Visual.ly, Visualize Free 등은 사전에 제작된 템플릿을 기반으로 인포그래픽을 생성하는 도구를 지원하는 하는데, 로그인한 사용자 또는 페이지와 관계된 활동, 관계정보 등을 인포그래픽 결과물로 반환해준다.

2절 분석 도구를 이용한 시각화 구현 : R

 출제 포인트
R로 구현할 수 있는 그래프와 그 특징에 관한 내용을 정확히 알고 넘어가야 합니다.

1. R 개요
- R의 시각화 기능은 다양한 분석 도구들과 연동해 웹에 배포 가능한 인터랙티브하고 뛰어난 기능들을 제공한다.
- 엑셀을 거치지 않고 분석 서버에서 직접 처리하고 보고서로 가져갈 수 있는 기능이 있기 때문에, 대용량 데이터를 어렵게 추출·재가공해 엑셀로 처리할 필요가 없다.
- 시각화는 분석 결과를 전달하고 설득할 때 더 이해하기 쉽고, 받아들이기 좋다.

2. 그래프 작성

가. 기본 패키지 설치
- 'ggplot2' 패키지를 통해 다양한 시각화 그래프를 그릴 수 있으며, 패키지의 설치 코드는 아래와 같다.

```
install.packages("ggplot2")
library(ggplot2)
```

- install.packages("ggplot2") : ggplot2 패키지 설치
- library(ggplot2) : ggplot2의 내장데이터 및 함수를 활용하기 위한 라이브러리 활성화

나. XY 그래프
- XY그래프는 전체적인 내용을 파악할 수 있지만, 수많은 데이터가 있을 때에는 그 의미를 파악하기 어렵다.

1) 사용 데이터 확인
- XY그래프를 그리기 위해 사용할 ChickWeight 데이터는 아래와 같다.

```
data(ChickWeight)
head(ChickWeight)
  weight Time Chick Diet
1     42    0     1    1
2     51    2     1    1
3     59    4     1    1
4     64    6     1    1
5     76    8     1    1
6     93   10     1    1
```

- data(ChickWeight) : ChickWeight라는 데이터를 불러옴
- head(ChickWeight) : 상위 6개의 데이터를 확인

2) 기본 XY 그래프

- ggplot 함수 옵션에 대한 스크립트에서 ChickWeight 데이터를 넣은 뒤, x축은 Time 변수, y축은 weight 변수를 지정하고, 그래프 라인색은 Diet로 각각 지정하는 방법은 아래와 같다.

```
ggplot(ChickWeight, aes(x=Time, y=weight, colour=Diet, group=Chick))+geom_line()
```

- aes( ) : 그래프의 x축과 y축을 지정하는 함수, colour로 색을 지정 및 group으로 각 행마다 그래프를 그리는 것이 가능
- geom_line( ) : ggplot에서 선 그래프를 그리는 함수

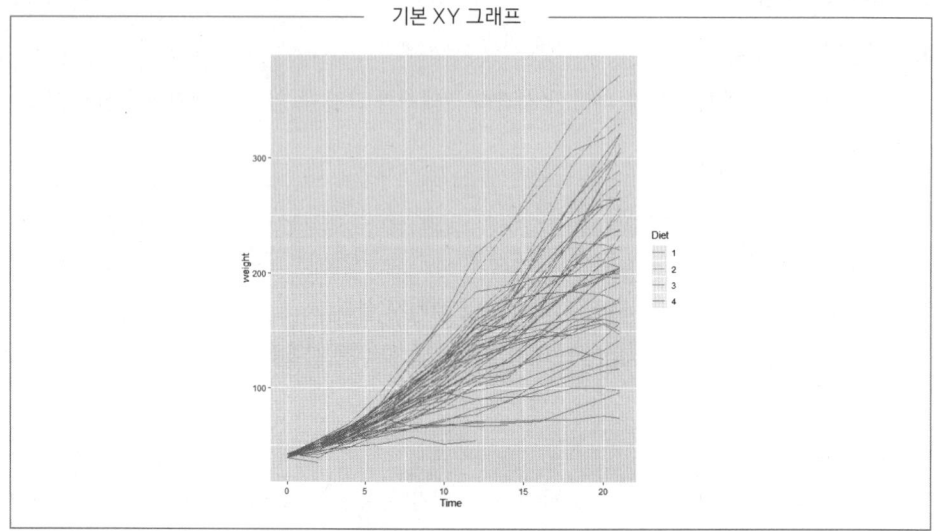

기본 XY 그래프

- 먹이별 체중 변화가 나타나고는 있지만, 어느 먹이(Diet)가 효율적인지는 알기 어렵다.
- 적절하지 않은 시각화는 데이터의 인사이트를 얻기 힘들기 때문에, 그래프를 다른 방법으로 변화시키며 인사이트를 찾아야 한다.

3) 포인트 그래프(Point Graph)

- 점으로 이루어진 포인트 그래프를 그리는 방법은 아래와 같다.

```
h<-ggplot(ChickWeight, aes(x=Time, y=weight, colour=Diet))
h+geom_point(alpha=.3)
```

- geom_point(alpha=.3) : XY 그래프에서 Diet에 따라 점의 투명도와 사이즈를 지정하여 출력, 여기서는 투명도를 0.3으로 조정

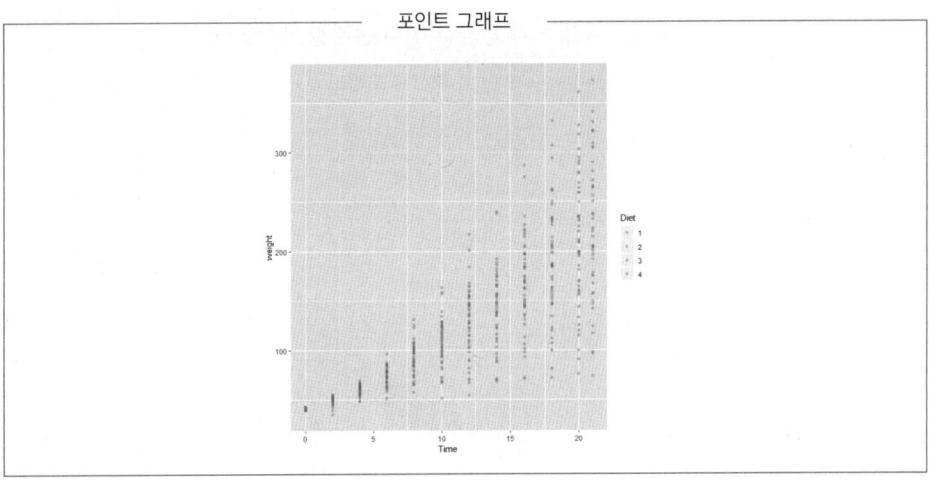

4) 스무스 그래프(Smooth Graph)

- 그래프를 좀 더 명확하게 구분할 수 있는 스무스 그래프를 그리는 방법은 아래와 같다.

```
h<-ggplot(ChickWeight, aes(x=Time, y=weight, colour=Diet))
h+geom_smooth(alpha=.4,size=3)
```

- geom_smooth(alpha=.4,size=3) : XY 그래프에서 배경 색상의 투명도와 평균값 선의 굵기를 지정하여 출력, 여기서는 투명도를 0.3으로 조정

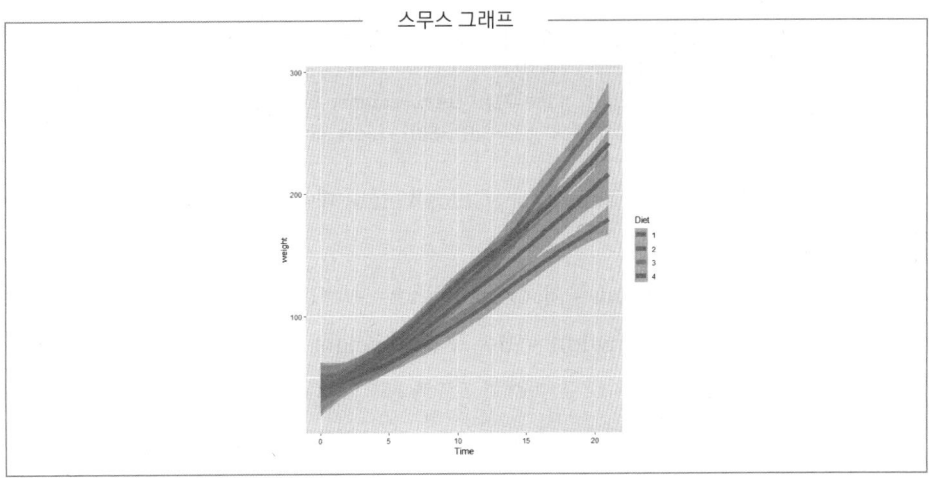

5) 개선된 그래프

- 훨씬 더 분명하게 데이터를 확인하기 위해 포인트 그래프와 스무스 그래프를 동시에 표현할 수 있으며, 그 방법은 아래와 같다.

```
> ggplot(ChickWeight, aes(x=Time, y=weight, colour=Diet)) + geom_point(alpha=.3) +
geom_smooth(alpha=.2,size=1)
```

- 먹이에 따라 scatter plot을 geom_point로 투명도와 사이즈를 지정해 표시했으며, geom_smooth로 배경 색상의 투명도와 평균값 선의 굵기를 조정했다.

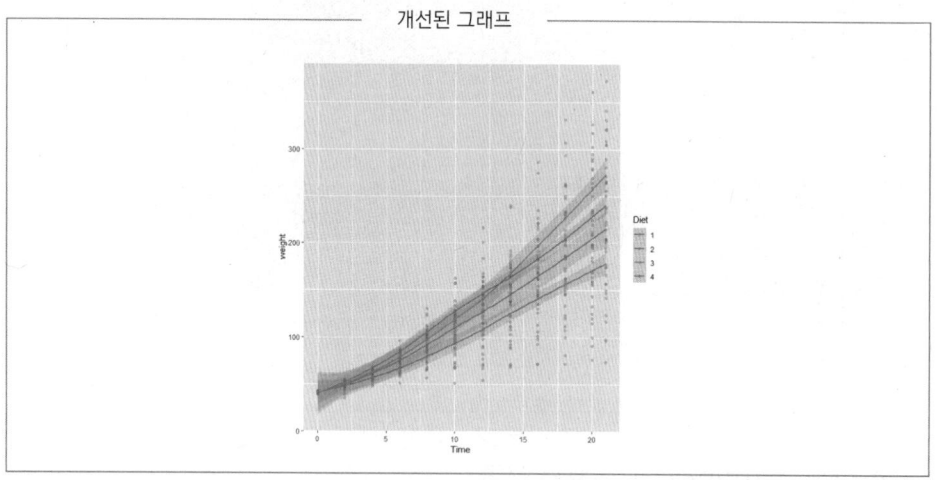
개선된 그래프

- 이렇게 보면 먹이 유형에 따라 어떻게 평균이 다르게 변화하는지 쉽게 파악할 수 있다.

다. 히스토그램

- **히스토그램은 도수분포표를 그래프로 나타낸 것**으로, **분포가 연속적인 값**이고 선으로 되어있어서 내용을 파악하기 어렵거나 분류유형이 많을 경우, 히스토그램을 이용하여 쉽게 파악할 수 있다.
- 앞선 ChickWeight 데이터의 먹이별 비교를 위한 히스토그램은 아래와 같이 작성할 수 있다.

```
ggplot(subset(ChickWeight, Time=21), aes(x=weight, fill=Diet))+
geom_histogram(colour="black",binwidth=50) +facet_grid(Diet ~.)
```

- subset(ChickWeight, Time=21) : ChickWeight 데이터의 Time 변수가 21인 행만 선택하는 함수
- geom_histogram(colour="black",binwidth=50) : colour="black"은 막대 테두리의 색상을 black으로 지정하고 binwidth=50는 구간의 weight 간격을 50으로 설정
- facet_grid(Diet ~.) : 가로로 출력(가로로 꽉 차고 세로로 분할되어 정렬되는 형태)
- facet_grid(.~ Diet) : 세로로 출력(세로로 꽉 차고 가로로 분할되어 정렬되는 형태)

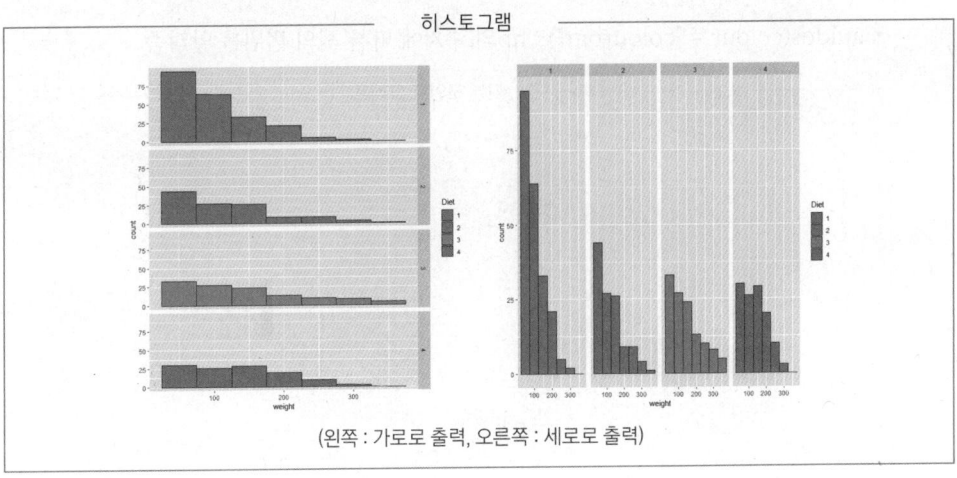

(왼쪽 : 가로로 출력, 오른쪽 : 세로로 출력)

라. 포인트 그래프

- 포인트 그래프는 가장 간단하게 데이터를 정적으로 보여주며, 유형별로 색상을 다르게 하여 특성을 파악할 수 있다는 장점이 있다.

1) 사용 데이터 확인

- 포인트 그래프를 그리기 위해 사용할 mtcars 데이터는 아래와 같다.

```
> data(mtcars)
> head(mtcars)
                   mpg cyl disp  hp drat    wt  qsec vs am gear carb
Mazda RX4         21.0   6  160 110 3.90 2.620 16.46  0  1    4    4
Mazda RX4 Wag     21.0   6  160 110 3.90 2.875 17.02  0  1    4    4
Datsun 710        22.8   4  108  93 3.85 2.320 18.61  1  1    4    1
Hornet 4 Drive    21.4   6  258 110 3.08 3.215 19.44  1  0    3    1
Hornet Sportabout 18.7   8  360 175 3.15 3.440 17.02  0  0    3    2
Valiant           18.1   6  225 105 2.76 3.460 20.22  1  0    3    1
```

2) 기본 포인트 그래프

- mtcars 데이터를 사용하여 그래프를 출력하는 방법은 아래와 같다.

```
p=qplot(wt,mpg,colour=hp,data=mtcars)
p+coord_cartesian(ylim=c(0,40))
p+scale_colour_continuous(breaks=c(100,300))
p+guides(colour = "colourbar")
```

- coord_cartesian(ylim=c(0,40)) : y축을 0~40으로 범위를 지정
- scale_colour_continuous(breaks=c(100,300)) : hp의 범위를 100에서 300사이로 지정하는 옵션

- guides(colour = "colourbar") : hp의 수치에 따른 색의 범위를 알려줌

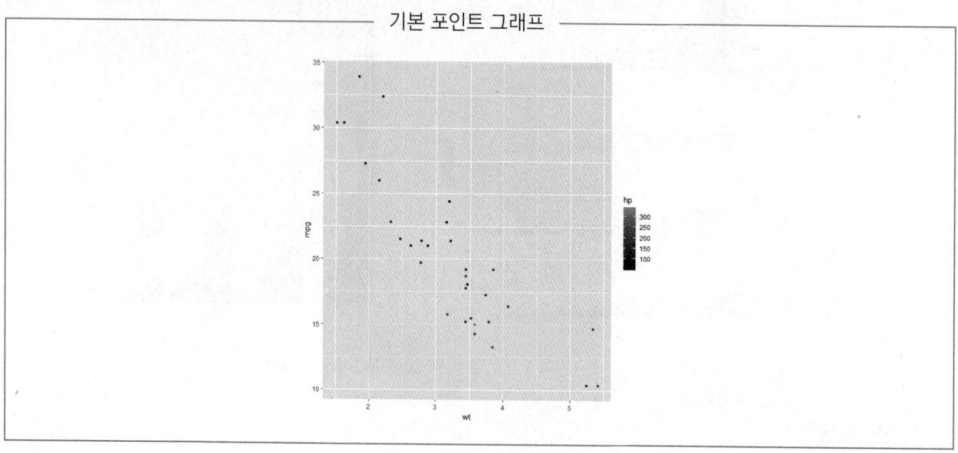

기본 포인트 그래프

3) 치환 데이터를 이용한 포인트 그래프
- 일정 데이터만을 이용해 기존 그래프에 그리고 싶다면, 간단하게 치환할 수 있다.
- 데이터 건수가 너무 많으면 복잡성만 올라갈 뿐 아니라 내용 파악이 불가능한 경우들이 발생하는데, 이런 경우 포인트의 크기를 조절하는 방법 이외에 데이터 건수를 랜덤하게 추출하거나 특정 건수만 보는 방법을 적용할 수도 있다.
- 많은 양의 데이터 가운데 앞부분 10건만 추출해 나타내는 방법은 아래와 같다.

```
m<-mtcars[1:10,]
p%+%m
```

- mtcars 데이터의 앞부분 10건만 추출하여 m으로 설정한 뒤, 해당 m을 앞에서 그린 그래프 p에 설정한다.
- 이는 무게(weight)별 연비(miles/gallon)이며, 무게별 연비 차이가 별로 없는 것으로 보인다.

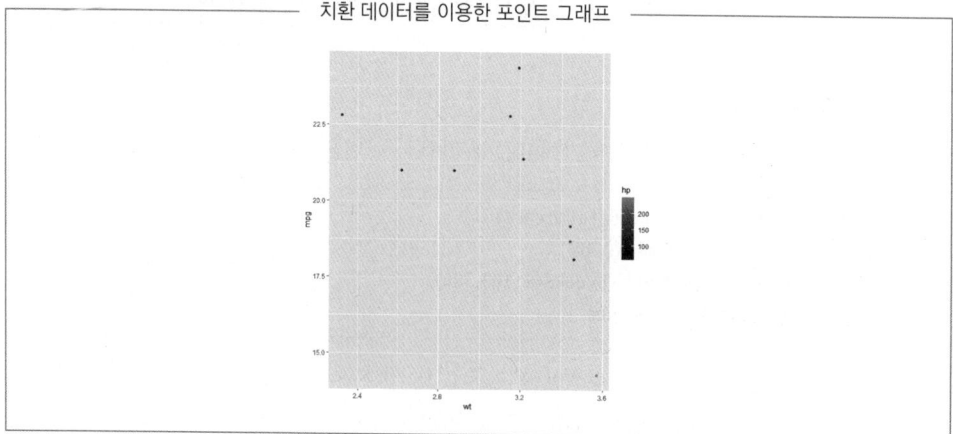

치환 데이터를 이용한 포인트 그래프

- 이 그래프를 통해 무게별 연비 차이가 별로 없다는 것을 알 수 있다.

마. 막대그래프
- 막대그래프는 엑셀 등 기타 여러 프로그램에서 그릴 수 있지만, R로 그리면 다양한 옵션으로 보다 보기 좋게 원하는 그래프를 그릴 수 있다.

1) 기본 막대그래프
- 막대그래프 작성은 2줄이면 가능하며, 그 방법은 아래와 같다.

```
c<-ggplot(mtcars,aes(factor(cyl)))
c+geom_bar()
```

- factor(cyl) : cyl변수와 같이 범주형 데이터는 factor로 전환해 범주화
- geom_bar( ) : 막대그래프를 그리는 함수

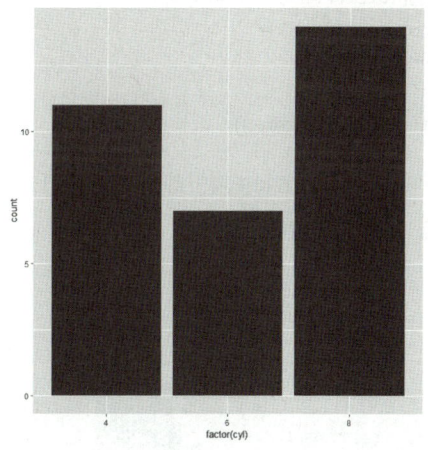

2) 다양한 옵션 적용

 출제 포인트
'colour 함수'의 특징과 코드 작성법을 묻는 문제가 출제된 적이 있으니, 익혀두는 것이 좋습니다.

- 막대그래프에 다양한 옵션을 적용하여, 좀 더 알아보기 쉽도록 바꿀 수 있다.
- 한눈에 알아보기 쉬운 그래프는 데이터를 통해 인사이트를 얻기에 더 유용하다.
- 막대그래프에 다양한 옵션을 적용하는 방법은 아래와 같다.

```
c + geom_bar(fill="white",colour="red")
```

- fill="white" : 막대의 내부 색상을 white로 지정
- colour="red" : 막대의 테두리 색상을 red로 지정

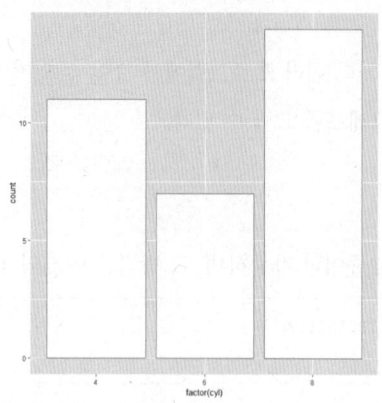

- 히스토그램 형식에 색상을 적용할 수도 있으며, 그 방법은 아래와 같다.

```
install.packages("ggplot2movies")
library(ggplot2movies)
m=ggplot(movies, aes(x=rating))
m + geom_histogram()
m + geom_histogram(aes(fill=..count..))
```

- ggplot2movies 패키지의 movies 데이터를 활용하여 히스토그램 형식으로 표시한 후에 count를 색상으로 표시한 것이다.

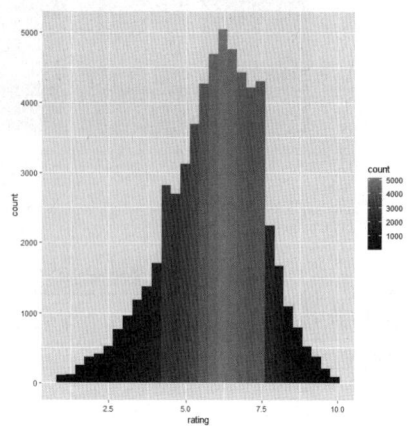

바. 선 그래프

- 선 그래프(Line Graph)는 시간의 흐름에 따른 등락을 보기 쉽기 때문에 주로 시계열 지표에서 많이 쓰인다.

1) 사용 데이터 확인

- 선 그래프를 그리기 위해 사용할 R에 내장된 시계열 데이터인 economics 데이터는 아래와 같다.

```
data(economics)
head(economics)
# A tibble: 6 x 6
  date         pce    pop psavert uempmed unemploy
  <date>     <dbl>  <int>   <dbl>   <dbl>    <int>
1 1967-07-01  507. 198712    12.5     4.5     2944
2 1967-08-01  510. 198911    12.5     4.7     2945
3 1967-09-01  516. 199113    11.7     4.6     2958
4 1967-10-01  513. 199311    12.5     4.9     3143
5 1967-11-01  518. 199498    12.5     4.7     3066
6 1967-12-01  526. 199657    12.1     4.8     3018
```

2) 기본 선 그래프

- x축을 date로, y축을 unemploy로 지정한 선 그래프를 그리는 방법은 아래와 같다.

```
b=ggplot(economics, aes(x=date, y=unemploy))
b + geom_line()
```

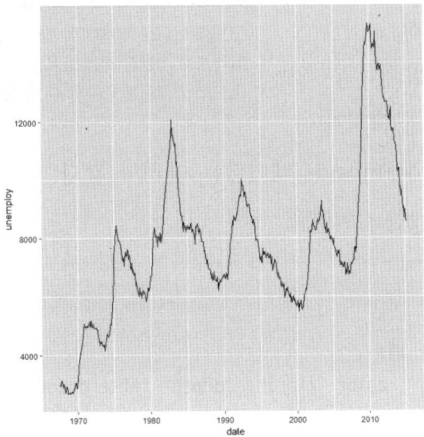

3) 다양한 옵션 적용

- 선 그래프에도 다양한 옵션을 지정할 수 있으며, 그 방법은 아래와 같다.

```
b=ggplot(economics, aes(x=date, y=unemploy))
b + geom_line(colour="blue", size=0.3, linetype=3)
```

- colour="blue" : 선 그래프의 옵션으로 선의 색상을 blue로 지정
- size=0.3 : 선 그래프의 옵션으로 선의 굵기를 0.3으로 지정
- linetype=3 : 선 그래프의 옵션으로 선의 종류를 3으로 지정
- linetype 선의 종류 : 1 - 실선(───────)
  2 - 선이 긴 점선(─ ─ ─ ─ ·)

3 - 선이 짧은 점선(------------)

4 - 선이 길고 짧음이 반복되는 점선(—·—·—·)

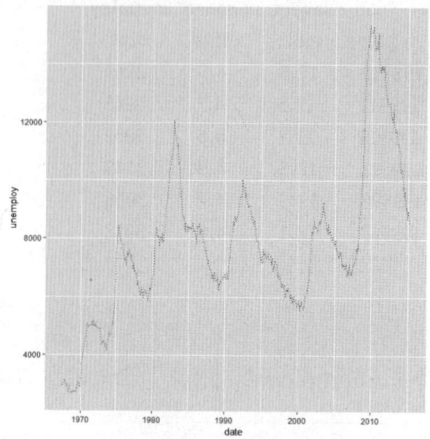

사. 효과주기

1) 기본 효과 주기의 예시

가) 사용 데이터 확인

 출제 포인트

코드를 보기로 제시한 뒤, 해당 코드를 실행하였을 때 출력되는 그래프로 적절한 것을 고르는 문제가 간혹 출제되고 있으니, 각 코드와 그래프를 매치할 수 있어야 합니다.

- 포인트 그래프를 그리기

위해 사용할 diamonds 데이터는 아래와 같다. 여기서 x, y, z는 크기를 표시하는 mm정보이며, z는 깊이이다.

```
data(diamonds)
head(diamonds)
# A tibble: 6 x 10
   carat cut       color clarity depth table price x    y    z
1  0.23  Ideal     E     SI2     61.5  55    326   3.95 3.98 2.43
2  0.21  Premium   E     SI1     59.8  61    326   3.89 3.84 2.31
3  0.23  Good      E     VS1     56.9  65    327   4.05 4.07 2.31
4  0.290 Premium   I     VS2     62.4  58    334   4.2  4.23 2.63
5  0.31  Good      J     SI2     63.3  58    335   4.34 4.35 2.75
6  0.24  Very Good J     VVS2    62.8  57    336   3.94 3.96 2.48
```

나) 히스토그램

- 캐럿(carat)에 따른 질량을 그래프화할 때, 히스토그램으로 커트(cut) 등급별로 캐럿을 나타내기 위한 방법은 아래와 같다.

```
k<-ggplot(diamonds, aes(carat, ..density..))+geom_histogram(binwidth=0.2)
k + facet_grid(.~cut)
```

- facet_grid(.~cut) : cut 종류를 그래프 위쪽에 표시

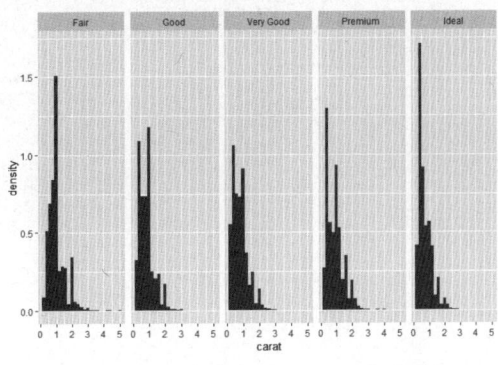

다) 막대그래프
- 위의 Diamonds 데이터를 사용하여 막대그래프를 나타내는 방법은 아래와 같다.

```
w<-ggplot(diamonds, aes(clarity, fill=cut))
w+geom_bar()
w+geom_bar(aes(order=desc(cut)))
```

- aes(order=desc(cut)) : desc 함수를 활용해 cut을 내림차순으로 정리하여 표시

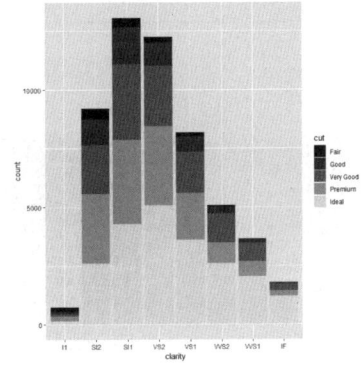

라) 선 그래프
- 선 그래프를 그릴 때, 선 스타일에 대한 옵션을 설정하는 방식으로 숫자나 문자로 설정이 가능하다.
- 아래 df 데이터를 사용하여 선 그래프를 나타내는 방법은 아래와 같다.

```
df <- data.frame(x=1:10,y=1:10)
f <- ggplot(df,aes(x=x,y=y))
f + geom_line(linetype=2)
f + geom_line(linetype="dotdash")
```

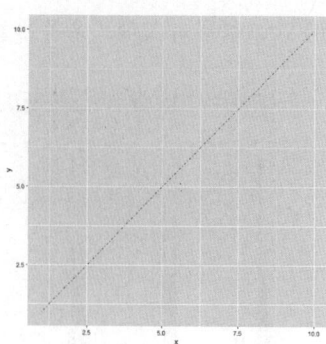

2) 포인트 그래프 1

가) 기본 형태

- 각각 x와 y에 5,000개를 데이터 프레임 형식으로 df라는 데이터에 rnorm 함수를 써서 평균이 0이고 표준편차가 1인 정규분포를 따르는 난수를 생성할 수 있다.
- df 데이터로 x를 x축으로, y를 y축으로 지정한 후 포인트 그래프를 그리는 방법은 아래와 같다.

```
df=data.frame(x= rnorm(5000), y= rnorm(5000))
h= ggplot(df, aes(x,y))
h + geom_point()
```

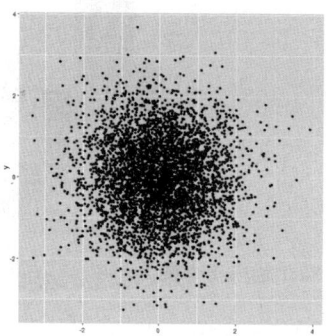

나) 포인트 투명도 조절

- alpha 값을 이용해 투명도를 조절할 수 있고, 투명도를 조절하면 실제 어디에 값이 많이 분포하는지를 쉽게 파악할 수 있다.
- alpha 값이 낮을수록 그래프의 포인트가 더 투명해진다.
- alpha 값을 지정하여 투명도를 조절하는 방법은 아래와 같다.

```
h= ggplot(df, aes(x,y))
h + geom_point(alpha=1/10)
```

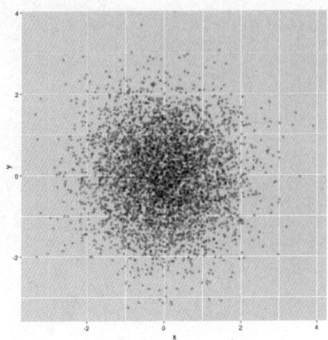

다) 포인트에 색 할당(요인별)

- 요인별 분포를 보다 쉽게 알아보기 위한 방법으로는 요인별 색깔 할당, 모양 할당, 크기 할당 등 여러 가지가 있다.
- mtcars 데이터를 활용하여 요인별로 포인트에 각각 다른 색을 할당하는 방법은 아래와 같다.

```
p<-ggplot(mtcars, aes(wt, mpg))
p + geom_point(size=4)
p + geom_point(aes(colour = factor(cyl)),size=4)
```

- colour=factor(cyl) : 포인트에 cyl변수에 따른 색을 할당

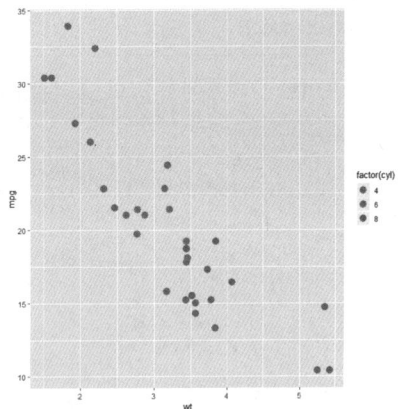

라) 포인트에 모양 할당(요인별)

- mtcars 데이터를 활용하여 요인별로 포인트에 각각 다른 모양을 할당하는 방법은 아래와 같다.

```
p<-ggplot(mtcars, aes(wt, mpg))
p + geom_point(aes(shape=factor(cyl)),size=4)
```

- shape=factor(cyl) : 포인트에 cyl변수에 따른 모양을 할당

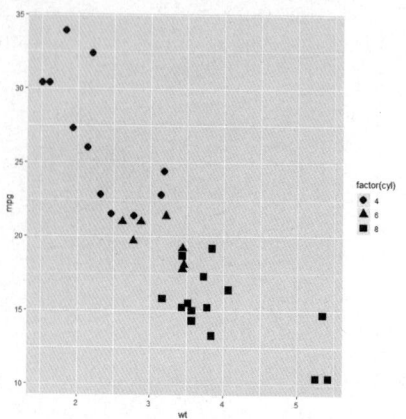

- colour 대신 shape를 사용하면 흑백으로 출력하더라도 보기 쉽다.

마) 포인트에 크기 할당(요인별)
- 포인트 그래프에서 점의 크기를 요인별로 다르게 표현할 수 있다.
- mtcars 데이터를 활용하여 요인별로 포인트에 각각 다른 크기를 할당하는 방법은 아래와 같다.

```
p <- ggplot(mtcars,aes(wt,mpg))
p + geom_point(size=4)
p + geom_point(aes(size=qsec))
```

- aes(size=qsec) : 포인트 그래프에서 점의 크기를 qsec별로 다르게 표현

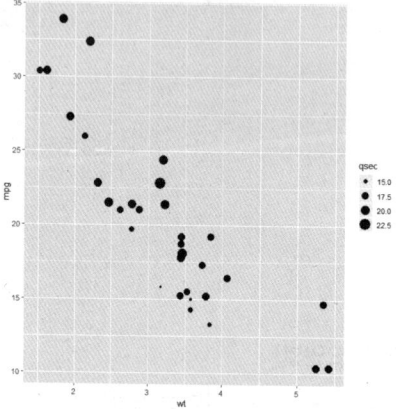

3) 포인트 그래프 2

　가) 옵션 미지정
- 포인트의 수가 적을 땐 깔끔함을 위해서 포인트에 옵션을 주지 않을 수도 있다.
- 포인트에 별다른 옵션을 주지 않는 방법은 아래와 같다.

```
p + geom_point()
```

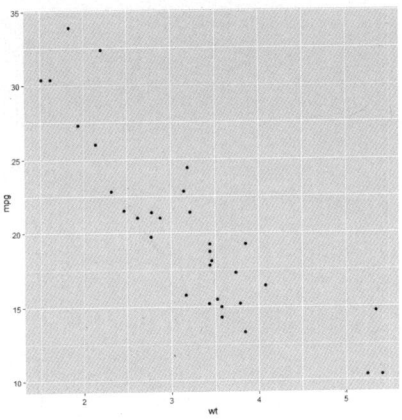

　나) 임의의 선 삽입
- 포인트 그래프에 임의의 선을 삽입할 수 있다.
- 포인트 그래프에 임의의 선인 x=25를 넣는 방법은 아래와 같다.

```
p + geom_point(size=2.5)+geom_hline(yintercept=25, size=3.5)
```

- geom_hline(yintercept=25, size=3.5) : 포인트 그래프에 y가 25이며 선의 굵기가 3.5인 임의의 선 삽입

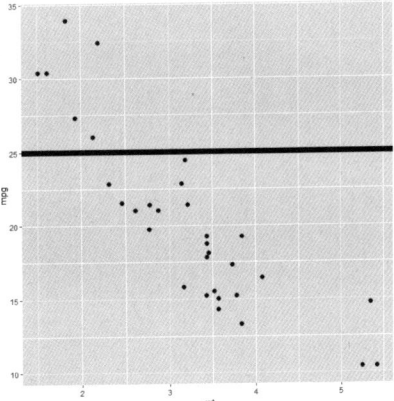

다) 포인트에 모양 할당(전체)
- 포인트 그래프의 포인트 전체를 다른 모양으로 바꿀 수 있다.
- 포인트 그래프의 포인트를 5번 모형으로 바꾸는 방법은 아래와 같다.

```
p + geom_point(shape=5)
```

- geom_point(shape=5) : 포인트의 모양을 5번 모형으로 지정

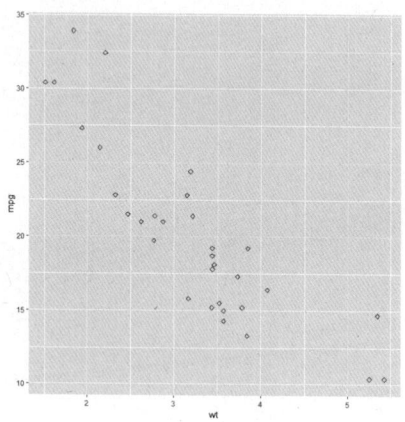

라) 포인트에 모양 할당 - 문자(전체)
- 포인트 그래프의 포인트 전체의 모양을 '문자' 모양으로 바꿀 수 있다. 여기서 '문자'는 문자와 숫자 모두 가능하며, ' . '과 같은 특수 문자도 가능한 것이 있다.
- 포인트 그래프의 포인트를 사이즈가 3인 'k' 문자 모양으로 바꾸는 방법은 아래와 같다.

```
p + geom_point(shape = "k",size = 3)
```

- geom_point(shape = "k",size = 3) : 포인트의 모양은 k라는 문자로, 사이즈는 3으로 지정

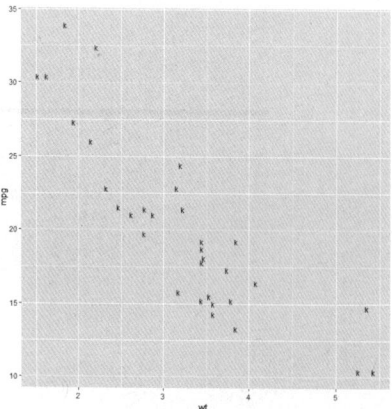

마) 포인트에 모양 할당 - 모양 없애기
- 포인트 그래프의 포인트 모양을 아예 없애는 것도 가능하다.
- 포인트 그래프의 포인트 모양을 출력하지 않는 방법은 아래와 같다.

```
p + geom_point(shape=NA)
```

- geom_point(shape=NA) : 포인트의 모양을 NA(아무것도 나타나지 않음)으로 지정

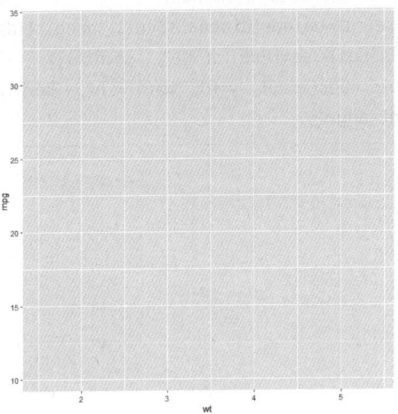

바) 25가지 유형의 shape 이용
- 데이터에 x축과 y축을 지정하고, 셰이프를 z로 지정하여 1번 모양부터 25번 모양까지 한 그래프 안에 총 25개 모양의 점이 들어가게 하는 방법은 아래와 같다.

```
df2 <- data.frame(x=1:5, y=1:25, z=1:25)
s <- ggplot(df2,aes(x=x,y=y))
s + geom_point(aes(shape=z),size=4)+scale_shape_identity()
```

- df2 <- data.frame(x=1:5, y=1:25, z=1:25) : x의 범위를 1~5, y를 1~25, z를 1~25로 지정해 데이터 프레임 형식으로 만들어 df2에 저장

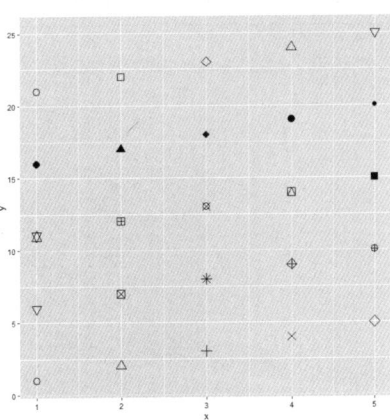

4) 기타 효과 옵션의 예시

   가) 선형 모델링

- cut 정보를 이용해 다이아몬드 가격을 예측하는 선형 모델링을 수행해 값의 범위를 point range 그래프로 표현할 수 있다.
- 선형 모델링을 pointrange 그래프로 표현하는 방법은 아래와 같다.

```
dmod<-lm(price ~ cut, data=diamonds)
cuts<-data.frame(cut=unique(diamonds$cut), predict(dmod, data.frame(cut=
unique(diamonds$cut)),se=TRUE)[c("fit", "se.fit")])
se <- ggplot(cuts, aes(x=cut, y=fit, ymin = fit - se.fit,  ymax= fit + se.fit, colour = cut))
se + geom_pointrange()
```

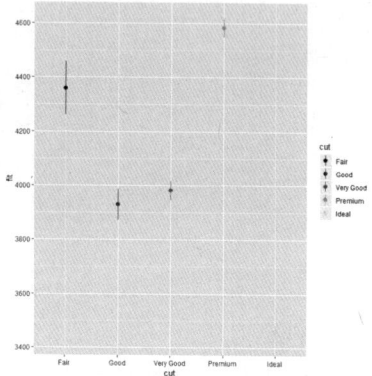

   나) 포인트 그래프 - 박스로 강조

- 포인트 그래프에서 강조할 특정 영역을 박스로 지정할 수 있다.
- 박스를 보여주기 위해서는 xmin과 xmax로 x축의 범위를 지정하고, ymin과 ymax로 y축의 범위를 지정해 줘야 하며, 그 방법은 아래와 같다.

```
p <- ggplot(mtcars, aes(wt, mpg)) + geom_point()
p + annotate("rect", xmin=2, xmax=3.5, ymin=2, ymax=25, fill="dark grey", alpha=.5)
```

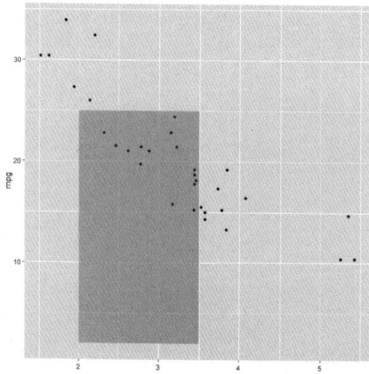

다) 축의 범위 지정
- limits로 범위를 지정해 원하는 범위에서만 그래프를 그릴 수 있으며, 그 방법은 아래와 같다.

```
p <- qplot(disp, wt, data=mtcars) + geom_smooth()
p + scale_x_continuous(limits=c(325,500))
```

- qplot과 smooth 그래프를 활용해 동시에 표현했다.

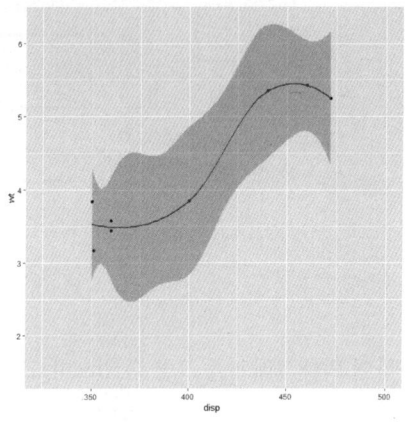

라) Boxplot
- Boxplot을 다양한 형태로 출력할 수도 있으며, 기본적인 Boxplot의 작성 방법은 아래와 같다.

```
qplot(cut, price, data=diamonds, geom="boxplot")
```

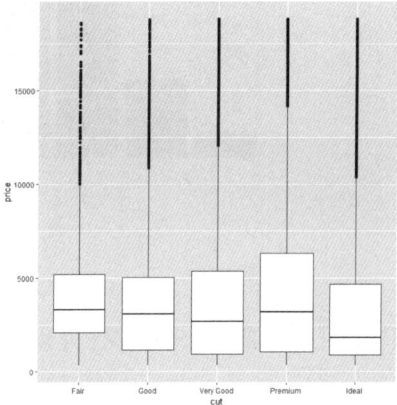

- 가운데 가로선은 중앙값, 아래선은 1사분위수, 상단선은 4사분위수이며 세로선 위의 점은 데이터의 이상값으로 측정된 부분이다.

- 앞서 그린 Boxplot을 가로로 눕힐 수도 있으며, 그 방법은 아래와 같다.

```
last_plot() + coord_flip()
```

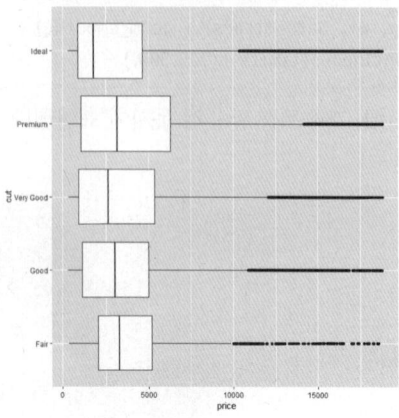

마) qplot

- qplot를 적용하여 막대그래프를 그릴 수 있으며, 그 방법은 아래와 같다.

```
qplot(cut, data=diamonds, geom="bar")
```

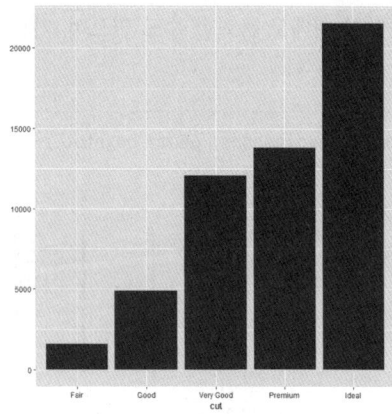

아. 다축(Multiple Axis)

- 2중축, 3중축을 그리는 절차는 아래와 같으며, 모든 과정은 그래프 창을 열어놓은 상태에서 진행되어야 한다.

1) 사용 데이터 입력

- 데이터를 직접 입력하여 그래프를 그려볼 예정이며, 입력 방법은 아래와 같다.

```
time <- seq(7000, 3400, -200)
pop <- c(200, 400, 450, 500, 300, 100, 400, 700, 830, 1200,400, 350, 200, 700, 370,800,
200, 100, 120)
grp <- c(2, 5, 8, 3, 2, 2, 4, 7, 9, 4,4, 2, 2, 7, 5, 12, 5, 4, 4)
med <- c(1.2, 1.3, 1.2, 0.9, 2.1,1.4, 2.9, 3.4, 2.1, 1.1,1.2, 1.5, 1.2, 0.9, 0.5,
         3.3, 2.2, 1.1, 1.2)
par(mar = c(5, 12, 4, 4) + 0.1)
```

2) 다축 생성 절차

- **Step 1 - 첫 번째 그래프 생성** : 아직 축을 지정하지 않은 첫 번째 그래프 생성

```
plot(time, pop, axes = F, xlim = c(7000, 3400), ylim = c(0, max(pop)),
    xlab = "", ylab = "", type = "l", col = "black", main = "", )
```

- 해당 데이터에 대해 축을 지정하지 않은 그래프를 그린다.

- **Step 2 - 첫 번째 그래프에 점 추가** : 첫 번째 그래프에 점 추가

```
plot(time, pop, axes = F, xlim = c(7000, 3400), ylim = c(0, max(pop)),
    xlab = "", ylab = "", type = "l", col = "black", main = "", )
points(time, pop, pch = 20, col = "black")
```

- points( ) 함수를 사용하여 점을 찍는다.

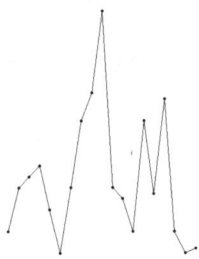

- **Step 3 - 첫 번째 그래프의 y축 생성** : 첫 번째 그래프의 y축 생성

```
plot(time, pop, axes = F, xlim = c(7000, 3400), ylim = c(0, max(pop)),
    xlab = "", ylab = "", type = "l", col = "black", main = "", )
points(time, pop, pch = 20, col = "black")
axis(2, ylim = c(0, max(pop)), col = "black", lwd = 2)
```

- axis( ) 함수를 사용하여 y축을 그린다.

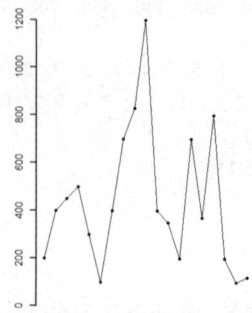

- **Step 4 - 첫 번째 y축 이름 지정** : 첫 번째 y축의 이름 지정

```
plot(time, pop, axes = F, xlim = c(7000, 3400), ylim = c(0, max(pop)),
    xlab = "", ylab = "", type = "l", col = "black", main = "", )
points(time, pop, pch = 20, col = "black")
axis(2, ylim = c(0, max(pop)), col = "black", lwd = 2)
mtext(2, text = "Population", line = 2)
```

- mtext( ) 함수를 사용하여 y축의 이름을 붙인다.

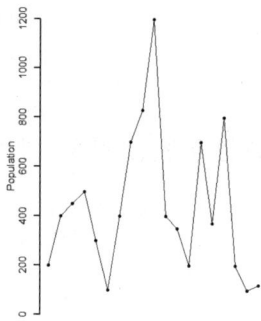

- **Step 5 - 두 번째 그래프 생성** : 아직 축을 지정하지 않은 두 번째 그래프 생성

```
plot(time, pop, axes = F, xlim = c(7000, 3400), ylim = c(0, max(pop)),
    xlab = "", ylab = "", type = "l", col = "black", main = "", )
points(time, pop, pch = 20, col = "black")
axis(2, ylim = c(0, max(pop)), col = "black", lwd = 2)
mtext(2, text = "Population", line = 2)

par(new = T)
plot(time, med, axes = F, xlim = c(7000, 3400), ylim = c(0, max(med)),
    xlab = "", ylab = "", type = "l", lty = 2, lwd = 2,col = "black", main = "", )
```

- par( ), plot( ) 함수를 사용하여 두 번째 그래프를 추가한다.

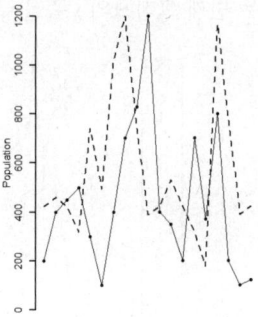

- **Step 6 - 두 번째 그래프에 점 추가** : 두 번째 그래프에 점 추가

```
plot(time, pop, axes = F, xlim = c(7000, 3400), ylim = c(0, max(pop)),
    xlab = "", ylab = "", type = "l", col = "black", main = "", )
points(time, pop, pch = 20, col = "black")
axis(2, ylim = c(0, max(pop)), col = "black", lwd = 2)
mtext(2, text = "Population", line = 2)

par(new = T)
plot(time, med, axes = F, xlim = c(7000, 3400), ylim = c(0, max(med)),
    xlab = "", ylab = "", type = "l", lty = 2, lwd = 2,col = "black", main = "", )
points(time, med, pch = 20, col = "black")
```

- points( ) 함수를 사용하여 두 번째 그래프의 점을 추가한다.

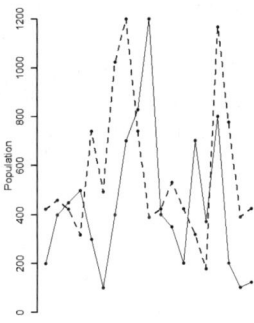

- **Step 7 - 두 번째 그래프의 y축 생성** : 두 번째 그래프의 y축 생성

```
plot(time, pop, axes = F, xlim = c(7000, 3400), ylim = c(0, max(pop)),
    xlab = "", ylab = "", type = "l", col = "black", main = "", )
points(time, pop, pch = 20, col = "black")
axis(2, ylim = c(0, max(pop)), col = "black", lwd = 2)
mtext(2, text = "Population", line = 2)

par(new = T)
plot(time, med, axes = F, xlim = c(7000, 3400), ylim = c(0, max(med)),
    xlab = "", ylab = "", type = "l", lty = 2, lwd = 2,col = "black", main = "", )
points(time, med, pch = 20, col = "black")
axis(2, ylim = c(0, max(med)), col = "black", lwd = 2, line = 3.5)
```

- axis( ) 함수를 사용하여 두 번째 그래프의 y축을 추가한다.

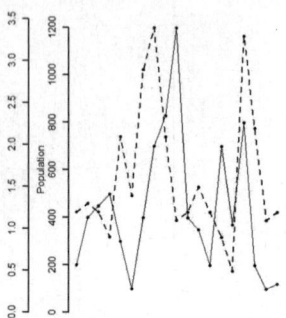

- Step 8 - 두 번째 y축 이름 지정 : 두 번째 y축의 이름 지정

```
plot(time, pop, axes = F, xlim = c(7000, 3400), ylim = c(0, max(pop)),
    xlab = "", ylab = "", type = "l", col = "black", main = "", )
points(time, pop, pch = 20, col = "black")
axis(2, ylim = c(0, max(pop)), col = "black", lwd = 2)
mtext(2, text = "Population", line = 2)

par(new = T)
plot(time, med, axes = F, xlim = c(7000, 3400), ylim = c(0, max(med)),
    xlab = "", ylab = "", type = "l", lty = 2, lwd = 2,col = "black", main = "", )
points(time, med, pch = 20, col = "black")
axis(2, ylim = c(0, max(med)), col = "black", lwd = 2, line = 3.5)
mtext(2, text = "Median Group size", line = 5.5)
```

- mtext( ) 함수를 사용하여 두 번째 그래프의 y축의 이름을 붙인다.

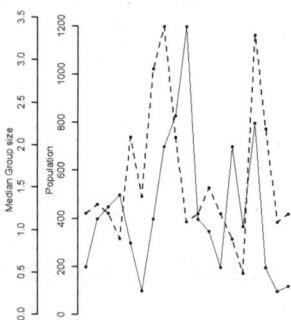

- Step 9 - 세 번째 그래프 생성 : 아직 축을 지정하지 않은 세 번째 그래프 생성

```
plot(time, pop, axes = F, xlim = c(7000, 3400), ylim = c(0, max(pop)),
    xlab = "", ylab = "", type = "l", col = "black", main = "", )
points(time, pop, pch = 20, col = "black")
axis(2, ylim = c(0, max(pop)), col = "black", lwd = 2)
mtext(2, text = "Population", line = 2)

par(new = T)
```

```
plot(time, med, axes = F, xlim = c(7000, 3400), ylim = c(0, max(med)),
    xlab = "", ylab = "", type = "l", lty = 2, lwd = 2,col = "black", main = "", )
points(time, med, pch = 20, col = "black")
axis(2, ylim = c(0, max(med)), col = "black", lwd = 2, line = 3.5)
mtext(2, text = "Median Group size", line = 5.5)

par(new = T)
plot(time, grp, axes = F, xlim = c(7000, 3400), ylim = c(0, max(grp)),
    xlab = "", ylab = "", type = "l", lty = 3, lwd = 2,col = "black", main = "", )
```

- par( ), plot( ) 함수를 사용하여 세 번째 그래프를 추가한다.

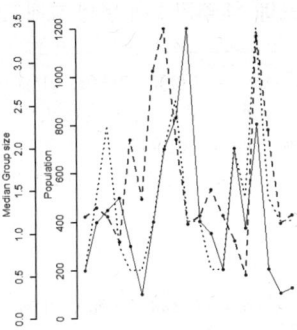

- Step 10 - 세 번째 그래프의 y축 생성 : 세 번째 그래프의 y축 생성

```
plot(time, pop, axes = F, xlim = c(7000, 3400), ylim = c(0, max(pop)),
    xlab = "", ylab = "", type = "l", col = "black", main = "", )
points(time, pop, pch = 20, col = "black")
axis(2, ylim = c(0, max(pop)), col = "black", lwd = 2)
mtext(2, text = "Population", line = 2)

par(new = T)
plot(time, med, axes = F, xlim = c(7000, 3400), ylim = c(0, max(med)),
    xlab = "", ylab = "", type = "l", lty = 2, lwd = 2,col = "black", main = "", )
points(time, med, pch = 20, col = "black")
axis(2, ylim = c(0, max(med)), col = "black", lwd = 2, line = 3.5)
mtext(2, text = "Median Group size", line = 5.5)

par(new = T)
plot(time, grp, axes = F, xlim = c(7000, 3400), ylim = c(0, max(grp)),
    xlab = "", ylab = "", type = "l", lty = 3, lwd = 2,col = "black", main = "", )
axis(2, ylim = c(0, max(grp)), col = "black", lwd = 2, line = 7)
```

- axis( ) 함수를 사용하여 세 번째 그래프의 y축을 추가한다.

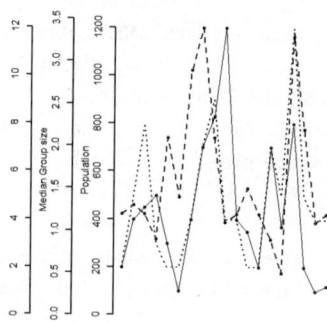

- **Step 11 - 세 번째 그래프에 점 추가** : 세 번째 그래프에 점 추가

```
plot(time, pop, axes = F, xlim = c(7000, 3400), ylim = c(0, max(pop)),
    xlab = "", ylab = "", type = "l", col = "black", main = "", )
points(time, pop, pch = 20, col = "black")
axis(2, ylim = c(0, max(pop)), col = "black", lwd = 2)
mtext(2, text = "Population", line = 2)

par(new = T)
plot(time, med, axes = F, xlim = c(7000, 3400), ylim = c(0, max(med)),
    xlab = "", ylab = "", type = "l", lty = 2, lwd = 2,col = "black", main = "", )
points(time, med, pch = 20, col = "black")
axis(2, ylim = c(0, max(med)), col = "black", lwd = 2, line = 3.5)
mtext(2, text = "Median Group size", line = 5.5)

par(new = T)
plot(time, grp, axes = F, xlim = c(7000, 3400), ylim = c(0, max(grp)),
    xlab = "", ylab = "", type = "l", lty = 3, lwd = 2,col = "black", main = "", )
axis(2, ylim = c(0, max(grp)), col = "black", lwd = 2, line = 7)
points(time, grp, pch = 20, col = "black")
```

- points( ) 함수를 사용하여 세 번째 그래프의 점을 추가한다.

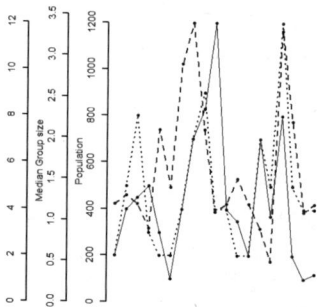

- **Step 12 - 세 번째 y축 이름 지정** : 세 번째 y축의 이름 지정

```
plot(time, pop, axes = F, xlim = c(7000, 3400), ylim = c(0, max(pop)),
    xlab = "", ylab = "", type = "l", col = "black", main = "", )
points(time, pop, pch = 20, col = "black")
axis(2, ylim = c(0, max(pop)), col = "black", lwd = 2)
mtext(2, text = "Population", line = 2)

par(new = T)
plot(time, med, axes = F, xlim = c(7000, 3400), ylim = c(0, max(med)),
    xlab = "", ylab = "", type = "l", lty = 2, lwd = 2,col = "black", main = "", )
points(time, med, pch = 20, col = "black")
axis(2, ylim = c(0, max(med)), col = "black", lwd = 2, line = 3.5)
mtext(2, text = "Median Group size", line = 5.5)

par(new = T)
plot(time, grp, axes = F, xlim = c(7000, 3400), ylim = c(0, max(grp)),
    xlab = "", ylab = "", type = "l", lty = 3, lwd = 2,col = "black", main = "", )
axis(2, ylim = c(0, max(grp)), col = "black", lwd = 2, line = 7)
points(time, grp, pch = 20, col = "black")
mtext(2, text = "Number of Groups", line = 9)
```

- mtext( ) 함수를 사용하여 세 번째 그래프의 y축의 이름을 붙인다.

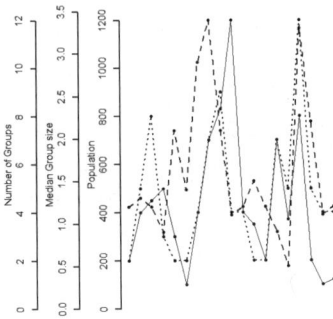

- **Step 13 - x축 생성 및 이름 지정** : 전체 그래프의 x축 생성 및 x축의 이름 지정

```
plot(time, pop, axes = F, xlim = c(7000, 3400), ylim = c(0, max(pop)),
    xlab = "", ylab = "", type = "l", col = "black", main = "", )
points(time, pop, pch = 20, col = "black")
axis(2, ylim = c(0, max(pop)), col = "black", lwd = 2)
mtext(2, text = "Population", line = 2)

par(new = T)
plot(time, med, axes = F, xlim = c(7000, 3400), ylim = c(0, max(med)),
    xlab = "", ylab = "", type = "l", lty = 2, lwd = 2,col = "black", main = "", )
points(time, med, pch = 20, col = "black")
```

```
axis(2, ylim = c(0, max(med)), col = "black", lwd = 2, line = 3.5)
mtext(2, text = "Median Group size", line = 5.5)

par(new = T)
plot(time, grp, axes = F, xlim = c(7000, 3400), ylim = c(0, max(grp)),
    xlab = "", ylab = "", type = "l", lty = 3, lwd = 2,col = "black", main = "", )
axis(2, ylim = c(0, max(grp)), col = "black", lwd = 2, line = 7)
points(time, grp, pch = 20, col = "black")
mtext(2, text = "Number of Groups", line = 9)
axis(1, pretty(range(time), 10))
mtext(side = 1, text = "cal BP", col = "black", line = 2)
```

- axis( ), mtext( ) 함수를 사용하여 그래프의 x축과 x축의 이름을 붙인다.

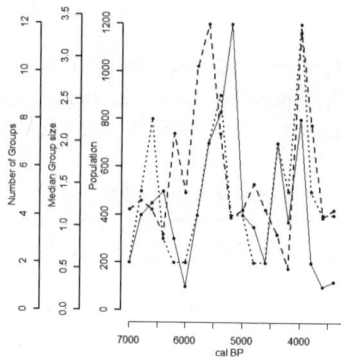

- **Step 14 - 사용자화** : 라인별로 설명을 붙이는 등 좀 더 이해하기 쉽도록 조정

```
plot(time, pop, axes = F, xlim = c(7000, 3400), ylim = c(0, max(pop)),
    xlab = "", ylab = "", type = "l", col = "black", main = "", )
points(time, pop, pch = 20, col = "black")
axis(2, ylim = c(0, max(pop)), col = "black", lwd = 2)
mtext(2, text = "Population", line = 2)

par(new = T)
plot(time, med, axes = F, xlim = c(7000, 3400), ylim = c(0, max(med)),
    xlab = "", ylab = "", type = "l", lty = 2, lwd = 2,col = "black", main = "", )
points(time, med, pch = 20, col = "black")
axis(2, ylim = c(0, max(med)), col = "black", lwd = 2, line = 3.5)
mtext(2, text = "Median Group size", line = 5.5)

par(new = T)
plot(time, grp, axes = F, xlim = c(7000, 3400), ylim = c(0, max(grp)),
    xlab = "", ylab = "", type = "l", lty = 3, lwd = 2,col = "black", main = "", )
axis(2, ylim = c(0, max(grp)), col = "black", lwd = 2, line = 7)
points(time, grp, pch = 20, col = "black")
mtext(2, text = "Number of Groups", line = 9)
```

```
axis(1, pretty(range(time), 10))
mtext(side = 1, text = "cal BP", col = "black", line = 2)
legend(x = 7000, y = 12, legend = c("Population", "Median Group size",
"Number of Groups"),lty = c(1, 2, 3))
```

- legend( )함수를 사용하여 그래프의 범례를 추가한다.

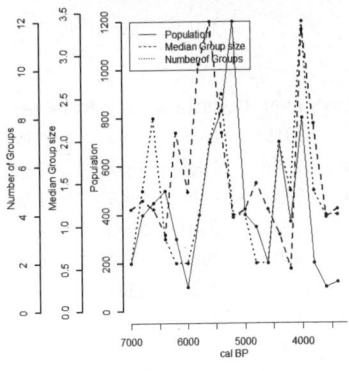

자. 그 외 다양한 그래프

1) aplpack 패키지 설치

- aplpack 패키지 : 줄기-잎 그림, 체르노프 페이스, 스타차트 등의 시각화 방법을 제공
- aplpack 패키지의 설치 방법은 아래와 같다.

```
install.packages("aplpack")
library(aplpack)
```

2) 줄기-잎 그림

- 22명의 1학기 중간고사 수학 성적 데이터에 대한 줄기-잎 그림은 아래와 같다.

```
score=c(1,2,3,4,10,2,30,42,31,50,80,76,90,87,21,43,65,76,32,12,34,54)
score
 [1]  1  2  3  4 10  2 30 42 31 50 80 76 90 87 21 43 65 76 32 12 34 54
stem.leaf(score)
1 | 2: represents 12
 leaf unit: 1
            n: 22
    5    0 | 12234
    7    1 | 02
    8    2 | 1
   (4)   3 | 0124
   10    4 | 23
    8    5 | 04
    6    6 | 5
    5    7 | 66
```

```
   3    8 | 07
   1    9 | 0
```

3) 얼굴 그림

- WorldPhones 데이터를 이용하였다. 이 데이터는 국가별, 연도별 전화기 숫자를 나타낸 데이터이며, 아래와 같다.

```
WorldPhones
      N.Amer Europe Asia S.Amer Oceania Africa Mid.Amer
1951  45939  21574  2876  1815   1646     89     555
1956  60423  29990  4708  2568   2366   1411     733
1957  64721  32510  5230  2695   2526   1546     773
1958  68484  35218  6662  2845   2691   1663     836
1959  71799  37598  6856  3000   2868   1769     911
1960  76036  40341  8220  3145   3054   1905    1008
1961  79831  43173  9053  3338   3224   2005    1076
```

- faces(WorldPhones)라는 명령을 통해 얼굴 그림을 출력할 수 있으며, 그 방법은 아래와 같다.

```
faces(WorldPhones)
effect of variables:
 modified item       Var
 "height of face    " "N.Amer"
 "width of face     " "Europe"
 "structure of face" "Asia"
 "height of mouth   " "S.Amer"
 "width of mouth    " "Oceania"
 "smiling           " "Africa"
 "height of eyes    " "Mid.Amer"
 "width of eyes     " "N.Amer"
 "height of hair    " "Europe"
 "width of hair     " "Asia"
 "style of hair     " "S.Amer"
 "height of nose    " "Oceania"
 "width of nose     " "Africa"
 "width of ear      " "Mid.Amer"
 "height of ear     " "N.Amer"
```

- 위 코드를 사용하여 출력되는 그래프는 아래와 같다.

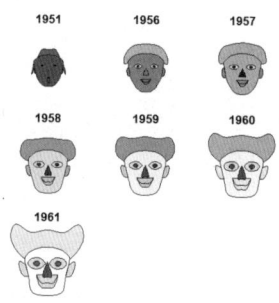

4) 별 그림
- WorldPhones 데이터를 이용하여 별 그림을 작성하는 방법은 아래와 같다.

```
stars(WorldPhones)
```

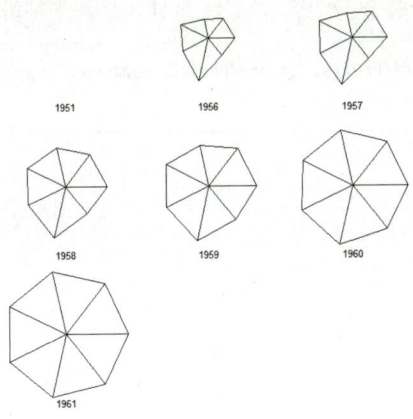

3. 공간분석
- 구글 비즈(Google Vis)는 구글에서 지원하는 다양한 그래프다. R 그래프보다 보기 좋고, 움직이는 그래프도 그릴 수 있다.

가. 구글 비즈 1

1) 기본 패키지 설치
- 구글 비즈를 실행하기 위해 googlevis 패키지를 설치해야 하며, 그 방법은 아래와 같다.

```
install.packages("googleVis")
library(googleVis)
```

2) 기본 데이터 확인
- 구글 비즈를 실행하기 위해 사용할 Fruit 데이터는 아래와 같다.

```
 data(Fruits)
 head(Fruits)
    Fruit Year Location Sales Expenses Profit    Date
1  Apples 2008     West    98       78     20 2008-12-31
2  Apples 2009     West   111       79     32 2009-12-31
3  Apples 2010     West    89       76     13 2010-12-31
4 Oranges 2008     East    96       81     15 2008-12-31
5 Bananas 2008     East    85       76      9 2008-12-31
6 Oranges 2009     East    93       80     13 2009-12-31
```

3) 모션 차트
- 구글 비즈를 사용하기 위해서는 그래프 축과 관련된 시간과 id 변수를 지정한 후 plot으로 그래프를 그려주면 된다. 그러면 웹 브라우저가 열리면서 그래프가 생성되고 인터랙티브하게 작동한다.
- 데이터의 움직임 등을 확인할 수 있는 모션 차트를 실행하는 방법은 아래와 같다.

```
M1<-gvisMotionChart(Fruits, idvar="Fruit", timevar="Year")
plot(M1)
```

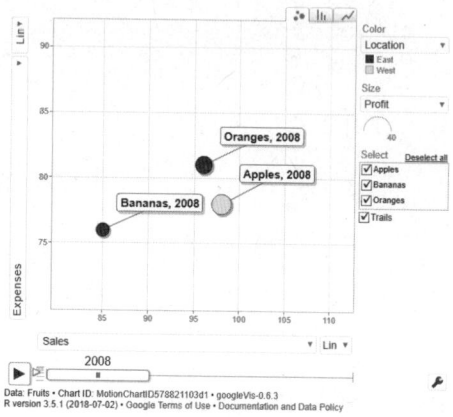

나. 구글 비즈 2 - 지오차트 예시

1) 지오차트 사용
- gvisGeoChart로 지도와 그 위에 데이터를 표시할 수 있다.
- 함수로 데이터, 위치, 색상, 크기를 지정하고 일부 내용은 옵션으로 지정하며, 그 방법은 아래와 같다.

```
gvisGeoChart(data, locationvar="", colorvar="", sizevar="", hovervar=""
             options = list(), chartid)
```

2) 색상 구분
가) 사용 데이터 확인
- 아래의 Exports 데이터는 국가별 수출에 따른 수익과 온라인 유무를 나타낸 것이다.

```
data(Exports)
head(Exports)
    Country  Profit  Online
1   Germany  3       TRUE
2   Brazil   4       FALSE
```

```
3 United States    5    TRUE
4        France    4    TRUE
5       Hungary    3    FALSE
6         India    2    TRUE
```

나) 전 세계 국가별 수출·수익 크기

- 전 세계지도에 국가별 수출, 수익크기를 색상으로 구분하는 방법은 아래와 같다.

```
G1<-gvisGeoChart(Exports, locationvar='Country', colorvar='Profit')
plot(G1)
```

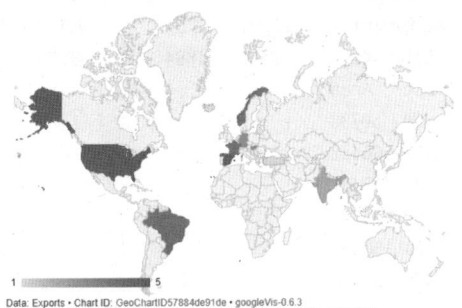

다) 유럽 국가별 수익 크기

- 유럽 지역으로 한정하여, 수익 크기를 색상으로 구분하는 방법은 아래와 같다.

```
G2<-gvisGeoChart(Exports,"Country","Profit",options=list(region="150"))
plot(G2)
```

- 유럽(150)국가의 지도만 나타나고 수익정도가 표현 되도록 region 값으로 지정했다.

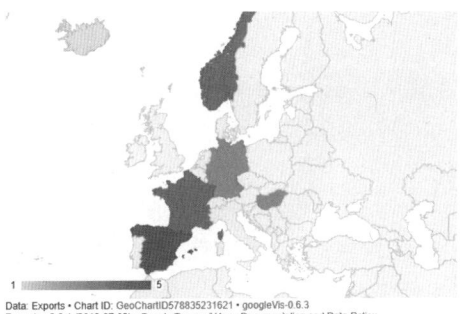

3) 표시 방식 및 해상도 수준 지정

가) 사용 데이터 확인

- 아래의 states 데이터는 state.name과 state.x77 데이터를 데이터 프레임 형식으로 묶어 저장한 것으로, 해당 데이터를 통해 문맹률 정보를 알 수 있다.

```
require(datasets)
states<-data.frame(state.name,state.x77)
head(states)
           state.name Population Income Illiteracy Life.Exp Murder HS.Grad
Alabama       Alabama       3615   3624        2.1    69.05   15.1    41.3
Alaska         Alaska        365   6315        1.5    69.31   11.3    66.7
Arizona       Arizona       2212   4530        1.8    70.55    7.8    58.1
Arkansas     Arkansas       2110   3378        1.9    70.66   10.1    39.9
California California      21198   5114        1.1    71.71   10.3    62.6
Colorado     Colorado       2541   4884        0.7    72.06    6.8    63.9
           Frost   Area
Alabama       20  50708
Alaska       152 566432
Arizona       15 113417
Arkansas      65  51945
California    20 156361
Colorado     166 103766
```

나) 미국의 주별 문맹률 정보

- 미국의 주별 문맹률 정보가 나타나도록 작성하는 방법은 아래와 같다.

```
G3=gvisGeoChart(states,"state.name","Illiteracy",options=list(region="US",
        displayMode="regions",resolution="provinces",width=600,height=400))
plot(G3)
```

- states 데이터를 이용하여 미국의 주별 문맹률 정보가 나타나도록 option에 표시 방식과 해상도 수준을 지정한 것이다.

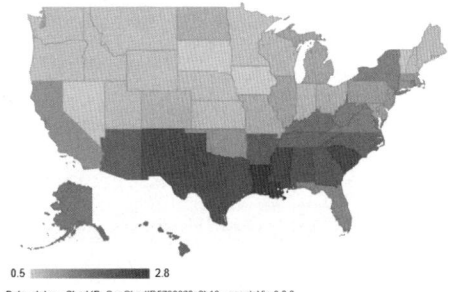

4) 속도 표시

가) 허리케인 경로 - 색상으로 표시
- 허리케인과 관련된 위치 및 속도 정보가 들어있는 Andrew 데이터를 활용해 허리케인 경로에 따른 위치별 속도를 알 수 있다.
- 위치별 속도를 각각의 색상으로 표시하는 방법은 아래와 같다.

```
G5 <- gvisGeoChart(Andrew, "LatLong", colorvar='Speed_kt',
                   options=list(region="US"))
plot(G5)
```

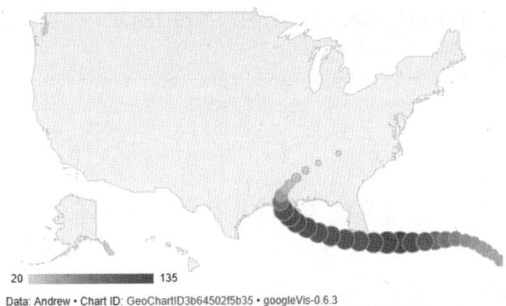

나) 허리케인 경로 - 원 크기로 표시
- 위치별 속도를 색깔이 아닌 각각의 원의 크기별로 표시하는 방법은 아래와 같다.

```
G6 <- gvisGeoChart(Andrew, "LatLong", sizevar='Speed_kt',
                   colorvar="Pressure_mb", options=list(region="US"))
plot(G6)
```

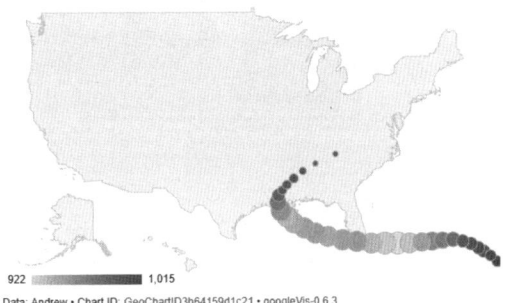

5) 깊이 표시

가) 사용 데이터 확인
- 아래의 Quakes 데이터는 지진 데이터이다.

```
require(stats)
data(quakes)
head(quakes)
    lat    long depth mag stations
1 -20.42 181.62   562 4.8       41
2 -20.62 181.03   650 4.2       15
3 -26.00 184.10    42 5.4       43
4 -17.97 181.66   626 4.1       19
5 -20.42 181.96   649 4.0       11
6 -19.68 184.31   195 4.0       12
quakes$latlong <- paste(quakes$lat, quakes$long, sep=":")
head(quakes$latlong)
[1] "-20.42:181.62" "-20.62:181.03" "-26:184.1"       "-17.97:181.66" "-20.42:181.96"
"-19.68:184.31"
```

나) 지진의 깊이와 진도

- Quakes데이터를 활용해 지진관련 내용을 깊이와 진도정보로 표시하는 방법은 아래와 같다.

```
G7 <- gvisGeoChart(quakes, "latlong", "depth", "mag",
options=list(displayMode="Markers", region="009",colorAxis="{colors:['red', 'grey']}",
              backgroundColor="lightblue"))
plot(G7)
```

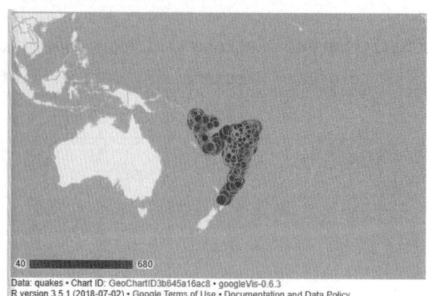

6) 데이터를 읽어오는 경우 - 고정 데이터

- 위키피디아 국가별 신용등급 정보의 세 번째 테이블에 있는 데이터를 읽어 들여 지도에 표시할 수 있으며, 그 방법은 아래와 같다.

```
install.packages("XML")
library(XML)
url <- "https://en.wikipedia.org/wiki/List_of_countries_by_credit_rating"
x <- readHTMLTable(readLines(url), which=3, header=T)
```

```
levels(x$Rating) <- substring(levels(x$Rating), 4,
                    nchar(levels(x$Rating)))
x$Ranking <- x$Rating
levels(x$Ranking) <- nlevels(x$Rating):1
x$Ranking <- as.character(x$Ranking)
x$Rating <- paste(x$Country, x$Rating, sep=": ")

G8 <- gvisGeoChart(x, "Country/Region", "Ranking", hovervar="Rating",
            options=list(gvis.editor="S&P",
                     colorAxis="{colors:['#91BFDB', '#FC8D59']}"))
plot(G8)
```

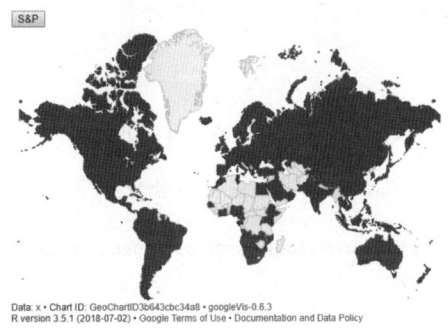

- 이 그래프의 경우에는 왼쪽 상단의 'S&P'를 누르면 그래프를 편집할 수도 있다.

7) 데이터를 읽어오는 경우 - 가변 데이터

- 최근 30일간 진도 4.0 이상의 지진발생 정보 사이트에서 얻은 데이터를 그래프로 표시할 수 있으며, 그 방법은 아래와 같다.

```
library(XML)
url <- "https://ds.iris.edu/seismon/eventlist/index.phtml"
eq <- readHTMLTable(readLines(url),
              colClasses=c("factor", rep("numeric", 4), "factor"))$evTable
              names(eq) <- c("DATE", "LAT", "LON", "MAG",
                         "DEPTH", "LOCATION_NAME", "IRIS_ID")

eq$loc=paste(eq$LAT, eq$LON, sep=":")
G9 <- gvisGeoChart(eq, "loc", "DEPTH", "MAG",
              options=list(displayMode="Markers",
                     colorAxis="{colors:['purple', 'red', 'orange', 'grey']}",
                     backgroundColor="lightblue"), chartid="EQ")
plot(G9)
```

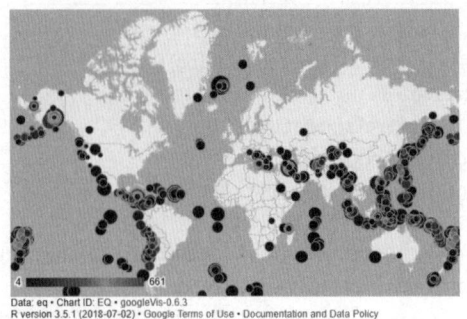

- 이 그래프는 '최근 30일'이 기준이기 때문에 코드를 실행하는 시점마다 데이터가 다를 수 있음에 주의해야 한다.

다. 샤이니

- 샤이니(shiny)서버를 설치하면 서버와 클라이언트의 적합한 R 스크립트를 저장한 뒤, R로 분석 결과를 퍼블리싱 할 수 있으며, 아래와 같이 사용해볼 수 있다.

```
options(repos=c(RStudio='http://rstudio.org/_packages', getOption('repos')))
install.packages('shiny')
library(shiny)
runExample("01_hello")
runExample("02_text")
runExample("03_reactivity")
```

- 샤이니 패키지는 웹 프로그래밍 지식이 전혀 없더라도 인터랙티브한 웹 그래픽을 만들 수 있는 환경을 제공한다.
- 샤이니로 인터랙티브하게 데이터를 분석해 결과를 직접 볼 수 있고 샤이니를 사용하여 출력되는 화면은 아래와 같다.

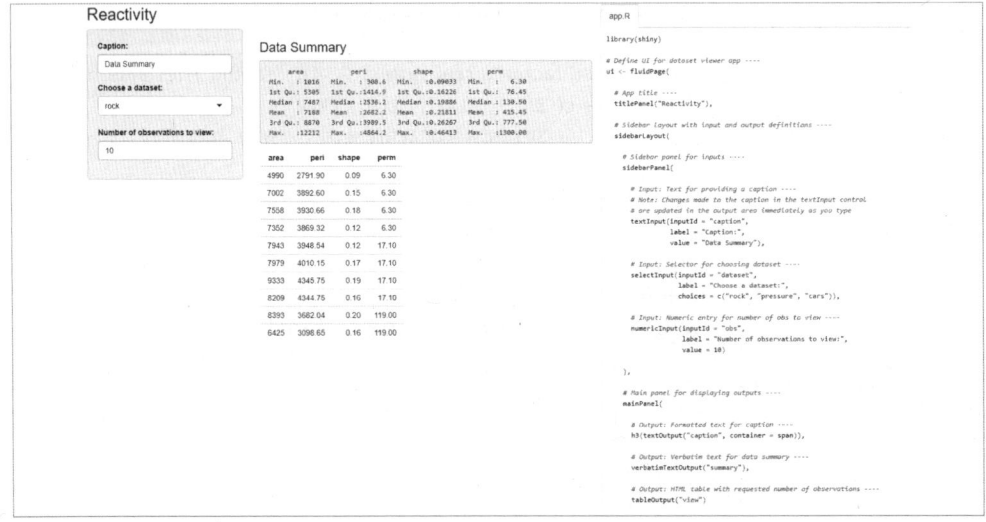

라. 모자이크 플롯
  1) 모자이크 플롯 개요
     - **모자이크 플롯**(mosaic plot)은 복수의 categorical variable분포 파악에 도움이 되는 시각화 방법이다.
     - 제한적인 특징이 있지만 EDA를 진행할 때, 두 변수의 구조적 특징을 파악할 수 있고, 핵심 내용을 보다 간단하게 전달할 수 있다는 장점이 있다.

  2) 기본 패키지 설치
     - vcd(visualize categorical data)의 다양한 기능을 알아보기 위해 vcd 패키지를 설치해야 하며, 그 방법은 아래와 같다.
     - 해당 데이터세트 패키지의 'Titanic' 데이터를 이용하여 모자이크 플롯을 진행한다.

```
install.packages("vcd")
library(vcd)
library(datasets)
str(Titanic)
 'table' num [1:4, 1:2, 1:2, 1:2] 0 0 35 0 0 0 17 0 118 154 ...
 - attr(*, "dimnames")=List of 4
  ..$ Class   : chr [1:4] "1st" "2nd" "3rd" "Crew"
  ..$ Sex     : chr [1:2] "Male" "Female"
  ..$ Age     : chr [1:2] "Child" "Adult"
  ..$ Survived: chr [1:2] "No" "Yes"
```

  3) 모자이크 플롯 그래프
     가) 기본 형태
        - 별다른 옵션을 추가하지 않은 모자이크 플롯 그래프의 작성 방법은 아래와 같다.

```
mosaic(Titanic)
```

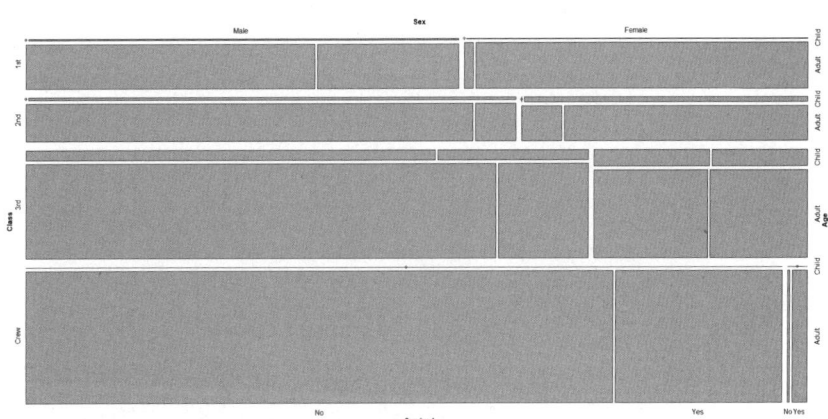

- 이 그림을 통해 1등석 여성 승객의 생존율이 상대적으로 높음을 알 수 있지만, 그 비율의 높고 낮음 여부는 쉽게 파악하기가 힘들다.

나) 색상 추가 - 비교
- 비율이 높은 집단과 낮은 집단의 비교를 확실히 하기 위해 모자이크 플롯 내 집단에 색상을 추가할 수 있으며, 그 방법은 아래와 같다.

```
mosaic(Titanic, shade=T,legend=T)
```

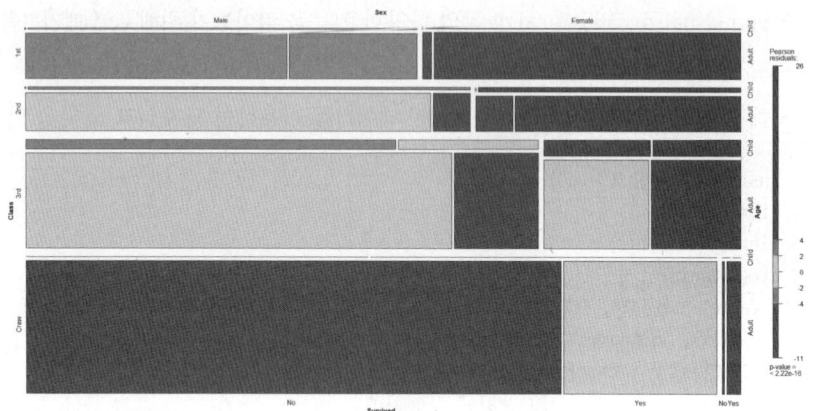

- 이 그림에서는 유의한 집단을 보다 확실하게 파악할 수 있다.

다) 색상 추가 - 특정 집단
- 특정 집단의 정보가 궁금하다면 특정 집단의 색상만을 지정할 수 있으며, 그 방법은 아래와 같다.

```
strucplot(Titanic, pop = F)
grid.edit("rect:Class=1st,Sex=Male,Age=Adult,Survived=Yes", gp = gpar(fill = "red"))
```

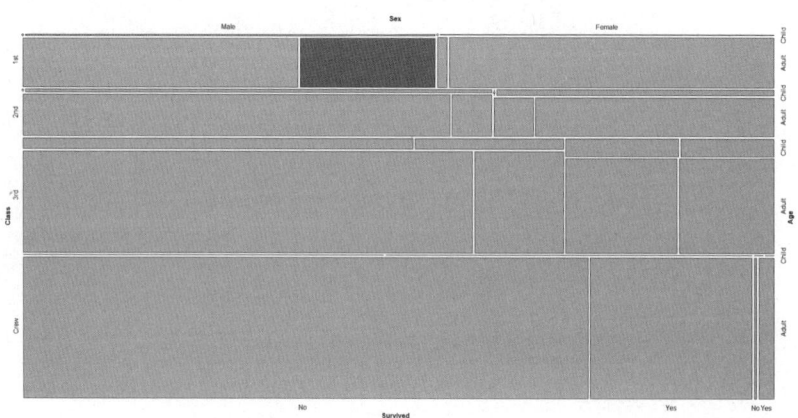

4. 샤이니 사용

가. 샤이니의 특징

- Shiny 패키지 : R에서 곧바로 인터랙티브하게 웹 앱(Shiny App)을 만들 수 있는 패키지
- 샤이니를 사용하면 이미 구현된 동적 시각화 자료를 웹으로 쉽게 배포할 수 있다.
- 샤이니는 R로 작성된 프로그램을 사용자와 보다 쉽게 상호작용할 수 있도록 웹 페이지에서 독립형 앱을 호스트하거나, R Markdown 문서에 포함하거나, 대시보드를 작성한다.
- CSS 테마, htmlwidgets 및 JavaScript 작업으로 Shiny App을 확장할 수 있다.
- R Markdown : R에서 사람이 읽을 수 있고 편집 등의 용도로 사용할 수 있도록 문서를 만들어 주는 언어
- R Markdown에서 Document 대신 Shiny로 지정하면, 샤이니에서도 R Markdown을 사용할 수 있다.

나. 샤이니 기본 구성

1) 샤이니 패키지 설치와 실행

- Shiny 패키지의 설치 방법은 아래와 같다.

```
install.packages('shiny')
library(shiny)
runExample("01_hello")
```

2) 샤이니의 구조

- 샤이니를 실행하기 전에 R studio를 설치하고 R studio에서 shiny 예제코드 "01_hello"를 실행하여 아래와 같은 웹 브라우저 창이 열리는 것을 확인할 수 있다.

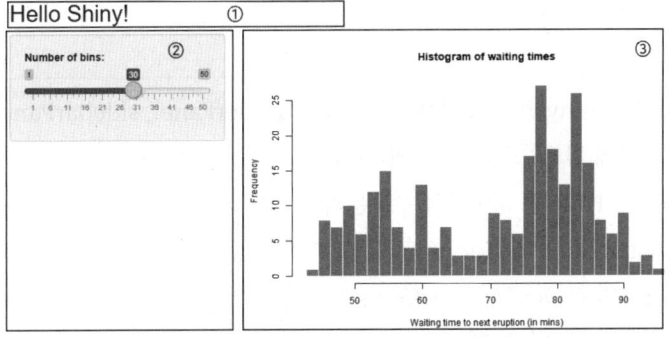

- 이 그림은 기본적인 샤이니 화면으로, 샤이니의 구조는 향후 코딩의 유지·보수가 쉽도록 header, body, footer 구조를 지닌 html과 유사한 형태를 보인다.
- 기본적인 샤이니의 구조는 아래와 같다.

> **[샤이니의 기본 구조]**
> ① headerPanel : 기본적인 제목과 주제가 들어가는 곳
> ② sidebarPanel : mainPanel에서 컨트롤 할 수 있는 컴포넌트들이 들어가는 곳
>   html 페이지에서 field, button, combo, select box 등이 들어가 mainPanel을 유동적으로 컨트롤 할 수 있는 것과 유사하다.
> ③ mainPanel : sidebarPanel에서 컨트롤 컴포넌트로 조정한 값을 받아 결과화면을 보여지는 곳

다. ui.R과 server.R code

1) ui.R과 server.R code의 특징
   - 샤이니는 크게 ui.R과 server.R 두 가지로 나뉜다. 샤이니를 실행하기 위해서는 ui.R과 server.R 파일이 동일 디렉터리 안에 있어야 한다.
   - ui.R : 화면 구성과 component class들을 설정
   - server.R : 실제적으로 R에서 구동시킨 코드들이 들어가는 곳. 각각의 id값을 설정하여 ui.R에 input과 output값으로 작동

2) hello_shiny(ui.R)
   - 기본적인 hello_shiny의 ui.R 코드는 아래와 같다.

```
library(shiny)
shinyUI(pageWithSidebar(       # ------ ①
  headerPanel("Hello shiny!"),  # ------ ②
  sidebarPanel(
    sliderInput("obs",          # ------ ③
                "Number of observations: ",
                min=1,
                max=1000,
                value=500)),
  mainPanel(                    # ------ ④
plotOutput("distPlot"))
))
```

   - ① : ui.R은 shinyUI( )로 시작, 그 아래는 headerPanel, sidebarPanel, mainPanel이 있으며, 그 안에 컴포넌트의 input과 output요소들이 각각 들어감
   - ② : headerPanel은 보여주려는 부분의 타이틀
   - ③ : sidebarPanel의 sliderInput을 보면 가장 앞에 있는 파라미터는 inputID인데 "obs"로 명명하였으며 server.R에 input$obs로 전달됨. 이어서 나오는 "Number of observations:"는 컴포넌트로 쓰여 질 텍스트. "Input$obs"를 컴포넌트로 나타낼 때 그 안의 값은 1부터 1,000까지이며, 기본값은 500임
   - ④ : mainPanel은 distPlot이라는 이름을 갖는 plot을 보여줌. plot을 output으로 보여주고 싶을 땐, plotOutput이라는 함수를 이용

3) hello_shiny(server.R)
- 기본적인 hello_shiny의 server.R 코드는 아래와 같다.

```
library(shiny)
shinyServer(function(input,output){     # ------ ①

  output$distPlot<-renderPlot({         # ------ ②, ③
    dist<-rnorm(input$obs)
    hist(dist)
  })
})
```

- ① : server.R은 shinyServer( )로 시작, input과 output에 대한 함수를 만들어 줌
- ② : ui.R에서 그려준 sliderInput 객체 안의 input$obs 값 만큼의 표본수를 갖는 normal distribution의 random 값들을 dist라는 변수 안에 넣는데, 이렇게 만들어진 변수는 R에서 제공하는 hist라는 함수로 보임
- ③ : server에서는 ui.R에서 지정한 plotOutput("distPlot")에서 distPlot이라는 이름을 갖는 Plot을 output 값으로 보내 renderPlot을 출력

라. 샤이니 기본 사용법

1) 시작과 종료
- 샤이니는 하나의 R 파일에서 직접 실행하는 방법도 있지만, 일반적으로 ui.R과 server.R을 만들어 사용한다.
- 가장 일반적인 방법으로는 c:/test/shiny로 디렉터리를 만들고 각각의 ui.R과 server.R 파일을 내용에 맞는 폴더에 넣어 관리하면 된다.
- 이때 ui.R 과 server.R은 아래와 같이 항상 동일폴더 안에 있어야 한다.

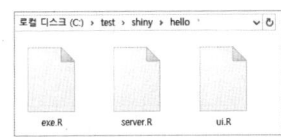

- ui.R과 server.R이 들어있는 폴더로 working directory를 지정한 후 runApp( )을 실행하며, 그 방법은 아래와 같다.

```
library(shiny)
setwd("C:/test/shiny/hello")
runApp()
```

- R studio에서는 esc키를 누르거나 인터페이스 중간에 있는 빨간 정지 버튼을 눌러주면 실행 중인 세션이 종료된다. 정지 버튼은 아래와 같은 위치에 있다.

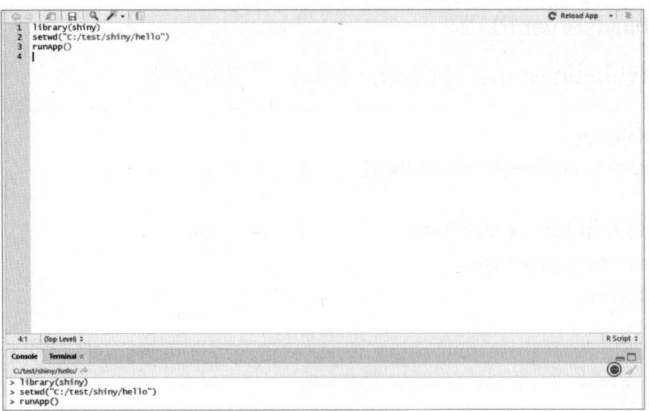

- 샤이니는 R server에서 브라우저와 별도로 운영되기 때문에 브라우저 종료 후 반드시 세션을 끝내줘야 한다.

2) Input과 Output 사용

- 샤이니에서 input과 output은 매우 중요한데, ui.R과 server.R에서 input과 output으로 id들을 만들고 그 안에 설정된 데이터나 그래프 등을 주고받는다.
- input_output과 관련한 ui.R 코드는 아래와 같다.

```
library(shiny)
shinyUI(pageWithSidebar(
  headerPanel("Miles Per Gallon"),
  sidebarPanel(
    selectInput("variable","Variable: ",
                list("Cylinders" = "cyl",
                     "Transmission" = "am",
                     "Geers" = "gear")),
    checkboxInput("outliers", "Show outliers", FALSE)
  ),
  mainPanel()
))
```

- 이 코드는 mainPanel에 아무것도 넣지 않아서 sidebarPanel에 select combo box와 check box를 만들어 줬지만, 아무런 변화도 없었다.
- 출력상의 문제를 해결하기 위해 ui.R 코드의 mainPanel에 텍스트와 플롯을 넣음으로써 보완할 수 있으며, 보완된 mainPanel 코드는 아래와 같다.

```
mainPanel(   h3(textOutput("caption")),
             plotOutput("mpgPlot")
          )
))
```

- 해당 코드를 작성한 뒤, 세션을 종료하고 재실행하면 server.R에서 작성했던 renderText와 renderPlot이 mainPanel에 나타난다.
- 이때 서버가 R studio에서 실행될 때, 이미 갖고 있던 값들로 화면에 보여주기 때문에 server.R이나 ui.R이 바뀌게 되면, 세션을 반드시 종료한 후 재실행해야한다.
- ui.R 코드의 작성 및 보완이 끝나면, server.R 코드를 작성해야 한다.
- input_output과 관련한 server.R 코드는 아래와 같다.

```
library(shiny)
library(datasets)
mpgData<-mtcars
mpgData$am <- factor(mpgData$am, labels=c("Automatic","Manual"))

shinyServer(function(input,output){
  formulaText<-reactive({
    paste("mpg ~", input$variable)
  })
  output$caption <-renderText({
    formulaText()
  })

  output$mpgPlot<-renderPlot({
    boxplot(as.formula(formulaText()),
            data=mpgData,
            outline=input$outliers)
  })
})
```

- shinyServer 앞에 datasets를 만든 후, 변수명을 정해준 뒤 변하는 dataset에 따라 reactive한 부분들을 그려줬다.
- 위 코드들을 사용하여 출력되는 화면은 아래와 같다.

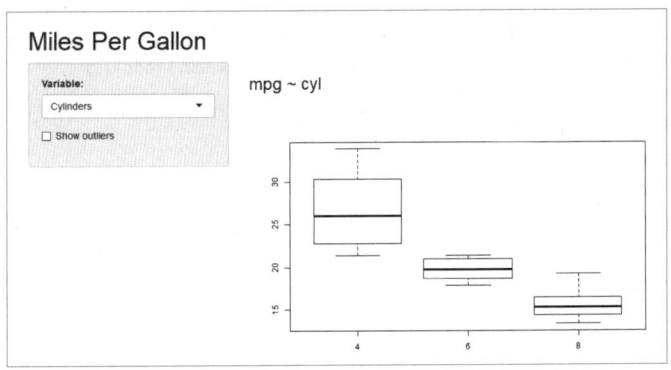

- 위 그림에서 체크박스인 'show outliers'를 선택하면, mainPanel의 box plot에 outlier가 나타난다.

- 이미 server.R 파일에서 output 값으로 outline=input$outliers라는 옵션으로 outlier 속성을 지정했고, input 값으로 ui.R 파일에서 checkboxInput에 "outliers"라는 id 값을 미리 설정했기에 좀 더 동적인 그래프로 바뀌었음을 알 수 있다.

3) Slider

- 샤이니는 html 기반의 다양한 컴포넌트를 제공하고 그 중에서도 슬라이더(slider)는 내부 속성 값에 따라 그 모습이 달라진다.
- 슬라이드바의 출력은 우선 슬라이드바의 inputID를 지정하고 label, min, max, 기본 값인 value, bar의 단위인 step, 데이터 형식인 format을 각각 지정한 뒤, 슬라이드바 안의 눈금 표시 여부에 따라 ticks를 T/F 값으로 지정하고, 슬라이드바의 움직임에 따라 animate 값을 T/F로 지정하는 과정으로 진행된다.
- Slider에 대한 ui.R 코드는 아래와 같다.

```
library(shiny)
shinyUI(pageWithSidebar(
  headerPanel("Sliders"),
  sidebarPanel(
    sliderInput("integer","integer: ",                           # -------------- ①
                min=0,max=1000,value=500),

    sliderInput("decimal","Decimal: ",
                min=0,max=1,value=.5, step=.1),

    sliderInput("range","Range: ",                               # -------------- ②
                min=1,max=1000,value=c(200,500)),

    sliderInput("format","Custom Format: ",                      # -------------- ③
                min=0,max=10000,value=0, step=2500,
                animate=TRUE),

    sliderInput("animation","Looping animation: ", 1, 2000, 1    # -------------- ④
                animate=animationOptions(interval=300, loop=T))
  ),
  mainPanel(
    tableOutput("values")
  )
))
```

- ① : 맨 처음 나오는 슬라이더 slider의 "integer"는 가장 단순한 형태의 슬라이드바. 특정한 구간을 나누지 않고 0부터 1000까지 슬라이더바를 그린 뒤 기본 값을 500으로 설정
- ② : "range"처럼 특정 구간을 선택할 때에는 기본 값에 range 구간을 잡음
- ③ : 속성 값인 format를 단위와 #, 마지막 숫자로 넣어주면 "format"처럼 숫자 모양을 특정 포맷으로 만들 수 있음. locale은 국가별로 지정할 수 있는데, 우리나라는 "kr"임

- ④ : "animation"은 슬라이드바가 자동으로 움직일 수 있도록 함, 옵션으로 구간과 반복 여부를 결정
- Slider에 대한 server.R 코드는 아래와 같다.

```r
library(shiny)

shinyServer(function(input,output){

  SliderValues<-reactive({                                        # -------------- ①

    data.frame(                                                   # -------------- ②
      Name=c("Integer",                                           # -------------- ③
             "Decimal",
             "Range",
             "Custom Format",
             "Animation"),
      Value = as.character(c(input$integer,
                             input$decimal,
                             paste(input$range, collapse=' '),
                             input$format,
                             input$animation)),
      stringAsFactors=FALSE)
  })
  output$values <-renderTable({                                   # -------------- ④
    SliderValues()
  })
})
```

- ① : 샤이니에서 동적으로 움직이는 부분은 reactive 함수
- ② : mainPanel 부분에 넣을 테이블을 data.frame으로 만들어 슬라이드바 값에 따라 변할 수 있도록 함
- ③ : 테이블의 변수 명과 값·속성을 지정한 다음, character 형태로 ui.R에서 지정해놨던 integer, decimal, range, format, animation 값을 넣음
- ④ : output$values는 최종적으로 테이블을 그리는 형태, renderTable 함수를 이용해 -Slider Value의 변하는 값들을 mainPanel 값에 적용할 수 있도록 함
- 위 코드들을 사용하여 출력되는 화면은 아래와 같다.

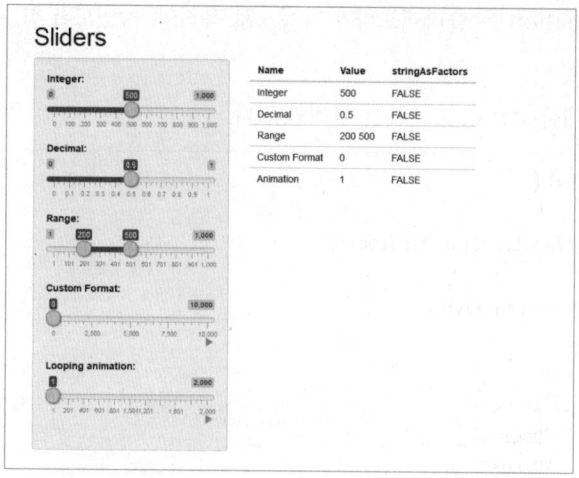

- 위 그림의 sidebarPanel에서 slidebar를 변경할 수 있으며, 그에 따라 mainPanel의 Table 이 동적으로 변하는 지를 확인할 수 있다.

4) Tabsets

- Tabsets로 한 화면에 탭(Tab)을 만들어 탭별로 다른 그래프나 테이블을 보여줄 수 있다.
- Tabsets에 대한 ui.R 코드는 아래와 같다.

```
library(shiny)
shinyUI(pageWithSidebar(

  headerPanel("Tabsets"),

  sidebarPanel(                                          # -------------- ①

    radioButtons("dist","Distribution type: ",
                 list("Normal" = "norm",
                      "Uniform" = "unif",
                      "Log-normal" = "lnorm",
                      "Exponential" = "exp")),

    br(),


    sliderInput("n",
                "Number of observations: ",
                value=500,
                min=1,
                max=1000)),
  mainPanel(
    tabsetPanel(                                         # -------------- ②, ③
    tabPanel("Plot", plotOutput("plot")),
```

```
      tabPanel("Summary", verbatimTextOutput("summary")),
      tabPanel("Table", tableOutput("table"))
    )
  )
))
```

- ① : sidebarPanel에 정규분포, 균등분포, 로그노말분포, 지수분포를 선택할 수 있는 라디오 버튼 생성 후 선택한 분포 안의 랜덤 값 개수를 sliderInput으로 설정
- ② : tabPanel은 tabsetPanel 안에 쓰이고, tabsetPanel은 tabPanel이 각각 독립적이도록 만들어줌
- ③ : tabsetPanel 안에 들어가는 탭마다 Plot, Summary, Table이 나타날 수 있음
- Tabsets에 대한 server.R 코드는 아래와 같다.

```
library(shiny)
shinyServer(function(input,output){
  data<-reactive({                              # -------------- ①
    dist<-switch(input$dist,                    # -------------- ②, ③
                 norm=rnorm,
                 unif=runif,
                 lnorm=rnorm,
                 exp=rexp,
                 rnorm)
    dist(input$n)
  })
  output$plot<-renderPlot({
    dist<-input$dist
    n<-input$n
    hist(data(),
         main=paste('r',dist,'(',n,')',sep=''))
  })
  output$summary<-renderPrint({
    summary(data())
  })
  output$table<-renderTable({
    data.frame(x=data())
  })
})
```

- ① : 정규분포, 균등분포, 로그노말분포, 지수분포를 랜덤하게 생성해주는 함수
- ② : dist라는 변수에 switch를 이용해 만듦, ui.R에서 받아온 n 값을 적용해 n의 개수만큼 랜덤하게 만들어 dist라는 id를 설정해 input값에 적용
- ③ : 기본 rnorm 문법은 rnorm(n, mean=0, sd=1)이며, 안에 들어갈 값은 n으로, ui.R에서 받아온 input 값이 들어감
- 최종 값은 data라는 함수가 되며, 이를 이용해 histogram이나 summary, table 등을 그릴

수 있다.
- 위 코드들을 사용하여 출력되는 화면은 아래와 같다.

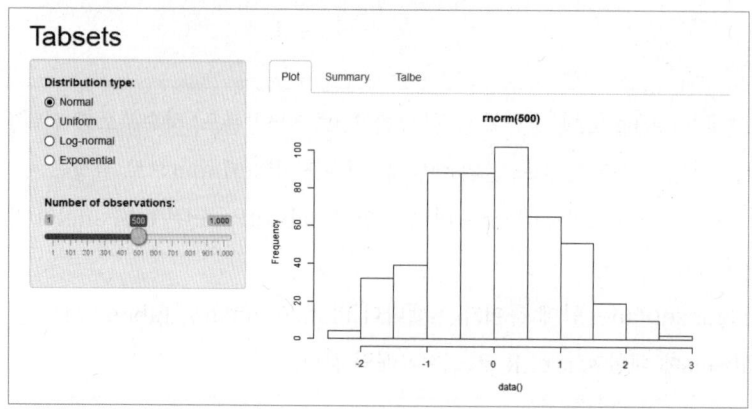

- 위 그림에서 plot, summary, table이라는 tabPanel을 확인할 수 있다.

5) dataTable
- dataTable은 http://datatables.net에서 내놓은 자바스크립트를 사용한다.
- dataTable 코드를 작성할 때는 ui.R과 server.R 코드를 나누지 않고 한 번에 코딩할 수 있지만, 코드의 관리 등을 위해 나눠서 작성하는 것이 좋다.
- 우선 ui.R과 server.R을 따로 나누지 않은 dataTable.R의 코드는 아래와 같다.

```
library(shiny)

runApp(list(
  ui=basicPage(
    h2('The mtcars data'),
    dataTableOutput('mytable')
  ),
  server = function(input, output){
    output$mytable=renderDataTable({
      mtcars
    })
  }
))
```

- 위 코드는 단순한 dataTable을 그려주는 코드로, mtcars table을 웹 브라우저에서 보여주는 것이다.
- 페이지당 보여주는 개수를 정할 수 있으며, 특정 레코드를 검색(Search)해 찾을 수 있고, 변수마다 오름차순/내림차순으로 정렬도 가능하다.
- 하나의 dataTable.R 코드를 사용하여 출력되는 화면은 아래와 같다.

The mtcars data										
mpg	cyl	disp	hp	drat	wt	qsec	vs	am	gear	carb
21	6	160	110	3.9	2.62	16.46	0	1	4	4
21	6	160	110	3.9	2.875	17.02	0	1	4	4
22.8	4	108	93	3.85	2.32	18.61	1	1	4	1
21.4	6	258	110	3.08	3.215	19.44	1	0	3	1
18.7	8	360	175	3.15	3.44	17.02	0	0	3	2
18.1	6	225	105	2.76	3.46	20.22	1	0	3	1
14.3	8	360	245	3.21	3.57	15.84	0	0	3	4
24.4	4	146.7	62	3.69	3.19	20	1	0	4	2
22.8	4	140.8	95	3.92	3.15	22.9	1	0	4	2
19.2	6	167.6	123	3.92	3.44	18.3	1	0	4	4
17.8	6	167.6	123	3.92	3.44	18.9	1	0	4	4

- dataTable 코드를 ui.R 코드와 server.R로 나눠작성할 때의 ui.R 코드는 아래와 같다.

```
library(shiny)
library(ggplot2)
shinyUI(pageWithSidebar(
  headerPanel("Examples of DataTables"),
  sidebarPanel(
    checkboxGroupInput('show_vars','Columns in diamonds to show:', names(diamonds),
                    selected=names(diamonds)),
    helpText('For the diamonds data, we can select variables to show in the table;
            for the mtcars example, we use bSortClasses = TRUE so that sorted
            columns are colored since they have special CSS classes attached;
            for the iris data, we customize the length menu so we can display
            5 rows per page.')
  ),
  mainPanel(
    tabsetPanel(
      tabPanel('diamonds',
              dataTableOutput("mytable1")),
      tabPanel('mtcars',
              dataTableOutput("mytable2")),
      tabPanel('iris',
              dataTableOutput("mytable3"))
    )
  )
))
```

- 체크박스를 만드는 함수는 checkboxInput과 checkboxGroupInput이 있다.
- checkboxInput : 하나의 체크박스만 생성해 하나의 값만 보여줌
- checkboxGroupInput : list처럼 다이아몬드 데이터 속성 값을 하나의 그룹으로 엮어서 보여줌(diamonds탭 참고)
- 맨 마지막 selected는 기본 값으로 '모든 속성 값'을 보여준다.

- dataTable 코드를 ui.R 코드와 server.R로 나눠작성할 때의 server.R 코드는 아래와 같다.

```
library(shiny)
shinyServer(function(input,output){
  output$mytable1<-renderDataTable({
    library(ggplot2)
    diamonds[,input$show_vars,drop=FALSE]
  })
  output$mytable2<-renderDataTable({                       # -------------- ①
    mtcars
  }, options = list(bSortClasses = TRUE))
  output$mytable3<-renderDataTable({                       # -------------- ②
    iris
  }, options = list(aLengthMenu = c(5, 30, 50), iDisplayLenght=5))
})
```

- ① : mytable2에서는 값을 소팅했을 때 컬럼 값이 선택되어 나타나도록 bSortClasses라는 옵션을 지정(mtcars탭 참고)
- ② : mytable3에서는 aLengthMenu 값으로 records per page에 레코드 개수를 몇 개씩 보여줄 것인지 고를 수 있는 selectBox를 생성, 값을 고정적으로 5개, 30개, 50개로 설정(iris 탭 참고)
- iris data 값은 5개, 30개, 50개 레코드를 한 화면에 보여줄 수 있다.
- iDisplayLength : 처음 보여주는 레코드 개수, 여기에서는 5개로 설정한다.
- 위 코드들을 사용하여 출력되는 화면 중 'diamonds'탭은 아래와 같다.

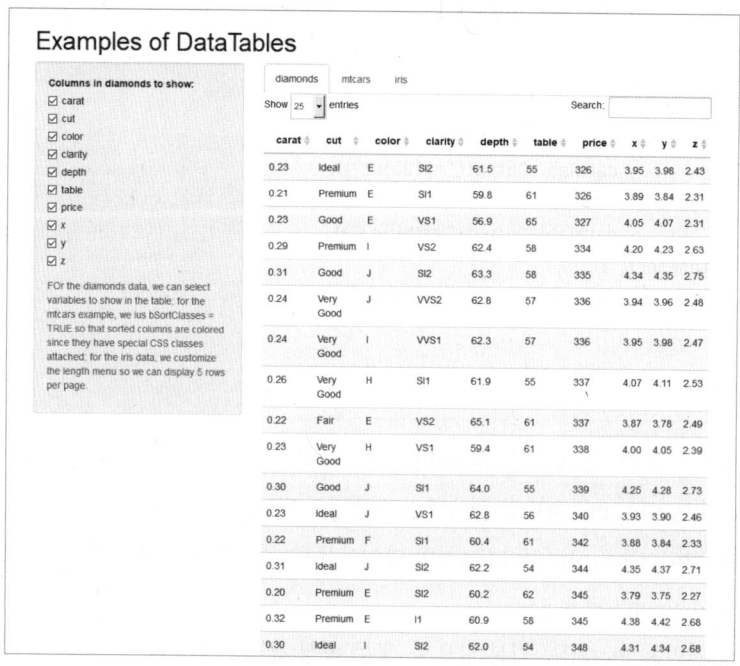

- 위 코드들을 사용하여 출력되는 화면 중 'mtcars'탭은 아래와 같다.

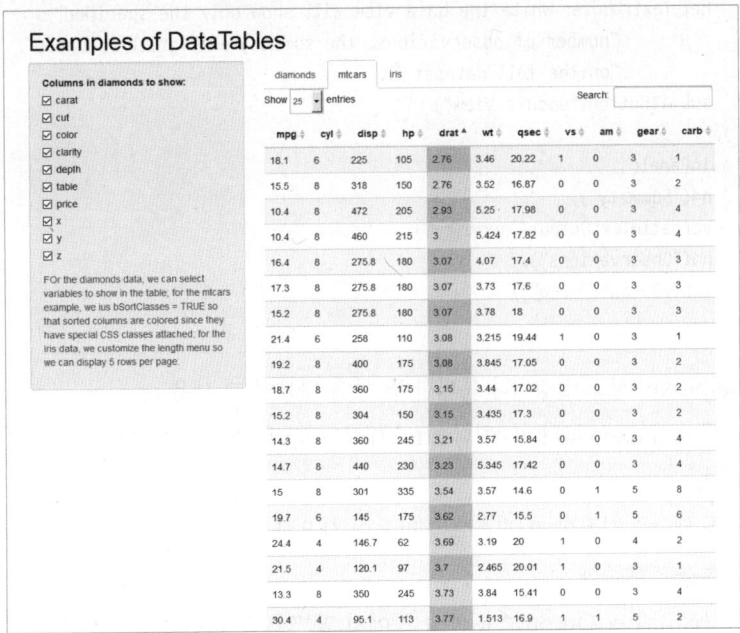

- 위 코드들을 사용하여 출력되는 화면 중 'iris'탭은 아래와 같다.

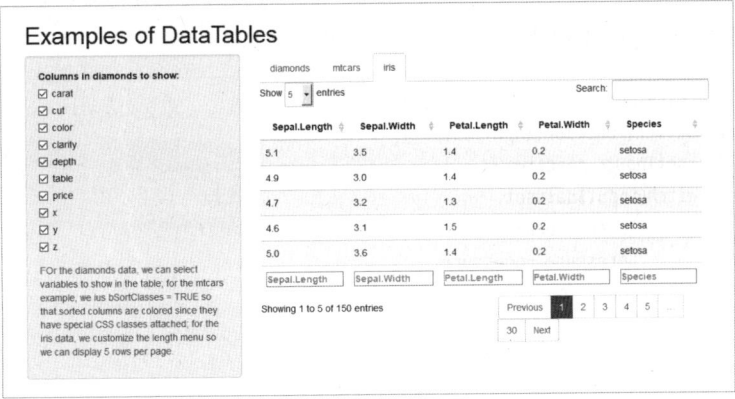

6) MoreWidget

- MoreWidget에 대한 ui.R 코드는 아래와 같다.

```
library(shiny)
shinyUI(pageWithSidebar(
  headerPanel("More Widgets"),
  sidebarPanel(
    selectInput("dataset","Choose a dataset: ",
                choices=c("rock","pressure","cars")),
```

```
    numericInput("obs","Number of observations to view: ", 10),
    helpText("Note: While the data view will show only the specified",
             "number of observations, the summary will still be based",
             "on the full dataset."),
    submitButton("Updata View")
  ),
  mainPanel(
    h4("Summaty"),
    verbatimTextOutput("summary"),
    h4("Observations"),
    tableOutput("view"))
))
```

- helptext : 보조 설명이나 특별한 팁 등을 덧붙일 때 사용
- 가끔 mainPanel의 h4( )처럼 html 태그가 들어가는데, br 이나 h1 같은 기본 태그도 잘 사용된다.
- 보통 태그를 사용할 때 리스트를 만들어 사용하기도 하며, 이 때에는 taglist( )로 사용할 태그 목록을 정해준다.
- verbatimTextOutput : R 콘솔 창에서 잘 정리된 summary가 나오는 것을 mainPanel에 옮겨줌
- TextOutput : 나오는 값들이 한 줄에 그대로 옮겨짐, 화면이 흐트러질 수 있음
- MoreWidget에 대한 server.R 코드는 아래와 같다.

```
library(shiny)
shinyServer(function(input,output){
  datasetInput<-reactive({
    switch(input$dataset,
           "rock"=rock,
           "pressure"=pressure,
           "cars"=cars)
  })
  output$summary<-renderPrint({
    dataset<-datasetInput()
    summary(dataset)
  })
  output$view<-renderTable({
    head(datasetInput(), n=input$obs)
  })
})
```

- dataset을 input할 때 reactive 부분에 function을 만들어주고 보여주길 원하는 Plot, Table, Print, text들은 renderPlot, renderTable, renderPrint, renderText로 붙여준다.
- 이 과정에서 안의 dataset이나 input 값은 reactive에 정해놓은 function 이름을 사용한다.
- 위 코드들을 사용하여 출력되는 화면은 아래와 같다.

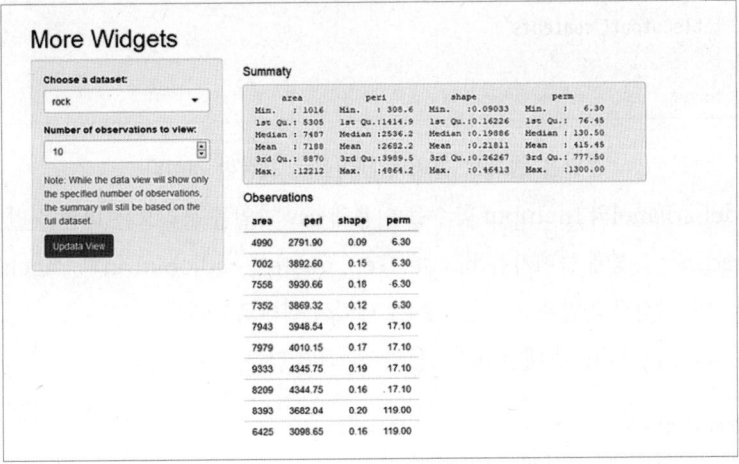

- 위 그림은 runApp( )으로 실행했을 때 나오는 화면이다.
- 이 화면에서 dataset을 선택하고 update view 버튼을 클릭하면 해당 dataset의 summary 와 table이 나온다.
- table 개수는 number of observations to view의 숫자로 변경할 수 있다.

7) uploading_Files
- 샤이니로 애플리케이션을 만들면, 웹에서 데이터를 불러오고 받을 수 있다.
- uploading_Files에 대한 ui.R 코드는 아래와 같다.

```
library(shiny)
shinyUI(pageWithSidebar(
  headerPanel("CSV viewer"),
  sidebarPanel(
    fileInput('file1', 'Choose CSV File',
              accept=c('text/csv','tect/comma-separated-values,text/plain', '.csv')),
    tags$hr(),
    checkboxInput('header','Header',TRUE),
    radioButtons('sep','Separator',
                 c(Comma=',',
                   Semicolon=';',
                   Tab='\t'),
                 'Comma'),
    radioButtons('quote','Quote',
                 c(None='',
                   'Double Quote'='"',
                   'Single Quote'="'"),
                 'Double Quote')
  ),
  mainPanel(
```

```
    tableOutput('contents')
  )
))
```

- 위 코드는 csv 파일을 웹으로 불러와 테이블로 표현한 것이다.
- sidebarPanel의 fileInput 함수를 이용해 csv 파일을 불러오는 버튼을 만들 수 있다.
- read.csv 속성에 들어가는 header, sep, quote를 radiobutton과 checkbox로 선택할 수 있으며, 설정된 파일은 mainPanel에 테이블 형태로 나타난다.
- uploading_Files에 대한 ui.R 코드는 아래와 같다.

```
library(shiny)
shinyServer(function(input,output){
  
  output$contents<-renderTable({
    inFile <- input$file1
    
    if(is.null(inFile))
      return(NULL)
    
    read.csv(inFile$datapath, header=input$header, sep=input$sep, quote=input$quote)
  })
})
```

- ui.R에서 가져온 파일 경로와 header, separator, quote를 read.csv로 읽어주고 readerTable을 이용해 그려주면 된다.
- 위 코드들을 사용하여 출력되는 화면은 아래와 같다.

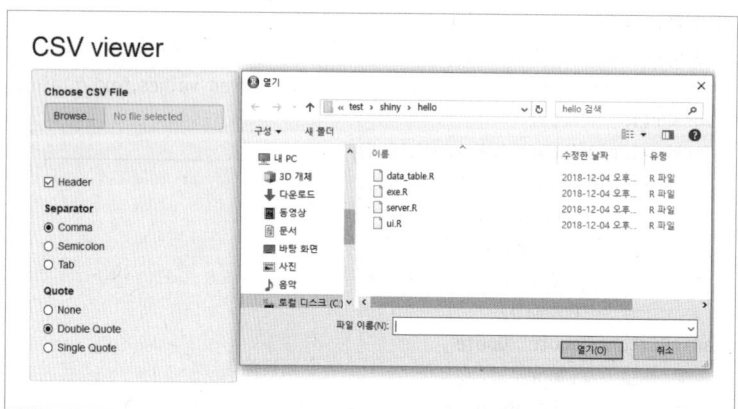

- 위 그림과 같이 fileInput에서 파일을 선택하고 불러올 수 있는 버튼을 만들 수 있고 파일 선택을 눌렀을 때 파일 위치를 찾을 수 있는 팝업 창이 뜬다. header, separator, quote는 파일의 형식에 따라 선택할 수 있다.

8) downloading_Files

- 구현 테이블에서 dataset를 받는 것은 어렵지 않게 만들 수 있으며, 그런 역할을 하는 것이 바로 downloading_Files 코드의 downloadButton이다.
- 샤이니에서는 submit과 download 버튼을 제공하는데, ui.R에서는 downloadButton을 만들 수 있고, server.R에서는 downloadHandler를 통해 원하는 파일을 저장할 수 있다.
- downloading_Files에 대한 ui.R 코드는 아래와 같다.

```
library(shiny)
shinyUI(pageWithSidebar(
  headerPanel("Download Example"),
  sidebarPanel(
    selectInput("dataset","Choose a dataset: ",
                choices=c("rock","pressure","cars")),
    downloadButton('downloadData','Download')),
  mainPanel(
    tableOutput('table')
  )
))
```

- sidebarPanel의 dataset를 선택할 수 있는 selectbox를 만들고, 이를 저장할 수 있는 downloadButton을 생성했다.
- mainPanel에서 선택된 데이터를 보여줄 수 있는 테이블을 만들었다.
- downloading_Files에 대한 server.R 코드는 아래와 같다.

```
library(shiny)
shinyServer(function(input,output){
  datasetInput<-reactive({
    switch(input$dataset,
           "rock"=rock,
           "pressure"=pressure,
           "cars"=cars)
  })
  output$table<-renderTable({
    datasetInput()
  })
  output$downloadData<-downloadHandler(
    filename = function(){
      paste(input$dataset,'.csv',sep='')
    },
    content=function(file){
      write.csv(datasetInput(),file)
    })
})
```

- rock, pressure, cars의 dataset를 datasetInput 함수로 설정하고 이를 renderTable로 보여준다.
- downloadHandler : datasetInput에서 선택된 dataset를 write.csv 함수를 이용해 저장
- filename 속성 값에서 csv나 txt 형식을 지정할 수 있다.
- 위 코드들을 사용하여 출력되는 화면은 아래와 같다.

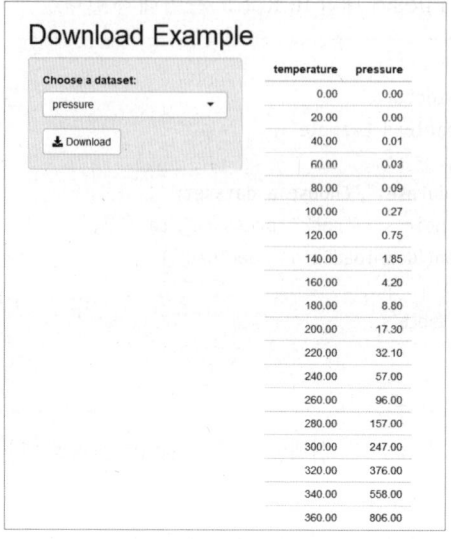

9) HTML_ui
- 샤이니로만 애플리케이션을 만들 수 있지만 html 태그로 페이지를 만들 수도 있다.
- html로 페이지를 만들 경우에는 안에 들어갈 plot, summary, table 같은 것은 동적으로 적용하기 위해 server.R을 만들어줘야 한다. 이러한 경우의 기본 파일은 ui.R이 아닌 index.html이 되며, 'www'라는 폴더 이름에 만들어주면 된다.
- HTML_ui에 대한 index.html 코드는 아래와 같다.

```
<!DOCTYPE html>
<html>

<head>
  <script src="shared/jquery.js" type="text/javascript"></script>
  <script src="shared/shiny.js" type="text/javascript"></script>
  <link rel="stylesheet" type="text/css" href="shared/shiny.css"/>
</head>

<body>

  <h1>HTML UI</h1>
```

```html
<p>
  <label>Distribution type:</label><br />
  <select name="dist">
    <option value="norm">Normal</option>
    <option value="unif">Uniform</option>
    <option value="lnorm">Log-normal</option>
    <option value="exp">Exponential</option>
  </select>
</p>

<p>

  <label>Number of observations:</label><br />
  <input type="number" name="n" value="500" min="1" max="1000" />

</p>

<h3>Summary of data:</h3>
<pre id="summary" class="shiny-text-output"></pre>

<h3>Plot of data:</h3>
<div id="plot" class="shiny-plot-output"
     style="width: 100%; height: 300px"></div>

<h3>Head of data:</h3>
<div id="table" class="shiny-html-output"></div>

</body>
</html>
```

- 위와 같은 html 코드에서 sidebarPanel과 mainPanel을 나누지 않아야 mainPanel에서 볼 수 있었던 summary, histogram, table이 동시에 보인다.
- HTML_ui에 대한 server.R 코드는 아래와 같다.

```r
library(shiny)

server <- function(input, output) {
  d <- reactive({
    dist <- switch(input$dist,
                   norm = rnorm,
                   unif = runif,
                   lnorm = rlnorm,
                   exp = rexp,
                   rnorm)
    
    dist(input$n)
  })
```

```
  output$plot <- renderPlot({
    dist <- input$dist
    n <- input$n
    
    hist(d(),
         main = paste("r", dist, "(", n, ")", sep = ""),
         col = "#75AADB", border = "white")
  })
  output$summary <- renderPrint({
    summary(d())
  })
  output$table <- renderTable({
    head(data.frame(x = d()))
  })
  
}
shinyApp(ui = htmlTemplate("C:/test/shiny/hello/www/index.html"), server)
```

- 샤이니 앱의 구동을 위해 server.R에 위 코드의 맨 마지막 줄을 추가해야 한다.
- 위 코드들을 사용하여 출력되는 화면은 아래와 같다.

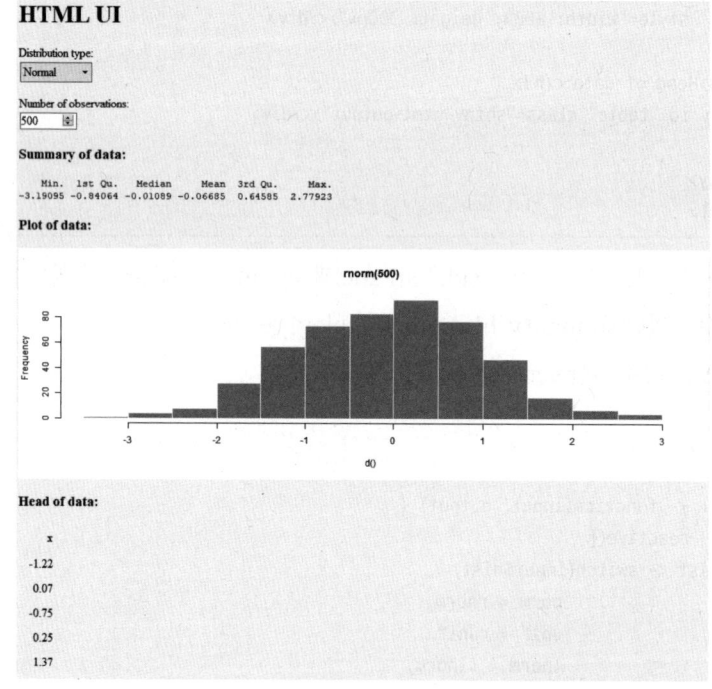

1절 라이브러리 기반 시각화 구현 : D3.js

 출제 포인트
D3.js의 특징에 대해 정확하게 숙지하고 있어야 합니다.

1. D3.js 개요

가. D3.js의 특징

- **D3.js**는 **자바스크립트 기반의 데이터 시각화 라이브러리**로, HTML5, SVG, CSS로 데이터 시각화를 하고 SVG 객체, canvas 객체 등을 기반으로 동작한다.
- D3.js의 모든 시각화 요소들은 HTML 문서의 SVG 객체로 표현되며, 자바스크립트를 통해 이 객체를 생성·조작할 수 있다.
- CSS를 통해 객체의 레이아웃과 속성을 변경해 디자인적 요소를 조작할 수 있다.
- 파이어폭스, 크롬, 사파리(WebKit), 오페라, IE9에서 모두 테스트되어, 해당 브라우저들을 사용하는 한 동일한 코드에 대해 일관적인 결과를 얻을 수 있다.
- D3.js는 사이트에서 내려 받을 수 있으며, HTML 파일에 아래 코드를 적용하면 최신 버전을 바로 연결할 수 있다.

```
<script src="http://d3js.org/d3.v3.min.js"></script>
```

나. D3.js를 통한 시각화 구현 절차

1) 데이터 획득
   - 데이터는 로컬에 저장된 파일일 수도 있고, 데이터베이스에 있을 수도 있으며, 웹에 공개되어 있을 수도 있다.
   - 어떠한 데이터를 시각화할 것인지 결정해 해당 데이터를 확보한다.

2) 데이터 파싱
   - 데이터는 CSV, XML, JSON 등의 형식으로 제공될 수 있고 D3.js에서는 다양한 데이터 형식을 파싱할 수 있는 API를 제공한다. 획득한 데이터의 형식에 따라 적절한 파서를 이용하면 된다.

3) 데이터 필터링
- 획득한 데이터 중 표현에 필요하지 않은 데이터를 제거하는 단계이다.
- 데이터를 표현하기 전, 데이터를 선택하는 과정에서 표현할 데이터를 명시적으로 추가/제거 할 수 있다.

4) 데이터 표현
- 차트나 지도 등 실제로 사용자에게 보여줄 시각적 요소를 생성한 뒤, 데이터를 이 요소에 매핑하는 단계이다. 여기서 가장 중요한 사항은 매핑의 스케일(scale)이다.
- D3.js에서는 시각적 요소에 데이터를 직접 입력하는 대신, scale이라는 객체로 데이터와 시각적 요소 간의 관계를 정의한다.
- scale로 관계를 정의하는 것은 고정적인 시각화 구현에서는 필요하지 않더라도, 한 번의 구현으로 다양한 화면의 크기에서 동작해야하는 시각화에서 매우 유용하다.
- D3.js는 scale 객체를 통해 스마트폰, 태블릿, 데스크톱 등 다양한 크기의 화면에 동일한 차트나 지도를 그릴 수 있다. 또한 사용자와 상호작용을 통해 화면이 동적으로 변경되더라도 차트나 지도가 깨지지 않는 장점이 있다.
- 즉, 다양한 화면 해상도에서 깨짐이 없는 시각화 구현이 가능하다.

5) 상호작용 추가
- D3.js 기반의 차트나 지도가 사용자의 마우스 클릭, 키보드 입력 등을 인지·처리할 수 있도록 해주는 단계이다.
- 차트의 특정 구간을 선택하면 더욱 상세하게 보여준다거나, 지도의 지역을 선택하면 해당 지역을 포커싱해 하위 지역을 보여주는 등의 상호작용을 한다.

2. 시각화 구현을 위한 기본 개념

가. D3.js로 시각화 구현
- D3.js는 객체지향언어이기 때문에 **객체를 생성**해야 한다.
- 객체지향언어 : 객체지향 방식으로 설계한 후 프로그래밍을 진행하는 언어
- 객체지향 : 객체의 사용을 지원하는 시스템이나 언어에 적용되는 용어 – IT용어사전
- 시각화를 구현하기 위해 SVG 객체를 생성한다는 것은 그림을 그리기 위해 도화지를 준비하는 것과 같다.
- 결국 D3.js는 데이터를 SVG 이미지로 시각화하는데 사용되는 함수를 모아놓은 파일과 같은 것이라 볼 수 있다.

나. SVG

- SVG : 그림을 그리기 위한 HTML 태그
- rect, circle, line, path, ellipse, polyline 등의 객체를 사용하여 그리며, 개별 요소의 **각각의 모양을 일일이 함수로 정의한 뒤 표현**해야 한다.
- SVG 객체 : 화면의 해상도와 독립적, 이벤트 핸들링을 지원하므로 사용자와의 상호작용이 필요한 시각화 구현에 적합
- D3를 활용해 시각화를 구현하기 위해서는 HTML5의 SVG객체가 필요하다.

다. Scale

- Scale 함수는 각기 다른 데이터 정보에 따라 SVG로 구현한 시각화 그림들이 화면에 출력되는 과정에서 다소 부자연스럽게 표현되는 것을 방지하기 위해 사용되는 것이다.
- 시각화를 구현하고자 하는 공간에 그 크기와 컬러를 자동으로 조절하여 '**시각화의 최적화**'를 돕는다. 이는 데이터 집합과 시각화 집합을 1:1 대응하는 것과 같은 원리이다.
- 스케일링한다는 것은 읽어온 데이터 값을 건드리지 않고, 각 데이터 값에 맞는 크기와 컬러 범위를 출력 장치에 맞도록 시각화하는 것을 의미한다.
- domain과 range를 지정하는 것으로 정의된다.
- domain( ) : scale 입력 값의 범위 지정
- range( ) : scale 출력 값의 범위 지정
- .scale( ) : domain과 range로 설정된 scale을 통해 원하는 위치에 무언가를 놓는 것

3. 막대 차트로 시간 시각화 구현

가. 객체 생성

- 막대 차트를 구현하기 위해 제일 먼저 SVG 객체를 생성해야 한다.
- 높이와 너비를 각각 200과 500으로 하는 SVG 객체 생성 방법은 아래와 같다.

```
var width = 500;
var height = 200;
var svg = d3.select("#chart")
.append("svg")
.attr('width',width)
.attr('height',height);
```

나. 데이터 입력

- 막대 차트로 시각화하기 위한 데이터를 준비한다. D3에서는 기본적으로 JSON 배열 형태의 데이터를 입력 데이터로 사용할 수 있다.
- 입력할 Dataset은 아래와 같다.

```
var dataset = [ 5, 10, 13, 19, 21, 25, 22, 18, 15, 13,
                11, 12, 15, 20, 18, 17, 16, 18, 23, 25];
```

다. 스케일(Scale) 정의

- 입력한 데이터를 막대 차트로 출력하기 위해서는 스케일이 필요하다. 이 과정에서 스케일이란, 입력한 데이터 값과 막대 크기 사이의 관계를 정의한 것을 의미한다.
- 막대 차트를 구현하기 위해서는 선형 스케일을 사용하는데, 예를 들어, 막대 차트의 높이가 100이고, 데이터가 0에서 100까지의 범위를 가진다면 데이터와 막대의 높이는 1:1 비율이 된다.
- 위와 같은 경우에 데이터의 값이 50이면 막대의 높이 또한 50이 된다. 하지만 막대 차트의 높이가 50이라면, 값이 50인 데이터의 막대 높이는 25가 되어야 한다.
- 즉, 막대차트의 높이를 100%로 보고 비율에 따라 값의 막대 높이를 정하는 것이다.
- x축과 y축 각각에 매핑하기 위한 두 개의 스케일 정의 방법은 아래와 같다.

```
var padding = 20;
var y = d3.scale.linear()                    # -------------- ①
  .domain([0,d3.max(dataset)])
  .range([height-padding+5,5])
var x = d3.scale.linear()                    # -------------- ②
  .domain([0,dataset.length])
  .range([padding,width])
```

- ① : 여백(padding)은 20으로 정의, y축을 매핑하기 위한 스케일, 데이터의 값과 막대 높이 사이의 관계 정의 domain을 0~25(데이터의 최댓값)로 정의, range를 185~5(높이-여백+5)부터 5까지로 정의
- ② : x축을 매핑하기 위한 스케일, 데이터의 개수와 막대 위치 사이의 관계 정의 domain을 0~20(데이터의 개수)으로 정의, range를 20~500으로 정의

라. 차트에 막대 추가

- 개별 요소의 모양 중 하나인 막대를 차트에 추가하는 방법은 아래와 같다.

```
svg.selectAll('rect')
.data(dataset)
.enter()
```

```
.append('rect')
.attr('x', function (d,i){
return x(i);
})
.attr('y', function (d){
return y(d);
})
.attr('width', function (d,i){
return parseInt((width-padding)/dataset.length) - 1;
})
.attr('height',function(d){
return height-y(d)-padding;
})
.attr('fill','blue');
```

- 막대는 사각형을 의미하는 rect 객체를 사용했다.
- 위 코드에서는 입력 데이터의 모든 요소에 대해 rect 객체를 생성한 후 x, y, width, height, 색상을 지정했다.
- x, y 값은 사각형의 x, y축에서의 위치를 의미하며, scale 객체를 통해 결정된다.
- width, height 값은 사각형의 너비와 높이를 의미한다. width 값은 scale과 관계없이 데이터의 개수를 막대 차트 너비로 나눈 값으로 할당되며, height 값은 y scale로 계산한 것이다.

마. 레이블 추가

- 차트의 막대 상단에 데이터 값을 나타내기 위한 레이블 추가 방법은 아래와 같다.

```
svg.selectAll('text')
.data(dataset
.enter()
.append('text')
.text(function(d){
return d;
})
.attr('x',function(d,i){
return parseInt(x(i)) + 1;
})
.attr('y', function(d){
return y(d)+10;
})
.attr('font-size','10px')
.attr('fill','white')
```

- 레이블은 text 객체를 사용해 추가할 수 있고 입력 데이터의 모든 요소들에 text 객체를 생성한 후 text 값과 위치를 지정한다.

바. 축 추가

- D3에서 제공하는 axis 객체는 다른 요소들과 마찬가지로 scale의 영향을 받는다.

 **출제 포인트**
D3.js 코드 중 translate, rotate 함수의 사용법을 알아두시는 것이 좋습니다.

- 차트에 x축, y축을 추가하는 방법은 아래와 같다.

```
var xAxis=d3.svg.axis()
           .scale(x)
           .orient('bottom');
var yAxis=d3.svg.axis()
           .scale(y)
           .ticks(5)
           .orient('left');
svg.append('g')
           .attr('class','axis')
           .attr('transform',"translate(0,"+ (height-padding)+")")
           .call(xAxis);

svg.append('g')
           .attr('class','axis')
           .attr('transform',"translate("+padding+",0)")
           .call(yAxis);
```

- x축, y축에 대해서 scale를 적용한 axis를 만들고, axis를 SVG 객체에 추가했다.
- ticks( ) : 눈금의 크기 지정
- attr( ) : 문서요소의 속성을 설정
- transform : 객체에 변형을 주기 위한 기능, translate, rotate 등과 같은 기능을 사용하기 위해서 먼저 정의해야 함
- translate : D3.js에서 시각화 요소의 위치 또는 방향을 변경
- **translate(a, b)** : a - x축 방향, a만큼 오른쪽으로 이동, -a는 왼쪽으로 이동,
  b - y축 방향, b만큼 아래쪽으로 이동, -b는 위쪽으로 이동
- rotate : D3.js에서 시각화 요소의 회전
- **rotate(c)** : c만큼 시계 방향으로 회전, -c는 반시계 방향으로 회전
- attr "class" : 지정된 클래스를 변경하여 클래스를 넣는 것(클래스의 개수 변화 없음)
- classed : 지정된 클래스 + classed의 클래스 모두 넣는 것(클래스의 개수 증가)

사. 전체 코드 확인

- 막대 차트로 시간 시각화를 구현하기 위한 코드는 아래와 같다.

```html
<!DOCTYPE html>
<meta charset="utf-8">
<style>
.axis path,
.axis line{
            fill: none;
            stroke: black;
            shape-rendering: crispEdges;
}
.axis text{
        font-family: sans-serif;
        font-size: 11px;
}
</style>
<script src="http://d3js.org/d3.v3.min.js"></script>
<div id="chart"></div>
<script type="text/javascript">
var width = 500;
var height = 200;
var svg = d3.select("#chart")
                        .append("svg")
                        .attr('width',width)
                        .attr('height',height);
var dataset = [ 5, 10, 13, 19, 21, 25, 22, 18, 15, 13,
                        11, 12, 15, 20, 18, 17, 16, 18, 23, 25];
var padding = 20;
var y = d3.scale.linear()
                .domain([0,d3.max(dataset)])
                .range([height-padding+5,5])
var x = d3.scale.linear()
                .domain([0,dataset.length])
                .range([padding,width])
svg.selectAll('rect')
        .data(dataset)
        .enter()
        .append('rect')
        .attr('x', function (d,i){
                return x(i);
        })
        .attr('y', function (d){
                return y(d);
        })
        .attr('width', function (d,i){
                return parseInt((width-padding)/dataset.length) - 1;
        })
```

```
                .attr('height',function(d){
                        return height-y(d)-padding;
                })
                .attr('fill','blue');
svg.selectAll('text')
                .data(dataset)
                .enter()
                .append('text')
                .text(function(d){
                return d;
                })
                .attr('x',function(d,i){
                return parseInt(x(i)) + 1;
                })
                .attr('y', function(d){
                return y(d)+10;
                })
                .attr('font-size','10px')
                .attr('fill','white')
var xAxis=d3.svg.axis()
                .scale(x)
                .orient('bottom');
var yAxis=d3.svg.axis()
                .scale(y)
                .ticks(5)
                .orient('left');
svg.append('g')
        .attr('class','axis')
        .attr('transform',"translate(0,"+ (height-padding)+")")
        .call(xAxis);

svg.append('g')
        .attr('class','axis')
        .attr('transform',"translate("+padding+",0)")
        .call(yAxis);
</script>
```

- 위 코드를 사용하여 웹 브라우저를 실행한 화면은 아래와 같다.

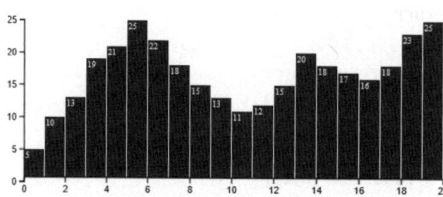

4. 파이 차트로 분포 시각화 구현

가. 객체 생성

- 파이 차트를 구현하기 위해 제일 먼저 SVG 객체를 생성해야 한다.
- 높이와 너비를 각각 400으로 하는 SVG 객체 생성 방법 및 파이 차트로 시각화하기 위한 데이터는 아래와 같다.

```
var dataset = [ 10, 40, 80];
var svg = d3.select("#chart")
         .append("svg")
         .attr('width',400)
         .attr('height',400);
```

- 해당 객체에서 완성될 코드로 파이 차트를 출력하면 아래와 같이 출력 상의 문제가 발생하게 되므로 온전하게 차트를 모두 출력하기 위해서는 차트를 이동시켜야 한다.

- 차트를 이동시키기 위해서는 낱개로 흩어진 파이 차트 요소들을 하나로 묶어야 한다.
  그러기 위해 해당 SVG 객체에 group를 추가한 뒤, 상단과 좌측으로부터 각 200씩 이동시키는 방법은 아래와 같다.

```
var group = svg.append("g")
           .attr("transform","translate(200,200)");
```

나. 파이 모양 구현

- 파이 차트를 그리기 위해서는 arc의 모양을 결정하는 객체를 생성해야 한다.
- 차트 안쪽 호의 반지름 길이를 결정하는 innerRadius 값을 100으로, 바깥쪽 호의 반지름 길이를 결정하는 outerRadius 값을 200으로 정의하는 방법은 아래와 같다.

```
var arc = d3.svg.arc()
        .innerRadius(100)
        .outerRadius(200);
```

- arc를 그리기 위한 pie layout 작성 방법은 아래와 같다.

```
var pie = d3.layout.pie()
        .value(function(d){
               return d;
        })
var arcs = group.selectAll(".arc")
           .data(pie(dataset))
           .enter()
           .append("g")
           .attr("classs","arc");
```

다. 차트 옵션 지정

- 색상을 빨강, 주황, 파랑 순으로 순차적으로 생성하는 스케일을 정의하고 arc에 연결하고자 한다. arc를 그리기 위한 path를 생성하고 색상을 지정하는 방법은 아래와 같다.

```
var color = d3.scale.ordinal()                          # -------------- ①
        .range(["red","orange","blue"]);
arcs.append("path")                                     # -------------- ②
       .attr("d",arc)
       .attr("fill",function(d){
               return color(d.data);
       });
```

- ① : 컬러 생성
- ② : pie와 컬러 연결

라. 레이블 추가

- arc의 내부에 레이블을 삽입하기 위해 text 객체를 생성하고, arc의 중앙으로 레이블의 위치를 변경하는 방법은 아래와 같다.

```
arcs.append("text")
       .attr("transform",function(d){
               return "translate("+ arc.centroid(d) +")";
       })
       .attr("text-anchor", "middle")
       .attr("text-size", "10px")
       .text(function(d){
               return d.data;
       });
```

마. 전체 코드 확인

- 파이 차트로 분포 시각화를 구현하기 위한 코드는 아래와 같다.

```html
<!DOCTYPE html>
<meta charset="utf-8">
<script src="http://d3js.org/d3.v3.min.js"></script>
<div id="chart"></div>
<script type="text/javascript">
var dataset = [ 10, 40, 80];
var svg = d3.select("#chart")
            .append("svg")
            .attr('width',400)
            .attr('height',400);
var group = svg.append("g")
            .attr("transform","translate(200,200)");
var arc = d3.svg.arc()
        .innerRadius(100)
        .outerRadius(200);
var pie = d3.layout.pie()
        .value(function(d){
            return d;
        })
var arcs = group.selectAll(".arc")
            .data(pie(dataset))
            .enter()
            .append("g")
            .attr("class","arc");
var color = d3.scale.ordinal()
            .range(["red","orange","blue"]);
arcs.append("path")
        .attr("d",arc)
        .attr("fill",function(d){
            return color(d.data);
        });
arcs.append("text")
        .attr("transform",function(d){
            return "translate("+ arc.centroid(d) +")";
        })
        .attr("text-anchor", "middle")
        .attr("text-size", "10px")
        .text(function(d){
            return d.data;
        });
</script>
```

- 위 코드를 사용하여 웹 브라우저를 실행한 화면은 아래와 같다.

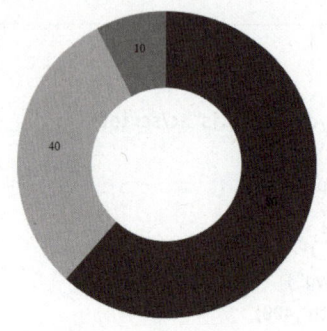

5. 스캐터 플롯으로 관계 시각화 구현

주로 데이터 간의 관계를 시각화하기 위해 자주 사용된다.

 출제 포인트

스캐터 플롯 그래프를 보여주고, 해당 시각화를 구현하기 위해 작성된 코드에 대해 묻는 문제가 출제된 적이 있습니다. 스캐터 플롯을 포함한 다른 시각화 구현 코드에 대해서도 같은 문제나 유사 문제가 언제든지 출시될 수 있음을 염두에 두고 있어야합니다.

가. 객체 생성

- 스캐터 플롯을 구현하기 위해 제일 먼저 SVG 객체를 생성해야 한다.
- 화면상의 여백을 고려하여 높이와 너비를 지정하여 SVG 객체를 생성하는 방법은 아래와 같다.

```
var margin = {top: 20, right: 20, bottom: 30, left: 40},      # -------------- ①
        width=960-margin.left-margin.right,
        height=500-margin.top-margin.bottom;
var svg = d3.select("body").append("svg")                      # -------------- ②
        .attr("width",width+margin.left+margin.right)
        .attr("height",height+margin.top+margin.bottom)
        .append("g")
        .attr("transform","translate("+margin.left+","+margin.top+")");
```

- 여백을 고려하여 왼쪽과 위쪽으로 각각 여백만큼 SVG 객체를 이동시켰다.
- margin : 그래프 배경 설정
- ① : 그래프 배경 설정
- ② : 여백 생성

나. 축의 범위 지정

- scale의 domain은 뒤에서 지정할 수도 있다.

- x, y축을 위해 linear scale을 생성한 뒤 각각의 range를 0~900, 450으로 지정하는 방법은 아래와 같다.

```
var x = d3.scale.linear()
        .range([0,width]);
var y = d3.scale.linear()
        .range([height,0]);
var color=d3.scale.category10();                    # -------------- ①
```

- ① : 10개의 색상 카테고리로 순차로 scale된 color 객체 생성

다. 축 생성
- x축은 하단으로, y축은 왼쪽 정렬로 지정하는 방법은 아래와 같다.

```
var xAxis=d3.svg.axis()
        .scale(x)
        .orient("bottom");
var yAxis=d3.svg.axis()
        .scale(y)
        .orient("left");
```

- '나. 축의 범위 지정'은 축을 위한 선을 생성하는 것이며, '다. 축 생성'은 **축 자체를 생성**하는 것이다.

라. 데이터 입력
- 스캐터 플롯을 표현하기 위해서는 단순한 숫자 배열 형태의 데이터가 아닌 객체의 배열을 준비할 수 있으며, 각 객체들은 x 값, y 값, class 값을 가지게 된다.
- x 값은 x축의 값, y 값은 y축의 값, class 값은 스캐터 플롯의 점 색상으로 표현된다.
- 입력할 객체의 배열 데이터는 아래와 같다.

```
var data = [
        {y: 5.1, x: 3.5, class: "class1"},
        {y: 4.9, x: 3.3, class: "class1"},
        {y: 5.2, x: 3.7, class: "class1"},
        {y: 4.6, x: 3.4, class: "class2"},
        {y: 5.0, x: 3.7, class: "class2"}
        ];
```

마. 스케일(Scale) 정의
- extent 함수를 활용하면 scale의 domain을 최솟값과 최댓값으로 지정하기 용이하다.
- extent 함수를 통해 x scale과 y scale의 domain을 지정하는 코드는 아래와 같다.

```
x.domain(d3.extent(data,function(d){ return d.x;})).nice();
y.domain(d3.extent(data,function(d){ return d.y;})).nice();
```

- **extent** : 배열의 최솟값과 최댓값을 찾아 반환하는 함수
- **nice** : domain을 보기 좋은 숫자로 반올림해 확장하는 함수

바. 포인트(dot) 생성
- 모든 데이터의 객체에 대해 원을 표현하기 위한 circle 객체를 생성한다.
- 원의 반지름을 3.5로 지정하고, 원 중심점의 x좌표 값과 y좌표 값을 데이터로부터 지정하는 방법은 아래와 같다.

```
svg.selectAll(".dot")
        .data(data)
        .enter().append("circle")
        .attr("class", "dot")
        .attr("r",3.5)
        .attr("cx",function(d){ return x(d.x);})
        .attr("cy",function(d){ return y(d.y);})
        .style("fill",function(d){return color(d.class);});
```

- color 객체를 통해 원의 색상을 지정할 수 있다.

사. 축 구현
- x축과 y축을 각각 아래쪽과 왼쪽 정렬을 해서 그리는 방법은 아래와 같다.

```
svg.append("g")
        .attr("class","x axis")
        .attr("transform","translate(0,"+height+")")
        .call(xAxis)
        .append("text")
        .attr("class","label")
        .attr("x",width)
        .attr("y",-6)
        .style("text-anchor","end")
        .text("Sepal Width(cm)");
svg.append("g")
        .attr('class','y axis')
        .call(yAxis)
        .append("text")
        .attr("class","label")
        .attr("transform","rotate(-90)")
        .attr("y",6)
        .attr("dy",".71em")
        .style("text-anchor","end")
        .text("Sepal Length(cm)")
```

- '다. 축 생성'은 축을 생성하기만 하는 것이며, '바. 축 구현'은 앞서 생성했던 축을 화면에 직접 그리는 것이다.

아. 범례 추가

- 그래프에 범례를 추가하는 방법은 아래와 같다.

```
var legend=svg.selectAll(".legend")                              # -------------- ①
        .data(color.domain())
        .enter().append("g")
        .attr("class","legend")
        .attr("transform",function(d,i) {return "translate(0,"+i*20+")";});
legend.append("rect")                                            # -------------- ②
        .attr("x",width-18)
        .attr("width",18)
        .attr("height",18)
        .style("fill",color);
legend.append("text")                                            # -------------- ③
        .attr("x",width-24)
        .attr("y",9)
        .attr("dy",".35em")
        .style("text-anchor","end")
        .text(function(d){ return d; });
```

- group을 생성한 뒤, 원으로 표현된 데이터 객체의 class값이 어떤 색상으로 표현되었는지를 보여주기 위해 class 값과 해당 색상으로 칠한 사각형을 모든 class에 표현했다.
- ① : 범례 객체 생성
- ② : 범례에 사각형 삽입
- ③ : 범례에 텍스트 삽입

자. 전체 코드 확인

- 스캐터 플롯으로 관계 시각화를 구현하기 위한 코드는 아래와 같다.

```
<!DOCTYPE html>
<meta charset="utf-8">
<style>
body{
            font: 10px sans-serif;
}
.axis path,
.axis line{
            fill: none;
            stroke: #000;
            shape-rendering: crispEdges;
}
.dot{
```

```
            stroke: #000;
}

</style>
<body>
<script src="http://d3js.org/d3.v3.min.js"></script>
<script>
var margin = {top: 20, right: 20, bottom: 30, left: 40},
        width=960-margin.left-margin.right,
        height=500-margin.top-margin.bottom;
var svg = d3.select("body").append("svg")
        .attr("width",width+margin.left+margin.right)
        .attr("height",height+margin.top+margin.bottom)
        .append("g")
        .attr("transform","translate("+margin.left+","+margin.top+")");
var x = d3.scale.linear()
          .range([0,width]);
var y = d3.scale.linear()
          .range([height,0]);
var color=d3.scale.category10();
var xAxis=d3.svg.axis()
        .scale(x)
        .orient("bottom");
var yAxis=d3.svg.axis()
        .scale(y)
        .orient("left");
var data = [
        {y: 5.1, x: 3.5, class: "class1"},
        {y: 4.9, x: 3.3, class: "class1"},
        {y: 5.2, x: 3.7, class: "class1"},
        {y: 4.6, x: 3.4, class: "class2"},
        {y: 5.0, x: 3.7, class: "class2"}
        ];
x.domain(d3.extent(data,function(d){ return d.x;})).nice();
y.domain(d3.extent(data,function(d){ return d.y;})).nice();
svg.selectAll(".dot")
        .data(data)
        .enter().append("circle")
        .attr("class", "dot")
        .attr("r",3.5)
        .attr("cx",function(d){ return x(d.x);})
        .attr("cy",function(d){ return y(d.y);})
        .style("fill",function(d){return color(d.class);});

svg.append("g")
        .attr("class","x axis")
        .attr("transform","translate(0,"+height+")")
        .call(xAxis)
        .append("text")
```

```
        .attr("class","label")
        .attr("x",width)
        .attr("y",-6)
        .style("text-anchor","end")
        .text("Sepal Width(cm)");
svg.append("g")
        .attr('class','y axis')
        .call(yAxis)
        .append("text")
        .attr("class","label")
        .attr("transform","rotate(-90)")
        .attr("y",6)
        .attr("dy",".71em")
        .style("text-anchor","end")
        .text("Sepal Length(cm)")
var legend=svg.selectAll(".legend")
        .data(color.domain())
        .enter().append("g")
        .attr("class","legend")
        .attr("transform",function(d,i) {return "translate(0,"+i*20+")";});
legend.append("rect")
        .attr("x",width-18)
        .attr("width",18)
        .attr("height",18)
        .style("fill",color);
legend.append("text")
        .attr("x",width-24)
        .attr("y",9)
        .attr("dy",".35em")
        .style("text-anchor","end")
        .text(function(d){ return d; });
</script>
```

- 위 코드를 사용하여 웹 브라우저를 실행한 화면은 아래와 같다.

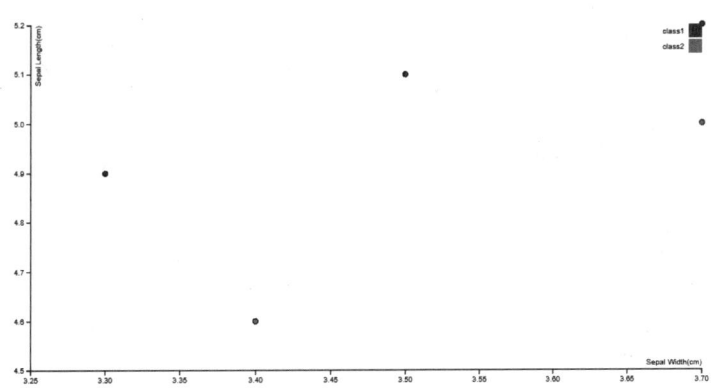

6. 히트맵으로 비교 시각화 구현

- 히트맵은 색상의 차이를 통해 데이터를 표현하는 것으로 **히트맵을 구현**하기 위해서는 **Canvas 객체가 필요**하다.
- drawImage : Canvas에 준비한 이미지를 출력하기 위한 함수
- SVG 객체와 Canvas 객체는 모두 시각화를 구현하기 위해 사용되지만, 아래와 같은 큰 차이점이 있기 때문에 구현할 시각화에 맞게 잘 선택해야 한다.

	SVG	Canvas
용도	시각화를 구현하기 위해 사용	
객체에 정보 저장	○	×
다시 그리기	유리하다	불리하다
성능	낮다	높다

- **SVG 객체**는 화면에 출력할 모든 정보를 객체 자체에 담고 있기 때문에 사용자의 상호작용을 처리하는 event handler를 연결할 수 있다. 따라서 사용자의 행위에 따라 필요한 객체만 화면에 다시 그릴 때 유리하지만, **모든 정보를 객체로 저장**하고 있기 때문에 성능의 문제가 발생할 수 있다.

7. 지도로 공간 시각화 구현

- SVG 객체를 생성하여 지도를 그릴 수 있다.
- 시와 도를 그리기 위한 좌표 정보를 데이터로 입력하고, 앞서 정의한 path 객체를 할당하는 방법으로 구현할 수 있다.
- path 객체를 통해 입력된 좌표 정보를 픽셀로 변환해 화면에 도형을 그릴 수 있다.

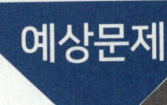

5과목 / 3장

시각화 구현

01. 라이브러리가 제공하는 API로 코드를 작성해 시각화하는 도구의 리스트로 부적절한 것은 무엇인가?

① Flot
② Timeline
③ QlikView
④ Polymaps

02. 시각화 방법에서 분류와 도구의 매치가 부적절한 것은 무엇인가?

① 시각화 플랫폼 - Tableau
② 시각화 라이브러리 - Tangle
③ 시각화 플랫폼 - Gephi
④ 시각화 라이브러리 - Visual.ly

03. 데이터 시각화의 이유로 가장 적절한 것은 무엇인가?

① 분석결과의 정확도를 확인하기 위해
② 전체적인 데이터의 인사이트를 얻기 위해
③ 데이터를 엑셀로 정리하기 쉽게 하기 위해
④ 각 데이터의 성격을 알고 가공하기 위해

04. 시각화 플랫폼에 관한 설명으로 가장 부적절한 것은 무엇인가?

① 로그인한 사용자 또는 페이지와 관계된 활동, 관계 정보 등을 결과물로 변환해준다.
② 주로 비즈니스 인텔리전스 분야에서 활용된다.
③ 다양한 관점에서 인사이트를 얻을 수 있도록 '지식 시각화' 관점에서 데이터 시각화 기능을 지원한다.
④ 기존에는 주로 데이터 분석, 마이닝 등의 기법을 통해 일정한 방식의 결과 리포트를 생성하기 위해 활용됐었다.

05. 아래 보기와 같은 시각화 방법에 대한 특징으로 가장 적절한 것은 무엇인가?

> PowerPivot, R, Weka, Gephi, Visual Intelligence

① 주로 소스를 모두 공개하는 프로젝트 또는 라이브러리 형태로 제공된다.
② 사전에 제작된 템플릿을 기반으로 시각화를 생성하는 도구를 지원한다.
③ 플랫폼을 설치하거나 구축하는 것이 필요하다.
④ 라이브러리가 제공하는 API로 코드를 작성해 시각화한다.

06. 다음 중 시각화 도구들 중 성질이 다른 것 하나는 무엇인가?

① Google Charts
② Visual Insight
③ jQuery Visualize
④ Tangle

07. 보기의 코드를 사용하여 구현되는 시각화의 특징으로 가장 부적절한 것은 무엇인가?

```
> ggplot(ChickWeight, aes(x=Time, y=weight, colour=Diet)) +
geom_point(alpha=.3) + geom_smooth(alpha=.2, size=1)
```

① 전반적인 내용 파악은 가능하지만, 데이터 수가 많을 땐 의미를 파악하기가 어렵다.
② 포인트 그래프와 스무스 그래프가 동시에 사용되어 인사이트를 알기 어렵게 되었다.
③ Diet에 따라 scatter plot을 geom_point로 투명도와 사이즈를 지정해 표시했다.
④ geom_smooth로 배경 색상의 투명도와 평균값 선의 굵기를 조정했다.

08. 분석 도구를 이용해 시각화를 구현하고자 할 때, 막대그래프의 내부 색상을 바꾸기 위해 사용할 수 있는 명령어로 적절한 것은 무엇인가?

① fill
② translate
③ axis
④ colour

09. 포인트 그래프에서 변경할 수 있는 옵션과 그 결과의 매치로 부적절한 것은 무엇인가?

① p + geom_point(shape = "h", size = 2) : 점을 사이즈가 2인 h 모양으로 변경
② p + geom_point(aes(size = qsec)) : 점의 크기를 다르게 변경
③ p + geom_point(shape = NA) : 점의 옵션을 따로 지정하지 않음
④ p + geom_point(shape = 5) : 점을 5번 모형으로 변경

10. 시각화로 구현된 그래프에서 alpha 값을 이용해 투명도를 조절한다고 할 때, 분포가 중앙에 집중되었다는 것을 가장 명확히 알 수 있는 그래프는 무엇인가?

① h + geom_point(alpha = 0.5)
② h + geom_point(alpha = 1)
③ h + geom_point(alpha = 10)
④ h + geom_point(alpha = 0.1)

11. 아래 보기의 코드를 사용하여 구현되는 시각화 그래프로 가장 적절한 것은 무엇인가?

```
m <- ggplot(movies, aes(x=rating))
m + geom_histogram( )
m + geom_histogram(aes(fill = ..count.. ))
```

①
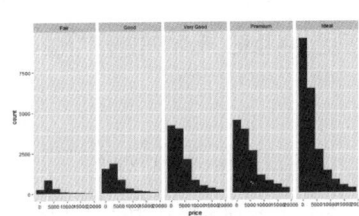

②
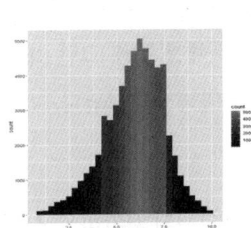

③
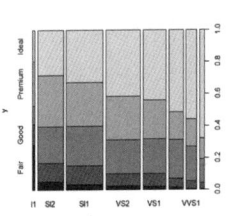

④
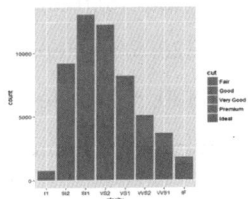

12. 샤이니와 관련된 것으로 가장 부적절한 것은 무엇인가?

① dataTables   ② MoreWidget
③ HTML_ui   ④ drawImage

13. D3.js를 활용한 시각화 구현 절차의 세 번째 단계로 적절한 것은 무엇인가?

① 데이터 표현   ② 데이터 필터링
③ 데이터 파싱   ④ 상호작용 추가

14. 파이차트를 구현하기 위한 명령어로 가장 적절한 것은 무엇인가?

① d3.layout.pie( )
② d3.append.pie( )
③ d3.draw.pie( )
④ d3.svg.pie( )

15. 다음 중 라이브러리를 기반으로 시각화를 구현하는 D3.js의 특징으로 가장 부적절한 것은 무엇인가?

① 시각적 요소에 데이터를 직접 입력하는 대신, scale이라는 객체로 데이터와 시각적 요소 간의 관계를 정의한다.
② 모든 시각화 요소들은 항상 HTML 문서의 SVG 객체를 기반으로 동작한다.
③ 웹 브라우저 상의 자바 스크립트 환경에서 작동하며, 현존하는 모든 웹 브라우저와 호환된다.
④ scale 객체를 통해 그린 차트나 지도는 스마트폰, 태블릿, 데스크톱 등 다양한 크기의 화면에서 동일하게 나타난다.

16. D3.js에서 구현된 시각화 요소를 왼쪽으로 20, 위쪽으로 5 이동하고, 반시계 방향으로 45도 회전하기 위한 코드로 적절한 것은 무엇인가?

① translate(-20, -5) rotate(-45)
② translate(20, 5) rotate(-45)
③ translate(20, -5) rotate(45)
④ translate(-20, -5) rotate(45)

17. 라이브러리를 기반으로 시각화를 구현할 때 축의 눈금 크기를 지정하는 함수는 무엇인가?

① style　　　② orient　　　③ ticks　　　④ attr

18. 아래 그림과 같이 시각화를 구현하기 위해서 코드를 작성할 때, 가장 부적절한 코드는 무엇인가? (단, /는 enter의 의미로 사용되었다.)

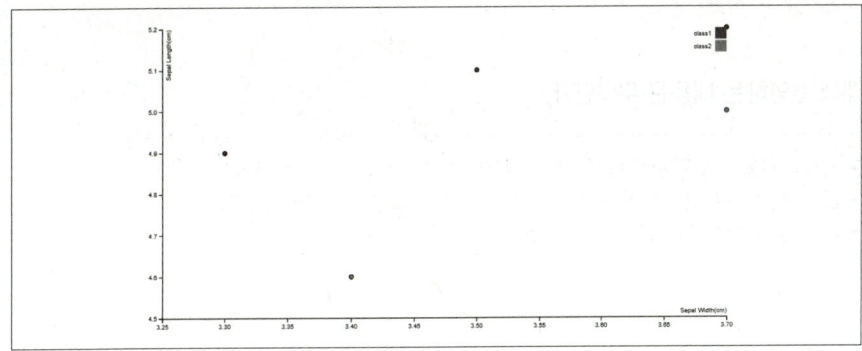

① var x = d3.scale.liner( ) / .range([0, width]);

② var xAxis = d3.svg.axis( ) / .scale(x) / .orient("bottom");

③ var context = canvas.node( ).getContext("2d"),

④ x.domain(d3.extent(data, function(d) { return d.x; })).nice( );

단답형 문제로 복습하기!

> 단답형은 앞의 개념을 복습하기 위한 문제들로 시험에서는 단답형이 출제되지 않으니 참고하시기 바랍니다.

01. 아래에서 설명하는 내용은 무엇인가?

> 데이터 시각화를 수행하는 자바스크립트 기반의 데이터 시각화 라이브러리로 HTML 문서의 SVG 객체로 표현된 모든 시각화 요소들을 CSS를 통해 객체의 디자인적 요소를 조작하는 객체지향 언어이다.

(　　　　　　　　　　)

02. (ㄱ), (ㄴ)에 들어갈 올바른 말은 무엇인가?

> R 샤이니는 크게 화면 구성과 컴포넌트 클래스를 설정하는 (ㄱ)과 실제적으로 R에서 구동시킨 코드들이 들어가는 (ㄴ)로 나뉜다.

( )

03. 아래의 설명하는 내용은 무엇인가?

> - 사람이 읽을 수 있고 편집 등의 용도로 사용할 수 있도록 문서를 만들어 주는 언어이다.
> - 문서에는 단순한 본문만이 아니라, 표, 코드, 수식 등을 함께 작성할 수 있다.
> - R과 Python 둘 다 이 언어를 지원하는 프로그램이 존재한다.

( )

04. 다음의 코드를 통해 막대그래프를 그리고 막대의 테두리 색상을 blue로 지정하려고 한다. 이 때 ㉠에 들어갈 적절한 옵션은 무엇인가?

```
> c <- ggplot(data, aes(factor(x1)))
> c + geom_bar(㉠ = "blue")
```

( )

05. 아래의 설명하는 내용은 무엇인가?

> - 2차원, 3차원의 범주형 변수를 시각화할 때 사용하며, 각 범주형 변수들의 크기를 비교할 수 있다.
> - 두 변수의 구조적 특징도 쉽게 파악할 수 있고 핵심 내용을 간단히 전달 가능하다.
> - 모든 변수 간의 비율 차이를 사각형의 넓이나 각자의 크기로 확인할 수 있다.

( )

정답 및 해설

【단답형】

01	③	11	②
02	④	12	④
03	②	13	②
04	①	14	①
05	③	15	②
06	②	16	①
07	②	17	③
08	①	18	③
09	③		
10	④		

01	D3.js
02	(ㄱ) ui.R, (ㄴ) sever.R
03	Markdown
04	colour
05	모자이크 플롯(mosaic plot)

01. QlikView는 시각화 플랫폼이다. ①, ②, ④번은 시각화 라이브러리이다. 문제는 시각화 라이브러리의 적용 방법이므로, 시각화 라이브러리가 아닌 것을 찾는 문제이다. (정답 : ③)

02. Visual.ly는 인포그래픽스이다. (정답 : ④)

03. 데이터를 시각화함으로써 데이터의 전체적인 분포와 성격에 대해 한눈에 알기 쉽게 되므로 인사이트를 얻기에 좋다. (정답 : ②)

04. 인포그래픽스에 대한 설명이다. (정답 : ①)

05. 주어진 보기는 시각화 플랫폼에 관한 설명으로, 시각화 플랫폼은 플랫폼을 설치하거나 구축한 뒤, 플랫폼에서 제공하는 기능이나 명령어를 실행해 시각화한다. (정답 : ③)

06. ①, ③, ④번은 시각화 라이브러리이며, ②번은 시각화 플랫폼이다. (정답 : ②)

07. 포인트 그래프와 스무스 그래프를 동시에 표현해 훨씬 더 분명하게 데이터를 보여준다. 즉, 데이터의 인사이트를 좀 더 얻기 쉬워진다. (정답 : ②)

08. 내부 색상을 바꾸고자할 때는 fill을 이용한다. (정답 : ①)

09. 점의 모양을 없애는 명령으로, 그래프에 아무것도 나타나지 않게 된다. 점의 옵션을 따로 지정하지 않는 경우는 p + geom_point( )로 작성해야 한다. (정답 : ③)

10. alpha를 0.1 수준으로 지정하면 분포가 중앙에 집중되었다는 것이 더욱 명확하게 드러난다. (정답 : ④)

11. 히스토그램 형식으로 표시한 뒤, 연속형 count를 색상으로 표시한 것이다. (정답 : ②)

12. drawImage는 D3.js에서 canvas에 준비한 이미지를 출력할 때 필요한 함수이다. (정답 : ④)

13. D3.js를 활용한 시각화 구현 절차는 '데이터 획득 - 데이터 파싱 - 데이터 필터링 - 데이터 표현 - 상호작용 추가'이다. (정답 : ②)

14. D3는 시각화를 수월하게 구현할 수 있도록 layout을 제공한다. 파이차트를 구현하는 경우에는 pie layout을 사용한다. (정답 : ①)

15. D3.js는 SVG객체에만 의존하지 않고 다양한 요소를 활용할 수 있다. (정답 : ②)

16. translate(a,b)는 a만큼 x축의 방향(오른쪽)으로, b만큼 y축의 아래쪽으로 이동한다는 의미이며, a나 b앞에 -가 붙으면 반대방향으로 이동한다는 의미이다. rotate(c)는 c만큼 시계 방향으로 회전한다는 의미이며, -c는 반시계 방향이다. (정답 : ①)

17. ticks 함수는 축의 눈금의 크기를 지정하는 함수이다. (정답 : ③)

18. 히트맵으로 비교 시각화를 구현할 때 작성될 수 있는 코드이다. (정답 : ③)

데이터 분석 전문가
모의고사(ADP 필기)

출제
데이터에듀

문항수
객관식 : 80
서술형 : 1

제1회 모의고사

제2회 모의고사

제3회 모의고사

데이터 분석 전문가 모의고사(ADP 필기) 1회

출제 데이터에듀
문항수 객관식 : 80 / 서술형 : 1

▶ 배점 안내 : 객관식(80문항) 각 1점 / 서술형(1문항) 20점(부분점수 있음)

과목1. 데이터 이해 - 10문항

01. 데이터베이스의 특징으로 가장 부적절한 것은?

① 데이터베이스는 여러 사용자가 서로 다른 목적으로 데이터를 공동으로 이용할 수 있도록 구성되어 있다.
② 데이터베이스는 통합된 데이터(integrated data)다.
③ 데이터베이스는 변화하는 데이터로 데이터의 삽입, 삭제, 갱신을 한다고 하더라도 항상 현재의 정확한 데이터를 유지해야 한다.
④ 데이터베이스는 검색기능을 가지고 있으므로 다양한 방법으로 필요한 정보를 검색할 수 있다.

02. DIKW 피라미드의 계층 중 "B마트보다 상대적으로 저렴한 A마트에서 연필을 사야겠다."의 내용에 해당하는 계층은 무엇인가?

① 지혜 ② 지식 ③ 정보 ④ 데이터

03. 다음 중 데이터 사이언티스트(data scientist)에게 요구되는 소프트 역량(soft skill)이 아닌 것은?

① 이론적 지식
② 창의적 사고
③ 커뮤니케이션 기술
④ 비쥬얼라이제이션을 활용한 설득력

04. 다음 중 빅데이터 분석에 경제성을 제공해 준 결정적인 기술로 가장 적절한 것은?

① 저장장치 비용의 지속적인 하락
② 텍스트 마이닝
③ 클라우드 컴퓨팅
④ 스마트폰의 급속한 확산

05. 아래와 같은 SQL 문장을 사용할 때, 출력되는 결과로 옳은 것은?

```
select customer_name as "고객명", e_customer_name as "고객 영문명"
from customer
where e_customer_name like '_A%';
```

① 영문명이 A로 시작하는 고객들의 이름
② 영문명에 A를 포함한 고객들의 비율
③ 위치 상관없이 영문명에 A를 포함하는 고객들의 이름
④ 영문명에 두 번째 문자가 A인 고객들의 이름

06. 인터넷 등 각종 경로로 정보를 수집하는 구글은 이미 지난 2010년에 서비스 이용자가 1시간 뒤에 어떤 일을 할지 87% 정확도로 예측할 수 있는 데이터와 분석 신뢰도를 확보하고 있다고 했다. 또, 여행사실을 트위트한 사람의 집을 강도가 노리는 고전적 사례도 발생했다. 이러한 사례를 통해 알 수 있는 빅데이터 시대의 위기 요인으로 적절한 것은?

① 소셜 네트워크
② 책임 원칙 훼손
③ 데이터 오용
④ 사생활 침해

07. 사물끼리 정보를 주고 받는 사물인터넷 시대를 빅데이터의 관점에서 바라볼 때 다음 중 사물인터넷의 의미로 가장 적절한 것은?

① 모든 것의 데이터화(datafication)
② 서비스 지능화(intelligent service)
③ 분석 고급화(advanced analytics)
④ 정보 공유화(information sharing)

08. 빅데이터와 데이터 사이언스의 미래를 위한 외부 환경적 측면에서 인문학의 열풍의 원인을 설명한 것 중 옳지 않은 것은?

① 단순 세계화에서 복잡한 세계화로 변화하는 과정에서 인문학의 중요성을 인식하여야 한다.
② 비즈니스의 화두가 글로벌 네트워크를 통한 대량공급으로 변함에 따라 가격 인하 정책의 성공을 위해서는 인문학이 중요하다.
③ 비즈니스 중심이 제품생산에서 서비스로 이동함에 따라 인문학의 중요성이 증가하고 있다.
④ 경제와 산업의 논리가 생산에서 시장 창조로 변화하면서 인문학의 중요성이 증가하고 있다.

09. 개인정보의 식별성을 제거하거나 데이터 셋과 정보주체의 연관성을 제거하는 과정을 개인정보 비식별화라고 한다. 비식별화가 적용된 아래의 예시에 해당하는 기법은 무엇인가?

> 한국데이터진흥원 → A1234

① 가명처리
② 데이터마스킹
③ 범주화
④ 총계처리

10. 특정 그룹의 편중된 의견으로 인해 왜곡된 결과를 초래하는 문제가 빅데이터의 도입으로 해결되고 있다. 다음 중 이와 관련 있는 변화는 무엇인가?

① 사후처리로의 변화
② 전수조사로의 변화
③ 인과관계로의 변화
④ 상관관계로의 변화

과목2. 데이터 처리 기술 이해 - 10문항

11. 데이터 웨어하우스의 테이블 모델링 기법 중 하나인 스타 스키마에 대한 설명으로 가장 적절한 것은?

① 차원 테이블을 제3정규형으로 정규화한 형태이다.
② 복잡도가 낮아서 쿼리 작성이 용이하고, 조인 테이블 개수가 적은 장점을 갖는다.
③ 데이터의 중복이 제거돼 데이터 적재 시간이 단축되는 장점이 있다.
④ 데이터베이스 내에서 관리해야 할 테이블의 수가 스노우 플레이크 스키마보다 증가한다.

12. 다음 중 데이터베이스 클러스터에 대한 설명으로 가장 적절한 것은?

    ① 오픈소스인 MySQL 클러스터는 비공유형으로써 메모리 기반 데이터베이스의 클러스터링을 지원한다.
    ② 데이터베이스 클러스터를 구성했을 때 성능의 특정 파티션에서 장애가 발생하면 서비스가 중단될 수도 있다.
    ③ 공유 디스크 클러스터에서는 SAN(Storage Area Network)과 같은 네트워크가 없어도 데이터의 공유가 가능하다.
    ④ 공유 디스크의 경우 클러스터의 규모가 커질 때 디스크의 성능이 높아진다는 것이 최대 장점이다.

13. 다음 중 ETL(Extraction, Transformation and Load)에 대한 설명으로 부적절한 것은?

    ① ETL은 다수 시스템들 간의 대용량 또는 복잡도가 높은 비즈니스 룰 적용이 필요한 데이터 교환에 활용된다.
    ② ETL의 작업 단계 중 프로파일링(Profiling) 단계는 스테이징 테이블에서 데이터 특성을 식별하고 품질을 측정하는 과정이다.
    ③ ETL의 기능 중 변환(Transaction)은 데이터 클렌징, 형식변환, 표준화, 통합 또는 다수의 어플리케이션에 내장된 비즈니스 룰을 적용하는 과정이다.
    ④ ETL은 배치 프로세스 중심이며, MPP(Massive Parallel Processing)를 지원하지 않는다.

14. VMware과 관련된 메모리 가상화 기법에 대한 설명으로 가장 부적절한 것은?

    ① VMware 하이퍼바이저의 핵심 모듈인 VMKernal은 Service Console, 디바이스 드라이버들의 메모리 영역을 제외한 나머지 전체 메모리 영역을 모두 관리하면서 가상머신에 메모리를 할당한다.
    ② 하나의 물리적인 머신에 여러 개의 가상머신이 운영되는 경우, 각 가상머신에 할당된 메모리 중 동일한 내용을 담고 있는 페이지는 물리적인 메모리 영역에 하나만 존재시키고 모든 가상머신이 공유하도록 하는 것을 'Memory Ballooning'이라고 한다.
    ③ 주소의 중간 변환을 하드웨어적으로 돕는 과정에서 사용되는 캐시메모리를 TLB라고 한다.
    ④ VMware는 하이퍼바이저 내에 Shadow Page Table을 별도로 두는데 이 테이블은 마치 연속된 빈 공간의 메모리가 실제 존재하는 것처럼 게스트 운영체제에게 매핑해주는 역할을 한다.

15. 다음 중 SQL on 하둡에 대한 설명으로 적절하지 않은 것은?

① 대부분의 SQL on 하둡 시스템들은 하둡 프레임워크의 맵리듀스를 이용하지 않고, 새로운 분산 처리 모델과 프레임워크를 기반으로 구현되어 있다.
② SQL on 하둡의 한 종류인 샤크(Shark)는 인메모리 기반의 대용량 데이터웨어하우스 시스템이다.
③ SQL on 하둡 기술은 SQL을 이용하여 데이터를 분석할 수 있지만 실시간 처리는 지원하지 않는다.
④ 클라우데라 임팔라, 아파치 타조는 대표적인 상용 SQL on 하둡 솔루션이다.

16. CDC(Change Data Capture)의 구현 기법에 관한 설명으로 가장 적절한 것은?

① Log Scanner on Database : 로그에 대한 스캐닝 및 변경 내역에 대한 해석을 통해 CDC 매커니즘을 구현하는 기법으로, 데이터베이스 스키마의 변경을 필요로 한다.
② Status on Rows : 데이터 변경 여부에 대해 True/False의 논리값으로 표현하는 칼럼을 두는 기법으로, 레코드에 대한 변경 여부는 사람이 직접 판단할 수 없다.
③ Triggers on Tables : 데이터베이스 트리거를 활용해 사전에 등록된 다수의 대상 시스템에 변경 데이터를 배포하는 형태로 CDC를 구현하는 기법이다.
④ Time/Version/Status on Rows : 타임스탬프, 버전 넘버, 상태 값을 모두 활용하는 기법으로 정교한 쿼리 생성은 불가능할 수 있다.

17. 다음 중 NoSQL 솔루션 Hbase에 대한 설명으로 가장 적절한 것은?

① 로우키에 대한 인덱싱만 지원하며 작은 데이터를 저장하는 용도로 사용하는 것은 적절하지 않다.
② 인메모리 기반의 대용량 데이터웨어하우스 시스템이며, 하이브와 호환되기 때문에 하이브 SQL 질의와 사용자 정의 함수를 사용할 수 있다.
③ Hbase는 구글의 빅테이블(Big Table)을 본보기로 삼아 만들어졌으며, 자체적인 분산파일 시스템을 사용한다.
④ Hbase는 NoSQL 기술에 해당하며, 표준 Anal-SQL을 지원한다.

18. 다음 중 EAI(Enterprise Application Integration)에 대한 설명으로 옳지 않은 것은?

① EAI는 어댑터, 버스, 브로커, 트랜스포머로 구성된다.
② Hub and Spoke 방식을 기반으로 하기 때문에 복잡한 데이터 연계 경로가 발생할 수 있다.
③ EAI의 구현 유형 중 Mediation(Intra-Communication)은 EAI 엔진이 중개자로 동작한다.
④ EAI를 활용하면 지역적으로 분리되어 있는 정보 시스템들 간의 데이터 동기화가 가능하게 된다.

19. 맵리듀스(MapReduce)가 실행되는 절차로 적절한 것은?

① Input - Split - Shuffle & Sort - Map - Combine – Reduce – Output
② Input - Split - Map - Shuffle & Sort - Combine – Reduce – Output
③ Input - Map - Sprit - Combine – Shuffle & Sort - Reduce – Output
④ Input - Split - Map - Combine – Shuffle & Sort - Reduce – Output

20. 분산 응용 프로그램을 지원하는 플랫폼인 하둡(Hadoop)에 대한 설명으로 적절하지 않은 것은 무엇인가?

① 맵리듀스 작업 수행 중에 특정 태스크에서 장애가 발생하면 시스템이 스스로 장애를 감지하여 전체 작업을 중단한 다음 문제를 해결한 후 다시 작업 수행을 시작한다.
② 맵리듀스는 맵과 리듀스라는 두개의 함수만 구현하면서 동작하는 시스템이다.
③ 하둡을 구축할 때 이론적으로 클러스터를 구성할 수 있는 서버의 대수에는 제한이 없지만, 통상적으로 최소 클러스터 대수는 5대정도이다.
④ 하둡은 비공유 분산 아키텍처를 사용하기 때문에 서버를 추가하여 클러스터를 확장하면 연산 기능과 저장 기능이 서버의 대수에 비례하여 증가한다.

과목3. 데이터 분석 기획 - 10문항

21. 분석은 분석의 대상(What) 및 분석의 방법(How)에 따라 4가지 분석 주제로 나눌 수 있다. 분석의 대상이 명확하게 무엇인지 모르면서 기존 분석 방법으로 새로운 분석을 수행하는 방식의 분석 주제 유형은 무엇인가?

① 최적화(Optimization)
② 통찰(Insight)
③ 솔루션(Solution)
④ 발견(Discovery)

22. 다음 중 성공적인 분석을 위해서 고려해야 할 요소로 가장 부적절한 것은?

① 분석 데이터에 대한 고려
② 활용 가능한 유즈케이스 탐색
③ 원점에서 솔루션 탐색
④ 장애 요소에 대한 사전 계획 수립

23. 분석 과제를 발굴하기 위한 접근법 중 하향식 접근방법의 과정이 아닌 것은?

    ① 기업의 내/외부 환경을 포괄하는 비즈니스 모델과 외부 사례를 기반으로 문제를 탐색한다.
    ② 기업내부의 과거 데이터를 무조건 결합 및 활용한다.
    ③ 식별된 비즈니스 문제를 데이터의 문제로 변화하여 정의한다.
    ④ 도출된 분석 문제나 가설에 대한 대안을 과제화하기 위해 타당성을 평가한다.

24. 분석기회 발굴의 범위 중 시장니즈 탐색 관점에서 고객니즈의 변화에 해당하는 것이 아닌 것은?

    ① 고객   ② 채널   ③ 영향자들   ④ 대체제

25. 거시적 관점의 메가 트랜드에서 현재의 조직과 해당 산업에 폭넓게 영향을 미치는 사회·경제적 요인인 STEEP로 폭넓게 기회를 탐색한다. STEEP 중 Political(정치영역)의 주요관점에 대한 설명으로 가장 적절한 것은?

    ① 주요 정책방향, 정세, 지정학적 동향 등 거시적인 흐름을 토대로 분석기회를 도출한다.
    ② 산업과 경제 구조 변화 동향에 따른 시장의 흐름을 파악하여 분석기회를 도출한다.
    ③ 정부, 사회단체, 시민사회의 환경에 관한 관심과 규제 동향을 파악하여 분석기회를 도출한다.
    ④ 과학, 기술, 의학 등 최신 기술의 등장 및 변화를 파악하여 분석기회를 도출한다.

26. 분석 프로젝트 영역별 주요 관리 항목이 아닌 것은?

    ① 품질   ② 시간   ③ 가격   ④ 자원

27. 다음 중 분석 과제 관리 프로세스에 대한 설명으로 가장 적절하지 않은 것은 무엇인가?

    ① 분석 아이디어 발굴, 분석과제 후보제안, 분석과제 확정 프로세스는 과제 발굴 단계에 속해 있다.
    ② 분석과제로 확정되면 분석 과제를 풀(pool)로 관리한다.
    ③ 분석과제 중에 발생된 시사점과 분석 결과물은 풀(pool)로 관리하고 공유된다.
    ④ 과제 수행 단계에서는 팀 구성, 분석과제 식별, 분석과제 진행관리, 결과 공유 프로세스가 있다.

28. 다음 데이터 분석 조직의 유형 중 별도의 분석 조직이 없고 해당 업무부서에서 분석을 수행하는 방식에 해당하는 것은?

    ① 기능형   ② 분산형   ③ 복합형   ④ 집중형

29. 다음 중 CRISP-DM 방법론의 모델링 단계에서 수행하는 테스크(task)로 적절하지 않은 것은 무엇인가?

① 모델 테스트 계획 설계
② 모델 적용성 평가
③ 모델 평가
④ 모델링 기법 선택

30. 빅데이터의 특성을 고려한 분석 ROI 요소에서 비용 요소로 적절하지 않은 것은 무엇인가?

① Volume ② Variety ③ Velocity ④ Value

> 과목4. 데이터 분석 - 40문항

31. 모형을 개발하여 운영상황에서 실제 테스트를 할 때 모형 개발 데이터를 통해서는 높은 적중률을 보이지만 테스트 데이터에서는 적중률이 떨어져 적중률을 유지하지 못하는 것을 무엇이라고 하는가?

① 일반화 ② 과대적합 ③ 미적합 ④ 과소평가

32. 측정대상이 갖고 있는 속성의 양을 측정하는 것으로 측정결과가 숫자로 표현되나 해당 속성이 전혀 없는 상태인 절대적인 영점이 없어 두 관측 값 사이의 비율은 별 의미가 없게 된다. 온도, 지수등이 해당되는 이 척도는 무엇인가?

① 명목척도 ② 순서척도 ③ 구간척도 ④ 비율척도

33. 다음 중 아래의 R 코드를 수행한 결과에 대한 설명으로 옳은 것은?

```
> c(2, 4, 6, 8) + c(1, 3, 5, 7, 9)
```

① 경고 메시지와 함께 결과가 출력된다.
② 4개의 숫자로 이루어진 벡터가 출력된다.
③ 9개의 숫자로 이루어진 벡터가 출력된다.
④ 에러 메시지가 출력되고, 명령 수행이 중단된다.

34. 다음 중 모분산의 추론에 대한 설명으로 적절하지 않은 것은 무엇인가?

① 이표본에 의한 분산비 검정은 두 표본의 분산이 동일한지를 비교하는 검정으로 검정통계량은 F분포를 따른다.
② 모분산이 추론의 대상이 되는 경우는 모집단의 변동성 또는 퍼짐의 정도에 관심이 있을 때이다.
③ 모집단이 정규분포를 따르지 않더라도 중심극한 정리를 통해 정규 모집단으로부터의 모분산에 대한 검정을 유사하게 시행할 수 있다.
④ 평균모집단에서 n개를 단순임의 추출한 표본의 분산은 자유도가 n-1인 t분포를 따른다.

35. 다음 다중회귀분석을 위해 사용되는 변수선택방법에 대한 설명 중 변수선택방법과 설명이 잘못 연결되어 있는 것은?

① 전진선택법(forward selection)은 상수항만 포함된 모형에서 출발하여 설명력이 좋은 변수를 하나씩 추가하는 방법이다.
② 단계적 방법(stepwise method)은 설명력이 나쁜 변수를 제거하거나 모형에서 제외된 변수 중 모형의 설명력을 가장 잘 개선하는 변수를 추가하는 방법이다.
③ 후진제거법(backward elimination)은 모든 변수가 포함된 모형에서 설명력이 나쁜 변수를 하나씩 제거하는 방법이다.
④ 최적선택법(optimum selection)은 전진선택법과 후진제거법을 결합한 방법으로 회귀식이 최적의 변수를 선택하도록 하는 방법이다.

36. 이상치를 찾는 것은 데이터 분석에서 데이터 전처리를 어떻게 할지 검정할 때 사용할 수 있다. 다음 중 상자그림을 이용하여 이상치를 판정하는 방법에 대한 설명으로 가장 부적절한 것은?

① IQR=Q3-Q1 이라고 할 때, $Q1-1.5*IQR < x < Q3+1.5*IQR$ 을 벗어나는 x를 이상치라고 규정한다.
② 평균으로부터 3*표준편차 범위를 벗어나는 것들을 비정상이라 규정하고 제거한다.
③ 이상치는 변수의 분포에서 벗어난 값으로 상자 그림을 통해 확인할 수 있다.
④ 이상치는 분포를 왜곡할 수 있으나 실제 오류인자인지에 대해서는 통계적으로 판단하지 못하기 때문에 제거여부는 실무자들을 통해서 결정하는 것이 바람직하다.

37. 통계분석에서 자료를 수집하고 그 수집된 자료로부터 어떤 정보를 얻고자 하는 경우에는 항상 수집된 자료가 특정한 확률분포를 따른다고 가정한다. 다음 중 연속형 확률분포가 아닌 것은?

① 이항분포   ② 정규분포   ③ T분포   ④ F분포

38. 다음 표본 추출 방법에 관한 설명 중 잘못된 것을 무엇인가?

① 표본의 크기를 결정할 때 가장 중요한 부분은 표본이 모집단을 얼마나 설명하는지에 대한 대표성의 확보이다.
② 단순랜덤추출법은 모집단에서 샘플을 뽑을 때 각각의 샘플이 모두 동등한 확률을 가지고 무작위로 추출되는 방법이다.
③ 계통추출법은 모집단을 군집으로 구분하고 선정된 군집의 원소를 모두 샘플로 추출하는 다단계 추출 방법이다.
④ 층화추출법은 모집단을 몇 개의 집단으로 구분하고, 각 집단의 크기와 분산을 고려하여 각 집단마다 샘플을 추출하는 방법이다.

39. 다음 중 비모수검정이 아닌 것을 고르시오.

① 윌콕슨의 순위합검증
② 만-위트니의 U검정
③ 스피어만의 순위상관계수
④ 자기상관검증

40. 두 변량 X, Y의 상관분석에 관한 내용이다. 설명이 옳지 않은 것은?

① 등간척도로 측정된 두 변수간의 상관관계는 피어슨 상관계수(Pearson correlation)를 통해 확인할 수 있다.
② 상관계수가 0이면 두 변량 X, Y사이에 선형관계가 없다.
③ 서열척도로 측정된 두 변수간의 상관관계는 스피어만 상관계수(Spearman correlation)를 통해 확인할 수 있다.
④ R에서 상관계수를 구하기 위해서는 rcor( )함수를 사용하면 되고 type인자를 통해 피어슨과 스피어만 상관계수를 선택할 수 있다.

41. 다음 중 단순회귀분석에서 나온 결정계수(R^2)에 대한 설명으로 옳지 않은 것은?

① 총제곱의 합 중 설명된 제곱의 합의 비율을 뜻한다.
② 종속변수에 미치는 영향이 적은 독립변수가 추가된다면 결정계수는 변하지 않는다.
③ R^2의 값이 클수록 회귀선으로 실제 관찰치를 예측하는 데 정확성이 높아진다.
④ 독립변수와 종속변수 간의 표본상관계수 r의 제곱값과 같다.

42. 다음 시계열 분석의 기초가 되는 개념인 정상성(stationarity)의 특징에 관한 설명이다. 설명이 옳지 않은 것은?

① 평균이 일정하다. 즉 모든 시점에 대한 일정한 평균을 가진다.
② 시계열 분석에서 비정상 시계열 자료는 시계열 분석을 할 수 없다.
③ 분산도 시점에 의존하지 않는다.
④ 공분산은 단지 시차에만 의존하고 실제 어느 시점 t,s에는 의존하지 않는다.

43. 시계열에 관한 설명 중 틀린 것은?

① 대부분의 시계열은 비정상 자료이다. 그러므로 비정상 자료를 정상성 조건에 만족시켜 정상 시계열로 만든 후 시계열 분석을 한다.
② 시계열이 정상 시계열인지 비정상 시계열인지 판단하기 위해 폭발적인 추세를 보이거나 시간에 따라 분산이 변화하는지 관찰해야 한다.
③ 비정상 시계열은 정상 시계열로 변경하고자 때 변환과 차분의 방법을 사용한다.
④ 일반적으로 평균이 일정하지 않은 비정상 시계열은 변환을 통해, 분산이 일정하지 않은 비정상 시계열은 차분을 통해 정상 시계열로 바꾼다.

44. 아래의 잔차도를 보고 회귀분석의 가정 중 어떤 가정이 위배되었다고 판단할 수 있는가?

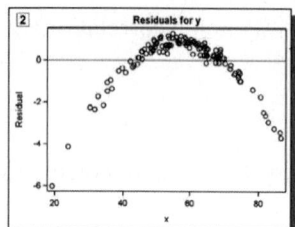

① 비상관성
② 등분산성
③ 선형성
④ 독립성

45. 다음 headsize 데이터는 25개 가구에서 첫 번째와 두 번째 성인 아들의 머리길이(head)와 머리폭(breadth)을 보여준다. 이에 대한 설명 중 가장 부적절한 것은?

```
> head(headsize)
     head1 breadth1 head2 breadth2
[1,]   191      155   179      145
[2,]   195      149   201      152
[3,]   181      148   185      149
[4,]   183      153   188      149
```

```
[5,]  176  144  171  142
[6,]  208  157  192  152
> str(headsize)
 num [1:25, 1:4] 191 195 181 183 176 208 189 197 188 192 ...
 - attr(*, "dimnames")=List of 2
  ..$ : NULL
  ..$ : chr [1:4] "head1" "breadth1" "head2" "breadth2"
> out<-princomp(headsize)
> print(summary(out),loadings=TRUE)
Importance of components:
                        Comp.1  Comp.2  Comp.3  Comp.4
Standard deviation       15.1    5.42    4.12    3.000
Proportion of Variance    0.8    0.10    0.06    0.032
Cumulative Proportion     0.8    0.91    0.97    1.000

Loadings:
          Comp.1  Comp.2  Comp.3  Comp.4
head1      0.570   0.693  -0.442
breadth1   0.406   0.219   0.870  -0.173
head2      0.601  -0.633  -0.209  -0.441
breadth2   0.386  -0.267           0.881
```

① 주성분 분석의 결과를 보여준다.
② 처음 두 개의 주성분으로 전체 데이터 분산의 91%를 설명할 수 있다.
③ 두 번째 주성분은 네 개의 원변수와 양의 상관관계를 가진다.
④ 네 개의 주성분을 사용하면 전체 데이터 분산을 모두 설명할 수 있다.

46. 데이터마이닝의 활용 예가 아닌 것은 어느 것인가?

① 병원에서 환자 데이터를 이용해 해당 환자에게 발생 가능성이 높은 병을 예측한다.
② 웹사이트에 접속한 고객 정보를 활용해 고객에게 맞는 상품과 서비스를 추천한다.
③ 대용량 데이터를 통해 선거의 후보자 인지율 확인을 위한 전화조사에 활용할 대상 리스트를 만들어 낸다.
④ 은행에서 대출 심사를 할 때, 고객 데이터를 활용해 고객의 우량/불량을 예측한다.

47. 데이터마이닝 모델링 방법 중 분류(classification) 방법으로 활용되지 않는 R 패키지는 무엇인가?

① rpart　　② kmeans　　③ party　　④ marginTree

48. 모형의 성능을 평가할 때 사용되는 방법론 중 사후확률과 각 분류기준값에 의해 오분류 행렬을 만든 다음, 민감도(sensitivity)와 특이도(specificity)를 산출하여 도표에 도식화하여 평가하는 방식은 무엇인가?

① ROC(Receive Operating Characteristics)
② 이익도표(Lift Chart)
③ AUROC
④ 예측률(Prediction Rate)

49. K-means 군집분석과 계층적 군집분석의 차이를 잘못 설명한 것은?

① K-means 군집분석은 계층적 군집분석과는 달리 한 개체가 처음 속한 군집에서 다른 군집으로 이동해 재배치 될 수 있다.
② K-means 군집분석은 초기값에 대한 의존이 커서 초기값을 어떻게 하느냐에 따라 군집이 달라질 수 있다.
③ K-means 군집분석은 동일한 거리계산법을 적용하면 몇 번을 시행해도 동일한 결과가 나온다.
④ 계층적 군집분석은 동일한 거리계산법을 적용하면 몇 번을 시행해도 동일한 결과가 나온다.

50. 데이터를 이용해 분석한 결과 "샌드위치를 사는 고객의 30%가 탄산수를 함께 산다"와 같은 결과를 얻기 위해 실행되는 데이터마이닝 분석 방법론은 무엇인가?

① 군집분석(clustering)
② 분류분석(classification analysis)
③ 장바구니분석(market basket analysis)
④ 순차분석(sequence analysis)

51. 다음 중 이상값 검색을 활용한 응용시스템으로 가장 적절한 것은?

① 장바구니 분석 시스템
② 부정사용 방지 시스템
③ 데이터 마트
④ 교차판매 시스템

52. 아래는 스위스의 47개 프랑스어 사용지역의 출산율(Fertility)과 관련된 변수들을 사용하여 얻은 결과이다. 회귀모형에 관한 다음 설명 중 가장 부적절한 것은?

```
> summary(lm(Fertility~.,data=swiss))

Call:
lm(formula = Fertility ~ ., data = swiss)
```

```
Residuals:
     Min       1Q   Median       3Q      Max
-15.2743  -5.2617   0.5032   4.1198  15.3213

Coefficients:
                 Estimate Std. Error t value Pr(>|t|)
(Intercept)      66.91518   10.70604   6.250 1.91e-07 ***
Agriculture      -0.17211    0.07030  -2.448  0.01873 *
Examination      -0.25801    0.25388  -1.016  0.31546
Education        -0.87094    0.18303  -4.758 2.43e-05 ***
Catholic          0.10412    0.03526   2.953  0.00519 **
Infant.Mortality  1.07705    0.38172   2.822  0.00734 **
---
Signif. codes:  0 '***' 0.001 '**' 0.01 '*' 0.05 '.' 0.1 ' ' 1

Residual standard error: 7.165 on 41 degrees of freedom
Multiple R-squared:  0.7067,    Adjusted R-squared:  0.671
F-statistic: 19.76 on 5 and 41 DF,  p-value: 5.594e-10
```

① 유의수준 0.05하에서 위의 회귀모형은 유의적으로 출산율을 설명한다.

② 위의 설명변수들은 출산율 변동의 원인임을 보여준다.

③ 위의 회귀모형은 출산율 변동의 70.67%를 설명한다.

④ 수정결정계수는 0.671이다.

53. 아래 데이터 셋 A, B 간의 유사성을 유클리드 거리로 계산하면?

구 분	A	B
키	180	175
몸무게	65	70

① 0 ② $\sqrt{5}$ ③ $\sqrt{25}$ ④ $\sqrt{50}$

54. 분류문제를 예측하기 위한 모형을 개발하여 테스트 데이터를 통해 그 결과를 분석하고자 한다. 아래 표를 활용하여 민감도를 구하려고 할 때 민감도를 산출하는 방식은 어떤 것인가?

		질병 여부	
		양성	음성
테스트	양성	TP(True Positive)	FP(False Positive)
	음성	FN(False Negative)	TN(True Negative)

① TP/(TP+FN) ② FN/(TP+FN) ③ FP/(FP+TN) ④ TN/(FP+TN)

55. 다음 중 감성분석에 대한 설명으로 가장 부적절한 것은?

① 텍스트에 포함된 내용이 주관적인지 객관적인지를 먼저 판단해야 한다.
② 내용이 긍정적인지 부정적인지 판별하고 나의 상품이나 브랜드의 여론이 긍정적인지 부정적인지를 찾아내는데 활용된다.
③ 개별 문장의 분석에 오류가 나타나면 많은 문서를 가공하더라도 추이 파악에 어려움이 생기는 단점이 있는 분석방법이다.
④ 영향력이 높은 대상자에게는 높은 가중치를 부여 함으로써 더 정확한 감성지표를 계산할 수 있다.

56. 이때 결정의 기준으로 제 1종 오류와 제 2종 오류를 사용하게 되는데 다음 중 이에 대한 설명으로 가장 적절한 것은?

① 제 1종 오류는 실제로 대립가설이 거짓이지만, 검정결과 대립가설을 채택하는 오류이다.
② 제 2종 오류는 대립가설이 맞는데도 귀무가설이 맞다고 결론 내리는 오류이다.
③ 제 1종 오류는 실제로 귀무가설이 맞는데 틀리다고 결론 내리는 오류이다.
④ 유의수준을 너무 작게 하면 귀무가설을 선택할 확률이 커져 대립가설이 옳은데도 불구하고 부정해 버리는 오류를 범할 수 있다.

57. 다음 중 통계 패키지 R에 대한 설명으로 가장 부적절한 것은?

① R은 오픈 소스 프로그램이다.
② 다양한 최신 통계분석과 데이터마이닝 기능을 제공한다.
③ Linux 환경에서는 사용이 불가능하다.
④ 사용자들이 여러 예시들을 공유한다.

58. 다음 사회연결망 분석 중 한 노드가 연결망 내의 다른 노드들 사이의 최다 경로 위에 위치할수록 그 노드의 중심성이 높은 것으로 측정하는 방법으로 가장 적절한 것은?

① 연결정도 중심성
② 근접 중심성
③ 매개 중심성
④ 위세 중심성

59. 원데이터 집합으로부터 크기가 같은 표본을 여러번 단순임의 복원추출하여 각 표본에 대한 분류기를 생성한 후 그 결과를 앙상블하는 방법으로 다음 중 가장 적절한 것은?

① 배깅(bagging)

② 의사결정나무(decision tree)

③ 인공신경망(artificial neural network)

④ 유전자 알고리즘(genetic algorithm)

60. 아래는 chickwts를 데이터테이블로 변화시키는 과정이다. 다음 중 feed 변수의 각 레벨에 따라 weight를 분할하는 명령어로 적절한 것은 무엇인가?

```
> head(chickwts)
  weight      feed
1    179 horsebean
2    160 horsebean
3    136 horsebean
4    227 horsebean
5    217 horsebean
6    168 horsebean

> summary(chickwts)
     weight            feed
 Min.   :108.0   casein   :12
 1st Qu.:204.5   horsebean:10
 Median :258.0   linseed  :12
 Mean   :261.3   meatmeal :11
 3rd Qu.:323.5   soybean  :14
 Max.   :423.0   sunflower:12

> wts<-data.table(chickwts)
```

① unsplit(feed, weight)

② split(chickwts$feed, chickwts$weight)

③ split(chickwts$weight, chickwts$feed)

④ unsplit(weight, feed)

61. 다음 중 공분산에 관한 설명으로 가장 부적절한 것은?

① X, Y의 방향의 조합(선형성)이다.

② $Cov(X, Y) = E[(X-\mu_x)(Y-\mu_y)]$

③ X와 Y가 서로 독립이면 $Cov(X, Y) = 0$이다.

④ $-1 \leq Cov(X, Y) \leq 1$이다.

62. 다음 중 영문에 대한 텍스트 마이닝 시 텍스트 데이터에 대한 전처리 작업으로 자연어 처리를 위하여 공통 어간을 가지는 단어를 묶는 처리 방법으로 적절한 것은?

① 제외어 처리　　② TDM 구축　　③ 스태밍　　④ 구두점 제거

63. 다음 중 아래 거래 전표에서 연관 규칙 "A → B"의 신뢰도를 구한 것으로 적절한 것은?

물품	거래건수
{A}	100
{C}	50
{A, C}	200
{B, C}	250
{B, D}	200
{A, B, D}	200
{A, B, C, D}	100

① 25%　　② 30%　　③ 40%　　④ 50%

64. 다음 중 분해 시계열을 이루는 구성요소로 적절하지 않은 것은 무엇인가?

① 정상요인　　② 추세요인　　③ 계절요인　　④ 불규칙요인

65. Carseats 데이터프레임은 400개 상점에서 판매중인 유아용 카시트에 대한 자료이다. 아래의 설명으로 적절하지 않은 것은 무엇인가?

```
> summary(Carseats)
     Sales          CompPrice         Income        Advertising       Population
 Min.   : 0.000   Min.   : 77     Min.   : 21.00   Min.   : 0.000   Min.   : 10.0
 1st Qu.: 5.390   1st Qu.:115     1st Qu.: 42.75   1st Qu.: 0.000   1st Qu.:139.0
 Median : 7.490   Median :125     Median : 69.00   Median : 5.000   Median :272.0
 Mean   : 7.496   Mean   :125     Mean   : 68.66   Mean   : 6.635   Mean   :264.8
 3rd Qu.: 9.320   3rd Qu.:135     3rd Qu.: 91.00   3rd Qu.:12.000   3rd Qu.:398.5
 Max.   :16.270   Max.   :175     Max.   :120.00   Max.   :29.000   Max.   :509.0
     Price         ShelveLoc         Age           Education       Urban       US
 Min.   : 24.0   Bad   : 96     Min.   :25.00   Min.   :10.0   No :118   No :142
 1st Qu.:100.0   Good  : 85     1st Qu.:39.75   1st Qu.:12.0   Yes:282   Yes:258
 Median :117.0   Medium:219     Median :54.50   Median :14.0
 Mean   :115.8                  Mean   :53.32   Mean   :13.9
 3rd Qu.:131.0                  3rd Qu.:66.00   3rd Qu.:16.0
 Max.   :191.0                  Max.   :80.00   Max.   :18.0
```

① sales의 평균은 7.496이다.
② 약 25%의 카시트에 대한 sales 값이 5.39보다 작다.
③ Price의 최대값은 191.0이다.
④ 약 25%의 카시트에 대한 Price 값이 131.0보다 작다.

66. 다음 중 TM 패키지 기본 Transformation 함수가 아닌 것은?

① removeNumbers
② stripWhitespace
③ removePunctuation
④ stemCompletion

67. 다음 중 연관성분석에 활용되는 측정지표 중 전체 거래 중에서 품목 A와 품목 B가 동시에 포함된 거래의 비중을 나타내는 지표는 무엇인가?

① 신뢰도 ② 향상도 ③ 지지도 ④ 빈도

68 다음 중 관찰대상이 가지고 있는 속성의 크기를 측정하여 순서대로 대상의 순위를 나타내는 척도로 적절한 것은?

① 명목척도 ② 순서척도 ③ 구간척도 ④ 비율척도

69. 다음 중 사회 연결망 분석시 위세 중심성에 대한 설명으로 가장 적절한 것은?

① 한 노드에 직접적으로 연결된 노드들의 합으로 측정한다.
② 연결된 노드의 중요성에 가중치를 둬 중심성을 측정하는 방법이다.
③ 네트워크 내에서 한 노드가 담당하는 매개자 혹은 중계자 역할의 정도를 측정하기 위한 평가지표이다.
④ 한 노드에 직접적으로 연결된 노드 뿐만 아니라 간접적으로 연결된 노드들 간의 거리를 계산하여 측정한다.

70. 다음 중 mtcars 데이터에서 gear와 carb 관측치를 제거하고 난 후의 데이터셋을 구성하는 R 코드로 가장 부적절한 것은?

```
              mpg cyl disp  hp drat   wt  qsec vs am gear carb
Mazda RX4    21.0   6 160.0 110 3.90 2.620 16.46  0  1    4    4
```

```
Mazda RX4 Wag          21.0  6 160.0 110 3.90 2.875 17.02 0 1 4 4
Datsun 710             22.8  4 108.0  93 3.85 2.320 18.61 1 1 4 1
Hornet 4 Drive         21.4  6 258.0 110 3.08 3.215 19.44 1 0 3 1
Hornet Sportabout      18.7  8 360.0 175 3.15 3.440 17.02 0 0 3 2
Valiant                18.1  6 225.0 105 2.76 3.460 20.22 1 0 3 1
Duster 360             14.3  8 360.0 245 3.21 3.570 15.84 0 0 3 4
Merc 240D              24.4  4 146.7  62 3.69 3.190 20.00 1 0 4 2
Merc 230               22.8  4 140.8  95 3.92 3.150 22.90 1 0 4 2
Merc 280               19.2  6 167.6 123 3.92 3.440 18.30 1 0 4 4
Merc 280C              17.8  6 167.6 123 3.92 3.440 18.90 1 0 4 4
Merc 450SE             16.4  8 275.8 180 3.07 4.070 17.40 0 0 3 3
Merc 450SL             17.3  8 275.8 180 3.07 3.730 17.60 0 0 3 3
Merc 450SLC            15.2  8 275.8 180 3.07 3.780 18.00 0 0 3 3
Cadillac Fleetwood     10.4  8 472.0 205 2.93 5.250 17.98 0 0 3 4
Lincoln Continental    10.4  8 460.0 215 3.00 5.424 17.82 0 0 3 4
Chrysler Imperial      14.7  8 440.0 230 3.23 5.345 17.42 0 0 3 4
```

① mtcars[,1:9]

② mtcars[,-c(10,11)]

③ mtcars[,10:11]

④ mtcars[,c(1:9)]

> 과목5. 데이터 시각화 - 10문항

71. 시각화 인사이트 프로세스에 해당하지 않는 단계는?

① 탐색　　　② 조사　　　③ 분석　　　④ 활용

72. 아래 그림과 같은 데이터 시각화를 사용하는 단계에 대한 설명으로 가장 부적절한 것은?

① 계층 관계를 갖는 데이터나, 어떤 기준으로 묶인 데이터의 대부분은 형태를 변환해 연결 고리를 찾아낼 수 있다.
② 여러 개의 데이터 명세를 보유한 경우, 연결 고리를 확인함으로써 명세들을 포괄해 탐색할 수 있는 차원과 측정값의 조합을 정리해야 한다.
③ 척도 문제가 발생하는 경우에는 실제 값을 변형해, 같은 공간에 표시해도 각각의 패턴이 명확하게 보이게끔 조정해야 한다.
④ 지표를 시각화 도구에 적용할 때에도 역시 지표의 단위가 시각화 도구의 표현 공간 상에 다른 데이터들과 함께 적절하게 표현될 수 있는지 체크해야 한다.

73. 아래 그림은 분석 도구를 이용해 시각화를 구현한 것이다. 그 과정에서 사용된 명령어로 가장 적절한 것은? (단, /는 enter의 의미로 작성되었다.)

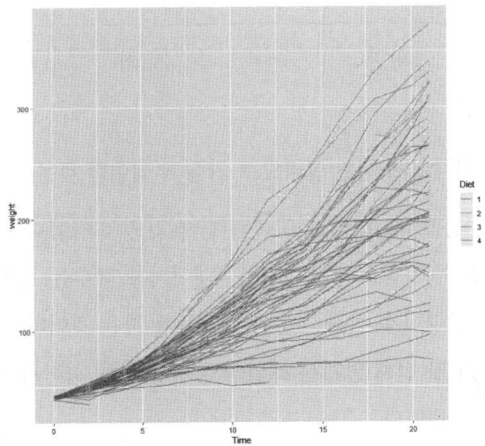

① ggplot(ChickWeight, aes(x=Time, y=weight, colour=Diet, group=Chick)) + geom_line( )
② ggplot(subset(ChickWeight, Time==21), aes(x=weight, colour=Diet)) + geom_density( )
③ b <- ggplot(economics, aes(x=date, y=unemploy)) / b + geom_line( )
④ w <- ggplot(diamonds, aes(clarity, fill=cut)) / w + geom_bar( )

74. 빅데이터 시각화 프로세스에 대한 설명으로 가장 부적절한 것은?

① 구조화에서는 빅데이터에서 제공하는 데이터를 활용하여 사전 작업을 하면서 시각화의 목표가 될 만한 것들을 발견하고 설정하기도 한다.
② 시각화에서는 시각화 툴에서 제공하는 다양한 그래프를 어떤 이유로, 왜 쓰는지, 어떻게 표현해야 하는지에 대해 설명하고자 한다.

③ 벤 프라이의 7단계에서 표현 및 정제 단계에서는 그래픽 능력이 요구되며, 이 단계가 바로 직접적인 시각 표현 단계라 볼 수 있다.
④ 시각표현에서는 시각화 툴로 선택한 그래프를 시각적으로 더 다듬거나 시각 표현을 극대화하는 방안을 실험하면서 완성하게 된다.

75. 벤 프라이의 7단계 방법론 중에서 정보 디자인 교과서의 '데이터 수집/마이닝'과 연관이 없는 단계는?

    ① 분석　　　　　② 선별　　　　　③ 상호작용　　　　　④ 마이닝

76. 다음 보기 프로그램의 그래프의 cut종류는 어디에 표시되는가?

    ```
    k <- ggplot(diamonds, aes(carat, ..density..)) + geom_histogram(binwidth = 0.2)
    k + facet_grid(. ~ cut)
    ```

    ① 아래　　　　　② 위　　　　　③ 좌　　　　　④ 우

77. 시각화 및 빅데이터 시각화에 대한 설명으로 가장 부적절한 것은?

    ① 정보성을 낮출수록 좀 더 효율적이고 참신한 시각화의 아름다움을 얻을 수 있다.
    ② 빅데이터의 시각화에서 중요한 것은 해당 데이터를 다루는 능력 말고도 궁극적으로는 정보 디자인의 의도와 방향이 목적과 어긋나지 않도록 하는 것이다.
    ③ 시각화 전문가로서 첫 번째 단계는 개인의 능력을 통해 최신의 기술과 도구를 사용해 정보를 제시하고 분석하는 것이다.
    ④ 두 번째 단계는 데이터 시각화 기술이 아니라 비주얼 인식의 심리적인 부분을 아는 것으로, 특정 시각화 기술이 줄 수 있는 한계에 대해서도 충분히 이해해야 한다.

78. 라이브러리를 기반으로 다양한 목적의 시각화 그래프를 구현하고자 한다. 각각의 시각화를 구현할 때 작성될 수 있는 명령어로 가장 적절한 것은?

    ① d3.layout.bar( )
    ② d3.layout.plot( )
    ③ d3.layout.map( )
    ④ d3.layout.pie( )

79. 데이비드 터프티가 제시한 디자인 7원칙에 대한 설명으로 부적절한 것은?

① 정보를 디자인할 때는 원인과 결과를 명쾌하게 제시하는 것이 좋다.

② 사용자의 쉬운 이해를 돕기 위해 공간이 아닌 시간에 따라 나열하는 것이 좋다.

③ 트렌드를 나타내기 위해 정량적 자료를 그래프나 도표로 표현하는 것이 좋다.

④ 연관된 변수와 트렌드를 비교할 수 있는 도구를 제공하는 것이 좋다.

80. 시각화를 위한 그래픽 디자인 기본 원리에 대한 설명으로 적절하지 않은 것은?

① 타이포그래피에서 가장 어려운 일이 서체를 선택하는 것이다.

② 색상에서 두 가지 색을 쓰는 경우 일반적으로 보색을 이용하고 명도와 채도를 같게 하면 된다.

③ 그리드에서 3등분 법칙에 따라 요소를 배치하면 디자인에 비례 간격을 끌어들여 미학적으로 만족스러운 균형이 잡힌다.

④ 아이소타이프는 정보, 자료, 개념, 의미 등을 나타내기 위해 문자와 숫자를 크게 나타내는 방식이다.

서술형 - 1문항

01. 아래 Default데이터는 10,000명의 신용카드 고객의 체납 여부(default)와 학생여부(student), 카드 잔고(balance), 연봉(income)을 포함하고 있다.

```
> str(Default)
'data.frame':   10000 obs. of  4 variables:
 $ default: Factor w/ 2 levels "No","Yes": 1 1 1 1 1 1 1 1 1 1 ...
 $ student: Factor w/ 2 levels "No","Yes": 1 2 1 1 1 2 1 2 1 1 ...
 $ balance: num   730 817 1074 529 786 ...
 $ income : num   44362 12106 31767 35704 38463 ...
> summary(Default)
 default     student       balance            income
 No :9667   No :7056   Min.   :   0.0    Min.   :   772
 Yes: 333   Yes:2944   1st Qu.: 481.7    1st Qu.:21340
                       Median : 823.6    Median :34553
                       Mean   : 835.4    Mean   :33517
                       3rd Qu.:1166.3    3rd Qu.:43808
                       Max.   :2654.3    Max.   :73554
```

1) 신용카드를 사용하는 고객의 체납 확률을 예측하기 위한 방법을 제시하시오.

2) 분석을 통해 얻은 결과물로부터 발견할 수 있는 인사이트를 예시로 설명하시오.

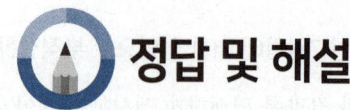

정답 및 해설

【객관식 정답】

번호	정답	번호	정답	번호	정답	번호	정답	번호	정답	번호	정답	번호	정답	번호	정답
01	④	11	②	21	②	31	②	41	②	51	②	61	④	71	②
02	②	12	①	22	③	32	③	42	②	52	②	62	③	72	①
03	①	13	④	23	②	33	①	43	②	53	④	63	④	73	①
04	③	14	②	24	④	34	④	44	③	54	①	64	①	74	②
05	④	15	③	25	②	35	④	45	②	55	②	65	②	75	③
06	④	16	②	26	③	36	④	46	②	56	②	66	④	76	②
07	①	17	①	27	②	37	①	47	②	57	③	67	③	77	①
08	②	18	②	28	②	38	③	48	①	58	②	68	②	78	④
09	①	19	④	29	②	39	②	49	②	59	②	69	②	79	②
10	②	20	①	30	④	40	④	50	③	60	③	70	③	80	④

〈과목1. 데이터 이해 - 10문항〉

01. 데이터베이스의 일반적인 특징 4가지는 통합된 데이터, 저장된 데이터, 공용 데이터, 운영 데이터이다.

02. 상호 연결된 정보 패턴을 이해하여 이를 토대로 예측한 결과물인 지식을 의미한다.

03. 데이터 사이언티스트에게 요구되는 소프트 역량은 창의적 사고, 호기심, 스토리텔링, 커뮤니케이션 등이 있다.

04. 클라우드 컴퓨팅의 보편화는 빅데이터의 처리 비용을 획기적으로 낮춰 경제성을 제공했다.

05. SQL을 통해 특정 데이터셋에서 필요한 데이터를 추출하고자 할 때 명령문은 "select(특정 변수들) from(데이터셋) where(조건절 형태의 표현)"으로 사용하면 된다. 조건절 형태의 표현에서 ①번은 'A%'로 표현되고, ②번은 where 절에서 나올 수 없는 답이며 ③번은 '%A%'로 표현하여야 한다.

06. 사생활 침해에 대한 설명이다.

07. 빅데이터 관점에서 사물인터넷은 사물에서 나오는 데이터를 활용해 더욱 지능화 된 기기 활용을 할 수 있도록 데이터를 수집하여야 하므로 모든 사물에서 데이터를 추출할 수 있어야 된다.

08. 대량 생산을 통한 가격 경쟁력 확보와 글로벌 네트워크를 통한 판매 확대는 과거의 비즈니스 전략이다.

09. 가명처리는 개인정보주체의 이름을 다른 이름으로 변경하는 기술로 다른 값으로 대체하는 일정한 규칙이 노출되지 않도록 주의해야 한다.

10. 데이터 수집 비용 감소와 클라우드 컴퓨팅 기술의 발전으로 표본을 조사하는 기존의 지식 발견의 방식이 전수조사를 통해 샘플링이 주지 못하는 패턴이나 정보를 제공해준다.

〈과목2. 데이터 처리 기술 이해 - 10문항〉

11. ①, ③번은 스노우 플레이크 스키마와 관련된 설명이다. 또한 스노우 플레이크 스키가 스타 스키마보다 데이터베이스 내 테이블의 수를 더 많이 가진다.

12. MySQL 클러스터는 비공유형으로서 메모리(최근 디스크도 제공) 기반 데이터베이스의 클러스터링을 지원한다.

13. ETL은 대규모 병렬 처리(MPP, Massive Parallel Processing)를 지원한다.

14. ②번은 Transparent page sharing에 관한 설명이다.

15. SQL on 하둡은 실시간 SQL 질의 분석 기술이므로 ③번은 틀린 설명이다.

16. Log Scanner on Database는 데이터베이스 스키마의 변경을 필요로 하진 않는다. ②번은 Version on Rows 기법에 대한 설명이다. Status on Rows 기법을 이용하면 레코드에 대한 변경 여부를 사람이 직접 판단할 수 있도록 유보하는 업무 규칙을 정할 수 있다. Time/Version/Status on Rows 기법은 정교한 쿼리 생성에 활용할 수 있다.

17. Hbase는 하둡 분산파일 시스템을 사용하며, SQL을 지원하지 않는다. ②번은 샤크(Shark)와 관련된 설명이다.

18. hub and spoke 방식이 아니라 point to point 방식에서 복잡한 데이터 연계 경로가 발생할 수 있다.

19. 맵리듀스의 절차는 input - split - map - combine - shuffle & sort - reduce - output이다.

20. 맵리듀스 작업을 수행하다가 특정 태스크에서 장애가 생기면 시스템이 자동으로 감지해 장애가 발생한 특정 태스크만 다른 서버에서 재실행을 할 수 있다.

〈과목3. 데이터 분석 기획 - 10문항〉

21. 분석 대상이 명확하게 무엇인지 모르면서 기존 분석 방법으로 새로운 분석을 수행하는 방식은 통찰(Insight)을 도출해 문제의 도출 및 해결에 기여한다.

22. 분석 기획 시 고려사항은 분석의 기본이 되는 데이터에 대한 고려, 활용 가능한 유즈케이스 탐색, 분석 수행에 있어 발생하는 장애요소들에 대한 사전 계획 수립이다.

23. 하향식 접근법은 문제탐색 → 문제정의 → 해결방안 탐색 → 타당성 검토로 전개된다.

24. 시장 니즈 탐색 관점에서 고객 니즈의 변화는 고객, 채널, 영향자들에 의해 진행된다.

25. Political(정치영역)은 주요 정책 방향, 정세, 지정학적 동향 등의 거시적인 흐름을 토대로 분석 기회를 도출한다.

26. 분석 프로젝트 영역별 주요 관리 항목에는 범위, 시간, 원가, 품질, 통합, 조달, 자원, 리스트, 의사소통, 이해관계자 등이 있다.

27. 분석과제 중에 발생된 시사점과 분석 결과물이 풀(pool)로 관리하고 공유된다. 확정된 분석과제는 풀(pool)로 관리하지 않는다.

28. 기능구조는 별도 분석조직이 없고 해당 업무부서에서 분석을 수행한다. 전사적 핵심분석이 어려우며, 부서 현황 및 실적 통계 등 과거 실적에 국한된 분석 수행 가능성이 높다.

29. CRISP-DM 방법론의 모델링 단계에서의 수행 업무는 모델링 기법 선택, 모델 테스트 계획 설계, 모델 작성, 모델 평가가 있다.

30. 분석 ROI 요소에서 비용 요소는 Volume, Variety, Velocity이다.

〈과목4. 데이터 분석 - 40문항〉

31. 모형을 개발하기 위해서는 학습 데이터와 테스트 데이터로 구분을 해서 학습 데이터로 모델을 개발하고 테스트 데이터로 모델의 적중률을 확인한다. 학습 데이터를 너무 과대하게 학습한 경우, 과대 적합의 문제가 발생하여 테스트 데이터의 적중률은 떨어지고 일반화하기 힘들어 진다.

32. 측정 대상이 갖고 있는 속성의 양을 측정하는 것으로 구간이나 구간사이의 간격이 의미가 있는 자료(온도, 지수)이다.

33. R 코드를 수행하면 다음과 같은 결과가 콘솔창에 출력된다.

```
> c(2,4,6,8) + c(1,3,5,7,9)
[1]  3  7 11 15 11
경고메시지(들):
In c(2, 4, 6, 8) + c(1, 3, 5, 7, 9) :
  두 객체의 길이가 서로 배수관계에 있지 않습니다.
```

34. 표본의 분산은 카이제곱분포를 따른다.

35. 다중회귀분석에서 변수선택법은 전진선택법, 후진제거법, 단계적 선택법이 있다.

36. '이상치'라고 규정한 자료는 분석에서 제외 할 수 있지만 무조건적으로 제거할 수는 없다.

37. 연속형 확률분포의 종류를 묻는 문제로 이항분포는 이산형 확률분포이고, 정규분포, T분포, F분포는 연속형 확률분포이다.

38. 모집단을 군집으로 구분하고 선정된 군집의 원소를 모두 샘플로 추출하는 다단계 추출 방법은 집락추출법이다.

39. 자료가 추출된 모집단의 분포에 아무 제약을 가하지 않고 검정을 실시하는 방법이 비모수 검정이며 비모수 검정방법에는 부호검정, 윌콕슨의 순위합검정, 만-위트니의 U검정, 런 검정, 스피어만의 순위상관계수 등이 있다.

40. R에서 상관계수를 구하기 위해서는 rcor( )함수가 아닌 cor( )함수 또는 rcorr( )함수를 사용하여야 한다. rcorr( )함수를 사용하면 type인자를 통해 피어슨과 스피어만 상관계수를 선택할 수 있다.

41. 종속변수에 미치는 영향이 적더라도 독립변수가 추가되면 결정계수는 변한다.

42. 시계열 자료는 대부분이 비정상 자료이며 이런 경우 비정상 자료를 정상성 조건을 만족시켜 정성 시계열로 만든 후 시계열 분석을 실시한다.

43. 일반적으로 평균이 일정하지 않은 비정상 시계열은 차분을 통해, 분산이 일정하지 않은 비정상 시계열은 변환을 통해 정상 시계열로 바꾼다.

44. 회귀분석의 가정은 선형성, 등분산성, 독립성, 비상관성, 정규성이 있다. 잔차도에서 잔차가 곡선 모양(∩ 또는 U자 형태 등)을 보인다면, 이는 "선형 모델이 데이터의 구조를 설명하지 못하고 있다", 즉 x와 y의 관계가 비선형이라는 간접 증거이다.

45. 두 번째 주성분은 head2 변수와 breadth2 변수에 대해 음의 상관관계를 가진다.

46. ③번은 데이터마이닝이 아닌 표본 추출방법에 대한 내용이다.

47. R에서 지원하는 분류(Classification) 방법으로는 rpart, rpartOrdinal, randomForest, party, tree, marginTree, MapTree등 다양한 방법이 있다.

48. ROC 도표는 구축한 모형의 성능을 사후확률과 각 분류기준값에 의해 오분류 행렬을 만든 다음, x축은 1- 특이도로 y축은 민감도로 설정하여 그려지는 모형을 평가하는 지표이다.

49. k-평균법은 계층적 군집방법과는 달리 한 개체가 속해 있던 군집에서 다른 군집으로 이동해 재배치가 가능하다. 초기값에 의존하는 방법으로 군집의 초기값 선택에 따라 최종 군집이 변할 수 있다.

50. 장바구니에 함께 구매한 상품 데이터를 이용해 분석한 결과 '아메리카노를 마시는 손님 중 10%가 브라우니를 먹는다', '샌드위치를 먹는 고객의 30%가 탄산수를 함께 마신다'와 같은 결과를 얻어내는 방법론을 연관성 분석(장바구니 분석)이라고 한다.

51. 이상값을 검색하여 한 집단에서 매우 크거나, 매우 작으면 의심되는 대상이므로 부정사용방지 시스템에 활용이 가능하다.

52. 위의 설명변수들은 출산율 변동에 영향을 미치는지 확인하기 위한 변수로서 영향을 미치지 않는 변수도 포함되어 있다. Examination 같은 경우는 출산율 변동의 원인이 아니다.

53. 유클리드 거리를 구하는 공식은 $d(x,y) = \sqrt{(x_1-y_1)^2 + \ldots + (x_p-y_p)^2} = \sqrt{(x-y)'(x-y)}$ 이다.
표의 데이터 값을 대입하면 $\sqrt{(180-175)^2 + (65-70)^2} = \sqrt{50}$ 이다.

54. 분석결과를 확인하는 방법 중 민감도를 구하는 방법
    민감도 : 양성이라고 판단되는 값(TP)/실제 양성의 값(TP+FN)
    정확도 : 양성, 음성이라고 판단되는 값(TP+TN)/실제 양성과 음성의 값(TP+FN+FP+TN)
    특이도 : 음성이라고 판단되는 값(TN)/실제 음성의 값(FP+TN)

55. 감성분석은 개별 문장의 분석 오류가 발생하더라도 대량의 문서를 분석하면 통계적으로 추이를 파악할 수 있는 경우가 많습니다. 예를 들어, 소셜 미디어에서 특정 브랜드에 대한 긍정/부정 여론을 분석할 때, 일부 문장의 감성분석이 잘못되더라도 전체 데이터의 양이 충분하다면 추세를 파악하는 데 큰 문제가 되지 않습니다.

56. 제 1종 오류(Type I error)는 귀무가설이 옳은데도 귀무가설을 기각하게 되는 오류이다.

57. R 프로그램은 Linux 환경에서도 사용이 가능하다.

58. 매개 중심성은 한 노드가 연결망 내의 다른 노드들 사이의 치다 경로 위에 위치할수록 그 노드의 중심성이 높은 것으로 측정하는 방법이다.

59. 배깅은 주어진 자료에서 여러 개의 붓스트랩(bootstrap)자료를 생성하고 각 붓스트랩 자료에 예측모형을 만든 후 결합하여 최종 예측모형을 만드는 방법이다.

60. ③의 결과는 아래와 같다.

```
> split(chickwts$weight, chickwts$feed)
$`casein`
 [1] 368 390 379 260 404 318 352 359 216 222 283 332

$horsebean
 [1] 179 160 136 227 217 168 108 124 143 140

$linseed
 [1] 309 229 181 141 260 203 148 169 213 257 244 271

$meatmeal
 [1] 325 257 303 315 380 153 263 242 206 344 258

$soybean
 [1] 243 230 248 327 329 250 193 271 316 267 199 171 158 248

$sunflower
 [1] 423 340 392 339 341 226 320 295 334 322 297 318
```

61. 공분산 값의 범위는 -1과 1사이가 아니다.

62. TDM(Term-Document-matrix)이란 전처리 된 각 문서와 단어 간의 사용여부를 사용해 만들어진 행렬을 의미하고, 각 단어의 빈도수를 쉽게 알 수 있다.

63. 신뢰도 $= \dfrac{\text{지지도}}{P(A)} = \dfrac{\frac{300}{1100}}{\frac{600}{1100}} = 0.5$

64. 분해 시계열을 이루는 구성요소는 경향(추세)요인, 계절요인, 순환요인, 불규칙요인이다.

65. 약 25%의 카시트에 대한 Price값이 131.0보다 크다.

66. tm 패키지의 기본 transformation 함수는 stripWhitespace, tolower, removeNumbers, removePunctuation 등이 있다.

67. 연관성분석의 측정지표 중 지지도는 전체 거래 중에서 품목 A와 품목 B가 동시에 포함된 거래의 비중을 나타내는 지표이다.

68. 순서척도는 측정 대상의 서열관계를 관측하는 척도이다. 예로는 만족도, 선호도, 학년, 신용등급 등이 있다.

69. 위세 중심성은 자신의 연결정도를 중심으로부터 발생하는 영향력과 자신과 연결된 타인의 영향력을 합하여 결정한다. 보나시치 권력지수는 위세 중심성의 일반적인 형태이며, 연결된 노드의 중요성에 가중치를 둬 노드의 중심성을 측정하는 방법이다.

70. ③번의 내용은 10, 11열만 선택한다는 것으로 틀린 답이다.

<과목5. 데이터 시각화 - 10문항>

71. 시각화 인사이트 프로세스는 탐색(1단계), 분석(2단계), 활용(3단계)이다.

72. 워드클라우드는 단어의 빈도 정보만 시각화하는 기법으로, 계층 구조나 연결 고리(관계성)를 표현하기에는 부적합하다. 트리맵, 덴드로그램, 네트워크 다이어그램 등은 계층 구조 표현에 적합하지만, 워드클라우드는 구조나 맥락을 표현할 수 없다.

73. ggplot(ChickWeight, aes(x=Time, y=weight, colour=Diet, group=Chick)) + geom_line( )이 정답이다.

74. 시각화 단계는 실제 데이터를 시각적으로 표현하고 인사이트를 도출하는 실행 단계이지, 툴을 설명하는 과정이 아닙니다.

75. '데이터 수집/마이닝'과 연관이 있는 것은 정보 획득, 분석, 선별, 마이닝이며, 상호작용의 경우에는 그래프 가공, 시각적 표현과 연관이 있다.

76. (. ~ cut)를 사용할 경우 caret 종류는 위에 표시된다.

77. 시각화의 아름다움에서 정보성이 결여된다면 효율성과 참신성이 떨어지는 문제가 발생할 수 있다.

78. ④번은 파이차트를 구현할 때 사용할 수 있는 명령어이다.

79. 시간보다는 공간에 따라 나열할 때 사용자의 이해가 쉬워진다.

80. 아이소타이프는 정보, 자료, 개념, 의미 등을 나타내기 위해 문자와 숫자 대신 상징적 도형이나 정해진 기호를 조합해 시각적이고 직접적으로 나타내는 방식이다.

【 서술형 정답 】

01. str 함수를 통해 데이터의 구조와 summary 함수를 통해 데이터에 대한 기초 통계량을 확인했을 때, default(체납여부)와 student(학생여부)는 범주형 변수이며, balance(카드 잔고), income(연봉)은 수치형 변수임을 확인할 수 있다. 고객의 체납 확률을 예측하기 전, 종속변수와 독립변수를 나누어 보면 종속변수는 default이며, 설명변수는 student, balance, income 이다. 체납 여부인 default를 분류하기 위해서는 정형 데이터 마이닝 중 분류분석을 사용하여 체납 확률을 예측해야 한다. 분류 분석의 방법으로는 로지스틱 회귀분석, 의사결정나무, 앙상블기법(배깅, 부스팅, 랜덤포레스트), 인공신경망, 나이브 베이지안, K-NN(K-Nearest Neighbor), SVM(Support Vector Machine) 등이 있다. 이 중 로지스틱 회귀분석 방법을 활용한다면 R 프로그램에서 glm 함수 등을 사용하여 모델을 구축한다. 예를 들어 glm(default~student+balance+income, data=Default, family="binomial") 라는 코드로 모델을 구축하는 것은 일반화 선형 모델 구축 함수은 glm 함수를 이용해 Default 데이터를 사용하여 종속변수 default에 대해 모든 설명변수(student, balance, income)를 사용하여 모델을 구축할 수 있다. 분석결과가 나타난다면 먼저 설명변수에 대해 통계적 타당성을 가설검정하여 설명변수가 모두 유의한지를 파악한다. 유의하지 않은 변수가 포함이 될 수도 있으므로 step 함수를 활용하여 변수 선택법(전진 선택법, 후진 제거법, 단계 선택법)으로 최적의 모형을 찾을 수 있다. 마지막으로 최종적으로 로지스틱 회귀분석의 결과를 종합하여 로지스틱 회귀식을 도출한다. 이 때, 일반 회귀분석과 다르므로 $P(X) = \dfrac{1}{1+\exp(x)}$ 의 식에 맞게 회귀식을 도출하여야한다. 로지스틱 회귀분석을 진행할 때 주의사항은 분류분석이기 때문에 종속변수가 연속형 변수값이면 예측에 적당하지 않으므로 해당 종속변수를 구간화 등을 통해 범주형 변수로 변환하여 분석에 적용해야 한다.

02. 예를 들어 단계적 선택법을 활용하여 로지스틱 회귀분석 결과를 얻었을 때, income(수입)의 변수는 유의하지 않아 제거되고 balance(카드 잔고)의 계수는 양수, StudentYes(학생여부 중 학생일 때)의 계수가 음수로 나타났다고 가정하자. 이 때, 로지스틱 회귀식은 $P(X) = \dfrac{1}{1+\exp(-(상수 + a*balance - b*studentYes))}$ 로 나타날 수 있으며 다른 설명변수의 조건이 동일할 때, studentYes이 1 증가할수록 졸업할 확률은 0보다 작은 값이 나와 0.xx배 증가, 즉 학생일수록 체납확률이 낮아진다고 볼 수 있다. 로지스틱 회귀식을 통해 카드잔고가 증가할수록 체납여부는 증가하고 학생일수록 체납확률이 낮아질 것이라고 예측할 수 있다. 마지막으로 StudentYes처럼 해당 변수의 특징을 파악해보면 학생 여부를 0과 1로 나타낸 변수이므로 결과해석을 유의해서 해야된다. 이러한 인사이트를 통해 신용카드 개설을 위한 조건 강화를 통해 카드사의 손해를 줄일 수 있는 방법을 강구해야 할 것이라고 인사이트를 도출할 수 있다. 또, 카드 잔고가 많은 고객들이 소비할 수 있도록 마케팅 전략 등을 강화하는 방안도 마련하는 인사이트도 도출할 수 있다.

데이터 분석 전문가 모의고사(ADP 필기) 2회

출제 데이터에듀
문항수 객관식 : 80 / 서술형 : 1

▶ 배점 안내 : 객관식(80문항) 각 1점 / 서술형(1문항) 20점(부분점수 있음)

과목1. 데이터 이해 - 10문항

01. 빅데이터 시대에는 데이터를 많이 확보했거나 확보 할 수 있는 기업이 혁신을 시도하거나 경쟁력과 생산성 향상을 도모하기에 유리하다. 다음 보기 중 이러한 속성에 부합되기 어려운 기업 분류는?

① 신용카드회사　　② 여행회사　　③ B2B기업　　④ 이동통신사

02. 데이터와 정보의 차이를 구분하는 것은 중요하다. 다음 중 정보에 대한 예로 가장 부적절한 것은?

① 평균 구매액　　② 주문 수량　　③ 베스트셀러　　④ 우량 고객

03. 영화 '마이너리티 리포트'에 나오는 것처럼 범죄 예측 프로그램에 의해 범행을 저지르기 전에 체포될 수도 있는 사례를 통해 알 수 있는 빅데이터 시대의 위기 요인으로 적절한 것은?

① 소셜 네트워크　　② 사생활 침해　　③ 데이터 오용　　④ 책임 원칙 훼손

04. 미국을 의미하는 'The Unites States'는 미국의 남북전쟁이 발발하기 전까지는 아메리카 대륙의 주(州)들이 연합이라는 의미로 복수로 취급되었다는 것을 구글의 'Ngram Viewer'를 통해 확인 할 수 있었는데 이와 같이 빅데이터에 거는 기대를 표현한 것은 어느 것인가?

① 산업혁명의 석탄, 철
② 21세기의 원유
③ 렌즈
④ 플랫폼

05. 다음 중 빅데이터의 가치 산정이 어려운 이유의 사례로 보기에 어려운 것은?

① 전기차 배터리 정보를 충전소 최적지 선정과 같은 2차적 목적에 활용
② 은행 대출심사 알고리즘 작동 원리 이해의 어려움
③ 구글 검색에서 나타나는 것과 같은 데이터의 반복적 재사용
④ 독자의 전자책 독서 순서 정보가 저자의 글쓰기 방식에 영향을 주는 현상

06. 전략적 분석을 통해 놀라운 성과를 얻은 미국의 최대 카지노 관련 회사인 하라스엔터테인먼트의 회장인 러브먼은 분석 기반 경영이 도입되지 못하는 이유를 이야기하였다. 보기에서 그 내용이 아닌 것은?

① 기존 관행을 그냥 따를 뿐 중요한 시도를 하지 않는다.
② 경영진이 의사결정을 할 때 직관적으로 결정했을 때 성과가 나오는 것을 경영진의 진정한 재능이라고 생각한다.
③ 분석적 실험을 능숙하게 해내는 사람이 많지 않고 적절한 방법조차 제대로 익히지 못한 사람이 분석업무를 한다.
④ 사람들은 아이디어를 낸 사람이 누군지 보다는 아이디어 자체에 관심을 더 많이 가지고 있다.

07. 인문학 열풍 중 최근 사회경제적 환경의 변화로 아닌 것은?

① 복잡한 세계화에서 단순한 세계화로 변화했다.
② 비즈니스의 중심이 제품생산에서 서비스로 이동되었다.
③ 경제와 산업의 논리가 생산에서 시장창조로 바뀌었다.
④ 기존 사고의 틀을 벗어나 문제를 바라보고 창의적으로 문제를 해결하는 능력이 요구되고 있다.

08. 다음 개인정보 비식별화 기술 중 아래에서 설명하고 있는 것으로 가장 적절한 것은?

| 개인정보의 주요 식별요소를 다른 값으로 대체하여 개인 식별을 어렵게 만드는 기술 |

① 가명처리(pseudonymization)
② 데이터삭제(data Reduction)
③ 범주화(data suppression)
④ 데이터마스킹(data masking)

09. 다음 중 빅데이터 시대에 가치 패러다임의 변화를 가장 적절하게 나열한 것은?

① 연결(Connection) → 디지털화(Digitalization) → 에이전시(Agency)
② 디지털화(Digitalization) → 연결(Connection) → 에이전시(Agency)
③ 에이전시(Agency) → 연결(Connection) → 디지털화(Digitalization)
④ 연결(Connection) → 에이전시(Agency) → 디지털화(Digitalization)

10. SQL 명령은 크게 DML과 DDL로 분류된다. 다음 SQL 명령 중 그 성격이 나머지와 다른 것은?

① CREATE   ② DELETE   ③ SELECT   ④ INSERT

과목2. 데이터 처리 기술 이해 - 10문항

11. 다음 중 데이터 웨어하우스에 대한 설명으로 가장 적절한 것은?

① 데이터에 대한 수정 및 갱신이 자주 발생한다.
② 거래(Transaction)를 처리하는데 주로 이용된다.
③ 데이터웨어하우스 내부의 데이터는 최종 사용자(end user)나 전산에 약한 분석가도 이해하기 쉬운 형태이다.
④ 입출력보다는 연산 작업이 중심이 된다.

12. 맵리듀스(MapReduce)에서 별도의 옵션을 지정하지 않고, 320MB 크기의 파일을 대상으로 작업을 수행하면 몇 개의 맵 태스크(Map Task)가 생성되는가?

① 1개   ② 3개   ③ 5개   ④ 10개

13. ODS(Operational Data Store) 구성 단계 중 데이터 스테이징 단계에 대한 설명으로 가장 적절한 것은?

① 데이터가 스테이징 단계에서 타임스탬프, 데이터 값에 대한 체크 섬 등의 통제(Control) 정보들이 추가될 수 있다.
② 데이터 스테이징 단계에서는 일괄(Batch) 작업 형태의 실시간 ETL과 정기적인 ETL을 혼용할 수 없다.
③ 데이터 스테이징 단계에서 스테이징 테이블에 저장되는 데이터들은 정규화가 배제되며, 테이블의 스키마는 데이터 원천의 구조에 의존하지 않는다.
④ 데이터 원천과 스테이징 테이블과의 데이터 매핑은 다대일로 구성된다.

14. 다음 중 하둡 분산파일시스템(HDFS)의 특징에 대한 설명으로 가장 적절하지 않은 것은?

① HDFS는 데이터의 랜덤 접근 방식을 지원하지 않는다.
② HDFS는 구글 파일 시스템의 아키텍처와 사상을 그대로 구현한 클로닝(Cloning) 프로젝트이다.
③ HDFS는 데이터를 파일 단위로 저장하는 시스템이다.
④ HDFS에서 기본적으로 파일은 한 번 쓰이면 변경되지 않는다고 가정한다.

15. 전통적 데이터 처리 기법과 빅데이터 처리 기법을 비교한 내용으로 옳지 않은 것은?

① 전통적 데이터 처리 환경에서는 OLAP을 위주로 하지만, 빅데이터 처리 환경에서는 통계기법과 데이터마이닝 기술을 위주로 한다.
② NoSQL, 초대형 분산 데이터 스토리지 등과 같은 데이터 인프라스트럭처는 전통적 데이터 처리 환경에서부터 사용되어 왔다.
③ 전통적 데이터 처리와 빅데이터 처리 간의 각종 통계 도구 및 기법, 데이터마이닝의 분석 모델 설계·운영·개선 기법 등의 적용은 서로 유사하다고 볼 수 있다.
④ 전통적 데이터 처리 기법은 ODS 로부터 데이터 웨어하우스로 데이터를 추출 및 적재한다.

16. 아파치 하이브(Apache Hive)의 특징으로 가장 부적절한 것은 무엇인가?

① 하둡 플랫폼 위에서 동작하며, 사용자 편의를 위해 SQL 기반의 쿼리 언어를 제공한다.
② HiveQL을 이용하여 테이블 생성, 삭제, 변경의 작업은 가능하지만 테이블 스키마를 변경하는 것은 불가능하다.
③ Hive는 별도의 DBMS를 지정하지 않으면 Embedded Derby를 기본 데이터베이스로 사용한다.
④ Hive는 MapReduce의 대부분의 기능을 지원한다.

17. 데이터를 통합할 때, 성능 향상과 가용성을 높이기 위해 이용하는 데이터베이스 클러스터에 대한 설명으로 적절하지 않은 것은?

① MySQL 클러스터는 클러스터를 관리하는 관리 노드, 클러스터의 데이터를 저장하는 데이터 노드, 클러스터 데이터에 접근을 지원하는 SQL 노드로 구성된다.
② Oracle RAC 데이터베이스 서버는 무공유 클러스터 방식을 적용한다.
③ 데이터베이스 클러스터를 활용하면 성능의 선형적인 증가효과를 볼 수 있으며, 특정 파티션에 장애가 발생하더라도 서비스는 중단되지 않는다.
④ 공유 디스크 방식에서는 모든 노드가 데이터를 수정할 수 있다.

18. 다음 중 대용량 비정형 데이터 수집 시스템의 특징으로 가장 부적절한 것은?

    ① 서버가 증가하면 증가한 서버 수만큼 에이전트의 수를 늘리는 방식으로 쉽게 확장할 수 있는 구조를 제공
    ② 여러 단계를 거쳐 저장소에 도착할때마다 설정된 암호화를 통해 데이터 전송시 높은 보안성 제공
    ③ 다양한 비정형 데이터를 몇가지 설정만으로도 수집이 가증하도록 플러그인을 제공
    ④ 업무특성상 제공하는 기능을 수정해야할 경우, 인터페이스 상속을 통한 어플리케이션 기능을 확장

19. 하둡 에코시스템에서 사용되는 다양한 기술의 내용과 종류의 연결이 올바르지 않은 것은?

    ① 데이터 수집 기술 : Flume-NG, kafka
    ② 대용량 SQL 질의 기술 : Hive, Pig, Sqoop
    ③ 워크플로 관리 : Oozie, Azkaban
    ④ 실시간 SQL 질의 기술 : Impala, Tajo

20. 다음 중 클라우드 컴퓨팅에 대한 설명으로 가장 부적절한 것은?

    ① AWS의 EMR(Elastic MapReduce)는 하둡을 온디맨드(on demand)로 이용할 수 있는 클라우드 서비스이다.
    ② 서버 가상화는 클라우드 컴퓨팅의 근간이 되는 인프라 기술 중에서도 가장 기반이 되는 기술이다.
    ③ 초기 클라우드 서비스는 SaaS 중심으로 발전 되었으며, IaaS와 Paas로 확장되었다.
    ④ VMWare, Xen, KVM 등은 대표적인 서버 가상화 기술로서 SaaS에 주로 활용된다.

> 과목3. 데이터 분석 기획 - 10문항

21. KDD 분석 절차 중 분석 목적에 맞는 변수를 찾고 데이터 차원을 축소하는 과정은?

    ① 데이터셋(Selection)
    ② 데이터 전처리(Processing)
    ③ 데이터 변환(Transformation)
    ④ 데이터마이닝(Data Mining)

22. 데이터 분석 방법론 중 CRISP-DM에 대한 설명으로 옳지 않은 것은?

① 1996년 유럽연합의 ESPRIT에서 있었던 프로젝트에서 시작되어 SPSS, NCR, Daimler Chrysler 등이 참여하였다.
② 각 단계는 폭포수 모델처럼 구성되어져 있다.
③ 모델링과정에서 데이터셋이 추가로 필요한 경우 데이터 준비 단계를 반복 수행 할 수 있다.
④ CRISP-DM은 계층적 프로세스 모델로써 4레벨로 구성되어 있다.

23. 비즈니스 모델 캔버스를 활용한 과제 발굴 영역에 대한 설명으로 옳지 않은 것은?

① 업무 : 제품 및 서비스를 생산하기 위해서 운영하는 내부 프로세스 및 주요 자원 관련 도출
② 제품 : 생산 및 제공하는 제품·서비스를 개선하기 위한 관련 주제 도출
③ 고객 : 제품·서비스를 제공받는 사용자 및 고객, 이를 제공하는 채널의 관점에서 관련 주제 도출
④ 규제와 감사 : 분석을 수행하는 시스템 영역 및 이를 운영·관리하는 시스템의 관점에서 주제 도출

24. 분석 과제를 도출하기 위한 상향식 접근방식에 대한 설명으로 옳지 않은 것은?

① 상향식 접근방식의 데이터 분석은 비지도 학습방법에 의해 수행된다.
② 분석적으로 사물을 인식하려는 'Why'관점에서 접근한다.
③ 인과관계로부터 상관관계분석으로의 이동이라는 변화를 만들었다.
④ 사물을 있는 그대로 인식하는 'What'관점에서 접근한다.

25. 분석과제의 주요 관리 영역이 아닌 것은?

① Data Size
② Data Complexity
③ Speed
④ Analytic & Accessibility

26. 마스터 플랜 수립 시점에서 데이터 분석의 지속적인 적용과 확산을 위한 거버넌스 체계의 구성요소가 아닌 것은?

① Process　　② System　　③ Organization　　④ Data Resource

27. 기업의 데이터 분석 수준을 진단하는 과정에서 기업에 필요한 6가지 분석 구성요소를 갖추고 있고, 현재 부분적으로 도입되어 지속적인 확산이 필요한 기업들의 분석 수준을 포트폴리오 사분면으로 정의한다면 어디에 해당하는가?

   ① 준비형 기업　　② 도입형 기업　　③ 정착형 기업　　④ 확산형 기업

28. 다음 중 분석 프로젝트 관리에 대한 설명으로 가장 부적절한 것은?

   ① 분석 프로젝트 관리는 프로젝트관리 지침(KSA ISO 21500:2013)을 가이드로 활용할 수 있다.
   ② 데이터 분석 모델의 품질을 평가하기 위해서 SPICE를 활용할 수 있다.
   ③ 분석 프로젝트의 일정계획 수립시 데이터 수집에 대한 철저한 통제와 관리가 필요하다.
   ④ 분석 프로젝트의 최종 결과물이 분석 보고서 형태 또는 시스템인지에 따라 프로젝트 관리에 차이가 있다.

29. 비즈니스 모델 캔버스의 채널(Chennels)은 기업이 고객 세그먼트에게 가치를 제안하기 위해 커뮤니케이션을 하고 상품이나 서비스를 전달하는 방법을 의미한다. 이런 채널에 대한 기능으로 가장 적절하지 않은 것은 무엇인가?

   ① 고객에게 벨류 프로포지션을 전달한다.
   ② 구매 고객에 대한 에프터서비스(A/S)를 제공한다.
   ③ 해당 고객에게 접근하는 유통 채널을 공급한다.
   ④ 기업이 제공하는 상품이나 서비스에 대한 고객의 이해를 높여준다.

30. 다음 중 기업에서 데이터에 기반한 의사결정을 방해하는 요소들로 구성된 것은?

   ① 프레이밍 효과, 직관력
   ② 바이어스, 비판적 사고
   ③ 프레이밍 효과, 고정 관념
   ④ 직관력, 비편향적 사고

> 과목4. 데이터 분석 - 40문항

31. 다음 중 이산형 확률분포에 해당하지 않는 것은?

   ① 기하 분포　　② 이항 분포　　③ 지수 분포　　④ 초기하 분포

32. 다음 중 R에서 사용가능한 데이터 오브젝트에 관한 설명으로 가장 부적절한 것은?

① 차원을 가진 벡터를 행렬이라고 한다.
② 리스트에서 원소들은 다른 모드여도 상관없다.
③ 벡터에서 모든 원소는 같은 모드여야 한다.
④ 데이터프레임은 테이블로 된 데이터 구조로써 행렬로 표현된다.

33. 다음 중 결과가 다른 R 코드는?

① a<-c(1,10)
② b<-seq(1,10,1)
③ c<-1:10
④ d<-seq(10,100,10)/10

34. 종속변수를 설명하는데 가장 영향력이 큰 독립변수로 적절한 것은?

① p-value가 가장 작은 변수
② 표준화 자료로 추정한 계수가 가장 큰 변수
③ 원 자료로 추정한 계수가 가장 큰 변수
④ 종속변수와의 상관관계분석에서 상관계수가 가장 큰 변수

35. 아래 거래 전표에서 연관성 규칙 A → B 때의 지지도는?

물품	거래건수
{A}	10
{B}	5
{C}	25
{A, B, C}	5
{B, C}	20
{A, B}	20
{A, C}	15

① 15%   ② 20%   ③ 25%   ④ 30%

36. 다음 중 중심극한정리(Central Limit Theorem)에 대한 설명으로 가장 부적절한 것은?

① 여러 통계적 방법론에는 정규데이터가 필요하지만 중심극한정리를 사용하면 비정규적인 모집단에도 이와 유사한 절차를 적용할 수 있다.
② 표본평균의 분포는 표본의 크기가 커짐에 따라 정규분포로 근사한다.
③ 모집단의 분포가 정규분포에 가까워져야 표본평균의 분포가 정규분포로 근사하게 된다.
④ 모집단의 분포가 대칭이면 표본의 크기가 작아도 되지만 모집단의 분포가 비대칭이면 표본의 크기가 30이상이 되어야 한다.

37. 다음은 데이터의 척도에 관한 설명이다. 설명이 틀린 것은?

① 명목척도는 측정 대상이 어느 집단에 속하는지 분류할 때 사용되며 성별, 출생지 정보가 해당된다.
② 순서척도는 측정 대상이 순서를 갖는 자료를 의미하며 만족도, 선호도, 학년, 신용등급 정보가 해당된다.
③ 구간척도는 측정 대상의 순서와 순서 사이의 간격이 의미가 있는 자료를 의미하며 온도, 물가지수, 주가지수 정보가 해당된다.
④ 비율척도는 측정대상의 값이 비율로 정의되는 자료를 의미하며 물가성장율, 흡연감소율의 정보가 해당된다.

38. 다음은 확률변수에 관한 설명이다. 설명이 옳지 않은 것은?

① 확률변수는 특정값이 나타날 가능성이 확률적으로 주어지는 변수이며, 실수값으로 표현된다.
② 이산형 확률변수는 확률변수의 공간이 유한하거나 셀 수 있는 경우를 의미하며 이항분포, 기하분포, 다항분포가 해당된다.
③ 연속형 확률변수는 확률변수의 공간이 무한한 경우를 의미하며 베르누이 확률분포, 포아송분포, 정규분포가 해당된다.
④ 균일분포는 확률변수의 구간[a, b] 내에서 모든 확률이 동일한 분포를 의미하며, 확률은 $1/(b-a)$가 된다.

39. 회귀분석에서 변수 선택법에 대한 설명으로 가장 부적절한 것은?

① 전진선택법은 중요하다고 생각되는 설명변수부터 차례로 선택하는 방법이다.
② 전진선택법과 후진제거법의 결과가 항상 동일하지는 않다.
③ 모든 가능한 회귀모형은 독립변수들의 조합으로 이루어진 회귀모형 중 가장 적합하게 나타난 모형을 선택하는 방법이다.
④ 전진선택법으로 변수를 추가할 때 기존의 변수들의 중요도는 영향을 받지 않는다.

40. 분해시계열에 대한 설명 중 잘못된 것은?

① 분해시계열이란 시계열에 영향을 주는 일반적인 요인을 시계열에서 분리해 분석하는 방법을 말한다.
② 분해시계열의 분해 요소는 추세요인, 계절요인, 순환요인, 회귀요인으로 크게 4가지로 이루어진다.
③ 추세요인은 자료의 형태가 오르거나 내리는 추세를 따르는 경우로 선형적 형태, 지수형태 등이 있다.
④ 순환요인은 경제적이나 자연적인 이유가 없이 알려지지 않은 주기를 가지고 변화하는 자료 형태이다.

41. 두 개 이상의 독립변수를 사용해 하나의 종속변수의 변화를 설명하는 다중회귀분석을 실시할 것이다. 다음 중 모형을 적합 시킨 후, 모형이 적절한 지 확인하기 위해 체크해야 할 사항으로 부적절한 것은?

① 상관계수를 통해 모형의 설명력을 확인한다.
② F-value를 통해 모형이 통계적으로 유의한지 확인한다.
③ 모형이 데이터에 잘 적합되어 있는지를 확인한다.
④ t-value, p-value를 통해 유의한지 확인한다.

42. 주성분 분석은 차원의 단순화를 통해 서로 상관되어 있는 변수들 간의 복잡한 구조를 분석하는 것이 목적이다. 다음 중 주성분 분석에 대한 설명으로 적절하지 않은 것은 무엇인가?

① 다변량 자료를 저차원의 그래프로 표시하여 이상치(Outlier) 탐색에 사용한다.
② 변수들끼리 상관성이 있는 경우, 해석상의 복잡한 구조적 문제가 발생하는데 이를 해결하기 위해 사용한다.
③ 회귀분석에서 다중공선성(Multicollinearity)의 문제를 해결하기 위해 활용한다.
④ p개의 변수들을 중요한 m(p)개의 주성분으로 표현하여 전체 변동을 설명하는 것으로 m개의 주성분은 원래 변수와는 관계없이 생성된 변수들이다.

43. 아래는 데이터프레임 mtcars를 이용해 회귀분석을 수행한 R 명령의 결과이다. 다음 중 이 결과에 대한 설명으로 가장 부적절한 것은?

```
> summary(lm(mpg~., data=mtcars))

Call:
lm(formula = mpg ~ ., data = mtcars)
```

```
Residuals:
    Min      1Q  Median      3Q     Max
-3.4506 -1.6044 -0.1196  1.2193  4.6271

Coefficients:
            Estimate Std. Error t value Pr(>|t|)
(Intercept) 12.30337   18.71788   0.657   0.5181
cyl         -0.11144    1.04502  -0.107   0.9161
disp         0.01334    0.01786   0.747   0.4635
hp          -0.02148    0.02177  -0.987   0.3350
drat         0.78711    1.63537   0.481   0.6353
wt          -3.71530    1.89441  -1.961   0.0633 .
qsec         0.82104    0.73084   1.123   0.2739
vs           0.31776    2.10451   0.151   0.8814
am           2.52023    2.05665   1.225   0.2340
gear         0.65541    1.49326   0.439   0.6652
carb        -0.19942    0.82875  -0.241   0.8122
---
Signif. codes:  0 '***' 0.001 '**' 0.01 '*' 0.05 '.' 0.1 ' ' 1

Residual standard error: 2.65 on 21 degrees of freedom
Multiple R-squared:  0.869,     Adjusted R-squared:  0.8066
F-statistic: 13.93 on 10 and 21 DF,  p-value: 3.793e-07
```

① 오차의 표준편차 추정치는 2.65이다.
② 모든 독립변수가 유의수준 0.1에서 유의하지 않다.
③ 후진제거법을 적용할 때 가장 먼저 제거될 독립변수는 cyl 이다.
④ 유의수준 0.01하에서 이 회귀모형은 유의하다.

44. 데이터마이닝을 위한 데이터 분할에 대한 설명으로 틀린 것은 어느 것인가?

① 데이터를 구축용(training), 검정용(validation), 시험용(test)으로 분리한다.
② 일반적으로 구축용, 검정용, 시험용 데이터는 50%, 30%, 20%로 정한다.
③ 데이터가 충분하지 않을 때는 구축용과 시험용 데이터만 구분하여 활용한다.
④ 통계학에 적용되는 교차확인(cross-validation)은 데이터마이닝에서 활용할 수 없다.

45. Default 데이터는 10,000명의 신용카드 고객에 대한 체납 여부(default)와 학생여부(student), 카드 잔고(balance), 연봉(income)을 포함하고 있다. 고객의 체납 확률을 예측하기 위한 아래 결과에 대한 설명으로 가장 부적절한 것은?

```
> summary(glm(default~.,data=Default,family="binomial"))
Call:
glm(formula = default ~ ., family = "binomial", data = Default)

Deviance Residuals:
    Min       1Q   Median       3Q      Max
-2.4691  -0.1418  -0.0557  -0.0203   3.7383

Coefficients:
              Estimate Std. Error z value Pr(>|z|)
(Intercept) -1.087e+01  4.923e-01 -22.080  < 2e-16 ***
studentYes  -6.468e-01  2.363e-01  -2.738  0.00619 **
balance      5.737e-03  2.319e-04  24.738  < 2e-16 ***
income       3.033e-06  8.203e-06   0.370  0.71152
---
Signif. codes:  0 '***' 0.001 '**' 0.01 '*' 0.05 '.' 0.1 ' ' 1

(Dispersion parameter for binomial family taken to be 1)

    Null deviance: 2920.6  on 9999  degrees of freedom
Residual deviance: 1571.5  on 9996  degrees of freedom
AIC: 1579.5

Number of Fisher Scoring iterations: 8
```

① 로지스틱 회귀모형을 사용한 결과이다.
② 카드 잔고와 연봉이 동일한 수준일 때, 학생(studentYes)이 학생이 아닌 고객보다 체납확률이 낮다.
③ 세 설명변수 모두 체납확률을 예측하는데 유익한 영향이 있다.
④ 동일한 신분과 연봉 수준일 때 카드 잔고가 높을수록 체납확률이 높다.

46. 데이터마이닝 분석 기법 중 의사결정나무 분석의 특성으로 잘못 표현한 것은 어느 것인가?

① 의사결정나무 모형의 결과는 누구나 이해가 쉽고 설명이 용이하다.
② 의사결정나무 알고리즘의 모형 정확도는 다른 분류모형에 뒤지지 않는다.
③ 의사결정나무 알고리즘은 대용량 데이터에서도 빠르게 만들 수 있고 데이터의 분류 작업도 신속히 진행할 수 있다.
④ 의사결정나무 알고리즘은 비정상적인 잡음 데이터에서는 민감하여 분류가 쉽지 않다.

47. 다음 중 비모수적 방법에 대한 설명으로 가장 부적절한 것은?

① 관측된 자료가 주어진 분포를 따른다는 가정을 받아들일 수 없을 때 이용하는 검정법이다.
② 자료가 추출된 모집단의 분포에 대해 제약을 가하지 않고 검정을 실시하는 방법이다.
③ 관측된 자료로 구한 표본평균과 표본분산 등을 이용해 검정을 실시한다.
④ 관측된 자료가 특정 분포를 따른다고 가정할 수 없을 때 이용한다.

48. 비계층적 군집분석의 장점에 대한 설명이 잘못된 것은?

① 주어진 데이터의 내부 구조에 대한 사전 정보가 없어도 의미 있는 결과를 얻을 수 있다.
② 다양한 형태의 데이터의 적용이 가능하다.
③ 분석방법의 적용이 용이하다.
④ 사전에 주어진 목적이 없으므로 결과 해석이 쉽다.

49. 아래의 데이터마이닝 분석 예제 중 비지도(unsupervised) 분석을 수행해야 하는 예제는?

> 가. 우편물에 인쇄된 우편번호 판별 분석을 통해 우편물을 자동으로 분류
> 나. 고객의 과거 거래 구매 패턴을 분석하여 고객이 구매하지 않은 상품을 추천
> 다. 동일 차종의 수리 보고서 데이터를 분석하여 차량 수리에 소요되는 시간을 예측
> 라. 상품을 구매할 때 그와 유사한 상품을 구매한 고객들의 구매 데이터를 분석하여 쿠폰을 발행

① 나, 다   ② 가, 라   ③ 가, 다   ④ 나, 라

50. 다음 중 연관분석에서 '항목 A를 포함한 거래 중에서 항목 A와 항목 B가 같이 포함될 확률은 어느 정도인가를 나타내 주는 연관성의 정도'로 정의되는 측도로 가장 적절한 것은?

① 지지도   ② 신뢰도   ③ 특이도   ④ 민감도

51. 데이터 프레임 attitude 아래와 같이 R 명령을 적용하고 결과를 얻었다. 다음 설명 중 가장 부적절한 것은?

```
> cor(attitude)
             rating complaints privileges  learning    raises  critical   advance
rating    1.0000000  0.8254176  0.4261169 0.6236782 0.5901390 0.1564392 0.1550863
complaints 0.8254176 1.0000000  0.5582882 0.5967358 0.6691975 0.1877143 0.2245796
privileges 0.4261169 0.5582882  1.0000000 0.4933310 0.4454779 0.1472331 0.3432934
learning  0.6236782 0.5967358  0.4933310 1.0000000 0.6403144 0.1159652 0.5316198
raises    0.5901390 0.6691975  0.4454779 0.6403144 1.0000000 0.3768830 0.5741862
critical  0.1564392 0.1877143  0.1472331 0.1159652 0.3768830 1.0000000 0.2833432
advance   0.1550863 0.2245796  0.3432934 0.5316198 0.5741862 0.2833432 1.0000000
```

① 모든 변수들 사이에 양(+)의 상관관계가 존재한다.
② rating과 complaints 사이에 가장 강한 상관관계가 존재한다.
③ critical과 learning 사이의 상관관계가 가장 약하다.
④ 모든 변수의 분산이 1이다.

52. 아래의 데이터는 두 종류의 수면유도제(group)에 대해 무작위로 선정된 20명의 환자를 대상으로 수면 시간의 증감(extra)을 측정한 자료이다. 다음 중 결과에 대한 설명으로 가장 부적절 한 것은?

```
> sleep
   extra group
1    0.7     1
2   -1.6     1
3   -0.2     1
4   -1.2     1
5   -0.1     1
6    3.4     1
7    3.7     1
8    0.8     1
9    0.0     1
10   2.0     1
11   1.9     2
12   0.8     2
13   1.1     2
14   0.1     2
15  -0.1     2
16   4.4     2
17   5.5     2
18   1.6     2
19   4.6     2
20   3.4     2
> summary(sleep$extra)
  Min.  1st Qu.  Median   Mean  3rd Qu.   Max.
-1.600  -0.025   0.950   1.540   3.400   5.500
```

① 평균적으로 1.54시간의 수면시간 증가를 가져왔다.
② 3.4시간 이상 수면이 증가한 환자는 약 25% 이다.
③ 모든 환자들의 수면시간이 증가하였다.
④ 가장 많이 증가한 수면시간은 5.5시간이다

53. 아래의 산점도 행렬에 대한 설명으로 가장 부적절한 것은? (변수 : Ozone, Solar.R, wind, temp)

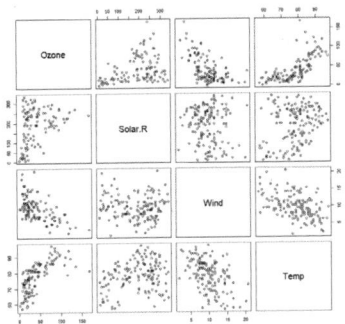

① temp와 wind 간의 관계는 상대적으로 선형이다.
② Solar.R와 ozone의 관계는 명확하지 않다.
③ ozone과 wind 간에는 양의 상관관계가 있다.
④ wind와 Solar.R 간에는 비선형 관계가 있다.

54. 다음 중 과대적합(overfitting)에 대한 설명으로 가장 부적절한 것은?

① 과대적합이 발생할 것으로 예상되면 학습을 종료하고 업데이트하는 과정을 반복해 과대적합을 방지할 수 있다.
② 과대적합은 분석 변수가 너무 많이 존재하고 분석 모델이 복잡할 때 발생한다.
③ 분석 데이터가 모집단의 특성을 설명하지 못하면 발생한다.
④ 생성된 모델은 분석 데이터에 최적화되었기 때문에 훈련 데이터의 작은 변화에 민감하게 반응하는 경우는 발생하지 않는다.

55. 다음 중 아래 Term-Document Matrix에서 sparsity(희박성)의 값으로 적절한 것은?

Term	Document									
	1	2	3	4	5	6	7	8	9	10
analysis	0	0	0	0	0	0	0	0	0	0
analist	0	0	0	0	0	0	0	0	0	0
analytics	0	0	0	0	0	0	0	0	0	0
assume	0	0	0	0	0	0	0	0	0	0
apart	0	0	0	0	0	1	0	0	0	0

① 2%   ② 58%   ③ 60%   ④ 98%

56. 아래는 chickwts 데이터프레임을 분석한 것이다. 다음 중 결과에 대한 해석이 잘못된 것은?

```
> t.test(chickwts$weight)

        One Sample t-test

data:  chickwts$weight
t = 28.202, df = 70, p-value < 2.2e-16
alternative hypothesis: true mean is not equal to 0
95 percent confidence interval:
 242.8301 279.7896
sample estimates:
mean of x
 261.3099
```

① 전체 관측치 수는 70개 이다.
② 90% 신뢰구간을 구하기 위해서는 "conf.level=0.9"라는 옵션을 사용할 수 있다.
③ 닭 무게의 점추정량은 261.3 이다.
④ 닭 무게에 대한 95% 신뢰구간은 242.8에서 279.8 이다.

57. 아래는 회귀분석의 결과 출력되는 output의 일부이다. 다음 중 Top10perc의 t값을 구하는 계산식으로 적절한 것은?

① 0.7853 / 0.06537
② 7.853 / 6.537
③ 78.53 / 653.7
④ 7.853 / 0.6537

58. 다음 중 잔차분석의 정규성 검토에 대한 설명으로 가장 부적절한 것은?

```
Coefficients:
              Estimate    Std.Error
(Intercept)   3.145e-01   2.456e+00
PrivateYes    3.556e+00   1.855e+00
Top10perc     7.853e-01   6.537e-02
Outstate      1.579e-01   1.775e+00
```

① 정규확률그림(Q-Q Plot)은 정규성을 평가하는 하나의 방편이지 절대적인 기준은 아니다.
② 잔차의 히스토그램이나 점도표를 그려서 정규성 문제를 검토하기도 한다.
③ 정규성을 검정하는 방법으로 Shapiro-Wilk Test, Anderson-Darling Test 등을 이용할 수 있다.
④ 정규성 가정을 충족하지 못한 경우 데이터 추가 수집만으로 이를 해결할 수 있다.

59. SOM(Self Organizing Maps) 알고리즘은 고차원의 데이터를 이해하기 쉬운 저차원의 뉴런(Neuron)으로 정렬하여 지도(Map)의 형태로 형상화하는 방법이다. 다음 중 SOM 방법의 설명으로 적절하지 않은 것은 무엇인가?

① 지도 형태의 형상화는 입력변수의 위치 관계를 그대로 보존한다는 특징이 있다.
② 자율적인(Unsupervised) 신경망 모델로서 역전파(Back Propagation) 알고리즘처럼 여러 단계의 피드백을 처리하면서 전방 패스(Feed-Forward Flow)를 사용하는 방법이다.
③ 입력 벡터와 가장 비슷한 연결강도 벡터를 가진 경쟁층의 뉴런이 승자이며, 승자와 그 주변의 경쟁층 뉴런에 대해서만 연결강도를 수행하는 학습 방법이다.
④ 고차원의 표현을 1차원으로 표현할 수 있는 장점이 있다.

60. 아래는 결과를 생성한 잔차도이다. 다음 중 어떤 회귀분석의 가정이 위배되었다고 판단할 수 있을지 고르시오.

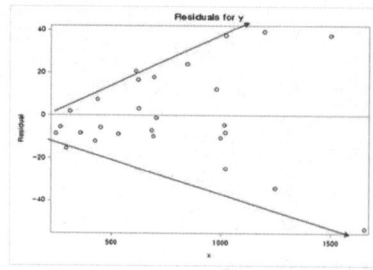

① 선형성
② 독립성
③ 등분산성
④ 비상관성

61. 다음 중 사회연결망 분석시 매개 중심성에 대한 설명으로 적절한 것은 무엇인가?

① 한 노드에 직접적으로 연결된 노드들의 합으로 측정한다.
② 한 노드에 직접적으로 연결된 노드뿐만 아니라 간접적으로 연결된 노드들 간의 거리를 계산하여 측정한다.
③ 네트워크 내에서 한 노드가 담당하는 매개자 혹은 중재자 역할의 정도를 측정하는 평가지표이다.
④ 연결된 노드의 중요성에 가중치를 줘 중심성을 측정하는 방법이다.

62. 다음 중 데이터마이닝 추진 단계로 적절한 것은?

| 가. 목적정의 |
| 나. 데이터 준비 |
| 다. 데이터 가공 |
| 라. 데이터마이닝 기법 적용 |
| 마. 검증 |

① 가 → 나 → 다 → 라 → 마
② 가 → 나 → 다 → 마 → 라
③ 가 → 다 → 나 → 라 → 마
④ 가 → 나 → 라 → 다 → 마

63. 다음 중 다층 신경망 모형에서 각 측의 노드수를 결정할 때 고려해야 할 사항이 아닌 것은 무엇인가?

① 은닉층 노드(Hidden node)의 수가 많으면 일반화가 가능하다.
② 출력층 노드(Output node)의 수는 출력 범주의 수로 결정된다.

③ 은닉층 노드(Hidden node)의 수가 적으면 네트워크가 복잡한 의사결정 경계를 만들 수 없다.
④ 입력(Input)의 수는 입력 차원의 수로 결정한다.

64. 다음 중 텍스트 마이닝 분석시 문장에서 사용된 단어의 긍정, 부정 여부에 따라 얼마나 긍정적인 단어가 많은지를 보고 특정 소스를 부여해 어떤 색을 띄고 있는 문장인지를 평가하는 방법을 무엇이라 하는가?

① 연관성 분석(Association Analysis)
② 감성 분석(Sentiment Analysis)
③ 토픽 분석(Topic Analysis)
④ 클라우드 분석(Cloud Analysis)

65. 다음 중 탐색적 데이터 분석 단계에서 하는 작업으로 가장 부적절한 것은?

① 변수의 분포에서 비정상적으로 벗어난 값을 이상치(Outlier)라 하는데 이러한 이상치는 반드시 제거하고 분석해야 한다.
② 결측치는 비율이 10% 이하인 경우에는 해당 표본을 제거하고 분석하는 것이 효율적이다.
③ 모델의 성능을 보통 설명변수가 추가될수록 향상된다. 그러나 현 데이터의 성능만을 고려하여 변수를 추가하면 미래값을 예측하는데 부정적으로 사용될 수 있다.
④ 데이터를 표준화해야 설명변수의 영향도가 제대로 표현되는 경우가 있다.

66. 자동차의 실린더 개수와 연비에 대한 상자 그림이다. 다음 중 가장 부적절한 것은?

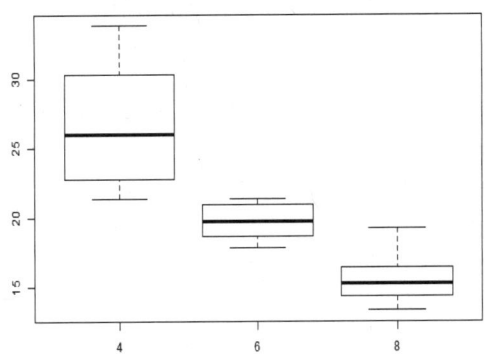

① 실린더 개수가 많을수록 연비의 중앙값은 작아진다.
② 실린더 개수가 4일 때 자료의 변동이 가장 크다.
③ 실린더 개수가 4일 때 제 1사분위수는 실린더 개수가 6일 때 제 3사분위수보다 작다.
④ 실린더 개수가 8일 때 이상값이 존재하지 않는다.

67. 다음 중 사회연결망 분석에서 네트워크 구조를 파악하기 위한 기법이 아닌 것은?

① 연결정도 중심성(Degree centrality)
② 근접 중심성(Closeness centrality)
③ 위세 중심성(Eigenvactor centrality)
④ 노드 중심성(Node centrality)

68. 다음 중 앙상블모형에 대한 설명으로 적절하지 않은 것은?

① 배깅은 여러 개의 부스트랩(Bootstrap) 표본을 생성하고 각 부스트랩 표본에 대한 모형을 만든 후 결합하여 최종 모형을 만드는 방법이다.
② 부스팅은 배깅의 과정과 유사하여 재표본 과정에서 각 자료에 동일한 확률을 부여하여 여러 모형을 만들어 결합하는 방법이다.
③ 랜덤 포레스트(Random Forest)는 배깅에 랜덤 과정을 추가한 방법으로써 의사결정나무모형의 특징인 분산이 크고 배깅에서 더 좋은 결과를 준다는 점을 고려한 방법이다.
④ 앙상블모형은 훈련을 한 뒤 예측을 하는데 사용하므로 교사학습법(Supervised Learning)이다.

69. 다음 중 의사결정 나무모형의 학습방법에 대한 설명으로 가장 적절하지 않은 것은 무엇인가?

① 많은 수의 예측변수 중 목표변수에 큰 영향을 미치는 변수를 선택하고자 할 때 사용할 수 있다.
② 분석 과정이 나무구조로 표현되기 때문에 인공신경망에 비해 분석 과정을 쉽게 이해하고 설명할 수 있다.
③ 여러 개의 독립변수들이 결합하여 종속변수 적용하는 교호작용을 파악하고자 하는 경우 유용하다.
④ 비지도학습기법(Unsupervised Learning)으로 각 변수의 영역을 반복적으로 분할함으로써 전체 영역에서의 규칙을 생성하는 방법이다.

70. 다음 중 아래의 설명에 맞는 표본추출 방법은?

> 모집단의 모든 원소들에게 1, 2, 3, ..., N의 일련번호를 부여하고 이를 순서대로 나열한 후에 K개(K=N/n)씩 n개의 구간으로 나누고 첫 구간(1, 2, 3, ..., N)에서 하나를 임의로 선택한 후에 K개씩 띄어서 표본을 추출하는 방법이다.

① 계통추출법
② 단순랜덤추출법
③ 집락추출법
④ 층화추출법

과목5. 데이터 시각화 - 10문항

71. 시각적 위계요소에 대한 설명이 가장 부적절한 것은?

① 데이터는 불완전하고 비연속적이며, 완전한 메시지가 아니므로 정보 전달 측면에서의 가치는 없다.

② 서로 다른 데이터 간의 관계와 일정한 패턴을 가시화시킴으로써 정보를 보는 사람에게 데이터가 내포하는 의미를 전달한다.

③ 지식은 특정한 세부 사항 각각을 설명하기 때문에, 다양한 상황에서 적용하기 위해서는 지혜가 되어야 한다.

④ 지혜는 개인적 이해의 수준에 따라 결정되는 것으로 도달하기 어려운 단계이며, 자기 내면화한 지식이기 때문에 명시적인 언어로 상대방에게 전달하기 어렵다.

72. 시각화를 위해서 데이터를 모은 후에 일정한 형식으로 정리 및 분류를 해야 한다. 데이터 분류에 대한 설명이 가장 부적절한 것은?

① 데이터 분류를 진행하기 위해서는 약간의 프로그래밍 기술도 알아야 한다.

② XML은 사람보다는 기계가 읽을 수 있는 형식으로 부호화하여 정의한다.

③ JSON은 자바스크립트(Javascript)에 의해 쉽게 인터프리팅된다.

④ 구분 텍스트에서는 CSV 파일은 쉼표로 구분하고, TSV 파일은 탭으로 구분한다.

73. 시각화 라이브러리가 부적절한 것은?

① Visual.ly
② Polymaps
③ D3.js
④ Google Charts

74. 데이터 구성 원리 중 '객체지향 관점에서의 접근'에 대한 설명으로 부적절한 것은?

① 로그 데이터와 로그 데이터를 한 번 더 정제한 데이터는 구분할 수 있어야 한다.

② 데이터의 대략적인 범위가 주어진다면, 그것을 만들어낼 수 있는 데이터의 구조 자체를 설계·생성하여 이를 토대로 통찰을 뽑아볼 수 있다.

③ 구조의 행위를 통해 구조 전체를 파악할 수 있다.

④ 데이터의 구성과 생성 배경에 대해 고민함으로써 어떤 식으로 시각화할 지에 대한 답을 찾아 갈 수 있다.

75. 아래의 보기에서 ( )에 적합한 단어로 적절한 것은?

> (　　)은/는 일반적으로 두 변수의 연관 관계를 보여줄 때 많이 쓰는 그래프로, 면적을 표시할 필요가 없기 때문에 더 적은 공간에 그릴 수 있다.

① 평행 좌표계　　② 히스토그램　　③ XY그래프　　④ 점그래프

76. D3.js에 대한 설명으로 적절한 것은?

① CSS를 통해서는 차트의 스타일을 지정할 수 없다.
② 대부분 SVG 객체를 기반으로 동작하지만, 간혹 Canvas 객체를 활용하기도 한다.
③ scale 입력 값의 범위를 지정하려면 range( ) 함수를 활용하면 된다.
④ axis 속성은 시각화 요소의 위치를 변경하는 속성이다.

77. 시각화를 위한 그래픽 디자인 기본 원리인 타이포그래피에 대한 설명으로 부적절한 것은?

① 서체는 글의 형태를 총칭하는 말로 얼굴에 해당하며, 타이포그래피에서 가장 어려운 일이 서체를 선택하는 것이다.
② 시각적 정보 표현에서는 심리적 무게감에 따라 정보의 위계표현이 힘들기 때문에, 크기를 잘 사용해야 한다.
③ 글자가 놓이는 바탕색에 크게 영향을 받으며, 빛으로 글자를 표현하는 경우에는 청색은 후퇴돼 보이기 때문에 자제해야 한다.
④ 읽어야 할 다음 글자가 다른 글자보다 근접해 있어야 하며 이 때문에 글자 사이보다 낱말 사이가, 낱말 사이보다 글줄 사이가 넓어야 한다.

78. Tableau에 대한 설명 중 적절하지 않은 것은?

① Tableau는 엑셀, 엑세스, Mysql 등을 데이터 소스로 접근할 수 있다.
② VizQLTM은 사용자가 데이터베이스와 상호작용하면서 시각적인 결과를 얻기 위해 Tableau에서 사용할 수 있는 쿼리 언어이다.
③ Tableau에서는 사용자가 데이터 소스의 필드들을 Dimension이나 Measure로 분할하면, 다양한 분석을 수행하기 어렵다.
④ Tableau는 몇 번의 클릭만으로 크로스맵과 피벗테이블을 생성할 수 있다.

79. LATCH의 방법 중 아래와 같은 분류 방법에 대한 설명으로 적절한 것은?

① 지리적인 것만이 아니라 공간적으로 구분하는 것 모두를 포괄한다.
② 1차로 정보를 분류하고 하위분류에서 가나다순으로 조직화하면 효과적이다.
③ 정보의 변화를 발견하고 비교할 때 쉽게 이해할 수 있다.
④ 상점 또는 슈퍼마켓에서 상품 분류, 도서관의 서적분류 등이 해당된다.

80. 아래 보기의 코드를 사용하여 그래프를 출력할 때, 가장 적절한 그림은?

```
p <- ggplot(mtcars, aes(wt, mpg))
p + geom_point(size=4)
p + geom_point(aes(colour = factor(cyl)), size = 4)
```

①
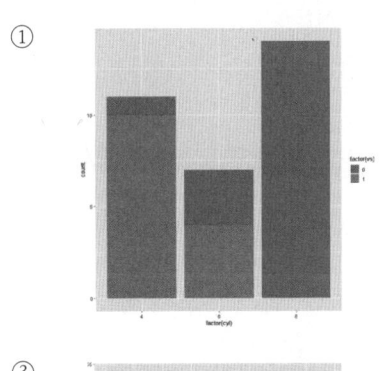

②
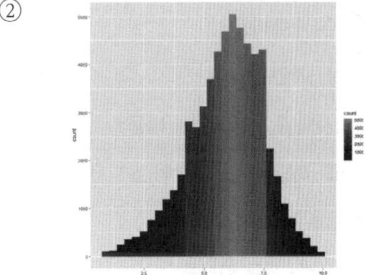

③
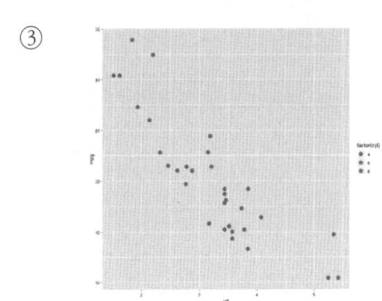

④
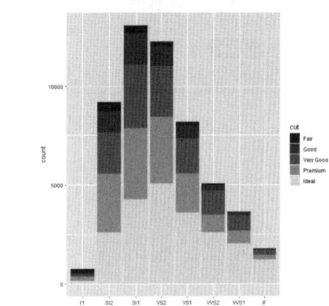

서술형 문제 - 1문항

01. 아래는 미국의 777개 대학에 관한 자료의 요약과 변수 설명이다. 이 자료를 바탕으로 비슷한 특징을 가진 집단으로 그룹화하고자 한다.

〈설명〉

Private - 사립학교 여부

Apps - 지원자수

Accept - 합격자수

Enroll - 등록자수

Top10perc - 상위 10% 고교로부터 진학한 학생의 비율

Top25perc - 상위 25% 고교로부터 진학한 학생의 비율

F-Undergrad - 전일제 학생수

P-Undergrad - 비전일제 학생수

Outstate - 등록금

Room.Board - 기숙사 비용

Books - 책 구매비용

Personal - 개인 생활비

PhD - 박사학위 소지 교강사 비율

Terminal - 해당분야 최종학위 소지자 교강사 비율

S.F.Ration - 학생/교수 비율

perc.alumni - 동문 기부율

Expend - 학생 일인당 교육지출

Grad.Rate - 졸업률

```
> summary(College)
 Private        Apps           Accept          Enroll         Top10perc       Top25perc       F.Undergrad
 No : 212   Min.   :   81   Min.   :   72   Min.   :  35   Min.   :  1.00   Min.   :  9.0   Min.   :  139
 Yes:565    1st Qu.: 776    1st Qu.: 604    1st Qu.: 242   1st Qu.:15.00    1st Qu.: 41.0   1st Qu.:  992
            Median :1558    Median :1110    Median : 434   Median :23.00    Median : 54.0   Median  1707
            Mean   :3002    Mean   :2019    Mean   : 780   Mean   :27.56    Mean   : 55.8   Mean   : 3700
            3rd Qu.:3624    3rd Qu.:2424    3rd Qu.: 902   3rd Qu.:35.00    3rd Qu.: 69.0   3rd Qu.: 4005
            Max.   :48094   Max.   :26330   Max.   :6392   Max.   :96.00    Max.   :100.0   Max.   :31643
  P.Undergrad       Outstate       Room.Board       Books         Personal          PhD
 Min.   :    1.0  Min.   : 2340   Min.   :1780   Min.   :  96.0  Min.   :  250   Min.   :  8.00
 1st Qu.:   95.0  1st Qu.: 7320   1st Qu.:3597   1st Qu.: 470.0  1st Qu.: 850    1st Qu.: 62.00
 Median :  353.0  Median : 9990   Median :4200   Median : 500.0  Median :1200    Median : 75.00
 Mean   :  855.3  Mean   :10441   Mean   :4358   Mean   : 549.4  Mean   :1341    Mean   : 72.66
 3rd Qu.:  967.0  3rd Qu.:12925   3rd Qu.:5050   3rd Qu.: 600.0  3rd Qu.:1700    3rd Qu.: 85.00
 Max.   :21836.0  Max.   :21700   Max.   :8124  Max.   :2340.0   Max.   :6800    Max.   :103.00
    Terminal        S.F.Ratio       perc.alumni        Expend         Grad.Rate
 Min.   : 24.0    Min.   : 2.50    Min.   : 0.00    Min.   : 3186    Min.   : 10.00
 1st Qu.: 71.0    1st Qu.:11.50    1st Qu.:13.00    1st Qu.: 6751    1st Qu.: 53.00
 Median : 82.0    Median :13.60    Median :21.00    Median : 8377    Median : 65.00
 Mean   : 79.7    Mean   :14.09    Mean   :22.74    Mean   : 9660    Mean   : 65.46
 3rd Qu.: 92.0    3rd Qu.:16.50    3rd Qu.:31.00    3rd Qu.:10830    3rd Qu.: 78.00
 Max.   :100.0    Max.   :39.80    Max.   :64.00    Max.   :56233    Max.   :118.00
```

1) 비슷한 특징을 가진 집단으로 그룹화 하기 위한 적절한 방법론은 제시하시오.

2) 그룹의 개수를 결정하기 위한 기준을 제시하시오.

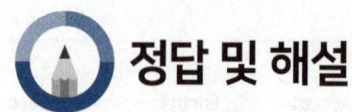

정답 및 해설

【 객관식 정답 】

번호	정답	번호	정답	번호	정답	번호	정답	번호	정답	번호	정답	번호	정답	번호	정답
01	③	11	③	21	③	31	③	41	①	51	④	61	③	71	③
02	②	12	③	22	②	32	④	42	④	52	③	62	①	72	②
03	④	13	①	23	②	33	①	43	①	53	②	63	①	73	①
04	③	14	③	24	②	34	②	44	④	54	④	64	①	74	①
05	②	15	②	25	④	35	②	45	③	55	②	65	①	75	④
06	④	16	②	26	②	36	②	46	④	56	①	66	②	76	②
07	①	17	②	27	④	37	③	47	③	57	①	67	④	77	②
08	①	18	②	28	②	38	④	48	④	58	④	68	②	78	④
09	②	19	②	29	②	39	④	49	④	59	②	69	④	79	①
10	①	20	④	30	③	40	②	50	②	60	③	70	①	80	③

〈과목1. 데이터 이해 - 10문항〉

01. B2B기업은 기업 간의 전자 상거래를 진행하여 지속적인 데이터가 생성 되기 어렵다. 반면에 B2C기업은 고객을 상대로 하기 때문에 고객의 데이터가 지속적으로 생성 된다.

02. DIKW 피라미드에서 우량고객, 베스트셀러, 평균 구매액은 정보(Information)에 해당되고 주문수량은 데이터(Data)에 해당된다.

03. 민주주의 국가에서 채택한 형사 처벌은 잠재적 위협이 아닌 명확하게 행동한 결과에 대해 책임을 묻고 있다. 특정인이 빅데이터 분석 결과에 따라 특정한 행위를 할 가능성이 높다는 이유만으로 처벌 받는 것은 행위 결과에 대해서만 책임을 묻는다는 사회 원칙을 크게 훼손 할 수 있다.

04. 구글의 'Ngram Viewer'를 통해 우리가 확인하기 힘들었던 부분을 찾을 수 있도록 해 주는 빅데이터의 비유는 "렌즈"이다.

05. 빅데이터의 가치 산정이 어려운 이유는 다음과 같다.
    1. 데이터 활용방식: 재사용, 재조합, 다목적용 개발
    2. 새로운 가치 창출
    3. 분석 기술 발전
    ②번은 위의 3가지에 해당하지 않는다.

06. 하라스엔터테인먼트의 회장인 러브먼이 언급한 분석 기반 경영이 도입되지 못하는 이유로 "사람들은 아이디어 자체보다는 아이디어를 낸 사람이 누군지에 더 많이 관심을 가지고 있다."고 이야기했다.

07. 최근의 사회경제적 환경은 단순 세계화에서 복잡한 세계화로 변화하고 있다.

08. 가명처리는 개인정보 중 주요 식별요소를 다른 값으로 대체하여 개인식별을 곤란하게 하는 기술이다.

09. 가치 패러다임의 변화는 Digitalization → Connection → Agency이다.

10. DML(Data Manipulation Language)는 테이블에 데이터 검색, 삽입, 수정, 삭제하는데 사용하며 SELECT, INSERT, UPDATE, DELETE 등이 있다. DDL(Data Definition Language)는 테이블이나 관계의 구조를 생성하는데 사용하며 CREAT, DROP, ALTER, TRUNCATE 등이 있다.

〈과목2. 데이터 처리 기술 이해 - 10문항〉

11. 데이터웨어하우스는 비휘발성(Non Volatile)을 특징을 가지고 있으므로, 일단 데이터가 적재되면 일괄 처리(Batch 처리) 외에는 별도의 갱신이 이루어지지 않는다. 데이터웨어하우스는 데이터를 주제별로 저장하기 때문에 최종사용자 혹은 전산 지식에 약한 분석자도 이해하기 쉬운 형태를 취한다.

12. 맵리듀스에서 블록 크기의 기본값은 64MB이고, 맵 태스크 하나가 1개의 블록을 대상으로 연산을 수행한다. 따라서 320MB 크기의 파일을 대상으로 작업을 수행하면 5개의 맵 태스크가 생성된다. (320MB / 64MB = 5개)

13. 데이터 스테이징 단계에서는 정기적인 ETL과 실시간 ETL을 혼용할 수 있고, 저장되는 테이블의 스키마는 데이터 원천의 구조에 의존한다. 데이터 원천과 스테이징 테이블과의 매핑은 일대일 혹은 일대다로 구성될 수 있다.

14. HDFS는 파일 데이터를 블록이나 청크 단위로 저장하며, 데이터에 대한 순차 접근 방식을 지원한다.

15. NoSQL, 초대형 분산 데이터 스토리지 등은 빅데이터 처리 환경에서 사용하는 인프라스트럭처이다.

16. HiveQL을 이용하여 테이블 스키마도 변경할 수 있다.

17. Oracle RAC는 공유 방식의 클러스터이다.

18. 암호화를 통한 데이터 전송은 대용량 비정형 데이터 수집 시스템의 특징에 해당하지 않는다. 대용량 비정형 데이터 수집 시스템은 수집된 데이터가 저장소에 저장되는 과정에서 단계별로 혹은 인접한 단계끼리 신호를 주고받아 이벤트의 유실을 방지하는 방식으로 전송을 보장한다.

19. Sqoop은 관계형 데이터베이스와 하둡 간의 데이터 연동 기술에 해당한다.

20. 대표적인 가상화 기술인 VMWare, Xen, KVM 등은 IaaS에 주로 활용된다.

〈과목3. 데이터 분석 기획 - 10문항〉

21. 데이터 전처리 프로세스를 통하여 분석용 데이터 셋이 편성되면 분석 목적에 맞는 변수를 선택하거나 데이터의 차원을 축소하여 데이터마이닝을 효율적으로 적용될 수 있도록 데이터셋을 변경하는 프로세스를 데이터 변환이라고 한다.

22. CRISP-DM 프로세스의 각 단계는 폭포수 모델처럼 일방향으로 구성되어 있지 않고 단계 간 피드백을 통하여 단계별 완성도를 높인다.

23. 규제와 감사는 제품 생산 및 전달 과정 프로세스 중에서 발생하는 규제 및 보안의 관점에서 주제를 도출한다.

24. 분석적으로 사물을 인식하려는 'Why' 관점은 일반적으로 사용되고 있는 문제 해결방식인 하향식 접근방식을 말한다.

25. 분석 과제의 주요 관리 영역에는 Data Size, Data Complexity, Speed, Analytic&Complexity, Accuracy&Precision가 있다.

26. 분석 거버넌스 체계 구성요소는 Process(과제 기획/운영 프로세스), System(IT 시스템/프로그램), Organization(분석 기획/관리 및 추진 조직), Data(데이터 거버넌스), Human Resource(분석 관련 교육/마인드 육성 체계)가 있다.

27. 포트폴리오 사분면에서 분석이 현재 부분적으로 도입되어 지속적인 확산이 필요한 기업들은 확산형 기업이라고 정의한다.

28. 분석 프로젝트 관리에서 일정계획 수립시 데이터 수집에 대한 철저한 통제와 관리보다 분석 범위가 빈번하게 변경되므로 시간이 소요될 수도 있다. 따라서 Time Boxing 기법과 같은 방법으로 일정관리를 진행하는 것이 필요하다.

29. 채널영역은 영업 사원, 직판 대리점과 홈페이지 등의 자체적으로 운영하는 채널뿐만 아니라 최종 고객에게 상품, 서비스를 전달하는데 있어서 가능한 경로에 존재하는 채널도 포함하고 있다. 하지만, 구매 고객에 대한 애프터서비스(A/S)제공에 관한 내용은 채널영역과 관련이 없다.

30. 기업에서 데이터에 기반한 의사결정을 방해하는 요소는 고정 관념, 편향된 생각, 프레이밍 효과이다.

〈과목4. 데이터 분석 - 40문항〉

31. 기하, 이항, 초기하 분포는 이산형 확률분포이다.

32. R에서 사용 가능한 데이터 오브젝트(행렬, 벡터, 데이터프레임, 리스트)에 관한 설명으로 데이터프레임은 테이블로 된 구조인 것은 맞지만 행렬이 아닌 리스트 구조로 구현된다.

33. a ← c(1,10)은 벡터 값으로 1, 10이 나타나지만, 나머지는 1부터 10까지의 수를 보여준다.

34. 다중선형회귀분석의 종속변수를 설명하는 가장 중요한 독립변수는 추정한 계수가 클수록 종속변수에 가장 영향을 많이 미치게 된다. 특히 β_0가 없는 표준화된 추정식을 만들게 되면 각 계수의 크기를 더욱 정확히 알 수 있게 된다.

35. 지지도를 구하는 공식은 P(A∩B)이므로 25%가 정답이다.

36. 동일한 확률분포를 가진 독립 확률 변수의 분포는 n이 적당히 크다면(n은 30이상) 정규분포에 가까워진다는 정리이다.

37. 비율척도는 측정대상의 간격에 대한 비율이 의미를 가지는 자료를 의미하고 무게, 나이, 시간, 거리 정보가 해당된다.

38. 베르누이 확률분포, 포아송분포는 이산형 확률분포이다.

39. 다중회귀분석에서 변수 선택법 중 전진선택법은 변수가 추가 되면 기존 변수들의 중요도에 영향을 받게 된다. 다시 말해, 변수를 추가했는데 이미 선택된 변수의 유의수준이 높아지면 추가한 변수를 활용하지 못하게 된다.

40. 분해 시계열의 분해 요소는 추세요인, 계절요인, 순환요인, 불규칙요인으로 크게 4가지로 이루어진다.

41. 다중회귀분석의 결과에서 모형의 적절함을 확인하기 위해서는 F 검정 통계량과 유의확률, t 통계량과 유의확률, R^2값을 검정해야 한다. ①번과 같이 상관계수를 통해 모형의 설명력을 확인하는 것은 회귀분석 이전의 단계에서 실행해야한다.

42. p개의 변수들을 중요한 m(p)개의 주성분으로 표현하여 전체 변동을 설명하는 것으로 m개의 주성분은 원래 변수에서 선형결합으로 생성된 변수이다.

43. 다중선형회귀분석 결과, 입력변수 중 wt는 유의수준 0.1하에서 유의하지만 나머지 변수는 유의하지 않다.

44. 필요에 따라서는 구축용과 시험용을 번갈아가며 사용하는 교차확인을 통해 모형을 평가하기도 한다.

45. income은 체납확률을 예측하는데 유의한 변수가 아니다.

46. 의사결정나무 알고리즘은 비정상적인 잡음 데이터에 대해서도 민감함이 없이 분류할 수 있다.

47. 비모수 검정 방법은 모집단의 분포에 대한 아무 제약을 가하지 않고 검정을 실시하고 관측된 자료의 수가 많지 않거나 자료가 개체간의 서열관계를 나타내는 경우 이용한다. 또 관측된 자료가 특정분포를 따른다고 가정할 수 없는 경우 이용한다. 관측된 자료로 구한 표본평균과 표본분산 등을 이용해 검정을 실시하는 것은 모수적검정 방법이다.

48. 사전에 주어진 목적이 없으므로 결과 해석이 어렵다.

49. 가, 다는 이미 분류된 데이터에 대해 분석을 하므로 지도(Supervised) 분석이다.

50. 지지도 : 전체 거래 중 품목 A와 품목 B를 동시에 포함하는 거래의 비율이며, 향상도 : A가 주어지지 않았을 때의 품목 B의 확률에 비해 A가 주어졌을 때의 품목 B의 확률의 증가비율이다.

51. cor(attitude)를 통해서는 분산을 확인하는 것이 아니라 상관계수 값을 확인할 수 있다.

52. 모든 환자들의 수면시간이 증가했다는 결과를 summary(sleep$extra)를 통해서 확인이 불가능하다. mean, 3rd Qu.와 Max의 값으로 나머지는 확인이 가능하다.

53. ozone과 wind 간에는 음의 상관관계가 있다.

54. 생성된 모델이 훈련 데이터에 최적화되어 있기 때문에 테스트 데이터의 작은 변화에 민감하게 반응한다.

55. sparsity는 tdm 안에 0인 원소가 있는 %를 의미한다. 총 50개 중 0이 49개 있으므로 98%이다.

56. 관측치의 개수가 70개가 아니라 자유도가 70이다.

57. 매우 큰 수(양수 또는 음수)를 부동소수점으로 표현할 때는 E 혹은 e를 이용하여 숫자에 지수를 추가할 수 있다. 지수가 있는 숫자 값은 E앞에 있는 숫자에 10을 지수번 만큼 곱한 값이다. 지수가 양수이면 그 수만큼 소수점을 오른쪽으로 이동시키고, 음수라면 그 수만큼 왼쪽으로 이동한다. 즉, 7.853e-01이면 0.7853가 되며, 6.537e-02는 0.065537이 된다.

58. 정규성 가정을 충족하지 못해 데이터를 추가 수집하더라도 데이터 수집 과정에서 이미 발생한 오차나 불확실성이 모델에 영향을 미칠 가능성이 있기 때문이다.

59. SOM의 특징은 역전파(Back Propagation) 알고리즘 등을 이용하는 인공신경망과 달리 단 하나의 전방 패스(Feed-forward flow)를 사용함으로써 속도가 매우 빠르다.

60. 해당 잔차도는 등분산성의 가정을 위배하는 잔차도이다.

61. 매개 중심성은 네트워크 내에서 한 노드가 담당하는 매개자 혹은 중재자 역할의 정도를 측정하는 평가지표이다.

62. 데이터마이닝 추진 단계는 목적정의 → 데이터 준비 → 데이터 가공 → 데이터마이닝 기법 적용 → 검증이다.

63. 은닉층 노드의 수가 많으면 일반화가 어렵다.

64. 감성 분석(Sentiment Analysis)는 문장에서 사용된 단어의 긍정·부정 여부에 따라 얼마나 긍정적인 단어가 많은지를 보고 특정 소스를 부여해 어떤 색을 띄고 있는 문장인지를 평가한다.

65. 이상치는 의도하지 않은 현상이지만 분석에 포함해야하는 경우도 있으므로 반드시 제거하고 분석을 실시해서는 안된다.

66. 실린더 개수가 4일 때, 제 1사분위수는 실린더 개수가 6일 때 제 3사분위수보다 크게 나타나고 있다.

67. 네트워크 구조를 파악하기 위한 기법은 연결정도 중심성, 근접 중심성, 매개 중심성, 위세 중심성이 있다.

68. 부스팅은 배깅의 과정과 유사하나 붓스트랩 표본을 구성하는 재표본 과정에서 각 자료에 동일한 확률을 부여하는 것이 아니라, 분류가 잘못된 데이터에 더 큰 가중을 주어 표본을 추출한다.

69. 의사결정나무는 지도학습기법(supervised Learning)이다.

70. 계통추출법은 모집단의 모든 원소들에게 1,2,3,...,N의 일련번호를 부여하고 이를 순서대로 나열한 후에 K개(K=N/n)씩 n개의 구간으로 나누고 첫 구간(1,2,3,...,N)에서 하나를 임의로 선택한 후에 K개씩 띄어서 표본을 추출하는 방법이다.

〈과목5. 데이터 시각화 - 10문항〉

71. 지식은 경험을 통해 형성된 지식은 특정한 세부 사항만을 설명하는 것이 아니라, 다양한 상황에서 적용할 수 있게 일반화 한 것이다.

72. XML은 문서를 사람과 기계 모두가 읽을 수 있는 형식으로 부호화하는 규칙의 집합을 정의한다.

73. ①번은 인포그래픽스이다.

74. '이벤트 기록으로서의 접근'에 대한 설명이다.

75. 점그래프에 대한 설명이다.

76. ①번은 CSS에 관한 설명, ③번은 domain( )함수(range( )함수는 출력 값 범위), ④번은 transform이다.

77. 시각적 정보 표현에서는 심리적 무게감에 따라 정보의 위계표현이 가능하다.

78. Tableau에서 demension이나 measure로 자동 분할하여 매우 직관적이고 빠르게 분석에 적용할 수 있다.

79. ②번은 알파벳, ③번은 시간, ④번은 카테고리에 대한 설명이다.

80. 해당 코드는 산점도를 그리는 코드이다.

【 서술형 정답 】

01. 먼저 summary함수를 통해 Private변수를 제외한 모든 변수는 수치형 변수임을 알 수 있다. 비슷한 특징을 가진 집단으로 그룹화 하기위한 방법은 군집분석이다. 군집분석은 계층적 군집분석과 비계층적 군집분석으로 나뉠 수 있다. 계층적 군집분석은 전통적 군집분석 방법으로 군집의 개수가 제일 나중에 선정되며, 방법으로는 최단, 최장, 평균, 와드(ward) 연결법이 있다. 또, R 프로그램에서는 hclust 함수를 이용하여 계층적 군집분석을 할 수 있으며, 이 결과로 덴드로그램 시각화가 가능하다. 비계층적 군집분석은 kmeans 군집분석의 경우 군집의 모양도 계층적이지 않지만 군집의 개수를 제일 먼저 선정하고 모형을 개발하는 방식으로 kmeans, kmedoid, 혼합분포군집, SOM 등의 방법이 있고, kmeans의 경우 R 프로그램의 kmeans 함수를 활용하여 군집분석을 진행할 수 있다. 예를 들어 kmeans(College, 3)라는 코드를 실행한다면 kmeans 함수를 활용하여 College 데이터의 변수들을 활용하여 3개의 군집으로 분류할 수 있다. 앞의 코드가 결과로 나타난다면 kmeans 분석 결과에서 n개의 데이터가 3개의 군집으로 각각 몇 개씩 군집되었는지 나타날 것이며 군집 중심정보는 $centers로 확인할 수 있다. between_ss/total_SS의 값은 1에 가까울수록 군집화가 잘되었으며 좋은 model임을 알 수 있다. 인사이트를 도출한다면 군집된 변수의 크고 낮은 값들을 확인하여 특징을 따서 인사이트를 도출할 수 있다.

02. 그룹을 개수를 결정하기 위한 방법은 계층적 군집의 경우 분석한 결과를 토대로 덴드로그램을 그려 군집의 개수를 결정한다. 덴드로그램은 각 단계에서 관측치의 군집화를 통해 형성된 그룹과 이들의 유사성 수준을 표시하는 트리 다이어그램이다. 유사성 수준은 수직 축을 따라 측정되거나 사용자가 거리 수준을 표시할 수 있는데, 다른 관측치는 수평축을 따라 나열된다. 덴드로그램 시각화 결과에서 y축에 나타나는 값을 기준으로 군집을 결정할 수 있다. y값에서 수평으로 선을 그어 나뉘는 그룹을 하나의 군집으로 구성할 수 있다. 비계층적 군집의 경우 군집 수에 따른 집단 내 제곱합 그래프를 통해 그룹의 개수를 결정하는 기준을 제시할 수 있다. 군집의 집단 내 제곱합 그래프는 얼마나 군집화가 잘되었는가를 알려주는 척도로 집단내 제곱합의 합을 최소화 하는 것을 목적으로 한다. 이 그래프는 Scree Plot과 비슷한 형태로 그려진다. 해석 방법은 급격히 감소하는 지점까지만 군집으로 설정하여 최적의 군집개수를 지정한다. 또, R 프로그램에서 최적의 군집수를 정하는 함수를 직접 작성하여 만들 수도 있지만, Nbclust 패키지 함수와 Scree plot를 활용하여 최적의 군집을 정하는 방법도 있다.

데이터 분석 전문가 모의고사(ADP 필기) 3회

출제 데이터에듀
문항수 객관식 : 80 / 서술형 : 1

▶ 배점 안내 : 객관식(80문항) 각 1점 / 서술형(1문항) 20점(부분점수 있음)

과목1. 데이터 이해 - 10문항

01. 일반적인 빅데이터의 정의와 가장 거리가 먼 것은?

① 빅데이터는 일반적인 데이터베이스 소프트웨어로 저장, 관리, 분석 등 범위를 초과하는 규모의 데이터이다.
② 빅데이터는 대규모 데이터로부터 저렴한 비용으로 가치를 추출하고 데이터의 초고속 수집, 발굴, 분석을 지원하도록 고안된 차세대 기술 및 아키텍처다.
③ 빅데이터는 데이터의 양(volume), 데이터 유형과 소스의 다양성(variety), 데이터 수립과 처리 측면에서 속도(velocity)가 급격히 증가하면서 나타났다.
④ 기존의 작은 데이터 처리 분석으로는 얻을 수 없었던 통찰과 가치를 하둡(hadoop)을 기반으로 하는 대용량 분산처리기술을 통해 창출하는 새로운 방식이다.

02. 정보위주의 처리를 의미하며, 다양한 비즈니스 관점에서 쉽고 빠르게 다차원적인 데이터에 접근하여 의사결정에 활용할 수 있는 정보를 얻게 해주는 기술을 의미하는 시스템으로 알맞은 것은?

① OLTP 시스템　　② OLAP 시스템　　③ GIS 시스템　　④ ERP 시스템

03. 다음 중 빅데이터가 만들어 내는 변화로 부적절한 것은?

① 데이터의 사후처리보다 사전처리에 비중을 둔다.
② 데이터의 질보다 양을 중요시 한다.
③ 통계학에서 중요시 하는 인과관계보다 상관관계에 비중을 둔다.
④ 조사 방법론으로는 표본조사에서 전수조사에 비중을 둔다.

04. 다음 중 용어와 의미가 잘못 연결된 것을 모두 고르시오.

> A. OLTP - 다차원의 데이터를 대화식으로 분석하기 위한 소프트웨어
> B. Business Intelligence - 경영 의사결정을 위한 통계적이고 수학적인 분석에 초점을 둔 기법
> C. Business Analytics - 데이터 기반 의사결정을 지원하기 위한 리포트 중심의 도구
> D. Data mining - 대용량 데이터로부터 의미 있는 관계, 규칙, 패턴을 찾는 과정

① A ② A, B ③ A, B, C ④ A, B, C, D

05. 아래 제시한 문제(A~C)의 해결에 필요한 빅데이터 분석 테크닉(가~마)을 적절하게 연결한 것은?

> A. 응급실 의사 배치 최적화
> B. 사용자 기호 분석 기반 추적
> C. 최다 구매 패턴을 보이는 상품 진열

> 가. 연관규칙 학습
> 나. 유형분석
> 다. 유전 알고리즘
> 라. 협업 필터링
> 마. 회귀분석

① 나 - 다 - 마 ② 라 - 가 - 다 ③ 다 - 라 - 가 ④ 마 - 라 - 나

06. "구글은 이미 지난 2010년에 서비스 이용자가 1시간 뒤에 어떤 일을 할지 87% 정확도로 예측 할 수 있는 데이터와 분석신뢰도를 확보하고 있다" 의 빅데이터 위기요인은 무엇인가?

① 데이터오용
② 책임원칙훼손
③ 사생활침해
④ 분석기술의 낙후

07. 데이터사이언티스트가 갖추어야 할 역량에 대한 설명 중 소프트스킬(Soft Skill)에 해당하지 않는 것은 무엇인가?

① 창의적 사고와 호기심 그리고 논리적 비판을 할 수 있는 통찰력 있는 분석 기술
② 최적의 분석 설계 및 노하우 축적이 가능한 분석 기술에 대한 숙련도
③ 스토리텔링과 같은 설득력 있는 전달 기술
④ 커뮤니케이션이 가능한 다분야간의 협력 기술

08. 법률 전문가인 변호인, 금전 거래에 정통한 회계사처럼 컴퓨터와 수학, 나아가 통계학이나 비즈니스에 두루 깊은 지식을 갖춘 직업으로 알고리즘에 부당함으로 피해 받는 사람들을 구제할 수 있는 능력을 가진 전문가로 적절한 것은?

① 컴퓨터 활용 능력가
② 데이터 사이언티스트
③ 데이터 분석가
④ 알고리즈미스트

09. 2000년대 기업내부 데이터베이스 구축의 화두였던 고객관계관리(CRM)에 대한 설명으로 적절한 것은 무엇인가?

① 단순한 정보의 수집에서 탈피하고 분석이 중심이 되는 시스템 구축을 지향한다.
② 외부 공급업체와의 정보시스템 통합을 통해 시간과 비용을 최적화하기 위함이다.
③ 부품의 설계, 제조, 유통 등의 공정을 포함한다.
④ 기업의 내부 고객들만을 대상으로 한 정보시스템이다.

10. 정량 데이터(Quantitative Data)의 범주에 포함되지 않는 것은?

① 도형　　② 기호　　③ 수치　　④ 문자

> 과목2. 데이터 처리 기술 이해 - 10문항

11. ODS 구성을 위한 일괄 작업 ETL의 작업 단계 중 데이터 인티그레이션(Data Integration) 단계에 대한 설명으로 가장 적절한 것은?

① 클렌징된 데이터를 ODS 내의 단일 통합 테이블에 적재하는 단계이다.
② 범위, 도메인, 유일성 확보 등의 규칙을 기준으로 데이터 품질을 점검하는 단계이다.
③ 다양한 데이터 원천으로부터 데이터를 획득하는 단계이다.
④ 식별된 오류 데이터들을 수정하는 단계이다.

12. 구글 빅테이블에 관한 설명으로 적절한 것은 무엇인가?

① 테이블내의 모든 데이터는 Column-Key의 사전적 순서로 정렬/저장된다.
② 동일한 Column-Key에 대해 타임스탬프(Timestamp)가 다른 여러 버전의 값이 존재할 수 없다.

③ BigTable에 저장되는 하나의 데이터(map)의 정렬 기준은 'rowkey + columnkey(로우 식별자 + 칼럼 이름)이다.
④ 특정 노드에 장애가 발생할 경우 빅테이블의 마스터(Master)는 장애가 발생한 노드에서 서비스되는 Tablet을 다른 노드로 재할당 시킨다.

13. 하이퍼바이저(Hypervisor)의 개념 및 특징으로 옳지 않은 것은?

① 하이퍼바이저는 실행환경 격리, 시스템 자원 할당, 하드웨어 환경 에뮬레이션(Emulation) 등의 기능을 한다.
② 엄격하게 구분할 경우에는 차이가 있지만 일반적으로 가상머신(Virtual Machine)을 하이퍼바이저라고 할 수 있으며, 하이퍼바이저는 VMM(Virtual Machine Monitor)이라고도 한다.
③ 호스트 기반 하이퍼바이저는 하드웨어와 호스트 운영체제 사이에 위치하며, 베어메탈 하이퍼바이저는 호스트 운영체제와 게스트 운영체제 사이에 위치한다.
④ 하이퍼바이저를 통해 사용자는 새로운 운영체제의 설치, 애플리케이션의 테스팅 및 업그레이드를 동일한 물리적 서버에서 동시에 수행할 수 있다.

14. CDC(Change Data Capture)에 대한 설명으로 적절하지 않은 것은?

① CDC는 실시간 처리 보다는 배치처리에 적합하며, 데이터 웨어하우스 및 기타 데이터 저장소 구축에 폭 넓게 활용된다.
② CDC 구현 방식 중 대상 시스템에서 데이터 원천을 정기적으로 살펴보고 필요 시 데이터를 다운로드 하는 방식은 '풀 방식'에 해당한다.
③ CDC 구현 기법 중 'Status on Rows'는 데이터의 변경 여부를 TRUE 혹은 FALSE의 값으로 칼럼에 저장한다.
④ 단일 정보 시스템 내에 다수의 CDC 메커니즘이 구현돼 동작될 수 있다.

15. 병렬 쿼리 시스템에 대한 설명 중 옳지 않은 것은?

① Pig는 야후에서 개발해 오픈소스 프로젝트화한 데이터 처리를 위한 고차원 언어다.
② Hive는 페이스북(Facebook)에서 개발한 데이터 웨어하우징 인프라로 병렬처리 기능인 Hadoop-Streaming을 쿼리 내부에 삽입해 사용할 수 있다.
③ Sawzall은 MapReduce를 추상화한 스크립트 형태의 병렬 프로그래밍 언어다.
④ Hive는 Pig와 달리 하둡 플랫폼에서 동작하지 않는다.

16. 다음 중 EAI(Enterprise Application Integration)에 대한 설명으로 가장 적절한 것은?

① EAI는 배치 프로세스 중심이다.
② ESB는 비즈니스 서비스를 중심으로 기업 내 각종 어플리케이션간의 상호연동이 가능하도록 통합하는 솔루션을 의미한다.
③ ESB(Enterprise Service Broker)를 통해 서비스 통합을 추구하는 것이 핵심개념이다.
④ ERP, CRM, SCM 등 각종 시스템을 통합하여 마치 하나의 애플리케이션인 것처럼 사용할 수 있게 도와준다.

17. 다음 중 HDFS에서의 파일 읽기(read) 과정으로 가장 적절한 것은?

① 네임노드는 클라이언트에게 블록 위치에 대한 정보를 요청하고, 클라이언트는 데이터노드에 블록 위치를 질의한다. 데이터노드가 블록 위치를 반환하여 클라이언트와 네임노드에게 순차적으로 전달하면, 네임노드는 직접 데이터노드로부터 데이터를 읽어온다.
② 클라이언트는 모든 데이터노드에 병렬로 질의를 실행하고, 요청받은 데이터를 가지고 있는 데이터 노드는 클라이언트에게 직접 응답한다.
③ 클라이언트가 네임노드에게 데이터 읽기를 요청하면 네임노드는 클라이언트를 데이터노드에 연결하여 데이터를 전송받을 수 있도록 중계 역할을 한다.
④ 클라이언트는 네임노드에 블록 위치를 질의하고, 네임노드는 클라이언트에게 블록의 목록과 위치를 반환한다. 그 후 클라이언트는 데이터노드로부터 직접 데이터를 읽어 들인다.

18. 다음 중 데이터 연동시스템인 스쿱(Sqoop)에 대한 설명으로 가장 부적절한 것은?

① 스쿱은 데이터의 가져오기와 내보내기를 맵리듀스를 통해 처리하여 장애 허용 능력은 제공하지 않는다.
② 관계형 DB의 데이터를 하둡 분산파일 시스템(HDFS)으로 가져오기 위한 기술이다.
③ 스쿱을 이용하면 관계형 DB의 데이터를 HBase로 옮길 수 있다.
④ 스쿱은 하둡에서 제공하는 맵 인풋 포맷터를 사용하며, SQL을 통해 테이블에서 데이터를 추출한다.

19. 대용량 비정형 데이터 처리와 관련된 다음의 설명 중 옳지 않은 것은?

① 비정형 데이터 수집 시스템은 데이터를 저장소에 저장하는 여러 단계별로 혹은 인접한 단계끼리 신호를 주고받아 이벤트의 유실을 방지하는 방식으로 전송을 보장할 수 있다.

② 하둡은 여러 대의 컴퓨터를 마치 하나의 시스템인 것처럼 묶어 분산 환경에서 빅데이터를 저장 및 처리할 수 있도록 하는 자바 기반의 오픈소스 프레임워크이다.
③ 하둡과 하이브는 대용량 데이터를 배치 처리하는데 최적화 되어 있다.
④ 비정형 데이터의 예로는 로그 데이터, 오디오, 센서 데이터, 스프레드 시트 등이 있다.

20. 다음 중 Hadoop MapReduce에 관련된 설명 중 옳지 않은 것은?

① JobTracker는 작업을 다수의 Task로 쪼갠 후 내부적으로 스케줄링해 큐(Queue)에 저장하지만, 그 Task들에 대한 데이터 지역성에는 관여하지 않는다.
② 클라이언트에서 하둡 작업을 실행하면, 프로그램 바이너리와 입출력 디렉터리와 같은 환경 정보들이 JobTracker에게 전송된다.
③ 하둡은 네임노드, 데이터노드, JobTracker, TaskTracker로 구성되어 있다.
④ TaskTracker는 Response 메시지의 내용을 분석해 프로세스를 fork해 자기에게 할당된 Task를 처리한다.

과목3. 데이터 분석 기획 - 10문항

21. 빅데이터 분석 방법론에 대한 설명으로 옳지 않은 것은?

① 빅데이터를 분석하기 위한 방법론은 3계층으로 구성된 계층적 프로세스 모델이다.
② 각 단계는 기준선이 없어 버전 관리 등을 통한 통제만으로 이루어진다.
③ 각 단계는 여러 개의 태스크로 구성된다.
④ 마지막 계층은 스텝(Step)으로 입력자료, 처리 및 도구, 출력자료로 구성된 단위 프로세스이다.

22. 빅데이터 분석 방법론에서 데이터 분석 단계는 분석용 데이터를 준비해서 텍스트 분석과 탐색적 분석 그리고 모델링 과정을 수행하게 된다. 이때, 모델링 과정에서 수행하는 업무로 적절하지 않은 것은 무엇인가?

① 비정형 데이터 분석결과를 통합적으로 활용하여 프로젝트 목적에 맞는 통합 모델링을 수행한다.
② 분석 데이터셋을 훈련용 데이터와 모델 검증력을 위한 테스트 데이터로 분할한다.
③ 데이터의 기초 통계량(평균, 분석, 표준편차, 최대값, 최소값 등)을 산출한다.
④ 훈련용 데이터를 활용하여 분류, 예측, 군집 등의 모델을 만들고 이를 평가, 검증한다.

23. 거시적 관점의 메가트렌드에서 현재 조직 및 해당 산업에 폭 넓게 영향을 미치는 요인 STEEP가 아닌 것은?

    ① 사회영역(Social)
    ② 기술영역(Technological)
    ③ 경제영역(Economic)
    ④ 공공영역(Public)

24. 빅데이터 분석환경에서 프로토타이핑의 필요성이 아닌 것은?

    ① 문제에 대한 인식수준
    ② 필요 데이터 존재 여부의 불확실성
    ③ 데이터 사용 목적의 가변성
    ④ 분석가의 한계

25. 분석 프로젝트의 특성으로 옳은 것은?

    ① 분석과제를 구현하기 위해서 개별적으로 분석업무를 수행하는 것이 중요하다.
    ② 분석가는 영역별로 조율하는 조정자이며 프로젝트의 관리자이기도하다.
    ③ 프로젝트는 도출된 결과가 재해석을 거치지 않고 수행되는 경우가 대부분이다.
    ④ 분석과제 정의서와 비슷하지 않게 프로젝트를 시작해야한다.

26. 분석 성숙도 모델 중 빅데이터 관리를 위한 환경이 갖추어지고, 전사 차원에서 분석을 관리하고 공유하며, 이를 위해 분석 전문 조직을 운영하는 수준의 성숙단계는?

    ① 도입 단계   ② 활용 단계   ③ 확산 단계   ④ 최적화 단계

27. 다음 중 분석 프로젝트 관리에 대한 설명으로 가장 부적절한 것은?

    ① 데이터 분석 모델의 품질을 평가하기 위해서 SPICE를 활용할 수 있다.
    ② 분석 프로젝트 관리는 KSA ISO 215002013을 가이드로 활용할 수 있다.
    ③ 분석 프로젝트의 일정계획 수립시 데이터 수집에 대한 철저한 통제와 관리가 필요하다.
    ④ 분석 프로젝트의 최종 산출물이 보고서 또는 시스템인지에 따라 프로젝트 관리에 차이가 있다.

28. 분석 조직을 갖추는 과정에서 조직 구성원의 역량을 고르게 갖추는 것이 무엇보다 중요하다. 이로 인해 분석 조직에서 필요한 인력 중 반드시 필요한 인력이 아닌 것을 고르시오.

① 해당 비즈니스를 잘 이해하고 분석 요소를 찾고 협의할 수 있는 비즈니스 인력

② 분석에 필요한 IT기술 동향을 파악하고, 필요한 기술 아키텍처를 수립할 수 있는 IT 기술 인력

③ 고급 통계 분석 기법을 이해하고 다양한 예측 모델링을 설계/검증 할 수 있는 분석 전문 인력

④ 분석 조직에게 다양한 분석 기법에 대한 심도있는 교육을 할 수 있는 교육담당 인력

29. 하향식 접근법의 문제탐색 단계의 도구로 부적절한 것은 무엇인가?

① 탐색적 문제 발견

② 외부 참조 모델 기반 문제탐색

③ 비즈니스 모델 기반 문제탐색

④ 분석 유즈 케이스

30. "장기적인 마스터 플랜 방식"에 비하여 "과제 중심적인 접근 방식"의 특징으로 적절하지 못한 것은?

① Speed&Test

② Problem Solving

③ Problem Definition

④ Quick&Win

> 과목4. 데이터 분석 - 40문항

31. 다음 중 측정 방법에 대한 설명으로 가장 부적절한 것은?

① 순서척도- 측정 대상이 서열관계를 가지고 있다.

② 비율척도- 절대적 기준인 0값이 존재하고 모든 사칙연산이 가능하다.

③ 명목척도- 측정 대상이 어느 집단에 속하는지 분류할 때 사용하는 척도이다.

④ 구간척도- 측정 대상이 갖고 있는 속성의 질을 측정하는 것이다.

32. 기술 통계의 산포를 나타내는 도구의 설명이 틀린 것은?

① 평균(mean) – 데이터의 전체 합을 전체 개수로 나누어 산출하는 대표 값

② 중위수(median) – 데이터를 입력순서에 따라 나열하여 가장 중앙에 위치하는 값

③ 사분위수(quantile) – 데이터를 작은 수부터 큰 수까지 배열했을 때 전체 관측값을 n등분하는 위치에 오는 값을 n 사분위수라 함

④ 백분위수(percentile) – 크기가 있는 값들로 이루어진 자료를 순서대로 나열했을 때 전체 데이터 개수의 p%에 위치하는 값을 P 백분위 값이라고 함

33. 변수 A안에 벡터 ("a", "b", "c") 이 있다고 하면 결과값이 "a d" "b e" "c d"라고 나오게 하는 결과가 나오는 함수는 무엇인가?

① paste(A, d, e, d)
② paste(A, c("d", "e"))
③ paste(A, c("d"), c("e"))
④ A+d+e

34. 다음 중 아래 내용을 검정할 때 활용할 수 있는 분포로 가장 적절한 것은?

> 두 개의 처리를 비교하는 문제를 생각해 보라. 예를 들어, 콜레스테롤 수치를 낮추기 위한 약으로 A와 B가 있다고 하자. 약 A의 효과와 약 B의 효과에 대하여 평균을 비교하고자 한다. 이를 위해 총 8명의 실험 개체를 확보하여 비교 실험에 들어간다고 하자. 두 집단의 평균이 같은지를 결정하기 위하여 먼저 두 집단의 분산이 같은지를 결정해야 한다.

① t-분포   ② z-분포   ③ F-분포   ④ 포아송분포

35. 아래의 자료 X 값과 보기의 R 코드 결과가 다른 것은?

> X<-c(3, 2, 1, 4, 5)

① sum(x)
② x[5]*x[1]
③ mean(x)*length(x)
④ mean(x)*min(x)*range(x)[1]

36. 다음 중 상관분석의 정의로 틀린 것은?

① 데이터의 두 변수 간의 관계를 알아보기 위한 분석방법이다.
② 두 변수의 상관관계를 알아보기 위해 상관계수를 이용한다.
③ 상관계수가 0일 때는 데이터 간의 상관관계를 정의할 수 없다.
④ 상관계수가 1에 가까울수록 데이터가 강한 양의 상관관계를 갖는다.

37. 선형회귀분석을 실행하기 위해서는 데이터가 가지고 있는 특정 가정을 만족해야 의미가 있다고 할 수 있다. 선형회귀분석에서 전제로 하는 가정이 아닌 것을 고르시오.

① 선형성　　　② 일치성　　　③ 정규성　　　④ 등분산성

38. 아래 표는 R을 통해 다중회귀분석을 한 결과이다. 결과에 대한 해석이 잘못된 것은?

```
> summary(b)
Call:
lm(formula=Y~X1+X2+X4, data=df)

residuals:
min             1Q          Median      3Q          Max
-3.0919         -1.8016     0.2562      1.2818      3.8982

Coefficients:
            Estimate    Std.Error   T value     Pr(>|t|)
(Intecept)  71.6483     14.1424     5.066       0.000675    ***
x1          1.4519      0.1170      12.410      5.78e-07    ***
x2          0.4161      0.1856      2.242       0.051687    .
x4          -0.2365     0.1733      -1.365      0.20539

Signif. codes: 0 '***' 0.001 '**' 0.01 '*' 0.05 '.' 0.1 ' '
Residual standard error: 2.309 on 9 degrees of freedom
multiple R-squared: 0.9823, Adjusted R-squared: 0.9764
F-statistic: 166.8  on 3 and 9 DF, p-value:3.323e-08
```

① 회귀식은 종속변수 Y와 독립변수 x1, x2, x4로 모형을 추정하였다.
② F통계량은 166.8이고 p값이 유의수준 5%하에서 추정된 회귀 모형이 통계적으로 매우 유의함을 볼 수 있다.
③ 수정된 결정계수가 0.9764로 아주 높아 회귀식이 데이터를 적절하게 설명하고 있음을 확인할 수 있다.
④ x4의 T값과 p값이 유의수준 5%하에서 유의하지 않고 회귀모형이 통계적으로 유의하므로 최종 회귀모형은 Y=71.6483+ 1.4519x1+0.4161x2으로 결정된다.

39. 다음은 시계열 분석에 대한 설명이다. 설명이 잘못된 것은?

① 시계열분석에서 사용되는 모형은 크게 자기회귀모형(AR모형)과 이동평균모형(MA모형)으로 나눈다.
② 자기회귀모형에서 자기상관함수(ACF)는 빠르게 감소하고, 부분자기함수(PACF)는 어느 시점에서 절단점을 갖게된다.
③ 이동평균모형에서 자기상관함수(ACF)는 절단점을 갖고, 부분자기상관함수(PACF)가 빠르게 감소함을 볼 수 있다.
④ 자기회귀누적이동평균모형(ARIMA)은 정상시계열모형으로 차분이나 변환을 통해 AR모형이나 MA모형으로, 둘을 합친 ARMA모형으로 비정상화 할 수 있다.

40. 다음 중 모델링 목적에 따라 목적 변수를 정의하고 필요한 데이터를 적합한 형태로 변환하는 데이터 마이닝 단계는 무엇인가?

① 데이터 준비
② 검증
③ 데이터 가공
④ 데이터 마이닝 기법의 적용

41. 데이터를 분리하고 처리한 다음, 다시 결합하는 등 가장 필수적인 데이터 처리기능을 제공하는 패키지로 apply함수를 기반으로 데이터와 출력변수를 동시에 배열로 치환하여 처리하는 패키지는 무엇인가?

① MySql   ② sqldf   ③ OLAP   ④ plyr

42. 데이터셋에서 결측치(Missing value)가 있는 경우, 처리하는 방법 중 가장 타당하지 않는 것은 어느 것인가?

① 빅데이터 분석에서 결측치 처리는 먼저 결측치가 많은 변수를 처리하고 결측치가 포함된 레코드를 처리한다.
② 결측치가 포함된 레코드는 모델링에서 다른 변수와의 영향도를 분석시 예상치 못한 결과를 생산하므로 무조건 삭제하고 전처리한다.
③ 데이터마이닝 모델링을 위한 데이터셋에서 결측치가 포함하지 않는 레코드 수가 10,000이상일 경우는 삭제한다.
④ 회귀분석을 활용한 통계 분석에서 데이터셋에 결측치가 포함된 레코드는 결측치가 많은 변수부터 삭제하는 것이 효과적이다.

43. 다음은 1973년 미국 50개 주의 100,000명의 인구당 체포된 강력범죄수와 각 주마다 도시에 거주하는 인구의 비율을 통해 주성분 분석을 한 결과이다. 제 2주성분까지 변수로 선택 시 전체 데이터의 몇 %를 설명할 수 있을까?

```
> US.prin <- princomp(USArrests, cor = TRUE)
> summary (US.prin)

Importance of components :
                          Comp.1      Comp.2      Comp.3      Comp.4
Standard deviation     1.5748783   0.9948694   0.5971291   0.41644938
Proportion of Variance 0.6200604   0.2474413   0.0891408   0.04335752
Cumulative Proportion  0.6200604   0.8675017   0.9566425   1.00000000
```

① 99.4% ② 86.8% ③ 62.0% ④ 24.7%

44. 데이터 마이닝 분석 기법 중 의사결정나무의 활용 예가 아닌 것은?

① 세분화(Segmentation)
② 분류(Classification)
③ 예측(Prediction)
④ 연관성 분석(Association Analysis)

45. 다음 중 아래 집단의 지니 지수를 구한 것은 무엇인가?

① 0 ② 10/25 ③ 12/25 ④ 14/25

46. 계층적 군집분석 방법론 중 군집을 생성할 때 거리를 정의하는 방법이 아닌 것은?

① 최단연결법 ② 최장연결법 ③ 중간연결법 ④ 와드연결법

47. 연관성분석의 측도 중 "P(A∩B)=(A와 B가 동시에 포함된 거래수)/전체 거래수"를 나타내는 측도는 무엇인가?

① 지지도(Support)
② 신뢰도(Confidence)
③ 향상도(Lift)
④ 정확도(Accuracy)

48. 다음 중 의사결정나무의 특징으로 틀린 것은?

① 누구에게나 결과를 설명하기에 용이하다.
② 모형을 만드는 방법이 계산적으로 복잡하지 않다.
③ 대용량 데이터에서도 빠르게 만들 수 있다.
④ 비정상 잡음 데이터에 대해서는 민감함이 있어 따로 분류하기 힘들다.

49. 변수들 간에 높은 상관성이 있는 것들이 회귀모형에 포함될 경우 다중공선성(multicollinearity)의 문제가 발생한다. 이러한 문제점에 대한 해결방안으로 가장 부적절한 것은?

① 중요하지 않으면서 다른 변수와 상관성이 높은 변수를 제거한다.
② 구조적 다중공선성의 문제가 있는 경우에는 데이터의 평균 중심을 변화한다.
③ 상관관계가 낮아지도록 변수 값을 조정한다.
④ VIF(Variance Inflation factor)를 이용하여 다중공선성이 존재하는지 파악한다.

50. 아래는 22개의 미국 전투기에 대한 4개의 변수 값을 사용한 군집분석의 결과이다. 이에 대한 설명 중 부적절한 것은?

```
> kmeans(jet,3)
K-means clustering with 3 clusters of sizes 7, 9, 6

Cluster means:
       SPR      RGF       PL       SLF
1 6.928571 5.132857 0.1990000 2.728571
2 1.839889 4.107778 0.1470000 1.371111
3 3.619833 4.633333 0.1643333 3.066667

Clustering vector:
    FH-1    FJ-1   F-86A   F9F-2   F-94A   F3D-1   F-89A  XF10F-1  F9F-6
       2       2       3       2       2       2       2        2      2
  F-100A   F4D-1  F11F-1  F-101A  F3H-2  F-102A    F-8A   F-104B  F-105B
       3       3       3       1      3       3       2        1      1
```

```
     YF-107A   F-106A    F-4B   F-111A
        1        1        1       1

Within cluster sum of squares by cluster:
[1] 11.079362 13.896951  6.350967
 (between_SS / total_SS =  79.2 %)

Available components:

[1] "cluster"       "centers"     "totss"        "withinss"
[5] "tot.withinss"  "betweenss"   "size"         "iter"
[9] "ifault"
```

① 계층적 군집분석의 결과이다.
② 위의 방법을 사용할 때 군집 개수를 사전에 결정해야 한다.
③ 각 군집은 7개, 9개, 6개의 전투기를 포함한다.
④ 각 군집의 중심에 대한 정보가 포함되어 있다.

51. 다음 중 아래 오분류표를 이용하여 재현율(Recall)을 구한 것은 무엇인가?

		실제값		합계
		True	False	
예측치	키	40	60	100
	몸무게	60	40	100
합계		100	100	200

① 0.15   ② 0.3   ③ 0.4   ④ 0.55

52. 다음 중 k-means 군집의 단점으로 가장 부적절한 것은?

① 잡음이나 이상값에 영향을 많이 받는다.
② 전체 최적화가 보장되지는 않는다.
③ 볼록한 형태가 아닌 군집이 존재하면 성능이 떨어진다.
④ 한번 군집이 형성되면 군집내 객체들은 다른 군집으로 이동 할 수 없다.

53. 연관성분석의 측도로 향상도에 대해 올바른 것은?

① A가 주어지지 않았을 때의 품목 B의 확률에 비해 A가 주어졌을 때의 품목 B의 확률의 증가 비율
② 항목 A를 포함한 거래 중에서 항목 A와 항목 B가 같이 포함될 확률
③ 전체 거래 중 항목 A와 항목 B를 동시에 포함하는 거래의 비율
④ 품목 A와 품목 B의 구매가 서로 관련이 있는 경우에 향상도가 1이 됨

54. 아래는 계층적 군집분석을 진행하기 위한 거리행렬이다. 아래 표에서 가장 먼저 군집으로 묶어지는 점을 고르시오.

	a	b	c	d
a				
b	10.00			
c	13.00	29.00		
d	10.00	8.00	9.00	
e	25.00	9.00	26.00	5.00

① ad　　② bc　　③ bd　　④ de

55. R에서 인공신경망의 학습 및 추론을 위해 대표적으로 사용되는 함수는 neuralnet( )이다. 다음 중 neuralnet 함수의 실행 결과로 도출되는 일반화 가중치(generalized weight)에 대한 설명으로 가장 적절한 것은?

① 로지스틱 회귀와 달리 일반화 가중치는 전역적인 기여도를 나타낸다.
② 로지스틱 회귀모형에서의 회귀 계수와 유사하게 해석된다.
③ 각 자료점의 분산이 로그-오즈(log-odds)에 미치는 기여도를 나타낸다.
④ 모든 자료에 대한 일반화 가중치의 분포는 가중치(weight)에 대한 신뢰구간을 나타낸다.

56. 불필요한 변수들 중에서 필요한 변수들을 선택하여 간단한 모형을 만드는 방법을 변수 선택(variable selection)이라 한다. 다음 중 변수 선택 기준으로 사용되는 통계량들에 대한 설명으로 가장 부적절한 것은?

① 수정결정계수(Adjusted R square)는 모형의 간명성과 설명력을 동시에 고려한 기준으로 기존 결정계수에 관측치의 수와 독립변수의 수를 추가적으로 고려하여 나타낸 지표이다.
② Mallows Cp는 예측식이 가진 수행능력을 예측값의 변이를 기준으로 평가하기 위해 예측 값에 대한 잔차제곱합(SSE)을 이용하며, Cp 값이 작고 선택된 독립 변수의 수에 가까운 모형으로 선택한다.

③ Akaike 정보통계량은 정확도와 간명성 사이의 상충을 조절하려는 방법으로 AIC는 많은 독립 변수를 갖는 모형에 대해 패널티를 부여한다.
④ 베이즈 정보기준(BIC)은 AIC의 과적합 가능성을 줄이기 위하여 더 강한 패널티를 부여하며, 독립변수의 개수에 관측치의 개수를 나눈 형태의 패널티가 부여된다.

57. 변수 X와 Y의 피어슨 상관계수는 0.3이고 변수 X와 Z의 피어슨 상관계수는 -0.7이다. 다음 중 X, Y, Z 간 피어슨 상관계수에 대한 설명으로 가장 부적절한 것은?

① X와 Z는 음의 상관관계를 가진다.
② X와 Y는 강한 선형관계를 가진다.
③ X와 Y의 선형관계보다 X와 Z의 선형관계가 강하다.
④ 두 상관계수의 유의성은 판단할 수 없다.

58. 다음 중 R에서 네트워크 그래프를 그리고 분석하기 위해 사용하는 igraph 패키지에서 자기자신에 대한 연결이나 중복 연결을 제거하기 위해 사용되는 함수로 가장 적절한 것은 무엇인가?

① v( )
② graph.adjacency( )
③ E( )
④ simplify( )

59. 단층신경망인 퍼셉트론(perceptron)에서 최종 목표값(Target value)은 활성함수에 의해 결정되는데 다양한 활성함수 중 출력값이 여러 개로 주어지고, 목표치가 다범주인 경우 각 범주에 속할 사후확률을 제공하는 함수는 무엇인가?

① Sigmoid 함수
② Tanh 함수
③ Gauss 함수
④ Softmax 함수

60. 다음 중 주성분 분석에 대한 설명으로 적절하지 않은 것은 무엇인가?

① 전체 변이 공헌도(percentage of total variance) 방법은 전체 변이의 70~90% 정도가 되도록 주성분의 수를 결정한다.
② 변수들이 서로 상관성이 있는 경우, 해석상의 복잡한 주조적 문제가 발생하는데 이를 해결하기 위해 사용한다.

③ 회귀분석에서 다중공선성(Multicollinearity)의 문제를 해결하기 위해 활용한다.
④ 다변량 자료를 저차원의 그래프로 표시하여 이상치(Outlier) 탐색에 활용할 수 없다.

61. 아래의 attitude는 어떤 금융회사 내 30개의 부서에 관한 사원들의 평가를 수집한 데이터로 각 변수는 하나의 설명항목을 나타내고 그 값은 부서에 대한 사원들의 평가 점수를 나타낸다. 다음은 데이터프레임 attitude에 R 명령을 수행시킨 결과이다. 설명이 가장 부적절한 것은?

```
> apply(attitude, 2, quantile)
     rating complaints privileges learning raises critical advance
0%    40.00      37.0       30.0     34.00  43.00    49.00   25.00
25%   58.75      58.5       45.0     47.00  58.25    69.25   35.00
50%   65.50      65.0       51.5     56.50  63.50    77.50   41.00
75%   71.75      77.0       62.5     66.75  71.00    80.00   47.75
100%  85.00      90.0       83.0     75.00  88.00    92.00   72.00
```

① 어떤 부서가 설문문항 rating에서 85점을 받았다면 최고점을 받은 것이다.
② 어떤 부서가 설문문항 complaints에서 80점을 받았다면 최소한 22개의 부서보다는 높은 점수를 받은 것이다.
③ 설문문항 privileges의 경우 15개의 부서의 점수가 45에서 62.5사이에 있다.
④ 설문문항 learning의 경우 30개부서의 점수가 모두 다르다고 하면, 21개의 부서가 47점 보다 높은 점수를 받았다.

62. 다음 중 의사결정나무의 특성으로 가장 부적절한 것은?

① 의사결정나무 모형의 결과는 누구에게나 설명이 용이하다.
② 의사결정나무 알고리즘의 모형 정확도는 다른 분류모형에 뒤지지 않는다.
③ 의사결정나무 알고리즘은 정상적인 데이터에 대해서만 민감함이 없이 분류할 수 있다.
④ 의사결정나무를 만드는 방법은 계산적으로 복잡하지 않다.

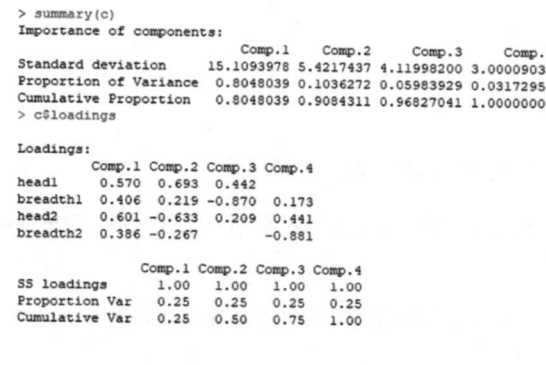
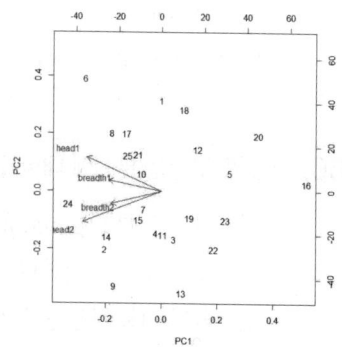

63. 다음의 headsize 데이터는 25개 가구에서 첫 번째와 두 번째 성인 아들의 머리길이와 머리둘레를 보여준다. 아래의 행렬도는 headsize데이터를 사용하여 주성분 분석을 한 결과이다. 이에 대한 설명으로 가장 부적절한 것은?

① 첫 번째와 두 번째 주성분에 관한 그래프이다.
② head2와 breadth2의 상관관계가 다른 변수들 간의 관계보다 상대적으로 높다.
③ 첫 번째 주성분은 네 개의 변수와 양의 상관관계를 가진다.
④ 두 번째 주성분은 head2, breadth2 변수와 양의 상관관계를 가진다.

64. 다음 중 텍스트 마이닝에 대한 설명으로 가장 부적절한 것은?

① Term Frequence-Inverse Document Frequence는 분석내의 단어 빈도수를 이용하여 키워드를 도출하는 기법이다.
② wordcloud는 문서에 포함되는 단어를 사용해 빈도가 높은 단어를 크게 나타내 효과적으로 시각화한 기법이다.
③ Stemming은 접속사, 대명사 등은 남겨두고, 공통 어간을 가지는 단어끼리 묶기 위한 처리 방법이다.
④ Opinion Mining은 문장에서 사용된 단어의 긍정과 부정 여부에 의해 얼마나 긍정, 부정적인 단어가 많은지 여부를 활용해 긍정, 부정 문장인지를 평가하는 기법이다.

65. 아래는 모델 성능 평가에 관한 내용이다. 다음 중 모델 성능 평가 기법들에 대한 설명으로 가장 부적절한 것은?

> 분류모델이 만들어지고 나면 모델의 성능을 평가하는 것이 필요하다. 과잉 적합이 되지 않았는지, 예측력이 높으면서 안정적인지, 적당한 복잡도를 가지고 있는 모델인지 등에 대한 성능을 측정하는 것이다. 모델의 성능을 평가하는 기준은 분석 기법별로 다양하다.

① 예비기법(Holdout method)은 데이터를 훈련집단과 시험집단으로 나누어 평가하는 기법이다.
② 다중 교차 검증(k-fold cross validation)은 데이터를 k개의 동일 크기 구획으로 분할하여 평가하는 기법이다.
③ 붓스트랩(Bootstrap) 방식에서는 붓스트랩 샘플링 방식으로 훈련 집합을 구성하는 기법이다.
④ 분류 모형 평가를 위해 범주형 변수에 대표적으로 사용되는 방법에 오분류표는 포함되지 않는다.

66. 다음 대표적인 밀도기반 군집분석 방법인 DBSCAN에 대한 설명으로 가장 부적절한 것은?

① K-means와 같은 분할 방법에서 발전하였으나, 데이터의 분포를 통해 군집을 정하는 방법이다.
② 군집의 경계를 찾기 위해서는 밀도가 낮아지는 시점이 필요하여 실제 세계에서는 정확한 군집의 구조를 찾기 힘들다.
③ DBSCAN 알고리즘에는 두가지 파라미터에 대한 정의가 필요하다. 첫 번째는 주변 공간에 대한 정의이며 두 번째는 그 주변공간에 몇 개의 데이터가 존재해야 군집으로 설정할 것인지에 대한 정의가 필요하다.
④ DBSCAN 알고리즘은 군집과 노이즈를 분류하는 알고리즘으로 군집은 한 예상벡터로부터 접근 가능한 모든 데이터 집합이라고 정의된다.

67. 다음 중 데이터의 정제, 통합, 선택, 변환의 과정을 거쳐 구조화된 단계로 R의 텍스트마이닝 패키지인 tm에서 문서를 관리하는 기본 구조를 의미하는 것은 무엇인가?

① Corpus
② word cloud
③ Dictionary
④ TDM(Term-Document Matrix)

68. 아래는 피자와 햄버거의 거래 관계를 나타낸 표로, 순대/떡볶이는 순대/떡볶이를 포함하는 거래 수를 의미하고 (순대)/(떡볶이)는 순대/떡볶이를 포함하지 않은 거래 수를 의미한다. 아래 표에서 순대 구매와 떡볶이 구매에 대해 설명한 것으로 가장 적절한 것은 무엇인가?

	순대	(순대)	합계
떡볶이	2,000	500	2,500
(떡볶이)	1,000	1,500	2,500
합계	3,000	2,000	5,000

① 지지도가 0.6으로 전체 구매 중 떡볶이와 순대가 같이 구매되는 경향이 높다.
② 정확도가 0.7로 떡볶이와 순대의 구매 관련성은 높다.
③ 향상도가 1보다 크므로 서로 양의 관계로 순대와 떡볶이의 연관성은 매우 높다.
④ 연관규칙 중 "떡볶이 → 순대" 보다 "순대 → 떡볶이"의 선호도가 더 높다.

69. 다음 중 사회연결망 분석에서 행과 열에 다른 개체가 배열되어 있는 매트릭스로 적절한 것은?

① 준 연결 매트릭스
② 2원모드 매트릭스
③ 상관 매트릭스
④ 1원모드 매트릭스

70. 다음 중 사회연결망 분석 시, 한 노드에 직접적으로 연결된 노드들의 합으로 얻어지며, 한 노드에 얼마나 많은 노드들이 관계를 맺고 있는지를 기준으로 그 노드가 중심에 위치하는 정도를 계량화한 것은?

① 연결정도 중심성
② 근접 중심성
③ 매개 중심성
④ 위세 중심성

> 과목5. 데이터 시각화 - 10문항

71. 인사이트의 발전과 확장에 대한 설명으로 부적절한 것은?

① 처음으로 무언가를 살펴볼 때에는 보텀업 방식이 적절하다.
② 데이터가 많아질수록 실시간으로 처리할 수 있는 탐색과 분석의 수준은 낮아진다.
③ 몇 가지의 지표에만 집중해도 관계들을 통해 나타나는 전체적인 흐름을 알 수 있다.
④ 다양한 시각화의 오류를 피하기 위해서는 하나의 관점에서 깊게 고려해야 한다.

72. 시각화 도구 R을 이용해 시각화 그래프를 구현하고자 한다. 이 때 사용가능한 명령어로 가장 부적절한 것은? (단, /는 enter의 의미로 사용되었다.)

① axis(2, ylim=c(0, max(grp)), lwd=2, line=7)
② states <- data.frame(state.name, state.x77)
③ var group = svg.append("g") / .attr("transform", "translate(200, 200)")
④ geom_bar(colour="white", fill="red")

73. 정보 디자인의 빅데이터 시각화 영역에 대한 설명으로 가장 부적절한 것은?

① 데이터 시각화의 주요 목적은 그래픽 의미를 이용해 명확하고 효과적으로 커뮤니케이션하기 위함이다.
② 정보 시각화는 보는 사람들이 좀 더 명확하게 의미를 이해할 수 있도록 돕는다.
③ 정보 디자인은 사람이 사용할 수 있는 효과적인 정보와 복잡하고 구조적이지 않은 기술 데이터를 시각적으로 표현하는 방법을 의미한다.
④ 인포그래픽은 중요한 정보를 여러 장의 그래픽으로 표현해 손쉽게 해당 정보를 이해할 수 있도록 하는 그래픽 메시지이다.

74. 아래 그래프는 네임보이저에서 공개하는 100년이 넘는 아기 이름 데이터베이스를 시각화한 것이다. 아래와 같은 시각화 그래프에 대한 설명으로 가장 부적절한 것은?

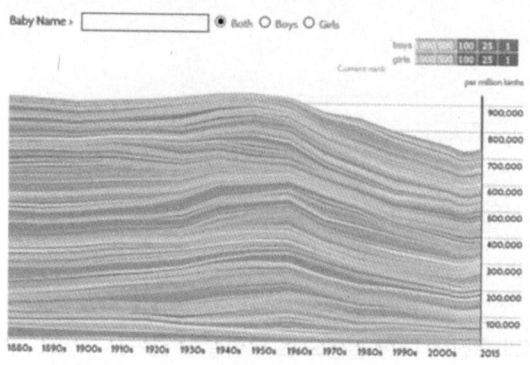

① 분포 시각화의 한 종류로, 몇 개의 시계열 그래프를 차곡차곡 쌓아 올려 그려 빈 공간을 채워 만든 것이다.
② 가로축은 시간을 나타내며 세로축은 데이터 값을 나타낸다.
③ 한 구간이 몇 개의 세부 항목으로 나뉘면서도 전체의 합이 의미가 있는 경우에 사용한다.
④ 한 시점의 세로 단면을 가져오면 그 시점의 분포를 볼 수 있다.

75. D3.js의 함수와 그 특징의 연결이 가장 적절한 것은?

① domain( ) : scale 출력값의 범위 지정
② ticks( ) : 축의 눈금 단위를 지정
③ range( ) : scale 입력값의 범위 지정
④ array( ) : 배열의 최솟값과 최댓값을 찾아 반환

76. 빅데이터 시각화 영역에 대한 설명으로 가장 부적절한 것은?

① 메시지 전달 관점에서 데이터 시각화는 큰 범주에 해당하는 정보를 시각화하는 것이다.
② 빅데이터 시각화에서는 데이터를 직접적으로 전달하는 기능성에 초점을 맞춘 정보형 메시지를 전달하기 위한 데이터 시각화 작업을 하는 경향이 강하다.
③ 데이터 자체보다는 데이터를 기초로 해석된 의미의 설득형 메시지를 전달하기 위한 경우에는 인포그래픽에 해당하는 결과물이 도출될 수 있다.
④ 빅데이터 시각화의 경우에는 데이터를 기반으로 객관적 표현에 더 초점을 맞추는 경우가 많다.

77. 시각화 플랫폼에 대한 설명 중 적절하지 않은 것은?

① Conos Insight, PowerPivot등은 API로 코드를 작성해 시각화를 구현해야 한다.
② 사용자가 다양한 관점에서 인사이트를 얻을 수 있도록 '지식 시각화' 관점에서 데이터 시각화 기능을 지원한다.
③ 기존의 BI 플랫폼은 주로 데이터 분석, 마이닝 등의 기법을 통해 일정한 방식의 결과 리포트를 생성하기 위해 시각화 기술을 활용했다.
④ 주로 BI분야에서 활용되기 때문에 다차원적 데이터 분석 결과를 시각화하고, 보고서로 생성하는 기능 등을 지원하는 경우가 많다.

78. 분석 도구를 이용한 시각화 구현에 대한 설명으로 가장 부적절한 것은?

① 시각화에 쓰이는 패키지는 ggplot2이다.
② 데이터가 분류 유형이 많은 경우 히스토그램을 이용할 수 있다.
③ 모자이크 플롯은 단수의 categorical variable 분포 파악에 도움이 된다.
④ 내부 색상을 바꾸고 싶은 경우에는 fill을 이용할 수 있다.

79. 정보의 조직화 과정에서 3단계에 해당하는 것은?

① 분류
② 배열
③ 데이터 수집
④ 관계 맺기

80. 데이터에 특성화된 시각화 도구인 게피(Gephi)에 대한 설명으로 적절한 것은?

① 캘리포니아 정보통신 연구소의 실험실에서 대규모 이미지 세트를 마치 데이터처럼 사용이 가능하고 색사, 시간, 수량에 따라 시각화해서 경향이나 변화를 탐색할 수 있다.
② 메릴랜드 대학의 인간컴퓨터의 상호작용 연구실의 인터렉티브 소프트웨어로부터 시작되었으며, 위계구조를 갖는 데이터를 작은 공간에서 탐색하는데 매우 유용하다.
③ 지도 제작 그룹인 엑시스 맵이 무료로 제공하는 것으로 맞춤형 지도 제작이 가능하고 개인의 데이터를 넣을 수 있다.
④ 수많은 에지와 노드로 이루어져 복잡한 모습의 네트워크 그래프나 시각화 결과물을 만들어 내는 것으로 오픈소스 그래프 소프트웨어로 사용자가 인터렉티브하게 네트워크나 구조를 탐색할 수 있도록 해준다.

서술형 문제 - 1문항

01. swiss 라는 데이터는 프랑스어를 사용하는 스위스 내 지역의 출산율과 관련된 자료이다. 아래는 각 변수의 내용과 출산율을 농업종사자 비율 등 5개의 변수로 설명하기 위한 모형을 추정한 결과이다.

변수명	내용
Fertility	출산율
Agriculture	농업종사자비율
Examination	군입대시험성적
Education	초등학교 이상 교육받은 비율
Catholic	종교가 카톨릭인 비율
Infant.Mortality	유아 사망율

```
> summary(swiss)
   Fertility      Agriculture     Examination      Education        Catholic      Infant.Mortality
 Min.   :35.00   Min.   : 1.20   Min.   : 3.00   Min.   : 1.00   Min.   :  2.150   Min.   :10.80
 1st Qu.:64.70   1st Qu.:35.90   1st Qu.:12.00   1st Qu.: 6.00   1st Qu.:  5.195   1st Qu.:18.15
 Median :70.40   Median :54.10   Median :16.00   Median : 8.00   Median : 15.140   Median :20.00
 Mean   :70.14   Mean   :50.66   Mean   :16.49   Mean   :10.98   Mean   : 41.144   Mean   :19.94
 3rd Qu.:78.45   3rd Qu.:67.65   3rd Qu.:22.00   3rd Qu.:12.00   3rd Qu.: 93.125   3rd Qu.:21.70
 Max.   :92.50   Max.   :89.70   Max.   :37.00   Max.   :53.00   Max.   :100.000   Max.   :26.60

> summary(step(lm(Fertility~., data=swiss),direction="both"))
Start:  AIC=190.69
Fertility ~ Agriculture + Examination + Education + Catholic +
    Infant.Mortality
```

```
                    Df Sum of Sq    RSS    AIC
- Examination        1     53.03 2158.1 189.86

<none>                           2105.0 190.69
- Agriculture        1    307.72 2412.8 195.10
- Infant.Mortality   1    408.75 2513.8 197.03
- Catholic           1    447.71 2552.8 197.75
- Education          1   1162.56 3267.6 209.36

Step:  AIC=189.86
Fertility ~ Agriculture + Education + Catholic + Infant.Mortality

                    Df Sum of Sq    RSS    AIC
<none>                           2158.1 189.86
+ Examination        1     53.03 2105.0 190.69
- Agriculture        1    264.18 2422.2 193.29
- Infant.Mortality   1    409.81 2567.9 196.03
- Catholic           1    956.57 3114.6 205.10
- Education          1   2249.97 4408.0 221.43

Call:
lm(formula = Fertility ~ Agriculture + Education + Catholic +
    Infant.Mortality, data = swiss)

Residuals:
     Min      1Q  Median      3Q     Max
-14.6765 -6.0522  0.7514  3.1664 16.1422

Coefficients:
                 Estimate Std. Error t value Pr(>|t|)
(Intercept)      62.10131    9.60489   6.466 8.49e-08 ***
Agriculture      -0.15462    0.06819  -2.267  0.02857 *
Education        -0.98026    0.14814  -6.617 5.14e-08 ***
Catholic          0.12467    0.02889   4.315 9.50e-05 ***
Infant.Mortality  1.07844    0.38187   2.824  0.00722 **
---
Signif. codes:  0 '***' 0.001 '**' 0.01 '*' 0.05 '.' 0.1 ' ' 1

Residual standard error: 7.168 on 42 degrees of freedom
Multiple R-squared:  0.6993,    Adjusted R-squared:  0.6707
F-statistic: 24.42 on 4 and 42 DF,  p-value: 1.717e-10
```

1) 최적회귀분석 방법에 대해 설명하고, 위의 분석에서 사용 된 방법과 분석모형의 수식을 사용하여 기술하시오.

2) 농업 종사자 비율 등 5개의 변화에 따른 출산율 변화를 추정결과를 사용해 구체적으로 설명하시오.

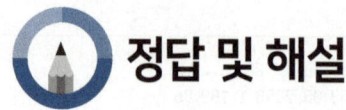

【 객관식 정답 】

번호	정답	번호	정답	번호	정답	번호	정답	번호	정답	번호	정답	번호	정답	번호	정답
01	④	11	①	21	②	31	④	41	④	51	③	61	④	71	④
02	②	12	④	22	③	32	②	42	②	52	④	62	③	72	③
03	②	13	③	23	②	33	②	43	①	53	①	63	④	73	④
04	②	14	①	24	④	34	①	44	②	54	④	64	①	74	①
05	③	15	④	25	④	35	④	45	①	55	②	65	④	75	②
06	③	16	④	26	④	36	④	46	②	56	④	66	④	76	①
07	②	17	④	27	④	37	②	47	①	57	②	67	①	77	①
08	④	18	④	28	④	38	④	48	④	58	④	68	③	78	③
09	①	19	④	29	①	39	④	49	④	59	④	69	②	79	②
10	④	20	①	30	③	40	③	50	①	60	④	70	①	80	④

〈과목1. 데이터 이해 - 10문항〉

01. 하둡은 빅데이터의 보완기술, 특징일 뿐 정의는 아니다.

02. OLTP 시스템은 단순 자동화에 치우쳐 있는 시스템이다.

03. 빅데이터가 만들어 내는 변화에는 데이터의 사전처리에서 사후처리에 비중을 많이 두게 된다.

04. A. OLAP / B. Business Analytics / C. Business Intelligence
    OLTP(On-Line Transaction Processing) : 호스트 컴퓨터와 온라인으로 접속된 여러 단말 간의 처리형태의 하나
    OLAP(On-Line Analytical Processing) : 정보 위주의 분석 처리를 의미하며, 다양한 비즈니스 관점에서 쉽고 빠르게 다차원적인 데이터에 접근하여 의사결정에 활용할 수 있는 정보를 얻을 수 있게 해주는 기술

05. A~C에 해당하는 개념은 유전 알고리즘, 협업 필터링, 연관규칙 학습에 관한 내용이다.

06. 빅데이터의 위기요인 3가지는 데이터오용, 책임원칙훼손, 사생활침해이다.

07. 최적의 분석 설계 및 노하우 축적이 가능한 분석 기술에 대한 숙련도는 데이터사이언티스트가 갖추어야할 하드스킬(Hard Skill)에 해당한다.

08. 알고리즘에 대한 접근권이 제공된다고 해도 수십만 줄로 코딩된 프로그램을 보고 그 내용을 해석해 낼 수 없기 때문에 알고리즘에 부당함으로 피해 받는 사람들을 구제할 수 있는 전문가가 알고리즈미스트이다.

09. CRM은 고객별 구매이력 데이터베이스를 분석하여 고객에 대한 이해를 돕고 이를 바탕으로 각종 마케팅 전략을 펼치는 것을 말한다.

10. 정량적 데이터의 형태는 수치, 도형, 기호 등이며, 정성적 데이터의 형태는 언어, 문자 등이다.

〈과목2. 데이터 처리 기술 이해 - 10문항〉

11. ②번은 프로파일링 단계, ③번은 인터페이스 단계, ④번은 데이터 클렌징 단계에 해당한다.

12. 테이블내의 모든 데이터는 Row-Key의 사전적 순서로 정렬되며, 정렬 기준은 'rowkey+columnkey+timestamp'이다. 동일한 Column-Key에 대해 타임스탬프(Timestamp)가 다른 여러 버전의 값이 존재할 수 있다.

13. 베어메탈 하이퍼바이저는 하드웨어와 호스트 운영체제 사이에 위치하며, 호스트 기반 하이퍼바이저는 호스트 운영체제와 게스트 운영체제 사이에 위치한다.

14. CDC는 실시간 혹은 근접 실시간 처리에 적합한 기법이다.

15. Hive는 Pig와 마찬가지로 하둡 플랫폼 위에서 동작한다.

16. EAI는 미들웨어를 이용하여 비즈니스 로직을 중심으로 애플리케이션을 통합·연계하는 것이 핵심이다.

17. 클라이언트는 네임노드에 블록 위치를 질의하고, 네임노드는 클라이언트에게 블록의 목록과 위치를 반환한다. 그 후 클라이언트는 데이터노드로부터 직접 데이터를 읽어 들인다.

18. 스쿱은 데이터의 이동을 맵리듀스를 통해 처리하여 장애 허용 능력과 병렬 처리 기능을 제공한다.

19. 스프레드 시트는 비정형 데이터에 해당하지 않는다.

20. JobTracker는 작업을 다수의 Task로 쪼갠 후 그 Task들을 어떤 TaskTracker에게 보내면 데이터 지역성을 보장할지도 감안해 내부적으로 스케줄링해 큐(Queue)에 저장한다.

〈과목3. 데이터 분석 기획 - 10문항〉

21. 각 단계는 기준선으로 설정되어 관리되어야 하며 버전관리 등을 통해 통제가 이루어진다.

22. 모델링 과정에서는 데이터를 분할하고 모델링을 수행하고 모델 적용 및 운영방안을 작성하고 수립한다. 데이터의 기초 통계량을 산출하는 것은 탐색적 분석 단계에서 수행된다.

23. STEEP은 Social(사회영역), Technological(기술영역), Economic(경제영역), Environment(환경영역), Political(정치영역)으로 구성된다.

24. 빅데이터 분석환경에서 프로토타이핑의 필요성은 문제에 대한 인식수준, 필요 데이터 존재 여부의 불확실성, 데이터 사용 목적의 가변성에 따라 존재한다.

25. 분석가는 데이터 원천을 다루는 데이터 영역과 결과를 활용할 비즈니스 영역의 중간에서 분석 모델을 통한 조율을 수행하는 조정자이며 해당 프로젝트의 관리까지 겸임하게 되는 경우가 대부분이다.

26. 분석 성숙도는 비즈니스 부문, 조직·역량 부분, IT부문 등 3개 부문 등 3개 부문을 대상으로 성숙도 수준에 따라 도입단계, 활용단계, 확산단계, 최적화 단계로 구분해 살펴 볼 수 있다. 도입단계는 분석에 필요한 환경과 시스템을 갖추기 시작하는 단계로 일부 부서 중심으로 실적 분석 및 통계업무 위주의 분석이 수행된다. 활용단계는 분석 결과를 실제 업무에 적용하는 단계로 분석을 전문 담당부서에서 수행하며 미래 결과예측 및 시뮬레이션 분석을 수행하는 단계이다. 확산단계는 빅데이터 관리를 위한 환경이 갖추어 지고, 전사 모든 부서에서 분석을 수행하되, 전사차원에서 분석을 관리하고 공유하며, 이를 위한 분석 전문 조직을 운영하는 수준의 단계이다. 최적화 단계는 전사내 분석 협업 환경이 갖추어 지고, 실시간 분석이 가능하여 분석을 업무 프로세스에 내재화 하는 등 분석을 진화시켜 혁신 및 성과 향상에 기여하는 단계이다.

27. 분석 프로젝트 관리에서 일정계획 수립시 데이터 수집에 대한 철저한 통제와 관리보다 분석 범위가 빈번하게 변경되므로 시간이 소요될 수도 있다. 따라서 Time Boxing 기법과 같은 방법으로 일정관리를 진행하는 것이 필요하다.

28. 분석 조직을 갖추기 위해 반드시 필요한 인력은 비즈니스 인력, IT기술 인력, 분석전문 인력이다. 그 외에 변화관리 인력과 교육담당 인력은 겸직이 가능한 인력들이다.

29. 하향식 접근법의 문제탐색 단계의 도구는 비즈니스 모델 기반 문제 탐색, 외부 참조 모델 기반 문제탐색, 분석 유즈 케이스 등이 있다.

30. 과제 중심적인 접근 방식의 특징은 Speed&Test, Quick&Win, Problem Solving이다.

<과목4. 데이터 분석 - 40문항>

31. 구간척도는 측정 대상이 갖고 있는 속성의 양을 측정하는 데이터 형태이다.

32. 기술통계의 산포를 나타내는 도구를 묻는 문제로 데이터를 크기순서에 따라 나열하여 가장 중앙에 위치하는 값이 중앙값이다.

33. paste("붙일 내용","붙일 내용",sep="") paste 함수 안에는 붙일 내용 2개와 옵션을 줄 수 있다. 여기에 붙일 내용 3가지 이상 들어가면 오류가 나타나게 된다. ①,③번은 붙일 내용이 3개 이상임으로 오류가 나오고 ④번은 문법에 맞지 않는 문장이다.

```
> sum(x)
[1] 15
> x[5]*x[1]
[1] 15
> mean(x)*length(x)
[1] 15
> mean(x)*min(x)*range(x)[1]
[1] 3
```

34. 해당 문제는 독립표본 t-검정으로 문제를 해결할 수 있다. 그러므로 t분포를 활용한다.

35. 각 코드를 실행한 결과는 아래와 같다.

36. 상관계수가 0인 경우 데이터 간의 관계가 없다.

37. 선형회귀분석의 가정에는 선형성, 등분산성, 독립성, 비상관성, 정상성(정규성)이 있다.

38. x4의 T값과 p값이 유의수준 5% 하에서 유의하지 않으므로 x4를 제외하고 다시 한 번 더 회귀분석을 실시해서 모든 독립변수가 유의수준 5% 하에서 유의하고 회귀모형의 F값과 p값이 유의할 경우 회귀식을 결정하고 회귀분석을 종료할 수 있다.

39. 자기회귀누적이동평균모형(ARIMA)은 비정상시계열모형으로 차분이나 변환을 통해 AR모형이나 MA모형으로, 둘을 합친 ARMA모형으로 정상화 할 수 있다.

40. 데이터 가공은 모델링 목적에 따라 목적 변수를 정의하고 필요한 데이터를 데이터마이닝 소프트웨어에 적용할 수 있도록 적합한 형식으로 가공한다.

41. plyr 함수는 apply 함수에 기반해 데이터와 출력변수를 동시에 배열로 치환하여 처리한다.

42. 결측치가 포함된 레코드라고 무조건 삭제하는 것은 바람직하지 못하며 삭제하였을 경우, 분석 가능한 데이터를 확보할 수 있는 여부를 판단하는 것이 선행되어야 한다.

43. 주성분 분석을 통한 설명력은 누적비율(Cumulative Proportion)을 활용하면 된다. 제 2주성분까지의 설명력은 Comp.2의 누적비율인 0.8675이고 제 2주성분까지 변수로 선택할 경우 전체 데이터의 86.8%를 설명하게 된다.

44. 데이터마이닝 분석 기법 중 의사결정나무의 활용의 예는 세분화, 분류, 예측, 차원축소 및 변수선택, 교호작용효과의 파악, 범주의 병합 또는 연속형 변수의 이산화 등이 있다.

45. 지니 지수를 구한 결과는 $1 - \left(\frac{2}{5}\right)^2 - \left(\frac{3}{5}\right)^2 = \frac{12}{25}$ 이다.

46. 군집을 생성할 때 거리를 정의하는 방법은 최단연결법, 최장연결법, 평균연결법, 와드연결법이 있다.

47. 간단히 말하면 A → B인 경우, 전체 TRANSACTION(POS 데이터에서는 영수증번호로, 카드사에서는 카드 전표 1장으로 생각하면 된다. POS 데이터에는 여러 아이템이 하나의 POS 트랜잭션에 연결돼 있음)에서 A만 사거나 B만 사거나 A와 B를 같이 구매한 경우, ABC를 같이 구매한 경우 등 트랜잭션에서 A또는 B가 들어간 트랜잭션 개수의 비율이다. 즉, 얼마나 빈번하게 나타나는 경우인지를 설명하는 상대적인 값이다.

48. 의사결정나무는 변수에 이상치가 포함되어 있는 비정상 잡음 데이터에 대해서도 민감하지 않게 분류할 수 있다.

49. 분석에 있어서 상관관계 값이 크다고 해서 변수 값을 조정하면 안된다.

50. 주어진 결과는 k-means 군집분석의 결과로, 이는 비계층적 군집분석 방법이다.

51. 재현율을 구하면 $\frac{TP}{TP+FN} = \frac{40}{40+60} = 0.4$ 이다.

52. k-means 군집은 초기 중심값의 선정에 따라 결과가 달라질 수 있다.

53. 연관분석의 향상도(Lift)는 "A가 주어지지 않았을 때의 품목 B의 확률에 비해 A가 주어졌을 때의 품목 B의 확률의 증가비율"을 의미한다.

54. 계층적 군집분석에서 군집을 묶는 순서는 거리가 가장 짧은 노드들을 하나의 군집으로 선택하고 다음에 나머지 노드들을 최장거리순 혹은 최단거리순으로 묶을지 결정을 하고 묶어 나간다. 두 지점의 거리가 가장 짧은 노드는 d와 e 이며 거리는 5.00이다.

55. 일반화 가중치(generalized weight)는 각 공변량의 영향을 표현하기 때문에 회귀모델에서 I번째 회귀 변수의 유사한 해석을 가진다.

56. 베이즈 정보 기준(BIC)은 독립변수의 개수에 log(관측치의 개수)를 곱한 형태의 패널티를 부여한다.

57. X와 Y의 피어슨 상관계수는 0.3으로 약한 선형관계를 가진다.

58. simplify 함수는 loop나 multiple edge를 제거해서 단순하게 해준다.

59. Softmax 함수는 출력 값이 여러 개로 주어지고, 목표치가 다범주인 경우 각 범주에 속할 사후확률을 제공하는 함수이다.

60. **주성분 분석은 서로 상관성이 높은 변수들의 선형 결합으로 만들어 기존의 상관성이 높은 변수들을 요약, 축소하는 기법으로 이상치 탐지에도 사용한다.**

61. 설문문항 learning의 경우 30개 부서의 점수가 모두 다르다고 하면, 22개의 부서가 47점보다 높은 점수를 받았다.

62. 의사결정나무는 비정상 잡음 데이터에 대해서도 민감함이 없이 분류할 수 있다.

63. 두 번째 주성분은 head2, breadth2 변수와 음의 상관관계를 가질 것이다.

64. Stemming은 접속사, 대명사 등을 제거하고, 공통 어간을 가지는 단어끼리 묶기 위한 처리 방법이다.

65. 분류 모형 평가를 위해 범주형 변수에 대표적으로 사용되는 방법은 오분류표, ROC 그래프, 이익 도표, 향상도 곡선 등이 있다.

66. DBSCAN은 데이터의 밀도를 통해 군집을 정하는 방법이다.

67. Corpus는 데이터마이닝의 절차 중 데이터의 정제, 통합, 선택, 변환의 과정을 거친 구조화된 단계로서 더 이상 추가적인 절차 없이 데이터마이닝 알고리즘실험에서 활용될 수 있는 상태이며, tm 패키지에서 문서를 관리하는 기본구조이다.

68. "떡볶이 → 순대"와 "순대 → 떡볶이" 각각 향상도는 1보다 크므로 연관성이 높음을 알 수 있다.

69. 행과 열에 다른 개체가 배열되는 것은 2원모드 매트릭스이다.

70. 연결정도 중심성은 한 노드에 직접적으로 연결된 노드들의 합으로 얻어지며, 한 노드에 얼마나 많은 노드들이 관계를 맺고 있는지를 기준으로 그 노드가 중심에 위치하는 정도를 계량화 한 것이다.

〈과목5. 데이터 시각화 - 10문항〉

71. 다양한 시각화의 오류와 문제점을 피하기 위해서는 최대한 여러 관점에서 신중하게 고려해야 한다.

72. D3.js의 명령어이다.

73. 인포그래픽은 중요한 정보를 여러 장이 아닌 한 장의 그래픽으로 표현한다.

74. 누적 막대그래프에 대한 설명이다.

75. ticks( ) - 축의 눈금 단위를 지정하는 함수이다.
    domain( ) - scale 입력값의 범위 지정
    range( ) - scale 출력값의 범위 지정,
    extent( ) - 배열의 최솟값과 최댓값을 찾아 반환하는 함수

76. 메시지 전달 관점에서 정보 시각화에 대한 설명이다.

77. 플랫폼에서 제공하는 기능·명령어를 실행해 시각화할 수 있다. 라이브러리가 제공하는 API로 코드를 작성해 시각화하는 것은 시각화 라이브러리에 관한 설명이다.

78. 모자이크 플롯은 복수의 categorical variable 분포 파악에 도움이 된다.

79. 정보의 조직화 과정은 '데이터 수집 - 분류 - 배열 - 관계 맺기'이다.

80. 게피(Gephi)는 네트워크 형태의 데이터를 시각화할 때 유용한 시각화 도구이다.

【 서술형 정답 】

01. 최적회귀분석 방법은 분석 데이터에 가장 잘 맞는 모형을 찾아내는 방법으로서 R 프로그램에서는 step 함수를 통해 종속변수에 대해 설명변수가 없을 경우부터 모든 설명 변수가 포함될 때의 회귀모형을 비교해 최적의 회귀방정식을 도출할 수 있다. 또, R 프로그램에서 step 함수 안의 direction에서 'both'는 단계적 선택법(모든 가능한 독립변수들의 조합에 대한 회귀모형을 생성한 뒤 가장 적합한 회귀모형을 선택하는 방법), 'forward'는 전진 선택법(절편만 있는 상수모형으로부터 시작해 중요하다는 생각되는 설명변수부터 차례로 모형에 추가하는 방법), 'backward'는 후진 제거법(독립변수 후보 모두 포함한 모형에서 출발해 가장 적은 영향을 주는 변수부터 하나씩 제거하면서 더 이상 제거할 변수가 없을 때의 모형을 선택)을 의미한다. 위의 분석에서는 direction이 both로 입력되어 단계적 선택법을 사용했다. 위의 분석 결과를 아래와 같은 순서로 단계를 나누어 결과를 해석할 수 있다.

- 1단계 : 변수선택법을 결정하고, 초기 모형을 설정한다.
  - 위의 분석 결과에서 direction이 both로 설정되어 변수선택법을 단계적 선택법으로 선정했음을 확인할 수 있다.
    또, 초기 모형은 Fertility~. 으로 설명변수가 모두 포함된 상태에서부터 시작함을 의미한다.

- 2단계 : 선택된 최적 모형의 AIC를 계산한다.
  - 분석 결과에서 시작 모형은 Fertility~.이 최적 모형으로 설정되어 있으며 start에서 AIC 값이 190.69로 계산되어 있다.

- 3단계 : 선택된 모형에서 변수를 추가/삭제 할 경우의 각 모형의 AIC를 계산한다.
  - Fertility~. 모형에 대해 설명변수 5개에 대한 각각의 AIC 값을 계산하여 자유도 등과 함께 나타낸다. Examination의 AIC 값이 189.86, Agriculture의 AIC 값은 195.10 등으로 나타나 있다. 그리고 모형은 Fertility ~ Agriculture + Examination + Education + Catholic + Infant.Mortality 으로 나타나 있다.

- 4단계 : 각 모형에서 최소의 AIC 모형을 선택하여 최적 모형으로 선정한다.
  - 계산된 AIC값을 비교하여 190.69보다 작은 설명변수인 Exmination을 제거하여 최적 모형으로 선정한다.

- 5단계 : 2~4단계를 반복하여 AIC가 더 이상 줄어들지 않을 때 최종모형을 최적의 모형으로 선정한다.
  - 위의 과정을 반복하여 Fertility ~ Education + Catholic + Infant.Mortality + Agriculture이 최적의 모형으로 선정되고 마지막 Step에서 AIC가 189.86으로 계산되고 이 값보다 작은 값이 없어 변수를 모형에 추가, 삭제하지 않고 최적의 모형을 Fertility ~ Agriculture + Education + Catholic + Infant.Mortality으로 선정했다.

- 6단계 : 다변량 회귀분석에서 종속변수인 출산율(Fertility)에 대한 설명변수들 간의 모형에 대한 통계적 타당성을 가설 검정한다.
  - 귀무가설() : Agriculture=Education=Catholic=Infant.Mortality=0
    대립가설() : 적어도 하나의 설명변수는 0이 아니다.
    F-통계량은 24.42이며 p-value 값이 1.717e-10로 귀무가설의 기각역인 0.05보다 작게 나타남에 따라 유의수준 5% 하에서 대립가설을 채택하게 된다. 그러므로 추정된 회귀모형은 통계적으로 매우 유의함을 알 수 있다.

- 7단계 : 다변량 회귀분석에 활용된 각 설명변수들의 계수들에 대한 통계적 타당성을 가설 검정한다.
  - 첫 번째 설명변수인 Agriculture에 대한 통계적 가설검정을 실시한다.
    귀무가설() : Agriculture=0
    대립가설() : Agriculture0

t-통계량은 -2.267이며 p-value 값이 0.02857이므로 귀무가설의 기각역인 0.05보다 작게 나타남에 따라 유의수준 5% 하에서 대립가설을 채택하게 된다. 그러므로 추정된 회귀모형의 첫 번째 설명변수인 Agriculture는 통계적으로 유의함을 알 수 있다.

- 두 번째 설명변수인 Education의 경우, t-통계량은 -6.617이며 p-value 값이 5.14e-08이므로 귀무가설의 기각역인 0.05보다 작게 나타남에 따라 유의수준 5%하에서 대립가설을 채택하게 된다. 그러므로 추정된 회귀모형의 두 번째 설명변수인 Education은 통계적으로 유의함을 알 수 있다.
- 세 번째 설명변수인 Catholic의 경우, t-통계량은 4.315이며 p-value 값이 9.50e-05이므로 유의수준 5% 하에서 대립가설을 채택하고 네 번째 설명변수인 Infant.Mortality의 경우, t-통계량은 2.824이며 p-value 값이 0.00722이므로 유의수준 5% 하에서 대립가설을 채택하게 된다. 그러므로 추정된 회귀모형의 모든 설명변수는 통계적으로 유의함을 알 수 있다.

- 8단계 : 통계적으로 유의성을 확인한 다변량 회귀모형이 전체 데이터를 얼마나 잘 설명하는지 확인하기 위해 결정계수()를 확인한다.
  - 결정계수를 확인하기 위해 Multiple R-squared와 Adjusted R-squared:를 확인한 결과, 0.6993과 0.6707로 나타났으며, 이는 전체 데이터를 설계된 다변량 회귀모형이 69.93%, 67.07%를 설명하고 있다고 해석할 수 있다.

02. 최종적으로 다변량 회귀분서 결과를 종합해보면 추정된 다변량 회귀식은 Fertility = 62.10 - 0.15*Agriculture - 0.98* Education + 0.12*Catholic + 1.08*Infant.Mortality이다. 회귀식을 통해 Education, Agriculture이 증가할수록 출산율(Fertility)는 감소하고 Catholic, Infant.Mortality가 증가할수록 출산율(Fertility)는 증가하는 것을 확인할 수 있었다. 그리고 출산율(Fertility)에 가장 영향을 많이 끼치는 변수는 Infant.Mortality이기 때문에 다른 변수들에 비해 많은 신경을 써야하며, 출산율을 증가시키기 위해서는 Catholic, Infant.Mortality을 높이고 Education, Agriculture를 줄여야 출산율이 증가할 것이라고 말할 수 있다.

제30회 데이터 분석 전문가 자격검정 시험 복원 문제

- 검정일시 :

- 수험번호 :

- 성명 :

과목 I 데이터 이해   * 문항 수(10문항), 배점(문항 당 1점)

01. 다음 중 빅데이터의 가치를 평가하기 어려운 이유로 적절한 것은?

    ① 데이터의 양이 많아 관리의 복잡성이 높아짐
    ② 데이터 활용방식의 다양화
    ③ 기존 데이터 분석 기술의 부족
    ④ 기업 운영 비용의 증가

02. 데이터의 양을 표현하는 단위는 크기에 따라 계층적으로 구분된다. 다음 중 데이터 단위를 작은 것에서 큰 것 순으로 나열한 것으로 가장 올바른 것은?

    ① 엑사바이트 〈 페타바이트 〈 요타바이트 〈 제타바이트
    ② 페타바이트 〈 엑사바이트 〈 제타바이트 〈 요타바이트
    ③ 제타바이트 〈 요타바이트 〈 페타바이트 〈 엑사바이트
    ④ 요타바이트 〈 페타바이트 〈 제타바이트 〈 엑사바이트

03. 다음 설명에 맞는 시스템은 무엇인가?

    > **아래**
    > - 기업 내부 데이터베이스 중 기업 전체가 경영 자원을 효과적으로 이용하기 위해 통합적으로 관리하고 경영의 효율화를 기하기 위한 수단
    > - 정보의 통합을 위해 기업의 모든 자원을 최적으로 관리하기 위한 시스템

    ① CRM
    ② ERP
    ③ SCM
    ④ BI

04. 다음은 데이터를 활용해 가치를 찾아내는 피라미드 계층 구조의 예시이다. 아래에 대한 설명으로 가장 적절한 것은?

> 아래
> (a) : X마트는 1kg당 3,000원에, Y마트는 1kg당 4,000원에 사과를 판매한다.
> (b) : X마트의 사과가 더 저렴하다.
> (c) : 사과를 X마트에서 구매해야겠다.

① 단순히 관찰된 값은 데이터, 분석된 의미를 제공하면 정보, 행동으로 이어지는 판단은 지식이다.
② 단순히 관찰된 값은 정보, 분석된 의미를 제공하면 지혜, 행동으로 이어지는 판단은 지식이다.
③ 단순히 관찰된 값은 데이터, 분석된 의미를 제공하면 지식, 행동으로 이어지는 판단은 지혜이다.
④ 단순히 관찰된 값은 정보, 분석된 의미를 제공하면 지식, 행동으로 이어지는 판단은 데이터이다.

05. 다음은 데이터베이스의 구성요소들을 설명한 것이다. 각 설명에 해당하는 구성요소를 가장 적절하게 나열한 것은?

> 아래
> (A) 데이터에 관한 구조화된 데이터로, 다른 데이터를 설명해 주는 데이터
> (B) 데이터베이스 내의 데이터를 신속하게 정렬하고 탐색하게 해주는 구조

① (A) - 메타데이터, (B) - 인덱스
② (A) - 데이터모델, (B) - 트리거
③ (A) - 백업데이터, (B) - 저장된 절차
④ (A) - 스키마 구조, (B) - 데이터 마트

06. 다음 중 암묵지(Tacit Knowledge)와 형식지(Explicit Knowledge)에 대한 설명으로 가장 적절하지 않은 것은?

① '무술 동작 익히기', '도예가의 손끝 감각'과 같은 기술적 숙련 과정은 언어로 완전히 설명하기 어려우므로 암묵지에 속한다.
② 형식지는 문서, 매뉴얼, 데이터베이스(DB) 등으로 표현될 수 있으며, 조직 내에서 전달과 공유가 용이하다.
③ 형식지는 객관적이며 구조화가 가능하므로, 논문이나 데이터베이스와 같은 형태로 쉽게 전달되고 공유될 수 있다.
④ 수학적 공식을 활용한 연구 결과는 전적으로 형식지의 영역에 속하며, 연구자의 직관적 통찰과 암묵적 경험은 과학적 발견에 큰 영향을 미치지 않는다.

07. 다음 중 빅데이터의 본질적 변화에 대한 설명으로 가장 적절하지 않은 것은?

① 사후 처리 방식은 필요하지 않은 데이터를 제거한 후, 선별된 데이터만을 활용해 숨겨진 패턴을 분석하는 것을 의미한다.
② 전수 조사의 도입은 데이터 수집 비용 감소와 기술 발전으로 인해 발생했으며, 표본 조사로는 발견할 수 없었던 패턴을 확인할 수 있게 했다.
③ 데이터의 양적 확대는 오히려 질적 한계를 야기할 가능성이 있으며, 항상 긍정적인 결과로 이어지지 않는다.
④ 상관관계 분석의 중요성이 증가하면서, 빅데이터는 인과관계가 아닌 패턴을 기반으로 미래 예측에 중점을 두고 있다.

08. 학계에서 빅데이터 출현 배경으로 설명되는 변화와 관련된 사례로 가장 적합한 것은 무엇인가?

① 아마존의 디지털화와 물류 시스템의 발전
② NASA의 기후 시뮬레이션 센터에서 32페타바이트의 데이터를 활용
③ 매달 15억 건 이상의 고객 데이터를 수집하는 미국 테크 기업
④ 모바일 혁명을 통해 데이터 처리 속도가 개선된 사례

09. 다음 중 빅데이터 시대의 책임 원칙 훼손에 대한 설명으로 적절하지 않은 것은?

① 범죄 예측 기술이 정확도를 높이며, 피의자가 아닌 예측된 행동에 대해 책임을 묻는 사례가 증가한다.
② 사용자의 동의 없이 검색 기록과 SNS 활동을 분석하여 맞춤 광고를 제공하는 사례가 증가한다.
③ 자동화된 채용 시스템이 특정 성별이나 인종에 불리한 결정을 내리며, 알고리즘의 편향으로 인해 공정성이 훼손되는 사례가 발생한다.
④ 분석 대상이 되는 사람들은 자신의 데이터 활용 방식에 대한 통제권을 상실할 위험이 있다.

10. 다음 중 데이터 사이언티스트의 역할로 가장 적절하지 않은 것은?

① 복잡하고 대용량인 데이터를 구조화하고 불완전한 데이터 간의 연결을 찾는 작업을 수행한다.
② 스토리텔링, 시각화 능력, 대화 능력 등 설득력 있는 전달과 의사소통 능력을 갖춰야 한다.
③ 코딩 해석을 통해 빅데이터 의해 부당하게 피해를 입은 사람을 구제한다.
④ 다분야 간 협력을 통해 다양한 관점에서 데이터를 분석하고 통찰력 있는 결과를 도출해야 한다.

과목 II 데이터 처리 기술   * 문항 수(10문항), 배점(문항 당 1점)

11. 다음 중 데이터분석 및 쿼리 처리와 관련된 기술들의 설명이 가장 적절하지 않은 것은?

① 구글 Sawzall
② 아파치 Pig
③ 아파치 Hive
④ 아파치 Casandra

12. 다음 중 구글 파일 시스템(GFS)에 대한 설명으로 가장 적절하지 않은 것은?

① GFS는 대규모 데이터 처리를 위해 상대적으로 저렴한 하드웨어를 사용하여 클러스터를 구성한다.
② GFS는 클라이언트, 마스터 서버, Broker 서버, Chunk 서버로 구성되어 있다.
③ GFS는 대량의 데이터를 효율적으로 처리하기 위해 낮은 응답 지연시간보다 높은 처리율이 더 중요시 한다.
④ GFS는 주로 대량의 데이터를 읽고 쓰는 데 최적화되어 있으며, 데이터 갱신이 빈번하게 일어나는 작업보다는 읽기 작업이 더 많습니다.

13. 다음 중 스노우 플레이크 스키마(Snow Flake Schema)에 대한 설명으로 가장 적절하지 않은 것은?

① 가장 단순한 형태의 스키마로 단일 사실 테이블을 중심으로 다수의 차원 테이블들로 구성된다.
② 스타 스키마의 차원 테이블을 제 2 정규형으로 정규화한 형태이다.
③ 스노우 플레이크 스키마는 차원 테이블이 정규화되어 있어 조인할 테이블의 개수가 많아져 복잡도가 높아질 수 있다.
④ 데이터 중복을 줄이기 위해 관련 데이터가 여러 테이블로 나누어 저장하여 데이터의 일관성을 높이는 데 도움이 된다.

14. 다음 중 데이터 웨어하우스의 스카마 중 스타 스키마에 대한 설명으로 가장 적절하지 않은 것은?

① 스타 스키마는 상대적으로 단순한 구조로, 사실 테이블과 차원 테이블이 직접 연결되어 있어 스노우 플레이크 스키마보다 덜 복잡하다.
② 스타 스키마에서 사실 테이블은 기본키와 외래키를 사용하여 차원 테이블과 연결된다.
③ 스타 스키마는 데이터 웨어하우스에서 모든 데이터를 정규화하여 중복을 최소화하는 구조로 설계되어 있다.
④ 스타 스키마는 OLAP(온라인 분석 처리)에 적합하며, 데이터 웨어하우스에서 대량의 데이터를 분석하는 데 사용된다.

15. 다음 중 EAI(Enterprise Application Integration)에 대한 설명으로 가장 적절한 것은?

① 웹서비스, XML 등의 표준 기술을 사용하여 서비스 중심으로 하나의 프로세스를 처리하기 위해 관련 시스템을 연계하는 기술이다.
② EAI의 주요 도입 목적은 중앙에 집중된 데이터를 분산하여 데이터를 안정적으로 운용하기 위한 것이다.
③ EAI는 비즈니스 프로세스를 배치(batch) 처리로 진행해야 하기 때문에 안정적으로 연계할 수 있다.
④ EAI를 활용하면 기존 단위 업무 위주의 정보 시스템 개발시, 정보 시스템 간 포인트-투-포인트 방식으로 데이터를 연계하여 효율적으로 활용할 수 있다.

16. 다음 중 CDC(Change Data Capture) 매커니즘을 구현할 수 있는 기법에 대한 설명이 가장 적절하지 않은 것은?

① Triggers on Table은 시스템 관리 복잡도 증가, 변경 관리의 어려움, 확장성의 감소를 유발하는 등 전반적인 시스템 유지보수성을 저하시키는 특성이 있어 주의해야 한다.
② Event Programming은 데이터 변경 식별 기능을 애플리케이션에 구현하지만, 애플리케이션 개발 부담과 복잡도를 증가시킨다.
③ Time Stamp on Rows는 데이터베이스의 각 행에 타임스탬프 필드를 추가하여 각 데이터 행의 수정 시점을 기록하여 실시간으로 변경 이력을 추적할 수 있다.
④ Status On Rows는 데이터 변경의 여부를 True/False의 불린(Boolean) 값으로 저장하는 칼럼의 상태 값을 기반으로 변경 여부를 판단하는 기법이다.

17. 다음 중 ODS(Operational Data Store)에 관련된 단계로 가장 적절하지 않은 것은?

    ① 인터페이스 단계
    ② 데이터 프로파일링 단계
    ③ 데이터 스테이징 단계
    ④ 비정규화 단계

18. 다음 중 NoSQL에 대한 설명으로 가장 적절하지 않은 것은?

    ① NoSQL 데이터베이스는 관계형 데이터베이스보다 더 유연한 데이터 모델을 제공한다.
    ② NoSQL 시스템은 일반적으로 ACID 속성을 준수하여 데이터 일관성을 보장한다.
    ③ 데이터가 비정형으로 저장될 수 있어 다양한 형식의 데이터를 처리하는 데 적합하다.
    ④ NoSQL 데이터베이스는 대규모의 트래픽을 처리하기 위해 수평적으로 확장할 수 있다.

19. 다음 중 공유 디스크(Shared Disk) 클러스터를 구현했을 때의 특징으로 가장 적절하지 않은 것은?

    ① 클러스터링된 데이터베이스는 데이터 복제 및 분산을 통해 항상 높은 가용성을 제공하며, 장애 발생 시 신속한 복구가 가능하다.
    ② 클러스터 내의 노드가 모두 동일한 데이터를 공유하므로 데이터 일관성을 보장하는 데 유리하다.
    ③ 클러스터 환경에서는 디스크 I/O 병목이 발생할 수 있어 노드를 추가하더라도 성능이 향상되지 않을 수 있다.
    ④ 클러스터링된 데이터베이스는 각 노드가 독립적으로 트랜잭션을 처리할 수 있도록 하여 복잡한 트랜잭션 관리가 필요하다.

20. 다음 중 데이터 연계 및 통합 아키텍처에 대한 설명으로 가장 적절하지 않은 것은?

    ① 데이터 통합 아키텍처는 다양한 데이터 처리 방식이 조합되어 사용될 수 있는 유연성을 제공한다.
    ② 실시간 통합 시에는 관심 대상 영역 상대에 대한 빠른 파악 및 대응이 어려운 단점이 있다.
    ③ 클러스터 환경에서 데이터 처리 성능은 일반적으로 비례적으로 증가하며, 시스템 확장성이 우수하다.
    ④ 모든 데이터 통합 방식은 데이터 중복을 허용하지 않기 때문에 데이터 저장소의 필요성을 감소시킨다.

과목 III 데이터 분석 기획 * 문항 수(10문항), 배점(문항 당 1점)

21. 분석 조직 구조에 대한 설명으로 맞지 않은 것은?

① 집중구조는 별도의 분석전담 조직을 꾸려 분석을 담당한다.
② 기능구조는 별도의 분석 조직이 없고 해당 업무 부서에서 분석을 수행한다.
③ 분산구조는 일반적인 분석 수행구조로 분석 조직인력들을 특정 부서로 배치하여 분석을 수행한다.
④ 전문역량을 갖춘 각 분야의 인재들을 모아 조직을 구성한다.

22. 아래 (가)와 (나)에 순서대로 들어갈 내용으로 적절한 것은?

> 아래
>
> 분석 대상이 명확하게 무엇인지 모르는 경우에는 기존 분석 방식을 활용하여 (가)을(를) 도출해냄으로써 문제의 도출 및 해결에 기여하거나 (나) 접근법으로 분석 대상 자체를 새롭게 도출할 수 있다.

① 최적화 – 통찰   ② 솔루션 – 통찰   ③ 통찰 – 발견   ④ 발견 – 솔루션

23. 분석 기획에 대한 설명으로 가장 적절하지 않은 것은?

① 분석 결과를 활용할 주요 의사결정 포인트를 식별한다.
② 분석 수행 시 필요한 데이터 소스를 선정하고 우선순위를 설정한다.
③ 성공적인 분석 결과를 도출하기 위한 중요한 사전 작업이다.
④ 상향식 분석은 분석 기획에 앞서 탐색적 데이터 분석을 선행한다.

24. 아래의 (a), (b), (c)에 들어갈 수 있는 단어가 아닌 것은?

> 아래
>
> 데이터 거버넌스란 전사차원의 모든 데이터에 대하여 정책 및 지침, 표준화, 운용조직 및 책임 등의 표준화된 관리체계를 수립하고 운영을 위한 프레임워크 및 저장소를 구축하는 것을 말한다. 특히 (a), (b), (c)는 데이터 거버넌스의 중요한 관리 대상이다.

① 데이터 품질
② 메타데이터
③ 데이터 보안
④ 데이터 분석

25. 다음 중 마스터 플랜 수립 시 우선순위를 설정하는 기준으로 가장 적절하지 않은 것은?

    ① 전략적 목표와의 연계성
    ② 데이터 우선 순위
    ③ 프로젝트의 실행 가능성
    ④ 투자 대비 성과(Return on Investment)

26. 정형 데이터 스토어 설계에서 사용되는 주요 데이터베이스 관리 시스템은?

    ① RDBMS   ② NoSQL   ③ 파일 시스템   ④ Key-Value Store

27. 데이터분석 조직구조 중 옳은 것은?

    ① 기능형 - 분석기능을 하는 전담조직을 신설한다.
    ② 집중형 - 독립된 전담 부서가 분석을 담당한다.
    ③ 분산형 - 분석 인력이 각 현업 부서에 배치된다.
    ④ 혼합형 - 각 부서에 배치된 분석 인력과 중앙 분석 부서가 협력하여 분석한다.

28. 다음 중 "장기적인 마스터 플랜 방식"과 비교했을 때, "과제 중심적인 접근 방식"의 특징으로 적절하지 않은 것은?

    ① Quick-Win   ② Accuracy & Deploy   ③ Problem Solving   ④ Speed & Test

29. 다음 분석 성숙도 모델의 설명 중 다른 단계는 무엇인가?

    ① 분석 COE 조직 운영
    ② 전문 담당분서에서 수행
    ③ 분석기법 도입
    ④ 관리자가 분석 수행

30. 프로젝트의 성공적인 수행을 위해 과제의 우선순위를 평가할 때는 명확한 기준이 필요하다. 다음 중 과제 우선순위 평가 기준에 대한 설명으로 적절하지 않은 것은?

    ① 우선순위 선정 매트릭스는 과제의 난이도와 시급성으로 구분된다.
    ② 우선순위 선정 매트릭스에서 시급성과 난이도가 높은 과제의 우선순위가 가장 높다.
    ③ 시급성은 과제 수행의 필요성과 즉시성에 대한 평가를 포함한다.
    ④ 난이도는 데이터 처리와 분석에 필요한 자원과 기술적 복잡도를 고려한다.

과목 IV 데이터 분석   * 문항 수(40문항), 배점(문항 당 1점)

31. 다음 중 모델 성능 평가 기법에 대한 설명으로 가장 적절한 것은?

① 홀드아웃 기법은 데이터를 훈련용과 시험용으로 나누어 평가하는 방법이다.
② k-폴드 교차검증(k-fold Cross Validation)은 데이터를 서로 다른 크기의 k개로 분할하여 평가하는 기법이다.
③ 붓스트랩(Bootstrap) 방식은 전체 데이터의 양이 크지 않을 때 가장 적합한 기법이다.
④ 무작위 서브샘플링(random subsampling)은 n개의 데이터를 계층을 고려하여 추출하는 기법으로 가능한 한 많은 데이터를 활용하여 성능을 측정하는 기법이다.

32. 아래는 swiss 데이터는 스위스에서 프랑스어를 사용하는 47개 지역의 출산율과 관련된 데이터이다. 출산율과 관련된 최적의 다변량 회귀모형을 찾아가는 과정 중 설명으로 가장 적절하지 않은 것은?

<아래>

```
> summary(lm(Fertility~., data=swiss))

Call:
lm(formula = Fertility ~ ., data = swiss)

Residuals:
     Min      1Q  Median      3Q     Max
-15.2743 -5.2617  0.5032  4.1198 15.3213

Coefficients:
                 Estimate Std. Error t value Pr(>|t|)
(Intercept)      66.91518   10.70604   6.250 1.91e-07 ***
Agriculture      -0.17211    0.07030  -2.448  0.01873 *
Examination      -0.25801    0.25388  -1.016  0.31546
Education        -0.87094    0.18303  -4.758 2.43e-05 ***
Catholic          0.10412    0.03526   2.953  0.00519 **
Infant.Mortality  1.07705    0.38172   2.822  0.00734 **
---
Signif. codes:  0 '***' 0.001 '**' 0.01 '*' 0.05 '.' 0.1 ' ' 1

Residual standard error: 7.165 on 41 degrees of freedom
Multiple R-squared:  0.7067, Adjusted R-squared:  0.671
F-statistic: 19.76 on 5 and 41 DF,  p-value: 5.594e-10
```

① Fertility를 종속변수로 하는 다중선형회귀모형에서 4개의 설명변수가 통계적으로 유의미한 결과를 보였다.
② 다른 모든 변수들이 일정하게 유지될 때, Examination 지표가 1 증가하면 출산율은 약 0.26 감소하는 것으로 나타났다.

③ Examination 변수는 통계적으로 유의하지 않으므로, 이 변수를 모형에서 삭제하고 다시 추정할 필요가 있다.

④ Agriculture와 출산율의 음의 상관관계를 가진다.

33. 아래의 Default 데이터는 10,000명의 신용카드 고객에 대한 카드대금 연체 여부, 카드 대금 납입 후 남은 평균 잔고(balance), 연봉(income)을 포함한다. 연체 가능성을 모형화하기 위한 분석 결과를 보고 설명이 가장 적절하지 않은 것은?

아래

```
> library(ISLR)
> head(Default)
  default student   balance     income
1      No      No  729.5265  44361.625
2      No     Yes  817.1804  12106.135
3      No     Yes 1073.5492  31767.139
4      No     Yes  529.2506  35704.494
5      No      No  785.6559  38463.496
6      No      No  919.5885   7491.559

> summary(Default)
 default     student       balance            income
 No :9667   No :7056   Min.   :   0.0    Min.   :  772
 Yes: 333   Yes:2944   1st Qu.: 481.7    1st Qu.:21340
                       Median : 823.6    Median :34553
                       Mean   : 835.4    Mean   :33517
                       3rd Qu.:1166.3    3rd Qu.:43808
                       Max.   :2654.3    Max.   :73554

> model<-glm(default~student+balance+income, data=Default, family=binomial)
> summary(model)

Call:
glm(formula = default ~ student + balance + income, family = binomial,
    data = Default)

Coefficients:
              Estimate Std. Error z value Pr(>|z|)
(Intercept) -1.087e+01  4.923e-01 -22.080  < 2e-16 ***
studentYes  -6.648e-01  2.363e-01  -2.738  0.00619 **
balance      5.737e-03  2.319e-04  24.738  < 2e-16 ***
income       3.033e-06  8.203e-06   0.370  0.71152
---
Signif. codes:  0 '***' 0.001 '**' 0.01 '*' 0.05 '.' 0.1 ' ' 1

(Dispersion parameter for binomial family taken to be 1)

    Null deviance: 2920.6  on 9999  degrees of freedom
Residual deviance: 1571.5  on 9996  degrees of freedom
AIC: 1579.5

Number of Fisher Scoring iterations: 8
```

① 로지스틱 회귀모형의 적합 결과를 바탕으로 신용카드 연체 가능성을 분석하였다.
② balance 변수는 연체(default) 가능성을 설명하는 데 통계적으로 유의미한 결과를 보였다.
③ balance가 높아질수록 신용카드 연체 가능성이 낮아진다는 결과가 도출되었다.
④ 고객의 income이 높아질수록 신용카드 연체 가능성이 낮다는 분석 결과가 확인되었다.

34. 아래의 Hitters 데이터는 메이저 리그 야구 선수 322명에 대한 연봉과 야구 기록이 포함되어 있다. 다음 분석 결과를 설명한 것 중 가장 적절하지 않은 것은?

아래

```
> model <- lm(formula = Salary ~ AtBat + Hits + HmRun + Runs + RBI + Walks + Years + PutOuts + Assists, data = Hitters)
> summary(model)

Call:
lm(formula = Salary ~ AtBat + Hits + HmRun + Runs + RBI + Walks +
            Years + PutOuts + Assists, data = Hitters)

Residuals:
    Min      1Q  Median      3Q     Max
 -871.29 -182.97  -42.37  111.90 2167.18

Coefficients:
             Estimate Std. Error t value Pr(>|t|)
(Intercept) -115.39214   74.34627  -1.552 0.121891
AtBat         -2.19024    0.60932  -3.595 0.000391 ***
Hits           8.00927    2.18336   3.668 0.000298 ***
HmRun          0.92201    5.87338   0.157 0.875384
Runs           0.23721    2.71908   0.087 0.930551
RBI            2.22441    2.52622   0.881 0.379407
Walks          4.76047    1.50320   3.167 0.001730 *
Years         33.12021    4.69613   7.053 1.67e-11 ***
PutOuts        0.28680    0.08283   3.463 0.000628 **
Assists        0.10330    0.18072   0.572 0.568090

Signif. codes:  0 '***' 0.001 '**' 0.01 '*' 0.05 '.' 0.1 ' ' 1

Residual standard error: 345 on 253 degrees of freedom
  (결측으로 인하여 59개의 관측치가 삭제되었습니다.)
Multiple R-squared:  0.4353,	Adjusted R-squared:  0.4152
F-statistic: 21.67 on 9 and 253 DF,  p-value: < 2.2e-16
```

① 데이터는 총 322개이지만 회귀분석에 활용된 데이터는 263개이다.
② 다변량 선형 회귀모델은 유의수준 5%하에서 통계적으로 유의하다.
③ 다른 설명변수가 일정할 때, Hits가 높을수록 Salary가 높게 나타난다.
④ Runs은 p-값이 0.93으로 Salary와 선형적인 관계가 가장 높은 설명변수이다.

35. 두 확률변수 X와 Y의 상관계수가 0.9일 때, 이에 대한 설명으로 가장 적절한 것은?

① -X와 Y의 상관계수는 -0.9이다.
② X-0.2와 Y+0.1의 상관계수는 0.8이다.
③ X와 0.5Y의 상관계수는 0.45이다.
④ X+0.3과 Y+0.2의 상관계수는 0.5이다.

36. 아래는 여섯 가지 종류의 닭 사료 첨가물(feed)의 효과를 비교하기 위한 데이터이다. 상자수염그림을 통한 설명 중 가장 적절하지 않은 것은?

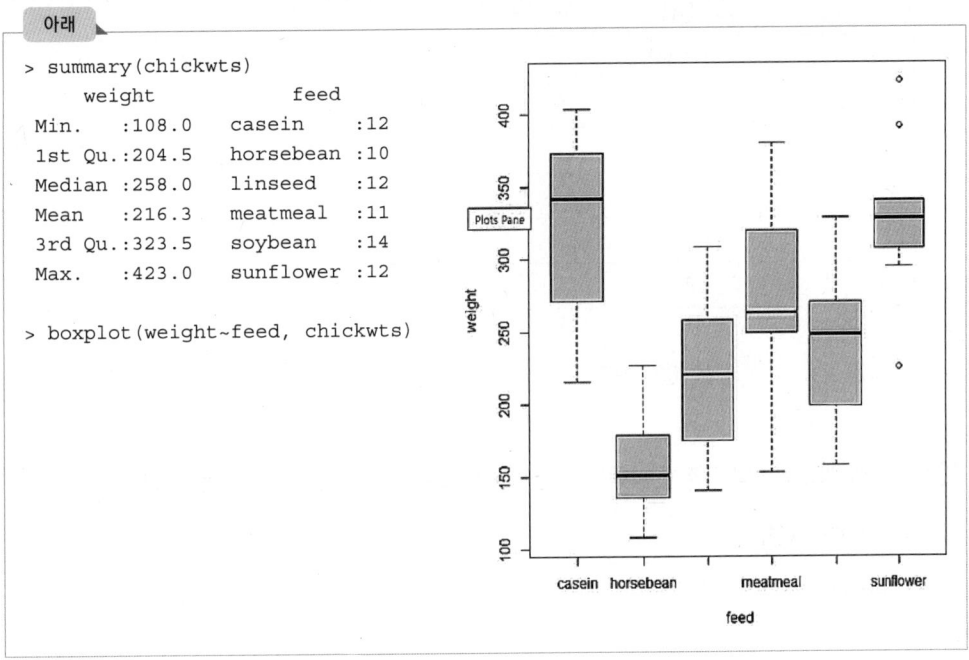

```
> summary(chickwts)
     weight           feed
 Min.   :108.0   casein   :12
 1st Qu.:204.5   horsebean:10
 Median :258.0   linseed  :12
 Mean   :216.3   meatmeal :11
 3rd Qu.:323.5   soybean  :14
 Max.   :423.0   sunflower:12
> boxplot(weight~feed, chickwts)
```

① weight의 중앙값으로 볼 때, casein 사료 첨가물을 먹인 그룹이 가장 크다.
② 상자 수염그림 상으로 볼 때, 이상값이 존재하고 있다.
③ linseed를 먹인 그룹과 soybean을 먹인 그룹간 weight 평균이 유의한 차이가 있는 것으로 확인된다.
④ horsebean 그룹에서 weight가 150이하인 개체가 약 50% 이다.

37. 나이, 성별, 이름으로 구성된 고객 데이터에 각 변수들이 모두 5%가 결측값이 무작위로 존재한다고 알려져있다. 결측값이 하나라도 포함되면 레코드를 삭제한다고 할 때, 특정 고객 데이터가 제거될 최대 확률은?

① 0.1025　　② 0.1426　　③ 0.1715　　④ 0.203

38. 아래의 거래 내역에서 연관규칙 B -> A의 향상도는?(단, 결과는 백분율로 표현한 뒤 소수점 첫째 자리에서 반올림하여 표현할 것)

물품	거래건수
{A}	100
{B, D}	100
{C}	100
{A, B, C, D}	50
{B,C}	200
{A, B, D}	250
{A,C}	200

① 0.2　　② 0.27　　③ 0.5　　④ 0.83

39. 나무 형태의 데이터 구조를 사용하여 연관성을 효율적으로 탐색할 수 있는 기법은?

① FP-Growth

② LGBM

③ Apriori

④ C5.0

40. 다음 중 사회 연결망 분석에서 노드 간의 연결 정도를 나타내는 지표에 대한 설명으로 가장 적절하지 않은 것은?

① 연결 중심성은 노드의 중요성을 나타낸다.

② 연결 중심성이 낮을수록 그 노드는 더 많은 연결을 가진다.

③ 연결 중심성은 노드 간의 거리만을 고려한다.

④ 연결 중심성은 네트워크의 구조적 특성을 나타낸다.

41. 다음 중 잔차분석에서 오차항의 가정으로 적절하지 않은 것은?

① 오차항은 정규성을 가져야 하며, Q-Qplot을 통해 검토할 수 있다.
② 오차항은 독립적이어야 하며, 자기상관 검정을 통해 확인할 수 있다.
③ 오차항은 항상 양수여야 하며, 음수를 가질 수 없다.
④ 오차항은 등분산성을 가져야 하며, 분산 분석을 통해 검토할 수 있다.

42. 아래의 그림을 보고 위배되었다고 판단할 수 있는 회귀 분석 가정으로 가장 적절한 것은?

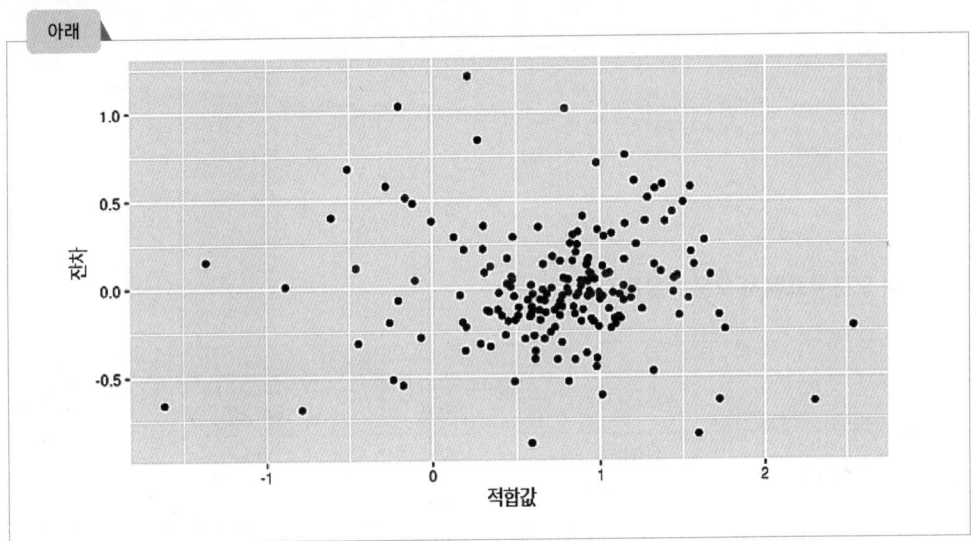

① 등분산성
② 독립성
③ 선형성
④ 정규성

43. 시계열 데이터에 대한 설명으로 가장 적절하지 않은 것은?

① 시계열 데이터는 계절 변동을 포함할 수 있으며, 이는 특정 주기성을 가진다.
② 시계열 데이터는 일반적으로 트렌드와 계절성을 동시에 나타낼 수 있다.
③ 시계열 데이터는 잡음이 포함될 수 있으며, 일반적으로 알 수 있는 이유로 발생하므로 쉽게 제거할 수 있다.
④ 시계열 데이터의 분석은 주로 과거 및 현재 데이터를 기반으로 미래 예측을 위한 모델을 개발하는 데 초점을 맞춘다.

44. 분해 시계열을 이루는 구성 요소로 가장 적절하지 않은 것은?

① 추세요인
② 계절요인
③ 불규칙요인
④ 회귀요인

45. A=(3, 4), B=(7, 1)일 때, A와 B 간의 유사성을 유클리드 거리로 계산한 결과는?

① 3
② 4
③ 5
④ 6

46 아래 오분류표에서 오분류율은?

		예측치		합계
		TRUE	FALSE	
실제값	TRUE	50	10	60
	FALSE	5	35	40
합계		55	45	100

① 0.1
② 0.15
③ 0.2
④ 0.25

47. 아래에서 설명하는 계층적 군집의 군집 간의 거리 측정 방법은?

> **아래**
>
> 두 군집의 병합 시, 군집 간의 거리를 두 군집 내의 모든 점 간의 거리의 최대값으로 정의하며, 이 방법은 주로 밀집된 군집을 형성하는 데 효과적이다.

① 단일 연결법
② 와드 연결별
③ 완전 연결법
④ 평균 연결법

48. Hitters 데이터는 1985~1987 시즌 메이저 리그 야구 선수 322명에 대한 기록이다. 아래의 변수 선택 결과에 대한 설명으로 가장 적절하지 않은 것은?

> 아래

```
> step(model1, direction = "backward")
Start:  AIC=3046.02
Salary ~ AtBat + Hits + HmRun + Runs + RBI + Walks + Years +
         CATBat + CHits + CHmRun + CRuns + CRBI + CWalks + League +
         Division + PutOuts + Assists + Errors + NewLeague

            Df Sum of Sq      RSS    AIC
- CHmRun     1      1138 24201837 3044.0
- CHits      1      3930 24204629 3044.1
- Years      1      7869 24208569 3044.1
- NewLeague  1      9784 24210484 3044.1
- RBI        1     16076 24216776 3044.2
- HmRun      1     48572 24249272 3044.6
- Errors     1     58324 24259023 3044.7
- League     1     62121 24262821 3044.7
- Runs       1     63291 24263990 3044.7
- CRBI       1    135439 24336138 3045.5
- CATBat     1    159864 24360564 3045.8
<none>                   24200700 3046.0
- Assists    1    280263 24480963 3047.1
- CRuns      1    374007 24574707 3048.1
- CWalks     1    609408 24810108 3050.6
- Division   1    834491 25035190 3052.9
- AtBat      1    971288 25171987 3054.4
- Hits       1    991242 25191941 3054.6
- Walks      1   1156606 25357305 3056.3
- PutOuts    1   1319628 25520328 3058.0
```

① 후진 제거법을 사용하여 모델의 변수를 선택하였다.

② 마지막 단계에서는 전체 변수를 모두 비교해 최종적으로 모형을 선택한다.

③ 매 단계에서 AIC 값을 가장 낮추는 방향으로 변수를 제거합니다.

④ 실제로는 유의한 결과를 줄 수 있는 변수가 제외될 수도 있다.

49. wage 데이터는 근로자의 임금(Salary)과 교육수준(Education)을 포함하고 있다. 아래의 각 변수의 ANOVA 검정 결과와 요약 통계량 결과를 가장 부적절하게 해석한 것은?

아래

```
> summary(aov(wage ~ education, data = Wage))
              Df   Sum Sq  Mean Sq  F value   Pr(>F)
education      4  1226364   306591    229.8   < 2e-16 ***
Residuals   2995  3995721     1334
---
Signif. codes:  0 '***' 0.001 '**' 0.01 '*' 0.05 '.' 0.1 ' ' 1

> summary(Wage[, c("education", "wage")])
        education           wage
 < HS Grad      : 268  Min.   : 20.09
 HS Grad        : 971  1st Qu.: 85.38
 Some College   : 650  Median :104.92
 College Grad   : 685  Mean   :111.70
 Advanced Degree: 426  3rd Qu.:128.68
                       Max.   :318.34
```

① "education 그룹 간의 wage 모평균이 동일하다."가 귀무가설이 된다.
② 유의수준이 5%일 때, 5개의 education 그룹 중 적어도 하나는 모평균이 다르다고 볼 수 있다.
③ Advanced degree 그룹의 wage가 가장 높은 것을 확인할 수 있다.
④ 검정 통계량은 F-분포를 따른다고 가정한다.

50. sleep 데이터는 수면제의 효과를 측정한 실험 데이터로, 10명의 실험 대상에게 두 종류의 수면제를 각각 투여한 후, 추가적인 수면 시간을 측정한 실험 데이터로 추가적인 수면 시간(extra), 실험 대상이 속한 그룹(group), 그리고 각 실험 대상의 식별번호(ID)가 변수로 구성되어 있다. 해당 데이터를 통해 2종류의 가설검정을 수행한 결과에 대한 가장 부적절한 해석은?

아래

```
> sleep
   extra group ID
1    0.7     1  1
2   -1.6     1  2
3   -0.2     1  3
4   -1.2     1  4
5   -0.1     1  5
6    3.4     1  6
7    3.7     1  7
```

```
8    0.8    1    8
9    0.0    1    9
10   2.0    1   10
11   1.9    2    1
12   0.8    2    2
13   1.1    2    3
14   0.1    2    4
15  -0.1    2    5
16   4.4    2    6
17   5.5    2    7
18   1.6    2    8
19   4.6    2    9
20   3.4    2   10

> t.test(extra ~ group, sleep, var.equal=TRUE)

    Two Sample t-test

data:  extra by group
t = -1.8608, df = 18, p-value = 0.07919
alternative hypothesis: true difference in means between group 1 and group 2 is not equal to 0
95 percent confidence interval:
 -3.368374  0.203874
sample estimates:
mean in group 1 mean in group 2
           0.75            2.33


> t.test(extra ~ group, sleep, alternative="greater")

    Welch Two Sample t-test

data:  extra by group
t = -1.8608, df = 17.776, p-value = 0.9603
alternative hypothesis: true difference in means between group 1 and group 2 is greater than 0
95 percent confidence interval:
 -3.053381        Inf
sample estimates:
mean in group 1 mean in group 2
           0.75            2.33
```

① 첫 번째 가설 검정은 양측 검정의 결과이다.
② 두 번째 가설 검정에서 두 집단의 추가 수면 시간의 차는 -1.86이다.
③ 첫 번째 가설 검정의 결과, 유의수준 10%에서 두 그룹 간 수면 시간 증가 효과의 차이가 통계적으로 유의하다.
④ 두 번째 가설 검정의 결과, 그룹 1의 수면 시간 증가 효과가 그룹2 보다 통계적으로 유의하게 낮다고 보기는 어렵다.

51. 방향 그래프에서 노드의 중요성을 분석하는 데 사용되는 대표적인 중심성 지표로 다른 노드가 해당 노드와 연결된 정도를 나타내는 것은?

① 인디그리(in-degree) 중심성
② 아웃디그리(out-degree) 중심성
③ 페이지랭크 중심성
④ 고유벡터 중심성

52. 통계적 가설 검정에 대한 설명으로 가장 적절하지 않은 것은?

① 귀무가설은 대립가설과 비교되는 기본 가설로, 보통 효과가 없다는 주장을 포함한다.
② 귀무가설이 참일 때 관측 통계량은 기각역 내에는 위치할 수 없다는 가정 하에 검정을 수행한다.
③ 유의확률은 귀무가설이 참일 때 관측된 통계량 이상으로 극단적인 값을 얻을 확률을 의미한다.
④ 1종 오류의 확률을 증가시키면 기각역이 넓어지게 되어 귀무 가설을 기각하기 쉬워진다.

53. 시계열 데이터의 정상성(stationary)에 대한 설명으로 가장 적절하지 않은 것은?

① 비정상 시계열은 정상 시계열로 만든 후에 분석해야 한다.
② 정상 시계열이란 평균과 분산이 시간에 따라 일정한 시계열이다.
③ 평균이 일정하지 않지만 추세가 없다면 차분(differencing) 방법으로 정상 시계열로 바꿀 수 있다.
④ 정상성의 만족 여부는 그래프에서 평균이 일정한지, 이상값과 잡음이 없는지를 확인하는 것으로 판단할 수 있다.

54. 다음 중 연관규칙의 측정 지표 중 품목 A -> B에 대한 신뢰도를 구하기 위한 식으로 가장 적절한 것은?

① $P(A \cup B) / P(A)$
② $P(A \cap B) / P(B)$
③ $P(B | A)$
④ $P(A | B)$

55. 회귀분석에서 모형이 적절한지 확인하는 질문과 답으로 가장 적절하지 않은 것은?

① Q) 잔차의 정규성을 어떻게 확인할 수 있는가? A) Q-Q 플롯을 사용한다.

② Q) 모형의 설명력은 어떻게 평가하는가? A) 결정계수(R^2)나 수정된 결정계수를 확인한다.

③ Q) 모형의 예측력은 어떻게 평가하는가? A) VIF(분산팽창인자)를 통해 다중공선성의 크기를 확인한다.

④ Q) 잔차의 독립성을 어떻게 확인할 수 있는가? A) 더빈-왓슨 검정을 실시한다.

56. k-평균 군집분석에 대한 설명으로 가장 적절한 것은?

① k-평균 군집분석은 이상값에 둔감하여 결과에 안정적인 모형이다.

② 데이터 수가 증가할수록 군집의 품질이 향상되므로 많은 데이터를 학습하는 것이 좋다.

③ 군집의 수는 알고리즘이 아닌 분석자가 사전에 지정하는 것이다.

④ k-평균 군집분석은 계층적 군집분석의 대표적인 예이다.

57. 아래의 오분류표에서 F1-Score 값은?

실제값		예측치		합계
		TRUE	FALSE	
실제값	TRUE	30	70	100
	FALSE	60	40	100
합계		90	110	200

① $\frac{6}{19}$ ② $\frac{3}{10}$ ③ $\frac{10}{3}$ ④ $\frac{16}{9}$

58. 아래 그래프에서 4번 노드의 연결정도 중심성은?

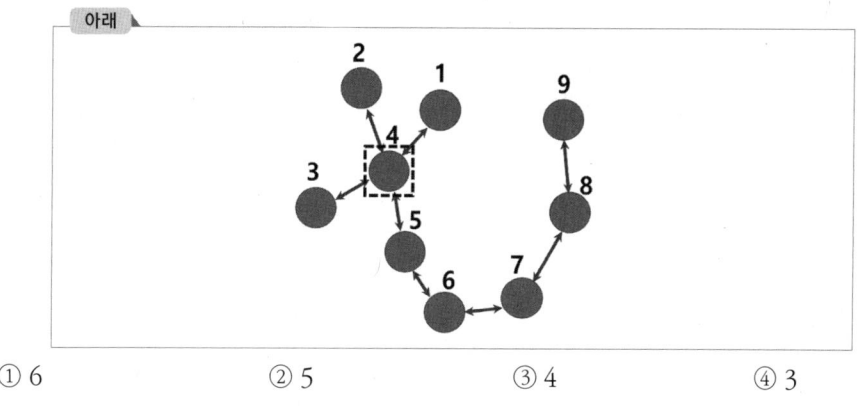

① 6 ② 5 ③ 4 ④ 3

59. 개인과 집단 간의 텍스트 데이터를 기반으로 단어와 문서 간의 관계를 모델링하여 그 구조와 의미를 분석하는 방법으로 가장 적절한 용어는?

① 텍스트마이닝
② 데이터마이닝
③ 사회연결망
④ 의사결정나무

60. 문서나 분석대상에서 추출한 여러 문자들의 집합으로 텍스트 마이닝에서 분석의 대상이 되는 원자료로 사용하고자 하는 단어들의 집합은?

① 단어 사전 (Dictionary)
② 텍스트 코퍼스 (Text Corpus)
③ 단어 클라우드 (Word Cloud)
④ 텍스트 벡터 (Text Vector)

61. 표본들이 서로 독립적일 때, 두 개의 순서 있는 데이터 집합을 비교하여 데이터의 순서에 따라 관측값이 얼마나 무작위로 배열되어 있는 검정하는 비모수 검정 방법은?

① 부호순위검정 (Wilcoxon Signed-Rank Test)
② 순위합검정 (Wilcoxon Rank-Sum Test
③ 런 검정 (run test)
④ 스피어만 순위상관계수 (Spearman's Rank Correlation Coefficient)

62. 어느 도시에 거주하고 있는 직장인 1,000명을 단순 임의 추출하여 아래와 같이 조사할 때, 분석 목적과 분석 방법을 연결한 것으로 가장 적절하지 않은 것은?

> **아래**
>
> [범주형 자료]
> 성 별 : 1. 남자, 2. 여자
> 최종학력 : 1. 고졸이하, 2. 대졸, 3, 대학원졸
> 연 령 대 : 1. 20대, 2. 30대, 4. 40대, 5. 50대 이상
>
> [연속형 자료]
> 연 봉 : ( )만원
> 통근 : ( ) 분

① 성별에 따른 연봉의 차이를 분석하기 위해 t-검정을 사용한다.
② 최종학력에 따른 통근 시간의 차이를 분석하기 위해 분산분석을 사용한다.

③ 연령대에 따른 성별 분포를 분석하기 위해 카이제곱 검정을 사용한다.

④ 최종학력과 통근 시간 간의 관계를 분석하기 위해 피어슨 상관계수를 사용한다.

63. 빅데이터 분석 모형을 이용하여 예측한 결과가 아래 표와 같을 때, MAPE(Mean Absolute Percentage Error)는?

참값	1	2	5	10
예측값	1.1	1.8	4.5	11

① 10 ② 15 ③ 30 ④ 45

64. 다음 중 군집분석에 대한 설명으로 가장 적절하지 않은 것은?

① 군집분석은 데이터를 유사한 그룹으로 나누거나 묶는 기법이다.

② 군집의 수는 분석자가 사전에 결정하는 것으로 이에 대한 결정에 전문성이 요구된다.

③ 군집 내 동질성과 군집 간 이질성을 평가하는 지표로 군집의 품질을 평가할 수 있다.

④ 군집 분석은 자율학습이라고도 하는 비지도학습에서 주로 사용된다.

65. 아래에서 설명하는 통계적 분석 방법은?

> **아래**
> - 데이터 간의 차이를 분석하여 그룹 간의 평균 차이를 검정하는 기법
> - 독립 변수의 수에 따라 여러 그룹 간의 분산을 비교
> - 종속 변수가 연속형이고 독립 변수가 범주형인 경우에 사용

① 주성분분석

② 군집분석

③ 회귀분석

④ 분산분석

66. 다음 중 학생 성적 데이터를 분석하여 특정 과목의 성적 등급을 예측할 때 가장 적절한 분석 기법은?

① DBSCAN

② Apriori

③ SVM

④ PCA

67. 목표변수가 연속형인 의사결정나무 모형에서 분기의 기준값으로 가장 적절한 것은?

① 카이제곱 통계량의 p값
② 지니 지수
③ 엔트로피 지수
④ F-통계량의 p값

68. 다음 중 아래 R 프로그램의 결과에 대한 설명 중 가장 적절하지 않은 것은?

```
> model <- lm(weight ~ Time, data = ChickWeight)
> summary(model)

Call:
lm(formula = weight ~ Time, data = ChickWeight)

Residuals:
     Min       1Q   Median      3Q      Max
 -138.331  -14.536   0.926   13.533  160.669

Coefficients:
            Estimate Std. Error t value Pr(>|t|)
(Intercept)  27.4674     3.0365   9.046   <2e-16 ***
Time          8.8030     0.2397  36.725   <2e-16 ***
---
Signif. codes:  0 '***' 0.001 '**' 0.01 '*' 0.05 '.' 0.1 ' ' 1

Residual standard error: 38.91 on 576 degrees of freedom
Multiple R-squared:  0.7007,    Adjusted R-squared:  0.7002
F-statistic: 1349 on 1 and 576 DF,  p-value: < 2.2e-16
```

① weight를 종속 변수로 하고 Time을 독립 변수로 설정하여 ChickWeight 데이터셋에 대한 선형 회귀 모델을 생성했다.
② 추정된 선형회귀식은 weight = 27.467+8.803*Time으로 나타났다.
③ R-squared 값이 0.7007로 나타나 추정된 회귀식이 전체 데이터를 70.07%를 설명하고 있다.
④ degree of freedom이 577이므로 전체 데이터 개수는 576개임을 확인할 수 있다.

69. 다음 중 데이터 분할에 대한 설명으로 가장 적절하지 않은 것은?

① 데이터 마이닝을 적용하여 분석 모델을 만들기 위해 데이터를 훈련용(training), 검증용(validation), 테스트(test)으로 구분한다.
② 훈련용 데이터는 모델을 학습시키는 데 사용되며, 이 데이터는 종종 검증용 데이터와 다르게 설정된다.

③ 검증용 데이터는 모델의 최적 하이퍼파라미터를 결정하는 데 필수적으로 사용되는 데이터 세트이다.
④ 데이터 양이 부족할 경우, 일반적으로 사용되는 방법 중 하나는 데이터 세트를 합쳐서 단일 모델을 만드는 것이다.

70. 시뮬레이션 모델에 대한 설명으로 가장 적절하지 않은 것은?

① 정적 시뮬레이션 모델은 시간에 따른 변화를 고려하지 않고 특정 상태를 단순히 분석하는 데 사용된다.
② 확률적 모델은 랜덤 변수를 포함하여 불확실성을 반영하는 데 매우 적합한 접근 방식이다.
③ 동적 시뮬레이션 모델은 시스템의 상태가 시간에 따라 어떻게 변화하는지를 명확히 보여준다.
④ 연속형 모델은 이산형 변수가 포함된 상황에서만 유용하게 활용될 수 있다.

과목 V 데이터 시각화   * 문항 수(10문항), 배점(문항 당 1점)

71. 다음은 엑셀로 분석한 결과를 시각화한 그래프이다. 이를 바탕으로 한 설명 중 가장 적절하지 않은 것은 무엇인가?

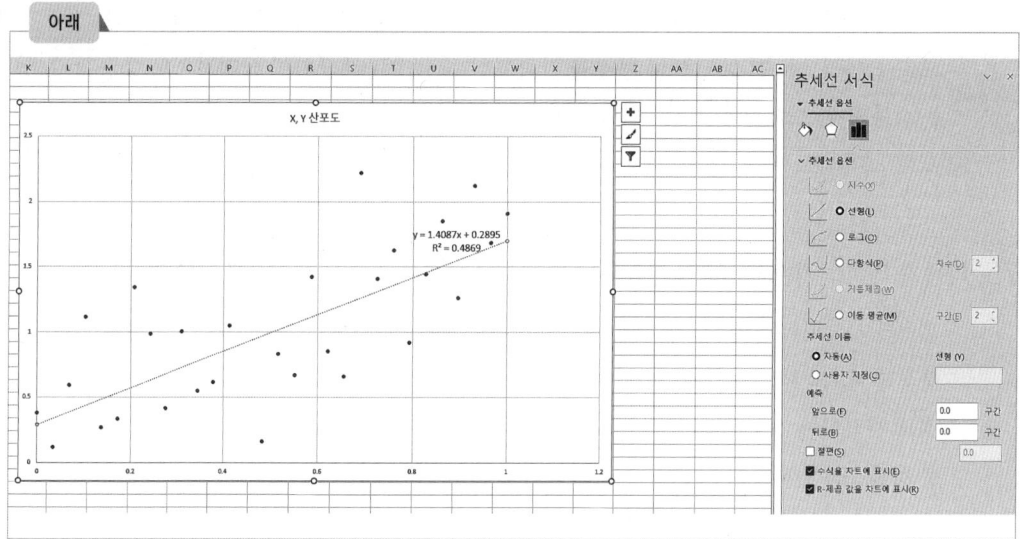

① 엑셀에서 데이터에 적합한 트렌드 선을 찾는 과정에서 선형회귀외 다른 모형을 적용해서 테스트해 볼 수 있다.
② 선형 회귀분석의 결과 y=1.4087x+0.2895 의 트렌드 선을 찾았다.
③ 선형회귀분석을 확정하기 위해 유의수준 5%하에서 통계적으로 유의한 것을 알 수 있다.
④ 추정된 회귀식은 모든 데이터를 48.69%를 설명하는 것으로 확인된다.

72. 다음 중 시각화를 위한 데이터의 형식 정리와 분류에 관한 설명이 가장 적절하지 않은 것은?

① 데이터의 구분 텍스트 형식은 특정 구분자를 사용하여 각 항목을 명확히 분리하는 방법이다.
② JSON 형식은 데이터를 구조화하여 웹 애플리케이션에서 쉽게 전송하고 사용할 수 있도록 설계되었다.
③ CSV 파일은 각 행이 데이터의 레코드를 나타내며, 쉼표로 구분된 형식을 사용한다.
④ XML은 데이터의 구조가 복잡할 경우 사람보다는 기계가 읽기 어렵게 설계된 형식이다.

73. 다음 중 빅데이터와 시각화 디자인의 방향에 대한 설명으로 가장 적절하지 않은 것은?

① 데이터 시각화를 통해 복잡한 정보를 명확하게 전달하는 것이 가장 중요하다.
② 시각화 디자인은 사용자의 이해를 돕기 위해 직관성을 최우선으로 고려해야 한다.
③ 빅데이터를 이해하기 위해서는 한 장으로 시각화하여 표현하는 것이 가장 효과적이다.
④ 데이터의 맥락을 고려하여 시각화의 목표와 방향성을 일치시키는 것이 필요하다.

74. 다음 중 아이소타입(Isotype)에 대한 설명으로 가장 적절하지 않은 것은?

① 정보를 시각적으로 전달하기 위한 방법론으로, 주로 도형이나 기호를 사용하여 숫자나 문자를 대체하는 방식이다.
② 각 수량마다 서로 다른 기호를 사용함으로써 시각적 다양성과 복잡성을 극대화한다.
③ 교육을 목적으로 특정 단어나 문장을 간략화한 도형으로 제작하여 국제적으로 통용할 수 있는 소통 수단으로 활용을 시도하기도 했다.
④ 오토 노이라트, 마리 라이데마이스터, 게르트 아른츠를 중심으로 개발된 시각언어체계이다.

75. 다음 중 데이터 기반의 시각화 분류와 구분에 대한 설명으로 가장 적절하지 않은 것은?

① 데이터 시각화는 주로 원 데이터를 갖고 아이디어를 효과적으로 전달하기 위해 퍼져 있거나 복잡한 데이터세트 보다 좀 더 직접적인 관점을 제공한다.
② 정보 시각화는 정보 형태로 가공 과정을 거치며, 분기도, 수지도, 히트맵 등의 다양한 그래프를 통해 표현한다.
③ 정보 디자인은 통계적 그래픽, 주제 지도학의 관점에서 마인드 맵, 뉴스표현, 데이터 표현 등을 활용한다.
④ 인포그래픽은 메시지를 전달하고자 하는 측면에서 "정보형 메시지"와 설득형 메시지" 형식으로 목적을 전달한다.

76. 세 가지 변수 간의 관계를 시각적으로 표현하는 버블 차트는 어느 시각화 방법에 속하는가?

① 시간 시각화
② 분포 시각화
③ 비교 시각화
④ 관계 시각화

77. 다음 중 벤프라이의 시각화 방법론에 대한 설명으로 가장 적절하지 않은 것은?

① 1단계는 획득 단계이며 정보의 의미를 바탕으로 이를 구조적으로 카테고리화 하는 과정이다.
② 3단계는 선별 단계로 획득과 분해 단계를 바탕으로 의미 있는 정보와 의미 없는 정보를 구분해서 필요 없는 정보를 제거하는 과정이다.
③ 4단계는 마이닝 단계로 선별 단계를 거친 데이터를 분석해 정보 추출 알고리즘을 도출하는 과정이다.
④ 5단계인 표현 단계는 마이닝 과정을 통해 얻은 정보를 효율적으로 표현할 수 있는 방법을 연구하는 과정이다.

78. 관계시각화에 해당하는 그래프가 아닌 것은?

① 스캐터플롯
② 버블차트
③ 히스토그램
④ 트리맵

79. 다음 중 빅데이터 시각화 영역에 대한 설명으로 가장 적절한 것은?

① 정보 시각화는 인포그래픽을 포함하여 데이터의 디테일을 나타내는 것에 초점을 두고 있다.
② 양적 정보를 다루는 빅데이터 시각화는 정보의 내용과 환경이 매우 복잡하므로 표현에 한계가 있다.
③ 데이터를 어떤 식으로 해석해야 하는지에 대한 통계적 차원의 시각화 방법 및 기법을 포함한다.
④ 시각화의 목적에 따라 정보형 메시지를 전달할 것인지, 설득형 메시지를 전달할 것인지에 관계없이 표현 범주가 달라지지 않는다.

80. 빅데이터 시각화 프로세스 순서로 적절한 것은?

① 정보구조화 → 정보시각화 → 정보시각표현
② 정보시각화 → 정보구조화 → 정보시각표현
③ 정보시각표현 → 정보구조화 → 정보시각화
④ 정보구조화 → 정보시각표현 → 정보시각화

서술형

*문항 수(2문항), 배점(총 20점), 부분점수 있음

다음은 최근 받은 문자메시지의 내용에서 "광고", "대출" 이라는 단어가 들어있는지에 대한 여부와 스팸메시지로 구분한 자료이다. 다음 표를 기준으로 아래 문제를 푸시오.

문자 번호	광고	대출	스팸
1	O	O	O
2	O	O	O
3	O	O	X
4	O	X	O
5	X	O	O
6	X	X	X
7	X	X	X
8	X	X	X
9	X	X	X
10	X	X	O

1. 조건부 독립성에 대해 설명하고, 주어진 데이터가 조건부 독립성을 만족하는지 서술하시오.(10점)

2. 광고, 대출 키워드를 포함한 문자가 스팸일 확률과 식을 서술하시오.(조건부 독립성을 만족한다고 가정한다.) (10점)

제31회 데이터 분석 전문가 자격검정 시험 복원 문제

- 검정일시 :

- 수험번호 :

- 성명 :

과목 I 데이터 이해   * 문항 수(10문항), 배점(문항 당 1점)

01. 분석 의사결정 과정에서 발생할 수 있는 오류를 로직 오류와 프로세스 오류로 구분할 수 있다. 다음 중 가장 적절하지 않은 설명을 선택하시오.

① 데이터 분석 모델을 구축할 때, 변수 간 관계를 가정했으나 이를 검증하지 않은 경우 로직 오류에 해당한다.

② 분석의 전 과정에서 데이터 정합성을 충분히 검토하지 않아 오류가 발생했다면 이는 프로세스 오류에 해당한다.

③ 특정 가설을 검증하는 과정에서 데이터 샘플이 대표성을 가지지 못했지만, 이를 수정하지 않고 분석을 강행한 것은 프로세스 오류이다.

④ 비즈니스 문제 해결을 위한 최적의 대안을 탐색하는 과정에서 다양한 시나리오를 고려하지 않았다면 이는 프로세스 오류에 해당한다.

02. 빅데이터의 등장과 발전에 영향을 미친 기술적·산업적 요인들에 대한 설명 중 가장 적절하지 않은 것은?

① 분산 컴퓨팅 기술과 클라우드 스토리지의 확산으로 인해 데이터 저장과 분석 비용이 감소하고, 실시간 분석이 가능해졌다.

② 기존 관계형 데이터베이스(RDBMS)의 성능 개선을 통해 대규모 데이터 처리 및 확장이 가능해지면서 빅데이터 분석이 중앙 집중형 데이터 아키텍처로 발전하였다.

③ IoT 기기의 증가와 5G 통신망의 발달로 인해 실시간 데이터 스트리밍과 대용량 데이터 수집이 가능해졌다.

④ 인공지능(AI) 및 머신러닝 기술의 발전과 결합하면서, 빅데이터 분석이 단순한 통계적 접근을 넘어 고급 예측 분석 및 자동화된 의사결정 시스템으로 발전하였다.

03. 다음은 빅데이터 시대의 가치 패러다임 변화를 설명한 것이다. 이에 대한 설명으로 적절하지 않은 것을 고르시오.

① Digitalization 단계에서는 아날로그 데이터를 디지털로 변환하고, 이를 통해 데이터를 분석할 준비 상태로 전환하는 데 중점을 둔다.

② Connection 단계에서는 데이터 간의 상호작용과 연결성을 강화하여, 효율적인 데이터 흐름을 구축하고 분석에 활용한다.

③ Agency 단계에서는 데이터를 능동적으로 활용하며, 디지털화된 자원을 독립적으로 분리하여 데이터의 보안성을 극대화한다.

④ Agency 단계에서는 데이터의 조정 및 해석을 통해 새로운 인사이트를 도출하고, 의사결정을 지원하는 능동적 활용이 강조된다.

04. 다음 중 빅데이터 시대의 분석 패러다임 변화에 대한 설명으로 가장 적절하지 않은 것은?

① 사전처리에서 사후처리로 변화하면서, 실시간 분석이 가능해졌다.
② 데이터 분석 방법이 기존의 인과관계 중심 분석에서 데이터 간 관계 및 패턴 탐색 중심으로 변화하였다.
③ 빅데이터 환경에서는 표본조사 방식이 더욱 강조되면서, 데이터 처리 비용 절감이 가능해졌다.
④ 전통적인 분석 방법에서는 데이터의 질이 우선 고려되었지만, 빅데이터 시대에는 데이터의 양이 중요한 요소로 부각되었다.

05. 다음은 빅데이터 활용의 3요소에 대한 설명이다. 이 중 가장 적절하지 않은 설명을 고르시오.

① 데이터는 모든 것을 데이터화(Datification)하여 축적된 정보를 활용해 창의적인 분석과 가치 창출의 기반이 된다.
② 기술은 대용량 데이터를 처리하고 분석하기 위해 필요한 알고리즘 및 인공지능 기술을 포함한다.
③ 인력은 데이터를 처리하는 기술적 환경을 구축하며, 데이터 처리 속도를 최적화한다.
④ 데이터, 기술, 인력의 조합은 빅데이터 활용 가치를 극대화하는 데 중요한 역할을 한다.

06. 다음 중 빅데이터를 정의하는 관점에 대한 설명으로 가장 적절하지 않은 것은?

① 좁은 범위의 정의는 데이터의 물리적 특성과 저장·처리 기술의 한계를 중심으로 논의된다.
② 중간 범위의 정의는 분석 기술 변화와 함께 데이터 처리 기술 발전의 영향을 포함한다.
③ 넓은 범위의 정의는 데이터의 기술적 특성을 다루며, 조직 구조나 사회적 요소는 배제된다.
④ 넓은 범위의 정의는 데이터 활용과 관련된 사회적 변화, 조직 혁신, 인재 개발까지 포괄한다.

07. 다음 중 빅데이터 가치 산정이 어려운 이유에 해당하지 않는 설명은 무엇인가?

① 데이터 활용 방식이 고정적이지 않고 지속적으로 변화하기 때문에, 특정 데이터가 어떤 상황에서 가치를 발휘할지 예측하기 어렵다.
② 데이터 분석 기술의 발전은 과거에 사용 가치가 없던 데이터를 새로운 방식으로 활용할 가능성을 열어준다.
③ 빅데이터는 기존에 없던 가치를 창출하기 때문에, 기존 평가 기준으로는 이 데이터를 정량화하기 어렵다.

④ 데이터는 활용이 한정적이기 때문에 가치 평가가 명확하며, 데이터가 제공하는 가치는 고정적이다.

08. 빅데이터 기술이 발전함에 따라 발생할 수 있는 위기 요인과 그 예시로 적절하지 않은 것은?

> 아래
>
> (가) 사생활 침해: 개인의 검색 기록을 무단으로 수집하여 맞춤형 광고를 제공
> (나) 책임 원칙 훼손: 자동화된 채용 시스템이 과거 데이터를 기반으로 일부 후보자의 면접을 거부
> (다) 책임 원칙 훼손: 기술이 사용자 행동을 1시간 후 87% 정확도로 예측한다고 주장
> (라) 데이터 오용: 학교가 학생들의 성적을 학문적 목적에 맞게 분석하여 교육 과정 개선에 활용"

① (가), (나)
② (나), (라)
③ (가), (다)
④ (다), (라)

09. 다음 중 빅데이터 가치 패러다임의 변화에 대한 설명으로 가장 적절하지 않은 것은?

① 미래(Agency) 단계에서는 연결된 데이터의 복잡성을 최소화하고, 단순화된 데이터 구조를 통해 더 신뢰할 수 있는 관리 체계를 구현하는 것이 핵심이다.
② 현재(Connection) 단계에서는 디지털화된 정보와 대상 간의 효율적 연결을 통해 데이터의 가치를 극대화하는 방식이 강조되고 있다.
③ 데이터의 패러다임 변화는 각각의 단계에서 중복된 가치를 강조하기보다는 디지털화, 연결, 관리라는 서로 다른 초점을 순차적으로 발전시켜왔다.
④ 과거(Digitalization) 단계에서는 데이터를 디지털화하는 과정이 주요한 가치 창출의 원천으로 여겨졌으며, 이는 데이터의 연결성을 보장하는 데 핵심적인 역할을 했다.

10. 러셀 L. 액오프가 1989년에 이야기한 DIKW Hierarchy 는 데이터가 어떻게 진화하는 지를 단계적으로 설명하였다. 다음 DIKW 단계를 설명하는 것 중 다른 하나는 무엇인가?

① 날씨가 따뜻해지고, 지점을 확장하여 올 8월 매출액은 3000만원으로 예상한다.
② 지난 1년 매출은 1월에서 8월까지 증가하였고, 12월까지 다시 증가하였다.
③ 지난 1년 매출액의 50%는 8월에 집중되어 있다.
④ 8월 A상품 구매 고객의 80%가 40대 여성 고객으로 대부분 회사원이다.

과목 II 데이터 처리 기술   * 문항 수(10문항), 배점(문항 당 1점)

11. 다음 중 하둡 생태계 중 하나인 스쿱(SQOOP)에 대한 설명으로 가장 적절하지 않은 것은?

① 관계형 데이터베이스(RDBMS)와 하둡 간의 데이터 전송을 위한 오픈소스 도구로, 대량의 데이터 이동을 효율적으로 처리할 수 있도록 설계되었다.
② 스쿱을 사용할 때, 맵 태스크의 수를 가능한 많이 저장해야 대규모 데이터 처리 성능을 향상시킬 수 있다.
③ MySQL, PostgreSQL, Oracle 등 JDBC를 지원하는 대부분의 RDBMS와 호환이 가능하다.
④ Direct 옵션으로 대량의 데이터를 효율적으로 이동할 수 있어, 데이터 파이프라인을 최적화하는 데 도움이 된다.

12. 다음 중 데이터베이스 클러스터에 대한 설명으로 가장 적절하지 않은 것은?

① 무공유 클러스터 환경에서는 각 노드가 데이터에 대한 독립적인 접근 권한을 유지하며, 노드 간 데이터 공유가 가능하다.
② 데이터베이스에서 성능을 극대화하고 가용성을 보장하기 위해 클러스터링 및 파티셔닝 기술을 활용하는 것은 일반적인 접근 방식이다
③ 무공유 클러스터에서는 각 노드가 소유하는 데이터의 서브 집합이 완전히 분리되어 있으며, 데이터의 중복이 최소화된다.
④ 무공유 클러스터에서는 각 노드의 장애를 대비하여 내결함성을 확보하기 위한 별도의 복구 메커니즘이 필요하다.

13. 다음 중 아래에서 설명하는 CDC(Change Data Capture) 기법을 고르시오.

> 아래
> (a) 데이터베이스에 대한 영향도를 최소화
> (b) 변경 식별 지연 시간 최소화
> (c) 트랜잭션 무결성에 대한 영향도 최소화
> (d) 데이터베이스 스키마 변경 불필요

① Status On Rows
② Version Numbers on Rows
③ Triggers on Tables
④ Log Scanner on Database

14. 다음 중 EAI(Enterpriser Application Integration)에서 포인트 투 포인트(point to point) 방식으로 N개의 노드를 연결할 때의 총 연결 개수는?

    ① N
    ② (N+1)/2
    ③ N(N+1)
    ④ N(N-1)/2

15. 다음 중 ETL 작업에는 데이터의 원천으로부터 ODS(Operational Data Store)에 데이터를 적재하는 과정의 ETL 단계가 아닌것은?

    ① Integration ETL
    ② Denormalizing ETL
    ③ Staging ETL
    ④ Cleansing ETL

16. 다음 중 서버 가상화 기술을 이용할 경우 얻을 수 있는 효과로 가장 적절하지 않은 것은?

    ① 데이터 병렬 처리를 통해 데이터 입출력 속도를 향상시키는 방법은 가상화의 주요 이점 중 하나이다.
    ② 가상화를 통해 예측하지 못한 장애로부터의 보호가 가능하다.
    ③ 서버 가상화 기술을 통해 공유 자원에 대한 강제 다운을 거부함으로써 시스템의 가용성을 높일 수 있다.
    ④ 가상 머신에 자원을 유연하게 할당하는 것은 서버 가상화의 일반적인 특징 중 하나로 잘 알려져 있다.

17. 다음 중 컨테이너 기반 가상화에 대한 설명으로 가장 적절하지 않은 것은?

    ① 컨테이너 기반 가상화는 하이퍼바이저 기반 가상화에 비해 더 낮은 수준의 가상화를 제공하며, 경량화된 구조로 되어 있다.
    ② 컨테이너 기반 가상화는 상대적으로 뛰어난 성능을 보여주며 자원 활용도가 높다.
    ③ 호스트와 게스트 간의 운영체제는 완전히 독립적이며 각기 다른 커널을 사용할 수 있다.
    ④ 컨테이너는 호스트 운영체제를 공유하는 방식으로 동작하여 유연성을 제공한다.

18. 다음 중 대용량 비정형 데이터 수집 시스템의 특징으로 가장 적절하지 않은 것은?

    ① 인터페이스 상속을 통해 애플리케이션의 개발과 유지보수를 용이하게 할 수 있는 구조를 가지고 있다.
    ② 다양한 수집과 저장 플러그인을 통해 여러 형태의 데이터를 수집하고 저장할 수 있는 유연성을 제공한다.
    ③ 데이터 전송 보장 매커니즘을 통해 수집된 데이터를 안정적으로 전송할 수 있는 기능을 제공한다.
    ④ 대용량 데이터를 안정적으로 수집하기 위해 수동으로 서버를 확장해야 하며, 실시간 수집은 어렵다.

19. 병렬 처리 시스템에 대한 설명으로 가장 적절하지 않은 것은?

    ① 데이터 처리 기술인 SQL on Hadoop은 병렬 쿼리 시스템으로, 대량의 데이터를 효율적으로 처리하기 위해 설계되었다.
    ② Sqoop은 MapReduce를 추상화한 형태로, 스크립트 언어를 사용하여 병렬 프로그래밍을 수행할 수 있게 해준다.
    ③ Pig는 데이터 처리 작업을 위한 고차원 언어로, 복잡한 데이터 흐름을 간단하게 표현할 수 있도록 설계되었다.
    ④ Hive는 데이터 웨어하우징 인프라로, SQL 기반의 쿼리 언어와 JDBC를 지원하여 사용이 용이하다.

20. 다음 중 CDC(Change Data Capture)에 대한 설명으로 가장 부적절한 것은?

    ① CDC는 데이터베이스 내 데이터에 대한 변경 사항을 식별하여 필요한 전처리 작업을 자동으로 수행할 수 있도록 돕는다.
    ② CDC는 실시간 데이터 통합을 기반으로 하여 데이터 웨어하우스를 구축하는 데 중요한 역할을 한다.
    ③ CDC는 데이터 웨어하우스에 한정되어 활용되는 기술로, 다른 시스템에서는 사용되지 않는다.
    ④ CDC는 데이터 변경 사항을 기반으로 데이터 복제를 수행하며, 이를 통해 운영 데이터베이스와 분석 시스템 간의 데이터 일관성을 유지한다.

과목 III 데이터 분석 기획 *문항 수(10문항), 배점(문항 당 1점)

21. 다음 중 시급성을 기준으로 프로젝트 우선순위를 설정할 때 추진해야 할 과제로 적합한 것은?

① 난이도 : 쉬움(Easy), 시급성 : 현재
② 난이도 : 어려움(Difficult), 시급성 : 미래
③ 난이도 : 쉬움(Easy), 시급성 : 미래
④ 난이도 : 어려움(Difficult), 시급성 : 현재

22. 데이터 거버넌스 체계 구축 시 고려해야 할 원칙 및 활동으로 가장 적절하지 않은 것은?

① 데이터 정합성과 활용성을 높이기 위해 메타 데이터와 데이터 사전의 관리 원칙을 수립한다.
② 관리 원칙에 따라 데이터 항목별 프로세스를 설계하고, 역할과 책임을 명확히 구분하여 데이터 거버넌스와 독립적으로 운영한다.
③ 빅데이터 환경에서는 데이터 생명 주기를 관리하여 가용성과 관리 비용 문제를 사전에 예방한다.
④ 데이터 품질 저하나 관리 비용 증가 문제를 방지하기 위한 세부 전략을 수립한다.

23. 다음 중 마스터 플랜에서 적용 범위 및 방식에 대한 고려요소로 적절한 것은?

① 업무 내재화 적용 수준, 분석 데이터 적용 수준, 기술 적용 수준
② 전략적 중요도, 업무 내재화 적용 수준, 실행 용이성
③ 분석 데이터 적용 수준, 기술 적용 수준, 비즈니스 성과/ROI
④ 실행 용이성, 전략적 중요도, 업무 내재화 적용 수준

24. 분석 성숙도 모델의 활용 단계에 해당하는 설명으로 가장 적절한 것은 무엇인가?

① 분석 결과를 전사적으로 공유하고 분석 프로세스를 관리한다.
② 분석 기법을 도입하여 전담 담당부서에서 분석을 수행한다.
③ 전사 모든 부서가 분석을 수행하며 COE 조직이 조정한다.
④ 외부 데이터 사이언스 그룹과 협력하여 혁신적인 분석을 실행한다.

25. 하향식 접근법이 성공적으로 적용되기 어려운 상황에 대한 설명으로 가장 적절한 것은 무엇인가?

① 조직의 목표가 명확하지 않고 자주 변경되며, 이러한 변동성이 분석의 방향성과 계획 수립을 혼란스럽게 만든다.
② 조직 내 데이터가 이미 통합되어 있으며, 상위 전략보다 하위 데이터 분석과 탐색 과정에 더 많은 초점을 둔다.
③ 분석 과제가 구체적으로 정의되지 않은 상태에서 데이터 기반의 탐색 과정을 통해 목표를 설정하려고 한다.
④ 최고 경영층이 분석 프로세스에 충분히 관여하지 않으며, 하위 계층의 실행 계획만 강조하여 진행된다.

26. 분산 구조의 장점으로 올바른 것을 모두 고르시오.

> 아래
> 가. 분석조직 인력을 현업 부서에 직접 배치하여 신속한 분석 수행 가능
> 나. 부서별로 분석업무와 역할이 명확히 구분되어 효율성 증가
> 다. 중앙집중적인 전략적 우선순위 설정 가능
> 라. 부서 간 분석 사례와 데이터를 공유하여 업무 협업과 개선을 촉진할 수 있는 구조

① 가, 나
② 나, 다
③ 가, 라
④ 다, 라

27. 다음 중 "확산형" 기업의 과제로 가장 적합한 것은?

① 데이터 분석 조직의 준비도 강화와 초기 전략 수립
② 부문별 분석 성과 통합 및 전략적 확산
③ 분석 조직과 인력의 준비도 강화 및 데이터 수집 체계 구축
④ 분석 업무와 기법을 새롭게 도입하여 초기 단계 모델링 수행

28. 빅데이터 분석 방법론에서 각 단계별 산출물로 적합하지 않은 것은?

　① 분석 기획 – 프로젝트 범위 정의서(SOW)
　② 데이터 준비 – 데이터 정합성 점검 보고서
　③ 데이터 분석 – 알고리즘 설명서
　④ 평가 및 전개 – 모델 평가 보고서

29. 난이도 평가 시 고려하는 3V 요소 중 데이터의 크기, 데이터의 속도와 더불어 함께 평가해야 하는 요소는?

　① 가치
　② 전략적 중요도
　③ 데이터의 다양성
　④ 목표지표

30. 분석 거버넌스 체계가 조직 내에서 성공적으로 운영되기 위해 가장 중요한 요소는 무엇인가?

　① 데이터 분석 기술 확보
　② 지속적인 분석 교육과 조직 내 문화 정착
　③ 데이터 분석 자동화
　④ 데이터의 물리적 저장소 확보

과목 IV 데이터 분석　　* 문항 수(40문항), 배점(문항 당 1점)

31. 아래의 데이터에서 A, B 간의 유사성을 유클리드 거리로 계산한 것은?

항목	A	B
키	170	174
몸무게	65	71

　① 0　　② $\sqrt{32}$　　③ $\sqrt{41}$　　④ $\sqrt{52}$

32. 아래의 거래 내역에서 연관규칙 A->C 에 대한 지지도(support)는?

물품	거래건수
(A)	8
(B)	5
(C)	12
(A, B, C)	8
(B,C)	22
(A, B)	17
(A,C)	8

① 0.1　　　　② 0.15　　　　③ 0.2　　　　④ 0.3

33. 자료의 측정 척도에 대한 설명으로 가장 적절하지 않은 것은?

① 명목척도는 측정 대상의 특성을 숫자로 표현할 수 없으며, 예를 들어 자동차의 브랜드나 종류가 해당된다.

② 순서척도는 순위가 있지만, 각 항목 간의 차이를 측정할 수 없는 척도로, 예를 들어 특정 서비스의 선호도가 해당된다.

③ 구간척도는 측정 대상이 갖는 속성의 양을 측정하는 것으로, 예를 들어 온도나 IQ 점수가 해당된다.

④ 비율척도는 비교 대상 간의 상대적인 기준으로 모든 사칙연산이 가능하며, 예를 들어 코스피 주가가 해당된다.

34. 다음 중 아래의 두 변소 x와 y의 관계에 대한 설명으로 가장 적절한 것은?

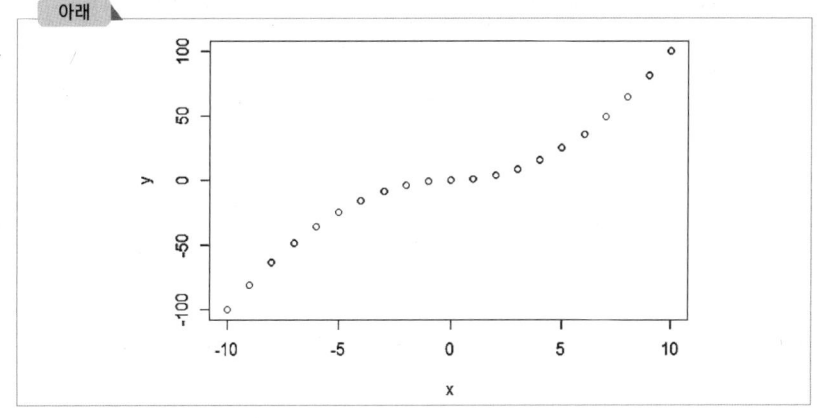

① 두 변수는 완벽한 선형 관계를 가지며, 어떤 특정한 함수 형태를 따른다.
② 피어슨 상관계수(Pearson correlation)는 1로, 두 변수 간의 선형적인 관계가 완벽하다.
③ 스피어만 상관계수(Spearman correlation)는 1로, 두 변수 간의 순위 관계가 완벽하다.
④ x 가 증가할 때 y는 감소하는 경향이 있으며, 두 변수 간의 음의 상관관계가 존재한다.

35. 다음 중 아래의 swiss 데이터는 지역의 출산율(Fertility)에 관한 데이터입니다. 회귀분석한 결과에 대한 설명으로 가장 적절하지 않은 것은?

> 아래

```
> model<- lm(Fertility~., data=swiss)
> summary(model)

Call:
lm(formula = Fertility ~ ., data = swiss)

Residuals:
     Min      1Q  Median      3Q     Max
-15.2743 -5.2617  0.5032  4.1198 15.3213

Coefficients:
                 Estimate Std. Error t value Pr(>|t|)
(Intercept)      66.91518   10.70604   6.250 1.91e-07 ***
Agriculture      -0.17211    0.07030  -2.448  0.01873 *
Examination      -0.25801    0.25388  -1.016  0.31546
Education        -0.87094    0.18303  -4.758 2.43e-05 ***
Catholic          0.10412    0.03526   2.953  0.00519 **
Infant.Mortality  1.07705    0.38172   2.822  0.00734 **
---
Signif. codes:  0 '***' 0.001 '**' 0.01 '*' 0.05 '.' 0.1 ' ' 1

Residual standard error: 7.165 on 41 degrees of freedom
Multiple R-squared: 0.7067, Adjusted R-squared: 0.671
F-statistic: 19.76 on 5 and 41 DF,  p-value: 5.594e-10
```

① 출산율(Fertility)을 종속변수로 다변량 회귀분석 모델은 F-통계량에 따라 유의수준 5%하에서 통계적으로 유의하다.
② Examination은 출산율 변동에 유의수준 5% 하에서 유의하지 않아 모형에서 제외 될 것으로 예상된다.
③ swiss 데이터에 포함된 데이터는 46개이다.
④ 회귀모형은 전체 데이터에 대한 출산율 변동을 67.1% 를 설명하고 있다.

36. 아래에서 설명하는 표본 추출 방법으로 가장 적절한 것은?

> **아래**
>
> 모집단의 모든 원소에 일련번호(1, 2, 3, ..., N)를 부여한 후, 이 번호를 포함한 전체 목록을 작성합니다. 그 다음, 컴퓨터 프로그램이나 추첨을 통해 이 목록에서 임의로 K개의 번호를 선택하여 표본을 추출하는 방법입니다.

① 계통추철법 ② 단순랜덤추출법
③ 집락추출법 ④ 층화추출법

37. 다음 중 회귀분석의 결정계수(R^2)에 대한 설명으로 가장 적절하지 않은 것은?

① 결정계수는 0에서 1 사이의 값을 가지며, 0은 모델이 데이터를 전혀 설명하지 못함을 의미한다.
② 결정계수가 높을수록 추정된 회귀식이 데이터의 변동성을 잘 설명하고 있다는 것을 나타낸다.
③ 결정계수는 종속변수와 독립변수 간의 표본상관계수의 제곱과 같다.
④ 결정계수는 총 변동에서 회귀식이 설명하는 변동의 비율로 정의되며 직관적으로 이해할 수 있다.

38. 다음 중 데이터 마이닝 분석 방법론 중 나머지와 방법론이 다른 것을 하나 고르시오.

① SVM
② 의사결정나무
③ 연관분석
④ 인공신경망 분석

39. 다음 중 목표변수가 연속형인 회귀나무에서 분류 기준값으로 가장 적절한 것은?

① 카이제곱 통계량
② 지니지수
③ F-통계량
④ 엔트로피 지수

40. 다음 중 여러 개의 은닉층을 가진 다층 신경망에서 은닉층의 노드 수가 지나치게 적을 경우 나타나는 특징으로 가장 적절한 것은 무엇인가?

① 은닉층의 노드 수가 너무 적으면 활성화 함수를 효과적으로 적용할 수 없는 문제가 발생할 수 있다.

② 은닉층의 노드 수가 부족하면 네트워크가 복잡한 의사결정 경계를 형성하는 것이 어려워진다.
③ 오차 역전파 알고리즘을 사용할 때 기울기 소실 문제가 발생할 위험이 높아지는 상황이 발생한다.
④ 은닉층의 노드 수가 적으면 전체 학습 과정에서 많은 시간이 소요되기 때문에 효율적이지 않다.

41. 다음 중 텍스트 마이닝의 기능에 대한 설명이 가장 적절하지 않은 것은?

① 문서 클러스터링은 유사한 내용을 가진 문서들을 그룹화하여 분석하는 방법으로, 데이터의 패턴을 발견하는 데 유용하다.
② 감정 분석은 텍스트에서 긍정적, 부정적 또는 중립적인 감정을 식별하여, 소비자 의견이나 소셜 미디어 데이터를 분석하는 데 활용된다.
③ 정보 검색은 대규모 텍스트 데이터베이스에서 사용자의 질의와 정확히 일치하는 문서만을 찾아내어, 데이터의 의미를 파악하는 핵심적인 텍스트 마이닝 기술이다.
④ 주제 모델링은 대량의 문서에서 주제를 추출하여, 문서 간의 관계를 파악하고 데이터를 구조화하는 데 도움을 준다.

42. k-means 군집기법에는 최적의 군집 수를 결정하는 여러가지 방법이 있다. 다음 중 군집 수를 결정하는 방법 중 그래프를 활용하여 결정하는 방법 중 가장 적절한 것은?

① 오차제곱합 그래프
② 향상도 그래프
③ ROC 그래프
④ 덴드로그램

43. 아래는 Wage 데이터의 임금(wage)과 교육수준(education) 사이에 회귀분석을 진행한 결과이다. 다음 중 결과에 대한 해석이 가장 적절하지 않은 것은?

> 아래

```
> model<-lm(wage~education, data=wage)
> summary(model)

Call:
lm(formula = wage ~ education, data = wage)

Residuals:
     Min      1Q  Median      3Q     Max
 -112.31  -19.94   -3.09   15.33  222.56

Coefficients:
```

```
                              Estimate Std. Error t value Pr(>|t|)
(Intercept)                     84.104      2.231  37.695  < 2e-16 ***
education2. HS Grad             11.679      2.520   4.634 3.74e-06 ***
education3. Some College        23.651      2.652   8.920  < 2e-16 ***
education4. College Grad        40.323      2.632  15.322  < 2e-16 ***
education5. Advanced Degree     66.813      2.848  23.462  < 2e-16 ***
---
Signif. codes:  0 '***' 0.001 '**' 0.01 '*' 0.05 '.' 0.1 ' ' 1

Residual standard error: 36.53 on 2995 degrees of freedom
Multiple R-squared:  0.2348,    Adjusted R-squared:  0.2338
F-statistic: 229.8 on 4 and 2995 DF,  p-value: < 2.2e-16
```

① 위의 회귀모형은 연속형변수인 Wage에 이산형변수인 education을 적용한 회귀분석 모형이다.
② 입력변수인 education을 4개의 더미변수 형태인 설명변수로 회귀모형에 적용하였다.
③ 회귀모형은 유의수준 5%하에서 통계적으로 유의한 것으로 판단된다.
④ 분석된 회귀모형에서 HS Grad이하인 경우는 Wage를 계산할 수 없다.

44. Hitters 데이터는 메이저리그 선수의 타자 기록이 포함되어 있다. 이 데이터를 통해 상관분석을 한 결과를 그래프로 표현했다. 다음 중 설명이 가장 적절하지 않은 것은?

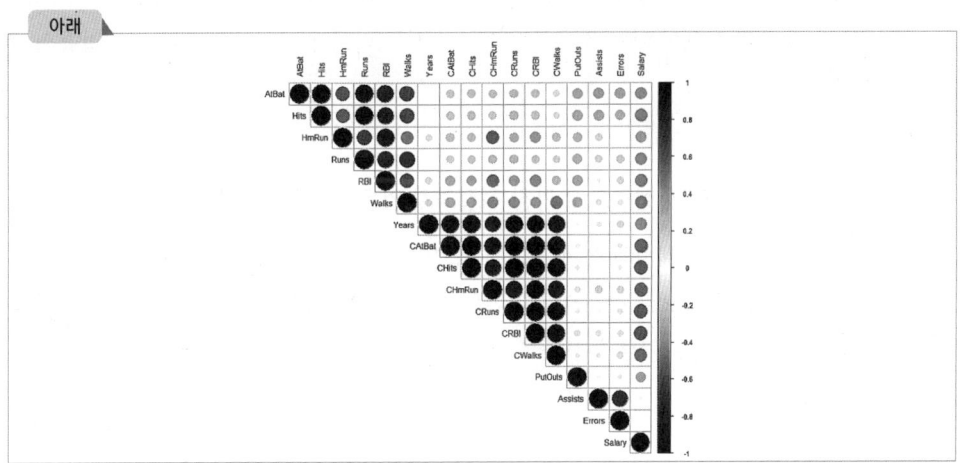

① 17개의 연속형 변수들의 상관관계를 분석하여 상관계수를 활용하여 만든 그래프이다.
② Salary와 상관관계가 가장 높은 변수는 CAtBat, CHits, HmRun, CRuns, CRBI 중 하나인 것으로 보이지만 제일 높은 변수를 구분하기는 힘들다.
③ Salary와 CAtBat, CHits, HmRun, CRuns, CRBI 변수들은 통계적으로 유의하다.
④ Salary를 종속변수로 나머지 변수들을 독립변수로 적용하여 다변량회귀모형을 만들 경우, 다중 공선성이 존재할 가능성이 높다.

45. Credit 데이터는 신용카드 고객 400명에 대한 신용카드 대금(Balance), 소득(Income), 학생여부(Student=Yes, No)가 포함되어 있다. 아래는 학생여부에 따른 회귀식과 데이터 분포를 그래프로 만든 결과이다. 설명이 가장 적절하지 않은 것은?

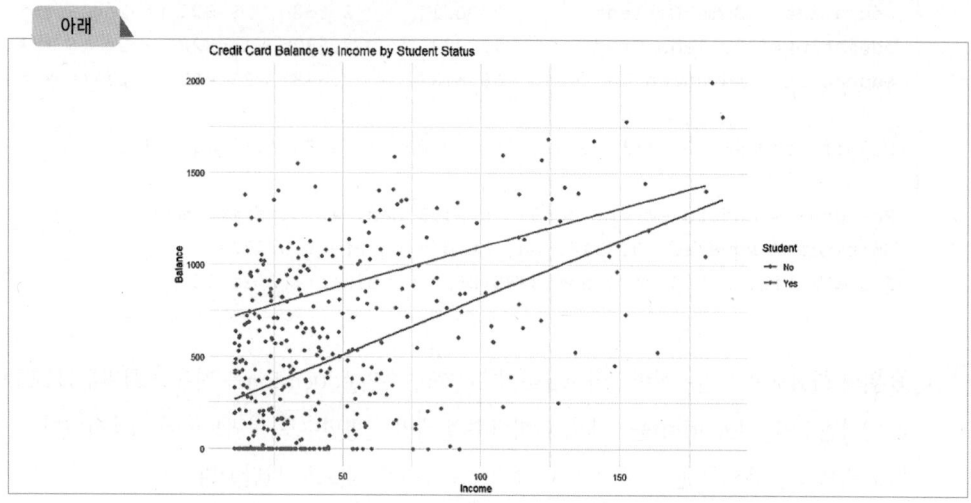

① 신용카드 대금이 소득에 따라 증가하는 경향은 그래프에서 명확하게 확인할 수 있다.
② 비학생 그룹은 소득이 증가함에 따라 신용카드 대금이 더 빠르게 증가하는 경향이 있는 것으로 보인다.
③ 소득 수준에 따라 두 집단의 신용카드 대금의 차이가 달라지는 경향은 통계적으로 유의하다.
④ 학생인 경우와 학생이 아닌 경우의 회귀선이 서로 다르게 나타나는 것은 교호작용의 존재를 시사한다.

46. Lasso 회귀모형에 대한 설명으로 가장 적절하지 않은 것은?

① Lasso 회귀는 회귀 계수의 절댓값 합에 패널티를 부여하여 계수를 축소하는 기법이다.
② 이 회귀모형은 자동으로 불필요한 변수를 선택하고 제거하는 효과를 가진다.
③ 모형에서 패널티의 크기를 조절할 수 있는 하이퍼파라미터가 존재한다.
④ Lasso 회귀는 L2 패널티를 사용하여 모델의 복잡성을 제어하는 방식이다.

47. 표본조사에 대한 설명으로 가장 적절하지 않은 것은?

① 표본오차는 모집단을 대표하지 않는 표본을 추출하여 발생하는 통계적 오차를 의미한다.
② 표본편의는 표본 추출 방법의 결함으로 인해 발생하는 오차를 지칭하는 용어이다.
③ 표본편의는 데이터의 정규화를 통해 항상 완전히 제거할 수 있는 문제이다.
④ 비표본오차는 조사 대상에서 데이터를 수집하는 과정에서 발생하는 다양한 오류를 설명한다.

48. 군집분석에 대한 설명으로 가장 적절하지 않은 것은?

① 군집분석의 결과는 데이터의 특성만으로는 이해하기 어려운 경우가 많아 인구통계학적 특성을 활용하여 개체의 속성을 파악하기도 한다.
② 군집분석은 개체를 분류하기 위한 명확한 기준이 없는 상황에서도 유용하게 활용될 수 있는 분석 방법이다.
③ 군집 간 변동의 크기 차이를 검토하여 군집의 분리가 논리적으로 올바른지를 판단하는 절차가 중요하다.
④ 각 데이터 세트를 분할하여 군집분석을 수행한 후, 결과를 통합하여 안정성을 판단할 수 있는 방법이 사용된다.

49. 아래는 A은행에서 만든 신용평가 모델을 통한 분설한 결과이다. 신용이 불량하다고 예측된 사람이 실제로 신용이 불량일 확률은 얼마인가?

> 아래
> - 전체 고객 중 신용이 불량한 사람이 10% 임
> - 신용평가 모형을 통해 예측한 결과 전체 고객 중 20%가 신용이 불량하다고 진단 됨
> - 실제 신용이 불량인 사람의 90%는 예측한 결과 신용이 불량한 것으로 확인 됨

① 0.9   ② 0.8   ③ 0.45   ④ 0.2

50. 다음 중 통계적 추론에 대한 설명으로 가장 적절하지 않은 것은?

① 점 추정은 표본 데이터를 기반으로 모집단의 모수를 단일한 값으로 추정하는 방법으로 사용된다.
② 구간 추정은 모집단의 모수가 포함될 것으로 예상되는 구간을 계산하여 제공하는 통계적 방법이다.
③ 신뢰구간은 특정 구간 내에 모수가 포함될 확률을 나타내지만, 신뢰구간이 항상 실제 모수를 포함하는 것은 아니다.
④ 최대우도추정은 표본 결과가 주어졌을 때, 모수가 특정 값을 가질 확률을 최대화하는 방식으로 추정값을 결정한다.

51. 다음 중 다중공선성 문제에 대한 설명으로 가장 적절하지 않은 것은?

① 다중공선성은 설명변수 간의 상관관계가 높을 때 발생하는 통계적 문제를 의미한다.
② 이 문제가 발생하면 회귀계수의 추정치가 불안정해져 해석이 어려워질 수 있다.
③ 다중공선성이 존재하면 변수 간의 관계가 명확해져 모델의 예측력이 증가하는 경향이 있다.
④ 분산팽창인수(VIF)는 다중공선성을 평가하는 데 유용한 지표로 자주 사용된다.

52. k-폴드 교차검증(k-Fold Cross Validation)에 대한 설명으로 가장 적절하지 않은 것은?

① k-폴드 교차검증은 모델의 과적합 문제를 줄이기 위해 사용하는 일반적인 방법이다.
② 데이터 세트를 k개의 서로 다른 그룹으로 나누어 각 그룹을 검증 세트로 사용한다.
③ 각각의 그룹은 한 번씩 검증 세트로 사용되고, 나머지 그룹들은 훈련 세트로 활용된다.
④ k의 값이 2일 때, 이 방법은 Leave-One-Out Cross Validation으로 불리게 된다.

53. 아래의 모형식을 갖는 분석 방법에 대한 설명으로 가장 적절하지 않은 것은?

> 아래
>
> $$\log\left(\frac{P(Y=1|X)}{1-P(Y=1|X)}\right) = \beta_0 + \beta_1 X_1 + \beta_2 X_2 + \cdots + \beta_n X_n$$

① 오즈(Odds)는 특정 사건이 발생할 확률과 발생하지 않을 확률의 비율을 의미하는 용어이다
② 로짓(logit)은 오즈값을 0부터 1까지 변하는 로지스틱 함수로 반환한다.
③ 로지스틱 모델의 출력값은 특정 사건이 발생할 확률로 해석될 수 있는 값을 생성한다.
④ 로지스틱 회귀에서 최적의 계수는 최대 우도 추정법을 통해 추정되며, 이는 데이터의 확률적 특성을 고려한다.

54. 다음 중 통계분석 방법 중에서 여러 대상 간의 거리 또는 유사성을 기반으로 하여, 이들을 동일한 상대적 거리가 있는 실수 공간의 점들로 배치하는 기법은 무엇인가?

① 다차원척도법
② 상관분석
③ 시계열분석
④ 주성분분석

55. 아래는 의사결정나무의 성장과정을 표현한 그림이다. 3번째 마디의 지니지수는 얼마인가?

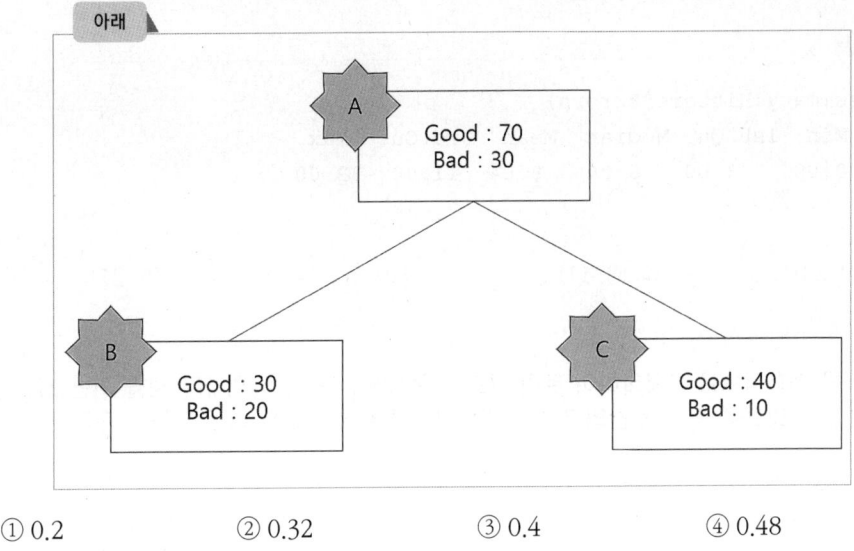

① 0.2   ② 0.32   ③ 0.4   ④ 0.48

56. 아래는 비계층 군집분석 방법론 중 K-means 군집분석의 수행하는 절차를 나열한 것이다. 다음 보기 중 순서가 가장 적절한 것은?

> 아래
> (a) 각 개체를 군집 중심과 거리를 계산하여 가장 거리가 가까운 군집 중심에 할당한다.
> (b) 군집 중심이 움직이지 않거나 거의 변화가 없을 때까지 반복한다.
> (c) 초기 군집의 중심으로 k개의 객체를 임의로 선택한다.
> (d) 각 군집이 정해지면 군집내의 개체들의 평균을 계산하여 군집의 중심을 다시 계산하여 군집 중심을 업데이트 한다.
> (e) 전체 데이터를 몇 개의 군집으로 할당할지 군집의 개수 k를 정한다.

① (e)→(a)→(c)→(d)→(b)
② (e)→(c)→(d)→(a)→(b)
③ (e)→(a)→(d)→(c)→(b)
④ (e)→(c)→(a)→(d)→(b)

57. 아래는 summary함수를 통해 변수를 요약 결과이다. 결과를 통해 이상값을 결정하기 위한 하한값과 상한값으로 가장 적절한 것은?

> 아래

```
> summary(Hitters$Errors)
   Min. 1st Qu. Median  Mean 3rd Qu.  Max.
   0.00    3.00   6.00  8.04   11.00  32.00
```

① (-9, 23) ② (3, 11) ③ (0, 14) ④ (0, 27)

58. 데이터를 계층적으로 그룹화하여 트리 구조를 형성하고, 각 군집의 유사성을 기반으로 군집을 구성하는 기법으로, 데이터 간의 거리 기반으로 군집을 형성하는 데 효과적인 군집 기법은 무엇인가?

① 밀도 기반 군집 기법
② 분리 군집 기법
③ 격자 기반 군집 기법
④ 계층적 군집 기법

59. 다음 중 상관분석에 대한 설명으로 가장 적절하지 않은 것은?

① 상관계수는 두 변수 간의 선형적 관계의 강도를 수치적으로 나타내는 중요한 지표로 사용된다.
② 상관계수가 0에 가까운 값일 경우, 두 변수 간에는 선형적인 관계가 거의 없음을 의미하는 것으로 해석된다.
③ 변수의 값에 음의 상수를 곱하면 두 변수 간의 상관관계는 유지되지만, 상관계수의 부호는 반전된다.
④ 두 변수의 값에 양의 상수를 곱하면 두 변수 간의 상관계수가 값들의 공분산 값 만큼 증가한다.

60. 시계열 자료에서 특정 계절이나 주기에 따라 정기적으로 반복되는 변화를 나타내며, 주로 자연적 요인이나 특정 이벤트에 의해 발생하는 구성 요소는 무엇인가?

① 불규칙요인   ② 계절요인
③ 추세요인   ④ 순환요인

61. 군집분석 결과의 타당성을 평가하는 지표에 대한 적절한 설명을 모두 고른 것은?

> **아래**
>
> (a) 실루엣 지표는 각 데이터 포인트의 군집 내 응집도와 군집 간 분리도를 기반으로 계산되어, 군집의 품질을 평가하는 데 사용된다.
>
> (b) Dunn Index는 군집 내 요소 간 거리의 최대값을 분자, 군집 간 거리의 최소값을 분모로 하여 군집의 분리 정도를 평가하는 지표이다.
>
> (c) Calinski-Harabasz 지표는 군집 간 분산과 군집 내 분산의 비율로 계산되며, 비율이 클수록 군집의 품질이 높다고 평가된다.

① (a),(b)　　② (b),(c)　　③ (a),(c)　　④ (a),(b),(c)

62. 다음 회귀분석에서 변수 선택법에 대한 설명 중에서 가장 적절하지 않은 것은 무엇인가?

① 전진선택법은 중요하다고 판단되는 설명 변수를 차례대로 추가하는 방식으로, 모델의 복잡성을 단계적으로 증가시킨다.
② 전진선택법을 사용할 때는 이미 선택된 변수들이 기존 모델에 미치는 영향과 관계없이 새로운 변수를 추가하는 것이 가능하다.
③ 후진제거법은 많은 변수들 중에서 불필요한 변수를 제거하는 방법으로, 변수의 개수가 많을 경우에는 계산적으로 복잡해질 수 있다.
④ 전진선택법은 설명 변수의 값이 작은 변동에도 회귀 분석 결과가 크게 변할 수 있어 모델의 안정성에 문제가 있을 수 있다.

63. 아래의 mtcars 데이터는 자동차의 성능을 데이터로 집계한 것이다. 이 데이터를 활용한 분석 실행 결과에 대한 설명 중 가장 적절하지 않은 것은?

> **아래**
>
> ```
> > model<-lm(mpg~hp+drat+wt, data=mtcars)
> > summary(model)
> 
> Call:
> lm(formula = mpg ~ hp + drat + wt, data = mtcars)
> 
> Residuals:
>     Min      1Q  Median      3Q     Max
> -3.3598 -1.8374 -0.5099  0.9681  5.7078
> 
> Coefficients:
>             Estimate Std. Error t value Pr(>|t|)
> (Intercept) 29.394934   6.156303   4.775 5.13e-05 ***
> ```

```
(Intercept)  29.394934    6.156303    4.775  5.13e-05 ***
hp           -0.032230    0.008925   -3.611  0.001178 **
drat          1.615049    1.226983    1.316  0.198755
wt           -3.227954    0.796398   -4.053  0.000364 ***
---
Signif. codes:  0 '***' 0.001 '**' 0.01 '*' 0.05 '.' 0.1 ' ' 1

Residual standard error: 2.561 on 28 degrees of freedom
Multiple R-squared: 0.8369, Adjusted R-squared: 0.8194
F-statistic: 47.88 on 3 and 28 DF,  p-value: 3.768e-11
```

① 연비(mpg)를 종속변수로 hp, drat, wt를 독립변수로 하는 다중선형회귀 모델을 추정하였다.
② 추정된 회귀모델은 유의수준 5%하에서 통계적으로 유의하다고 할 수 있다.
③ 추정된 회귀모델의 설명력은 수정된 결정계수로 확인 가능하며 81.9%라고 할 수 있다.
④ drat는 유의수준 5%하에서 통계적으로 유의하자 않아 제외하면 최종 회귀모형은
   mpg=29.4-0.03hp-3.23wt 이다.

64. 회귀분석에서 모형의 적절성을 확인하기 위한 질문으로 가장 적절하지 않은 것은?

① 모형이 통계적으로 유의미한지 결정하기 위해, 유의수준 5%와 비교해서 p-value값이 0.05보다 큰지를 검토했는가?
② 회귀분석에서 데이터가 선형성, 독립성, 정규성의 가정을 충족하는지를 검토하는 것이 왜 중요한가?
③ 모형에서 사용된 모든 독립변수 간의 상관관계가 통계적으로 유의미한지를 평가해야 하는가?
④ 회귀모형이 주어진 데이터에 잘 적합하고 예측 성능이 뛰어난지 확인하는 방법은 무엇인가?

65. 시계열 자료의 이동평균(MA) 모델에 대한 설명으로 가장 적절하지 않은 것은?

① 이동평균(MA) 모델은 과거의 오차 항을 사용하여 현재 값을 예측하는 방법이다.
② MA 모델의 자기상관함수(ACF)는 일반적으로 지수적으로 감소하는 형태를 가진다.
③ MA 모델은 주로 선형 모델이며, 비선형성을 처리하기 위한 것은 아니다.
④ MA 모델은 데이터가 정상성을 만족해야 하며, 이를 통해 안정적인 예측이 가능하다.

66. ARIMA 모형에 대한 설명으로 가장 적절하지 않은 것은?

① ARIMA는 Autoregressive Improved Moving Average의 약자이다.
② ARIMA(p,d,q) 모형에서 p는 자기회귀(AR) 부분의 차수를 나타낸다.
③ ARIMA 모형을 적용하기 위해서는 시계열 데이터의 정상성을 반드시 확인해야 한다.
④ ARIMA(p,d,q) 모형에서 d가 0인 경우를 ARMA(p,q) 모형이라고 한다.

67. 백색잡음에 대한 설명으로 가장 적절한 것은?

① 백색잡음은 모든 시점에서 서로 독립적이고 동일한 분포를 가지는 확률 변수들의 집합이다.
② 백색잡음은 정상성을 가지며 평균이 0이고 분산이 일정한 특성을 가진다.
③ 백색잡음은 시계열 분석에서 데이터의 예측 오차를 나타내는 중요한 요소이다.
④ 백색잡음은 반드시 평균이 0인 정규분포를 따라야 한다.

68. 아래의 텍스트 변환을 나타내는 텍스트 마이닝 용어는 무엇인가?

> **아래**
>
> [변환 전]
> DiamondRock Hospitality Company announced that its Board of Directors has declared a fourth quarter dividend of $0.23 per common share.
>
> [변환 후]
> DiamondRock Hospitality Company announced Board Directors declared fourth quarter dividend $ 0.23 common share.

① 제외어(stopword) 처리
② 문장부호(punctuation) 제거
③ 스테밍(stemming)
④ 소문자화(lowercasing)

69. 변수간의 관계를 평가하기 위해 카이제곱 검정을 사용하며, 이를 통해 분할할 변수와 해당 변수의 범주 간의 독립성을 평가하는 의사결정나무 알고리즘은 무엇인가?

① CART
② C4.5
③ ID3
④ CHAID

70. Hitters 데이터는 1986~1987 시즌 메이저리그 야구 선수에 대한 기록이다. 아래 다중선형 회귀분석 결과에 대한 설명으로 가장 적절하지 않은 것은?

아래

```
> library(ISLR)
> Hitters_rm<-Hitters[complete.cases(Hitters),]
> model<-lm(formula = Salary~ AtBat+Hits+HmRun+Runs+RBI+Walks+Years, data=Hitters_rm)
> summary(model)

Call:
lm(formula = Salary ~ AtBat + Hits + HmRun + Runs + RBI + Walks +
    Years, data = Hitters_rm)

Residuals:
   Min     1Q Median     3Q    Max
-867.11 -197.03 -43.58 100.80 2194.60

Coefficients:
             Estimate Std. Error t value Pr(>|t|)
(Intercept)  -98.4320    75.2485  -1.308 0.192020
AtBat         -2.0211     0.5877  -3.439 0.000682 ***
Hits           8.4843     2.2172   3.827 0.000164 ***
HmRun          1.4661     5.8288   0.252 0.801616
Runs          -1.1859     2.7243  -0.435 0.663716
RBI            2.3958     2.5747   0.931 0.352991
Walks          5.5736     1.5123   3.685 0.000279 ***
Years         31.5493     4.7594   6.629   2e-10 ***
---
Signif. codes:  0 '***' 0.001 '**' 0.01 '*' 0.05 '.' 0.1 ' ' 1

Residual standard error: 351.7 on 255 degrees of freedom
Multiple R-squared: 0.4085, Adjusted R-squared: 0.3923
F-statistic: 25.16 on 7 and 255 DF,  p-value: < 2.2e-16
```

① 분석에는 야구선수의 연봉(Salary)를 예측하기 위한 다변량 회귀분석을 실시하였다.
② 회귀 분석의 R-squared 값은 모델이 약 40%의 변동성을 설명하고 있다는 것을 의미한다.
③ 모델에서 변수 'Hits'는 연봉에 대한 영향력이 가장 크다고 단정할 수 있다.
④ 다변량 회귀 분석 결과에서 F-통계량의 p-value는 0.05보다 작아 모델이 통계적으로 유의함을 나타낸다.

과목 V 데이터 시각화

*문항 수(10문항), 배점(문항 당 1점)

71. 아래에서 설명하는 것은 시각 이해의 계층을 기반으로 해석할 수 있는 시각화 종류 중 무엇인가?

> **아래**
>
> 데이터에듀의 ADP 교재의 판매 수량 데이터를 수집하였다. 2022년 4번의 시험을 쳤으나 2023년에 2번 시험을 치게 되면서 판매 수량이 20% 감소하였다.
> 이에 시험 접수기간 한 달 전부터 최대한 마케팅을 진행하기로 대책을 수립하였다. 2024년 이후 시험 횟수가 줄어든 교재 판매를 위한 노하우로 다른 자격증 시험에 대비하게 되었다.

① 정보 디자인
② 인포그래픽
③ 정보 시각화
④ 데이터 시각화

72. 다음 중 자크베르탱의 그래픽 7요소에 대한 설명 중 가장 적절하지 않은 것은?

① 위치(Location)에 변화를 줌으로써 하나의 요소를 강조할 수 있다.
② 크기(Size)를 갖고 있는 요소들이라면 하나만 작게 만들어도 상대적으로 그것이 강조돼 보인다.
③ 색(Color)을 통해 크기나 명암과 같이 수치로 표현하기에 효과적이다.
④ 기울기(Orientation)는 같은 것들 중 하나의 기울기에 변화를 주어 시선을 유도할 수 있다.

73. 아래의 예시에서 시각적 이해의 위계도 중 지식에 해당하는 것으로 가장 적절한 것은?

> **아래**
>
> 데이터에듀의 ADP 교재의 판매 수량 데이터를 수집하였다. 2022년 4번의 시험을 쳤으나 2023년에 2번 시험을 치게 되면서 판매 수량이 20% 감소하였다.
> 이에 시험 접수기간 한 달 전부터 최대한 마케팅을 진행하기로 대책을 수립하였다. 2024년 이후 시험 횟수가 줄어든 교재 판매를 위한 노하우로 다른 자격증 시험에 대비하게 되었다.

① 교재 판매 수량
② 전년 대비 교재 판매 수량 감소
③ 시험 접수기간 한 달 전부터 마케팅 본격화
④ 시험 횟수가 줄어드는 교재 판매의 노하우 적용

74. 다음 중 트리맵이 속하는 시각화 방법으로 가장 적절한 것은?

① 공간 시각화
② 관계 시각화
③ 비교 시각화
④ 분포 시각화

75. 다음 중 데이터 명세화의 요소들에 대한 설명으로 가장 적절하지 않은 것은?

① 차원 – 데이터의 분석을 위한 속성을 나타내며, 주로 카테고리화된 정보를 제공한다.
② 측정값 – 데이터의 형태를 정의합니다. 일반적으로 정수형, 실수형, 문자형, 날짜형 등으로 구분되며, 이는 데이터 처리 및 분석에 있어 중요한 역할을 한다.
③ 계층 구조 – 차원 내의 데이터가 어떻게 조직되는지를 정의한다.
④ 속성 – 차원이나 측정값에 대한 추가 정보를 제공한다.

76. 다음 중 정보의 조직화 과정에서 각 과정과 이에 대한 설명으로 가장 적절하지 않은 것은?

① 데이터 수집 – 필요한 정보를 수집하여 데이터 형태로 변환하는 과정이다.
② 분류 – 수집한 데이터를 유사한 특성을 가진 요소끼리 그룹화하는 과정이다.
③ 배열 – 데이터의 의미와 중요도에 따라 적절히 배치하는 과정이다.
④ 관계 맺기 – 서로 비슷한 값을 가지고 있는 다른 데이터를 묶어가는 과정이다.

77. 다음 중 인포그래픽에 대한 설명으로 가장 적절하지 않은 것은?

① 인포그래픽은 데이터의 디테일 보다는 시각적인 요소를 통해 메시지를 전달하는 데 중점을 둔다.
② 인포그래픽은 정보를 전달하기 위해 데이터 자체보다는 데이터의 의미를 해석하여 설득형 메시지를 전달한다.
③ 인포그래픽은 데이터를 객관적으로 전달하고 원인과 결과의 인과 관계를 왜곡 없이 전달한다.
④ 인포그래픽은 정보를 전달하기 위해 다양한 정보를 종합한 정보 디자인으로 그래픽화 하여 정보를 전달한다.

78. 빅데이터 분석 프로그램인 R을 이용하여 시각화하는 방법으로 가장 적절하지 않은 것은?

① 바 차트(bar chat)
② 스캐터 플롯(scatter plot)
③ 파이 차트(pie chat)
④ 인포그래픽(infographics)

79. 다음 중 데이터 분석 과정에서 인사이트 도출을 위한 올바른 접근법이 아닌 것은?

① 새로운 데이터를 분석할 때는 기존 이론이나 가설을 바탕으로 탑다운(Top-Down) 방식으로 접근하는 것이 효과적이다.
② 다양한 시각화 도구를 활용하여 데이터를 다각도로 살펴보면 새로운 패턴을 발견할 수 있다.
③ 지표를 설정할 때는 해당 지표가 어떤 의미를 가지는지 명확히 이해하고, 목적에 맞게 활용해야 한다.
④ 복잡한 데이터를 단순화하기 위해 시각화 도구를 사용할 때, 도구의 특성을 정확히 이해하고 오해의 소지가 없는 시각화를 만들어야 한다.

80. 다음 중 데이터 분석 및 시각화의 과정을 벤 프라이의 7단계 방법론의 순서로 나열한 것 중 가장 적절한 것은?

① 획득 → 분해 → 선별 → 마이닝 → 표현 → 정제 → 상호작용
② 획득 → 선별 → 분해 → 정제 → 마이닝 → 상호작용 → 표현
③ 획득 → 분해 → 정제 → 선별 → 마이닝 → 표현 → 상호작용
④ 획득 → 선별 → 정제 → 분해 → 표현 → 마이닝 → 상호작용

서 술 형
*문항 수(4문항), 배점(총 20점), 부분점수 있음

아래의 10송이 꽃에 대한 학습 데이터에서 꽃잎 길이(x1), 꽃잎 너비(x2), 꽃받침 길이(x3)로 꽃의 품종(y, y=1:setosa, y=2:versiclolor, y=3:virglnica)을 예측하려고 한다.

번호	꽃잎 길이 x_1	꽃잎 너비 x_2	꽃받침 길이 x_3	품종 y
1	1.0	1.0	2.0	1
2	1.0	2.0	3.0	1
3	2.0	1.0	3.0	1
4	2.0	3.0	4.0	2
5	2.0	3.0	4.0	2
6	3.0	4.0	3.0	2
7	3.0	4.0	4.0	2
8	3.0	2.0	5.0	3
9	4.0	2.0	4.0	3
10	4.0	3.0	5.0	3

아래 그림과 같이 다층 퍼셉트론을 구축하였고, 각 층의 편향과 가중치는 다음과 같이 추정되었다.

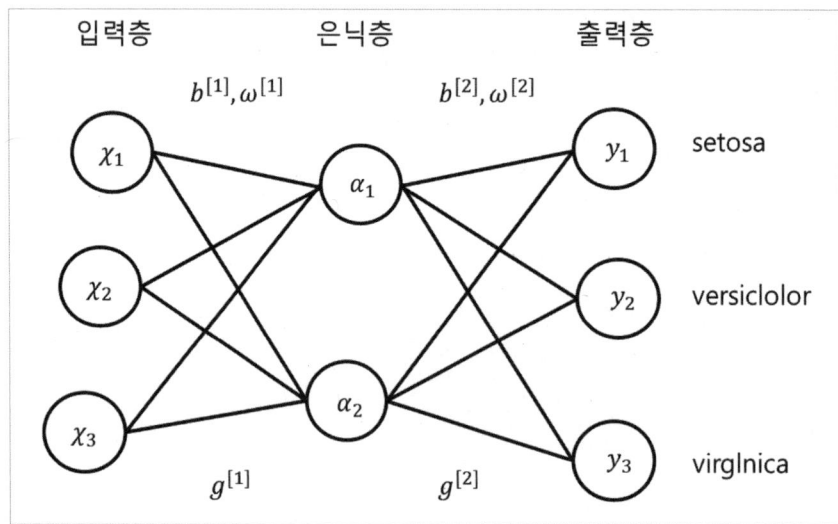

$$b^{[1]} = \begin{bmatrix} 1 \\ -1 \end{bmatrix}, \quad \omega^{[1]} = \begin{bmatrix} 1 & 2 & -1 \\ 0 & 1 & -2 \end{bmatrix}, \quad b^{[2]} = \begin{bmatrix} 0 \\ 1 \\ -1 \end{bmatrix}, \quad \omega^{[2]} = \begin{bmatrix} 1 & 1 \\ 0 & -1 \\ 1 & 0 \end{bmatrix}$$

$$e^1 \approx 2.718 \quad e^2 \approx 7.389 \quad e^3 \approx 20.085$$

각 단계에서의 활성화 함수는 ReLU 함수 $g^{[1]}(x) = max\,(x, 0)$ 와 소프트맥스(Softmax) 함수 $g^{[2]}(x) = softmax(x)$ 로 하고, 출력변수 Y의 참조변수는 사용하지 않는다.

1. 다층 퍼셉트론에서 하이퍼파라미터가 될 수 있는 요소를 세 가지 이상 서술하시오.(3점)

2. 본 문제에서 주어진 다층 퍼셉트론 구조를 활용할 때, 발생할 수 있는 문제점에 대하여 간단히 서술하시오.(3점)

3. 구축된 다층 퍼셉트론을 활용하여 꽃잎 길이가 1.0, 꽃잎 너비가 1.0, 꽃받침 길이가 1.0 일 때, 예측 결론을 식과 함께 제시하시오.(7점)

4. 구축한 다층 퍼셉트론에 기반하여 1번 꽃의 교차 엔트로피 값을 식과 함께 제시하시오.(단, 교차 엔트로피 계산 시, 자연 로그를 사용하시오.)(7점)

ADP 30회 기출문제 답안

번호	정답	번호	정답	번호	정답	번호	정답	번호	정답	번호	정답	번호	정답	번호	정답
01	②	11	④	21	③	31	①	41	③	51	①	61	③	71	③
02	②	12	②	22	③	32	④	42	①	52	②	62	④	72	④
03	②	13	①	23	④	33	③	43	①	53	③	63	①	73	③
04	①	14	③	24	④	34	④	44	④	54	①	64	③	74	②
05	①	15	①	25	②	35	①	45	①	55	③	65	④	75	③
06	④	16	③	26	①	36	③	46	②	56	②	66	③	76	④
07	①	17	④	27	①	37	②	47	③	57	①	67	④	77	①
08	②	18	②	28	①	38	④	48	②	58	③	68	②	78	④
09	①	19	①	29	①	39	①	49	③	59	①	69	②	79	③
10	③	20	④	30	②	40	③	50	②	60	②	70	④	80	①

과목 I 데이터 이해 (10문항)

01. 빅데이터는 동일한 데이터라도 누가, 언제, 어떻게 활용하느냐에 따라 전혀 다른 가치를 가질 수 있다. 재사용, 재조합, 다목적 활용이 일반화됨에 따라 데이터의 고정된 가치를 산정하기 어려워졌으며, 이러한 활용 방식의 다양성이 가치 평가를 어렵게 만드는 핵심 요인이다.

02. 데이터의 양을 나타내는 단위는 크기에 따라 계층적으로 구분되며, 일반적으로 킬로바이트(KB)부터 시작하여 메가바이트(MB), 기가바이트(GB), 테라바이트(TB), 페타바이트(PB), 엑사바이트(EB), 제타바이트(ZB), 요타바이트(YB)의 순서로 커진다. 문제에서 제시된 단위들을 순서대로 나열해보면 페타바이트 < 엑사바이트 < 제타바이트 < 요타바이트 순이다.

03. 보기에서는 "기업 전체의 자원을 통합적으로 관리"하고 "경영의 효율화"를 목적으로 한다고 설명하고 있다. 이는 인사, 회계, 생산, 물류 등 기업의 모든 자원을 하나의 시스템으로 통합하여 관리하는 ERP(전사적 자원 관리) 시스템의 정의와 일치한다.

04. DIKW 피라미드는 데이터에서 출발해 정보, 지식, 지혜로 이어지는 계층 구조이다. 관찰된 사실은 데이터, 이를 해석한 것이 정보, 정보에 근거해 판단이나 행동으로 이어지는 것이 지식이다. 보기의 (a)는 데이터, (b)는 정보, (c)는 지식에 해당한다.

05. 메타데이터는 데이터를 설명해주는 데이터로, 데이터에 대한 구조화된 정보를 의미한다. 인덱스는 데이터베이스에서 원하는 데이터를 빠르게 찾을 수 있도록 돕는 구조이다. 각각의 정의는 보기의 (A), (B) 설명과 정확히 일치한다.

06. 암묵지는 개인의 경험, 직관, 노하우 등과 같이 언어나 문서로 표현하기 어려운 지식을 의미하며, 형식지는 문서, 수치, 매뉴얼처럼 표현과 공유가 가능한 구조화된 지식을 의미한다. 과학적 연구에서도 형식지뿐 아니라 연구자의 통찰이나 경험과 같은 암묵지가 중요한 역할을 하므로, 4번은 부적절한 설명이다.

07. 빅데이터의 처리 방식은 '필요한 정보만 수집하고 필요하지 않은 정보를 버리는 시스템'에서 벗어나, '가능한 한 많은 데이터를 모으고 그 데이터를 다양한 방식으로 조합해 숨은 정보를 찾아내는' 방향으로 변화하였다. 따라서 불필요한 데이터를 제거하고 선별된 데이터만을 활용한다는 설명은 사전 처리에 해당되는 설명이다.

08. 학계에서는 빅데이터 출현의 배경으로 데이터의 처리 기술 발전과 더불어, 대규모 과학 연구에서의 데이터 활용을 주요 요인으로 본다. 특히 NASA와 같은 연구기관에서 방대한 양의 데이터를 분석하는 사례는 학술적 맥락에서 빅데이터의 대표적인 출현 배경으로 간주된다.

09. 빅데이터 시대의 책임 원칙 훼손이란, 분석 결과에 따른 조치나 판단에 대해 누가 책임을 지는지 명확하지 않은 상황을 의미한다. 맞춤 광고를 위해 동의 없이 개인 정보를 수집·활용하는 행위는 책임 원칙보다는 사생활 침해와 관련된 사례이다.

10. 데이터 사이언티스트는 데이터를 분석하고 인사이트를 도출하여 전략 수립에 기여하는 역할을 수행한다. 반면, 알고리즘으로 인한 피해를 구제하는 전문 인력은 알고리즈미스트이다. 따라서 3번은 데이터 사이언티스트의 역할이 아니다.

과목 II 데이터 처리 기술 (10문항)

11. 구글 Sawzall BigQuery는 Google Cloud의 데이터 웨어하우스이며, Pig는 Hadoop의 MapReduce 프로그래밍을 해주는 스크립트 언어이고, Hive는 Hadoop에서 쿼리할 수 있게 해준다. 하지만 Cassandra는 분산형 NoSQL 데이터베이스로, SQL 데이터베이스가 아니다. 데이터분석보다는 대규모 데이터 저장 및 빠른 읽기/쓰기를 위해 설계되었다.

12. GFS는 저비용의 일반 하드웨어를 사용하여 데이터 갱신보다는 읽기 작업에 최적화되어 있어 높은 처리율을 중요하게 생각한다. 또한 GFS는 클라이언트, 마스터 서버, Chunk 서버로 구성된다. 따라서 2번 설명은 잘못되었다.

13. 스노우 플레이크 스키마는 스타 스키마의 차원 테이블을 정규화하여 구조화된 형태로 조인할 테이블이 많아져 쿼리의 복잡도가 증가하게 되고 데이터 중복을 줄이기 위해 관련 데이터를 여러 테이블로 나누어 저장하는 특징이 있다. 단순한 형태의 스키마로 단일 사실 테이블을 중심으로 다수의 차원 테이블들로 구성되는 것은 스타 스키마에 대한 설명이다.

14. 스타 스키마는 사실 테이블의 기본키와 외래키를 통해 차원 테이블과 연결되고, 데이터웨어하우스에서 데이터를 분석하기 위한 OLAP 등에 활용할때 효율적이다. 스타스키마는 차원테이블을 정규화하지 않고 중복 허용하는 구조라서 중복을 최소화하려면 스노우 플레이크 스키마를 사용해야 한다.

15. EAI은 맵서비스, XML 등의 표준 기술을 사용하여 서비스 중심으로 하나의 프로세스를 처리하기 위해 관련 시스템을 연계하는 기술이며, 데이터를 통합하여 중앙에서 관리하고 일관성을 유지하고 자동화 배치 처리가 가능하여 실시간 연계 등 시스템을 연계하고 통합하는데 중점을 둔다.

16. Time Stamp on Rows 방식은 변경 시점을 기준으로 변경된 데이터를 식별할 수는 있으나, 실시간으로 변경 이력을 추적하는 방식은 아니다. 실시간 감지를 위해서는 트리거나 로그 스캐너 같은 별도의 메커니즘이 필요하다.

17. ODS는 인터페이스 → 데이터 스테이징 → 데이터 프로파일링 → 데이터 클렌징 → 데이터 인티그레이션 → 익스포트 단계로 이루어져있다. 4번 비정규화 단계는 ETL의 구성 단계로, ODS의 구성 단계에는 포함되지 않는다.

18. NoSQL 데이터베이스는 일반적으로 CAP 이론에 따라 가용성과 파티션 내성을 중시하며, ACID 속성을 엄격하게 준수하지 않는 경우가 많다. 대신 BASE(Basically Available, Soft state, Eventually consistent) 모델을 따르는 경우가 많다.

19. 공유 디스크(Shared Disk) 클러스터는 여러 노드가 하나의 저장소를 공유하는 구조로, 데이터 일관성과 가용성을 확보하는 데 유리하다. 그러나 트랜잭션은 독립적으로 처리되는 것이 아니라, 일관성 유지를 위해 조정되고 관리되어야 한다.

20. 데이터 통합 방식에 따라 데이터 중복이 발생할 수 있으며, 중복 데이터는 데이터 저장소의 필요성을 증가시킬 수 있다. 그래서 모든 데이터 통합 방식은 데이터 중복을 허용하지 않기 때문에 데이터 저장소의 필요성을 감소시킨다는 설명은 잘못된 설명이다.

과목 Ⅲ 데이터 분석 기획 (10문항)

21. 분산구조는 분석 인력을 여러 부서에 배치하여 각 부서의 분석을 지원하는 형태이다. '분석 인력을 특정 부서에 배치한다'는 설명은 분산구조의 특징과 맞지 않다. 집중구조는 별도 조직에서 분석을 수행하는 형태이며, 기능구조는 각 부서에서 자체 분석을 진행한다.

22. 분석대상이 명확하게 무엇인지 모르는 경우에는 기존 분석 방식을 활용하여 통찰을 도출해냄으로써 문제의 도출 및 해결에 기여하거나 발견 접근법으로 분석 대상 자체를 새롭게 도출할 수 있다.

23. 상향식 분석(Bottom-up Approach)은 데이터를 기반으로 문제를 찾아가는 방식이지만, 분석 기획은 분석의 방향과 목표를 먼저 설정하는 단계이므로, 기획보다 탐색이 먼저 오는 것은 논리적으로 맞지 않다. 즉, 탐색적 데이터 분석은 분석 기획 이후에 수행되어야 하며, 기획을 생략하거나 뒤로 미루는 것은 적절한 접근이 아니다.

24. 데이터 분석은 데이터 거버넌스 체계를 활용하는 활동일 뿐, 직접적인 관리 대상은 아니다. 반면, 데이터 품질, 메타데이터, 데이터 보안은 데이터 거버넌스의 핵심 관리 대상이다.

25. 마스터 플랜 수립 시 우선순위는 전략적 목표와의 연계성, 실행 가능성, 투자 대비 성과 등을 기준으로 설정하는 것이 적절하다. 반면, 데이터 자체의 우선순위는 실행의 수단일 뿐이며, 우선순위 판단의 직접적인 기준으로는 부적절하다.

26. 정형 데이터는 구조화된 테이블 형태로 저장되며, 이를 효과적으로 관리하기 위해 관계형 데이터베이스 관리 시스템(RDBMS)이 사용된다. RDBMS는 정형 데이터 처리에 최적화된 시스템으로, 설계 시 가장 일반적으로 채택된다.

27. 기능형 조직은 기존 기능 내에 분석 기능을 포함하는 형태로, 전담조직을 새로 신설하는 방식은 집중형에 가깝다. 따라서 기능형 조직에 대한 설명으로는 적절하지 않다.

28. 과제 중심적 접근 방식은 빠른 성과(Quick-Win), 문제 해결(Problem Solving), 신속한 테스트(Speed & Test)를 중요시한다. 반면, 정확성(Accuracy)과 안정적인 실행(Deploy)은 장기적인 마스터 플랜 방식의 특징에 더 부합한다. 따라서 과제 중심적인 접근 방식의 특징으로 적절하지 않은 것은 2번 선택지이다.

29. 분석 성숙도 모델은 도입, 활용, 확산, 최적화 단계로 구분된다. 관리자가 분석을 수행하는 것은 초기 단계의 특징이며, 전문 담당 부서에서 분석을 수행하고 분석 기법을 도입하는 것은 활용 단계에 해당한다. 분석 COE 조직 운영은 분석이 전사적으로 확산되는 '확산 단계'의 특징이다. 나머지 보기들은 도입 또는 활용 단계에 해당하므로, 다른 단계로 구분되는 보기이다.

30. 과제 우선순위는 시급성과 난이도의 균형을 고려하여 결정되며, 시급성과 난이도가 모두 높다고 반드시 우선순위가 가장 높은 것은 아니다. 일반적으로는 시급성이 높고 난이도가 낮은 과제가 우선 처리 대상이 되며, 시급성과 난이도가 모두 높은 과제는 중요하지만 복잡도가 높으므로 오히려 신중한 접근이 필요하다.

과목 IV 데이터 분석 (40문항)

31. 홀드아웃 기법은 데이터를 훈련용과 시험용으로 나누어 평가하는 방법으로 적절한 설명이다. 그러나 k-폴드 교차검증은 데이터를 동일한 크기의 k개로 분할하며, 붓스트랩은 주로 작은 데이터셋에서 모델의 변동성을 평가하는 데 유용하고, 무작위 서브샘플링은 계층을 고려하지 않는다. 따라서 가장 적절한 설명은 1번이다.

32. 회귀분석의 결과는 변수 간의 조건부 관계를 보여주며, 단순 상관관계를 직접적으로 나타내는 것은 아니다. Agriculture의 회귀계수가 음수라는 이유만으로 상관관계가 음(-)이라고 단정할 수는 없다. 상관관계는 별도의 상관분석을 통해 확인해야 한다.

33. 분석 결과를 확인하면 balance 변수의 Estimate 값은 5.737e-03으로 양수임을 알 수 있다. 로지스틱 회귀분석에서 예측 변수의 계수가 양수이면 해당 변수가 증가할 때, 종속 변수(여기서는 연체 가능성)의 로짓 값이 증가하고, 이는 연체 가능성이 높아진다는 것을 의미한다. 따라서 3번 선택지의 "balance가 높아질수록 신용카드 연체 가능성이 낮아진다"는 설명은 적절하지 않다.

34. p-value가 크다는 것은 해당 변수가 통계적으로 유의미하게 Salary를 설명하지 못한다는 의미이며, p-value가 가장 크다고 해서 Salary와 선형적인 관계가 가장 높다고 단정할 수는 없다. 변수 간의 선형적인 관계의 강도는 일반적으로 상관계수나 회귀 계수의 크기로 판단하며, p-value는 해당 관계의 통계적 유의성을 나타내는 지표이다.

35. 상관계수는 두 확률변수 간의 선형적인 관계 정도를 나타내는 지표이며, 변수에 상수를 더하거나 양의 상수를 곱해도 값이 변하지 않는다. 따라서 X와 Y의 상관계수가 0.9라면, 이들과 선형변환된 변수들의 상관계수도 동일하게 0.9이다.

36. 상자수염그림(Boxplot)은 평균의 유의미한 차이를 판단할 수 있는 통계적 검정 방법이 아니며, 단지 분포와 중앙값, 이상값 등을 시각적으로 보여주는 도구이므로, 3번 선택지의 "평균의 유의한 차이"를 확인했다는 설명은 부적절하다.

37. 각 변수가 5%의 결측값을 가진다는 것은 해당 변수가 결측이 아닐 확률이 1-0.05=0.95임을 의미한다. 고객 데이터는 나이, 성별, 이름 세 가지 변수로 구성되므로, 이 세 변수가 모두 결측이 아닐 확률은 0.95×0.95×0.95=0.95^3 = 0.857375 이다. 따라서 특정 고객 데이터가 제거될 확률은 전체 확률 1에서 모든 변수에 결측이 없을 확률을 뺀 값인 1-0.857375=0.142625 이다. 이는 선택지 2인 0.1426과 가장 가깝다.

38. 향상도는 조건부 확률 P(A|B)를 단순 확률 P(A)로 나눈 값이다. 이는 B가 발생했을 때 A가 얼마나 더 자주 발생하는지를 측정하는 지표이다. 본 문제에서는 A와 B의 지지도, 동시 발생 빈도 등을 이용해 향상도를 계산하며, 백분율로 환산 후 소수점 첫째자리에서 반올림하면 83%가 된다.

39. 나무 형태의 데이터 구조를 사용하여 연관성을 효율적으로 탐색할 수 있는 대표적인 기법은 FP-Growth (Frequent Pattern Growth)이다. FP-Growth 알고리즘은 Apriori 알고리즘과는 달리 후보 항목 집합을 생성하지 않고, Frequent Pattern Tree (FP-Tree)라는 압축된 데이터 구조를 구축하여 빈번 패턴을 효율적으로 찾아낸다. 이 FP-Tree는 트리의 형태로 데이터를 표현하여 탐색 과정을 최적화한다.

40. 연결 중심성은 특정 노드가 얼마나 많은 다른 노드와 직접적으로 연결되어 있는지를 나타내는 지표로, 노드의 중요성을 파악하는 데 활용된다. 연결 중심성이 높을수록 해당 노드는 네트워크 내에서 더 많은 관계를 맺고 있음을 의미하며, 네트워크의 구조적 특성을 파악하는 데에도 일부 영향을 줄 수 있다. 그러나 연결 중심성은 노드 간의 거리는 고려하지 않고 직접적인 연결만을 측정한다. 따라서 가장 적절하지 않은 설명은 3번 선택지이다.

41. 잔차분석에서 오차항은 정규성, 독립성, 등분산성을 가져야 한다는 가정이 중요하며, Q-Qplot, 자기상관 검정, 분산 분석 등을 통해 이를 확인할 수 있다. 그러나 오차항은 예측값과 실제값의 차이이므로 양수와 음수 모두 가질 수 있으며, 항상 양수여야 한다는 가정은 적절하지 않다. 따라서 정답은 3번이다.

42. 제공된 잔차도는 적합값에 따른 잔차의 분포를 보여준다. 그림에서 잔차의 흩어진 정도가 적합값의 범위에 따라 다르게 나타나는 패턴, 즉 중심 부근에서는 좁고 양 끝으로 갈수록 넓어지는 형태는 오차항의 분산이 일정하지 않다는 등분산성 위배의 특징적인 모습이다. 따라서 주어진 그림을 보고 위배되었다고 판단할 수 있는 회귀 분석 가정으로 가장 적절한 것은 등분산성이다.

43. 시계열 데이터에는 예측하기 어렵고 불규칙한 변동인 잡음(noise)이 포함될 수 있다. 하지만 이 잡음은 일반적으로 예측 불가능한 다양한 요인으로 인해 발생하며, 항상 명확한 이유가 있는 것은 아니므로 쉽게 제거하기 어렵다. 잡음을 제거하거나 줄이기 위해 평활화(smoothing) 등의 기법을 사용하지만, 완벽하게 제거하는 것은 불가능한 경우가 많으며, 그 방법 또한 쉽지 않다. 따라서 가장 적절하지 않은 설명은 3번이다.

44. 분해 시계열은 일반적으로 추세요인, 계절요인, 불규칙요인으로 구성되어 시계열 데이터의 패턴을 분석한다. 추세는 장기적인 변화, 계절성은 주기적인 변동, 불규칙성은 예측 불가능한 요인을 나타낸다. 그러나 회귀요인은 독립변수와 종속변수 간의 관계를 설명하는 회귀 분석 개념으로, 분해 시계열의 구성 요소로 보기는 어렵다. 따라서 가장 적절하지 않은 것은 4번 회귀요인이다.

45. 유클리드 거리는 두 점 사이의 최단 직선 거리를 나타낸다. A와 B의 x좌표 차이(7-3=4)를 제곱하고, y좌표 차이(1-4=-3)를 제곱하여 더한다. 이 합계인 25의 제곱근을 구하면 5이다.

46. 오분류율(Error Rate)은 전체 데이터 중에서 실제값과 예측값이 일치하지 않는 비율을 의미한다. 오분류표에서 실제값 True인데 예측치가 False인 경우(False Negative)는 10개, 실제값 False인데 예측치가 True인 경우(False Positive)는 5개이다. 따라서 잘못 분류된 총 개수는 10+5=15개이다. 전체 데이터의 개수는 합계 100개이므로, 오분류율은 15/100=0.15 이다.

47. 제시된 설명은 두 군집 병합 시 군집 간 거리를 각 군집 내 모든 점 간 거리의 최대값으로 정의하며, 밀집된 군집 형성에 효과적인 완전 연결법에 해당한다. 단일 연결법은 최소 거리를, 와드 연결법은 병합 시 분산 증가량을, 평균 연결법은 평균 거리를 기준으로 한다. 따라서 정답은 3번이다.

48. 후진 제거법은 초기 모든 변수를 포함한 모델에서 시작하여 AIC 등의 통계적 기준을 활용해 단계적으로 변수를 제거하며 최적 모델을 찾는 방식이다. 각 단계에서 AIC를 낮추는 방향으로 변수를 제거하며, 최종 단계에서는 남은 변수들로 이루어진 모델을 평가한다. 모든 변수를 다시 비교하여 최종 모델을 선택하는 것은 아니며, 통계적 유의성이 있음에도 변수가 제거될 수 있다는 점을 고려해야 한다. 따라서 가장 적절하지 않은 설명은 2번이다.

49. ANOVA 검정의 귀무가설은 교육 수준 그룹 간 임금 모평균이 동일하다는 것이며, p-value가 유의수준 5%보다 작으면 적어도 하나의 그룹 평균이 다르다고 볼 수 있다. ANOVA 검정 통계량은 F-분포를 따르는 것이 일반적인 가정이다. 그러나 ANOVA 결과나 단순 요약 통계량만으로는 특정 교육 그룹의 임금이 가장 높다고 단정할 수 없으므로, 3번 설명이 가장 부적절하다. 따라서 정답은 3번이다.

50. 첫 번째 가설 검정은 양측 검정으로 수행되었으며, p-value가 0.079로 유의수준 10%에서 두 그룹 간 수면 시간 증가 효과의 차이는 통계적으로 유의하다. 두 번째 검정의 p-value가 매우 커 그룹 1의 효과가 그룹 2보다 유의하게 낮다고 보기 어렵다는 해석도 적절하다. 그러나 두 번째 검정 결과의 t-값(-1.8608)은 두 집단의 평균 차이가 아닌 검정 통계량이므로, 2번 설명은 부적절하다. 따라서 정답은 2번이다.

51. 인디그리 중심성은 특정 노드로 들어오는 엣지(연결)의 수를 측정하는 지표이다. 즉, 다른 노드가 해당 노드와 연결된 정도를 나타내며, 이 값이 높을수록 그 노드는 다른 노드들로부터 더 많은 연결을 받는 것으로 간주되어 중요성이 높다고 평가된다. 따라서 인디그리 중심성이 정답이다.

52. 통계적 가설 검정은 귀무가설이 참이라고 가정하고 시작한다. 그 가정 하에서 관측된 통계량이 얼마나 극단적인 값인지, 즉 기각역에 속할 확률이 얼마나 되는지를 평가한다. 만약 관측 통계량이 기각역에 위치한다면, 귀무가설이 참이라는 가정이 틀렸을 가능성이 높다고 판단하여 귀무가설을 기각하는 것이다. 따라서 귀무가설이 참일 때 관측 통계량이 기각역에 위치할 수도 있으며, 실제로 1종 오류는 귀무가설이 참인데도 기각하는 오류를 의미한다.

53. 평균이 일정하지 않지만 추세가 없는 시계열은 차분(differencing)을 통해 정상 시계열로 만들기 어렵다. 차분은 시계열 데이터에서 추세(trend)를 제거하여 정상성을 확보하는 데 주로 사용된다. 여기서 추세가 있다는 것은 평균이 시간에 따라 일정한 방향으로 변한다는 의미이다. 반면, 평균이 일정하지 않지만 추세가 없다는 것은 평균이 시간에 따라 무작위적으로 변동한다는 뜻으로, 이는 계절성(seasonality)이나 주기성(cyclicity) 같은 다른 비정상성 요인에 기인할 수 있다. 이런 경우에는 차분보다는 다른 정상화 기법을 적용하는 것이 더 적절하다.

54. 연관규칙 A→B에 대한 신뢰도는 품목 A가 나타났을 때 품목 B가 나타날 조건부 확률을 의미한다. 이는 P(B|A)로 표현되며, 계산식으로는 P(A∩B)/P(A) 이다. 즉, A와 B가 동시에 나타나는 경우의 수를 A가 나타나는 경우의 수로 나눈 값이다. 따라서 선택지 3번이 정답이다.

55. 잔차의 정규성은 Q-Q 플롯으로, 모형의 설명력은 결정계수나 수정된 결정계수로, 잔차의 독립성은 더빈-왓슨 검정으로 확인할 수 있다. 그러나 VIF(분산팽창인자)는 다중공선성 크기를 확인하는 지표이며, 모형의 예측력은 RMSE, MAE, MAPE 등의 오차 기반 지표로 평가한다. 따라서 모형의 예측력 평가 방법으로 VIF를 제시한 3번이 가장 적절하지 않다.

56. k-평균 군집분석은 이상값에 민감하며, 데이터 수가 증가한다고 항상 군집 품질이 향상되는 것은 아니다. k-평균은 비계층적 군집분석 방법이며, 군집의 수 k는 알고리즘이 아닌 분석자가 사전에 결정해야 한다. 따라서 가장 적절한 설명은 3번이다.

57. F1-Score는 정밀도와 재현율의 조화 평균으로, 두 지표가 모두 중요할 때 사용하는 성능 평가 지표이다. 정밀도는 양성 예측 중 실제 양성의 비율, 재현율은 실제 양성 중에서 모델이 맞게 예측한 비율을 의미한다. 주어진 데이터로 정밀도와 재현율을 계산해보면 각각 1/3, 3/10이 나오므로 F1-Score 값은 6/19이다.

58. 연결정도 중심성(Degree Centrality)은 한 노드에 직접 연결된 엣지(링크)의 개수를 의미한다. 4번 노드의 연결된 엣지는 1번, 2번, 3번 5번 노드와 직접 연결되어 있으므로 연결정도 중심성(Degree Centrality)은 4가 된다.

59. 텍스트마이닝은 비정형 데이터인 텍스트에서 유용한 정보를 추출하고 분석하는 기술이며 단어와 문서 간의 관계를 모델링하여 데이터의 구조와 의미를 파악한다. 주제 모델링, 감정 분석, 키워드 추출 등을 통해 개인 및 집단 간의 상호작용을 이해하고, 문서의 주제를 분류하거나, 특정 패턴을 찾는 데 유용하다.

60. 텍스트 코퍼스는 텍스트 마이닝의 원자료로, 문서나 분석 대상에서 추출된 텍스트 데이터의 집합이다. 이는 단어, 문장, 문서 등을 포함하며, 분석의 출발점 역할을 한다.

61. 부호순위검정은 짝지어진 표본에, 순위합검정은 두 독립 집단 간 차이 비교에 사용된다. 스피어만 순위상관계수는 변수 간 순위 상관성을 측정한다. 반면 런 검정은 독립적인 두 순서 데이터 집합에서 관측값의 순서가 무작위적인지 검정하는 비모수적 방법이므로, 제시된 문제에 가장 적절하다. 따라서 정답은 3번이다.

62. 성별에 따른 연봉 차이 분석에는 t-검정, 최종학력에 따른 통근 시간 차이 분석에는 분산분석, 연령대에 따른 성별 분포 분석에는 카이제곱 검정이 적절하다. 그러나 최종학력은 범주형 변수이므로 연속형 변수인 통근 시간과의 관계를 분석하는 데 피어슨 상관계수를 사용하는 것은 적절하지 않다. 따라서 정답은 4번이다.

63. MAPE는 예측값이 실제값과 얼마나 차이가 나는지를 백분율로 표현한 회귀 분석 성능 평가 지표로, |(참값-예측값)/참값 * 100으로 계산된다. 문제에서 모든 관측값에서 오차가 10%로 일정하게 발생했기 때문에, MAPE는 10+10+10+10/4=10 임을 알 수 있다.

64. 군집분석은 유사한 데이터끼리 그룹화하는 비지도학습 기법으로, 군집 내 동질성과 군집 간 이질성을 통해 품질을 평가한다. 군집 수 사전 결정은 많은 군집 분석 방법에서 요구되지만, 일부 알고리즘은 자동으로 결정하기도 하므로 2번 설명은 모든 경우에 적용되지 않아 가장 적절하지 않다. 따라서 정답은 2번이다.

65. 제시된 설명은 그룹 간 평균 차이 검정, 독립변수 수에 따른 분산 비교, 연속형 종속변수와 범주형 독립변수 사용이라는 특징을 나타낸다. 이는 분산분석(ANOVA)의 핵심적인 내용에 해당한다. 한편, 주성분분석은 차원 축소, 군집분석은 그룹 형성, 회귀분석은 변수 간 관계 모델링에 주로 사용된다. 따라서 정답은 4번이다.

66. DBSCAN은 밀도 기반 군집화, Apriori는 연관 규칙 분석, PCA는 차원 축소에 주로 사용된다. SVM(Support Vector Machine)은 주어진 데이터를 학습하여 범주형 변수인 성적 등급을 예측하는 데 적합한 지도 학습 기반 분류 기법이다. 따라서 학생 성적 데이터를 분석하여 특정 과목의 성적 등급을 예측하는 데 가장 적절한 분석 기법은 SVM이다.

67. 카이제곱 통계량, 지니 지수, 엔트로피 지수는 주로 범주형 목표변수를 다루는 분류 의사결정나무에서 분기 기준으로 사용된다. 연속형 목표변수를 갖는 회귀 의사결정나무에서는 그룹 간 평균 차이를 검정하는 F-통계량의 p값이 분기 기준 값으로 적절하다. 따라서 정답은 4번이다

68. 주어진 R 코드는 weight를 종속변수, Time을 독립변수로 하는 선형 회귀 모델을 생성하며, 추정된 회귀식은 weight = 27.467 + 8.803 * Time이고, 결정계수(R-squared)는 0.7007로 모델의 설명력을 나타낸다. 그러나 자유도(Residual standard error의 df)는 잔차의 자유도로, 전체 데이터 개수는 잔차 자유도에 추정된 파라미터 수(절편과 기울기)를 더한 값이므로, 자유도가 576이라고 해서 전체 데이터 개수가 576개인 것은 아니다. 따라서 가장 적절하지 않은 설명은 4번이다.

69. 데이터 마이닝에서 분석 모델 구축을 위해 데이터를 훈련용, 검증용, 테스트용으로 분할하는 것은 일반적인 절차이다. 훈련용 데이터는 모델 학습에, 검증용 데이터는 하이퍼파라미터 최적화에 사용되며, 이 둘은 서로 다른 데이터셋으로 구성된다. 데이터 양이 부족할 때는 데이터셋을 합쳐 단일 모델을 생성하기보다는 교차 검증이나 데이터 증강 등의 방법을 고려하는 것이 적절하다. 따라서 가장 적절하지 않은 설명은 4번이다.

70. 시뮬레이션 모델에서 연속형 모델은 연속적인 상태변수를 다루는 데 적합하며, 이산형 변수가 포함된 상황에서만 유용하게 활용될 수 있다는 설명은 부적절하다.

과목 V 데이터 시각화 (10문항)

71. 해당 그래프는 엑셀에서 산점도와 추세선을 활용해 선형 회귀식을 도출하고 결정계수 R^2값을 제시한 것이다. 그러나 회귀분석의 통계적 유의성을 판단하기 위해서는 p-value를 확인해야 하며, 단순히 그래프만으로는 유의성 여부를 판단할 수 없기 때문에 3번 설명은 부적절하다.

72. 데이터 시각화를 위해서는 CSV, JSON, XML 등과 같은 구조화된 형식으로 데이터를 정리해야 한다. 이 중 XML은 사람과 기계 모두가 이해할 수 있도록 설계된 마크업 언어이며, 복잡한 구조를 표현할 수 있다는 장점이 있다. 따라서 '기계가 읽기 어렵게 설계되었다'는 설명은 부적절하다.

73. 데이터 시각화는 복잡한 정보를 명확하게 전달하고, 사용자의 이해를 돕기 위해 직관적인 디자인을 추구해야 한다. 특히 빅데이터는 그 양과 복잡성이 크기 때문에 단일 시각화로 모두를 표현하기보다는, 목적과 맥락에 맞춰 다양한 시각화를 활용해야 하므로 3번 설명은 부적절하다.

74. 아이소타입은 각 수량마다 여러 기호를 사용하는 것이 아니라, 하나의 기호가 항상 일정한 수량을 대표하고, 이를 반복적으로 배열하여 전체 수량을 시각적으로 표현하는 체계이다. 따라서 2번의 설명은 아이소타입의 핵심 원칙과 어긋난다.

75. 정보 디자인은 시각적 요소를 활용해 정보를 효과적으로 전달하는 것이 핵심이며, 통계적 그래픽이나 주제 지도학은 주로 데이터 시각화의 영역에 해당한다. 따라서 정보 디자인의 범주에 통계적 그래픽, 주제 지도학을 포함시키는 것은 적절하지 않다.

76. 버블 차트는 세 변수 간의 상호 관계를 동시에 표현할 수 있는 시각화 도구로, 주로 변수들 간의 상관관계나 패턴을 파악하는 데 사용되므로 관계 시각화에 해당한다.

77. 벤 프라이(Ben Fry)의 시각화 방법론은 데이터를 시각적으로 표현하기까지의 과정을 7단계로 구분한다. 이 중 1단계인 '획득(acquire)'은 데이터를 수집하는 단계이며, 선택지 1의 설명처럼 '정보를 구조적으로 카테고리화'하는 과정은 분해(parse) 단계에 해당하므로 부적절한 설명이다.

78. 관계 시각화는 두 변수 이상 간의 상관관계나 패턴을 시각적으로 표현하는 방식이다. 트리맵은 계층 구조와 비율을 표현하는 분포 시각화에 해당되며 변수 간의 관계를 드러내지 않기 때문에 관계 시각화에 해당하지 않는다.

79. 빅데이터 시각화는 데이터의 관계와 패턴을 시각적으로 표현함으로써, 분석 결과를 명확히 해석하고 빠르게 인사이트를 도출하기 위한 방법이다. 단순한 시각 표현을 넘어, 통계 분석 결과를 시각적으로 구현하는 기능도 포함한다.

80. 빅데이터 시각화는 데이터 수집과 정제, 분석 도구를 통한 시각화, 그리고 시각적 효과를 강조하는 표현 단계까지 총 3단계로 구성된다. 올바른 순서는 정보구조화 → 정보시각화 → 정보시각표현이다.

서술형 (2문항)

1. 조건부 독립성에 대해 설명하고, 주어진 데이터가 조건부 독립성을 만족하는지 서술하시오.(10점)
 1-1) 조건부 독립에 대한 설명하시오.

조건부 독립성은 나이브 베이지안 정리(Naive Bayes Theorem)에서 핵심 가정 중 하나입니다. 이를 간단히 설명하자면, 나이브 베이지안 분류기는 각 특징(feature)이 주어진 클래스(class)에서 서로 조건적으로 독립이라고 가정합니다. 즉, 클래스 C 가 주어졌을 때, 특정 특징 X_i의 값이 다른 특징 X_j의 값에 영향을 주지 않는다고 봅니다.

수학적으로 표현시 나이브 베이지안 정리는 베이즈 정리를 기반으로 하며, 다음과 같이 표현됩니다:

$$P(C \mid X_1, X_2, \ldots, X_n) = \frac{P(C) \cdot P(X_1, X_2, \ldots, X_n \mid C)}{P(X_1, X_2, \ldots, X_n)}$$

여기서 조건 독립성 가정은 $P(X_1, X_2, \ldots, X_n \mid C)$)를 같이 단순화합니다:

$$P(X_1, X_2, \ldots, X_n \mid C) = P(X_1 \mid C) \cdot P(X_2 \mid C) \cdot \ldots \cdot (X_n \mid C)$$

즉, 클래스 C가 주어졌을 때 각 특징 X_i는 서로 독립적이므로, 결합 확률이 개별 확률의 곱으로 계산됩니다.

1-2) 주어진 데이터 기반으로 조건부 독립성이 만족하는지 서술하시오.

조건부 독립성이 만족할 경우, 조건이 되는 사건 C에 대하여 사건 A, B의 결합 조건부확률이 C에 대한 A, B의 조건부 확률의 곱과 같을 때, 조건부 독립성이라고 한다.

$$P(A, B|C) = P(A|C)P(B|C)$$

상위 표를 참고로 확률을 계산하면

$$P(광고, 대출|스팸) = \frac{2}{5}$$

$$P(광고|스팸) = \frac{3}{5}$$

$$P(대출|스팸) = \frac{3}{5}$$

이고, P(광고, 대출|스팸) ≠ P(광고|스팸) * P(대출|스팸)이므로 주어진 데이터는 조건부 독립성을 만족하지 않는다.

2. 광고, 대출 키워드를 포함한 문자가 스팸일 식과 확률을 서술하시오. (조건부 독립성을 만족한다고 가정한다.)

2-1) 광고, 대출 키워드를 포함한 문자가 스팸일 식(조건부 독립성 만족 가정)을 구하시오.

$$P(스팸|광고, 대출) = \frac{P(광고, 대출|스팸) \cdot P(스팸)}{P(광고, 대출)} = \frac{P(광고|스팸) \cdot P(대출|스팸) \cdot P(스팸)}{P(광고, 대출)}$$

P(광고, 대출)=P(스팸)·P(광고 | 스팸)·P(대출 | 스팸)+P(스팸 아님)·P(광고 | 스팸 아님)·P(대출 | 스팸 아님)

2-2) 광고, 대출 키워드를 포함한 문자가 스팸일 확률을 구하시오.
- P(스팸)=0.5
- P(광고 | 스팸)=0.6
- P(대출 | 스팸)=0.6
- P(스팸 아님)=0.5
- P(광고 | 스팸 아님)=0.2
- P(대출 | 스팸 아님)=0.2
- P(광고,대출)=P(스팸)·P(광고 | 스팸)·P(대출 | 스팸)+P(스팸 아님)·P(광고 | 스팸 아님)·P(대출 | 스팸 아님)
  = (0.5·0.6·0.6)+(0.5·0.2·0.2)=(0.5·0.36)+(0.5·0.04)=0.18+0.02=0.2

$$P(스팸|광고, 대출) = \frac{P(광고|스팸) \cdot P(대출|스팸) \cdot P(스팸)}{P(광고, 대출)} = \frac{0.6 \cdot 0.6 \cdot 0.5}{0.2} = \frac{0.18}{0.2} = 0.9$$

"광고"와 "대출" 키워드를 포함한 문자가 스팸일 확률은 0.9 (즉, 90%)입니다.

ADP 31회 기출문제 답안

번호	정답	번호	정답	번호	정답	번호	정답	번호	정답	번호	정답	번호	정답	번호	정답
01	③	11	②	21	①	31	④	41	③	51	③	61	③	71	④
02	②	12	①	22	②	32	③	42	①	52	④	62	②	72	③
03	③	13	④	23	①	33	①	43	④	53	②	63	④	73	③
04	③	14	③	24	②	34	③	44	③	54	③	64	①	74	④
05	③	15	②	25	①	35	④	45	③	55	③	65	②	75	②
06	③	16	①	26	③	36	②	46	③	56	③	66	①	76	④
07	④	17	③	27	②	37	③	47	③	57	③	67	④	77	③
08	④	18	③	28	③	38	③	48	③	58	④	68	①	78	④
09	①	19	②	29	③	39	③	49	③	59	④	69	④	79	①
10	①	20	③	30	②	40	②	50	④	60	②	70	③	80	①

과목 I 데이터 이해 (10문항)

01. 분석 과정에서의 오류는 크게 로직 오류와 프로세스 오류로 구분된다. 로직 오류는 분석 모델이나 가설, 변수 간 관계 설정 등 분석의 논리 자체에 문제가 있는 경우 발생하고, 프로세스 오류는 분석 절차, 데이터 수집 및 처리, 시나리오 검토 등 전체 진행 과정에서의 실수나 누락을 의미한다. 3번 선택지는 논리적 판단(대표성 없는 샘플로 가설 검증 강행)에서 발생한 오류이므로 로직 오류에 해당하는 것이 맞고, 이를 프로세스 오류로 분류한 것은 적절하지 않다.

02. 빅데이터의 발전은 기존 RDBMS의 한계를 극복하기 위해 분산형 아키텍처, NoSQL, 클라우드 기반 기술 등이 등장하며 이루어졌다. 선택지 2는 빅데이터의 방향성과 반대로 설명하고 있어 부적절하다.

03. Agency 단계는 데이터를 능동적으로 해석하고 조정하여 활용하는 것이 핵심이며, 데이터를 분리하거나 보안을 강화하는 개념은 아니다. 오히려 이 단계에서는 데이터의 연결성과 융합을 통한 활용이 강조되며, 보안성 강화는 데이터 거버넌스의 영역에 더 가깝다.

04. 기존의 분석은 제한된 자원과 처리 능력으로 인해 표본조사에 의존했지만, 빅데이터 환경에서는 전수조사(Full Data Analysis)가 가능해졌고, 오히려 표본조사의 필요성이 감소하였다. 따라서 "표본조사가 더욱 강조되었다"는 설명은 빅데이터 분석의 방향성과 반대이며 부적절하다.

05. 빅데이터 활용의 3요소는 데이터, 기술, 인력로 구성되며, 각각은 역할이 명확히 구분된다. 인력은 데이터를 이해하고 분석할 전문 역량, 통찰력, 해석 능력 등을 의미한다. 따라서 선택지 3처럼 인력을 "기술적 환경 구축"에만 국한하고, 속도 최적화의 기술적 역할로만 설명한 것은 인력의 역할을 잘못 축소한 설명이다.

06. 빅데이터를 정의하는 관점은 범위에 따라 좁은 정의, 중간 정의, 넓은 정의로 구분된다. 넓은 정의는 기술 요소뿐 아니라, 조직의 운영 방식, 사회적 변화, 인재 개발, 가치 창출 방식 등까지 포괄하는 거시적 시각이다. 따라서 선택지 3은 넓은 정의를 협소하게 기술 중심으로만 설명하고 있어 부적절하다.

07. 빅데이터는 활용 방식의 유연성, 기술 발전에 따른 가치 재조명, 비정형성과 맥락 의존성 등의 특성으로 인해 전통적인 자산처럼 고정된 기준으로 가치를 산정하기 어렵다. 그런데 선택지 4는 데이터를 고정적이고 명확하게 평가할 수 있다고 전제하고 있어, 빅데이터의 특성과 정면으로 배치되는 설명이다.

08. (다) 기술이 사용자의 행동을 예측하는 것은 책임 원칙 훼손의 사례로 보기 어렵고, (라) 교육 목적에 맞는 데이터 활용은 데이터 오용이 아니다. (가)와 (나)는 각각 사생활 침해와 책임 원칙 훼손의 적절한 예시다.

09. 빅데이터 가치 패러다임은 Digitalization → Connection → Agency의 3단계를 거치며 발전해왔다. Agency 단계는 데이터를 능동적으로 해석하고 활용하여 의사결정을 자동화하거나 실질적 행동을 유도하는 단계이다. 1번 선택지는 Agency 단계의 본질을 오해하고 단순화·관리 중심으로 잘못 설명하고 있어 부적절하다.

10. DIKW 피라미드에서 데이터는 단순한 사실이며, 정보는 의미를 부여한 데이터다. 지식은 패턴이나 상관관계를 기반으로 도출된 원리이고, 지혜는 예측이나 의사결정을 내리는 단계다. 다른 예시들은 데이터와 정보에 대한 설명이지만, 매출액 예측은 지혜(Wisdom)에 해당하는 내용이므로 다른 단계이다.

과목 Ⅱ 데이터 처리 기술 (10문항)

11. 스쿱은 RDBMS와 하둡 간의 데이터 전송을 효율적으로 처리하기 위해 설계된 오픈소스 도구이며, JDBC를 사용하는 RDBMS와 호환된다. 또한 Direct 옵션으로 대량의 데이터 전송을 처리할 수 있다. 하지만 스쿱에서 맵 태스크의 수를 과도하게 증가시키면 오히려 성능 저하를 초래할 수 있다.

12. 무공유(Shared Nothing) 클러스터는 각 노드가 자신만의 디스크, 메모리, 데이터를 소유하며 노드 간 데이터나 저장 장치를 공유하지 않는 구조이다.

13. CDC 기법 중 Log Scanner on Database은 (a) 데이터베이스에 대한 영향도를 최소화 (b) 데이터베이스 사용 애플리케이션에 대한 영향도 최소화 (c) 변경 식별 지연 시간 최소화 (d) 트랜잭션 무결성에 대한 영향도 최소화 (e) 데이터베이스 스키마 변경 불필요 등의 특성을 가진다.

14. 포인트 투 포인트(Point to Point) 방식은 각 애플리케이션(노드) 간 직접 연결을 구성하는 방식이다. 이 경우, 모든 노드가 서로 연결되려면 각각의 노드 쌍마다 하나의 연결이 필요하므로, 조합의 수 공식인 N(N-1)/2가 적용된다.

15. Denormalizing ETL 단계는 일반적으로 데이터 웨어하우스에서 성능을 향상시키기 위해 정규화된 데이터를 비정규화하는 과정이다. ODS에 데이터를 적재하는 데 있어 필수적이지 않으며, ODS의 목적과는 다소 거리가 있다.

16. 데이터 병렬 처리나 I/O 속도 향상은 서버 가상화의 직접적인 효과가 아니며, 분산 처리 시스템이나 고성능 스토리지 구조의 이점에 더 가깝다. 오히려 가상화 환경에서는 가상화 계층의 오버헤드로 인해 입출력 성능이 저하될 수 있다는 단점이 존재하므로, 해당 설명은 부적절하다.

17. 컨테이너 기반 가상화는 하이퍼바이저 기반 가상화에 비해 더 낮은 수준의 가상화를 제공하며, 경량화된 구조로 되어 있다. 또한 컨테이너는 호스트 운영체제를 공유하기 때문에, 오버헤드가 적어 성능이 뛰어나고 자원 활용도가 높다. 또한 컨테이너 기반 가상화에서는 호스트 운영체제를 공유하기 때문에 모든 컨테이너가 동일한 커널을 사용하여 운영체제가 독립적이지 않다.

18. 대용량 비정형 데이터 수집 시스템은 자동화된 확장성과 실시간 수집 능력을 핵심 특징으로 한다. 수동 확장이나 실시간 수집이 어렵다는 설명은 이러한 시스템의 특성을 잘못 설명하고 있으므로 부적절한 설명이다.

19. 병렬 처리 시스템은 대용량 데이터를 빠르게 처리하기 위해 여러 노드나 프로세스가 동시에 작업을 수행하는 구조이다. Sqoop은 병렬 프로그래밍 도구가 아니라 데이터 전송 도구이므로, 병렬 프로그래밍을 위한 스크립트 언어와는 관련이 없다.

20. CDC는 데이터 웨어하우스뿐만 아니라, 실시간 분석, 데이터 복제, 스트리밍 처리 등 다양한 환경에서 활용된다. 따라서 '데이터 웨어하우스에 한정된다'는 설명은 부적절하다.

과목 Ⅲ 데이터 분석 기획(10문항)

21. 우선순위를 시급성을 기준으로 할 경우 Ⅲ(난이도 : Easy, 시급성 : 현재)→ Ⅳ(난이도 : Easy, 시급성 : 미래)→Ⅱ(난이도 : Difficult, 시급성 : 미래) 영역 순으로 의사결정을 할 수 있다. 따라서 가장 먼저 추진해야 할 과제는 1번이다.

22. 데이터 거버넌스 체계 구축 시 메타데이터 및 데이터 사전 관리 원칙 수립, 빅데이터 환경에서의 데이터 생명 주기 관리, 데이터 품질 저하 및 관리 비용 증가 방지 전략 수립은 모두 적절한 고려 사항이다. 그러나 데이터 관리 원칙에 따른 프로세스 설계와 역할 및 책임 구분은 데이터 거버넌스와 독립적으로 운영될 수 없으며, 긴밀하게 연계되어야 데이터 관리의 일관성과 효율성을 확보할 수 있다. 따라서 가장 적절하지 않은 것은 2번이다.

23. 마스터 플랜 수립 시 적용 범위 및 방식은 분석이 조직의 업무에 얼마나 통합될지(업무 내재화 적용 수준), 어떤 데이터를 활용할지(분석 데이터 적용 수준), 그리고 어떤 기술을 적용할지(기술 적용 수준)를 종합적으로 고려하여 결정해야 한다. 이는 분석 구현 로드맵의 중요한 구성 요소이다. 따라서 가장 적절한 것은 1번이다.

24. 분석 성숙도 모델에서 '활용 단계'는 분석 기법이 도입되어 전담 부서에서 분석을 수행하고 그 결과를 실제 업무에 적용하기 시작하는 단계이다. 분석 결과를 전사적으로 공유하고 COE 조직이 조정하는 것은 '확산 단계'에 해당하며, 외부 전문가와 협력하는 것은 '최적화 단계'에 해당한다. 따라서 가장 적절한 설명은 2번이다.

25. 하향식 접근법은 명확한 조직 목표와 전략을 기반으로 분석 과제를 발굴한다. 따라서 조직 목표가 불분명하거나 자주 변경되어 분석 방향성 설정이 어려운 상황에서는 하향식 접근법을 성공적으로 적용하기 어렵다. 나머지 보기는 상향식 접근법에 더 적합하거나, 하향식 접근법의 실패 원인으로 직접적으로 보기 어려운 경우이므로, 가장 적절한 설명은 1번이다.

26. 분산 구조의 장점은 분석 조직 인력을 현업 부서에 직접 배치하여 신속한 분석 수행이 가능하다는 점(가)과 부서 간 분석 사례 및 데이터 공유를 통해 업무 협업과 개선을 촉진할 수 있다는 점(라)이다. 부서별 분석 업무 및 역할 명확화와 중앙집중적인 전략 우선순위 설정은 분산 구조보다는 집중 구조의 특징에 가깝다. 따라서 정답은 (가), (라) 3번이다.

27. '확산형' 기업은 이미 높은 분석 성숙도를 가졌지만, 분석이 일부 부서에 국한되는 문제를 겪는다. 따라서 이 유형의 기업은 부문별로 이루어지는 분석 성과를 통합하고, 이를 조직 전반으로 전략적으로 확산하는 것이 가장 중요한 과제이다. 나머지 선택지는 초기 단계의 기업이나 다른 유형의 기업에 더 적합한 과제들이므로, 정답은 2번이다.

28. 빅데이터 분석 방법론에서 분석 기획 단계의 산출물은 프로젝트 범위 정의서(SOW), 데이터 준비 단계는 데이터 정합성 점검 보고서, 데이터 분석 단계는 알고리즘 설명서가 적절하다. 그러나 모델 평가 보고서는 데이터 분석 단계에서 모델의 성능을 검증하고 평가하는 과정에서 생성되는 산출물이므로, 평가 및 전개 단계의 산출물로 보기에는 부적절하다. 평가 및 전개 단계에서는 주로 프로젝트 성과 평가 보고서나 모델 발전 계획서 등이 산출된다. 따라서 정답은 4번이다.

29. 빅데이터의 난이도를 평가할 때 고려하는 3V 요소는 데이터의 크기(Volume), 데이터의 속도(Velocity) 그리고 데이터의 다양성(Variety)이다. 가치, 전략적 중요도, 목표지표(KPI)는 난이도 평가의 직접적인 3V 요소에 해당하지 않는다. 따라서 정답은 3번이다.

30. 분석 거버넌스 체계의 성공적인 운영은 단순한 기술 확보나 인프라 구축, 분석 자동화만으로는 어렵다. 조직 구성원들이 분석의 가치를 이해하고 실무에 적용할 수 있도록 지속적인 분석 교육과 데이터 기반의 문화 정착이 가장 중요하며, 이는 분석 역량을 강화하고 거버넌스 체계를 실질적으로 작동시키는 핵심 동력이 된다. 따라서 정답은 2번이다.

과목 IV 데이터 분석(40문항)

31. 유클리드 거리는 두 점 사이의 직선 거리이며, 각 차원 값의 차이를 제곱하여 더한 후 제곱근을 취해 구한다. A와 B의 키, 몸무게 차이를 이용해 거리 공식을 적용하면 $\sqrt{52}$가 된다.

32. 연관규칙 A→C의 지지도는 전체 거래 중 A와 C가 모두 포함된 거래의 비율이다. 전체 거래 건수는 80건이며, A와 C가 동시에 포함된 거래는 16건이다. 따라서 지지도는 16/80=0.2 이다.

33. 명목척도는 측정 대상의 특성을 분류하거나 구분하는 데 사용되며, 숫자를 부여할 수 있지만 그 숫자는 단순히 범주를 나타내기 위한 것이지 수학적 의미를 가지지는 않는다. 숫자로 표현이 가능하되, 연산이 불가능할 뿐이다. 따라서 "숫자로 표현할 수 없다"는 설명은 부적절하다.

34. 주어진 산점도는 x와 y 변수 간에 비선형적인 양의 관계를 보여준다. 피어슨 상관계수는 선형적인 관계를 측정하는 데 적합하고, 스피어만 상관계수는 변수 간의 순위(서열) 관계를 평가하는 데 적합하다. 이 경우, x가 증가함에 따라 y도 꾸준히 증가하는 비선형적 형태이므로, 스피어만 상관계수는 1에 가까운 값을 나타낼 것이다. 따라서 가장 적절한 설명은 3번이다.

35. 주어진 회귀분석 결과에서 F-통계량은 유의수준 5% 하에서 모델이 통계적으로 유의함을 나타내며, 수정된 결정계수(Adjusted R-squared) 0.671은 모델이 출산율 변동의 67.1%를 설명함을 의미한다. Examination 변수의 p-value가 0.05보다 커 통계적으로 유의하지 않으므로 모델에서 제외될 수 있다. 그러나 잔차 자유도(Residual Df)가 41이고 독립변수가 5개(절편 포함 6개)이므로 전체 데이터 개수는 41 + 6 = 47개다. 따라서 swiss 데이터에 포함된 데이터가 46개라는 설명은 가장 적절하지 않다.

36. 제시된 설명은 모집단 모든 원소에 일련번호를 부여한 뒤 무작위로 K개의 번호를 선택하여 표본을 추출하는 방식이다. 이는 모집단의 모든 구성원이 동등한 확률로 선택될 수 있도록 하는 단순랜덤추출법(Simple Random Sampling)의 정의에 해당한다. 계통추출법, 집락추출법, 층화추출법은 특정 규칙이나 계층을 고려하는 방식이므로, 정답은 2번이다.

37. 회귀분석의 결정계수(R^2)는 0에서 1 사이의 값을 가지며, 값이 높을수록 회귀식이 종속변수의 변동성을 잘 설명함을 나타낸다. 또한, 총 변동 중 회귀식이 설명하는 변동의 비율을 의미하여 직관적인 이해를 돕는다. 그러나 결정계수가 종속변수와 독립변수 간 표본상관계수의 제곱과 같다는 설명은 독립변수가 하나일 때만 성립하며, 다중 회귀에서는 해당하지 않는다. 따라서 가장 적절하지 않은 설명은 3번이다.

38. SVM, 의사결정나무, 인공신경망 분석은 주로 분류 및 회귀와 같은 예측을 목적으로 하는 지도 학습 분석 기법이다. 반면, 연관분석은 데이터 내에서 항목 간의 숨겨진 규칙이나 패턴을 찾는 비지도 학습 기법으로, 예측보다는 관계 발견에 중점을 둔다. 따라서 나머지 셋과 방법론이 다른 것은 연관분석이다.

39. 회귀나무는 연속형 목표변수를 예측하는 의사결정나무의 한 종류이다. 카이제곱 통계량, 지니지수, 엔트로피 지수는 주로 범주형 목표변수를 다루는 분류나무에서 사용되는 불순도 측정 기준이다. 반면, F-통계량은 연속형 목표변수를 위한 회귀나무에서 분할의 효과와 모델의 유의성을 평가하는 데 가장 적절한 기준이다. 따라서 정답은 3번이다.

40. 여러 개의 은닉층을 가진 다층 신경망에서 은닉층의 노드 수가 지나치게 적으면, 네트워크의 표현력이 제한되어 복잡한 데이터 패턴을 학습하고 복잡한 의사결정 경계를 형성하는 데 어려움을 겪게 된다. 활성화 함수 적용, 기울기 소실 문제, 학습 시간 소요 등은 노드 수 부족과 직접적인 관련이 적거나 오히려 반대되는 특징으로, 가장 적절한 것은 2번이다.

41. 정보 검색은 사용자의 질의와 "정확히 일치하는" 문서만을 찾는 것이 아니라, 관련성이 높은 문서들을 찾아내는 기술이다. 또한 정보 검색 자체는 텍스트 마이닝의 핵심 기술이라기보다는 텍스트 마이닝에서 활용되는 보조적 기술에 가깝다.

42. k-means 군집분석에서 최적의 군집 수를 결정하는 대표적인 방법은 오차제곱합(WSS, Within-cluster Sum of Squares) 그래프를 이용한 엘보우 방법(Elbow Method)이다. k값에 따른 오차제곱합의 변화를 그래프로 나타내어 급격한 감소가 완만해지는 지점(팔꿈치 모양)을 찾아 최적의 군집 수를 결정한다.

43. 주어진 회귀모형은 연속형 변수인 Wage에 이산형 변수인 education을 더미 변수로 변환하여 적용한 형태이다. education 변수는 5개의 수준을 가지므로 4개의 더미 변수로 적용되었으며, 회귀모형의 p-value가 매우 작으므로 유의수준 5% 하에서 통계적으로 유의하다. 그러나 회귀모형은 기준 범주(여기서는 HS Grad 이하)의 경우 더미 변수가 모두 0으로 설정되어 절편 값으로 Wage를 계산할 수 있으므로, HS Grad 이하인 경우 Wage를 계산할 수 없다는 설명은 적절하지 않다. 따라서 정답은 4번이다.

44. 제시된 그래프는 여러 연속형 변수 간의 상관관계를 시각화한 것으로, 이를 통해 Salary와 일부 변수 간의 관계를 파악할 수 있다. 그러나 그래프만으로는 Salary와 가장 높은 상관관계를 가지는 변수를 명확히 구분하기 어렵다. 또한 독립 변수들 간에 높은 상관관계가 나타나는 경우, 다중 공선성의 가능성을 시사한다. 하지만 상관관계 그래프만으로는 변수들의 통계적 유의성을 직접적으로 판단할 수 없으므로, 3번 설명은 타당하지 않다.

45. 제시된 그래프에서는 소득이 증가함에 따라 신용카드 대금도 증가하는 경향이 나타나며, 특히 비학생 그룹에서 그 증가 폭이 더 큰 것으로 확인된다. 또한, 학생 여부에 따른 회귀선의 기울기 차이는 교호작용의 존재를 시사한다. 그러나 그래프만으로는 소득 수준에 따른 두 집단 간 신용카드 대금 차이가 통계적으로 유의한지 여부를 판단하기 어렵다. 통계적 유의성은 추가적인 통계 검정을 통해 확인해야 하므로, 가장 적절하지 않은 설명은 3번이다.

46. Lasso 회귀는 회귀 계수의 절댓값 합에 패널티를 부여하여 계수를 축소하고, 불필요한 변수를 자동으로 제거하는 특징을 가진다. 이때 패널티의 강도는 하이퍼파라미터 λ를 통해 조절된다. 한편, Lasso 회귀는 L1 패널티를 사용하는 기법이며, L2 패널티는 Ridge 회귀에서 사용된다. 따라서 4번 설명은 가장 적절하지 않다.

47. 표본오차는 표본이 모집단을 완전히 대표하지 못할 때 발생하는 통계적 오차이며, 비표본오차는 데이터 수집 과정에서 발생하는 다양한 오류를 의미한다. 표본편의는 표본 추출 방법의 결함으로 인해 발생하는 오차로, 이는 단순히 데이터 정규화만으로 항상 완전히 제거할 수 있는 문제가 아니다. 그 이유는 표본편의는 추출 방식 자체의 근본적인 문제에서 기인하기 때문이다. 따라서 가장 적절하지 않은 설명은 3번이다.

48. 군집분석은 명확한 분류 기준이 없는 상태에서 유사한 특성을 가진 집단을 자동으로 나누는 비지도 학습 기법이다. 군집 결과의 해석에는 외생 변수나 추가 정보가 필요할 수 있으며, 군집 간 거리나 분산 등을 통해 군집 품질을 평가한다. 그러나 군집의 안정성을 판단할 때는 통합보다는 보통 재표본추출(bootstrap)이나 교차검증 등의 방법이 쓰인다. 4번은 부적절한 설명이다.

49. 본 문제는 조건부 확률에 기반한 정밀도(Precision) 계산 문제이다. '신용이 불량하다고 예측된 사람' 중에서 실제로 신용이 불량한 사람의 비율을 구하는 것으로, 이는 참 양성(TP)을 예측된 양성(TP + FP)으로 나눈 값으로 계산된다.

50. 최대우도추정(MLE)은 표본이 관측될 가능도(우도)를 가장 크게 만드는 모수 값을 찾는 방법이다. 즉, "모수가 어떤 값을 가질 확률을 최대화"하는 것이 아니라, "관측된 표본이 나올 우도(likelihood)를 최대화하는 모수값"을 찾는 방법이므로 선택지 4번은 부적절한 설명이다.

51. 다중공선성은 설명변수 간의 높은 상관관계로 인해 발생하는 통계적 문제로, 회귀계수 추정치를 불안정하게 만들어 해석을 어렵게 한다. 분산팽창인수(VIF)는 다중공선성 평가에 유용한 지표이다. 그러나 다중공선성이 존재하면 변수 간의 관계가 불확실해지고, 모델의 예측력이 오히려 감소하는 경향이 있다. 따라서 '변수 간의 관계가 명확해져 모델의 예측력이 증가한다'는 3번 설명은 가장 적절하지 않다.

52. k-폴드 교차검증은 모델의 과적합을 줄이고 일반화 성능을 평가하는 데 사용되는 방법으로, 전체 데이터 세트를 k개의 동일한 크기의 그룹으로 나누어 각 그룹을 한 번씩 검증 세트로, 나머지를 훈련 세트로 활용한다. 그러나 k의 값이 2일 때는 2-폴드 교차검증이라 부르며, Leave-One-Out Cross Validation(LOOCV)은 k가 전체 데이터셋의 개수와 같을 때를 의미한다. 따라서 4번 설명이 가장 적절하지 않다.

53. 로지스틱 회귀는 종속변수가 이항형(binary)일 때 사용되며, 사건이 발생할 확률을 예측하는 모델이다. 로짓(logit)은 오즈(odds)의 로그값으로, 실수 전체 범위를 가진다. 로지스틱 함수는 이 로짓 값을 0과 1 사이의 확률로 변환한다. 따라서 로짓이 오즈를 로지스틱 함수로 변환한다는 2번 설명은 잘못되었다.

54. 여러 대상 간의 거리 또는 유사성을 기반으로 하여, 이들을 동일한 상대적 거리가 있는 실수 공간의 점들로 배치하는 통계적 분석 기법은 다차원척도법(Multidimensional Scaling, MDS)이다. 상관분석은 변수 간 관계를, 시계열 분석은 시간 변화 데이터를, 주성분분석은 차원 축소를 다룬다. 따라서 정답은 1번이다.

55. 지니지수(Gini Index)는 분류 문제에서 노드의 불순도를 나타내는 지표로, 각 클래스의 비율을 바탕으로 계산되며, 값이 낮을수록 데이터가 잘 분류된 상태를 의미한다. 계산식은 $Gini = 1 - \Sigma(p_i^2)$이며, 여기서 p_i는 각 클래스(Good, Bad)의 비율이다. 의사결정나무에서는 일반적으로 왼쪽에서 오른쪽으로 노드 번호를 매기므로, 세 번째 마디는 C 노드를 의미한다. C 노드는 전체 50개 중 Good이 40개, Bad가 10개로 구성되어 있으며, 이때 지니지수는 0.32이다.

56. K-means 군집분석의 절차는 다음과 같다. 먼저 군집 개수(k)를 결정하고 (e), 초기 군집 중심 k개를 임의로 선택한다 (c). 다음으로 각 개체를 가장 가까운 군집 중심에 할당하고 (a), 각 군집의 평균을 계산하여 군집 중심을 업데이트한다 (d). 마지막으로 군집 중심의 변화가 없을 때까지 이 과정을 반복한다 (b). 따라서 가장 적절한 순서는 (e) -> (c) -> (a) -> (d) -> (b)이다.

57. 이상값을 탐지하는 일반적인 방법 중 하나는 사분위수 범위(IQR)를 활용하는 것이다. IQR은 3사분위수(Q3)에서 1사분위수(Q1)를 뺀 값이며, 이를 기준으로 하한값은 Q1 - 1.5 * IQR, 상한값은 Q3 + 1.5 * IQR로 설정하여 이 범위를 벗어나는 데이터를 이상값으로 간주한다. 주어진 summary() 함수 결과에서 1사분위수(1st Qu.), 3사분위수(3rd Qu.) 값을 활용하여 이상값의 하한값과 상한값을 계산하면, 하한값은 -9, 상한값은 23이 된다.

58. 제시된 설명은 데이터를 계층적으로 그룹화하고 트리 구조를 형성하며, 데이터 간의 거리 기반으로 군집을 구성하는 기법을 나타낸다. 이는 계층적 군집 기법의 특징에 해당한다. 밀도 기반, 분리, 격자 기반 군집 기법은 계층적 구조를 형성하지 않는다. 따라서 정답은 4번이다.

59. 상관계수는 두 변수 간 선형적 관계의 강도를 나타내며, 0에 가까울수록 선형 관계가 없음을 의미한다. 변수 값에 음의 상수를 곱하면 상관계수의 부호는 반전되지만, 강도는 유지된다. 그러나 상관계수는 단위에 영향을 받지 않고, 상대적인 관계의 크기만을 보여주기 때문에, 변수에 같은 양의 상수를 곱하거나 더해도 값은 변하지 않는다. 따라서 가장 적절하지 않은 설명은 4번이다.

60. 시계열 자료에서 특정 계절이나 주기에 따라 정기적으로 반복되는 변화를 나타내며, 주로 자연적 요인이나 특정 이벤트에 의해 발생하는 구성 요소는 계절요인이다. 불규칙요인은 예측 불가능한 변동, 추세요인은 장기적인 경향, 순환요인은 몇 년 단위의 주기적인 변화를 의미한다. 따라서 정답은 2번이다.

61. 군집분석 결과의 타당성 평가 지표 중, 실루엣 지표는 군집 내 응집도와 군집 간 분리도를 기반으로 군집 품질을 평가하는 데 사용된다. Calinski-Harabasz 지표는 군집 간 분산과 군집 내 분산의 비율로 계산되며, 이 비율이 클수록 군집 품질이 높다고 평가된다. 그러나 Dunn Index는 군집 내 거리의 최소값을 분자, 군집 간 거리의 최대값을 분모로 하여 계산되므로, (b)의 설명은 틀렸다. 따라서 가장 적절한 설명을 모두 고른 것은 (a)와 (c) 3번이다.

62. 전진선택법은 중요하다고 판단되는 설명 변수를 모델에 순차적으로 추가하며 복잡성을 늘리는 방식이다. 이 과정에서 이미 선택된 변수들의 영향과 새로운 변수의 추가에 따른 모델 개선을 고려한다. 후진제거법은 불필요한 변수를 제거하는 방식으로, 변수 수가 많을 경우 계산 복잡성이 증가할 수 있다. 또한, 전진선택법은 변수의 작은 변동에도 회귀 분석 결과가 크게 변할 수 있어 모델 안정성에 문제가 있을 수 있다. 따라서, 전진선택법에서 이미 선택된 변수들의 영향과 관계없이 새로운 변수를 추가하는 것이 가능하다는 2번 설명은 가장 적절하지 않다.

63. 제시된 분석 결과는 연비(mpg)를 종속변수로, hp, drat, wt를 독립변수로 하는 다중선형회귀 모델을 추정한 것이다. 모델은 F-통계량의 p-value가 유의수준 5%보다 작아 통계적으로 유의하며, 수정된 결정계수(Adjusted R-squared)는 약 81.9%로 설명력을 나타낸다. Drat 변수는 p-value가 0.19875로 0.05보다 커 통계적으로 유의하지 않아 모델에서 제외될 수 있다. 그러나 drat를 제외한 후의 최종 회귀모형의 계수들은 다시 추정해야 하므로, 기존 계수를 단순히 사용하여 "mpg = 29.4 - 0.03hp - 3.23wt"라고 단정하는 것은 적절하지 않다. 따라서 가장 적절하지 않은 설명은 4번이다.

64. 회귀분석에서 모델의 적절성을 확인하기 위한 질문으로, p-value가 0.05보다 큰지 검토하는 것은 적절하지 않다. 일반적으로 p-value가 0.05보다 작아야 통계적으로 유의미하다고 판단할 수 있다. 나머지 선택지들은 회귀분석의 기본 가정을 충족하는지, 독립변수 간 상관관계를 평가하는지, 그리고 모델의 적합도와 예측 성능을 확인하는 방법을 묻는 것으로 모두 적절한 질문이다. 따라서 가장 적절하지 않은 질문은 1번이다.

65. 이동평균(MA) 모델은 과거의 오차항을 사용하여 현재 값을 예측하는 선형 모델이며, 데이터가 정상성을 만족해야 안정적인 예측이 가능하다. 그러나 MA 모델의 자기상관함수(ACF)는 특정 시점에서 갑자기 0으로 떨어지는 특성을 가지며, 지수적으로 감소하는 형태를 보이지 않는다. 지수적으로 감소하는 형태는 주로 자기회귀(AR) 모델의 ACF에서 나타난다. 따라서 2번 설명이 가장 적절하지 않다.

66. ARIMA는 Autoregressive Integrated Moving Average의 약자이며, p는 자기회귀(AR) 부분의 차수를 나타낸다. ARIMA 모형을 적용하기 전에는 시계열 데이터의 정상성을 반드시 확인해야 한다. 또한, ARIMA(p,d,q) 모형에서 차분차수 d가 0인 경우를 ARMA(p,q) 모형이라고 한다. 따라서 가장 적절하지 않은 설명은 1번이다.

67. 백색잡음은 모든 시점에서 서로 독립적이고 동일한 분포를 가지는 확률 변수들의 집합으로, 정상성을 가지며 평균이 0이고 분산이 일정하다. 또한, 시계열 분석에서 데이터의 예측 오차를 나타내는 중요한 요소이다. 그러나 백색잡음이 반드시 평균이 0인 정규분포를 따라야 하는 것은 아니다. 정규분포가 아닌 다른 분포 형태를 가질 수도 있다. 따라서 가장 적절하지 않은 설명은 4번이다.

68. 제외어는 문장에서 의미가 적거나 중요하지 않은 단어들로, 일반적으로 "the", "is", "in", "and"와 같은 단어들을 제거하는 처리 단계이다. 보기에서는 "that", "its", "have", "of" 등이 제거 되었기 때문에 제외어 처리 단계라고 할 수 있다.

69. 변수 간의 관계를 평가하기 위해 카이제곱 검정을 사용하여 분할할 변수와 해당 변수의 범주 간의 독립성을 평가하는 의사결정나무 알고리즘은 CHAID(Chi-squared Automatic Interaction Detector)이다. CART는 회귀와 분류를 모두 다루며, C4.5와 ID3는 주로 분류에 정보 이득을 기준으로 사용된다. 따라서 정답은 4번이다.

70. 주어진 회귀분석은 야구선수 연봉 예측을 위한 다변량 회귀분석이며, R-squared 값은 모델이 약 40%의 연봉 변동성을 설명함을 나타낸다. F-통계량의 p-value가 0.05보다 작으므로 모델은 통계적으로 유의하다. 그러나 'Hits' 변수의 계수는 다른 변수(예: Years)와 비교했을 때 절대값이 가장 크지 않으므로, 연봉에 대한 영향력이 가장 크다고 단정할 수 없다. 따라서 가장 적절하지 않은 설명은 3번이다.

과목 V 데이터 시각화 (10문항)

71. 시각 이해의 계층은 데이터를 어떻게 표현하고 해석하느냐에 따라 데이터 시각화 → 정보 시각화 → 정보 디자인 → 인포그래픽의 단계로 구분되며, 각 단계는 데이터의 가공 수준과 표현 목적에 따라 차이를 가진다. 보기에서 언급된 특성들은 원데이터 기반의 직접적 해석과 전달을 강조하고 있어 데이터 시각화에 해당한다.

72. 자크 베르탱 7가지 요소 중 색상은 감정 전달이나 범주 구분에는 효과적이지만, 크기나 명암처럼 수치를 직접적으로 표현하는 데는 한계가 있다.

73. '지식'은 정보를 바탕으로 특정 문제를 해결하기 위한 실행 가능한 전략이 도출된 상태를 의미한다. 보기에서 '시험 접수기간 한 달 전 마케팅을 진행하기로 한 대책 수립'은 판매량 감소라는 정보를 해석하여 구체적인 행동 계획을 제시한 것이므로 '지식' 단계에 해당한다.

74. 트리맵은 각 사각형의 면적 크기로 수치를 표현하며, 여러 범주 간의 상대적인 크기나 비율을 한눈에 비교할 수 있는 시각화 도구이다. 위계 구조를 표현하는 특성도 있지만, 핵심 목적은 항목 간의 비교에 있기 때문에 '비교 시각화'로 분류된다.

75. '측정값'은 수치적 데이터를 의미하고, 데이터의 형태(정수형, 문자형 등)를 정의하는 것은 '데이터 유형' 또는 '속성'에 해당하므로 측정값에 대한 설명으로는 적절하지 않다.

76. 정보의 조직화 과정은 데이터를 체계적으로 관리하고 분석 가능하도록 구조화하는 일련의 절차이다. '관계 맺기'는 단순히 유사한 값을 묶는 것이 아니라, 데이터 간 의미 있는 연관성이나 구조를 형성하는 것이 핵심이다. 따라서 4번 설명은 부적절하다.

77. 인포그래픽은 시각적 요소를 활용하여 정보를 쉽고 빠르게 전달하는 도구로, 데이터 자체보다는 그 의미와 메시지 전달에 중점을 둔다. 이 과정에서 해석과 편집이 개입되기 때문에 항상 객관적일 수는 없으며, 인과 관계의 왜곡 가능성도 존재한다.

78. R은 통계 기반의 시각화에 특화된 도구로서, 바 차트, 스캐터 플랏, 파이 차트 등 다양한 형태의 그래프를 기본 함수나 ggplot2 패키지를 통해 생성할 수 있다. 반면, 인포그래픽은 시각적 요소와 디자인이 결합된 정보 전달 방식으로, R 자체에서는 직접 제작이 어렵기 때문에 시각화 방법으로는 적절하지 않다.

79. 새로운 데이터를 처음 분석할 때는 기존 이론이나 가설에 얽매이기보다는 데이터를 있는 그대로 관찰하여 의미를 찾아내는 바텀업(Bottom-Up) 접근이 더 적절하다. 탑다운 방식은 이미 구조화된 프레임이나 가설이 있는 경우에 적합하며, 새로운 인사이트 도출에는 한계가 있다.

80. 벤 프라이 7단계 방법론은 획득 → 분해 → 선별 → 마이닝 → 표현 → 정제 → 상호작용의 순서로 진행된다. 따라서 문제의 정답은 1번이다.

서술형 (4문항)

1. 다층 퍼셉트론에서 하이퍼파라미터가 될 수 있는 요소를 세 가지 이상 서술하시오.(3점)
   - 은닉층의 개수
   - 각 은닉층의 뉴런 수
   - 학습률 (Learning rate)
   - 활성화 함수의 종류 (예: ReLU, sigmoid 등)
   - 배치 크기 (Batch size)
   - 에포크 수 (Epochs)

2. 본 문제에서 주어진 다층 퍼셉트론 구조를 활용할 때, 발생할 수 있는 문제점에 대하여 간단히 서술하시오.(3점)
   - 데이터의 수가 적어(10개), 과적합(overfitting)이 발생할 가능성이 높다.
   - 입력 특성이 적어 복잡한 모델에 비해 설명력이 떨어질 수 있다.
   - 다층 퍼셉트론 구조가 너무 크면 학습이 어렵고 계산 비용이 높아질 수 있다.
   - 클래스 불균형이 존재할 경우 정확한 예측이 어려울 수 있다.

3. 구축된 다층 퍼셉트론을 활용하여 꽃잎 길이가 1.0, 꽃잎 너비가 1.0, 꽃받침 길이가 1.0 일 때, 예측 결론을 식과 함께 제시하시오.(7점)

   3-1) 입력데이터
   - x_1=1.0 (꽃잎 길이), x_2=1.0 (꽃잎 너비), x_3=1.0 (꽃받침 길이)

   $$\mathbf{x} = \begin{bmatrix} x_1 \\ x_2 \\ x_3 \end{bmatrix} = \begin{bmatrix} 1.0 \\ 1.0 \\ 1.0 \end{bmatrix}$$

   3-2) 첫 번째 은닉층
   선형 변환

   $$\omega^{[1]}\mathbf{x} = \begin{bmatrix} 1 & 2 & -1 \\ 0 & 1 & -2 \end{bmatrix} \begin{bmatrix} 1.0 \\ 1.0 \\ 1.0 \end{bmatrix} = \begin{bmatrix} (1 \cdot 1.0) + (2 \cdot 1.0) + (-1 \cdot 1.0) \\ (0 \cdot 1.0) + (1 \cdot 1.0) + (-2 \cdot 1.0) \end{bmatrix} = \begin{bmatrix} 1+2-1 \\ 0+1-2 \end{bmatrix} = \begin{bmatrix} 2 \\ -1 \end{bmatrix}$$

   $$\mathbf{z}^{[1]} = \begin{bmatrix} 2 \\ -1 \end{bmatrix} + \begin{bmatrix} 1 \\ -1 \end{bmatrix} = \begin{bmatrix} 2+1 \\ -1-1 \end{bmatrix} = \begin{bmatrix} 3 \\ -2 \end{bmatrix}$$

   ReLU 활성화 함수

   $$g^{[1]}(x) = \text{ReLU}(x) = \max(x, 0)$$

   $$\alpha = g^{[1]}(\mathbf{z}^{[1]}) = \begin{bmatrix} \max(3,0) \\ \max(-2,0) \end{bmatrix} = \begin{bmatrix} 3 \\ 0 \end{bmatrix}$$

   따라서 첫 번째 은닉층의 출력은:

   $$\alpha = \begin{bmatrix} \alpha_1 \\ \alpha_2 \end{bmatrix} = \begin{bmatrix} 3 \\ 0 \end{bmatrix}$$

3-3) 출력층
선형 변환

$$\mathbf{z}^{[2]} = \omega^{[2]}\alpha + \mathbf{b}^{[2]}$$

$$\omega^{[2]}\alpha = \begin{bmatrix} 1 & 1 \\ 0 & -1 \\ 1 & 0 \end{bmatrix} \begin{bmatrix} 3 \\ 0 \end{bmatrix} = \begin{bmatrix} (1\cdot 3)+(1\cdot 0) \\ (0\cdot 3)+(-1\cdot 0) \\ (1\cdot 3)+(0\cdot 0) \end{bmatrix} = \begin{bmatrix} 3 \\ 0 \\ 3 \end{bmatrix}$$

$$\mathbf{z}^{[2]} = \begin{bmatrix} 3 \\ 0 \\ 3 \end{bmatrix} + \begin{bmatrix} 0 \\ 1 \\ -1 \end{bmatrix} = \begin{bmatrix} 3+0 \\ 0+1 \\ 3-1 \end{bmatrix} = \begin{bmatrix} 3 \\ 1 \\ 2 \end{bmatrix}$$

softmax 활성화 함수

$$g^{[2]}(\mathbf{x}) = \text{Softmax}(\mathbf{x}), \quad \text{Softmax}(x_i) = \frac{e^{x_i}}{\sum_j e^{x_j}}$$

$$\mathbf{z}^{[2]} = \begin{bmatrix} 3 \\ 1 \\ 2 \end{bmatrix}$$

$e^{\mathbf{z}^{[2]}}$ 값 계산:

$$e^3 \approx 20.085$$
$$e^1 \approx 2.718$$
$$e^2 \approx 7.389$$
$$\sum_j e^{\mathbf{z}^{[2]}_j} = 20.085 + 2.718 + 7.389 \approx 30.192$$

$$\text{Softmax}(\mathbf{z}^{[2]}) = \begin{bmatrix} \frac{e^3}{30.192} \\ \frac{e^1}{30.192} \\ \frac{e^2}{30.192} \end{bmatrix} \approx \begin{bmatrix} \frac{20.085}{30.192} \\ \frac{2.718}{30.192} \\ \frac{7.389}{30.192} \end{bmatrix} \approx \begin{bmatrix} 0.665 \\ 0.090 \\ 0.245 \end{bmatrix}$$

따라서 출력은:

$$\mathbf{y} = \begin{bmatrix} y_1 \\ y_2 \\ y_3 \end{bmatrix} = \begin{bmatrix} 0.665 \\ 0.090 \\ 0.245 \end{bmatrix}$$

품종 "setosa", "versicolor", "virginica"에 대한 확률은 다음과 같으므로:
- $y_1 = 0.665$ (setosa)
- $y_2 = 0.090$ (versicolor)
- $y_3 = 0.245$ (virginica)

가장 높은 확률은 $y_1 = 0.665$로, setosa 품종이 예측됩니다.

4. 구축한 다층 퍼셉트론에 기반하여 1번 꽃의 교차 엔트로피 값을 식과 함께 제시하시오.(단, 교차 엔트로피 계산 시, 자연 로그를 사용하시오.)(7점)

주어진 정보

입력: $x = [1, 1, 2]$

이전 단계에서 계산한 출력: $y = [y_1, y_2, y_3] = [0.576, 0.212, 0.212]$

- $y_1 = 0.576$ (setosa)
- $y_2 = 0.212$ (versicolor)
- $y_3 = 0.212$ (virginica)

출력 노드 y_1, y_2, y_3는 각각 클래스 setosa, versicolor, virginica에 대응

교차 엔트로피 손실 함수

교차 엔트로피 손실은 다음과 같은 식으로 계산됩니다:

$$L = -\sum_{i=1}^{C} y_i \log(\hat{y}_i)$$

여기서:

- L: 교차 엔트로피 손실
- C: 클래스 수
- y_i: 실제 레이블 (일반적으로 0 또는 1, 원-핫 인코딩 형태)
- $\hat{y}_i$: 모델이 예측한 확률
- log: 자연 로그 (밑은 e)
- y: 실제 레이블 = $[1, 0, 0]$
- $\hat{y}$ = 예측 확률 = $[0.576, 0.212, 0.212]$

따라서 교차 엔트로피 손실 L은 다음과 같이 계산됩니다:

$$L = -\sum_{i=1}^{3} y_i \log(\hat{y}_i)$$
$$L = -(y_1 \log(\hat{y}_1) + y_2 \log(\hat{y}_2) + y_3 \log(\hat{y}_3))$$
$$L = -(1 \cdot \log(0.576) + 0 \cdot \log(0.212) + 0 \cdot \log(0.212))$$
$$L = -\log(0.576)$$
$$\log(0.576) \approx -0.552$$
$$L = -(-0.552) = 0.552$$

최종 답변

$L = -\sum_{i=1}^{C} y_i \log(\hat{y}_i)$에 따라 교차 엔트로피 손실을 다시 작성하면:

$$L = -\sum_{i=1}^{3} y_i \log(\hat{y}_i) = 0.552$$

ADP 필기 데이터 분석 전문가 : 올패키지

초판 1쇄 발행 2020년 02월 21일
3판 1쇄 재발행 2025년 07월 15일

발행인 윤종식
저자 윤종식
편집디자인 SPRING PAGE, 트인글터 (김정숙), 윤보라
펴낸곳 (주)데이터에듀
출판등록번호 제2020-000003호
주소 부산시 해운대구 센텀북대로 60, 1807호
대표전화 051-523-4566 | 도서유통 02-556-3166 | **팩스** 0303-0955-4566
이메일 books@dataedu.co.kr | **홈페이지** www.dataedu.kr

- 잘못된 책은 구입한 서점에서 바꿔 드립니다.
- 이 책은 저작권법에 의해 보호를 받는 저작물로 저작권자나 (주)데이터에듀의 사전 승인 없이 본문의 일부 또는 전부를 무단으로 복제하거나 다른 매체에 기록할 수 없습니다.
- 정오표는 데이터에듀 홈페이지에서 보실 수 있습니다.

ISBN 979-11-936722-9-7 (세트)
ISBN 979-11-936723-2-7 (3권)
가격 53,000원

자격증 합격부터 데이터 전문가 양성까지 완벽 대비!
데이터에듀 인강 시리즈

01. 데이터분석 준전문가 준비를 위한 강의

ADsP 합격패키지

- 데이터에듀 가장 많은 수강생이 수강하는 BEST 1위 강의
  비전공자도 쉽게 합격하는 출제포인트 제공

- 이론 + 예상문제 + 핵심요약 강의 + 기출해설강의
  전 범위 최신 기출 경향 분석을 통한 완벽한 합격전략 제시

- 상세한 개념 설명과 예시로 누구나 이해할 수 있는 강의!
  어려운 3과목도 자세한 설명과 예시로 완벽 대비

ADsP 합격패키지 1
- 범위 : 1과목/2과목/3과목 4장, 5장
- 핵심 과목만 중점 학습

ADsP 합격패키지 2
- 범위 : 3과목 1장 ~ 5장
- 데이터분석 파트 집중 학습

ADsP 합격패키지 3
- 범위 : 1과목 ~ 3과목(전과목)
- 비전공자 추천 / 전범위 집중 학습

빅분기 필기 3주 합격패키지
비전공자 단기 합격 로드맵 제공

- 비전공자도 단기 합격 가능한 3주 학습 로드맵 제공 & 저자와 통계 전문가 과목별 2인 체제
- 눈높이 체크부터 실전 문제풀이까지 5단계 합격 커리큘럼 구성
- 최신 기출 경향 분석을 통한 완벽한 과목별 학습 전략 제시

SQLD 합격패키지
일주일만에 합격하는

- 2024 NEW 교육과정 반영은 기본! 국립금오공대 교수 직강
- 사례를 통한 이론과 코드 설명으로 초단기 합격 완성!
- 기출 분석을 통해 엄선된 문제풀이로 높은 적중률

02. 데이터분석 초보자/입문자 추천 강의

가장 쉬운 데이터분석 입문
비전공자 눈높이의 데이터 분석 강의

도전! 실전 데이터분석 (SQL&Python)
온라인 사수가 알려주는 SQL&Python 스킬

금융데이터 분석
투자 공부의 진짜 시작

데이터에듀
오프라인 교육

10년 연속 컴퓨터/IT 분야 수험서 1위를 차지한 빅데이터 교육 콘텐츠 기업,
10년 이상의 온/오프라인 교육 노하우로 기업의 DT 전환에 기여합니다.

자격증 강의
데이터분석 전문가 ADP, 데이터분석 준전문가 ADsP, 빅데이터 분석기사, 경영정보시각화능력, SQL 개발자 SQLD

빅데이터, AI 강의
생성형 AI / chat-gpt, AI 데이터 라벨링, 머신러닝 및 딥러닝, 데이터분석기획, 마케팅 전략 수립 강의

오프라인 교육 이력

자격증 강의

- **기업 강의**
  삼성전자, 삼성 SDS, LG CNS, 이니스프리, 포스코건설, 현대홈쇼핑 등
- **공공기관 강의**
  한국표준협회, 중소기업진흥공단, 세종테크노파크 등
- **대학 강의**
  연세대학교, 동국대학교, 건국대학교, 성균관대학교, 부산대학교, 동아대학교 등

빅데이터, AI 강의

- **생성형 AI / chat-gpt**
  동의대, 밀양시청, 한국해양수산데이터산업협회, (사)한국융합인재교육협회, 김포새로일하기센터
- **AI 데이터 라벨링**
  부산과학기술대학, 구미여성인력개발센터 등
- **머신러닝 및 딥러닝**
  삼성SDS, LG CNS, 중소기업진흥공단, KOSTA 등
- **데이터분석기획**
  LG 이노텍, LG CNS, 부산대학교 등
- **마케팅 전략 수립**
  경제진흥원, 동아대학교 산학협력단, 여성인력개발센터 등

기업교육 문의
www.dataedu.kr | ebiz@dataedu.co.kr | 070-4193-0607

완벽한 합격을 위한 선택!

데이터에듀 도서 시리즈

데이터분석 자격증 가장 빠른 합격을 위한 핵심 비법 수험서

경정시 실기는 태블로!
경영정보시각화능력 실기 Tableau!

- 태블로 기초부터 심화까지
- 실무 최적화, BI전문가 팁
- 무료 실습 QR 영상

데이터분석 준전문가
ADsP

경영정시각화능력 SMo
필기

데이터 분석 전문가
ADP 실기

빅데이터분석기사 필기

빅데이터분석기사 실기
with Python

빅데이터분석기사 실기
with R

데이터에듀는 AI Transformation을 통해
확실한 성과를 보장하는
효율적인 학습 경험을 제공합니다.

개인 맞춤 학습 플랫폼

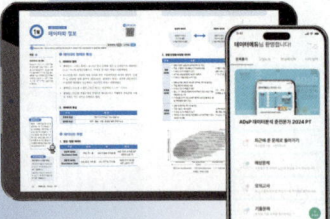

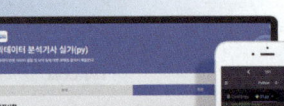
통합 코딩 실습 솔루션

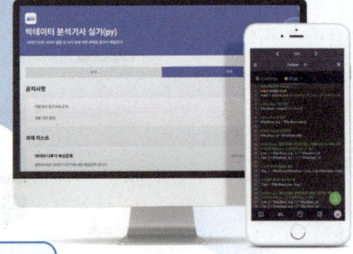

 문제 생성 AI
 해설 생성 AI
 쇼츠 추출 AI
 문제 추천 AI
 코딩 자동 채점 AI
 외국영상 자동 더빙 AI

저희 데이터에듀는 'ADsP 데이터분석 준전문가' 민트책을 필두로 ADP, 빅데이터분석기사, 경영정보시각화능력 등 빅데이터, AI 관련 자격증 도서와 강의로 많은 사랑을 받고 있습니다.

하지만, 도서와 강의로만 수험생 여러분께
좋은 학습 내용과 경험을 제공하기에는 많은 한계가 있다고 느꼈습니다.

그래서 저희는 이론 기반의 '데이터에듀PT(DataeduPT)'와 실습 기반의 '코드러닝(Code-learning)'을 활용하여 자격증 공부의 AI Transformation을 진행하고 있습니다.

도서보다 다양한 콘텐츠를 제공하여 더 확실한 성과를 볼 수 있었으며,
데이터에듀의 인공지능을 통해 개인 맞춤 교육을 제공하여
수험생 여러분께 더욱 효율적인 학습 경험을 제공할 수 있었습니다.

데이터에듀는 이에 만족하지 않고, 자격증 학습 시장의 디지털 전환을 선두하며
학습자 여러분께 확실한 성과를 보장해드리기 위해 노력하겠습니다.

앞으로도 끊임없는 연구와 혁신을 통해
더욱 진보된 개인 맞춤형 학습솔루션을 제공하며
학습의 새로운 기준을 제시 할 것을 약속드립니다.

함께 미래를 선도하는 학습문화를 만들어 나가겠습니다.

 대표 윤종식